国际经济法
案例研习

王贵国／主　编
杨朝军　董　尧　朱永倩／副主编

CASE STUDY OF
INTERNATIONAL ECONOMIC LAW

法律出版社 | LAW PRESS
北京

图书在版编目(CIP)数据

国际经济法案例研习 / 王贵国主编. -- 北京 : 法律出版社, 2024
ISBN 978 - 7 - 5197 - 8835 - 3

Ⅰ. ①国… Ⅱ. ①王… Ⅲ. ①国际经济法-案例 Ⅳ. ①D996

中国国家版本馆 CIP 数据核字(2024)第 036806 号

国际经济法案例研习
GUOJI JINGJIFA ANLI YANXI

王贵国 主编

策划编辑 李沂蔚
责任编辑 李沂蔚
装帧设计 鲍龙卉

出版发行 法律出版社
编辑统筹 法律应用出版分社
责任校对 朱海波
责任印制 刘晓伟
经　　销 新华书店

开本 710 毫米×1000 毫米 1/16
印张 49.5 **字数** 825 千
版本 2024 年 3 月第 1 版
印次 2024 年 3 月第 1 次印刷
印刷 北京建宏印刷有限公司

地址:北京市丰台区莲花池西里 7 号(100073)
网址:www.lawpress.com.cn
投稿邮箱:info@lawpress.com.cn
举报盗版邮箱:jbwq@lawpress.com.cn

销售电话:010 - 83938349
客服电话:010 - 83938350
咨询电话:010 - 63939796

书号:ISBN 978 - 7 - 5197 - 8835 - 3　　**定价**:188.00 元

凡购买本社图书,如有印装错误,我社负责退换。电话:010 - 83938349

作者简介

王贵国

浙江大学国际战略与法律研究院院长、文科资深教授，“一带一路”国际研究院院长，中华人民共和国最高人民法院国际商事法庭专家委员会委员，苏州市中级人民法院国际商事专家委员会主任委员；香港世界贸易组织研究中心主席、比较法国际（海牙）科学院名誉院士、比较法国际（海牙）科学院香港委员会主席、中国国际经济法学会副会长等；北京仲裁委员会委员，中国国际经济贸易仲裁委员会、北京仲裁委员会、香港国际仲裁中心、韩国商事仲裁理事会等仲裁机构的仲裁员。曾在香港城市大学工作超过25年，历任法学院院长、中国法与比较法讲座教授、司法教育与研究中心主任等职至2015年离任。

在国内外期刊发表学术论文百余篇，并出版专著及其他著作20余部，包括*Sino-American Economic Exchanges: The Legal Contributions*、《国际贸易法律秩序》、《国际金融与银行法》、《发展中的国际投资法律规范》、《国际经济法》、《世界贸易组织法》、《国际贸易法》、*The Law of the WTO: China and the Future of Free Trade*、《国际货币金融法》、《国际投资法》、*Radiating Impact of WTO on Its Members' Legal System: The Chinese Perspective*、*International Investment Law: A Chinese Perspective*、《中华传统文化视角下的国际经济法》、《“一带一路”争端解决机制》（合编）、《“一带一路”沿线国法律精要》（合编，共11卷）、《“一带一路”合作与伙伴关系协议范本》（合编）等。

序

在当今变幻莫测的世界,全球化依然是主要趋势,这可从美国原来主张的脱钩到去风险,以便与欧盟等盟友保持一致的对外政策,以及国际社会推动国际法治和国家法治等得到证实。在此大势下,以国际法院的判决、世贸组织争端解决机构通过的报告及国际投资仲裁庭作出的裁决为主体的国际判例法已然成形。各国和商业实体在国际争端解决中无不基于先前的判例主张己方的权利;世贸组织专家组、上诉机构和仲裁庭无不援引国际法院的判决、世贸组织通过的报告,作为其裁定的法理依据。国际投资仲裁庭援引国际法院的判决及世贸组织争端解决机构报告则早已成为常态。基于此,任何涉及国际经贸关系和交易的个人和机构如果仅知晓法律文件的条文,而不通晓与之实施相关的判例,便无异于盲人摸象。

在前述国际大势下,浙江大学文科资深教授、浙江大学国际战略与法律研究院院长王贵国教授开设了"国际战略与法律前沿专题"课程,从历史、国际关系、国际地缘经济和国际地缘政治等角度系统分析世界贸易秩序、国际货币金融体系、国际投资体系等领域相关国际规则的形成背景及理论基础,并对国际法的理论动态、内涵与外延以及全球化和科技发展所引发的一些新的国际法议题,如气候变化、网络空间、数字经济、公共卫生秩序、国际法治与国家法治、国际发展法等进行讲授。本课程亦以中华传统文化为视角,重新审视国际法,特别是国际经济法的制度及理论,引导学术研究、分析与思考,引发了同学们的广泛兴趣。

同时,在讨论国际法的规则及理论之余,本课程以案释法,通过分析经典案例,对国际贸易和国际投资争端解决机制的运行、规则的解释及适用等深入探讨,内容涉及最惠国待遇、国民待遇、货物贸易关税表、服务贸易具体承诺、例外条款、适格投资者、适格投资、公平公正待遇、类似产品、相似环境、市场价值等诸方面,将世贸组织专家组和上诉机构及投资仲裁庭依习惯国际法的解释方法,对各相关条约规定所作的法律分析与推理呈现给大家。通过对大量案例中相同法律概念、法律问题的不同解释和裁决进行比较分析,同学们渐次掌握国际通行的法律分析和研究方法,以利解决实际问题。

本书的内容以前述课程讨论的案例为主体,由参与课程的法学博士生分别撰写。各撰稿人在撰写过程中以习惯国际法关于条约解释的规则为标准,加之在课堂上学习的分析方法,对所选国际贸易及国际投资案例进行分析,探讨原裁定可能存在的不足或欠缺之处。据此,本书作者首先简要介绍相关判例的基本案情并引出值得探讨的法律问题,然后讨论原裁定对相关法律问题的分析思路与推理,最后在此基础上对这些报告及裁决予以评析。

“不积跬步,无以至千里;不积小流,无以成江海。”本书是各位同学基于其所学,勇于将之运用到经典案例分析之中的产物。此虽为有意义的一步,然毕竟是年轻学子,知识和经验均显不足,错误在所难免。然拳拳之心,抛砖之作,谨以此求教于前辈及同人。

CONTENTS 目　录

第一章　加拿大期刊案(Canada – Certain Measures Concerning Periodicals)

第三章 美国虾产品案(United States – Import Prohibition of Certain Shrimp and Shrimp Products)

第四章 土耳其纺织品案(Turkey – Restrictions on Imports of Textile and Clothing Products)

第十二章 Plama 诉保加利亚案(Plama Consortium Limited v. Republic of Bulgaria)

第十三章 Phoenix 诉捷克共和国案 (Phoenix v. the Czech Republic)

第十六章 LG&E公司诉阿根廷案(LG&E Energy Corp., LG&E Capital Corp., and LG&E International, Inc. v. Argentine Republic)

第一章　加拿大期刊案
(Canada – Certain Measures Concerning Periodicals)

翟率宇

一、案件事实概述

(一)概述

1996年3月11日,美国根据《关于争端解决规则与程序的谅解》(Understanding on Rules and Procedures Governing the Settlement of Disputes,DSU)第4条、1994年《关税与贸易总协定》(General Agreement on Tariffs and Trade,GATT)第23条,就加拿大采取的某些影响期刊的措施提起磋商请求,该项磋商于1996年4月10日举行,但双方未达成满意的解决方案。因此,美国请求WTO争端解决机构(Dispute Settlement Body,DSB)设立专家组以审查这些事项。根据DSU第6条,DSB在1996年6月19日的会议上决定设立有关该事项的专家组。专家组于1997年2月21日向当事各方提交了报告。随后,美国和加拿大双方均就专家组报告中的某些法律问题和专家组得出的某些法律解释进行上诉。1997年6月30日,上诉机构发布报告修正了专家组的部分结论,包括维持专家组关于GATT对加拿大《消费税法》第五部分第1条适用性的结论,推翻专家组关于加拿大《消费税法》第五部分第1条与GATT第3条第2款第1句不符的裁定,推翻专家组关于加拿大"补贴"邮资计划能够根据GATT第3条第8款(b)项获得正当性的结论。[1]

---

[1] Canada – Certain Measures Concerning Periodicals,上诉机构报告,世贸组织文件第WT/DS31/AB/R号,1997年6月30日通过,第35页。

本案涉及加拿大采取的三类措施：一是禁止向加拿大进口某些期刊的关税税目 9958；二是对某些外国期刊分刊(split - run periodicals)征收消费税的《消费税法》第五部分第 1 条；三是通过加拿大邮政公司和加拿大遗产部等所做的安排对某些加拿大期刊适用某种补贴邮资。

1. 禁止向加拿大进口某些期刊的关税税目 9958

1965 年，加拿大政府在加拿大《关税法》(Customs Tariff)附表七中制订了关税税目 9958，该条规定“禁止向加拿大进口附表七中列举或提及的任何货物”。如果进口到加拿大期刊中的某期是含有针对加拿大市场的广告的特别版本，包括外国期刊分刊与地区版，并且该广告在期刊创办国发行的该期刊所有其他版本中没有以相同形式出现，则适用关税税目 9958。为了确定期刊中的广告是否主要针对加拿大市场，需要考虑的因素包括，是否对加拿大市场有吸引力、是否提到加拿大的商品和服务税、是否列有加拿大人而非外国人的地址、是否仅针对加拿大消费者做出特殊邀请等。另外，当进口到加拿大的某一期期刊中有 5% 以上的广告内容针对加拿大市场时，关税税目 9958 亦适用。针对加拿大市场的广告包括，标明具体商品或服务在加拿大的可得来源，或包括有关在加拿大销售货物或服务的具体条件。[2]

2. 对某些外国期刊分刊征收消费税的《消费税法》第五部分第 1 条

1995 年，加拿大在其《消费税法》中增加了第五部分第 1 条“对外国期刊分刊征税”的内容，该条要求对每期外国期刊分刊征收相当于该期期刊中所载广告价值 80% 的消费税。加拿大《消费税法》第五部分第 1 条将“外国期刊分刊”定义为：某一期期刊的某一版本在加拿大经销、至少 20% 以上的编辑内容与另一种或多种其他版本的编辑内容相同或实质相同，但含有在所有其他版本中没有以相同形式出现的广告。该条款有两项例外规定：一是主要在加拿大境外销售的期刊不属于外国期刊分刊，该期刊虽然也在加拿大销售，但主要是在加拿大境外销售，则可以免税；二是该版本的所有广告以相同形式出现在销往加拿大以外的一个或多个版本中，并且在加拿大以外的销量多于在加

〔2〕 Canada - Certain Measures Concerning Periodicals，专家组报告，世贸组织文件第 WT/DS31/R 号，1997 年 3 月 14 日通过，第 2.2 - 2.5 段。

拿大境内的销量。[3]

3. 对某些加拿大期刊适用的补贴邮资

1981年,加拿大邮政公司根据加拿大国会相关立法《加拿大邮政公司法》成立。1996年3月4日生效的加拿大邮资费率规定了三种出版物邮资:“补贴”的出版物邮资、加拿大出版物商业邮资和国际出版物商业邮资。前两种适用于在加拿大出版和印刷的期刊,“补贴”邮资是指由加拿大政府提供补贴的优惠邮资,商业邮资适用于不符合“补贴”邮资标准的出版物。加拿大遗产部与加拿大邮政公司签订协议,由加拿大遗产部向加拿大邮政公司提供资助,支持对合格出版物提供特殊费率的邮资,包括在加拿大邮递和发行的国内期刊。商业邮资分为两类:“加拿大”邮资是适用于加拿大出版物的商业邮资,“国际”商业邮资适用于所有在加拿大邮寄的外国出版物。[4]

(二)所涉法律问题

本案涉及的法律问题主要包括:

1. 关税税目9958所列产品的进口禁令明显违反了GATT第11条第1款关于禁止数量限制的规定,而加拿大援引了GATT一般例外条款下(第20条)的(d)款进行抗辩,接下来需要探讨的关键法律问题是GATT第20条(d)款如何解释与适用。

2. 加拿大《消费税法》第五部分第1条应当适用GATT还是《服务贸易总协定》(The General Agreement on Trade in Services,GATS)?如何正确处理GATT和GATS的关系?

3. 加拿大《消费税法》第五部分第1条是否违反GATT第3条第2款,即GATT有关国内税收的国民待遇条款规定的义务?

4. 加拿大补贴邮资是否构成对外国期刊的歧视,从而违反GATT第3条第4款,即GATT有关国内法规的国民待遇条款规定的义务?进一步地,如果违反GATT第3条第4款,是否可以根据GATT第3条第8款(b)项予以

---

〔3〕 Canada－Certain Measures Concerning Periodicals,专家组报告,世贸组织文件第WT/DS31/R号,1997年3月14日通过,第2.6－2.9段。

〔4〕 Canada－Certain Measures Concerning Periodicals,专家组报告,世贸组织文件第WT/DS31/R号,1997年3月14日通过,第2.10－2.19段。

豁免?

二、对法律问题的分析及评论

(一)GATT 第 20 条(d)款的解释与适用

1. 美国的意见及法律依据

(1)被引用的案例及理由

美国引用了 US – Standards for Gasoline 案(以下简称美国汽油案)[5],该案的专家组指出,援引第 20 条例外的当事方有责任证明不一致的措施属于其范围,申请方必须证明下列要素:①援引例外情况的措施,即违反 GATT 的特定贸易措施,所确保遵守(secure compliance)的法令或条例本身不违反 GATT;②为了确保对这些法律或条例的遵守,有必要(necessary)采取援引例外情况的违反措施;③这些措施的适用符合第 20 条介绍性条款(introductory clause)的要求。本案专家组也采用同样的方法进行考察。

(2)法律推理过程

1965 年,加拿大政府在《关税法》附表七中制订了关税税目 9958,禁止向加拿大进口附表七中列举或提到的任何货物。美国主张,关税税目 9958 既适用于针对其他国家读者出版的加拿大特别版本(外国期刊分刊),也适用于仅为加拿大市场出版的杂志。在这两种情况下,即使仅包含少量主要针对加拿大读者的广告(外国期刊分刊的某一广告或者一般杂志中 5% 以上的广告)也适用进口禁令。这项禁令将这些杂志从加拿大杂志市场上剔除,确保只有加拿大杂志才能竞争面向国内的广告。加拿大这种做法的具体目的是确保加拿大杂志能够垄断含有此类广告的杂志进行销售。广告是杂志出版商的一个重要收入来源,因此,给予国内杂志对本地广告的垄断地位,将使它们比被剥夺刊登这些广告权利的外国杂志具有竞争优势。[6] 对于 GATT 第 20 条(d)

---

〔5〕 United States – Standards for Reformulated and Conventional Gasoline,专家组报告,世贸组织文件第 WT/DS2/R 号,1996 年 5 月 20 日通过,第 6.31 段。

〔6〕 Canada – Certain Measures Concerning Periodicals,专家组报告,世贸组织文件第 WT/DS31/R 号,1997 年 3 月 14 日通过,第 3.3 段。

款,美国认为加拿大禁令没有满足美国汽油案专家组提出的三个要求,比如,关于第一个要求,加拿大未能证明其进口禁令确保符合其《所得税法》第19节。美国认为,加拿大并没有证明进口禁令是为了执行其《所得税法》的规定,只是声称进口禁令和所得税措施推进了相同的目标(通过不同的手段),即将所有国内广告投放到国内杂志上。[7] 随后,美国还说明了其认为加拿大关税税目9958不符合"必需"要求以及GATT第20条序言的理由。

2. 加拿大的意见及法律依据

(1)被引用的案例及理由

加拿大引用了EEC - Parts and Components案(以下简称欧共体零部件案),该案专家组对GATT第20条(d)款引入了一项严格的测试。在欧共体零部件案专家组确定的标准下,不符合规定的措施必须是"必需"的,而不仅仅是为了确保实现该法律的目标。欧共体零部件小组将第20条(d)款解释为可执行性(enforceability),而不是解释为为了确保另一项措施的目标实现而存在的措施。[8] 而加拿大认为,适用第20条(d)款中的例外情况应考虑到所涉措施的性质,不考虑所涉措施的性质就不应该严格适用欧共体零部件案专家组的测试。如果涉案措施属于财政或经济方面的措施,可执行性测试才是有意义的;如果财政激励的唯一目的是在某个方面影响商业决策,则必须根据有效性(effectiveness)来判断遵守(compliance)该条款的情况。[9]

(2)法律推理过程

加拿大认为,美国所称的加拿大立法为加拿大出版商创造了针对加拿大市场的广告"垄断",这在北美的环境中是不可想象的。广告"溢出"的存在,即加拿大公众可以接触到在广泛流通的美国杂志上的通用产品广告,从而对加拿大工业的竞争力产生非常重要的影响,这本身就足以防止垄断的产生。作为抗辩理由,加拿大补充提出,关税税目9958是为了实现其《所得税法》第

[7] Canada - Certain Measures Concerning Periodicals,专家组报告,世贸组织文件第WT/DS31/R号,1997年3月14日通过,第3.7段。

[8] European Economic Community - Regulations on Imports of Parts and Components,专家组报告,世贸组织文件第BISD 37S/132号,1990年5月16日通过,第5.18段。

[9] Canada - Certain Measures Concerning Periodicals,专家组报告,世贸组织文件第WT/DS31/R号,1997年3月14日通过,第3.9-3.11段。

19 节的目标,问题是关税税目 9958 是否可以作为 GATT 第 20 条(d)款项下的必要措施。加拿大主张,加拿大《所得税法》第 19 节允许扣除针对加拿大市场的广告,而关税税目 9958 则限制向加拿大进口含有为特别接触加拿大读者而购买广告的期刊。这些措施的总体目标是帮助加拿大期刊业提高广告收入,关税税目 9958 与《所得税法》第 19 节确保了这一目标的实现。[10]

3. 专家组的意见及法律依据

(1)涉及的法律条文及解释

GATT 第 11 条第 1 款对禁止数量限制进行了一般性规定,要求"任何缔约方不得对任何其他缔约方领土产品的进口或向任何其他缔约方领土出口或销售供出口的产品设立或维持除关税、国内税或其他费用外的禁止或限制,无论此类禁止或限制通过配额、进出口许可证或其他措施实施"[11]。

GATT 第 20 条规定的是一般例外,"在遵守关于此类措施的实施不在情形相同的国家之间构成任意或不合理歧视的手段或构成对国际贸易的变相限制的要求前提下,本协定的任何规定不得解释为阻止任何缔约方采取或实施以下措施:……"本案加拿大引用的是 GATT 第 20 条(d)款的规定,即"为保证与本协定规定不相抵触的法律或法规得到遵守所必需的措施,包括与海关执法、根据第 2 条第 4 款和第 17 条实行有关垄断、保护专利权、商标和版权以及防止欺诈行为有关的措施"[12]。

(2)法律推理过程

专家组认为,关税税目 9958 完全禁止某些外国产品的进口,就其条文来看违反了 GATT 第 11 条第 1 款。接下来需要探讨的关键问题是,关税税目 9958 的这一禁止进口的措施是否可以据《马拉喀什建立世界贸易组织协定》(Marrakesh Agreement Establishing the WTO,以下简称 WTO 协定)的其他条款获得正当性。加拿大提出该措施根据 GATT 中的第 20 条(d)款的例外条

---

〔10〕 Canada – Certain Measures Concerning Periodicals,专家组报告,世贸组织文件第 WT/DS31/R 号,1997 年 3 月 14 日通过,第 3.4 – 3.5 段。

〔11〕 《乌拉圭回合多边贸易谈判结果:法律文本　中国加入世界贸易组织法律文件》,人民出版社 2002 年版,第 331 页。

〔12〕 《乌拉圭回合多边贸易谈判结果:法律文本　中国加入世界贸易组织法律文件》,人民出版社 2002 年版,第 343 页。

款获得正当性。[13]

首先,关于关税税目 9958 下的进口禁令所确保遵守的法律或条例是否符合 GATT,加拿大认为关税税目 9958 是旨在确保实现其《所得税法》第 19 节目标的措施,如果该广告出现在加拿大版本的加拿大期刊中,则该法案允许扣除针对加拿大市场的广告费用。由于美国在此程序中没有主张加拿大《所得税法》第 19 节与 GATT 不一致,因此专家组不讨论其与 GATT 一致性的问题。然而,美国主张,加拿大关税税目 9958 并不是"确保遵守"加拿大《所得税法》的措施。这里需要解释的问题是 GATT 第 20 条(d)款中"确保遵守法律法规"的含义。在此方面,欧共体零部件案的专家组认为,这句话的意思是"根据法律和法规履行义务",而不是"确保法律、法规的目标的实现"。[14] 加拿大建议,在一般财政或经济激励的情况下,特别是在目前的情况下,不应严格遵循这一先例,因为加拿大关税税目 9958 和《所得税法》一直被认为是单一、不可分割的一揽子计划的一部分。专家组并没有被加拿大的论点所说服,因为加拿大的观点会导致出现前述案件中专家组所指出的情况,即"每当符合 GATT 的法律目标不能通过履行该法律规定的义务来实现时,那么实施不符合 GATT 规定的义务则可以根据第 20 条(d)款获得正当性,理由是确保遵守该法律目标。"[15] 专家组认为,财政或经济激励的情况对这一问题也没有影响。然而,应该指出的是,专家组对加拿大有关期刊措施的政策目标,既不审查也不做出裁决,专家组只是审查加拿大政府为实现该政策目标所选择的方法。

加拿大关税税目 9958 不能被视为其《所得税法》第 19 节的执行措施。如果政府禁止进口刊登针对国内市场广告的外国期刊,那么不遵守对国内期刊广告费用授予税收减让规定的可能性将大大减少。企业几乎不可能在外国期刊上刊登广告,因为没有外国期刊可做广告,因此,企业将无法在法律上要

---

〔13〕 Canada - Certain Measures Concerning Periodicals,专家组报告,世贸组织文件第 WT/DS31/R 号,1997 年 3 月 14 日通过,第 5.5 - 5.6 段。

〔14〕 European Economic Community - Regulations on Imports of Parts and Components,专家组报告,世贸组织文件第 BISD 37S/132 号,1990 年 5 月 16 日通过,第 5.14 - 5.18 段。

〔15〕 European Economic Community - Regulations on Imports of Parts and Components,专家组报告,世贸组织文件第 BISD 37S/132 号,1990 年 5 月 16 日通过,第 5.17 段。

求税收减免。尽管可能具有相同的政策目标,但这项措施与旨在激励在加拿大期刊投放广告的税收规定不同。[16]

因此,专家组认为,加拿大关税税目9958并没有“确保遵守”其《所得税法》第19节。由于不符合第一个要素,因此没有必要继续审查是否符合其他要素。专家组裁定,加拿大关税税目9958不符合GATT第11条第1款,同时不能根据GATT第20条(d)款规定的例外规定获得正当性。

4. 对各方意见的评析

为了说明加拿大关税税目9958的不当性,申请方美国援引了美国汽油案中GATT第20条(d)款的三项要求。对于申请方美国所提出的加拿大关税税目9958不符合GATT一般例外的观点,本案专家组只审查了三项要求中的第一项即是否“确保遵守”,在得到否定结论后就没有继续审查其他要求。另外,美国在本案中并没有主张加拿大《所得税法》第19节与GATT不符,而是主张加拿大关税税目9958并不是“确保遵守”加拿大《所得税法》的措施。

被申请方加拿大所提出的GATT第20条(d)款中的“确保遵守”需要根据所涉措施的性质分情况判断的观点,实际上是没有依据的。无论是财政或经济激励措施,还是其他措施,审查“确保遵守”要求都需要审查所涉措施是否“根据法律和法规履行义务”,若仅仅审查所涉措施的目标,则将为该条款的适用带来极大程度的模糊性与不确定性。

对于专家组裁定加拿大关税税目9958不符合GATT第20条(d)款的观点,这种严格解释和限缩使用是适当且必要的。需要注意的是,由于双方并没有针对这个问题上诉,所以上诉阶段没有继续展开讨论。实际上,GATT第20条(d)款并没有像第20条其他款项一样被频繁地援引和适用,也主要是因为第20条(d)款的适用条件较为严格。1995年美国汽油案首次确定了GATT第20条(d)款适用的三个条件。加拿大期刊案的专家组则对于第20条(d)款中“确保遵守法律法规”的解释做出贡献,本案专家组确定的标准是,符合第20条(d)款的措施仅指确保法律法规所规定的义务的履行,而非确保立法目标的实现,换言之,专家组不能越过法律条文本身去审查一项法律背后

---

〔16〕 Canada – Certain Measures Concerning Periodicals,专家组报告,世贸组织文件第WT/DS31/R号,1997年3月14日通过,第5.8–5.10段。

的政策目标,而只能审查为实现该政策目标所采取的方法,否则将会面临GATT 第 20 条(d)款例外规定被滥用的风险。GATT 第 20 条(d)款的适用并非加拿大期刊案的核心问题,当事方也并未就此展开激烈对抗,事实上,直到 2000 年 Korea - Various Measures on Beef 案(以下简称韩国牛肉案)才较为全面地揭示了第 20 条(d)款适用的核心问题。

1999 年,澳大利亚和美国指控韩国的牛肉双重零销制度违反了 GATT 第 3 条第 4 款的国民待遇原则,韩国则援引 GATT 第 20 条(d)款进行抗辩。专家组于 2000 年 7 月裁决韩国败诉,上诉机构于 2000 年 12 月维持了专家组关于韩国牛肉双重零售制度的裁定。在韩国牛肉案中,专家组和上诉机构首先根据《维也纳条约法公约》(Vienna Convention on the Law of Treaties, VCLT)[17]第 31 条第 1 款审查了 GATT 第 20 条(d)款条文中"必需"的含义,提出"必需"一词是一个必要程度的范围或集合,在集合的一端,"必需"应被理解为"有所贡献"(making a contribution to),在另一端,"必需"意味着"必不可少"(indispensable)。GATT 第 20 条(d)款中的"必需"更接近于"必不可少"的一端,而非"有所贡献"的一端。[18] 随后,专家组和上诉机构围绕"必需"的第二个构成要件考察了韩国双重牛肉零售体系的正当性,即该措施对于确保遵守有争议的法律或法规这一目标实现贡献越大,越容易被认为是必需的。[19] 此外,专家组和上诉机构还指出衡量"必需"的替代措施标准,即援引该条款需要证明不存在可合理预期或可行的不违背条约义务的替代措施。[20] 至此,韩国牛肉案专家组和上诉机构澄清了 GATT 第 20 条(d)款的适用条件,特别是认为该条款中"必需"一词的解释更接近"必不可少"而非

---

〔17〕《维也纳条约法公约》,英文全称"Vienna Convention on the Law of Treaties",1969 年 5 月 22 日通过,于 1980 年 1 月 27 日生效,目前有 45 个国家和地区签署,有 116 个缔约方,全文见联合国网站, https://treaties. un. org/pages/ViewDetailsIII. aspx? src = TREATY&mtdsg_no = XXIII - 1& chapter = 23&Temp = mtdsg3& clang = _en。https://www. un. org/zh/documents/treaty/ILC - 1969 - 3。

〔18〕Korea - Measures Affecting Imports of Fresh, Chilled and Frozen Beef,上诉机构报告,世贸组织文件第 WT/DS161/AB/R 号,2000 年 12 月 11 日通过,第 161 段。

〔19〕Korea - Measures Affecting Imports of Fresh, Chilled and Frozen Beef,上诉机构报告,世贸组织文件第 WT/DS161/AB/R 号,2000 年 12 月 11 日通过,第 163 段。

〔20〕Korea - Measures Affecting Imports of Fresh, Chilled and Frozen Beef,上诉机构报告,世贸组织文件第 WT/DS161/AB/R 号,2000 年 12 月 11 日通过,第 166 段。

“有所贡献”，导致 GATT 第 20 条(d)款相较于第 20 条其他款项的构成条件更为严格。

(二)GATT 与 GATS 的适用范围

1. 美国的意见及法律依据

美国认为，消费税是专门为了支持加拿大与 GATT 不一致的进口禁令而设计的。征税的目的是实行贸易保护主义，即确保只有加拿大的杂志生产商才能获得与专门针对加拿大读者的广告相关的所有收入。加拿大杂志税旨在确保外国出版商放弃为加拿大市场发行现有杂志的外国期刊分刊版本这一具有商业吸引力的选择，因为外国期刊分刊版本将被征收 80% 的消费税。这意味着，考虑在加拿大市场销售的外国杂志生产商不能利用外国期刊分刊提供的规模经济，外国期刊分刊版本通过将制作文章和照片的费用分散到更多的杂志上，从而降低了每单位的生产成本。加拿大对此征税将确保任何外国出版商都不能利用这些较低的成本在加拿大市场上与完全由加拿大出版商制作的杂志竞争。[21]

在上诉中，美国主张，加拿大的消费税不能以它是只受 GATS 约束的“服务措施”为由免除 GATT 第 3 条的约束。加拿大没有证明 GATT 与 GATS 之间有任何重大冲突，也没有证明 GATS 应优先于 GATT 适用。美国认为，加拿大所主张的 GATT 不能适用于同时影响货物和服务的措施是不正确的。[22]

2. 加拿大的意见及法律依据

1995 年，加拿大在其《消费税法》中增加了第五部分第 1 条，即“对外国期刊分刊征税”。该条要求对每期外国期刊分刊征收相当于该期期刊中广告收入 80% 的消费税。针对此措施，加拿大提出，GATT 第 3 条不适用于其《消费税法》第五部分，因为该《消费税法》是与广告服务有关的措施，而这属于 GATS 的范围。加拿大进一步提出，根据 GATS 审查加拿大《消费税法》第五

---

〔21〕 Canada – Certain Measures Concerning Periodicals，专家组报告，世贸组织文件第 WT/DS31/R 号，1997 年 3 月 14 日通过，第 3.22 段。

〔22〕 Canada – Certain Measures Concerning Periodicals，上诉机构报告，世贸组织文件第 WT/DS31/AB/R 号，1997 年 6 月 30 日通过，第 9 – 10 页。

部分第 1 条不属于专家组的权限范围。[23]

在上诉中,加拿大主张,专家组将加拿大《消费税法》第五部分第 1 条视为 GATT 第 3 条调整的措施,主要是基于对 GATT 第 3 条第 4 款条文无依据的归纳以及对第 3 条第 2 款第一句中“间接”一词的错误解释。广告服务仅在影响根据 GATT 第 3 条享有国民待遇产品的“国内销售、许诺销售、运输、经销或使用”时,才受第 3 条第 4 款的调整。杂志虽然是广告的有形载体,但无论二者联系多么密切,都不符合 GATT 第 3 条第 2 款解释的标准。广告不是杂志作为实体产品生产、发行或使用的投入或成本,因此,对杂志广告服务征税不属于 GATT 第 3 条第 2 款意义上对作为货物的杂志进行“间接征税”。[24]

3. 专家组的意见及法律依据

(1)涉及的法律条文及解释

VCLT 第 31 条第 1 款、第 2 款规定的是条约解释的方法。根据 VCLT 第 31 条第 1 款的规定,条约必须根据其宗旨和目的,按照条款的通常含义进行善意解释。根据条约解释的一般原则,GATT 和 GATS 分别作为 WTO 协定的附件一 A 和附件一 B,应当结合 WTO 协定及其宗旨和目的加以解释。

WTO 协定第 2 条第 2 款规定,附件中的协议和相关的法律文件是该协定的组成部分,对所有成员均有约束力。该条款采用“组成部分”“均”“所有成员”等表述,表明各个组成部分下的义务具有统一性和整体性。同时,WTO 协定前言部分阐释出其宗旨和目的包括:“在处理它们在贸易和经济领域的关系时,应以提高生活水平、保证充分就业、保证实际收入和有效需求的大幅稳定增长以及扩大货物和服务的生产和贸易为目的……期望通过达成互惠互利安排,实质性削减关税和其他贸易壁垒,消除国际贸易关系中的歧视待遇,从而为实现这些目标作出贡献,因此决定建立一个完整的、更可行的和持久的多边贸易体制,以包含 GATT、以往贸易自由化努力的结果以及乌拉圭回合多

---

〔23〕 Canada - Certain Measures Concerning Periodicals,专家组报告,世贸组织文件第 WT/DS31/R 号,1997 年 3 月 14 日通过,第 5.13 段。

〔24〕 Canada - Certain Measures Concerning Periodicals,上诉机构报告,世贸组织文件第 WT/DS31/AB/R 号,1997 年 6 月 30 日通过,第 3 - 4 页。

边贸易谈判的全部结果。”〔25〕

(2)法律推理过程

专家组认为,加拿大主张的本质是,由于加拿大没有根据 GATS 对广告服务做出具体承诺,不应允许美国根据一协议享有另一协议明确排除的利益。换言之,加拿大提出,如果一成员没有对某一具体服务部门做出市场准入承诺,那么在服务的非承诺和货物部门的承诺或义务重叠的情况下,非承诺应排除在货物部门做出的所有义务或承诺之外。加拿大提出,由于 GATT 和 GATS 两个协议的存在,二者都可能适用于某一特定措施,因此,有必要解释各自的适用范围以避免重叠。

加拿大将其《消费税法》描述为旨在管制广告服务贸易的措施,理由是加拿大对其他媒体的广告并不存在类似的监管,而且该税是按期征收。专家组未接受这种说法。即使加拿大没有在减让表中加入广告服务,意在将其《消费税法》第五部分第 1 条排除在 GATS 的承诺范围之外,这是否可使加拿大免于专家组对美国诉称的违反 GATT 义务和承诺的审查?为了回答这个问题,专家组审查了 WTO 协定及其附件的结构。专家组认为,根据条约解释的一般原则,应给予协定的所有条款以含义和效力。GATT 和 GATS 以及 WTO 协定第 2 条第 2 款的通常含义,一起表明 GATT 和 GATS 项下的义务能够并存且互不替代。若为加拿大所主张的结果,则应存在类似于 WTO 协定第 16 条第 3 款或附件 1A 的一般性注释的条款,以确立 GATT 和 GATS 之间的等级位阶。没有这种规定,意味着 GATT 和 GATS 在 WTO 协定中是独立存在的,二者之间并无等级关系。

在此方面,加拿大还提出应避免 GATT 和 GATS 之间的重叠,专家组对此并不同意。GATT 和 GATS 所调整的对象间有所重叠是不可避免的,并将随着技术的发展和经济活动的全球化而进一步增加。专家组不认为这种重叠会破坏 WTO 协定体系的一致性。事实上,类似运输和经销这样的服务已被认为是 GATT 第 3 条第 4 款调整的对象。广告服务长期与 GATT 第 3 条的调整联系在一起,早在 1970 年的边境税调整工作组报告中就提到服务和广

〔25〕《乌拉圭回合多边贸易谈判结果:法律文本 中国加入世界贸易组织法律文件》,人民出版社 2002 年版,第 6 页。

告。专家组也注意到,之前有几份已通过的专家组报告在 1947 年 GATT 第 3 条的框架下审查了服务问题,例如,Canada - Import, Distribution and Sale of Certain Alcoholic Drinks by Provincial Marketing Agencies 案〔26〕, United States - Measures Affecting Alcoholic and Malt Beverages 案(以下简称美国麦芽酒案),〔27〕 Thailand - Restrictions on Importation of and Internal Taxes on Cigarettes〔28〕等。无论如何,加拿大承认本案中并不存在 GATS 和 GATT 项下的义务冲突,没有理由不适用 GATT 和 GATS。因此,专家组裁定,GATT 第 3 条对本案的消费税法适用。〔29〕

4. 上诉机构的意见及法律依据

上诉机构不同意加拿大关于 GATT 不适用于其《消费税法》第五部分第 1 条的观点。首先,加拿大《消费税法》第五部分第 1 条是对外国期刊分刊征收的消费税,其名称为“外国期刊分刊税”,而不是“广告税”。修订加拿大《消费税法》和《所得税法》的概要规定:“修订消费税法对外国版期刊征税”。其次,期刊是由编辑内容和广告内容两部分组成的商品。这两部分都可以被视为具有服务的特征,但他们共同构成同一个物理产品,即期刊本身。加拿大《消费税法》第五部分第 1 条与关税税目 9958 相配套,该税则禁止特别版期刊的进口,包括主要针对加拿大市场的广告且不同于期刊原产地发行的所有版别形式的外国版和地区版期刊。加拿大同意关税税目 9958 是影响货物贸易的措施,即便它与其《消费税法》第五部分第 1 条一样适用于外国版期刊。加拿大《消费税法》第五部分第 1 条旨在补充关税税目 9958 并使进口禁令生效。作为进口禁令的配套措施,加拿大《消费税法》第五部分第 1 条与关税税目 9958 具有相同的目标和宗旨,因此应以同样的方法进行分析。加拿大《消费税法》第五部分第 1 条规定,“按期”(on a “per issue” basis)对外国期刊分刊征收消

〔26〕 Canada - Import, Distribution and Sale of Certain Alcoholic Drinks by Provincial Marketing Agencies,专家组报告,世贸组织文件第 BISD 39S/27 号,1992 年 2 月 18 日通过。

〔27〕 United States - Measures Affecting Alcoholic and Malt Beverages,专家组报告,世贸组织文件第 BISD 39S/206 号,1992 年 6 月 19 日通过。

〔28〕 Thailand - Restrictions on Importation of and Internal Taxes on Cigarettes,专家组报告,世贸组织文件第 BISD 37S/200 号,1990 年 11 月 7 日通过,第 78 段。

〔29〕 Canada - Certain Measures Concerning Periodicals,专家组报告,世贸组织文件第 WT/DS31/R 号,1997 年 3 月 14 日通过,第 5.14 - 5.19 段。

费税,根据其结构设计,这是一种期刊税,由出版商纳税,或在出版商不在加拿大的情况下,由经销商、印刷商或零售商纳税,而非广告商纳税。

基于上述分析,加拿大《消费税法》第五部分第 1 条本质上是对外国期刊分刊征收的消费税,上诉机构不同意这种国内税不会“间接影响”进口产品的观点。一项措施与 GATT 第 3 条不一致,不必证明进口产品和国内产品之间税收待遇差异的贸易效果,这是已确立的公认原则。GATT 第 3 条的根本目标是确保进口产品和国内相同产品之间平等的竞争条件,在此方面,没有必要去探讨 GATT 第 3 条第 1 款或第 4 款赋予第 3 条第 2 款第 1 句的含义。GATS 作为 WTO 协定的附件 1B 生效,并不会削减 GATT 的适用范围。上诉机构同意专家组的观点,即 GATT 和 GATS 以及 WTO 协定第 2 条第 2 款的通常含义,一起表明 GATT 和 GATS 项下的义务能够并存且互不替代。关于 GATT 和 GATS 之间可能发生重叠的问题,由于双方当事人都认为其与本上诉没有关系,因此上诉机构没有就此发表意见。上诉机构的结论是,在本上诉中,没有必要考察加拿大在 GATS 下的权利义务,事实上这种审查也是不适当的。上诉涉及的争议措施,即加拿大《消费税法》第五部分第 1 条,是明确适用于货物的措施,这是对外国期刊分刊征收的消费税。[30]

5. 对各方意见的评析

加拿大期刊案是 WTO 处理的涉及服务贸易的较为早期的案例。由于服务贸易中不是所有的部门都适用国民待遇,一国是否给予服务贸易以国民待遇取决于它有没有做出具体承诺,这与 GATT 的国民待遇普遍适用明显不同。因此,GATT 和 GATS 适用的关系问题显得尤为重要。

加拿大试图通过《消费税法》规制的是以广告服务贸易为理由排除 GATT 的适用,这是一种孤立、静止、割裂的形而上学视角,既没有考虑到 WTO 协定下 GATT 和 GATS 义务的统一性,也没有关注到经济全球化下 GATT 与 GATS 义务重叠的必然性;美国所主张的 GATT 与 GATS 之间没有重大冲突也没有优先顺位基本上是正确的,专家组和上诉机构通过分析最终支持了美国在这一问题上的立场。

---

〔30〕 Canada – Certain Measures Concerning Periodicals,上诉机构报告,世贸组织文件第 WT/DS31/AB/R 号,1997 年 6 月 30 日通过,第 17 – 20 页。

专家组采用的解释方法是,按照同一标准、同一方法解释。GATT 和 GATS 都是 WTO 协定的附件,应当是符合同一目标的,是其组成部分,是相互协调的;一个行为并非只涉及一个法律元素,比如刑事可以附带民事,因而同一个行为涉及的 GATT 和 GATS 义务可以并存且互不替代。专家组的观点是符合条约解释的法理或习惯国际法规则的。遵循条约解释的逻辑,首先,WTO 协定第 2 条第 2 款强调 GATT 和 GATS 项下的义务应整体统一于 WTO 法律体系;其次,WTO 协定的整体架构显示出,GATT 和 GATS 作为附件一 A 和附件一 B 没有效力上的先后顺序;再次,若因 GATS 项下没有做出具体承诺义务而排除 GATT 的适用,则限缩了 WTO 法律体系的效力范围,不利于增强多边贸易体制的完整性和约束力,从而不符合 WTO 协定前言中“建立一个完整的、更可行的和持久的多边贸易体制”的宗旨与目的;最后,由于 GATS 项下的国民待遇义务并非全部门覆盖,通过 GATT 的补充适用可以保障与贸易关系密切的那些服务部门的自由化程度。综上所述,GATT 和 GATS 项下的义务是互不排斥、互不取代、可以并存、可以累加的,GATS 的生效并不削减 GATT 的适用范围。

上诉机构与专家组的立场基本相同,并在专家组的基础上进一步驳回加拿大的上诉理由:即使期刊的内容是由编辑内容和广告内容两部分组成的,但期刊本身是货物,其中的编辑内容和广告内容无法分割,对特定种类的期刊征收消费税显然属于影响货物贸易的措施。上诉机构的解释顺应了国际贸易的发展规律,即货物贸易与服务贸易的重合趋势。从 GATT 和 GATS 制定历史来看,GATT 与 GATS 项下的义务重合具有相当的必然性。在制定 1947 年 GATT 时,服务贸易的发展并不像货物贸易一样发达,人们并没有区分服务贸易和货物贸易的意识,因此,虽然目前国际社会的普遍共识是 GATT 旨在调整货物贸易领域,但 GATT 的实际调整范围并不局限于货物贸易领域。早在 WTO 的前身 1947 年 GATT 时代,区分货物贸易和服务贸易的争论便已出现,比如,在 GATT 1947 第 4 条能否适用于电视产品的问题上,美国基于其在视听服务领域的支配性地位,极力主张电视产品属于 1947 年 GATT 所调整的“货物”而非“电影片”,应享受广泛的非歧视待遇;欧洲国家则出于对其文化产业和价值体系的保护,认为电视产品属于 1947 年 GATT 特殊规定的“电影片”,不属于 1947 年 GATT 的适用范围。[31] 随着国际贸易在形式种类、总体规模和发展速度上的不断增加,货物贸易和服务贸易的重合范围将会进一步扩大,GATT 和 GATS 的适用范围也将更加难以完全区分。由于各国在服务贸易领域的实力差距依然悬殊,且 GATS 项下准入义务的差别持续存在,在未来很长一段时间内,货物贸易与服务贸易密切联系的措施是否属于 GATS 项下的义务仍为各国的争议焦点,各国将基于自身利益主张适用具有较强约束性的 GATT 或者约束性不足的 GATS。比如,在数字贸易的发展趋势下,数字产品或电子商务应受 GATT 还是 GATS 调整已成为当前国际社会的焦点议题之一。

(三)GATT 有关国内税收的国民待遇条款的解释与适用

如果 GATT 第 3 条第 2 款可适用于加拿大《消费税法》第五部分第 1 条,则下一步需要讨论的问题是:加拿大《消费税法》第五部分是否违反 GATT 第 3 条第 2 款有关国民待遇的规定?

1. 加拿大的意见及法律依据

加拿大主张,其《消费税法》第五部分第 1 条措施与 GATT 第 3 条第 2 款第 1 句一致。单个进口产品的征税高于国内同类产品的潜在性本身,当产生于没有歧视性的财政分类时,并不导致自动违反 GATT 第 3 条第 2 款。GATT 第 3 条第 2 款并不旨在税率、方法或分类的财政协调。只要措施的财政分类是中性的,没有内在偏向,则该分类的存在及不同的税率,并不违反 GATT 第 3 条第 2 款。对于 GATT 第 3 条第 2 款第 2 句,加拿大主张,进口的外国期刊分刊与国内的非外国期刊分刊不是直接竞争或可替代的,因为每一杂志的内容都是特定的,不可替换。[32]

在上诉阶段,加拿大主张,外国期刊分刊与针对加拿大市场制定的编辑内容的期刊不是直接竞争或可替代产品(Directly Competitive or Substitutable Products)。虽然它们是可替代的广告媒体,但它们不是竞争的或替代的信息

---

〔31〕 刘子平:《论 GATT 与 GATS 项下义务的累加性》,载《华东政法大学学报》2015 年第 1 期,第 41-42 页。

〔32〕 Canada-Certain Measures Concerning Periodicals,上诉机构报告,世贸组织文件第 WT/DS31/AB/R 号,1997 年 6 月 30 日通过,第 5-7 页。

媒体。替代意味着互换性,一旦接受了相关内容,为不同市场制作的杂志显然不是可互换的,它们的最终用途是不同的。加拿大认为,二者的关系应为“非完美的替代性”,远非 GATT 第 3 条第 2 款第 2 句所要求的直接竞争或可替代。20 世纪 60 年代到 90 年代,加拿大市场的进口杂志和国内杂志所占的比例一直保持稳定,如果竞争力已经达到直接竞争标准的必要程度,这一比例本应发生变化。因此,加拿大质疑进口的外国期刊分刊和国内的非外国期刊分刊之间的竞争或可替代性是否足够“直接”,从而满足 GATT 第 3 条注释中的标准。

2. 美国的意见及法律依据

美国主张,税收存在本身就证明了加拿大市场中外国期刊分刊和非外国期刊分刊之间存在竞争。正如加拿大所承认的,外国期刊分刊和全部国产的非外国期刊分刊间为广告收入而竞争,这证明他们在竞争同样的读者群体。厂商在杂志上做广告的唯一目的就是接触读者。厂商只有有理由相信外国期刊分刊本身可以作为国内的非外国期刊分刊的替代而接受时,才会考虑外国期刊分刊作为国内的非外国期刊分刊的广告替代而接受。

3. 专家组的意见及法律依据

(1)涉及的法律条文及解释

GATT 第 3 条“国内税与国内法规的国民待遇”是国际贸易法中非歧视待遇的重要组成部分,要求 WTO 成员在货物贸易领域给予符合条件的外国产品国民待遇。该条共有 10 款,其中,第 1 款规定了有关国民待遇的总体政策,即国内税和其他国内费用,影响产品的国内销售、标价出售、购买、运输、分销或使用的法律、法规和规定以及要求产品的混合、加工或使用的特定数量或比例的国内数量法规,不得以为国内生产提供保护的目的对进口产品或国产品适用。第 2 款规定了有关国内税收的国民待遇:“任何缔约方领土的产品进口至任何其他缔约方领土时,不得对其直接或间接征收超过对同类国产品直接或间接征收的任何种类的国内税或其他国内费用。此外,缔约方不得以违反第 1 款所列原则的方式,对进口产品或国产品实施国内税和其他国内费用。”第 2 款后附有注释:“凡符合第 2 款第一句要求的税收,只有在已税产品为一方和未同样征税的直接竞争或替代产品为另一方之间有竞争的情况下,才被认为与第二句的规定不符。"[33] GATT 第 3 条第 2 款总共两句话,第 1 句的适用对象是同类产品,第 2 句的适用对象是直接竞争或替代产品。本案的核心争议围绕 GATT 第 3 条第 2 款即有关国内税收的国民待遇条款展开。

(2)被引用的案例及理由

专家组和上诉机构均引用了 Japan – Alcoholic Beverages 案(以下简称日本酒税案),用以确定 GATT 第 3 条第 2 款的考虑因素。首先,日本酒税案的上诉机构确认 GATT 第 3 条第 2 款第 1 句中的"同类产品"定义应在个案基础上根据以下三个要素严格解释:一是特定市场上产品的最终用途,二是消费者的口味和习惯,三是产品的特征、性质和质量。[34] 其次,日本酒税案确定了国内税措施与 GATT 第 3 条第 2 款第 2 句不符需要解决三个问题:第一,是否属于直接竞争或替代产品;第二,是否有类似征税(not similarly taxed);第三,对直接竞争或可替代产品征收不同的税收是否"用于为国内生产提供保护"(so as to afford protection)。[35] 日本酒税案裁决内容,特别是其中对于 GATT 第 3 条第 2 款中"同类产品"的解释,为 WTO 后续案件的处理提供了重要指导。加拿大期刊案的专家组和上诉机构均沿用了日本酒税案的法律推理思路,对加拿大《消费税法》第五部分第 1 条措施是否违反 GATT 第 3 条第 2 款做出了分析。

(3)法律推理过程

专家组认为,为确定加拿大《消费税法》第五部分第 1 条措施是否违反了 GATT 第 3 条第 2 款第 1 句,需要回答两个问题:第一,进口的外国期刊分刊与国内的非外国期刊分刊是否为同类产品;第二,对进口的外国期刊分刊征收的国内税是否多于国内的非外国期刊分刊的国内税。如果两个问题的答案都是肯定的,则违反 GATT 第 3 条第 2 款第 1 句。如果第一个问题的答案是否定的,则应进一步审查是否违反 GATT 第 3 条第 2 款第 2 句。对于第一个问

[33] 《乌拉圭回合多边贸易谈判结果:法律文本　中国加入世界贸易组织法律文件》,人民出版社 2002 年版,第 324 – 325 页。

[34] Japan – Taxes on Alcoholic Beverages,专家组报告,世贸组织文件第 WT/DS8/R,WT/DS10/R,WT/DS11/R 号,1996 年 7 月 11 日通过,第 4.21 段。

[35] Japan – Taxes on Alcoholic Beverages,上诉机构报告,世贸组织文件第 WT/DS8/R,WT/DS10/R,WT/DS11/R 号,1996 年 11 月 1 日通过,第 24 页。

题,专家组认为,本案中专家组的职权不是一般地讨论期刊的相似性,而是比较进口的外国期刊分刊和国内的非外国期刊分刊。就进口的外国期刊分刊受加拿大《消费税法》的相关规定调整而言,可以在假设进口的基础上进行比较。对此,专家组以《乡村生活》杂志为例,比较停止出版美国版之前和之后这两期假定的加拿大版《乡村生活》。这两期具有相同的最终用途,非常相似的物理特征、性质和质量,非常可能针对具有相同品味和习惯的读者。这两期杂志各方面相同,但只有一期被征收消费税,另一期则不纳税。因此,专家组得出结论:进口的外国期刊分刊和国内的非外国期刊分刊是 GATT 第 3 条第 2 款意义上的同类产品。接下来的问题是,进口的外国版期刊的征税是否超过对国内非外国版期刊的征税?由于消费税只适用于外国期刊分刊,进口的外国期刊分刊要缴纳国内消费税,显然超过对国内非外国期刊分刊的征税。因此,专家组裁定,加拿大《消费税法》第五部分违反了 GATT 第 3 条第 2 款第 1 句,专家组认为不需审查 GATT 第 3 条第 2 款第 2 句或第 3 条第 4 款。〔36〕

4. 上诉机构的意见及法律依据

在这一问题上,上诉机构不同意专家组对进口的外国期刊分刊和加拿大非外国期刊进行同类性比较所得出的结论。〔37〕 就 GATT 第 3 条第 2 款第 1 句,上诉机构同意专家组审查是否为同类产品、是否多于国内税这两个问题的观点。〔38〕 对于"同类产品"的法律标准,上诉机构同样采用了日本酒税案所确定的标准。上诉机构同意专家组的以下观点:GATT 第 3 条第 2 款第 1 句通常要求对进口产品与国内同类产品进行比较,而由于关税税目 9958 的进口禁令,加拿大境内并无进口的外国期刊分刊,因此需要假设外国期刊分刊进口以进行审查。确定"同类产品"的适当标准,应通过检查相关的因素,根据个案严格解释。"同类产品"的相关因素包括:产品在特定市场中的最终用途;消

〔36〕 Canada – Certain Measures Concerning Periodicals,专家组报告,世贸组织文件第 WT/DS31/R 号,1997 年 3 月 14 日通过,第 5.21 – 5.30 段。

〔37〕 Canada – Certain Measures Concerning Periodicals,上诉机构报告,世贸组织文件第 WT/DS31/AB/R 号,1997 年 6 月 30 日通过,第 22 页。

〔38〕 Canada – Certain Measures Concerning Periodicals,上诉机构报告,世贸组织文件第 WT/DS31/AB/R 号,1997 年 6 月 30 日通过,第 20 页。

费者的口味和习惯;产品的特征、性质和质量。然而,上诉机构指出,专家组没有分析有关进口外国期刊分刊与国内非外国期刊分刊的标准。专家组没有根据提交的展品和证据做出裁定,只是基于假设的例子得出进口的外国期刊分刊与国内的非外国期刊分刊“能够”是同类产品的裁定。上诉机构指出,从导致进口的外国期刊分刊与国内的非外国期刊分刊“能够”是同类产品结论的例子中,没有足够的理由得出该两种产品是同类产品的结论。因此,上诉机构认为,专家组缺乏充分的事实分析和适当的法律推理,无法从逻辑上得出进口的外国期刊分刊与国内的非外国期刊分刊是同类产品的结论。确定进口产品和国内产品是否属于“同类产品”,是法律规则适用于事实的过程。对 GATT 第 3 条第 2 款第 1 句的分析,该程序尤其细致,因为“相似性”必须按个案狭义解释。由于专家组在这方面缺乏充分的分析,不可能继续对同类产品做出裁定,因此,上诉机构推翻了专家组关于“同类产品”的结论。同时,上诉机构不能依据 GATT 第 3 条第 2 款第 1 句肯定地回答前述的两个问题,因而需要审查该争议措施与 GATT 第 3 条第 2 款第 2 句的一致性。〔39〕

关于上诉机构是否有权审查 GATT 第 3 条第 2 款第 2 句的问题,上诉机构认为,如果专家组报告中有充足的依据,则上诉机构能够并且应该审查该措施与 GATT 第 3 条第 2 款第 2 句的一致性,以完成对 GATT 第 3 条第 2 款第 2 句的分析。从第 2 句开头的“moreover”一词可以明显看出,第 2 款第 1 句和第 2 句是紧密相联的。第 3 条第 2 款注释也强调,凡符合第 2 款第 1 句要求的税收,只有在已税产品为一方和未同样征税的直接竞争或替代产品为另一方之间有竞争的情况下,才被认为与第 2 句的规定不符。因此,审查加拿大《消费税法》第五部分第 1 条与 GATT 第 3 条第 2 款第 2 句的一致性,是逻辑连贯的一环。对于确定国内税措施与 GATT 第 3 条第 2 款国民待遇义务的一致性,该条款第 1 句和第 2 句中的法律义务是两个密切联系的步骤,上诉机构不完成对第 2 款第 2 句的分析将是不负责任的。本案专家组就第 2 款第 1 句作出裁定并得出结论,但上诉机构推翻了其中一个裁定,因此有必要基于专家

〔39〕 Canada - Certain Measures Concerning Periodicals,上诉机构报告,世贸组织文件第 WT/DS31/AB/R 号,1997 年 6 月 30 日通过,第 20 - 23 页。

组报告继续分析第 3 条第 2 款第 2 句并得出结论。[40]

就第 3 条第 2 款第 2 句,上诉机构首先引用了日本酒税案的观点,即确定国内税措施与第 3 条第 2 款第 2 句不符需要解决三个问题,之后就每个问题逐个进行分析:

第一,关于是否属于直接竞争或可替代产品。上诉机构认为美国的观点更具说服力。在专家组的报告中,加拿大政府曾解释了发行量、广告收入和编辑内容之间存在的直接的相互关系。发行量越大,能吸引广告越多,出版商可以在编辑内容上投入更多的资金;出版商投入越多,杂志对读者的吸引力就越大,进而导致发行量的增长,反之亦然。而由于外国杂志对加拿大市场的渗透,加拿大期刊的出版商在商业环境中面临重大的竞争挑战。外国杂志在加拿大市场中占据主要地位,占所有报摊发行量的 81.4%,占全部面向加拿大读者的英文杂志发行量的一半以上。上诉机构认为,加拿大所主张的"非完美的替代性"并不能改变上诉机构的观点。完美的替代性属于第 3 条第 2 款第 1 句的情况,而现在上诉机构审查的是该条款第 2 句中范围更广的禁止。对于加拿大关于产品达到"直接竞争"的标准应使进口和国内市场份额比例发生变化的主张,上诉机构也没有支持,认为只有在没有通过加拿大关税税目 9958 和加拿大《消费税法》第五部分第 1 条等禁止进口的措施以保护加拿大期刊的国内市场时,这一观点才有说服力。上诉机构认为进口的外国期刊分刊和国内的非外国分刊期刊"直接竞争或可替代",并不意味着所有的期刊无论其编辑内容是什么都属于同一相关的市场,编辑内容为时事新闻的期刊与园艺、象棋、体育、音乐、美食类的期刊并非直接竞争或可替代产品,然而,如《时代》《加拿大时代》《麦克米林》等新闻类杂志属于直接竞争或可替代产品,尽管《麦克米林》杂志的内容含有更多加拿大文化,但杂志越专业,竞争关系越密切。面向加拿大市场的进口的外国期刊分刊与国内的非外国期刊分刊间的竞争,和进口的非外国分刊期刊与国内的非外国期刊分刊间的竞争相比,前者之间的竞争更为激烈。进口的外国期刊分刊含有特别针对加拿大市场的广告,而进口的非外国期刊分刊不含有此类广告。对于这一点,上诉机构得出

---

〔40〕 Canada - Certain Measures Concerning Periodicals,上诉机构报告,世贸组织文件第 WT/DS31/AB/R 号,1997 年 6 月 30 日通过,第 23 - 24 页。

的结论是,进口的外国期刊分刊和国内的非外国期刊分刊,在它们是加拿大期刊市场的同一组成部分的范围内,是直接竞争的或可替代的产品。[41]

第二,关于是否没有类似征税。加拿大《消费税法》第五部分第1条对外国期刊分刊的征税额为所含广告价值的80%,而国内的非外国期刊分刊不受加拿大《消费税法》第五部分第1条的调整。根据上诉机构在日本酒税案中的推理,进口产品与直接竞争或替代的国内产品相比征税不同,即与第3条第2款第2句的规定不符。在1947年GATT下的United States – Section 337案[42]中,专家组指出,第3条第4款的"不低于"待遇要求应被理解为适用于进口产品的每一个案,平衡某些进口产品的较优惠待遇和其他进口产品的较差待遇的观点是无法接受的。本案中,加拿大《消费税法》第五部分第1条的征税税额远高于日本酒税案的上诉机构报告要求的最低限度。这项税收的数额足以阻止外国期刊分刊在加拿大制作和销售。[43]

第三,关于是否"用于保护国内生产"的要求。上诉机构在日本酒税案中确立了判断对直接竞争或可替代产品的不同征税是否用于提供保护的方法,即将国内产品与进口产品进行比较,对争议措施的结构和适用情况进行全面和客观的分析。尽管一项措施的目的不易确定,但其保护性适用往往能够从其设计(design)、组织(architecture)和结构(structure)中确定。在既定案件中,征税的不同额度可以作为判断保护性适用的证据。大多数情况下还需要考虑其他因素,包括既定案件中所有的相关事实和相关情形。就加拿大《消费税法》第五部分第1条来说,进口的外国期刊分刊与国内的非外国期刊分刊之间的征税额度差别过大,对进口的外国期刊分刊来说实际上已成为禁止性的规定。加拿大的政策制定工作组报告、加拿大遗产部长的声明、加拿大政府对工作报告的答复以及加拿大遗产部长在修订《消费税法》时的辩论,都说明了加拿大政府旨在保护加拿大的期刊业,以保护加拿大的文化。加拿大还

---

〔41〕 Canada – Certain Measures Concerning Periodicals,上诉机构报告,世贸组织文件第WT/DS31/AB/R号,1997年6月30日通过,第25–29页。

〔42〕 United States – Section 337 of the Tariff Act of 1930,专家组报告,世贸组织文件第BISD 36S/345号,1989年11月7日通过,第5.14段。

〔43〕 Canada – Certain Measures Concerning Periodicals,上诉机构报告,世贸组织文件第WT/DS31/AB/R号,1997年6月30日通过,第29页。

承认,该税收的目标和结构是使加拿大杂志免于对广告部门的竞争,从而将加拿大广告的大量收入用于生产为加拿大市场创造的编辑材料。因此,根据税收额度的差距、加拿大政府对其明确的政策目标所发表的几项声明,上诉机构得出结论,加拿大《消费税法》第五部分第1条是为了对加拿大期刊的生产提供保护。[44]

综合上述三点,上诉机构裁定加拿大《消费税法》第五部分第1条与加拿大据GATT第3条第2款第2句规定的义务不一致,从而修正专家组对GATT第3条第2款的裁定。

5. 对各方意见的评析

加拿大期刊案的裁决对GATT第3条第2款第1句和第2句的理解具有重要的指导和借鉴意义。加拿大以"非完美的替代性"界定外国期刊分刊与非外国期刊分刊之间的关系,进而主张二者不是直接竞争或可替代产品,然而,"完美的替代性"是GATT第3条第2款第1句中"相同国内产品"的判断要求,第2句直接竞争或替代产品并不要求"完美的替代性",而是包含更广的范畴。美国主张外国期刊分刊和全部国产的非外国期刊分刊为广告收入而竞争同样的读者群体,即表明二者属于加拿大期刊市场的同一组成部分范围,从而属于直接竞争或可替代产品。

本案专家组的裁定并未完全明确、完整、清晰地阐释与该条款相关的所有问题,比如,GATT第3条第2款第1句和第2句的关系是什么?单独违反第1句或者第2句,是否都可以视为违反第3条第2款?实际上,由于第2款第1句的结尾使用的是句号,因此,第1句和第2句可以分开考虑,只要与其中任何一句不符即可以裁定违反第3条第2款。直接竞争或可替代产品与同类产品的关系是,直接竞争或可替代产品的范围比同类产品更广,换言之,直接竞争或可替代产品不一定属于同类产品。直接竞争或可替代产品可以是相似的,也可以不是相似的,因为第2款第2句没有界定"相似"。比如,两种产品可能性质不同但最终用途相同,在某一市场更具竞争力,因而属于直接竞争或可替代产品,但不属于同类产品。但是,第2句对产品的要求是"直

[44] Canada－Certain Measures Concerning Periodicals,上诉机构报告,世贸组织文件第WT/DS31/AB/R号,1997年6月30日通过,第30－32页。

接竞争的”,即意味着产品应具有较强的竞争力,且目的是对国内生产提供保护。

本案上诉机构沿用了日本酒税案对第 3 条第 2 款第 2 句的分析路径,就是否属于直接竞争或可替代产品、是否没有类似征税、是否用于提供保护三个方面逐个分析。值得注意的地方有两点:一是在界定“直接竞争或可替代”时,上诉机构虽然没有提出完整的和有约束力的分析路径,但是表明了市场份额、消费者嗜好、价格销量等参考因素,比如,就市场份额的角度而言,期刊中广告越多,可用于编辑内容的投入越多,杂志对消费者的吸引力越大,市场份额越高,因此,上诉机构判断进口的外国期刊分刊和国内的非外国期刊分刊在加拿大期刊市场中具有竞争关系。然而,上诉机构同时指出,不是所有的期刊都属于同一相关市场(the same relevant market),从上诉机构列举的例子中可以看出,WTO 争端解决机构在裁决期刊等文化产品是否属于竞争关系时,更多关注的仍是物理特性而非文化因素。〔45〕 二是在判断一项措施“是否用于保护国内生产”时,上诉机构认为可以从该法案的设计、组织和结构入手。从上诉机构的分析中可见,设计指的是立法目的,比如本案中上诉机构是从加拿大政策起草工作组报告文件等判断得出结论的;组织和结构指的是税率幅度和税基等,以判断其是否改变竞争环境。由此,在考察涉案措施的目的与效果时,WTO 争端解决机构偏向基于客观标准推断立法意图,更有 EC – Bananas Ⅲ案等先例的上诉机构认为,一项措施在事实上保护国内产品则违反了 GATT 国民待遇条款而无须考虑其立法目的。〔46〕 鉴于 WTO 争端解决机构对于其成员贸易政策背后的文化等非贸易价值的忽视,加拿大在上诉机构作出裁决后发布声明称,加拿大虽然遵守 WTO 裁决并履行 WTO 义务,但并不因该裁决而改变其保护本国文化的政策目标。〔47〕

---

〔45〕 Canada – Certain Measures Concerning Periodicals,上诉机构报告,世贸组织文件第 WT/DS31/AB/R 号,1997 年 6 月 30 日通过,第 28 页。

〔46〕 European Communities – Regime for the Importation, Sale, and Distribution of Bananas,专家组报告,世贸组织文件第 WT /DS27/AB/R 号,1997 年 9 月 9 日,第 231 –240 段。

〔47〕 Canada – Certain Measures Concerning Periodicals,加拿大向世贸组织提交的来文,世贸组织文件第 WT/DS31/8 号,1997 年 9 月 2 日通过。

(四)GATT 有关国内法规的国民待遇条款的解释与适用

1. 加拿大的意见及法律依据

第一,关于国际邮资与商业邮资、补贴邮资。加拿大对加拿大邮政针对进口期刊适用更高的邮资这一事实无异议。加拿大的主张是,加拿大邮政是私人机构,其法律人格不同于政府,其收取的商业或国际邮资不受政府控制,因此不符合 GATT 第 3 条第 4 款意义上的"规章"或"要求"。[48]

第二,关于 GATT 第 3 条第 8 款(b)项对补贴邮资计划的适用。加拿大主张,加拿大遗产部支付给加拿大邮政的资金,使其能够给加拿大出版商降低邮政费率,这是 GATT 第 3 条第 8 款(b)项下所允许的补贴,该项明确承认,对国内生产者的补贴不受第 3 条规定的国家待遇规则的约束。第 8 款(b)项适用于第 3 条的所有规定,包括第 3 条第 4 款。[49]

2. 美国的意见及法律依据

第一,关于国际邮资与商业邮资、补贴邮资。美国提出,加拿大邮政是一个完全受加拿大政府指示的政府机构,它是一个政府所有、政府设立的特许机构,且由加拿大政府任命的董事会管理。[50]

第二,关于 GATT 第 3 条第 8 款(b)项对补贴邮资计划的适用。美国认为该条款对本案不适用,因为加拿大遗产部支付的补贴不是直接支付给出版商,而是支付给加拿大邮政公司。美国提出之前的专家组严格解释"全部"(exclusively)一词,仅指直接支付给国内生产商。[51] 美国引用了 EEC - Oilseeds 案(以下简称欧共体油籽案)作为依据,该案专家组指出,第 3 条第 8 款(b)项仅适用于全部对国内生产商的支付,可以合理推定不直接支付给生产商不是"全部"对生产商的支付。专家组还指出,如果欧共体授权支付产生的

---

[48] Canada - Certain Measures Concerning Periodicals,专家组报告,世贸组织文件第 WT/DS31/R 号,1997 年 3 月 14 日通过,第 3.150 - 3.156 段。

[49] Canada - Certain Measures Concerning Periodicals,专家组报告,世贸组织文件第 WT/DS31/R 号,1997 年 3 月 14 日通过,第 3.184 段。

[50] Canada - Certain Measures Concerning Periodicals,专家组报告,世贸组织文件第 WT/DS31/R 号,1997 年 3 月 14 日通过,第 3.158 段。

[51] Canada - Certain Measures Concerning Periodicals,专家组报告,世贸组织文件第 WT/DS31/R 号,1997 年 3 月 14 日通过,第 3.197 段。

经济利益至少部分由欧共体油籽案的加工商获得，该支付产生了以购买国内产的油籽为条件的利益，与第 3 条第 4 款不符。在这种情况下，第 3 条第 8 款(b)项不适用，因为不是全部支付给国内生产商，而是也支付给了加工商。[52]

3. 专家组的意见及法律依据

(1)涉及的法律条文及解释

GATT 第 3 条"国内税与国内法规的国民待遇"的核心条款主要包括第 1 款、第 2 款、第 4 款。其中，第 1 款有关国民待遇的总体政策、第 2 款有关国内税收的国民待遇条款已经在本案前半部分中有所讨论，而加拿大补贴邮资措施涉及的是 GATT 第 3 条第 4 款有关国内法规方面的国民待遇，该款规定："任何缔约方领土的产品进口至任何其他缔约方领土时，在有关影响其国内销售、标价出售、购买、运输、分销或使用的所有法律、法规和规定方面，所享受的待遇不得低于同类国产品所享受的待遇。本款的规定不得阻止国内差别运输费的实施，此类运输费仅根据运输工具的经济营运，而不根据产品的国别。"[53]

此外，GATT 第 3 条第 8 款规定了货物贸易国民待遇义务的豁免，包括两项："(a)本条的规定不得适用于政府机构购买供政府使用、不以商业转售为目的或不以用以生产供商业销售为目的的产品采购的法律、法规或规定。(b)本条的规定不阻止仅给予国内生产者的补贴的支付，包括自以与本条规定相一致的方式实施的国内税费所得收入中产生的对国内生产者的支付和政府购买国产品所实行的补贴。"[54]本案涉及的是加拿大补贴邮资计划是否可以通过援引第 3 条第 8 款(b)项进行抗辩的问题。

(2)被引用的案例及理由

专家组为明确加拿大邮资计划是否属于政府的规章或要求，援引了 Semi-Conductor 案(以下简称日本半导体案)。该案专家组在解释 GATT 第 11 条

[52] European Economic Community - Payments and Subsidies Paid to Processors and Producers of Oilseeds and Related Animal - Feed Proteins，专家组报告，世贸组织文件第 BISD 37S/86 号，1990 年 1 月 25 日通过，第 137 段。

[53] 《乌拉圭回合多边贸易谈判结果：法律文本　中国加入世界贸易组织法律文件》，人民出版社 2002 年版，第 325 页。

[54] 《乌拉圭回合多边贸易谈判结果：法律文本　中国加入世界贸易组织法律文件》，人民出版社 2002 年版，第 325 页。

第1款“措施”一词所给予私人机构的“行政指导”的地位方面也面临相似的问题。该案专家组认为应满足两个标准:第一,有合理的理由相信存在足够的激励或抑制使非强制的措施发生作用;第二,这些措施的运作实质上依赖于政府的行动或干预。[55]

(3)法律推理过程

加拿大邮政适用的邮资是否构成对外国期刊的歧视,从而违反了GATT第3条?专家组认为上述涉及两个独立的问题:一是加拿大邮政对加拿大期刊适用低于对进口期刊适用的国际邮资的“商业邮资”或“补贴邮资”,是否违反了第3条第4款;二是对某些期刊的补贴邮资是不是第3条第8款(b)项下所允许的补贴。[56]

第一,关于国际邮资与商业邮资、补贴邮资。在这一点,专家组认为其实质问题是:加拿大邮政是否以其邮资可以视为GATT第3条第4款意义上的政府规章或要求的方式来实施加拿大政府政策?专家组认为,首先,加拿大邮政通常是在政府的指示下运作的;其次,加拿大承认,如果政府认为加拿大邮政的定价政策不适当,可以基于《加拿大邮政公司法》第22节的指示权指示加拿大邮政变更邮资。因此,加拿大政府能够有效地管理对邮递期刊收取的邮资。这一分析不受加拿大邮政具有独立于政府的法人资格这一事实的影响。本案专家组依照日本半导体案提出的两个标准进行审查,得出加拿大邮政的定价政策是政府措施的结论。首先,鉴于加拿大政府对加拿大邮政的“非商业”活动控制,可以合理推定加拿大邮政维持其现有的定价政策存在足够的激励;其次,加拿大邮政的运作通常依赖于政府的行动。由此,专家组得出结论,加拿大邮政的定价政策可以视为GATT第3条第4款意义上的政府规章或要求。[57]

鉴于进口期刊和国内期刊是同类产品及进口期刊征税高于国内期刊征税的情况,这一结论足以确定给予进口产品较低待遇违反了GATT第3条第4

---

[55] Japan - Trade in Semi - Conductors,专家组报告,GATT1947文件第L/6309 - 35S/116号,1988年5月4日通过,第109段。

[56] Canada - Certain Measures Concerning Periodicals,专家组报告,世贸组织文件第WT/DS31/R号,1997年3月14日通过,第5.31段。

[57] 同前注,第5.35段。

款。然而,做出这一裁定之前,专家组需要将GATT第3条第1款作为确定第3条其余部分的一般原则。根据VCLT第31条第1款,GATT第3条第1款构成了第4款的上下文,在解释该条第4款时应予考虑。GATT第3条第1款规定了国内措施不得用于国内生产保护的一般规则。保护性适用可以从措施的设计、组织和结构方面确定。专家组认为,加拿大邮资不同定价政策的设计、组织和结构都表明,采用该措施可以对国内期刊生产提供保护。就"补贴"邮资而言,其显然旨在促进在加拿大遗产部监督下生产包含加拿大内容的期刊;就"商业"邮资而言,其低于进口产品的"国际"邮资,这一事实也强烈表明该计划的运行是为了对国内生产提供保护。根据上述分析,专家组裁定,加拿大邮政对加拿大期刊适用的商业邮资和补贴邮资,低于对进口期刊适用的国际邮资,这一措施与GATT第3条第4款的规定不符。〔58〕

第二,关于GATT第3条第8款(b)项对补贴邮资的适用。专家组认为,美国未能证明本案与欧共体油籽案的事实情况相似,特别是美国没有提供证据表明经济利益由加拿大邮政获得。此外,美国的这一主张与其有关第3条第4款的立场不一致,即美国认为加拿大邮政是一个政府机构。如果加拿大邮政是一个政府机构,加拿大遗产部向加拿大邮政支付资金仅仅是资源的内部转移,并且补贴是直接支付给加拿大出版商的。另外,加拿大认为,考虑到加拿大邮政获得了以补贴价格邮递期刊的独家合同,加拿大遗产部向加拿大邮政支付资金是根据两机构之间的谈判进行的。按照欧共体油籽案的思路,可以合理推定补贴邮资并不是补贴的全部支付,因为资金不是直接支付给受益者。专家组认为,加拿大对该推定提出了有效反驳。因而,专家组不能裁定加拿大邮政从适用于某些期刊的补贴邮资中获得经济利益,补贴"全部"支付给符合条件的加拿大出版商。由于第3条第8款(b)项明确承认,全部支付给国内生产商的补贴不受第3条国民待遇条款的约束,专家组裁定加拿大补贴邮资可根据第3条第8款(b)项获得正当性。〔59〕

4. 上诉机构的意见及法律依据

在上诉阶段,加拿大和美国双方都同意加拿大的"补贴"邮资涉及"支付

---

〔58〕 同前注,第5.37-5.39段。

〔59〕 同前注,第5.42-5.44段。

补贴”。就此,上诉机构指出,对 GATT 第 3 条第 8 款(b)项的适当解释必须依据该款的用语、上下文、目标和宗旨进行。“包括按本条规定征收国内税费所得的收入中以及通过政府购买国内产品的办法向国内生产者给予补贴”这一用语,有助于澄清该项条款所包含的补贴类型。第 3 条第 8 款并未穷尽单独向国内生产者给予补贴的项目名单,但该用语举例说明了不受第 3 条第 2 款和第 3 条第 4 款义务约束的项目种类,与该款有关的上下文即第 3 条第 2 款和第 3 条第 4 款也支持这一解释。此外,第 3 条第 8 款的目标和宗旨由第 3 条的起草历史所确认。当时的委员会报告指出,重新起草该款是为了明确本款不得解释为对国内生产免征对相同进口产品征收的国内税或减税而予以制裁。同时,第 3 条第 8 款不与第四章 C 部分的规定相冲突。上诉机构认为,没有理由区分产品减税与运费或邮资减少。通过对第 3 条第 8 款(b)项的条文、上下文和目标宗旨的审查,得出只有涉及政府财政支出给予补贴时,才能免于第 3 条所规定的义务。上诉机构引用了 1947 年 GATT 下美国麦芽酒案专家组报告的观点,即第 3 条第 8 款(b)项将许可的生产商补贴限制于符合第 3 条规定的征税和收费后的支付。[60] 这种税收规则与补贴规则的分离有利于经济和政治的发展。即使来自非歧视产品税的收益可用于嗣后的补贴,国内生产商也要像外国竞争者一样,支付应付的产品税。税收规则和补贴规则的分离有利于提高透明度。在对生产商援助需要额外立法或政府决定以平衡不同利益的情况下,出于保护主义而滥用税收政策将更难以进行。[61]

通过上述分析,上诉机构得出结论,专家组错误地解释了该条规定,因此,推翻专家组依据第 3 条第 8 款(b)项使加拿大补贴邮资获得正当性的结论。

5. 对各方意见的评析

第一,关于 GATT 第 3 条第 4 款,关键问题在于判断加拿大方的措施是否属于 GATT 第 3 条第 4 款意义下的“规章”或“要求”。加拿大以加拿大邮政是私人机构为由主张相关措施不属于 GATT 第 3 条第 4 款意义下的“规章”或“要求”,美国则认为加拿大邮政是一个完全受加拿大政府指示的政府机

---

〔60〕 United States – Measures Affecting Alcoholic and Malt Beverages,专家组报告,世贸组织文件第 BISD 39S/206 号,1992 年 6 月 19 日通过,第 5.10 段。

〔61〕 Canada – Certain Measures Concerning Periodicals,上诉机构报告,世贸组织文件第 WT/DS31/AB/R 号,1997 年 6 月 30 日通过,第 32 – 35 页。

构,双方的争议焦点集中于对加拿大邮政这一机构性质的判断。专家组的思路是先审查论证加拿大政府有足够的影响力,可以控制加拿大邮政,从而符合 GATT 第 3 条第 4 款的要求,再审查作为上下文的 GATT 第 3 条第 1 款。上诉机构对本问题没有进一步分析。然而,对于国家哪些组织的行为构成国家政府行为,加拿大邮政行为是否构成加拿大政府行为这一问题,实际上涉及《国家对国际不法行为责任条款草案》(Draft Articles on Responsibility of States for Internationally Wrongful Acts,以下简称《国家责任条款草案》)的规定。[62] 遗憾的是,专家组可能认为其职责是澄清 WTO 协定,所以鲜有判例将 WTO 贸易争端置于 WTO 框架之外的《国家责任条款草案》来分析国家不法行为。虽然《国家责任条款草案》不具有法律约束力,但被普遍认为是习惯国际法影响下的产物,[63] 若专家组能结合《国家责任条款草案》做进一步阐述则会更加有力,特别是通过《国家责任条款草案》第 5 条"行使政府权力要素的个人或实体的行为"及其评注,审查是否具有政府权力、是否受政府有意义的控制等因素,进而判断加拿大邮政的行为是否应归咎于国家。[64]

第二,关于 GATT 第 3 条第 8 款(b)项,加拿大主张以该条例外排除对国民待遇的适用;美国则主张,该"补贴"邮资计划涉及从政府机构向另一机构的资金转让,即从加拿大遗产部向加拿大邮政公司的资金转移,而不是 GATT 第 3 条第 8 款(b)项要求的从加拿大政府向国内生产商的转移。美国的观点是对 GATT 第 3 条第 8 款(b)项文义的解读,而没有考虑该款的目的、上下文和宗旨。专家组关注的重点是对"全部"一词的理解,即是否"直接"或"全部"对生产商支付。而上诉机构则关注的是争议措施所采用的方式是否属于 GATT 第 3 条第 8 款(b)项中的"补贴"。上诉机构的观点实际上是,由于补贴问题与 GATT 第 3 条的原理和运行机制都不同,较为复杂,因此,GATT 第 3 条第 8 款(b)项的制定目的是分离补贴规则和税收规则,将补贴问题交由

---

〔62〕 Draft Articles on Responsibility of States for Internationally Wrongful Acts,全文见 https://legal.un.org/ilc/texts/instruments/english/commentaries/9_6_2001.pdf。

〔63〕 See Michael Feit, *Responsibility of the State under International Law for the Breach of Contract Committed by a State - Owned Entity*, Berkley Journal of International Law, Vol. 28:1, p. 142, 146 (2010).

〔64〕 顾宾、徐程锦:《国际经济法视域下的国有企业公私主体地位认定标准》,载《国际法研究》2022 年第 4 期,第 64 - 67 页。

《补贴与反补贴措施协议》进行调整。然而,本案上诉机构的观点是值得商榷的。对于GATT第3条第8款和《补贴与反补贴措施协议》的关系,它们同在马拉喀什协议下,作为马拉喀什协议的附件,不能假定它们是相互冲突的、分离的,而应为了同一个目标。在其他案件中,上诉机构的解释是,并非由于有GATT第3条第8款(b)项而不适用《补贴与反补贴措施协议》,《补贴与反补贴措施协议》也不是为了解释GATT第3条第8款(b)项而存在。

三、结语

加拿大期刊案反映出WTO法律体系下各成员间的自由贸易义务和保护本国国内文化产业产品目标之间的张力。虽然期刊属于实体产品,但其中的广告属于文化内容,因而引发了文化产品的相关措施属于GATT还是GATS调整范围的争论,这种争论的根本原因是现有的WTO法律体系中货物贸易和服务贸易规则的分离。随着实体产品与文化等服务内容的关联程度不断加深,涉及文化产品问题的复杂性将进一步增加,特别是如何平衡文化产品自由贸易价值与保护本国文化产业目标。早在乌拉圭回合谈判中就曾围绕是否应给予文化产品特别是视听产品例外待遇展开广泛讨论,虽然部分国家所主张的"文化例外"未被纳入最终文本,但服务贸易部门开放承诺的方式也在一定程度上保留了各国在文化市场领域的自主监管权。[65]

从加拿大期刊案中可以得到的启示是,GATT第3条第8款(b)项"特定类型补贴的国民待遇例外"等规则可能为各国有关文化产品的政策措施提供一定的正当性辩护空间。但总体而言,由于WTO法律体系中并不存在文化例外条款,各国不能以保护本国文化产业为由采取贸易限制措施,若一国出于保护本国文化产业和价值体系而出台的国内措施影响了国内外产品的竞争性商业关系,则该措施的正当性很难被WTO争端解决机构所认同。在更广义的层面上,如何区分善意监管和贸易保护主义的措施、协调自由贸易与非贸易价值的矛盾,在过去和未来很长一段时间仍是WTO法律体系发展和改革的焦点和难点。

〔65〕 石静霞:《"同类产品"判定中的文化因素考量与中国文化贸易发展》,载《中国法学》2012年第3期,第61页。

第二章 日本酒精案
(Japan - Taxes on Alcoholic Beverages)

杨家华

一、案件事实概述

(一)案件法律事实

本案涉及欧洲共同体(以下简称欧共体)、美国和加拿大针对日本《酒税法》(Japan's Liquor Tax Law)中的酒类饮料征税而引发的贸易争端。1995年6月21日,欧共体根据1994年《关税与贸易总协定》(General Agreement on Tariffs and Trade,GATT)第22条就日本根据《酒税法》对某些酒精饮料征收的国内税与日本进行磋商。随后,美国、加拿大根据《关于争端解决规则与程序的谅解》(Understanding on Rules and Procedures Governing the Settlement of Disputes,DSU)第4.11条请求加入磋商。1995年7月20日,欧共体、加拿大和美国与日本举行了联合磋商,希望就此事达成各方都满意的解决办法,但未能达成一致意见。[1]

1953年日本《酒税法》中规定的"酒类"是指在日本消费的酒精含量不低于1度的国内生产或进口饮料。[2] 日本《酒税法》将酒精饮料分为十个大类和其他子类:清酒、清酒化合物、烧酒(A组、B组)、米酒、啤酒、葡萄酒、威士

〔1〕 Japan - Taxes on Alcoholic Beverages,专家组报告,世贸组织文件第WT/DS8/R,WT/DS10/R,WT/DS11/R号,1996年7月11日通过,第1.1-1.3段。

〔2〕 同前注,第2.1段。

忌/白兰地、烈酒、利口酒、杂项(其他子类)。[3] 根据日本《酒税法》规定,酒类在批发层面征税。如果是日本产的酒,则纳税义务应在从工厂装运时产生;如果是进口酒,则应从海关保税区提取时产生。不同的征税额适用于日本《酒税法》中规定的不同的类别和子类别。对不同的类别,日本《酒税法》规定了每升饮料的参考酒精含量和相应的参考征税额。对于威士忌,参考征税额使用40%的酒精浓度;对于利口酒,酒精浓度为12%;对于两个烧酒子类别,酒精浓度均为25%。[4]

本案涉及1987年《关于进口葡萄酒和酒精饮料的日本关税、税收和标签做法的专家组报告》(The 1987 Panel Report on Japan－Customs Duties, Taxes and Labelling Practices Imported Wines and Alcoholic Beverages,以下简称《1987年专家组报告》)欧共体与日本之间的贸易争端。《1987年专家组报告》审议了欧共体关于日本《酒税法》违反GATT第3条第2款的主张。[5]本案的专家组根据GATT第3条第2款的一般含义的解释,结合其目的和宗旨,同意《1987年专家组报告》的做法,即首先确定征税的进口产品和国内产品是否是"同类"或具有"直接竞争或可替代性",然后确定征税是否具有歧视性,以审查国内税收是否符合GATT第3条第2款第1句或第2句的规定。[6]

1995年9月14日,根据GATT第23条第2款和DSU第6条规定,欧共体要求WTO争端解决机构成立专家组。欧共体声称:第一,日本的行为不符合GATT第3条第2款第1句的规定,对烈酒类别适用的征税额高于烧酒的子类别的征税额,从而损害欧共体的利益;第二,日本的行为也不符合GATT第3条第2款第2句的规定,威士忌/白兰地类和利口酒类的征税额高于烧酒的子类别的征税额,从而损害了欧共体的利益。[7]

加拿大认为,威士忌类别是烧酒的直接竞争或可替代产品,日本《酒税

〔3〕 同前注,第2.2段。

〔4〕 同前注,第2.3段。

〔5〕 同前注,第2.5段。

〔6〕 Japan－Taxes on Alcoholic Beverages,上诉机构报告,世贸组织文件第WT/DS8/AB/R,WT/DS10/AB/R,WT/DS11/AB/R号,1996年10月4日通过,第1页。

〔7〕 同前注,第3.1段。

法》通过对威士忌/白兰地类别适用高于烧酒子类别的征税额，扭曲了威士忌和烧酒的相对价格，这样一来，日本《酒税法》影响了消费者在两类酒精饮料之间的选择，从而扭曲了它们之间的竞争关系。因此日本《酒税法》不符合GATT第3条第2款第2句的规定。[8]

美国声称，日本制定适用于蒸馏酒的税收制度是为了保护烧酒的生产。由于白酒和棕色烈酒具有相似的物理特性和最终用途，美国认为白酒与棕色烈酒在GATT第3条第2款第1句的意义上是"同类产品"，烧酒与伏特加、朗姆酒、杜松子酒和其他白酒之间的税收待遇不同，违反GATT第3条第2款第1句的规定。美国要求专家组根据GATT第3条第2款第1句的规定，认定所有白酒都是"同类产品"，并根据该条款第2句的规定认定所有蒸馏酒"具有直接竞争或可替代性"。美国的结论是，无论采用怎样的法律分析，都应认定日本《酒税法》不符合GATT第3条第2款。[9]

日本认为，《酒税法》税目分类目的不是提供保护，也不具有保护国内生产的效果。因此，《酒税法》没有违反GATT第3条第2款的规定。威士忌/白兰地和利口酒与烧酒不是GATT第3条第2款第1句所指的"同类产品"，也不是第3条第2款第2句所说的"直接竞争或可替代"产品。因此，日本没有违反GATT第3条第2款的义务。[10]

1996年7月专家组向WTO各成员发送报告，得出以下结论：第一，烧酒和伏特加是同类产品，日本对后者征收征税额超过前者，违反了GATT第3条第2款第1句规定的义务；第二，烧酒、威士忌、白兰地、朗姆酒、杜松子酒、金酒和利口酒是"直接竞争或可替代产品"，日本没有对它们征收同类的税，违反了GATT第3条第2款第2句规定的义务。因此，专家组建议WTO争端解决机构要求日本修改《酒税法》以符合GATT规定的义务。日本对专家组的报告提起上诉。上诉机构支持了专家组认为《酒税法》违反GATT第3条第2款规定义务的结论，同时指出专家组在法律推理中存在错误。[11]

---

〔8〕 同前注，第3.2段。

〔9〕 同前注，第3.3段。

〔10〕 同前注，第3.4段。

〔11〕 Japan – Taxes on Alcoholic Beverages，上诉机构报告，世贸组织文件第WT/DS8/AB/R，WT/DS10/AB/R，WT/DS11/AB/R号，1996年10月4日通过，第2页。

(二)所涉法律问题

本案的争端源自日本《酒税法》,欧共体认为当前的日本《酒税法》没有遵循《1987年专家组报告》的建议。同时,加拿大、美国认为日本《酒税法》对进口的酒类产品征收歧视性关税,从而扭曲了市场竞争条件,导致西式酒类产品在日本竞争力不足。本案涉及的关键法律问题包括:其一,WTO体系中专家组及上诉机构在解释条款时应当依据的标准是什么?这个问题在本案中之所以重要,是因为1987年日本酒税案是GATT以来较早解决的贸易争端,也是第一个涉及国民待遇原则争议的案件。WTO规则体系自身并不是当然地包含了条款的解释规则,WTO规则作为国际法律体系的一部分,本案专家组及上诉机构据此在条款解释过程中确立的解释规则对后续的案件尤其重要。其二,本案争端发生的原因之一涉及《1987年专家组报告》,因此需要讨论已通过的专家组报告在WTO法律体系中有何地位?其三,日本《酒税法》是否违反了GATT第3条第2款国民待遇原则是本案的核心问题。所有的讨论都围绕对GATT第3条第2款的解释展开,其中包含了两个子问题:首先,专家组及上诉机构需要解释什么是GATT第3条第2款第一句中的"同类产品";其次,专家组及上诉机构需要考量GATT第3条第2款第二句中的"直接竞争或可替代"产品,以及解释"以便为生产提供保护"。

二、法律问题分析及评论

(一)《1987年专家组报告》在WTO体系中的法律价值

1. 欧共体的观点

欧共体认为,适用于烧酒的税率低于其他"同类产品"和"直接竞争或可替代"产品的税率,表明日本没有充分执行《1987年专家组报告》的建议。因此,欧共体认为《酒税法》不符合GATT第3条第2款。[12] 欧共体认为《1987年专家组报告》已经审查了一些事实,《1987年专家组报告》的调查结果应具

---

[12] Japan－Taxes on Alcoholic Beverages,专家组报告,世贸组织文件第WT/DS8/R,WT/DS10/R,WT/DS11/R号,1996年7月11日通过,第4.5段。

有特殊的先例价值。[13]

2. 加拿大的观点

加拿大认为,《马拉喀什建立世界贸易组织协定》(Marrakesh Agreement Establishing the WTO,以下简称 WTO 协定)第 16 条第 1 款明确了:"除本协定或多边贸易协定项下另有规定外,WTO 应以 GATT 1947 缔约方全体和在 GATT 1947 范围内设立的机构所遵循的决定、程序和惯例为指导。"[14] 加拿大认为,《1987 年专家组报告》与当前的争端之间存在着密切的事实联系。因此,在认定日本《酒税法》与 GATT 第 3 条第 2 款第 2 句是否一致方面,《1987 年专家组报告》具有权威性并且可以提供指导。此外,加拿大认为,《1987 年专家组报告》是被缔约方全体通过的,GATT 第 1 条(b)款(iv)项使它成为 GATT 不可分割的一部分。[15]

加拿大认为,虽然过去的专家组报告不构成"法律文本",但由于本案日本《酒税法》中存在与《1987 年专家组报告》不相符的条款,而该报告现已纳入 GATT 中,并审查了对不同类别蒸馏酒征收不同的具体税率是否符合 GATT 第 3 条第 2 款的问题,因此,《1987 年专家组报告》阐述的因素决定了日本《酒税法》是否违反 GATT 第 3 条第 2 款的规定。[16]

3. 美国的观点

美国认为,1947 年 GATT 专家组在起草调查结果时,确定了相关事实,解释了法律,并将法律适用于事实。因此,其调查结论与在诉讼过程中提交的特定事实相关。事实已经发生了变化,对法律的解释也会随着时间的推移而改变。[17]

在 1947 年 GATT 体系中,专家组报告不具有规范的约束力。1982 年《关于争端解决的部长级决定》第 10 段证实了这一观点:"据了解,这一过程中的

---

〔13〕 同前注,第 4.5 段。

〔14〕 《乌拉圭回合多边贸易谈判结果:法律文本　中国加入世界贸易组织法律文件》,人民出版社 2002 年版,第 13 页。

〔15〕 Japan – Taxes on Alcoholic Beverages,专家组报告,世贸组织文件第 WT/DS8/R,WT/DS10/R,WT/DS11/R 号,1996 年 7 月 11 日通过,第 4.6 段。

〔16〕 Japan – Taxes on Alcoholic Beverages,专家组报告,世贸组织文件第 WT/DS8/R,WT/DS10/R,WT/DS11/R 号,1996 年 7 月 11 日通过,第 4.6 段。

〔17〕 同前注,第 4.6 段。

决定不能增加或减少 GATT1947 总协定规定的权利和义务。”DSU 第 3.2 条“争端解决委员会的建议和裁决不能增加或减少适用协定所规定的权利和义务”[18],因此,专家组没有必要证明 1947 年 GATT 专家组报告与 GATT 的文本一样具有约束力。专家组只需借鉴 1987 年的报告,而不是将其作为具有约束力的规范来源。《1987 年专家组报告》为当前争端的事实提供指导,美国认为,日本的税收具有歧视性,不符合 GATT 第 3 条第 2 款的规定。[19]

4. 日本的观点

日本认为,第一,GATT 1947 下的专家组报告的先例作用是有限的,在“智利对甜点苹果进口的 EEC 限制投诉案”和“美国对甜点苹果的 EEC 限制投诉案”中,专家组认为其不受 1980 年专家组的所有细节和法律推理的约束。[20] 第二,《1987 年专家组报告》对第 3 条的解释已经被 1992 年麦芽饮料案报告[21]中的专家组推翻。麦芽饮料案报告强调产品的物理相似性和最终用途,它对“相似性”的判断标准明显不同于《1987 年专家组报告》对第 3 条第 2 款的解释。因此《1987 年专家组报告》不能为本案第 3 条的解释提供适当的指导。[22] 第三,目前争端的案由与《1987 年专家组报告》所审议的案由不同。[23] 第四,《1987 年专家组报告》的前提假设是不正确的,《1987 年专家组报告》的论证中所考虑的“征税额”、“从价税”、“为国内生产提供了保护”和“可替代性”四个要素在本案中已经不存在,因此,不能依据《1987 年专家组报告》。[24]

5. 专家组及上诉机构的意见

专家组认为,因为 WTO 成员之间不存在关于 GATT 第 3 条第 2 款的解释的正式嗣后协定,而其他案件中的专家组已对第 3 条进行过解释,根据

---

〔18〕《乌拉圭回合多边贸易谈判结果:法律文本　中国加入世界贸易组织法律文件》,人民出版社 2002 年版,第 272 页。

〔19〕Japan - Taxes on Alcoholic Beverages,专家组报告,世贸组织文件第 WT/DS8/R, WT/DS10/R, WT/DS11/R 号,1996 年 7 月 11 日通过,第 4.8 段。

〔20〕同前注,第 4.8 段。

〔21〕UNITED STATES - MEASURES AFFECTING ALCOHOLIC AND MALT BEVERAGES ,专家组报告,世贸组织文件第 DS23/R - 39S/206,1992 年 6 月 19 日通过,第 4.3 段。

〔22〕同前注,第 4.9 段。

〔23〕同前注,第 4.10 段。

〔24〕同前注,第 4.10 段。

GATT 第 1 条(b)款(iv)项,GATT 缔约方和争端解决机构通过的专家组报告构成具体案件中的嗣后实践(subsequent practice)。[25] 但是专家组不一定要遵循其中的法律推理过程和结果,而且未经通过的专家组报告不具有法律地位,[26] 因为它们没有通过全体成员国的认可。然而,专家组同样认为可以在相关的未经采纳的专家组报告的推理中找到有用的指导。[27]

上诉机构推翻了专家组的观点,认为先前的专家组报告不是 GATT 的组成部分。[28] 《维也纳条约法公约》(Vienna Convention on the Law of Treaties, VCLT)第 31 条第 3 款(b)项规定,"在适用条约时确立当事方关于条约解释协议的任何嗣后惯例在解释条约条款时应"与上下文一并考虑"。解释条约的嗣后实践的本质被认为是"协调、共同和一致"的一系列行为或声明,这些行为或声明足以建立一种可识别的模式,意味着各方就条约的解释达成一致。单一的行为通常不足以确立嗣后实践。因此,上诉机构认为,虽然 1987 年日本酒税案专家组报告是由全体缔约方的决定通过的,但根据 1947 年 GATT,通过专家组报告的决定并不意味着缔约方已经就专家组报告中的法律推理达成共识。因此,上诉机构认为,通过的专家组报告中的结论和建议仅对该特定案件中的争端当事方具有约束力,不受先前专家组报告的细节和推理的法律约束。通过的专家组报告并不意味所有成员对决定的接受。[29]

上诉机构并不同意专家组报告中将全体 GATT 成员或 WTO 争端解决机构通过的专家组报告作为嗣后惯例,因为 VCLT 第 31 条中使用的是"嗣后实践"一词。而且,专家组报告将已通过的专家组报告认定为构成"1947 年 GATT 缔约方全体的其他决定"也是不正确的。[30]

最终,上诉机构同意专家组"未经采纳的专家组报告在 GATT 或 WTO 体系中不具有法律地位,因为它们没有通过 GATT 全体缔约方或 WTO 成员国的决定"的结论。

---

〔25〕 同前注,第 6.10 段。

〔26〕 同前注,第 6.10 段。

〔27〕 同前注,第 6.10 段。

〔28〕 Japan – Taxes on Alcoholic Beverages,上诉机构报告,世贸组织文件第 WT/DS8/AB/R,WT/DS10/AB/R,WT/DS11/AB/R 号,1996 年 10 月 4 日通过,第 12 页。

〔29〕 同前注,第 13 页。

〔30〕 同前注,第 14 页。

6. 对各方意见的评析

WTO 协定第 16 条第 1 款和 GATT 附件 1A 第 1 条(b)款(iv)项将 1947 年 GATT 中的历史和经验带入 WTO 新规则中,从而确保 1947 年 GATT 体系过渡时期的连续性和一致性。GATT 作为新的 WTO 法律规范承认了 1947 年 GATT 的重要性,并且承认通过的专家组报告是关贸总协定文书的重要组成部分。因为这些报告在过去、现在和将来都已经在 WTO 成员之间产生了合理的期望。因此,专家组在处理与之相关的争端时需要予以考虑,但这并不是说自动赋予了先前通过的争端解决机构报告法律约束力。因为国际法的一般规则是禁止使用以前的决定作为法律渊源。正如上诉机构所言,虽然《1987 年专家组报告》具有作为先例的价值,但并不属于嗣后实践,不具有法律约束效力。

事实上,欧共体认为《1987 年专家组报告》的结论应当给现在的专家组提供决定性的指导。加拿大也认为,《1987 年专家组报告》是全体缔约方通过的,所以根据 GATT 第 1 条(b)款(iv)项应该成为 WTO 协定的一个组成部分。本案确定了已通过的争端解决机构报告的法律地位,这给后续 WTO 裁判产生带来了深远的影响。随后,上诉机构在 Canada－Periodicals 案(以下简称加拿大期刊案)[31] 和 Korea－Alcoholic Beverages 案(以下简称韩国酒税案)[32]“同类产品”的问题上遵循并发展了 1987 年日本酒税案中对“同类产品”的定义和测试方法。而在欧共体香蕉案[33]中,专家组根据过去的做法,援引日本酒税案上诉机构的论述,再次确认了通过的专家组报告的地位。

1987 年日本酒税案之后,过去专家组报告的重要性大大增加。实践中,鉴于上诉机构作出裁决的谨慎性,上诉机构的裁决往往不会过度偏离以往的做法。专家组似乎也有一种隐形的义务去遵循上诉机构以前的决定。WTO 的裁决已经演变成为提交专家组或上诉机构的任何案件的核心部分。引用先

---

〔31〕 Canada－Certain Measures Concerning Periodicals,上诉机构报告,世贸组织文件第 WT/DS31/AB/R 号,1997 年 6 月 30 日通过。

〔32〕 Korea－Taxes on Alcoholic Beverages,上诉机构报告,世贸组织文件第 WT/DS75/AB/R 号,1999 年 6 月 4 日通过。

〔33〕 European Communities－Regime for the Importation, Sale and Distribution of Bananas,专家组报告,世贸组织文件第 WT/DS27/R/USA 号,1997 年 5 月 22 日通过,第 7.114 段。

前通过的报告中的论证为成功解决争端提供了极有说服力的基础。这样的先例遵循策略,有利于达成 WTO 系统运作的一致性,以更好的确保 WTO 目标的实现。

WTO 的目标包括提高生活水平、确保充分就业以及通过扩大产品和服务的贸易和生产来增加实际收入。首先从实现 WTO 的目标上来说,世界贸易的参与者需要有稳定的预期,而全球的贸易体系更需要通过创设具有确定性和可预测性的正式化机制来尽可能降低那些寻求做出有效投资和市场开发决策的商业机构面临的风险。因此,虽然先例制度没有在 WTO 协定中被正式确立,但是日本酒税案的上诉机构已经说明了遵循已通过的报告可以在成员中产生合法的期望,这种期望能够带来稳定性。其次采用先例原则也可以确保上诉机构决定作出过程的透明度。同时遵循先例能够使上诉机构的决定保持一致性、连贯性,从而强化 WTO 争端解决机构的合法性。

(二)GATT 第 3 条第 2 款与第 1 款的关系与解释

1. 欧共体的观点

欧共体认为,第 3 条第 2 款第 1 句和第 2 句的测试方法不同。根据第 3 条第 2 款第 1 句进行的审查涉及两步分析:首先,必须确定国内产品和进口产品是否"同类",需要考虑它们的物理特性和最终用途;其次,必须确定进口产品是否被征收超过国内产品的税收。[34] 另外,没有必要证明税收差异是为国内产品提供了保护,这种保护效果是一种推定。根据《1987 年专家组报告》,税收差异是否具有保护主义目的也无关紧要。[35]

而第 3 条第 2 款第 2 句的适用方法不同:首先,确定进口产品和国内产品是否是"直接竞争或可替代"产品,不仅要考虑它们的物理特性和最终用途,还要考虑它们的交叉价格弹性等其他标准,相同的贸易渠道、实际竞争和潜在竞争等因素;其次,确定征税是否"为国内生产提供保护",不应采用目的和效果测试来分析,保护主义意图的存在不是认定违反第 3 条第 2 款的必要

---

〔34〕 Japan – Taxes on Alcoholic Beverages,专家组报告,世贸组织文件第 WT/DS8/R,WT/DS10/R,WT/DS11/R 号,1996 年 7 月 11 日通过,第 4.12 段。

〔35〕 同前注,第 4.12 段。

条件。[36]

2. 加拿大的观点

加拿大认为,第 3 条第 2 款第 2 句的核心是维护进口产品和国内产品之间的竞争关系。[37] 加拿大认为,在考虑一项措施是否"为国内生产提供保护"时,需要考虑税收措施是否扭曲了进口产品和国内产品之间的竞争关系,结合第 3 条第 1 款和第 3 条第 2 款的注释和补充规定,在确定日本《酒税法》违反第 3 条第 2 款第 2 句时,需要考虑四项标准:(1)威士忌与烧酒是否是"直接竞争或可替代"产品;(2)根据日本《酒税法》征收的税款是否为国内税费;(3)威士忌和烧酒是否"未类似征税(not similarly taxea)";(4)根据日本《酒税法》征收的税款是否为烧酒的国内生产提供了保护。[38]

3. 美国的观点

美国强调,WTO 成员有保留维持税收和制定法规的权利,这些税收和法规基于中立的税收监管政策将类似产品分为不同的类别。在确定两种受到不同待遇的产品是否为"同类产品"时,必须考虑其是否是第 3 条第 1 款"为国内生产提供保护"的目的。如果区分的目的和效果是针对进口产品,那么进口产品和国内产品应被视为"同类产品",对进口产品的待遇低于国内产品的税收措施将不符合第 3 条第 2 款第 1 句。[39] 在对措施的目的审查时,应着重考察立法的措辞和陈述的理由、立法者的准备工作、条款结构的激励和区分产品的待遇、所作区分的任意性、以及事先是否知道这种区分会对国内产品和进口产品造成歧视性影响。[40]

美国参照 1992 年麦芽饮料案[41]和美国汽车税案[42]中专家组报告对中立税收的分析后认为,日本对蒸馏酒征税的目的和效果是为国内烧酒生产提

---

[36] 同前注,第 4.14 段。

[37] 同前注,第 4.15 段

[38] 同前注,第 4.15 段

[39] Japan – Taxes on Alcoholic Beverages,专家组报告,世贸组织文件第 WT/DS8/R, WT/DS10/R, WT/DS11/R 号,1996 年 7 月 11 日通过,第 4.16 段。

[40] 同前注,第 4.17 段。

[41] UNITED STATES – MEASURES AFFECTING ALCOHOLIC AND MALT BEVERAGES ,专家组报告,世贸组织文件第 DS23/R – 39S/206,1992 年 6 月 19 日通过。

[42] UNITED STATES – TAXES ON AUTOMOBILES,专家组报告,世贸组织文件 DS31/R 号,1994 年 10 月 11 日通过。

供保护。在目的层面，日本《酒税法》中烧酒的定义是为了排除进口蒸馏酒，并通过征税额形成了有利于烧酒的税收体系，而且，日本没有为税收上的区别提供合法、合理的理由。因此，美国认为，日本的税收带有歧视性意图。[43] 在效果层面，由于白酒和棕色烈酒具有相似的物理特性和最终用途，在第 3 条第 2 款第 1 句的意义上，白酒和棕色烈酒是“同类产品”。烧酒和伏特加、朗姆酒、杜松子酒以及其他白酒、威士忌/白兰地和其他棕色烈酒之间的税收差异违反了第 3 条第 2 款第 1 句。根据第 3 条第 2 款第 1 句，所有白酒都是“同类产品”。而根据第 3 款第 2 款第 2 句，所有蒸馏酒都是“直接竞争或可替代”产品，美国认为，后一种情形下的税收差异实质上改变了国内产品和进口产品之间的竞争条件。当前，竞争条件的变化通过对消费选择和需求的交叉价格弹性等因素显示，相对蒸馏酒，烧酒拥有很大的国内市场份额，起到了保护国内生产的作用。在美国看来，烧酒和其他蒸馏酒之间的需求也存在交叉价格弹性。有明显的证据表明，税收差异导致竞争条件中的平等地位的变化，日本对烧酒的税收优惠政策已经产生歧视性影响。因此，日本《酒税法》中烧酒和其他蒸馏酒之间的税收待遇差异与第 3 条第 2 款不一致。[44]

美国认为，专家组对第 3 条第 2 款第 1 句和第 2 句的解释是错误的，错误解释了第 3 条 2 款和第 3 条 1 款之间的关系。美国认为解释第 3 条第 2 款时必须考虑第 3 条第 1 款，专家组忽略了这个重要前提条件。第 3 条第 1 款规定了第 3 条的目的和宗旨，因此必须在对第 3 条 2 款的条文解释中予以考虑。[45]

4. 日本的观点

日本根据 1992 年通过的麦芽饮料案专家组报告以及未经采纳的美国汽车税专家报告所提供的测试进行的论证，也同意应结合第 3 条第 1 款“为国内生产提供保护”的目的，判断不同产品待遇是否符合第 3 条第 2 款，还应根据提供保护的“目的”和“效果”来判断所涉税收是否旨在“为国内生产提供保护”。日本认为，日本《酒税法》既没有为国内生产带来保护的目的，也没有提

---

〔43〕 同前注，第 4.18 段。

〔44〕 同前注，第 4.18 段。

〔45〕 Japan – Taxes on Alcoholic Beverages，上诉机构报告，世贸组织文件第 WT/DS8/AB/R，WT/DS10/AB/R，WT/DS11/AB/R 号，1996 年 10 月 4 日通过，第 4 页。

供保护的效果,因此该法与第 3 条并不矛盾,日本蒸馏酒税收制度的政策目标从“纵向公平”转向“中性”和“横向公平”,以期在酒类类别之间实现税收/价格比的广泛均衡。[46] 为了实现这两个贸易中性政策目标,1989 年的税收改革没有保护国内生产的目的或效果。立法的目的和意图不是保护主义的,它们是为了平衡不同税种的税负。日本《酒税法》也没有保护国内产量的效果。在日本看来,保护的效果必须通过税收是否扭曲了进口产品和国内产品之间的竞争关系来判断。对日本来说,日本《酒税法》没有扭曲进口和国内产品的竞争关系,因为所有税种的税收/价格比率大致相同。[47]

5. 专家组及上诉机构的意见

(1)WTO 解释规则与 VCLT 第 31 条的关系

专家组报告和上诉机构报告中都就 WTO 解释规则的问题进行了讨论。上诉机构报告同意了专家组报告中树立的条约解释标准。在先前的 United States – Standards for Reformulated and Conventional Gasoline 案(以下简称美国气油标准案)中,强调了对案件中所涉条款的解释需要参照 VCLT 第 31 条第 1 款规定的条约解释基本规则。VCLT 第 31 条作为一般性解释规则“已达到习惯法或一般国际法规则的地位”,VCLT 关于补充解释手段作用的第 32 条也取得了同样的地位。由此,WTO 规则体系是一个封闭运作的体系,因为 WTO 协定第 16 条第 1 款规定了 WTO 需要以 1947 年 GATT 缔约方全体和在 1947 年 GATT 范围内设立的机构所遵循的决定、程序和惯例为指引。但同时,它又是一个开放的体系,因为,DSU 第 3 条第 2 款明确了争端解决机构需要参照其他的国际法渊源,以国际公法的惯例澄清这些协定的现有规定。

DSU 第 3 条第 2 款为 WTO 争端解决机构援引国际法的其他法律渊源提供了合法性基础。本案上诉机构认为,VCLT 第 31 条作为一个整体和第 32 条密切相关,一并构成条款解释的基本方法。VCLT 第 31 条规定,条约的文本构成解释过程的基础:“解释必须首先以条约文本为基础。”条约中的条款应在上下文中被赋予通常的含义。在确定条约条款的含义时,争端解决机构

[46] Japan – Taxes on Alcoholic Beverages,专家组报告,世贸组织文件第 WT/DS8/R, WT/DS10/R, WT/DS11/R 号,1996 年 7 月 11 日通过,第 4.19 段。

[47] 同前注,第 4.19 段。

也应当考虑条约的目的和宗旨。有效性原则是 VCLT 第 31 条规定的一般解释规则所产生的条约解释的基本原则。因此,上诉机构认为,VCLT 中的“解释的一般规则”的推论是,解释必须使条约的所有条款具有意义和效力,解释者不能随意采用会导致条约的整个条款或段落变得冗余或无效的解读。[48]

(2)GATT 第 3 条第 2 款与第 1 款的关系解释

国民待遇原则条款的根本目标是避免通过国内税费和管制措施而产生保护主义。[49] 本案中涉及对 GATT 第 3 条第 2 款如何解释的问题。这个问题首先需要厘清 GATT 第 1 款原则性规定和 GATT 第 2 款的关系。

专家组根据 VCLT 的解释规则,首先审查了 GATT 第 3 条第 2 款的措辞,关注了非同类产品但具有直接竞争或可替代关系产品的待遇。因为 GATT 第 3 条第 2 款第 2 句没有提及同类产品,且第 2 句中含有“此外”和“否则”,意味着第 2 句并不包含同类产品。[50] 专家组认为,虽然 GATT 第 3 条第 2 款第 2 句中提到了“第 1 款所载原则”,但第 1 句中没有提到这一点。根据 GATT 第 3 条第 1 款国内立法不应“为国内生产提供保护”的目的,专家组认为有必要审查 GATT 第 3 条第 2 款和第 1 款之间的关系。前者规定了征收国内税费的具体义务,后者规定了对征收国内税费,影响进口产品和国内产品待遇的法律、法规的一般原则性要求。GATT 第 3 条第 1 款构成第 3 条 2 款的一部分。[51] 专家组还考虑了 GATT 第 2 条和第 3 条之间的关系,第 3 条的主要目的之一是保证 WTO 成员不通过内部措施违背其在第 2 条项下的承诺。[52]

本案上诉机构认为,GATT 第 3 条的根本目的在于适用国内税费和监管措施时避免保护主义。具体地说,第 3 条的目的是“确保内部措施不适用于进口产品或本国产品,以便为国内生产提供保护”。为此,第 3 条要求 WTO 成员国为进口产品提供与国内产品平等的竞争条件,目的是确保对进口产品

---

〔48〕 Japan – Taxes on Alcoholic Beverages,上诉机构报告,世贸组织文件第 WT/DS8/AB/R, WT/DS10/AB/R, WT/DS11/AB/R 号,1996 年 10 月 4 日通过,第 12 页。

〔49〕 同前注,第 16 页。

〔50〕 Japan – Taxes on Alcoholic Beverages,专家组报告,世贸组织文件第 WT/DS8/R, WT/DS10/R, WT/DS11/R 号,1996 年 7 月 11 日通过,第 6.11 段。

〔51〕 同前注,第 6.12 段。

〔52〕 同前注,第 6.13 段。

和国内产品之间的平等竞争关系的期望得以实现。[53] 并且在不违反第3条国民待遇所规定的范围或在WTO协定中所作的承诺前提下,WTO成员可以通过国内税费或监管自由追求自己本国的监管目标。[54] 事实上,上诉机构同意了专家组对第3条第1款和第2款关系的论述。第1款的一般原则与第2款规定了相关国内税费的具体义务之间既有联系也有区别。第3条第1款的目的在于确立并阐明一般原则,即不应采取内部措施来保护国内生产,这个原则也被当做理解和解释第3条第1款和第3条其他各段所载具体义务的指南。换言之,第3条第1款构成第2款的一部分,同时也是第3条其他条文的一部分。[55] 第3条第2款第1句虽然没有明确将第1款涵盖,也没有直接援引第1款中的原则,但是这一遗漏不能解释为第1款的一般原则规定与第2款的第1句没有关联,第2款的第1句事实上是对第1款一般原则的具体化适用。[56]

6. 对各方意见的评析

(1)依据VCLT确立WTO的规则解释

WTO协定和DSU都规定了争端解决中对规则解释的指导原则。虽然WTO协定中并未确立先例规则,但是WTO协定第16条第1款对确定GATT争端解决案例具有指导性意义,也就是除另有规定外,WTO应以1947年GATT缔约方全体和在1947年GATT范围内设立的机构所遵循的决定、程序和惯例为指导。同时,为保证WTO争端解决体制为多边贸易体制提供可靠性和可预测性,DSU第3条第2款明示了争端解决机构依照国际公法的惯例澄清这些协定的现有规定。

事实上,WTO规则与国际公法是一种同源异流的关系。国际公法规则的制定和相互作用与国内法律制度不同,国际法是“分散的”,因为它没有制定其规则的中央立法者。国际法的创造者同时也是国际法的主体,即国家。作为国际法主体的国家,并不选举“国际立法者”,平等国家之间通过签订协议

---

〔53〕 Japan - Taxes on Alcoholic Beverages,上诉机构报告,世贸组织文件第WT/DS8/AB/R,WT/DS10/AB/R,WT/DS11/AB/R号,1996年10月4日通过,第15-16页。

〔54〕 同前注,第16页。

〔55〕 同前注,第18页。

〔56〕 同前注,第18页。

进行法律创造就是国际法创制的正统途径。因此,国际法是合作法,而不是从属法。虽然国际法没有中央立法者,但是国际法包含了国际立法特点的要素——习惯国际法和一般国际法原则,而这恰好填补了国家造法过程中产生的空白。[57] 美国汽油标准案中上诉机构指出,VCLT 第 31 条和第 32 条都是国际公法习惯解释原则。此后,无论是专家组还是上诉机构,以及争端方或争端中的第三方,都根据这些原则对 WTO 规则进行解释。[58]

WTO 协定中的条款必须在其所在的上下文中并根据其所属的协定的目标和宗旨来解释。DSU 第 3.2 条要求 WTO 争端解决机构必须遵守国际条约解释的习惯规则。VCLT 第 31 条第 3 款(c)项提及适用的"国际法规则"仅适用于在法律上受该规则约束的国家。VCLT 第 2 条第 1 款(g)项确认了国际法规则何时适用于 VCLT 第 31 条第 3 款(c)项"当事国间关系之任何有关国际法规则",这意味着争端当事方作为条约的当事方受国际法规则的法律约束。但是,上诉机构在解释 WTO 协议时倘若仅考虑当事方之间具有法律约束力的国际法规则而不考虑先前的报告,那么就会限制争端机构报告发挥事实上的先例作用,从而降低 WTO 争端的结果的可预测性,因为当事方无法通过先前的报告获得行为的可预测性。

(2)GATT 第 3 条第 1 款与第 2 款之间是一般原则与具体规则的关系

本案专家组及上诉机构对第 3 条第 1 款与第 2 款之间的关系分析是合理的。EC – Asbestos 案的上述机构援引了日本酒税案对第 3 条第 1 款"一般原则"的观点,即第 3 条的根本目的在于适用国内税费和监管措施时避免保护主义,要求 WTO 成员为进口产品与国内产品提供平等的竞争条件。因此,第 3 条第 1 款阐述的"一般原则"为第 3 条第 2 款中"同类产品"概念的解释提供了依据,第 3 条第 1 款所阐述的"一般原则"就是本条所希望达成的目标,二者应当作一致的解释。因此,确保"竞争条件平等"就意味着要禁止成员国采用影响国内和进口产品在市场中竞争关系的方式适用国内税收和法规,从而

---

〔57〕 Joost Pauwelyn, *The Role of Public International Law in the WTO: How Far Can We Go?*, The American Journal of International Law, Vol. 95, No. 3, p. 537 (2001).

〔58〕 韩立余编著:《世界贸易组织(WTO)案例分析》,中国人民大学出版社 2002 年版,第 53 页。

为国内生产提供保护。[59] 在后来的 Brazil – Taxation 案中,专家组还注意到了第 3 条第 1 款中的表述具有广泛性和包容性,第 3 条第 1 款作为对第 3 条整体目的的表达,反映了"总体性国民待遇义务"的要求,因而对第 3 条的其余各款来说具有重要意义。[60]

(三)关于"同类产品"的解释和非歧视性的认定

1. 欧共体的观点

欧共体认为,审查国内税收制度是否符合 GATT 第 3 条第 2 款第 1 句,需要两步分析:首先,必须确定被征税的进口产品和国内产品是否"相似";其次,必须要确定税收是否具有"歧视性"。[61] 根据《1987 年专家组报告》,第 3 条第 2 款中的"同类产品"不仅限于相同的产品,还可能包含其他产品,例如,具有最终用途相同的产品的规定[62]"味道、颜色和其他特性的微小差异(包括不同的酒精含量)不妨碍产品被认定为"同类产品"。[63] 欧共体指出,在确定两种产品是否为同类产品时,以下标准被认为是相关的:(1)产品的属性、性质和质量;(2)产品在特定市场中的最终用途;(3)消费者的品味和习惯;(4)《商品名称及编码协调制度的国际公约》[International Convention for Harmonizeel Commoatly Descviption and Coding Systern,简称协调制度(Harmonized System,HS)]命名的产品分类。当地消费者的传统因素与同类产品的确定无关。"同类产品"的概念是一个客观的概念,仅与产品的特性有关。监管措施的目的和效果与同类产品的确定不是同一问题。

欧共体认为,在对第 3 条第 2 款第 1 句解释时,只要适用于国内产品的税率低于适用于同类进口产品的税率,税收措施就是具有"歧视性"的。[64] 税收

---

[59] European Communities – Measures Affecting Asbestos and Asbestos – Containing Products,上诉机构报告,世贸组织文件第 WT/DS135/AB/R 号,2001 年 3 月 12 日通过,第 97 –98 段。

[60] Brazil – Certain Measures Concerning Taxation And Charges, 专家组报告,世贸组织文件第 WT/DS472/R,WT/DS497/R 号,2018 年 12 月 13 日通过,第 7.63 段。

[61] Japan – Taxes on Alcoholic Beverages,专家组报告,世贸组织文件第 WT/DS8/R,WT/DS10/R,WT/DS11/R 号,1996 年 7 月 11 日通过,第 4.20 段。

[62] 同前注,第 4.21 段。

[63] 同前注,第 4.21 段。

[64] 同前注,第 4.22 段。

差异是否以保护主义为目的并不重要。只要税收措施对同类产品存在歧视就自动构成对第 3 条第 2 款第 1 句的违反,不需要在论证同类产品的含义时证明其具有保护主义的目的。[65]

2. 加拿大的观点

第 3 条第 2 款第 1 句的表述结合第 3 条第 2 款的目标和宗旨表明,GATT 第 3 条第 2 款第 1 句禁示对其他进口同类产品进行歧视性征税。这一句的唯一目的就是确保国内税收不对同类产品进行歧视性征收。加拿大认为,"目的和效果"分析不应作为第 3 条第 2 款第 1 句对同类产品的分析方法,因为就这一条款的表述并没有允许歧视性措施的存在。[66]

3. 美国的观点

美国认为,首先,GATT 第 3 条第 2 款第 1 句要求为进口产品提供平等的机会。要判断受到不同税收待遇的两种产品是"同类产品"或是"直接竞争或可替代"产品,不仅需要确定税收待遇是否是"为国内生产提供保护"导致的差异,还应当确定差异是否产生了保护国内生产的"目的和效果"。[67] 美国认为,专家组应当参考 1992 年麦芽饮料案专家组报告对第 3 条的法律解释进行目的测试和效果测试的分析。第 3 条的目的是限制缔约方以保护国内生产的目的行使其财政和监管权力,因此,对"同类产品"的解释应当考虑第 3 条的宗旨。而判断是否存在"为国内生产提供保护"的目的,专家组需要同时对措施的目的和产生的效果进行分析。[68]

其次,日本对蒸馏酒增税的目的和效果是为国内烧酒生产提供保护。由于白酒和棕色烈酒具有相似的物理特性和最终用途,美国要求专家组认定白酒和棕色烈酒是第 3 条第 2 款第 1 句中的"同类产品"。[69] 参照 1992 年麦芽饮料案和美国汽车税案专家报告中税收中立原则的论证,这些产品在物理性质、生产方法和消费者最终用途等方面都是同类,因此,日本《酒税法》违反了

〔65〕 同前注,第 4.22 段。
〔66〕 同前注,第 4.23 段。
〔67〕 Japan – Taxes on Alcoholic Beverages,专家组报告,世贸组织文件第 WT/DS8/R, WT/DS10/R, WT/DS11/R 号,1996 年 7 月 11 日通过,第 4.24 段。
〔68〕 同前注,第 4.24 段。
〔69〕 同前注,第 4.26 段。

第3条第2款。[70]

4. 日本的观点

日本认为,首先应判断是否存在GATT第3条第2款所言的差别待遇,然后,根据差别待遇的"目的"和"效果"判断是否旨在"为国内生产提供保护"。日本也参考了麦芽饮料案,认为在解释第3条中的"同类产品"一词时,必须考虑第3条的目的。[71]

首先,日本《酒税法》的目的并不是为国内生产提供保护。该立法涉及在不同税种之间税收/价格负担的平衡。同时,日本《酒税法》没有产生保护国内生产的效果:一是日本《酒税法》中的税收具有中立性,如果税负没有差异,那么税收就不会扭曲贸易;二是进口产品和国内产品之间没有直接竞争或可替代关系,即交叉价格弹性。如果不存在直接竞争和可替代的关系,那么税收差异可以存在。此外,日本认为,差别税负应通过税收/价格比来衡量,才能反映消费者行为受影响的程度。[72]

其次,威士忌/白兰地和烧酒之间的物理特性差异很大,不能认为这两类产品为同类产品。在判断烈酒和烧酒的"相似性"时,欧共体考虑了以下四个标准:(1)产品的属性、性质和质量;(2)最终用途;(3)消费者的口味和习惯;(4)HS分类。然而,依据这四个标准的事实证明烈酒和烧酒之间不是同类产品。从产品的属性、性质和质量看,第一,烧酒的酒精度多为20%至25%,与烈酒的40%差距大。第二,烧酒没有蒸馏后的增值过程,而烈酒的特点是通过调味、用白桦木木炭提纯或陈化来增值。第三,在最终用途和消费者的口味和习惯方面,60%的消费者在用餐期间喝烧酒,但63%的消费者在饭后喝烈酒,42%的烧酒消费者中,只有极少数的伏特加、杜松子酒和朗姆酒消费者。第四,关于HS中的分类:1996年版本的HS的税目分类分别为朗姆酒(2208.40)、杜松子酒(2208.50)和伏特加(2208.60),而不是烧酒(2208.90,其他),"相似性"应根据HS税目分类进行审查。[73] 日本还认为,欧共体指出的烈酒和烧酒之间的销售渠道和广告风格的共性在其他的酒精和非酒精饮料中也存在,

---

〔70〕 同前注,第4.31段。
〔71〕 同前注,第4.33段。
〔72〕 同前注,第4.35段。
〔73〕 同前注,第4.54段。

因此未能证明产品“同类”。[74]

最后,日本认为如果采用“两步走”测试法应该通过比较进口烈酒和国内烧酒的税收/价格比来确定是否歧视,税收/价格比是确定税负的最佳标准,它更能够反映税收对消费者选择的影响。消费者通常不会只根据瓶子的大小或酒精浓度来购买产品。消费者选择产品的依据是比较产品的价格、味道和其他特征,而不限于数量和浓度。日本认为,税收/价格比是评估税收对竞争条件影响的更好指标,当税收/价格比相等时,就可以证明实现了税收中立。[75]

5. 专家组及上诉机构的意见

(1)“两步走”作为“同类产品”的认定方法

专家组同意了欧共体对 GATT 第 3 条第 1 款的解释采用“两步走”的方法,即首先确定所涉产品是否同类,如果是,则审查对外国产品征收的征税额是否超过对国内同类产品征收的征税额。申请人首先要证明产品是“同类”的,其次证明外国产品的征税额“高于”国内产品。[76] 专家组认为,立法的目标往往是多种多样的,试图通过目标测试和效果测试来确定是否为国内产品提供保护很困难。即使有完整的立法历史资料,也难以评估哪些立法陈述决定着立法的目的。[77] 专家组注意到,1992 年麦芽饮料案报告在解释“同类产品“时,不仅考虑了产品的最终用途、消费者的口味和习惯,以及产品的属性、性质和质量,还考虑了差别待遇是否“为了保护国内生产”。[78] 但是,在确定日本的做法是否符合第 3 条的规定时,专家组没有采用目的测试和效果测试方法,而是先确定有关产品是否是同类产品,如果是同类产品,那么对进口同类产品征收的征税额是否超过了对国内同类产品征收的征税额。[79]

上诉机构认定,第 3 条第 2 款第 1 句中的“同类产品”与“超过”这两项要素构成第 3 条第 1 款一般原则适用的具体情形,因此,采取的措施是否具有保

---

〔74〕 同前注,第 4.54 段。

〔75〕 同前注,第 4.54 段。

〔76〕 同前注,第 6.14 段。

〔77〕 同前注,第 6.16 段。

〔78〕 同前注,第 6.18 段。

〔79〕 同前注,第 6.19 段。

护性需要结合第3条第1款的一般原则进行分析。[80] 第3条第2款第1句中虽然没有提及第3条第1款的一般原则,但是需要结合禁止WTO成员“采取措施提供保护”的宗旨进行解释。由于第3条第2款第1句实际上就是对第3条第1款一般原则的具体适用,对第2款第1句解释时,上诉机构不再需要单独论证税收措施是否符合第1款规定的一般原则。[81] 结合GATT的总体目标和宗旨,上诉机构应首先确定被征税的进口产品和国内产品是否“同类”,其次确定国内税收措施与一般原则的要求是否具有一致性,并且审查适用于进口产品的征税额是否超过了适用于国内同类产品的征税额。如果确定了进口产品和国内产品为同类产品,且进口产品的征税额超过国内同类产品的征税额,则该税收措施不符合第3条第2款第1句的规定。[82] 事实上,对第3条第2款采取的“两步走”的审查方法与1947年GATT的惯例是一致的。正如《1987年专家组报告》中专家组指出的那样,“如果第3条第2款被解释为允许超过对国内产品的同类进口产品征收歧视性和保护性的国内税,那么就无法实现国内产品和同类进口产品之间非歧视的竞争目标”[83]。

(2)同类产品和直接竞争或可替代产品的关系

专家组认为,“同类产品”这一表述出现在GATT的多个条款中,但这不意味着必须以统一的方法解释该术语。比如,GATT第3条第2款与第3条4款之间存在差异,前者提及“同类产品”以及“直接竞争或可替代产品”,而后者仅涉及“同类产品”。如果第3条第2款规范的范围与第3条第4款是完全一致的,那么意味着这两个条款中的“同类产品”一词需要作出不同的解释。否则,如果在这两种情况下对“同类产品”一词作相同解释会导致这两款规范的范围不同。[84] 由此推断,第3条第2款中的“同类产品”所涉范围比第3条第4款中的“同类产品”更狭窄。

另外,专家组认为“同类产品”一词应逐案进行解释。过去的争议实践没

[80] Japan - Taxes on Alcoholic Beverages,上诉机构报告,世贸组织文件第WT/DS8/AB/R,WT/DS10/AB/R,WT/DS11/AB/R号,1996年10月4日通过,第18页。

[81] 同前注,第18页。

[82] 同前注,第18页

[83] 同前注,第19页。

[84] Japan - Taxes on Alcoholic Beverages,专家组报告,世贸组织文件第WT/DS8/R,WT/DS10/R,WT/DS11/R号,1996年7月11日通过,第6.20段。

有确立严格统一的具体测试标准来确定产品的相似性,而是采用了不同的标准对产品的相似性进行认定。例如,产品的属性、性能和质量,产品的最终用途,不同国家的消费者的口味和习惯,以及产品在关税税目中的分类。“同类产品”不一定在所有方面都是相同的。[85] 第3条第2款第1句中的“同类产品”一词应作狭义解释的原因是第3条第2款区分了“同类产品”和“直接竞争或可替代产品”,而后者的范围比前者大得多。[86] 同类产品应被视为直接竞争或可替代产品的子集,所有同类产品都是直接竞争或可替代的产品,而直接竞争或替代的产品不一定都是同类产品。第3条第2款的主要目标之一是确保WTO成员不会通过国内税费阻碍根据第2条给予的关税减让的效果实现,因此,在这种情况下,对于受相同关税约束的两种产品,除GATT规则中的例外,不能以内部征税通过区别的税收方式对它们征税。产品的“相似性”不能完全基于关税中的产品定义,相反,产品的客观描述是确定第3条第2款中“相似性”的一个重要标准。

根据VCLT中条约的“有效解释”原则的要求,专家组认为GATT第3条及第3条的注释和补充规定的措辞表明,同类产品和直接竞争或可替代产品的区分是一项任意性决定(arbitrary decision)。[87] 界定两种产品是否“同类”或“直接竞争或可替代”的标准是二者的市场竞争关系。专家组审查了GATT第3条第2款的注释和补充规定中使用的词语,认为“存在竞争的地方”是指市场中存在竞争关系。关税类目对产品的描述虽然不能作为认定相似性的决定性因素,但可以作为认定“同类产品”的参考因素。而“直接竞争或可替代”一词不要求两种产品具有外观上的相似性,因为“存在竞争关系”意味着具有不同物理特性的产品之间也可以存在竞争。因此,确定两种产品具有直接竞争或替代性的决定性标准是它们是否拥有共同的最终用途,尤其是,是否存在替代弹性。[88] 然而共同最终用途是界定相似性的必要非充分条件,同类产品除了具有最终用途的共性外,它们必须具有基本相同的物理特性。这种判断相似性的方法有些僵化,为了确定两种产品是否属于直接竞争

---

〔85〕 同前注,第6.21段。
〔86〕 同前注,第6.21段。
〔87〕 同前注,第6.22段。
〔88〕 同前注,第6.22段。

或可替代产品,需要有灵活性。上述的替代弹性标准可以保证灵活性,因为它考虑到了每个单一市场的具体特征,同一产品在不同的市场中存在不同的替代弹性,因此专家组对本案的争议产品采用了替代弹性的判断方法。[89]

(3)关于同类产品的解释

明确了同类产品和直接竞争或可替代产品的关系之后,专家组开始审查本案中涉及的争议产品是否为同类。首先在伏特加和烧酒的认定中,专家组认为伏特加和烧酒在日本关税协调制度分类中被归为同一类,而且拥有最多的物理共性,即使酒精浓度有差别也不能排除它们的相似性。因此,根据第3条第2款,日本烧酒和伏特加可以被视为"同类产品",因为它们都是由同类原料制成的白色烈酒,最终用途几乎相同,唯一的区别在于用于过滤的介质。[90] 但是其他的酒精饮料和烧酒在物理特性上存在显著差异,因此不是同类产品。比如利口酒、杜松子酒和金酒与烧酒在添加剂上有区别,朗姆酒与烧酒配料也有所不同,因生产过程不同使威士忌和白兰地与烧酒的外观存在差别,这些产品都不可以视为烧酒的同类产品。因此,专家组转而审查这些非同类产品的酒精饮料是否可以作为烧酒的直接竞争产品或替代产品。[91]

对于专家组关于"同类产品"的认定标准,上诉机构同意专家组对GATT第3条第2款第1句中对"同类产品"作狭义解释的观点,而且支持了1947年GATT根据具体情况确定进口产品和国内产品是否"同类"的做法。[92] 1970年全体缔约方通过了《边境税调整工作组报告》(Report of the Working Party on Border Tax Adjustments),该报告规定了认定1947年GATT"同类或类似产品"的基本方法。该术语的解释应根据具体情况进行审查,并对构成"同类"产品的要素进行评估,比如该产品在特定市场中的最终用途,消费者的品味和习惯,以及产品的属性、性质和质量。[93] 这种解释方法严格限制了"同类产品"的范围,《边境税调整工作组报告》确立的标准为专家组确定同类产品

---

〔89〕 同前注,第6.22段。

〔90〕 同前注,第6.23段。

〔91〕 同前注,第6.23段。

〔92〕 Japan－Taxes on Alcoholic Beverages,上诉机构报告,世贸组织文件第WT/DS8/AB/R,WT/DS10/AB/R,WT/DS11/AB/R号,1996年10月4日通过,第20页。

〔93〕 同前注,第20页。

提供了事实依据,但是这依然涉及自由裁量的问题。区分“同类产品”和“直接竞争或可替代产品”不应该如专家组所说是任意性裁量,而是应当依据个案中产品的特性进行决定。[94]

上诉机构将“相似性”以手风琴做比喻,随着 WTO 协定不同条款的适用,“相似性”的手风琴会在不同的情形下伸展和挤压。手风琴的宽度必须由涉及“同类”一词的具体条款、上下文以及该条款可能适用的案件的具体情形确定。[95] GATT 第 3 条第 2 款第 1 句,“同类”一词意味着手风琴被压缩。[96] 上诉机构也承认,HS 关税分类术语确实为“相似性”的确立提供了参考依据,但是这些分类术语在不同成员国之间的关税约束或减让的范围不一定相同,因此术语不能直接表明约束所涵盖的产品的“相似性”,它只代表了 WTO 成员之间谈判的贸易减让结果。[97]

上诉机构承认,产品在关税税目中的分类可以作为确定“同类产品”的有用因素。欧共体动物饲料案、1987 年日本酒税案、美国汽油标准案的专家组报告中,关税分类已被用作确定“同类产品”的标准。[98] 1947 年 GATT 的实践承认了将 HS 统一分类作为确认“同类产品”的标准。然而,关税分类与 WTO 成员根据 GATT 第 2 条作出的关税约束或让步之间存在重大差异。使用过于宽泛的关税约束作为衡量产品“相似性”的标准存在风险。例如,许多国家对非农产品有非常广泛的统一关税约束。这并不一定表明关税约束所涵盖的产品具有相似性,它只是代表了 WTO 成员之间谈判的贸易让步的结果。[99] 上诉机构认为即便许多关税约束实际上对产品概述是精确的,可以为识别“同类产品”提供重要指导,但是仍然需要根据具体情况判断。因此,关

---

〔94〕 同前注,第 20 页。

〔95〕 同前注,第 21 页。

〔96〕 同前注,第 21 页。

〔97〕 同前注,第 21 页。

〔98〕 EC – Measures on Animal Feed Proteins, 专家组报告,世贸组织文件 BISD 25S/49 号,1978 年 3 月 14 日通过,BISD 25S/49; Japan – Customs Duties, Taxes and Labelling Practices on Imported Wines and Alcoholic Beverages, 专家组报告,世贸组织文件 BISD 34/83 号,1987 年 11 月 10 日通过,BISD 34S/83; United States – Standards for Reformulated and Conventional Gasoline, 专家组报告,世贸组织文件 WT/DS2/R 号,1996 年 1 月 29 日通过。

〔99〕 Japan – Taxes on Alcoholic Beverages, 上诉机构报告,世贸组织文件第 WT/DS8/AB/R, WT/DS10/AB/R, WT/DS11/AB/R 号,1996 年 10 月 4 日通过,第 22 页。

税约束因其广泛性不能作为确定“同类产品”的可靠标准。[100]

(4)关于“超过”的认定

GATT 第 2 条中规定了 WTO 成员方履行关税承诺的义务,即一缔约方对其他缔约方贸易所给的待遇,不得低于本协定所附这一缔约方的有关减让表中有关部分所列的待遇。[101] WTO 成员可以自己制定其认为适合的任何税收制度,前提是对外国产品征收的征税额不得超过对同类国内产品征收的征税额。“不超过”应被解释为至少是相同或更好的税收待遇。[102] 本案有争议的日本《酒税法》中规定,酒精浓度低于 38 度的伏特加每公斤征税 377230 日元,即每度酒精征税 9927 日元,而 25 度至 26 度的烧酒每公斤征税 155700 日元,即每度酒精征税 6228 日元。专家组认为日本对伏特加的征税确实超过了对烧酒的征税。[103]

虽然日本认为其立法保持税收/价格比率不变,是税收中立的,因此没有产生立法的保护的目的和效果,[104]但专家组认为对 GATT 第 3 条第 2 款第 1 句的解释与立法目的和效果无关。[105] 对于日本认为日本《酒税法》没有对外国产品施加超额的征税额的观点,专家组认为,通过大致相同的税收/价格比等方式对国内外同类产品给予同等待遇,或者是否实现了中立税收,都是无关紧要的,因为这种方法存在不确定性。[106] 专家组注意到,日本税收制度的一个后果是使较便宜的进口烈酒和威士忌/白兰地的品牌更难进入日本市场。另外,日本的立法中没有提到其目的是维持大致相同的税收/价格比。价格会随时间变化,除非将调整过程纳入立法,否则税收/价格比将受到影响。[107] 因此,专家组得出结论,日本对伏特加征收了超过烧酒的征税额,违反了 GATT 第 3 条第 2 款第 1 句规定的义务。[108]

---

[100] 同前注,第 22 页。

[101] Japan – Taxes on Alcoholic Beverages,专家组报告,世贸组织文件第 WT/DS8/R,WT/DS10/R,WT/DS11/R 号,1996 年 7 月 11 日通过,第 6.24 段。

[102] 同前注,第 6.24 段。

[103] 同前注,第 6.24 段。

[104] 同前注,第 6.25 段。

[105] 同前注,第 6.25 段。

[106] 同前注,第 6.25 段。

[107] 同前注,第 6.25 段。

[108] 同前注,第 6.27 段。

本案中，上诉机构同意了专家组的观点，认为即使是少量的“超过”数额也是不合理的。GATT 第 3 条第 2 款第 1 句中禁止歧视性税收并不以结果为依据，微小数额的“超过”也会违反规定。因此，上诉机构同意专家组的法律推理和结论。[109]

6. 对各方意见的评析

“同类产品”的解释涉及确定两类产品是否具有相似性的问题。因为相似性范围直接关系到进口国国内同类产品生产商的利益，因而国民待遇条款容易受到国内保护主义的影响。因此，相似性的分析需要避免因任意解释而导致国民待遇被滥用。[110] 1987 年日本酒税案上诉机构对 GATT 第 3 条第 2 款第 1 句所确定的分析方法对后续的案件产生了重要的影响。加拿大期刊案的上诉机构和 Philippines – Distilled Spirits 案（以下简称菲律宾蒸馏酒案）的专家组都对 GATT 第 3 条第 2 款第 1 句的解释采用了“两步走”测试方法。第一步审查进口产品和国内产品是否相同，第二步审查进口产品是否超过国内产品征税。如果一项税收措施同时不符合这两项要求，则违反了 GATT 第 3 条第 2 款第 1 句。[111]

Argentina – Hides and Leather 案（以下简称阿根廷皮革案）专家组在分析第 3 条第 2 款第 1 句时与 1987 年日本酒税案上诉机构的分析稍有不同，但逻辑依然是一致的。阿根廷皮革案中，专家组认为要判定措施是否违反 GATT 第 3 条第 2 款第 1 句，必须就以下三个条件都得出肯定的结论：(1) 该措施必须是直接或间接对进口产品和国内产品征收国内税费；(2) 被征税的进口产品和国产产品是同类产品；(3) 进口产品直接或间接缴纳的税费超过对国内同类产品征收的税费。[112] 阿根廷不同于专家组的解释方法，认为即使不需要单独证明税收措施的目的是为了保护国内生产，但是专家组需要证明存在保

---

〔109〕 Japan – Taxes on Alcoholic Beverages, , 上诉机构报告，世贸组织文件第 WT/DS8/AB/R, WT/DS10/AB/R, WT/DS11/AB/R 号，1996 年 10 月 4 日通过，第 23 页。

〔110〕 Won Mog Choi, *Overcoming the Aim and Effect Theory: Interpretation of the Like Product in GATT Article III*, U. C. Davis Journal of International Law & Policy, p. 109 (2002).

〔111〕 Philippines – Taxes On Distilled Spirits, 专家组报告，世贸组织文件第 WT/DS396/R, WT/DS403/R 号，2011 年 8 月 15 日通过，第 7.30 段。

〔112〕 Argentina – Measures Affecting The Export Of Bovine Hides And The Import Of Finished Leather, 专家组报告，世贸组织文件第 WT/DS155/R 号，2000 年 12 月 19 日通过，第 11.131 段。

护性措施的事实。而保护性措施的存在必须结合第 3 条第 2 款第 1 句解释,而不是单独确定。[113] 专家组不同意阿根廷的这一论点,他们认为保护性措施的存在既不需要单独认定,也不需要与第 3 条第 2 款第 1 句一起解释。因为 1987 年日本酒税案中明确指出,第 3 条第 2 款第 1 句实际上是第 3 条第 1 款所述一般原则的具体适用。因此,当一国的进口产品的征税额超过另一国国内同类产品的征税额时,这一项措施被视为第 3 条第 1 款意义上的"对国内生产提供保护"。因而,在解释第 3 条第 2 款第 1 句时,不需要再考虑第 3 条第 1 款的目的。[114]

从上述 1987 年日本酒税案的实践及后续案件对第 3 条第 2 款第 1 句的解释逻辑中可以发现,专家组及上诉机构已经对"两步走"测试法达成一定程度共识。正如 1987 年日本酒税案中上诉机构所言,保护性的目的是难以证明的,因此这些案件的争端解决机构虽然承认保护性目的要素的重要性,但由于主观因素难以证明,需要努力建立客观的证明标准,使之具有确定性和可操作性。笔者认为,虽然主观要素具有难以琢磨的特点,但是正如阿根廷皮革案中阿根廷的观点,保护性目的虽然不需要证明,但是应当在 GATT 第 3 条第 2 款第 1 句的解释中加以考虑。因为 GATT 第 3 条国民待遇原则是 WTO 非歧视原则的重要组成部分,根据 VCLT 的解释规则,GATT 第 3 条第 1 款表明国民待遇原则的目的和宗旨是避免保护主义的出现,实现进口产品和国内产品平等竞争。[115] 如本案专家组和上诉机构所言,第 3 条第 2 款第 1 句虽然没有像第 2 句的表述一样直接提及第 1 款,但是这是立法技术上的安排,并不当然地表明第 1 句与第 1 款一般原则之间是毫不相干的,二者是一般原则条款与具体情形适用条件之间的关系,那么在对第 3 条第 2 款第 1 句进行文义解释的时候,需要结合上下文和条约的目的和宗旨进行善意解释。因此,第 3 条第 2 款第 1 句的解释需要对第 1 款表述的目的和宗旨进行考量,即便不需要将"为了保护国内生产"作为证明要素。

---

〔113〕 同前注,第 11.133 段。

〔114〕 同前注,第 11.133 段。

〔115〕 WTO 争端解决机构发布了对 GATT1994 第 3 条"国内税收和监管的国民待遇"条款的分析报告,参见网站:https://www.wto.org/english/res_e/publications_e/ai17_e/gatt1994_art3_jur.pdf,2023 年 5 月 9 日访问。

在“同类产品”认定的问题上,《边境税调整工作组报告》显示1947年GATT文本出现了大约16次“同类产品”的表述,“同类产品”在文本不同地方出现,意味着根据上下文具体语境做出的解释就有所不同。报告提出了有关同类产品认定的因素,比如产品在特定市场的最终用途;不同国家的消费者的品味和习惯;产品的属性、性质和质量。这三项标准在争端实践被称为传统标准,加拿大期刊案的上诉机构在同类产品认定中重申了这三项标准。[116] 本案中,专家组及上诉机构除了三个传统的因素之外,亦将产品关税税目作为考量因素。另外,在印尼汽车案[117]中,专家组还强调该案与加拿大期刊案的不同,并将产品的原材料产地作为判定是否违反国民待遇原则的标准。由于本案产品之间税收区别是基于生产商的身份和产品所含零部件的原产地,印尼汽车案专家组认为,基于原产地进行区别征收本身就违反第3条第2款,无须再证明是否是存在实际交易的同类产品,这符合GATT第3条第2款所规定的目的。[118] 即便“同类产品”认定中考量的因素都是基于产品的物理属性,但是在菲律宾蒸馏酒案中,专家组将“相似性”分析侧重于最终产品而不是原材料的物理质量和特征。[119]

(四)直接竞争或可替代产品的因素与认定方法

1. 欧共体的观点

欧共体认为,《1987年专家组报告》对GATT第3条第2款第2句的解释构建了“两步走”测试法,以审查国内税收制度是否符合第3条2款第2句的规定。首先,确定被征税的进口产品和国内产品是否是“直接竞争或可替代

---

〔116〕 Canada – Certain Measures Concerning Periodicals,上诉机构报告,世贸组织文件第WT/DS31/AB/R号,1997年6月30日通过,第21–22页。

〔117〕 Indonesia – Certain Measures Affecting The Automobile Industry,专家组报告,世贸组织文件,第WT/DS54/R, WT/DS55/R,WT/DS59/R, WT/DS64/R号,1998年7月2日通过。

〔118〕 Indonesia – Certain Measures Affecting The Automobile Industry,专家组报告,世贸组织文件第WT/DS54/R, WT/DS55/R,WT/DS59/R, WT/DS64/R号,1998年7月2日通过,第14、113段。

〔119〕 Philippines – Taxes On Distilled Spirits,专家组报告,世贸组织文件第WT/DS396/R,WT/DS403/R号,2011年8月15日通过,第7.34段。

产品”;其次,确定税收是否具有“保护性”。[120] 欧共体认为,威士忌/白兰地和利口酒类别下的所有酒类和烧酒的两个子类别构成“直接竞争或可替代产品”。日本《酒税法》对威士忌/白兰地、利口酒和烈酒征收的税率高于烧酒的两个子类别的税率,从而为烧酒的国内生产提供了保护,违反了第3条第2款第2句规定的义务。[121] 欧共体认为,“直接竞争或可替代产品”的概念比“同类产品”的更广泛,包括了具有不同物理特性但在用途上可替代的产品。[122] 为了确定两种产品是否具有直接竞争或可替代性,需要确定两种产品具有相同的用途;大众可获取的这两种产品的范围和形式;产品相应的价格以及因产品价格的变化引发的消费者对另一种产品需求的反应。[123]

欧共体认为,第二步测试是确定税收措施的差异是否“保护”国内生产,需要从以下三项标准考虑:(1) 税收差异的水平,但违反第3条第2款第1句不会自动导致对第3条第2款第2句的违反。另外,微小的税收差异也可以构成保护性。然而有时微量的税收差异并不能提供保护。(2) 两种产品之间的竞争和可替代的程度。税收制度的保护作用随着产品可替代程度的增强而提高。(3) 低征税产品是否在其他国家生产。如果低征税产品几乎完全在国内生产,那么税收制度就可以保护国内生产。[124] 欧共体认为,由于GATT第3条第2款保护的是对进口产品和国内产品之间竞争关系的贸易预期,而不是对贸易量的预期,因此不需要通过证明税收差异对贸易量产生的影响判断是否违反第3条第2款第2句。[125]

2. 加拿大的观点

加拿大仅基于GATT第3条第2款第2句提出请求。加拿大认为,日本对加拿大威士忌的征税额高于国内烧酒的征税额,违反了GATT第3条第2

---

[120] 为了确定两种产品是否具有直接竞争或可替代性,需要确定两种产品具有相同的用途;大众可获取的这两种产品的范围和形式;产品相应的价格以及因产品价格的变化引发消费者对另一种产品需求的反应。

[121] 同前注,第4.62段。

[122] 同前注,第4.63段。

[123] 同前注,第4.63段。

[124] 同前注,第4.64段。

[125] 同前注,第4.64段。

款第2句的义务。[126] 加拿大DSU第3.2条明确WTO协定中各个成员的权利和义务。因此,日本《酒税法》违反了GATT第3条第2款第2句。[127]

加拿大考查了GATT第3条第2款及其注释和补充规定后认为,对日本《酒税法》违反GATT第3条第2款第2句的认定必须考量四个标准:(1)日本《酒税法》征收的税费是国内的税费;(2)威士忌与烧酒构成直接竞争或可替代产品;(3)两种产品没有被类似征税;(4)日本《酒税法》为烧酒的国内生产提供了保护。[128] 为了判断国内税收制度是否提供了保护,加拿大指出《1987年专家组报告》说明了适用于本案的三个变量:(1)烧酒的税率是否远低于进口威士忌的税率;(2)烧酒是否几乎完全在日本生产;(3)烧酒和威士忌是否可以相互替代。[129]

3. 美国的观点

美国认为,日本适用于蒸馏酒的税收制度旨在保护烧酒的国内生产,而且所有蒸馏酒都具有相似的物理特性和最终用途,因此根据GATT第3条第2款第2句规定,它们具有"直接竞争性和可替代性"。由于蒸馏酒的税收差异超过了最低水平,这种差异实质上改变了国内产品和进口产品之间的竞争条件。因此,美国认为,竞争条件的变化影响了消费者的选择以及交叉价格弹性。[130] 美国认为,GATT第3条第2款旨在防止歧视,而不是为国际贸易的税负或限制制定绝对责任规则,[131] 对该条第2款第2句的解释不涉及立法效果的分析。

4. 日本的观点

日本认为,在认定直接竞争或可替代产品关系的要素中主要考虑两个方面:一是物理性质,最终用途,税目和公众可获得性;二是交叉价格弹性。日本认为,在前一个方面,烈酒和烧酒在物理特性、最终用途和税目上有所不同,烧

---

〔126〕 Japan – Taxes on Alcoholic Beverages, 专家组报告,世贸组织文件第WT/DS8/R,WT/DS10/R,WT/DS11/R号,1996年7月11日通过,第4.65段。

〔127〕 同前注,第4.66段。

〔128〕 同前注,第4.67段。

〔129〕 同前注,第4.67段。

〔130〕 Japan – Taxes on Alcoholic Beverages, 专家组报告,世贸组织文件第WT/DS8/R, WT/DS10/R,WT/DS11/R号, 1996年7月11日通过,第4.68段。

〔131〕 同前注,第4.69段。

酒和蒸馏酒制作工艺、酒精浓度、颜色和容器都不相同,它们的最终用途也有所不同。根据日本的一项研究,60% 的烧酒消费者在用餐时喝烧酒,72% 的威士忌消费者在饭后喝威士忌。烈酒和烧酒在税目上也不同,威士忌被归类为"2208.30 威士忌",而烧酒被归类为"2208.90 其他"。日本还认为,在所有酒精和非酒精饮料的范围上公众可获得性是一样的。[132] 日本指出,即便产品具有相同用途,但是相同程度有待考量。例如,解渴的用途在所有饮料中都是常见的,而享受酒精的用途在酒精饮料中也是常见的,需要狭义解释。日本的证据表明,不仅烧酒和烈酒之间,烧酒和波旁威士忌之间的饮酒习惯也有很大程度的差异。[133]

在交叉价格弹性方面,日本反驳道,如果没有根据日本《酒税法》实施的歧视性税收,西式酒的实际价格将低于烧酒。因此,烧酒与其他烈酒和利口酒之间的价格竞争因烧酒适用的较低税收而扭曲。[134] 日本引用了一项消费者调查的数据证明,如果没有威士忌,32% 的消费者会选择啤酒,32% 的人会选择白兰地,只有 10% 的人会选烧酒,30% 的人会选择清酒,而 6% 和 4% 的人会分别选择烈酒(如杜松子酒、朗姆酒、伏特加)和苏格兰威士忌。而且通过使用烧酒、威士忌、啤酒、葡萄酒和清酒的价格,家庭消费支出和趋势因素作为解释变量,建立模型以解释烧酒消费和威士忌消费,发现无论威士忌价格对烧酒消费的影响,还是烧酒价格对威士忌消费的影响都不是显著的。换句话说,烧酒和威士忌在日本市场上并不存在相互竞争关系。因此,日本烧酒和威士忌酒税收的区别对市场的扭曲程度小于欧洲市场中啤酒、葡萄酒和蒸馏酒的区别。

5. 专家组及上诉机构的意见

(1)GATT 第 3 条第 2 款第 1 句和第 2 句的解释方式不同

第 3 条第 2 款第 1 句和第 2 句的解释方式存在不同。专家组认为,第 3 条第 2 款第 2 句的解释需要考量两个方面:一是威士忌、白兰地、杜松子酒、金酒、朗姆酒和利口酒是否是烧酒的"直接竞争或可替代"产品;二是这些待遇

〔132〕 同前注,第 4.79 段。
〔133〕 同前注,第 4.80 段。
〔134〕 同前注,第 4.83 段。

是否违反第3条第1款规定的非歧视原则。因此，投诉方有责任证明：第一，有关产品具有直接竞争或可替代性；第二，对外国产品的征税措施是为国内生产提供保护。[135]

上诉机构认为，在考虑措施是否符合第3条第2款第1句的规定时，需要先确定征税的进口产品和国内产品是否"同类"，如果是肯定的，则需要再考虑对进口产品的征税是否"超过"对国内"同类产品"的征税。相比之下，判断措施是否符合第3条第2款第2句的规定时，解释过程中要结合附件中的补充条款，必须审查以下三个方面的问题：第一，进口产品和国内产品是否"直接竞争或可替代"和"涉及竞争"；第二，直接竞争性或可替代性进口产品和国内产品是否"同类征税"；第三，是否对进口产品和非直接竞争性产品或可替代产品征收不同税，以便为国内生产提供保护。

上诉机构认为，如果进口产品和国内产品不是第3条第2款第1句中狭义的"同类产品"，则需要考虑是否违反第一句。根据产品性质和相关市场的竞争条件，这些相同的产品很可能属于第3条第2款第2句范围内的更广泛的"直接竞争或可替代产品"类别。在任何特定情况下，"直接竞争或可替代产品"的范围都应根据该案的所有相关事实确定。与第3条第2款第1句中的"同类产品"一样，第2句中"直接竞争或可替代产品"的适当范围必须根据具体情况确定。[136]

第3条第2款第2句和附加条款具有同等法律地位，因为它们都是谈判所确定的条约语言。附件条款并未取代或修改第3条第2款第2句中的语言，只是事实上澄清了其含义。因此，第2句的表述与附加条款必须一起阅读，以赋予它们正确的含义。与第3条第2款第1句不同的是，第3条的第2款第2句的语言具体援引了第3条第1款，它显然是一个完全独立的问题，必须与适用第2句时提出的其他两个问题一起加以解决。为了使条款文本及其上下文具有充分意义，必须独立解决三个问题，以确定国内税收措施是否与第3条第2款第2句不一致：①进口产品和国内产品是相互竞争的"直接竞争或

---

〔135〕 同前注，第6.28段。

〔136〕 Japan – Taxes on Alcoholic Beverages，上诉机构报告，世贸组织文件第WT/DS8/AB/R，WT/DS10/AB/R，WT/DS11/AB/R号，1996年10月4日通过，第25页。

可替代产品";②直接竞争或可替代的进口产品和国内产品征收不同的税;③对直接竞争的或可替代的进口产品或国内产品实行不同的征税,"以便为国内生产提供保护"。申请人必须单独确定每一项,以便专家组认定 WTO 成员实施的税收措施不符合第 3 条第 2 款第 2 句。[137]

(2)直接竞争或可替代的认定方法

专家组认为"直接竞争或可替代产品"一词比"同类产品"一词涵盖的范围更广泛。从这个意义上说,第 3 条第 2 款的注释和补充规定和第 3 条第 2 款第 2 句谈到了产品之间"存在竞争"。除了关税术语中产品的物理特征或分类的相似性之外,应更加强调替代弹性。[138] 在这种情况下,营销策略等因素也可以是证明相关的标准,因为替代弹性反映了消费者对市场中各种产品的反应能力。歧视性的进口税收制度会产生消费者对国内商品的偏好效果,这意味着此种税收制度下进行的消费者调查会低估可替代产品之间的潜在竞争程度。[139] 《1987 年专家组报告》基于它们的价格、交易的可获得性以及其他竞争关系认为,白酒和棕色酒都是与烧酒直接竞争或可替代的产品。[140] 1989 年日本进行税收改革,取消了对不同级别威士忌的分类,这导致了烧酒和外国生产的威士忌的日本市场份额的上升,这证明了威士忌和烧酒之间存在替代弹性。[141] 另外,专家组认为,烧酒和外国威士忌实际上占据的是日本国内生产的威士忌失去的市场份额,说明外国生产的威士忌和烧酒正在争夺同一市场,因此,它们之间存在替代弹性。[142]

专家组没有接受日本基于消费者调查得出的烧酒和其他有争议的酒精饮料之间没有替代弹性的观点,[143] 理由是日本在进行这项调查时没有考虑到国

---

[137] 同前注,第 25 页。

[138] Japan－Taxes on Alcoholic Beverages, 专家组报告,世贸组织文件第 WT/DS8/R, WT/DS10/R, WT/DS11/R 号, 1996 年 7 月 11 日通过,第 6.28 段。

[139] 同前注,第 6.28 段。

[140] 同前注,第 6.29 段。

[141] 同前注,第 6.29 段。

[142] 同前注,第 6.30 段。

[143] 日本的基于对消费者进行的一项调查认为,如果没有烧酒,6% 的消费者会转而购买烈性酒,而只有 4% 的消费者会选择威士忌;如果没有威士忌,32% 的消费者会选择白兰地,只有 10% 的人会选择烧酒。Japan－Taxes on Alcoholic Beverages, 专家组报告,世贸组织文件第 WT/DS8/R, WT/DS10/R, WT/DS11/R 号, 1996 年 7 月 11 日通过。

内税收造成的价格扭曲。换言之,消费者的选择偏好是在现有已扭曲的价格体系内寻求的。而且如果没有烧酒,10%的消费者会转而购买烈酒和威士忌,这就证明了烧酒与威士忌和烈酒之间的替代具有很大的弹性。另外收入的变化可能会影响所研究的所有产品市场的需求,并且这种影响可能会在各个市场上有系统的变化。[144] 因此,替代弹性成为专家组认定烧酒和其他酒精饮料之间是否是直接竞争或可替代产品的因素之一。

上诉机构认为,如果进口产品和国内产品不构成第3条第2款第1句中狭义的"同类产品",那么它们就不受第1句的约束。但是根据产品的性质和相关市场的竞争条件,这些产品可能构成第3条第2款第2句中的"直接竞争或可替代"产品。[145]

上诉机构同意专家组的做法,即在考虑是否是直接竞争或可替代产品时不仅需要关注物理特性、最终用途和关税分类等因素,还需要考虑"市场"。上诉机构认为,专家组将最终用途作为认定两种产品具有"直接竞争或可替代性"的决定性标准,并将替代弹性作为考量的标准之一的方法是正确的。上诉机构支持了专家组的分析结论。[146] 但是,上诉机构注意到专家组对存在争议的"同类产品"和"直接竞争或可替代"产品范围的分析比美国提交给WTO争端解决机构的产品范围要小。因此,上诉机构认为专家组没有将所有产品纳入分析得出的结论存在法律上的错误。[147]

6. 对各方意见的评析

日本酒税案上诉机构指出了认定"直接竞争或可替代"产品的因素是替代弹性和最终用途,而不只是替代弹性。笔者认同专家组及上诉机构对"直接竞争或可替代"产品的解释方法,将替代弹性作为考察相关市场的唯一方法并不合适,而且专家组也否定了将交叉价格弹性作为"直接竞争或可替代"产品的决定性因素。[148] 因为如果两种产品是"直接竞争或可替代"产品,这两

---

〔144〕 Japan – Taxes on Alcoholic Beverages, 专家组报告,世贸组织文件第WT/DS8/R, WT/DS10/R, WT/DS11/R号, 1996年7月11日通过,第6.31段。

〔145〕 Japan – Taxes on Alcoholic Beverages, 上诉机构报告,世贸组织文件第WT/DS8/AB/R, WT/DS10/AB/R, WT/DS11/AB/R号, 1996年10月4日通过,第25页。

〔146〕 同前注,第26页。

〔147〕 同前注,第26页。

〔148〕 同前注,第25页。

种产品即便不是同类产品,也必然具有相似的特点,物理上的相似性越大,直接竞争的可能性就越大。正如韩国酒税案专家组所言,直接竞争或替代产品不一定是相同的,但物理相似性与潜在竞争的探讨尤为相关。如果有共同的最终用途,那么两种产品很可能在可预测的未来具有竞争性。[149] 智利酒税案中,专家组进一步对最终用途作出解释:(1)消费者倾向于将产品作为满足特定需求的替代品;(2)生产者的营销策略的性质和内容表明,产品正在为某一特定市场的潜在消费者开展竞争;(3)与其他商品共享销售渠道。[150]

(五)以便为国内生产提供保护的解释

1. 美国的观点

美国的法律论证方法仍是坚持目的和效果测试,认为 GATT 第 3 条的核心关切是禁止将进口产品作为税收目标。目的和效果测试表明日本《酒税法》可以确认该措施与第 3 条第 2 款第 2 句的规定不一致,因为立法作出的监管区分是为了提供保护。关于立法的目的,美国认为,日本《酒税法》的立法保护从四个方面考察:(1)政策目标制定时是否知道它将在外国产品和国内产品之间划定界限;(2) 立法及其结构激励的内部不一致性;(3)立法声明和准备工作;(4)审查立法是否存在任意性。[151]

2. 日本的观点

日本认为,日本《酒税法》及其税收分类制度的性质不具有"提供保护"的目的或效果,烧酒和其他进口酒不是同类产品,日本《酒税法》符合 GATT 第 3 条第 2 款的规定。第一,分类的性质,烧酒很容易与其他蒸馏酒区分开来,这些差异导致了不同的净价。日本《酒税法》对蒸馏酒的分类并非出于保护主义,因为它基于三个客观标准:原料成本、酒精浓度和通过后蒸馏过程增值来确立的,而且税目与 HS 的命名分类相一致。第二,立法的目的,根据该税收

---

[149] Korea - Taxes on Alcoholic Beverages,专家组报告,世贸组织文件第 WT/DS75/18,WT/DS84/16 号,1999 年 2 月 17 日通过,第 10.78 段。

[150] Chile - Taxes on Alcoholic Beverages,专家组报告,世贸组织文件第 WT/DS87/R,WT/DS110/R 号,1999 年 7 月 15 日通过,第 175 页。

[151] Japan - Taxes on Alcoholic Beverages,专家组报告,世贸组织文件第 WT/DS8/R, WT/DS10/R, WT/DS11/R 号, 1996 年 7 月 11 日通过,第 4.107 段。

法律对蒸馏酒进行分类确实是为了确保中立和公平的合法政策，而不是为了保护国内生产，而且为了实现从税收/价格比的差异转向均等。[152] 第三，由于烧酒和其他进口酒之间没有竞争关系，消费者通过比较产品的价格和总体价值来选择产品，这取决于口味和其他特征，而不限于数量和酒精度，加之日本《酒税法》的中立性，因此缺乏保护作用。[153] 在立法效果上，日本认为，"为了提供保护"的效果必须根据税收是否扭曲了进口和国内产品之间的竞争关系来判断，日本《酒税法》并未扭曲进口产品与国内产品之间的竞争关系，因此日本《酒税法》显然不是为了提供保护，因此没有违反 GATT 第 3 条第 2 款。[154]

3. 专家组及上诉机构的意见

专家组审查了 GATT 第 3 条第 2 款的注释和补充规定，认为符合 GATT 第 3 条第 2 款第 1 句的税收措施，只有在被征税产品与未被征税的直接竞争或可替代产品之间存在竞争的情况下，才会被视为违反第 2 句的规定。换句话说，如果直接竞争或可替代产品没有被"类似地征税"，而且税收措施有利于国内产品，那么就是属于对国内产品提供保护，只要存在不同税收措施即可，即便税收差异数量很少。[155] 专家组认为，正如 1987 年专家组的观点，没有必要证明税收对进口产品产生了不利影响，因为 GATT 第 3 条的目的是在竞争条件下为进口产品提供"有效的平等机会"（effective equality of opportunities）。[156] GATT 第 3 条第 2 款的注释和补充规定对 GATT 第 3 条第 1 款中出现的"以便提供保护"作了解释。专家组认为，没有"类似征税（similarly taxed）"是认定违反 GATT 第 3 条第 2 款第 2 句的适当基准，而"超过"是认定违反 GATT 第 3 条第 2 款第 1 句的适当基准。专家组认为，确定本案的争议产品是否类似征税还需要考虑四个要素：每升酒精的征税额、每度酒精的征税额、从价税和税收/价格比。[157] 最后，专家组得出结论，争议的产品没有类似

---

〔152〕 同前注，第 4.132 段。

〔153〕 同前注，第 4.133 段。

〔154〕 同前注，第 4.153 段。

〔155〕 Japan – Taxes on Alcoholic Beverages，专家组报告，世贸组织文件第 WT/DS8/R，WT/DS10/R，WT/DS11/R 号，第 6.33 段。

〔156〕 同前注，第 6.33 段。

〔157〕 同前注，第 6.33 段。

征税,烧酒的征税额低于争议的产品的征税额,因此,日本的税收措施违反了GATT 第 3 条第 2 款第 2 句项下的义务,向烧酒提供了保护。[158]

专家组没有采纳日本提出的目的和效果测试方法,因为 GATT 第 3 条第 2 款第 2 句的表述是国内税收是否“为国内生产提供保护”,该术语在 GATT 第 3 条第 2 款的注释和补充规定中进一步被解释为,对国内外直接竞争或可替代产品征收不同的税。专家组认为,保持大致不变的税收/价格比不能证明符合 GATT 第 3 条第 2 款第 2 句项下的义务。[159] 税收/价格比的统计数据显示,烧酒和其他直接竞争或可替代产品之间的税收/价格比存在很大差异。因此,税收/价格比无法证明日本税收制度是公平的。由于日本用于计算税收/价格比的统计数据在计算烈酒和威士忌/白兰地的税收/价格比时不包括国内生产的烈酒和威士忌/白兰地,并且国内生产的烈酒和威士忌/白兰地的价格远低于进口烈酒和威士忌/白兰地的价格,从而降低了日本对这些产品的税收/价格比。专家组指出,日本税收制度导致便宜的进口品牌烈酒和威士忌/白兰地更难进入市场。[160] 另外专家组指出,日本《酒税法》没有表明立法目的是保持税收/价格比不变,而且立法无法保证税收/价格比始终保持不变,因为价格会随着时间的推移而变化,除非立法中包含调整过程,否则税收/价格比必然会受到影响。[161] 因此,日本《酒税法》无法证明没有“为国内生产提供保护”。专家组得出结论,日本关税和国内税收措施一方面使得外国生产的烧酒很难进入日本市场,另一方面也没有保证烧酒与其他烈酒之间的平等的竞争条件。因此,日本通过高关税和国内税收的差别将国内生产的烧酒与外国产品竞争隔离开来。[162]

专家组没有对“未类似征税”作出独立的解释。上诉机构认为,GATT 第 3 条第 2 款第 1 句和第 3 条 2 款第 2 句的措辞有所区别,第 3 条第 2 款的注释和补充规定中的“未类似征税”不应解释为与第 1 句中“超过”一词相同的含义。进口产品的征税额“超过”对国内“同类产品” 征税额,不足以得出“直接

---

[158] 同前注,第 6.33 段。
[159] 同前注,第 6.34 段。
[160] 同前注,第 6.34 段。
[161] 同前注,第 6.34 段。
[162] 同前注,第 6.35 段。

竞争或可替代”进口产品和国内产品“未类似征税”的结论。[163] 上诉机构认为,专家组确认“直接竞争或可替代”进口产品和国内产品“未类似的征税”的法律推理是正确的。但是,专家组错误地混淆了“为了提供保护”实施税收措施和“直接竞争或可替代”产品是否“类似征税”两个独立的问题。[164] 只有在“直接竞争或可替代”产品没有“类似征税”时,才必须进一步调查是否“为了提供保护”而征税。[165] 1987 年专家组将“未类似征税”的问题纳入是否“以便为国内生产提供保护”的问题中一起考量。1987 年专家组认为,即便微小的税收差异也可能影响蒸馏酒之间的竞争关系,但保护性税收是否存在只能根据每个案例的具体情况来确定,并且可以有一个微量水平标准,低于此值的税收差异不具有保护效果。[166]

上诉机构认为,“以便为国内生产提供保护”不是一个意图问题。立法者和监管者在起草和颁布某项措施时的主观意图与确定是否适用某项措施“以便为国内生产提供保护”无关。专家组没有必要确定立法或监管意图。如果税收措施“以便为国内生产提供保护”适用于进口产品,那么立法者有无保护主义的意图并不重要。[167]

在考虑税收是否具有保护性时,《1987 年专家组报告》审查以下因素:(1)烧酒的征税额大大低于直接竞争或可替代的进口产品的征税额;(2)对进口酒精饮料征收高额从价税,而对烧酒不征收从价税;(3)烧酒几乎只在日本生产,对烧酒的低征税额“保护了国内生产”;(4)这些蒸馏酒的相互替代性。这些因素证明可进口蒸馏酒和国内烧酒之间的竞争关系被税收政策扭曲。因此,专家组在 1987 年的案件中得出结论,日本对烧酒征收的国内税比其他直接竞争或可替代蒸馏酒的税额低得多,具有贸易扭曲效应,保护了烧酒的国内生产,违反 GATT 第 3 条第 1 款和第 3 条第 2 款第 2 句的义务。[168] 上诉机构认为,在任何情况下,审查是否适用不同的征税额以提供保护,都需要对有关

---

〔163〕 Japan – Taxes on Alcoholic Beverages,上诉机构报告,世贸组织文件第 WT/DS8/AB/R,WT/DS10/AB/R,WT/DS11/AB/R 号,1996 年 10 月 4 日通过,第 27 页。

〔164〕 同前注,第 27 页。

〔165〕 同前注,第 28 页。

〔166〕 同前注,第 28 页。

〔167〕 同前注,第 28 页。

〔168〕 同前注,第 28 页。

措施的结构和在国内外产品间的适用进行全面和客观的分析,并与进口产品相比,客观地审查特定税收措施中使用的基本标准、结构及其整体应用,以确定其适用方式是否保护了国内产品。尽管确定措施的目的不容易,但其保护应用特征通常可以从措施的设计、框架和结构中辨别出来,多数情况下,还会考虑其他因素。[169] 上诉机构同意《1987 年专家组报告》专家组的分析,第 3 条第 2 款仅禁止对进口产品征收歧视性或保护性税收负担,因此关键是不同的税收方式是否对进口产品产生歧视性或保护性效果。[170] 最终,上诉机构同意了专家组的结论,即在本案中日本《酒税法》不符合第 3 条第 2 款的义务。[171]

4. 对各方意见的评析

对“以便为国内生产提供保护”的解释是否需要考察国内立法机构和监管机构的意图?还是将“以便为国内生产提供保护”视为一种行为上的结果?

本案中,专家组和上诉机构都认为立法者和监管者的主观意图往往混淆在一起,具有很强的不确定性。为避免专家组和上诉机构滥用对主观意图的解释,多数案件都没有采用“目的和效果测试”作为第 3 条第 2 款的解释路径。加拿大期刊案中的专家组和上诉机构放弃了“目的和效果”的解释方法。该案中,加拿大强调其实施的加拿大《消费税法》旨在确保加拿大期刊业的生存,对保护加拿大的文化身份至关重要,并没有任何歧视进口产品的目的。[172] 但该主张没有得到支持,上诉机构未评价加拿大涉案措施背后的文化政策考虑,而是认为只要消费税的实施在事实上产生对本国产品更优惠的待遇效果,即违反了国民待遇义务,而不管该措施背后有何目标。[173] 欧共体香蕉案上诉机构也表明,国民待遇的规定本身并不存在关于措施目的的讨论,如果一项适用于进口产品的措施从事实上保护了国内产品,则措施本身就违反了 GATT

---

〔169〕 同前注,第 28 页。

〔170〕 同前注,第 29 页。

〔171〕 同前注,第 31 页。

〔172〕 Canada－Certain Measures Concerning Periodicals,上诉机构报告,世贸组织文件第 WT/DS31/AB/R 号,1997 年 6 月 30 日通过,第 6 页。

〔173〕 同前注,第 32 页。

第3条国民待遇,而不管成员国实施的措施是否带有保护主义的目的。[174]

可以看出,上述这些案件的仲裁庭在解释GATT第3条国民待遇义务时都基于"客观"因素的分析方法,从而使"相似性"的认定成为对第3条第2款解释的重点。本案中美国的观点没有被采纳,即第3条第1款"为国内产品提供保护"包含着目的性表述,"为"一字意味着监管或税收的意图和效果。笔者同意专家组和上诉机构在判断两种产品是否具有相似性或者是否直接竞争或可替代时,确实不需要考虑措施的目的和效果的解释方法,因为第3条第1款的宗旨是为了使国外产品获得与国内产品同等的竞争机会和条件,这并不需要考虑主观的要素。相反,如欧共体所言,为保证国家政策在公共例外条款下的合法性,则需要审查是否存在主观上的歧视和客观上产生采取措施"以提供保护"的效果。[175]

三、结语

国民待遇原则是WTO规则体系中的基本原则,目的在于避免保护主义,为贸易提供公平竞争的环境。国民待遇原则在中国传统文化中的表达可以引用《大学》里的解释"有诸己而后求诸人,无诸己而后非诸人"[176]。

本案是在GATT下涉及国民待遇原则争端的典型案例,核心问题是对GATT第3条第2款国民待遇原则的解释,这就需要对"同类产品""直接竞争或可替代产品""为国内产品提供保护"等术语进行解释,以及梳理第3条第1款和第2款之间的关系问题。

在考察日本《酒税法》是否违反GATT第3条第2款第1句时,专家组/上诉机构将关注点放在对"同类产品"的解释上。专家组/上诉机构首先确定对"同类产品"的解释方法,即应当首先确定所涉产品是否同类,如果是,进一步审查对外国产品征收的税款是否超过对国内同类产品征收的税额。对产品

[174] European Communities – Regime For the Importation, Sale and Distribution Of Bananas,上诉机构报告,世贸组织文件第WT/DS27/AB/R号,1997年9月9日通过,第92页。

[175] Won Mog Choi, *Overcoming the Aim and Effect Theory: Interpretation of the Like Product in GATT Article III*, U. C. Davis Journal of International Law & Policy, p. 114 (2002).

[176] 王贵国:《中华传统文化视角下的国际经济法》,法律出版社2022年版,第22页。

"相似性"的认定,本案专家组/上诉机构主要通过从产品的属性、性能和质量,最终用途,不同国家消费者偏好和习惯,以及产品在关税术语中的分类这四个方面解释了烧酒和西式酒类之间存在相似性。另外,专家组及上诉机构都否定了将HS的关税税目作为认定"同类产品"的依据。那么,在解释"同类产品"时,是否需要结合第3条第1款的宗旨来考虑?本案的上诉机构认为,虽然第3条第2款第1句并没有像第2句一样存在"为国内产品提供保护"这一表述,但是第3条第1款是第3条的目的条款,表达了国民待遇原则的基本目的,根据条约上下文进行解释的规则,第2款实际上是第1款的具体化。因此第2款第1句已经自然而然地体现了第3条的宗旨。上诉机构认为,不必独立地证明和解释是否存在"为国内产品提供保护"的目的,相反,对于违反第2款第2句则必须要证明税收措施的目的具有保护性。很显然,这是因为第2款第2句中已经明确表述了"为国内产品提供保护"这一用语,根据文义解释的规则,对这一句话进行解释时就不能忽略了。因此,在第2款第2句的解释中必须独立解决以下三个问题:第一,进口产品和国内产品是相互竞争的"直接竞争或可替代产品";第二,直接竞争或可替代的进口产品和国内产品征收不同的税;第三,"以便为国内生产提供保护",对直接竞争的或可替代的进口产品或国内产品实行不同的征税。

本案WTO争端解决机构对GATT中国民待遇原则的解释方法对后续的实践产生了重大影响,虽然世贸组织的协定和实践表明WTO争端解决机构的裁定对后续案件无先例的地位,但是在其他的案件中专家组和上诉机构都引用了本案对第3条第2款的解释方法,无意中构成了隐形的先例。但是对"同类产品"的认定的分歧仍在继续,原因在于国民待遇原则已经从GATT中一个原则性的条款,扩大到了WTO规则体系中的其他领域的文本中,比如纺织品和服装协定等,这就进一步扩大了相关协议条款的具体化。[177] 因此,对"同类产品"的解释难以形成一个放之四海而皆准的统一解释标准。正如本案专家组和上诉机构所言,对于"同类产品"的解释只能依据个案中的具体情形来确定。

---

〔177〕 王贵国:《中华传统文化视角下的国际经济法》,法律出版社2022年版,第267页。

第三章　美国虾产品案 (United States – Import Prohibition of Certain Shrimp and Shrimp Products)

朱永倩

一、案件事实概述

(一)案件基本事实

1987 年,美国根据 1973 年《濒危物种法》(Endangered Species Act)要求所有美国拖网捕虾船在捕虾过程中经过海龟死亡率较高的特定区域,必须使用经批准的驱龟器(Turtle Excluder Device)或限制拖网船作业时间。该法于 1990 年生效,经过修改,要求拖网捕虾船在海龟可能出没的情况下作业时,必须使用经批准的驱龟器,但有一些有限的例外。[1]

本案争议措施 609 条款于 1989 年 11 月 21 日颁布。第 609 条(a)款要求美国国务卿与商务部部长协商,应尽快启动谈判,与其他国家就保护和养护海龟达成双边或多边协议。第 609 条(b)款第(1)项规定,一国若使用可能对海龟产生不利影响的商业捕鱼技术捕捞海虾,该国的虾与虾产品将被施加禁止进口令,进口禁令不迟于 1991 年 5 月 1 日实施。第 609 条(b)款第(2)项规定,虾的进口禁令不适用于经认证的捕捞国,具体细节在 1991 年、1993 年和

〔1〕 United States – Import Prohibition of Certain Shrimp and Shrimp Products,上诉机构报告,世贸组织文件第 WT/DS58/AB/R 号,1998 年 10 月 12 日通过,第 2 段。

1996 年的监管指南中进一步阐述。[2] 具有以下两种情况的国家可能获得认证:第一,在捕捞虾的环境中没有顺带捕捞(bycatch)海龟的威胁;第二,拖网捕虾的国家在捕捞过程中采取了与美国相当的管理计划,且平均顺带捕捞海龟的比率与美国船只相当。第 609 条(b)款第(2)项规定美国应向这两类情况的国家颁发证书。[3]

此外,美国在《1996 年监管指南》中规定,所有进口到美国的虾产品必须附有《虾出口商声明》(Shrimp Exporter's Declaration),证明虾是根据 609 条款认证的国家水域或"在不会对海龟产生不利影响的条件下"捕捞的。[4] 1996 年 10 月 8 日,美国国际贸易法院裁定,《1996 年监管指南》允许从未经认证的国家进口虾的规定违反了 609 条款。美国国际贸易法院 1996 年 11 月 25 日的一项裁决澄清,使用人工捕捞但是捕捞方式对海龟无害的虾仍然可从未经认证的国家进口。1998 年 6 月 4 日,美国联邦巡回上诉法院撤销美国国际贸易法院 1996 年 10 月 8 日和 11 月 25 日的裁决。然而,在实践中,非认证国家适用驱龟器捕捞虾的仍然无法获得进口禁令豁免。[5]

此外,美国《1991 年监管指南》将 609 条款实施进口禁令的地理范围限制在大加勒比—西大西洋地区的国家,并给予这些国家 3 年分阶段的实施期限。《1993 年监管指南》保持了这一地域限制。1995 年 12 月 29 日,美国国际贸易法院裁定,1991 年和 1993 年监管指南将实施进口禁令的地理范围限制在大加勒比—西大西洋地区违反了 609 条款,并指示国务院不迟于 1996 年 5 月 1 日在全球范围内延长禁令。1996 年 4 月 10 日,美国国际贸易法院拒绝了国务院要求推迟 1996 年 5 月 1 日最后期限的请求。1996 年 4 月 19 日,美国发布了《1996 年监管指南》,将 609 条款适用范围扩展到所有外国捕捞的虾,自 1996 年 5 月 1 日起生效。[6]

1996 年 10 月 8 日,印度、马来西亚、巴基斯坦和泰国作为联合申请方,要求依据《关于争端解决规则与程序的谅解》(Understanding on Rules and Proce-

---

〔2〕 同前注,第 3 段。
〔3〕 同前注,第 3-4 段。
〔4〕 同前注,第 5 段。
〔5〕 同前注,第 5 段。
〔6〕 同前注,第 6 段。

dures Governing the Settlement of Disputes, DSU)第 4 条与 1994 年《关税与贸易总协定》(The General Agreement on Tariffs and Trade, GATT)第 22 条第 1 款,与美国就 609 条款以及“关于决定外国在拖网捕虾作业中保护海龟项目可比性指令的修订通知”(WT/DS58/1)禁止从以上国家进口虾与虾产品案进行磋商。1997 年 10 月 19 日举行的磋商未取得预期效果。[7] 1997 年 4 月 15 日,应联合申请方的要求,WTO 争端解决机构建立专家组,审理本案。[8]

在审理过程中,专家组就海龟的养护和管理、贸易影响、来自非政府信息等事实,结合 GATT 第 1、11、13、20 条作出裁决。经审理,专家组得出结论:美国根据公法 101 - 162 下 609 条款实施的虾和虾产品进口禁令不符合 GATT 第 11 条第 1 款的规定,且不能根据 GATT 第 20 条合理化该措施。专家组建议 WTO 争端解决机构要求美国修正该措施以符合 WTO 协定下的义务。[9] 美国不认可专家组的裁定,将专家组报告提交到了 WTO 上诉机构。

(二)本案涉及的法律问题

1. 专家组拒绝接受来自非政府组织的非经请求的信息,是否与目前适用的 DSU 第 13 条第 2 款不符。[10]

2. 专家组认定所涉措施在条件相同的国家之间构成了不合理的歧视,因此不在 GATT 第 20 条允许的措施范围内,专家组的这一认定是否为错误的。[11]

---

〔7〕 United States - Import Prohibition of Certain Shrimp and Shrimp Products,专家组报告,世贸组织文件第 WT/DS58/R 号,1998 年 5 月 15 日通过,第 1 段。

〔8〕 同前注,第 1.2 - 1.5 段。

〔9〕 United States - Import Prohibition of Certain Shrimp and Shrimp Products,上诉机构报告,世贸组织文件第 WT/DS58/AB/R 号,1998 年 10 月 12 日通过,第 7 段。

〔10〕 同前注,第 9 段。

〔11〕 同前注,第 98 段。

二、对法律问题的分析

(一)对 DSU 第 13 条的分析

1. 涉案条款

DSU 第 13 条　寻求信息的权利

(1)每一专家组有权向其认为适当的任何个人或机构寻求(Seek)信息和技术建议。但是,在专家组向一成员管辖范围内的任何个人或机构寻求此类信息或建议之前,应通知该成员主管机关。就专家组提出的关于提供其认为必要和适当信息的任何请求,成员应迅速、全面地答复。未经提供信息的个人、机构或成员主管机关正式授权,所提供的机密信息不得披露。

(2)专家组可向任何有关来源寻求信息,并与专家进行磋商并获得他们对该事项某些方面的意见。对于一争端方所提科学或其他技术事项的事实问题,专家组可请求专家审议小组提供书面咨询报告。设立此类小组的规则及其程序列在附件 4 中。[12]

2. 专家组报告中的法律争议

专家组审理期间,收到了由非政府组织"海洋养护中心"(Center for Marine Conservation,CMC)和"国际环境法中心"(Center for International Envivonment Law,CIEL)以及"世界自然基金协会"(World Wide Fund for Nature,WWF)提交的两份"法庭之友"(amicus brief)意见书。联合申请方要求专家组在审理过程中不考虑这两份法庭之友中的内容。但美国认为,专家组可依据 DSU 第 13 条寻求任何有关来源信息的规定,力促专家组采纳两份法庭之友中的意见。专家组则认为,由于 DSU 第 13 条中并未有寻求这类信息的直接规定,所以专家组将不会考虑这两份法庭之友的内容。专家组认为,接受非政府组织

〔12〕《乌拉圭回合多边贸易谈判结果:法律文本　中国加入世界贸易组织法律文件》,人民出版社 2002 年版,第 278 页。Understanding on Rules and Procedures Governing the Settlement of Disputes, Article 13: Right to Seek Information, WTO, https://www. wto. org/english/docs_e/legal_e/28 – dsu_e. htm.

提交的未经请求的信息,不符合 DSU 的规定。[13] 同时,专家组指出,争端任一方可将这类意见附在申请书中提交,另一方则有两周的答辩期限。美国利用这一机会将两份法庭之友的意见作为事实陈述的部分提交给了专家组。[14]

3. 上诉方的意见

美国认为,专家组拒绝接受非政府组织未经请求提交的信息的行为是错误的。美国认为 DSU 中没有任何规定禁止专家组考虑未经请求的信息,相反,DSU 第 13 条第 2 款的措辞为专家组提供了选择信息来源的自由裁量权。当非政府组织向专家组提交材料时,专家组可以依据该条款寻求此类信息,否则,将不必要地限制 DSU 赋予专家组在选择可供参考的信息源时的自由裁量权。[15]

4. 联合被上诉方的意见

联合被上诉方认为,专家组的裁决没有问题。DSU 第 13 条规定专家组有权寻求与选择信息,没有义务考虑未经请求的信息。[16] 专家组寻求信息有三个步骤,第一,专家组决定寻求技术建议;第二,通知成员方将从其管辖范围内查询建议;第三,考虑被请求建议。联合被上诉方认为,美国对该条的解释跳过了前两个步骤,间接剥夺了专家组寻求信息的决定权及对信息的选择权,同时也剥夺了成员方对专家组在其管辖范围内收集信息的知情权。[17] 按照上诉方对条款的理解,专家组将被来自世界各地未经请求的信息所淹没,且争端当事方成员国国民提交的未经请求的信息可能带有很大的偏见,这些只会增加秘书处的行政任务量。[18]

从仲裁的角度来讲,联合被上诉方认为如果有信息引起了专家组成员的注意,当事方便会认为必须对所有的未经请求的信息做出答辩。依据 DSU 第 12 条第 6 款,如果允许当事方在第二次材料中附上法庭之友的信息摘要,其他当事方将会被剥夺答辩和听审的权利。

---

〔13〕 United States – Import Prohibition of Certain Shrimp and Shrimp Products,专家组报告,世贸组织文件第 WT/DS58/R 号,1998 年 5 月 15 日通过,第 7.8 段。

〔14〕 同前注,第 3.129 段。

〔15〕 United States – Import Prohibition of Certain Shrimp and Shrimp Products,上诉机构报告,世贸组织文件第 WT/DS58/AB/R 号,1998 年 10 月 12 日通过,第 9 段。

〔16〕 同前注,第 30 段。

〔17〕 同前注,第 31 段。

〔18〕 同前注,第 32 段。

5. 上诉机构的意见

上诉机构认为专家组对于该问题分析了两点。第一,专家组发布了对于DSU中某些规定的法律解释:接受来源于非政府组织的未经请求信息“不符合DSU中的规定”,基于这一法律解释,专家组拒绝考虑非政府组织提交的信息;第二,专家组允许争端的任一方提交信息摘要,或者将其中的一部分作为提交给专家组材料的一部分,因此,专家组给予其他当事方两周的时间,对这些附加材料进行答辩。美国对专家组的以上法律解释提出上诉。[19] 为解决该问题,上诉机构对于DSU第13条进行了分析。

上诉机构结合EC – Hormones、Argentina – Textiles and Apparel案中上诉机构的观点,认为专家组有权依据DSU第13条向任何有关来源、就争议事项的某些方面寻求信息及专家意见,第13条是对于专家组自由裁量权的授予,是否寻求、如何寻求信息或专家咨询都属于专家组自由裁量的范围。[20] 这就意味着,专家组有权决定是否寻求信息、咨询意见,并对收到的信息、咨询意见做出合适的处理。[21] DSU第12条第1款授权专家组与争端各方协商后,采取灵活的工作程序。DSU第12条、第13条给予专家组以充分广泛的权力控制争端解决程序的进程,以使其了解案件事实以及适用于案件的法律规则和原则。此权力对于专家组履行DSU第11条项下客观评价事实等职责而言是必不可少的。[22]

基于以上论述,上诉机构认为应该分开评价专家组对于“寻求”的解释以及在本案中的实际处理。首先,上诉机构认为不应该将“寻求”一词解释得过于狭隘,寻求信息的权力不等于禁止接受未经专家组请求而提交的信息。上诉机构认为,不论信息是否经过专家组的请求,专家组对于接受或者拒绝此类信息均有自由裁量权,且无须完全处理。因而上诉机构认为,专家组对于这些文件的处理,既没有构成法律错误,也没有滥用自由裁量权。[23]

因此,上诉机构认为专家组裁定接受非政府来源的未经请求的信息不符

---

〔19〕 同前注,第100段。
〔20〕 同前注,第103段。
〔21〕 同前注,第104段。
〔22〕 同前注,第105 – 106段。
〔23〕 同前注,第107 – 109段。

合 DSU 规定的法律解释为错误的,但专家组允许争端一方在其提交的材料中附上相关信息或其中的一部分,符合 DSU 第 12 条或第 13 条的规定。[24]

(二)关于 GATT 第 20 条的争议

1. 涉案条款

GATT 第 20 条一般例外:序言及(b)款、(g)款原文

第 20 条　一般例外

在遵守关于此类措施的实施不在情形相同的国家之间构成任意或不合理歧视的手段或构成对国际贸易的变相限制的要求的前提下,本协定的任何规定不得解释为阻止任何缔约方采取或实施以下措施:(b)保护人类、动物及植物生命与健康所必需(necessary)的措施;(g)与保护可用尽的自然资源有关的措施,如此类措施与限制国内生产或消费的措施一同实施。[25]

2. 专家组报告的法律争议

(1)联合申请方的意见

印度、巴基斯坦和泰国认为,应该按照 DSU 第 3 条第 2 款下规定的国际公法的习惯解释规则(马来西亚也执此观点),解释 GATT 第 20 条下的相关内容。从约文的通常含义来看,GATT 第 20 条(b)款没有明确允许一方成员可以对其他成员方辖区内的人类、动植物采取措施。从约文的上下文并结合《联合国宪章》第 1.2 条,第 2.1 条和第 2.7 条所体现的国家主权平等和不干涉他国内政的原则来看,在没有明确具体的条约规定时,GATT 第 20 条(b)款不得延伸到另一国管辖范围内适用。[26] 而 GATT 第 20 条(g)款这项例外没有明确规定本条仅适用于采取措施方国内的可用竭的自然资源,还是可以延伸至他国辖区内适用,这意味着 GATT 第 20 条(g)款存在解释真空,联合申请方建议依据《维也纳条约法公约》(Vienna Convention on the Law of Trea-

---

〔24〕 同前注,第 110 段。

〔25〕 《乌拉圭回合多边贸易谈判结果:法律文本　中国加入世界贸易组织法律文件》,人民出版社 2002 年版,第 343 页。GATT Article XX: General Exceptions, WTO, https://www.wto.org/english/docs_e/legal_e/gatt47_02_e.htm.

〔26〕 United States – Import Prohibition of Certain Shrimp and Shrimp Products,专家组报告,世贸组织文件第 WT/DS58/R 号,1998 年 5 月 15 日通过,第 3.157 – 3.158 段。

ties, VCLT)第 32 条诉诸条约谈判的历史。[27]

此外,联合申请方认为将 GATT 第 20 条下的规定均解释为允许成员国采取影响出口国内政的贸易措施并无益处。GATT 第 20 条(b)款是为了保证卫生措施不受 GATT 的审查,(g)款是为了允许成员限制辖区内有限自然资源的出口,养护这些资源为将来国内使用做准备。[28] 如为了环保的目标可以任意忽视 GATT 下义务,且相关行为可依 GATT 第 20 条合理化、正当化,那么将无法限制以环保为名的货物禁运种类。联合申请方认为,若想要避免以环保为目的滥用 GATT 体系,唯一的方法是当贸易措施保护的客体不是受影响的资源时,拒绝给予这类单边措施"安全港"。[29]

(2)被申请方的意见

美国认为联合申请方主张的 GATT 第 20 条(b)、(g)两款内含管辖限制的观点没有依据。美国认为,海龟是全球共享(shave)资源,海龟洄游经过的任何国家采取导致海龟死亡率高的捕捞方法都会影响海龟种群。因此,联合申请方可以主张 GATT 第 20 条(b)、(g)两款含有管辖限制,但是该限制不适用于海龟,因为海龟洄游经过的范围广阔,包括公海以及美国在内许多国家管辖的海域。[30] 美国进一步指出,GATT 第 20 条(b)、(g)两款的规定并不模糊,从两款规定的通常含义来理解,约文本身并没有对动植物等自然资源所在区域有任何限制。[31] 就联合申请方提出的主权原则与不干涉他国内政原则,美国认为永久主权的概念并没有明确一国境内的物种是否可以成为其他国家关心的对象,《濒危野生动植物种国际贸易公约》(CITES)也没有明确这一问题,这就意味着目前没有公约禁止一国采取措施保护其他国家辖区内的濒危物种,GATT 中也未有贸易措施一般不得影响出口国内政的规定。[32]

此外,美国认为联合申请方混淆了法律的域外适用与一国在国内使用法律保护其辖区以外的自然资源这两种情况。美国认为 609 条款与 WTO 允许

[27] 同前注,第 3.157 段。
[28] 同前注,第 3.165 段。
[29] 同前注,第 3.172 段。
[30] 同前注,第 3.159 段。
[31] 同前注,第 3.160 段。
[32] 同前注,第 3.161 段。

成员国通过禁止进口服刑人员制造的产品以抵制监狱劳动没有什么不同。[33] 美国进一步指出,其采取的措施指向的是向美国进口的虾与虾产品,美国没有也不可能对其他国家辖区内的人实施美国的海龟养护措施。而《联合国宪章》中关于主权的规定并不直接涉及贸易,未就贸易与环境养护之间的冲突作出规定;《濒危野生动植物种国际贸易公约》未授权但也未禁止美国采取措施养护海龟。相反,WTO 一揽子协定下 GATT 第 20 条(g)款为直接规定。[34] 因此,美国就联合申请方提出的论点作出以下回应:首先,美国采取的措施确实违反了 WTO 项下的义务;其次,《马拉喀什建立世界贸易组织协定》(Marrakesh Agreement Establishing the World Trade Organization, WTO Agreement,以下简称 WTO 协定)允许成员国追求正当的环保目标,而不是为实现自由贸易而不惜一切代价;再次,为防止 GATT 第 20 条的滥用,虽然该条文本身没有限制,但专家组应该给予 GATT 第 20 条以管辖上的限制;最后,联合申请方关于 GATT 第 20 条含有管辖限制的论点,与其在"国内禁止商品"(DPGs)决定草案谈判中所持的立场相矛盾。联合申请方均无保留支持该决定草案的规定,规定包括,一国可以为保护其他国家的人之健康而禁止某一产品的出口。GATT 与 DPGs 的一致性在于对采取措施国以外的人进行保护。联合申请方忽视了 GATT 第 20 条的管辖限制与 DPGs 的一致性问题。[35]

(3)专家组的意见

专家组认为,GATT 第 20 条列举了多种旨在保护环境的措施,因此,重要的是首先确定 GATT 第 20 条的范围,GATT 第 20 条是否允许成员方采取这样的措施——进口成员方将某一产品的市场准入以出口成员方采取某种养护政策为前提条件。在分析 GATT 第 20 条的适用范围时,专家组按照 VCLT 第 31 条的规定,考虑了 GATT 第 20 条的通常含义、上下文以及 GATT 和 WTO 协定本身的目的和宗旨。[36]

专家组认为,美国汽油案(US - Gasoline)等过去的专家组通常先考虑所

---

〔33〕 同前注,第 3.162 段。

〔34〕 同前注,第 3.167 - 3.168 段。

〔35〕 同前注,第 3.169 段。

〔36〕 同前注,第 7.26 - 7.27 段。

涉条款是否符合 GATT 第 20 条的具体条款,再审议所涉措施是否符合 GATT 第 20 条序言;而本案专家组认为序言部分的规定适用于 GATT 第 20 条下的所有条款,所以也可以先审议序言。[37] 因此,通过对序言进行分析,专家组认为一项措施可以具有歧视性,但不能以“武断的”或“不合理的”方式实施。[38]

美国将出口成员方是否实施某种特定的环境保护政策作为美国市场准入的前提条件,是否可以认为美国的措施已经构成“不合理歧视”(unjustifiable discrimination)? 专家组通过对上下文以及 WTO 协定、两个金枪鱼案[39]等进行分析后,认为在考虑根据 GATT 第 20 条采取的措施时,不但要认定该措施本身会损害多边贸易体系,而且还要认定若其他成员方采取此类措施,是否会威胁多边贸易体系的安全性和可预见性。因此,在结合“不合理的歧视”一词的上下文以及美国采取的措施后,专家组认为美国的措施构成了在条件相同的各国间的“不合理的歧视”,因而不属于 GATT 第 20 条规定的范围。[40]

此外,专家组对美国的几点主张做出回应。专家组认为海龟作为“共享”资源,同时也意味着各国对该资源的共同利益。如果存在这样的共同利益,那么不应由某一国采取单边措施,将养护政策作为市场准入的条件,而应该通过国际协定的谈判来实现资源养护的目标。[41] 因此,专家组认为,本案所涉措施不属于 GATT 第 20 条序言所允许的措施范围,因此专家组没有继续考察该项措施是否符合 GATT 第 20 条(b)款和(g)款。[42]

(三)上诉阶段的法律问题

1. 上诉方的意见

美国认为,专家组错误地裁定 609 条款的内容不在 GATT 第 20 条的范围之内。第一,根据专家组的事实调查以及记录中认定的事实,609 条款符合

---

[37] 同前注,第 7.28 段。

[38] 同前注,第 7.33 段。

[39] United States – Restrictions on Imports of Tuna,专家组报告,世贸组织文件第 WT/DS21/R 号,1991 年 9 月 3 日通过;United States – Restrictions on Imports of Tuna,专家组报告,世贸组织文件第 WT/DS29/R 号,1994 年 6 月 16 日通过。

[40] 同前注,第 7.34 – 7.49 段。

[41] 同前注,第 7.53 段。

[42] 同前注,第 7.62 – 7.63 段。

GATT 第 20 条序言部分及 GATT 第 20 条(g)款的内容。第二,609 条款未构成“相同条件国家间的不合理歧视”。第三,专家组将 GATT 第 20 条序言解释为要求专家组确定一项措施是否构成“对多边贸易体系的威胁”(threat to the multilateral trading system),美国认为这一解释的问题在于,首先,GATT 中没有任何适用此种法律解释的依据;其次,该解释未被任何之前的专家组或者上诉机构报告所采用;最后,该解释将无法避免的削弱 GATT 第 20 条赋予成员国保留的权利。[43]

(1)609 条款是否构成“对多边贸易体系的威胁”

根据文本“对多边贸易体系的威胁”的一般含义,如果以保护环境为理由采取差别待遇措施,则该措施具有充分的合法性。[44] 美国认为专家组在“对多边贸易体系的威胁”进行分析时,专家组未能适用文本的通常含义,相反,专家组扩展了文本的通常含义,以涵盖更广泛和更主观的调查。

此外,美国认为专家组没有考虑到“不合理的歧视”一词的上下文。GATT 第 20 条序言部分的措辞表明该部分旨在防止滥用例外以实现保护主义或其他歧视性目的。这与美国汽油案以及 1947 年 GATT 起草准备工作中所体现的解释一致。美国认为,依据上下文,如果为适用 GATT 第 20 条的政策目标提供了正当理由,则“在相同条件下的国家之间的歧视”是“合理的”。[45]

美国进一步指出,在 GATT/WTO 争端解决机制的范围之内,GATT 第 20 条范围内的措施可能会导致市场准入减少和歧视待遇。将 GATT 第 20 条序言中的禁止“不合理歧视”,直接解释为排除造成“减少市场准入”和“歧视待遇的措施”,将会架空 GATT 第 20 条,使 GATT 第 20 条成为一纸空文。美国认为专家组关于“对多边贸易体系的威胁”的分析错误地混淆了两个问题:第一,该项措施是否限制了市场准入;第二,根据 GATT 第 20 条一般例外下的规定判断该项措施是否合理。根据 GATT 第 20 条序言,专家组的调查应基于一项非保护主义的理由。如本案中采取的措施是基于保护海龟的目标,那

---

〔43〕 United States – Import Prohibition of Certain Shrimp and Shrimp Products,上诉机构报告,世贸组织文件第 WT/DS58/AB/R 号,1998 年 10 月 12 日通过,第 10 段。

〔44〕 同前注,第 13 段。

〔45〕 同前注,第 14 段。

么基于本措施产生的歧视,是否可以依据 GATT 第 20 条进行合理化与正当化。[46] 此外,美国认为,GATT 第 20 条的措辞表明,该条款所保护的国家利益应优先于 GATT 促进市场准入的目标。[47]

美国认为,专家组未直接裁定 609 条款威胁多边贸易体系,只是假定其他国家在其他背景下采取与美国相同的措施,则有可能威胁多边贸易体系,这种推定违反了上诉机构在美国汽油案中作出的裁定。在美国汽油案中,上诉机构认为 GATT 第 20 条只能以"逐案基础"(case - by - case basis)仔细审查所审案件中的具体事实并加以适用,且专家组的上述分析实质上为成员国适用 GATT 第 20 条增加了一项新义务,这不符合 DSU 第 3 条第 2 款以及第 19 条第 2 款关于专家组职权的规定。[48]

美国主张,609 条款根据拖网捕捞虾对海龟可能产生的风险对不同国家进行了合理区分,该措施并没有区别对待风险相同的国家。而专家组却认为依据是否使用驱龟器做出区别对待不能成为援引 GATT 第 20 条的理由,这种理由在专家组看来是"不合理的"。[49] 且美国认为 609 条款是依据 GATT 第 20 条的善意(bona fide)养护措施,为了保护濒危的海洋生物。若允许专家组采取模糊且主观的"威胁多边贸易体制"测试(test),将从根本上改变 DSU 赋予专家组的职能,并可能使 WTO 争端解决程序的合法性受到质疑。[50]

(2)609 条款与 GATT 第 20 条(g)款的关系

美国认为,609 条款符合 GATT 第 20 条(g)款的规定。[51]海龟是非常重要的自然资源,同时也是可用竭自然资源,因为所有的海龟种类,包括在被上诉方水域可以发现的种类,均濒临灭绝。《濒危动植物物种国际贸易公约》及专家组报告第 7.58 段认可了这一观点,争端各方对于这些海龟需要被保护的

---

[46] 同前注,第 15 段。

[47] 同前注,第 16 段。

[48] 同前注,第 19 段。

[49] 同前注,第 20 - 21 段。

[50] 同前注,第 23 段。

[51] 第 20 条一般例外:在遵守关于此类措施的实施不在情形相同的国家之间构成任意或不合理歧视的手段或构成对国际贸易的变相限制的要求前提下,本协定的任何规定不得解释为阻止任何缔约方采取或实施以下措施:(g)与保护可用尽的自然资源有关的措施,如此类措施与限制国内生产或消费一同实施。《乌拉圭回合多边贸易谈判结果:法律文本 中国加入世界贸易组织法律文件》,人民出版社 2002 年版,第 343 页。

事实没有争议。[52]

美国指出 609 条款和海龟保护之间的“关系”(relates to)体现为:拖网捕虾是人为造成海龟死亡的主要原因,正确安装、使用、并应用于当地水域的驱龟器将会成为保护海龟,避免海龟死亡的有效工具。通过鼓励使用驱龟器,609 条款促进了海龟的养护,同时,609 条款也符合 GATT 第 20 条(g)款中“与对国内生产或消费的限制同时实施”的规定,对进口虾的要求与对美国国内产品要求一致,即只要捕虾国在捕虾的过程中采取了与美国相仿的保护海龟的标准,保护效力与驱龟器达到的效果相近,609 条款即会给予这些国家认证。因而,609 条款从两种意义上而言是“保护人类、动植物生命或健康所必需的措施”,该措施的必要性体现为以下两点:第一,所有的海龟品种都濒临灭绝,因而该措施就致力于养护海龟,减少海龟的死亡而言是必需的;第二,只有驱龟器能够将海龟从濒临灭绝的边缘挽回,因而使用驱龟器是必需的。[53]

2. 联合被上诉方的意见

联合被上诉方支持专家组关于 GATT 第 20 条序言部分的裁定。联合被上诉方就美国 609 条款与保护海龟之间的关系做出回应,认为专家组所称“对多边贸易体系的威胁”与上诉方对驱龟器或海龟养护的支持之间没有关联。联合被上诉方认为,该种“威胁”是美国通过贸易禁运实施的单边贸易政策,属于滥用 GATT 第 20 条的行为,与 WTO 多边协商合作的宗旨背道而驰。多边贸易体制建立在多边合作的基础之上,如果每一个 WTO 成员方都可以自由采取政策解决其所关心的环境问题,那么多边贸易体制将不复存在。因此,联合被上诉方认为,禁止滥用第 20 条序言,可以防止破坏多边贸易体系,而防止滥用和防范对多边贸易体制的破坏与威胁是与 GATT 第 20 条的宗旨、目的紧密联系的。美国主张的新“测试”,只是专家组对 GATT 第 20 条的宗旨、目的的重申,这一观点与 United States – Restrictions on Imports of Tuna 一案专家组做出的解释相呼应。[54]

联合被上诉方主张,专家组的裁决反映了上诉机构在美国汽油案中的推

---

〔52〕 United States – Import Prohibition of Certain Shrimp and Shrimp Products,上诉机构报告,世贸组织文件第 WT/DS58/AB/R 号,1998 年 10 月 12 日通过,第 25 段。

〔53〕 同前注,第 26 – 28 段。

〔54〕 同前注,第 34 – 36 段。

理。上诉机构在美国汽油案中做了三点声明:第一,序言部分清晰的专业术语针对的是措施的适用方式,而不是被质疑的措施本身或措施的内容;第二,强调了 GATT 第 20 条序言的目的与宗旨是为了防止滥用 GATT 第 20 条例外;第三,上诉机构告诫应谨慎适用 GATT 第 20 条例外,以防止 GATT 权利享有者之法律义务的"无效或落空"。[55] 如果上诉机构决定推翻专家组对于 GATT 第 20 条序言部分的裁定,上诉机构应该与在美国汽油案中的做法相同,审查 609 条款的实施方式,评估 GATT 第 20 条例外是否被滥用而致使被上诉方依据 GATT 享有的实体权利落空或者无效,进而做出裁决。[56] 专家组发现美国在实施 609 条款下的进口禁令时,并未在实施禁令前进行谈判,因而专家组认为 609 条款滥用 GATT 第 20 条构成"对多边贸易体系的威胁"。专家组将滥用 GATT 第 20 条的措施效果与使 GATT 与 WTO 协定的目的和宗旨或 GATT 实体规则下的法律义务落空、无效等同起来。在此过程中,专家组援引诚信原则(good faith)和约定必须信守(pacta sunt servanda)原则,以及比利时家庭补贴案[57]的专家组报告来佐证其结论。[58]

此外,联合被上诉方指出,即使不考虑"对多边贸易体系的威胁",仍有证据支持美国滥用 GATT 第 20 条例外。首先,609 条款在其实施过程中,未真诚地与联合被上诉方展开多边合作以解决问题;其次,美国并未与联合被上诉方就保护与养护海龟的协议进行谈判,且给予不同的国家以不同的过渡期,歧视与产品无关的过程与生产方式;最后,美国认为 GATT 第 20 条序言的唯一目的是防止"间接保护",专家组对 GATT 第 20 条序言中"不合理歧视"展开的分析并非基于该词的通常含义及上下文。联合被上诉方认为美国的主张与 WTO 最近的做法矛盾,如美国汽油案的上诉机构报告主张"不合理歧视"之含义相较于"间接保护"更宽,因此不能仅仅依据政策目标判断美国采取的措施是否违反 GATT 第 20 条例外,否则 GATT 第 20 条序言的规定将毫无意义,这违反了条约的有效解释原则。[59]

---

[55] 同前注,第 37 段。
[56] 同前注,第 39 段。
[57] Belgian Family Allowances case,缔约方报告,G/32 - 1S/59 号文件,1952 年 11 月 7 日通过。
[58] 同前注,第 38 段。
[59] 同前注,第 40 - 43 段。

联合被上诉方认为,美国汽油案和本案专家组都认为应根据 WTO 协定的目的和宗旨来解释 GATT 第 20 条的序言部分,这意味着应从 WTO 协定更为广泛的政策目标视角来分析 GATT 第 20 条的措辞。基于此,专家组依据 GATT 第 20 条确定了两个目标:第一,努力寻找贸易问题的合作解决方案;第二,防止出现多种相互冲突的贸易要求的风险,且每种要求都以第 20 条为理由。609 条款损害了这两个目标,因此对多边贸易体系构成了威胁。[60]

因此,联合被上诉人主张,如果上诉机构决定推翻专家组就 GATT 第 20 条序言作出的裁决,并裁定 609 条款符合 GATT 第 20 条序言部分的规定,那么上诉机构应对 GATT 第 20 条(b)款、(g)款做出裁决。同时指出,该裁决应遵循专家组在审查序言部分时采用的分析方法。[61]

3. 上诉机构的法律意见

(1)上诉机构对于专家组报告的分析

上诉机构认为专家组没有遵循 DSU 第 3 条第 2 款的规定,使用"国际公法的习惯解释规则"审查 GATT 第 20 条文字的通常含义。专家组忽视了这样一个事实,即 GATT 第 20 条的介绍性条款谈到了寻求合理化的措施"适用"之"方式"。专家组没有具体调查 609 条款的适用如何构成"在相同条件的国家之间任意或不合理的歧视,或对国际贸易的变相限制"。专家组在试图审查该措施与 GATT 第 20 条序言部分的一致性时,所做的是反复强调该措施本身的设计。例如,专家组强调,它所处理的是"一个成员采取单边措施的特殊情况,这些措施的性质可能使多边贸易体系面临风险"[62]。然而,在确定一项措施是否属于 GATT 第 20 条序言部分之后的某一款时,应审查该措施的总体设计,而不是其适用。上诉机构认为专家组没有审查序言部分的直接上下文,即 GATT 第 20 条的(a)款至(j)款;没有研究 GATT 第 20 条序言部分的目的和宗旨,相反专家组研究了整个 GATT 与 WTO 协定的目标和宗旨,并以过于宽泛的方式进行了描述。因此专家组得出了一个非常宽泛的表述,即"破坏 WTO 多边贸易体系"的措施应"不在第 20 条序言所允许的措施

〔60〕 同前注,第 44 段。
〔61〕 同前注,第 45 段。
〔62〕 同前注,第 114-115 段。

范围之内”，专家组并未试图调查有关措施是如何构成对该特定类型例外的滥用或者误用的。[63]

上诉机构认为，专家组审查的争议在于以下几点，首先审查争议的措施是否符合序言的条件，其次审查美国的措施是否在 GATT 第 20 条项下(a)款至(j)款涵盖的范围内。美国汽油案认为适用 GATT 第 20 条有以下两个步骤：第一，根据该措施的特点暂定其符合 GATT 第 20 条(g)款的规定；第二，按照 GATT 第 20 条序言的规定进一步评估该措施。然而专家组似乎认为该顺序并不重要，上诉机构不认可专家组的此种做法。[64] 此外，专家组使用了一种“先验”(priori)的测试，事先假定这类措施不在 GATT 第 20 条序言的保护范围之内。上诉机构认为，以出口国是否遵守进口国的单边政策作为进口国市场准入的条件，在某种程度上属于 GATT 第 20 条(a)款至(j)款例外范围内措施的一个共同方面。(a)款至(j)款的规定为 GATT 实质性义务之例外，因为这些措施体现的国内政策被认为是重要且合法的，因此没必要假定进口国的相关政策先验地不符合 GATT 第 20 条的规定。这种解释将使 GATT 第 20 条的大多数具体例外毫无用处，而这与专家组必须遵守的解释原则显然是背道而驰的。[65]

基于上述论述，上诉机构推翻了专家组对于 GATT 第 20 条序言的法律解释和法律分析。

(2)对 GATT 第 20 条(g)款的分析

美国建议，当发现 609 条款不符合 GATT 第 20 条(g)款时，再去审查 GATT 第 20 条(b)款。因此上诉机构首先对 GATT 第 20 条(g)款进行了分析，[66] 具体包括对“可用竭的自然资源”“关于养护‘可用竭的自然资源’”等条款关键词进行分析。

第一，上诉机构首先对“可用竭的自然资源”进行了分析，上诉机构认为，从 GATT 第 20 条(g)款的文本来看，该条不仅限于养护“矿物”或“非生物”等自然资源。专家组报告的申诉方认为，“有生命的”自然资源是“可再生的”，因此不可能是“可耗尽”的自然资源；而上诉机构认为“可耗尽”与“可再

[63] 同前注，第 116 段。
[64] 同前注，第 117 – 119 段。
[65] 同前注，第 121 段。
[66] 同前注，第 125 段。

生”的自然资源之间并不是互斥的关系。现代生物学给我们的教训是,有生命的物种虽然能够繁衍,在此意义上是“可再生”的,但是由于人类的活动,在某些情况下确实容易损耗、枯竭和灭绝。生物资源就像石油、铁矿石和其他非生物资源一样“有限”。[67] GATT 第 20 条(g)款中的“可用竭的自然资源”产生于 1947 年,条约解释者必须从当代国际社会所关心的环境保护角度出发解读该条。上诉机构就 WTO 协定序言中关于可持续发展的规定,结合 1982 年《联合国海洋法公约》《生物多样性公约》《21 世纪议程》等公约中关于“可用竭的自然资源”的规定,认为“自然资源”的含义不是“静止不变”的,而是“就定义而言是演变的”,现代国际公约、宣言中关于自然资源的规定常常包括生物资源也包括非生物资源。基于可持续发展的目标,上诉机构认为,不应将 GATT 第 20 条(g)款仅界定为养护“矿物”或“非生物”等自然资源,按照条约解释的有效性原则,不论有无生命的自然资源,均应在 GATT 第 20 条的范围之内。[68] 就本案而言,本案所涉 5 种海龟都已列入《濒危野生动植物物种国际贸易公约》的附录I中。附录I中的清单包括“受贸易影响或可能受贸易影响的所有濒临灭绝的物种”,海龟的可用竭性是无可辩驳的,因而上诉机构裁定 609 条涉及的海龟属于 GATT 第 20 条(g)款所指的“可用竭的自然资源”。[69]

第二,上诉机构审查了 609 条款与“养护‘可用竭的自然资源’”之间的关系。609 条款对通过可能伤及海龟的商业技术捕捞的虾实施了进口禁令。上诉机构认为此规定的目的是影响各国渔民,令其采取使用驱龟器的管理方法。在此方面,关键是注意到 609 条和实施细则的总体结构和设计的目的之间是紧密相关的,禁止进口的两个基本例外也明确与养护海龟的政策目标相关,且 609 条的总体构思与结构也并非采取一律禁止进口的武断方式,因此,上诉机构认为 609 条款是一项与 GATT 第 20 条(g)款有关的措施。[70]

第三,上诉机构结合美国汽油案中的分析及美国采取措施的具体情况,认为 609 条款是按照 GATT 第 20 条(g)款的规定与对国内捕虾限制一起生效

---

〔67〕 同前注,第 127-128 段。

〔68〕 同前注,第 129-131 段。

〔69〕 同前注,第 132-134 段。

〔70〕 同前注,第 135-142 段。

的措施,是一个公平(even - handed)的措施。[71]

(3)对GATT第20条序言的分析

A. 总体的考虑

按照GATT第20条(g)款的规定,609条款被暂定合法。但是如果要最终判定该措施是GATT第20条规定的例外,还必须要符合GATT第20条序言的要求。

上诉机构反对美国对"条件相同国家间的不合理的歧视"的解释。上诉机构认为,根据GATT第20条的序言部分,所涉措施的政策目标不能为其提供合法的依据或理由,且一项措施符合GATT第20条(g)款,也并不意味着该措施必然符合序言的规定。接受美国关于政策目标能提供合理合法的依据即满足GATT第20条序言之论,将无视序言部分确定的标准。[72]

上诉机构对GATT第20条序言的通常含义进行分析,认为该序言有三个标准。第一,是否构成条件相同国家间的武断的歧视(Arbitrary discrimination);第二,是否构成条件相同国家间的不合理的歧视;第三,是否构成对国际贸易的变相限制。确定一项措施的实施方式是否构成"在条件相同的国家之间存在武断或不合理的歧视",必须考察三个要素。第一,该措施的适用必须导致歧视,且这种歧视的特点不同于在产品待遇上的歧视;第二,歧视本身是武断的、不合理的;第三,这种歧视是发生在条件相同的各国之间的。因此序言部分的语言所体现的标准不仅与GATT第20条(g)款的要求不同,也与确定609条款违反1994年GATT第11条第1款的实质性规则时使用的标准有所不同。[73]

为了考察GATT第20条序言的目的和宗旨,上诉机构回顾了美国汽油案中上诉机构的意见以及乌拉圭回合谈判时关于WTO协定序言的修改历程。上诉机构认为,当时的谈判者们认为世界资源的最佳利用应符合可持续发展的目标,谈判者们的这种意图为解释WTO协定所附协议(包括GATT)增添了丰富的解释可能,这也是对GATT第20条(g)款进行上述解读的

---

〔71〕 同前注,第143-145段。
〔72〕 同前注,第148-149段。
〔73〕 同前注,第150段。

原因。[74]

同时,为参照上下文及目的和宗旨解释 GATT 第 20 条序言的本文,上诉机构探寻了 WTO 成员国在贸易与环境之间关系的目标,最重要的是部长们在马拉喀什作出的关于建立一个永久性的“贸易与环境委员会”(Committee on Trade and Environment)的决定,在其关于贸易和环境的决定中,部长们表达了他们的意图[75],其中包括部长们对于《里约环境与发展宣言》《21 世纪议程》的考量等。基于上述论述,上诉机构认为成员国援引 GATT 第 20 条(a)款至(j)款的权利与其他成员在 GATT 下的实体权利间必须要实现一种平衡,这是第 20 条序言的内涵,同时,援引国也必须要遵守 GATT 第 20 条序言所附加的条件。[76]

上诉机构认为 GATT 第 20 条序言的解释需要寻求国际法一般法律原则的解释指导,GATT 第 20 条序言是诚信原则的一种表达,这项原则既是法律的一般原则,又是国际法的一般原则,制约各国行使权利。这个原则的另一种实施方法,即众所周知的禁止权利滥用(abus de droit)。禁止滥用一国权利,凡主张的权利“涉及条约义务所涵盖的领域,就必须善意(bona fide)地行使,也即合理地行使”。一个成员国滥用自己的条约权利对其他成员的条约权利造成破坏,也是违反成员方条约义务的行为。[77] 因此,解释与使用序言的本质在于平衡成员国援引 GATT 第 20 条的权利与其他成员国在 WTO 下的实体权利,且该平衡点处于一个动态的状态,随着措施形态和种类的不同、特定事实条件的不同而产生变化。[78] 那么 609 条款是否构成“不合理的歧视”与“武断的歧视”?

B. 不合理的歧视

609 条款以进口禁令的方式实施。609 条款本身具有一定的灵活性,但在实际执行时被美国《1996 年监管指南》取消。《1996 年监管指南》的实际执行

---

〔74〕 同前注,第 151 - 153 段。

〔75〕 同前注,第 154 段。考虑到一方面在维护和保障开放、非歧视和公平的多边贸易体系,另一方面与采取行动保护环境和促进可持续发展,两者之间不应该也不需要有任何政策上的矛盾。

〔76〕 同前注,第 154 - 157 段。

〔77〕 同前注,第 158 段。

〔78〕 同前注,第 159 段。

标准严格而僵硬,要求其他成员国必须采取和美国捕虾拖网船相同的方法;在美国本土也采用统一标准而无视各区的特殊情况。上诉机构认为在国内实行统一政策、统一标准是可以接受的,但是在国际贸易中不考虑其他成员方的不同情况而统一要求,则是不可接受的。〔79〕 此外,上诉机构发现,即使有的成员国使用了驱龟器,但是只要海虾的原产海域未按 609 条款取得证书,也不能出口至美国。此种情势很难与美国宣称的保护和养护海龟的政策目标相协调。上诉机构认为,歧视不仅仅来自对条件相同的国家间差别待遇,而且来自该项措施的具体实施。监管方案是否符合出口国的基本情况需要进行具体调查,若该措施不允许该调查时,也意味着歧视。〔80〕

除上述外,609 条款实施的其他在于,首先,美国在实施进口禁令之前,没有与这些出口国进行严肃、全面的协商谈判,以达成缔结和养护海龟的双边或多边协议。〔81〕 其次,对于高度洄游物种的保护和养护,需要在海龟洄游过程中所穿越水域的国家的共同努力,这一点在《里约环境与发展宣言》《21 世纪议程》等国际文件中均有体现。〔82〕 最后,美国谈判缔结了一个养护海龟的区域性国际协议《美洲公约》(The Inter – American Convention),该公约自从 1996 年开始开放签字,已有 5 个国家签署,且其余 4 个国家都已获得 609 条款规定的证书,但是没有证据表明美国 609 条款在 1996 年 5 月 1 日生效之前与其他任何国家进行过类似谈判,并做过认真努力,即上诉方美国在实施进口禁令之前,未有证据显示其努力诉诸现有的国际机制以实现合作,努力保护和养护海龟。〔83〕 上诉机构认为,美国没有与本案的被上诉成员进行谈判,其导致的结果明显是具有歧视性的,且这种歧视是不合理的歧视。谈判过程的缺失使 609 条款成为一项单边主义措施,这显然加剧了进口禁令的不合理性,及其破坏性、歧视性的影响,〔84〕且美国在发布 609 条款需要的证书、转让驱龟器技术时,各国间也有不同的待遇。〔85〕 因此,上诉机构认为这些对于希望获得

〔79〕 同前注,第 161 段。
〔80〕 同前注,第 165 段。
〔81〕 同前注,第 166 段。
〔82〕 同前注,第 168 段。
〔83〕 同前注,第 169 – 171 段。
〔84〕 同前注,第 172 段。
〔85〕 同前注,第 173 – 174 段。

认证的出口国之间待遇上的差异,构成了 GATT 第 20 条序言中的“不合理的歧视”。[86]

C. 武断的歧视

上诉机构认为,609 条款执行时的严格、僵硬以及缺乏灵活性,也构成了第 20 条序言中的“武断的歧视”。[87] 对第 609 条(b)款第(2)项规定的各类型证书,美国政府主管官员都没有遵循透明、可预测的认证途径。对两类证书而言,在认证过程中,在决定授予或拒绝认证之前,申请国没有正式机会发表意见或对任何反对意见进行回应。此外,无论是根据第 609 条(b)款第(2)项(A)项和(B)项还是根据该条(C)项进行的两种证书之申请,这些申请不论被接受还是拒绝都没有正式的说明文件阐明决定;被拒绝的申请也没有复议或上诉程序。[88] 美国不正式、随意的发证方式无法使出口成员方确认美国政府主管机关是否以公平公正的方式执行 609 条款,尤其是《1996 年监管指南》的条款。上诉机构认为,申请认证但是被拒绝的出口国成员被剥夺了基本公平和正当的程序,并且相对于获得认证的成员国而言受到了歧视。[89]

上诉机构认为,GATT 第 10 条第 3 款在对贸易法规的管理上设定了透明度和程序公平的最低标准,而这些标准在本案中并未得到满足。因此,上诉机构裁定美国的措施是在相同条件下,各国间以“不合理的歧视”与“武断的歧视”的方式实施的。这种实施方式违反了 GATT 第 20 条序言中的规定,故美国的措施无权受到 GATT 第 20 条的正当保护。[90]

(四)案件结论

经过上诉机构的审理及上述分析,结论如下:

1. 推翻专家组关于接受非政府组织来源的,未经请求提供的信息不符合 DSU 的规定之裁定。

2. 推翻专家组关于美国的该措施不属于 GATT 第 20 条序言的规定之裁

---

〔86〕 同前注,第 176 段。
〔87〕 同前注,第 177 段。
〔88〕 同前注,第 180 段。
〔89〕 同前注,第 181 段。
〔90〕 同前注,第 183 - 184 段。

定过程。

3. 美国的措施虽然符合第GATT第20条(g)款,但不符合第GATT第20条序言的要求,因此美国采取的措施不符合GATT第20条之规定。

三、案件总结与评析

(一)贸易与环境保护之间的关系

本案中,美国为保护海龟实施的措施是否违反最惠国待遇？海龟是否可以被认定为第20条(g)款下的“自然资源”等均为争议的重点。在专家组审理的过程中,印度、巴基斯坦和泰国认为,美国区别对待了捕捞方法不同的虾与虾产品,且对于不同受影响的批次的国家实行不同的宽限期,因而美国对联合申请方虾与虾产品的禁运不符合GATT第1条第1款下的最惠国待遇原则。[91] 本案的核心冲突在2001年WTO多哈回合谈判中得到了体现。

在2001年WTO多哈回合谈判时,贸易与环境议题是唯一新引进的议题。据WTO的信息,当时谈判的主要内容包括:WTO与多边环境协定(MEAs)之间的关系、WTO与MEAs秘书处之间的合作等。截止到2001年,有250多个处理不同环境问题的协定,其中大约有20多项包含可能对贸易的影响,可能出现的问题之一为MEAs下的措施是否符合WTO规则。例如,多边协议可以授权其缔约方之间的特定产品贸易,但禁止与未签署该协议的国家进行相同产品的贸易。一方面,此类措施将不符合“最惠国待遇”等非歧视原则;另一方面,WTO规则确实允许成员国在某些情况下减损其义务,如,旨在采取保护自然资源的措施。[92] 在本案之前,美国涉及两起金枪鱼案,在1994年第二起金枪鱼案件中,专家组报告指出:关键问题并不是美国养护和保护海豚的环境目标的合法性问题,问题是,在追求自身的环境目标时,美国能否采取禁止进口的贸易措施,使得其他缔约方在其管辖区内改变所实行的

---

〔91〕 同前注,第3.135段。

〔92〕 The Doha Mandate on Multilateral Environmental Agreements (MEAs), WTO, https://www.wto.org/english/tratop_e/envir_e/envir_neg_mea_e.htm.

政策。[93] 可以说本案涉及的环境与贸易政策之间的冲突具有一定的典型特点。随着全球范围内环境、气候问题的加剧，各国对于气候、环境问题的关注与重视程度日益加深，环境与贸易之间的关系也变得无法回避。本案对于处理环境与贸易间纠纷的启发，有以下几点。

1. 环境与贸易中的可持续发展原则

WTO 框架下没有专门针对环境、气候变化的规则，但 WTO 提供了可以保障相关措施展开的制度基础，如 GATT 第 20 条一般例外以及透明度原则、非歧视待遇原则等。有学者认为，以上原则性框架在解决环境与贸易政策相关的冲突时难以填补 WTO 框架下巨大的法律空白，几个案件专家组在第 20 条的“从窄解释”思想的指引下，GATT 时期援引第 20 条的 8 个案例没有一个胜诉……而本案的上诉机构，正是在这条狭窄的小路上，通过司法解释从中找出一条适用于该案情况的协调规则。[94]

上诉机构在解释“可用竭资源”时，从 WTO 协定序言出发，认为序言明确对“可持续发展原则”表达了认可。写进 WTO 协定序言的可持续发展目标也可以被认为是 WTO 体系下应对环境与贸易间纠纷的规则框架。可持续发展目标为 WTO 成员提供了追求环境健康与贸易自由之间的灵活与平衡的途径，要求 WTO 区分真正环境目标的措施和旨在以不合理的、武断的方式实施的变相限制贸易的措施。序言指出，“本协定各方成员，认识到他们在贸易和经济领域的关系，旨在提高生活水平，确保充分就业和大幅度稳步提升实际收入和有效需求，并扩大货物和服务的生产和贸易，同时，允许根据可持续发展目标，优化世界资源的使用，力求保护和养护环境，并加强达到这些措施的目标，以期符合不同经济发展水平的需要和各自的关切”[95]。可持续发展以及环境保护被认为是 WTO 建立的基本目标之一，WTO 促进更加开放的贸易，以实现可持续的发展。

可持续发展包含两个关键概念：需求的概念，特别是世界上穷人的基本需求，这些需求应该得到最优先的考虑；以及科技状况和社会组织对环境满足当

---

[93] 赵维田主编：《美国——对某些虾及虾制品的进口限制案》，上海人民出版社 2003 年版，第 4 页。

[94] 同前注，第 1047 页。

[95] Marrakesh Agreement Establishing the World Trade Organization, WTO, https://www.wto.org/english/docs_e/legal_e/04 – wto_e.htm, 2023 年 10 月 22 日。

前和未来需求的能力所施加的限制的概念。[96] 之后可持续发展原则的描述被细化,1997 年《当代人对后代人的责任宣言》第 5 条指出,"为保证后代人享有地球生态系统的财富,当代人应尽一切努力促进可持续发展和保护生存条件,特别是保护环境的质量和完好性"[97]。可持续发展目标也是美国在专家组报告中提出的抗辩理由,美国认为依据 WTO 协定序言的该部分,国际贸易和经济关系应当顾及"可持续发展的目标,优化世界资源的使用",力求"保护和养护自然环境"并以此作为 WTO 体系所支持的重要目标。[98] 因此,上诉机构认为,可持续发展的概念已成为普遍接受的"经济、社会发展与环境保护"相互融合的整体。[99] 基于可持续发展的视角,"可用竭的自然资源"这一用语并不是"静止不变"(static)的,而是一个处于"演变中的定义"(by definition, evolutionary),因此,值得注意的是,现代国际公约和宣言经常提到的自然资源既包括生物资源,也包括非生物资源。[100] 基于上述观点,上诉机构认为美国采取的措施符合 GATT 第 20 条(g)款,可以说该种解释对 WTO 争端解决机构解决环境与贸易相关的纠纷具有开创性的意义。

2. 可持续发展与共同但有区别的责任

除将可持续发展目标引入环境与贸易相关的 WTO 争端解决中,本案还被认为是 WTO 争端解决机构第一起援引共同但有区别的责任的案例。1992 年《联合国气候变化框架公约》(United Nations Framework Convention on

[96] Report of the World Commission on Environment and Development: note/by the Secretary - General, A/42/427, 又称布伦特兰报告(Brundtland Report), 1987, 载 WCED, https://digitallibrary.un.org/record/139811, 2023 年 10 月 22 日。

[97] 当代人对后代人的责任宣言, 1997 年 11 月 12 日, UNESCO, https://unesdoc.unesco.org/ark:/48223/pf0000110220_chi.page=89, 第 85 页。

[98] United States - Import Prohibition of Certain Shrimp and Shrimp Products, 专家组报告, 世贸组织文件第 WT/DS58/R 号, 1998 年 5 月 15 日通过, 第 3.147 段。

[99] United States - Import Prohibition of Certain Shrimp and Shrimp Products, 上诉机构报告, 世贸组织文件第 WT/DS58/AB/R 号, 1998 年 10 月 12 日通过, 第 129 段, 注释 107。

[100] 同前注, 第 130 段。

Climate Change)是第一个正式将共同但有区别的责任写入约文的公约。[101]有学者认为,“共同但有区别的责任是在一般国际法中适用公平原则的基础上发展起来的,并且意识到在制定、适用和解释国际环境法规则时必须考虑到发展中国家的特殊需要”[102];另有学者认为,“共同但有区别的责任原则根植国际贸易法中的特殊但有差别的待遇……保护人类共同关切的全球伙伴关系是这项原则的首要基础”[103]。

上诉机构在讨论美国采取的措施是否符合 GATT 第 20 条序言时,认为序言的文字证明了谈判者们希望“按可持续发展的目标,优化世界资源的使用”,谈判者的意图使上诉机构解释 WTO 协定下各附件增加了更多的可能性,[104]因而,讨论贸易与环境的关系时,上诉机构指出,在关于设立贸易与环境委员会的决议中还提及《里约环境与发展宣言》的原则三与原则四及《21 世纪议程》。[105]《里约环境与发展宣言》原则三阐述了发展与代际公平的关系,原则四则为“为了达到持续发展,环境保护应成为发展进程中的一个组成部分,不能同发展进程孤立开看待”[106]。从原则六、七中对发展中国家的特殊情况和需要的优先考量以及对共同但有区别的责任与可持续发展目标实现之间的关系的描述,可以看出《里约环境与发展宣言》原则三、四到原则六、七等,是从环境保护的效果到环境治理责任的分配的描述,实为递进的关系。《里

---

[101] 《联合国气候变化框架公约》的序言“承认气候变化的全球性,要求所有国家根据其共同但有区别的责任和各自的能力及其社会和经济条件,尽可能开展最广泛的合作,并参与有效和适当的国际应对行动”,第 3 条原则第 1 项“各缔约方应当在公平的基础上,并根据它们共同但有区别的责任和各自的能力,为人类当代和后代的利益保护气候系统。因此,发达国家缔约方应当率先对付气候变化及其不利影响”,第 4 条第 1 项“所有缔约方,考虑到它们共同但有区别的责任,以及各自具体的国家和区域发展优先顺序、目标和情况”,都提及了“共同但有区别的责任”。

[102] Philippe Sands et al., *Principle of International Environment Law*, Cambridge University Press, 2012, p. 233.

[103] See Edith Brown Weiss, *Common but Differentiated Responsibilities in Perspective*, American Society of International Law Proceedings, Vol. 96, pp. 366 – 368. Werner Scholtz, *Different Countries, One Environment: A Critical Southern Discourse on the Common but Differentiated Responsibilities Principle*, South African Yearbook of International Law, Vol. 33:1, pp. 113 – 136.

[104] United States – Import Prohibition of Certain Shrimp and Shrimp Products,上诉机构报告,世贸组织文件第 WT/DS58/AB/R 号,1998 年 10 月 12 日通过,第 153 段。

[105] 同前注,第 154 段,注释 147。

[106] Report of The United Nations Conference on Environment and Development. 1992 – 08 – 12,载 UN https://www.un.org/en/development/desa/population/migration/generalassembly/docs/globalcompact/A_CONF.151_26_Vol.I_Declaration.pdf。

约环境与发展宣言》中的原则被贸易领域的机构设定为指导原则,并为司法实践所采纳,说明可持续发展原则在贸易领域已经产生具有约束力的影响。基于可持续发展原则与共同但有区别的责任之间的联系,共同但有区别的责任也逐渐发展,并为其适用范围的溢出奠定了基础。

虽然在专家组报告中,联合申请方坚持本案的关键并非为环保问题,而是美国采取了单边的贸易措施以强迫其他成员方接受美国的环保政策,美国的该种行为破坏了 WTO 建立的多边贸易体系;[107] 但同时,联合申请方也认为,序言中指出每个成员都应"以符合在不同经济发展水平下各自需要的发展方式"保护自然环境。由此观之,美国的措施与《世界贸易组织协定》序言部分并不相符。[108] 上诉机构在审理美国的措施是否符合 GATT 第 20 条序言后,认为美国的措施的单边性,措施执行时的严格、僵硬以及缺乏灵活性,也构成了 GATT 第 20 条序言中的"不合理的、武断的歧视",其中缺乏灵活性的原因之一,即为美国采取的措施没有考虑到不同国家的具体情况。

本案结论部分督促马来西亚和美国"充分合作以尽快达成一项协议,使海龟的保护和养护令所有利益相关方满意,并考虑各国在养护和保护环境方面负有共同但有区别的责任的原则"[109]。这是本案相关文件中唯一直接体现共同但有区别的责任的文本表述,但从本案的审理过程来看,不论在专家组的审理过程中,还是在上诉机构的报告中,均体现了共同但有区别的责任。将共同但有区别的责任引入贸易与环境相关的案件,可以平衡不同发展程度的国家在进行国际贸易的活动中所承担的与环境有关的义务与责任,正当化由于发展程度不同造成的区别与差异。值得指出的是,此语境下的"有区别"与 WTO 项目下的非歧视待遇并不是矛盾的。国民待遇和最惠国待遇是 WTO 的两个基本原则,最惠国待遇指,在 WTO 下,"授予国给予受惠国或与之有确定关系的人或事的待遇不低于授予国给予第三国或与之有关系的人或事的待

---

[107] United States – Import Prohibition of Certain Shrimp and Shrimp Products,专家组报告,世贸组织文件第 WT/DS58/R 号,1998 年 5 月 15 日通过,第 3.148 段。

[108] 同前注,第 3.149 段。

[109] United States – Import Prohibition of Certain Shrimp and Shrimp Products, Recourse to Article 21.5 by Malaysia,专家组报告,世贸组织文件第 WT/DS58/RW 号,2001 年 6 月 15 日通过,第 7.2 段。

遇”[110]。有区别的责任并不是意味着歧视，相反，基于公平的原则，在特定条件下没考虑到共同但有区别的责任，反而可能会构成成员间的歧视。

（二）条约的演进解释方法（technique of evolutionary interpretation）

本案中，上诉机构依据 DSU 第 3 条第 2 款，使用国际公法的习惯解释规则，具体包括 VCLT 中关于条约解释的相关规定，解释了 GATT 第 20 条（g）款。依据该解释规则，上诉机构采取了条约演进的解释方法，上诉机构认为，从 WTO 协定的序言来看，GATT 第 20 条（g）款中的“自然资源”一词，其含义并不是静止不变的，而是一个处在演变中的定义。[111] 在将“自然资源”从无生命的自然资源解释为包括有生命的自然资源时，上诉机构援引了 1982 年《联合国海洋法公约》、《生物多样性公约》、《21 世纪议程》以及此前的专家组报告等，认为今天依然将 GATT 第 20 条（g）项解释为对可用竭的矿物或其他非生物自然资源的保护是不合时宜的。[112] 通过这样的解释方法，上诉机构认可了美国 609 条款下的措施符合 GATT 第 20 条（g）款。

使用演进解释方法对过往的条约进行解释，以使条约符合条约缔结者的意图与当下的时代背景。通过本案的上诉机构报告，可以看出条约的演进解释方法有以下几个特征。第一，条约解释本身应遵循国际公法中关于条约解释的习惯规则，即 VCLT 第 26、31 条及第 32 条等；第二，条约演进的解释应遵守条约的有效解释原则，上诉机构强调，按照条约解释的有效性原则，养护可用竭的自然资源，不论其是否具有生命，都应该在 GATT 第 20 条（g）款的范围之内；[113] 第三，条约的演进解释是条约必须信守原则下的解释方法，即条约的演进解释不能背离缔约方签署条约的最初目的和意图，以维护条约的稳定性。

目前学界对于条约的演进解释方法，并没有统一的认识。就该解释方法的条约基础而言，演进解释与 VCLT 第 31、32 条密切相关。有学者认为，条约

---

[110] 王贵国：《世界贸易组织法》，法律出版社 2003 年版，第 39 页。

[111] United States – Import Prohibition of Certain Shrimp and Shrimp Products，上诉机构报告，世贸组织文件第 WT/DS58/AB/R 号，1998 年 10 月 12 日通过，第 130 段。

[112] 同前注，第 129 – 131 段。

[113] 同前注，第 131 段。

的演进解释是对条约建构的传统规范的一种表达,这是一种适用于所有条约的方法,而不仅仅是一种分类。[114] 这一观点得到2013年《国际法委员会第六十五届会议工作报告》的确认,报告指出,演进解释的国际法基础源自VCLT第31和第32条所称的嗣后协定和嗣后实践可协助确定缔约方在缔结条约之时的推定意图是不是赋予用语能够随时间演变的含义。[115] 同时,该报告指出"大多数国际法院和仲裁庭并未承认演进性解释为解释的一种单独形式,而是通过在个案的基础上考虑某些标准,在使用VCLT第31条和32条提及的各种解释资料中,得出此种演进性解释。因此,对用语随时间变化的意义的任何演进性解释,必须产生于正常的条约解释过程"[116]。如,国际法院在"关于航行权和相关权利的争端"(Dispute Regarding Navigational and Related Rights, Costa Rica v. Nicaragua)一案的判决中指出,条约中的术语必须根据缔约方的共同意图进行解释,根据定义,这与条约的缔结同时发生。这可能引导争端的法院或者当事方本身基于诚信遵守条约而寻求条约的含义时,确定术语在起草条约时的含义,因为这样的做法可以阐明缔约方的共同意图。[117] 这就意味着,条约的演进解释是指,一方面,当一个术语的含义与缔结之日不相同时,为适用该条约也应考虑其含义;另一方面,在有些情况下,考虑到国际法的发展,缔约方在缔结条约的意图或可以推定为,赋予所使用的术语,或者其中一些术语能够演进的含义或内容,而不是给定一个具体的含义或内容。在这种情况下,为了尊重缔约方在缔结条约时的共同意图,应考虑到每次适用条约时所涉术语的含义。[118] 简言之,条约的演进解释作为一种解释方法,在分析文本时也必须紧扣VCLT第31条至33条所认可的资料,结合具体案情进行客观分析;相反,在一些情况下对于条约的约文不进行演进的分析,则可能会违反条约的有效性原则。

---

[114] Eirik Bjorge, *The Evolutionary Interpretation of Treaties*, 1st edition, Oxford University Press, 2014, p. 5.

[115] ILC Draft Conclusions on Subsequent Agreements and Subsequent Practice in Relation to the Interpretation of Treaties 2013, ILC, Report 2013, p. 24.

[116] 同前注,第25-26页,第8段。

[117] Dispute Regarding Navigational and Related Rights (Costa Rica V. Nicaragua), Judgoment, ICJ Report, 2009年7月13日,第242页,第63段。

[118] 同前注,第64-65段。

除条约依据及国际司法机构的解释,演进解释或可从法学进化论寻求法理基础。有学者认为,法学进化论在欧洲和美国版本中仍然保留了达尔文提出的进化论的一个基本方面:法学进化论是一种旨在通过观察过去来解释现在的理论,旨在对现状做出回应;[119]从立法者的角度来讲,为了让法律行为者采用演进的立法方法,或者换句话说,为了使其成为"合法的"演进方法,它不仅需要解释过去,而且还应着眼于未来,特别是通过详细阐述能够帮助立法者创造、选择和稳定适应变化情况的未来法律概念的规范性理论。[120] 因此,关于本案中上诉机构运用演进的解释方法解释,有学者认为,上诉机构的裁决具有一定"司法造法"(Judicial Law Making)的价值,在许多法律空缺一时难以谈判达成协议立法时,能否用修德克(Robert E. Hudec)教授所提出的用"普通法式解释"来填补这些空白,是 WTO 发展道路上必须面对的问题,而本案是一个相对成功的尝试。[121]

有学者提出了反对的观点,认为现实的环境中存在着大量的情势不确定性和信息不完整性,决策者往往不会花费无限的时间和精力去参考所有可能的情势以及收集和处理所有的信息。缔约方鉴于成本考虑,也会有意在条约中留下某些"建设性模糊"。在一个动态的、非稳定的国际关系中,缔约方有意留下条约漏洞既是理性也是有效率的。由于存在大量不同的法律解释空间,在这些规则设计过程中有意或无意留下的"建设性模糊"往往成为争端之来源,由此产生了"建设性模糊困境"。WTO 争端解决机构是应当采取演进性解释方法还是应当采取尊重立法原意的解释方法也存在很大分歧。[122]

这样的质疑有其合理性,第一,条约制定过程中的"建设性模糊"似乎难以避免。如本案中 GATT 第 20 条(g)款中"可用竭的自然资源"的规定是不确定的,20 世纪中叶人类的技术对海龟等有生命的自然资源也尚未构成"可用竭"的威胁,但是本案专家组报告所列 1995 年《海龟现状全球观察》及《国

---

〔119〕 Mauro Zamboni, *From Evolutionary Theory and Law to a Legal Evolutionary Theory*, German Law Journal, Vol. 9:4, pp. 515 – 546. p. 526(2008).

〔120〕 同前注,第 528 页。

〔121〕 赵维田主编:《美国——对某些虾及虾制品的进口限制案》,上海人民出版社 2003 年版,第 1047 – 1048 页。

〔122〕 韩逸畴:《国际法中的"建设性模糊"研究》,载《法商研究》2015 年第 6 期,第 173 – 178 页。

家报告:印度—印度海龟的现状、养护与管理》等报告,指出机械化捕鱼导致印度沿岸海龟大量死亡,包括印度橄榄龟在内的海龟并没有种族恢复的迹象。[123] 由此可以看出,随着科技与社会的发展,人类技术已经危及到了有生命的自然资源,上诉机构通过法律解释的方式及时扩大"可用竭的自然资源"的涵盖范围,是对 WTO 体系目标、宗旨的有效维护。第二,对某些条约进行近乎重建的解释,得出的结论很可能产生和缔约方"背道而驰"的效果,此种解释方法则可能会产生重新拟定条约的效果。正如国际法院在对和平条约的解释中所说的那样,法院的责任是解释条约,而不是修订条约。但显然,这种危险绝不是法学进化论解释所独有的。[124] 综上所述,从条约的制定技巧以及对条约滞后性的弥补来看,通过演进解释的方法对"建设性模糊"规定进行解释,规则的不确定性可以转化为制度本身的弹性,使贸易、投资条约中的相关规定与时俱进,符合世界经济的发展与国际贸易的发展形势。当然,演进的解释方法也需要严格的限制,以实现维持条约的有效性与条约的目的与宗旨之间的平衡。

四、结语

美国虾与虾产品案件是 WTO 争端解决机构项下的典型案例之一。本案涉及的内容较为丰富,包括非政府组织意见的采纳、条约的解释、环境贸易及发展的关系等,是世贸组织争端解决机构裁决的典型案例之一。本案距今已 20 多年,值得一提的是,本案中 3 个非政府组织主动向专家组提交意见,世贸组织上诉机构裁定专家组可在审理争议时考虑并采纳这些意见,有学者认为,非政府组织通过影响专家组和上诉机构的决定而对世贸组织的运作发挥作用。[125] 20 多年后的今天,世界面临百年未有之大变局,国际法的发展面临诸多挑战,非政府组织等非国家实体对国际法的影响逐渐增强。回顾本案上诉

---

[123] United States – Import Prohibition of Certain Shrimp and Shrimp Products,专家组报告,世贸组织文件第 WT/DS58/R 号,1998 年 5 月 15 日通过,第 3.58 – 3.60 段。

[124] Eirik Bjorge, *The Evolutionary Interpretation of Treaties*, 1st edition, Oxford University Press, 2014, p. 7.

[125] 王贵国:《中华传统文化视角下的国际经济法》,法律出版社 2022 年版,第 57 – 58 页。

机构报告中的相关分析,可以一窥在新兴领域的国际法发展进程中非政府组织的可能作用。此外,本案对 GATT 第 20 条下的一般例外的分析与解释、对环境与贸易的关系及边界的界定;将条约的演进解释方法纳入国际司法实践,认可了条约演进解释的司法效力等,均为后续国际法、国际司法实践的发展提供了理论与实践基础,为国际法治的实现注入了源源不断的活力。

第四章　土耳其纺织品案
(Turkey – Restrictions on Imports of Textile and Clothing Products)

何　曾

一、案件事实概述

(一)案件基本事实

1963年9月12日,土耳其和当时的欧洲共同体(以下简称欧共体)理事会及成员方签署了《安卡拉协议》(The Ankara Agreement)[1]。该协议于1964年12月1日生效,构成了土耳其和欧共体之间的《欧洲共同体条约》(Treaty Establishing the European Economic Community,也即Treaty of Rome《罗马条约》,以下简称《罗马条约》)[2]第228条(今第300条,赋予欧盟与第三方缔结贸易协定的权利)意义上的联合体的基础。《安卡拉协议》规定通过三个渐进阶段建立关税同盟以实现其目标,即预备阶段、过渡阶段和最后阶段。该协议还包括了旨在确保土耳其在许多领域(商业政策、标准、竞争、国家援助、服务贸易等)与欧共体政策保持一致的条款。

---

[1] 《建立欧洲经济共同体与土耳其共和国之间联合的协定》,英文全称"Agreement Establishing an Association Between the European Economic Community and Turkey",1963年9月12日签署,1964年12月1日生效,全文见土耳其共和国欧盟事务部网站,https://web.archive.org/web/20111003035324/http://www.abgs.gov.tr/index.php? p=117&l=2,2022年10月7日访问。

[2] 《欧洲共同体条约》,英文全称"Treaty establishing the European Economic Community",1957年3月25日签署,1958年1月1日生效,全文见土耳其共和国欧盟事务部网站,https://www.ab.gov.tr/files/ardb/evt/1_avrupa_birligi/1_3_antlasmalar/1_3_1_kurucu_antlasmalar/1957_treaty_establishing_eec.pdf,2022年10月7日访问。

在1992年11月举行的土耳其与欧共体的会议上，双方同意开始完成关税同盟形式的谈判，即联合的最后阶段的谈判。1995年3月6日，土耳其—欧共体通过了《第1/95号决定》[3]，规定了土耳其与欧共体之间关税同盟最后阶段的实施规则。《第1195号决定》第12条第2款规定，土耳其从决定生效之日起在纺织品部门适用与欧共体实质上相同的商业政策，为了履行这一要求，土耳其从1996年1月1日起，对从印度进口的19类纺织品采取数量限制的措施。

1996年3月21日，印度根据《关于争端解决规则与程序的谅解》(Understanding on Rules and Procedures Governing the Settlement of Disputes, DSU)[4]第4条第4款和1994年《关税与贸易总协定》(General Agreement on Tariffs and Trade 1994, GATT)[5]第23条第1款向WTO争端解决机构(Dispute Settlement Body, DSB)，就土耳其对进口自印度的各种纺织品和服装产品单方面实施数量限制的措施，要求与土耳其进行磋商。由于对是否允许欧共体参与磋商有不同意见，双方没有进行磋商。1998年2月2日，印度请求DSB成立专家组针对此事进行审查，印度在请求中指出，土耳其对大范围的纺织品和服装进口实施数量限制的措施不符合GATT第11条、第13条以及《纺织品与服装协议》(Agreement on Textiles and Clothing, ATC)[6]第2条第4款项下的义务，也不符合GATT第24条的规定，损害或剥夺了印度根据GATT和ATC应当享受的利益。1998年3月13日，DSB决定成立专家

[3] 《第1/95号决定》，英文全称"Decision No. 1/95 of the EC - Turkey Association Council"，1995年12月22日签署，1996年1月1日生效，全文见欧盟法律数据库网站，https://eur-lex.europa.eu/legal-content/EN/TXT/PDF/?uri=CELEX:21996D0213(01)&from=en，2022年10月7日访问。

[4] 《关于争端解决规则与程序的谅解》，英文全称"Understanding on Rules and Procedures Governing the Settlement of Disputes"，全文见世贸组织网站，https://www.wto.org/english/tratop_e/dispu_e/dsu_e.htm，2022年10月7日访问。

[5] 《1994年关税及贸易总协定》，英文全称"General Agreement on Tariffs and Trade 1994"，全文见世贸组织网站，https://www.wto.org/english/docs_e/legal_e/06-gatt_e.htm，2022年10月7日访问。

[6] 《纺织品与服装协定》，英文全称"Agreement on Textiles and Clothing"(ATC)，是在乌拉圭回合贸易谈判中达成的，它取代了1973年12月20日的《纺织品国际贸易安排》(Arrangement Regarding International Trade in Textiles, MFA)，ATC及其项下的所有限制于2005年1月1日终止，全文见世贸组织网站，https://www.wto.org/english/res_e/publications_e/ai17_e/textiles_all.pdf，2022年10月7日访问。

组。专家组的职权范围是:"根据印度在编号为 WT/DS34/2 号文件中所涉及协议的有关规定,审查印度在该文件中向 DSB 提出的事项,并作出有助于 DSB 就这些协议提供建议或作出裁决的结论。"[7]

专家组于 1999 年 5 月 31 日向各方提交的报告中,裁定土耳其的措施与 GATT 第 11 条、第 13 条不符,也因此与 ATC 第 2 条第 4 款不符。专家组驳回了土耳其关于其措施符合 GATT 第 24 条的说法。

土耳其于 1999 年 7 月 26 日提出上诉,上诉机构维持了专家组的结论:GATT 第 24 条不允许土耳其在与欧共体结成关税同盟时采取被裁定与第 11 条、第 13 条不符的数量限制措施,其也因此与 ATC 第 2 条第 4 款不符。但上诉机构认为专家组在对 GATT 第 24 条进行解释的法律推理中出现错误。上诉机构最终修改了专家组的法律推理并得出结论,认为一项与 GATT 其他条款不一致的措施是否可以根据 GATT 第 24 条获得合法性,应检查两个条件:(1)是否存在关税同盟;(2)如果没有不一致的措施,是否会阻碍关税同盟的形成,即该措施是否对关税同盟的形成是必要的。

(二)案件争议之法律问题

本案争议的法律问题主要有:

1. 设立专家组请求的准确性:根据 DSU 第 6 条第 2 款,本案中设立专家组的申请是否已经足够准确?

2. 欧共体参与争端的必要性:欧共体是否必须作为一方参与到本案中来?DSU 有没有关于参与诉讼"必要一方"的规定?

3. 用尽纺织品监督机构(TMB)程序的必要性:本案中印度是否必须用尽 ATC 第 8 条规定的特别争端程序,然后才能将争端提交至 DSB?

4. 磋商的充分性:根据 GATT 第 22 条和 DSU 第 4 条,磋商是 DSU 不可缺少的组成部分,而本案中双方未能进行磋商,那么双方可否跳过磋商这一程序?进一步地,磋商如果不充分,双方可否进入专家组程序?

5. 数量限制措施是否符合 GATT 和 ATC 的要求:本案中的数量限制措

---

[7] Turkey - Restrictions on Imports of Textile and Clothing Products,专家组报告,世贸组织文件第 WT/DS34/R 号,1999 年 5 月 31 日通过,第 1.4 段。

施是否违反了 GATT 第 11 条、第 13 条以及 ATC 第 2 条第 4 款的规定？如果 ATC 第 2 条第 4 款的规定与 GATT 第 24 条第 8 款的规定存在冲突，是否应以 ATC 第 2 条第 4 款的规定为准？

6. 数量限制措施能否根据 GATT 第 24 条获得合法性：第 24 条第 5 款是否授权组成关税同盟的成员可以对来自第三国的进口产品实行数量限制措施？

二、法律问题的分析及评价

（一）设立专家组请求的准确性

在专家组成立之后，土耳其提出印度有关设立专家组的申请不够清晰具体，没有详细指明争议措施和受措施约束的产品范围，妨碍了土耳其的辩护权。印度辩称，印度提出的土耳其从 1996 年 1 月 1 日开始对来自印度的纺织品和服装产品实施数量限制，即土耳其开始使其对印度的限制变得与欧共体对印度的限制相一致，这一争议措施已经足够具体，土耳其能够为其辩护作出准备。专家组认为土耳其已获得争议措施和产品范围的充分通知，专家组的权限也已明确，因而驳回土耳其的请求。

1. 土耳其的意见及依据

土耳其提出，专家组有责任审查设立专家组的请求，以确保其符合 DSU 第 6 条第 2 款的规定。设立专家组的请求必须足够精确，因为它通常构成了 DSU 第 7 条规定的专家组职权范围的基础，和向应诉方和第三方通报起诉的范围和法律依据。如果设立专家组的请求不精准，由于专家组的管辖权是根据其职权范围所确定的，那么专家组的管辖权范围就会存在不确定性。[8] 土耳其还认为，DSU 第 6 条第 2 款要求设立专家组的请求要确定有争议的具体措施。而在本案提交的请求中，印度仅仅提到了"自 1996 年 1 月 1 日起，土耳其单方面对从印度进口的各种纺织品和服装产品实施数量限制"。土耳其认为，此句对有争议的具体措施的描述不够准确，对于这些措施，印度没有明确

〔8〕 同前注，第 3.6 段。

提及公布地点、颁布日期、发布机构和措施类型,也没有提及其确切的产品范围,这种缺乏准确性的做法违背了 DSU 第 6 条第 2 款的规定。若对被诉的具体措施认定不明确,那么土耳其的基本辩护权就会受到损害。对于一个公平的程序来说,被指控违反义务的一方需要充分了解对方提起案件的主张和对象。而在本案的情况下,土耳其认为,只有明确提及有争议的措施及其确切的产品范围,才能实现这一点。〔9〕

土耳其引用了 EEC – Import Restrictions 案中专家组的调查结果,指出专家组在该份报告中认为产品范围必须在争端各方之间明确商定〔10〕。土耳其指出,根据 DSU,争端各方不需要就设立专家组达成一致,因此各方和第三方清楚了解争端的确切范围显得更为重要,正如上诉机构在 EC – Bananas Ⅲ案(以下简称欧共体香蕉案)中所认定的那样〔11〕。土耳其还指出,在 EC – Computer Equipment 案(以下简称欧共体计算机设备案)中,上诉机构考虑到这种明确的逻辑和法律必要性,指出"可能还有必要确定受争端措施影响的产品"〔12〕,据此在该案中驳回了欧共体关于美国违反 DSU 第 6 条第 2 款的主张,认为"申诉方可能已经通过更广泛的分组确定了有争议的产品,但没有足够详细地说明"〔13〕。本案中,土耳其认为,印度在其设立专家组的请求中甚至没有指出产品类别,而只是泛泛地提到了"纺织品和服装产品",如果这种泛指被认为足以符合 DSU 第 6 条第 2 款的规定,那么该条款中的"明确"一词将不可避免地沦为多余或无用,从而违反了国际公法的基本解释原则。〔14〕

2. 印度的意见及依据

印度认为,土耳其的主张是没有根据的。由于土耳其已经提前向 WTO 通报了所有细节,因此土耳其当局应当明确知晓该措施的国内法律基础和产

---

〔9〕 同前注,第 3.8 段。

〔10〕 EEC – Quantitative Restrictions against Imports of Certain Products from Hong Kong,专家组报告,GATT 1947 文件第 L/5511 – 30S/129 号,1983 年 7 月 12 日通过,第 30 段。

〔11〕 EC – Regime for the Importation, Sale and Distribution of Bananas,上诉机构报告,世贸组织文件第 WT/DS27/AB/R 号,1997 年 9 月 9 日通过,第 142 段。

〔12〕 EC – Customs Classification of Certain Computer Equipment,上诉机构报告,世贸组织文件第 WT/DS62, 67, 68/AB/R 号,1998 年 6 月 5 日通过,第 67 段。

〔13〕 同前注,第 71 段。

〔14〕 Turkey – Restrictions on Imports of Textile and Clothing Products,专家组报告,世贸组织文件第 WT/DS34/R 号,1999 年 5 月 31 日通过,第 3.15 段。

品范围。此外,印度曾在不同场合提出过土耳其实施数量限制的问题,土耳其均未表示对争端的范围有任何不确定。[15] 印度还指出,要求事先磋商的目的之一是确保成员在诉诸专家组程序之前进行详细的事实和意见交流。在磋商过程中,应诉方有机会要求对方澄清起诉的范围,而土耳其拒绝在欧共体不在场的情况下与印度进行磋商。印度据此认为,如果允许一个成员首先拒绝进行磋商,却能在此后声称对本可以在磋商中澄清的事项一无所知,这不符合正当程序原则。[16] 印度还提出,其关于成立专家组的请求指出,有争议的措施是"土耳其从 1996 年 1 月 1 日起对从印度进口的各种纺织品和服装产品单方面实施的数量限制",从而明确了有争议的具体措施。土耳其知道它所规定的数量限制的细节,因为这些限制是欧共体和土耳其共同通知区域贸易协定委员会(The Committee on Regional Trade Agreements,CRTA)的,而且该通知的副本也发给了 TMB 主席。[17] 因此印度认为,就 DSU 第 6 条第 2 款的目的而言,其提出的请求对争议措施的确定已经是足够精确的。

印度进一步认为,DSU 第 6 条第 2 款并没有规定确定争议的具体措施的方式。土耳其的解释既没有得到 GATT/WTO 惯例的支持,也没有得到上诉机构裁决的支持,其引用的先例并不足以支持其立场。在设立专家组的请求中,大多数没有按公布日期和地点确定有争议的措施,也没有准确地指出产品的覆盖范围。土耳其所引用的欧共体香蕉案也不例外。在该案中,有近 100 项不同的法规构成了欧共体的香蕉进口、销售和分销制度,适用于十几种不同的产品。专家组和上诉机构都审查了这一制度的整体性,而没有考虑有争议的法规是否详细明确,且专家组和上诉机构都不认为这不符合 DSU 第 6 条第 2 款的规定。[18] 再如,土耳其提到了上诉机构关于欧共体计算机设备案的报告。在该报告中,上诉机构承认,起诉方可以"通过更广泛的分组"来确定受争议措施影响的产品,从而拒绝了欧共体提出的必须精准确定每个产品的主张。这项裁决支持了印度的立场,即印度描述的土耳其实施的数量限制已经

---

〔15〕 同前注,第 3.9 段。

〔16〕 同前注,第 3.10 段

〔17〕 同前注,第 3.11 段。

〔18〕 同前注,第 3.16 段。

是足够精确的。[19]

3. 专家组的意见及依据

专家组认为,设立专家组的请求必须准确,以便让应诉方和潜在的第三方既了解争议措施,又了解起诉的法律依据。专家组在审查了印度提出的设立专家组的请求后认为,虽然没有按公布地点和日期进行确定,但印度已经对这些措施按类型(数量限制)、生效日期(1996 年 1 月 1 日)和产品范围(纺织品和服装,WTO 中明确界定的一类产品)进行了具体说明。因此设立专家组的请求符合上诉机构在欧共体香蕉案和欧共体计算机设备案中解释的 DSU 第 6 条第 2 款的最低要求。即使印度的请求可以更详细,但专家组依然认为土耳其充分了解了有争议的措施和它们所涉及的产品,专家组的职权范围也已经足够明确。[20] 因此,专家组作出裁定拒绝土耳其的主张。

4. 对各方意见的评析

DSU 第 6 条"专家组的设立"第 2 款规定如下:"设立专家组的请求应以书面形式提出。请求应指出是否已进行磋商、确认争议中的措施并提供一份足以明确陈述问题的起诉的法律根据概要。在申请方请求设立的专家组不具有标准职权范围的情况下,书面请求中应包括特殊职权范围的拟议案文。"[21] 这一条款要求确认有争议的措施且要提供"足以明确陈述问题的法律根据",但对于该争议措施究竟要明确具体到何种程度,条文没有做出确切的规定,也即其并未有一个具体的标准来描述或限定该有争议的措施。笔者认为,这样的条文没有对被提起诉讼的争议措施设置一个过高、过细的确定标准,而只要能够确认是什么措施、怎样的措施、何时采取的措施,有一个确切的范围即可,因而笔者同意专家组的意见,即使印度的请求可以更明确,但也已符合 DSU 第 6 条第 2 款的规定。此外,正如 DSU 第 3 条"总则"中第 10 款所指出的,争端发生后所有成员应"真诚参与以努力解决争端",笔者认为,土耳其对印度所提起的争议措施的具体程度要求标准过高,并不符合"真诚"的标准。

---

〔19〕 同前注,第 3.18 段。

〔20〕 同前注,第 9.3 段。

〔21〕 《乌拉圭回合多边贸易谈判结果:法律文本　中国加入世界贸易组织法律文件》,人民出版社 2002 年版,第 274 页。

(二)欧共体参与争端的必要性

土耳其认为印度的诉请仅仅针对土耳其,而争议措施却是依据土耳其和欧共体间的区域贸易协定采取的,欧共体也应该是争端的一方。印度提出其不可能对欧共体提起诉讼,因为这些措施不是欧共体采取的,在法律上也不能归责于欧共体,欧共体对《马拉喀什建立世界贸易组织协定》(Marrakesh Agreement Establishing the World Trade Organization,以下简称 WTO 协定)项下的义务并没有延伸到其与土耳其的关税区。另外,由于 DSU 中没有关于共同被告地位的规定,欧共体参与诉讼本身并不意味着它有义务遵守专家组的裁决,从而同意修改土欧关于限制从第三国进口纺织品和服装产品的共同贸易制度。专家组审查后驳回了土耳其的这一要求。

1. 土耳其的意见及依据

土耳其指出,关税同盟的建立和存在不仅是在 GATT 当初起草时就被考虑到的一个事实,而且在 GATT 第 24 条第 4 款中亦明确提及。印度很清楚其起诉的措施不是土耳其"单方面"采取的,而是土耳其与当时的欧共体在《安卡拉协议》中商定关税同盟完成后共同采取的,《第 1/95 号决定》对"关于实施关税同盟最后阶段"有详细的规定。土耳其提到《第 1/95 号决定》第 12 条第 1 款和第 2 款,证明其在从关税同盟以外的国家进口纺织品和服装产品的商业政策方面缺乏自主权。同时土耳其指出,土欧关税同盟的缔结,特别是上述规定已正式通知 GATT 和 WTO。[22]

土耳其进一步提出,不能因为 DSB 的裁决而去违反一项根据 GATT 第 24 条在 WTO 中具有公认地位的国际条约。《维也纳条约法公约》(Vienna Convention on the Law of Treaties,VCLT)[23]第 26 条"条约必须遵守"的规定使得土耳其不可能单方面采取违反土欧关税同盟义务的行动。任何其他解决办法都等于迫使土耳其违反其对欧共体的国际义务,从而违背了国际公法的

---

〔22〕 Turkey – Restrictions on Imports of Textile and Clothing Products,专家组报告,世贸组织文件第 WT/DS34/R 号,1999 年 5 月 31 日通过,第 3.26 段。

〔23〕《维也纳条约法公约》,英文全称"Vienna Convention on the Law of Treaties",1969 年 5 月 22 日通过,1980 年 1 月 27 日生效,目前有 45 个国家和地区签署,有 116 个缔约方,全文见联合国网站,https://www.un.org/zh/documents/treaty/ILC – 1969 – 3,2022 年 10 月 7 日访问。

一般原则,而根据 DSU 第 3 条第 2 款,国际公法是 WTO 争端解决体系中的一个法律渊源。[24]

土耳其坚持认为,印度应将土欧关税同盟的双方作为被告,如果欧共体没有完全参与目前的争端,它就不会受到争端结果的约束,因此它也就没有义务以印度预想的方式适用该协定。土耳其认为,本案类似于起诉方就 A 国采取的措施向 B 国提起诉讼,在这种情况下,由于 B 国明显不存在国际责任,争端将因缺乏主体资格而被驳回。[25] 土耳其认为印度的最终目的是增加与土欧关税同盟的贸易,而不仅仅是与土耳其的贸易。因此,印度对争端另一方的选择等于规避了欧共体作为土欧关税同盟中的一方所享有的基本辩护权,而欧共体却必须承担土耳其现有的纺织品和服装产品进口制度的任何变化所带来的贸易后果。[26]

2. 印度的意见及依据

印度提出,土耳其和欧共体都承认数量限制是由土耳其施加的,《第 1/95 号决定》第 12 条以及 1996 年 11 月 8 日土欧给区域贸易协定委员会的联合信函中对此均有所体现。因此,本案中的争议措施毫无疑问是由土耳其而不是由欧共体实施的。[27]

对于土耳其所指出的,DSU 第 10 条只给予第三方有限的参与权,[28] 印度认为,虽然 DSU 没有规定共同被告的地位,但根据第 10 条,欧共体本来就有权作为第三方参与本案诉讼。因此,它有权要求专家组给予它在诉讼结果中具有直接实质利益的第三方地位,而欧共体是故意选择不按照 DSU 的规定参加诉讼。如果欧共体获得了 DSU 中未预见到的参与权,那么就等于专家组对 DSU 进行了修正。[29]

印度指出,根据 DSU 第 7 条第 1 款,专家组的职权范围是审查土耳其在争端各方引用的 WTO 协定中的义务,而不是土耳其参与的任何其他条约,因

---

〔24〕 Turkey – Restrictions on Imports of Textile and Clothing Products, 专家组报告,世贸组织文件第 WT/DS34/R 号,1999 年 5 月 31 日通过,第 3.30 段。

〔25〕 同前注,第 3.33 段。

〔26〕 同前注,第 3.34 段。

〔27〕 同前注,第 3.27 段。

〔28〕 同前注,第 3.28 段。

〔29〕 同前注,第 3.29 段。

此,土耳其潜在的国际义务冲突在目前的争端中是不相关的。[30] 印度认为,在国际法中无可争议的是,两个国家之间的条约在未经第三国同意的情况下,对第三国既不产生义务,也不产生权利。因此,土耳其与欧共体之间达成的条约不能改变印度在专家组中所主张的权利。[31]

印度还指出,土耳其不是欧共体成员国。因此,欧共体在 WTO 协定下的义务范围不包括土耳其的关税区,土耳其在其关税区采取的进口限制措施既不是由欧共体采取的,也不能在法律上归责于欧共体,因此印度不会根据 DSU 对欧共体提起诉讼。[32] 最后,印度认为,若欧共体作为第三方参与了专家组程序,则它不会仅仅因为参与而受到程序结果的约束。[33]

3. 专家组的意见及依据

在这一问题上,专家组参考了国际法院(International Court of Justice)的实践。在尼加拉瓜军事行动案(Military and Paramilitary Activities in and Against Nicaragua)和瑙鲁硅酸盐案(Certain Phosphate Lands in Nauru)中,美国和澳大利亚都曾提出,原告应当同时起诉其他有关国家,由于原告没有起诉其他国家,国际法院应当驳回起诉。但国际法院依然行使了管辖权。国际法院的观点是:如果法院需要决定的实质问题是一个国家的利益,在这种情况下,如果该国不是诉讼一方,法院就不应当行使管辖权;如果原告提出法律请求,法院应仅就其请求作出决定,而该决定只对涉讼各方有约束力,可能受到影响的其他国家可以分别起诉。不管是法律还是国际法院的实践都不存在"不可缺少的一方(indispensable party)"这样的概念。[34] 专家组指出,WTO 中同样不存在"必要的一方(essential party)"的概念,根据本案事实和专家组的职权范围,专家组已决定不讨论土欧协议是否符合 WTO 的规定,专家组认为,欧共体不是本案一方。[35] 根据 WTO 协议,欧共体和土耳其各自享有独立的权利。

---

〔30〕 同前注,第 3.31 段。
〔31〕 同前注,第 3.32 段。
〔32〕 同前注,第 3.35 段。
〔33〕 同前注,第 3.36 段。
〔34〕 同前注,第 9.8 段。
〔35〕 同前注,第 9.11 段。

专家组指出，根据 GATT 第 23 条和 DSU 的规定，任何成员如果认为其权利被任何其他成员所损害，都可以对该成员启动争端解决程序。DSU 中没有关于涉及关税同盟或任何其他类型区域贸易协定的争端解决程序的特别规定。土欧关税同盟本身不是 WTO 的成员，因此不能成为任何 DSU 程序的主体，因为它缺乏相应的法律人格。[36] 欧共体已决定不作为第三方参与这一争端。在 DSU 没有任何相关规定的情况下，根据国际惯例，并注意到欧共体在这一点上的立场，专家组认为其无权指示欧共体作为第三方或以其他方式参与整个专家组程序，DSU 中亦没有相应条款可以阻止印度启动专家组程序。[37] 因此，专家组不接受土耳其的主张。

4. 对各方意见的评析

印度在 WTO 的法律框架下对土耳其提起诉讼，并根据 DSU 来申请成立专家组，这与土欧关税同盟以及它们之间的《安卡拉协议》不能混为一谈。VCLT 第 34 条关于第三国之通则中规定："条约非经第三国同意，不为该国创设义务或权利。"[38] 印度不是《安卡拉协议》的缔约方，该协议与印度没有关系，不能为印度创设义务，更不能限制印度在 WTO 框架中对土耳其使用的限制措施采取法律手段的权利。

笔者认为，根据 DSU，印度没有必须在本案中对欧共体也提起诉讼的义务。土耳其以它与欧共体之间存在的条约来主张欧共体必须成为争端的共同被告没有法律依据，因为它们两者之间的条约并不是本案所指向的客体，不是争端双方涉及的需要 DSB 进行解决的内容，印度只是针对土耳其单方采取的限制措施来提起诉讼。

实践中，在诉讼开始后，会发生一些与案件有直接利害关系的当事人没有参与到诉讼中来的情况，可能会影响法院查清事实、解决纠纷。在参与诉讼的主体问题上，国内法与国际法有不同的规定。根据《中华人民共和国民事诉讼法》第 135 条的规定："必须共同进行诉讼的当事人没有参加诉讼的，人民法院应当通知其参加诉讼。"而根据最高人民法院《关于适用〈中华人民共和

---

〔36〕 同前注，第 9.6 段。

〔37〕 同前注，第 9.5 段。

〔38〕 联合国网站，https://www.un.org/zh/documents/treaty/ILC – 1969 – 3，2023 年 5 月 8 日访问。

国民事诉讼法〉的解释》第 73 条:“必须共同进行诉讼的当事人没有参加诉讼的,人民法院应当依照民事诉讼法第一百三十五条的规定,通知其参加;当事人也可以向人民法院申请追加。人民法院对当事人提出的申请,应当进行审查,申请理由不成立的,裁定驳回;申请理由成立的,书面通知被追加的当事人参加诉讼。”从《民事诉讼法》和最高人民法院司法解释的条款来看,法院有权利追加共同诉讼的当事人,不论是原告、被告还是第三人,且依照条文规定,被告也属于当事人,有权申请追加共同被告,但需经过法院的审查后由法院决定是否同意追加。本案就类似被告人申请追加共同被告的情况。关于法院是否应该享有依职权主动强行追加、确定诉讼主体的权利,笔者观点如下:法院在审判活动中起到居中裁判的作用,现代民事审判要求法院处于消极、中立、被动的诉讼地位,充分尊重当事人的意思自治权利,不应主动干预或代替当事人行使自己的相关诉讼权利,法院强行追加、确定诉讼主体的行为是职权主义的表现,应当对此进行修正。

如果将目光转移到国际法领域,可以发现这种国内法上的职权主义被当事人主义所替代。例如,《国际法院规约》(Statute of the International Court of Justice)第 63 条规定:“一、凡协约发生解释问题,而诉讼当事国以外尚有其他国家为该协约之签字国者,应由书记官长通知各该国家。二、受前项通知之国家有参加程序之权;但如该国行使此项权利时,判决中之解释对该国具有同样拘束力。”[39] 从中可以看出,如果争端涉及除当事方之外的第三方,国际法院仅有通知的义务,而没有追加当事方的权利,收到通知的第三方可以自行决定是否参与诉讼程序。如果用《国际法院规约》来看本案,即使土欧之间的条约是专家组审查的对象,专家组据此通知欧共体之后,欧共体有权利决定是否参与程序。既然第三方参与诉讼作为权利而不是义务,欧共体选择不参加争端解决程序后,土耳其所提出的应以此驳回印度的请求就没有法律依据。回到 DSU,其第 10 条亦作了类似规定,专家组在程序中应对其他有关成员的利益进行充分考虑,有利益的第三方有向专家组提出书面陈述的机会,且如果其认

---

〔39〕《国际法院规约》,英文全称“Statute of the International Court of Justice”,1945 年 6 月 26 日签订,全文见联合国网站,https://www.un.org/zh/documents/statute/text.htm,2022 年 10 月 7 日访问。

为自身的利益丧失或减损,可援用争端解决程序。因此同样地,在 WTO 争端解决程序中,第三方是否参与到程序中也是自身的权利而非义务。DSU 第 11 条专家组的职能中也并没有类似国内诉讼法中法院可以依职权追加共同当事人的权利的规定。因此,不同于国内法,在 WTO 争端解决程序中,第三方是否加入诉讼程序并不会阻碍程序的正常进行。在本案中,印度没有对欧共体提起诉讼,欧共体也没有选择适用 DSU 第 10 条所赋予的各项权利,故笔者认同专家组驳回土耳其主张的裁决。

(三)用尽纺织品监督机构(TMB)程序的必要性

土耳其声称,印度必须首先用尽 ATC 规定的特别争端解决程序,然后才能将该事项提交给 DSB,因此,专家组没有被适当地设立。专家组认为,ATC 第 8 条第 1 款规定,TMB 的管辖权仅限于审查当事方根据 ATC 采取的措施及其合规性,而土耳其以 GATT 第 24 条为自己抗辩,这不属于 TMB 的管辖范围。

1. 土耳其的意见及依据

土耳其称,虽然土耳其的措施与 ATC 第 2 条不一致,但印度无视了 ATC 第 8 条第 5 款和第 10 款规定的特殊和附加程序规则的要求,没有要求 TMB 审查它认为有损其在 ATC 下利益的特定事项,相应地,TMB 也就没有提出建议,剥夺了土耳其表达意见的机会。根据 ATC 的第 8 条第 10 款规定,只有遵循 GATT 第 23 条第 2 款和 DSU 的相关条文,才可以向 DSB 提起诉讼。[40]

2. 印度的意见及依据

印度提出,土耳其的论点是 ATC 的特别争端解决程序能适用于对纺织品和服装产品的所有限制,无论其法律依据为何。然而情况并非如此,根据 ATC 第 2 条第 4 款,对纺织品和服装产品的新限制可以通过援引 ATC 或 GATT 的规定来证明。如果一个成员援引 ATC 的某项规定,该事项可由 TMB 审查,因为 ATC 第 8 条第 1 款授权 TMB"审查根据本协定采取的所有

---

〔40〕 Turkey – Restrictions on Imports of Textile and Clothing Products,专家组报告,世贸组织文件第 WT/DS34/R 号,1999 年 5 月 31 日通过,第 3.42 段。

措施及其与本协定的一致性”[41]。而如果一个成员援引 GATT 的条款,如第 12 条、第 18 条或第 19 条作为其限制纺织品和服装产品的法律依据,TMB 将不得不把这个问题留给有权审查的 WTO 机构。这不仅源于 ATC 第 8 条第 1 款对 TMB 职能的定义,也源于其第 3 条第 3 款,其中规定:“……各成员应向 TMB 提供提交给任何其他 WTO 机构的通知,供其参考……。”[42] 印度指出,如果根据 ATC 的规定对产品进行限制,则 TMB 具有管辖权,并应适用 ATC 的特殊争端解决条款。[43] 但这与当前的争端无关,因为土耳其为自身辩护所援引的条款是 GATT 第 24 条。如果根据 GATT 的规定对纺织品和服装产品实行新的限制,只需将此事告知 TMB,并适用正常的争端解决程序。根据 ATC 第 3 条第 3 款,土耳其两次向 TMB 提供了向区域贸易协定委员会提交的有关这些措施的通知供其参考。[44] 印度认为,土耳其一方面援引 GATT 条款作为其实施新限制措施的法律依据,另一方面又在面对专家组时声称印度应利用 ATC 的程序来解决争端,这是自相矛盾的。TMB 成立的唯一目的是监督 ATC 的实施,它显然不是解决 GATT 第 11 条、第 24 条和 ATC 第 2 条第 4 款所引起争端的适当机构。[45] 因此,印度的结论是,它有权根据 DSU 规定的正常争端解决程序,对土耳其违反 ATC 第 2 条第 4 款的数量限制措施提起诉讼。

3. 专家组的意见及依据

专家组认为,TMB 的特殊争端解决程序适用于根据 ATC 实施的措施。ATC 第 8 条第 1 款规定,设立 TMB 是为了审查根据 ATC 采取的措施及其合规性。专家组肯定了印度根据 ATC 第 2 条第 4 款提出的要求即是其根据 GATT 所提出的要求,因为除了 ATC 第 2 条第 4 款禁止实施与 GATT 不一致的限制之外,印度并没有提出土耳其违反了 ATC。土耳其的观点是,其对纺织品和服装产品采取的新限制是有理由的,是根据 GATT 第 24 条实施的,因

---

〔41〕《乌拉圭回合多边贸易谈判结果:法律文本　中国加入世界贸易组织法律文件》,人民出版社 2002 年版,第 66 页。

〔42〕 Turkey – Restrictions on Imports of Textile and Clothing Products,专家组报告,世贸组织文件第 WT/DS34/R 号,1999 年 5 月 31 日通过,第 3.45 段。

〔43〕 同前注,第 3.46 段。

〔44〕 同前注,第 3.47 段。

〔45〕 同前注,第 3.48 段。

此可以不受ATC第2条第4款的约束。[46] 而正是由于有争议的措施是根据GATT实施的，专家组不认为将该事项提交DSB之前，TMB应根据ATC第8条处理该事项，因而拒绝了土耳其的主张。

4. 对各方意见的评析

土耳其在为自己的辩护中指出，有争议的限制措施是在与欧共体的关税同盟背景下采取的，是由GATT第24条授权的，那么其法律依据就应该是GATT第24条而非ATC中的条款。一方面，笔者同意专家组的意见，ATC第8条第1款规定的TMB的管辖权仅限于审查根据ATC采取的措施及其合规性，而印度提起的诉讼由于涉及与GATT的规定相违背的措施，因此属于DSB而非TMB的管辖范围。

另一方面，笔者认为，ATC第8条并没有强制要求成员方将某一事项交给TMB处理，不论是土耳其提及的第5款还是第10款都没有体现。从ATC第8条第5款的规定来看，成员方可以选择请求TMB对有关事项进行审议并提出建议，该条文并没有体现出强制性，即成员国并不必须要将某一事项提交TMB处理，而只是规定TMB对被请求的事项需进行全面和迅速地审议并提出建议。而ATC第8条第10款则规定"如一成员认为自己不能遵守TMB的建议，则应……向TMB提供理由……TMB应立刻提出其认为适当的进一步建议。如在提出此类进一步建议后问题仍未解决，则两成员中任何一个成员均可将此事提交争端解决机构"[47]。因此，如果成员方从一开始就没有对TMB提出请求，TMB没有作出相应的建议，则成员之间的争端就不会落入第8条第10款项下的程序，ATC规定的特别争端解决程序也就不会成为成员方将某一事项提交DSB的必要前置程序。

(四)磋商的充分性

土耳其认为双方未能进行磋商，不符合GATT第22条和DSU的精神。专家组认为其自身权限是根据设立专家组的请求确定的，而不是根据磋商确

---

〔46〕 同前注，第9.15段。

〔47〕 《乌拉圭回合多边贸易谈判结果：法律文本 中国加入世界贸易组织法律文件》，人民出版社2002年版，第66页。

定的,虽然磋商是 DSU 重要的不可缺少的组成部分,但专家组的职责仅限于核实一方是否适当提出了磋商、双方是否愿意磋商、在要求设立专家组之前是否已经过了 60 天的期限等。专家组认为印度满足了这些要求。

1. 土耳其的意见及依据

土耳其称,印度没有充分地用尽 GATT 第 22 条和 DSU 第 4 条的磋商要求,以便达成双方都能接受的解决办法。[48] 对土耳其来说,在解决成员之间的冲突时,诉讼经济原则以及 WTO 争端解决机制的精神要求将专家组程序视为最后的手段。印度没有遵守这一原则和 DSU 的精神。[49]

2. 印度的意见及依据

印度指出,在 1996 年 3 月 21 日,其根据 DSU 的要求就土耳其单方面实行数量限制一事与土耳其进行正式磋商。土耳其于 1996 年 4 月 1 日接受了这一请求,表示它已同意在双方都能接受的时间和地点进行磋商,并认为欧共体作为其在关税同盟中的伙伴,也应该参加磋商。印度提议于 1996 年 4 月 18 日在日内瓦举行磋商,并表示印度不能接受土耳其关于欧共体应参加磋商的观点,因为 GATT 第 22 条第 1 款规定的磋商属于双边性质,印度要求土耳其确认在没有欧共体参与的情况下进行磋商的地点和时间。1996 年 4 月 16 日,土耳其答复称准备与印度进行磋商,但欧共体的代表也将参加,将按照印度的建议于 1996 年 4 月 18 日下午 3 时 30 分举行。最后土耳其代表团没有出席预定的会议,也没有对其缺席作出解释。印度提出,其于 1996 年 4 月 18 日向土耳其提议在 1996 年 4 月 19 日进行双边磋商,随后印度被告知,土耳其不能在没有欧共体参与的情况下进行磋商。[50] 印度认为,它提出的双边磋商请求是真诚的、完全透明的,目的是达成双方满意的解决方案。对印度来说,由于土耳其没有在 DSU 第 4 条第 3 款规定的 30 天期限内进行磋商,土耳其违反了 DSU 第 3 条和第 4 条,特别是违反了第 3 条第 10 款的规定,因此争端仍未解决。[51]

---

〔48〕 Turkey – Restrictions on Imports of Textile and Clothing Products,专家组报告,世贸组织文件第 WT/DS34/R 号,1999 年 5 月 31 日通过,第 9.18 段。

〔49〕 同前注,第 9.19 段。

〔50〕 同前注,第 9.20 段。

〔51〕 同前注,第 9.21 段。

3. 专家组的意见及依据

专家组回顾了一些以往的案例。在欧共体香蕉案中,专家组的结论是,双边磋商的私人性质意味着专家组通常无法评估磋商过程如何运作,而只能确定双方是否实际进行了磋商。[52] 在本案中,双方从未进行过磋商,因为土耳其拒绝在欧共体缺席的情况下与印度磋商。在 Korea – Alcoholic Beverages 案中,专家组指出,"WTO 的判例迄今没有承认过任何磋商'充分性'的概念。DSU 的唯一要求是事实上进行了磋商,或至少被要求进行了磋商,而且从要求进行磋商到提出设立专家组讨论的要求已经过了 60 天……我们不希望暗示我们认为磋商不重要。恰恰相反,磋商是 DSU 的一个关键组成部分。但是,我们没有义务去调查双方之间发生的磋商过程是否充分,我们拒绝在本案中这样做"[53]。本案中,专家组延续了这一结论,专家组认为其职权范围不是参照磋商请求或磋商内容确定的,而是参照设立专家组的请求确定的。磋商是 DSU 的一个关键组成部分,目的是促进双方满意地解决争端,然而,专家组在土耳其程序性问题中的唯一职能是确定根据 DSU 的规定,磋商请求是否适当,起诉方是否准备与应诉方磋商,以及在起诉方请求成立专家组之前,60 天的期限是否已经结束。[54] 专家组认为印度遵守了这些程序性要求,因此驳回了土耳其的请求。

4. 对各方意见的评析

DSU 第 4 条第 2 款规定"每一成员承诺……提供充分的磋商机会",因此磋商阶段确为争端解决中的一个重要和必需的组成部分。第 4 条第 3 款规定,"如磋商请求是按照一适用协定提出的,则请求所针对的成员应在收到请求之日起 10 天内对该请求作出答复,并应在收到请求之日起不超过 30 天的期限内真诚地进行磋商……如该成员未在收到请求之日起 10 天内作出答复,或未在收到请求之日起不超过 30 天的期限内或双方同意的其他时间内进行

---

[52] EC – Regime for the Importation, Sale and Distribution of Bananas,专家组报告,世贸组织文件第 WT/DS27/R/ECU 号,1997 年 5 月 22 日通过,第 7.18 – 7.19 段。

[53] Korea – Taxes on Alcoholic Beverages,专家组报告,世贸组织文件第 WT/DS75/R,WT/DS84/R 号,1998 年 9 月 17 日通过,第 10.19 段。

[54] Turkey – Restrictions on Imports of Textile and Clothing Products,专家组报告,世贸组织文件第 WT/DS34/R 号,1999 年 5 月 31 日通过,第 9.24 段。

磋商,则请求进行磋商的成员可直接开始请求设立专家组”[55]。在双方提交的材料中,土耳其和印度都承认双方之间未进行过磋商,则按照第4条第3款规定,在土耳其表示收到印度磋商请求之日起30天后,印度就有权请求设立专家组。退一步讲,即使根据磋商的保密性(第4条第6款),专家组无法得知双方的磋商是否充分,无法对磋商究竟在何种程度上为双方解决争端作出判断和评价(况且这也非专家组的职权范围),甚至无法确认双方是否进行了磋商,而只要确认土耳其曾被要求进行磋商(第4条第4款),那么至少根据第4条第7款的规定,印度可在土耳其收到磋商请求之日起60天后请求设立专家组,因为设立专家组的请求本身就隐含着磋商未能解决争端的意思。故笔者同意专家组的结论,在磋商问题上,印度已经遵守了必要的程序性要求。

(五)数量限制措施是否符合 GATT 和 ATC 的要求

印度指出,土耳其施行的数量限制措施不符合 GATT 第11条、第13条以及 ATC 第2条第4款的要求。GATT 第11条是对 WTO 一般原则的规定,即 WTO 成员应对进口或出口普遍取消数量限制。GATT 第13条规定即使允许使用数量限制,也必须在非歧视的基础上实施。本案中具有争议的措施:土耳其针对印度的歧视性进口限制,违反了 GATT 第11条和第13条的规定。ATC 第2条第4款规定禁止针对产品或成员采取新的限制,印度认为土耳其违反了该条款,因为土耳其对印度实施了 ATC 没有授权的新限制措施,且该措施不能据 GATT 获得了正当性。土耳其称有争议的措施不是新措施,因为当土耳其和欧共体结成关税同盟时欧共体已经存在相似措施,且该措施根据 GATT 第24条取得了正当性。专家组的结论是,除非受审查的措施据 GATT 第24条获得了正当性,否则土耳其的措施与 GATT 第11条和第13条的规定不符,也必然违反 ATC 第2条第4款的规定。

1. 印度的意见及依据

印度指出,GATT 第11条第1款构成了对进口产品实施数量限制的普遍禁止,土耳其对进口纺织品和服装产品实施的数量限制显然不符合这一普遍

---

[55] 《乌拉圭回合多边贸易谈判结果:法律文本 中国加入世界贸易组织法律文件》,人民出版社2002年版,第273页。

禁止的规定,也没有得到 GATT 条款中任何例外情况的保护。[56] 印度认为,就土耳其采取的数量限制具有歧视性而言,它们也不符合 GATT 第 13 条第 1 款中关于禁止歧视性数量限制的规定。[57]

印度指出,ATC 第 2 条允许 WTO 成员在规定的过渡期内,继续对 WTO 协定生效前一天(1994 年 12 月 31 日)存在的纺织品和服装产品实施多边贸易协定下的限制。根据 ATC 第 2 条第 1 款,维持这些限制的成员应在 WTO 协定生效后 60 天内向 WTO 详细通报。土耳其对来自印度的纺织品和服装产品的限制是在 1996 年 1 月 1 日实施的,并不是在 WTO 协定生效以前。[58] 印度还指出,ATC 第 2 条第 4 款还规定,"除根据本协定规定或 GATT1994 的有关规定外,不得针对产品或成员采取新的限制"[59]。印度认为,ATC 中唯一允许成员国对进口纺织品和服装产品实行新的数量限制的条件是第 6 条规定的过渡性保障机制。然而,土耳其并没有援引 ATC 第 6 条规定的具体过渡性保障机制作为其实行新限制措施的理由。印度认为,GATT 中没有任何条款允许为保护一个成员的国内产业而实施歧视性的进口限制。因此,土耳其的限制不符合 ATC 第 2 条第 4 款,也违反了 GATT 第 11 条第 1 款。[60]

2. 土耳其的意见及依据

土耳其提出,一旦一项对进口纺织品和服装产品的限制措施根据 ATC 第 2 条第 4 款被证明是合理的,关于该措施是否符合 GATT 第 11 条和第 13 条规定的辩论就变得多余了,因为 ATC 为这些条款中的规则提供了例外。[61]

土耳其还提出,根据 GATT 第 24 条,这些措施是合理的,应被视为 ATC 第 2 条第 4 款意义上的"GATT 的有关规定"。[62] 印度假设 GATT 第 24 条和 ATC 之间存在冲突,并认为 ATC 义务优先,土耳其反驳了这一点,认为 ATC

---

〔56〕 Turkey – Restrictions on Imports of Textile and Clothing Products,专家组报告,世贸组织文件第 WT/DS34/R 号,1999 年 5 月 31 日通过,第 6.21 段。

〔57〕 同前注,第 6.22 段。

〔58〕 同前注,第 6.24 段。

〔59〕《乌拉圭回合多边贸易谈判结果:法律文本　中国加入世界贸易组织法律文件》,人民出版社 2002 年版,第 58 页。

〔60〕 Turkey – Restrictions on Imports of Textile and Clothing Products,专家组报告,世贸组织文件第 WT/DS34/R 号,1999 年 5 月 31 日通过,第 6.25 段。

〔61〕 同前注,第 6.23 段。

〔62〕 同前注,第 6.26 段。

第2条第4款的脚注3没有排除GATT第24条,这意味着在本案中,土耳其可以根据GATT第24条实行新的限制措施。[63]

3. 专家组的意见及依据

在这一部分,专家组首先明确了有争议的措施,接着将该措施归责于土耳其。土耳其虽然不否认存在这种进口数量限制,但它认为,由于它已将其与欧共体的各种贸易协定正式通知了GATT和WTO的有关机构,因此不能要求它对这些数量限制承担个别责任,因为这些限制是为建立土耳其与欧共体的关税同盟所实施的。[64]

专家组讨论了关税同盟的缔约方对第三方的责任问题,对于有争议的措施,有三种答案:要么是土耳其的措施,要么是欧共体的措施,要么是土欧关税同盟的措施。[65] 专家组认为,这些措施是通过土耳其的正式行动实施的,且土耳其在其官方公报上公布了这些措施,也即是由土耳其政府颁布、实施和执行的,因此从表面上看,有争议的措施是土耳其采取的,只能在土耳其领土上执行。[66] 欧共体虽然也对来自印度的19个类别的产品实行限制,但它是根据欧共体理事会1993年10月12日通过的《关于从第三国进口某些纺织品的共同规则的理事会条例》(EEC, No. 3030/93)[67]进行限制的,它作为欧共体的一项措施,在土耳其不能强制执行。因此,有争议的措施不能被认为是欧共体的措施。此外,欧共体也表示,这些措施是由土耳其采取的,土耳其本身也在确保对其边境的这种配额进行监督,而且欧共体和土耳其有各自的边境管制系统。[68] 至于有争议的措施是否应被视为土欧关税同盟本身的措施,专家组认为,评估任何关税同盟是否具有不同于其组成国的法律人格,应基于对形成该关税同盟的条约和相关情况的审查。土欧关税同盟协议中没有规定任何

---

〔63〕 同前注,第6.27段。

〔64〕 同前注,第9.33段。

〔65〕 同前注,第9.35段。

〔66〕 同前注,第9.36段。

〔67〕《关于从第三国进口某些纺织品的共同规则的理事会条例》,英文全称“Council Regulation (EEC) No. 3030/93 on Common Rules for Imports of Certain Textile Products from Third Countries”,1993年10月12日通过,全文见欧盟法律数据库网,https://eur-lex.europa.eu/legal-content/EN/TXT/PDF/? uri=CELEX:31993R3030&from=EN,2022年9月9日访问。

〔68〕 Turkey - Restrictions on Imports of Textile and Clothing Products,专家组报告,世贸组织文件第WT/DS34/R号,1999年5月31日通过,第9.39段。

立法机构拥有权力来制定法律和法规,在土欧关税同盟下,唯一具有立法特征的机构是联盟理事会,其权力首先在《安卡拉协议》第22条第1款中得到界定,即联盟理事会有权对协议涉及的情况做出决定。尽管双方中的每一方都"有义务采取所通过的决定涉及的步骤",但这些决定"应是一致作出的"(《安卡拉协议》第23条),而且没有进一步的执行程序。土欧关税同盟联合委员会只能"进行意见和信息的交流,向联盟理事会提出建议和意见,以确保关税同盟的正常运作"(《第1/95号决定》第52条)。第55条规定,土耳其和欧共体有义务将可能影响彼此或关税同盟运作的任何新立法通知对方。第58条还设想了欧共体和土耳其立法之间的差异。也就是说,《安卡拉协议》承认关税同盟的任意一方都可以采取在某种程度上不同的措施,而且这些措施可能并不完全一致,它为各方独立行动的能力提供了确认,土耳其拥有主权权利。由于联盟理事会的行动要求关税同盟的各方独立执行,没有任何单独或联合的执行程序;由于联盟理事会不能强迫各方采取行动;由于没有其他规定显示出双方中的任何一方或代表双方的某个集体实体可以制定适用于双方的立法,专家组认为由土耳其政府本身采取、实施和执行的,仅在土耳其境内适用的争议措施只能是属于土耳其的措施。[69]

专家组随后考察了GATT第11条和第13条,认为该两条的措辞很清楚。GATT第11条规定,作为一般规则,WTO成员不得对进口或出口使用数量限制。[70] GATT第13条规定,如果GATT/WTO允许数量限制,必须在非歧视的基础上实施。[71] 有争议的措施从表面上看对进口施加了数量限制,且只适用于印度。专家组认为,鉴于土耳其没有对印度的主张进行辩护(土耳其只用GATT第24条进行辩护),印度已经提出了土耳其违反GATT第11条和第13条的初步证据。[72]

专家组接着审查了ATC第2条第4款。专家组认为,在解释该条禁止"新的限制"时,必须考虑到前一句话"根据第1款进行通知的限制应被视为

[69] 同前注,第9.40段。
[70] 同前注,第9.61段。
[71] 同前注,第9.62段。
[72] 同前注,第9.66段。

各成员在 WTO 协定生效前一日实施的全部此类限制”[73]。这句话的通常含义表明,WTO 成员的意图是,从 1995 年 1 月 1 日起,ATC 规定的限制只能减少。因此,专家组认为,抛开 ATC 第 2 条第 4 款中提到的例外和理由的可能性,任何根据 ATC 第 2 条第 1 款通知的符合 ATC 数量限制的增加,都构成“新的限制”。[74]

因此这里的问题是:土耳其在 ATC 下的措施是新措施吗?专家组考察了 ATC 第 3 条第 3 款:“在本协议有效期内,各成员应将已向 WTO 任何其他机构作出的、关于根据 GATT1994 的任何规定而对纺织品和服装产品采取的任何新的限制或对现有限制变更的通知,在这些新的限制或变更发生后 60 天内通知 TMB 供其参考。”[75] 土耳其和欧共体在 1997 年 11 月 7 日的联合信函中,将根据 ATC 第 3 条第 3 款对某些 WTO 成员进口到土耳其的纺织品和服装产品实行数量限制的修改细节通知了 TMB。[76] 1998 年 5 月 6 日,土耳其和欧共体根据 ATC 第 3 条第 3 款向 TMB 发出了第二份通知,再次告知数量限制的修改细节。[77] 而根据 ATC 第 3 条第 3 款,土耳其必然已经考虑到这些措施是“新的”或是对现有限制的“改变”。因此,专家组不能接受土耳其的论点,即其限制措施不是新的。[78] 正如上文所审查的,本争议中的新措施是土耳其的措施而不是欧共体的措施,专家组认为 ATC 并没有为 GATT 第 11 条和第 13 条所载的禁止数量限制的规定提供任何例外。故专家组最后得出结论,所审查的数量限制措施不符合 GATT 第 11 条和第 13 条的规定,也违反 ATC 第 2 条第 4 款。

4. 对各方意见的评析

在这一部分,双方之间的争议并不大,土耳其事实上承认其对印度实施的

[73] 《乌拉圭回合多边贸易谈判结果:法律文本　中国加入世界贸易组织法律文件》,人民出版社 2002 年版,第 58 页。

[74] Turkey – Restrictions on Imports of Textile and Clothing Products,专家组报告,世贸组织文件第 WT/DS34/R 号,1999 年 5 月 31 日通过,第 9.71 段。

[75] 《乌拉圭回合多边贸易谈判结果:法律文本　中国加入世界贸易组织法律文件》,人民出版社 2002 年版,第 60 页。

[76] Turkey – Restrictions on Imports of Textile and Clothing Products,专家组报告,世贸组织文件第 WT/DS34/R 号,1999 年 5 月 31 日通过,第 9.76 段。

[77] 同前注,第 9.77 段。

[78] 同前注,第 9.78 段。

数量限制措施违反了 GATT 第 11 条和第 13 条的规定，土耳其用来为自己抗辩的条款始终落在 GATT 第 24 条上，认为有争议的限制措施是为了与欧共体完成关税同盟而实施的，符合 GATT 第 24 条的规定，而 GATT 第 24 条是“优先”于其他条款的“特别法”，因此该限制措施是合法的措施，符合 GATT 的规定，也能摆脱 ATC 第 2 条第 4 款的禁止。针对这一部分专家组最后的结论，即限制措施不符合 GATT 第 11 条、第 13 条以及 ATC 第 2 条第 4 款的规定，土耳其没有提出上诉，而一直将重点围绕在 GATT 第 24 条。因此，本案虽然表面上是土耳其对纺织品和服装产品实施数量限制是否合法的法律问题，但争议焦点却始终是 GATT 第 24 条，应对该条进行分析与讨论才能真正解决本案的争端。

(六) 数量限制措施能否根据 GATT 第 24 条获得合法性

针对土耳其根据 GATT 第 24 条提出的抗辩，专家组首先考察了争端解决程序中适用的基本解释规则，接着一般性审查第 24 条的规定，然后审查了第 24 条第 5 款的含义，最后审查构成土耳其主张核心的该条第 8 款的含义。专家组不认为第 24 条是特别法，是与 GATT 其他条款或 WTO 协定相独立的自容(self – contained)的体制，相反，专家组认为第 24 条与 GATT 其他条款或 WTO 协定的关系从第 24 条的条文和上下文看来是很明显的。上诉机构认为专家组在其报告中只是不经意地提到第 24 条第 5 款起首部分，该起首部分不是专家组分析的中心，而上诉机构认为该款起首部分是解决上诉问题的关键条款。

1. GATT 第 24 条与 GATT 其他条款之间的关系

(1) 印度的意见及依据

印度提出，本争端中的问题不是土欧关税同盟是否符合 GATT 第 24 条第 5 款(a)项的要求，而是该条款是否授权成员方在组建关税同盟时，可以对第三方的贸易施加不符合 GATT 第 11 条第 1 款和 ATC 第 2 条第 4 款的新壁垒。印度的主张是，组成关税同盟的 WTO 成员，无论其同盟是否符合 GATT 第 24 条规定的要求，都必须遵守 GATT 第 11 条第 1 款和 ATC 第 2 条第 4 款关于第三方贸易的规定。因此，土欧关税同盟是否符合 GATT 第 24 条要求的问题在本争端中并不存在。[79]

印度的理解是，土耳其认为GATT第24条第5款中“本协议的规定不应阻止”的说法意味着第24条是GATT其他条款的例外，因此也是GATT第11条的例外。土耳其还声称，GATT第24条是其行动的法律依据，认为第24条界定了“GATT适用性的外部界限”，这一条款使GATT第11条“失效”。[80]印度对此不以为然，它认为，GATT的所有规则都规定了其适用范围。[81]GATT第11条和第13条以及ATC第2条第4款明确禁止对来自单一成员的纺织品和服装的进口实行新的限制，应由土耳其来主张WTO协定中的另一条款允许这些限制。[82] 土耳其主张组成关税同盟的成员只需满足GATT第24条第5款(a)项和第8款(a)(ii)项规定的两项要求，就可以对来自WTO第三方成员的进口施加新的限制，印度对此存有异议，认为如果是这样的话，这些成员将不再需要满足其他实行数量限制的成员所必须满足的许多实质性和程序性要求。当成员希望对其纺织品或服装行业提供临时进口保护时，没有必要援引和遵守ATC或其他协议的规定，而只需在GATT第24条的框架内即可做到这一点。[83] 印度指出，组成关税同盟的成员如果希望将关税水平提高到GATT第2条规定的税率之上，就必须根据GATT第28条与其贸易伙伴进行谈判，并提供补偿性市场开放承诺。接受土耳其的论点将诱使组成关税同盟的WTO成员以数量限制来取代其关税提供的保护，这将打破过去贸易谈判所产生的平衡，并破坏应仅由普通关税提供保护的原则。[84] 印度认为，如果接受土耳其的论点，组成关税同盟的成员就可以合法地规避配额方面的程序性和实质性要求，对于这些成员，WTO协议将不能再作为一个法律框架来运作，其争端解决程序也将变得无效，这将在组成关税同盟的成员和其他成员的义务之间造成严重的不平衡，这绝非关贸总协定和乌拉圭回合协议起草人的初衷。[85]

---

〔79〕 同前注，第6.30段。

〔80〕 同前注，第6.41段。

〔81〕 同前注，第6.42段。

〔82〕 同前注，第6.43段。

〔83〕 同前注，第6.44段。

〔84〕 同前注，第6.46段。

〔85〕 同前注，第6.47段。

(2)土耳其的意见及依据

土耳其提出,印度所质疑的措施不可能脱离土欧关税同盟而对其是否符合相关的 WTO 规则来进行单独评估,因为这些措施是关税同盟的一个组成部分。[86] 土耳其认为印度所质疑的措施与 WTO 规则的一致性应参照 GATT 第 24 条第 5 款至第 8 款,而不是 GATT 的其他条款来确定。[87] 土耳其认为 GATT 第 24 条第 4 款和第 5 款的明确含义是,GATT 的规定并不妨碍在建立关税同盟时实施贸易法规,只要它总体上不比关税同盟成立前适用于各组成领土的一般关税和贸易法规更具限制性。[88] 土耳其认为,GATT 第 24 条第 4 款至第 10 款可以被视为 WTO 成员在形成经济一体化协议时的权利和义务的特别法。[89] 第 24 条第 5 款至第 8 款没有出现在 GATT 第二部分中,该部分包含了实质性条款以及对这些实质性义务的减损和例外(如第 20 条和第 21 条)。第 24 条属于 GATT 的第三部分,第三部分包含一些一般性和制度性的规定。[90] 在土耳其看来,关税同盟意味着现在的 WTO 成员开始了更紧密的经济一体化,并在相互之间做出了超越 GATT 的承诺。[91] 土耳其指出,GATT 预先设置了一些条款,即第 24 条第 4 款至第 8 款,旨在处理成员决定形成关税同盟的新情况,界定关税同盟的含义,并规定在什么条件下,这种新情况被视为符合 GATT。因此,这些条款存在于关于一般和制度规定的第三部分是非常恰当的。[92] 鉴于这些论点,土耳其的结论是,印度所质疑的措施是否符合 WTO 的规则,应参照 GATT 第 24 条第 5 款至第 8 款,而不是 GATT 的其他条款来确定,土耳其认为这些措施与 GATT 的其他条款没有形成冲突。[93]

(3)专家组的意见及依据

GATT 第一部分包含 GATT 的主要基础:最惠国条款(第 1 条)和关税承

[86] 同前注,第 6.31 段。
[87] 同前注,第 6.32 段。
[88] 同前注,第 6.33 段。
[89] 同前注,第 6.36 段。
[90] 同前注,第 6.37 段。
[91] 同前注,第 6.38 段。
[92] 同前注,第 6.39 段。
[93] 同前注,第 6.40 段。

诺或约束(第 2 条)。第二部分包含一套规则,其目的主要是确保关税承诺的有效性,这从禁止数量限制(第 11 条)和国民待遇(第 3 条)中可以看出。第 24 条没有与一般例外(第 20 条)或安全例外(第 21 条)列在一起,这两者都在第二部分。[94] 土耳其从第三部分对第 24 条的定位中得出结论,第 24 条构成了一个形成区域贸易协定的自足制度,即如果满足第 24 条的要求,GATT 的其他规则就不适用于与建立关税同盟有关的措施。[95] 对此,专家组认为,第三部分包含了不同类型的条款,有些是制度性条款,例如第 25 条,其他则涉及成员的基本权利,例如第 28 条以及第 24 条。第 24 条本身涉及各种要素,如 GATT 的领土适用、边境交通和关税同盟以及自由贸易区。专家组还审查了《哈瓦那宪章》(Havana Charter)[96] 中关于区域贸易协定的规定,《哈瓦那宪章》的起草人认为虽然关税同盟属于所谓的"例外"的性质,但关于区域贸易协定条款的范围甚至性质以及对其在 GATT 中"位置"的相关性的讨论并不具有指导作用,因此专家组表示不能赞同土耳其提出的结论。[97]

2. 关于 GATT 第 24 条第 5 款(a)项的主张

土耳其以 GATT 第 24 条第 5 款(a)项为其限制措施辩护,而印度认为 GATT 第 11 条第 1 款和 ATC 第 2 条第 4 款规定的义务没有被 GATT 第 24 条第 5 款(a)项修改。

(1)土耳其的意见及依据

土耳其提出,GATT 第 24 条第 5 款授权组建关税同盟,如果成员国的意图是在建立关税同盟时禁止实施新的数量限制,那么 GATT 第 24 条第 5 款将是一个多余的条款。[98] 土耳其认为,GATT 第 24 条第 5 款(a)项的规定应被理解为:关税同盟允许对第三国的贸易实行限制性贸易法规,只要关税和其他贸易法规总体上在关税同盟完成后不比以前更高或更具限制性,而土欧关税

---

〔94〕 同前注,第 9.130 段。

〔95〕 同前注,第 9.131 段。

〔96〕 《哈瓦那宪章》,也称《国际贸易组织宪章》,英文全称"Havana Charter for an International Trade Organization",1948 年 3 月 24 日通过,未能生效,全文见世贸组织网站,https://www.wto.org/english/docs_e/legal_e/havana_e.pdf,2022 年 10 月 7 日访问。

〔97〕 Turkey – Restrictions on Imports of Textile and Clothing Products,专家组报告,世贸组织文件第 WT/DS34/R 号,1999 年 5 月 31 日通过,第 9.132 段。

〔98〕 同前注,第 6.56 段。

同盟符合这一点。《关于解释1994年关税与贸易总协定第24条的谅解》(Understanding on the Interpretation of Article XXIV of the General Agreement on Tariffs and Trade 1994,以下简称《关于第24条的谅解》)[99]第2段对GATT第24条第5款中使用的"总体上"这一表述作了进一步澄清。该段最后一句话确认了该条无意完全禁止新的限制的观点,该句话特别指出,"为全面评估难以量化和归纳的其他贸易法规的影响范围,可能需要审查单项措施、法规、所涉产品以及受影响的贸易流量"[100],而如果打算完全禁止关税同盟的一方施加新的限制,那么这样的规定就没有意义了。[101] GATT第11条第1款必须与GATT第24条一并解读,根据GATT第24条,为了成立土欧关税同盟,土耳其所实行的措施是合理的。[102] 土耳其指出,总的来说,土欧关税同盟导致关税和其他贸易法规的总体影响范围降低,因此,GATT第24条第5款(a)项的要求已得到满足。[103]

土耳其认为,不能仅从GATT第24条第6款只提到关税税率这一事实推断出GATT第24条第5款(a)项背后的意图是禁止关税同盟成员施行相同的限制性措施。[104] GATT第24条第6款不排除补偿性调整。《关于第24条的谅解》第2段就根据GATT第24条第5款(a)项评估关税和其他贸易法规并达成了进一步的规则[105],同时认识到了"为全面评估难以量化和归纳的其他贸易法规的影响范围,可能需要审查单项措施、法规、所涉产品以及受影响的贸易流量"[106]。土耳其提出,如果像印度声称的那样,土欧关税同盟的贸易法规

[99] 《关于解释1994年关税与贸易总协定第24条的谅解》,英文全称"Understanding on the Interpretation of Article XXIV of the General Agreement on Tariffs and Trade 1994",1994年4月15日签订生效,全文见世贸组织网站,https://www.wto.org/english/docs_e/legal_e/10-24.pdf,2022年10月7日访问。

[100] 《乌拉圭回合多边贸易谈判结果:法律文本 中国加入世界贸易组织法律文件》,人民出版社2002年版,第23页。

[101] Turkey – Restrictions on Imports of Textile and Clothing Products,专家组报告,世贸组织文件第WT/DS34/R号,1999年5月31日通过,第6.57段。

[102] 同前注,第6.62段。

[103] 同前注,第6.64段。

[104] 同前注,第6.81段。

[105] 同前注,第6.82段。

[106] 《乌拉圭回合多边贸易谈判结果:法律文本 中国加入世界贸易组织法律文件》,人民出版社2002年版,第23页。

不能由欧共体实施的限制性措施来确定,那么规定对贸易法规在总体上进行评估就没有意义。[107]

(2)印度的意见及依据

印度对此持反对意见,认为关税同盟完全可以在不对第三国施加新的数量限制的情况下成立,从而保持与 GATT 第 11 条、第 13 条和 ATC 第 2 条第 4 款的一致性。GATT 第 24 条第 4 款规定,关税同盟和自由贸易区的目的不应是提高第三国的贸易壁垒,该条款是根据这一假设起草的。因此,GATT 第 24 条的条款不能被解释为对第三国的歧视性限制提供法律依据。[108] 印度指出,GATT 第 24 条第 4 款说明了为什么允许建立关税同盟以及它们的目的,对 GATT 第 24 条第 5 款的解释必须与之规定的原则相一致。这意味着,在没有任何明确指示的情况下,GATT 第 24 条第 5 款不能为提高第三国贸易壁垒的措施提供理由。[109] 印度进一步指出,GATT 第 24 条第 6 款也是理解第 24 条第 5 款的背景之一,根据这一条款和一贯做法,它只适用于 GATT 第 2 条规定的关税,不同于关税可以谈判(根据 GATT 第 28 条可以重新谈判),增加数量限制并没有相应的重新谈判和补偿机制,因此数量限制一般是被禁止的,只有在符合 WTO 协定中严格规定的情况下才可以实施。鉴于有关数量限制的规则与关税的规则有根本的不同,因此不能将 GATT 第 24 条第 6 款通过类比适用于数量限制。此外,《关于第 24 条的谅解》第 4 段明确指出,GATT 第 24 条第 6 款规定了组成关税同盟的成员提议提高约束关税时所应遵循的程序。[110] 印度指出,从 GATT 第 24 条第 6 款可以得出解释 GATT 第 24 条第 5 款的两个重要结论。首先,如果组成关税同盟的成员不能忽视其在 GATT 第 2 条下的义务,并且这些成员增加的任何关税都要通过 GATT 第 28 条下的重新谈判来实现,则可以合理认为他们也不能忽视数量限制方面的这种义务。其次,对受关税增加影响的成员必须根据 GATT 第 28 条的程序进行补偿,由于 GATT 第 24 条没有规定对受实施新数量限制影响的成员进行任何形式的

---

〔107〕 Turkey – Restrictions on Imports of Textile and Clothing Products, 专家组报告, 世贸组织文件第 WT/DS34/R 号, 1999 年 5 月 31 日通过, 第 6.83 段。

〔108〕 同前注, 第 6.69 段。

〔109〕 同前注, 第 6.72 段。

〔110〕 同前注, 第 6.73 段。

补偿,因此可以合乎逻辑地得出结论,GATT 第 24 条不是为了授权实施数量限制的。[111] 印度还认为,正是基于对 GATT 第 24 条的这种解释,土欧才起草了《第 1/95 号决定》。在提到该决定第 12 条第 2 款和第 3 款时,印度指出,这些条款清楚地表明,起草人设想了土耳其不能成功实施与欧共体相同的限制性措施的可能性,因为他们明确同意,在这种情况下,欧共体将继续适用原产地证书制度,以防止经土耳其运入欧共体的货物规避其政策。因此,双方在起草这些条款时已经认识到,土耳其不能仅仅通过援引 GATT 第 24 条来实施欧共体有权实施的进口限制。[112]

(3)专家组的意见及依据

专家组考察了 GATT 第 24 条第 5 款(a)项用语的通常含义,并与《关于第 24 条的谅解》第 2 段作了对比,认为要全面评估任何此类关税同盟的潜在贸易影响,必须考虑到关税及其他的贸易法规,而这显然包括数量上的限制。[113] GATT 第 24 条第 5 款(a)项虽然授权组建关税同盟,但它并未授权或禁止组建关税同盟的任何一方采取与 GATT 或 WTO 不相容的进口限制。[114] 专家组还审查了 GATT 第 24 条第 5 款(a)项的背景与 GATT 和 WTO 协定的目标和宗旨,以及 GATT 缔约方和 WTO 成员在这些条款方面的做法。根据这些术语的通常含义及其直接的上下文,专家组认为 GATT 第 24 条第 5 款(a)项对于是否可以在形成关税同盟时采取具体措施没有规定。从 GATT 第 24 条第 5 款(a)项的条款及其直接的上下文来看,专家组认为 GATT 第 24 条第 5 款(a)项的规定与反对提高贸易壁垒的第 4 款的语言相一致。因此,专家组认为 GATT 第 24 条第 5 款(a)项没有为实行与 GATT 或 WTO 不一致的数量限制提供任何法律依据,也没有授权组成关税同盟的成员国偏离 GATT 第 11 条和第 13 条或 ATC 第 2 条第 4 款所载的禁止性规定。专家组认为,GATT 第 24 条第 5 款(a)项禁止形成一个总体上比其组成成员的贸易限制性更强的关税同盟,即确保了形成关税同盟不会被用来增加整体的贸易

---

[111] 同前注,第 6.74 段。
[112] 同前注,第 6.78 段。
[113] 同前注,第 9.120 段。
[114] 同前注,第 9.121 段。

壁垒。[115]

3. 关于 GATT 第 24 条第 8 款的主张

(1)印度的意见及依据

对于 GATT 第 24 条第 8 款(a)(ii)项与第 24 条其他条款之间的关系,印度提出,GATT 第 11 条第 1 款和 ATC 第 2 条第 4 款规定的义务没有被 GATT 第 24 条第 8 款(a)(ii)项修改,该条款要求组成关税同盟的成员对与 WTO 其他成员的贸易适用实质相同的贸易法规。[116] 印度认为不能在 GATT 第 24 条第 8 款(a)(ii)项中,没有具体规定的情况下创设实施数量限制的权利。[117]

印度指出,土耳其认为 GATT 第 24 条第 8 款(a)(ii)项要求它在其关税区适用与欧共体相同的进口限制,这其中隐含着这样的主张:ATC 第 2 条的规定与 GATT 第 24 条第 8 款(a)(ii)项的规定存在冲突,而土耳其主张它有权根据 GATT 第 24 条第 8 款(a)(ii)项下的义务解决这一冲突。[118] 印度认为必须根据 WTO 协定附件 1A 的一般解释性说明来审查土耳其的论点,该说明为:"如果 GATT1994 的某项规定与 WTO 协定附件 1A(Annex 1A of the Agreement Establishing the WTO)中另一协定的某项规定发生冲突……,在冲突范围内,应以另一协定的规定为准。"[119] 印度指出,GATT 第 24 条第 8 款(a)项和 ATC 第 2 条第 4 款之间确实出现了冲突,在这一冲突范围内,ATC 第 2 条第 4 款的规定优先。[120]

(2)土耳其的意见及依据

土耳其提出,GATT 第 24 条第 8 款(a)(ii)项要求它对第三国适用类似于欧共体对这些国家适用的进口限制,因为"贸易法规"一词在传统上被解释为包含了数量限制。[121] 为了充分维护 WTO 成员组建关税同盟的权利,有必要在所有情况下保持开放性,允许 WTO 成员在组建关税同盟之前拥有不同的对外贸易法规。对 GATT 第 24 条第 8 款(a)(ii)项的这种解读也是由

[115] 同前注,第 9.134 段。
[116] 同前注,第 6.84 段。
[117] 同前注,第 6.88 段。
[118] 同前注,第 6.95 段。
[119] 同前注,第 6.96 段。
[120] 同前注,第 6.98 段。
[121] 同前注,第 6.89 段。

GATT 第 24 条第 5 款(a)项规定的要求决定的。[122] 因此，土耳其认为，根据印度的解读，GATT 第 24 条第 5 款至第 8 款可能会阻碍具有不同对外贸易法规的 WTO 成员之间形成关税同盟。对 GATT 第 24 条各部分的这种解读与该条款促进关税同盟形成的目的背道而驰。[123]

土耳其提出，就 ATC 而言，与 GATT 第 24 条不存在冲突，因为 ATC 在第 2 条第 4 款中具体提到了“GATT 的相关条款”。并且，ATC 建立了一个过渡性制度，其最终目的是逐步取消适用于纺织品和服装产品的任何特殊规则，将纺织品和服装部门完全纳入 GATT，这显然包括 GATT 第 24 条。[124]

(3)专家组的意见及依据

专家组首先采用审查术语的一般含义及其直接的上下文的方法对 GATT 第 24 条第 8 款(a)项进行分析。土耳其的论点是，如果它想行使与欧共体组成关税同盟的权利，它只能采取与欧共体完全相同的对外贸易法规，因此，在必要的情况下，GATT 第 24 条第 8 款(a)(ii)项的规定授权它违反 GATT 第 11 条和第 13 条以及 ATC 第 2 条第 4 款的禁止性规定。专家组首先审查 GATT 第 24 条第 8 款(a)(i)项和 GATT 第 24 条第 8 款(a)(ii)项的措辞，并考虑这些条款是否要求土耳其做出它声称要做的事情。其次，专家组还讨论了 GATT 第 24 条和第 11 条之间的关系。最后，专家组审查了本案中对 GATT 第 24 条的解释是否会阻止土耳其行使其组建关税同盟的权利。[125]

根据 GATT 第 24 条第 8 款(a)项的条文，关税同盟的定义是“以一单一关税领土替代两个或两个以上关税领土”[126]。第 24 条第 2 款指出“关税区”是：“一对与其他领土之间贸易的实质部分保留单独关税或其他贸易法规的任何领土。”[127] 据此，关税同盟的组成成员应采用一个完整的单一共同贸易法

---

[122] 同前注，第 6.92 段。
[123] 同前注，第 6.93 段。
[124] 同前注，第 6.101 段。
[125] 同前注，第 9.141 段。
[126] 《乌拉圭回合多边贸易谈判结果：法律文本 中国加入世界贸易组织法律文件》，人民出版社 2002 年版，第 346 页。
[127] 同前注，第 345 页。

规。[128] 第24条第8款(a)(i)项规定了关税同盟的组成成员之间的内部贸易,第24条第8款(a)(ii)项规定了组成成员与第三国的贸易。[129] 第24条第8款(a)(i)项与本案没有直接关系,因为印度的诉求并不涉及土欧作为关税同盟的一部分而给予对方的任何优惠待遇,而是涉及他们与非关税同盟成员之间的贸易待遇。本案主要是根据第24条第8款(a)(ii)项以及第24条第8款(a)(i)项和第8款(a)(ii)项之间关系来考虑的。[130]

专家组认为,需要以避免与WTO其他条款冲突的方式解释第24条。因此必须考虑的问题是,GATT第11条、第13条和第24条第8款(a)(ii)项要如何避免一个条款让步于另一个条款的冲突发生。在这种情况下,专家组认为第24条第8款(a)(ii)项分段中固有的灵活性允许对其进行和谐的解释,这种解释符合第24条第8款(a)(ii)项分段的上下文以及WTO协定的目标和宗旨,同时也充分尊重了土耳其与其他成员国建立关税同盟的权利。[131] 第24条第8款(a)(ii)项允许在建立共同贸易法规方面具有灵活性,因为其使用的标准是"同盟每一成员对同盟以外领土的贸易实施实质相同的关税或其他贸易法规"[132]。GATT缔约方和WTO成员从未就第24条第8款中"实质"一词的解释达成一致意见。一方面,在第24条第8款(a)项的背景下,"实质"一词的通常含义似乎规定了质量和数量两方面的内容。[133] 另一方面,第24条第8款(a)(i)项和第8款(a)(ii)项涉及不同但相互关联的政策。因此,取消关税同盟组成成员之间对某个部门产品的所有贸易壁垒,并不一定意味着这些组成成员必须对来自第三国的相同产品采用相同或具有类似效果的壁垒。[134]

专家组认为,根据《第1/95号决定》,如果土耳其不能与第三国签订类似

---

[128] Turkey – Restrictions on Imports of Textile and Clothing Products,专家组报告,世贸组织文件第WT/DS34/R号,1999年5月31日通过,第9.144段。

[129] 同前注,第9.145段。

[130] 同前注,第9.146段。

[131] 同前注,第9.147段。

[132] 《乌拉圭回合多边贸易谈判结果:法律文本 中国加入世界贸易组织法律文件》,人民出版社2002年版,第346页。

[133] Turkey – Restrictions on Imports of Textile and Clothing Products,专家组报告,世贸组织文件第WT/DS34/R号,1999年5月31日通过,第9.148段。

[134] 同前注,第9.149段。

于这些国家与欧共体之间已有的协议,欧共体可以继续适用其原产地证书制度。因此,欧共体和土耳其可以采取一些行政手段,特别是原产地规则,来确保同时尊重第24条第8款(a)(i)项和第8款(a)(ii)项。[135] 专家组的结论是,根据其术语的一般含义及其直接的上下文,第24条第8款(a)(ii)项没有明确解决在形成关税同盟时,组成成员在贸易政策中是否可以引入与WTO不相容的进口限制的问题,即该条并没有授权土耳其在与欧共体建立关税同盟时,对纺织品和服装产品实行数量限制,也即没有授权组成关税同盟的成员国违反GATT第11条和第13条或ATC第2条第4款的规定。[136]

4. 专家组对GATT第24条的总体分析与结论

第24条承认在某些条件下,WTO成员之间的关税同盟和自由贸易区是可取的。为此第24条规定,组成关税同盟的成员可以在符合第24条的条件下,就它们之间的贸易偏离最惠国待遇原则。[137]

专家组认为对第24条的解释与WTO协定和GATT的目标和宗旨,包括《关于第24条的谅解》有关。1947年GATT(以及1994年GATT)的序言规定:"认识到在处理它们在贸易和经济领域的关系时,应以……以及扩大货物的生产和交换为目的,"[138] 这种语言表明,1947年以及1994年GATT的目标是,通过减少关税和降低非关税壁垒来增加贸易,这是一个动态发展的目标。利用区域贸易协定来实现这一目标也是符合协议宗旨的。[139] 第24条第4款中提到"各缔约方认识到,宜通过自愿签署协定从而发展此类协定签署国之间更紧密的经济一体化,以增加贸易自由"[140],当时的缔约方已经很清楚,GATT以及区域贸易协定的总体目标是不提高贸易壁垒,这不仅反映在该条第二句"它们还认识到,关税同盟或自由贸易区的目的应为便利成员领土之

[135] 同前注,第9.152段。

[136] 同前注,第9.154段。

[137] 同前注,第9.98段。

[138] 《乌拉圭回合多边贸易谈判结果:法律文本 中国加入世界贸易组织法律文件》,人民出版社2002年版,第322页。

[139] Turkey – Restrictions on Imports of Textile and Clothing Products,专家组报告,世贸组织文件第WT/DS34/R号,1999年5月31日通过,第9.159段。

[140] 《乌拉圭回合多边贸易谈判结果:法律文本 中国加入世界贸易组织法律文件》,人民出版社2002年版,第345页。

间的贸易,而非增加其他缔约方与此类领土之间的贸易壁垒中[141]”,也在序言“期望通过达成互惠互利安排,实质性削减关税和其他贸易壁垒,消除国际贸易中的歧视待遇”[142]中有所体现。[143] 在乌拉圭回合结束时,缔约方在《关于第24条的谅解》中重申了同样的目标和原则:“重申此类协定的目的应为便利成员领土之间的贸易,而非提高其他成员与此类领土之间的贸易壁垒;在此类协定形成或扩大时,参加方应在最大限度内避免对其他成员的贸易造成不利影响。”[144]《新加坡部长宣言》(Singapore Ministerial Declaration)[145]中提到,“7……我们重申多边贸易体系的首要地位,其中包括制定区域贸易协定的框架,我们重申我们的承诺,以确保区域贸易协定与其相辅相成,并符合其规则”。从上述规定中,专家组得出结论:首先,区域贸易协定的目标与GATT和WTO的目标一直是相辅相成的,因此应解释一致,而不应使其产生冲突,即它们的目标是增加贸易,而不是提高贸易壁垒,因此专家组不认可为了形成关税同盟而允许引入数量限制的解释;其次,专家组从这些目标中读到一种认识,即第24条的规定并不构成对GATT或WTO其他禁止性规定的例外,第24条关于区域贸易协定的规定不能被认为是对关税同盟的组成成员免除WTO义务的认可。[146]

专家组随之进一步考察了GATT及WTO惯例。VCLT第31条第3款(b)项规定,要解释的条款包括“嗣后在条约适用方面确定各当事国对条约解释之协定之任何惯例”[147]。专家组回顾了上诉机构在Japan - Alcoholic Beverages Ⅱ案中的结论:“一般来说在国际法中,解释条约的嗣后惯例的本质被

[141] 同前注,第345页。

[142] 同前注,第322页。

[143] Turkey - Restrictions on Imports of Textile and Clothing Products,专家组报告,世贸组织文件第WT/DS34/R号,1999年5月31日通过,第9.160段。

[144] 《乌拉圭回合多边贸易谈判结果:法律文本 中国加入世界贸易组织法律文件》,人民出版社2002年版,第22页。

[145] 《新加坡部长宣言》,英文全称“Singapore Ministerial Declaration”,1996年12月13日通过,全文见世贸组织网站,https://www.wto.org/english/thewto_e/minist_e/min96_e/wtodec_e.htm,2022年10月7日访问。

[146] Turkey - Restrictions on Imports of Textile and Clothing Products,专家组报告,世贸组织文件第WT/DS34/R号,1999年5月31日通过,第9.163段。

[147] 联合国网站,https://www.un.org/zh/documents/treaty/ILC-1969-3,2023年5月8日访问。

认为是一连串‘一致的、共同的和连贯的’行为或声明,足以建立起一个可辨认的模式,暗示缔约方对条约的解释达成一致,一个孤立的行为通常不足以确立嗣后惯例。”[148] 专家组还考察了 GATT 委员会 B 分组(数量限制)关于欧共体的报告,其审查了《罗马条约》与 GATT 第 24 条规定的一致性。个别缔约方如丹麦、爱尔兰、希腊、西班牙、葡萄牙等在加入欧共体后,根据欧共体的贸易法规实行了新的数量限制,这些行动并没有得到 GATT 缔约方的普遍接受,GATT 缔约方认为它们违反了 GATT 第 11 条和第 13 条的规定,并呼吁取消所有与 GATT 不一致的措施。通过这些实践,专家组不能得出存在“嗣后惯例”或“习惯做法”的结论,也不能认可 GATT 第 24 条第 5 款(a)项或第 8 款(a)(ii)项授权成员方在组建关税同盟时采用与 GATT/WTO 不一致的措施的论述。[149]

土耳其的另一项抗辩是,它与欧共体的关税同盟协定的条款“要求”它在纺织品和服装部门采用欧共体的进口限制。然而专家组认为,两个成员之间的双边协议,并不改变有争议措施的法律性质或 GATT/WTO 相关规定的适用性。[150] 此外,《第 1/95 号决定》第 12 条第 2 款规定:“根据 GATT 第 24 条的要求,土耳其将从本决定生效之日起,在纺织部门适用与共同体实质相同的商业政策(substantially the same commercial policy),包括关于纺织品和服装贸易的协议或安排。欧共体将向土耳其提供必要的合作,以实现这一目标。”专家组认为,“实质相同”表明土耳其在这一条款下有一定的灵活性。[151] VCLT 第 41 条规定:“多边条约两个以上当事国得于下列情形下缔结协定仅在彼此间修改条约:……(b)有关之修改非为条约所禁止,且:(一)不影响其他当事国享有条约上之权利或履行其义务者。”[152] 因此,即使土欧关税同盟协议确实要求土耳其采纳欧共体的所有贸易法规,专家组也认为这种要求不足

---

[148] Japan – Taxes on Alcoholic Beverages,上诉机构报告,世贸组织文件第 WT/DS8AB/R, WT/DS10/AB/R, WT/DS11/AB/R 号,1996 年 10 月 4 日通过,第 12 – 13 页。

[149] Turkey – Restrictions on Imports of Textile and Clothing Products,专家组报告,世贸组织文件第 WT/DS34/R 号,1999 年 5 月 31 日通过,第 9.169 段。

[150] 同前注,第 9.178 段。

[151] 同前注,第 9.179 段。

[152] 联合国网站,https://www.un.org/zh/documents/treaty/ILC – 1969 – 3,2023 年 5 月 8 日访问。

以免除土耳其在 WTO 协定下的义务。[153] 进一步地，专家组补充了一个意见，土耳其提出它被"要求"采取与欧共体完全相同的贸易法规，GATT 第 24 条的规定没有给形成关税同盟的成员留下任何选择。如果假设 GATT 第 24 条的条款完全缺乏灵活性，并且土耳其的贸易法规因此必须与欧共体的完全相同，以遵守 GATT 第 24 条第 8 款(a)(ii)项的规定，并进一步假设欧共体没有义务维持对纺织品和服装产品的数量限制，这意味着欧共体将不得不使其纺织品和服装制度与土耳其保持一致，从而立即淘汰其进口数量限制。这将违背 GATT 第 24 条的明确措辞，它可以说是阻止了土耳其行使其与欧共体建立关税同盟的权利，因为在实践中，如果代价是必须取消数量限制，那么欧共体就不会着手建立这样一个关税同盟。根据有效解释的国际法原则，必须赋予条约的所有条款以充分的含义，确保条约的整体一致性及其有效适用。成员国有签订区域贸易协定的权利，故土耳其的论点不能成立，因为它将产生上述荒谬的结果。[154]

专家组认为，从 GATT 第 24 条的措辞和上下文来看，其与 GATT/WTO 之间的关系是不言而喻的，该条并不是一个与其他条款无关、自成一体的制度，也不是特别法。[155] GATT 第 24 条第 4 款的措辞提到了第 24 条的目标，与 GATT 序言中的措辞相同；《关于第 24 条的谅解》和 WTO 协定的序言中也重复了同样的目标。第 24 条第 6 款还提到了第 28 条，并规定了重新谈判关税的具体程序，从而确认了 GATT 其他条款的适用性。这证实了 WTO 协定作为一个一揽子协定(on Single Undertaking)，GATT 第 24 条的规定应与其他部分一起适用，而非单独适用。此外，GATT 中出现的第 24 条第 4 款的"而非增加贸易壁垒"的提法，一直在继续。[156] 专家组认为，GATT 第 24 条第 5 款和第 8 款规定了建立和评估关税同盟的标准，但同时允许灵活地选择在形成关税同盟时要采取的措施，并使用了"实质上所有的贸易"和"实质上相同的关税和其他贸易法规"等语言。虽然"实质"的定义并不明确，但上述语言

---

〔153〕 Turkey – Restrictions on Imports of Textile and Clothing Products，专家组报告，世贸组织文件第 WT/DS34/R 号，1999 年 5 月 31 日通过，第 9.182 段。

〔154〕 同前注，第 9.185 段。

〔155〕 同前注，第 9.186 段。

〔156〕 同前注，第 9.187 段。

确实清楚地为其灵活性保留了空间。重要的是,上述语言没有授权违反GATT第11条和第13条以及ATC第2条第4款。[157]

5. 上诉阶段各方的主张

(1)土耳其的意见及依据

专家组作出裁决后,土耳其提出了上诉。土耳其认为,专家组的推理是基于一个错误的假设,即土耳其在其与欧共体的关税同盟框架内实行的数量限制不符合土耳其的WTO义务。[158] GATT第24条允许关税同盟的组成成员在某个特定部门的数量限制上制定共同的贸易法规,只要总体上不比以前的法规更严格。[159] 与GATT第20条和第21条等例外情况不同,第24条规定的建立关税同盟的权利是一项自主权利,而不是GATT其他义务的"例外"。[160] 土耳其认为,专家组没有正确解释第24条文本的一般含义,特别是该条第5款的起首部分,[161]专家组的结论存在法律错误。第一,专家组错误地解释了第24条第5款(a)项的一般含义,忽略了第24条第5款的起首部分,该部分指出,只要满足第24条第5款(a)项规定的某些条件,GATT的任何条款都不应"阻止"关税同盟的形成。专家组忽略了起首部分,因此得出了错误的结论,认为第24条第5款(a)项没有"授权或禁止"在形成关税同盟时使用数量限制。[162] 第二,专家组对第24条第5款(a)项的解读使该条款沦为"无效"。第24条第5款(a)项的规定适用于整个关税同盟的关税和贸易法规,而不像专家组所说的那样,仅适用于特定关税同盟成员的关税和法规。[163] 第三,专家组对第24条第5款(a)项背景的分析没有将第24条第5款(a)项的起首部分包括在内,误解了该款的背景,特别是第24条第5款(b)项、第24条第4款、第24条第6款,以及第24条在GATT第三部分的位置。[164] 土耳

[157] 同前注,第9.189段。

[158] Turkey – Restrictions on Imports of Textile and Clothing Products,上诉机构报告,世贸组织文件第WT/DS34/AB/R号,1999年10月22日通过,第7段。

[159] 同前注,第8段。

[160] 同前注,第9段。

[161] 同前注,第10段。

[162] 同前注,第13段。

[163] 同前注,第14段。

[164] 同前注,第15段。

其还声称,专家组未能正确解释第24条第8款(a)项的通常含义。专家组的错误在于没有审查第24条第8款(a)项的整个背景,因此忽略了第24条第8款(a)(i)项和第8款(a)(ii)项的相互依存性,以及它们在第24条更广泛背景下的关系。[165] 土耳其提出,如果不允许它对本案中的纺织品和服装产品实行数量限制,欧共体将把土耳其40%的出口排除在土欧关税同盟之外,从而导致与第24条第8款(a)(i)项不一致。[166] 而专家组指出的几个替代办法如提高关税、采用原产地规则等都是有缺陷的。[167] 土耳其还认为专家组对大背景的解释错误,第24条第5款、第24条第8款、WTO协定的目标和宗旨、第24条第4款、《关于第24条的谅解》的序言和《新加坡部长宣言》都没有禁止引入数量限制。[168] 第四,土耳其认为,专家组从GATT/WTO的实践中得出了错误的结论。专家组认为在形成关税同盟时,第24条授权采取与GATT/WTO不一致的措施还没有形成惯例,却没有审查GATT/WTO是否"禁止"采取这种措施。[169]

(2)印度的意见及依据

印度认为,专家组关于GATT第24条不允许在本案中实行数量限制的裁决符合VCLT第31条和第32条规定的解释原则。[170] GATT第24条第4款解释了为什么允许建立关税同盟,以及建立关税同盟的目的是什么。根据GATT第24条第4款提供的背景,GATT第24条第5款不能为提高WTO其他成员的贸易壁垒的措施提供理由。此外,GATT第24条第6款中存在一个在增加关税情况下进行补偿的机制,而没有对引入新的数量限制进行相应的补偿的规定,这清楚表明GATT第24条不是为了授权实施数量限制。[171] 而由于没有为引入新的数量限制提供补偿的机制,接受土耳其的论点将诱使组成关税同盟的成员以新的数量限制来取代其关税提供的保护,这显然与

---

〔165〕 同前注,第16段。
〔166〕 同前注,第17段。
〔167〕 同前注,第18段。
〔168〕 同前注,第19段。
〔169〕 同前注,第20段。
〔170〕 同前注,第21段。
〔171〕 同前注,第22段。

GATT 缔约方的目标和宗旨相矛盾。[172] 关于土耳其对法律错误的主张，印度认为，专家组没有推定 GATT 第 24 条的规定与 GATT 第 11 条和 GATT 第 13 条以及 ATC 第 2 条第 4 款的规定之间存在冲突，而只是讨论了是否有必要审查关税同盟与 GATT 第 24 条的一致性问题。与土耳其的论点相反，专家组从未说过第 24 条是 GATT 义务的例外。[173] 此外，印度认为，土耳其无法解释为什么仅仅因为某类措施在 GATT 第三部分中有所规定，就表明 GATT 的其他部分不再适用。[174] 印度还提出了一些一般性意见：第一，1994 年 GATT 第 24 条可以为数量限制提供理由的论点，在 1947 年 GATT 下从未被接受；第二，起草土耳其和欧共体之间建立关税同盟的协议时，已经假定了 GATT 第 24 条并不能证明对纺织品和服装产品的进口实行新的数量限制，因为该协议明确承认，土耳其有可能无法实施数量限制，故协议认可原产地证书制度将继续适用于这些产品；第三，该协议规定只有在未来的某个日期才会形成关税同盟，因此，其最多只构成一个形成关税同盟的临时协议，而为了实现临时协议的目标，土耳其不必对纺织品和服装的进口施加与欧共体相同的限制。[175]

(3)上诉机构的分析及结论

上诉机构在其报告中指出，专家组在结论中只是顺便提到了 GATT 第 24 条第 5 款的起首部分，而没有深入讨论，专家组分析的核心主要集中在第 24 条第 5 款(a)项和第 8 款(a)项。然而，上诉机构认为，第 24 条第 5 款的起首部分是解决本案中问题的关键条款。[176]

该起首部分指出，GATT 的规定“不应阻止”关税同盟的形成。上诉机构将此解读为，GATT 的规定“不会使形成关税同盟成为不可能”。因此，起首部分明确指出，第 24 条在某些条件下允许采取与 GATT 其他条款不一致的措施，并且可以被援引作为对不一致措施的“辩护”。[177] 此外，GATT 的规定“不应阻止”关税同盟的形成这一措辞表明，尽管第 24 条可以证明采取与

[172] 同前注，第 23 段。
[173] 同前注，第 24 段。
[174] 同前注，第 27 段。
[175] 同前注，第 32 段。
[176] 同前注，第 43 段。
[177] 同前注，第 45 段。

GATT 某些其他条款不一致的措施是合理的，但前提是该措施是在关税同盟形成时采取的，而且只有在不允许采取该措施的情况下才会阻止关税同盟的形成。[178]

因此，在解释该起首部分时，必然不能不提及关税同盟的定义。这一定义见于第 24 条第 8 款(a)项，其相关部分规定："关税同盟应理解为以一单一关税领土替代两个或两个以上关税领土，以便(i)对于同盟成员领土之间的实质上所有贸易或至少对于产于此类领土产品的实质上所有贸易，取消关税和其他限制性贸易法规(如必要，第 11 条、第 12 条、第 13 条、第 14 条、第 15 条和第 20 条下允许的关税和其他限制性贸易法规除外)，及(ii)……同盟每一成员对同盟以外领土的贸易实施实质相同的关税或其他贸易法规。"[179] 第 24 条第 8 款(a)(i)项规定了组成成员之间的内部贸易标准，以满足关税同盟的定义。它要求关税同盟的组成成员对它们之间实质上所有贸易取消关税和其他限制性贸易法规。无论是 GATT 还是 WTO 成员，都没有就 GATT 中"实质上"一词的解释达成一致。但显然，"实质上所有贸易"不等于"所有"的贸易，而且"实质上所有贸易"比仅仅"部分"贸易多得多。第 24 条第 8 款(a)(i)项规定，关税同盟的成员必要时可以在其内部贸易中保持某些限制性贸易法规，这些是 GATT 第 11 至第 15 条和第 20 条所允许的。因此，上诉机构同意专家组的观点，即第 24 条第 8 款(a)(i)项的条款为关税同盟的组成成员在根据该条款放宽其内部贸易的时候提供了一定的"灵活性"，但是第 24 条第 8 款(a)(i)项所允许的"灵活性"在程度上受到了在"实质上所有的"内部贸易方面取消"关税和其他限制性贸易法规"的限制。[180] 第 24 条第 8 款(a)(ii)项规定了组成成员与第三国贸易的标准，以满足关税同盟的定义。虽然关税同盟的组成成员必须适用共同的对外贸易制度，包括关税和其他贸易法规，但它要求关税同盟的组成成员对与第三国的对外贸易适用"实质相同"的关税和其他贸

---

〔178〕 同前注，第 46 段。

〔179〕《乌拉圭回合多边贸易谈判结果：法律文本　中国加入世界贸易组织法律文件》，人民出版社 2002 年版，第 346 页。

〔180〕 Turkey – Restrictions on Imports of Textile and Clothing Products，上诉机构报告，世贸组织文件第 WT/DS34/AB/R 号，1999 年 10 月 22 日通过，第 48 段。

易法规,而非适用“相同的”关税和其他贸易法规。[181] 上诉机构同意专家组的观点,认为这里的“实质相同”提供了一定程度的“灵活性”,但认为这种“灵活性”是有限制的,“实质”一词是对“相同”一词的限定,故上诉机构认为 GATT 第 24 条第 8 款(a)(ii)项有近似于“相同”的较高要求。[182]

GATT 第 24 条第 5 款的起首部分指出,GATT 的规定不应阻止关税同盟的形成,相关的但书紧接在起首部分之后:“但是”(provided that)。[183] “但是”这一短语是起首部分的一个基本要素,它的相关部分内容为:“就关税同盟或导致形成关税同盟的临时协定而言,在建立任何此种同盟或订立临时协定时,对与非此种同盟成员或协定参加方的缔约方的贸易实施的关税和其他贸易法规,总体上不得高于或严于在形成此种同盟或通过此种临时协定(视情况而定)之前,各成员领土实施的关税和贸易法规的总体影响范围。”[184] 鉴于这一限制性条款,上诉机构认为,只有当某项措施符合第 24 条第 5 款(a)项关于关税同盟成员对与第三国贸易适用的“关税和其他贸易法规”的要求,以形成相应的关税同盟时,才可以援引第 24 条作为对其不符合 GATT 某些规定的辩护。[185]

对于关税,GATT 第 24 条第 5 款(a)项规定,关税同盟的组成成员在关税同盟成立后所适用的关税总体上不应高于关税同盟成立前每个组成成员所适用关税的总体影响范围(general incidence)。[186] 《关于第 24 条的谅解》第 2 款要求,根据 GATT 第 24 条第 5 款(a)项对关税同盟形成前后所适用的“关税的总体影响范围”的评估,“应根据加权平均关税税率和实征的关税全面评估”[187]。关于“其他贸易法规”,GATT 第 24 条第 5 款(a)项规定,关税同盟成立后,各组成成员适用的条例“总体上不得高于或严于在形成此种同

---

[181] 同前注,第 49 段。

[182] 同前注,第 50 段。

[183] 同前注,第 51 段。

[184] 《乌拉圭回合多边贸易谈判结果:法律文本 中国加入世界贸易组织法律文件》,人民出版社 2002 年版,第 345 页。

[185] Turkey – Restrictions on Imports of Textile and Clothing Products,上诉机构报告,世贸组织文件第 WT/DS34/AB/R 号,1999 年 10 月 22 日通过,第 52 段。

[186] 同前注,第 53 段。

[187] 《乌拉圭回合多边贸易谈判结果:法律文本 中国加入世界贸易组织法律文件》,人民出版社 2002 年版,第 23 页。

盟……前,各成员领土实施的关税和贸易法规的总体影响范围”[188]。《关于第24条的谅解》第2段明确承认,其他贸易法规的量化和归纳是困难的,[189]因此指出,“为全面评估难以量化和归纳的其他贸易法规的影响范围,可能需要审查单项措施、法规、所涉产品以及受影响的贸易流量”[190]。故上诉机构同意专家组的意见,认为新的区域贸易协定所产生的贸易措施和政策的效果,在总体上不应比组成成员之前的贸易政策更具限制性。[191]

另外,上诉机构认为GATT第24条第5款起首部分必须根据其上下文进行解释。第24条第4款构成了第5款起首部分内容的一个重要因素。第24条第5款的起首部分以“因此”一词开始,这只能被理解为第24条第4款紧接在第5款起首部分之前。[192] 第24条第4款规定:“各缔约方认识到,宜通过自愿签署协定从而发展此类协定签署国之间更紧密的经济一体化,以增加贸易自由。它们还认识到,关税同盟或自由贸易区的目的应为便利成员领土之间的贸易,而非增加其他缔约方与此类领土之间的贸易壁垒。”[193]根据第24条第4款,关税同盟的目的是便利成员领土之间的贸易,而非增加与第三国的贸易壁垒。关税同盟应促进关税同盟内的贸易,但这一目的不应以提高与第三国贸易壁垒的方式来实现。《关于第24条的谅解》明确重申了关税同盟的这一目的,并指出在形成或扩大关税同盟时,组成成员“应在最大限度内避免对其他成员的贸易造成不利影响”[194]。第24条第4款没有单独规定义务本身,而是规定了第24条首要和普遍的目的,该目的在第24条其他具体义务中以执行性语言表现出来。因此,第24条第4款规定的目的为第24条的其他相关段落,包括第5款的起首部分提供了信息,因此第5款的起首部分必须根

---

[188] 同前注,第345页。

[189] Turkey – Restrictions on Imports of Textile and Clothing Products,上诉机构报告,世贸组织文件第WT/DS34/AB/R号,1999年10月22日通过,第54段。

[190] 《乌拉圭回合多边贸易谈判结果:法律文本 中国加入世界贸易组织法律文件》,人民出版社2002年版,第23页。

[191] Turkey – Restrictions on Imports of Textile and Clothing Products,上诉机构报告,世贸组织文件第WT/DS34/AB/R号,1999年10月22日通过,第55段。

[192] 同前注,第56段。

[193] 《乌拉圭回合多边贸易谈判结果:法律文本 中国加入世界贸易组织法律文件》,人民出版社2002年版,第345页。

[194] 同前注,第22页。

据第4款规定的关税同盟的宗旨和目的来解释。[195] 根据对GATT第24条第5款起首部分的文本和背景的分析,上诉机构认为第24条可以证明与GATT某些其他条款不一致的措施是合理的。然而,在涉及组建关税同盟时,只有在满足两个条件的情况下才可以进行这种辩护:首先,要求受益于这一辩护的一方必须证明,有争议的措施是在一个完全符合第24条第8款(a)项和第5款(a)项要求的关税同盟形成后实施的;其次,该方必须证明,如果不允许它实行有争议的措施,就会阻止该关税同盟的形成。必须同时满足这两个条件,才能获得第24条规定的辩护利益。[196]

专家组并没有分析土欧协议是否构成了GATT项下的"关税同盟",由于上诉的内容中没有这一点,上诉机构没有被要求解决这一问题,故上诉机构假设其已经得到满足,而注重于分析第二个条件。

土耳其声称,如果它没有对来自印度的纺织品和服装产品实行有争议的数量限制,它将无法满足GATT第24条第8款(a)(i)项的要求,欧共体就会为了防止贸易转移而将其排除在关税同盟之外。[197] 上诉机构同意专家组的意见,即如果土耳其没有采用与欧共体同样的数量限制,这不会妨碍土耳其和欧共体满足GATT第24条第8款(a)(i)项的要求,也不会因此而无法形成关税同盟。GATT第24条第8款(a)(i)项的内容为关税同盟的组成成员提供了一些灵活性(尽管是有限的)。正如专家组所指出的,土耳其和欧共体还有其他选择来防止任何可能的贸易转移,例如土耳其可以采用原产地规则,且这已经被土欧双方认识到,并体现在《第1/95号决定》第12条第3款中。然而,土耳其反而倾向于引入有争议的数量限制来避免贸易转移。[198] 出于这个原因,上诉机构的结论是,土耳其事实上不需要为了与欧共体形成关税同盟而实施本上诉中所涉及的数量限制,土耳其没有满足上述两个必要条件中的第二个。因此,在本案中,土耳其无法获得GATT第24条在某些条件下提供的辩护利

---

〔195〕 Turkey – Restrictions on Imports of Textile and Clothing Products,上诉机构报告,世贸组织文件第WT/DS34/AB/R号,1999年10月22日通过,第57段。

〔196〕 同前注,第58段。

〔197〕 同前注,第61段。

〔198〕 同前注,第62段。

益,且 GATT 第 24 条也不能成为土耳其采取这些数量限制的理由。[199]

上诉机构得出结论,专家组在法律推理上存在错误,它将重点放在 GATT 第 24 条第 8 款(a)项和第 5 款(a)项上,没有认识到第 5 款起首部分在第 24 条中的关键作用,但支持专家组的结论,即 GATT 第 24 条不允许土耳其在与欧共体建立关税同盟的情况下,对 19 类纺织品和服装产品的进口实行数量限制,这些限制被认为不符合 GATT 第 11 条和第 13 条以及 ATC 第 2 条第 4 款。[200]

6. 对各方意见的评析

尽管本案表面上是针对纺织品的数量限制问题,但正如上文所述,本案的争议焦点却在 GATT 第 24 条,上诉机构的报告也是围绕这一条以及对关税同盟的审查所展开的。在这一部分,涉及条约解释原则和规则、第 24 条概况和具体条文及其与上下文相联系的解释、GATT/WTO 总体目标和宗旨、GATT/WTO 以往的实践等各个方面,有非常大的研究和讨论空间。

第二次世界大战结束后,国际经济关系发生了重大变化,区域经济一体化成为战后国际经济关系的一种新兴现象。自 WTO 成立以来,区域贸易发展迅速,全球范围内出现了形式各异的区域贸易,它们的出现给经济全球化注入了新的活力,同时也对 WTO 进行了有益的补充和推进,这也使得多边贸易体制中关于区域一体化的法律规则——GATT 第 24 条的地位空前重要。GATT 第 24 条是国际社会第一次以多边条约的形式,从法律的角度对关税同盟和自由贸易区两个区域经济一体化的代表形式做出了概念界定并列明了构成要件。该条款开创了多边贸易体制下推行区域经济一体化的先河,并从法律上明确了关税同盟、自由贸易区等区域经济一体化的形式,大力推动了区域经济一体化的发展。[201]

众所周知,WTO 的主要目标是在全球范围内促进贸易自由化,在国际贸易领域形成统一的政策选择标准,以降低各成员的交易成本,实现共同利益,增进社会福利。它的最惠国待遇原则和国民待遇原则的设定都是出于这样的

---

〔199〕 同前注,第 63 段。

〔200〕 同前注,第 64 段。

〔201〕 慕亚平、冼一帆:《对 WTO 体制下区域经济一体化的法律分析》,载《学术研究》2003 年第 6 期,第 71 - 76 页。

初衷。尤其是最惠国待遇原则,它在 GATT 中是如此重要以至于被写入 GATT 的第 1 条第 1 款中,且被称为“国际贸易的柱石”:在 Canada - Autos 案中,上诉机构报告指出,最惠国待遇原则早已是 GATT 的基石,也是 WTO 贸易体制的支柱之一;[202] EC - Tariff Preferences 案的上诉机构报告再次指出,GATT 第 1 条第 1 款所含的最惠国待遇原则是“GATT 的里程碑”和“WTO 贸易制度的支柱之一”,[203] 而且指出这是确定无疑的事实。

最惠国待遇意味着没有歧视,几乎同等地对待每一成员方,这就会与区域经济一体化产生天然的矛盾。从理论上说,在全球贸易总量不变的情况下,区域经济一体化由于其内部的优惠安排,必然导致区域内的贸易量增加,从而势必减少来自区域外的进口量,进而损害非成员国的贸易利益。[204] 区域经济一体化作为最惠国待遇原则的最大例外而存在,它的蓬勃发展对 WTO 的核心原则和法律制度的有效实施造成了极大威胁。尤其随着时代的发展,区域贸易协定势头强劲,已日益呈现出与多边贸易体制并驾齐驱之势。[205] 当 WTO 成员们过度热衷地加入多个区域贸易协定时,会损害最惠国待遇原则,使最惠国待遇成为例外而不是规则,这将扭曲国际贸易,阻止生产商在公平的竞争环境中竞争。[206] 然而,GATT 的起草者们认识到,区域贸易协定天然存在歧视性,但它与最惠国待遇原则并非不可以相容,因此他们同意将区域贸易协定作为最惠国原则的例外来处理,允许它在多边贸易体制中合法地存在,同时又为区域贸易协定设置了多种限制条件来保证第三国的贸易利益能够得到最大限度的尊重,使其不至于成为全球贸易自由化的障碍。[207] 故缔约方签订区域贸

[202] Canada - Certain Measures Affecting the Automotive Industry,上诉机构报告,世贸组织文件第 WT/DS139/AB/R,WT/DS142/AB/R 号,2000 年 5 月 31 日通过,第 69 段。

[203] EC - Conditions for the Granting of Tariff Preferences to Developing Countries,上诉机构报告,世贸组织文件第 WT/DS246/AB/R 号,2004 年 4 月 7 日通过,第 101 段。

[204] 杨树明、刘会春:《区域贸易协定对非协定成员国隐性歧视的分析》,载《中山大学学报(社会科学版)》2007 年第 6 期,第 107 页。

[205] 吴敏:《全球经济一体化与区域经济一体化的冲突与协调——兼评 GATT/WTO 体制下区域经济一体化的法律制度》,载《华东师范大学学报(哲学社会科学版)》2008 年第 2 期,第 54 页。

[206] Tania Voon, *Eliminating Trade Remedies from the WTO: Lessons from Reginal Trade Agreements*, The International and Comparative Law Quarterly, Vol. 59:3, p. 628 (2010).

[207] 黄涧秋:《区域贸易协定与 WTO 保障条款的冲突及其解决》,载《当代法学》2006 年第 2 期,第 104 页。

易协定的权利成为一项附条件的权利,GATT 第 24 条为设立关税同盟和自由贸易区规定了必须满足的条件。[208]

对 GATT 第 24 条的理解,需要运用条约解释的一般解释原则和规则。任何人编纂的法律条文,无论其用语多么简单明了或是在制定之初得到多么普遍的认可,在其适用范围和实际含义上都无法使所有人对其认知一致,这是由人类语言的局限性决定的。因此,无论在理解、适用还是实施层面,都有进行法律解释以明晰法律条文在具体案例中的确切含义的需要。李浩培指出,条约解释的通则应是:条约应依其目的,善意地予以解释,以使其发生合理的效果。一般性多边条约和建立国际组织或国际制度的条约,一如本案所涉 GATT 第 24 条,由于这些条约的实质不在于缔约各方权利义务的平衡,而在于为国际社会创立一般国际法或建立国际组织或制度,解释时应注重条约所建立的法律、组织或制度的社会目的及其发展,从而对这些条约的解释可以超出缔约各方缔约时的意思。[209]

在条约解释中,首先运用的工具无疑是 VCLT,在本案中这也是专家组和上诉机构所采取的方法。在审查 GATT 第 24 条时,根据 DSU 第 3 条第 2 款"依照解释国际公法的惯例澄清这些协定的现有规定"[210],专家组和上诉机构以国际公法的解释原则为指导,其中包括 VCLT 第 31 条和第 32 条。按照这些条款的规定以及专家组和上诉机构过往的实践,在解释 GATT 第 24 条时,应首先使用该条款用语按其上下文并参照条约的目的和宗旨所具有的通常含义进行善意解释,在本案中,除了考察 GATT 第 24 条本身的用语以及上下文,也应根据其背景并参照相关 WTO 协定的目标和宗旨。如果需要,为了澄清或确认这些条款的含义,还可以参考当时谈判的历史,包括起草 GATT 第 24 条的历史背景情况,也即,在运用 VCLT 解释本案所涉条款的过程中,包括措辞、善意原则、背景和目的这三个主要要素。

在运用 VCLT 进行解释之余,WTO 关于冲突的规则也是重要的参考。WTO 的义务是累积性的,成员必须在任何时候都遵守所有的义务,这源于

---

[208] 钟立国:《GATT1994 第 24 条的历史与法律分析》,载《法学评论》2003 年第 6 期,第 42 页。

[209] 李浩培:《条约法概论》,法律出版社 2003 年版,第 361 页。

[210] 《乌拉圭回合多边贸易谈判结果:法律文本 中国加入世界贸易组织法律文件》,人民出版社 2002 年版,第 272 页。

WTO 协定是一个"一揽子协定"。本案中,专家组提到在 Guatemala – Cement Ⅰ案中,上诉机构在讨论《反倾销协定》(Anti – dumping Agreement)的条款和 DSU 之间冲突的可能性时指出,"只有在遵守一项规定会导致违反另一项规定的情况下,即在两者发生冲突的情况下,才应认定一项特别或附加规定优先于 DSU 的一项规定"[211]。在 Indonesia – Autos 案的结论中,专家组提到,在国际公法中,有一个反对冲突的推定,在 WTO 的背景下尤其如此,因为所有的 WTO 协定,包括 GATT,都是在同一时间,由同一成员在同一论坛上谈判的。鉴于反对冲突的推定,应尽可能避免对这些条款的解释导致它们之间发生冲突。[212] 因此,在考察本案所涉 GATT 第 24 条时,出发点应是尽量使其与 WTO 其他条款和谐一致,而不应以使其产生冲突的方式进行解释。正是由于 WTO 是一个一揽子协定,包含了若干必须同时遵守的义务,GATT 第 24 条应与 GATT/WTO 协定的其他部分一起适用,而没有理由直接单独适用,除非条款之间确实存在冲突。因此除非对 GATT 第 24 条的解释使其确切成为土耳其可以援引的例外,否则不应轻率地认为该条可以为土耳其的数量限制行为提供法律依据。

本案中,在解释 GATT 第 24 条时专家组还运用了有效解释(principle of effective interpretation)原则。"有效解释"反映了解释的一般规则,要求对条约进行解释,使条约的所有条款具有意义和效力,对一项规定的解释不应导致同一条约中另一项规定的效力失效。根据这一原则,必须尽可能地赋予条约的所有条款以充分的含义,以便该条约的缔约方能够有效地行使其权利和义务。有效解释原则源于 VCLT 第 31 条要求的上下文分析,如果条约可以接受两种解释,其中一种使条约无法具有适当的效力,那么善意原则以及条约的目标和宗旨要求适用另一种有效的解释。VCLT 编纂的条约规则没有"有效"这一用语,也没有明确包括有效解释原则,但国际法下的条约解释规则不限于

---

[211] Guatemala – Anti – Dumping Investigation Regarding Portland Cement from Mexico,上诉机构报告,世贸组织文件第 WT/DS60/AB/R 号,1998 年 11 月 2 日通过,第 65 段。

[212] Indonesia – Certain Measures Affecting the Automobile Industry,专家组报告,世贸组织文件第 WT/DS54/R,WT/DS55/R,WT/DS59/R,WT/DS64/R 号,1998 年 7 月 2 日通过,第 14.28 段。

VCLT。[213] 在国际投资争端解决中心(International Centre of Settlement of Investment Disputes,ICSID)仲裁中,有效解释原则一直受到仲裁庭的关注,但该原则在ICSID的条约解释实践中,从未被明确认定为习惯国际法,而只是一项在各国或各种法律制度中得到公认的,被吸收用于条约解释法律解释原则或规则。总体上,ICSID仲裁庭也没有形成完全一致的适用该原则的做法。条约的有效解释原则在国际法实践中仍有着适用上的不确定性。[214] 在本案中,专家组在运用这一原则时认为必须确保条约的整体一致性及其有效适用,因此该解释原则为GATT第24条提供了另一种现实的解释,即成员间的各种利益是可以调和的,成员国有权利(尽管是有条件的)形成区域贸易协定。笔者认为,有效解释原则可以视为对前两个解释方法的有益补充:在VCLT中,该原则可被视为善意解释原则的表现;在关于冲突的规则中,该原则意味着应推定条约是一个完整有效的整体,条约内部之间不存在冲突。

明确了争端解决程序中使用的基本解释规则之后,专家组审查了GATT第24条的概况,接着审查了第24条第5款(a)项,包括对该条款的一般分析和上下文分析,然后是第24条第8款,在分析了第24条第8款(a)项之后对第24条第5款和第8款的上下文以及协议的目标和宗旨进行了考察。专家组的结论是第24条并非特别法,能够独立于GATT其他条款或WTO协定。上诉机构同意专家组的结论,但是将重点放在第24条第5款的起首部分中。总体来说,本案的结论是专家组与上诉机构均认可作为增加贸易自由的一种手段,第24条在某些条件下承认了WTO成员之间的关税同盟是可取的。为此,组成关税同盟的成员可以在符合第24条的条件下,就它们之间的贸易偏离最惠国待遇原则,即形成最惠国待遇原则的例外。但是这种对区域贸易协定可取性的认可并非没有其他规定的限制,而必须与其他规定一起适用。

具体到第24条的条文,其中一些表述如"总体上""总体影响范围""实质上"等是模糊不清的,缺乏统一明确的参照标准,因此极易引发争议。就像杰克逊所说:"不幸的是,GATT的语言是含糊的,GATT容忍一些非常松散的优

---

[213] James Cameron & Kevin R. Gray, *Principles of International Law in the WTO Dispute Settlement Body*, The International and Comparative Law Quarterly, Vol. 50:2, p. 248 - 298, 256 (2001).

[214] 张乃根:《ICSID仲裁中的有效解释原则:溯源、适用及其略比》,载《武大国际法评论》2017年第1期,第117页。

惠安排存在，而没有根据 GATT 的规则进行有效的质疑。”[215] 这些宽松的用语导致了在条款解释上的实际困难，理解多元与解释多元导致了 WTO 的主要争议。[216] 例如在本案中，如何理解“实质上所有贸易”，就成为了一个争议多、分歧大的论点。专家组和上诉机构都认定，“实质上所有贸易”包括定量标准（quantitative approach）和定性标准（qualitative approach）。前者是用涵盖成员间贸易量多少的百分比来判断是否达到了“实质上所有贸易”的要求，后者则是根据是否排除了主要产业部门来判断是否满足了要求。[217] 在实践中，对这一概念的争议从未消弭。澳大利亚提出，应将区域贸易协定与实质上所有贸易要求的可比性和以某种比例表示的产品范围挂钩，而不仅以贸易流量来表示。香港要求细化区域贸易协定实质上所有贸易的定量方法，应考虑在区域贸易协定成员间贸易中使用优惠原产地规则。欧盟认为自由化贸易量达总贸易量的 80%，即应视为符合实质上所有贸易的规定，并且需要考虑各个区域贸易协定的特点，不应设立统一的百分比。阿根廷主张所有的部门应包括在内，原因在于实质上所有贸易的概念形成于 1947 年，在 1994 年 GATT 下的适用性不强。土耳其认为，由于人们普遍认为区域贸易协定的贸易创造效应大于贸易转移效应，区域贸易协定的实际贸易量要大于潜在的贸易量，用实际贸易量作为实质上所有贸易的标准较合适。[218] GATT 第 24 条第 8 款涉及的“实质上所有贸易”并非指所有贸易，而是一个富有弹性的条款，虽然从字面意思上看这个标准较为严苛，但实践中 DSB 往往作出不同的判断，为不同案例留出了解释的空间。笔者认为，如同《关于第 24 条的谅解》一样，虽然其与原先的规则相比是一大进步，但仍留下许多空白之处，对于这些悬而未决的问题，WTO 各成员方应作出明确的规定和修改，不断完善对 GATT/WTO 协定的理解，进一步明确各成员方的权利义务。在这之前，DSB 应在个案中坚持与延续自身立场，在维护 WTO 以及自身权威的同时为下一步的制度安排

---

[215] ［美］约翰·H. 杰克逊：《GATT/WTO 法理与实践》，张玉卿等译，新华出版社 2002 年版，第 73 页。

[216] 陈爱蓓：《WTO 与区域经济集团之竞合关系探析》，载《南京社会科学》2009 年第 11 期，第 125 页。

[217] 钟立国：《WTO 对区域贸易协定的规制及其完善》，载《法学家》2003 年第 4 期，第 158 页。

[218] 陈建国：《体制性难题——WTO 对区域贸易协定的审议》，载《国际贸易》2004 年第 6 期，第 35 页。

提供实践中的参考标准。

另一方面,本案中的专家组与上诉机构的报告体现出浓厚的宗旨至上的观点。宗旨至上指的是对所有法律条款的设计及其解释均需围绕整个制度构架所要达到的宏观目标。具体到GATT,指的是促进货物贸易的全球自由化,所有与之相违背的东西均应修改或废除。专家组和上诉机构都强调贸易区域一体化的目标在于加快GATT/WTO贸易一体化的步伐,而不是以此为借口来设置一些新的贸易障碍,甚至形成规避GATT/WTO其他禁止性规定的避风港,并指出WTO协定作为一个一揽子协定有着不容分割曲解的性质。本案明确了GATT第24条第4款应该作为第5款至第9款的解释基础,体现了从严解释的判断标准,对维护多边体制的主导地位具有重大意义。上诉机构强调了GATT第24条作为例外,在被援引作为采取与WTO规则不符的措施的抗辩时,必须满足两个严格的条件,也即,上诉机构几乎引入了反向推定原则,除非区域贸易协定的成员方能证明对这两个条件的满足,否则抗辩就是不成立的,这为防止滥用GATT第24条作为WTO规则的例外提供了有效方法,具有深远意义。[219]

三、结语

土耳其纺织品及服装产品进口限制案是WTO成立以来直接涉及GATT第24条的第一案。本案虽然表面上是一个有关数量限制的争端,但争议焦点却始终落在GATT第24条。通过前文的分析,笔者同意专家组和上诉机构的意见。GATT/WTO允许区域经济一体化合法地存在,尽管在事实上它确实会造成歧视,违背最惠国待遇原则,但是在法律上它并不需要对此承担责任。正是因为如此,区域贸易协定与GATT/WTO的目标应该始终保持一致,即增进自由贸易而不是提高贸易壁垒。在对GATT第24条进行解释时,应与GATT/WTO的宗旨和目标相互补充与借鉴,故正如本案的裁判结果所显示的那样,不能将GATT第24条解释为允许在缔结关税同盟时实施新的数量限制,该条款也不能作为违反GATT/WTO协定的例外理由。

---

〔219〕 刘瑛:《〈关贸总协定〉第24条的再解读——规则、案例和展望》,载《国际贸易问题》2006年第2期,第111页。

第五章　美国软木案

(United States - Final Countervailing Duty Determination with respect to certain Softwood Lumber from Canada)

董　尧

一、案件概况

(一)案件事实

美国与加拿大关于软木贸易的争端由来已久,自20世纪80年代开始至今,包含一系列贸易案,以下简称"Lumber Ⅰ"案至"Lumber Ⅴ"案。

"Lumber Ⅰ"案源于1981年10月,美国软木木材行业生产商向美国商务部递交申请书,声称加拿大地方政府通过人为低价出售伐木权(在公共土地上砍伐树木的权利)来补贴软木木材生产。美国商务部进行了调查并最终确定加拿大没有提供补贴。[1]

1986年,美国木材行业再次提交请愿书,声称有新证据表明加拿大政府补贴软木木材生产("Lumber Ⅱ"案)。美国商务部在调查后撤销了"Lumber Ⅰ"案中的决定,并发布了对来自加拿大的软木木材进行征税的初步决定。加拿大为了避免更高的出口费用以及出于政治考虑,同意对软木木材出口征收15%的临时关税。[2]

---

〔1〕 Runsheng Yin & Jungho Baek, The US - Canada softwood lumber trade dispute: what we know and what we need to know, Forest Policy and Economics, Volume 6, Issue 2, 2004, p. 131.

〔2〕 Ibid.

1991 年,加拿大终止了临时关税的征收。作为回应,美国展开反补贴调查,并最终认定加拿大正在补贴软木木材生产,由此对进口自加拿大的软木木材征收 6.5% 的关税(“Lumber Ⅲ”案)。最终,1996 年,加拿大与美国签订了一项为期 5 年的贸易协定——美国加拿大软木木材协议(Softwood Lumber Agreement,SLA 协议,Pope & Talbot v. Canadc 案背景及所涉协议)。此协议要求加拿大对软木出口强制征税并进行配额限制,要求加拿大每年出口至美国的软木木材免税额度为 147 亿立方英尺。该协议于 2001 年到期,两国未能就替代协议达成共识。[3]

2001 年,上述 SLA 协议结束后,美国木材行业再次提出同一诉求(“Lumber Ⅳ”案)。美国商务部启动调查,并于 2002 年 5 月在《联邦公报》上公布了初步反补贴税裁定、最终反补贴税裁定与最终反倾销税裁定。美国商务部认定,加拿大地方政府通过提供树木砍伐权向软木木材生产商提供货物,以货物的形式提供财政资助(Financial Contvibution),这些货物没有被支付足够的报酬,软木木材生产商从中获得了利益。此外,美国商务部发现,这一补贴是针对一个行业或一组行业的。因此,美国商务部采用美国华盛顿州和缅因州的软木价格作为确定存在利益的比较基准,最终决定对加拿大出口到美国的软木木材征收 18.79% 的关税。加拿大因此提请世贸组织专家组对美国的反倾销反补贴措施进行审查。[4] 最终加拿大与美国签署了新的 SLA 协议。根据新的 SLA 协议,加拿大出口的软木木材每千立方英尺在 355 美元以下时需要缴纳出口费用。

在新的 SLA 协议到期 1 年后,美国再次对来自加拿大的软木产品征收近 20% 的高额关税。因此,加拿大通过世贸组织向美国提出磋商(“Lumber Ⅴ”案)。[5] 2020 年 8 月,世贸组织专家组裁定美国相关措施与世贸组织规则不

---

[3] U. S. Department of Commerce, *Department of Congress International Trade Administration Final Affirmative Countervailing Duty Determination: Certain Softwood Lumber Products from Canada*, May 28, 1992.

[4] United States – Final Countervailing Duty Determination with Respect to Certain Softwood Lumber from Canada, 上诉机构报告,世贸组织文件第 WT/DS257 号,2004 年 1 月 19 日通过,第 1 – 3 段。

[5] United States – Countervailing Measures on Softwood Lumber from Canada, 专家组报告,世贸组织文件第 WT/DS533 号,2020 年 8 月 24 日通过,第 8.1 段。

相符,美国于9月提出上诉。鉴于目前上诉机构已经停摆,此案争议暂时搁置。[6] 因此,本文仅就"Lumber Ⅳ"案中涉及的世贸组织专家组及上诉阶段中,加拿大与美国的反补贴措施争议进行分析[7]。

2002年5月3日,加拿大要求根据《关于争端解决规则与程序的谅解》(Understanding on Rules and Procedures Governing the Settlement of Disputes, DSU)第4条、《关税与贸易总协定》(General Agreement on Tariffs and Trade, GATT)第22条和《补贴与反补贴措施协定》(Agreement on Subsidies and Countervailing Measures,以下简称SCM协定)第30条,就美国商务部确定的反补贴税与美国进行磋商。[8] 2002年6月18日,双方磋商未果。[9] 同年7月,加拿大要求成立专家组。[10] 同年11月,专家组成立。[11] 历时1年,最终专家组裁定:(1)美国商务部关于加拿大提供树木采伐权构成以提供货物或服务的形式提供财政资助的决定,与SCM协定第1.1(a)(1)(iii)条相符。因此,专家组不支持加拿大关于美国根据这一决定征收反补贴税不符合SCM协定第10、19.1、19.4和32.1条以及GATT第6条第3款的主张。(2)美国商务部对加拿大软木木材生产商获得利益的存在及利益数额的确定,与SCM协定第14条起首部分、第14(d)条不相符。因此,专家组不支持加拿大的主张,即美国根据该决定征收反补贴税不符合SCM协定第14条起首部分、第14(d)条、第10条和第32.1条;在得出这一结论后,专家组适用司法经济原则,对加拿大根据这一主张提出的指控不做裁决,即美国的行为不符合SCM协定第19.1、19.4条以及GATT第6条第3款。(3)美国商务部未能对不相关实体间原木和木材补贴的上游交易进行传递分析(Pass – Through Analysis),不符合SCM协定第10条和GATT第6条第3款的规定。因此,专家组

---

[6] United States – Countervailing Measures on Softwood Lumber from Canada,美国根据《世贸组织争端解决谅解程序》第16条提出的上诉通知,世贸组织文件第WT/DS533/5号,2020年9月29日通过,第1页。

[7] United States – Final Countervailing Duty Determination with Respect to Certain Softwood Lumber from Canada,上诉机构报告,世贸组织文件第WT/DS257/AB/R号,2004年1月19日通过。

[8] United States – Final Countervailing Duty Determination with Respect to Certain Softwood Lumber from Canada,专家组报告,世贸组织文件第WT/DS257号,2003年8月29日通过,第1.1段。

[9] 同前注,第1.2段。

[10] 同前注,第1.3段。

[11] 同前注,第1.7段。

支持了加拿大的主张，即美国对此类交易征收反补贴税与 SCM 协定第 10、32.1 条以及 GATT 第 6 条第 3 款不相符。(4)美国商务部关于加拿大省级树木采伐方案具有专向性的决定与 SCM 协定第 2.1(c)条相符。因此，专家组拒绝了加拿大的主张，即美国根据该决定征收反补贴税不符合 SCM 协定第 1.2、2.1、2.4、10、19.1、19.4 和 32.1 条的规定。[12]

最终，专家组得出结论，认为美国征收反补贴税的行为不符合 SCM 协定以及 GATT 的规定，损害了加拿大的利益。因此，专家组建议世贸组织争端解决机构(Dispute Settlement Body, DSB)要求美国使其措施符合其在 SCM 协定和 GATT 下承担的义务。[13]

2003 年 10 月，美国和加拿大均提起上诉。美国请求上诉机构推翻专家组的调查结果，即 SCM 协定第 14(d)条要求美国根据加拿大的非政府价格来确定加拿大政府提供木材的报酬是否适当，即使这种非政府价格受到财政资助的影响。此外，美国请求上诉机构推翻专家组的裁定，即美国未能进行传递分析与 SCM 协定第 10 条及 GATT 第 6 条第 3 款不相符，因此美国征收反补贴税不符合 SCM 协定第 10 条、第 32.1 条以及 GATT 第 6 条第 3 款的规定[14]；加拿大则请求上诉机构推翻专家组裁决中关于加拿大存在以提供货物形式提供“财政资助”的决定。[15]

(二)涉及的法律问题

1. 加拿大地方政府提供“立木采伐权”[16]的行为，是否构成 SCM 协定第 1.1(a)(1)(iii)条中的“以提供货物的形式提供财政资助”？

2. 在加拿大“现行市场”价格受政府影响的情况下，美国商务部是否可以使用外部基准来确定补贴的“利益”？

---

〔12〕 同前注，第 8.1 段。

〔13〕 同前注，第 8.4 段。

〔14〕 United States – Final Countervailing Duty Determination with Respect to Certain Softwood Lumber from Canada，上诉机构报告，世贸组织文件第 WT/DS257/AB/R 号，2004 年 1 月 19 日通过，第 12 – 19 段。

〔15〕 同前注，第 30 – 33 段。

〔16〕 翻译依据来源于《现代汉语词典》，“立木采伐”对应原文中的 stumpage，“立木”对应原文中的 standing lumber，“立木”中文解释含义之一为“林地上未伐倒的活着的树木”。

3. 在确定补贴数额时,美国商务部是否应对无关实体间的公平交易进行利益的传递分析?

二、重点法律问题的分析

(一)财政资助的确定

1. 涉及的法律条款

SCM 协定第 1.1 条规定:就本协定而言,如出现下列情况应视为存在补贴:(a)(1)在一成员(本协定中"政府")领土内,存在由政府或任何公共机构提供的财政资助,即如果:……(iii)政府提供除一般基础设施外的货物或服务;或购买货物;……(a)(2)存在 GATT 第 16 条意义上的任何形式的收入或价格支持;及(b)则因此而授予一项利益。[17]

从上述规定可以看出,补贴的确定包含三要素:(1)政府或公共机构;(2)提供财政资助;(3)存在利益。在此案中,加拿大地方政府减免树木砍伐费用,符合定义中的政府或公共机构这一要素,因此争议集中在政府是否提供了财政资助,以及是否存在利益上。

2. 加拿大与美国的法律意见

(1)专家组阶段

美国商务部认定加拿大地方政府的立木采伐计划相当于提供立木,换言之,加拿大地方政府提供立木采伐权等同于"以提供货物形式"提供财政资助。

加拿大认为,立木采伐权仅仅提供了砍伐树木的权利,这种授予开采自然资源权利的行为不能等同于政府提供货物或服务,因此不能构成 SCM 协定第 1.1(a)(1)(iii)条规定的财政资助。根据《布莱克法律词典》(Black's Law Dictionary)中的定义,"货物(good)"是"除金钱外,有形的或可移动的个人财产"。因此,"立木采伐权"作为无形的不动产权利,不是货物。一项无形的不动产权利,不能因为它是生产货物的要素,或因为权利所有人的目标是生产货

---

〔17〕《乌拉圭回合多边贸易谈判结果:法律文本　中国加入世界贸易组织法律文件》,人民出版社 2002 年版,第 179 页。

物而成为货物。[18]

加拿大认为,SCM 协定第 1.1(a)(1)(iii)条中的"货物"一词与 SCM 协定及 GATT 其他条款中使用的"货物"或"产品"一词应具有相同的含义。例如根据 GATT 第 2 条的规定,"货物"是具有实际或潜在海关分类的、可贸易的物品。开采自然资源的权利是不能进行跨国贸易的,也不能成为关税分类的一种。因此,加拿大认为其提供立木采伐权不能等同于提供货物。[19]

此外,即使立木采伐计划提供了树木,也不能认定加拿大地方政府以提供货物形式提供财政资助。因为,SCM 协定第 3.1 条关于"出口补贴"和"进口替代补贴"/"禁止性补贴"的相关规定为 SCM 协定第 1.1(a)(1)(iii)条提供了上下文,其中提及"国内货物与进口货物","进口"必然指可交易的货物,进而所有货物都必须是可贸易且能够进行关税分类的。[20] 因此,立木不属于 SCM 协定第 1.1(a)(1)(iii)条中的"货物",立木在被砍伐之前,附着在土地上(但可以与土地分离)且无法进行跨境交易。[21]

加拿大认为,立木安排不"提供"立木,只是提供一种无形的获得权,这种无形的权利"提供"了木材。[22] 根据《新简明牛津英语词典》(The New Shorter Oxford English Dictionary),除了"使可获得"之外,"提供"还意味着"供应以供使用"。"提供"一词的含义应限于提供货物或服务,但不能将其理解为包括使货物或服务可获得,因为"使服务可获得"将包括政府行为在未来使获得服务成为可能的任何情况,而"使货物可获得"将涵盖加拿大管辖范围内的所有财产法。[23] 此外,加拿大指出在《农业协定》第 3.2 条和第 8 条以及《服务贸易总协定》(General Agreement on Trade in Services,GATS)第 15 条第 1 款中使用的"提供"一词,暗示在授予补贴的情况下使用时,需要实际给予

---

〔18〕 United States – Final Countervailing Duty Determination with Respect to Certain Softwood Lumber from Canada,专家组报告,世贸组织文件第 WT/DS257/R 号,2003 年 8 月 29 日通过,第 7.2 段。

〔19〕 同前注,第 7.3 段。

〔20〕 United States – Final Countervailing Duty Determination with Respect to Certain Softwood Lumber from Canada,上诉机构报告,世贸组织文件第 WT/DS257/AB/R 号,2004 年 1 月 19 日通过,第 61 段。

〔21〕 同前注,第 54 段。

〔22〕 同前注,第 68 段。

〔23〕 同前注,第 70 段。

补贴。[24]

出于上述原因,加拿大主张,美国商务部认定加拿大通过省级立木采伐方案以提供货物的形式提供补贴,不符合 SCM 协定第 10、19.1、19.4 和 32.1 条以及 GATT 第 6 条第 3 款的规定,即在实施反补贴措施之前没有作出适当的补贴调查。[25]

美国认为,“提供”一词应理解为“使可获得”。如果政府通过赋予企业获取货物的权利来转移货物所有权,则政府“提供”了这些货物。[26]

美国认为,加拿大立木采伐方案提供了树木,因此立木采伐方案构成 SCM 协定第 1.1(a)(1)(iii)条意义上的以提供货物的形式提供财政资助。《布莱克法律词典》中“货物”的通常含义包括“已确定的可从不动产中分离的物品”,其中明确包含树木。SCM 协定第 1.1(a)(1)(iii)条中“货物”一词的上下文,即“除一般基础设施外的货物或服务”,确认了“货物”的广泛含义。此外,从 SCM 协定第 1.1 条可以看出,各成员承认政府有多种机制来赋予国内企业优势,各成员有意将这些机制纳入 SCM 协定的约束范围。美国认为,“产品”是“货物”,而“进口产品”必然也是“货物”,这一事实并不表明除进口物品外其他任何物品都不属于货物。因此,SCM 协定第 1.1(a)(1)(iii)条中的“货物”一词虽然包括可贸易的物品,但该词语的文本和上下文都没有表明其含义仅限于此类物品。[27]

美国认为,加拿大所争论的立木采伐方案只赋予了采伐树木的权利,实际上是将形式置于实质之上。政府授予采伐树木的权利与政府通过行使该权利来供应木材之间没有本质区别,提供树木的唯一方法就是提供采伐树木的权利。此外,有记录表明,采伐权人(拥有伐木权的人)不能自由转让采伐权,因

---

〔24〕 同前注,第 70 段。

〔25〕 United States – Final Countervailing Duty Determination with Respect to Certain Softwood Lumber from Canada,专家组报告,世贸组织文件第 WT/DS257/R 号,2003 年 8 月 29 日通过,第 7.6 段。

〔26〕 United States – Final Countervailing Duty Determination with Respect to Certain Softwood Lumber from Canada,上诉机构报告,世贸组织文件第 WT/DS257/AB/R 号,2004 年 1 月 19 日通过,第 68 段。

〔27〕 United States – Final Countervailing Duty Determination with Respect to Certain Softwood Lumber from Canada,专家组报告,世贸组织文件第 WT/DS257/AB/R 号,2003 年 8 月 29 日通过,第 7.7 段。

为加拿大所有省份都禁止未经政府批准的采伐权转让。总之,美国认为,尽管加拿大努力将采伐权与政府出售树木做出区分,但事实表明采伐权人正在购买树木。采伐权人不是森林管理公司,而是需要木材的工厂。各省提供了木材,这构成了 SCM 协定第 1.1(a)(1)(iii)条意义上的财政资助。[28]

(2)上诉阶段

加拿大要求上诉机构推翻专家组的结论,即加拿大存在"财政资助"。

加拿大认为,专家组错误地解释了 SCM 协定第 1.1(a)(1)(iii)条中的"货物"一词,认定"货物"指有形的或可移动的个人财产。在 SCM 协定第 1.1(a)(1)(iii)条的上下文中,"货物"一词仅限于"具有实际或潜在关税分类的可贸易物品"。SCM 协定第 3.1(b)条提及"国内货物优于进口货物",其中"进口"一词意味着货物必须是可贸易的,这意味着第 1.1(a)(1)(iii)条中提到的"货物"也必然是可贸易的。此外,"货物"和"产品"作为同义词在多个世贸组织协定中使用,指经交易或进口或出口的物品。因此,所有"货物"和"产品"都必须是可交易,并且必须能够进行关税分类的。此外,即使"货物"一词包括有形的财产或动产,加拿大仍认为,专家组对事实的法律定性是错误的,因为立木不是个人财产。[29]

此外,加拿大认为,专家组错误地认定加拿大地方政府通过立木计划"提供"木材。专家组错误地将"提供"一词宽泛地解释为"使有可能"。然而,在《马拉喀什建立世界贸易组织协定》(Marrakesh Agreement Establishing the World Trade Organization, WTO Agreement,以下简称 WTO 协定)中,"提供"一词的含义仅限于"供应"或"给予"。省政府在立木采伐项目下提供的仅是一种无形的采伐权。如果没有有效地使无形的采伐权成为"货物",这种采伐权就不能等同于提供木材。[30]

因此,加拿大请求上诉机构推翻专家组关于加拿大存在财政资助的结论,建议 DSB 要求美国使其措施符合 SCM 协定,撤销对软木木材的反补贴关税

---

〔28〕 同前注,第 7.8 段。

〔29〕 United States – Final Countervailing Duty Determination with Respect to Certain Softwood Lumber from Canada,上诉机构报告,世贸组织文件第 WT/DS257/AB/R 号,2004 年 1 月 19 日通过,第 31 段。

〔30〕 同前注,第 32 段。

并退还已支付的押金。[31]

美国则认为,专家组对"货物"一词的解释与其通常含义、SCM 协定第 1.1(a)(1)(iii)条的上下文、SCM 协定的目的与宗旨相一致。"货物"一词的通常含义包括可与不动产分离的东西,例如立木。第 1.1(a)(1)(iii)条中"货物"一词的文本或上下文中,没有任何限定词表明该词仅限于可交易的产品。特别是,SCM 协定第 3.1(b)条中使用的"进口货物"一词以及其他协议中的类似词语,不能被解读为暗示"货物"一词只能指代进口或可交易的货物,且 SCM 协定第 1.1(a)(1)(iii)条中缺少诸如"进口"之类的限定词。此外,加拿大对"货物"的解释将使第 1.1(a)(1)(iii)条中"一般基础设施"例外成为多余。若"货物"被如此狭隘地解释,则该条款永远不会涵盖任何基础设施。美国认为,加拿大关于立木是否属于"个人财产"的论点是不恰当的。此外,专家组没有试图解释财产法是正确的,在考虑立木是否是第 1.1(a)(1)(iii)条规定的货物时,专家组没有被要求考虑立木是否属于个人财产。[32]

美国进一步认为,通过确定加拿大地方政府向采伐权人提供立木,专家组对 SCM 协定第 1.1(a)(1)(iii)条中"提供"一词的解释与其通常含义、上下文及协议的目的和宗旨相一致。若省政府提供的是无形的伐木权,而认定授予这种权利不是提供货物,那么就是将形式置于实质之上。美国认为,"提供"的定义包括"提供"和"供应或以供使用",当政府通过赋予公司获取货物的权利来转移货物所有权时,政府正在提供 SCM 协定第 1.1(a)(1)(iii)条中的"货物"。[33]

最终美国认为,若上诉机构发现美国的行为不符合其在 SCM 协定或 GATT 下的义务,上诉机构应避免就实施此类调查结果的具体方式提出任何建议。[34]

3. 专家组的分析

(1)立木采伐计划提供了什么:采伐树木的权利还是可被采伐的树木?

---

〔31〕 同前注,第 33 段。

〔32〕 United States – Final Countervailing Duty Determination with Respect to Certain Softwood Lumber from Canada, 上诉机构报告,世贸组织文件第 WT/DS257/AB/R 号,2004 年 1 月 19 日通过,第 34 段。

〔33〕 同前注,第 35 段。

〔34〕 同前注,第 36 段。

首先,专家组采用了争议双方都使用的《布莱克法律词典》中"货物"的含义,"货物"一词包括"除金钱外有形的或可移动的个人财产",可能包括"种植作物,以及其他确定要与不动产分离的东西"。[35]

其次,专家组认为,就 SCM 协定第 1.1 条的目的而言,采伐合同的确切法律性质并不重要,重要的是加拿大地方政府是否通过立木采伐安排向伐木者"提供了利益"。从本质上讲,立木采伐安排为伐木者提供了树木。伐木者获得原木的唯一方法是与政府签订立木采伐协议(采伐权或许可证协议)。政府将其拥有的树木提供给采伐者或工厂进行加工的唯一方法是允许采伐者进入土地并采伐树木。这种法律权利和义务通过立木采伐协议进行转移。因此,专家组认为,政府通过立木采伐协议向伐木者提供树木。换言之,通过立木采伐协议,树木的所有权从政府转移至采伐权人,因此政府向采伐权人提供了树木。[36]

此外,无论从接受者(采伐权人)的角度,还是从提供者(政府)的角度,上述结论都不会改变。正如"Lumber Ⅲ"案专家组所指出的,从采伐权人的角度来看,与省政府签订采伐权协议的唯一理由是获得木材。立木采伐计划对采伐权人有最低砍伐要求以及资格要求等,如要求采伐权人拥有加工设备及其他加工要求,都表明提供树木及木材加工是立木采伐协议的全部内容。这并不意味着政府不能通过森林管理义务作为销售条件来推行某些社会、经济或环境政策,但这些销售条件不能改变立木采伐方案向采伐权人提供树木,而不是采伐这种树木的权利这一基本结论。[37]

综上,专家组认为,立木采伐权与树木所有权无法分割,提供立木采伐权与提供树木没有本质区别。因此,加拿大省级立木采伐计划向采伐权人或许可证持有人提供了树木。[38]

(2)生长在地上的树木是否是 SCM 协定第 1.1(a)(1)(iii)条中的

---

〔35〕 同前注,第 58 段。

〔36〕 United States – Final Countervailing Duty Determination with Respect to Certain Softwood Lumber from Canada, 专家组报告,世贸组织文件第 WT/DS257/R 号,2003 年 8 月 29 日通过,第 7.15 段。

〔37〕 同前注,第 7.16 – 7.17 段。

〔38〕 同前注,第 7.18 段。

“货物”？

首先,专家组根据 DSU 第 3 条第 2 款所要求的国际法的习惯解释规则,即《维也纳条约法公约》(Vienna Convention on the Law of Treaties,VCLT)第 31－33 条,来解释协定。VCLT 第 31 条规定“条约应依其用语按其上下文并参照条约之目的及宗旨所具有之通常意义,善意解释之”[39]。因此,专家组应根据“货物”的通常含义,及其上下文、SCM 协定的目的和宗旨来解释 SCM 协定第 1.1(a)(1)(iii)条。[40]

《新简明牛津英语词典》将“货物”定义为“可销售的商品、货物”;而《布莱克法律词典》对“货物”的定义如下:“1. 除金钱外,有形的或可移动的个人财产;尤其是贸易物品或商品〈商品和服务〉。2. 有价值的东西,无论有形与否〈社会产品的重要性因社会而异〉。”注“货物”系指所有事物,包括在确定销售合同时可移动的、专门制造的货物和未来的货物。该术语包括动物未出生的幼崽,正在生长的农作物和其他已确定要与不动产分离的东西……该术语不包括支付价款的货币、外汇交易标的物、单据、信用证、信用证权利、文书、投资财产、账户、动产票据、存款账户或一般无形资产。[41]

因此,专家组认为,“货物”一词的通常含义非常广泛,包含立木,因为树木是能够被拥有的有形物体。《布莱克法律词典》中的注释进一步证实了这点,即“货物”包括“已确定要与不动产分离的东西”。立木可以从土地中分离出来。此外,加拿大不列颠哥伦比亚省的《货物销售法》将“货物”定义为包括“正在生长的农作物……,以及附着在土地上或构成土地一部分的物品,这些物品在销售前或根据销售合同同意将被分割”。由此可见,货物的定义当然包含立木。[42]

此外,《维也纳条约法公约》(Vienna Convention on the Law of Treaties,VCLT)第 31 条要求解释者根据条约的目的和宗旨确定条约术语在其上下文

---

〔39〕《维也纳条约法公约》第 31 条,全文见联合国官网,https://www.un.org/zh/documents/treaty/ILC－1969－3。

〔40〕United States－Final Countervailing Duty Determination with Respect to Certain Softwood Lumber from Canada,专家组报告,世贸组织文件第 WT/DS257/R 号,2003 年 8 月 29 日通过,第 7.22 段。

〔41〕同前注,第 7.23 段。

〔42〕同前注,第 7.24 段。

中的含义。SCM 协定第 1.1(a)(1)(iii)条中“货物”一词的直接上下文是“除一般基础设施外的货物或服务”。专家组认为,该上下文对于“货物”没有任何限制,它在“货物或服务”中的使用证实了该术语应被宽泛地理解。SCM 协定的起草者明确排除“一般基础设施”,也就意味着“货物或服务”的范围很广,足以包括“一般基础设施”。“一般基础设施”是唯一被排除在 SCM 协定第 1.1(a)(1)(iii)条范围之外的“货物或服务”。因此,专家组认为,若起草者想要排除其他项目,例如自然资源或不可贸易的货物,应该明确写入此条款。[43]

专家组认为,加拿大对于货物的解释过于狭隘,即“货物”必须是有关税分类的可贸易的物品。在 SCM 协定第 1.1(a)(1)(iii)条中,结合“货物”一词的上下文以及 SCM 协定的目的和宗旨来看,并没有对“货物”的含义加以限制。专家组认为,尽管在 GATT 和 WTO 协定中,大多数情况下“货物”一词与“产品”一词通用,但这并不意味着必然如此。正是由于“货物”含义广泛,“货物”的具体内容将取决于其伴随的形容词。SCM 协定第 1.1(a)(1)(iii)条中的“货物”前后并无形容词限制,因此“货物”一词应保持其广泛的含义。SCM 协定第 1.1(a)(1)(iii)条文本所暗示的只是货物或服务能够由政府提供,而没有涉及货物或服务是否可以被进口或交易。SCM 协定仅涉及货物贸易方面的补贴,而不包含服务贸易,但并不意味着政府提供的“货物”必须是可贸易的货物。[44]

专家组同意加拿大的意见,即 SCM 协定第 1 条中补贴的定义反映了成员间的合意,即只有某些类型的政府行为受 SCM 协定的约束,并非所有可能影响市场的政府行为都属于 SCM 协定约束的范围。但是,SCM 协定明确涵盖了政府提供货物或服务的行为。立木是一种有形的物体,是软木木材生产商主要的投入(资源),政府向木材生产商提供这种投入(资源)是提供货物,因此受到 SCM 协定的约束。[45]

综上,专家组认为,美国商务部确定加拿大地方政府通过立木采伐计划向

---

〔43〕 同前注,第 7.25 段。
〔44〕 同前注,第 7.27 段。
〔45〕 同前注,第 7.29 段。

伐木者提供货物形式的财政资助的做法,与 SCM 协定第 1.1(a)(1)(iii)条相符合。因此,专家组拒绝加拿大在这一方面关于美国违反 SCM 协定和 GATT 的所有指控。[46]

4. 上诉机构的分析

(1)上诉机构对于“货物”一词的分析

上诉机构认为,SCM 协定第 1 条中规定的补贴需要同时满足两个要素,即必须有政府的财政资助或价格支持,以及任何财政资助或价格支持都必须带来利益。[47] 评估是否存在财政资助需要考虑交易的性质,通过交易,政府提供具有经济价值的东西,无论是金钱、货物还是服务。[48] 因此,上诉庭考虑了两种不同类型的交易:第一种是政府提供一般基础设施以外的货物或服务,政府通过向企业提供具有经济价值的投入,人为地降低产品的生产成本;第二种是政府从企业购买产品,这样可人为地增加销售量从而增加收入。[49] 本案中,加拿大地方政府通过立木计划提供了货物,属于第一种交易类型。

上诉机构认为,《简明牛津英语词典》(Shorter Oxford English Dictionary)中对“货物”一词提供了更普遍的定义,即包括“财产和所有物”,包含“动产”。[50] 上诉机构并没有采用争议双方所使用的《布莱克法律词典》,因其是法律专业词典,而国际法中的习惯解释规则(VCLT 第 31 条)所要求的是词语的通常含义。相较于专业法律词典,非专业词典中词语的含义更具有普遍性,因此更接近于词语的通常含义。

此外,上诉机构还根据欧盟的意见参考了其他语言版本中这一词语的含义,即法语中的“biens”和西班牙语中的“bienes”,这些词语的普通含义都包括广义的财产,包含不动产。[51] 因此,上诉机构认为,专家组对“货物”这一词语

---

〔46〕 同前注,第 7.30 段。

〔47〕 United States – Final Countervailing Duty Determination with Respect to Certain Softwood Lumber from Canada, 上诉机构报告,世贸组织文件第 WT/DS257/AB/R 号,2004 年 1 月 19 日通过,第 51 段。

〔48〕 同前注,第 52 段。

〔49〕 同前注,第 53 段。

〔50〕 同前注,第 58 段。

〔51〕 同前注,第 59 段。

的解释过于狭隘,“货物”一词更接近于其广义的定义,包括“财产和所有物”。[52] 此外,上诉机构还提到,依据条约解释的习惯规则,即 VCLT 第 33 条第 3 款中的规定,条约条款以一种以上的语言进行认证,则推定每个文本中都具有相同的含义。因此,进行条约解释时应寻求使所有语言文本都生效的含义。[53] 因此,上诉机构认为“货物”一词的普遍含义包括有形且能够被占有的物品。

上诉机构认为,SCM 协定第 3.1 条中“货物”一词由“进口”限定,但 SCM 协定第 1 条中的“货物”没有如此限定,因此 SCM 协定第 3 条没有为第 1 条中“货物”一词提供上下文指导。[54] 若按加拿大的解释,将会破坏 SCM 协定的宗旨和目标,即加强和改进与使用补贴和反补贴措施有关的 GATT 规则,也正是为了促进这一目标和宗旨,SCM 协定第 1.1 条承认补贴的授予可以通过非货币的投入来实现。[55] 因此,加拿大狭义解释“货物”一词,将可能允许成员以非货币的形式提供财政资助,从而规避补贴规则。[56]

本案中,立木合同涉及一块特定的土地,其中包含可预测数量的木材,这些木材在特定条件下可以被采伐,采伐者仅为实际采伐的木材支付“立木费”。[57] 上诉机构参考了 Canada – Dairy 案的上诉机构裁决,其中认为“以折扣价向加工商提供牛奶以供出口,构成[农业协定]第 9.1(c)条的以非货币形式进行‘付款’”[58]。

综上所述,上诉机构认为“货物”一词包含有形的物品,因此也包含未砍伐的树木,[59] 立木是 SCM 协定第 1.1(a)(1)(iii)条含义内的“货物”。

然而,对于“货物”的解释,也有上诉机构将关税分类作为确定标准,如在 Canada – Feed – In Tariff Program 案[60] 中,上诉机构认为 FIT 计划构成政府购

---

[52] 同前注,第 59 段。
[53] 同前注,第 59 段。
[54] 同前注,第 62 段。
[55] 同前注,第 64 段。
[56] 同前注,第 64 段。
[57] 同前注,第 66 段。
[58] 同前注,第 66 段。
[59] 同前注,第 67 段。
[60] Canada – Measures Relating to the Feed – in Tariff Program, 上诉机构报告,世贸组织文件第 WT/DS426/AB/R 号,2013 年 5 月 6 日通过。

买货物,含蓄地承认了电力是一种"货物",同时指出,一些成员已将电力纳入其关税表,暗示了关税分类作为确定"货物"的一种标准。

(2)上诉机构对"提供"一词的分析

上诉机构认为,加拿大关于"提供"一词的论点无视了这样一个事实,即根据 SCM 协定第 1.1(a)(1)(iii)条,并非所有提供商品和服务的政府行为都是财政资助,若政府提供的商品和服务属于"一般基础设施",则不存在财政资助。[61] 此外,也并非所有的财政资助都是补贴,认定补贴的财政资助必须带来"利益",且根据 SCM 协定第 1.2 条和第 2 条,补贴还必须是"专向的"。[62] 上诉机构认为,"提供"一词与加拿大和美国所认为的"供应、使可获得、交给"等,在应用到本案事实时并没有任何不同。上诉机构认为,确定是否存在补贴的重要因素是补贴定义的所有要素是否因交易而得到满足。[63]

上诉机构发现立木安排赋予采伐权人进入政府土地、砍伐立木和对所采伐的木材享有专有的权利。因此,此类安排代表了省政府提供立木。[64] 此外,上诉机构认为,确定是否是 SCM 协定第 1.1(a)(1)(iii)条意义上的"提供货物",重要的是交易的结果,采伐者行使其采伐权的自然和不可避免的结果是得到被砍伐后的树木或原木。[65] 而且,有证据表明,提供木材是立木安排存在的理由。因此,上诉机构认为,通过授予采伐立木的权利,政府将立木提供给木材采伐者,即省政府通过立木安排"提供"此类货物。[66]

上诉机构最终支持了专家组的结论,即美国商务部认定的"加拿大通过省立木安排向采伐者提供立木,是以提供货物形式提供财政资助",符合 SCM 协定第 1.1(a)(1)(iii)条的规定。[67]

---

〔61〕 United States – Final Countervailing Duty Determination with Respect to Certain Softwood Lumber from Canada, 上诉机构报告,世贸组织文件第 WT/DS257/AB/R 号,2004 年 1 月 19 日通过,第 72 段。

〔62〕 同前注,第 72 段。

〔63〕 同前注,第 73 段。

〔64〕 同前注,第 75 段。

〔65〕 同前注,第 75 段。

〔66〕 同前注,第 75 段。

〔67〕 同前注,第 76 段。

(二)利益确定中的替代基准问题

1. 涉及的法律条款

SCM 协定第 14 条:就第五部分而言,调查主管机关计算根据第 1 条第 1 款授予接受者的利益所使用的任何方法应在有关成员国内立法或实施细则中作出规定,这些规定对每一具体案件的适用应透明并附充分说明。此外,任何此类方法应与下列准则相一致:……(d)政府提供货物或服务或购买货物不得视为授予利益,除非提供所得低于适当的报酬,或购买所付高于适当的报酬。报酬是否适当应与所涉货物或服务在提供国或购买国现行市场情况相比较后确定(包括价格、质量、可获性、适销性、运输和其他购销条件)。[68]

2. 加拿大与美国的法律意见

(1)专家组阶段

加拿大认为,美国商务部使用美国国内的市场价格而不使用加拿大的私营市场价格作为基准来衡量是否存在利益,不符合 SCM 协定第 14 条起首部分的规定。[69] 美国商务部通过比较加拿大各省与美国的立木价格,确定加拿大省级立木采伐安排为采伐权人带来了利益。使用这种跨境分析来确定利益的存在并衡量利益,与 SCM 协定第 1 条和第 14(d)条不相符。原则上,SCM 协定第 14(d)条不允许进行跨境价格分析。第 14(d)条要求以提供国(加拿大)的现行市场条件作为基准,确定政府提供货物所收到的报酬是否充足。SCM 协定第 14(d)条不允许调查机构根据被调查国家以外的市场条件或价格来确定利益。[70]

加拿大认为,就 SCM 协定第五部分而言,适当基准是货物的国内市场价格,而不是其他国家的市场价格,也不是某种假设的价格。政府通过立木采伐

---

〔68〕《乌拉圭回合多边贸易谈判结果:法律文本　中国加入世界贸易组织法律文件》,人民出版社 2002 年版,第 191 页。

〔69〕United States – Final Countervailing Duty Determination with Respect to Certain Softwood Lumber from Canada,上诉机构报告,世贸组织文件第 WT/DS257/AB/R 号,2004 年 1 月 19 日通过,第 78 段。

〔70〕United States – Final Countervailing Duty Determination with Respect to Certain Softwood Lumber from Canada,专家组报告,世贸组织文件第 WT/DS257/R 号,2003 年 8 月 29 日通过,第 7.31 段。

项目提供货物,是否会带来“利益”取决于采伐权人是否比其他伐木者从其他来源购买木材的情况更好(采伐权人是否获得了价格更低廉的木材)。美国商务部拒绝使用加拿大提供的与货物价格基准有关的信息,并且认为其可以合法地拒绝加拿大的国内基准,是因为“受政府干预,加拿大的买卖双方间没有可用的市场价格”。加拿大提出,SCM 协定第 14(d)条的文本、上下文或目标宗旨中没有任何内容表明,SCM 协定第 14(d)条中提到的“市场条件”是完全竞争的、不受政府影响的市场条件。美国将“适当报酬”替换为“公平市场价值”,从而将政府价格与构建的“公平市场价值”进行比较来衡量报酬的充分性,而不是根据 SCM 协定第 14(d)条所规定的提供国的现行市场条件来衡量报酬的充分性,这违反了 SCM 协定第 14(d)条的通常含义。加拿大认为其所提供的记录为美国商务部提供了关于加拿大现行市场状况的大量信息。例如,私人软木销售成本收入比较、省级立木采伐费的经济分析、竞争性拍卖价格和私营部门对木材价值的评估等等。总之,记录中有足够的关于立木采伐的价格信息,美国商务部在计算利益时本来可以而且应该使用这些资料。[71]

此外,加拿大认为,SCM 协定或世贸组织判例中没有任何内容提到“价格压制”是放弃现行市场基准的理由。对于加拿大政府干预从而使市场价格被压制的结论,美国商务部没有进行任何分析,只是通过加拿大政府在市场中的份额来推测市场价格受到了压制。[72]

加拿大认为,美国的立木采伐价格不能被视为加拿大现行市场条件的一部分,即使在美国的某些地区,加拿大生产商可以合法地获得采伐权,但美国立木仍然无法在加拿大(本土)获得。此外,在美国和加拿大,获得采伐权所涉及的权利和义务存在差异,正是这些差异使得美国立木采伐价格不适合作为基准,也使这些差异表明跨境比较没有意义。[73]

加拿大认为,在传统经济学理论中,立木市场是一个“经济租”市场。在此类市场中,对于供应固定的投入(例如在原本位置的自然资源,如立木)与私人市场(完全竞争的市场)相比,获取该资源的收费水平不会影响产出(原

---

〔71〕 同前注,第 7.32 段。
〔72〕 同前注,第 7.34 段。
〔73〕 同前注,第 7.35 段。

木或木材)的产量和它们的价格。因此,美国商务部忽视了立木收费不会为木材生产商提供贸易优势这一证据。在确定省级立木采伐计划是否带来利益时,必须考虑到本案中所涉及的市场是经济租市场。任何与现行市场条件有关的适当报酬分析,都应包含审查省级立木采伐收费是否能够造成下游市场贸易扭曲的效果。〔74〕

综上,加拿大认为,美国商务部确定加拿大省级立木采伐方案为木材生产商带来了利益,不符合 SCM 协定第 14 条起首部分、第 14(d)条的规定。由于美国未能根据 SCM 协定作出适当的决定,根据这一决定而采取的反补贴措施不符合 SCM 协定第 10 条、第 19.1 条、第 19.4 条、第 32.1 条和 GATT 第 6 条第 3 款。〔75〕

美国则认为,加拿大的私人市场价格被政府干预所扭曲,并不能代表加拿大木材的"公平市场价值"。〔76〕 美国称,在本案中不可能根据加拿大的国内价格评估报酬的适当性,因为加拿大政府完全主导了立木采伐市场,并且有证据表明,由于政府的参与而导致市场价格的扭曲,这使得美国不可能使用加拿大的私人立木价格作为比较的基础。虽然国内价格通常是确定利益的首选基准,但因为加拿大政府在国内木材市场上几乎占主导地位,加拿大的私人市场价格并不能反映加拿大木材的"公平市场价值"。美国认为,若私人木材销售价格需要与政府管理的木材价格进行比较,则私人木材销售商只能将其价格与政府设定的管理价格保持一致。将政府价格与私人价格进行比较,实际上等于将政府价格与其自身进行比较。因此,这完全是对 SCM 协定第 14(d)条的循环解读。〔77〕

此外,美国认为,美国商务部以美国的立木采伐价格为"起点",并进行调整以反映加拿大的"现行市场条件",符合 SCM 协定第 14(d)条的规定。

---

〔74〕 同前注,第 7.36 段。

〔75〕 同前注,第 7.37 段。

〔76〕 United States – Final Countervailing Duty Determination with Respect to Certain Softwood Lumber from Canada,上诉机构报告,世贸组织文件第 WT/DS257/AB/R 号,2004 年 1 月 19 日通过,第 78 段。

〔77〕 United States – Final Countervailing Duty Determination with Respect to Certain Softwood Lumber from Canada,专家组报告,世贸组织文件第 WT/DS257/R 号,2003 年 8 月 29 日通过,第 7.44 段。

SCM 协定第 14(d)条中的“关于”是一个宽泛的短语,因此允许采用各种方式对被调查国的市场条件进行比较。SCM 协定第 14(d)条没有具体说明执行此类分析的方法或可使用的数据类型,因此其使用“指南”一词,即一般原则,而不是详细规则。[78]

美国认为,专家组必须解释“市场”一词,并且 SCM 协定第 14(d)条的比较点必须是现行的商业市场条件,即未因政府财政资助而扭曲的市场。因此,美国的观点是,当市场上普遍存在的实际价格因政府的财政资助而扭曲时,不能代表相关货物的“公平市场价值”,“现行市场条件”可以根据提供国现行实际价格以外的价格确定。美国援引了 Canada – Aircraft 案(以下简称加拿大飞机案)上诉机构报告和 Brazil – Aircraft 案(以下简称巴西飞机案)专家组报告来支持其论点,即“提供国的现行市场条件”必须是不受政府财政资助扭曲的商业市场条件。美国认为,只有与商业市场相比,才能通过评估利益接受者是否比没有财政资助时的情况更好,以确定补贴的贸易扭曲程度。[79]

美国认为,加拿大对 SCM 协定第 14(d)条的解读将导致一个荒谬的结果,即在任何情况下都不允许使用来自提供国以外的数据,即使提供国不存在现行市场条件。因此,若政府是市场的唯一参与者,便不可能确定补贴的存在。[80]

(2)上诉阶段

美国要求上诉机构推翻专家组的裁决,即 SCM 协定第 14(d)条要求美国根据加拿大软木木材的非政府价格确定报酬的充足性,即使这些价格受到政府的影响。[81]

美国认为,SCM 协定第 14(d)条中“利益”一词的解释必须与 SCM 协定第 1.1(b)条中“利益”一词的解释相一致。美国援引了加拿大飞机案中上诉机构对第 1.1(b)条中“利益”一词的解释,即“如果政府的‘财政资助’使得接

---

〔78〕 同前注,第 7.49 段。
〔79〕 同前注,第 7.52 段。
〔80〕 同前注,第 7.52 段。
〔81〕 United States – Final Countervailing Duty Determination with Respect to Certain Softwood Lumber from Canada,上诉机构报告,世贸组织文件第 WT/DS257/AB/R 号,2004 年 1 月 19 日通过,第 12 段。

受者比没有该资助的情况下‘过得更好’，并且市场提供了适当的比较基础，就意味着会带来利益[82]”。然而，依据本案专家组的解释，则不允许调查接受者是否比没有财政资助的情况下过得更好，不允许确定财政资助的贸易扭曲影响，而是进行循环分析，将政府价格与其本身进行比较。[83]

此外，美国认为，第14(d)条中使用的“市场条件”一词只能指不受政府财政资助影响的“商业”市场条件。美国同意专家组的意见，即现行市场条件是现有的或占主导地位的市场条件，但专家组将“现行市场条件”一词错误地解释为“有关商品的现行销售条件”而不考察此条件是否是“市场”条件。美国认为，并非所有“现行市场条件”都是第14(d)条规定的市场条件。第14条起首部分中的“准则”意味着该条款是指南或原则，而不是列明所有可能情况的严格规则。此外，美国认为其解释与第14(d)条文本中“现行市场条件”之前的短语“关于”相呼应。[84]

因此，美国对专家组的裁决提出异议，即美国必须使用加拿大的私人木材价格来评估政府获得的报酬是否充足。美国认为，尽管专家组承认，如果政府是有关货物的唯一供应商，则现行条件不是“市场条件”，但专家组没有考虑到加拿大地方政府控制着绝大多数立木，因此政府是主要供应商。无论政府是唯一供应商还是主要供应商，结论都应该相同。因此，美国认为，美国商务部使用美国软木木材价格作为基准来分析加拿大政府获得的报酬是否充足是适当的。[85]

加拿大请求上诉机构支持专家组的裁决，即美国对利益的存在和数额的认定不符合SCM协定第14条起首部分、第14(d)条的规定。因此，美国基于该决定征收的反补贴税不符合SCM协定第14条起首部分、第14(d)条、第10条和第32.1条的规定。[86]

加拿大认为，SCM协定第14(d)条的通常含义是要求成员使用提供国的现行市场条件作为确定报酬充足性的基准。根据第14条的上下文、目的、宗

[82] 同前注，第80段。
[83] 同前注，第13段。
[84] 同前注，第80段。
[85] 同前注，第15段。
[86] 同前注，第20段。

旨以及谈判历史,"在提供国"只能是指"在提供国"。特别是,使用"有关"一词并没有赋予成员自由裁量权来拒绝使用国内基准。[87]

加拿大认为,专家组对"现行市场条件"一词的解释与第 14(d)条中使用该术语的通常含义一致。加拿大认为,美国将第 14(d)条中的"市场"一词与限定词"普遍/现行"和"在提供国"分开解释,美国错误地描述了专家组的调查结果。专家组认为只有在两种情况下不使用国内价格是正确的:第一种情况是政府是相关商品的唯一供应商;第二种情况是政府行政控制相关商品的所有价格。专家组认为,本案事实不属于上述任何一种情况。此外,美国试图将政府作为主要供应商的地位等同于政府定价是荒谬的,这将导致调查部门不使用第 14(d)条要求的国内价格。[88]

加拿大认为,专家组对第 14(d)条的解释与世贸组织判例中对 SCM 协定第 1.1(b)条中"利益"一词的解释相一致。专家组并未反对加拿大飞机案中上诉机构的分析,仅认为该分析与第 14(d)条的解释无关。相反,专家组得出的结论与加拿大飞机案中上诉机构的决定一致,即提供国现行市场为比较提供了适当的基础。[89]

加拿大认为,专家组对第 14(d)条的解释得到了该条款上下文的支持。尽管第 14 条的起首部分指出其为"指南",但从强制性术语"应"的使用中可以看出,利益计算必须与条款规定一致。因此,"指南"不能被称为"一般原则",因为该条款规定了必须使用的证据类型,来确定和衡量"利益"。第 14(b)条和第 14(c)条存在类似的上下文,它们没有提及提供国或成员领土,这表明,如果第 14 条的起草者打算允许使用提供国以外的国家基准,他们会明确写入条款。最后,加拿大认为专家组的解释符合经济逻辑,跨境比较存在固有的经济问题,以及忽视森林资源的比较优势。[90]

3. 专家组的分析

补贴定义中的关键词语是"财政资助"和"利益"。"财政资助"并不等同于补贴,除非它为接受者带来"利益"。然而,与"财政资助"不同,"利益"的

---

[87] 同前注,第 21 段。

[88] 同前注,第 22 段。

[89] 同前注,第 23 段。

[90] 同前注,第 81 段。

概念在 SCM 协定中没有定义。

首先,专家组查看了相关条款,即 SCM 协定第 1 条和第 14(d)条。其中,第 1 条规定,当财政资助(如政府提供商品或服务)带来利益时存在补贴。[91] 第 14(d)条规定,政府提供货物不应被视为给予利益,除非收取的报酬不足,政府收取的报酬是否充分,应根据有关货物或服务在提供国的现行市场条件确定。[92]

专家组依据 VCLT 第 31 条认为,条约的解释工作必须从条款的具体用词开始。因此,专家组首先对 SCM 协定第 14(d)条的具体文字进行解释。SCM 协定第 14(d)条规定,确定利益的标准是政府提供货物是否获得了“适当的报酬”。“适当”一词在《新简明牛津词典》中被定义为“充分、令人满意”。显然,“适当”是一个相对的概念。该词语所涉及的情况是提供国的现行市场条件。专家组认为,该条款中的“与”或其法语文本中的“par rapport aux”一词,在上下文中应解释为“与……相比较”。该条款中使用“应”一词来表示报酬的充分性必须根据提供国的现行市场条件来确定。因此,专家组认为第 14(d)条指定了可用于确定适当报酬的数据来源。虽然该条款没有规定准确详细的计算方法,但进行这种计算的框架是确定的,受到提供国现行市场条件的限制。[93]

专家组认为,SCM 协定第 14(d)条中的 “现行”市场条件,应解释为在提供国“存在”或“占主导地位”的市场条件。因此,根据第 14(d)条,所提供货物的价格、质量、可获性、适销性、运输和其他购买或销售条件,也就是用作确定报酬是否充分的基准必须是提供国的市场价格。总之,通读第 14(d)条,专家组得出初步结论,即用作确定利益的基准是提供国的现行市场价格。专家组注意到,美国承认必须根据“提供国”的现行市场条件来确定报酬是否充足,然而实际上提供国是否存在这样的“市场条件”是个问题。[94]

SCM 协定第 14(d)条的文本不以任何方式限制被用作基准的“市场条

---

〔91〕 United States – Final Countervailing Duty Determination with Respect to Certain Softwood Lumber from Canada, 专家组报告,世贸组织文件第 WT/DS257/R 号,2003 年 8 月 29 日通过,第 7.45 段。

〔92〕 同前注,第 7.46 段。

〔93〕 同前注,第 7.47 段。

〔94〕 同前注,第 7.48 段。

件”。文本没有明确提及“纯粹的”市场、“不受政府干预”的市场或“公平市场价值”。相反,SCM 协定第 14(d)条将用于确定报酬是否充分的市场条件确定为,在商品价格、质量、可获性、适销性、运输和其他购买或销售条件方面的“现行”市场条件。换言之,该市场条件“可以被找到”,此类市场条件必须是提供国的市场条件。因此,第 14(d)条的文本表明,调查部门要进行分析的是,政府在提供货物时,是否获得与该国市场上货物价格相比更为适当的报酬,同时需要考虑提供国货物的质量、可获性、适销性、运输和其他销售条件。专家组认为,第 14(d)条的文本中没有表明存在任何理由可以无视国内市场价格。[95]

专家组回顾了加拿大飞机案中上诉机构的分析:

“第 1.1(b)条中使用的‘利益’一词意味着某种比较。因为除非‘财政资助’使接受者‘过得更好’,否则就不可能给接受者带来‘利益’。市场为确定‘利益’是否被‘授予’提供了适当的比较基础,因为可以通过确定接受者是否以更优惠的条件获得‘财政资助’来识别‘财政资助’的扭曲潜力。”[96]

专家组同意上述分析,即应在市场背景下进行收益分析,以确定接受者的境况是否比没有财政资助时更好。然而,专家组注意到,上述讨论仅是上诉机构对 SCM 协定第 1.1(b)条中“利益”的一般性讨论。上诉机构并未解决 SCM 协定第 14(d)条中的具体措辞问题,也没有解决专家组在本案争议中面临的问题。相反,加拿大飞机案中的争议背景,是加拿大认为专家组的结论是错误的,即错误地认为“政府成本”的概念与“利益”一词的解释和适用无关。因此,上述上诉机构裁定,比较的适当基础是市场,而不是政府成本;“市场”是否意味着“不受政府财政资助扭曲的市场”这一问题没有摆在上述上诉机构面前,也没有迹象表明上述上诉机构有处理这个问题的意图。因此,专家组认为,上述上诉机构的这一分析仅涉及对 SCM 协定不同条款的解释,且与本案争议问题截然不同。[97]

巴西飞机案中的专家组认为,“市场必须是‘商业’市场,即未被政府干预

[95] 同前注,第 7.50 - 7.51 段。
[96] 同前注,第 7.53 段。
[97] 同前注,第 7.54 段。

而扭曲的市场”,这当然是正确的。然而,该案专家组也在处理一个不同的问题。该案中,专家组澄清所提及的“市场”不应包括其他国家政府的出口信贷,仅包括非政府实体的出口信贷。换言之,该专家组的目的是表明它不会通过比较某项财政资助的条款与其他政府财政资助的条款,确定该财政资助是否带来利益。然而,本案双方均未表示第14(d)条所指的“现行市场条件”包括其他国家政府的财政资助,因此专家组认为该案专家组的裁决与本案争议问题无关。[98]

专家组认为,不排除在某些情况下无法使用国内价格的可能性。例如,政府是该商品的唯一供应商,或者政府以行政方式控制该国所有商品的价格,没有其他价格高于政府定价,因此没有可以预见的比较基础。专家组强调,双方均未提及加拿大没有私人立木市场,也没有提及加拿大地方政府以行政方式设定私人立木价格。美国商务部拒绝使用国内价格是因为其认为市场受到财政资助的显著影响,以及由此观察到的非政府价格根本无法提供充足的信息。因此,专家组认为美国商务部面临的情况并非是没有市场价格。[99]

专家组认识到,美国所指出的经济逻辑问题,即一旦有市场,无论市场受政府干预的程度如何,这种市场价格都应该用于确定报酬的充足性,它可能事实上导致政府价格与其本身的循环比较。专家组承认美国的担忧在某些情况下是合理的。在SCM协定第14(d)条所述的情况下,政府通常履行着由私人市场参与者扮演的角色:它提供商品或服务,在此情况下,政府对市场采取行动并可能影响到私人市场。这种政府行为是否以及在多大程度上影响了私人市场取决于具体情况。在某些情况下,这种影响可能是重大的,甚至决定了私人市场的条件。但在第14条(d)款所述的情况下,将政府财政资助的条件与私人市场的条件进行比较并不能完全反映政府财政资助引起的市场扭曲程度。因此专家组认为,从经济逻辑角度来看,这个结果不一定是最明智的。此外,专家组认为,不宜用专家组的经济判断来取代起草者的经济判断。上诉机构一再强调,根据VCLT第31条,对条约的解释必须以文本为基础。基于上述理由,专家组认为,根据国际法的习惯解释规则,不能按照美国的方式理解

---

〔98〕 同前注,第7.55段。
〔99〕 同前注,第7.57段。

SCM 协定第 14(d)条。专家组认为其任务是解释现有的适用条款,并将 SCM 协定文本适用于案件事实,而不是对 SCM 协定文本的经济逻辑作出裁决。[100]

综上所述,专家组认为,只要存在独立经营者按照供求原则确定的价格,即使供求关系受到政府的影响,也存在 SCM 协定第 14(d)条意义上的"市场"。专家组认为,美国提出的问题是 SCM 协定第 14(d)条所固有的问题。如果成员认为世贸组织协定中的规则没有以令人满意的方式解决此种情况,他们应该在谈判中提出这个问题。专家组的任务是解释协议,而不是认为协议文本应该意味着什么,专家组也不被允许解释协议文本中不存在的文字,即使专家组认为文本未能充分解决某些具体情况。[101]

随后,专家组将其分析适用于本案事实,专家组审查了美国商务部是否掌握了有关加拿大现行市场条件的信息,以及它是否依赖于这些信息。事实上,美国商务部拥有加拿大 4 个最重要省份的私人立木价格,而且美国商务部承认加拿大存在私人立木市场。因此,专家组认为,美国商务部没有遇到提供国没有市场条件,并出于实际原因需要使用某种替代基准的情况。根据记录,专家组发现美国商务部决定不依赖加拿大私人立木价格,是因为它认为"一个有效的基准必须独立于被审查的政府价格,否则基准可能反映扭曲的市场。"基于这种观点,美国商务部得出结论,"加拿大买卖双方间没有可用的市场价格",因此转而依赖美国的立木价格。[102]

专家组认为,鉴于美国商务部承认加拿大存在私人立木市场,以加拿大私人价格被扭曲为由,以美国价格作为确定利益的基准,不符合 SCM 协定第 14(d)条的规定。因此,专家组认为,其不需要讨论美国商务部是否有充足的市场价格被扭曲的证据,或是否对政府在市场上占主导地位的扭曲效应进行了适当的分析;专家组也不需要讨论美国使用的替代基准是否适当。专家组认为加拿大提出的论点,即任何利益分析都应包括确定补贴接受者的潜在贸易优势,与本案争议无关。[103]

基于上述理由,专家组支持了加拿大的主张,即美国商务部未能以符合

---

〔100〕 同前注,第 7.58 段。
〔101〕 同前注,第 7.60 段。
〔102〕 同前注,第 7.61 段。
〔103〕 同前注,第 7.63 – 7.64 段。

SCM 协定第 14 条起首部分和第 14(d)条规定的方式确定利益。因此,美国实施反补贴措施不符合其在 SCM 协定第 14 条起首部分、第 14(d)条、第 10 条和第 32.1 条下的义务。专家组认为没有必要处理加拿大的其他主张,即美国商务部的行动是否符合 SCM 协定第 19.1 条、第 19.4 条以及 GATT 第 6 条第 3 款。[104]

4. 上诉机构的分析

(1)是否可以使用供应国市场价格之外的基准?

首先,上诉机构认为,此争议的焦点是根据 SCM 协定第 14(d)条,调查机构是否可以使用供应国市场价格之外的基准来确定政府是否以低于适当的报酬提供货物。[105] 如果答案是肯定的,那么就会出现两个问题:(i)根据第 14(d)条,调查机构可以使用供应国私人价格之外的基准的具体情况是什么?(ii)假设存在这种情况,调查当局可以使用哪些替代基准来确定政府是否以低于适当的报酬提供了货物?[106]

根据 SCM 协定第 14(d)条的规定,政府提供货物不应被视为授予利益,除非是通过低于适当的报酬提供的。专家组认为,"适当"一词意味着"充足的、令人满意的","报酬"指"奖励、支付等"。因此,当政府向接受者提供货物,而收到的付款不足时,就会产生利益。[107]

那么如何确定政府提供的货物是否得到了足够的报酬?在解释第 14(d)条第 2 句时,上诉机构同意专家组的意见,即该条款中"关于"一词意味着"比较",并且"现行"市场条件是指"供应国'现有的'或'占主导地位的'市场条件"。[108] 此外,因第 14(d)条规定是指在供应国普遍存在的市场条件,所以确定接受者利益的市场基准应该是供应国的市场,即加拿大。

上诉机构认为,美国提出的"市场"应不受政府的干预,是不现实的。SCM 协定第 14(d)条中没有以任何方式限定"市场",没有提及"纯粹的市

---

[104] 同前注,第 7.65 段。

[105] United States – Final Countervailing Duty Determination with Respect to Certain Softwood Lumber from Canada, 上诉机构报告,世贸组织文件第 WT/DS257/AB/R 号,2004 年 1 月 19 日通过,第 82 段。

[106] 同前注,第 82 段。

[107] 同前注,第 84 段。

[108] 同前注,第 85 段。

场”或“不受政府干预的市场”或“公平的市场价值”等。同时西班牙语和法语版本的第14(d)条也没有任何词语来限制政府参与市场的情况。[109]

至于第14(d)条中“关于”一词的含义，上诉机构认为其含义虽然包含“比较”但不限于“比较”，“关于”具有类似“至于”的含义，可能暗示更广泛的“关系、联系、参考”，因此，专家组对“关于”的理解过于狭隘，在存在私人市场价格时排除其他市场是不恰当的。[110] 尽管第14(d)条并未规定在所有情况下都应将私人价格用作唯一基准，但它确实强调了，私营供应商在供应国销售的类似货物的价格是调查当局在确定政府是否以低于足够报酬的价格提供货物时必须使用的主要基准。[111] 在这种情况下，在确定报酬的充足性时，起点是私营供应商在供应国的公平交易中出售相同或类似货物的价格，即供应国市场上的私人价格通常作为提供货物的“报酬是否充足”的适当衡量标准。[112] 然而，当市场受到政府干预时呢？

上诉机构认为，SCM协定第14条的起首部分要求，调查当局在计算受补贴者所得的利益时所使用的“任何”方法，应在WTO成员的全国性立法或正在实施的条例中作出规定，其对各个具体事例的适用应该透明并加以充分解释。[113] “任何”一词意味着调查当局可以使用不止一种方法来计算受补贴者的利益。上诉机构认为，第14条起首部分中最后一句的“应”一字表明，按照这一条款计算利益是强制性的。[114] “指南”一词意味着提供了“进行此类计算的框架”，尽管未确定详细的计算方法，但它们并不要求仅使用一种方法来确定政府提供货物的报酬是否充足。[115]

上诉机构认为，专家组的解释与第14条的目标不相符。根据专家组倡导的方法，即只要存在提供国的私人价格，就必须使用它们，即使可能存在无法判断财政资助接受者是否“过得更好”的情况。[116] 这是因为政府在提供财政

---

[109] 同前注，第87段。
[110] 同前注，第88段。
[111] 同前注，第89段。
[112] 同前注，第90段。
[113] 同前注，第91段。
[114] 同前注，第93段。
[115] 同前注，第93段。
[116] 同前注，第94段。

补助方面的作用非常重要，以至于它有效地决定了私人供应商销售相同或类似货物的价格，因此第 14 条所设想的比较将变得无意义。[117] 专家组承认其对第 14(d)条的解释存在固有的“经济逻辑”问题，在政府大量参与市场的情况下，私人供应商的价格可能会因为政府对相同货物的定价而被人为地压低。[118]

上诉机构认为，专家组对第 14(d)条的限制性解释破坏了这一条款的目的，同时也违反了 SCM 协定的目标和宗旨，即规范补贴和反补贴措施的使用，使成员的国内产业受到补贴损害时能够使用此类补救措施。[119] 确定利益的存在是根据 SCM 协定实施反补贴措施的必要条件，若计算的利益结果是人为造成的价值被压低甚至为零，那么 WTO 成员则不能通过征收反补贴税来完全抵消补贴的影响。[120]

上诉机构认为，根据 VCLT 第 31 条的要求，按照其上下文以及 SCM 协定的目标和宗旨，不支持对 SCM 协定第 14(d)条的这种限制性解读。[121] 该条要求选择用于计算利益的方法必须与提供国的现行市场条件相关、有联系或可参考，并且必须反映价格、质量、可获性、适销性、运输以及其他销售条件。[122]

(2)可以使用替代基准的具体情况是什么？

在确定供应国的市场价格是计算收益的主要但不是唯一的基准后，上诉机构分析了调查当局何时可以使用供应国私人价格以外的基准来计算利益。[123]

基于美国提出的加拿大软木木材市场价格受到政府干预的观点，上诉机构认为，“受到实质性影响”或“有效确定”是指政府作为某些货物的供应商在市场中具有主导地位的情况，以至于私人供应商将其价格与政府提供的货物价格保持一致。也就是说，政府实际上是“价格制定者”，而私人供应商是“价

[117] 同前注，第 94 段。
[118] 同前注，第 95 段。
[119] 同前注，第 96 段。
[120] 同前注，第 96 段。
[121] 同前注，第 97 段。
[122] 同前注，第 97 段。
[123] 同前注，第 98 段。

格接受者”。[124] 考虑到这种情况,上诉机构分析了调查机关是否可以在这一情况下使用供应国私人价格以外的市场价格作为利益计算的基准。[125]

在市场扭曲和价格影响方面,政府是某些货物的唯一提供者,与政府作为这些货物提供者在市场上发挥主导作用,这两种情况可能几乎没有区别。[126] 当政府是某些货物的主要供应商时,它即使不是唯一的供应商,也很可能通过自己的定价策略影响私人供应商对这些货物的定价,促使私人供应商将其价格调整到与政府价格几乎无差别的程度。[127]

上诉机构认为,SUM 协定第 14(d)条确保了该条的目的不会在这种情况下受挫。因此,虽然要求调查当局根据供应国市场的现行条件来计算利益,但第 14(d)条允许调查当局使用该市场私人价格以外的基准。[128] 当私人价格由于政府参与市场而被扭曲,以至于私人供应商将其价格与政府提供的货物价格保持一致时,仅考虑私人价格是不可能正确计算利益的。[129]

根据 SCM 协定第 14(d)条,调查当局可以考虑提供国私人价格以外基准的情况非常有限,“政府是货物的主要供应商这一事实本身并不能证明货物的所有价格都被扭曲了”[130]。因此,关于政府是主要供应商的指控本身并不能证明价格被扭曲的事实,也不允许调查机构选择供应国私人价格以外的基准。必须根据每次反补贴税调查背后的具体事实,逐案确定私人价格是否由于政府参与市场而被扭曲。[131]

若已确定由于政府在市场中作为货物的主要供应商,这些私人价格被扭曲,调查当局可以使用供应国以外的相同或类似的货物价格作为基准。[132] 当调查当局在这种情况下诉诸供应国的私人价格以外的基准时,所选择的基准必须参考该国的现行市场条件或与之相关联,并且必须按照第 14(d)条的要

[124] 同前注,第 100 段。
[125] 同前注,第 100 段。
[126] 同前注,第 101 段。
[127] 同前注,第 101 段。
[128] 同前注,第 102 段。
[129] 同前注,第 102 段。
[130] 同前注,第 102 段。
[131] 同前注,第 103 段。
[132] 同前注,第 103 段。

求反映价格、质量、可获性、适销性、运输和其他购买或销售条件。[133]

上诉机构的这一裁决否定了传统观点,即受政府干预影响的私人市场价格不能成为合适的利益衡量基准。那么,符合第14(d)条的替代基准是什么?

(3)可以使用哪些替代基准?

上诉机构认为,确定报酬是否充足的替代方法可以包括世界市场上类似货物的报价,或基于生产成本估算的价格。[134] 但若调查以这种方式进行,则有义务确保由此产生的基准与提供国的现行市场条件相关,并且必须反映价格、质量、可获性、适销性、运输和其他购买或销售条件。[135]

上诉机构认为,在选择替代基准时,WTO成员的市场价格反映的是该成员的现行市场状况,不太可能反映另一个成员的市场普遍情况。因此,不能假定一个成员(如美国)的市场状况与另一成员(如加拿大)的市场状况相关。[136] 事实上,从实践的角度来看,调查当局很难根据一个国家的市场条件可靠地复制另一个国家的市场条件。很明显,不同的因素可以导致一个国家在某些货物的生产方面相对于另一个国家具有比较优势。[137] 在任何情况下,比较优势都将反映在供应国的现行市场条件中,因此,必须被考虑并反映在替代基准所做的调整中。反补贴措施只能用于抵消对本国国内产业造成损害的产品补贴,但不能被用来抵消国家间的比较优势。[138]

上诉机构认为,美国商务部是否正确认定利益及是否正确计算了利益,都需要进行审查。[139] 然而,专家组没有就美国的立木价格是否经过调整以符合SCM协定第14(d)条规定的替代基准,做出任何事实调查,且相关事实是有争议的,因此上诉机构无法做出定论。[140]

上诉机构承认,补贴提供国的私人价格若由于政府在市场中的主导作用而被扭曲,则可以不作为基准,但缺乏事实证据使其无法确定使用美国价格是

---

[133] 同前注,第103段。
[134] 同前注,第106段。
[135] 同前注,第106段。
[136] 同前注,第108段。
[137] 同前注,第108段。
[138] 同前注,第109段。
[139] 同前注,第118段。
[140] 同前注,第120段。

否正确。[141]

因此,上诉机构最终认为,专家组对第14(d)条的解释有误,当调查机构确定政府作为相同或类似产品的供货商,并在市场中占据主导地位,导致市场价格已经被扭曲时,可以不使用供应国国内的市场价格作为比较基准。[142] 但在选择替代市场时,必须确保替代基准涉及、参考或与供应国的现行市场条件相关,这些条件必须包括价格、质量、可获性、适销性、运输及其他购买或销售条件。[143]

(三)间接补贴中利益的传递分析问题

间接补贴普遍存在于两类情况:(1)政府"委托或指示"某私人机构进行补贴,(2)政府向某实体提供补贴,然后该补贴被转移或"传递"给另一实体。此案属于第二种类型,即被补贴的生产者(上游生产者)将受补贴产品出售给另一生产者(下游生产者),后者随后将其用于加工产品的制造。获得这种受补贴产品后,下游生产者成为上游补贴的间接接受者。[144] 然而,世贸组织规则中缺乏关于间接补贴利益传递的明确规定。本案对间接补贴的利益传递问题进行了详细的分析。

1. 涉及的法律条款

GATT 第6条第3款规定:在任何缔约方领土的任何产品进口至另一缔约方领土时所征收的反补贴税,金额不得超过对此种产品在原产国或出口制造、生产或出口时所直接或间接给予的津贴或补贴的估计金额,包括对一特定产品的运输所给予的任何特殊补贴。"反补贴税"应理解为目的是抵消对制造、生产或出口所直接或间接给予的任何津贴或补贴而征收的一种特别税。[145]

---

[141] 同前注,第120段。

[142] 同前注,第121段。

[143] 同前注,第122段。

[144] Sherzod Shadikhodjaev, *How to Pass a Pass - Through Test: The Case of Input Subsidies*, Journal of International Economic Law, Vol. 15:2, p. 621 - 646.

[145] 《乌拉圭回合多边贸易谈判结果:法律文本　中国加入世界贸易组织法律文件》,人民出版社2002年版,第327页。

2. 加拿大与美国的法律意见

(1)专家组阶段

加拿大声称,大部分采伐是由不相关实体完成的。在美国商务部调查期间,加拿大曾提交证据,证明从安大略省公共土地上采伐的约30%的木材被采伐权人出售给第三方进行加工。[146] 在不列颠哥伦比亚省,约24%的木材由不拥有锯木厂的公司采伐,其中至少18%的原木是在公平交易情况下购买的。在美国商务部的调查中,他们没有检查立木计划的收益是否通过公平交易在木材采伐者和不相关的锯木厂,以及在锯木厂和不相关的木材再制造商之间传递。[147] 加拿大认为,由于没有对这些交易进行传递分析,美国对补贴的存在以及对补贴数量的确定都是推定的。根据SCM协定的规定,在间接补贴的情况下,调查当局必须确定存在政府财政资助以及存在利益。[148] GATT第6条第3款以及SCM协定第10条和第32.1条均不允许对产品补贴进行推定。即使美国声称调查是按照SCM协定第19.3条的规定,在总体(全国性)基础上进行的,该规定也不允许对具体产品征收超过已发现数额的反补贴税。因此,对间接补贴进行传递分析的义务并不能因为有权进行总体调查而被回避。[149]

加拿大援引US – Lead and Bismuth Ⅱ案中上诉机构的裁决,认为在反补贴税调查中,不能推定补贴的存在。此外,加拿大认为,木材生产商不直接采伐木材,而是从上游生产商那里获得木材。美国商务部没有就木材生产商或再制造商的正常购买行为中的政府财政资助作出任何结论,也没有发现利益通过采购传递给了下游木材生产商或再制造商。因此,加拿大认为,美国商务部未能证明木材投入的正常交易存在补贴而征收反补贴税,违反了SCM

[146] United States – Final Countervailing Duty Determination with Respect to Certain Softwood Lumber from Canada, 上诉机构报告,世贸组织文件第WT/DS257/AB/R号,2004年1月19日通过,第132段。

[147] 同前注,第132段。

[148] 同前注,第133段。

[149] 同前注,第133段。

协定。[150]

加拿大认为,根据 SCM 协定第 10、19.1、19.4、32.1 条以及 GATT 第 6 条,只有在证明软木木材生产商已受益于“补贴”的情况下,才可以征收反补贴税。加拿大认为,即使公平交易将财政资助的接受者(采伐权人)与标的物生产者(软木木材生产或再制造商)分开,美国依然推定补贴的存在,因此,美国的行为不符合 SCM 协定的规定。美国违反了:(1)SCM 协定第 10 条,未按规定征收反补贴税;(2)SCM 协定第 19.1 条,在没有最终确定补贴存在和补贴金额的情况下征收反补贴税;(3)SCM 协定第 19.4 条,征收的反补贴税超过存在的补贴金额;(4)GATT第 6 条第 3 款,在没有发现间接补贴的情况下征税。[151]

美国则认为,只有当补贴间接给予软木木材生产商时,才需要进行传递分析。软木木材生产商以外的实体没有接受立木补贴,因为这些补贴是由拥有锯木厂的伐木者直接获得的,[152] 对拥有锯木厂的伐木者向不相关锯木厂或再制造商公平销售的原木或木材,不需要进行传递分析。在这种情况下,交易中涉及的两个实体都生产受调查的产品,可以推定补贴已经传递。[153] 美国承认,对不拥有锯木厂的伐木者与不相关锯木厂之间交易的情况,有必要进行传递分析,但由于此类交易微不足道,因此没有进行这种分析。美国声称,伐木者和木材厂之间没有真正的公平交易,绝大多数公共木材进入采伐者自己的锯木厂,即使伐木者不拥有锯木厂,省级法规(如加工要求和其他限制)也禁止公平交易。因此,由于其反补贴调查是在总体基础上进行的,没有受益的产品生产商有权对公司特定税率提出后续审查。[154] 美国认为,SCM 协定第 19.3 条允许在总体基础上进行调查,无须对受调查产品的不同生产商之间的每笔

---

[150] United States - Final Countervailing Duty Determination with Respect to Certain Softwood Lumber from Canada, 专家组报告,世贸组织文件第 WT/DS257/R 号,2003 年 8 月 29 日通过,第 7.69 - 7.71 段。

[151] 同前注,第 7.72 段。

[152] United States - Final Countervailing Duty Determination with Respect to Certain Softwood Lumber from Canada, 上诉机构报告,世贸组织文件第 WT/DS257/AB/R 号,2004 年 1 月 19 日通过,第 127 段。

[153] 同前注,第 129 段。

[154] 同前注,第 130 段。

公平交易都进行传递分析。[155]

美国认为,加拿大的这一主张是补贴率(以及反补贴税数额)的计算问题,而不是补贴是否存在的问题。美国商务部正确地计算了加拿大各省立木安排的补贴总额,即单位补贴乘以各省锯木厂的原木总量。由于美国商务部是在总体基础上进行调查的,因此没有必要进行补贴的传递分析。相反,美国商务部只是简单地将其计算出的补贴总额(分子)分配到所生产产品的销售价值(分母)之上。加拿大要求进行传递分析,实际上等同于要求对特定公司进行分析,而 SCM 协定不要求进行这种分析。美国进一步认为,加拿大关于传递分析的论点意味着,成员每次对未经调查的出口或生产商征收反补贴税,都会违反 SCM 协定。[156]

美国认为,在两种情况下需要进行传递分析。第一种情况是伐木者不拥有锯木厂,并以公平价格向锯木厂出售原木。第二种情况是伐木者拥有锯木厂,并将原木以公平价格出售给再制造商。[157]

美国认为,在第一种情况下,伐木者进行的公平销售可能会减少立木计划的补贴金额。但事实上,记录表明进入锯木厂的"绝大多数"木材(补贴计算的基础)是从锯木厂自己的采伐权中获得的。从独立采伐者处购买的木材,只能构成"总量中相对较小的一部分",并且对采伐权人施加了许多限制,包括要求木材在当地加工,"表明独立伐木者所有的或大部分的销售可能不是公平的"。美国进一步认为,对特定公司的补贴审查仅限于软木木材生产商,因为审查可能涉及具体的关系和交易,而 SCM 协定没有此类要求,加拿大也未提出此类索赔。[158]

美国认为,在第二种情况下,锯木厂的立木投入总补贴额是已知的,可整体用作补贴计算中的分子,将该分子平均分布在由初加工和再制造商生产的产品销售总额组成的分母上,改变分母并不会影响补贴总额,只影响补贴率。[159]

---

〔155〕 同前注,第 131 段。

〔156〕 United States – Final Countervailing Duty Determination with Respect to Certain Softwood Lumber from Canada,专家组报告,世贸组织文件第 WT/DS257/R 号,2003 年 8 月 29 日通过,第 7.74 段。

〔157〕 同前注,第 7.75 段。

〔158〕 同前注,第 7.76 段。

〔159〕 同前注,第 7.77 段。

此外,SCM 协定第 19.1 条规定,征收反补贴税的先决条件是确定补贴的金额和损害,但该条没有具体规定确定补贴金额或损害的方法。此类具体要求可在 SCM 协定的其他地方找到,例如,SCM 协定第 19.4 条为可能征收的反补贴税金额设定了上限。SCM 协定第 19.4 条规定,在"发现存在补贴"之后征收关税。此外,第 19.4 条中唯一的计算要求是按单位计算补贴。SCM 协定第 19.3 条规定,允许成员对特定公司进行调查,它预见了对未单独调查的生产商征收反补贴税的可能性。美国认为,SCM 协定第 19.3 条规定的义务是:(1)成员必须在非歧视的基础上实施反补贴措施;(2)当未经调查的出口商被征收反补贴税时,它有权进行加速审查以确定单独的反补贴税率。美国认为,GATT 第 6 条第 3 款没有规定在计算补贴率时应使用的方法。[160]

美国认为,加拿大就传递分析援引的其他条款——SCM 协定第 10 条和第 32.1 条——必然是其他索赔的衍生物,而加拿大未能证明这些主张。因此,美国主张,加拿大没有就传递分析提出初步证据。[161]

(2)上诉阶段

美国请求上诉机构推翻专家组的决定,即美国未能进行传递分析违反了 SCM 协定第 10 条和 GATT 第 6 条第 3 款,因此美国征收反补贴税不符合 SCM 协定第 10 条、第 32.1 条以及 GATT 第 6 条第 3 款的规定。尽管美国承认 SCM 协定要求征收的反补贴税金额不得超过"发现存在的补贴",但美国认为,专家组错误地要求对伐木者和不相关的锯木厂,以及对锯木厂和不相关的木材再制造商之间的交易进行传递分析。[162]

美国认为,SCM 协定不要求调查当局在征收反补贴税之前根据特定公司或特定交易确定"已发现的补贴"。相反,SCM 协定明确规定了成员可以采用总体调查的方法,无须单独调查某些出口商或生产商是否实际获得了补贴。因此,只有在间接给予补贴的情况下才需要进行传递分析。如果补贴是由被调查产品的生产商以外的其他企业直接获得的,则需要进行调查以确定部分

[160] 同前注,第 7.79 段。

[161] 同前注,第 7.80 段。

[162] United States - Final Countervailing Duty Determination with Respect to Certain Softwood Lumber from Canada, 上诉机构报告,世贸组织文件第 WT/DS257/AB/R 号,2004 年 1 月 19 日通过,第 16 段。

或全部补贴是否转移给了生产被调查产品的企业。由于美国商务部对来自加拿大的软木木材调查涉及直接给予加拿大软木木材生产商的补贴，而软木木材生产商以外的其他人并未收到补贴，因此美国商务部不需要进行传递分析。美国认为，被调查的产品——软木木材——包括原木和再制造木材。[163]

美国认为，专家组错误地要求进行传递分析，以确定总补贴额的哪些部分可以具体追溯到由不相关实体生产的产品。SCM 协定第 19.3 条明确规定，"未实际调查"的出口商可能会被"征收"反补贴税。SCM 协定第 19.3 条仅要求对未接受具体调查的企业进行加急审查，没有要求在总体调查中调查个别出口商是否获得补贴。美国认为，在认定本案需要进行利益的传递分析时，专家组扩大了美国的义务。[164]

加拿大则要求上诉机构支持专家组的解释，即 SCM 协定第 10 条和 GATT 第 6 条第 3 款要求美国商务部在其反补贴税调查中进行利益的传递分析。[165]

加拿大认为，美国承认在间接补贴的情况下需要进行传递分析。因此，当成员希望对生产商 A 的产品征收反补贴税时，该成员必须证明给予生产商 B 的补贴是通过生产商 B 向生产商 A 公平出售(受补贴)产品而获得的。加拿大认为，这反映了 SCM 协定和 GATT 中的基本原则，即成员不得推定补贴的存在。[166]

加拿大认为，传递分析同样适用于锯木厂之间的公平销售，以及木材再制造商的公平采购。美国商务部选择在全国范围内进行总体调查，并不能免除美国商务部需要对此类交易进行传递分析的义务。加拿大认为，美国援引的 SCM 协定第 19.3 条不允许成员简单地假定补贴，为了对产品征收反补贴税，成员必须首先确定补贴的存在。此外，专家组的调查结果与 GATT 和世贸组织关于不允许推定补贴的判例一致。[167]

加拿大认为，美国的论点与 SCM 协定第 10 条规定的"采取一切必要步

---

〔163〕 同前注，第 17 - 18 段。
〔164〕 同前注，第 19 段。
〔165〕 同前注，第 26 段。
〔166〕 同前注，第 27 段。
〔167〕 同前注，第 28 段。

骤以确定补贴"不相符。任何对补贴的推定,尤其是在没有补贴的证据时,都不能确保反补贴措施抵消了实际补贴。加拿大进一步认为,美国的论点将证明补贴的责任从调查当局转移给了被征收反补贴税产品的生产商。[168]

3. 专家组的分析

专家组认为,此争议的基本问题是,美国商务部是否有义务对伐木者(生产木材和不生产木材的采伐者)与无关锯木厂之间,以及锯木厂与无关再制造商之间的交易进行传递分析。这项义务(传递分析义务)是否可以在加拿大引用的任何条款中找到。[169]

(1)关于传递分析的法律要求

首先,专家组需要考虑,根据加拿大引用的条款,美国商务部是否应该在伐木者将原木出售给不相关的木材生产商时,或出售给不相关的再制造商时,对补贴利益的传递程度进行分析。专家组认为,补贴的"存在"问题和补贴率的计算问题在此案中被混为一谈。实际上,加拿大并未质疑美国商务部确定补贴的方法,即确定立木计划提供的补贴总额(分子),然后将该补贴总额分配给相关产品的销售额(分母)。鉴于美国商务部在调查中使用的方法,加拿大提出的有关交易中"是否存在"补贴的问题,会在计算补贴率时体现出来。此外,由于没有对相关交易进行传递分析,任何补贴金额被不当推算到标的物中,都将夸大总补贴率。[170]

专家组从 SCM 协定第 10 条和 GATT 第 6 条第 3 款开始审查加拿大所援引的条款。本案中,被实施反补贴措施的产品包括锯木厂用原木生产的软木木材产品,以及再制造商制造的软木木材产品。换言之,反补贴税不是对获得补贴的企业征收的,而是对已获得补贴的产品所生产或制造的产品所征收的额外关税。以此为背景,专家组认为加拿大的主张实质上是,若不相关实体之间存在受补贴的上游交易,则这些补贴不能被直接推定为下游被调查产品的补贴。专家组认为,传递问题的核心是,若补贴由被调查产品生产商以外的企业获得,则该产品是否实际收到补贴的问题。因此,专家组面临的问题是,加

---

〔168〕 同前注,第 29 段。

〔169〕 United States – Final Countervailing Duty Determination with Respect to Certain Softwood Lumber from Canada,专家组报告,世贸组织文件第 WT/DS257/R 号,2003 年 8 月 29 日通过,第 7.81 段。

〔170〕 同前注,第 7.82 段。

拿大引用的条款是否要求调查机构将补贴与受调查的产品联系起来。[171]

专家组认为,SCM 协定第 10 条第一句明确指出,征收反补贴税必须符合 GATT 第 6 条以及 SCM 协定的规定。然而,这并不能阐明摆在专家组面前的问题,即在非相关实体间存在上游交易的情况下,是否需要通过传递分析来确定对标的物的补贴。专家组发现,SCM 协定第 10 条第 36 注释(以下简称脚注 36)很有启发性。脚注 36 定义了什么是反补贴税,并明确了"补贴"与制造、生产或出口产品作为反补贴税调查对象并最终成为反补贴税产品之间的联系。专家组注意到,"根据 GATT 第 6 条第 3 款的规定,直接或间接给予任何商品的制造、生产或出口的任何补贴"这一短语。因此,GATT 第 6 条第 3 款和 SCM 协定第 10 条均明确规定,对于产品的制造、生产或出口,必须有直接或间接的补贴,才可以征收反补贴税。[172]

此外,若补贴是由被调查产品生产商或出口商以外的企业获得的,该补贴是否仍然对该产品产生利益。依据 GATT 第 6 条第 3 款以及 SCM 协定第 10 条脚注 36,若没有证明补贴接受者向产品生产商或出口商传递了补贴,那么就不能认为该产品存在补贴。因此,专家组认为,这些条款都要求对此类交易进行传递分析,美国认为这些条款均没有要求进行传递分析的论点不成立。[173]

专家组的分析与 1990 年 GATT 的 US – Canadian Pork 案(以下简称加拿大猪肉案)中专家组的调查结果一致。在加拿大猪肉案中,加拿大声称,美国商务部未能进行传递分析以确定对活猪的补贴在多大程度上有利于猪肉产品的生产和出口,违反了 1947 年 GATT 第 6 条第 3 款。该案专家组认为,调查当局有确定产品补贴的义务,如果授予补贴的产品与被征收反补贴税的产品不同,而且受补贴的生产商与该标的产品的生产商无关,则不能简单地推定存在补贴。[174]

(2)本案争议的传递分析

情况一:伐木者向无关木材生产商出售原木

专家组认为,美国没有引用记录中的任何具体信息来确定可能的木材公

---

[171] 同前注,第 7.84 – 7.85 段。
[172] 同前注,第 7.88 段。
[173] 同前注,第 7.91 段。
[174] 同前注,第 7.92 段。

平销售量,没有证明美国商务部为收集此类信息做出了努力。相反,美国似乎暗示加拿大有责任提供此类证据。专家组认为,根据 SCM 协定第 10 条和 GATT 第 6 条第 3 款,对(从伐木者处购买的)原木生产的木材进行传递分析的义务由美国承担。美国没有这样做,并认为这种分析是不必要的。因此,专家组认为,美国的行为与 SCM 协定第 10 条和 GATT 第 6 条第 3 款不相符。[175]

情况二:拥有采伐权的锯木厂向其他锯木厂或再制造商出售原木——总体调查

专家组不同意美国上述针对情况二的论点。专家组认为,该论点不合理地假设了在两种情况下拥有采伐权的锯木厂收到的任何补贴,都归因于受调查的软木木材产品,而实际上锯木厂也可以生产和销售其他产品。若锯木厂出售的是原木而不是木材,那么它从立木计划获得的补贴都归因于其原木的生产(并非所有补贴都可以归因于其生产的其他木材产品)。如果对原木生产的补贴没有传递给购买它们的木材生产商,那么这些补贴不应包含在补贴计算的分子中,因为补贴仅有利于原木生产,而非之后的木材生产,这同样适用于锯木厂出售木材给再制造商的情况:立木补贴的一部分归于锯木厂生产的木材,还有一部分归于锯木厂生产的其他产品。如果用于再制造的木材补贴没有传递给购买它的再制造商,那么这些补贴不应包含在补贴计算的分子中,因为在这种情况下,木材是再制造品,而不是上游产品。因此,如果立木补贴的接受者将原木或木材出售给不相关的下游木材生产商,则传递分析是确定此类木材产品是否受到补贴的唯一方法。[176]

因此,专家组认为,传递问题与正确识别标的物的补贴金额有关。美国在总体基础上进行调查并不能解决立木计划总补贴金额被夸大的情况。此外,SCM 协定允许在总体基础上进行反补贴调查,并不能免除美国在调查中遇到此类情况需要进行传递分析的法律义务。美国商务部对未经调查的公司进行审查,并不能充分解决这一问题,因为这是事后审查,而确定补贴的存在是采取反补贴措施的先决条件。正如美国所承认的,在这种情况下,他们无法对所

---

〔175〕 同前注,第 7.94 – 7.95 段。

〔176〕 同前注,第 7.96 – 7.97 段。

有可能受到传递问题影响的生产者进行具体审查,这意味着即使进行事后审查,也无法完全解决此类问题。[177]

最终,专家组认为,美国商务部未能对伐木者出售给无关锯木厂的原木,以及拥有采伐权的锯木厂向无关木材再制造商出售的木材进行补贴利益的传递分析,不符合 SCM 协定第 10 条、第 32.1 条,以及 GATT 第 6 条第 3 款的规定。此外,根据司法经济原则,专家组认为没有必要审查未能进行传递分析是否符合 SCM 协定第 19.1 条、第 19.4 条。[178]

4. 上诉机构的分析

作为本案核心的加拿大省级立木计划,目的是向木材采伐者提供立木,最终加工成软木木材或再制造成软木产品。所谓的立木补贴由采伐者获得,而反补贴税则施加给下游木材生产商。美国商务部将涉案的调查产品定义为"特定软木木材",包括"初级木材"和"再制造木材"。美国对从加拿大进口的这些软木木材产品征收反补贴税。本次上诉中的传递问题涉及立木采伐、原木加工、再制造这三个过程不是由独一企业进行的情况。因此,需要审查成员是否有义务分析,授予生产链中某些企业产品的补贴是否在公平交易中"传递"给其他生产被补贴产品的企业。

上诉机构认为,该问题涉及以下情况:(i)伐木者拥有一家锯木厂并将其采伐的部分原木加工成软木木材,但同时将其采伐的部分原木以公平交易方式出售给其他锯木厂进行加工;(ii)伐木者将其采伐的原木加工成木材,并将其生产的部分或全部木材以公平交易方式出售给木材再制造商进行进一步加工。

上诉机构参考了 EC – Bananas Ⅲ案中上诉机构的裁决,即"反补贴税只能根据 SCM 协定第五部分和 GATT 第 6 条的规定共同征收",并且"如果 SCM 协定的条款与 GATT 第 6 条存在冲突,根据附件 1A 的规定,优先考虑 SCM 协定"。[179] 在此案中,SCM 协定第 10 条、第 32.1 条与 GATT 第 6 条第

---

〔177〕 同前注,第 7.98 段。

〔178〕 同前注,第 7.99 段。

〔179〕 United States – Final Countervailing Duty Determination with Respect to Certain Softwood Lumber from Canada, 上诉机构报告,世贸组织文件第 WT/DS257/AB/R 号,2004 年 1 月 19 日通过,第 134 段。

3款之间没有冲突,因此,SCM协定的这些条款和GATT的要求共同适用于此案。[180] 此外,双方根据SCM协定第10条、第32条提出的主张主要是依据GATT第6条第3款提出的,美国对加拿大软木木材产品征收的反补贴税与GATT第6条第3款不一致,必然会导致该措施与SCM协定第10条和第32.1条不一致。[181] 因此,上诉机构首先讨论了GATT第6条第3款是否要求了传递分析,以及是否需要就公平交易进行传递分析。

(1)GATT第6条第3款是否要求了传递分析?

GATT第6条第3款规定:在任何缔约方领土的任何产品进口至另一缔约方领土时所征收的反补贴税,金额不得超过对此种产品在原产国或出口制造、生产或出口时所直接或间接给予的津贴或补贴的估计金额,包括对一特定产品的运输所给予的任何特殊补贴。"反补贴税"一词应理解为目的是抵消对制造、生产或出口所直接或间接给予的任何津贴或补贴而征收的一种特别税。[182]

上诉机构认为,GATT第6条第3款中使用的"间接给予补贴"一词意味着政府对生产制造受调查产品的财政资助,原则上可以通过对加工产品征收反补贴税来抵消。[183] 但是,如果接受财政资助的生产者与加工产品的生产者不是同一实体,则不能推定补贴传递到了加工产品,而是需要确定加工产品中包含多少此类补贴。如果不能确定对加工产品征收的反补贴税是否超过对生产产品的总补贴金额,则无法确定给予加工产品生产商的补贴是否存在。[184] 因为GATT第6条第3款允许通过反补贴税来抵消"被确定为直接或间接授予的对此类产品的制造[或]生产的补贴",因此成员不能征收关税来抵消尚未传递到加工产品的补贴,只有给予生产者的间接补贴流向加工产品,以及直接给予加工产品补贴时,才可以通过征收反补贴税来抵消。[185]

---

[180] 同前注,第134段。

[181] 同前注,第138段。

[182] 《乌拉圭回合多边贸易谈判结果:法律文本　中国加入世界贸易组织法律文件》,人民出版社2002年版,第327页。

[183] United States – Final Countervailing Duty Determination with Respect to Certain Softwood Lumber from Canada,上诉机构报告,世贸组织文件第WT/DS257/AB/R号,2004年1月19日通过,第140段。

[184] 同前注,第141段。

[185] 同前注,第141段。

SCM 协定第 1 条中对“补贴”的定义也证实了这一解释。根据该定义，只有当政府提供 SCM 协定第 1.1(a)(1)条含义内的财政资助，并因此给予了 SCM 协定第 1.1 条含义内的利益时，才应视为存在补贴。[186] 反补贴税旨在抵消给予财政资助产品生产商的补贴，但关税是针对加工产品征收的，必须针对加工产品建立第 1 条规定的累积条件。特别是当投入品的生产者和加工品的生产者不是同一实体时，调查当局必须确定存在财政资助，且必须确定补贴产生的利益至少部分来自其上游的输入，从而间接地使加工产品受益。[187]

此外，上诉机构借鉴加拿大飞机案中对“利益”一词的解释，“从逻辑上讲，只有当自然人或法人实际上已经收到某物时，才能说‘利益’产生，因此‘利益’一词意味着必须有一个接受者”。[188] 因此，上诉机构认为，给予立木(投入品，即受政府资助产品)补贴，但对软木木材产品(加工品)征收反补贴税的，补贴的初始接受者和最终被反补贴者可能不同。在这种情况下，利益的直接接受者是立木的采伐者，当立木被加工时，只要确定来自这一补贴的利益至少部分地传递到了软木木材产品，那么软木木材产品的生产者就是利益的间接接受者。[189] 在伐木者和软木木材生产者以公平方式交易的情况下，不能简单地假定补贴的收益从直接接受者传递给下游的间接接受者，它必须由调查当局分析后确定，[190] 在没有这种分析的情况下，不能证明被调查产品存在补贴。因此，GATT 第 6 条第 3 款没有给为抵消补贴而对加工产品征收反补贴税创造权利。

上诉机构同时参考了加拿大猪肉案，该案专家组讨论了加拿大向养猪者提供补贴，而美国对进口猪肉产品征收反补贴税的情况。[191] 该案专家组指出“第 6 条第 3 款规定，对任何产品征收的反补贴税不得超过直接或间接对‘此类产品’的生产给予的补贴金额”[192]。根据这一明确的措辞，只有在确定对猪肉生产给予补贴的情况下，美国才可以对猪肉征收反补贴税，仅依据猪肉贸易

---

[186] 同前注，第 142 段。
[187] 同前注，第 142 段。
[188] 同前注，第 143 段。
[189] 同前注，第 143 段。
[190] 同前注，第 143 段。
[191] 同前注，第 144 段。
[192] 同前注，第 144 段。

受到对养猪者补贴的影响这一事实是不够的。[193]

随后上诉机构又参考美国对某些欧共体产品反补贴措施案,此案上诉机构指出:根据 GATT 第 6 条第 3 款,调查当局在征收反补贴税之前,必须确定可归于被调查产品的补贴的确切数额。[194] 此外,SCM 协定第 19.4 条、第 10 条等条款也规定了成员有义务将反补贴税限制在调查机构发现的补贴金额和期限内。[195]

综上所述,反补贴税的目的是抵消给予投入品(本案中的立木)的补贴利益,而关税则是针对加工产品(本案中的软木木材产品)征收的,以及投入品生产商(伐木者)和下游加工商(软木木材产品再制造商)是以公平的方式交易的,调查机构必须确定直接给予投入品生产商(伐木者)的财政资助所带来的利益至少部分传递给了受调查的加工品生产商(软木木材产品生产商)。[196] 因此,如果对软木木材产品征收反补贴税,是旨在抵消立木采伐所受的财政资助及利益,调查当局必须确定这些利益至少部分从伐木权人转移到软木木材生产商以及再制造商。[197]

(2)是否需要就公平交易进行传递分析?

那么,是否需要就公平交易进行传递分析?本案涉及两种情况:一是伐木者拥有锯木厂并将其采伐的部分原木加工成软木木材,但同时将其采伐的部分原木以公平交易方式出售给其他锯木厂加工成木材(原木不一定收到补贴,需要进行传递分析);二是伐木者拥有锯木厂并将其采伐的部分原木加工成软木木材,但同时将其生产的部分或全部木材以公平交易方式出售给木材再制造商(这一补贴是否传递给了再制造商)。[198]

在第一种情况下是否需要进行传递分析?上诉机构认为,伐木者是否拥有锯木厂这一事实,不会影响其需要进行传递分析的必要性。因此,如果采伐者以公平交易的方式将原木出售给其他锯木厂,则不能假定原木(非受调查

---

[193] 同前注,第 144 段。
[194] 同前注,第 145 段。
[195] 同前注,第 145 段。
[196] 同前注,第 146 段。
[197] 同前注,第 147 段。
[198] 同前注,第 155 段。

产品)所带来的利益会自动传递给生产的木材(受调查产品)。[199] 上诉机构进一步认为,只要企业生产受调查的产品,同一企业从其生产的任何不同产品(不受该调查)的补贴中所获得的任何利益都可以包括在被调查产品的补贴总额中,而不需要通过分析,便可以通过对该产品征收反补贴税来抵消,这种观点是错误的。因此,对于拥有锯木厂的采伐者向其他锯木厂公平销售原木,不能推定利益的传递。[200] 最终,上诉机构支持了专家组的这一结论,即美国商务部未能就采伐者向其他锯木厂公平销售原木进行传递分析不符合 SCM 协定第 10 条、第 32.1 条和 GATT 第 6 条第 3 款。[201]

在第二种情况下,锯木厂和再制造商的产品都受到调查,“某些软木木材”包括锯木厂生产的初级木材和再制造商生产的木材,美国商务部选择在总体的基础上进行这项调查,上诉机构认为,根据 SCM 协定第 19 条,在总体基础上进行调查是被允许的。[202]

此外,上诉机构认为,是否有必要分析利益已从一种受调查的产品(初级软木木材)传递到另一种受调查的产品(再制造软木木材),一旦确定原木生产商从补贴中获得的利益已传递给初级和再制造商,就无须在标的产品的生产商之间进行进一步的传递分析。[203]

最终上诉机构推翻了专家组的部分结论,裁定美国商务部未能对锯木厂与再制造商间的正常交易进行传递分析符合 SCM 协定第 10 条、第 32.1 条和 GATT 第 6 条第 3 款。[204]

三、对上诉机构分析的评论

(一)补贴的确定

补贴问题是国际贸易面临的主要问题之一。随着关税和配额的重要性降

---

〔199〕 同前注,第 157 段。
〔200〕 同前注,第 158 段。
〔201〕 同前注,第 159 段。
〔202〕 同前注,第 160 段。
〔203〕 同前注,第 162 - 163 段。
〔204〕 同前注,第 165 段。

低,财政资助被广泛地使用,并作为贸易障碍引起关注。[205] 然而,补贴比关税更为隐蔽,因为其可以采取多种形式,如低息贷款、税收优惠、提供货物等,其中一些形式难以识别,甚至难以量化。[206] 在本案中,上诉机构就补贴的定义进行了具体详细的解释,按照 VCLT 中的解释方法,从字面意思到上下文再到条款的目的和宗旨,特别是比较了不同版本中的语言,使所有版本都有效。上诉机构这种解释方法的依据在于 DSU 第 3 条第 2 款的规定:"成员认识到争端解决制度有助于维护成员在涵盖协议下的权利和义务,并根据国际法解释的习惯规则澄清这些协议的现有条款。"那么 VCLT 是否具有国际习惯规则的地位?在世贸组织判例中,Japan – Alcoholic Beverages Ⅱ案中专家组"强调这一一般解释规则已获得习惯或一般国际法规则的地位"[207]。同样,在 US – Gasoline 案中,专家组"强调有必要通过参考 VCLT 条约解释规则来实现对条款意思的澄清",以及"很多判例的争议双方和第三方都依赖该解释规则,表明这一解释规则已获得习惯法或一般国际法规则的地位。因此,它构成了 DSU 第 3 条第 2 款的一部分"[208]。因此,本案专家组和上诉机构有义务按照 VCLT 来解释条款规则。

那么,从补贴定义条款中可以看出,世贸组织规则下的补贴必须满足三个条件才能成立:(1)补贴是由政府或公共机构提供的;(2)补贴的形式为财政资助或者任何形式的收入或价格支持;(3)补贴使相关的企业或产业获得了利益。只有满足了这三个因素才能构成补贴。然而,并不是所有补贴都受到 SCM 协定的约束,只有既符合补贴定义又具有专向性的补贴才受到 SCM 协定的规范。SCM 协定将补贴分为禁止性补贴和可诉性补贴两种,"专向性"补贴属于禁止性和可诉性补贴。[209]

根据 SCM 协定,专向性补贴:(1)必须在法律上或事实上专门授予某些

---

[205] Gilbert Gagne & Francois Roch, *The USA – Canada Softwood Lumber Dispute and the WTO Definition of Subsidy*, World Trade Review, Vol. 7, p. 547 (2008).

[206] 同前注,第 547 页。

[207] Japan – Taxes on Alcoholic Beverages, 上诉机构报告,世贸组织文件第 WT/DS8/AB/R, WT/DS10/AB/R, WT/DS11/AB/R 号,1996 年 10 月 4 日通过,第 10 页。

[208] United States – Standards for Reformulated and Conventional Gasoline, 专家组报告,世贸组织文件第 WT/DS2/9 号,1996 年 5 月 20 日通过。

[209] 王贵国:《世界贸易组织的反补贴机制》,载《法学家》2002 年第 6 期,第 33 页。

企业。当补贴的使用权明确限于某些企业时,补贴在法律上是专向的。当补贴的资格和金额受到明确、可验证和客观的标准限制时,只要资格是自动发放的,并且标准受到严格遵守,则认为补贴不具有专向性。此外,这些标准必须在法律法规或其他官方文件中公布,以便能够验证。当然,此类标准或条件必须是中立的,不偏袒某些企业,例如限制员工人数或企业规模。(2)若补贴在事实上是专向的,则可以考虑的因素有:某些企业的使用数量是否有限制、某些企业是否是主要使用者、是否向某些企业提供了不成比例的大量补贴,以及当局行使自由裁量权的方式等。对裁量权的评估,应考虑有关补贴申请被批准或拒绝的频率以及做出此类决定的原因,此外还需考虑经济活动的多样化程度和补贴计划的运行时间。[210]

在本案中,补贴的专向性问题没有被上诉,在专家组程序中考虑了这一问题。加拿大诉诸它先前已经成功使用过的论点,认为要使补贴具有专向性,省级部门必须故意将其准入限制在一组生产类似产品的企业中,并且要求美国商务部审查所有因素以确定事实上的专向性,而不是仅仅审查其中一个因素,例如使用补贴计划的企业数量有限。[211] SCM 协定中确实涉及在确定事实上的专向性补贴时可以考虑的四个因素,但措辞并未说明是否应只考虑其中一个因素还是需要考虑所有列出的因素。[212] 事实上,在 1983 年的"Lumber Ⅰ"案中,美国商务部没有得出具体结论,因为对接受立木计划的行业类型限制仅是基于木材的"固有特征",而不是任何政府行为。[213] 但在本案中,美国商务部发现加拿大的立木计划被有限的木制品行业使用,即纸浆和造纸厂以及锯木厂和再制造商。[214] 专家组认为补贴的专向性问题应该在企业或行业层面,

---

〔210〕《补贴与反补贴措施协定》第 2 条。《乌拉圭回合多边贸易谈判结果:法律文本　中国加入世界贸易组织法律文件》,人民出版社 2002 年版,第 179 页。

〔211〕United States – Final Countervailing Duty Determination with Respect to Certain Softwood Lumber from Canada,专家组报告,世贸组织文件第 WT/DS257 号,2003 年 8 月 29 日通过,第 7.116、7.123 段。

〔212〕《补贴与反补贴措施协定》第 2 条。

〔213〕Gilbert Gagne & Francois Roch, *The USA – Canada Softwood Lumber Dispute and the WTO Definition of Subsidy*, World Trade Review, Vol. 7, p. 553 (2008).

〔214〕John Ragosta & Howard Shanker, *Specificity of Subsidy Benefits in US Department of Commerce Countervailing Duty Determinations*, Law and Policy in International Business, Vol. 25:2, p. 639 – 683 (1994).

而不是产品层面来确定,并且不需要检查和评估所有因素来发现事实上的专向性[215],此案中的立木采伐计划仅能被有限的行业群体使用,因此专家组认为美国商务部认定补贴的专向性与 SCM 协定的规定相符。[216]

(二)替代基准问题

美国和加拿大之间的意见分歧源于各自森林系统的差异。在加拿大,94%的林地由政府拥有和管理,只有6%为私人所有。[217] 政府对在公有土地上采伐木材收取"立木费",由行政机构评估。在设定立木费时,政府可能会考虑木材价格、收入需求和其他政策目标,例如创造就业机会和可持续的森林管理。[218] 相比之下,在美国,大部分林地是私有的,立木价格由市场通过买卖确定。因此,从美国的角度来看,加拿大一直在以低于市场的立木成本补贴木材生产商,对来自加拿大的软木木材征收反补贴税是合理的。但对于加拿大来说,这只是一种森林管理制度。

上诉机构的这一裁决表明,政府对市场不可能没有影响,只是影响程度不同,只有当这种影响足够显著时,才可以诉诸外部市场的基准价格,前提条件是它们已根据现行市场条件进行了适当的调整。[219] 但对于政府对特定行业或整个市场有特殊影响,也就是政府是唯一或主要提供者的情况,如何确定补贴的存在是在世界贸易组织规则下仍未解决的问题。供应国的市场价格可能会因此被认定为非市场价格,由于国内市场价格的正常基准无法使用,有必要求助于替代基准。尽管上诉机构对替代基准提出了建议,即替代基准需要与供应国的现行市场条件相关,[220] 但至于什么构成了现行市场条件,仍需要根据具体情况确定。然而,在实践中盛行的是使用外部市场价格作为确定供应

---

[215] United States – Final Countervailing Duty Determination with Respect to Certain Softwood Lumber from Canada, 专家组报告,世贸组织文件第 WT/DS257 号,2003 年 8 月 29 日通过,第 7.121 段。

[216] 同前注,第 7.126 段。

[217] Julia Ya Qin, *Market Benchmarks and Government Monopoly: The Case of Land and Natural Resources under Global Subsidies Regulation*, University of Pennsylvania Journal of International Law, Vol. 40, p. 575 (2019).

[218] 同前注,第 575 页。

[219] United States – Final Countervailing Duty Determination with Respect to Certain Softwood Lumber from Canada, 上诉机构报告,世贸组织文件第 WT/DS257 号,2004 年 1 月 19 日通过,第 104 段。

[220] 同前注,第 106 段。

国补贴利益的基准,但这种方法忽视了不同国家自然资源的比较优势。从某种意义上说,政府对国家自然资源的管理可以比作政府提供公共服务。[221] 无论政府在哪里提供广泛的公共服务,例如交通、教育和医疗保健,企业都可以从中受益,从而降低生产成本。因此,公共设施和基础设施较好的国家享有系统性的比较优势。[222] 加拿大木材资源的公有制和政府管理是其社会经济体系的重要组成部分。加拿大与美国在森林资源管理上的差别,使得加拿大显然在木材贸易方面具有比较优势。这一优势与加拿大生产商享有的其他系统性比较优势没有根本区别。

在后来的 US – Coated Paper (Indonesia)案中,上诉机构明确强调了不要将价格扭曲与政府主导地位等同起来。同时,该上诉机构认为政府价格(包括所有政府机构、公共机构和国有企业)可以由市场决定。因此,在确定市场基准时,不应排除有争议的财政资助以外的政府价格,即使这些价格是为追求公共政策目标而非利益最大化而制定的。[223] 上诉机构这种立场的转变源于其对政府在市场中的作用的看法发生了根本性的变化,其认为政府价格可以由市场决定,但并未具体说明调查当局应作出哪些相关评估。

然而,本案中未解决的基准问题已在北美自由贸易协定(North American Free Trade Agreement,NAFTA)程序中得到解决。NAFTA 专家组认为基准需要根据加拿大的市场情况进行分析,并将利益分析发回美国。[224] 根据美国 1998 年衡量报酬是否充足的规定,美国商务部随后评估了加拿大各省的立木价格是否符合市场原则。美国从加拿大私人立木价格(包括国内和进口)中得出基于市场的立木价格,并将得出的加权平均价格与政府立木费用进行比较,若该费用低于市场价格,则认为存在利益。[225] 最终 NAFTA 专家组认为,

---

[221] Gilbert Gagne, *Policy Diversity*, *State Autonomy*, *and the US – Canada Softwood Lumber Dispute*: *Philosophical and Normative Aspects*, Journal of World Trade, Vol. 41, p. 715 (2007).

[222] 同前注。

[223] United States – Anti – dumping and Countervailing Measures on Certain Coated Paper from Indonesia, 专家组报告,世贸组织文件第 WT/DS491/R 号,2018 年 1 月 12 日通过。

[224] NAFTA, In the Matter of Certain Softwood Lumber Products from Canada: Final Affirmative Countervailing Duty Determination, USA – CDA – 2002 – 1904 – 03, Decision of the Panel, 13 August, 2003.

[225] NAFTA, In the Matter of Certain Softwood Lumber from Canada: Final Affirmative Countervailing Duty Determination, USA – CDA – 2002 – 1904 – 03, Remand Determination, 12 January, 2004.

在扣除利润等要素后,加拿大的补贴金额从美国最初决定的 18.79% 降至不到 1%,即不能征收反补贴税。[226] NAFTA 专家组强调,它只是要求美国商务部以一致的方式应用它自己决定调查此案的方法。

(三)间接补贴问题

世贸组织反补贴制度的根本目的是消除补贴对市场的负面影响,而不是惩罚提供补贴的成员或接受补贴的企业。因此,确定补贴数额并按其征收反补贴税是补贴与反补贴协定的目的。若政府补贴并非直接用于出口项目,即政府补贴原料或产品到出口要经过一个以上的加工程序,则最后出口的产品是否接受了补贴应取决于在加工过程中上游补贴是否传递到了下游。[227] 本案中对传递问题的分析是非常详细具体的,解决了对投入品的补贴是否以及在何种程度上使产品的不相关下游生产商受益的问题。本案对补贴的判定确立了一个重要的原则,即补贴不得推定。否则只要有一家上游企业的产品受到补贴,那么所有使用该产品的下游企业在加工过程中,补贴利益就已经在生产过程中被传递了。也就是说,一旦出现了补贴,该补贴利益就会随着生产链自然传递到下游企业。[228] 因此,当财政资助的接受者与补贴利益的最终接受者并非同一实体时,调查机关不得推定补贴利益已经在两者之间发生传递,而是必须通过审查确定财政资助的利益是否已经实际上被传递到了其他实体,以及在多大程度上被传递到了其他实体。[229] GATT 和 SCM 协定中都未明确此类分析的必要性,但 WTO 成员有义务确保征收的关税不超过直接或间接收到补贴的产品的利益。本案上诉机构对补贴传递的分析具有权威性,将直接影响世贸组织成员国关于补贴的立法与执法。[230]

---

[226] NAFTA, In the Matter of Certain Softwood Lumber Products from Canada: Final Affirmative Countervailing Duty Determination, USA – CDA – 2002 – 1904 – 03, Decision of the Panel on Fifth Remand, 17 March, 2006.

[227] 王贵国:《加拿大软木案评析》,载《中国法律(中英文版)》2004 年第 2 期,第 30 页。

[228] 张目强:《WTO 框架下上游补贴利益传递分析及对我国的启示》,载《安徽大学学报(哲学社会科学版)》2013 年第 3 期,第 102 页。

[229] 同前注。

[230] 王贵国:《加拿大软木案评析》,载《中国法律(中英文版)》2004 年第 2 期,第 31 页。

四、结语

(一)世贸组织规则对国内法律的影响

根据 WTO 协定第 16 条第 4 款规定:“每一个成员应当保证其法律、规则和行政程序与 WTO 协定所附各协议相一致。”因此,当一成员认为另一成员国内法律法规与世贸组织规则不相符时,便可以据此在世贸组织提起仲裁。根据 DSU 第 19 条[231],若最终裁定成员国内的法律法规与世贸组织规则不相符,则其国内的法律法规将被建议修改。从美国加拿大软木案中可以看出,美国对加拿大征收反补贴税,被认为是不符合世贸组织规则的,最终结果是世贸组织上诉机构建议美国将其在报告中发现的与 SCM 协定和 GATT 不一致的措施修改并符合这些协议下的义务。此外,根据 DSU 第 21 条和第 22 条[232],若成员国在规定时间内没有将其内容符合世贸组织规则,则申请方可以申请进行报复等,这些都反映了世贸组织规则对国内法律的影响。

(二)国际投资与国际贸易争端解决的区别

在此次案例分析中,本人负责的两个案例均与加拿大软木贸易相关。一个是国际贸易案,即本案;另一个是国际投资案,即 Pope & Talbot v. Canada 案。在对这两个案件进行分析时,发现国际投资的争端解决与国际贸易的争端解决存在明显差异,主要表现为:在世贸组织争端解决程序规则中,只有世贸组织成员政府有权依据世贸组织规则提请专家组审查;而在国际投资仲裁中,私人投资者可以根据双边投资协议对国家提起仲裁。在世贸组织争端解

---

〔231〕 DSU 第 19 条　专家组和上诉机构的建议:

1. 如专家组或上诉机构认定一措施与一适用协定不一致,则应建议有关成员使该措施符合该协定。除其建议外,专家组或上诉机构还可就有关成员如何执行建议提出办法。

2. 依照第 3 条第 2 款,专家组和上诉机构在其调查结果和建议中,不能增加或减少适用协定所规定的权利和义务。《乌拉圭回合多边贸易谈判结果:法律文本　中国加入世界贸易组织法律文件》,人民出版社 2002 年版,第 280 页。

〔232〕 DSU 第 21 条规定了对执行建议和裁决的监督,DSU 第 22 条规定了补偿和中止减让,见《乌拉圭回合多边贸易谈判结果:法律文本　中国加入世界贸易组织法律文件》,人民出版社 2002 年版,第 281－284 页。

决程序规则中,争端解决机构通常会建议国家修改相关法律使其符合世贸组织规则,若不遵守或拒绝此类建议,胜诉方可以申请实施报复,如暂停互惠等;而国际投资仲裁则是裁定过错责任,进行损害赔偿。世贸组织争端解决的结果并不能为受损害的私人利益者提供补偿,因其结果只是建议修改国内法规,甚至是授权国家进行报复,但无法补救从违反规则开始到纠正之前所造成的损失。相比之下,在国际投资仲裁中,私人投资者通常能获得金钱来补偿他们过去以及未来的损失。

因此,从长远来看,世贸组织的争端解决机制更能长期地解决争议,但无法顾及私人利益者的损失。国际投资仲裁虽能解决投资者的损失问题,但这种事后解决也会产生一些负面效果,比如可能影响与被诉东道国政府的未来合作。

第六章　中国原材料案
（China – Measures Related to the Exportation of Various Raw Materials）

赵彦婷

一、案件事实概述

（一）概述[1]

2009年6月23日，美国要求与中国就其关于铝矾土（bauxite）、焦炭（coke）、氟石（fluorspar）、镁（magnesium）、锰（manganese）、碳化硅（silicon carbide）、金属硅（silicon metal）、黄磷（yellow phosphorus）、锌（zinc）等9种主要原材料（the raw materials）实施的出口管制措施进行磋商，其中包括出口关税、出口配额、出口许可证、最低出口价格要求以及相关的分配与管理手段。2009年7月2日，欧洲共同体[2]请求加入磋商。随后，加拿大、墨西哥和土耳其请求加入磋商。[3] 2009年7月28日，中国通知世贸组织争端解决机构

---

〔1〕 案件概述主要来源于WTO官方报告，以美国为例（世贸组织文件第WT/DS394号），全文见WTO官网，https://www.wto.org/english/tratop_e/dispu_e/cases_e/ds394_e.htm，2023年3月5日访问。

〔2〕 本案专家组阶段由"欧洲共同体"（简称"欧共体"）作为争端一方，上诉阶段由"欧洲联盟"（简称"欧盟"）作为争端一方。

〔3〕 China – Measures Related to the Exportation of Various Raw Materials，美国请求磋商，世贸组织文件第WT/DS394/1号，2009年6月25日通过；欧共体请求加入共同磋商，世贸组织文件第WT/DS394/2号，2009年7月7日通过；加拿大加入磋商请求，世贸组织文件第WT/DS394/4号，2009年7月8日通过；土耳其加入磋商请求，世贸组织文件第WT/DS/394/3号，2009年7月8日通过；墨西哥加入磋商请求，世贸组织文件第WT/DS/394/5号，2009年7月9日通过。

(Dispute Settlement Body,DSB),已接受加拿大、墨西哥等国提出的参加磋商的请求。[4] 2009年7月30日,中国与美国、欧共体在日内瓦磋商;2009年9月1日和2日,中国与美国、欧共体、墨西哥在日内瓦再次磋商。两轮磋商未果后,2009年11月9日,美国、欧共体和墨西哥请求设立专家组,在设立专家组的请求的文件中除导言之外共列三个部分的内容,其中第一部分的标题为出口配额(Export Quatas);第二部分的标题为出口关税(Export Duties);第三部分的标题为出口额外措施(Additional Imposed on Exportation)。[5] 申请方认为,中国政府的相关出口规定和措施违反了《1994年关税及贸易总协定》[6](General Agreement on Tariffs and Trade,GATT 1994)第8条(进出口规费和手续)第1款[7],第8条第4款[8],第10条(贸易法规的公布和实施)第1款[9],第10条第3款(a)项[10],第11条(普遍取消数量限制)第1款[11]

---

[4] China - Measures Related to the Exportation of Various Raw Materials - Acceptance by China of the Requests to Join Consultations,中国接受加入磋商请求,世贸组织文件第WT/DS394/6号,2009年7月28日通过。

[5] China - Measures Related to the Exportation of Various Raw Materials - Request for the Establishment of a Panel by the United States,美国申请设立专家组,世贸组织文件第WT/DS394/7号,2009年11月9日通过。

[6] GATT 1947和GATT 1994相关规定的译文参考《乌拉圭回合多边贸易谈判结果:法律文件　中国加入世界贸易组织法律文件》,人民出版社2002年版。

[7] GATT 1994第8条第1款规定:"(a)各缔约方对进出口或有关进出口征收的任何性质的所有规费和费用(进出口关税和属第3条范围的国内税除外),应限制在等于提供服务所需的近似成本以内,且不得成为对国产品的一种间接保护或为财政目的而对进出口产品征收的一种税。(b)各缔约方认识到,有必要削减(a)项所指规费和费用的数量和种类。(c)各缔约方还认识到,有必要最大限度地减少进出口手续的影响范围和复杂程序,并减少和简化进出口的单证要求。"

[8] GATT 1994第8条第4款规定:"本条的规定应适用于政府主管机关实施的有关进出口的规费、费用、手续和规定,包括与下列内容有关的规费、费用、手续和规定:(a)领事事务,如领事发票和证书;(b)数量限制;(c)许可程序;(d)外汇管制;(e)统计服务;(f)文件、单证和证明;(g)分析和检查;以及(h)检疫、卫生和蒸熏消毒。"

[9] GATT 1994第10条第1款规定:"任何缔约方实施的关于下列内容的普遍适用的法律、法规、司法判决和行政裁定应迅速公布,使各国政府和贸易商能够知晓:产品的海关归类或海关估价;关税税率、国内税税率和其他费用;有关进出口产品或其支付转账、或影响其销售、分销、运输、保险、仓储检验、展览、加工、混合或其他用途的要求、限制或禁止。任何缔约方政府或政府机构与另一缔约方政府或政府机构之间实施的影响国际贸易政策的协定也应予以公布。本款的规定不得要求任何缔约方披露会妨碍执法或违背其公共利益或损害特定公私企业合法商业利益的机密信息。"

[10] GATT 1994第10条第3款(a)项规定:"每一缔约方应以统一、公正和合理的方式管理本条第1款所述的所有法律、法规、判决和裁决。"

[11] 参见《乌拉圭回合多边贸易谈判结果:法律文件　中国加入世界贸易组织法律文件》第331页。

的规定；[12]违反了《中华人民共和国加入世贸组织议定书》[13]（Protocol on the Accession of the People's Republic of China，以下简称《中国加入世贸组织议定书》）第1条第2款[14]，第2条（A）节第2款[15]，第5条第1款和第2款[16]，第8条第2款[17]的规定；违反了《中国加入工作组报告书》[18]第83段[19]、

---

〔12〕 China – Measures Related to the Exportation of Various Raw Materials – Request for the Establishment of a Panel by the United States，美国申请设立专家组，世贸组织文件第WT/DS394/7号，2009年11月9日通过。

〔13〕 《中国加入世贸组织议定书（标准中文版全文）》，全文见中国商务部官网，http://gpj.mofcom.gov.cn/article/zuixindt/201612/20161202103711.shtml，2023年3月5日访问。

〔14〕 《中国加入世贸组织议定书》第1条第2款规定："中国所加入的《WTO协定》应为经在加入之日前已生效的法律文件所更正、修正或修改的《WTO协定》。本议定书，包括工作组报告书第342段所指的承诺，应成为《WTO协定》的组成部分。"

〔15〕 《中国加入世贸组织议定书》第2条（A）节第2款规定："中国应以统一、公正和合理的方式适用和实施中央政府有关或影响货物贸易、服务贸易、与贸易有关的知识产权（'TRIPS'）或外汇管制的所有法律、法规及其他措施以及地方各级政府发布或适用的地方性法规、规章及其他措施（统称为'法律、法规及其他措施'）。"

〔16〕 《中国加入世贸组织议定书》第5条关于"贸易权"的规定："1. 在不损害中国以与符合《WTO协定》的方式管理贸易的权利的情况下，中国应逐步放宽贸易权的获得及其范围，以便在加入后3年内，使所有在中国的企业均有权在中国的全部关税领土内从事所有货物的贸易，但附件2A所列依照本议定书继续实行国营贸易的货物除外。此种贸易权应为进口或出口货物的权利。对于所有此类货物，均应根据GATT 1994第3条，特别是其中第4款的规定，在国内销售、许诺销售、购买、运输、分销或使用方面，包括直接接触最终用户方面，给予国民待遇。对于附件2B所列货物，中国应根据该附件中所列时间表逐步取消在给予贸易权方面的限制。中国应在过渡期内完成执行这些规定所必需的立法程序。2. 除本议定书另有规定外，对于所有外国个人和企业，包括未在中国投资或注册的外国个人和企业，在贸易权方面应给予其不低于给予在中国的企业的待遇。"

〔17〕 《中国加入世贸组织议定书》第8条第2款规定："除本议定书另有规定外，对于外国个人、企业和外商投资企业在进出口许可证和配额分配方面，应给予不低于给予其他个人和企业的待遇。"

〔18〕 Report of the working party on the accession of China，世贸组织文件第WT/ACC/CHN/49号，2001年10月1日通过；《中国加入工作组报告书》参考译文，全文见商务部官网，http://dcj.mofcom.gov.cn/article/zcfb/cw/，2022年8月31日访问。

〔19〕 《中国加入工作组报告书》第83段内容为："中国代表确认，在3年过渡期内，中国将逐步放开贸易权的范围和可获性。中国代表确认，自加入时起，中国将取消中国企业和外商投资企业作为获得或维持进出口权的标准的任何出口实绩、贸易平衡、外汇平衡和以往经验要求，如在进出口方面的经验。对于全资中资企业，中国代表表示，虽然外商投资企业根据其经批准的业务范围获得有限的贸易权，但是全资中资企业现需申请此类权利，且有关主管机关在批准此类申请时适用最低标准。为加速这一批准程序和增加贸易权的可获性，中国代表确认，中国将减少获得贸易权的最低注册资本金要求（只适用于全资中资企业），第一年降至500万元人民币，第二年降至300万元人民币，第三年降至100万元人民币，并将在贸易权的过渡期结束时取消审批制。中国代表还确认，在过渡期内，中国将逐步放开外商投资公司贸易权的范围和可获性。此类企业将根据以下时间表被给予新的或额外的贸易权，即自加入后1年起，外资占少数股的合资企业将被给予完全的贸易权，自加入后2年起，外资占多数股的合资企业将被给予完全的贸易权。中国代表还确认，在加入后3年内，所有在中国的企业将被给予贸易权。外商投资企业从事进出口不需建立特定形式或单独的实体从事进出口，也不需要获得包含分销在内的新的营业许可。"

第84段[20]、第162段[21]、第165段[22]和第342段[23]的承诺。[24] 在2009年11月19日的会议上,DSB推迟了专家组的成立。2009年12月21日DSB根据《关于争端解决规则与程序的谅解》(Understanding on Rules and Procedures Governing the Settlement of Disputes,DSU)第9条第1款[25]的规定设立单一专家组,一并审理“美欧墨诉中国原材料出口限制措施案”(以下简称本

[20] 《中国加入工作组报告书》第84段内容为:“中国代表确认,中国将在加入后3年内取消贸易权的审批制。届时,中国将允许所有在中国的企业及外国企业和个人,包括其他WTO成员的独资经营者,在中国全部关税领土内进口所有货物(议定书(草案)附件2A所列供国营贸易企业进口和出口的产品份额除外)。但是,此种权利不允许进口商在中国国内分销货物。提供分销服务将依照中国在GATS项下的具体承诺减让表进行。关于对外国企业和个人、包括对其他WTO成员的独资经营者给予贸易权的问题,中国代表确认,此类权利将以非歧视和非任意性的方式给予。他进一步确认,获得贸易权的任何要求仅为通关和财政目的,将不构成贸易壁垒。中国代表强调,拥有贸易权的外国企业和个人需要遵守所有与WTO相一致的、有关进出口的要求,如与进口许可、TBT和SPS有关的要求,但确认将不适用与最低资本金和以往经验有关的要求。”

[21] 《中国加入工作组报告书》第162段内容为:“中国代表确认,中国将遵守有关非自动出口许可程序和出口限制的WTO规则。也将使《外贸法》符合GATT的要求。此外,在加入之日后,只有在被GATT规定证明为合理的情况下,才实行出口限制和许可程序。”

[22] 《中国加入工作组报告书》第165段内容为:“中国代表确认,自加入时起,将每年就现存对出口产品实行的非自动许可限制向WTO作出通知,并将予以取消,除非这些措施在《WTO协定》或议定书(草案)项下被证明为合理。”

[23] 《中国加入工作组报告书》第342段内容为:“工作组注意到本报告书所反映的中国关于其外贸制度的说明和声明。工作组注意到中国就某些具体事项所作承诺,这些承诺载入本报告书第18至19、22至23、35至36、40、42、46至47、49、60、62、64、68、70、73、75、78至79、83至84、86、91至93、96、100至103、107、111、115至117、119至120、122至123、126至132、136、138、140、143、145、146、148、152、154、157、162、165、167至168、170至174、177至178、180、182、184至185、187、190至197、199至200、203至207、210、212至213、215、217、222至223、225、227至228、231至235、238、240至242、252、256、259、263、265,270、275、284、286、288、291、292、296、299、302、303、304至305、307至310、312至318、320、322、331至334、336、339以及341段中,并注意到这些承诺已并入议定书(草案)第1条第2款。”

[24] China - Measures Related to the Exportation of Various Raw Materials - Request for the Establishment of a Panel by the United States,美国申请设立专家组,世贸组织文件第WT/DS394/7号,2009年11月9日通过,第9页。

[25] 《关于争端解决规则与程序的谅解》第9条关于“多边投诉程序”的规定:“1. 当不止一个成员方就同一问题请求设立专家组时,在考虑到所有有关成员方的权利情况下审核这些申请,可设立一个单一的专家组。在任何可行的时候,均应设立一个单一的专家组来审核此类申请。”

案)。[26] 2010年3月29日,由于争端双方未能就专家组成员达成合意,世贸组织总干事指定了专家组成员。[27] 2010年3月31日,中国提交了一份专家组初步裁决(Preliminary Ruling)请求,从程序角度入手指出申请方设立专家组的请求内容不明确、范围过于宽泛,违反了DSU第6条第2款的规定,影响了中国的抗辩权。[28] 专家组分两个阶段作出初步裁决[29]:2010年5月7日作出第一阶段的初步裁决;2010年10月1日作出第二阶段的初步裁决。初步裁决主要内容是:认为申请方所列"相关措施"范围宽泛,不属于专家组审查范围;认为《中国加入工作组报告书》第342段不属于专家组审查范围;认为申请方设立专家组的请求的第三部分不违反规定。

在2011年7月5日专家组作出的《专家组报告》[30]中,就案件"审查范围、出口关税、出口配额、中国引用例外条款抗辩、出口配额分配及管理、出口许可证发放、最低出口限价"等七个方面作出裁决。专家组支持中国关于案件审查范围、出口配额分配及管理、出口许可证发放等方面的大部分观点和立场,认同中国对于耐火矾土和氟石采取的综合管理措施。但专家组同时也裁定中国涉案的出口关税和出口配额措施不符合中国加入世贸组织的承诺和有关WTO规则,且不满足保护可用尽自然资源、保护人类生命健康等例外条款的条件。[31]

---

[26] 2009年12月21日,DSB根据DSU第9条第1款(WT/DSB/M/277)为三项申请设立了一个单一专家组。根据美国和墨西哥的联合请求,专家组以统一文件的形式发布了调查结果,其中包括三份单独的报告;上诉机构以统一文件发布报告,其中包括三份独立的上诉机构报告。本案编号为WT/DS394的相关文件涉及美国,WT/DS395的相关文件涉及欧盟,WT/DS398的相关文件涉及墨西哥。

[27] China – Measures Related to the Exportation of Various Raw Materials – Constitution of the Panel Established at the Requests of the United States, the European Communities and Mexico – Note by the Secretariat,申请设立专家组说明,世贸组织文件第WT/DS394/8,WT/DS395/8,WT/DS398/7号,2010年3月30日通过。

[28] Communication from China to the Panel: China's request for a preliminary ruling pursuant to Article 6.2 of the DSU, 30 March 2010. ("China's request for a preliminary ruling")

[29] The first and second phases of the preliminary ruling were attached as Annexes F–1 and F–2 to the Panel Reports. (See Panel Reports, para. 1.12–1.13).

[30] China – Measures Related to the Exportation of Various Raw Materials,专家组报告,世贸组织文件第WT/DS394/R,WT/DS395/R,WT/DS398/R号,2011年7月5日通过。

[31] 范兰宁:《自然资源永久主权原则与WTO体制下自由贸易规则——美欧墨诉中国原材料出口限制争端案述评》,载《对外经贸实务》2012年第2期,第45页。

2011 年 8 月 31 日，中国就专家组报告中的部分法律问题和法律解释提出上诉。[32] 2011 年 9 月 6 日，美国、欧盟、墨西哥就专家组报告的部分法律问题和法律解释提出交叉上诉(other appeal)。[33] 2012 年 1 月 30 日上诉机构作出《上诉机构报告》[34]，维持了专家组报告的核心内容，即中国出口关税和出口配额措施违反了入世承诺和 WTO 规则；基于程序，撤销了专家组对配额分配管理、出口许可程序等事项的裁决，部分纠正了专家组对 GATT 1994 第 20 条规定的错误解释。[35]

在 2012 年 3 月 23 日的 DSB 会议上，中国告知 DSB 其打算执行 DSB 的建议和裁决，但需要一定的合理期限。2012 年 5 月 24 日，中美双方根据 DSU 第 21 条第 3 款(b)项[36]的规定达成协议，美国同意中国在合理期限内，即 10 个月零 9 天(自 2012 年 2 月 22 日起算)，执行 DSB 的建议和裁决。因此，合理期限于 2012 年 12 月 31 日届满。[37] 欧盟和墨西哥也通报 DSB 已同意前述

---

[32] China－Measures Related to the Exportation of Various Raw Materials－Notification of An Appeal by China under Article 16.4 and Article 17 of the Understanding on Rules and Procedures Governing the Settlement of Disputes (DSU), and under Rule 20(1) of the Working Procedure for Appellate Review，中国上诉通知，世贸组织文件第 WT/DS394/11，WT/DS395/11，WT/DS398/11 号，2011 年 9 月 2 日通过。

[33] China－Measures Related to the Exportation of Various Raw Materials－Notification of An Other Appeal by the United States under Article 16.4 and Article 17 of the Understanding on Rules and Procedures Governing the Settlement of Disputes (DSU), and under rule 23(1) of the Working Procedures for Appellate Review，美国交叉上诉通知，世贸组织文件第 WT/DS394/12 号，2011 年 9 月 12 日通过。

[34] China－Measures Related to the Exportation of Various Raw Materials，上诉机构报告，世贸组织文件第 WT/DS394/AB/R，WT/DS395/AB/R，WT/DS398/AB/R 号，2012 年 2 月 22 日通过。

[35] 同前注，第 235、267 段。

[36] 《关于争端解决规则与程序的谅解》第 21 条第 3 款关于“对执行各项建议和裁决的监督”规定：“在专家组或受理上诉机构报告通过之后 30 天内举行的争端解决机构会议上，有关成员方应将有关其执行争端解决机构各项建议和裁决的意向通知争端解决机构。若立即服从各项建议和裁决不是切实可行，则有关成员方应确定一个合理的期限。这一合理期限应是：(1)由有关成员方所建议的期限，只要该期限被争端解决机构认可；或者在没有争端解决机构认可的情况下；(2)在通过各项建议或裁决之后 45 天内由争端各当事方一致同意的期限；或者在没有此类协议的情况下；(3)在通过各项建议和裁决之后 90 天内经有约束力的仲裁确定的期限。在此类仲裁中，仲裁者的原则应是，履行专家组或受理上诉机构建议的合理期限不应超过自通过专家组或受理上诉机构报告之日起的 15 个月。然而，该期限可根据具体情况加以缩短或延长。”

[37] China－Measures Related to the Exportation of Various Raw Materials－Communication from the United States and China Concerning Article 21.3(b) of the DSU，世贸组织文件第 WT/DS394/18 号，2012 年 5 月 30 日通过。

合理期限。

在2013年1月28日的DSB会议上,中国报告称,2012年12月18日,中国海关总署颁布了《2013年关税实施方案》[38]。2012年12月31日,中国商务部和中国海关总署联合发布了《2013年出口许可管理货物目录》(目前已被废止)[39]。根据上述文件,部分原材料的出口关税和出口配额已取消。上述两份文件均于2013年1月1日生效。[40] 通过颁布上述文件,中国全面落实了DSB在这些争议中的建议和裁决。

(二)所涉法律问题

本案实体方面的争议焦点在于,中国对于9种原材料采取的出口限制措施是否与WTO规则以及中国入世承诺一致;中国违反相关WTO规则和入世承诺是否可以引用GATT 1994第20条[41]一般例外条款进行抗辩。对于中

---

〔38〕《海关总署2012年第63号(关于2013年关税实施方案)》,全文见中国海关总署官网,http://www.customs.gov.cn/customs/302249/302266/302267/357266/index.html,2022年10月28日访问。

〔39〕商务部、海关总署公告2012年第97号　公布《2013年出口许可证管理货物目录》[已废止],全文见中国商务部官网,http://www.mofcom.gov.cn/aarticle/b/c/201212/20121208503273.html,2022年10月28日访问。

〔40〕China – Measures Related to the Exportation of Various Raw Materials – Status report by China – Addendum,中国状况报告附录,世贸组织文件第WT/DS394/19/Add.1,WT/DS395/18/Add.1,WT/DS398/17/Add.1号,2013年1月18日通过。

〔41〕GATT 1994第20条一般例外规定:"在遵守关于此类措施的实施不在情形相同的国家之间构成任意或不合理歧视的手段或构成对国际贸易的变相限制的要求前提下,本协定的任何规定不得解释为阻止任何缔约方采取或实施以下措施:(a)为保护公共道德所必需的措施;(b)为保护人类、动物或植物的生命或健康所必需的措施;(c)与黄金或白银进出口有关的措施;(d)为保证与本协定规定不相抵触的法律或法规得到遵守所必需的措施,包括与海关执法、根据第2条第4款和第17条实行有关垄断、保护专利权、商标和版权以及防止欺诈行为有关的措施;(e)与监狱囚犯产品有关的措施;(f)为保护具有艺术、历史或考古价值的国宝所采取的措施;(g)与保护可用尽的自然资源有关的措施,如此类措施与限制国内生产或消费一同实施;(h)为履行任何政府间商品协定项下义务而实施的措施,该协定符合提交缔约方全体且缔约方全体不持异议的标准,或该协定本身提交缔约方全体且缔约方全体不持异议;(i)在作为政府稳定计划的一部分将国内原料价格压至低于国际价格水平的时期内,为保证此类原料给予国内加工产业所必需的数量而涉及限制此种原料出口的措施;但是此类限制不得用于增加该国产业的出口或增加对其提供的保护,也不得偏离本协定有关非歧视的规定;(j)在普遍或局部供应短缺的情况下,为获取或分配产品所必需的措施;但是任何此类措施应符合以下原则:即所有缔约方在此类产品的国际供应中有权获得公平的份额,且任何此类与本协定其他规定不一致的措施,应在导致其实施的条件不复存在时即行停止。缔约方全体应不迟于1960年6月30日审议对本项的需要。"

国实施的出口限制措施与 WTO 规则以及中国入世承诺不一致这一问题，双方没有进一步的争议，故本章将重点探讨 GATT 1994 例外条款规定在本案中的适用性，具体而言与本案相关的例外条款为 GATT 1994 第 20 条第(b)款、(g)款以及 GATT 1994 第 11 条第 2 款(a)项[42]。

程序方面的争议焦点在于专家组设立申请的第三部分是否符合 DSU 的相关规定从而保障了当事方的权利以及正当程序的目标。此外，专家组报告中针对 2010 年的出口关税和出口配额提出的建议是否属于专家组的职权范围。

根据以上内容，笔者将争端双方争议的主要问题归纳为以下四项：(1)专家组设立申请是否符合要求，专家组所提出的建议是否属于专家组职权范围；(2)中国对 9 种原材料的出口限制措施是否能够引用 GATT 1994 第 20 条一般例外条款的规定进行抗辩；(3)中国对于氟石的出口关税措施和耐火铝矾土的出口配额措施是否可以引用 GATT 1994 第 20 条第(g)款进行抗辩；(4)中国对于部分产品的出口限制措施是否可以引用 GATT 1994 第 20 条第(b)款进行抗辩；(5)中国对耐火级铝矾土的配额措施是否可以引用 GATT 1994 第 11 条第 2 款(a)项进行抗辩。

二、对法律问题的分析及评论

(一)申请方的设立专家组的请求与专家组的职权范围

1. 专家组的意见及法律依据

2009 年 11 月 4 日，美国、欧盟、墨西哥提交设立专家组的请求(the request for the establishment of a panel)，该请求包含导言和三个部分(标题分别为出口配额、出口关税、出口额外措施)，对此 DSB 成立单一专家组。随后，中国申请初步裁决，认为申请方的专家组设立申请不符合 DSU 第 6 条第 2 款规定，没有明确争议措施和所涵盖的产品；设立专家组的请求的第三部分虽然列举了 37 条措施和 13 条中国违反的法规，但是两者并没有建立明确的联系(除

---

〔42〕 GATT 1994 第 11 条第 2 款(a)项规定："本条第 1 款的规定不得适用于下列措施：(a)为防止或缓解出口缔约方的粮食或其他必需品的严重短缺而临时实施的出口禁止或限制。"

了申请方关于未公布锌的出口措施的主张)，没有提供"足以明确陈述问题的起诉的法律依据概要"，即申请方并没有清楚列出争端中的具体措施是如何违反WTO具体义务的，其随后提交的书面陈述并不能弥补申请方的设立专家组的请求中未明确说明具体措施和规则的关系等方面的缺陷，侵犯了中国的抗辩权利。

(1)涉及的法律条文及解释

该部分内容主要涉及的法律条文为DSU第6条第2款，第7条第1款，第11条，第19条第1款。

DSU第6条第2款规定，"设立专家组的请求应以书面形式提出。请求应指出是否已进行磋商、确认争论中的措施并提供一份足以明确陈述问题的起诉的法律根据概要。在申请方请求设立的专家组不具有标准职权范围的情况下，书面请求中应包括特殊职权范围的拟议案文"。[43] 根据DSU的规定，争议申请方只有经过磋商程序才可以要求成立专家组。

DSU第7条第1款规定，"专家组应具有下列职权范围，除非争端各方在专家组设立后20天内另有议定：按照(争端各方引用的适用协定名称)的有关规定，审查(争端方名称)在……文件中提交DSB的事项，并提出调查结果以协助DSB提出建议或作出该协定规定的裁决各方在专家组设立后20天内另有提议：'按照(争端各方引用的涵盖协定名称)的有关规定，审查(争端方名称)在(文件编号)文件中提交DSB的事项，并作出决定将会协助DSB提出建议或者作出该协定规定的裁决'"。

这两条规定将申请方的设立专家组的请求和专家组的职权范围直接联系起来，审查设立专家组的书面请求的法律依据是DSU第6条第2款，而第7条第1款规定了专家组职权范围的基础是申请方的设立专家组申请的内容。

DSU第19条第1款规定，"如专家组或上诉机构认定一措施与一适用协定不一致，则应建议有关成员使该措施符合该协定。除其建议外，专家组或上诉机构还可就有关成员如何执行建议提出办法"。该条确立了专家组关于

[43] DSU 6.2："The request for the establishment of a panel shall be made in writing. It shall indicate whether consultations were held, identify the specific measures at issue and provide a brief summary of the legal basis of the complaint sufficient to present the problem clearly."

"措施与所涉协议不一致"的结论与被申请方应使该措施符合该协定的建议之间的联系,并且依据该条提出建议的措施仅限于专家组职权范围内的措施。[44]

(2)被引用的案例及理由

关于确定专家组职权范围的重要性,专家组引用以下案例:①在 EC - Chicken Cuts(欧共体鸡块案)[45],US - Carbon Steel(美国碳钢案)[46],Brazil - Desiccated Coconut(巴西椰子案)[47],EC - Bananas Ⅲ(欧共体香蕉案)[48]中上诉机构指出确认专家组职权范围的根本目的为划定争端范围和实现正当程序目标。同时在欧共体鸡块案中上诉机构指出,作为一般规则,专家组职权范围所包括的措施必须是专家组成立时存在的措施。[49] ②在 Korean - Dairy(韩国乳制品案)[50],美国碳钢案[51]中上诉机构指出,应当确保当事方的抗辩能力和充分了解案件的权利。③Chile - Price Band System(智利价格案)[52]、Mexico - Corn Syrup(墨西哥玉米糖浆反倾销案)[53]中上诉机构指出

[44] China - Measures Related to the Exportation of Various Raw Materials,上诉机构报告,世贸组织文件第 WT/DS394/AB/R,WT/DS395/AB/R,WT/DS398/AB/R 号,2012 年 2 月 22 日通过,第 251 段。

[45] European Communities - Customs Classification of Frozen Boneless Chicken Cuts,上诉机构报告,世贸组织文件第 WT/DS269/AB/R,WT/DS286/AB/R 号,2005 年 9 月 12 日通过,第 155 段。

[46] United States - Countervailing Duties on Certain Corrosion - Resistant Carbon Steel Flat Products from Germany,上诉机构报告,世贸组织文件第 WT/DS213/AB/R 号,2002 年 11 月 28 日通过,第 126 段。

[47] Brazil - Measures Affecting Desiccated Coconut,上诉机构报告,世贸组织文件第 WT/DS22/AB/R 号,1997 年 2 月 21 日通过,第 186 段。

[48] European Communities - Regime for the Importation, Sale and Distribution of Bananas,上诉机构报告,世贸组织文件第 WT/DS27/AB/R 号,1997 年 9 月 9 日通过,第 142 段。

[49] European Communities - Customs Classification of Frozen Boneless Chicken Cuts,上诉机构报告,世贸组织文件第 WT/DS269/AB/R,WT/DS286/AB/R 号,2005 年 9 月 12 日通过,第 156 段。

[50] Korea - Definitive Safeguard Measure on Imports of Certain Dairy Products,上诉机构报告,世贸组织文件第 WT/DS98/AB/R 号,1999 年 12 月 14 日通过,第 124 - 127 段。

[51] United States - Countervailing Duties on Certain Corrosion - Resistant Carbon Steel Flat Products from Germany,上诉机构报告,世贸组织文件第 WT/DS213/AB/R 号,2002 年 11 月 28 日通过,第 127 段。

[52] Chile - Price Band System and Safeguard Measures Relating to Certain Agricultural Products,上诉机构报告,世贸组织文件第 WT/DS207/AB/R 号,2002 年 9 月 23 日通过,第 139 段。

[53] Mexico - AntiDumping Investigation of High Fructose Corn Syrup (HFCS) from the United States - Recourse to Article 21.5 of the DSU by the United States,专家组报告,世贸组织文件第 WT/DS132/R 号,2000 年 1 月 28 日通过,第 35 段。

提供正当程序的义务是"WTO 争端解决机制所固有的"。在 US - Continued Suspension(欧共体与美国终止报复案)中上诉机构指出保护正当程序是以规则为基础的审判制度的一个基本特征。[54] ④确保申请方迅速解决争端的权利,在 US - FSC(美国国外销售公司案)[55]中上诉机构指出 WTO 争端解决程序规则的目的不是促进诉讼技术的发展,而是促进公平、迅速和有效地解决贸易争端。

对于 DSU 第 6 条第 2 款的阐释,专家组引用以下案例:①在韩国乳制品案[56]和美国碳钢案[57]中,上诉机构认为,在判断设立专家组的请求是否符合 DSU 第 6 条第 2 款的规定时,应在审查整个设立专家组的书面申请和争端双方的首次书面陈述(如有必要)之后根据案件的具体情况确定,同时要保障当事方的抗辩权利和充分了解申请方诉求的权利。②在韩国乳制品案[58]、美国碳钢案[59]中上诉机构指出,评估 DSU 第 6 条第 2 款的要求时,必须将设立专家组请求作为一个整体,并置于综合的和不断发展的专家组进程的背景下加以考虑。此外,本案专家组也提及欧共体香蕉案[60]中上诉机构所指出的并不是所有的设立专家组的请求的缺陷都可以通过第一次书面陈述予以纠正。

对于如何判断设立申请中是否指明具体措施,专家组引用以下案例:

---

〔54〕 United States - Continued Suspension of Obligations in the EC - Hormones Dispute,上诉机构报告,世贸组织文件第 WT/DS320/AB/R 号,2008 年 10 月 16 日通过,第 433 段。

〔55〕 United States - Tax Treatment for "Foreign Sales Corporations",上诉机构报告,世贸组织文件第 WT/DS108/AB/R 号,1999 年 10 月 8 日通过,第 166 段。

〔56〕 Korea - Definitive Safeguard Measure on Imports of Certain Dairy Products,上诉机构报告,世贸组织文件第 WT/DS98/AB/R 号,1999 年 12 月 14 日通过,第 124 - 127 段。

〔57〕 United States - Countervailing Duties on Certain Corrosion - Resistant Carbon Steel Flat Products from Germany,上诉机构报告,世贸组织文件第 WT/DS213/AB/R 号,2002 年 11 月 28 日通过,第 127 段。

〔58〕 Korea - Definitive Safeguard Measure on Imports of Certain Dairy Products,上诉机构报告,世贸组织文件第 WT/DS98/AB/R 号,1999 年 12 月 14 日通过,第 124 - 127 段。

〔59〕 European Communities - Customs Classification of Frozen Boneless Chicken Cuts,上诉机构报告,世贸组织文件第 WT/DS269/AB/R,WT/DS286/AB/R 号,2005 年 9 月 12 日通过,第 127 段。

〔60〕 European Communities - Regime for the Importation, Sale and Distribution of Bananas,上诉机构报告,世贸组织文件第 WT/DS27/AB/R 号,1997 年 9 月 9 日通过,第 143 段。

①在 US - Continued Zeroing(美国持续归零案)[61] 中上诉机构指出,只需要有足够的特殊性以表明该措施的性质和所涉问题的要点即可。②在 Argentina - Footwear(EC)(阿根廷鞋类案)[62] 中专家组指出一项措施可以通过其实质内容或本性进行识别。③在欧共体鸡块案[63] 中上诉机构指出,DSU 第 6 条第 2 款不涉及指明争议产品,而是涉及指明争议的具体措施,指明涵盖的争议产品通常不是专家组职权范围的单独内容。④在 EC - Computer Equipment(欧共体计算机设备案)[64] 中上诉机构认为,就某些 WTO 义务而言,为了确定有争议的具体措施,可能还需要确定有争议的产品。⑤在 Mexico - Anti - dumping Measures of Rice(墨西哥大米反倾销案)[65] 中专家组指出对于设立专家组的请求中的不同主张必须结合其上下文来理解。

对于修改措施、替换措施等是否属于专家组职权范围问题,专家组引用以下案例:①在智利价格案[66] 中上诉机构认为,对于争议措施的修改只要不改变原始措施的"实质"即可纳入专家组最初的职权范围内。②在 US - Upland Cotton(美国陆地棉花案)[67] 中上诉机构指出,原始措施到期被新措施替代时,如果实施这一措施与实施原始措施效果相同,那么这一新措施也在专家组的职权之内。

对于是否提供了足以明确陈述问题的法律根据概要,专家组通过引用以往的案例确立了以下规则:①上诉机构在 US - Oil Country Tubular Goods

---

[61] United State - Continued Existence and Application of Zeroing Methodology,上诉机构报告,世贸组织文件第 WT/DS350/AB/R 号,2009 年 2 月 4 日通过,第 169 段。

[62] Argentina - Safeguard Measures on Imports of Footwear, 专家组报告,世贸组织文件第 WT/DS121/R 号,1999 年 12 月 14 日通过,第 8.40 段。

[63] European Communities - Customs Classification of Frozen Boneless Chicken Cuts,上诉机构报告,世贸组织文件第 WT/DS269/AB/R,WT/DS286/AB/R 号,2005 年 9 月 12 日通过,第 155 段。

[64] European Communities - Customs Classification of Certain Computer Equipment,上诉机构报告,世贸组织文件第 WT/DS62/AB/R,WT/DS67/AB/R,WT/DS68/AB/R 号, 1998 年 6 月 5 日通过,第 67 段。

[65] Mexico - Definitive AntiDumping Measures on Beef and Rice, Complaint with Respect to Rice, 专家组报告,世贸组织文件第 WT/DS295/R 号,2005 年 11 月 29 日通过,第 7.31 段。

[66] Chile - Price Band System and Safeguard Measures Relating to Certain Agricultural Products,上诉机构报告,世贸组织文件第 WT/DS207/AB/R 号,2002 年 9 月 23 日通过,第 139 段。

[67] United States - Subsidies on Upland Cotton,上诉机构报告,世贸组织文件第 WT/DS267/AB/R 号,2005 年 3 月 3 日通过,第 270 段。

Sunset Reviews(美国—石油国家管道产品日落复审案)[68]中的观点,设立专家组的请求的关键在于是否足够清楚地指明“问题”由哪项措施或者系列措施引起。上诉机构认为,为了“清楚地说明问题”,专家组的设立申请必须“明确地将争议措施与违反的涵盖协议的规定联系起来”。②在韩国乳制品案[69]中上诉机构指出,需要结合个案(case - by - case)对于具体要求进行分析,如果一项规定包含多项义务,那么设立专家组的请求需要具体说明该规定所载的哪些义务产生争议。尽管申请方必须提供一个“概要”,但这并不意味着申请方应当在其设立专家组的请求中列明论据以证明其书面请求。

(3)专家组法律推理过程

2010年3月30日中国申请初步裁决。2010年4月29日,专家组举行听证会,并与第三方单独举行了会议。同日,专家组应中国的请求向双方提出了书面问题。2010年5月3日申请方作出答复,5月5日,双方就对方的答复发表评论。专家组于2010年5月7日作出初步裁决的第一阶段,就“指明争议措施、提供指明问题的法律根据概要、撤回《中国加入工作组报告书》第342段的主张”等内容作出初步裁决。对于申请方专家组的请求内容是否符合DSU第6条第2款的规定,专家组的分析过程如下:

在第一阶段,专家组结合先前案例指出DSU第6条第2款有以下两项要求:①指明“争论中的措施”;②提供“足以明确陈述问题的法律依据的概要”。专家组的请求的精确性来源于专家组职权范围内的两个基本目的,即划定“争端范围”和实现“正当程序”目标。[70] 因此,专家组将主要考虑以下要素:申请方所划定的争端范围是否明确;被申请方的抗辩能力和充分了解案件的权利是否得到保障;WTO争端解决程序促进贸易争端被公平、迅速、有效的解决的目的是否实现。

专家组仔细审查了设立专家组的请求的内容。专家组在分析申请方设立

---

[68] United States - Sunset Reviews of Anti - Dumping Measures on Oil Country Tubular Goods from Argentina,上诉机构报告,世贸组织文件第WT/DS268/AB/R号, 2004年11月29日通过,第162段。

[69] Korea - Definitive Safeguard Measure on Imports of Certain Dairy Products,上诉机构报告,世贸组织文件第WT/DS98/AB/R号,1999年12月14日通过,第124段。

[70] European Communities - Customs Classification of Frozen Boneless Chicken Cuts,上诉机构报告,世贸组织文件第WT/DS269/AB/R,WT/DS286/AB/R号,2005年9月12日通过,第155段。

专家组的请求中是否指明争议措施时,引用美国持续归零案、阿根廷鞋类案中"指明"需要表明措施的实质或本性,认为指明争议的具体措施的义务并不意味着申请方需要在设立申请中阐明该措施的确切内容。[71] 这些要求的目的是确保被申请方清楚了解争端中争议的措施范围。本案专家组主要讨论其中使用的两组术语:在争议措施的清单之前使用"除此之外(among others)";在所有列举措施中提及"任何修订或延期;相关措施;替代措施;实施措施"。专家组认为申请方使用短语"除此之外"表明设立申请所列的措施并非符合WTO义务的唯一措施,申请方可能在随后的材料中进行补充。专家组认为,这种短语引导的"开放式(open ended)"清单不符合DSU第3条第2款所要求的争端解决制度的"安全性和可预测性"。专家组认为只有清楚指明的措施才可纳入职权范围内。[72] 对于"修改措施、相关措施等"术语的使用,专家组认为"相关措施"这一词太过于宽泛没有指明具体的争议措施,使得中国无法清楚知道目前争端中的争议措施,因此申请方不能在争议措施清单中增加范围宽泛的"相关措施"。[73]

在申请方提交首次书面陈述之前,专家组对两个问题进行保留:①争议措施是否需要指明所涵盖的产品;②设立专家组的请求的第三部分是否提供了足以明确问题的法律依据的概述陈述问题的法律根据概要,特别是申请方在争议措施与提供的法律文件之间是否建立了"充分的联系"(以下简称问题2)。作出保留决定主要基于以下理由:第一,引用韩国乳制品案与美国碳钢案中关于专家组程序是整体的、综合的、不断发展的观点,将专家组设立申请作为一个整体看待。第二,为了保证设立专家组的请求的充分性,保护被申请方的抗辩权利以及充分了解案件的权利。[74] 第三,为了保证专家组程序正常有序开展。此外,申请方在代表发言中指出初步程序的不成熟,其将会在第一份书面陈述中进行完善。[75] 不过,专家组也引用欧共体香蕉案中的"并不是所有的

---

〔71〕 China－Measures Related to the Exportation of Various Raw Materials,第一阶段初步裁决,专家组报告附件一,世贸组织文件第WT/DS394/R/Add.1,WT/DS395/R/Add.1,WT/DS398/R/Add.1号,2010年5月7日通过,第8段。

〔72〕 同前注,第10－13段。

〔73〕 同前注,第17段。

〔74〕 同前注,第37段。

〔75〕 同前注,第28段。

专家组设立申请的缺陷都可以通过第一次书面陈述纠正”[76]对以上分析进行补充,同时期望申请方在第一次书面陈述中“澄清”措施与具体规定之间的联系。

2010年9月6日,第一次专家组会议之后,专家组要求申请方列出所有争议措施以及每项措施违反的具体的WTO规定。2010年9月13日,申请方提交了一份图表,该图表分三栏列出所涉及的出口限制类型、相关的措施,以及每项措施违反的WTO规定。2010年10月1日,专家组作出初步裁决的第二阶段,得出的结论为申请方的第一次书面陈述充分说明了争议措施与具体规定之间的联系,这一结论的依据是申请方在第一次专家组会议后答复专家组问题时所提交的图表。[77]

在收到并审查双方的第一份书面陈述以及听取了进一步口头论点之后,专家组审议了申请方对专家组问题的答复以及争端双方对答复的评论。专家组在第二阶段审议了之前保留的两个问题。

审查措施是否需要涉及对涵盖产品的说明这一问题。本案专家组认为,一般来说,除非所涉产品指明确定了争议措施的特殊性,否则专家组设立申请不需要具体指明每项主张所涵盖的产品。[78] 本案专家组引用欧共体鸡块案[79]中上诉机构的解释,“DSU第6条第2款不涉及争议产品的指明,而是涉及具体措施的指明”。根据个案审理的方式,专家组认为,有些情况下可能需要对产品进行指明,以明确争议措施。本案中,争议措施必须有具体的产品适用,涵盖导言中所列的一种或几种产品。通过审查设立申请的三个部分包括导言表述和材料的脚注,专家组认为,其中的每一部分的措施都涵盖了导言中提到的9种原材料中的一种、几种或全部。接着专家组审查了第一份书面

[76] European Communities – Regime for the Importation, Sale and Distribution of Bananas,上诉机构报告,世贸组织文件第WT/DS27/AB/R号,1997年9月9日通过,第143段。

[77] China – Measures Related to the Exportation of Various Raw Materials,上诉机构报告,世贸组织文件第WT/DS394/AB/R, WT/DS395/AB/R, WT/DS398/AB/R号,2012年2月22日通过,第216段。

[78] China – Measures Related to the Exportation of Various Raw Materials,第二阶段初步裁决,专家组报告附件一,世贸组织文件第WT/DS394/R/Add. 1, WT/DS395/R/Add. 1, WT/DS398/R/Add. 1号,2010年10月1日通过,第11段。

[79] European Communities – Customs Classification of Frozen Boneless Chicken Cuts,上诉机构报告,世贸组织文件第WT/DS269/AB/R, WT/DS286/AB/R号,2005年9月12日通过,第165段。

陈述,在该书面陈述以及第一次专家组会议中,申请方对此作出了进一步的明确。

在设立专家组的请求的第一部分中,申请方根据25项法律文书清单质疑中国对5种产品(铝土矿、焦炭、氟石、碳化硅和锌)实施的出口配额。申请方在第一份书面陈述中确认,在这些产品中,铝土矿、氟石和碳化硅与招标分配的配额相关,而焦炭和锌与直接分配的配额相关,申请方在对专家组提出的问题2的答复中进一步确定了与出口配额有关的法律文书。在第一次专家组会议期间,申请方联合提交了附件JE-134,其中详细说明了与其出口关税和出口配额有关的主张所涉及的具体的原材料和产品名称。基于对第一份书面陈述的内容和第一次专家组会议之后答复专家组的问题的审议,专家组认为,中国已经能够对这些主张提出具体的抗辩,而这表明申请方已经确定了出口配额请求的范围。因此,对于第一部分提到的出口配额,专家组认为申请方已经充分指明了争议产品从而充分确定争议措施,符合DSU第6条第2款的规定。[80]

在设立专家组的请求的第二部分,申请方根据19项法律文书的规定质疑中国对8种产品(除碳化硅之外)征收出口关税。其认为中国对某些产品征收的出口关税不符合其根据《中国加入世贸组织议定书》第11条第3款规定作出的承诺。申请方的第一份书面陈述以及对专家组提出的问题2的答复进一步列明了具体措施。在前面提到的附件JE-134中,申请方还详细说明了与出口关税相关的主张的具体原材料和产品名称。对此,中国提出了若干抗辩,因此专家组认为申请方充分确定了争端的范围,中国行使了自己的抗辩权。因此,对于第二部分提到的出口关税,专家组认为申请方已充分指明了争议产品,从而充分确定了争议措施,符合DSU第6条第2款的规定。[81]

在设立专家组的请求标题为"出口额外措施"的第三部分中,申请方质疑中国关于配额招标制度的要求和程序:出口配额管理、出口许可证制度、Ministry of Environmental Protection(中国环境保护部,MEP)未能公布价格和配

---

〔80〕 China - Measures Related to the Exportation of Various Raw Materials,第二阶段初步裁决,专家组报告附件一,世贸组织文件第WT/DS394/R/Add. 1,WT/DS395/R/Add. 1,WT/DS398/R/Add. 1号,2010年10月1日通过,第13-17段。

〔81〕 同前注,第18-29段。

额。对此,专家组一一进行审查,并认为申请方已经指明了争议产品,充分确定了争议措施,符合 DSU 第 6 条第 2 款的规定。具体分析内容如下:

中国在第一份书面陈述中提出了对 MEP 有关措施的相关抗辩。对此专家组首先讨论与 MEP 有关的措施,然后再讨论申请方设立专家组的请求的第三部分是否提供了足以明确陈述问题的法律根据概要。申请方提交两个图表确定了争议措施清单,其中提到了 21 项与 MEP 相关的措施,包括中国第一份书面陈述第 39 段中确定的 15 项措施,以及在中国提供的图表中未出现的 6 项额外措施。申请方在答复问题 2 时提出的 21 项措施中有 15 项措施属于专家组的职权范围之内。其中 15 项中有 9 项属于"执行"措施(implementing measures),申请方承认这 9 项措施:有的包含在申请方的磋商请求中,但没有包含在设立申请中;有的包含在设立申请中,但不在磋商请求中;有的措施在两个请求中都没有出现。中国认为,申请方提出的这些附加措施不是新的政府行动,申请方也没有证明这些措施与专家组最初要求的措施具有相同的"实质"或"效果",因此不能将其视为专家组职权范围内的"执行措施"。专家组引用美国陆地棉花案、智利价格案中的分析,认为新的替代措施不得改变"实质"和"效果",并且依据第一阶段的裁定,专家组在本争端的职权范围不应扩大到广泛和未界定的"相关措施",认为在磋商和设立专家组的请求中都出现的 6 项措施属于专家组的职权范围。剩余的 9 项措施申请方没有证明执行了设立专家组的请求中确定的其他措施,也没有解释这些措施的实质或者是与磋商请求中所列任何措施的联系,并且针对这些主张中国也没有得到适当通知,因此不属于专家组的职权范围。[82]

其次,对于设立专家组的请求的第三部分中争议措施与陈述问题的法律根据概要是否建立了充分的联系,专家组同意申请方关于所有列举措施违反所有列举 WTO 义务的论点与叙述性段落的实质内容相矛盾。专家组认为申请方在答复问题 2 时澄清了争议措施与陈述问题的法律根据概要之间的联系,并举 3 个例子予以说明:第一,对于中国出口配额制度的管理,美国、墨西哥将《中华人民共和国货物进出口管理条例》确定为与出口配额制度管理有关的法律文书之一,美国、墨西哥认为这一措施与 GATT 1994 第 10 条第 3 款

〔82〕 同前注,第 45 – 56 段。

(甲)项不一致。第二,关于出口许可证制度,专家组认为中国根据第三部分在第一份书面意见第8部分B节对一些主张提出了具体的抗辩,因此得出申请方履行了明确提出问题的职责。第三,MEP相关措施,申请方指明"贸易社会组织管理措施"的文书为相关法律文书之一,这项措施和其他措施不符合GATT 1994第11条第1款和第10条第1款以及第10条第3款的规定。[83] 同时中国的第一份书面陈述中的答复也证明申请方已经指明了具体问题。

中国指出,欧盟在其设立专家组的请求第三部分第4段对于中国未能公布某些产品出口配额的指控中只提及了锌,没有提及焦炭的配额。对此,欧盟认为在其设立专家组的请求第三部分第1段中的表述已经表明欧盟提出了对中国不公布措施的指控,而第4段具体提及锌只是为了增强目的。专家组引用墨西哥大米反倾销案中,专家组指出设立申请中的不同主张必须结合上下文来解释,对本案中欧盟的设立专家组的请求内容进行分析,第三部分的其他段落未能支持该部分第四段提及锌只是为了增强第1段的目的,而欧盟也没有纳入诸如"例如"等词语。[84] 此外,欧盟在其设立专家组的请求第三部分的其他叙述性段落包含了涉案产品的具体清单,这表明与第一段的含义相同,不应按照"增强第1段的目的"这个方式进行解读。因此,专家组认为欧盟该部分的指控只涉及锌,不涉及焦炭。[85] 基于上述理由,专家组认为,申请方在第一份书面陈述中澄清了设立专家组的请求的每项主张中哪些产品适用哪些措施。同时,中国对此也作出了答复并提交了证据,讨论了设立申请中所列具体措施的实施情况,这些都表明中国能够了解哪些措施涉及哪些产品,中国的抗辩权利也没有受到损害。因此,专家组认为申请方设立专家组的请求第三部分指明了争议产品和争议措施,其将在职权范围内审议所列措施和有关指控。不过,专家组同意中国的意见,即欧盟没有对于焦炭配额的不公布措施提出指控,这一部分不属于其职权范围。专家组的初步裁决未经修改纳入专家组最终报告。

另,专家组提出建议的推理路径为:鉴于申请方不要求专家组对修改或替

[83] 同前注,第66–69段。
[84] 同前注,第74段。
[85] 同前注,第75–76段。

代措施进行审查,专家组将只对2009年的措施进行审查,而不会对2010年的措施进行审查。如果2010年的替代措施纠正了2009年的原始措施的部分或全部性质,专家组将不会对2010年的措施进行调查。但是为了确定替代措施是否与到期措施本质相同,并使得到期措施具有预期的效果,专家组必须在不作出正式裁决的情况下对替代措施与WTO规则的一致性进行审查。专家组认为,申请方提出的出口限制不是通过单一的法律措施实施的,而是由若干措施共同实施的结果。〔86〕专家组将在专家组成立时生效的有争议的一组措施作为一个整体进行考虑,并称为"系列措施(series of measures)",其中包括框架立法和实施条例,以及一项或多项具体的法律法规。虽然框架立法和执行条例仍然有效,但是申请方在设立专家组的请求中确定的某些规定出口配额或出口关税的法律文书在审理过程中可能出现到期或者被替代的情况。〔87〕从上文分析中可以看出,专家组仅排除了对"相关措施"的审查,其职权范围仍包括"争议措施的修改或替代措施"。

引用美国持续归零案中上诉机构承认专家组有可能对预期延伸到将来的措施进行调查,是为了确保每年更新的措施不会因为年度性质而逃避审查。〔88〕本案专家组认为这些措施不一定每一项都与WTO规则不一致,但是它们协同行动可能会导致与WTO规则不一致,因此要审查这些措施,才能对申请方关于出口关税和出口配额主张作出最后决定。

2. 上诉意见及法律依据

上诉阶段,中国认同专家组关于设立专家组的请求第三部分符合DSU第6条第2款中充分指明争议措施的要求的结论。但是中国认为申请方设立专家组的请求的第三部分没有提供"足以明确陈述问题的起诉的法律根据概要",没有"指明"针对哪些措施提出了哪些主张。中国指出,专家组作出裁定的依据并非基于设立专家组的请求本身的内容,而是基于双方随后提交的材

〔86〕 China – Measures Related to the Exportation of Various Raw Materials,专家组报告,世贸组织文件第WT/DS394/R,WT/DS395/R,WT/DS398/R号,2011年7月5日通过,第7.68、7.218段。

〔87〕 同前注,第6.75段。China – Measures Related to the Exportation of Various Raw Materials,上诉机构报告,世贸组织文件第WT/DS394/AB/R,WT/DS395/AB/R,WT/DS398/AB/R号,2012年2月22日通过,第242段。

〔88〕 China – Measures Related to the Exportation of Various Raw Materials,专家组报告,世贸组织文件第WT/DS394/R,WT/DS395/R,WT/DS398/R号,2011年7月5日通过,第7.33段。

料中所载的补充信息。中国引用美国持续归零案中上诉机构的分析认为,DSU 第 6 条第 2 款要求在设立专家组的请求提交时就符合该条规定,而且一方在专家组进程中提交的材料不能弥补专家组设立专家组的书面请求的缺陷。[89] 中国认为,专家组没有尊重先前案例的分析,而是鼓励申请方在随后提交的材料中纠正设立专家组的请求的缺陷。[90]

申请方之后提交的材料表明,美、欧和墨在所涉措施与主张的具体组合方面存在实质性差异。虽然设立专家组的请求格式几乎相同,但是其中提出的"问题"大不相同。

中国对专家组推理的特点作出如下分析:第一,专家组不接受申请方的一些观点;第二,专家组在初步裁决的第一阶段,要求申请方澄清所列措施不符合 WTO 哪些具体义务;第三,专家组在与当事方举行第一次会议后再次要求申请方澄清每项措施违反了 WTO 哪些具体规定;第四,专家组指出,设立专家组的请求中没有任何语言表明争议措施与规则在事实上建立了联系,将其随后提交的材料作为认定设立专家组的请求符合 DSU 第 6 条第 2 款规定的依据。这些特点表明专家组本身承认设立专家组的书面请求在措施和规则间没有建立必要的联系。[91] 此外,中国认为专家组所举的 3 个例子都来自第一次专家组会议后对专家组问题 2 的答复,而不是来自申请方设立专家组的请求或第一份书面陈述的内容。[92]

专家组的结论损害了中国根据 DSU 第 6 条第 2 款规定享有的正当程序权利。对于设立专家组的请求中第三部分所列的主张,由于申请方没有指明不同段落涉及的措施以及与这些措施相关的主张,中国不可能在申请方提交设立专家组的请求时开始准备辩护。

对于专家组关于 2009 年 12 月 21 日专家组成立之后通过的出口关税和出口配额提出的年度替代措施建议,中国提出以下几点意见:第一,中国承认

---

[89] United State - Continued Existence and Application of Zeroing Methodology, 上诉机构报告,世贸组织文件第 WT/DS350/AB/R 号,2009 年 2 月 4 日通过,第 642 段。

[90] China - Measures Related to the Exportation of Various Raw Materials,上诉机构报告,世贸组织文件第 WT/DS394/AB/R,WT/DS395/AB/R,WT/DS398/AB/R 号,2012 年 2 月 22 日通过,第 19 段。

[91] 同前注,第 20 段。

[92] 同前注,第 21 段。

申请方对于2010年替代措施提出主张有选择权,但是申请方已经将这些措施排除在争端范围之外,专家组对此部分提出的建议不符合DSU第7条第1款(职权范围)的规定,并引用智利价格案、美国碳钢案、美国持续归零案等案件中专家组和上诉机构不断重复的关于专家组必须尊重其职权范围内的任务的结论〔93〕,India - Patents (US)(印度专利案)中上诉机构指出"专家组不能承担他们没有的管辖权"〔94〕;第二,专家组未能根据DSU第11条(客观评估的要求)的规定作出客观评估,使得申请方和被申请方处于不平等的地位;第三,专家组就其职权范围外的措施提出建议,不符合DSU第19条第1款(提出建议的权利)的规定。DSU第7条第1款、第11条以及第19条第1款之间存在文本联系,而第19条第1款提出建议的权利所针对的措施和第7条第1款以及第11条所指的措施相同,都应属专家组职权范围内的措施。

中国认为,专家组提出建议的目的应该是"确保争端解决机制在解决争端方面有效运作",由于申请方已决定将年度替代措施排除在争端范围之外,在年度替代措施方面没有争端需要解决。同时引用美国持续归零案指出WTO争端解决机制在解决有关一般和未来适用的措施的争端方面是"完全有效的"〔95〕,但是此类争端与本案的争端之间存在重大区别,因为本案申请方已经"积极决定"将年度替代措施排除在争端之外。

3. 上诉机构的意见及法律依据

(1)被引用的案例及理由

在阐释DSU第6条第2款的具体要求时,本案上诉机构引用以下案件:

---

〔93〕 Chile - Price Band System and Safeguard Measures Relating to Certain Agricultural Products,上诉机构报告,世贸组织文件第WT/DS207/AB/R号,2002年9月23日通过,第168段。United States - Countervailing Duties on Certain Corrosion - Resistant Carbon Steel Flat Products from Germany,上诉机构报告,世贸组织文件第WT/DS213/AB/R号,2002年11月28日通过,第172 - 174段。

〔94〕 India - Patent Protection for Pharmaceutical and Agricultural Chemical Products,上诉机构报告,世贸组织文件第WT/DS50/AB/R号,1997年12月19日通过,第92段。

〔95〕 China - Measures Related to the Exportation of Various Raw Materials,上诉机构报告,世贸组织文件第WT/DS394/AB/R,WT/DS395/AB/R,WT/DS398/AB/R号,2012年2月22日通过,第27段。

①在美国碳钢案[96]中上诉机构指出 DSU 第 6 条第 2 款规定在 WTO 争端解决中起着关键作用,规定了申请方在设立专家组的请求中必须满足的两项关键要求,即第一点“指明争议的具体措施”,第二点“提供足以明确陈述问题的法律根据概要”。这两个要素共同组成“提交 DSB 的事项(matter referred to the DSB)”,因此,如果其中任何一个未得到适当确认,则该申请将不属于专家组的职权范围。②在 Australia - Apples(澳大利亚苹果案)[97]中上诉机构指出满足上述要求“不能流于形式”。③结合 Guatemala - Cement Ⅰ(危地马拉水泥案)[98]、美国碳钢案[99]等案中上诉机构所指出的,根据 DSU 第 7 条第 1 款规定,设立专家组的请求构成专家组职权范围的基础。④EC and certain member states - Large civil aircraft(欧共体大型民用飞机案)[100]、巴西椰子案[101]说明设立专家组的请求有助于申请方将案件的性质通知被申请方和第三方从而实现正当程序目标,其中巴西椰子案[102]中的观点指出:确定专家组的职权范围有两个基本目的:一是向争议各方提供充分的信息和机会对问题做出反应,二是明确争议的问题。第一个目的是保障程序权利,第二个目的在于限定专家组的职权范围。在 US - Gambling(美国博彩案)[103]中上诉机构确认正当程序是 DSU 第 11 条所确保的争端各方的权利。⑤EC - Fasteners(China)(欧共

[96] United States - Countervailing Duties on Certain Corrosion - Resistant Carbon Steel Flat Products from Germany,上诉机构报告,世贸组织文件第 WT/DS213/AB/R 号,2002 年 11 月 28 日通过,第 125 段。

[97] Australia - Measures Affecting the Importation of Apples from New Zealand,上诉机构报告,世贸组织文件第 WT/DS367/AB/R 号,2010 年 11 月 29 日通过,第 416 段。

[98] Guatemala - Anti - Dumping Investigation Regarding Portland Cement from Mexico,上诉机构报告,世贸组织文件第 WT/DS60/AB/R 号,1998 年 11 月 2 日通过,第 72 - 73 段。

[99] United States - Countervailing Duties on Certain Corrosion - Resistant Carbon Steel Flat Products from Germany,上诉机构报告,世贸组织文件第 WT/DS213/AB/R 号,2002 年 11 月 28 日通过,第 125 段。

[100] European Communities and Certain Member States - Measures Affecting Trade in Large Civil Aircraft,上诉机构报告,世贸组织文件第 WT/DS316/AB/R 号,2011 年 5 月 18 日通过,第 639 - 640、786 段。

[101] Brazil - Measures Affecting Desiccated Coconut, 上诉机构报告,世贸组织文件第 WT/DS22/AB/R 号, 1997 年 2 月 21 日通过,第 186 段。

[102] 同前注,第 167 段。

[103] United States - Measures Affecting the CrossBorder Supply of Gambling and Betting Services,上诉机构报告,世贸组织文件第 WT/DS285/AB/R 号, 2005 年 4 月 7 日通过,第 5663 页(修订版本第 5475 页)。

体紧固件案)[104],专家组对于设立专家组的请求所使用的语言进行审查时可参考当事方提交的材料,但是,这些材料的内容“不能起到纠正有缺陷的专家组设立申请的效果”。[105] ⑥在 EC – Selected Customs Matters(欧共体特定海关事项案)[106]中上诉机构发现 DSU 第 6 条第 2 款要求的陈述问题的法律根据概要应“简洁地解释申请方认为争议措施如何或为什么违反了相关 WTO 义务”。韩国乳制品案[107]和欧共体紧固件案[108]中提到,如果一项规定包含多项义务,设立申请需要指明该规定中的哪些义务存在争议。

(2)上诉机构法律推理过程

首先,上诉机构简要回顾了专家组的分析过程,其中涉及两个阶段的初步裁决以及会议过程和最终专家组报告的呈现和依据。

其次,结合先前案例中专家组和上诉机构的分析,对 DSU 第 6 条第 2 款规定作出解读。在欧共体紧固件案[109]中专家组指出仔细审查设立专家组的请求使用的语言的重要性,本案上诉机构简要概括了申请方在设立专家组的请求中的 3 个部分:第一部分“出口配额”,涉及铝矾土矿、焦炭、氟石、碳化硅和锌 5 种产品实施的出口数量限制,不符合 GATT 1994 第 11 条第 1 款的规定和《中国加入工作组报告书》第 162、165 段的承诺;第二部分“出口关税”,申请方认为,中国对铝矾土矿、焦炭、氟石、镁、锰、硅金属、黄磷和锌 8 种产品征收出口关税,违反了其在《中国加入世贸组织议定书》第 11 条第 3 款定下的承诺;第三部分涵盖了针对该部分标题中所称“出口额外措施”的更广泛的

[104] European Communities – Definitive Anti – Dumping Measures on Certain Iron or Steel Fasteners from China,上诉机构报告,世贸组织文件第 WT/DS397/AB/R 号,2011 年 7 月 15 日通过,第 3995、5621 页。

[105] European Communities – Regime for the Importation, Sale and Distribution of Bananas,上诉机构报告,世贸组织文件第 WT/DS27/AB/R 号,1997 年 9 月 9 日通过,第 642 段。

[106] European Communities – Selected Customs Matters,上诉机构报告,世贸组织文件第 WT/DS315/AB/R 号,2006 年 11 月 13 日通过,第 130 段。

[107] Korea – Definitive Safeguard Measure on Imports of Certain Dairy Products,上诉机构报告,世贸组织文件第 WT/DS98/AB/R 号,1999 年 12 月 14 日通过,第 124 段。

[108] European Communities – Definitive Anti – Dumping Measures on Certain Iron or Steel Fasteners from China,上诉机构报告,世贸组织文件第 WT/DS397/AB/R 号,2011 年 7 月 15 日通过,第 598 段。

[109] 同前注,第 562 段。

指控,包括限制出口权、实施最低出口价格、审查出口合同和价格等。[110]

上诉机构引用不同的案例中的法律解释明确了 DSU 第 7 条第 1 款和第 6 条第 2 款之间的关系,即设立专家组的请求确定了专家组的职权范围。本案上诉机构认为,有缺陷的设立专家组的请求可能会损害专家组在 DSU 规定的时限内履行其裁决职能,可能会影响其根据 DSU 第 3 条第 3 款规定迅速解决争端。因此,申请方在准备设立专家组的请求时应谨慎,尤其是在根据若干不同条约条款对多项措施提出主张时。[111]

本案争议的焦点是两个方面的内容,即申请方是否在设立专家组的请求中指明具体措施以及是否提供了足以明确陈述问题的法律根据概要。[112] 上诉机构结合不同案例中对于 DSU 第 6 条第 2 款的解释指出该条的重要性,并根据本案的具体情况进行个案分析。第三部分的导言概述了申请方对 9 种原材料的广泛指控,导言之后美国和墨西哥列出 5 个单独段落,欧盟列出 6 个段落陈述具体的指控。三个申请方的每一份设立专家组的请求都提供了一份相同的清单,其中包括一系列广泛的义务和 37 项法律文书,这些法律文书范围涉及从完整的法典或章程(如《中华人民共和国对外贸易法》[113])到适用于特定产品的具体行政措施(如《2009 年度氟石块(粉)出口配额第一次公开招标公告》[114]),使得上诉机构无法从设立申请中清楚识别"问题"。同时,设立专家组的请求中并未明确列出涉及的文书的具体章节或规定。[115] 上诉机构注意到以下问题:第一,设立专家组的请求的第三部分中争端措施与违反的规定

[110] China－Measures Related to the Exportation of Various Raw Materials,上诉机构报告,世贸组织文件第 WT/DS394/AB/R, WT/DS395/AB/R, WT/DS398/AB/R 号,2012 年 2 月 22 日通过,第 221 段。

[111] 同前注,第 220 段。

[112] 同前注,第 219 段。

[113] 《中华人民共和国对外贸易法》,1994 年 5 月 12 日第八届全国人民代表大会常务委员会第七次会议通过,2004 年 4 月 6 日第十届全国人民代表大会常务委员会第八次会议修订,全文见中国商务部官网,http://www. mofcom. gov. cn/article/swfg/swfgbf/201101/20110107350814. shtml,2023 年 5 月 10 日访问。

[114] 《2009 年度氟石块(粉)出口配额第一次公开招标公告》,2008 年 12 月 10 日发布,全文见中国商务部官网,http://www. mofcom. gov. cn/article/b/e/200812/20081205944552. shtml,2023 年 5 月 10 日访问。

[115] China－Measures Related to the Exportation of Various Raw Materials,上诉机构报告,世贸组织文件第 WT/DS394/AB/R, WT/DS395/AB/R, WT/DS398/AB/R 号,2012 年 2 月 22 日通过,第 224 段。

无法一一对应，例如，将《中华人民共和国对外贸易法》作为一个争议措施时，无法区分申请方所陈述的哪些主张是由《中华人民共和国对外贸易法》引起的，或者说这个措施违反结论段中所涉协议的哪项或哪些条款[116]，存在中国的措施与违反的条款缺乏联系以及指代不明确的问题，不符合 DSU 第 6 条第 2 款规定，因此专家组报告中的部分段落内容无实际意义和法律效力。第二，设立专家组申请第三部分所列的 WTO 条款中包含大量的义务[117]，涉及对于出口限制措施不同的指控，没有明确哪些措施与哪些 WTO 规则不一致。由于中国在这些不同条款下的义务差异很大，无法辨别该第三部分所列法律文书的具体问题。第三，这些叙述性的段落笼统地描述了与不同类型的出口限制措施有关的不同指控，没有明确指出哪些措施与哪些条约不一致，[118] 不满足 DSU 第 6 条第 2 款的要求。

在欧共体大型民用飞机案中上诉机构指出 DSU 第 6 条第 2 款要求法律依据的简要概述应“简洁地解释申请方如何或为什么认为争议措施违反了相关的 WTO 义务”。[119] 通过一一解读专家组设立申请的内容，本案上诉机构无法得出其中某一指控与哪一措施或是哪一组措施有关，也不清楚所列的每项措施涉及段落中所述的哪一项具体指控，或若干甚至所有指控。

对于不符合 DSU 第 6 条第 2 款规定引起的正当程序问题，上诉机构认为专家组以下做法有误：专家组已经认识到了申请方后续提交的书面陈述无法纠正前述存在缺陷的设立专家组的请求，但是仍然决定在申请方提交第一份书面陈述并更能充分考虑中国的抗辩能力之前保留对设立专家组的请求是否符合 DSU 第 6 条第 2 款规定的审查；专家组从被申请方对申请方第一次书面陈述中的论点和主张的回应中推断出是否符合 DSU 第 6 条第 2 款的正当程序目标，上诉机构认为，中国行使抗辩权利并不意味着申请方设立专家组的请

---

[116] 同前注，第 227 段。

[117] Korea – Definitive Safeguard Measure on Imports of Certain Dairy Products，上诉机构报告，世贸组织文件第 WT/DS98/AB/R 号，1999 年 12 月 14 日通过，第 124 段。

[118] China – Measures Related to the Exportation of Various Raw Materials，上诉机构报告，世贸组织文件第 WT/DS394/AB/R，WT/DS395/AB/R，WT/DS398/AB/R 号，2012 年 2 月 22 日通过，第 231 段。

[119] European Communities and Certain Member States – Measures Affecting Trade in Large Civil Aircraft，上诉机构报告，世贸组织文件第 WT/DS316/AB/R 号，2011 年 5 月 18 日通过，第 642 段。

求的第三部分符合 DSU 第 6 条第 2 款的规定；专家组第二阶段的初步裁决于 2010 年 10 月 1 日作出，此时已是在争端程序的最后阶段，并且设立专家组的请求第三部分所列措施和具体规定缺乏足够的联系，不符合 DSU 第 6 条第 2 款的要求。[120]。综上，上诉机构推翻专家组关于 DSU 第 6 条第 2 款的结论。

对于专家组提出的 2010 年“年度替代措施”建议是否超越了专家组的职权范围，上诉机构认为这一建议符合专家组职权范围。通过美国碳钢案[121]中上诉机构的分析可知，申请方的设立专家组的请求中的语言很重要，是专家组的职权范围的基础。第 19 条第 1 款确立了专家组关于“措施与适用协议不一致”的结论与被申请方“使该措施符合该协定”的建议之间的联系，而建议的措施仅限于专家组职权范围内的措施。审查专家组提出的建议是否越权时，上诉机构也对设立专家组的请求中使用的语言进行仔细审查。虽然申请方没有使用“系列措施”来描述争议措施，但是上诉机构认同专家组“将所有的措施看作一个整体”的看法，认为属于“系列措施”，其通常含义为整体描述适用于每种产品的法律法规的整个层次，即框架立法、实施立法的法规，以及适用于本产品的法律文件，不使用该术语来指代单独列出的具体法律法规。这个整体相互“协作”违反了 WTO 相关规定。[122]综上，上诉机构认为专家组没有超越职权范围。

4. 对各方意见的评析

结合韩国乳制品案、美国持续归零案、美国碳钢案等案例中对于 DSU 第 6 条第 2 款的具体细化阐释，DSB 逐步形成了对于专家组职权范围进行认定及解释的具体规则。研究这些案例的结论可以清楚专家组和上诉机构在审查

---

[120] China – Measures Related to the Exportation of Various Raw Materials，上诉机构报告，世贸组织文件第 WT/DS394/AB/R，WT/DS395/AB/R，WT/DS398/AB/R 号，2012 年 2 月 22 日通过，第 233 段。

[121] United States – Countervailing Duties on Certain Corrosion – Resistant Carbon Steel Flat Products from Germany，上诉机构报告，世贸组织文件第 WT/DS213/AB/R 号，2002 年 11 月 28 日通过，第 124 段。

[122] China – Measures Related to the Exportation of Various Raw Materials，上诉机构报告，世贸组织文件第 WT/DS394/AB/R，WT/DS395/AB/R，WT/DS398/AB/R 号，2012 年 2 月 22 日通过，第 241 段。

申请方的设立专家组的请求时所遵循的一般判断标准。根据 DSU 第 6 条第 2 款、第 7 条第 1 款的规定，这两条之间存在的文本联系可表明其之间的关系，即设立申请的内容确定了专家组的职权范围。也就是说，专家组只能审查申请方设立专家组的请求中提出的争议措施。本案中，对于 DSU 第 6 条第 2 款的审查主要在于申请方设立专家组的请求中所列 37 项措施和 13 条法规是否能够一一对应，根据上诉机构的分析，专家组设立专家组的请求第三部分过于宽泛，缺乏联系，指代模糊，因此设立专家组的请求第三部分所列措施与条约规定无法一一对应，不符合 DSU 第 6 条第 2 款的规定。

本案专家组和上诉机构在解释时均大量适用《维也纳条约法公约》(Vienna Convention on the Law of Treaties, VCLT)〔123〕第 31 条、第 32 条规定作为解释规则。一方面，在对专家组职权范围的分析上可以看出，先前的案例所形成的一些具体规则在专家组报告中或多或少会被引用。虽然在 WTO 争端解决机制框架下，没有明确规定专家组报告和上诉机构的报告对之后案件的效力问题，但是根据国际公法的解释规则以及在实际案件审查实践中，先案有重大借鉴意义。

另一方面，专家组在得出结论时所依据的内容存在缺陷，其对于设立专家组的请求是否符合 DSU 第 6 条第 2 款的具体要求的分析存在很大的逻辑漏洞。将争议措施和 WTO 的义务进行一一比对，从设立申请中指代宽泛、模糊的用语到后续不断补充的内容可以看出，仅凭专家组设立申请的内容是无法得出其符合 DSU 第 6 条第 2 款的规定的。从专家组分析脉络和在程序中提出的一系列新要求可以看出，专家组实际上“默认”了最初设立申请的内容不足以清楚证明争议措施和争议产品之间的联系，反而依据最后补充提交的内容得出结论。此外，在分析中主要通过判断中国是否对相应内容作出抗辩得出是否维护中国的抗辩权后进一步得出是否符合 DSU 第 6 条第 2 款的结论，缺乏证明力度，上诉机构指出这种分析逻辑是错误的。

无论是哪一阶段，专家组或上诉机构在做决定时都要考虑它的职权范围。

---

〔123〕 联合国条约法会议 1969 年 5 月 23 日通过并开放给各国签字、批准和加入，按照第 84 条第 1 款规定，于 1980 年 1 月 27 日生效《维也纳条约法公约》，全文见联合国官方网站，https://www.un.org/zh/node/182129。

尤其是在本案中,专家组在已经认识到设立申请的内容无法通过后续的材料进行补充之后,仍然不断为申请方提供“进一步澄清”的机会,这种做法会影响当事方公平权利和程序正当目标的实现。

在界定专家组对争议事项的管辖权的同时,满足正当程序目标就是要使当事方和第三方充分了解申诉信息,以便他们对申诉做出反应。[124] 在 China - Publications and audiovisual products(中国出版物和音像产品案)[125]中,尽管中国并没有像在本案中一样提出初步裁决的请求,但是专家组仍然认为对这些问题的裁决是对申请方的主张进行实质性分析的先决条件。中国在本案中能够提出初步裁决的请求,正是对正当程序的重视,表明其可以在程序方面运用 WTO 的规则维护权益。对于程序正当性的重视,也能使得中国在参与国际贸易过程中更加适应规则,而不只是被动参与或者被动应对相关贸易规则和争端解决机制。

本案对于 DSU 第 6 条第 2 款的解读也证明了设立申请的规范性的重要性。不论是作为申请方还是被申请方,都应当了解 WTO 规则下专家组设立申请需要满足的要求以及如何规范使用申请语言,如何将争议措施与法律依据的概要进行一一对应。从其他国家对于中国提出的磋商申请和仲裁请求等一系列举措表明,中国应当更加认真对待 WTO 的规则,在国际社会中合理适用争端解决机制。另外,在不断参与国际事务积累经验的同时,也应当注重推进国内法治化进程。同时,应当谨慎对待先例中专家组和上诉机构的推理和结论,这些争端解决报告提供了分析逻辑、对于具体条文的解释、含义的澄清。在争端程序中,不应盲目地被专家组和上诉机构指挥,及时发现程序中存在的不正当之处,合理主张自己的权益,其中包括应诉的抗辩权利。

---

[124] 范晓宇:《正当程序的规则导向:DSB 专家组职权范围确定的实证考察——以中国影响出版物案为视角》,载《南京大学法律评论》2010 年第 1 期,第 209 页。

[125] China - Measures Affecting Trading Rights and Distribution Services for Certain Publications and Audiovisual Entertainment Products,上诉机构报告,世贸组织文件第 WT/DS363/AB/R 号,2009 年 12 月 21 日通过。

(二)GATT 1994 第 20 条的适用性:能否适用于《中国加入世贸组织议定书》第 11 条第 3 款

1. 专家组的意见及法律依据

(1)涉及的法律条文及解释

对于该问题的分析主要依赖于以下条款:

第一,《中国加入世贸组织议定书》第 11 条"对进出口产品征收的税费"第 3 款规定:"中国应取消适用于出口产品的全部税费,除非本议定书附件 6 中有明确规定或按照 GATT 1994 第 8 条的规定适用。"在该条中有两个例外情形,即附件 6 和根据 GATT 1994 第 8 条规定适用的税费。附件 6 中具体列举了 84 个种类的原材料以及最高出口关税水平。本案中,除黄磷外,其他涉案产品都不在附件 6 中。在附件 6 表格下方,有个简短的注释,"中国确认本附件中所含关税水平为最高水平,不得超过。中国进一步确认将不会提高现行实施税率,但例外情况除外。如出现此类情况,中国将在提高实施关税前,与受影响的成员进行协商,以期找出双方均可接受的解决办法"。

第二,《中国加入工作组报告书》第 170 段的承诺内容为:"中国代表确认,自加入时起,中国将保证其与对进口产品和出口产品征收的所有规费、税费有关的法律和法规将完全符合其 WTO 义务,包括 GATT 1994 第 1 条、第 3 条第 2 款和第 4 款及第 11 条第 1 款,且将以完全符合这些义务的方式实施此类法律和法规。工作组注意到这一承诺。"

第三,DSU 第 3 条第 2 款规定:"……各成员认识到该体制适用于保护各成员在适用协定项下的权利和义务,及依照解释国际公法的习惯规则澄清这些协定的现有规定……"

第四,GATT 1994 第 20 条的主要相关规定措辞如下:"在遵守关于此类措施的实施不在情形相同的国家之间构成任意或不合理歧视的手段或构成对国际贸易的变相限制的要求前提下,本协定的任何规定不得解释为阻止任何缔约方采取或实施以下措施:……(b)为保护人类、动物或植物的生命或健康所必需的措施;……(g)与保护可用尽的自然资源有关的措施,如此类措施与限制国内生产或消费一同实施……"

GATT 1994 第 20 条作为一般例外条款,包括序言和条款两部分,其中序言部分要求举证方能够证明其实施的措施行为不会在不同国家间构成任意歧视、不合理歧视、变相限制，即要求贸易措施实施的方式是公平、公正的，对于情形相同的国家间不能有不同的待遇；措施必须是合理的，不是“任意的”，即采取的限制方式必须是经过多方协商并得到认可的，而不是出于国内需要而进行的暂时的内部制定和实施；措施必须不构成“变相限制”，即措施是否公开，措施的实施是否具有保护目的，措施的实施是否已构成任意或不合理的歧视。[126]

适用的解释方法依赖于 VCLT 第 31 条第 1 款[127]规定：“条约应按照其词语在文本上下文中所具有的通常含义，对照条约的目的和宗旨，善意地予以解释。”

(2)被引用的案例及理由

该部分的分析主要引用的案例为：

第一，在美国汽油案[128]中上诉机构对于 GATT 1994 第 20 条的性质有如下说明，“GATT 1994 第 20 条例外措施政策目标均不直接与贸易或经济相关，然而，这些例外措施所追求的社会价值目标却一点不逊色于贸易自由化，在解释第 20 条时应当注意贸易自由化与其他社会政策目标之间的平衡关系，而不能失之偏颇”。上诉机构指出，VCLT 第 31 条标题为“解释通则”，已获得习惯国际法或普通国际法的地位，因此它已经是“解释国际公法的习惯规则”。

第二，在中国出版物和音像产品案[129]中上诉机构第一次对违反 GATT 1994 以外的 WTO 法律文件的措施可否引用 GATT 1994 第 20 条一般例外规定作出正面回答，肯定了中国有权引用 GATT 1994 第 20 条第(a)款作为违反

---

[126] 何丽萍：《自然资源出口措施适用 GATT1994 第 20 条的研究——以中国原材料案为例》，载《法制与社会》2015 年第 25 期，第 82 页。

[127] 联合国条约法会议 1969 年 5 月 23 日通过并开放给各国签字、批准和加入，按照第 84 条第 1 款规定，于 1980 年 1 月 27 日生效《维也纳条约法公约》，全文见联合国官方网站，https://www.un.org/zh/node/182129。

[128] United States – Standards for Reformulated and Conventional Gasoline，上诉机构报告，世贸组织文件第 WT/DS2/AB/R 号，1996 年 4 月 29 日通过，第 3 页。

[129] China – Measures Affecting Trading Rights and Distribution Services for Certain Publications and Audiovisual Entertainment Products，上诉机构报告，世贸组织文件第 WT/DS363/AB/R 号，2009 年 12 月 21 日通过，第 3 页。

《中国加入世贸组织议定书》第5条第1款义务的抗辩。该案上诉机构的理由是:《中国加入世贸组织议定书》第5条第1款中包含了“在不损害中国以与符合《WTO协定》的方式管理贸易的权利的情况下”的措辞,该表述中的《WTO协定》应当是包括GATT 1994等附件在内的整体协定。这表明,在上诉机构看来,对于违反GATT 1994以外的法律文件能否引用该规定第20条,需要具体分析被指控违反的条款是否通过某种措辞引入了该规定第20条一般例外的规定。

(3)专家组法律推理过程

专家组认为中国无权引用GATT 1994第20条作为违反《中国加入世贸组织议定书》第11条第3款的抗辩,分析过程如下:

专家组根据VCLT第31条的解释规则对《中国加入世贸组织议定书》第11条第3款进行通常含义的解释。该条规定了中国应取消出口关税的义务,包含了《中国加入世贸组织议定书》附件6中的明确规定和GATT 1994第8条这两项例外规定,但没有提及GATT 1994第20条规定。附件6标题为“实行出口税的产品(Products Subject to Export Duty)”,所列表格包括84种不同的产品,每种产品都由8位数字的国际商品统一分类和编码制度(Harmonized System,HS)编号和产品说明标识,以及每种产品的最高出口关税率。表格附有注释[130](Note to Annex 6),指出中国除例外情况(exceptional circumstances)不会提高税率,“如果出现类似情况,中国将在提高实施关税之前与受影响成员磋商,以期找到双方都能接受的解决办法”[131]。本案原材料中除了黄磷均未列入附件6中。[132] 中国主张,附件6的说明中“例外情况”的使用表明了附件6与GATT 1994第20条一般例外之间存在实质性重叠(a substan-

[130] Note to Annex 6: China confirmed that the tariff levels in this Annex are maximum levels which will not be exceeded. China confirmed furthermore that it would not increase the presently applied rates, except under exceptional circumstances. If such circumstances occurred, China would consult with affected members prior to increasing applied tariffs with a view to finding a mutually acceptable solution.

[131] China – Measures Related to the Exportation of Various Raw Materials,上诉机构报告,世贸组织文件第WT/DS394/AB/R,WT/DS395/AB/R,WT/DS398/AB/R号,2012年2月22日通过,第281段。

[132] China – Measures Related to the Exportation of Various Raw Materials,专家组报告,世贸组织文件第WT/DS394/R,WT/DS395/R,WT/DS398/R号,2011年7月5日通过,第7.71段。

tive overlap)。[133] 中国认为“例外情况”的表述说明中国有引用的意图,同时中国认为这种“例外情况”,既可以用来超过附件 6 中所列 84 种产品的最高税率,也可以对未列入清单的产品征收出口关税。[134]

专家组认为附件 6 的说明无法表明中国可以引用例外条款,该说明在表述中没有明确提及 WTO 协定和 GATT 1994。以上这些表述上的差异是中国和其他 WTO 成员方有意选择(deliberate choice)的结果,应予以尊重。

接着专家组根据 VCLT 中上下文解释的规则,将《中国加入世贸组织议定书》第 11 条第 1 款和第 5 条第 1 款作为第 11 条第 3 款的上文进行分析。《中国加入世贸组织议定书》第 11 条第 1 款“不包括任何明确提及 GATT 1994 第 20 条的内容,也不包括更广泛的 GATT 1994 的规定”,第 5 条第 1 款规定以符合《WTO 协定》的方式管理贸易的权利。[135] 而对比《中国加入世贸组织议定书》第 11 条第 3 款的内容两个例外的表述,不包含对于 GATT 1994 的引用。

专家组指出,WTO 协定没有规定一般例外,而 GATT 1994 第 20 条中“本协定”的提法表明其中的例外情况仅与 GATT 1994 有关。[136] 但是在很多情况下,可以通过交叉引用(cross – reference)的方式将该条纳入其他 WTO 多边协定中。而《中国加入世贸组织议定书》第 11 条第 3 款中没有类似的措辞证明两者的关系,因此 GATT 1994 第 20 条不能适用于《中国加入世贸组织议定书》第 11 条第 3 款。[137] 尽管专家组承认 WTO 成员方拥有监管贸易的固有权利,但是专家组认为中国在谈判和批准 WTO 协定包括加入 WTO 时已经行使了这一权利。[138] 专家组认为,《中国加入世贸组织议定书》属于 WTO 协定的组成部分,但是认为《中国加入世贸组织议定书》与 GATT 1994 并不存在

---

[133] China – Measures Related to the Exportation of Various Raw Materials,上诉机构报告,世贸组织文件第 WT/DS394/AB/R, WT/DS395/AB/R, WT/DS398/AB/R 号,2012 年 2 月 22 日通过,第 282 段。

[134] 同前注。

[135] China – Measures Related to the Exportation of Various Raw Materials,专家组报告,世贸组织文件第 WT/DS394/R, WT/DS395/R, WT/DS398/R 号,2011 年 7 月 5 日通过,第 7.124 段。

[136] 同前注,第 7.153 段。

[137] 同前注,第 7.156 段。

[138] 同前注。

包含关系，无法引用 GATT 1994 第 20 条一般例外的规定。

2. 上诉意见及法律依据

中国就 GATT 1994 第 20 条的适用性问题提出了上诉，认为专家组在分析中存在很多错误。中国引用中国出版物和音像产品案中上诉机构的报告，其中《中国加入世贸组织议定书》第 5 条第 1 款所提及的"以符合《WTO 协定》的方式管理贸易的权利"是所有 WTO 成员固有权利（inherent right）。中国指出，即使《中国加入世贸组织议定书》第 11 条第 3 款没有引用 GATT 1994 第 20 条的"文本基础"，但中国仍然拥有管理贸易的固有权利，中国有权对贸易采取限制措施，这种贸易管理的权利是一种"固有权利"，而非来自如 WTO 协定等国际条约的授予。中国进一步强调了《中国加入世贸组织议定书》和《中国加入工作组报告书》中没有任何语言表明中国放弃了这种管理贸易的固有权利，而中国的入世承诺恰好"表明（indicate）"了中国的这种主张。[139] 在中国看来，专家组对《中国加入世贸组织议定书》第 11 条第 3 款的解释将这种"固有权利"转变为"既得权利（acquired rights）"，[140]"扭曲了中国加入世贸组织时确立的权利和义务平衡"。[141]

申请方认为中国曲解了《中国加入世贸组织议定书》第 11 条第 3 款中的两个例外的相关性，即《中国加入世贸组织议定书》附件 6 和根据 GATT 1994 第 8 条规定适用的税费，"以某种方式授权"中国证明其出口关税超过附件 6 所载的最高水平，以及认为中国对附件 6 中未列产品的出口关税缺乏文本依据。《中国加入世贸组织议定书》第 11 条第 3 款明确提及了 GATT 1994 第 8 条，但没有提及 GATT 1994 其他条款，表示中国不打算将 GATT 1944 第 20 条作为例外，为违反《中国加入世贸组织议定书》第 11 条第 3 款的行为辩护。申请方认为，符合 GATT 1944 第 20 条的条件只意味着 GATT 1944 第 8 条不

---

〔139〕 China – Measures Related to the Exportation of Various Raw Materials，上诉机构报告，世贸组织文件第 WT/DS394/AB/R，WT/DS395/AB/R，WT/DS398/AB/R 号，2012 年 2 月 22 日通过，第 39 段。

〔140〕 同前注。

〔141〕 同前注，第 300 段。

会“阻止”该措施的适用。[142] 申请方引用 Japan－Alcoholic Beverages(日本酒类税案)认为中国否认《中国加入世贸组织议定书》第 11 条第 3 款中所列出口关税的义务是一项“承诺”,该“承诺”规定了中国行使主权的条件,以换取其作为成员国所获得的世贸组织利益,并指出中国出版物和音像产品案之所以能够适用是依据《中国加入世贸组织议定书》第 5 条第 1 款中有相关的语言表述,而不是抽象的贸易管制权利。从申请方与专家组对于这部分的分析,可以间接认为其承认《中国加入世贸组织议定书》附件 6 中说明表述的“例外情况”可能会存在,只是中国没有满足磋商等形式条件,因此这一点的逻辑不够完善。

3. 上诉机构的意见及法律依据

(1)被引用的案例及理由

引用美国汽油案[143]与日本酒类税案[144]中上诉机构的分析,应用 VCLT 第 31 条和第 32 条国际公法解释习惯规则解释《中国加入世贸组织议定书》第 11 条第 3 款的含义。

引用中国出版物和音像产品案[145]中上诉机构作出裁定的依据是《中国加入世贸组织议定书》第 5 条第 1 款导言中使用的语言。

(2)上诉机构法律推理过程

在分析过程中,上诉机构明确考虑了以下要素:①条约解释规则;②中国出版物和音像产品案上诉机构的报告为 GATT 1994 第 20 条的适用性提供了指导;③《中国加入世贸组织议定书》第 11 条第 3 款的通常含义,包括第 11 条第 3 款提及 GATT 1994 第 8 条而非 GATT 1994 第 20 条的理由;④《中国加入世贸组织议定书》附件 6 的一般含义以及对所附说明的理解;⑤对《中国加

[142] China－Measures Related to the Exportation of Various Raw Materials,上诉机构报告,世贸组织文件第 WT/DS394/AB/R,WT/DS395/AB/R,WT/DS398/AB/R 号,2012 年 2 月 22 日通过,第 70－73 段。

[143] United States－Standards for Reformulated and Conventional Gasoline,上诉机构报告,世贸组织文件第 WT/DS2/AB/R 号,1996 年 4 月 29 日通过,第 17 段。

[144] Japan－Taxes on Alcoholic Beverages,上诉机构报告,世贸组织文件第 WT/DS8/AB/R,WT/DS10/AB/R,WT/DS11/AB/R 号,1996 年 10 月 4 日通过,第 10 段。

[145] China－Measures Affecting Trading Rights and Distribution Services for Certain Publications and Audiovisual Entertainment Products,上诉机构报告,世贸组织文件第 WT/DS363/AB/R 号,2009 年 12 月 21 日通过,第 215 段。

入世贸组织议定书》第11条第3款上下文的理解(其他条款的措辞),包括第5条第1款、第11条第1款和第11条第2款,以及《中国加入工作组报告书》的其他条款,包括其第155、156段提供的上下文;⑥《WTO协定》的序言。

上诉机构认为中国无权引用GATT 1994第20条进行抗辩,分析过程如下:

上诉机构根据VCLT第31条的解释规则,首先,对《中国加入世贸组织议定书》第11条第3款进行语义分析。上诉机构指出该第11条第3款明确提及的两项例外为《中国加入世贸组织议定书》附件6与GATT 1994第8条。虽然附件6的说明表明,中国可能会将附件6中列出的84种产品的"现行适用税率"提高至附件中列出的最高水平,但是上级机构认为很难将这一措辞理解为表明中国可以引用GATT 1994第20条的规定,以证明对附件6中未列出的产品征收出口关税或超过附件6中规定的最高水平对所列产品征收出口关税是合理的。[146] 此外,如果证明存在附件6说明中提到的"特殊情况",将允许中国将所列产品的适用关税提高至附件6中规定的最高关税水平。[147] 附件6第三句"此外(furthermore)"一词说明第二句和第三句中包含的义务,包括磋商义务,是中国在第一句中不超过附件6规定的最高关税水平的义务的"补充"。此外,中国在对附件6中未列出的原材料征收出口关税之前未与其他受WTO影响的成员进行磋商,这与其在附件6下的义务不符。尽管GATT 1994第8条涵盖了WTO成员方对进出口征收的或与进出口有关的一切性质的费用和收费,但它明确排除了本案讨论的出口关税。由于出口关税不属于GATT 1994第8条的范围,不存在与该条相符或一致的问题。因此,可以引用GATT 1994第20条规定来证明第8条规定的费用和收费是合理的,但这并不意味着也可以引用该条来证明出口关税是合理的。[148]

基于上述措辞,上诉机构将WTO协定作为一个整体进行理解,反映了WTO成员方在贸易和非贸易相关关切之间达成的平衡。然而,上述目标以及

---

〔146〕 China – Measures Related to the Exportation of Various Raw Materials,上诉机构报告,世贸组织文件第WT/DS394/AB/R,WT/DS395/AB/R,WT/DS398/AB/R号,2012年2月22日通过,第284段。

〔147〕 同前注,第285段。

〔148〕 同前注,第290段。

它们之间的平衡,为 GATT 1994 第 20 条是否适用于《中国加入世贸组织议定书》第 11 条第 3 款的问题提供具体指导。鉴于中国在《中国加入世贸组织议定书》第 11 条第 3 款中明确承诺取消出口关税,并且该条款中没有任何文字提及 GATT 1994 第 20 条,所以上诉机构认为没有任何依据可以证明 GATT 1994 第 20 条适用于与《中国加入世贸组织议定书》第 11 条第 3 款不一致的出口关税。

上诉机构认同专家组关于交叉引用的说法,WTO 成员方有时"通过相互参照,将 GATT 1994 第 20 条的规定纳入其他涵盖协定中"[149]。例如 GATT 1994 第 20 条适用于《与贸易有关的投资措施协定》(《TRIMs 协定》)是因为该协定中第 3 条明确规定:GATT 1994 的所有例外应酌情适用该协定的规定。而本案中,《中国加入世贸组织议定书》第 11 条第 3 款中并没有这样的措辞证明两者的联系,所以不能引用该条。[150] 虽然中国有管理贸易的固有权利,但是这种权利在中国加入世贸组织的时候就受到约束了,这是中国可以在世贸组织中获得利益的交换条件,因此上诉机构认为中国的主张有点牵强。

其次,上诉机构对《中国加入世贸组织议定书》第 11 条第 3 款依据 VCLT 解释规则进行上下文分析,将第 11 条第 1 款和第 11 条第 2 款、《中国加入工作组报告书》相关段落、WTO 协定序言部分作为其上下文。《中国加入世贸组织议定书》第 11 条第 1 款规定:"中国应保证国家主管机关或地方各级主管机关实施或管理的海关规费或费用符合 GATT 1994。"《中国加入世贸组织议定书》第 11 条第 2 款规定:"中国应保证国家主管机关或地方各级主管机关实施或管理的国内税费,包括增值税,符合 GATT 1994。"而第 11 条第 3 款却没有类似"符合 GATT 1994"的表述。中国取消出口关税的义务完全来自《中国加入世贸组织议定书》,而不是 GATT 1994,上诉机构认为中国如果有意图引入 GATT 1994 第 20 条,应在《中国加入世贸组织议定书》第 11 条第 3

---

[149] China – Measures Related to the Exportation of Various Raw Materials,专家组报告,世贸组织文件第 WT/DS394/R,WT/DS395/R,WT/DS398/R 号,2011 年 7 月 5 日通过,第 7.153 段。

[150] China – Measures Related to the Exportation of Various Raw Materials,上诉机构报告,世贸组织文件第 WT/DS394/AB/R,WT/DS395/AB/R,WT/DS398/AB/R 号,2012 年 2 月 22 日通过,第 303 段。

款或《中国加入世贸组织议定书》的其他部分中明确包含引用语言。[151] 对于中国提出引用中国出版物和音像产品案中的主张，上诉机构基于《中国加入世贸组织议定书》第 11 条第 3 款和第 5 条第 1 款在措辞上的明显区别（特别是第 11 条第 3 款明确提及了 GATT 1994 第 8 条而没有提及包括第 20 条在内的其他条款），支持了专家组作出的解释。借鉴在中国出版物和音像产品案中上诉机构的方法，对本案中《中国加入世贸组织议定书》第 11 条第 3 款的含义进行文本解释，即本案上诉机构认为，GATT 1994 第 20 条只适用于违反 GATT 1994 义务的规则，或者另一 WTO 的协定明确指向 GATT 1994 第 20 条。《中国加入世贸组织议定书》第 11 条第 3 款和附件 6 都没提及 GATT 1994 第 20 条，也没有类似《中国加入世贸组织议定书》第 5 条第 1 款中引用《WTO 协定》的措辞。《中国加入世贸组织议定书》第 5 条第 1 款，《中国工作组报告书》第 155 段、第 156 段都提到了 WTO 协定和 GATT 1994，但是《中国加入世贸组织议定书》第 11 条第 3 款没有提到 GATT 1994 或 WTO 的一般性规则，而是设立了两个例外规定。这反映了中国与其他 WTO 成员方的特殊选择，进一步说明了中国不能用 GATT 1994 第 20 条对其违反根据第 11 条第 3 款所作的消除关税的承诺进行抗辩，也可以看出，中国取消关税的义务是来自《中国加入世贸组织议定书》，而非 GATT 1994。因此，中国违反《中国加入世贸组织议定书》第 11 条第 3 款规定不能引用 GATT 1994 第 20 条进行抗辩。

对于《中国加入工作组报告书》第 170 段的适用，中国认为《中国加入世贸组织议定书》第 11 条第 3 款和该第 170 段的措辞和适用范围存在“相当大的重叠（very considerable overlap）”，二者都使用了“税”和“费”的概念，[152] 在本质上都适用于出口关税，“170 段规定的允许中国实施与 WTO 不一致的出口关税和‘费’的措施应当同样扩展到《中国加入世贸组织议定书》第 11 条第 3 款”。[153] 对此，上诉机构指出，《中国加入工作组报告书》是按主题内容划分段落的，因此“影响货物贸易的政策”一节中包含贸易权（A 小节）、进口法规

---

[151] 同前注，第 293 段。

[152] 同前注，第 296 段。

[153] 同前注，第 246 段。

(B 小节)、出口法规(C 小节)和影响货物贸易国内政策(D 小节)四个小节。而第 170 段被规定在《中国加入工作组报告书》的 D 小节("影响货物贸易的国内政策")第 1 条中,该小节仅包含两段,并不适用于出口关税。相反,《中国加入工作组报告书》第 155 段、第 156 段被规定在 C 小节("出口法规"中),涉及了中国取消出口关税的承诺,《中国加入工作组报告书》第 155 段、第 156 段与《中国加入世贸组织议定书》第 11 条第 3 款的措辞很相似,但是其中也没有提到适用 GATT 1994 第 20 条为中国所作的承诺进行抗辩。另外,专家组也指出,第 155 段、第 156 段不是《中国加入世贸组织议定书》的重要内容,因此在解释中国义务范围的时候其处于"第二重要"的位置。基于以上内容,中国无法引用第 170 段进行抗辩。[154] 最后,根据 VCLT 规则中的目的和宗旨解释,上诉机构指出 WTO 协定序言列出的各种目标,包括"提高生活水平"、"寻求保护和保护环境"和"扩大商品和服务的生产和贸易,同时允许根据可持续发展的目标最佳利用世界资源",并以"发展一个综合、更可行和持久的多边贸易体系"作结尾。上诉机构认为专家组的分析符合 WTO 协定的目标。

4. 对各方意见的评析

中国提供了很多文本证据指出中国可引用 GATT 1994 第 20 条作为违规行为的抗辩理由。尽管专家组和上诉机构并未支持其论点和论据,但是中国的分析内容有不少可取之处,比如中国指出《中国加入世贸组织议定书》附件 6 的规定和 GATT 1994 存在"实质性重叠",《中国加入工作组报告书》第 170 段与《中国加入世贸组织议定书》第 11 条第 3 款对于费和税的含义也存在"实质性重叠"。中国"入世文件"中一系列文本内容并不表明中国对于 GATT 1994 第 20 条的明确放弃。同时,引用中国出版物和音像产品案中的分析,指出该监管贸易权为固有权利。

DSB 有义务按照国际习惯中的解释规则进行解释,这一现象主要依据 DSU 第 3 条第 2 款规定:"WTO 成员依照解释国际公法的惯例澄清这些协定的现有规定。"同时,在美国汽油案中上诉机构指出 VCLT 中标题为"解释通则"的第 31 条,已获得习惯国际法或普通国际法的地位,因此它已是"解释国

---

[154] 同前注,第 299 段。

际公法的习惯规则"[155]。在 WTO 的众多案例中,专家组和上诉机构都运用 VCLT 对法条等内容进行解释。然而,在实际中主要倾向于文字的通常含义和上下文解释。本案中,专家组和上诉机构对于条文的解读适用 VCLT 的解释规则的依赖程度很高。专家组和上诉机构在解释 GATT 1994 和《中国加入世贸组织议定书》的关系时,主要基于《中国加入世贸组织议定书》和《中国加入工作组报告书》的"通常含义"和"上下文"进行解读,并且认为中国在《中国加入世贸组织议定书》第 11 条第 3 款中没有指明对 GATT 1994 的适用,因此推定其放弃对 GATT 1994 的援引。有学者指出,专家组对于"立法沉默"内容采用了"对立推理"的方式,所谓对立推理,是与类比推理相反的推理方法,即某规则 R 适用于某情形 X,因为情形 Y 与情形 X 之间没有相似之处,那么,某规则 R 不适用于某情形 Y。往往这种以对立推理的方式得出的结论与依据目的和宗旨进行解释的规则大相径庭,可能会影响到当事方的实际权益。[156]

专家组认为《中国加入世贸组织议定书》的第 11 条第 1 款、第 11 条第 2 款均存在"符合 GATT 1994"的表述。但是应当注意的是,《中国加入世贸组织议定书》第 11 条第 1 款规定的海关费用、第 11 条第 2 款规定的海关相关费用的国内税费,均为 GATT 1994 调整的内容。WTO 对于出口关税是"一般逐步取消"属于调整型权利。而中国根据《中国加入世贸组织议定书》第 11 条第 3 款规定承担的义务,被称为"超 WTO 义务"[157]。如在专家组报告和上诉机构报告中分析的那样,其认为《中国加入工作组报告书》中引用的上下文指的是第 155、156 段,没有如同第 164、165 段中的"除非这些措施在《WTO 协定》或议定书(草案)项下被证明为合理"的用语。但是,《中国工作组报告书》中的第 155、156 段和第 164、165 段涉及的内容完全不同。前者与《中国加

---

[155] United States – Standards for Reformulated and Conventional Gasoline,上诉机构报告,世贸组织文件第 WT/DS2/AB/R 号,第 29 – 30 页。

[156] 苟大凯:《WTO 争端解决机构对"立法沉默"之含义推定——评中国原材料出口限制措施案专家组基于上下文对〈中国入世议定书〉第 11.3 段之解释》,载《国际贸易》2011 年第 10 期,第 64 页。

[157] Qin & Julia Ya, *The Predicament of China's "WTO – Plus" Obligation to Eliminate Export Duties: A Commentary on the China – Raw Materials Case*, Chinese Journal of International Law Vol. 11, p. 238(2012).

入世贸组织议定书》第 11 条第 3 款相同,就出口关税而言,属于“超 WTO 义务”,后者所涉及的内容是其他 WTO 协定中也包含的内容,只是文件的一种重申。[158] 这种对于“立法沉默”的对立推理存在瑕疵。另外,有学者指出,专家组故意回避对于中国主张至关重要的附件 6 第 2 句的“例外情况”的含义加以审查,对于《中国加入工作组报告书》第 170 条的论证存在因果错位。[159]

值得注意的是,中国出版物和音像产品案和本案的上诉机构组成成员一致,[160] 但是裁定结果却截然相反,在本案中,中国被裁定无法在出口关税方面引用 GATT 1994 第 20 条一般例外规定,而中国出版物和音像产品案肯定了中国根据《中国加入世贸组织议定书》第 5 条第 1 款规定引用 GATT 1994 第 20 条的规定。主要原因在于专家组和上诉机构认为本案中抗辩所依赖的文本基础之间缺乏明确的指向表述,无法建立联系,并且在参照上下文时,认为 GATT 1994 第 11 条第 1 款和第 11 条第 2 款以及第 5 条第 1 款中均有明确的条文引用语言,可见专家组和上诉机构在分析案件时的解释逻辑太过于拘泥文本含义,仅选用了 VCLT 中两种解释规则,没有更多地采用目的和宗旨进行整体解释。

过度关注个别文字的使用,而没有从权利义务本身进行分析,这种单一解释和严苛的适用,导致中国无法引用一般例外条款进行抗辩,可能会违背 WTO 协定的宗旨和目的,违背序言中的“互惠互利、消除歧视待遇”的基本原则。中国所承担的“入世”承诺是“超 WTO 义务”,对于这种义务的解释规则,不应只拘泥于前两条文本解释规则。专家组和上诉机构在解释条款时也应当采用 VCLT 中的善意解释规则,综合考虑成员方所处的贸易和环境的关系。

同时,专家组和上诉机构基于上述条约文本的语义和上下文进行解释,从

[158] 苟大凯:《WTO 争端解决机构对“立法沉默”之含义推定——评中国原材料出口限制措施案专家组基于上下文对〈中国入世议定书〉第 11.3 段之解释》,载《国际贸易》2011 年第 10 期,第 67 页。

[159] 王海浪:《WTO“中国原材料案”报告中的解释失范问题初探——以中国出口税义务与 GATT 1994 第 20 条的关系为中心》,载《国际经济法学刊》2015 年第 3 期,第 103－121 页。

[160] 中国出版物和音像产品案上诉机构成员:Jennifer Hillman(主席)、Ricardo Ramirez－Hemandez、Shotaro Oshima;中国原材料案上诉机构成员:Ricardo Ramirez－Hemandez(主席)、Jennifer Hillman、Shotaro Oshima。

中国在这些具体的规定中没有提及 GATT 1994 第 20 条推出中国没有引用 GATT 1994 的意愿,这种推理逻辑存在缺陷,"文本沉默"不必然导致没有可引用性的结论,并且中国并未明示放弃对于 GATT 1994 第 20 条的引用。这一点在之后的稀土案的专家组单独意见中有所涉及。

(三)GATT 1994 第 20 条第(g)款的适用

1. 专家组的意见及法律依据

中国对于氟石的出口关税和耐火级铝矾土(refractory - grade bauxite)的出口配额措施引用 GATT 1994 第 20 条第(g)款进行抗辩,认为这两种原材料是可用尽的自然资源,储备有限,而中国实施的出口限制措施"与保护有关",是中国保护战略的组成部分。

(1)涉及的法律条文及解释

GATT 1994 第 20 条第(g)款规定:"在遵守关于此类措施的实施不在情形相同的国家之间构成任意或不合理歧视的手段或构成对国际贸易的变相限制的要求前提下,本协定的任何规定不得解释为阻止任何缔约方采取或实施以下措施……(b)为保护人类、动物或植物的生命或健康所必需的措施……(g)与保护可用尽的自然资源有关的措施,如此类措施与限制国内生产或消费一同实施……"

在引用 GATT 1994 第 20 条中的具体条款时,需证明以下三点:一是争议对象是否属于可用尽自然资源。二是该措施必须与该保护环境的目的相关,并要求不存在其他替代性措施。三是针对出口的限制措施是否与限制国内生产或消费一同实施,即各国采取的措施不应只针对国外,在国内生产或消费上也应有相应的措施来限制,以避免各国出于保护本国经济和资源而滥用这一例外原则。[161]

(2)被引用的案例及理由

对于 GATT 1994 第 20 条的分析路径引用美国虾产品案、巴西翻新轮胎案、美国汽油案、美国博彩案等案件中上诉机构提出的"两步走"路径,即被申

---

[161] 何丽萍:《自然资源出口措施适用 GATT 1994 第 20 条的研究——以中国原材料案为例》,载《法制与社会》2015 年第 25 期,第 82 页。

请方首先证明涉案措施是否属于第 20 条具体条款的范围，如果属于，必须进一步证明涉案措施符合第 20 条序言部分的要求。[162]

对于该款中“与保护有关”的解释，引用以下案例：①在美国汽油案[163]中，如果出口措施与保护之间存在实质关系（substantial relationship），则表明该措施与保护有关。该案采用“主要目的”解释，认为一项措施如果属于 GATT 1994 第 20 条第（g）款规定的范围，其主要目的必须是保护可用尽的自然资源。②在美国虾产品案[164]中，上诉机构认为 GATT 1994 第 20 条第（g）款规定的贸易措施的“主要目的是”保护可用尽的自然资源，并指出需要考察有关措施是否为“目的与手段紧密和真实的关系”，应当在个案中审查措施的整体结构和设计与该措施目的之间的关系。

对于 GATT 1994 第 20 条第（g）款中“与限制国内生产或消费一同实施”的解释，引用以下案例：①在 Canada – Herring and Salmon（加拿大鲱鱼鲑鱼案）[165]中，措施只有对国内产品进行限制，如果它主要目的是使得这些措施生效的话。②在美国汽油案[166]中，上诉机构认为 GATT 1994 第 20 条适用范围的措施仅指代“一同实施”，而不强调“一同生效”，即“实施有效的国内限制措施”。③在 Brazil – Retreaded Tyres（巴西翻新轮胎案）[167]中，专家组指出在确保经济发展的同时保护环境。

---

[162] United States – Import Prohibition of Certain Shrimp and Shrimp Products，上诉机构报告，世贸组织文件第 WT/DS58/AB/R 号，1998 年 10 月 12 日通过，第 118 – 119、147 段；United States – Standards for Reformulated and Conventional Gasoline，上诉机构报告，世贸组织文件第 WT/DS2/AB/R 号，1996 年 4 月 29 日通过，第 20 页；United States – Measures Affecting the CrossBorder Supply of Gambling and Betting Services，上诉机构报告，世贸组织文件第 WT/DS285/AB/R 号，2005 年 4 月 7 日通过，第 282 段。

[163] United States – Standards for Reformulated and Conventional Gasoline，上诉机构报告，世贸组织文件第 WT/DS2/AB/R 号，1996 年 4 月 29 日通过，第 17 页。

[164] United States – Import Prohibition of Certain Shrimp and Shrimp Products，上诉机构报告，世贸组织文件第 WT/DS58/AB/R 号，1998 年 10 月 12 日通过，第 136 段。

[165] Canada – Measures Affecting Exports of Unprocessed Herring and Salmon，专家组报告，GATT 时期文件第 L/6268 号，1988 年 3 月 22 日通过，第 4.6 段。

[166] United States – Standards for Reformulated and Conventional Gasoline，上诉机构报告，世贸组织文件第 WT/DS2/AB/R 号，1996 年 4 月 29 日通过，第 19 页。

[167] Brazil – Measures Affecting Imports of Retreaded Tyres，专家组报告，世贸组织文件第 WT/DS332/R 号，2007 年 6 月 12 日通过，第 7.370 段。

(3)专家组法律推理过程

专家组根据 VCLT 第 31 条对 GATT 1994 第 20 条第(g)款进行文本解释,认为判断一项措施是否满足第(g)款需要同时满足两个条件:①有关措施属于"与保护可用尽的自然资源有关"的措施;②此类措施与限制国内生产或消费一同实施。[168]

第一个条件的分析路径:首先,专家组解释重点词语的通常含义。专家组对于"可用尽的自然资源"没有太大的争议,但是不认为争议措施"与保护有关"。对于"与保护有关"的解释,本案沿用美国汽油案中上诉机关指出的出口措施与保护之间是实质性关系,并根据 VCLT 第 31 条规定将该词语解释为"主要目的是(primarily aimed at)"[169],以及在美国虾产品案中上诉机构进一步指出审查手段和目的之间存在紧密而真实的关系的重要性。[170] 专家组进一步说明"保护"一词的通常含义为"保存和维持某物的现有状态的行为",在本案中是指 GATT 1994 第 20 条第(g)款所涵盖的"自然资源"。[171] 其次,专家组分析了上下文,根据 VCLT 第 31 条第 2 款的规定可知,条约的上下文应当包括条约的"连同附件在内的约文"。因此,WTO 协定的序言也属于该条款的上下文。专家组认为,在解读该条款时,根据 VCLT 第 31 条第 3 款(c)项的规定,应当考虑适用于 WTO 成员方的国际法基本原则,本案涉及国际法基本原则即自然资源主权原则,应当协调运行保护和经济发展。接着,专家组审查了中国对氟石和耐火级铝矾土的出口限制措施,认为相关措施、政策没有提到保护的目标与有关出口限制措施与资源保护之间的关系。相比之下,限制开采的政策更能实现保护的目的。此外,出口限制措施降低了原材料的国内价格,可能导致下游产业对原材料的需求多于其没有被限制出口时的需求,产生了对国内下游产业提供补贴的效果。最后,从出口关税和配额的设定方

---

〔168〕 China – Measures Related to the Exportation of Various Raw Materials,专家组报告,世贸组织文件第 WT/DS394/R,WT/DS395/R,WT/DS398/R 号,2011 年 7 月 5 日通过,第 7.361 段。

〔169〕 United States – Standards for Reformulated and Conventional Gasoline,上诉机构报告,世贸组织文件第 WT/DS2/AB/R 号,1996 年 4 月 29 日通过,第 17 页。

〔170〕 United States – Import Prohibition of Certain Shrimp and Shrimp Products,上诉机构报告,世贸组织文件第 WT/DS58/AB/R 号,1998 年 10 月 12 日通过,第 136 段。

〔171〕 China – Measures Related to the Exportation of Various Raw Materials,专家组报告,世贸组织文件第 WT/DS394/R,WT/DS395/R,WT/DS398/R 号,2011 年 7 月 5 日通过,第 7.372 段。

式看,专家组无法看出其与保护自然环境的目的之间存在明显的联系,因此专家组认为中国的出口限制措施不是为了保护自然资源。

第二个条件的分析路径:首先,专家组分析了"限制国内生产或消费"、"一同实施(effective in conjunction with)"以及"平衡的处理(requirement of even - handedness)"的通常含义。对于"一同实施",专家组认为它不仅要同时实施,而且要确保其主要目的是国内限制生效。同时,根据美国汽油案中上诉机构的分析,要求国家在以保护可用尽自然资源为目的施加有关措施时,对国内产品和相关限制措施加以"平衡的处理"。[172] 专家组认为,GATT 1994 第 20 条第(g)款可以豁免与 GATT 1994 不一致的贸易措施,但要求该措施与旨在保护自然资源的国内限制平行,并确保其根本目的是使为保护自然资源而实施的国内限制生效。[173] 专家组认为中国的国内限制措施没能有效限制国内生产或消费,因为中国的产量仍在增加。专家组发现中国 2010 年对氟石和耐火级铝矾土设置的开采指标和生产指标高于 2009 年之前的开采水平和产量。专家组认为,国内限制措施不仅应当同时存在,还应当同时实施。如果措施是同时颁布的,但只能在未来或者预计只在未来产生效果,就不符合该条款的规定。出口限制措施未能与国内限制生产或消费措施同时实施,没有得到公平对待,国外生产者受到了双重的影响,不能仅凭存在生产限制就自动认定出口限制与国内限制是公平的。[174] 专家组指出,2010 年中国就制定了保护耐火级铝矾土和氟石的国内限制措施框架,虽然这些措施没有有效限制,但是已经取得了实质性的进展。[175]

专家组没有进一步对中国的措施是否符合 GATT 1994 第 20 条序言进行分析。

2. 上诉机构的意见及法律依据

中国对于专家组关于 GATT 1994 第 20 条第(g)款的结论没有提起上诉,

---

[172] United States - Standards for Reformulated and Conventional Gasoline,上诉机构报告,世贸组织文件第 WT/DS2/AB/R 号,1996 年 4 月 29 日通过,第 21 页。

[173] China - Measures Related to the Exportation of Various Raw Materials,专家组报告,世贸组织文件第 WT/DS394/R,WT/DS395/R,WT/DS398/R 号,2011 年 7 月 5 日通过,第 7.408 段。

[174] 同前注,第 7.464 段。

[175] 同前注,第 7.466 段。

但是认为专家组对于“一同实施”的解释有误，其中专家组认为实施出口限制措施的目的是使得国内限制生效，但这不符合“一同实施”的通常含义。引用美国汽油案中上诉机构的报告，指出争议措施“同时适用于”限制国内生产或消费，中国指出其中并没有对“目的”进行说明。[176]

本案上诉机构引用美国虾产品案、美国汽油案、美国博彩案中对于GATT 1994第20条的两步走分析方法，对于该条一般例外的适用采取先证明争议措施属于第20条规定的范围，再证明争议措施满足GATT 1994第20条的序言部分。

本案上诉机构根据《布莱克法律词典》将“有效(effective)”定义为“在给定时间内运行”，而“使生效”与法律政策、工具相连接使用时，通常被描述为实施、采用等。根据《牛津词典》将“一同(in conjunction)”定义为“共同、协同、一起”。因此，贸易措施必须与限制国内生产或消费的措施一同实施。从字面理解，该款不包括“保护措施的主要目的是使限制国内生产或消费的措施生效”这一额外要求。[177] 上诉机构认为中国“不公平地”限制了多种原材料出口，必须降低出口关税，并解除出口限额，以符合其作为WTO成员方的义务。上诉机构对于GATT 1994第20条的适用采取了两步走路径，即首先证明被诉措施属于第20条中的一款，其次，必须进一步确立争端中的措施符合第20条序言的要求。为了能属于GATT 1994第20条分段的范围，如第(g)款，一个措施必须“与保护可用尽自然资源有关”，并且“此类措施与限制国内生产或消费措施一同实施”。上诉该部分的争论焦点在于：该条款中的“一同生效”短语除了争议措施与限制国内生产或消费措施“一同实施”外，是否包含争议措施的“目的”必须是有效限制国内生产和消费的内容。“有效的”作为与法律文件有关的一词被定义为“在特定的时间生效”，上诉机构认为“生效”一词，应当用于连接描述投入使用、被采取或被实施的法律文件。“一同”一词被定义为“一起，共同”。此外，贸易限制必须与限制国内生产或消费措施一同实施。专家组对于GATT 1994第20条第(g)款中的“一同生

---

[176] China – Measures Related to the Exportation of Various Raw Materials，上诉机构报告，世贸组织文件第WT/DS394/AB/R，WT/DS395/AB/R，WT/DS398/AB/R号，2012年2月22日通过，第350 – 351段。

[177] 同前注，第356段。

效”(made effective in conjunction with)一词的解释存在错误,第20条第(g)款进一步要求保护措施应该“与限制国内生产或消费措施一同实施”。GATT 1994第20条第(g)款并没有包含额外要求,即保护措施主要目的在于使限制国内生产或消费的措施有效。因此,裁定专家组错误地解释了GATT 1994第20条第(g)款“一同生效”要求被诉措施的目的必须是使国内限制生效,推翻专家组在专家组报告书中第7.397段的解释。[178]

3. 对各方意见的评析

本案是WTO争端解决实践第一次对出口限制措施应如何符合GATT 1994第20条第(g)款要求作出的澄清,对于相关判例的发展有着重要的意义。[179] 贸易自由化和GATT 1994第20条中的包含的很多社会价值目标其实不是完全对立的,需要进行平衡。

纵观WTO历史案件,可以发现GATT 1994第20条的具体适用存在很大的难度,该条适用需要同时满足序言和具体条款这两部分的要求。在本案对GATT 1994第20条第(g)款的分析中,专家组采用了假定推断,但即使假定中国可以对其违规行为引用GATT 1994第20条的一般例外规定进行抗辩,其在举证等方面仍存在诸多障碍。GATT 1994第20条第(g)款对于关键证据的证明标准和要求较高,中国应当更加注重证据规则的应用,在法律法规制订的过程中就应当注意具体内容的规定与国际条约相符合。而且从本案的专家组和上诉机构的报告中可以看出来,对于条款中的个别词语如“保护有关”“一同实施”“临时”“严重短缺”的要求较为严苛,使得这些情况同时满足更加艰巨,在实际中很少有案例可以成功引用GATT 1994第20条一般例外规定。对于条款具体语言的高标准要求有利于实现条约的目的和宗旨,但是在个案中一味地要求文本内容而不考虑实际的背景以及目标与宗旨等则可能导致相关条款无法真正地适用,也会丧失条款真正的适用价值。

因违反《中国加入世贸组织议定书》的具体规定而无法引用GATT 1994的结果为目前社会中存在的环境与贸易问题提供警示。环境保护对于自由贸

---

〔178〕 同前注,第358-361段。

〔179〕 黄志雄:《认真对待可持续发展——中国原材料出口限制争端及其启示》,载《当代法学》2013年第1期,第132页。

易的影响是多方面的，既能够促进自由贸易的增长，也能阻碍自由贸易的正常发展。一般例外的设定不是为了成员方滥用例外条款，而是为保护资源、保护人类健康和环境等非贸易目标预留政策空间。正如专家组所提保护可用尽自然资源重要的一点是对于源头开采环节进行限制。尽管有相关的政策文件保护，但是一方面在现实生活中不加节制地开采，一方面对可用尽的自然资源进行出口限制，仍然会干扰自由贸易，违背 WTO 可持续发展的初衷。对于 GATT 1994 第 20 条第(g)款援引的失败暴露了中国自然资源保护存在的不足，从另一角度而言，也推动中国进一步谋求可持续发展的政策空间和更为完善的资源保护制度框架。本案的推理内容为中国在自然资源保护方面提供很多参考价值。有学者指出，在缺乏对国内生产或消费有效控制的情况下，单纯或主要依靠出口限制来解决我国所面临的环境和资源保护问题，不仅可能带来这些措施是否符合 WTO 义务的问题，而且其"保护"的指导思想和实际效果都有着很大的片面性。[180]

本案专家组和上诉机构对于出口限制措施和保护目标之间的内在关联性的论证有其重要性，中国很多相关出口限制措施都未能在文件中清楚标明保护自然资源和环境的政策目标，从而导致专家组认为中国采取的措施"与保护无关"。在资源保护方面，正如专家组所指出的那样，限制开采比限制出口更为重要，中国在国内措施方面，应更加注重对于自然资源开采、利用的管理措施体系的建立和健全，注重国内措施和国际承诺义务的一致性。中国在具体的法律文件和官方文件表述中，要加强对于政策目标的明确，不能含糊其辞，也不能笼统概述，保持国内法与国际法的协调性，明确保护环境、资源，促进可持续发展的立场。

(四) GATT 1994 第 20 条第(b)款的适用

1. 当事方的意见及法律依据

中国引用 GATT 1994 第 20 条第(b)款进行抗辩，以证明部分原材料的出口关税和出口配额措施的合理性。中国在其书面陈述中将这些产品分为两类：第一类产品为"有色金属废料产品"(scrap products，以下简称废料产品)，

---

〔180〕 同前注，第 134 页。

包括废镁、废锰和废锌(属次级产品)的出口关税。第二类产品为"生产者责任延伸产品"(以下简称EPR产品)[181],即"高能耗、高污染、资源型产品",就本案而言,包括焦炭、金属镁、金属锰(属初级产品)的出口关税以及焦炭和碳化硅的出口配额。在第二次书面陈述中,中国重新调整了抗辩的表述顺序,先指出对EPR产品的出口限制措施,然后再指出对废料产品的出口限制措施。[182]

中国认为对废料产品征收出口关税是为了确保废料向回收行业的稳定供应,促进从初级生产向次级生产的转变,从而减少初级产品造成的污染。对EPR产品采取出口限制措施是为了减少限制出口产品生产造成的污染,并保护中国人民的健康。中国认为,对于"必需性"的评估,需要专家组"权衡和平衡(a process of weighing and balancing)"以下因素:(1)所涉利益或价值观的(相对)重要性;(2)该措施对实现其目标的贡献程度;(3)该措施的贸易限制性。[183] 中国引用巴西翻新轮胎案[184]中上诉机构的分析,明确只有通过实施包含多种相互作用措施的全面政策,才能解决某些复杂的公共卫生或环境问题。一项"必需"措施可以有助于实现GATT 1994第20条第(b)款所保护的目标,在措施之间产生协同作用。

中国指出其对两类产品的出口限制措施属于全面环境政策框架的一部分,在实现经济转型至循环经济、再循环经济的同时减少污染、保护人民健康和节约能源。为实现这些目标,中国采取了相关的法律、法规和政策声明,比如《国家环境保护"十一五"规划》[185]、《关于做好控制高耗能、高污染、资源

---

[181] 生产者责任延伸制是一项重要的环境政策,该制度将生产者的责任延伸到其产品的整个生命周期,特别是产品消费后的回收处理和再生利用阶段。

[182] China - Measures Related to the Exportation of Various Raw Materials,专家组报告,世贸组织文件第WT/DS394/R,WT/DS395/R,WT/DS398/R号,2011年7月5日通过,第7.470-7.472段。

[183] 同前注,第7.474段。

[184] Brazil - Measures Affecting Imports of Retreaded Tyres,专家组报告,世贸组织文件第WT/DS332/R号,2007年6月12日通过,第151段。

[185] 《国务院关于印发国家环境保护"十一五"规划的通知》,国发〔2007〕37号,全文见中华人民共和国中央人民政府官网,http://www.gov.cn/zwgk/2007-11/26/content_815498.htm,2023年5月10日访问。

性产品出口有关配套措施的通知》[186]（已失效）、《中华人民共和国水污染防治法》等。出口限制措施是该框架的组成部分，同时与环境目标息息相关。这些措施将有助于降低环境污染，因为它们降低了出口需求，反过来也减少了国内生产。[187] 中国通过两项实证研究证明了取消出口关税和出口配额将促进国内生产。其中一项研究使用供需模拟模型（supply /demand price elasticities）估计了出口关税对金属锰和金属镁以及出口配额对碳化硅的影响。另一项研究使用回归分析模型（Regression analysis）来估计中国对焦炭征收出口关税和配额的影响。中国认为，中长期来看，这些限制有助于实现其既定的健康环境目标。长期而言，这些限制有助于转向更高附加值的商品，提高人民对更清洁环境的偏好和更高环境法规的需求，创造一个环境和经济发展的良性循环。[188]

申请方认为，中国实施出口限制措施的真实动机是为了保护国内下游产业和促进经济发展，而不是为了环境保护，因此这些措施会导致全球市场竞争条件的严重扭曲。申请方认为，中国关于控制环境污染和健康风险的论点只是为了合理化实施此类措施，实际上中国的出口限制主要是为了促进高附加值的下游产品生产，以确保国内客户能够获得廉价的原材料。申请方不认为出口关税是解决环境问题的有效手段，并认为中国的卫生和环保措施对环境产生积极影响缺乏证据支持。他们进一步辩称，中国对出口限制对 EPR 产品生产影响的估计是不可靠的，中国声称的有关措施对环境短期、中期和长期产生积极影响没有证据支持。申请方还认为，中国的 EPR 产品和废料产品政策不连贯，无法达到减少 EPR 产品生产造成的污染的目标。申请方强调需要证据表明该措施可以对成员方既定目标作出实质性的贡献，并引用巴西翻新轮

---

[186] 《国家发展和改革委员会　财政部　商务部　国土资源部　海关总署　国家税务总局　国家环境保护总局关于做好控制高耗能、高污染、资源性产品出口有关配套措施的通知》，发改经贸〔2005〕1482 号，全文见中国国家税务总局官网，http://www.chinatax.gov.cn/chinatax/n810341/n810765/n812188/200508/c1199687/content.html，2023 年 5 月 10 日访问。

[187] China – Measures Related to the Exportation of Various Raw Materials，专家组报告，世贸组织文件第 WT/DS394/R，WT/DS395/R，WT/DS398/R 号，2011 年 7 月 5 日通过，第 7.502 – 7.510 段。

[188] 同前注，第 7.519 – 7.521 段。

胎案[189],建议专家组考虑与 WTO 一致的、合理可用的替代措施。[190]

申请方提出以下六种替代措施作为参考:(1)投资于更环保的技术;(2)进一步鼓励和促进消费品的回收利用;(3)提高环境标准;(4)投资于"促进废料回收所需的基础设施";(5)在不阻碍当地供应的情况下,刺激当地对废料的更大需求;(6)对初级生产实行生产限制或污染控制。[191]

申请方提出的替代措施,中国表示这些措施在中国已经全部实施。中国认为出口限制是对其现有措施的补充,包含在全面环境框架中,旨在尽可能减少 EPR 产品生产和废料回收对环境产生的影响。在附件 39 - 1 中,中国将已实施的非出口限制措施按照申请方提出的对贸易限制较少的 6 类替代措施进行分组,表示中国已经执行了这些措施。此外,中国还提交了附件 39 - 2,介绍了一些控制与 EPR 产品生产相关的污染产生的措施;附件 39 - 3 则提供了有效性证据。附件 14 - 1 则详细阐述了适用于钢铁和铝生产商的措施。[192]

2. 专家组的意见及法律依据

(1)涉及的法律条文及解释

GATT 1994 第 20 条第(b)款规定:"在遵守关于此类措施的实施不在情形相同的国家之间构成任意或不合理歧视的手段或构成对国际贸易的变相限制的要求前提下,本协定的任何规定不得解释为阻止任何缔约方采取或实施以下措施……(b)为保护人类、动物或植物的生命或健康所必需的措施……"

在援引 GATT 1994 第 20 条第(b)款时,需证明以下三点:一是争议对象是否属于保护人类、动物或植物生命或健康的政策范围。二是该措施是否为实现政策目标所必需的。三是该措施符合第 20 条的序言部分。[193]

(2)被引用的案例及理由

对于 GATT 1994 第 20 条第(b)款的要求的阐释,引用以下案例:①在 EC -

---

[189] Brazil - Measures Affecting Imports of Retreaded Tyres,专家组报告,世贸组织文件第 WT/DS332/R 号,2007 年 6 月 12 日通过,第 141、145 段。

[190] China - Measures Related to the Exportation of Various Raw Materials,专家组报告,世贸组织文件第 WT/DS394/R, WT/DS395/R, WT/DS398/R 号,2011 年 7 月 5 日通过,第 7.514、7.524、7.556 段。

[191] 同前注,第 7.566 段。

[192] 同前注,第 7.567 段。

[193] 同前注,第 7.478 段。

Tariff Preferences(欧共体关税优惠案)中专家组明确该款的要求,"根据这一判例,专家组认为,为了确定药物安排是否符合第二十条(b)款,专家组需要审查:措施中反映的政策是否属于旨在实现以下目标的政策范围,或者换句话说,该政策目标是否是为了'保护人类……生命或健康'。换言之,该措施是否旨在实现该卫生政策目标……"[194]。②一系列广泛的政策已被公认为是保护人类、动物和植物的生命或健康的政策,如在美国汽油案[195]中,减少汽油消费造成的空气污染;在巴西翻新轮胎案[196]中,减少因废旧轮胎堆积而产生的风险。③在 EC - Asbestos(欧共体石棉案)[197]和巴西翻新轮胎案[198]中,专家组和上诉机构无权质疑成员选择的保护水平。WTO 成员享有"决定其认为在特定情况下适当的健康保护水平的权利"。

对于该款"必需性"的认定,引用以下案例:①Korea - Various Measures on Beef(韩国牛肉案)[199]审查了必需性程度,得出的结论是,在一个连续体中,"必要"措施明显更接近"不可或缺(indispensable)"的极点,而不是简单地"作出贡献"。②在韩国牛肉案、欧共体关税优惠案和巴西翻新轮胎案中确立了对必需性的评估是"权衡和平衡一系列因素"的过程,这些因素主要包括合规措施对相关法律或法规的执行所作的贡献、受该法律或法规保护的共同利益或价值观的重要性,以及法律或法规对进出口的相应影响。[200] ③在巴西翻新轮胎案中,上诉机构重申专家组必须考虑这几点因素,即所涉利益或价值观

---

[194] European Communities - Conditions for the Granting of Tariff Preferences to Developing Countries,专家组报告,世贸组织文件第 WT/DS246/R 号,2003 年 12 月 1 日通过,第 7.199 段。

[195] United States - Standards for Reformulated and Conventional Gasoline,专家组报告,世贸组织文件第 WT/DS2/R 号,1996 年 1 月 29 日通过,第 6.21 段。

[196] Brazil - Measures Affecting Imports of Retreaded Tyres,专家组报告,世贸组织文件第 WT/DS332/R 号,2007 年 6 月 12 日通过,第 7.108、7.115 段。

[197] European Communities - Measures Affecting Asbestos and Products Containing Asbestos,上诉机构报告,世贸组织文件第 WT/DS135/AB/R 号,2001 年 3 月 12 日通过,第 168 段。

[198] Brazil - Measures Affecting Imports of Retreaded Tyres,上诉机构报告,世贸组织文件第 WT/DS332/AB/R 号,2007 年 12 月 17 日通过,第 140 段。

[199] Korea - Measures Affecting Imports of Fresh, Chilled and Frozen Beef,上诉机构报告,世贸组织文件第 WT/DS161/AB/R 号,2000 年 12 月 11 日通过,第 161 段。

[200] 同前注,第 164 段。European Communities - Conditions for the Granting of Tariff Preferences to Developing Countries,专家组报告,世贸组织文件第 WT/DS246/R 号,2003 年 12 月 1 日通过,第 7.209、7.213 段;Brazil - Measures Affecting Imports of Retreaded Tyres,上诉机构报告,世贸组织文件第 WT/DS332/AB/R 号,2007 年 12 月 17 日通过,第 141 段。

的重要性、对实现该措施目标的贡献程度及其贸易限制性。[201] "当所追求的目标和所讨论的措施之间存在真正的目的和手段关系时"[202],则一项措施有助于实现目标,而如果一项措施有助于实现目标,则该措施是必要的。[203]

对于所涉利益或价值观的重要性的部分,引用以下案例:①在韩国牛肉案和欧共体石棉案中,所推行的政策背后的共同利益或价值观越重要,就越容易被认定为执行工具的"必要"措施。[204] ②在巴西翻新轮胎案中,上诉机构指出"没有什么利益比保护人类免受健康风险更'重要',保护环境也同样重要"。[205]

对于争议措施对所追求目标的贡献,引用以下案例:①巴西翻新轮胎案将贡献分为实现其目标"带来"(brings about)实质性贡献的措施,以及"易于产生"(is apt to produce)对所追求的目标作出实质性贡献的措施。一项措施可以被视为"必要的",即使该措施的贡献"无法被立即观察到"。"只有通过实施包括多种相互作用措施的综合政策,才能解决某些复杂的公共卫生或环境问题"。该贡献可以被定量或者定性分析。[206] "在短期内,可能很难将一项具体措施对公共卫生或环境目标的贡献与同一综合政策中其他措施的贡献区分开来"。[207] ②从中国出版物和音像产品案中可以看出,"一项措施对所追求的目标的贡献越大,就越有可能被定性为'必要'"。[208]

对于争议措施的贸易限制性,引用以下案例:①在韩国牛肉案中,上诉机

[201] 同前注,第 178 段。

[202] 同前注,第 145 段。

[203] 同前注,第 150 – 151 段。

[204] Korea – Measures Affecting Imports of Fresh, Chilled and Frozen Beef,上诉机构报告,世贸组织文件第 WT/DS161/AB/R 号,2000 年 12 月 11 日通过,第 162 段;European Communities – Measures Affecting Asbestos and Products Containing Asbestos,上诉机构报告,世贸组织文件第 WT/DS135/AB/R 号,2001 年 3 月 12 日通过,第 172 段。

[205] Brazil – Measures Affecting Imports of Retreaded Tyres,上诉机构报告,世贸组织文件第 WT/DS332/AB/R 号,2007 年 12 月 17 日通过,第 144、179 段。

[206] 同前注,第 144、151 段。

[207] 同前注,第 144、172 段。

[208] China – Measures Affecting Trading Rights and Distribution Services for Certain Publications and Audiovisual Entertainment Products,上诉机构报告,世贸组织文件第 WT/DS363/AB/R 号,2009 年 12 月 21 日通过,第 251 段。

构考虑了该措施对“国际商业”的影响。[209] ②在中国出版物与音像产品案中，从本质上讲，“该措施的限制性越小，就越有可能被定性为‘必要’”[210]。

对于与 WTO 一致或较少贸易限制性替代措施的可用性，引用以下案例：①在美国博彩案和巴西翻新轮胎案中，澄清了在确定是否存在合理可行的替代措施时举证责任的分配。美国博彩案中，虽然举证方必须证明一项措施是必需的，但它不必“首先证明没有合理可行的替代措施来实现其目标”。[211] 替代措施必须与 WTO 规则保持一致，同时为实现争议措施所追求的目标作出同等贡献。[212] ②在巴西翻新轮胎案中，仅仅存在替代措施不足以证明争议措施不是“必要的”。美国博彩案中拟议的替代措施必须“为举证方保留其就所追求的目标实现所需保护水平的权利”。[213] 在巴西翻新轮胎案中，在专家组对替代措施的可行性进行评估时，同样相关的是举证方“实施成本特别高或需要先进技术的补救措施”的能力。[214] 总之，本案专家组认为，一个专家组不能通过指出与 WTO 一致或贸易限制较少的替代措施来拒绝环境保护措施或公共卫生措施，除非该替代措施对寻求根据 GATT 1994 第 20 条第(b)款规定与 WTO 不一致措施的成员来说在实践和财政上都是可行的，并且为实现所追求的目标提供了同等的贡献。[215]

(3)专家组法律推理过程

本案专家组梳理了先前案例中对于 GATT 1994 第 20 条第(b)款的具体分析之后，认为判断本案中争议措施是否满足 GATT 1994 第 20 条第(b)款

---

[209] Korea – Measures Affecting Imports of Fresh, Chilled and Frozen Beef，上诉机构报告，世贸组织文件第 WT/DS161/AB/R 号，2000 年 12 月 11 日通过，第 163 段。

[210] China – Measures Affecting Trading Rights and Distribution Services for Certain Publications and Audiovisual Entertainment Products，上诉机构报告，世贸组织文件第 WT/DS363/AB/R 号，2009 年 12 月 21 日通过，第 310 段。

[211] United States – Measures Affecting the Cross – Border Supply of Gambling and Betting Services，上诉机构报告，世贸组织文件第 WT/DS285/AB/R 号，2005 年 4 月 7 日通过，第 309 段；Brazil – Measures Affecting Imports of Retreaded Tyres，上诉机构报告，世贸组织文件第 WT/DS332/AB/R 号，2007 年 12 月 17 日通过，第 156 段。

[212] 同前注，United States 第 307 段，Brazil 第 156 段。

[213] United States – Measures Affecting the Cross – Border Supply of Gambling and Betting Services，上诉机构报告，世贸组织文件第 WT/DS285/AB/R 号，2005 年 4 月 7 日通过，第 308 段。

[214] Brazil – Measures Affecting Imports of Retreaded Tyres，上诉机构报告，世贸组织文件第 WT/DS332/AB/R 号，2007 年 12 月 17 日通过，第 171 段。

[215] 同前注，第 156 段。

时,需要同时满足3个条件:①中国的出口限制措施属于旨在保护人类、动物或植物生命或健康的政策范围。②此类措施对于实现上述目标具有“必需性”。③符合GATT 1994第20条序言部分。专家组按照顺序对EPR产品和废料产品实施出口限制的所有措施以及替代措施进行审查。[216] 具体分析内容如下所示。

①对于EPR产品的分析

争议措施的目标是否为保护人类健康和环境。对于这项内容的审查应根据争议措施的设计和性质进行判断。专家组通过审查有关出口限制的实施措施以及中国提交的所有法律和条例,认为争议措施没有提及保护环境和人类健康。例如,《国家环境保护“十一五”规划》(2006—2010年)中没有提及本案中争议的措施,也没有提到相关出口措施将以减少其生产造成的污染为目标,从而保护中国人口的健康。该规划也没有笼统地提及出口限制措施,唯一提到的保护环境和资源目标的段落[217]也与争议措施无关。而《关于做好控制高耗能、高污染、资源性产品出口有关配套措施的通知》中的段落提到了环境,但同时也提到了能源、资源、运输和经济发展。这些措辞支持了申请方的立场,即这些措施的主要目标是经济发展,而非环境和健康保护。专家组注意到,上述通知指出,高耗能、高污染、资源性产品的出口给环境带来了负担,但出口限制措施与减少EPR产品生产造成的污染的目标之间没有明确的联系。从各种法律文件、政策、公告通知内容来看,中国虽然在环境保护方面做出了非常多的努力,但是这些措施并没有表明其目标是保护人类健康和环境,也没有形成一个全面的框架来解决环境保护和人类健康问题,也没有证据表明出口限制对环境保护和减少污染产生了直接的影响。专家组认为,一个成员方必须做的不仅仅是制定一份提及环境保护和污染防治清单,它还必须能够表明这些文件是如何实现它所要实现的目标的。专家组认为《中华人民共和国水污染防治法》中的这些措施与评估有关具体出口措施对减少污染和保护环境以促进中国人民健康作出的贡献没有直接关系。专家组认为,提出的许多

---

[216] China－Measures Related to the Exportation of Various Raw Materials,专家组报告,世贸组织文件第WT/DS394/R,WT/DS395/R,WT/DS398/R号,2011年7月5日通过,第7.500、7.517段。

[217] 该段落表述为:“在资源税、消费税、进出口关税改革中充分考虑环境保护要求,探索建立环境税收制度,运用税收杠杆促进资源节约型、环境友好型社会的建设。”

措施表明了中国对促进节能的必需性的关注程度。然而,这些文件只是一份政策目标宣言,并没有说明如何实现这些环境目标。中国没有提及国内在生产或保护方面的具体措施,以及这些措施如何在实现政策目标方面发挥作用。因此,专家组认为中国无法证实其出口限制措施是为了减少 EPR 产品生产造成的污染而属于全面框架的一部分。[218]

这些措施是否有助于实现保护中国人民健康的目标。专家组结合对巴西翻新轮胎案中上诉机构的报告的理解,认为中国需要证明这些措施有助于实现减少 EPR 生产造成的污染的目标。虽然中国提到了采取回收废料产品的措施可以降低能源密集度和污染,但申请方认为中国对回收行业的发展不够认真,其出口限制措施的主要目的是为下游钢铁行业生产提供降价的原材料。专家组根据标准经济理论对中国的关于其出口限制对国内市场的影响定性论点进行分析,但对“孤立”地分析出口限制对特定部门产品的影响持保留意见。专家组将继续审议中国的抗辩,重点关注中国对 EPR 产品实施的出口措施是否实现减少污染的政策目标。对于中国是否已履行举证责任,证明 EPR 产品的出口限制目前对既定目标作出了重大贡献。专家组审查中国关于 EPR 产品出口限制的两种模型论证,并对中国使用的方法和研究结果的可靠性提出疑问。专家组认为中国在模型分析中缺乏足够的数据和对相关讨论的定量具有高度推测性,并质疑供需弹性的可靠性。即使中国提交的证据是可靠的,但专家组仍认为中国没有证明现有的出口限制作出了“实质性”贡献,因为中国的分析没有考虑到重要的上下游互动。中国表示,只要有充分的监管框架支持,经济增长就可以转化为长期的环境保护。中国认为这种关系得到了所谓“环境库兹涅茨曲线”(EKC)的支持。但是专家组指出,就算增长使环境保护在统计上更有可能实现,这也不能证明出口限制措施对环境收益是必要的。专家组指出,较高的人均收入会让公民产生对更好的环境质量的偏好,收入再分配政策可以像争议的出口限制一样为环境目标服务。专家组认为,如果接受中国将出口限制作为促进环境保护的论点,可能会产生系统性的后果,并可能支持对任何原材料都采取出口限制措施。总之,专家组不相信中

[218] China – Measures Related to the Exportation of Various Raw Materials,专家组报告,世贸组织文件第 WT/DS394/R,WT/DS395/R,WT/DS398/R 号,2011 年 7 月 5 日通过,第 7.500 – 7.517 段。

国提供的证据足够支持其对 EPR 产品实施出口限制对所追求的目标作出了重大贡献的说法。[219]

争议措施的贸易限制性分析。如前所述,专家组指出,中国的论点并不能证实这些措施没有限制性。首先,出口限制对全球市场的影响并不取决于全球制造 EPR 产品时原始自然资源的可用性,而是取决于一个国家在 EPR 市场中的出口市场份额。中国相关产品的出口份额占比相当大,出口限制措施对世界市场的影响取决于一个国家在市场中的出口份额,因此中国的出口限制措施即使是适度的,也会对全球产生重要的影响。此外,专家组认为,对于出口关税率和反倾销税率的简单比较,不足以保证现有的措施不具有高度的贸易限制性。虽然中国认为长期来看,新的生产商进入市场会缓解贸易的限制,但是专家组指出,长期影响无法抵消短期影响,即一项措施的贸易限制效应可能会消失,但是与该措施相关的短期成本可能是高度限制性的。[220]

符合 WTO 或贸易限制性较少的替代措施的可行性。专家组对申请方提出的环保技术投资、消费品回收利用、提高环境标准、促进废料回收基础设施建设、刺激当地对废料的需求、对初级生产实行生产限制或污染控制等六种替代措施进行了一一审查。专家组认为中国提出的政策措施在具体实施和实现既定目标的影响方面存在模糊不清以及缺乏证据的问题。此外,中国也没有提交任何解释或者论证说明现有的环境标准不能更加严格或以其他方式进行调整,以充分解决生产 EPR 产品造成的污染问题。如在《中华人民共和国大气污染防治法》《中华人民共和国清洁生产促进法》等政策中鼓励投资环保技术,其中更多的是倡议性的,无法证明其强制性,并且也没有具体的实施情况。专家组认为中国提出的一些新措施在实现既定目标方面的潜在有效性难以评估,因为这些措施大部分是在案件审理过程中或之前新颁布的,尚未经过测试,且缺乏相应的标准、费用评估或执行程序、检查的证据和后果,以及建立必要的环境污染控制系统的证据,而且没有充分说明其废料回收能力是否发挥了潜力,或者是否可以进一步扩大以取代 EPR 产品的使用。不过,专家组对中国的环境行动也有所肯定。中国认为出口限制措施与其他国内措施相结合

[219] 同前注,第 7.518 – 7.554 段。
[220] 同前注,第 7.558 – 7.561 段。

是“必需的”,为减少污染和保护公众健康提供了额外的短期、中期和长期利益。中国指出,考虑到环境的负外部性,如果没有出口限制措施,EPR 产品的出口价格相比其生产的社会成本来说太低(因为出口不会考虑环境成本),而仅靠环境法规不足以完全消除 EPR 生产对环境的破坏,因此有必要限制出口。专家组认为,中国对 GATT 1994 第 20 条第(b)款的解释大幅扩大了例外条款的范围,从而允许定量出口限制。专家组指出,其职权范围是确定中国是否已经证明其与 WTO 不一致的出口限制措施是减少污染和保护公众健康的必要特别措施。专家组没有讨论本案所涉 WTO 规则在本案中的适用性。

综上,基于上述原因,专家组认为,中国没有证明其对 EPR 产品的出口限制措施符合 GATT 1994 第 20 条第(b)款的要求。[221]

②对于废料产品的“必需性”分析

措施的目标。对于此部分的分析专家组在审查 EPR 产品出口限制的同时也对废料产品作出分析。专家组同意申请方的观点,中国对废料产品实施出口限制措施的真正目标不是减少使用 EPR 产品造成的污染,而是向其下游产业提供低价原材料,以进一步刺激其经济发展。[222]

实质性贡献,争议措施是否有助于实现目标。对于中国是否履行了证明出口关税阶段可能对既定目标作出重大贡献的举证责任,专家组认为中国用于分析的数据质量严重损害了结果的可靠性,而且中国孤立地解决了与 EPR 产品生产相关的污染问题,没有考虑到下游生产增加带来的污染。因此,专家组认为中国尚未证明其对废料采取的出口措施目前对减少污染的目标作出了重大贡献。[223] 中国认为外国对废料的高需求和不稳定的外国供应是阻碍中国以二次生产取代初级生产的长期目标的两个因素。专家组认为中国关于外国对废料的高需求是造成回收行业发展水平低的原因的证据不充分,并且中国也没有解释实施出口限制将如何有助于保证关键数量的废料资源,并有助于发展回收行业。中国用于估计出口限制对国内废料消费影响的模型与中国用于估计出口限制对 EPR 产品生产影响的模型相同。因此,上面讨论的关于

---

〔221〕 同前注,第 7.567 - 7.591 段。

〔222〕 同前注,第 7.595 段。

〔223〕 同前注,第 7.598 - 7.604 段。

EPR 产品的许多问题也适用于废料产品。[224]

贸易限制性。关于所谓的国际供应对废料产品供应的限制,专家组强调,国内废料产品价格的降低可能会负面影响收集废料的动机。中国认为其采取的措施可以抵消废料价格下降的压力,但是没有提供证据。另外,废料产品的出口限制可能有利于下游部门,但对环境的影响也需要考虑。专家组认为,中国提供的证据不足以证明出口限制措施的可行性。[225]

符合 WTO 或限制性较少的替代措施的可行性。专家组表示,一些措施可以更有效地促进废料产品供应和二次生产的发展,例如中国自己也认识到发达国家引入标签要求、激励计划、研究资助和二次投入低进口关税等措施的作用。专家组还注意到回收基础设施的缺乏是中国回收行业发展的主要障碍之一,但预计回收行业将迅速转型,或者至少中国表示已采取措施促进"国内回收和后处理行业的快速增长"。总地来说,专家组认为中国正在制定一些回收基础设施措施,以促进废料产品供应的发展,但没有证明其对本案废料产品征收的出口关税符合相关规定。[226]

专家组认为,中国对废料产品和 EPR 产品实施的出口限制措施更多地体现了对经济发展的关注,而不是为了保护人类生命健康和环境。从经济理论上讲,EPR 产品的出口限制可能会将资源转移到生产金属合金的下游行业,而不是中国的其他行业,这可能会减缓总经济增长。此外,中国没有提供足够的证据来证明这些措施是为了保护环境和人类健康。专家组没有进一步对中国的措施是否符合 GATT 1994 第 20 条序言进行分析。[227]

由于中国在上诉阶段没有就 GATT 1994 第 20 条第(b)款提出上诉,上诉机构在报告中未对此部分内容进行分析。

3. 对各方意见的评析

从本案当事方的观点和专家组的报告中可以发现,对于 GATT 1994 第 20 条第(b)款的判定主要反映了自然资源主权原则、环境可持续发展和贸易自由之间的矛盾。本案中中国对自然资源主权与 GATT 1994 例外条款之间

---

〔224〕 同前注,第 7.605 - 7.609 段。
〔225〕 同前注,第 7.607 段。
〔226〕 同前注,第 7.610 - 7.611 段。
〔227〕 同前注,第 7.612 段。

的联系作出了尝试,可惜的是以失败告终,而且在上诉阶段,中国并未对这部分的内容进行上诉。

当事方和专家组对 GATT 1994 第 20 条第(b)款的分析(如"必需性"的认定),值得深入探讨。在论证过程中,专家组多次认可了中国在环境保护和人类健康保护方面提出的政策性方针。但最终还是由于缺乏足够的证明力度和逻辑关联度,被专家组认为中国的一系列出口限制措施对实现环境保护和人类健康的政策目标没有作出实质贡献,认为其缺乏"必需性"。从中国提供的证据来看,中国在这部分的分析中使用了多种分析模型和经济理论依据。虽然最终专家组仍然认为中国的证据不充分,但是其中有不少证据都得到了专家组的肯定。中国对 EPR 产品实施出口限制措施是为了保护环境和稀有资源,从而实现可持续发展。但是如专家组所述,中国存在举证难点,即出口限制通常不会使 EPR 产品在国内经济中产生环境负外部性。[228] 而关键证据往往在具体的 DSB 争端中起着关键作用,本案中,中国无法提供实施出口限制措施是解决环境负外部性的有效政策的证据,出口限制措施被认为不符合 GATT 1994 第 20 条第(b)款规定的条件。

尽管在以往的争端解决实践中,援引 GATT 1994 第 20 条第(b)款的案件明显多于第(g)款,但是成功援引第(b)款的法律门槛相比而言要高得多,主要体现在"必需性"这一要求上。[229] 案例实践经验的积累,使 DSB 对该款的内涵有了更加细化的阐释,有学者指出巴西翻新轮胎案,可能构成 "必需"标准问题的一个转折点,但是对于必需性的认定仍然存在很大的难度。在发展中国家经济发展和环境保护并不能兼顾。考虑到国情,是否应该加入对于目的和宗旨的考量,而对于文本解释的偏重是否降低一些,更加符合不同国家之间的国情。确定"必需" 问题的目的和困难都在于区分两种情况:一个是非保护主义的政府防止不了某种国内政策造成对外国竞争者的歧视;一个是保护主义的政府采用合法的目标来设计国内政策,作为抑制外国竞争的借口。问题在于我们设计的规则必须对这两种情况作出区别使前者能够实行,使后者

[228] 同前注,第 7.556 段。

[229] 黄志雄:《认真对待可持续发展——中国原材料出口限制争端及其启示》,载《当代法学》2013 年第 1 期,第 130 页。

受到阻止。[230]

中国作为发展中国家,在发展经济和环境保护中存在较大的矛盾。从GATT时期到WTO时期,随着国际交往的不断发展深化以及经济的快速发展,其重心可能有所偏移。WTO时期一些对于环境和可持续的重视度越来越高,而很多国家还处在追求贸易水平的进步之中,可见国家之间的发展水平有很大的差距。

有学者指出,本案的问题不在于资源生产国能否要求国外消费者支付环境成本(对这个问题是肯定的),而在于如何实现环境成本的公平分担。[231] 本案的裁判结果也为中国的环境保护综合框架的构建与完善提供了思路,中国应当更加注重环境标准的"落地"、实施情况。

另外,本案中对于GATT 1994第20条具体条款的适用的分析都是采取了与大部分案件相同的分析思路,即"两步走分析方法"。但是无论是专家组还是上诉机构,在解释过程中,对GATT 1994第20条第(b)款和第(g)款的分析在第一步分析阶段被认为不符合要求,便都没有进一步讨论GATT 1994第20条的序言。但是,根据个案的情形,两步走的分析顺序是否适合中国的情形,也值得思考。对于GATT 1994第20条第(b)款和第(g)款的解释可以采取整体解释的方法对一系列因素进行权衡,避免机械化的文本解释。

(五)GATT 1994第11条第2款(甲)项的适用

1. 专家组的意见及法律依据

对于耐火级铝矾土的出口配额的问题,中国援引GATT 1994第11条第2款(甲)项进行抗辩。

(1)涉及的法律条文及解释

GATT 1994第11条"普遍取消数量限制"第1款规定:"任何缔约方不得对任何其他缔约方领土产品的进口或向任何其他缔约方领土出口或销售供出口的产品设立或维持除关税、国内税或其他费用外的禁止或限制,无论此类禁

[230] 那力、王森:《GATT第20条a、b、d款及GATS第14条的"必需"问题:变化与发展》,载《国际贸易》2010年第8期,第59、64页。

[231] 秦娅、吕晓杰、李伶:《论WTO出口税制度的改革:自然资源主权、经济发展与环境保护》,载《清华法学》2013年第2期,第140页。

止或限制通过配额、进出口许可证或其他措施实施。”

GATT 1994 第 11 条“普遍取消数量限制”第 2 款(甲)项规定:“本条第 1 款的规定不得适用于下列措施:为防止或缓解出口缔约方的粮食或其他必需品的严重短缺而临时实施的出口禁止或限制。”

(2)专家组法律推理过程

专家组认同中国关于“耐火级铝矾土对中国至关重要”的观点,但是中国未能证明耐火级铝矾土的出口配额符合 GATT 1994 第 11 条项下的“临时实施”的规定,也无法证明耐火级铝矾土的“严重短缺”,因此无法使用 GATT 1994 第 11 条第 2 款(甲)项对耐火级铝矾土的出口配额问题进行抗辩。

对于 GATT 1994 第 11 条的适用性问题的具体分析如下:此部分的争议焦点在于中国耐火级铝矾土的出口配额是不是为了防止或缓解“严重短缺”而“临时实施”。此前案例专家组和上诉机构并未对 GATT 1994 第 11 条进行过法律解释,本案中专家组根据 VCLT 的解释规则对该条进行了通常含义的解释,其中对“必需品”、“严重短缺”和“临时实施”等词语进行了具体解释。专家组指出“临时”的定义为“在有限时间内”。根据 VCLT 中善意解释的原则,专家组用 GATT 1994 第 20 条第(g)款分析 GATT 1994 第 11 条第 2 款(甲)项的上下文,认为这两条相关。专家组指出 GATT 1994 第 20 条第(g)款的适用需要满足该条序言部分的非歧视等“额外保护”,而 GATT 1994 第 11 条第 2 款(甲)项没有类似的限制规定,也证明了其是在有限时间内而不是长期适用。将“临时”解释为“在有限时间内”有助于在解决可用尽自然资源方面的问题时与 GATT 1994 第 20 条第(g)款进行区别。[232] 中国对于耐火级铝矾土的出口限制措施已经实施了至少 10 年,且没有任何迹象表明中国将在何时取消,而种种迹象表明中国将继续实施该措施直到储备耗尽。因此,专家组认为中国对耐火级铝矾土实施的出口配额措施不属于 GATT 1994 第 11 条规定的“临时实施”。[233] 接着,专家组审查了字典中关于“缓解或防止”“严重短缺”等术语的定义,[234] 认为“严重”一词说明短缺必须是“严重的”甚至是达

〔232〕 China – Measures Related to the Exportation of Various Raw Materials,专家组报告,世贸组织文件第 WT/DS394/R,WT/DS395/R,WT/DS398/R 号,2011 年 7 月 5 日通过,第 7.256 – 7.258 段。

〔233〕 同前注,第 7.350 段。

〔234〕 同前注,第 7.294 – 7.296 段。

到“危机”或灾难水平的。此外,专家组认为,“临时”采取措施的要求是在上下文中说明了“严重短缺”的概念。专家组对此的理由是,如果当前的短缺永远无法停止,那么就不能通过临时实施出口限制措施来“缓解或防止”短缺。[235] 专家组认为“严重短缺”的概念与“严重”一致,也解释为“危机”。专家组认为即使正如中国主张的那样,耐火级铝矾土的自然储量将在16年内耗尽,这也不代表出现“具有决定性”或“严重”的情况,就上升到“危机”的水平。[236] 因此,专家组得出结论,中国缺乏证据证明耐火级铝矾土存在“严重短缺”。综上所述,专家组认定,中国对于耐火级铝矾土的出口配额措施无法引用GATT 1994第11条第2款(甲)项进行抗辩。[237]

2. 当事方意见与上诉意见

中国在上诉中提出以下几点:第一,专家组对于“临时”的解释是错误的,其中在对“临时”一词作出定义时专家组将“长期”出口限制措施排除在GATT 1994第11条范围之外是错误的。相反,GATT 1994第11条第2款(甲)项要求限制出口的措施应根据所述目标的实现加以限制和约束。第二,专家组忽略了中国每年都需要对耐火级铝矾土的出口配额审查的事实,从而错误理解了“临时”一词的含义。第三,专家组认为“严重短缺”一词不包括由于产品的“有限”性质或“有限储备”造成的短缺是错误的。第四,专家组认为GATT 1994第11条第2款(甲)项和第20条第(g)款之间相互排斥是错误的,中国认为,这两项规定并不排斥,而是累积适用的。此外,中国认为专家组未能根据DSU第11条规定对该部分作出客观评价。[238]

对于专家组将“长期”出口限制措施排除在GATT 1994第11条范围之外,欧盟认为专家组的重点是保护措施,而不是一般的出口限制措施。欧盟认为中国每年都需要对耐火级铝矾土的出口配额进行审查的事实不影响对“临时”的判断,因为这项措施已经实施了十多年。美国和墨西哥认为,专家组没

---

[235] 同前注,第7.297段。

[236] 同前注,第7.351段。

[237] 同前注,第7.353段。

[238] China - Measures Related to the Exportation of Various Raw Materials,上诉机构报告,世贸组织文件第WT/DS394/AB/R,WT/DS395/AB/R,WT/DS398/AB/R号,2012年2月22日通过,第314段。

有对于“临时实施”的期限进行绝对的限制,同时指出“有限储备”的存在只是构成一定程度的短缺,而这种短缺程度并不上升到危机程度的短缺,因此并不构成“严重”短缺。[239]

3. 上诉机构的意见及法律依据

上诉机构根据 VCLT 的解释规则对 GATT 1994 第 11 条第 2 款(甲)项作出解释。GATT 1994 第 11 条第 1 款规定了取消数量限制的一般义务,而第 2 款规定了第 1 款的义务不得延伸至该款所列项目。因此,上诉机构认为,在解读 GATT 1994 第 11 条时,应当将第 1 款和第 2 款一并理解。对比发现,两款均提及“禁止或限制”,对此上诉机构作了通常含义的解释,“禁止”一词在《牛津词典》中的含义为,“对特定商品的贸易或进口的法律禁止”。“限制”一词的含义为,“限制某人或某物的事物、行动限制、限制条件或条例”,一般指具有限制作用的事物。而 GATT 1994 第 11 条的标题是“普遍取消数量限制”,引用美国碳钢案中上诉机构强调重视标题的分析,[240]本案上诉机构认为在条款标题中使用“数量”一词有助于解释 GATT 1994 第 11 条第 1 款和第 2 款中的“限制”和“禁止”。它表明,GATT 1994 第 11 条涵盖了对进出口产品的数量具有限制作用的禁止和限制,[241]而 GATT 1994 第 11 条第 2 款(甲)项中“出口禁止或限制”短语中的“禁止”和“限制”均由“出口”进行限定,其涵盖了禁止或限制某些货物出口的所有措施。因此,此处的“禁止或限制”指的是与 GATT 1994 第 11 条第 1 款和第 2 款(甲)项相同类型的措施,不同之处在于第 2 款(甲)项仅禁止或限制出口,而第 1 款也包括与进口有关的措施。上诉机构进一步发现,“关税、税费或其他费用”不在 GATT 1994 第 11 条第 1 款的范围内。由于 GATT 1994 第 11 条第 1 款和第 2 款之间的联系,第 2 款(甲)项也不包括“关税、税费或其他费用”。因此,如果“限制”不属于 GATT

[239] 同前注,第 315 段。

[240] United States - Countervailing Duties on Certain Corrosion - Resistant Carbon Steel Flat Products from Germany(US - Carbon Steel),上诉机构报告,世贸组织文件第 WT/DS213/AB/R 号,2002 年 11 月 28 日通过,第 67、126 段。

[241] China - Measures Related to the Exportation of Various Raw Materials,上诉机构报告,世贸组织文件第 WT/DS394/AB/R, WT/DS395/AB/R, WT/DS398/AB/R 号,2012 年 2 月 22 日通过,第 320 段。

1994 第 11 条第 1 款的范围,那么也不属于第 2 款的范围。[242]

接着,上诉机构依次解释了 GATT 1994 第 11 条中"临时实施""防止或缓解""严重短缺"等词语的含义。第一,"临时"作为副词,对"实施"一词进行限定,在《牛津词典》中的含义为"持续有限的时间;不是永久的;为满足短暂的需要而制造或安排"。因此,当与"实施"组合使用时,描述了一项在有限时间内实施的措施,以满足"短暂的需要"。"提供短暂的需要"这一定义要素表明 GATT 1994 第 11 条第 2 款(甲)项涉及的措施是在过渡期间"临时"实施的。[243] 上诉机构同意专家组认为的 GATT 1994 第 11 条第 2 款(甲)项意义上的禁止或限制必须在一个限制的时间里而非无限制的。[244] 但是对于专家组进一步将"在有限时间内"解释为"固定时限"[245],上诉机构认为这一时间范围不需要事先确定。[246] 第二,"严重短缺","短缺"这一名词在《牛津词典》中被定义为"数量上的不足,总量的缺乏",由"严重的"这一形容词进行限定。"严重的"被定义为"危机,与危机有关或构成危机;具有至关重要的意义、关键性;涉及风险或悬念"。"危机"一词被定义为"转折点,一个至关重要的决定性阶段;一段艰苦的时光,政治、商业的危险或悬念在等"。综上所述,"严重短缺"是指数量上的不足,这种不足的程度相当于具有决定性的情况,或是达到了一个重要的或决定性的阶段。[247] 上诉机构也对"严重短缺"结合 GATT 1994 第 20 条第(j)款中的"一般或部分供应不足"一词进行上下文解释。其中,"供应不足"一词的含义为"数量有限、稀缺",与"短缺"的含义相似,然而,GATT 1994 第 20 条第(j)款中的"供应不足"缺乏"严重"这一词进行限定,因此必须在这些条款的措辞中对这一差异赋予意义。上诉机构认为,GATT 1994 第 11 条第 2 款(甲)项的"短缺"种类比第 20 条第(j)款范围更

---

[242] 同前注,第 321 段。

[243] 同前注,第 323 段。

[244] 同前注,第 330 段。

[245] China – Measures Related to the Exportation of Various Raw Materials,专家组报告,世贸组织文件第 WT/DS394/R,WT/DS395/R,WT/DS398/R 号,2011 年 7 月 5 日通过,第 7.255 段。

[246] China – Measures Related to the Exportation of Various Raw Materials,上诉机构报告,世贸组织文件第 WT/DS394/AB/R,WT/DS395/AB/R,WT/DS398/AB/R 号,2012 年 2 月 22 日通过,第 331 段。

[247] 同前注,第 324 段。

窄。[248] 第三，“防止或缓解”，“防止”在《牛津词典》中的含义为“预先准备；通过预期行动使其不可行或不可能；停止发生”，“缓解”是“摆脱某种麻烦、困难或危险；给……提供援助”。因此，上诉机构将 GATT 1994 第 11 条第 2 款（甲）项理解为为缓解或减少现有严重短缺而采取的措施，以及预防即将出现的严重短缺而采取的预防性措施。[249] 这些短语的解释相互作用，从而界定了 GATT 1994 第 11 条第 2 款（甲）项的范围。[250]

在具体分析专家组的相关解释时，作出以下分析：第一，上诉机构认同专家组对于“临时”是在有限时间内的解释，而对于专家组进一步将“有限时间”定义为措施适用的“固定时限”，上诉机构认为“临时”不意味着事先确定的时限。对于中国认为专家组在解释“临时”时将“长期”排除在外的上诉理由，本案上诉机构认为，“长期实施”和“长期措施”在阐释“临时”一词的含义时没有实质价值，因为需要结合案件事实进行个案分析。虽然“长期”和“短期”的概念与“临时”不同，但是从专家组的整体分析而言，专家组使用这些词语是为了对“临时实施”一词进行解释。因此，上诉机构认为，专家组没有排除“长期”适用以调整对“临时”的解释。第二，上诉机构认为专家组在解释 GATT 1994 第 20 条（甲）项时将第 20 条第（g）款视为上下文，其序言中对于“额外保护”的进一步要求支持了（甲）项规定的“临时”必须是在有限时间内，而不是无期限的，上诉机构认为这并不是说明专家组认为这两项规定相互排斥、相反，专家组是在试图证明自己的解释。GATT 1994 第 20 条（甲）项是针对食品或其他基本产品的严重短缺而采取的措施，GATT 1994 第 20 条（g）款是针对保护可用尽自然资源而采取的措施，这两项可能会重叠。而“临时”是“严重短缺”的一个限定条件，即“严重短缺”通过“临时实施”的出口限制是能够“防止或缓解的”，反之便不能称为“严重短缺”，所以这种“严重短缺”常常是在危急情况下发生的，与自然资源的消耗所引起的短缺不同。对于后者，是可以通过保护措施寻求延期资源处理的，当然也就不属于 GATT 1994 第 11 条第 2 款（甲）项的调整范围。而中国对耐火级铝矾土矿所实施的出口配额措

[248] 同前注，第 325 段。
[249] 同前注，第 326 段。
[250] 同前注，第 328 段。

施已经至少实施10年,可见,这并不是通过“临时实施”就能解决的“严重短缺”,而是由产品“有限”的本质和“有限的储备”引起的短缺,属于GATT 1994第20条第(g)款调整的范畴。基于申请方的观点,中国的耐火级铝矾土矿的现有数量仅仅构成某种程度的短缺,而有限的可用性绝对不等于“严重短缺”。对于中国提出的专家组忽略了其每年对耐火级铝矾土进行审查的事实不符合DSU第11条的规定,上诉机构认为专家组作出裁定的依据并非基于“假设”,因为专家组注意到耐火级铝矾土的出口限制已经实施至少10年,中国实施耐火级铝矾土出口配额措施也是扩大储量的保护计划的一部分。上诉机构认为专家组在评估事实时的分析体现了其自由裁量权的行使,并且作出了客观评估。

因此,上诉机构认为中国不能引用GATT 1994第11条进行抗辩。[251]

4. 对各方意见的评析

由于GATT 1994第20条中的第(b)款和第(g)款都包含了对自然资源的保护,因此本案专家组在解释GATT 1994第20条第(b)款的含义的同时也将第(g)项作为参照进行分析。一个国家对其自然资源享有主权,这是一项国际法原则,该原则允许各国根据其自身经济发展的情况,以其认为合理的方式自由使用和开发自己的天然财富和资源。但是在经济全球化的时代,一国自由处分其自然资源的权利,被越来越复杂的有关世界经济关系管理的法规所限制,仍要受制于其自愿承担的国际义务。[252]

中国无法证明其出口限制措施符合GATT 1994第11条第2款(甲)项下的“严重短缺”和“临时”,可见中国在出口限制措施的实施中未注意对于国内措施的限制。其中具体措施实施年限的确不利于证明“临时”这一要点,但是专家组和上诉机构仍然在此部分严格遵守VCLT中的文本解释和上下文解释,并未结合中国的实际情况和发展背景进行善意解释和目的解释。从历史来看,中国对于WTO证据的具体规则重视不够,应该加强证据层面的理论和实践支持,并且深入研究WTO的贸易规则,同时也要注重国内措施和国际义

---

〔251〕 同前注,第338–344段。

〔252〕 秦娅、吕晓杰、李伶:《论WTO出口税制度的改革:自然资源主权、经济发展与环境保护》,载《清华法学》2013年第2期,第134–135页。

务的协调性，在自然资源的保护上，做到手段与目的的内部关联性。

三、结语

本案是奥巴马当选美国总统后向中国发起的第一次贸易挑战，也是美国和欧盟继中国汽车零部件案、中国影响金融信息服务措施案之后第三次联手向 WTO 投诉中国。中国与美国、欧盟等之间的原材料出口限制措施纠纷由来已久，美国在 2007 年第十八届中美商贸联委会、2008 年第十九届中美商贸联委会召开期间，均表达了对中国原材料出口限制措施的关注，并表示，如果不通过对话解决其关注，不排除诉诸 WTO 争端解决机制。欧盟早在 2005 年就曾威胁将中国的焦炭出口配额问题诉诸 WTO。自 2008 年起，欧盟多次就黄磷出口关税问题与中国交涉。[253]

中国 9 种原材料出口限制措施与中国的入世承诺以及 WTO 规则不一致，这一点不言而喻。因此在诸多类似的案件中，中国只能寻求 GATT 1994 的一般例外条款为违规行为进行抗辩，但是中国往往在案件审理过程中暴露出举证能力薄弱，“入世”法律文件以及国内相关立法和政策不一致等诸多问题，值得总结和反思。应当谨慎对待专家组和上诉机构使用的分析路径，同时也应当注意到，专家组和上诉机构对本案采用了刻板、严苛、单一的解释规则，而传统的文本和上下文解释其实无法适用于大多数发展中国家承担的出口关税这一类“超 WTO 义务”。诚然，如学者所说的，DSB 严格遵循条约文义优先的解释方法，对内部而言有助于报告的一致性和连贯性，对外部而言这是一种公开和透明的选择，有助于为多边贸易体制提供可预见性，也是从“权力导向型”向“规则导向型”转变的重要标志。[254] 但是应当根据案件具体情况，适当引入 VCLT 中的善意解释、目的解释。“超 WTO 义务”与其他一般性义务相比，所受限制较多，而且承担“超 WTO 义务”的一般为发展中国家，其贸易发展与环境保护的协调性还有所欠缺，可能无法及时根据 WTO 规则调整国

---

〔253〕 李成钢主编：《世贸组织规则博弈：中国参与 WTO 争端解决的十年法律实践》，商务印书馆 2011 年版，第 391 页。

〔254〕 贺小勇：《〈关税及贸易总协定〉第 20 条与“议定书”的法律关系辨析——理性看待“中国原材料案”裁决》，载《法学》2012 年第 6 期，第 62 页。

内政策、法规等。对于文本和上下文解释的依赖度越高，则贸易真正所要达到的目标就有所下降。

本案审理前期，中国对于专家组设立申请的相关程序问题提出初步裁决申请，这反映了中国在关注实体问题的同时，也逐步加强对程序的正当性的关注。专家组分两个阶段进行初步裁决也可看出涉案争议措施的复杂和广泛性、问题的复杂性。中国能够根据 DSU 的相关规定维护自己的权益从而保障 DSB 正当程序目标的实现，这对于中国的积极影响巨大。这一举措不仅对于专家组的职权范围进行了合理的限缩，同时也为中国提供了较为充分的时间，从而可以更好地应诉。

先例在国际贸易争端中扮演了重要的角色，在美国不锈钢案中上诉机构强调了遵从上诉机构先例的重要性，呼吁专家组尊重上诉机构的先例，但是这并不意味着确立了上诉机构的先例拘束力。值得注意的是，中国本案和中国出版物和音像产品案的上诉机构成员相同，但是却作出了截然相反的裁决。在中国出版物和音像产品案中上诉机构严格按照《中国加入世贸组织议定书》第 5 条第 1 款的相关内容的具体条文表述，从而肯定了中国引用 GATT 1994 第 20 条一般例外规定。然而，这一结论并不能对《中国加入世贸组织议定书》中的其他承诺普遍适用，在本案中，专家组和上诉机构主要以中国出版物和音像产品案中有具体的“条文引用”词语，而本案中没有引用 GATT 1994 的明确指示，进而得出中国没有引用 GATT 1994 的意愿，这样的推理有些勉强、武断。在后续案件的具体分析中，需要注意比较当前案件与所谓相似案例的异同，比如，相关条文的规定是否体现了对 GATT 1994 第 20 条的引用。本案也为中国积累了丰富的经验，对于 WTO 中的专家组和上诉机构报告中的推理应进行谨慎的分析，分析前案中的相关推理和含义解释。

第七章　中国稀土案
(China – Measures Related to the Exportation of Rare Earths, Tungsten and Molybdenum)

赵彦婷

一、案件事实概述

(一)概述[1]

2012 年 3 月 13 日,美国要求与中国就稀土(rare earths)、钨(tungsten)、钼(molybdenum)的出口关税、出口配额以及对出口配额的分配及管理措施等出口限制措施进行磋商。[2] 2012 年 3 月 22 日,日本、欧盟请求加入磋商。[3] 2012 年 3 月 26 日,加拿大请求加入磋商。[4] 随后,中国通知世贸组织争端解决机构

[1] 本案事实部分主要源自 WTO 官方报告,以美国为例(世贸组织文件第 WT/DS431 号),全文见 WTO 官网,https://www.wto.org/english/tratop_e/dispu_e/cases_e/ds431_e.htm,2023 年 5 月 5 日访问。

[2] China – Measures Related to the Exportation of Rare Earths, Tungsten and Molybdenum – Request for Consultations by the United States,美国要求磋商,世贸组织文件第 WT/DS431/1 号,2012 年 3 月 15 日通过。

[3] China – Measures Related to the Exportation of Rare Earths, Tungsten and Molybdenum – Request to Join Consultations – Communication from Japan,日本要求加入磋商,世贸组织文件第 WT/DS431/3 号,2012 年 3 月 26 日通过;China – Measures Related to the Exportation of Rare Earths, Tungsten and Molybdenum – Request to Join Consultations – Communication from the European Union,欧盟要求加入磋商,世贸组织文件第 WT/DS431/2 号,2012 年 3 月 26 日通过。

[4] China – Measures Related to the Exportation of Rare Earths, Tungsten and Molybdenum – Request to Join Consultations – Communication from Canada,加拿大要求加入磋商,世贸组织文件第 WT/DS431/4,WT/DS432/4,WT/DS433/4 号,2012 年 3 月 28 日通过。

(Dispute Settlement Body, DSB)已接受日本、欧盟、加拿大提出的参加磋商的请求。[5] 2012年4月25日至26日,四方进行磋商。磋商未果后,2012年6月27日,美国、欧盟、日本向DSB申请设立专家组来研究中国的相关数量限制措施,[6] 申请方认为,中国对于稀土等实施出口限制措施违反了《1994年关税及贸易总协定》[7](General Agreement on Tariffs and Trade, GATT 1994)第11条第1款[8]、第7条[9]、

[5] China - Measures Related to the Exportation of Rare Earths, Tungsten and Molybdenum - Acceptance by China of the Requests to Join Consultations, 中国接受加入磋商请求,世贸组织文件第WT/DS431/5号,2012年4月16日通过。

[6] China - Measures Related to the Exportation of Rare Earths, Tungsten and Molybdenum - Request for the Establishment of a Panel by the United States, 美国申请设立专家组,世贸组织文件第WT/DS431/6号,2012年6月29日通过。

[7] GATT 1947和GATT 1994相关规定的译文参考《乌拉圭回合多边贸易谈判结果:法律文本 中国加入世界贸易组织法律文件》,人民出版社2002年版。

[8] GATT 1994第11条第1款规定:"任何缔约方不得对任何其他缔约方领土产品的进口或向任何其他缔约方领土出口或销售供出口的产品设立或维持除关税、国内税或其他费用外的禁止或限制,无论此类禁止或限制通过配额、进出口许可证或其他措施实施。"

[9] GATT 1994第7条"海关估价"规定:"1. 对于应征关税或其他费用或根据价值实行或根据价值以任何方式管理进出口限制的所有产品,各缔约方认识到本款所列估价一般原则的有效性,并承诺实施此类原则。此外,应另一缔约方请求,它们应按照这些原则审议各自与海关估价有关的法律或法规的运用情况。缔约方全体可要求各缔约方就其按照本条的规定所采取的步骤提出报告。2. (a)对进口商品的海关估价应根据进行关税估价的进口商品或同类商品的实际价格,不应根据国产品的价格或虚构的价格。(b)"实际价格"应为在进口国立法确定的时间和地点,在正常贸易过程中和充分竞争条件下,此类或同类商品销售或标价出售的价格。在此类或同类商品的价格在一特定交易中取决于数量的情况下,所考虑的价格应一律与下列内容有关:(i)可比数量,或(ii)与在进口国和出口国的贸易中所销售的较大数量的商品相比,不使进口商处于不利地位的数量。3. 任何进口产品的完税价格不应包括原产国或出口国国内适用的、且进口产品已免除的或已经或将要通过退还方式予以免除的任何国内税的金额。4. (a)除本款另有规定外,如就本条第2款而言,一缔约方有必要将以另一国货币表示的价格兑换成其本国货币,则其对每一种涉及货币使用的外汇汇率应依据按照《国际货币基金组织协定》确定的平价或基金认可的汇率,或依据依照本协定第15条定力的特殊外汇协定确定的平价。(b)如不存在此种确定的平价或此种公认的汇率,则兑换率应有效反映此种货币在交易中的现值。(c)缔约方全体经国际货币基金组织同意,应对维持与《国际货币基金组织协定》相一致的复汇率的任何外币制定适用于各缔约方兑换此种外币的规定。任何缔约方可为本条第2款的目的对此类外币适用此类规定,作为使用平价的替代手段。在缔约方全体未通过此类规定之前,任何缔约方可就本条第2款中的任何此种外币使用旨在有效反映此种外币在商业交易中价格的兑换规定。(d)本款的任何规定均不得解释为要求任何缔约方改变在本协定订立之日在其领土内已适用的为报关目的而使用的货币兑换方法,如此种改变会产生普遍增加应付关税的效果。5. 确定应征关税或其他费用的产品的价值或根据价值实行或根据价值以任何方式管理进出口的限制的基础和方法应稳定并应充分公开,以使贸易商能够以合理程度的确定性对完税价格进行估计。"

第8条[10]、第10条第3款(a)项[11]、第11条[12]的规定,同时也违反了《中华人民共和国加入世贸组织议定书》(Protocol on the Accession of the People's Republic of China,以下简称《中国加入世贸组织议定书》)[13]第1条第2款、第2条(A)节第2款、第5条第1款、第11条第3款的规定和《中国加入工作组报告书》[14]第83、84、162、165段的承诺。2012年7月23日,DSB决定设立单一专家组审理"美日欧诉中国稀土、钨和钼相关出口措施案"(以下简称"本案")。[15] 2012年9月12日,美国、欧盟和日本要求世贸组织总干事根据《关于争端解决规则与程序的谅解》(Understanding on Rules and Procedures Governing the Settlement of Disputes,DSU)[16]第8条第7款规定确定专家组的成员。2012年9月24日,总干事任命三位专家审理本案。阿根廷、澳大利

[10] GATT 1994第8条规定:"1.(a)各缔约方对进出口或有关进出口征收的任何性质的所有规费和费用(进出口关税和属第3条范围的国内税除外),应限制在等于提供服务所需的近似成本以内,且不得成为对国产品的一种间接保护或为财政目的而对进出口产品征收的一种税。(b)各缔约方认识到,有必要削减(a)项所指规费和费用的数量和种类。(c)各缔约方还认识到,有必要最大限度地减少进出口手续的影响范围和复杂程序,并减少和简化进出口的单证要求。2.应另一缔约方或缔约方全体请求,一缔约方应按照本条的规定审议其法律和法规的运用情况。3.缔约方不得对轻微违反海关法规或程序要求的行为进行实质性处罚。特别是,对于海关单证中任何易于改正和显然不是因欺骗意图或重大过失而造成的遗漏和差错所给予的处罚不得超过警告所必需的程度。GATT 1994第8条第4款规定:"本条的规定应适用于政府主管机关实施的有关进出口的规费、费用、手续和规定,包括与下列内容有关的规费、费用、手续和规定:(a)领事事务,如领事发票和证书;(b)数量限制;(c)许可程序;(d)外汇管制;(e)统计服务;(f)文件、单证和证明;(g)分析和检查;以及(h)检疫、卫生和蒸熏消毒……"

[11] GATT 1994第10条第3款(a)项规定:"每一缔约方应以统一、公正和合理的方式管理本条第1款所述的所有法律、法规、判决和裁决。"

[12] GATT 1947第11条第1款规定:"任何缔约方不得对任何其他缔约方领土产品的进口或向任何其他缔约方领土出口或销售供出口的产品设立或维持除关税、国内税或其他费用外的禁止或限制,无论此类禁止或限制通过配额、进出口许可证或其他措施实施。"

[13] 《中国加入世贸组织议定书(标准中文版全文)》,全文见中国商务部官网,http://gpj.mofcom.gov.cn/article/zuixindt/201612/20161202103711.shtml。

[14] Report of the Working Party on the Accession of China,世贸组织文件第WT/ACC/CHN/49号,2001年10月1日通过;《中国加入工作组报告书》参考译文,全文见商务部官网,http://dcj.mofcom.gov.cn/article/zcfb/cw/,2022年8月31日访问。

[15] China – Measures Related to the Exportation of Rare Earths, Tungsten and Molybdenum – Constitution of the Panel Established at the Requests of the United States, the European Union and Japan – Note by the Secretariat,设立专家组情况说明,世贸组织文件第WT/DS431/7,WT/DS432/7,WT/DS433/7号,2012年9月25日通过。

[16] 《关于争端解决规则与程序的谅解》译文参考《乌拉圭回合多边贸易谈判结果:法律文本 中国入加世贸组织法律文件》,人民出版社2002年版,第271-289页。

亚、加拿大、韩国、印度和巴西等16个成员方作为第三方参与了本案审理。

2014年3月26日,DSB发布《专家组报告》[17](WT/DS431/R,WT/DS432/R和WT/DS433/R),专家组认为,在出口关税方面,中国的一系列措施不符合《中国加入世贸组织议定书》第11条第3款规定,并提出假定推理:假设中国可以援引GATT 1994第20条(b)款进行抗辩,但中国仍然缺乏证据,同时无法证明中国的措施符合GATT 1994第20条序言的要求;在出口配额方面,中国的一系列措施不符合GATT 1994第11条第1款、《中国加入世贸组织议定书》第1条第2款规定,《中国工作组报告书》第162段、第165段承诺;专家组认为中国违反了其贸易权承诺,不符合《中国工作组报告书》第83段(a)、(b)、(d)项,第84段(a)、(b)项承诺,《中国加入世贸组织议定书》第1条第2款、第5条第1款规定,并指出中国有权援引GATT 1994第20条第(g)款,但是仍缺乏初步证据,同时无法证明其措施符合AGTT 1994第20条序言部分的要求。应当注意到,专家组成员中对于部分内容的分析存在不同意见,专家组一名成员表示,"除非中国明确放弃援引GATT 1994第20条[18]的权利,否则中国可以援引GATT 1994的一般例外条款作为其违反《中国加

[17] China - Measures Related to the Exportation of Rare Earths, Tungsten and Molybdenum,专家组报告,世贸组织文件第WT/DS431/R,WT/DS432/R,WT/DS433/R号,2014年3月26日通过。

[18] GATT 1994第20条一般例外规定:"在遵守关于此类措施的实施不在情形相同的国家之间构成任意或不合理歧视的手段或构成对国际贸易的变相限制的要求前提下,本协定的任何规定不得解释为阻止任何缔约方采取或实施以下措施:(a)为保护公共道德所必需的措施;(b)为保护人类、动物或植物的生命或健康所必需的措施;(c)与黄金或白银进出口有关的措施;(d)为保证与本协定规定不相抵触的法律或法规得到遵守所必需的措施,包括与海关执法、根据第2条第4款和第17条实行有关垄断、保护专利权、商标和版权以及防止欺诈行为有关的措施;(e)与监狱囚犯产品有关的措施;(f)为保护具有艺术、历史或考古价值的国宝所采取的措施;(g)与保护可用尽的自然资源有关的措施,如此类措施与限制国内生产或消费一同实施;(h)为履行任何政府间商品协定项下义务而实施的措施,该协定符合提交缔约方全体且缔约方全体不持异议的标准,或该协定本身提交缔约方全体且缔约方全体不持异议;(i)在作为政府稳定计划的一部分将国内原料价格压至低于国际价格水平的时期内,为保证此类原料给予国内加工产业所必需的数量而涉及限制此种原料出口的措施;但是此类限制不得用于增加该国产业的出口或增加对其提供的保护,也不得偏离本协定有关非歧视的规定;(j)在普遍或局部供应短缺的情况下,为获取或分配产品所必需的措施;但是任何此类措施应符合以下原则:即所有缔约方在此类产品的国际供应中有权获得公平的份额,且任何此类与本协定其他规定不一致的措施,应在导致其实施的条件不复存在时即行停止。缔约方全体应不迟于1960年6月30日审议对本项的需要。"

入世贸组织议定书》第11条第3款的抗辩理由”[19]。2014年4月8日,美国就《专家组报告》中的特定问题和专家组采用的法律解释提出上诉。[20] 2014年4月17日,4月25日中国分别就美国专家组报告和欧盟、日本专家组报告中的特定问题和采用的法律解释提出上诉。[21] 2014年8月7日,上诉机构作出《上诉机构报告》[22],2014年8月29日,DSB通过了该报告,报告维持了专家组报告的核心内容,上诉机构指出专家组将“公平”作为援引GATT 1994第20条的一个独立条件是错误的,但是没有导致专家组整个结论的错误。

2014年12月8日,中美双方根据DSU第21条第3款(b)项[23]规定达成协议,美国同意中国在合理期限内,即8个月零3天(自2014年8月29日起

---

[19] China – Measures Related to the Exportation of Rare Earths, Tungsten and Molybdenum,专家组报告,世贸组织文件第WT/DS431/R,WT/DS432/R,WT/DS433/R号,2014年3月26日通过,第7.138段。

[20] China – Measures related to the Exportation of Rare Earths, Tungsten, and Molybdenum – Notification of an Appeal by the United States under Article 16.4 and Article 17 of the Understanding on Rules and Procedures Governing the Settlement of Disputes (DSU), and under Rule 20(1) of the Working Procedures for Appellate Review,美国提出上诉的通知,世贸组织文件第WT/DS431/9号,2014年4月11日通过。

[21] China – Measures Related to the Exportation of Rare Earths, Tungsten, and Molybdenum – Notification of an Other Appeal by China under Article 16.4 and Article 17 of the Understanding on Rules and Procedures Governing the Settlement of Disputes (DSU), and under Rule 23(1) of the Working Procedures for Appellate Review,中国提出交叉上诉通知,世贸组织文件第WT/DS431/10号,2014年4月24日通过。

[22] China – Measures Related to the Exportation of Rare Earths, Tungsten, and Molybdenum,上诉机构报告,世贸组织文件第WT/DS431/AB/R,WT/DS432/AB/R,WT/DS433/AB/R号,2014年8月7日通过。

[23] 《关于争端解决规则与程序的谅解》第21条第3款关于“对执行各项建议和裁决的监督”规定:“在专家组或受理上诉机构报告通过之后30天内举行的争端解决机构会议上,有关成员方应将有关其执行争端解决机构各项建议和裁决的意向通知争端解决机构。若立即服从各项建议和裁决不是切实可行,则有关成员方应确定一个合理的期限。这一合理期限应是:(1)由有关成员方所建议的期限,只要该期限被争端解决机构认可;或者在没有争端解决机构认可的情况下;(2)在通过各项建议或裁决之后45天内由争端各当事方一致同意的期限;或者在没有此类协议的情况下;(3)在通过各项建议和裁决之后90天内经有约束力的仲裁确定的期限。在此类仲裁中,仲裁者的原则应是,履行专家组或受理上诉机构建议的合理期限不应超过自通过专家组或受理上诉机构报告之日起的15个月。然而,该期限可根据具体情况加以缩短或延长。”

算),执行 DSB 的建议和裁决。因此,合理期限于 2015 年 5 月 2 日届满。[24]

2015 年 5 月 21 日,中美双方根据 DSU 第 21 条、第 22 条规定达成了协商一致的程序,并通知了 DSB。[25]

(二)所涉法律问题

本案的主要争论焦点在于:(1)《中国加入世贸组织议定书》与 WTO 其他多边贸易协定之间的关系,具体表现为《中国加入世贸组织议定书》第 11 条第 3 款与 GATT 1994 的关系,即中国是否可以援引 GATT 1994 第 20 条一般例外条款作为违反《中国加入世贸组织议定书》第 11 条第 3 款的抗辩理由。对于这一问题的具体分析涉及《中国加入世贸组织议定书》第 1 条第 2 款和《马拉喀什建立世界贸易协定》(Marrakesh Agreement Establishing the WTO,以下简称《马拉喀什协定》[26])第 12 条第 1 款[27]的法律效力,需进一步厘清两者的关系是属于整体相关还是具体相关。(2)是否可以援引 GATT 1994 第 20 条第(g)或(b)款。上诉机构依据争端双方提出的上诉请求,对《中国加入世贸组织议定书》和《马拉喀什协定》及其所附多边贸易协定的关系进行分析,进而分析违反《中国加入世贸组织议定书》的具体条款能否援引 GATT 1994 第 20 条进行抗辩,并对 GATT 1994 第 20 条第(g)款进行了分析。

根据本案主要争议内容,笔者将从以下四个方面进行分析:(1)出口限制措施是否违反中国"入世文件"以及 WTO 规则;(2)《马拉喀什协定》第 12 条第 1 款和《中国加入世贸组织议定书》第 1 条第 2 款的关系;(3)《中国加入世贸组织议定书》与 GATT 1994 第 20 条的系统性关系:《中国加入世贸组织议

---

[24] China – Measures Related to the Exportation of Rare Earths, Tungsten, and Molybdenum – Agreement under Article 21. 3(b) of the DSU,根据 DSU 达成协议,世贸组织文件第 WT/DS431/16 号,2014 年 12 月 10 日通过。

[25] China – Measures Related to the Exportation of Rare Earths, Tungsten, and Molybdenum – Understanding between China and the United States regarding Procedures under Articles 21 and 22 of the DSU,中国和美国达成谅解,世贸组织文件第 WT/DS431/17 号,2015 年 5 月 26 日通过。

[26] 与后续的"the WTO agreement(WTO 协定)"进行区别,本文中《马拉喀什协定》的表述不包括所附多边贸易协定。

[27] 《马拉喀什协定》第 12 条关于"加入"的规定:"1. 任何国家或在对外贸易关系以及本协议和多边贸易协议所规定的事务方面享有充分自治的单独关税地区,可以在它和世贸组织议定的条件下,加入本协议。这种加入适用于本协议及所附的多边贸易协议。"

定书》第 11 条第 3 款与 GATT 1994 第 20 条例外条款的适用;中国援引 GATT 1994 第 20 条例外条款的“合理性”解释问题;(4)出口配额措施与贸易权限措施,对于 GATT 1994 第 20 条第(g)款的援引。

二、对法律问题的分析及评论

(一)出口限制措施是否违反中国“入世文件”以及 WTO 规则

1. 专家组的意见及法律依据

(1)涉及的法律条文及解释

本案争议措施所涉及 GATT 1994 的法律规范主要有:第 7 条(海关估价)、第 8 条(费用及进出口手续)、第 10 条第 3 款(甲)项(贸易法规事实方面,要求缔约方做到统一、公正和合理)、第 11 条第 1 款(普遍取消数量限制),以第 20 条“一般例外”规定中的第(b)、(g)款和第 11 条数量限制措施例外条款等(中国抗辩的法律依据)。

本案中被指控的主要的出口限制措施表现在出口关税、出口配额、出口管制等方面:

对于出口关税,《中国加入世贸组织议定书》第 11 条第 3 款规定:“中国应取消适用于出口产品的全部税费,除非本议定书附件 6 中有明确规定或按照 GATT 1994 第 8 条的规定适用。”GATT 1994 第 8 条规定的是进出口的费用和手续问题,不涉及出口关税。根据“入世承诺”的规定,除附件 6 所列产品外,中国应取消适用于出口产品的全部税费。而本案所涉的稀有资源不在附件 6 所列产品范围内。

出口配额和出口许可证措施涉及 GATT 1994 第 11 条第 1 款关于普遍取消数量限制的规定。

《中国加入工作组报告书》第 162 段规定:“……中国将遵守有关非自动出口许可程序和出口限制的 WTO 规则,也将使《外贸法》符合 GATT 的要求。此外,在加入之日后,只有在被 GATT 规定证明为合理的情况下,才实行出口限制和许可程序……”

《中国加入工作组报告书》第 165 段规定:“……自加入时起,将每年就现存对出口产品实行的非自动许可限制向 WTO 作出通知,并将予以取消,除非这些措施在《WTO 协定》或议定书(草案)项下被证明为合理……"

(2)专家组的分析

申请方的设立专家组的请求中确定了与其主张有关的多项法律文书,包括中国的立法框架、实施条例、其他适用法律和具体的年度措施。这些文书包括:《中华人民共和国海关法》(专家组附件 - 54),《中华人民共和国进出口关税条例》(专家组附件 JE - 46),《2012 年关税实施方案》(关税委员会)(专家组附件 JE - 45),以及《2012 年关税实施方案》(海关总署)(专家组附件 JE - 47)。

专家组通过审查申请方提供的上述文书证据得出结论,2012 年中国对 58 种稀土产品、15 种钨产品和 9 种钼产品(共 82 种产品)征收从价税 5% 至 25% 不等的出口关税。通过查找《中国加入世贸组织议定书》附件 6,专家组注意到,在《中国加入世贸组织议定书》附件 6 中由 8 位国际商品统一分类和编码制度(Harmonized System, HS)编号确定的 84 种产品中,不包括上述 82 种有争议的产品中的任何一种。

对于出口关税的主张,专家组认为,中国通过系列争议措施对各类稀土、钨、钼征收的出口关税不符合《中国加入世贸组织议定书》第 11 条第 3 款的规定;无法根据 GATT 1994 第 20 条第(b)款的规定寻求证明其适用于各种形式的稀土、钨和钼的出口关税的正当性。即使假设中国可以寻求证据证明适用 GATT 1994 第 20 条第(b)款的规定征收出口关税,但专家组仍认为,中国缺乏合理性证明。此外,专家组认为,中国无法证明这些措施的实施方式符合 GATT 1994 第 20 条序言部分的要求。[28]

被申请方中国对申请方关于适用这些"临时"出口关税的主张或证据没有异议,中国对所涉措施不符合《中国加入世贸组织议定书》第 11 条第 3 款

---

[28] China - Measures Related to the Exportation of Rare Earths, Tungsten, and Molybdenum,上诉机构报告,世贸组织文件第 WT/DS431/AB/R, WT/DS432/AB/R, WT/DS433/AB/R 号,2014 年 8 月 7 日通过,第 8.1 段。

规定也没有异议。[29] 专家组根据出口关税制度的性质，对系列措施的调查结果，包括相关的框架立法、实施条例、其他适用法律和自专家组成立之日起实施的征收出口税的具体年度措施等得出结论认为，中国对涉案产品征收出口关税进行限制不符合《中国加入世贸组织议定书》第 11 条第 3 款规定。[30]

对于出口配额的认定，专家组设立申请中提到了 18 项法律文书和 15 项出口配额措施，专家组审查了大量的中国的出口配额制度，包括但不限于《中华人民共和国对外贸易法》，其允许对货物出口实施限制或禁止，包括通过实施出口配额，以实现某些特定目标，如保护人的生命或健康，或保护可用尽的自然资源；《中华人民共和国货物进出口管理条例》规定了货物进出口的管理规则；而《出口配额管理办法》规定了出口配额管理的很多方面。《出口商品配额管理办法》适用于钨和钼，但不适用于稀土出口。[31]

因为中国未对专家组认定出口关税违反规定的结论进行上诉，所以上诉机构未对此进行分析。

2. 对专家组意见的评析

中国在本案中并未否认其所涉相关措施违反 WTO 的规则，违反《中国加入世贸组织议定书》中的相关承诺。本案与前述中国原材料案的涉案产品性质、涉案措施、主张都有相似性，其中两案的涉案措施都是出口关税、出口配额、出口管理分配体制。在中国原材料案中，中国采取的出口限制措施被专家组和上诉机构认定为违反“入世承诺”和 WTO 规则。两案涉案产品都属于“可用尽自然资源”。中国提交的证据表明，2012 年中国占全球稀土需求的近 70%，中国开采的 80% 以上的稀土在中国消费。同样，就钨而言，中国是全球最大的生产国，占此类产量的 80% 以上。此外，中国对国内提取的钨消费量超过 60%，占全球消费量的一半以上。关于钼，专家组提到了中国提交的证

---

〔29〕 China – Measures Related to the Exportation of Rare Earths, Tungsten and Molybdenum，专家组报告，世贸组织文件第 WT/DS431/R，WT/DS432/R，WT/DS433/R 号，2014 年 3 月 26 日通过，第 7.47 段。

〔30〕 同前注，第 7.48 段。

〔31〕 China – Measures Related to the Exportation of Rare Earths, Tungsten, and Molybdenum，上诉机构报告，世贸组织文件第 WT/DS431/AB/R，WT/DS432/AB/R，WT/DS433/AB/R 号，2014 年 8 月 7 日通过，第 4.6 段。

据,表明中国生产了世界钼供应量的 35% 以上。[32] 另,缔约方提交的证据表明,中国约占全球钼消费量的 28%。本案中,稀土、钨和钼的生产和消费在全球贸易、国家资源相关政策中具有核心作用,对于该类自然资源的保护更应当从限制开采出发、进行合理的规划。

在中国原材料案中,对于专家组设立申请的规范性进行大量的分析可以得出在设立申请中"提供明确法律根据的概要"的重要性,本案对于争议范围以及正当程序没有提出进一步的主张,尽管中国在本案中依旧提出了初步裁决,但是其内容主要针对 GATT 1994 第 20 条的适用性。在 WTO 争端解决程序中,不管是申请方还是被申请方,都应当注重程序正当性,维护自己合法的实体和程序权利。

从中国原材料案和本案可以看出,中国在加入 WTO 时承担的《中国加入世贸组织议定书》第 11 条第 3 款关于出口关税的义务,与大部分成员方相比,属于"超 WTO 义务"。这一项义务对于大部分成员方来说属于"逐步调整的事项",而中国在"入世"之后未能及时调整相关法律,导致针对中国相关出口限制措施的争端频繁发生。在国际贸易背景下,自然资源保护和国际贸易自由之间存在的矛盾不断加剧。虽然目前中国已经入世 20 余年,但是本案的裁决仍然对中国在国际社会中的活动有警示作用。中国对于加入国际组织的承诺应当重视,重视本国国内措施与所加入的国际条约的协调性。

(二)《马拉喀什协定》第 12 条第 1 款与《中国加入世贸组织议定书》第 1 条第 2 款

1. 专家组的意见及法律依据

(1)涉及的法律条文及解释

《马拉喀什协定》第 12 条第 1 款规定:"任何国家或在处理其对外贸易关系及本协定和多边贸易协定规定的其他事项方面拥有完全自主权的单独关税区,可按照它与世界贸易组织议定的条件加入本协定。此加入适用于本协定及所附多边贸易协定。"

《马拉喀什协定》第 2 条第 2 款规定:"附件 1、附件 2 和附件 3 所列协定

---

[32] 同前注,第 4.12 段。

和相关法律文书(简称‘多边贸易协定’)是本协定的组成部分,对所有成员具有约束力。”

《中国加入世贸组织议定书》第 1 条第 2 款规定:“中国所加入的《WTO 协定》应为经在加入之日前已生效的法律文件所更正、修正或修改的《WTO 协定》。本议定书,包括工作组报告书第 342 段所指的承诺,应成为《WTO 协定》的组成部分。”

(2)被引用的案例、理由以及法律推理

本案的主要争议在于中国能否对其违规行为援引 GATT 1994 第 20 条的一般例外规定进行抗辩。对于该问题的解决,首先要分析《马拉喀什协定》第 12 条第 1 款和《中国加入世贸组织议定书》第 1 条第 2 款的关系,从而进一步判断《中国加入世贸组织议定书》的具体条款与 GATT 1994 能否产生联系。

对于这部分的推理,专家组和上诉机构将《维也纳条约法公约》(Vienna Convention on the Law of Treaties, VCLT)[33] 第 31 条、第 32 条作为解释规则,从这两项条文的文本内容出发,对其进行具体解释。

①对于《马拉喀什协定》第 12 条第 1 款的分析:

专家组认为中国进行了错误的理解,该条款无法推出《中国加入世贸组织议定书》的单独条款也构成《马拉喀什协定》的组成部分。国家和单独关税区在加入《马拉喀什协定》时,必须适用“一揽子协定”,而不只是加入一个或一些多边贸易协定。因此,在加入世界贸易组织时,加入成员要接受多边贸易协定的所有义务,加入成员无权选择要加入的具体协定。《中国加入世贸组织议定书》规定了中国的权利和义务,因此认定其与 WTO 各项协定的联系时,应该主要分析《中国加入世贸组织议定书》的内容,专家组不支持中国关于“《中国加入世贸组织议定书》条款应被视为与其实质上相关的协议的组成部分”的观点。此外,《中国加入世贸组织议定书》中有些内容是“超 WTO 义务”,因此专家组也不能支持中国关于“《中国加入世贸组织议定书》并非自成体系的协议,其仅是将中国在各项协定中的义务具体化”的主张。

专家组认为,这种仅仅是“具体化”的观点,还存在以下难点:即使这种观

---

〔33〕《维也纳条约法公约》,全文见联合国官方网站,https://www.un.org/zh/node/182129,2023 年 3 月 5 日访问。

点是正确的,但从逻辑或法律的角度看,也不能说《中国加入世贸组织议定书》中的某项规定就自动成为多边贸易协定的"组成部分"。多边贸易协定中的许多协定都可以称为 GATT 1994 的具体化,例如《反倾销协定》《反补贴协定》《保障措施协定》《海关估价协定》等,但并不意味着这些协定中的单个条款自动成为 GATT 1994 的"组成部分"。

②对于《中国加入世贸组织议定书》第 1 条第 2 款的分析:

首先,专家组进行文本分析,对该条的通常含义作出解释。其次,家组将 2001 年 11 月 9—14 日 WTO 第四届部长级会议、《中国加入世贸组织议定书》序言、《中国加入世贸组织议定书》第 1 条第 3 款、《中国加入工作组报告书》作为上下文对《中国加入世贸组织议定书》第 1 条第 2 款进行分析。WTO 第四届部长级会议中的表述为"《马拉喀什协定》",在《中国加入世贸组织议定书》序言中将"the WTO agreement"称为"《马拉喀什协定》",而《中国加入世贸组织议定书》第 1 条第 3 款中明确提及"所附各多边贸易协定"。[34] 综上,专家组同意申请方的观点,即《中国加入世贸组织议定书》第 1 条第 2 款第二句中的"WTO 协定"一词仅指《马拉喀什协定》,并不包括所附的多边贸易协定。[35]

专家组认为,《中国加入世贸组织议定书》第 1 条第 2 款的法律效力是使《中国加入世贸组织议定书》整体成为《马拉喀什协定》的组成部分,而不是《中国加入世贸组织议定书》的具体规定是《马拉喀什协定》及其所附多边贸易协定的组成部分。[36] 专家组认为,《中国加入世贸组织议定书》中的某个规定可能会成为多边贸易协定(例如 GATT 1994)的组成部分,但并不是因为《中国加入世贸组织议定书》第 1 条第 2 款规定,而是因为这个协定中有具体的表述。在中国原材料案中,上诉机构曾指出,WTO 全体成员有时候通过"交叉引用"的方式,将 GATT 1994 第 20 条纳入其他协定中。例如,《与贸易有关的投资措施协定》(以下简称《TRIMs 协定》)第 3 条就明确规定:GATT

---

〔34〕 China - Measures Related to the Exportation of Rare Earths, Tungsten and Molybdenum,专家组报告,世贸组织文件第 WT/DS431/R, WT/DS432/R, WT/DS433/R 号,2014 年 3 月 26 日通过,第 7.79 - 7.88 段。

〔35〕 同前注,第 7.78 - 7.89 段。

〔36〕 同前注,第 7.93 段。

1994 的所有例外都适用于该协定。随后,专家组详细论证了这一解释:从《中国加入世贸组织议定书》第 1 条第 2 款规定中不能得出"《中国加入世贸组织议定书》的某项条款是多边贸易协定的组成部分"的结论。《中国加入世贸组织议定书》第 1 条第 2 款第二句"This Protocol…shall be an integral part of the WTO Agreement","This Protocol"用的是单数,其通常含义为《中国加入世贸组织议定书》整体成为《马拉喀什协定》的组成部分。此外,《中国加入世贸组织议定书》的某项条款也可以成为《马拉喀什协定》及其所附多边贸易协定的组成部分。例如,《马拉喀什协定》第 2 条第 2 款也提到作为其附件的多边贸易协定为《WTO 协定》的组成部分,但这并不意味着多边贸易协定彼此都是组成部分,也并不意味着多边贸易协定的一个规定是另一个规定的组成部分。其用语表明,每一个协定的整体是 WTO 协定的组成部分。

2. 上诉意见及法律依据

中国对专家组错误"评估《中国加入世贸组织议定书》中的具体条款与《马拉喀什协定》及其所附的多边贸易协定之间的系统性关系"提出上诉,认为专家组对《马拉喀什协定》第 12 条第 1 款和《中国加入世贸组织议定书》第 1 条第 2 款第二句的解释是错误的,中国要求撤销专家组报告第 7.80 段、第 7.89 段和第 7.93 段中的结论。[37]

中国认为,《中国加入世贸组织议定书》的具体规定是《马拉喀什协定》及其所附多边贸易协定的组成部分,依据为:(1)《马拉喀什协定》第 12 条第 1 款第一句和第二句中的"terms";(2)《中国加入世贸组织议定书》第 1 条第 2 款规定。中国认为《中国加入世贸组织议定书》第 1 条第 2 款中的《WTO 协定(the WTO agreement)》指的是《马拉喀什协定》及其所附多边贸易协定。

中国总结了专家组的解释存在以下四点错误:(1)专家组没有对《马拉喀什协定》第 12 条第 1 款第 2 句的含义进行有效解释,实际上该条款不仅规定新加入成员不可以在 WTO 涵盖的协议中进行选择,而且还必须将 WTO 法律框架作为一个整体加以接受;(2)专家组未能正确地结合《中国加入世贸组织

---

〔37〕 China – Measures Related to the Exportation of Rare Earths, Tungsten, and Molybdenum,上诉机构报告,世贸组织文件第 WT/DS431/AB/R, WT/DS432/AB/R, WT/DS433/AB/R 号,2014 年 8 月 7 日通过,第 5.1 段。

议定书》第1条第2款第2句来解读《马拉喀什协定》第12条第1款;(3)专家组错误解释了《中国加入世贸组织议定书》第1条第2款第2句中"the WTO agreement"一词的含义,缺乏法律和逻辑依据;(4)专家组根据《中国加入世贸组织议定书》第1条第2款第2句中的"应当成为《WTO协定》的组成部分",得出的结论为"《中国加入世贸组织议定书》应是《WTO协定》的一部分",但排除了其附件中所含的多边贸易协定,这一点存在错误。[38]

所有申请方都支持专家组对《马拉喀什协定》第12条第1款和《中国加入世贸组织议定书》第1条第2款的分析。他们认为,中国提出的"内在相关(intrinsically related)"违背了条约解释的习惯规则,导致了不确定性。欧盟进一步辩称,也不符合《维也纳条约法公约》第30条第3款规定,"先前的条约仅在其规定与后一条约的规定相一致的情况下适用",而《中国加入世贸组织议定书》第11条第3款和GATT 1994所涉条款之间不存在"不相容"的问题。日本强调,由工作组起草并由成员方和中国根据《马拉喀什协定》第12条第1款规定商定的明确文本,即"加入条款",其起草者是为了明确《中国加入世贸组织议定书》中规定的义务与《马拉喀什协定》及其所附多边贸易协定之间的联系(如果有的话)。所有申请方都强调,在中国原材料案中,专家组和上诉机构指出的《中国加入世贸组织议定书》第11条第3款和上下文清楚地表明,GATT 1994第20条不能作为违反《中国加入世贸组织议定书》第11条第3款规定的理由。申请方认为,专家组在目前的争端中得出了与中国原材料案相同的结论是正确的。此外,美国强调,中国在审查《中国加入世贸组织议定书》第11条第3款与GATT 1994之间关系时,既没有结合之前案件的调查结果,也没有指出中国原材料案中专家组和上诉机构的解释工作存在的任何缺陷。[39] 申请方指出专家组对于《中国加入世贸组织议定书》第1条第2款的解释没有错误,并且根据条款的通常含义和上下文对第1条第2款的第2句作出了合理的分析。另,美国补充,专家组的这一解释并不代表《中国加入

---

[38] 马忠法:《论条约的整体解释法——以美日欧诉中国稀土等产品出口措施案为例》,载《当代法学》2014年第4期,第142-152页。

[39] China – Measures Related to the Exportation of Rare Earths, Tungsten, and Molybdenum,上诉机构报告,世贸组织文件第WT/DS431/AB/R, WT/DS432/AB/R, WT/DS433/AB/R号,2014年8月7日通过,第5.16段。

世贸组织议定书》的某一特定条款无法成为多边贸易协定的组成部分，当该条中有明确的语言表述时，可能会使得其成为多边贸易协定的组成部分。[40]

3. 上诉机构的意见及法律依据

上诉机构在分析本案专家组处理《中国加入世贸组织议定书》条款与《马拉喀什协定》及其附件之间关系的论点时，根据 VCLT 第 31 条和第 32 条的解释规则与 DSU 第 3 条第 2 款的解释规则对条文进行解释。同时引用中国原材料案中上诉机构对《马拉喀什协定》第 12 条第 1 款和《中国加入世贸组织议定书》第 11 条第 3 款的分析。上诉机构首先解释《马拉喀什协定》第 12 条第 1 款，然后解释《中国加入世贸组织议定书》第 1 条第 2 款。[41]

(1)对于《马拉喀什协定》第 12 条第 1 款的分析

首先，上诉机构对该条进行文本分析，即其通常含义。《马拉喀什协定》第 12 条第 1 款第 1 句规定了加入 WTO 的一般规则，第 2 句是要求成员加入 WTO 一揽子协定。根据该条第 1 款第 2 句“本加入应适用于本协定及其所附的多边贸易协定”的规定，当成员方根据第 1 句加入《马拉喀什协定》时，必须适用于《马拉喀什协定》及其所附的全部多边贸易协定，而不仅仅是其中的一部分。因此，尽管加入的具体条款将在个别加入过程中商定，但《马拉喀什协定》第 12 条第 1 款第 2 句规定了一个特征，即这些条款作为一个整体，加入成员必须遵守所有多边贸易协定中的权利和义务。[42] 第 2 句中的“加入”是指第 1 句中规定的加入《马拉喀什协定》的法律行为，因此第 2 句表明加入的法律行为必须对《马拉喀什协定》及其所附多边贸易协定中规定的权利和义务有效力。

其次，上诉机构对该条进行上下文分析，引用《马拉喀什协定》第 2 条第 2 款作为相关上下文进一步对第 12 条第 1 款进行补充。对于《马拉喀什协定》第 2 条第 2 款的通常含义进行解释：“构成整体的(integral)”一词的词典含义为“属于或构成一个整体；组成部分；构成整体的必要组成部分，而不仅仅是附加的”。因此，《马拉喀什协定》第 2 条第 2 款中提到的“构成整体的必要组

〔40〕 同前注，第 5.38 段。
〔41〕 同前注，第 5.20 段。
〔42〕 同前注，第 5.28 段。

成部分”表明,《马拉喀什协定》及其所附的多边贸易协定是 WTO 权利和义务、一揽子协定的必要组成部分。《马拉喀什协定》第 2 条第 2 款规定了现有 WTO 成员遵守一揽子协定中规定的义务的要求,而第 12 条第 1 款将同样的要求扩大到加入国。[43] 正如日本在上诉中提出的,“第 2 条第 2 款规定了现有成员对于多边贸易协定的适用范围,而第 12 条规定了 WTO 新加入成员……加入世贸组织协定的程序”。因此,这两项规定密切相关但又有不同的功能,《马拉喀什协定》第 2 条规定了 WTO 对现有成员的一揽子协定,第 12 条将这一原则扩大到新加入的成员;它们不仅仅是彼此的复制品,综合来看,它们确保一揽子权利和义务适用于 WTO 现有成员和新加入成员。因此,上诉机构不认为本案专家组对《马拉喀什协定》第 12 条第 1 款的解释“过于狭窄”或者“多余”。[44]

《马拉喀什协定》第 12 条第 1 款并不能说明《中国加入世贸组织议定书》具体条款与 WTO 协定及其附件协定具体条款间的关系,其只是对于新成员加入整个 WTO 体系的约束性规则。因此《马拉喀什协定》第 12 条第 1 款并不像中国主张的将《中国加入世贸组织议定书》与 GATT 1994 相关条款产生实质性联系。然而,《马拉喀什协定》第 12 条第 1 款并未界定加入“条件”与《马拉喀什协定》及其所附多边贸易协定之间实质性关系的性质。相反,除了《马拉喀什协定》第 12 条第 1 款中的两句话中规定的关于加入的一般规则之外,《马拉喀什协定》第 12 条第 1 款本身并未涉及《中国加入世贸组织议定书》的具体条款与《马拉喀什协定》及其所附多边贸易协定的具体条款之间的关系问题。特别是,仅根据《马拉喀什协定》第 12 条第 1 款的规定无法在《中国加入世贸组织议定书》的具体规定(如第 11 条第 3 款)和多边协定的内容(例如 GATT 1994 第 2 条或第 11 条)之间建立“内在”或其他实质性关系。上诉机构认为,《马拉喀什协定》是 WTO 的总体机构协定,其中第 12 条没有直接涉及《中国加入世贸组织议定书》的个别条款与《马拉喀什协定》及所附

---

〔43〕 同前注,第 5.41 段。

〔44〕 China – Measures Related to the Exportation of Rare Earths, Tungsten, and Molybdenum,上诉机构报告,世贸组织文件第 WT/DS431/AB/R, WT/DS432/AB/R, WT/DS433/AB/R 号,2014 年 8 月 7 日通过,第 5.33 段。

多边贸易协定的规定之间的实质性关系问题。[45]

(2)对于《中国加入世贸组织议定书》第1条第2款的分析

首先,上诉机构对于"the WTO agreement"一词的通常含义进行分析。上诉机构指出《中国加入世贸组织议定书》第1条第2款第2句本身并未定义这一术语,转而寻求上下文进行解释。上诉机构认为对于《中国加入世贸组织议定书》中"the WTO agreement"这一词语含义的解释应根据上下文,对其作出狭义解释或者扩大解释。《中国加入世贸组织议定书》第1条第2款第2句规定,该议定书是"the WTO agreement"构成整体的必要组成部分。"构成整体的(integral)"的词典含义为"属于或构成一个整体;组成部分;构成整体的必要组成部分,而不仅仅是附加的"。涵盖协定中经常使用"构成整体的必要组成部分(integral part)"将一项或多项协定(或者法律文书)整合到另一项协定中,例如《马拉喀什协定》中的第2条第2款,《技术性贸易壁垒协定》(Agreement on Technical Barriers to Trade,以下简称《TBT协定》)中的第15条第1款,《反倾销协定》中的第18条第7款,《实施卫生与植物卫生措施协定》(Agreement on the Application of Sanitary and Phytosanitary Measures, SPS Agreement)中的第1条第3款,《服务贸易协定》中的第20条,等等。[46]

上诉机构也将《中国加入世贸组织议定书》第1条第2款第1句、第1条第1款和第3条作为上下文分析。第1条第1款提到了《马拉喀什协定》的12条,并且使用了"该协定",因此上诉机构认为"the WTO agreement"与"该协定"为同一含义,也即《马拉喀什协定》。但是中国认为,同一句中的"the WTO agreement"指的是《马拉喀什协定》及其所附的多边贸易协定。[47] 上诉机构认为,《中国加入世贸组织议定书》第1条第3款中明确提及"所附多边贸易协定",并且与"the WTO agreement"并列出现,这表明第1条第2款第2句中的"the WTO agreement"仅指《马拉喀什协定》。[48]

此外,上诉机构将WTO第四届部长级会议、《中国加入世贸组织议定书》序言作为上下文进行分析,其中使用的表述是《马拉喀什协定》。援引China –

---

〔45〕 同前注,第5.34段。

〔46〕 同前注,第5.41段。

〔47〕 同前注,第5.43段。

〔48〕 同前注,第5.44段。

Publications and audiovisual products(中国出版物和音像产品案)[49]中上诉机构的分析,《中国加入世贸组织议定书》第5条第1款的序言部分"以符合WTO协定的方式"一词指的是《马拉喀什协定》及其所附多边贸易协定。但是当"the WTO agreement"有具体条款限定时,如《中国加入世贸组织议定书》第18条第1款最后一句"the WTO agreement"的第4条第5款,该术语就应进行狭义解释理解为《马拉喀什协定》。[50]《马拉喀什协定》的界定并不必然排除多边贸易协定在某些情况下落入《中国加入世贸组织议定书》中"the WTO agreement"的范围。

但是上诉机构认为,对于《中国加入世贸组织议定书》第1条第2款中"the WTO agreement"这一术语作狭义还是广义解释并不对第1条第2款的法律效力起到主要影响作用。换言之,上诉机构认为确定《中国加入世贸组织议定书》第1条第2款中"WTO协定(the WTO agreement)"一词的范围对专家组面临的关键法律问题,即《中国加入世贸组织议定书》的个别条款与《马拉喀什协定》及其所附多边贸易协定的个别条款之间的具体关系不起决定性作用。《中国加入世贸组织议定书》第1条第2款中的"构成整体的必要组成部分"的表达,与《马拉喀什协定》第12条第1款共同起到了将《中国加入世贸组织议定书》纳入世贸组织权利和义务单一一揽子协定的作用,正如《马拉喀什协定》第2条第2款在多边贸易协定中起的作用一样。因此,根据《中国加入世贸组织议定书》第1条第2款规定,《马拉喀什协定》及其所附多边贸易协定和《中国加入世贸组织议定书》共同构成了一整套权利和义务,必须结合起来理解。《中国加入世贸组织议定书》第1条第2款在《中国加入世贸组织议定书》与《马拉喀什协定》及其所附多边贸易协定中一揽子权利义务之间构筑了一座桥梁,但是这一桥梁仅具有一般性质,其存在本身并不能回答《中国加入世贸组织议定书》中的个别条款如何与其他WTO协定的个别条款

---

〔49〕 China – Measures Affecting Trading Rights and Distribution Services for Certain Publications and Audiovisual Entertainment Products,上诉机构报告,世贸组织文件第WT/DS363/AB/R号,2009年12月21日通过,第222段。

〔50〕 China – Measures Related to the Exportation of Rare Earths, Tungsten, and Molybdenum,上诉机构报告,世贸组织文件第WT/DS431/AB/R, WT/DS432/AB/R, WT/DS433/AB/R号,2014年8月7日通过,第5.46段。

相关或者建立联系的问题。[51] 上诉机构通过文义解释与上下文解释，得出《中国加入世贸组织议定书》第 1 条第 2 款中“the WTO agreement”一词的含义：“the WTO Agreement”也许仅指《马拉喀什协定》，但《议定书》序言中“the WTO Agreement”用法表明其并不必然排除附件协定在特定情况下落入“the WTO Agreement”范畴。

4. 对各方意见的评析

在本案中，中国提出援引 GATT 1994 第 20 条作为违规行为的抗辩理由，认为《马拉喀什协定》和《中国加入世贸组织议定书》之间存在内在联系，因此《中国加入世贸组织议定书》和 GATT 1994 存在系统关系。专家组和上诉机构在探讨 GATT 1994 和《中国加入世贸组织议定书》之间的关系时，将《马拉喀什协定》及其所附多边贸易协定和《中国加入世贸组织议定书》之间的关系作为逻辑分析的起点，并通过协定的具体文本分析得出这两者的关系是：《中国加入世贸组织议定书》整体作为《马拉喀什协定》的组成部分，而这一点无法推出《中国加入世贸组织议定书》的具体规定也是《马拉喀什协定》及其所附多边贸易协定的组成部分。因此，《中国加入世贸组织议定书》的具体规定无法直接与其他多边贸易协定建立联系。

《中国加入世贸组织议定书》中“the WTO agreement”一词同时存在广义和狭义两种解释，具体含义则取决于该词所在条款的通常含义及上下文解释。中国没有直接就专家组的结论（中国无法对于违规行为援引 GATT 1994 进行抗辩）进行上诉，而是依据专家组作出这一结论的推理过程的论点（《马拉喀什协定》及其所附多边贸易协定和《中国加入世贸组织议定书》之间的关系）提出上诉。上诉机构支持了专家组该部分的分析，结合《马拉喀什协定》第 12 条第 1 款和《中国加入世贸组织议定书》第 1 条第 2 款的文本分析、上下文分析可知，这两条并不能产生促使《中国加入世贸组织议定书》具体条款成为《马拉喀什协定》及其所附多边贸易协定的组成部分的法律效果。专家组和上诉机构在对于这点的分析上仍是采用了单一的条约解释习惯规则。在推理过程中，部分解释虽然综合考虑了文本、上下文在内的诸多要素，但是仍存在很多瑕疵，比如上诉机构对于《中国加入世贸组织议定书》第 1 条第 2 款中的

---

〔51〕 同前注，第 5.49 段。

“the WTO Agreement”仅作狭义解释,并没有考虑到整个谈判背景过程,而且《中国加入世贸组织议定书》与多边贸易协定在诸多方面存在联系和区别,不能简单地从文本和上下文中就对其含义进行界定。在分析过程中,专家组和上诉机构对于条款内容的文本解释适用墨守成规,在具体的含义解释中显得教条化,割裂了《中国加入世贸组织议定书》和《马拉喀什协定》及其所附多边贸易协定的整体联系。而在具体的分析中应当根据 VCLT 的解释规则适当考虑协定的目的和宗旨,对其进行整体解释。

对于“the WTO Agreement”的认定方面,不能仅把它当作一个单独条约。世界贸易组织成员都必须接受一揽子协定,不得对多边贸易协定进行挑选,其本意不是说《马拉喀什协定》及其所附多边贸易协定和《中国加入世贸组织议定书》是同一个条约。有学者指出可以将“WTO 协定(the WTO agreement)”看作条约群,包括了《中国加入世贸组织议定书》和《马拉喀什协定》及其所附多边贸易协定。本案中,上诉机构对于其是同一个条约的观点混淆了条约和条约群的概念和区别,应将《马拉喀什协定》理解为一个条约集或条约群,更准确和恰当。[52] 虽然上诉机构在报告中指出对于“the WTO agreement”的界定应进行广义解释还是狭义解释并不是本案的重点,但是根据 VCLT 的解释规定和大量的案例推理过程,对于条文的具体含义的正确理解有时会对结论产生较大的影响。而对于“the WTO Agreement”所涵盖范围的正确认定对于专家组和上诉机构作出公平公正的推理也有其重要性,不能忽视。

在国际贸易领域,可将 WTO 协议看作整体的法律框架,以《马拉喀什协定》为核心,每一个协议既有相对独立性,又有内在的必然联系。如果过分强调独立性,就会破坏该法律框架的关联性。对于《马拉喀什协定》及其所附多边贸易协定和具体的议定书之间的关系不能过分关注条款文本内容,应当从宏观角度注重协定之间的整体性,不能否认协定之间的关联性。

---

〔52〕 肖飞:《论〈中国入世议定书〉与〈世界贸易组织协定〉的关系——基于中国稀土案上诉机构报告》,载《山东科技大学学报(社会科学版)》2015 年第 1 期,第 8 页。

(三)GATT 1994 第 20 条的适用性:能否适用于《中国加入世贸组织议定书》第 11 条第 3 款

1. 专家组与上诉机构的意见及法律依据

(1)涉及的法律条文及解释

第一,《中国加入世贸组织议定书》第 1 条第 2 款规定:“中国所加入的《WTO 协定》应为经在加入之日前已生效的法律文件所更正、修正或修改的《WTO 协定》。本议定书,包括工作组报告书第 342 段所指的承诺,应成为《WTO 协定》的组成部分。”

第二,《中国加入世贸组织议定书》第 1 条第 3 款规定:“除本议定书另有规定外,中国应履行《WTO 协定》所附各多边贸易协定中的、应在自该协定生效之日起开始的一段时间内履行的义务,如同中国在该协定生效之日已接受该协定。”

第三,GATT 1994 第 20 条规定:“……(b)为保护人类、动物或植物的生命或健康所必需的措施……(g)与保护可用尽的自然资源有关的措施,如此类措施与限制国内生产或消费一同实施……”。

(2)被引用的案例及理由

专家组在分析过程中,援引 US – Stainless Steel(Mexico)(美国不锈钢案)[53] 和 US – Continued Zeroing(美国持续归零案)[54],上述案件的上诉机构指出为确保 DSU 第 3 条第 2 款所规定的安全性和可预见性(security and predictability),除非“有信服力的理由”(cogent reasons),否则将在后续案件中以相同的方式解决相同的法律问题。本案专家组在“《中国加入世贸组织议定书》个别条款是否适用 GATT 1994 第 20 条”这一同样的法律问题上遵循了中国原材料案中的思路。[55]

---

[53] United States – Final Anti – Dumping Measures on Stainless Steel from Mexico,上诉机构报告,世贸组织文件第 WT/DS344/AB/R 号,2008 年 4 月 30 日通过,第 160 – 162 段。

[54] United States – Continued Existence and Application of Zeroing Methodology,上诉机构报告,世贸组织文件第 WT/DS350/AB/R 号,2009 年 2 月 4 日通过。

[55] China – Measures Related to the Exportation of Rare Earths, Tungsten, and Molybdenum,上诉机构报告,世贸组织文件第 WT/DS431/AB/R, WT/DS432/AB/R, WT/DS433/AB/R 号,2014 年 8 月 7 日通过,第 5.4 段。

对于同一法律问题,当事方提出新论点要求重新审查以期得出偏离前案的结论这一问题上,专家组援引 EC – Asbestos(欧共体石棉案)[56]、EC – Export Subsidies on Sugar(欧共体糖类出口补贴案)[57]、Canada – Renewable Energy / Feed – in Tariff Program(加拿大可再生能源/上网电价项目案)[58]中的上诉机构的分析,根据 DSU 第 11 条的规定,"协助 DSB 提出建议或作出涵盖协议中规定的裁决",对一方当事人提出的新法律论点进行全面探讨可能有助于保障当事方合法权利,有利于上诉机构更好地审理案件。[59]

分析具体的条款适用时援引《TBT 协定》案件"三部曲",即 US – Clove Cigarettes(美国丁香烟案)[60]、US – Tuna II(Mexico)(墨西哥诉美国金枪鱼Ⅱ案)[61]和 US – COOL(加拿大、墨西哥诉美国原产国标签案)[62],上诉机构主要围绕《TBT 协定》第 2 条第 1 项阐明"公平"测试。如 US – COOL 案的上诉机构认为,专家组必须"仔细审查案件的具体情况,即所涉技术法规的设计、结构、揭示结构、操作和应用",以确定受争议法规是否"以构成任意和不合理歧视手段的方式设计或应用"。[63]《TBT 协定》第 2 条第 1 款对"公平"的考虑包含了根据 GATT 1994 第 20 条的序言部分进行的评估,本案专家组也认同对于序言理解的重要性。

此外,本案专家组和上诉机构也大篇幅援引中国原材料案中专家组和上

---

〔56〕 European Communities – Measures Affecting Asbestos and Products Containing Asbestos,上诉机构报告,世贸组织文件第 WT/DS135/AB/R 号,2001 年 3 月 12 日通过,第 82 段。

〔57〕 European Communities – Export Subsidies on Sugar,上诉机构报告,世贸组织文件第 WT/DS265/AB/R 号,2005 年 4 月 28 日通过,第 339 段。

〔58〕 Canada – Measures Relating to the Feed – in Tariff Program,上诉机构报告,世贸组织文件第 WT/DS426/AB/R 号,2013 年 5 月 6 日通过,第 5.224、5.244 段。

〔59〕 China – Measures Related to the Exportation of Rare Earths, Tungsten and Molybdenum, 专家组报告,世贸组织文件第 WT/DS431/R,WT/DS432/R,WT/DS433/R 号,2014 年 3 月 26 日通过,第 7.58 段。

〔60〕 United States – Measures Affecting the Production and Sale of Clove Cigarettes, 上诉机构报告,世贸组织文件第 WT/DS406/AB/R 号,2012 年 4 月 4 日通过,第 96、101 段。上诉机构指出 GATT 1994 第 20 条不能作为违反《技术性贸易壁垒协定》的理由。

〔61〕 United States – Measures Concerning the Importation, Marketing and Sale of Tuna and Tuna Products, 上诉机构报告,世贸组织文件第 WT/DS381/AB/R 号,2012 年 5 月 16 日通过,第 272 段。

〔62〕 United States – Certain Country of Origin Labelling (COOL) Requirements,上诉机构报告,世贸组织文件第 WT/DS384/AB/R,WT/DS386/AB/R 号,2012 年 6 月 29 日通过。

〔63〕 同前注,第 271 段。

诉机构的分析内容。如本案上诉机构确认了附件 6 注释中明确了中国不会提高现行实施税率,但例外情况除外”。因此,该说明指出,中国可能会将附件 6 所列 84 种产品的“现行税率”提高到保持在附件所列最高水平范围内的水平。[64]

(3)专家组与上诉机构法律推理过程

中国提出四个论点:①尽管《中国加入世贸组织议定书》第 11 条第 3 款与 GATT 1994 第 20 条之间没有明确的文本联系,但这种文本沉默并不意味着成员方的共同意图是中国不应提供此类辩护,也不意味中国没有援引的意图;②《中国加入世贸组织议定书》第 11 条第 3 款应当被视为 GATT 1994 的组成部分;③GATT 1994 第 20 条序言部分的“本协定中的任何内容”一词并不排除第 20 条对违反《中国加入世贸组织议定书》第 11 条第 3 款的行为进行辩护;④在适当考虑《WTO 协定》的目的和宗旨的情况下,经过合理的整体解释可以证实,中国可以通过援引 GATT 1994 年第 20 条来证明出口关税的正当性。[65]

美国不锈钢案指出专家组和上诉机构在案件中扮演不同的角色(distinct roles),[66] 当一方当事人要求专家组根据新的法律论点偏离前案上诉机构对同一法律问题的结论时,尤其是当引起复杂的法律问题时,对这些论点的充分研究可能有助于上诉机构在上诉阶段的分析。[67] 本案专家组发现中国要求重新审查该问题的请求是在 DSB 通过上诉机构对同一法律问题裁决后不久提出的。中国在主张中援引 US – Carbon Steel(美国碳钢案)[68] 中上诉机构

---

〔64〕 China – Measures Related to the Exportation of Rare Earths, Tungsten and Molybdenum, 专家组报告,世贸组织文件第 WT/DS431/R,WT/DS432/R,WT/DS433/R 号,2014 年 3 月 26 日通过,第 7.39 段。

〔65〕 同前注,第 7.62 段。

〔66〕 United States – Final AntiDumping Measures on Stainless Steel from Mexico,上诉机构报告,世贸组织文件第 WT/DS344/AB/R 号,2008 年 4 月 30 日通过,第 161 段。

〔67〕 China – Measures Related to the Exportation of Rare Earths, Tungsten and Molybdenum, 专家组报告,世贸组织文件第 WT/DS431/R,WT/DS432/R,WT/DS433/R 号,2014 年 3 月 26 日通过,第 7.58 段。

〔68〕 United States – Countervailing Duties on Certain Corrosion – Resistant Carbon Steel Flat Products from Germany, 上诉机构报告,世贸组织文件第 WT/DS213/AB/R 号,2002 年 11 月 28 日通过,第 65 段。

的报告,证明“文本沉默”不具有决定性。而本案专家组援引美国碳钢案中上诉机构的观点“确定条约条款对特定要求的含义的任务不会在确定文本未提及该要求后结束……这种沉默并不排除该要求旨在被暗示包括在内的可能性”。在中国原材料案中,上诉机构没有将这种“文本沉默”作为判断 GATT 1994 第 20 条的“决定性”(dispositive)内容,相反,该案上诉机构认为这一结论是以“整体方式”分析得出的。[69] 本案专家组注意到,在中国原材料案中上诉机构并未提及在美国碳钢案中解释“文本沉默”的方法,同时确定上诉机构在中国原材料案和美国碳钢案的立场之间不存在相悖之处[70]。

在决定全面审查之前,专家组阐述了本次争议的具体情况:①本争端当事方对专家组重新审查这一法律问题不存在争议;②本争端各方与中国原材料案(不包括日本,但包括美国)不同;③GATT 1994 第 20 条一般例外条款的适用性问题是“本次争议的核心方面”“具有根本的系统重要性”,各方以及本争议中的许多第三方对该问题的广泛争论证明了这一点;④专家组认为,中国关于《中国加入世贸组织议定书》条款与 GATT 1994 条款之间的系统关系的论点是一个新论点,引发了复杂的法律问题。[71]

专家组基于中国提出的“WTO 协定与《中国加入世贸组织议定书》是系统关系”这一新的论点,重新审查了 GATT 1994 在本案中的适用情况。对于中国提出的具体论点,专家组将这些论点与中国已经提交给中国原材料案专家组和上诉机构但被驳回的论点进行对比。对于相似论点,可能会重复中国原材料案中的结论。[72] 在分析过程中主要考虑中国提出的论点是否属于“有信服力的理由(cogent reason)”,而先案上诉机构对“有信服力的理由”这一概念并没有进行界定。“有信服力”这一词语在牛津词典中意为“能够迫使同意或相信;特别是(关于论点、解释等)有说服力、清晰而有逻辑的阐述、令人信

[69] China－Measures Related to the Exportation of Various Raw Materials,上诉机构报告,世贸组织文件第 WT/DS394/AB/R, WT/DS395/AB/R, WT/DS398/AB/R 号, 2012 年 2 月 22 日通过,第 278 段。

[70] China－Measures Related to the Exportation of Rare Earths, Tungsten and Molybdenum, 专家组报告,世贸组织文件第 WT/DS431/R, WT/DS432/R, WT/DS433/R 号,2014 年 3 月 26 日通过,第 7.65 段。

[71] 同前注,第 7.59 段。

[72] 同前注,第 7.60 段。

服的”,本案专家组认为这项要求有较高门槛。[73] 中国原材料案中上诉机构强调了整体解释方法,虽然中国原材料案没有引用美国碳钢案,但本案专家组认为上诉机构在早先的美国碳钢案中的推理与在中国原材料案中的推理具有相似之处。

此外,在专家组看来,《中国加入世贸组织议定书》第 11 条第 3 款有“明确条约语言”指向,该款的文字表述是:中国应取消适用于出口的所有税费,除非(unless)该议定书附件 6 有明确(specifically)规定或者按照 GATT 1994 第 8 条的要求实施。从“unless”和“specifically”这两个词的含义来看,该款在例外的问题上并未保持沉默(silent)。相反,它在列出了一系列关于取消出口税的一般规则之后,紧接着又列出了两项例外,其中一项是用“除非有明确规定”引出的。此外,《中国加入世贸组织议定书》附件 6 的注释还有进一步的“明确条约语言”。《中国加入世贸组织议定书》附件 6 的标题是“实行出口税的产品”,下文列出了 84 种产品及其最高税率。

专家组认为中国提出的四个论点无法提供“有信服力的理由”从而偏离“中国原材料案”中上诉机构的结论。在此基础上,专家组得出结论,中国在本案中也无法将 GATT 1994 第 20 条适用于《中国加入世贸组织议定书》第 11 条第 3 款。[74] 本案专家组没有就 GATT 1994 第 20 条是否适用于《中国加入世贸组织议定书》的其他规定发表任何意见。[75] 同时专家组认为,这一结论不会对中国保护生命和健康造成影响。[76]

中国没有对上述结论提出上诉,也没有对专家组驳回中国提出的四个论点中的三个论点提出上诉,中国也没有对专家组随后在辩论基础上得出的中国的措施不符合 GATT 1994 第 20 条第(b)款的规定的结论提出上诉。[77]

上诉机构对此的分析如下:专家组认为可以将《中国加入世贸组织议定书》看作 WTO 协定的一个部分,与该协定的附件 1A 的 GATT 1994 是平行并

---

〔73〕 同前注,第 7.61 段。

〔74〕 同前注,第 7.115 段。

〔75〕 同前注,第 7.116 段。

〔76〕 同前注,第 7.117 段。

〔77〕 China – Measures Related to the Exportation of Rare Earths, Tungsten, and Molybdenum,上诉机构报告,世贸组织文件第 WT/DS431/AB/R,WT/DS432/AB/R,WT/DS433/AB/R 号,2014 年 8 月 7 日通过,第 5.6 段。

列关系,《中国加入世贸组织议定书》不能被看作 GATT 1994 的一个组成部分。上诉机构在分析中适用 VCLT 第 31 条和第 32 条的条约解释习惯规则进行解释。上诉机构认为,在一揽子协定中,VCLT 第 30 条第 3 款不适用于解释该案中一揽子权利和义务的不同要求的关系,所有一揽子权利和义务属于 2001 年中国“入世”的“同一条约”。[78] 上诉机构认为《中国加入世贸组织议定书》和 WTO 协定所附的多边贸易协定属于 WTO 协定的组成部分,属于同一条约,不是前条约和后条约的关系。

(4)单独意见

专家组没有达成一致意见,在专家组报告中记载了其中一位专家组成员的单独意见[79]。这位专家组成员同意专家组的最终结论,即中国出口关税不合理。但是他认为,《中国加入世贸组织议定书》第 11 条第 3 款可以援引 GATT 1994 第 20 条一般例外条款。[80] 对于《中国加入世贸组织议定书》第 11 条第 3 款与 GATT 1994 的关系,该专家同意中国的意见,即当争端涉及加入 WTO 议定书中规定的“超 WTO 义务”时,受理此案的专家组必须根据特定加入承诺的事实和基本理由,确定“超 WTO 义务”是否已成为 GATT 1994 框架内特定多边贸易协定的组成部分。正如各方所争辩的,确定是否可以援引 GATT 1994 第 20 条来为违反加入议定书的规定辩护,应逐案确定。因此,解释议定书某个特定条款的专家组应对“超 WTO 义务”进行全面分析,确定哪项所涵盖的协定(如果有的话)是世贸组织的具体条款不可分割的一部分。考虑到世贸组织单一承诺的制度原则,要确定《中国加入世贸组织议定书》第 11 条第 3 款是不是 GATT 1994 不可分割的一部分,因而从 GATT 1994 第 20 条例外规定中受益,需要对有关条款进行全面、整体解释。[81]

该专家组成员认为,中国根据《中国加入世贸组织议定书》第 11 条第 3 款承担的出口关税义务“扩大”了其在 GATT 1994 第 2 条和第 11 条第 1 款项

[78] 同前注,第 5.70 段。

[79] 同前注,第 7.118 – 7.138 段。

[80] China – Measures Related to the Exportation of Rare Earths, Tungsten and Molybdenum, 专家组报告,世贸组织文件第 WT/DS431/R, WT/DS432/R, WT/DS433/R 号,2014 年 3 月 26 日通过,第 7.119 段。

[81] 同前注,第 7.132 段。

下的义务,除其他情况外,涉及边境关税的重叠。鉴于这种“密切关系”,专家组成员认为,《中国加入世贸组织议定书》第 11 条第 3 款必须与 GATT 1994 第 2 条和第 11 条“累积并同时(cumulatively and simultaneously)”解读。解释和适用加入一揽子协定的权利和义务以及现有 WTO 协定的相关规定,有助于协调一致地履行加入成员的义务。该专家组成员认为,《中国加入世贸组织议定书》第 11 条第 3 款在成员方加入 WTO 时成为 GATT 1994 的一个组成部分,因为该协议适用于中国与 WTO 成员方。[82] 此外,专家组成员认为,除非加入国成员和 WTO 成员表示相反的意图,GATT 1994 中规定的抗辩可自动用于证明与 GATT 相关的义务,包括与边境关税相关的义务”[83]。因此,该专家组成员认为,“除非中国明确放弃援引 GATT 1994 第 20 条的权利,否则,中国可以利用 GATT 1994 中的一般例外条款为违反其《中国加入世贸组织议定书》第 11 条第 3 款的行为辩护”。该专家组成员还认为中国并没有明确表明放弃援引的内容,对于《中国加入世贸组织议定书》第 11 条第 3 款援引 GATT 1994 一般例外条款,可以保障中国行使权利履行义务并且促进其可持续发展。[84]

2. 对各方意见的评析

虽然 WTO 先案的裁决内容没有法律强制力,但是在实际情况中,专家组和上诉机构都会援引先案中对同一法律问题的分析与结论。中国原材料案与本案在具体的条文和涉案措施方面都具有相似性,两个案件都涉及《中国加入世贸组织议定书》第 11 条第 3 款和 GATT 1994 第 20 条的关系问题。中国原材料案中专家组和上诉机构作出了中国不能援引 GATT 1994 第 20 条一般例外的规定对违反《中国加入世贸组织议定书》第 11 条第 3 款的措施进行抗辩的裁定。在本案中,中国增加了新的论点,认为《马拉喀什协定》及其所附多边贸易协定与《中国加入世贸组织议定书》之间是系统性关系,所以在专家组论证了自己有权对本案进行全面审查后,依据 VCLT 的解释规则和国际贸易的先例进行了具体的分析。最终本案专家组认为中国仍然无法援引 GATT 1994 第 20 条一般例外的规定进行抗辩,因为专家组认为中国所提出的论点

---

〔82〕 同前注,第 7.136 段。

〔83〕 同前注,第 7.137 段。

〔84〕 同前注,第 7.138 段。

缺乏“具有说服力的理由”。不过,专家组也表明这一要求的门槛较高。中国在本案中的败诉关键在于举证责任方面的不足。

在国际贸易案件中,成功援引 GATT 1994 第 20 条的案例寥寥无几,本案对于证据标准的认定提出了更高的要求。虽然两个案件最终的结论都是无法援引 GATT 1994 第 20 条一般例外的规定,但是在本案中部分专家组成员支持了中国的论点。而且专家组报告中单独意见相比其他案件所占篇幅较长,这一点充分说明,对于 GATT 1994 和《中国加入世贸组织议定书》的关系的认定这一问题具有复杂性。尽管如此,本案上诉机构在分析过程中,并没有提及专家组“单独意见”中的“整体性解释”。不过,本案中所提出的《中国加入世贸组织议定书》和《马拉喀什协定》及其所附多边贸易协定之间的系统性关系的论点以及上诉机构对此的大篇幅叙述,提供了《中国加入世贸组织议定书》具体条款与多边贸易协定的具体条款之间的创建联系的可能性。

对于《中国加入世贸组织议定书》和 WTO 协定及其所附多边贸易协定的规定的解释和适用,离不开 VCLT 关于条约解释、条约修订等规定的指引,正如前述分析,VCLT 所规定的解释规则,根据 DSU 第 3 条第 2 款规定以及在 US－Gasoline(美国汽油案)〔85〕等先案中的分析,在国际法中有着重要的影响。在本案中,专家组和上诉机构没有全面运用解释规则,也如在中国原材料案中仅仅单一应用文本和上下文解释规则一样,对于具体条约的解释,拘泥于僵硬的文本解释,没有结合目的和宗旨、善意解释等规则,对中国承担的“超 WTO 义务”进行自然资源保护和自由贸易的平衡和综合考量。从专家组和上诉机构的分析中,可以看出其更多地倾向于申请方,美、日、欧主导的规则制度对于发展中国家在适应 WTO 秩序方面存在较大的局限性。

(四)GATT 1994 第 20 条第(g)款的适用

1. 专家组的意见及法律依据

(1)涉及的法律条文及解释

第一,GATT 1994 第 20 条第(g)款的规定为一般例外条款,其内容为,

---

〔85〕 United States－Standards for Reformulated and Conventional Gasoline, 上诉机构报告,世贸组织文件第 WT/DS2/AB/R 号,1996 年 4 月 29 日通过。

“在遵守关于此类措施的实施不在情形相同的国家之间构成任意或不合理歧视的手段或构成对国际贸易的变相限制的要求前提下，本协定的任何规定不得解释为阻止任何缔约方采取或实施以下措施：这些措施的实施方式不得构成在条件相同的国家之间的任意或不合理歧视，或构成对国际贸易的变相限制，本协议的任何内容均不得解释为阻止任何成员采取或执行以下措施……（g）与保护可用尽的自然资源有关的措施，如此类措施与限制国内生产或消费一同实施……”

第二，DSU 第 11 条规定：“专家组的职能是协助 DSB 履行其在本谅解和适用协议下的职权。因此，专家组应当对其面前的事项进行客观评估，包括客观评估案件事实以及相关涵盖协议的适用性和符合性，并作出其他调查结果，以协助 DSB 提出建议或作出涵盖协议中规定的裁决。”根据第 11 条规定，专家组必须“考虑向其提交的所有证据，评估其可信度，确定其重要性，并确保其事实调查结果在证据中有适当依据”。专家组不得“作出在专家组记录包含的证据中缺乏依据的肯定结论”。在这些范围内，“通常由专家组自行决定在作出调查结果时选择使用哪种证据”〔86〕。

（2）被引用的案例及理由

在美国汽油案〔87〕中，上诉机构指出，该 GATT 1994 第 20 条第（g）款需要结合上下文并以实现总协定的目的和目标的方式来阅读，将“保护有关”理解为“主要目的是”；上诉机构指出，可用尽自然资源的国内生产限制措施或消费的限制措施只需实施其中一个即可——申请方对稀缺资源的保护要国内外一同实施。

美国虾产品案〔88〕进一步解释了“保护有关”的含义，提出了“密切和真实的联系”这一判定标准。上诉机构没有将国内法规的效果与进口限制的效果进行比较。上诉机构并未对 GATT 1994 第 20 条第（g）款第二段中的效果测

---

〔86〕 China – Measures Related to the Exportation of Rare Earths, Tungsten, and Molybdenum，上诉机构报告，世贸组织文件第 WT/DS431/AB/R，WT/DS 432/AB/R，WT/DS 433/AB/R 号，2014 年 8 月 7 日通过，第 5.178 段。

〔87〕 United States – Standards for Reformulated and Conventional Gasoline，上诉机构报告，世贸组织文件第 WT/DS2/AB/R 号，1996 年 4 月 29 日通过，第 17 页。

〔88〕 United States – Import Prohibition of Certain Shrimp and Shrimp Products，上诉机构报告，世贸组织文件第 WT/DS58/AB/R 号，1998 年 10 月 12 日通过，第 136 段。

试进行解读。最重要的是,上诉机构在确定存在真实有效的国内限制后,并未着手审查"国内外利益的相对待遇",以确定这种待遇本身是否公平。专家组认为"公平"不需要评估监管成员为限制国内生产或消费而采取的措施的实际影响或效果。[89]

在 China – Publications and audiovisual products(中国出版物和音像产品案)[90]中,专家组对 GATT 1994 第 20 条第(g)款进行解释,为了根据第 20 条第(g)款证明一项措施是合理的,这项措施必须满足:①"涉及"对"可用尽自然资源"的"保护";②与"国内生产或消费"的"限制"一起"生效"。专家组强调,GATT 1994 第 20 条第(g)款规定了单一的标准,即应当满足全部要求。因此,只有在全面评估的基础上才能确定一项措施是否符合 GATT 1994 第 20 条第(g)款规定。

(3)专家组法律推理过程

专家组阐明适用 GATT 1994 第 20 条第(g)款的要求:第一点,与"可用尽自然资源"的"保护""有关";第二点,与"国内生产或消费"的"限制"一起"生效";第三点,根据 GATT 1994 第 20 条的序言部分考虑出口配额是否合理,最后就出口配额与 WTO 的一致性作出总体结论,以上条件缺一不可。[91]

专家组认为违反的措施必须与"保护"真正相关,即公平公正地在国内和国外实施。专家组注意到先案上诉机构在对 GATT 1994 第 20 条第(g)款的解释中,经常通过依次处理 GATT 1994 第 20 条第(g)款来审查适用性。本案中,出口配额措施是否与稀土保护相关,专家组分别审查了该款第一句和第二句下的中国出口配额措施。关于"可用尽的自然资源"的解释,专家组认为,如果争端双方都同意,则没有必要确定争议中该术语的确切范围,即使这些措

---

〔89〕 China – Measures Related to the Exportation of Rare Earths, Tungsten and Molybdenum, 专家组报告,世贸组织文件第 WT/DS431/R, WT/DS432/R, WT/DS433/R 号,2014 年 3 月 26 日通过,第 7.326 段。

〔90〕 China – Measures Affecting Trading Rights and Distribution Services for Certain Publications and Audiovisual Entertainment Products, 上诉机构报告,世贸组织文件第 WT/DS363/AB/R 号,2009 年 12 月 21 日通过,第 215 段。

〔91〕 China – Measures Related to the Exportation of Rare Earths, Tungsten and Molybdenum, 专家组报告,世贸组织文件第 WT/DS431/R, WT/DS432/R, WT/DS433/R 号,2014 年 3 月 26 日通过,第 7.362 段。

施不是直接施加于这些资源的。[92] 本案中当事人双方都同意稀土、钨和钼矿属于“可用尽的自然资源”,但没有进一步确定半加工或加工产品在何种程度上属于该概念的范畴,各方对“可用尽的自然资源”一词的具体范围存在分歧。申请方认为半加工和加工原材料不属于“可用尽的自然资源”的范围,但中国认为该词应采广义解释。关于“保护”的解释,专家组指出,就 GATT 1994 第 20 条第(g)款而言,应当考虑对自然资源和可持续发展的主权国际原则,[93] 在贸易自由化、对自然资源的主权和可持续发展权之间取得适当平衡,该词应作广义解释。专家组认为,中国已证明其制定了综合的稀土保护政策,[94] 其目的是确保中国稀土储备的“有效保护和合理利用”,并提出 1991 年出台的稀土保护政策予以佐证,列出了多种措施以证明出口配额与保护“有关”,专家组对此表示同意。专家组还认为,中国已经证明其制定了一系列相互关联的措施和计划旨在通过保护政策管理稀土资源的开采和供应,包括开采、生产上限以及执法行动。[95]

结合本案的事实,专家组对稀土、钨和钼相关产品的出口配额与 GATT 1994 第 20 条第(g)款的要求的一致性一一进行审查。对于“有关”的解释,专家组依据中国的相关措施和措施的设计、结构、框架进行审查,在审查稀土出口配额的设计、结构和框架时,专家组驳回了中国提出的六个论点,其中第三点为出口配额向外国稀土消费者发出促使其供应多样化以及寻找替代品的信号。在审查钨的出口配额的设计、结构和框架时,专家组分析了中国关于钨的出口配额与保护可用尽的钨的目标有着“密切、真实”联系的论点,其中有一点为向外国钨的消费者发出与保护有关的信号。专家组认为,中国设定出口配额不是为了保护资源,而是为了实现产业政策目标。虽然在报告中肯定

---

〔92〕 同前注,第 7.364 段;China – Measures Related to the Exportation of Rare Earths, Tungsten, and Molybdenum,上诉机构报告,世贸组织文件第 WT/DS431/AB/R, WT/DS432/AB/R, WT/DS433/AB/R 号,2014 年 8 月 7 日通过,第 5.78 段。

〔93〕 同前注,第 7.365 段。

〔94〕 China – Measures Related to the Exportation of Rare Earths, Tungsten, and Molybdenum,上诉机构报告,世贸组织文件第 WT/DS431/AB/R, WT/DS432/AB/R, WT/DS433/AB/R 号,2014 年 8 月 7 日通过,第 5.78 段。

〔95〕 China – Measures Related to the Exportation of Rare Earths, Tungsten and Molybdenum,专家组报告,世贸组织文件第 WT/DS431/R, WT/DS432/R, WT/DS433/R 号,2014 年 3 月 26 日通过,第 7.375 段。

了中国的自然保护政策,但是专家组认为不应该将“保护”用于 WTO 成员采取措施控制自然资源的国际市场。

专家组确定了证明“与限制国内生产或消费限制同时实施”的三项要求:①出口限制措施与保护可用尽自然资源的目标有关;②与限制国内生产或消费“同时实施”;③存在“公平性”,即证明保护责任是平衡分配的。这些要求涵盖在三个小节中,从表面来看,专家组似乎将公平列为单独的额外要求,但是专家组表示,公平要求的是 GATT 1994 第 20 条第(g)款第二部分的平行适用。[96]

专家组认为,中国无法证明中国对稀土、钨和钼的各种形式的出口配额援引 GATT 1994 第 20 条第(g)项的合理性。此外,专家组认为,中国无法证明这些措施的实施符合 GATT 1994 第 20 条序言部分。[97]

2. 上诉意见

中国承认其关于稀土、钨和钼的出口配额措施不符合 GATT 1994 第 11 条第 1 款规定,但是中国有权援引 GATT 1994 第 20 条第(g)款进行抗辩。中国认为专家组在解释和适用 GATT 1994 第 20 条第(g)款的时候有误,不符合 DSU 第 11 条规定,具体为:第一点,专家组在认定中国关于稀土和钨的出口配额措施与 GATT 1994 第 20 条第(g)款含义范围内的保护是否“有关”时存在错误,将分析限制在对中国出口配额的设计和结构的审查方法上存在错误。专家组驳回中国关于稀土和钨的出口配额措施“信号功能”的观点也存在错误。第二点,专家组在认定中国关于稀土、钨和钼的出口配额是否符合 GATT 1994 第 20 条第(g)款的“与限制国内生产或消费同时实施”存在错误,提出了对于“公平”的额外要求,并要求在国内和国外消费者或生产者之间平衡分配与保护有关的措施的责任。而且专家组在分析时局限于对争议措施的设计和结构的审查,排除了有关此类配额在市场的影响的审查。而这两点分析错误影响了专家组的结论。[98]

---

[96] 同前注,第 7.331 段。

[97] 同前注,第 8.2 段。

[98] China－Measures Related to the Exportation of Rare Earths, Tungsten, and Molybdenum,上诉机构报告,世贸组织文件第 WT/DS431/AB/R, WT/DS432/AB/R, WT/DS433/AB/R 号,2014 年 8 月 7 日通过,第 5.75 段。

申请方支持专家组的分析和解释，GATT 1994 第 20 条第(g)款没有规定“经验效果测试(empirical effects test)”，而专家组的任务是确定一项措施的真实目标是否为“保护”，而市场的变化无常通常会引起因果关系的确定难题。

3. 上诉机构的意见及法律依据

上诉机构首先对中国的上诉理由及依据进行分析，发现中国没有对专家组关于“保护”和“可用尽自然资源”的解释提出上诉，而对于“有关”的解释，仅涉及专家组关于稀土和钨的出口配额措施的结论，并不涉及关于钼的出口配额措施的结论。对于“与限制国内生产或消费同时实施”的解释的上诉的范围也仅限于专家组对“公平要求”的适用，而不对专家组对“限制”的解释提出上诉。

其次，在具体分析中，上诉机构结合先案和根据 VCLT 解释规则对条文本身的理解，阐明适用 GATT 1994 第 20 条的“两步走”分析路径：第一点，分析一项措施是否满足第 20 条项下的子条款的要求。第二点，分析这项措施是否符合第 20 条序言部分的要求。[99] 援引上诉机构的分析，指出这种分析顺序反映了 GATT 1994 第 20 条的基本结构和逻辑。[100] 而本案中，GATT 1994 第 20 条第(g)款要求 WTO 成员证明争议措施与合法政策目标(保护可用尽的自然资源)有必要的联系(“有关”)，还要求 WTO 成员证明争议措施“与限制国内生产或消费同时实施”。

根据 VCLT 第 31 条的解释规则，上诉机构对相关词语进行了文义解释。“保护”一词的确切范围只能在具体的涉及可用尽自然资源的争端中进行理解。就 GATT 1994 第 20 条第(g)款“保护可用尽的自然资源”而言，根据《马拉喀什协定》序言的规定，上诉机构注意到，GATT 1994 第 20 条第(g)款所述“自然资源”一词在性质或措辞上并非“静态的”，而是“不断变化的”。“保护”一词应在具体争端所涉及的情境中进行理解，比如，对于可用尽矿产资

---

〔99〕 United States – Standards for Reformulated and Conventional Gasoline，上诉机构报告，世贸组织文件第 WT/DS2/AB/R 号，1996 年 5 月 20 日通过，第 20、22 页；United States – Import Prohibition of Certain Shrimp and Shrimp Products，上诉机构报告，世贸组织文件第 WT/DS58/AB/R 号，1998 年 10 月 12 日通过，第 119、120 段。

〔100〕 同前注。

源,“保护”可能需要通过降低开采速度或完全停止开采来实现。对于生物资源的“保护”,比如面对濒临灭绝的物种,“保护”可能不仅通过限制或停止造成灭绝危险的活动,还包括促进该物种的繁衍来实现。[101]

对“有关”一词的理解引用了具体案例中的阐释,其中在美国虾产品案中指的是“目的和手段的密切和真实关系”,在美国汽油案中指的是“不能只是偶然或无意的以保护为目标”。对于“与国内生产或消费限制同时生效”,上诉机构将“限制”描述为“限制某人或某物的事物、行动限制、条件或规定”。在中国原材料案中上诉机构认为“生效”一词在与政府措施结合使用时,指的是“有效、生效”的措施,必须在“有限时间内”运行。“与”表示将政府颁布或实施的措施在国外与国内一起实施。因此“限制”必须“同时实施”的要求表明,为了实现保护目标,这些限制需要同时针对国际贸易和国内生产或消费。在美国汽油案中上诉机构指出,虽然应当对 GATT 1994 第 20 条第(g)款进行全面评估,但是该条款本身应通过审查争端的事实和法律在个案基础上适用,包括具体保护目标必须注意 WTO 成员在表达其意图和目的时适用的词语,但是专家组不能将分析局限于争议措施的文本内容。

在评估中国的相关产品的出口限制措施是否符合 GATT 1994 第 20 条第(g)款的要求时,应参照先前的案例如美国虾产品案、原材料案中强调对于争议措施的设计和结构的评估,这种侧重有助于保证分析的客观性。同时,对措施的设计和结构的分析不能脱离措施运作的市场,还应适当考虑相关市场的特点。市场特征可能有助于说明争议措施在设计和结构上是否满足要求。在美国汽油案中上诉机构指出,对 GATT 1994 第 20 条第(g)款的分析不需要“经验效果测试”,还指出了分析该款的两项挑战:确定因果关系和可用尽自然资源措施耗时长、见效慢。[102] 本案上诉机构认为,如果拟援引 GATT 1994 第 20 条第(g)款的措施已经被认定为不符合 GATT 1994 的相关规定,则表明这些措施本身可能对市场产生了扭曲效应,从而加剧了因果关系的确定难题,

---

〔101〕 China - Measures Related to the Exportation of Rare Earths, Tungsten, and Molybdenum,上诉机构报告,世贸组织文件第 WT/DS431/AB/R, WT/DS432/AB/R, WT/DS433/AB/R 号,2014 年 8 月 7 日通过,第 5.89 段。

〔102〕 同前注,第 5.96 - 5.98 段。

加强了依赖“经验效果测试”的谨慎性。[103] 如果争议措施的设计和结构清楚表明该措施与保护目标之间缺乏联系，则很难认定为与保护“有关”。[104] 综上所述，上诉机构认为专家组不存在错误。

对于“限制国内生产或消费一同实施”的分析，从专家组报告的结构和专家组作出的报告来看，专家组的错误在于，它认为“公平”是一项单独的额外要求，但是这种错误不会影响对其他内容的解释。本案上诉机构认为，公平不是单独额外的要求。上诉机构援引美国汽油案中对“公平”的解释，即“不仅对国际贸易，而且对国内消费或生产施加限制”。GATT 1994 第 20 条第(g)款本身就体现了对公平的要求。

4. 对各方意见的评析

中国承认其对于稀土、钨和钼的出口配额不符合 GATT 1994 的相关规定，但是认为其可援引 GATT 1994 第 20 条一般例外规定。中国认为其有权使用出口配额在外国和国内消费者之间分配此类可用尽的自然资源的供应。

对于出口配额是否适用 GATT 1994 第 20 条第(g)款规定，专家组和上诉机构对于文本进行了大篇幅的分析，主要对“保护”“有关”“与限制国内生产或消费一同实施”等词语根据 VCLT 解释规则进行通常含义的解释。其中各方对于“可用尽的自然资源”没有太大的争议，涉案资源可认定为“可用尽的自然资源”。中国也没有对于专家组关于“保护”的解释提出上诉。主要争议焦点涉及专家组对于“有关”的解释和适用，其中专家组依据措施的相关法规和措施的设计、结构、框架进行讨论认为中国稀土出口配额的相关文件对于保护的提及存在不确定性，同时驳回了中国关于“信号功能”的论点。[105] 在具体适用上，专家组对于“有关”的解释过分依赖对于出口配额的设计和结构的审查，没有考虑中国的实际情况。但是中国无法证明其出口配额与保护有关，也不能确定出口配额是与“限制国内生产或消费一同实施”，此外，中国不能证明其符合 GATT 1994 第 20 条序言部分的要求，即不构成任意或不合理歧视或变相限制国际贸易。

---

[103] 同前注，第 5.99 段。

[104] 同前注，第 5.112－5.113 段。

[105] 同前注，第 5.81 段。

中国提出的推翻专家组的调查结果的理由中,大部分内容很合理地指出专家组在分析过程中存在的不足。申请方在分析过程中提到,在分析一项措施时,不能只审查该措施的文本、结构和设计内容,应当结合其背景内容进行分析。专家组只审查中国出口配额的结构和设计,没有综合考察中国以及世界范围内的稀土市场环境,缺乏整体的考量,存在缺陷。正如专家组在前文解释的那样,“保护”这一词并不仅仅依靠综合保护政策就可达成的,还需要满足许多连接点。这一全面审查要求有其合理性,在一定程度上起到了限制不公平贸易的作用,但是也应当考察具体案件的事实和法律背景。本案中专家组过分强调了文本解释,对于中国的特定国情考虑较少,应当注重中国的市场的真实特征。同时,专家组也没有对于中国的稀土措施所造成的影响进行实际的考察。

在国际贸易案例中,有很多案件涉及对 GATT 1994 第 20 条的适用,而在具体条款的适用中,先前的上诉机构形成了“两步走”的分析顺序,本案也进行沿用,而这种两步走的分析方法能够体现 GATT 1994 第 20 条的基本结构和逻辑,体现了专家组和上诉机构在适用法条时的严谨。对于法条具体表述的理解,此处专家组和上诉机构均有所限缩,例如“有关”应当达到措施与保护目标存在,例如“有关”在美国虾产品案中指的是目的和手段之间达到“密切和真正的关系”。看似程度要求较高,但是能够利用这种限缩真正达到保护可用尽自然资源的目的,而避免大部分的偶然或者无意的保护;而“一同实施”应当“在给定时间内运行”,但在未来某个时间点可能会受到限制并不能满足要求,这一限制也有利于真正地加强对于国际贸易的保护。

此外,专家组和上诉机构没有对于相应措施或替代措施的“必要性”进行评估。在出口配额措施和贸易权限措施适用 GATT 1994 第 20 条问题上,专家组肯定了中国的保护资源与环境的立场。但是结合中国的实际环境,稀土战略投资更偏向于上游产业,而下游产业规模很小。中国必须证明其出口配额与稀土矿保护有关,才能属于 GATT 1994 第 20 条第(g)款的例外。[106]

---

〔106〕 China – Measures Related to the Exportation of Rare Earths, Tungsten and Molybdenum,专家组报告,世贸组织文件第 WT/DS431/R, WT/DS432/R, WT/DS433/R 号,2014 年 3 月 26 日通过,第 7.366 段;China – Measures Related to the Exportation of Rare Earths, Tungsten, and Molybdenum,上诉机构报告,世贸组织文件第 WT/DS431/AB/R, WT/DS432/AB/R, WT/DS433/AB/R 号,2014 年 8 月 7 日通过,第 5.89 段。

三、结语

本案中,上诉机构的裁决结果和专家组的裁决基本一致。上诉机构认定中国稀土等产品出口关税、出口配额等管理措施违规,无权援引 GATT 1994 第 20 条一般例外条款为违反《中国加入世贸组织议定书》第 11 条第 3 款规定的行为进行辩护。

中国原材料案和本案具有很高的相似性,但是在上诉过程中提出的论点有所不同。相比中国原材料案,本案虽然仍然败诉,得出的结论仍是 GATT 1994 第 20 条一般例外条款不适用《中国加入世贸组织议定书》第 11 条第 3 款,但是取得了相对的胜利。专家组认可了中国的部分政策,在具体条文解释上支持了部分中国的论点。专家组对中国在资源和环境保护方面的立场给予了肯定,认可了中国对稀土等资源作出的综合性资源与环境保护措施。上诉机构未支持美国的上诉请求,在 WTO 规则部分条款的法律解释上支持了中方的上诉请求,肯定了中国的保护资源与环境的立场。

虽然专家组和上诉机构都认为中国无法援引 GATT 1994 第 20 条一般例外条款,但本案上诉机构为如何建立《中国加入世贸组织议定书》的具体条款与《马拉喀什协定》及其所附的多边贸易协定的具体条款的联系提供了丰富的案例和分析思路,指出条款中使用的具有指代性语言的重要性以及条款的“实质”与“性质”相一致的重要性。

在分析思路上,两案的专家组和上诉机构大致相同,中国原材料案和本案的败诉结果在这一条例外条款 GATT 1994 第 20 条第(g)款的援引上存在的障碍有相似性。但是本案中的专家独立意见,进一步增加了支持中国援引 GATT 1994 第 20 条的可能性,讨论了中国加入世贸组织的相关法律文件的适用性与关联性。

本案中所提及的关于系统论的观点,虽然被认定为是不同于中国原材料案的新依据,但是也没有得到上诉机构的支持。上诉机构虽然提及要进行整体解释,但是在实际的分析推理中,仍是局限于单一的解释规则。

总的来说,本案和中国原材料案中的专家组和上诉机构的报告在运用解释规则方面,为中国更好地适用 WTO 规则提供了丰富的资料和指引,虽然在具体的解释中存在不足,推理逻辑有所欠缺,但是其中的部分分析逻辑值得学习。在之后的自然资源保护政策的制定、实施过程中,都应当注重国内法律法规措施应符合 WTO 规则等国际法的规定,进而推动国际法和国内法统筹发展。

第八章　俄罗斯跨境运输案

(Russia – Measures Concerning Traffic in Transit)

朱永倩

一、案件事实概述

2019年4月5日,世界贸易组织(WTO)上诉机构就“俄罗斯跨境运输措施”(Russia – Measures Concerning Traffic in Transit)一案发布了专家组报告,该案涉及俄罗斯采取的限制通过其境内公路和铁路的措施,以及对该措施的公布与管理。[1] 申请方为乌克兰,被申请方为俄罗斯、中国、美国、澳大利亚、新加坡、加拿大等十国。

该案专家组报告是世界贸易组织成立以来首次就《关税与贸易总协定》第21条安全例外条款进行详细解读。[2] 经两年审理,俄罗斯通过援引GATT第21条抗辩成功,乌克兰对专家组报告未提起上诉,因而专家组的报告为最终报告。

(一)基本案情

自2011年10月18日以来,乌克兰与俄罗斯、白俄罗斯、哈萨克斯坦、吉尔吉斯共和国、塔吉克斯坦、摩尔多瓦和亚美尼亚签署了《独立国家联合体成员国自由贸易区条约》(the Treaty on a Free Trade Area between the members

---

〔1〕 Russia – Measures Concerning Traffic in Transit,专家组报告,世贸组织文件第WT/DS512/R号,2019年4月5日通过,第2.1段。

〔2〕 同前注,第7.20段。

of the Commonwealth of Independent States, CIS – FTA)。2014 年 5 月 29 日,俄罗斯、白俄罗斯和哈萨克斯坦签署了《建立欧亚经济联盟条约》(the Treaty on the Establishment of the Eurasian Economic Union, EaEU Treaty),亚美尼亚和吉尔吉斯共和国分别于 2015 年 1 月和 8 月加入,《建立欧亚经济联盟条约》于 2015 年 1 月 1 日生效。[3]

虽然乌克兰参与了《建立欧亚经济联盟条约》的初步谈判,但是在乌克兰爆发广场革命(Euromaidan Events)后决定不加入《建立欧亚经济联盟条约》,相反,乌克兰开始寻求与欧盟的经济一体化。因此,新宣誓就职的乌克兰政府于 2014 年 3 月 21 日签署了《欧洲联盟及其成员国与乌克兰之间的联盟协定》(Association Agreement between the European Union and its Member States, of the one part, and Ukraine, of the other part, EU – Ukraine Association Agreement,以下简称《欧盟—乌克兰联盟协定》),《欧盟—乌克兰联盟协定》旨在促进乌克兰与欧洲更紧密的政治和经济融合,该协定的经济部分对在欧盟和乌克兰之间“建立一个深入而全面的自由贸易区”(Deep and Comprehensive Free Trade Area, DCFTA)作出了规定,该部分于 2014 年 6 月 27 日签署。[4]

2014 年 3 月,乌克兰和其他国家一起,在联合国大会上提起了一项决议,欢迎联合国秘书长、欧洲安全与合作组织以及其他国际和区域组织继续努力支持“乌克兰局势的缓和”。[5] 随后,联合国大会于 2016 年 12 月通过决议,谴责俄罗斯联邦“临时占领乌克兰部分领土”,即“克里米亚自治共和国和塞瓦斯托波尔市”(Autonomous Republic of Crimea and the city of Sevastopol),并重申不承认其“吞并”(annexation)。[6]

2014 年乌克兰事件后,一些国家对俄罗斯实体和个人实施了经济制

---

[3] 同前注,第 7.6 段。

[4] 同前注,第 7.7 段。

[5] UN General Assembly Resolution No. 68/262 “Territorial Integrity of Ukraine”, A/RES/68/262, UNGA, 27 March 2014, p. 2.

[6] UN General Assembly Resolution No. 71/205 “Situation of Human Rights in the Autonomous Republic of Crimea and the city of Sevastopol (Ukraine)”, A/RES/71/205, UNGA, 19 December 2016, p. 40 – 41.

裁。[7] 2014 年 8 月 7 日，俄罗斯对原产于对其实施制裁的国家（最初是美国、欧盟成员国、加拿大、澳大利亚和挪威）的特定农产品、原材料和食品实施进口禁令，并对这些货物的过境运输措施作出了限制。乌克兰在该争端中的质疑包括此 2014 年的过境限制措施。[8]

2014 年 9 月，在与俄罗斯讨论后，欧盟和乌克兰都同意将《欧盟—乌克兰联盟协议》的经济部分的适用时间推迟到 2015 年 12 月 31 日；同时，俄罗斯政府通过了第 959 号决议，该决议规定从俄罗斯政府收到乌克兰执行《欧盟—乌克兰结盟协议》经济部分的行动通知之日起 10 天内，乌克兰的货物将被征收《建立欧亚经济联盟条约》规定的关税。[9]

2015 年 8 月 13 日，俄罗斯政府通过了第 842 号决议，对第 778 号决议进行了修订，在第 778 号决议进口禁令限制的出口国家名单中增加了其他国家，其中包括乌克兰。然而，第 842 号决议规定，对于乌克兰的进口禁令将从第 959 号决议（如上所述）生效之日起适用，但不迟于 2016 年 1 月 1 日。为解决俄罗斯的担忧，欧盟委员会、乌克兰与俄罗斯就《欧盟—乌克兰联盟协定》中的“建立一个深入而全面的自由贸易区”（DCFTA）协议进行谈判。2015 年 12 月谈判失败后，俄罗斯政府通过了第 1397 号决议，该决议规定从 2016 年 1 月 1 日起，针对第 778 号决议中所列货物的进口禁令将适用于原产于乌克兰的货物。欧盟和乌克兰则从 2016 年 1 月 1 日起临时实施 DCFTA 协议，[10] 就此，俄罗斯国家杜马于 2015 年 12 月 22 日通过了一项法律，旨在暂停与乌克兰的《独立国家联合体成员国自由贸易区条约》。[11]

与俄罗斯磋商失败后，自 2016 年 1 月 1 日起，俄罗斯禁止来自乌克兰的货物经过俄罗斯的公路或铁路转运至哈萨克斯坦，后该限制措施还扩大到乌克兰向吉尔吉斯共和国、蒙古、塔吉克斯坦、土库曼斯坦和乌兹别克斯坦等国的出口。[12]

---

〔7〕 Russia – Measures Concerning Traffic in Transit，专家组报告，世贸组织文件第 WT/DS512/R 号，2019 年 4 月 5 日通过，第 7.9 段。

〔8〕 同前注，第 7.10 段。

〔9〕 同前注，第 7.11 段。

〔10〕 同前注，第 7.12 段。

〔11〕 同前注，第 7.13 段。

〔12〕 同前注，第 7.1 段。

(二)案件涉及的法律问题

1. 双方争议点

乌克兰认为,第一,上述过境限制措施和禁令不符合俄罗斯在GATT第5条项下的义务以及《俄罗斯入世议定书》(Russia's Accession Protocol)中的相关承诺;第二,俄罗斯没有按照GATT第10条以及《俄罗斯入世议定书》中承诺的方式公布与管理其采取措施的各种文书。[13]

俄罗斯认为,该争端涉及明显且严重的国家安全问题,成员国已承认应将其排除在WTO之外,WTO的设计或能力不足以处理此类问题。俄罗斯警告称,让WTO参与政治和安全事务将破坏WTO协定下非常微妙的权利和义务平衡,并危及多边贸易体系。[14] 基于此,俄罗斯援引GATT第21条(b)款(iii)项的规定,认为这些措施是保护其基本安全利益(essential security interests)所必需的措施,专家组没有管辖权。[15]

2. 涉及的法律问题

(1)专家组是否有权审查俄罗斯援引GATT第21条(b)款(iii)项的规定。[16]

(2)对GATT第21条(b)款(iii)项进行解释,成员国是否有自主裁决的权利(self－judging)。[17]

3. 涉及的主要条款

《1994年关税与贸易总协定》第21条安全例外:

"本协定的任何规定不得解释为:

(a)要求任何缔约方提供其认为如披露则会违背其其基本安全利益的任何信息;或

(b)阻止任何缔约方采取其认为对保护基本国家安全利益所必需的任何行动:

---

[13] 同前注,第7.2段。
[14] 同前注,第7.22段。
[15] 同前注,第7.3－7.4段。
[16] 同前注,第7.25段。
[17] 同前注,第7.26段。

(i)与关裂变或聚变或衍生这些物质的物质有关的行动;

(ii)与武器、弹药和作战物资的贸易有关的行动,及与此类贸易所运输的直接或间接供应军事机关的其他货物或物资有关的行动;

(iii)在战时或国际关系中的其他紧急情况下采取的行动;或

(c)阻止任何缔约方为履行其在《联合国宪章》项下的维护国际和平与安全的义务而采取的行动。[18]

(d)衍生这些物质的物质有关的行动。"

二、专家组报告对程序问题的分析

(一)管辖权争议

1. 俄罗斯的观点

俄罗斯认为WTO专家组对本案没有管辖权。GATT第21条(b)款保留了每个成员国以其认为必要的方式对战争和其他国际关系紧急情况(emergencies in international relations)作出反应的"权利",对第21条(b)款的任何其他解释均将"导致干涉主权国家的内政和外交"。因此,成员国仅需要声明其所采取的措施是,其认为在战时或其他国际关系紧急情况期间,为保护其基本国家安全利益所必要的行动即可。俄罗斯认为该条款为成员国的自主裁决(sole discretion)条款,所涉关系超出贸易与经济,WTO专家组不具有管辖权。[19]

2. 乌克兰的观点

乌克兰认为WTO专家组对本案具有管辖权,具体观点如下。

(1)专家组有权审查:乌克兰认为依据《关于争端解决规则与程序的谅解》(Understanding on Rules and Procedures Governing the Settlement of Disputes,DSU)第7条专家组的职权范围及第11条一般审查标准的规定,专家

---

〔18〕《乌拉圭回合多边贸易谈判结果:法律文本 中国加入世界贸易组织法律文件》,人民出版社2002年版,第344页。GATT, Article XXI, WTO, https://www.wto.org/english/docs_e/legal_e/gatt47_02_e.htm#articleXXI。

〔19〕Russia – Measures Concerning Traffic in Transit,专家组报告,世贸组织文件第WT/DS512/R号,2019年4月5日通过,第7.29–7.30段。

组有权对乌克兰或俄罗斯援引的所涉协定的每项条款进行审查并提出建议，作出结论。乌克兰指出，如果 GATT 第 21 条不具可审判性(non - justiciable)，这将意味着在一个涉及此类措施的争端中，援引国将会通过该类措施的合理性直接决定争端的结果，进而架空专家组的权利。援引国这种单边决策将违反 DSU 第 23.1 条的规定。[20]

(2)专家组应该客观审查：俄罗斯未能根据 GATT 第 21 条(b)款(iii)项规定履行举证责任，俄罗斯采取的措施是否符合 GATT 第 21 条(b)款(iii)项中"在战时或其他国际关系紧急情况期间"规定，应该由专家组进行客观判断。

(3)GATT 第 21 条(b)款不是"完全自由裁量"(total discretion)条款：乌克兰认可 GATT 第 21 条(b)款的授权，但否认成员方对该条款的"完全自主裁量"。专家组客观评估的内容应包括：审查援引国是否诚实信用(good faith)地援引该条款。[21]

(4)专家组应根据国际公法解释的习惯规则来解释"为了保护其基本安全利益"和"其认为有必要"等短语。具言之，乌克兰认为专家组应确定：一是被申请方的主张是否可以被合理地认定为"基本安全利益"；二是被申请方所采取的措施与"基本安全利益"之间是否具有合理的联系；三是若前述成立，则应进行必要性审查，即被申请方采取的措施对于保护"基本安全利益"是否为必要的。[22]

(二)专家组的观点及结论

专家组认为，《1994 年关税与贸易总协定》在 DSU 第 1.1 条规定的适用范围内，且 DSU(直接用的)附录 2 未提及关于援引 GATT 第 21 条的争端的任何特别或附加程序规则，因而专家组具有管辖权。[23]

由于俄罗斯的论点基于将 GATT 第 21 条(b)款(iii)项解释为"自主裁决"条款，基于该解释，俄罗斯符合该条款的援引条件。因此，专家组对俄罗

〔20〕 同前注，第 7.31 段。
〔21〕 同前注，第 7.33 段。
〔22〕 同前注，第 7.34 段。
〔23〕 同前注，第 7.54 - 7.56 段。

斯的管辖权抗辩,应首先对 GATT 第 21 条(b)款(iii)项进行解释,以确定援引国是否有排他性权利,判断其是否满足援引该条款的条件,或专家组是否保留审查与任何这些要求有关的此类决定的权力。[24]

根据专家组对于条款的解释,专家组有权审查俄罗斯所采取的措施是否满足各项列举的要求,GATT 第 21 条(b)款(iii)项不是俄罗斯宣称的完全"自主裁决"(self - judging)条款。[25] 俄罗斯援引 GATT 第 21 条(b)款(iii)项是在 GATT 第 23 条的专家组的职权范围内,因此专家组认为其对于本案具有管辖权。[26]

三、专家组报告对实体性法律问题的分析

(一)对 GATT 第 21 条(b)款的分析

1. GATT 第 21 条(b)款的评价标准

(1)GATT 第 21 条(b)款(i)、(ii)项均为客观决定的范畴

在判断 GATT 第 21 条(b)款是否为纯粹主观的自由裁量(purely subjective discretionary determination)条款时,专家组重点考察了 GATT 第 21 条(b)款(iii)项,[27] 由于 GATT 第 21 条(b)款下三项列举性质不同,因而三项之间是替换(alternative)而不是累积的关系,[28] 即只要满足其中一项,即可落入 GATT 第 21 条(b)款的适用范围。解释 GATT 第 21 条(b)款(iii)项时,专家组认为该项内容应客观决定。专家组首先对 GATT 第 21 条(b)款(i)、(ii)项进行分析,认为(i)、(ii)项中的"关于"(relating to)一词,应解释为要求成员采取的措施与该措施指向的目标之间存在"密切和真实的目的和手段关系",而这是一种决定于客观情况的客观关系。[29]

---

〔24〕 同前注,第 7.57 - 7.58 段。
〔25〕 同前注,第 7.102 段。
〔26〕 同前注,第 7.104 段。
〔27〕 同前注,第 7.66 段。
〔28〕 同前注,第 7.64 - 7.68 段。
〔29〕 同前注,第 7.69 段。

(2)GATT 第 21 条(b)款(iii)项中的“采取的时间”(taken in time of)符合客观决定

专家组进一步指出 GATT 第 21 条(b)款(iii)项中的“采取的时间”(taken in time of)一语描述了该项中的行动与战争或其他国际关系紧急情况之间的联系。专家组认为,这项要求行动必须在战争或其他国际关系紧急情况期间(during)进行,这种按时间顺序排列的一致性也是一个客观事实,符合客观决定。[30]

(3)“国际关系紧急情况”(emergency in international relations)属于客观状态

“国际关系紧急情况”没有 GATT 第 21 条(b)款(i)、(ii)、(iii)项中的“战争”一词范围明确,但是显然“国际关系紧急情况”只能结合其他各项的上下文理解为属于可客观决定的同一类客观事实。[31] 专家组认为 GATT 第 21 条(b)款(iii)项用“或者”(or)与“其他”(other)作连词,说明“战争”的内涵较“国际关系紧急情况”更为广泛。[32] 同时专家组结合 GATT 第 21 条(b)款上下文,对于“国际关系紧急情况”进行分析后认为,第 21 条(b)款所列举的利益,就像第(iii)项中的战争所产生的利益一样,都是国防和军事利益及维护法律和公共秩序的利益。易言之,“国际关系紧急情况”必须被理解为与 GATT 第 21 条(b)款所列举的其他事项所产生的利益为相同类型的利益。[33] 这就意味着,即使是紧急或严峻的政治、经济冲突只要未涉及“国防、军事利益或维护法律和公共秩序”,那么它们也不是 GATT 第 21 条(b)款(iii)项含义内的“国际关系紧急情况”利益。[34]

2. GATT 1947 第 21 条的谈判历史

(1)条款的由来

为支持以上结论,专家组回顾了《1947 年关税与贸易总协定》第 21 条的谈判历史。

---

〔30〕 同前注,第 7.69 段。
〔31〕 同前注,第 7.70 – 7.71 段。
〔32〕 同前注,第 7.72 段。
〔33〕 同前注,第 7.74 段。
〔34〕 同前注,第 7.75 段。

美国最初在1946年9月提交给筹备委员会的一份草案中提议,列入一个单一的一般例外条款,适用于《国际贸易组织宪章》(ITO Charter)的一般商业政策章节。[35] 1947年2月在纽约谈判会议上准备的《国际贸易组织宪章》草案(《纽约草案》)在关于一般商业政策的一章中,也同样包含了一个单一的一般例外条款。[36] 1947年5月,在日内瓦举行的第三次谈判会议上美国首次建议将该条款中出现的安全例外条款移至《国际贸易组织宪章》的末尾,使其成为整个宪章的一般例外,而不仅仅是作为一般商业政策章节的例外。[37]

根据范德维德(Vandevelde)对美国代表团谈判《国际贸易组织宪章》的内部文件的研究,美国代表团在审议了国际贸易组织成员是否应该通过单方面援引其基本安全利益来有效地避免任何宪章义务,或者安全例外的任何内容是否应该接受本组织的审查之后,得出了这个建议的措辞。美国代表团内部就该建议产生了两种分歧的观点:第一种观点认为可以通过赋予每个成员方独立解释例外条款的权利,继而维护美国在其安全利益方面的行动自由;第二种观点认为该种单边行动可能会被某些国家滥用,破坏整个宪章的效力。[38] 后第二种观点占了上风,安全例外条款成为《国际贸易组织宪章》的例外条款,认为成员方在确定基本安全利益以及采取的措施的必要性时具有一定限度的自由。[39]

(2)安全例外条款的限度

美国代表强调了安全例外条款草案的重要性,它将允许国际贸易组织成员出于安全原因采取措施,但不能作为对国际贸易的变相限制:"我认为这里必须为安全措施留有一些余地。这实际上是一个平衡的问题。我们必须有一些例外。我们不能将其限制得太紧,因为我们不能禁止纯粹出于安全原因而需要的措施。另外,我们也不能使其过于宽泛,以至于在安全的伪装之下,各国将实施真正具有商业目的的措施,我们对此进行了大量的思考,这是我们为

---

〔35〕 同前注,第7.85段。
〔36〕 同前注,第7.86段。
〔37〕 同前注,第7.87段。
〔38〕 同前注,第7.89段。
〔39〕 同前注,第7.89段。

保持这种适当的平衡所能提供的最好结果”。[40]

(3)结论

专家组认为,上述谈判历史表明:

①《1947年关税与贸易总协定》第20条与第21条被认定为不同性质的条款。

②安全例外所达到的“平衡”(balance)是成员方有“一定限度”(some latitude)的自由来确定基本安全利益的内涵,以及采取行动保护这些利益的必要性,后通过限制可能的例外情况,来减少例外的滥用。

③鉴于这种平衡,安全例外仍将受《联合国宪章》其他有关磋商及争端解决条款的约束。[41]

3. 结论

基于上述,谈判历史证实了专家组的结论:

GATT第21条(b)款要求对援引国是否满足该条列举的要求进行客观评价,援引国没有主观判断的权利,即将GATT第21条(b)款(iii)项视为保护被质疑的措施不受任何监督的免责条款(incantation),是没有依据的。[42]

(二)对“国际关系紧急情况”的分析

专家组结合上述俄乌形势,对于俄罗斯采取的措施是否基于GATT第21条(b)款(iii)项中的“国际关系紧急情况”(emergency in international relations)进行分析后,认为:

1. 自2014年以来乌克兰和俄罗斯之间的关系构成了GATT第21条(b)款(iii)项意义上的国际关系紧急情况。[43]

2. 每项有争议的措施都是在GATT第21条(b)款(iii)项所指的国际关系紧急情况下采取的。

---

〔40〕 同前注,第7.93段。Second Session of the Preparatory Committee of the United Nations Conference on Trade and Employment, Verbatim Report, Thirty – Third Meeting of Commission a Held on Thursday, 24 July 1947, E/PC/T/A/PV/33, p. 21.

〔41〕 同前注,第7.98段。

〔42〕 同前注,第7.100段。

〔43〕 同前注,第7.123段。

(三)对“其认为”的分析

1. 条约原文

GATT 第 21 条序言及(b)款原文:

第 21 条:本协定中的任何规定不可被解释为

(b)阻止任何缔约方采取其认为对保护其基本担保权益所必需的任何行动:

(i)与裂变和聚变物质或衍生这些物质的物质有关的行动;

(ii)与武器、弹药和作战物资的贸易有关的行动,及与此类贸易所运输的直接或间接供应军事机关的其他货物或物资有关的行动;

(iii)在战时或国际关系中的其他紧急情况下采取的行动……[44]

2. 条约解释

结合前文分析,专家组认为对于“其认为”(which it considers)有三种解释,分别为:

(1)该词组仅限定成员国保护“基本安全利益”措施的“必要性”;

(2)确定“基本安全利益”之内涵;

(3)对 GATT 第 21 条(b)款下三项之内容进行确定。[45]

3. 专家组的分析及观点

(1)专家组首先否认了第三种可能的解释,专家组认为该表述并不扩大适用于解释 GATT 第 21 条(b)款的每一项,相反,要使采取的行动属于第 21 条(b)款之范围,则必须客观识别其是否符合该条款下列举的某一项要求。[46]

(2)对于观点一和观点二的分析。专家组认为,“其认为”这个形容词短语是否既确定“基本安全利益”,又能确定“必要性”;还是仅确定“必要性”?[47]为了回答这个问题,专家组对于“基本安全利益”进行了探析。

---

〔44〕《乌拉圭回合多边贸易谈判结果:法律文本 中国加入世界贸易组织法律文件》,人民出版社 2002 年版,第 344 页。官方文本见:WTO, The General Agreement on Tariffs and Trade (GATT 1947), https://www.wto.org/english/docs_e/legal_e/gatt47_02_e.htm#articleXXI。

〔45〕 Russia – Measures Concerning Traffic in Transit,专家组报告,世贸组织文件第 WT/DS512/R 号,2019 年 4 月 5 日通过,第 7.63 段。

〔46〕 同前注,第 7.101 段。

〔47〕 同前注,第 7.128 段。

① “基本安全利益”的内涵与适用标准。

专家组认为“基本安全利益”的内涵窄于“安全利益”，通常可以理解为与国家基本职能相关的含义，即保护其领土和人民免受外部威胁以及对内维护法律和公共秩序。[48] 但这并不意味着一个国家可以随意将任何关切均上升为“基本安全利益”，相反，当一个国家将特定的利益解释为“基本安全利益”的裁量权(discretion)时，将会受到诚信(Good faith)解释和适用GATT第21条(b)款(iii)项的义务的限制。[49] 专家组指出，诚信义务是一项一般法律原则和一般国际法原则，是所有条约的基础，如《维也纳条约法公约》第31条诚信解释、第26条诚信履行等。[50] 诚信义务要求成员国不得利用GATT第21条的例外情况作为规避GATT赋予其的义务。[51]

此外，专家组认为诚信义务不仅适用于成员国对基本安全利益的定义，同时也适用于该利益与采取措施之间的关系，即诚信义务具体化为GATT第21条(b)款(iii)项下所涉措施与其保护的基本安全利益之间最低合理性的要求。[52]

② “基本安全利益”的举证责任。

本案中，专家组就“基本安全利益”的举证责任做出简单的归纳，专家组认为，提出请求的成员国有责任证明源于国际关系紧急情况的基本安全利益，以证其真实性。[53] 同时，当成员国援引的“国际关系紧急情况”的特征较少，即非涉及国防军事利益或法律和公共秩序崩溃的情况时，援引国需负担更重的举证责任以阐明基本安全利益。[54]

(四)案件结论

1. 专家组认为俄罗斯满足GATT序言中的要求；

2. 俄罗斯满足援引GATT第21条(b)款(iii)项所涉措施相关的要求，因

---

〔48〕 同前注，第7.130段。
〔49〕 同前注，第7.132段。
〔50〕 同前注，第7.132段。
〔51〕 同前注，第7.133段。
〔52〕 同前注，第7.138段。
〔53〕 同前注，第7.134段。
〔54〕 同前注，第7.135段。

此俄罗斯采取的措施适用于 GATT 第 21 条(b)款(iii)项。

四、案件总结与评析

(一)案件总结

本案作为 WTO 解释 GATT 第 21 条安全例外条款第一案,专家组解读 GATT 第 21 条(b)款(iii)项的主要观点如下:

1. GATT 第 21 条不是由援引国完全自主裁决的条款。

2. "其认为"既修饰"基本安全利益",也修饰"必要"(necessary),即成员方对"基本安全利益"及采取的措施与基本安全利益之间的必要性有自主裁决的权利,但此二者均受诚实信用原则的限制。

3. "国际关系中的紧急情况"属客观决定的范畴。其所产生的利益为"国防、军事利益或维护法律和公共秩序"利益,单纯的紧急或严峻的政治、经济冲突不在此列。

(二)案件评析

1. 诚信原则的内涵与外延

"Good faith",译作"诚实信用"或"善意",该用语为国际条约中的常用语,本文均译作"诚信"。关于该用语的中文含义,不同的学者有不同的看法。本案专家组在分析"基本安全利益"时,肯定当事国具有一定程度的自由界定基本安全利益的内容,同时指出这并不意味着成员国可以自由地将任何利益提升为"基本安全利益";相反,专家组认为,成员国将特定利益上升为"基本安全利益"时,应受诚信(Good faith)解释和适用 GATT 第 21 条(b)款(iii)项义务的限制。专家组认为,诚信义务是《维也纳条约法公约》第 31 条(1)款(诚信解释条约)以及第 26 条(诚信履行)规定的一项法律原则和一般国家原则,是所有条约的基础。[55] 因而有学者认为,"实在法学的逻辑是,哪里有国家哪里就有国际社会,哪里有国际社会哪里就有国际合作,哪里有国际合作哪

---

〔55〕 同前注,第 7.132 段。

里就有合作的承诺,哪里有合作的承诺哪里就有国际义务的承诺和必须信守承诺。缩写为《奥本海国际法》的名言就是:'哪里有社会,哪里就有法律'"。[56]

(1)一些不同的观点

《维也纳条约法公约》第 26 条与第 31 条(1)款中的"Good faith"在中文语境下应作何理解?除该公约外,其他公约如《联合国宪章》也使用"Good faith"一词,其含义是否与《维也纳条约法公约》中的"Good faith"具有相同含义?"诚信"与"善意"在中文语境下的含义显然不同。

A. 诚信原则与条约必须信守原则

王铁崖教授将"Good faith"译为"善意",认为"'各会员国应一秉善意,履行其依本宪章所负之义务,以保证全体会员国由加入本组织而发生之权益。'这项规定所提出的'一秉善意'(in good faith)是指'约定必须遵守'(pacta sunt servanda)原则,被认为是'对于国家的行为的规范性原则'"。[57] 王铁崖教授将该词翻为善意的同时,认为其内涵具体为"约定必须信守"原则。在国际法上,诚信原则(Good faith)常与约定必须信守原则结合适用。约定必须信守原则(或作"条约必须信守")是国际法的基本原则之一,凯尔森认为"条约必须信守"是国际法的基础规范。[58] 该原则被写入《维也纳条约法公约》第 26 条,但是其效力超出了条约义务,具有一般国际法的约束力,既被承认为习惯国际法,又被承认为一项一般法律原则。

诚信原则与条约必须信守原则之间具有密切的联系,但同时也有一定的区别。有学者认为,与诚信原则密切相关的条约必须信守原则来自各条约缔约方的同意,使义务具有合法化的效果,但是条约必须信守原则具有客观地位,正如劳特派特(Lauterpacht)所言,"条约必须信守作为一个客观的原则独

---

〔56〕 李鸣:《国际法的性质及作用:批判国际法学的反思》,载《中外法学》2020 年第 3 期,第 807 页。

〔57〕 王铁崖:《国际法引论》,北京大学出版社 1998 年版,第 219 页。

〔58〕 Hans Kelsen, *Principles of International Law*, Holt, Rinehart and Winston, 1966, p. 28.

立于国家意志”,[59]即该学者认为诚信原则的内涵相对主观,但是条约必须信守原则的内涵相对客观。关于这两项原则的具体内容,该学者引用了“加布奇科沃—大毛罗斯案”(Gabčíkovo – Nagymaros project)及相关案例中审判方的观点。Gabčíkovo – Nagymaros 案件的仲裁庭在分析《维也纳条约法公约》第 26 条时,分析了条约必须信守、诚信原则和条约解释规则之间的关系。仲裁庭认为:正如 1969 年《维也纳条约法公约》第 26 条所反映的那样,该案中条约必须信守要求缔约方在条约的合作范围内找到商定的解决方法。1969 年《维也纳条约法公约》第 26 条结合了两个要素(“条约必须信守”与“诚信原则”),这两个要素同样重要。法院认为,后一要素(Good faith)意味着,在该案中,条约的宗旨和缔约方缔结条约的意图应优先于条约的字面含义适用。诚信原则使缔约方有义务以合理的方式适用并致力于实现其目的,[60]与实践相关的条约必须信守规则的两个要素是:一是国际法律义务的约束性;二是诚信履行条约义务。为了实现第二个要素,条约必须按照《维也纳条约法公约》第 31 至 33 条中的规则进行解释。[61] 因此,在稳定与变化之间的平衡中,条约必须信守原则维护了条约的有效性,而条约必须信守与诚信的联系,同时应考虑缔约方的精神和意图。[62]

易言之,第一,诚信原则和条约必须信守的关系在于,条约必须信守作为一个无可争论的国际法规则,该规则不仅仅是诚信原则的一个表达,还表示守信。[63] 条约必须信守作为客观原则要求缔约方在条约规定的范围之内寻找

---

〔59〕 Binder, Christina and Hofbauer, Jane, The Pacta Sunt Servanda Principle or the Limits of Interpretation – The Gabčíkovo – Nagymaros Case Revisited (May 6, 2019). S Forlati, M Mbengue & B McGarry, (eds.), The Gabčíkovo – Nagymaros Judgment and its Contribution to the Development of International Law (Brill, Forthcoming), Available at SSRN: https://ssrn.com/abstract=3465101. p.2–3.

〔60〕 Gabčíkovo – Nagymaros, 国际法院判决, ICJ Report, 1997 年 9 月 25 日, 第 142 段。

〔61〕 Binder, Christina & Hofbauer, Jane, The Pacta Sunt Servanda Principle or the Limits of Interpretation – The Gabčíkovo – Nagymaros Case Revisited, May 6, 2019. S Forlati, M Mbengue & B McGarry, (eds.), The Gabčíkovo – Nagymaros Judgment and its Contribution to the Development of International Law (Brill, Forthcoming), Available at SSRN: https://ssrn.com/abstract=3465101. p.5.

〔62〕 Binder, Christina & Hofbauer, Jane, The Pacta Sunt Servanda Principle or the Limits of Interpretation – The Gabčíkovo – Nagymaros Case Revisited, May 6, 2019, p.14.

〔63〕 郑斌:《国际法院与法庭适用的一般法律原则》,韩秀丽、蔡从燕译,法律出版社 2012 年版,第 116 页。

解决问题的方法,条约的约定范围需客观确定。第二,诚信原则要求缔约方依据《维也纳条约法公约》第26条规定诚信履行条约义务,如何诚信履行,则需要通过条约解释的规则,即《维也纳条约法公约》第31—33条来确定。第三,诚信原则要求解释时条约的宗旨以及缔结条约的意图应优先于条约的字面含义适用,且要求缔约方为其目的合理适用。诚信原则相对主观、抽象,需要结合具体的行为去分析行为者的行为是否达到诚信的标准,因此诚信原则与条约必须信守之间的关系使此二者常常同时出现并适用。此外,王铁崖教授认为,诚信原则可以扩大适用于国家所承担的一切义务,换言之,国家对于其所承担的一切义务都必须善意履行。因此,"善意"原则不是特殊原则,而是一般原则,在国际法上占有重要地位。[64]

B. 诚信原则与"善意"

"Good faith"应如何翻译? 学界有不同的看法。有学者在诠释《维也纳条约法公约》第31条第1款时,认为该词作"善意"理解。[65] 具体而言,该学者引用加德纳的观点,认为《维也纳条约法公约》第31条第1款包括5个关键词,分别为"条约"、"善意"、"通常含义"、"上下文"以及"目的及宗旨";其中,对"善意"的诠释包含了与"善意"有关的历史与准备工作、"善意"的通常含义、上下文中的"善意"兼顾条约的目的及宗旨等;并结合条约解释的实践讨论了"善意"的合理含义,而对于解释的限制,则要求条约要素的平衡以及与有效原则的关系。[66] 此外,该学者结合"国际法院的1966年的评注(12)认为通则(《维也纳条约法公约》第31条)第1款包含了3条不同的原则,其中第一项原则是从有约必践规则直接引申而出的善意解释",该学者认为按照国际法院的说明,约文解释就是以解释者的善意去理解缔约者的善意。善意解释不是孤立的原则,而存在于约文解释之中。[67]

与上述观点不同,另有学者认为,《维也纳条约法公约》第31条第1款中"诚信予以解释"一语,"诚信"(拉丁文为Bona fides)是指法律规范上的诚信,而不是道德含义。该观点认为"在该款中'诚信'是作为一种法律义务而

---

〔64〕 王铁崖:《国际法引论》,北京大学出版社1998年版,第219页。

〔65〕 张乃根:《条约解释的国际法》(上),上海人民出版社2019年版,第369-439页。

〔66〕 同前注,第369页。

〔67〕 同前注,第370页。

写进的,应该按法律规则予以遵守……诚信始于作为一种道德规范,但是远在欧洲罗马法时期已凝结成为一种法律规则。一旦转化为法律概念,诚信在一定程序上脱离道德规范所要求的主观动机意识,而确立起一定的客观标准”〔68〕。此外,上述观点认为,除了明文规定,“诚信原则常是以暗示的方式在条款中表达的,即‘一些直接或明显的涉及诚实、公平、合理的法律规则都是由它派生出来的’”。统而言之,此种观点认为诚信原则主要指合理地作出解释,不许欺诈,不许别有用心;而“合理的”(reasonably)含义比较抽象而广泛,要视具体情况作出判断。〔69〕

总结上述观点,可以看出第一种观点将“Good faith”译为“善意”,且认为该原则由“有约必践规则”直接引申而来,由“解释者的善意去理解缔约者的善意”。该理解直接涉及以下问题:何为“解释者的善意”?何为“缔约者的善意”?如何基于此二者理解“善意”本身?这些问题十分复杂,或可在未来的国际司法实践中逐渐找到答案。第二种观点将“Good faith”译为“诚信”,同时认为此处“诚信”始于一种道德规范,后演进成为具有客观标准的法律规范,且衍生出诚实、公平、合理等法律规则,揭示了诚信原则从普遍的道德规范向法律规范演进的路径。简言之,结合中文语境,不难发现“善意”更倾向于一种道德标准,而“诚信”则更倾向于一种法律标准。早在一百多年前,罗素勋爵(Lord Russell)即指出,“逐渐的法律不再具有权力者命令的特点,而越来越多地基于习惯法和社会认同。如同萨维尼所说,所有的法律都是形成于惯例和普遍的诚信,然后通过立法完成,并总是先由内部实际运作的权力默认,而并非主要由立法者武断提出。我认为列国同意在其相互关系中遵行的一套规则就是国际法”。〔70〕

---

〔68〕 赵维田、刘敬东编著:《WTO:解释条约的习惯规则》,湖南科学技术出版社2006年版,第18页。

〔69〕 同前注,第19页。

〔70〕 J. Lord Russell of Killowen, *International Law*, The Law Quarterly Review, Vol. 12, p. 311 - 313 (1896).

民法上称“诚实信用原则”为帝王条款[71],对应的也为“Good faith”,因而第二种观点与译法更趋于法律体系的一致性,且从规范演进的视角解释了该规则的应然内涵。第二种观点认为应该从案件具体的情况,判断何为“合理”,进而判断何为“诚信”。其实从每个案例本身的不同情况考量,个案判断的方式并不意味着完全背离客观判断,客观与主观的评价仅为评价的不同标准,个案的判断可能是主观,也可能是客观的。

C. 诚者,诚也

“信不足焉,有不信焉。”[72]王贵国教授在政策导向学(Policy－oriented Jurisprudence,又称政策定向学、纽黑文学派)[73]的基础上结合中华传统文化中蕴含的哲学原理,认为国际法反映了人类共同追求的价值,合作与诚信是国际秩序的基础。[74]

王贵国教授在其《全球治理与规则导向“一带一路”的原则和方向》一文中指出,“善意”系由英文的“Good faith”翻译而来,其亦可译为诚实信用。“善意履行”就是指履行条约要遵守诚实信用原则,易言之,任何国家均不得以国内法为借口拒不履行条约义务。WTO上诉机构在“美国虾和虾产品案”

---

[71] 民法上对诚信原则(bona fide)的讨论也很丰富,有学者认为“诚信原则起源于罗马法,诚信原则在大陆法系的确立,反映了衡平观念和道德向法律的渗透,完全可以说,诚信原则是法律化的道德……就诚信原则的宗旨而言,他们都认为是为了维护某种秩序,这种秩序或体现为一定的利益平衡,或体现为一定道德基础的可供依赖。就内涵而言,诚信原则是以公平为内容的规则;就外延而言,诚信原则具有不确定性,可补救具体规定的不敷使用。就诚信原则与司法活动的关系而言,诚信原则意味着承认法官的创造性司法活动,允许法官在法无明文时依据公平的一般原则进行裁判。”(徐国栋:《诚实信用原则的概念及其历史沿革》,载《法学研究》1989年第4期,第54－59页。)后该学者将诚信分解为客观诚信与主观诚信,二者统一于一般诚信。公平只是法律的一种价值取向,而诚信是一整套制度安排,同时,它也服务于公平的目的。(徐国栋:《诚实信用原则二题》,载《法学研究》2002年第4期,第74－77页。)

[72] 老子:《道德经》,陈阳、张晓华译,海潮出版社2010年版,第80页。

[73] 王贵国教授师从政策导向学代表人物W. Michael Reisman教授。有学者认为政策导向学与批判法学相同,讲的都是斗争的国际法,而实在法学是讲合作的国际法,王贵国教授结合中华传统文化中的哲学原理修订了以上观点。Wolfgang Friedmann, *The Changing Structure of International Law*, Stevenand Sons, 1964;王贵国:《中华传统文化视角下的国际经济法》,法律出版社2022年版。

[74] 相关论点参见王贵国教授的系列著作、论文:Guiguo Wang, *International Investment Law: A Chinese Perspective*, Routledge, 2015;王贵国:《中华传统文化视角下的国际经济法》,法律出版社2022年版;王贵国:《“一带一路”争端解决制度研究》,载《中国法学》2017年第6期;王贵国:《全球治理与规则导向“一带一路”的原则和方向》,载《经贸法律评论》2019年第5期;王贵国:《百年变局下之国际法治——中华传统文化的视角》,载《中国法律评论》2022年第1期等。

中亦指出,诚实信用原则系国际法的一般原则,依据该原则所有国家均应诚实地履行条约义务,均不可滥用权利或因主张某项权利而违背条约的规定。国际投资仲裁庭历来视诚实信用为规范当事方关系的至高无上的原则。[75] 后王贵国教授在《百年变局下之国际法治——中华传统文化的视角》一文中指出,“善意”指的就是诚实信用,“善意履行”就是指各国应依诚实信用原则履行条约,不得以国内法或其他理由为借口规避条约义务或滥用权利;“善意”系由英文的“Good faith”翻译而来,属于早期的译法,近代人多将“Good faith”译为诚实信用,似更合乎英文原意。[76] 王贵国教授认为诚实信用原则亦来自内国法,系所有国家法律制度的核心价值。国际法上的诚实信用原则经常与条约必须信守原则结合适用;关于诚信原则的国际法地位,王贵国教授的观点则与王铁崖教授一致。[77]

除此之外,李浩培教授虽将该词汇译作“善意”,但同时指出:“就三十一条所规定的善意原则来说,这个原则从真蒂利斯创始,其后的著名国际法学者如格劳秀斯、瓦特尔等都予以明确支持……的确,既然条约必须善意履行,当然亦需善意予以解释。所谓以善意解释,无非是从诚实信用的立场进行解释。”[78] 周鲠生教授将该词译为“信义”[79],则更接近“诚信”的含义。

综上所述,显然在国际法的语境之下,“Good faith”既可译作“善意”,也可以译作“诚实信用”。该原则由国际法之父真蒂利斯创始于 17 世纪,当时欧洲正处于文艺复兴和 18 世纪启蒙运动这两个伟大思想文化运动之间。混乱与秩序,革命与战争,结合当时的欧洲社会对于秩序的渴望表现为对国家间制定与遵守规则的渴求,此时诞生的“Good faith”应更贴近中文语境下的“诚信”原则;此外,从相关学者及案例的分析来看,译为“诚信”“诚实信用”可能更具法律上的约束力,也更贴近“Good faith”的原意,“善意”则更贴近道德上的义务。然而,法律不是道德,国际法亦不是道德,道德也不是国际法存在的

---

〔75〕 王贵国:《全球治理与规则导向“一带一路”的原则和方向》,载《经贸法律评论》2019 年第 5 期,第 11 页。

〔76〕 王贵国:《百年变局下之国际法治——中华传统文化的视角》,载《中国法律评论》2022 年第 1 期,第 18 页。

〔77〕 同前注,第 18 – 19 页。

〔78〕 李浩培:《条约法概论》,法律出版社 1987 年版,第 431 页。

〔79〕 周鲠生:《国际法》(下册),武汉大学出版社 2007 年版,第 557 页。

基础,[80]因而郑斌教授也认可“诚信”的翻译,认为“即使条约法的确不是建立在诚信原则基础之上,它与诚信原则也是息息相关的。因为从条约的缔结到条约的终止,诚信原则始终支配着条约”[81]。

(2)小结

诚信原则作为国际法中的一项一般法律原则似乎已成为共识,如在凤凰案(Phoenix Action, Ltd. v. The Czech Republic)中,专家组认为诚信原则长期以来在国际公法及所有国家法律制度中均得到承认。该原则要求当事方“诚实和公平地对待彼此,真实地表达其动机和目的,并避免利用不公平的优势……”,这项原则适用于国家间关系,但也适用于那些寻求根据条约提出国际要求的人的法律关系。任何人都不应滥用条约赋予的权利,更普遍地说,每项法律规则都包含一项默示条款,即不应滥用该权利。正如劳特派特(Hersch Lauterpacht)对此的说明:任何权利,不论其如何确立,在某些情况下都不能以其被滥用为由拒绝承认。[82] 也就是说,诚信原则对于国际法主体的行为提出了一个最低限度的要求,不论是在国际交往、行使权利还是在承担义务时,在解释条约时即使未明确规定,国际法主体也应该遵守一个默示的规定:诚信适用、解释条约所约定的内容,不滥用条约赋予的权利。此外,在法兰克福机场案(Fraport AG Frankfurt Airport Services Worldwide v. Republic of the Philippines)中,仲裁员贝尔纳多(Bernardo M. Cremades)提出反对意见,指出“法律滥用的缩影就是法律的不一致性或任意性。如果规则的适用主体、时间、裁量主体、执行方式等具有任意性,则为法律一致性之违背。在仲裁协议订立的过程中,诚信或禁止反言原则旨在防止国家采取与国内法或与投资者的约定不一致的法律立场”[83]。从国际司法实践中可以看出,诚信原则对于国际法主体提出了具体的要求,国际法的一致性具体体现为对于规则适用主体、适用时间、裁量、执行等方面的要求。

---

〔80〕[英]哈特:《法律的概念》,许家馨、李冠宜译,法律出版社2020年版,第294-299页。

〔81〕郑斌:《国际法院与法庭适用的一般法律原则》,韩秀丽、蔡从燕译,法律出版社2012年版,第109页。

〔82〕Phoenix Action, Ltd. v. The Czech Republic, ICSID Case No. ARB/06/5, 裁决,2009年4月15日,第107段。

〔83〕Fraport AG Frankfurt Airport Services Worldwide v. Republic of the Philippines, ICSID Case No. ARB/03/25, Dissenting Opinion of Mr. Bernardo M. Cremades,2007年8月16日,第30段。

简言之,诚信原则作为一项一般国际法,同时也作为一项习惯国际法,是各国际法主体行为的准则,无论其是否明示。本案专家组认为,成员国在对"基本安全利益"及采取措施的必要性进行自主性裁决(self – judging)时,应以诚信义务为基本边界,即诚信义务具体化为 GATT 第 21 条(b)款(iii)项下所涉措施与其保护的基本安全利益之间最低合理性的要求。[84] 诚信原则作为一项客观的标准,要求国际法主体合理适用以实现条约目的,而何为合理?则需要结合具体案例,进行逐案(case by case)分析。

2. 安全例外条款中成员国自主裁量的边界

一般安全例外与安全例外是国际经贸往来中平衡国家主权与贸易自由可能出现的冲突。因而有学者认为本案裁决最重要的意义在于"否定了之前关于主权国家对安全例外拥有完全自主裁判权的认识"[85]。

(1)本案不同国家的观点

成员国援引安全例外条款是否有自主裁量权?GATT 第 21 条(b)款中"it considers"(其认为)应如何理解?本案专家组就以上问题参考了第三方的意见,包括中国、美国、新加坡等 10 个国家。以上 10 个国家的观点可以概括为以下三种。

①GATT 第 21 条(b)款为主观裁量条款

第一种观点认为 GATT 第 21 条(b)款本身赋予了成员国以自主裁量的权利。支持此观点的如澳大利亚、土耳其。

澳大利亚认为,GATT 第 21 条(b)款第一部分中"它认为必要的"措辞表明,由一个成员决定其基本安全利益和它认为保护这些利益所必需的行动……相反,在根据 GATT 第 21 条(b)款审查某项行动的"必要性"时,专家组仅限于确定成员是否事实上认为该行动是必要的。[86]

土耳其关于 GATT 第 21 条(b)款属于成员国主观判断条款的意见与新

[84] Russia – Measures Concerning Traffic in Transit,专家组报告,世贸组织文件第 WT/DS512/R 号,2019 年 4 月 5 日通过,第 7.138 段。

[85] 徐程锦:《WTO 安全例外法律解释、影响与规则改革评析——对"乌克兰诉俄罗斯与转运有关的措施"(DS512)案专家组报告的解读》,载《信息安全与通信保密》2019 年第 7 期,第 45 页。

[86] Russia – Measures Concerning Traffic in Transit,专家组报告,世贸组织文件第 WT/DS512/R 号,2019 年 4 月 5 日通过,第 7.36 段。

加坡基本一致,认为成员国应有较大的自主裁量权利(large margin of discretion),同时应该参考 GATT 第 20 条一般例外条款,但土耳其认为这种自由裁量权并不是没有限制的。土耳其认为“基本安全利益”中的“基本”一词有意划定界限防止条款滥用。[87]

②GATT 第 21 条(b)款为主观裁量条款,但应该有客观限制

第二种观点认为 GATT 第 21 条(b)款赋予成员国以主观判断的权利但应有一定的限制。支持此观点的如巴西、加拿大、中国、欧盟、日本、新加坡、摩尔瓦多。其中加拿大、中国、欧盟、新加坡四个成员提交的意见认为,成员主观裁量应遵守诚信原则。以上成员的具体意见如下:

中国认为,专家组应谨慎评估俄罗斯对 GATT 第 21 条的援引,以实现防止滥用第 21 条和逃避 WTO 义务之间的微妙平衡,同时不损害成员国保护其基本安全利益的权利,及成员国对其安全利益的“自主裁量”权。此外,中国认为成员国在援引 GATT 第 21 条(b)款时应遵守的《维也纳条约法公约》第 26 条所体现的诚信原则。[88]

巴西则认为,GATT 第 21 条是一项积极辩护条款。巴西对 GATT 第 21 条(b)款的解释是,该条既有“主观”判断的部分,即对一项措施的必要性的判断;又有“客观”判断的部分,即至少存在第 21 条(b)款项下三种情况中的一种。巴西认为,尽管 GATT 第 21 条(b)款中的“其认为”一词赋予了成员对于采取措施的必要性以很大的自主裁量权,但专家组必须审查成员方援引第 21 条(b)款的动机,以确保该措施与国际关系中的战争状态或其他紧急情况之间存在的联系,及该措施与成员国所要实现的目的之间的“合理联系”。[89]

加拿大认为,GATT 第 21 条(b)款(iii)项规定了一个“主观”的标准,根据该标准成员国可以自主决定行动的利益以及行动的必要性,以及满足第(iii)项中的条件。虽然加拿大认为专家组应该“高度尊重”成员国的决定,但是同时也认为成员国在援引该条时应该遵守“诚信”原则。[90]

欧盟认为,GATT 第 21 条(b)款中“其认为”仅修饰“必要”(necessary)一

---

〔87〕 同前注,第 7.50 段。

〔88〕 同前注,第 7.41 段。

〔89〕 同前注,第 7.37 段。

〔90〕 同前注,第 7.39 - 7.40 段。

词,指"原则上"每个成员国可自行确定一项措施对于保护基本安全利益的必要性。而"基本安全利益"应被解释为允许成员国确定自身的安全利益及其期望的保护水平,但是专家组应根据援引国提供的理由,审查以下四点:第一,所涉利益是否可以"合理地"被视为基本安全利益;第二,行动的目的是否能够保护安全利益免受威胁;第三,评估是否可以合理地被认为援引成员国采取的措施是必要的;第四,该措施是否被"诚实"地适用。在进行必要性审查时,欧盟认为在评估措施的必要性与是否存在可合理适用的替代措施时,专家组应该确定是否适当地考虑到了可能受影响的第三方利益。〔91〕

摩尔多瓦关于措施必要性审查的观点与欧盟相似,并可以参考 GATT 第 20 条一般例外条款中关于必要性审查的解释。此外,摩尔多瓦认为,"基本安全利益"应该比"非基本安全利益"具有更高的标准,以使这二者得以区分;同时援引国应向专家组表明,相关措施并不具有"为保护主义服务的目的"。〔92〕

新加坡认为 GATT 第 21 条(b)款允许成员国"以很大程度上的主观性"(with a significant degree of subjectivity)来确定采取保护基本安全利益的措施;并将 GATT 第 21 条中的自主裁决(self - judging)与第 20 条的条文进行对比,认为第 20 条中的"其认为"一词的目的即为给予成员国广泛的自由确定保护其基本安全利益采取的措施以及措施的必要性,但此自主裁量权应遵守禁止权力滥用原则(the doctrine of abuse of rights)及诚实信用原则。同时,新加坡认为"国际关系紧急情况"也应在成员国的主观判断范围之内。〔93〕

③GATT 第 21 条(b)款为纯粹主观裁量条款

第三种观点认为,GATT 第 21 条(b)款为纯粹主观裁量条款,超出 WTO 的职能范围。持有这种观点的为日本与美国。美国开始甚至否认 WTO 专家组的管辖权,后撤回。

日本认为,GATT 第 21 条是一项"非常条款"(extraordinary provision),因为该条款承认成员国的基本安全利益至关重要,承认成员国追求这些重大利益的主权权利的基本性质。因此,日本认为专家组所通过的任何解释都有可

〔91〕 同前注,第 7.43 段。
〔92〕 同前注,第 7.46 - 7.47 段。
〔93〕 同前注,第 7.48 - 7.49 段。

能损害成员国决定是否需要采取保护其国家安全的必要措施的能力,即日本认为该条款的审查超出了 WTO 的能力范围,该条款应完全为成员国的自主裁量范围,但同时该条款“不是没有限制的,必须极其谨慎地行使”。[94]

美国则认为成员国根据 GATT 第 21 条规定自主裁决基本安全利益是每个成员国的固有权利(inherent right),且该权利不具可审判性(non－justiciable)。

(2)专家组观点及分析

专家组认为,对 GATT 第 21 条(b)款序言中“其认为”这一关键词有三种解读。首先,该词组仅限定“必要”一词,以强调“基本安全利益”保护措施的必要性;其次,在此基础上同时确定“基本安全利益”之内涵;最后,也是最大限度的解释,即在前两者的基础上解释 GATT 第 21 条(b)款下三项之内容。[95] 专家组依据《维也纳条约法公约》第 31、32 条的规定,结合各国的观点、条约谈判的历史进行分析后,首先排除了第三种可能性,认为“其认为”一词限定“基本安全利益”以及“必要”的内涵,但成员国在援引该条时应负有诚信义务,即成员国不得利用该条规避其于 WTO 项下的义务。专家组进一步指出“其认为”将成员国行使序言部分赋予其的自主裁量权,限制在 GATT 第 21 条(b)款下之三项中;[96] 且该表达并不扩大适用于解释第 21 条(b)款的每一项,相反,要使采取的行动属于第 21 条(b)款之范围,则必须客观识别其是否符合该条款下列举的某一项要求。[97]

(3)专家组解释之局限

基于本案对于“其认为”的解释,在未来的经贸往来中可能面临的局限有以下几点:

该报告首先对于“国际关系中的紧急情况”进行了限定,认为引起国际关系紧急情况的利益必须为 GATT 第 21 条(b)款所列举的其他事项所产生的利益为相同类型的利益。[98] 该种判断为一种客观判断,排除了国际关系中政

---

[94] 同前注,第 7.44－7.45 段。
[95] 同前注,第 7.63 段。
[96] 同前注,第 7.65 段。
[97] 同前注,第 7.101 段。
[98] 同前注,第 7.74 段。

治、经济、贸易往来中可能产生的紧急情况，即只要相关情况未涉及“国防、军事利益或维护法律和公共秩序”，即不可援引安全例外条款。有学者认为，专家组的结论至少从两个方面给国家的自主裁量权戴上了枷锁：一是援引安全例外的情形非常有限；二是基本安全利益和限制措施的必要性审查的诚信义务，增加了援引安全例外条款的难度。[99]

在经济、科技高度发展的全球化背景之下，国家之间的往来更加频繁、复杂，将安全例外的情形严格限定于“国防、军事利益或维护法律和公共秩序”，可能会产生以下弊端：首先，“公共秩序”的范围界定与 GATT 第 20 条一般例外条款的覆盖范围有所重合；其次，国家安全的范围在不断扩大，传统安全的研究已经不能完全涵盖人类今天的活动疆域，在国家之间的关系中，包括网络在内的常规军事元素在攻击能力方面已经发生了变化。过于宽泛的解释或许会由于军事机构对于物资供应的需求而对安全措施造成重大漏洞，如杰克逊(Jhon Jackson)就曾指出：“这一规定的表述是如此宽泛、自我判断和含糊，以致显然会被滥用。甚至有人提出保留制鞋行业作为例外，因为军队必须要有鞋穿！”[100] 该种担忧固然可以理解，然而随着科学技术的发展，“国防和军事利益”的涵盖范围也在随着科技的发展而逐渐扩大，事实上传统的军事、战争也已经超越其原有范围。

本案涉及俄罗斯与乌克兰之间的冲突，到今天俄罗斯与乌克兰之间的冲突已经演化成了军事对抗与网络战。1993 年，美国伦德公司的研究人员在一份报告中最早提出了“网络战”的概念：信息技术革命正在改变国际冲突的性质和现代战争的开展方式，“网络战正在到来”。[101] 在此后的 30 年间，网络空间迅速发展，本案裁定作出 3 年后，2022 年 2 月 24 日，俄罗斯总统普京决定在顿巴斯地区发动专门军事行动，俄乌军事冲突正式拉开帷幕，[102] 当日，全球

[99] 徐程锦：《WTO 安全例外法律解释、影响与规则改革评析——对“乌克兰诉俄罗斯与转运有关的措施”（DS512）案专家组报告的解读》，载《信息安全与通信保密》2019 年第 7 期，第 45 页。

[100] [美]约翰·H. 杰克逊：《世界贸易体制——国际经济关系的法律与政策》，张乃根译，复旦大学出版社 2001 年版，第 257 页。

[101] 李伯军：《论网络攻击与国际法上国家自卫权的行使》，载《西安政治学院学报》2012 年第 2 期，第 91－94 页。

[102] 新华网：《普京决定在顿巴斯地区发动专门军事行动》，载人民网 2022 年 2 月 24 日，http://world.people.com.cn/n1/2022/0224/c1002－32358926.html。

最大黑客组织“匿名者”(Anonymous)“对俄网络宣战”;[103] 5 月 16 日,俄罗斯黑客组织“Killnet”正式宣布向美英德等 10 国政府发起网络战。[104] 网络战争的普遍化对于本案中关于安全例外情形的限定显然已经产生了冲击,这意味着若过度限制“国际关系紧急情况”,不对相关条款作与时俱进的解释,现有的国际政治、经贸、安全体系都可能会被影响。

对条约条款进行与时俱进的解释,是国际法司法实践中较为常见的解释技巧和方法。如在“美国虾与虾产品案”中,专家组认为 GATT 第 20 条(g)款中的“自然资源”(natural resources)不是一个静止的概念,而是一个与时俱进的概念,仅将该概念理解为可耗尽的矿物资源或者其他非生物自然资源为时已晚。[105] 因而有学者认为照如今在条约解释的国际法实践中得到普遍认可的“演进”解释规则,对缔约的时代较久远且依然有效的条约所具有的一般性用语,作为一项基本规则,必须假定缔约方有意使这些术语具有演变的含义。[106] 故专家组报告将引起基本安全利益的国际关系紧急情况仅限制于“国防、军事利益或维护法律和公共秩序”稍显局限,或可用与时俱进的方式理解能够引起基本安全利益的国际紧急情况。

此外,对于“其认为”的理解,专家组采纳了第三方的观点认为,成员国援引安全例外条款应遵守诚信原则。从上文分析“诚信”与“善意”的争论就可以看出,诚信义务是一项法律义务、默示义务、最低限度的义务,这是诚信原则作为一般国际法与习惯国际法的当然地位。当诚信原则成为成员国裁量基本安全利益的边界以及必要性审查的底线时,对于安全例外的援引而言到底意味着什么?

虽然有学者认为诚信原则是一个客观的原则,但是其内涵依旧相对主观。诚信原则要求,国际法主体不论是在国际交往、行使权利还是在承担义务时,

---

[103] 中国新闻网:《俄媒:“匿名者”黑客组织宣布发起对俄“网络战争”》,载百度网 2022 年 2 月 25 日,https://baijiahao.baidu.com/s? id=1725702454654232131&wfr=spider&for=pc。

[104] 观察者网:《俄黑客组织对美英德 10 国政府宣战,意大利国家警察官网已沦陷》,载观察者网 2022 年 5 月 17 日,https://www.guancha.cn/internation/2022_05_17_640098.shtml。

[105] United States – Import Prohibition of Certain Shrimp and Shrimp Products,上诉机构报告,世贸组织文件第 WT/DS58/AB/R 号,1998 年 10 月 12 日通过,第 130 – 131 段。

[106] 张乃根:《国际经贸条约的安全例外条款及其解释问题》,载《法治研究》2021 年第 1 期,第 132 页。

在解释条约时即使未明确规定,国际法主体也应该遵守这样的默示规定。如何理解该义务则应该在不同的场景下具体问题具体分析,因而有学者认为专家组的该种解释实际上限制了安全例外条款的引用。[107] 在本案的背景下这样的观点是值得赞同的,因为任何内涵相对主观的原则在进行个案解释时,既有被扩大解释,又有被限缩解释的可能性。而本案的前提是对于 GATT 第 21 条(b)款(iii)项中的国际关系紧急情况进行限定,并认为国际关系紧急情况应为客观判断的内容,在此背景下理解由国际紧急情况引起的国家基本安全利益威胁,并要求成员国基于此依据诚信原则对基本安全利益及采取措施的必要性进行判断,本质上形成了双重限缩,结合语境本身专家组对于本案中诚信原则的解释也趋于保守,这对于未来成员国援引该条款增加了很大的难度。因而有学者认为,在目前国际环境的大背景之下,安全例外可能成为 WTO 成员希望实施的任何报复措施的后备防御;同时,如果对安全例外的解释过于严格,美国放弃该组织的危险似乎也确实存在。[108]

五、结语

克里米亚危机之后,2014 年,俄罗斯被排除在八国集团之外。当下,俄乌战争正在进行,回顾此案具有一定的时代意义。本案为 WTO 安全例外条款第一案,案件对于 GATT 第 21 条(b)款,结合《维也纳条约法公约》中关于条约解释的规定进行了详细的解读。本案肯定了成员国对于"基本安全利益"以及采取措施的必要性以诚信义务为前提的自主裁量权,但是同时也限定了国际关系紧急情况的情形,变相增加了援引安全例外条款的难度。虽然专家组在一开始就点明,必须在 2014 年 2 月乌克兰政府更迭后乌克兰与俄罗斯关系严重恶化的背景下理解这一争端,俄罗斯也通过援引安全例外条款得以成功抗辩,但在全球化依旧为大势的今天,过分限制主权国家在国家安全方面的

---

〔107〕 徐程锦:《WTO 安全例外法律解释、影响与规则改革评析——对"乌克兰诉俄罗斯与转运有关的措施"(DS512)案专家组报告的解读》,载《信息安全与通信保密》2019 年第 7 期,第 45 页。

〔108〕 Harlan Grant Cohen, AJIL International Decisions, 2020 by The American Society of International Law, https://doi.org/10.1017/ajil.2019.72, Published online by Cambridge University Press, p. 102.

自主裁决权利可能与 WTO 的职能相悖。俄乌战争等即为明证。因此,应与时俱进地分析条款,为安全例外条款适用到新的领域(如网络空间、元宇宙等)作铺垫。

第九章　澳大利亚烟草案

(Australia – Certain Measures Concerning Trademarks, Geographical Indications and Other Plain Packing Requirements Applicable to Tobacco Products and Packing)

杨朝军

一、案件事实概述

2011 年澳大利亚通过涉及烟草包装的相关法案(《烟草平装法案》《烟草平装实施条例》《商标修订法案(烟草简单包装)》),要求所有进口及国内香烟采取统一的“平装”,由此引发了利益相关方的不满。利益相关方在澳大利亚国内及国外通过法律方式提起了一系列争议诉请,分为三类:(1)菲利普·莫里斯亚洲(香港)公司依据双边投资条约对澳大利亚政府提起了国际仲裁案。(2)世界四大烟草公司在澳大利亚国内对澳大利亚政府提起了违宪之诉。(3)乌克兰、多米尼加、洪都拉斯、古巴及印度尼西亚五国分别对澳大利亚政府提起了 WTO(世界贸易组织)争端解决案。在该 WTO 争端解决案中,专家组发布报告后,其中多米尼加、洪都拉斯对专家组报告提起了上诉,2020 年 6 月 WTO 上诉机构发布了最终报告。本章拟对 WTO 专家组和上诉机构报告中涉及的部分法律问题予以评析。

(一)案情概述

2011 年澳大利亚通过的三部有关烟草包装方面的法案被统称为“烟草平

装措施"(Tobacco Plain Packaging Measures,以下简称 TPP 措施),根据 TPP 措施的要求,自 2012 年 10 月 1 日起,在澳大利亚制造或包装供国内消费的烟草产品必须遵守 TPP 措施。自 2012 年 12 月 1 日起,所有在澳大利亚销售、提供销售或以其他方式供应的烟草产品都必须遵守 TPP 措施。这些措施的内容简要如下。

1. 对烟草产品零售包装的要求:(1)所有烟草产品零售包装的外包装或内包装的表面都须含有哑光色,都应为单调的潘通 448C 深棕色(Pantone448C)。其中外包装的内层应是白色或该包装材料本身的颜色,内包装(香烟盒)的内层应是白色,香烟盒的内衬背面应是白色、正面应是银色的锡箔纸。但这些颜色要求不适用于健康警告,品牌、商业或公司名称或别名的文字,或相关立法要求的文字。(2)烟草产品零售包装的任何地方禁止出现商标和标识。(3)品牌、商业或公司名称或别名的文字,在内包装(香烟盒)上应为不大于 14 磅(针对品牌、商业或公司名称)或 10 磅(针对别名)的卢西达桑(Lucida Sans)字体并为潘通 2C 灰色(Pantone Cool Gray 2C)。当这些标识印在外包装上时应遵循同样的标准,只是当为粘贴至外包装上时,该粘贴的标签要采用单调的潘通 448C 深棕色(Pantone448C)且要不易脱落。[1]

2. 对烟草产品外观的要求:(1)香烟的烟卷纸和低透气带(过滤嘴,如果有的话)必须是白色的,或者是带有仿软木尖的白色。香烟上不可有任何商标,但可有字母数字代码,不过这些字母数字代码,①不得构成或作为烟草广告和促销。②不得对香烟的特性、健康影响、危害和排放存在虚假的、误导的、欺骗的或可能错误的体现。③不得直接或间接造成一种其危害低于其他香烟的错误印象。④不得以任何方式代表、关联或涉及香烟排放量。⑤不得以任何方式代表或涉及香烟的品牌或别名。(2)关于雪茄,①雪茄的周身可以出现一条单调的潘通 448C 深棕色(Pantone448C)的带子,带子上可以有品牌、商业或公司名称及其别名、制造或生产雪茄的国家名称,以及一个字母数字代码。②品牌、商业或公司名称和别名必须沿着带子水平放置,以便它们围绕在

---

[1] Australia - Certain Measures Concerning Trademarks, Geographical Indications and Other Plain Packing Requirements Applicable to Tobacco Products and Packing,上诉机构报告,世贸组织文件第 WT/DS435/AB/R, WT/DS441/AB/R 号,2020 年 6 月 9 日通过,第 5.7 - 5.9 段。

雪茄的圆周。③雪茄上的字母数字代码同样按香烟上的要求进行。④雪茄上的带子可以包含一个肉眼不可见的隐蔽标记,但该标记不得为烟草广告和促销。[2]

面对澳大利亚对烟草产品如此严格和细致的要求,乌克兰、多米尼加、洪都拉斯、古巴及印度尼西亚5国先后分别向世界贸易组织就澳大利亚《烟草平装法案》提出磋商,启动了WTO争端解决的第一步。[3] 各国认为澳大利亚的TPP措施作为一项技术性法规,对国际贸易造成了不必要的限制,违反了《技术性贸易壁垒协定》(Agreement on Technical Barriers to Trade,以下简称《TBT协定》)下的义务,更重要的是TPP措施的要求严重限制了烟草商标的使用,也违反了《与贸易有关的知识产权协议》(Agreement on Trade - Related Aspects of Intellectual Property Rights,以下简称《TRIPS协议》)中的商标保护义务。具体涉及的条款主要为《TRIPS协议》第16.1、20条;《TBT协定》第2条。[4] 2015年5月乌克兰因寻求与澳大利亚达成和解方案而向专家组申请中止程序,后获得专家组同意。但因在最长中止期12个月内未重启程序,专家组的授权截止,故该案后期未再继续。[5] 除乌克兰外,专家组于2017年5月2日向其他四国发布中期报告,9月25日发布最终报告。2018年6月28日专家组向世界贸易组织(WTO)成员分发其报告,认定TPP措施并没有违背澳大利亚《TBT协定》第2.2条,《TRIPS协议》第16.1条、第20条等条款规定的义务。[6]

2018年7月和8月,洪都拉斯和多米尼加分别根据WTO《关于争端解决的规则与程序的谅解》(以下简称DSU)第16.4条和第17条规定通知WTO

---

〔2〕 同前注,第5.12-5.13段。

〔3〕 Request for Consultation by Ukraine, Australia - Certain Measures Concerning Trademarks and Other Plain Packaging Requirements Applicable to Tobacco Products and Packaging,世贸组织文件第WT/DS431/1,IP/D/30,G/TBT/D/39,G/ L985号,2012年3月13日通过。

〔4〕 2012年乌克兰、多米尼加、洪都拉斯先后请求设立专家组,案号分别为WT/DS434,WT/DS441,WT/DS435。2013年古巴和印度尼西亚先后请求设立专家组,案号分别为WT/DS458,WT/DS467。

〔5〕 Australia - Certain Measures Concerning Trademarks, Geographical Indications and Other Plain Packing Requirements Applicable to Tobacco Products and Packing,专家组报告,世贸组织文件第WT/DS435/R, WT/DS441/R, WT/DS458/R, WT/DS467/R号,2018年6月28日通过,第1.51段。

〔6〕 同前注,第8.1段。

争端解决机构(以下简称 DSB),专家组报告中涉及的《TBT 协定》第 2.2 条,《TRIPS 协议》第 16.1、20 条的法律问题以及专家组作出的法律解释提出了上诉。2018 年 10 月 2 日,澳大利亚针对洪都拉斯和多米尼加的上诉提交了被上诉人意见书。〔7〕 上诉机构分别于 2019 年 6 月 11 日至 14 日和 2019 年 11 月 19 日至 22 日举行了两次听证会,后于 2020 年 3 月 31 日发布报告,支持专家组的结论,即洪都拉斯和多米尼加未能成功证明澳大利亚的 TPP 措施与所涉协定的规定不一致。因此,根据 DSU 第 19.1 条的规定,上诉机构不向 DSB 提出建议。〔8〕

(二)涉及的法律问题

在本案中,洪都拉斯和多米尼加起初主张澳大利亚的 TPP 措施违背了其在《TBT 协定》、《TRIPS 协议》以及 GATT 1994 协议下的多项义务,后在专家组报告中,洪都拉斯和多米尼加仅对《TBT 协定》第 2.2 条和《TRIPS 协议》第 16.1 条和第 20 条的法律问题及法律解释提起了上诉,限于篇幅,本章仅对涉《TBT 协定》第 2.2 条的相关法律问题及法律解释予以评析。

二、对法律问题的分析及评析

澳大利亚 TPP 措施是否违背了《TBT 协定》第 2.2 条的规定?

多米尼加、洪都拉斯、古巴及印度尼西亚均认为澳大利亚的 TPP 措施不符合《TBT 协定》第 2.2 条规定的义务,〔9〕理由是考虑到未实现合法目标所

---

〔7〕 Australia – Certain Measures Concerning Trademarks, Geographical Indications and Other Plain Packing Requirements Applicable to Tobacco Products and Packing,上诉机构报告,世贸组织文件第 WT/DS435/AB/R, WT/DS441/AB/R 号,2020 年 6 月 9 日通过,第 1.15 段。

〔8〕 同前注,第 7.15 段。

〔9〕 原文:第 2.2 条　各成员应保证技术法规的制定、采用或实施在目的或效果上均不对国际贸易造成不必要的障碍。为此目的,技术法规对贸易的限制不得超过为实现合法目标所必需的限度,同时考虑合法目标未能实现可能造成的风险。此类合法目标特别包括:国家安全要求;防止欺诈行为;保护人类健康或安全、保护动物或植物的生命或健康及保护环境。在评估此类风险时,应考虑的相关因素特别包括:可获得的科学和技术信息、有关的加工技术或产品的预期最终用途。《乌拉圭回合多边贸易谈判结果:法律文本　中国加入世界贸易组织法律文件》,人民出版社 2002 年版,第 98 页。

带来的风险,这些 TPP 措施的贸易限制性超过了为实现其合法目标的必要性程度。多米尼加进一步提出这些 TPP 措施无助于澳大利亚合法目标的实现,同时存在更有效、贸易限制更少的替代措施。[10]

但澳大利亚却认为,TPP 措施的相关内容不应根据《TBT 协定》第 2.2 条的规定来进行审查,因为其不属于该条规范的范围之内,即便属于,其认为各申请方没有提出初步证据证明 TPP 措施不符合第 2.2 条的规定。[11] 这也就是说,澳大利亚认为 TPP 措施的内容涉及的是商标使用等知识产权问题,与《TBT 协定》下的技术法规不同,不应依照《TBT 协定》的相关规定来予以审查。如果专家组将 TPP 措施中的商标使用要求视为《TBT 协定》下的"技术法规"(Technical regulations)的话,则应适用《TRIPS 协议》第 20 条,因为相比《TBT 协定》第 2.2 条来说,《TRIPS 协议》第 20 条更为清楚、明确、详细地处理此类问题。澳大利亚援用了上诉机构在 EC – Bananas Ⅲ案中的观点:在两个协定或规则均适用于同一事务的情况下,专家组应对同一事务适用两者中更为明确、细致的规则,这也是特别法优先原则的体现。[12]

基于此,专家组首先需要考虑的问题就是,《TBT 协定》第 2.2 条是否适用于对 TPP 措施的审查,也即 TPP 措施是否属于《TBT 协定》下的"技术法规"。若属于,则在适用《TBT 协定》进行审查的情况下,应如何处理《TBT 规定》第 2.2 条与《TRIPS 协议》第 20 条间的关系,是只适用《TPIPS 协议》的规定便可,还是对二者的规定都要适用。

1. TPP 措施是否属于《TBT 协定》内的"技术法规"

(1)申请方的观点

申请方认为 TPP 措施下的商标和形式要求针对的是烟草产品的零售包装,其内容涉及包装的外观、颜色、字体、形状、尺寸要求,也涉及商标的使用要求等,这些要求都属于《TBT 协定》附件 1"技术法规"定义中的"符号、包装、

---

[10] Australia – Certain Measures Concerning Trademarks, Geographical Indications and Other Plain Packing Requirements Applicable to Tobacco Products and Packing,专家组报告,世贸组织文件第 WT/DS435/R, WT/DS441/R, WT/DS458/R, WT/DS467/R 号,2018 年 6 月 28 日通过,第 7.18 段。

[11] 同前注,第 7.16 段。

[12] 同前注,第 7.49 段。

标志或者标签要求”。[13] 同时,《TBT 协定》附件 1 中的“符号、包装、标志或者标签”是无条件的,并没有明确表示该些包装或标签仅限于非知识产权方面,也没有任何内容表明商标要求被排除在此“技术法规”的定义之外。虽然在“技术法规”的定义中,没有明显提到“商标”或“地理标志”等,但这并不表示 TPP 措施不属于“技术法规”。正如在美国—特定原产国标签案(US - Cool)案件中,虽然“原产地标识”并没有被写入《TBT 协定》中,但该案的专家组和上诉机构均认为“原产地标识”包含在《TBT 协定》中,属于该协定下的“技术法规”。[14] 另外,申请方认为,《TBT 协定》第 1.4 条和第 1.5 条已明确将政府机构为其生产或消费要求所制定的采购规格以及《实施卫生与植物卫生措施协定》附件 A 定义的卫生与植物卫生措施排除在外,也即《TBT 协定》已将不属于该协定规范调整的内容明确予以排除。依此逻辑,若《TBT 协定》不适用于商标使用等知识产权的话,则也应会被明确予以排除,而之所以未排除恰恰说明商标使用等知识产权也属该协定的调整范围,也属于“技术法规”范畴。[15] 综上,申请人认为 TPP 措施下的要求属于《TBT 协定》下的“技术法规”。

(2)澳大利亚的观点

《TBT 协定》附件 1 中“技术法规”的定义共分为二句,第一句规定“技术法规”系一种须强制执行的规定了产品特性或其相关工艺和生产方法、包括适用的管理规范的文件。第二句规定:“该文件也包括或专门关于适用于产品、工艺或生产方法的专门术语、符号、包装、标志或标签要求。”对此,澳大利亚的理解是,第二段规定的“……标志或标签要求”应是第一段“规定了产品特性……”的具体说明或类型列举,从而认为这些“……标志或标签要求”也

---

[13] 原文:附件一　本协定中的术语及其定义　技术法规:强制执行的有关产品特性或其相关工艺和生产方法,包括适用的管理规定在内的文件,以及关于适用于产品工艺或生产方法的专门术语、符号、包装、标志或标签要求。《乌拉圭回合多边贸易谈判结果:法律文本　中国加入世界贸易组织法律文件》,人民出版社 2002 年版,第 108 页。

[14] Australia - Certain Measures Concerning Trademarks, Geographical Indications and Other Plain Packing Requirements Applicable to Tobacco Products and Packing,专家组报告,世贸组织文件第 WT/DS435/R, WT/DS441/R, WT/DS458/R, WT/DS467/R 号,2018 年 6 月 28 日通过,第 7.132 段。

[15] 同前注,第 7.129 - 7.132 段。

必须体现出产品的特性。而作为 TPP 措施规制对象的“商标”只用于区别不同商品,而并不能体现出产品的特性,故而 TPP 措施不属于“技术法规”。[16] 由于 TPP 措施不属于“技术法规”,则当然不应依照《TBT 协定》第 2.2 条来审查 TPP 措施是否符合其规定。

(3)专家组的观点

专家组首先分析《TBT 协定》附件 1 中“技术法规”的定义。对于该定义,专家组援用了欧盟石棉案(European Communities – Measures Affecting Asbestos and Asbestos – Containing Products)中上诉机构的观点认为,“技术法规”定义中的“产品特性”(product characteristics)不仅指产品本身内在的特性和品质,也包括产品的识别手段、表象和外观。同时,这种“产品特性”可以采用积极要求或消极禁止的方式来实施,但其法律结果都是一样的,都是为一定产品规定一定有法律效力的“特性”。通常要确定一项措施是否构成“技术法规”,必须要根据这一措施的特性以及该案的案情,对该措施的整体和核心因素予以重点考量。[17]

随后专家组对诉争的 TPP 措施予以分析,发现该措施是对香烟零售包装上的“商标或标记”、“原产地标记”、“校准标记”、“测量标记”、“包装上的名称和地址标记”、“包装上隐藏条形码的标记”、“香烟的字母数字代码”、“健康警告及面积要求”、“雪茄周身条带的颜色和内容”、“包装纸的颜色、字体大小”以及“香烟过滤嘴颜色”等都进行了规定。这些规定不仅包含各种标记、标签要求,也包含了受知识产权保护的商标标识要求。而且规定若未按此进行包装的香烟制品不得在市面上销售,并面临巨额罚款。专家组认为这些规定即反映了产品的特性,也体现了产品的识别方法,因而符合《TBT 协定》附件 1 第 1 条“技术法规”第二句话中的“术语、符号、包装、标记或标签要求”。

在对 TPP 措施进行分析即认定 TPP 措施属于《TBT 协定》“技术法规”后,专家组又分析到,《TBT 协定》第 1.4 和 1.5 条明确排除了该协定适用于

---

〔16〕 同前注,第 7.134 段。

〔17〕 Australia – Certain Measures Concerning Trademarks, Geographical Indications and Other Plain Packing Requirements Applicable to Tobacco Products and Packing,专家组报告,世贸组织文件第 WT/DS435/R, WT/DS441/R, WT/DS458/R, WT/DS467/R 号,2018 年 6 月 28 日通过,第 7.137 – 7.139 段。

涉及卫生或植物检疫措施和政府机构为满足政府机构的生产或消费要求而制定的采购规范。但整个协定并未对受知识产权保护的术语、符号、标记和其他要素予以排除适用。同时,专家组查看了该协定前言的第五段和第六段,认为这两段是为了在维护各国自我管理权与促进贸易自由化间达成平衡,且第五段明确提到技术法规包括"包装、标记和标签要求",不应成为国际贸易不必要的障碍,在这里面也没有把作为商标权保护的"标记"排除在外。[18]

综上,专家组认为 TPP 措施满足《TBT 协定》第 1.1 条含义内的技术法规的三个标准,属于技术法规范畴。因为它们适用于可识别的产品或产品组(烟草);规定这些产品的一个或多个特征(包括标记、包装或标签等特性以及商标等识别方法);且这些要求是强制性的,否则不准上市或遭受处罚。[19]

(4)评析

①本案中"技术法规"的确认标准

基于上述各方的意见,其讨论的实质是看 TPP 措施规定的内容是否属于《TBT 协定》下的"技术法规"。对于该问题,专家组首先是根据习惯国际法的解释规则也即《维也纳条约法公约》第 31、32 条的规定,先从字面通常含义来理解《TBT 协定》下的"技术法规",并参见先前案例,认为第二段规定的"……标志或标签要求"是对第一段"规定了产品特性……"的类型列举,即赞同澳大利亚的观点,认为由于标志、标签等是产品特性的类型列举,故必须体现出产品特性才行。但同时也认为"技术法规"定义中的"产品特性"不仅指产品本身内在的特性和品质,也包括产品的识别手段、表征和外观,[20] 这实质上将作为产品区别手段的"商标"也认为是一种"产品特性"。随后,为进一步确认"技术法规"的定义包含"商标"这一标识,专家组又审查了《TBT 协定》的上下文及序言,认定该协定下的"技术法规"并未将知识产权保护的"商标"排除在外,故最终认定 TPP 措施属于"技术法规"范畴。从此可看出,对 TPP

[18] 同前注,第 7.155 段。

[19] 同前注,第 7.171 段。

[20] Australia – Certain Measures Concerning Trademarks, Geographical Indications and Other Plain Packing Requirements Applicable to Tobacco Products and Packing,专家组报告,世贸组织文件第 WT/DS435/R, WT/DS441/R, WT/DS458/R, WT/DS467/R 号,2018 年 6 月 28 日通过,第 7.137 段。

措施是否属于“技术法规”这一问题，专家组是严格按照国际习惯法的解释方法，先依通常含义并结合先前案例，再参照《TBT 协定》的上下文来进行确认，具备合理性和合法性。

②专家组推理的再完善

本章虽认同专家组对 TPP 措施是否属于“技术法规”的解释方法和认定结论，但对其推理过程认为值得进一步商榷。

首先，TBT 附件 1 对“技术法规”的定义，依照通常含义（ordinary meaning）来理解，它是一种须强制执行的文件，（定义第一段）该文件不仅“规定了产品的特性（product characteristics），或其相关工艺和生产方法，包括适用的管理规范”，（定义第二段）该文件也“包括适用于产品、工艺或生产方法上的专门术语、符号、包装、标志或标签要求”。简单理解应为“技术法规”是一种文件，该文件的内容既包括“规定了产品的特性……”，也包括“适用于产品……上的符号、标志等要求”，考虑到二段之间使用的连接词是“也”，这表明第二段的内容与第一段的内容应是并列关系而非从属关系，也即后段并非为前段的具体说明或类型列举。因此，澳大利亚和专家组认为第二段的“适用于产品上的……标志或标签要求”是第一段“产品的特性”（product characteristics）的具体类型列举值得商榷。既然“适用于产品上的标志、标签等要求”不是“产品的特性”（product characteristics）的类型列举，也即这些标志、标签等要求无须体现产品的特性，那么即便“商标”不体现产品的特性也不应被排除在“技术法规”的范畴之外。

其次，从 TPP 措施的内容来看，不仅对“商标”的使用作出了规定，也对非知识产权保护的其他符号、标志等的使用作出了规定，也即“商标”只是 TPP 措施当中的部分内容。因此，即便澳大利亚主张“商标”不在“技术法规”范畴内的观点成立，但其他非商标的符号、标志等仍在“技术法规”的范畴内，故不能因偏概全地认为整个 TPP 措施不属于“技术法规”。从这个角度出发也可推理出澳大利亚的观点难以成立。

2. TPP 措施应适用《TBT 协定》第 2.2 条还是《TRIPS 协议》第 20 条，或须同时适用

(1)澳大利亚的观点

如前所述，澳大利亚认为若 TPP 措施属于《TBT 协定》下的“技术法规”，则应适用更明确、更专业调整商标使用等知识产权的《TRIPS 协议》第 20 条的规定。虽然说同时遵守两项协定(《TBT 协定》和《TRIPS 协议》)是可能的,但一个是要求技术法规不得对贸易造成不必要的障碍,对贸易的限制不得超过实现合法目标所必要的程度。而另一个是要求在国际贸易过程中商标的使用不得受到特殊要求的不合理阻碍。因此,对烟草产品包装这同一事务适用两种截然不同的审查标准将会构成适用上的冲突,应予以拒绝。另外,澳大利亚方援用欧盟香蕉案(EC – Bananas Ⅲ)案中上诉机构的观点,认为应适用具有特别法性质的《TRIPS 协议》第 20 条的规定,而排除适用《TBT 协定》第 2.2 条的规定。[21]

(2)申请方的观点

申请方认为根据 WTO 单一承诺原则,WTO 各协议下的义务是重叠的、共存的,没有一协议之义务凌驾于另一协议义务之上,而且在不同协议间也不存在等级制度。[22] 也就是说,澳大利亚 TPP 措施既要符合《TBT 协定》第 2.2 条规定的义务,也要符合《TRIPS 协议》第 20 条规定的义务。同时申请方认为在 EC – Bananas Ⅲ案中,上诉机构处理的只是对同一事务适用不同协议的先后顺序问题,并不是选择适用一协议而排除另一协议。[23] 因此,澳大利亚引用该案中上诉机构的观点无法实现其证明目的。

(3)专家组的观点

专家组赞同申请方的意见,对于 WTO 体系下《TBT 协定》第 2.2 条以及《TRIPS 协议》第 20 条规定的义务,各成员国都应予以遵循。《世贸组织协定》第 2 条第 2 款规定:附件 1、附件 2 和附件 3 所包含的协定及相关法律文书是该协定的组成部分,对所有成员具有约束力。这也表明作为各成员国方乌拉圭回合谈判的意图,旨在将《世贸组织协定》及其各附件作为一个整体来看待和理解,其各协定下之义务各方均应遵循。[24] 专家组还援用了上诉机构

---

〔21〕 Australia – Certain Measures Concerning Trademarks, Geographical Indications and Other Plain Packing Requirements Applicable to Tobacco Products and Packing,专家组报告,世贸组织文件第 WT/DS435/R, WT/DS441/R, WT/DS458/R, WT/DS467/R 号,2018 年 6 月 28 日通过,第 7.50 – 7.51 段。

〔22〕 同前注,第 7.56 段。

〔23〕 同前注,第 7.53 段。

〔24〕 同前注,第 7.76 段。

在 Canada – Periodicals 案中的观点，即 WTO 下的各协定可以叠加和同时适用。这也与现存的条约解释基本原则相一致，根据条约解释效力原则，任何条约解释者都有责任“以和谐一致的方式解读条约的所有适用条款”，[25]特别是在由统一成员、统一谈判、一致同意的《世贸组织协定》中更应如此。[26]

接着，专家组又分析了《TRIPS 协议》《TBT 协定》二者条款的具体内容，《TRIPS 协议》第 20 条的内容是规定不得以特别的要求来不合理地妨碍商标的使用，但如果要求是合理的则并不禁止，也即在一定程度上限制商标使用的特别要求是可以有的。而《TBT 协定》第 2.2 条的内容是，不得为实现合法目标而采取限制贸易性超过必要性程度的技术法规（这里包括对商标的使用），但如果技术法规是合理的或者没有超过必要性程度，则并不禁止，也即一定程度上限制商标使用的技术法规也是可以有的。简单来说，就是二者虽强调不得对商标的适用予以限制，不得不合理适用技术法规，但二者也依照具体各案的不同允许对商标使用予以合理限制，和允许一定范围的技术法规的适用。[27] 因此从二者的内容上来看，并没有看到二者相互矛盾。相反，二者都是为了实现减少或避免贸易壁垒的目标；为包括公共健康在内的合法公共政策目的实现而存在采取一定限制措施的可能性；为在遵守每项协议相关条款适用要求的情况下，在促进国际贸易和实现公共目标间达成一种平衡。因此，这两项规定的要求可以被视为是互补的，而不是矛盾的，[28] 更无可能只适用当中的《TRIPS 协议》第 20 条而不适用《TBT 协定》第 2.2 条的规定。

（4）评析

①叠加适用各协议之义务为 WTO 之原则

对于同一措施涉及 WTO 体系下两个不同协议时，可否只选择适用其中一个协议的问题，答案当然是否定的。在这里，专家组根据 WTO 自身明文规定和解释规则以及先例很好地阐述了 WTO 是一个“一揽子”协议，各成员方

---

〔25〕 Korea – Definitive Safeguard Measure on Imports of Certain Dairy Products，上诉机构报告，世贸组织文件第 WT/DS98/AB/R 号，1994 年 12 月 12 日通过，第 81 段。

〔26〕 Australia – Certain Measures Concerning Trademarks, Geographical Indications and Other Plain Packing Requirements Applicable to Tobacco Products and Packing，专家组报告，世贸组织文件第 WT/DS435/R, WT/DS441/R, WT/DS458/R, WT/DS467/R 号，2018 年 6 月 28 日通过，第 7.79 段。

〔27〕 同前注，第 7.100 – 7.104 段。

〔28〕 同前注，第 7.105 段。

对每个协议规定的义务都应叠加适用,这已是 WTO 的一个基本原则,不存在只适用其中一个协议而排除对另一个协议的适用。同时,专家组还特别分析了《TRIPS 协议》第 20 条和《TBT 协定》第 2.2 条的具体内容,也未发现二者在内容上相互矛盾,不存在不应同时适用的理由。故专家在的结论具有合理性和说服力。

②专家组分析推理的再完善

除依照 WTO 协议的规定、条约解释原则以及先例得出上述专家组的意见外,从全面分析当事人观点角度出发,本章认为还可就澳大利亚提出的观点——由于 TPP 措施主要涉及的是对商标的使用规定,故应优先适用专门规范商标等知识产权的《TRIPS 协议》进行进一步的分析与探讨。

正如前文所述,由于 TPP 措施要求的平装要求范畴不仅包括符号、标志等已为商标的内容,也包括香烟零售包装上的颜色、字体大小、烟盒形状、字母数字代码、过滤嘴颜色等适用要求的内容。因此,在缺乏一定量化标准的情况下,澳大利亚认为 TPP 措施的主要内容是对商标的使用进行规定是值得商榷的。即便其主要内容是对商标的使用进行规定,但按照其排除《TBT 协定》适用的意见,那么对于剩下的涉及非商标使用规定部分的"技术法规"应如何处理,澳大利亚并未给出方案,但又不能将其排除在外。因此,澳大利亚主张只适用《TRIPS 协议》的观点难以成立。

3. TPP 措施对实现澳大利亚合法目标的贡献及其贸易限制性

在确定 TPP 措施属于《TBT 协定》下的"技术法规"以及应符合《TBT 协定》第 2.2 条规定的义务后,申请方认为,依照《TBT 协定》第 2.2 条的规定,TPP 措施对澳大利益所寻求的目标无贡献,即便有贡献,考虑到目标未实现时所带来的风险,其对贸易的限制性已超过实现目标所需的必要性,且具有其他可替代的措施。[29] 对此澳大利亚持相反意见。为此,专家组首先需要考虑什么是澳大利亚实施 TPP 措施的合法目标。虽然各方对此有不同理解和看法,但各方对合法目标与公共健康相关都无异议,最后专家组综合各方意见,认为

〔29〕 Australia – Certain Measures Concerning Trademarks, Geographical Indications and Other Plain Packing Requirements Applicable to Tobacco Products and Packing,上诉机构报告,世贸组织文件第 WT/DS435/AB/R, WT/DS441/AB/R 号,2020 年 6 月 9 日通过,第 6.33 段。

澳大利亚通过 TPP 措施所追求的合法目标是通过减少公众对烟草产品的吸食和接触来改善公众健康的(对于这一结论,双方都无异议)。[30]

在确定合法目标后,专家组再考虑:①TPP 措施是否对目标有贡献;②TPP措施是否具有贸易限制性;③TPP 措施的贸易限制性是否超过为实现目标所需的必要性;④是否有任何能够作出同等贡献但贸易限制性较低的替代措施可供澳大利亚选择。[31] 当然,若无贡献,则不用再分析 TPP 措施对贸易的限制性是否超过了为实现合法目标的必要性,也不用再分析是否存在贸易限制性更低的替代措施。[32]

(1)TPP 措施是否对目标有贡献

①申请方的观点

申请方认为根据市场数据,TPP 措施没有降低烟草产品的销量,实际还导致了香烟销量的增加。经济学理论表明,由于对烟草产品实施统一的"平装"减少了消费者对品牌的真诚度,反而促进了烟草产品的价格竞争,而价格竞争情况下将无可避免地导致香烟价格下降,从而促使消费者增加了对烟草产品的需求。[33] 从医学角度来看,吸烟行为可分为初吸、戒烟和复吸三种,这一行为背后的动机涉及的因素众多且复杂,但这些都与香烟盒的包装无关。特别是对青少年的初吸行为来说,由于"平装"创造出的神秘、风险以及越界氛围会更加引诱青少年参与吸烟活动。[34] 这是因为青少年喜欢从事有一定危险性的行为,他们也会由于吸烟行为本身在社会上受到同辈赞赏而被吸烟行为所吸引,这些都与香烟的包装没有关系。[35]

申请方还认为,有关 TPP 措施实施情况的实证证据是最有价值的证据,可以客观地评估改变包装所带来的变化以及这些措施对实现目标的贡献。而

---

〔30〕 同前注,第 6.7 段。

〔31〕 同前注,第 6.8 段。

〔32〕 同前注,第 6.4 段。

〔33〕 Australia – Certain Measures Concerning Trademarks, Geographical Indications and Other Plain Packing Requirements Applicable to Tobacco Products and Packing,专家组报告,世贸组织文件第 WT/DS435/R, WT/DS441/R, WT/DS458/R, WT/DS467/R 号,2018 年 6 月 28 日通过,第 7.427 段。

〔34〕 同前注,第 7.428 段。

〔35〕 同前注,第 7.437 段。

通过核查2年多时间以来的实践数据,申请人认为并无证据能证明TPP措施对香烟的盛行或销量产生了显著影响。澳大利亚进行的一项旨在评估TPP措施实施情况的调研也显示,除开香烟包装上的显著改变外,其他措施并没有对烟民的吸烟行为产生实质影响。因此,申请方认为TPP措施没有达到控烟研究员以及澳大利亚政府预期的目标,对实现目标没有贡献。[36]

就澳大利亚提出的TPP措施要求统一平装将会减少包装盒就吸烟危害性给消费者造成的误解或错误性认识从而有利于目标实现这一观点,申请方认为,如果说包装设计可能会使消费者对香烟的危害性产生误解或错误性认识的话,澳大利亚现有的法律法规管理体系,如澳大利亚《消费者法》(Australian Consumer Law,ACL)等就完全可以处理此问题,没有必要再实施TPP措施。澳大利亚竞争和消费者委员会(Australian Competition and Consumer Commission,ACCC)根据现有法律就一些烟草公司将品牌宣传为“低度”、“超低度”、“温和”、“超温和”或“低焦油”的做法采取了调查行动,并成功让烟草公司去除了这些描述性用语。因为在ACCC看来,这些行为导致了消费者对吸烟危害产生了错误的认识。[37]

另外申请方还认为由于实施TPP措施,澳大利亚国内的非法香烟贸易日益增加,不利于合法目标的实现。这是因为TPP措施已使消费者丧失了对品牌的忠诚度,基于对品牌的淡化,更容易使生产者制造出更多假冒的平装香烟,且由于其价格低廉而进一步提高了需求和非法香烟贸易行为。再者,为迎合烟民对原品牌香烟包装盒的需要,也使得将该类香烟从国外走私进澳大利亚的数量得以增加。为此,申请方一方面引用了澳大利亚海关和边境保护局(Australian Customs and Border Protection Services,ACBPS)查获的非法香烟数量在2011年至2013年间增加了的数据来支持其观点。[38] 另一方面,申请人根据毕马威(KPMG)报告认为,在澳大利亚国内非法香烟的销量从2012年的11.8%增长到2013年的13.9%,创新了纪录。这里面的关键点是非法香烟的销量增加了151%,相等于澳大利亚财税收入损失了11万亿澳元。[39]

---

〔36〕 同前注,第7.438段。

〔37〕 同前注,第7.876段。

〔38〕 同前注,第7.987、7.989段。

〔39〕 同前注,第7.991段。

总之,申请方认为由于 TPP 措施实施 2 年多以来,香烟销量并没有明显下降,反而导致了非法香烟贸易加剧。该措施实施的统一“平装”政策与吸烟行为的改变无关,也无法改变吸烟行为,且现有法律制度和执法部门已完全可解决烟盒包装可能使消费者对吸烟危害性形成错误认识这一问题,进而认为 TPP 措施并无存在的价值,更无法对改善公众健康这一合法目标作出贡献。

②澳大利亚的观点

澳大利亚回应称,TPP 措施的设计是希望通过采取“隔断模式”或“因果模式”来实现其目的,也即它“试图切断烟草产品包装和吸烟行为之间的联系”来使得公众,特别是青少年减少对烟草产品的吸食和接触。因为香烟包装实际上是一种广告营销,它影响公众对烟草产品的认知,从而影响着吸烟行为。通过对香烟包装实施统一的“平装”便可将包装广告与吸烟行为之间的关联予以切断,从而减少吸烟行为,提高公众健康。具体从实现路径上来看,TPP 措施是希望通过降低烟草产品的吸引力,提高健康图标警示的有效性以及减少消费者对烟草产品危害性的误解这三种方式来实现其设计目标,[40] 也称之为 TPP 措施的“三机制”(three mechanisms)。

对于 TPP 措施“三机制”,根据其实施以来的实证证据来看,TPP 措施对所有烟草产品实施统一“平装”明显降低了烟草产品的吸引力,也促使烟民或公众提高了对包装上健康警示图标的关注,更为重要的是,它也减少了消费者对香烟危害性的误解。澳大利亚认为烟草公司曾故意试图通过使用“清淡”或“低焦油”等描述性用语来推销某些品牌的烟草产品来误导消费者,这种香烟以前在市场上销售时被认为与普通香烟相比,味道更淡,有害化学物质释放量更低,而事实上并不是如此。[41] 虽然申请人认为澳大利亚现有的 ACL 等法律法规以及 ACCC 执法机构可以充分、有效解决此类误导性问题,无须再实施 TPP 措施,而且确实之前经 ACCC 对烟草公司开展调查后,烟草公司被要求不再使用此类误导性用语。但是,澳大利亚认为,这场 ACCC 调查耗时

---

〔40〕 同前注,第 7.451、7.452、7.455 段。

〔41〕 Australia – Certain Measures Concerning Trademarks, Geographical Indications and Other Plain Packing Requirements Applicable to Tobacco Products and Packing,专家组报告,世贸组织文件第 WT/DS435/R, WT/DS441/R, WT/DS458/R, WT/DS467/R 号,2018 年 6 月 28 日通过,第 7.883 段。

近4年,成本大、结果不确定且由于ACCC关注的是严重影响到消费者健康的产品安全问题,启动调查程序难。〔42〕 更为重要的是,除开具有误导性的描述性用语外,烟草公司会继续使用各种颜色、形状设计、开盒方式等来帮助传达香烟的味道、辣味和强度等信息,还是会给消费者造成误解。举例来说,狭小"香水"形状包装意味着它(香烟)是一种时尚配件而非健康危害;"超瘦"小盒装意味着更小成瘾度;"男性"包装意味着味重或味强。〔43〕 澳大利亚认为,TPP措施可以通过包装标准化和统一化来限制包装设计、颜色和结构创新等,从而降低了烟草产品包装对消费者(特别是年轻消费者)就烟草产品危害性产生误导性或错误性认识。因此,ACL等现有法律法规无法完全起到降低误导的可能性,为此需要TPP措施的存在,以利于改善公众健康这一合法目标。

对于申请人引用短期TPP措施实施数据,主张TPP措施并没有使澳大利亚烟草产品的盛行和香烟销量有明显的下降,故而无法利于合法目标的实现这一观点。澳大利亚认为,短期的实施数据是有限的,不能作为定案标准,它忽视了TPP措施所带来的潜在影响。考虑到TPP措施对目标的贡献并无一个具体的数字量化要求,因此应基于对现有证据的合理推理来充分论证贡献的存在。澳大利亚引用了欧盟海豹制品(EC – Seal Products)案中上述机构的观点,即当措施真实实施的证据是有限的或不均衡时,只要有证据能证明诉争措施将能够或已对目标作出了贡献,就可证明诉争措施对目标具有贡献。〔44〕因此,对于一诉争措施贡献的评估,最好的是要运用一套有效的方法,而不是以现有证据来予以证明。澳大利亚还引用了上诉机构在巴西废旧轮胎案(Brazil – Retreaded Tyres)案中的观点,即技术法规对其目标的贡献,尤其是在实施公共卫生措施的情况下,不需要"立即被观察到",某些复杂的公共卫

---

〔42〕 同前注,第7.911段。

〔43〕 同前注,第7.886段。

〔44〕 Australia – Certain Measures Concerning Trademarks, Geographical Indications and Other Plain Packing Requirements Applicable to Tobacco Products and Packing,专家组报告,世贸组织文件第WT/DS435/R, WT/DS441/R, WT/DS458/R, WT/DS467/R号,2018年6月28日通过,第7.455段。

生措施的效果“只能在长时间的帮助下进行评估”。[45] 也就是说,澳大利亚认为 TPP 措施将在长期的实施期间内产生最大效果,将随着时间的推进越来越对目标产生更多、更大的贡献。而不能因为现有措施实施数据没有明显证明降低了烟草产品的盛行和香烟销量就认为 TPP 措施对目标没有贡献。

对于申请方认为 TPP 措施导致非法香烟贸易加剧的问题,澳大利亚认为,申请方所引用的 KPMG 报告存在科学方法论上的瑕疵,而且夸大了非法香烟在澳大利亚市场上的份量。澳大利亚认为由于执法部门纪律严明、廉洁、管理有效,严格管控香烟销售渠道和对非法香烟贸易进行主动打击,以及消费者对非法香烟的低需求,在澳大利亚提供非法香烟的成本非常高。另外,澳大利亚海关和边境保护局(ACBPS)对非法香烟的追查数量逐渐增多,恰恰证明的是主动查办非法香烟贸易显著有效,而并不能证明非法香烟贸易泛滥成灾。[46]

总之,澳大利亚认为不能从短期的实施数据来认定 TPP 措施对目标没有贡献,不能认为 TPP 措施导致了非法香烟贸易的增加。而且相对于现有的 ACL 等法律法规,TPP 措施更能通过统一“平装”全面减少包装给消费者就吸烟危害性造成的误解。

③专家组的观点

鉴于双方的意见,专家组认为对于 TPP 措施是否对公共健康目标有贡献这一问题要进行细化,首先要考虑的是 TPP 措施的设计、结构和运作是否能够减少香烟包装对消费者就吸烟危害性产生的错误认识,特别是在申请人认为澳大利亚已有的法律体系能够解决此类误导性问题的情况下,TPP 措施是否还能减少包装对消费者的误导。[47] 其次,专家组要考虑的是能减少包装误

---

〔45〕 Brazil – Measures Affecting Imports of Retreaded Tyres,上诉机构报告,世贸组织文件第 WT/DS332/AB/R 号,2007 年 12 月 3 日通过,第 151 段。

〔46〕 Australia – Certain Measures Concerning Trademarks, Geographical Indications and Other Plain Packing Requirements Applicable to Tobacco Products and Packing,专家组报告,世贸组织文件第 WT/DS435/R, WT/DS441/R, WT/DS458/R, WT/DS467/R 号,2018 年 6 月 28 日通过,第 7.992 段。

〔47〕 Australia – Certain Measures Concerning Trademarks, Geographical Indications and Other Plain Packing Requirements Applicable to Tobacco Products and Packing,专家组报告,世贸组织文件第 WT/DS435/R, WT/DS441/R, WT/DS458/R, WT/DS467/R 号,2018 年 6 月 28 日通过,第 7.893 段。

导性的TPP措施是否能对吸烟行为产生影响。随后再考虑TPP措施是否能对烟草产品的盛行和香烟销量产生影响。最后,专家组再考虑TPP措施是否会导致非法香烟贸易的加剧。

a. TPP措施能否减少误导

对于TPP措施能否减少香烟包装对消费者就吸烟危害性产生错误认识的问题,特别是在澳大利亚已有相关防止产品包装误导性的ACL等法律法规的情况下,是否还能减少误导。为此,澳大利亚引用了美国卫生总署、美国国家癌症研究所的报告、烟草行业文件、出版论文以及一系列实证研究报告等,来主张统一"平装"将禁止使用会误导销费者的香烟包装设计和构造,从而能减少消费者对吸烟危害性的误解或错误认识。[48] 其中引用到的《斯特林评析》(the Stirling Review)中的结论就是:"平装"能减少消费者对不同品牌香烟危害的误解;香烟包装上使用"金色"或"顺滑"等描述用语会潜在误导消费者;包装的颜色也能使消费者对产品的危害和强度产生误解,比如黑色等深色系就会让消费者感觉危害性更大,相反白色等浅色系就会让消费者感觉危害性较小。[49] 专家组还注意到《前特勒报告》(the Chantler Report)也认为,香烟"平装"将使得消费者不易被误导认为某些品牌香烟比其他香烟更健康,从而无须使用更多健康警示。虽然,申请方对报告不认可,但没能提供证据证明这些报告的结论是无效的,专家组反而注意到澳大利亚已提供的证据能证明即便小量的品牌包装也能够向消费者传递信息。[50] 因此,专家组认为,申请方并没有提供证据证明TPP措施通过其统一"平装"不能够减少香烟包装就吸烟危害性对消费者造成的误导。[51]

在已有ACL(澳大利亚《消费者法》)的情况下,TPP措施是否还能在此基础上减少香烟包装就吸烟危害对消费者造成的误导问题。专家组发现澳大利亚的《竞争与消费者法》(Australia's Competition and Consumer Act 2010, CCA)和ACL(澳大利亚《消费者法》)等法律法规确实对于产品的误导性和欺骗性包装都有若干规定,而且还设有ACCC(澳大利亚竞争与消费者委员

[48] 同前注,第7.897段。
[49] 同前注,第7.901段。
[50] 同前注,第7.902段。
[51] 同前注,第7.904段。

会)作为执法部门专门来执行上述法律法规。但经研究发现 ACCC 的目标是保护消费者的合法权益和安全,其调查偏向于最可能严重影响到消费者健康的产品安全问题。因此,在防止香烟包装就吸烟危害误导消费者方面,并不可能在所有情况下会是 ACCC 执法的首选,特别是当 ACCC 面对到底应优先调查何事之争时更会如此。因此冀望 ACCC 就吸烟危害性误导消费者方面对市场作出系统性的干预可能较为困难。[52] 再者,虽然任何主体(不仅 ACCC,还包括其他有关或无关人士或团体)都可就产品包装的误导和欺骗行为依照 ACL(澳大利亚《消费者法》)的规定而申请法律禁令。但是该法律禁令在实践中能否获得批准依赖于 ACCC 的自由裁定权,同时申请者还必须对禁令未获同意而对因申请禁令给对方造成的损害承担赔偿责任,[53] 这就大大降低了申请调查的积极性,也降低了 ACCC 调查案件的立案率。因此,专家组认为不能假定任何个体或利益团体都可利用现有法律体制来系统地防止香烟包装就烟草产品危害性对消费者造成误导问题。就 ACCC 已查处并要求烟草公司去除"清淡"等描述性用语的案例来看,ACCC 查处案件存在耗时长、成本高且结果不确定等缺陷,而且在调查结果未出现之前具有误导性的产品包装将一直存在于市场上,难以起到系统地减少产品误导性的效果。同时,烟草公司还可通过颜色、形状等非描述性用语以及包装设计创新等来向消费者传递信息,从而会使得 ACCC 与烟草公司间的"猫与老鼠间的游戏"一直持续下去。基于此,专家组认为申请方并没有举证证明在 ACL 等法律法规之外,TPP 措施未能对减少包装的误导性产生贡献,相反,专家组认为,TPP 措施恰好能弥补 ACL 在实践中所面临的各种监管漏洞。[54]

b. TPP 措施能否影响吸烟行为

对于 TPP 措施是否能对吸烟行为产生影响这一问题。专家组考虑到吸烟行为可分为初吸行为、戒烟行为以及复吸行为,申请方引用实证证据证明 TPP 措施除让包装缺乏吸引力以及让消费者更容易注意到健康警示图标外,其对初吸行为只有很少或没有影响力,对与戒烟或复吸行为相关的因素变量

[52] 同前注,第 7.912 段。

[53] 同前注,第 7.913、7.914 段。

[54] 同前注,第 7.917 段。

也没有任何影响力。[55] 专家组认为,影响吸烟行为的因素有很多、也很复杂,并不只有包装这一因素。但专家组并不认可申请方的观点,即包装几乎对吸烟行为毫无影响,特别是当烟盒是其香烟广告和营销的主要和唯一渠道时,包装会对吸烟行为产生影响。因为包装会传递信息,会使其更有吸引力,从而会促使吸烟行为的产生。专家组也不赞成澳大利亚主张的 TPP 措施将系统地改变人的吸烟行为这一观点,但鉴于相关针对吸烟的认知、态度与吸烟行为相互间关系的研究报告,专家组认为减少香烟吸引力和增加健康警示有效性将至少使部分吸烟者改变其吸烟行为,这一观点是合理的。[56] 就初吸行为而言,专家组注意到有研究显示,"清淡"标识会让青少年认为相对于常规香烟而言,该种清淡香烟的危害性少,也更少产生不良的健康问题,从而会使青少年增加初吸的可能性,以及让吸烟者更大可能去吸烟。[57] 对于戒烟行为而言,专家组认为,戒烟行为主要是因为对健康问题的担忧而发生,而 TPP 措施让香烟进行统一"平装"会减少不同品牌、不同设计、不同香烟类型等所折射的不同危害性对消费者的误导,从而让消费者对吸烟危害有一个正确的认识,而不至于让消费者吸食某些自认为危害少,更容易戒的香烟来代替戒烟。这表明,申请方没能说服专家组,TPP 措施通过减少包装的误导性不会对戒烟产生影响。[58] 对于复吸行为而言,双方没有就减少包装误导性是否能防止复吸行为进行详细讨论,但专家组回顾了 2006 年麦克考尔(McCaul)的研究报告,该研究报告表明对于健康的担忧是戒烟的主要动因,这个动因包括长期提醒烟民吸烟的危害以便成功让其保持戒烟的意图以及让那些复吸者重新恢复戒烟的意图。而之前的证据已经证实,TPP 措施可以减少包装的误导性,不让消费者吸食自认为危害少或不容易上瘾的香烟来替代戒烟。在让消费者经常意识到吸烟危害性且会危害健康的情况下,TPP 措施当然会对复吸行为产生影响。[59] 总之,专家组相信 TPP 措施通过减少香烟的吸引力、提高健康警示图标的效力、减少包装误导性会对吸烟行为产生影响。

---

〔55〕 同前注,第 7.961 段。

〔56〕 同前注,第 7.1031 – 7.1032 段。

〔57〕 同前注,第 7.920 段。

〔58〕 同前注,第 7.924 段。

〔59〕 同前注,第 7.925 段。

c. TPP 措施能否降低香烟销量

对于 TPP 措施是否能降低烟草产品的盛行和香烟销量的问题。双方都认可 TPP 措施自 2012 年 12 月至 2015 年 9 月实施 2 年多时间以来相关实证证据的重要性,但双方对其的侧重点和主张有所不同。首先,申请方认为实施 2 年多的时间跨度足以检测 TPP 措施是否能对吸烟行为产生有效影响,也即是否能降低烟草产品的盛行和香烟销量。〔60〕 而澳大利亚却认为 TPP 措施在短期时间内的实证数据存在局限性,它对香烟销量等的影响在长期的实践中才能发挥出最佳效果。对 TPP 措施效果的真正评价目前最好的方法是基于考察吸烟动因、态度以及引发吸烟行为意图的实验和社会调查,而绝不应仅仅基于措施实施不久后香烟销量的变化来作出定论。〔61〕 对此,专家组注意到无论是逐渐阻碍未来年轻人的吸烟行为,还是去除尼古丁成瘾性都需要长时间才能看出 TPP 措施的效果。除开澳大利亚引用先前 WTO 案例上诉机构的意见外,专家组也发现在美国汽油标准(US – Gasoline)案中上诉机构的意见为,"在保护枯竭的自然资源方面,一定措施实施后的效果要经过相当长的一段时间,或许多年后,才能被观察到",故必须考虑一定措施的效果要等一段长的期限后才能显现出来这一事实。〔62〕 其次,基于双方提交的最新数据和计量经济学证据,专家组发现整个澳大利亚的吸烟率和香烟销量在 TPP 措施和 GHW 措施(Graphic Health Warnings)一同实施后在下降,虽然现有证据难以区分 TPP 措施与 GHW 措施各自对吸烟率和香烟销量的影响。〔63〕 但考虑到 TPP 措施对吸烟行为的影响,专家组认为 TPP 措施有利于减少对烟草产品的使用,有利于减少吸烟率和香烟销量,从而对推进合法目标的实现具有贡献。

d. TPP 措施是否导致非法香烟贸易加剧

首先,就非法香烟贸易的市场大小,专家组主要审查了申请方主张其观点(TPP 措施加剧了非法香烟贸易)所依据的 KPMG 报告。专家组发现该报告是由英美烟草公司(BAT)、澳洲帝国烟草有限公司(ITA)以及菲利普 · 莫里斯有限公司(PML)委托制作的,其目的是对澳大利亚合法和非法烟草产品市

---

〔60〕 同前注,第 7.935 段。

〔61〕 同前注,第 7.936 – 7.937 段。

〔62〕 同前注,第 7.938 – 7.939 段。

〔63〕 同前注,第 7.972、7.979 段。

场的性质和动态做一个概述,并对非法烟草产品市场在澳大利亚的份额提供一个单独的估算结果。[64] KPMG 报告中采用了空烟盒调查法(Empty Pack Survey,EPS)来推算澳大利亚国内非法香烟的数量。该方法是将整个澳大利亚国内 2013 年度丢弃的所有非法香烟盒(含走私的和假冒的)予以收齐,并减去海关数据中正常人员过境所带来的烟盒数,从而得出国内的非法香烟数量。[65] 而澳大利亚对 KPMG 报告的结论和科学方法均有异议,认为其严重高估了非法香烟的数量并扭曲了非法香烟销量的未来趋势,[66] 也与其他相关测量数据不相符。专家组注意到在早期的一项研究中,一研究者对"空烟盒"调查法也提出了批评,认为该方法夸大了丢弃在公共场所烟盒的代表性,且无法对非法走私烟盒与正常过关而来的烟盒进行有效区分[67]。另外,专家组还注意到 KPMG 报告的开头就警告提出,该报告是为特定的、并为委托制作该报告的烟草公司同意的目标而做出,该报告不得为其他人或为其他任何目的所使用,也即该报告具有为特殊目标而做的特性。但这些特殊性和特定使用目的,并没有在提交给专家组的报告中予以体现,而且 KPMG 报告推算的数据也明显高于其他统计数据。借此,专家组认为,仅依靠 KPMG 报告无法对澳大利亚国内非法香烟市场的份额作出一个决定性的结论。[68]

其次,关于 TPP 措施是否会利于非法香烟贸易的盛行。申请人认为 TPP 措施给非法香烟生产者一个非常特别的竞争优势,那就是非法经营者可以使用商标所有者在澳大利亚禁止使用的商标,来生产或销售消费者熟悉的原商标包装盒的假冒烟或走私烟。同时引用澳大利亚海关和边境保护局(ACBPS)在 TPP 措施实施前后,所侦查和查获的非法香烟数量的增加来支持其观点。[69] 而澳大利亚并不认可申请方的观点,认为非法香烟的销量在澳大利亚是很低的,并提出问题的关键是要审查一些与 TPP 措施无关,但能决定或影响非法香烟贸易行为的一系列动因和因素,如税收,售价以及非法贸易成

〔64〕 同前注,第 7.994 段。
〔65〕 同前注,第 7.998 段。
〔66〕 同前注,第 7.1001 段。
〔67〕 同前注,第 7.1008 段。
〔68〕 同前注,第 7.1010 - 7.1013 段。
〔69〕 同前注,第 7.1015 - 7.1016 段。

本。特别是成本,由于澳大利亚在打击非法香烟贸易方面的管控措施、税收监管、低腐败率以及处罚严厉等都使非法香烟贸易成本巨大。[70] 这些都可证明非法香烟贸易难以在澳大利亚得以盛行。基于这些与TPP措施无关但影响进行非法香烟贸易动机的其他不同因素,专家组也注意到澳方采用了主动的管理执法以及对香烟分销渠道进行监管来打击非法香烟贸易,这里包括通过许可证方式和监管分销渠道方式来管控香烟供应链,以及对违法行为进行惩罚,加强各部门与执法部门的合作等。同时,对于申请方提出的在TPP措施实施后海关查获非法香烟数量增加这一证据,专家组认为该证据并不能证明其主张,其证明力低,原因在于查获的数量增加可能正是澳方加强了相关执法活动而显现,再者查获数量也并不能代表非法香烟市场的规模。[71] 总之,专家组认为,没有证据证明非法香烟贸易规模在TPP措施实施后而增大,同时考虑到澳大利亚完备的执法体系和实施非法香烟贸易的巨大成本,这里也没有证据证明TPP措施导致了非法香烟贸易的增加。

综合对上述问题的分析,专家组认为申请方未能证明TPP措施不会或不将对合法目标作出贡献,相反,联合现有其他控烟措施,专家组认为TPP措施将或已对目标作出了有意义的贡献。[72]

④上诉机构的观点

在专家组作出报告后,多米尼加和洪都拉斯对该报告有异议,遂向WTO上诉机构提起上诉。上诉人认为,专家组没有按DSU第11条的规定客观地审查TPP措施对目标贡献的相关证据,这些证据包括TPP措施实施前预测其影响的证据,TPP措施实施后对“近端”和“末端”结果影响的证据,[73] 以及

---

〔70〕 同前注,第7.1017–7.1018段。

〔71〕 同前注,第7.1021、7.1022段。

〔72〕 同前注,第7.1043段。

〔73〕 这里的“近端”结果的影响,指的是TPP措施对减少产品包装吸引力,提高健康警示图标效力,降低产品包装对消费者就吸烟危害性形成的误解或错误认识的影响。“末端”结果的影响,指的是TPP措施对吸烟行为的影响。见Australia – Certain Measures Concerning Trademarks, Geographical Indications and Other Plain Packing Requirements Applicable to Tobacco Products and Packing,专家组报告,世贸组织文件第WT/DS435/R, WT/DS441/R, WT/DS458/R, WT/DS467/R号,2018年6月28日通过,第7.491段。

TPP 措施未来影响的证据。[74] 澳大利亚则要求上诉机构驳回上诉人基于 DSU 第 11 条提出的上诉意见,认为对证据的审查属于专家组对事实认定部分的自由裁量权,上诉机构不应加以干涉。[75]

上诉机构也认为他们不应接受上诉人要求重审案件事实的请求,因为专家组才是案件事实审查的裁判者,如何进行审查属于其自由裁量权,上诉机构不应加以干涉。[76] 专家组有权自行决定依据某一或某些证据来作出事实认定,[77] 当其未依照某证据或某些证据来作出事实认定时,不能因此认定其违背了 DSU 第 11 条的规定。[78] 但同时根据 DSU 第 11 条的规定,专家组也有客观审查义务,应审查其面前的所有证据,确定其可信度、证明力并确保其作出的事实认定都有恰当的证据作支撑,[79] 专家组也不可以在无任何证据的情况下作出确信的事实认定。[80]

为此,为审查专家组的客观审查义务,上诉机构将上诉人基于 DSU 第 11 条提出的多个异议分为两类:一是有关专家组中期报告的,[81] 上诉人认为专家组在审查 TPP 措施实施前(pre – implementation)的证据时,不客观地作出了作为中期报告基础的事实认定。二是有关专家组最终报告的,[82] 上诉人认为将中期报告与 TPP 措施实施后的实证证据相结合,无法客观得出最终报告

---

[74] Australia – Certain Measures Concerning Trademarks, Geographical Indications and Other Plain Packing Requirements Applicable to Tobacco Products and Packing,上诉机构报告,世贸组织文件第 WT/DS435/AB/R, WT/DS441/AB/R 号,2020 年 6 月 9 日通过,第 6.29 段。

[75] 同前注,第 6.31 段。

[76] 同前注,第 6.50 段。

[77] EC Measures Concerning Meat and Meat Products (Hormones),上诉机构报告,世贸组织文件第 WT/DS26/AB/R,WT/DS48/AB/R 号,1998 年 1 月 16 日通过,第 135 段。

[78] European Communities – Definitive Anti – Dumping Measures on Certain Iron or Steel Fasteners From China,上诉机构报告,世贸组织文件第 WT/DS397/AB/R 号,2011 年 7 月 15 日通过,第 441、442 段。

[79] Brazil – Measures Affecting Imports of Retreaded Tyres,上诉机构报告,世贸组织文件第 WT/DS332/AB/R 号,2007 年 12 月 3 日通过,第 185 段。

[80] United States – Countervailing Duties on Certain Corrosion – Resistant Carbon Steel Flat Products From Germany,上诉机构报告,世贸组织文件第 WT/DS213/AB/R 号,2002 年 11 月 28 日通过,第 142 段。

[81] 中期报告是基于 TPP 措施实施前(pre – implementation)的证据作出,该报告的结论为:申请方未能证明 TPP 措施不能通过对"近端"结果的影响对目标作出贡献。

[82] 最终报告是基于中期报告以及措施实施后的相关证据作出,该报告的结论对申请方未能证明 TPP 措施无贡献,相反,与其他措施一起,TPP 措施能为目标作出有意义的贡献。

的结论。[83]

于是,上诉机构首先查看了专家组对 TPP 措施实施前的证据的审查,措施实施前的证据也即有关 TPP 措施的设计、结构和未来运作方面的证据,主要涉及的是预测 TPP 措施影响的相关文献资料。对该些 TPP 文献资料(TPP Literatures),申请方(上诉人)提出异议,认为其主要关注的是 TPP 措施对“近端”结果的影响,而并非关注“末端”结果的影响,同时这些文献资料中的研究也不符合应有的随机性、纵向性以及虚拟性的实验要求。[84] 总之认为这些文献资料的科学研究方法存在缺陷,也缺乏科学严谨性和客观性,不应做定案的证据使用。于是专家组对申请方的意见以及 TPP 文献资料分别予以了审查并作了充分说理,而且其结论有相应的证据作支撑。因此,上诉机构不认为专家组基于措施实施前的证据作出的中期报告结论违背了 DSU 第 11 条规定的客观审查义务。[85]

其次,对于上诉人主张的将中期报告与措施实施后的实证证据相结合,无法客观得出最终报告结论这一意见。其实际是上诉人认为 TPP 措施实施后 2 年多来的实证证据并未充分体现 TPP 措施对吸烟行为产生了显著的影响,既然未产生显著影响则专家组原基于措施实施前证据认定措施将对吸烟行为产生影响的事实认定就与实证证据不符,因而将此二者相结合当然也就无法为专家组的最终报告结论提供有力支持了。

于是,上诉机构查看专家组当时是否审查了 TPP 措施实施后 2 年多的实证证据以及其得出最终报告的结论是否有相应证据做支撑。为此,上诉机构发现专家组就 TPP 措施实施后对吸烟率和香烟销量的影响分别进行了分析。[86] 但相比较于 TPP 措施实施前的证据而言,专家组对措施实施后相关证据的审查更为谨慎。就 TPP 措施实施后对吸烟率和香烟销量影响方面的证据,专家组认为,目前这些实证证据对于能否证明 TPP 措施对目标的整体真

---

〔83〕 Australia – Certain Measures Concerning Trademarks, Geographical Indications and Other Plain Packing Requirements Applicable to Tobacco Products and Packing,专家组报告,世贸组织文件第 WT/DS435/AB/R, WT/DS441/AB/R 号,2020 年 6 月 9 日通过,第 6.55 段。

〔84〕 同前注,第 6.68 段。

〔85〕 同前注,第 6.78 段。

〔86〕 同前注,第 6.103 段。

实贡献还存在争议,对改变吸烟行为的效果方面还难以量化。这里面的原因,当然有 TPP 措施生效后实施期间的短暂性,也有难以将 TPP 措施与其他控烟措施的影响区分开来。因此上诉机构发现,相比而言专家组更重视和关注 TPP 措施实施前的证据。[87] 上诉机构认为,专家组在考虑所有证据后,相对于 TPP 措施实际效果方面的证据而言,它给予了 TPP 措施实施前的证据更多的证明力,这属于其自有裁量权。因此,上诉机构不认可上诉人的观点,即基于 TPP 措施实施后的证据,专家组对于实施前的证据没有提供客观、合理的说明,从而违背了 DSU 第 11 条的规定。[88]

总之,上诉机构认为上诉人基于 DSU 第 11 条的规定,认为专家组违背客观审查义务错误地作出事实认定和最后结论这一主张不被支持。

⑤评析

a. 对问题的细化和推理

关于 TPP 措施对提高公众健康这一合法目标的贡献问题,其实质是看措施是否已促使吸烟率和香烟销量的降低。而 TPP 措施的设计方案是希望通过统一"平装"来降低烟草产品的吸引力;提高健康图标警示的有效性以及减少消费者对烟草产品危害性的误解(对"近端"结果的影响),从而改变公众的吸烟行为(对"末端"结果的影响),进而促使公众减少对烟草产品的吸食和接触以对合法目标作出贡献。因此,为对该问题作出正确的认定,专家组将需考虑的问题细化为:(1)TPP 措施能否对"近端"结果产生影响;(2)TPP 措施能否对"末端"结果产生影响;(3)TPP 措施能否对吸烟率和香烟销量产生影响。对于申请方额外提出的 TPP 措施反而促进了国内非法香烟贸易的增长问题,其实质是从反面来证明该措施对合法目标没有贡献,因此该问题也受到了专家组的考虑和分析。从此可看出,对看似一简单问题的审查,实则需要审查该问题的方方面面,因此将问题进行细化并进行逐个分析是审查的需要也是专业素养的体现。

b. 保护公众权利的同时也应关注私权利

对于问题 1,由于双方都认可 TPP 措施会降低烟草产品的吸引力以及提

---

〔87〕 同前注,第 6.355、6.366 段。

〔88〕 同前注,第 6.358 段。

高健康警示图标的有效性，仅对其中减少消费者对烟草产品危害性的误解有不同意见，所以专家组仅对该点予以分析是对的。申请方认为澳大利亚现有ACL等法律法规已可充分解决对烟草产品危害性的误解问题，无必要再实施TPP措施。于是专家组对ACL等法律法规以及ACCC执法体系进行了分析，认为现有法律法规及执法体系主要关注的是严重影响到消费者健康的产品安全问题，对其他诸如产品包装的误导性问题存在启动程序难、调查时间长、成本高及结果不确定等缺陷。结合ACCC已处理的案例及其他本案证据，发现除"轻柔""清淡"等描述性用语外，烟草公司仍可利用包装形状、颜色、创新设计等方式来向消费者传递信息，因此专家组认为现有法律法规和执法体系无法系统地解决产品包装给消费者带来的误导问题，而TPP措施恰好是其有益的补充。[89] 因此，专家组认为TPP措施能对"近端"结果产生影响。

从这里我们看到，实施统一的"平装"当然可以彻底杜绝产品包装所带来的误导性问题，但这样做也将直接剥夺和限制烟草公司产品设计创新的权利以及商标使用权。众所周知，法律是以权利和义务为规范内容的，它调整的权利和义务关系在本质上是一种利益关系，法律通过调整和协调相互冲突的利益，使利益主体各得其所。具体而言，法律对利益的调整主要体现在：一是通过确认、界定和分配利益，确认利益的权利和义务主体及其地位，确认利益的目标所指向的对象，确定利益分配原则与范围、分配利益的数量和质量，并对某些弱者的利益给予倾斜性保护，平衡各种利益关系，以达到利益的公平。二是法律协调相互冲突的利益关系。法律会根据利益兼顾和不损害社会利益原则，限制较强大的利益，保护较弱小的利益，缩小利益差距。[90]

简单来说法律是对各方利益的调整以达到一种平衡，这就需要法律在保护公众健康利益使其不受包装误导的同时也要尊重商家使用商标和外观设计的权利，而不能对商家的私权利全然不顾或全盘否决。因此，在这里专家组只

---

[89] Australia – Certain Measures Concerning Trademarks, Geographical Indications and Other Plain Packing Requirements Applicable to Tobacco Products and Packing，专家组报告，世贸组织文件第WT/DS435/R，WT/DS441/R，WT/DS458/R，WT/DS467/R号，2018年6月28日通过，第7.917段。

[90] ［美］E. 博登海默：《法理学：法律哲学与法律方法》（修订版），邓正来译，中国政法大学出版社2004年版，第413－414页。

看到统一"平装"能减少消费者对产品危害性的错误认识,却忽视了烟草公司应有的商业权利。这种有失公允或一刀切的推理方式必然招致质疑,因为若此种推理思路成立,则也完全可对澳大利亚国内市场上的烈酒等可能危害公众健康的产品实施统一的"平装",以完全杜绝该等产品包装使消费者可能对其危害性产生错误认识或误解。而事实并未也不可能实现,因为这不符合法律作为调整和平衡各利益的功能要求,更为重要的是这也将妨碍对私权利的保护和危害社会经济的发展与进步。

c. 依照诚实信用原则进行推理

对于问题2,措施能否对"末端"结果产生影响。这个"末端"结果就是对吸烟行为有无影响。显然,就TPP措施能否对吸烟行为产生影响并无直接证据,只能通过已有的相关研究报告等资料来推论是否对吸烟行为产生影响。专家组也指出吸烟行为会受到很多因素的影响,不光只有包装问题。但专家组认为,基于统一"平装"会减少产品吸引力、提高健康警示图标的效力以及减少包装对消费者就吸烟危害性的误解,因而会对吸烟行为产生影响。如专家组就认为减少了产品的吸引力,当然会对公众特别是青少年的初吸行为产生影响,而提高健康警示图标的效力以及减少包装对消费者的误解当然会提高公众对健康的关注,从而可能采取更多的戒烟和停止复吸的行为。

在这里我们发现,专家组得出的结论,更多是基于推理,而非直接证据。当然这个推理不可能是无理无据,而是在已有研究报告证实统一"平装"能对"近端"结果产生影响的基础上,再基于诚实信用原则推论出:虽影响吸烟行为的行为多种多样,但"平装"也会对初吸、戒烟和复吸行为产生影响。由此可见在案件的审理过程中推理的重要性,因为对于案件事实的认定往往是作出裁决的基础,但案件事实并非都有直接证据予以证实,在缺乏相应直接证据的情况下,裁判者当然也只有基于已有的证据,更为重要的是依照诚实信用原则来作出事实推理和事实认定。缺乏相关证据来进行推理是无本之木,而不依照诚实信用原则进行推理则其认定难以使人信服或缺乏合理性。

同样,对于后续TPP措施是否对吸烟率和香烟销量产生影响问题的认定,专家组在无直接证据加以证实的情况下,也是基于已有关联证据并依照诚实信用原则推理出措施会对吸烟率和香烟销量产生影响。而对于TPP措施会否增加非法香烟贸易问题的认定,虽然申请方基于海关数据主张香烟非法贸易已增加,但专家组据实认定该证据无法直接推论出其主张,并鉴于非法贸易在澳大利亚的高昂成本这一事实,再基于诚实信用原则推论出:并无证据证明 TPP 措施已导致了香烟非法贸易的增加。这些都可看出,依照诚实信用原则进行推论对获得良好认定结果的重要性。

诚实信用原则源于英文的"good faith",有的学者将其译为"善意",认为条约的各成员国应一秉"善意"遵守条约约定,这也是对国家行为的原则性要求。[91] 王贵国教授认为将"good faith"译为"善意"属于早期的译法,近代人多将"good faith"译为"诚实信用",似乎更合乎英文原意。[92] 诚实信用作为国际法的一项基本原则,要求所有国家在缔结、签署国际条约、协议后应受条约的约束,诚信履行条约所载明的内容,以实现其在缔结条约时的意愿,践行对其他缔约方家的承诺,实现国家意志,最终达到使条约产生缔约方所追求的效果的目的,[93] 而不可滥用权利或因主张某项权利而损害条约的规定。国际投资仲裁庭历来视诚实信用为规范当事方关系的至高无上的原则。[94] 既然条约必须善意履行,当然亦需善意予以解释。所谓以善意解释,无非是从诚实信用的立场进行解释。[95] 正是基于诚实信用原则在国际法上的地位,无论是在条约解释或是争议案件的事实认定方面,都不能离开以该原则进行解释或推论。同样具体到本案中,需要在已有事实和证据的基础上,再采用诚信原则进行推论,这样的结论才更具正当性和合理性。

d. 各方均应增强其说理

综上所述,对于 TPP 措施是否对目标具有贡献这一问题,专家组依次分析了 TPP 措施对"近端"结果的影响、对"末端"结果的影响、对吸烟率和香烟销量的影响以及是否会导致非法香烟贸易增加这些问题,并认为申请人未能举证说服专家组 TPP 措施对目标不具有贡献性。虽然对于 TPP 措施是否具有贡献性缺乏直接的证据证明,但专家组主要是基于 TPP 措施会对"近端"结

[91] 王铁崖:《国际法引论》,北京大学出版社 1998 年版,第 219 页。

[92] 王贵国:《百年变局下之国际法治——中华传统文化的视角》,载《中国法律评论》2022 年第 1 期,第 18 页。

[93] 裴兆斌:《从诚实信用原则角度分析南海仲裁案》,载《甘肃社会科学》2017 年第 6 期,第 131 页。

[94] 王贵国:《全球治理与规则导向"一带一路"的原则和方向》,载《经贸法律评论》2019 年第 5 期,第 11 页。

[95] 李浩培:《条约法概论》,法律出版社 1987 年版,第 431 页。

果产生影响这一证据,依照诚实信用原则推论出会对"末端"结果产生影响,进而也会对吸烟率和香烟销量产生影响,从而会对目标作出贡献。从此也可看出,基于一定事实或证据基础,再按诚实信用原则进行推理的重要性。专家组也分析了申请方的各种意见和提交的证据,但综合来看,认为其推论还缺乏依据和基础,从而并未说服专家组 TPP 措施不会对目标作出贡献。因此,专家组是秉承证据优势原则或推理优势原则来得出其结论的,各方若要让其推理和观点更具说服力就必须加强其说理和依据的呈现。这也给我国司法判决的改革给予了很大的启发,为我国司法判决能进一步获得他国和世界认可以及推动涉外法治建设指明了方向。

e. 上诉机构的审查范围

在专家组裁决后,申请方依照 DSU 第 11 条的规定提起了上诉,认为专家组没有客观审查证据和作出客观认定,请求上诉机构予以驳回专家组的认定。上诉机构审查了上诉人的上诉意见,并根据 DSU 第 11 条以及其他相关条款的规定认为,事实认定属于专家组的自由裁量权范围,上诉机构并不干涉。但同时,专家组的自由裁量权也并非任意,也要建立在证据基础上,不能凭空作出事实认定。因此,上诉机构主要审查专家组是否对所有证据予以了审查,其作出的结论是否有相应证据作为基础。经审查,上诉机构认为,专家组中期报告认定 TPP 措施会对"近端"结果产生影响有证据基础,且对相关证据予以了全部的审查和评定。专家组最终报告认定 TPP 措施会对目标产生影响也有证据基础,且也对相关证据予以了全部的审查和评定,故不认为专家组未对相关证据进行客观审查和作出客观认定,从而驳回了上诉人的上诉请求。从此可以看出,上诉机构是严格按照 DSU 规定的权限对专家组的工作进行审查,不干涉专家组的自由裁量权,但该自由裁量权也不可任意行使,于是上诉机构主要审查专家组是否已对所有证据予以审查和评定,作出的认定是否具有证据基础便可。而对诸如专家组是依照某证据而不依照另一证据作出事实认定、认定某证据相比另一证据更具证明力等自由裁量权方面的事项并不加以干涉。

(2)TPP 措施是否具有贸易限制性以及该贸易限制性是否超过了为实现目标所需的必要性。

①争议双方的观点及依据

申请方基于美国原产地标签案中的观点,认为诉争措施的贸易限制性是指该措施对进口产品已有的竞争机会形成的不利影响,也即该措施会给产品的进口造成不利后果,或者使产品进口更加费力或艰难。同时认为对是否存在贸易限制性的审查并不需要真实贸易影响的相关证据,关键是审查该措施是否对进口产品已有的竞争机会造成了不利影响,因此审查该措施的设计、结构和运行便可确定其是否具有贸易限制性。申请方认为之所以无须审查是否存在真实贸易影响,这是因为有关贸易真实影响的某些证据可能并不可靠,因为它可能并不来自诉争措施所带来的真实贸易影响,而可能来自私人主体采取了与诉争措施无关的行为。[96] 于本案而言,由于 TPP 措施的设计、结构和运行要求所有的烟草产品采用统一"平装",这就使得厂家/商标所有者本可基于自身产品的商标、外观设计等区别于其他产品的竞争机会或竞争条件受到了限制,而这种竞争机会或竞争条件本可使消费者对该产品形成忠诚度也可使消费者愿意为该产品支付费用。因而,申请方认为该种进口产品竞争机会或竞争条件的受限或丧失,本身就已证明 TPP 措施具有贸易限制性。

除证明 TPP 措施具有贸易限制性以外,申请方还认为该贸易限制性已超过了为实现合法目标的必要性,其理由在于:首先,TPP 措施的设计结构是通过减少对烟草产品的吸食和接触来实施合法目标的,考虑到澳大利亚的香烟依赖于进口,[97]这当然会导致进口香烟数量的减少。同时,由于对所有烟草产品进行统一"平装"必然会导致消费者对产品忠诚度的降低,导致价格竞争加剧和价格下降。数量的减少加上价格的下降必然导致烟草产品进口总市值的下降,这是 TPP 措施带来的另一危害。其次,由于 TPP 措施的实施也会给各烟草产品的进口造成阻碍,各厂商/商标所有者需为遵循 TPP 措施的要求而增加合规成本,这势必给国际贸易带来限制性影响。最后,由于 TPP 措施带有严厉的惩罚手段,会对不遵守规定者给予严重惩罚,这当然也增加了对国际贸易的限制性。总之,申请方认为考虑到 TPP 措施所带来的各种阻碍和贸易限制性影响,该措施对贸易的限制性已超过了对实现合法目标所需的必

---

〔96〕 Australia – Certain Measures Concerning Trademarks, Geographical Indications and Other Plain Packing Requirements Applicable to Tobacco Products and Packing,专家组报告,世贸组织文件第 WT/DS435/R, WT/DS441/R, WT/DS458/R, WT/DS467/R 号,2018 年 6 月 28 日通过,第 7.1048 段。

〔97〕 同前注,第 7.1207 段。

要性。

首先,澳大利亚赞同申请方的观点,即认为给国际贸易带来限制性影响的技术法规(措施)并不一定需要真实的贸易影响(actual trade effects)证据来证明其贸易限制性,也可从该措施的设计、结构和运作来识别出其是否具有贸易限制性,[98]特别是当该措施相对于同类国内产品而言只限制进口产品时,情况更是如此。但当该措施并没歧视进口产品,只是改变了整个产品的竞争条件时,澳大利亚并不认为该措施具有对国际贸易的贸易限制性。其次,澳大利亚认为TPP措施并不只是改变了某WTO成员国进口产品的竞争机会或竞争条件,还改变了整个烟草产品市场的竞争条件。因此,在此种情况下要证明TPP措施是否对整个国际贸易具有限制性影响,除审查该措施本身的设计、结构和运作机制外,还应审查TPP措施对贸易造成的真实影响,否则并不能证实该措施具有贸易限制性。最后,澳大利亚认为,审查贸易限制性的范围要包含整个国际贸易,而不仅涉及单个WTO成员国的贸易,否则,若诉争措施只导致某一成员国的贸易减少,而使得其他成员国的贸易增长了的话,则不可能具备TBT协议第2.2条下的贸易限制性。[99]

②专家组的观点及依据

根据《TBT协定》第2.2条的规定,专家组认为其需要解决的问题是:确定TPP措施是否具有贸易限制性,以及该贸易限制性是否超过了为实现目标所需的必要性。[100]

a. TPP措施是否具有贸易限制性

首先专家组认为DSU第3.2条已规定专家组和上诉机构应根据国际法的习惯解释规则,也即按照《维也纳条约法公约》第31、32条的规定来对《TBT协定》进行解释。于是专家组审查了《TBT协定》第2.2条下国际贸易(international trade)和贸易限制(trade restrictive)的通常含义,并引用了美国金枪鱼案中上诉机构的观点认为,限制通常是指对其他人或物的限制、对行为的限制或限制性的条件或规则。在《TBT协定》第2.2条下由于将限制与贸

[98] 同前注,第7.1052-7.1053段。

[99] 同前注,第7.1054段。

[100] 同前注,第7.1071段。

易(trade)放在了一起,也即指某措施对贸易有限制性影响。[101] 同时考虑到《TBT 协定》第 2.2 条的第一句表明的是国际贸易(international trade),因此该第 2.2 条下的贸易限制(trade - restrictive)是指对国际贸易有一个限制性影响。[102]

如何确定一措施(技术法规)对国际贸易产生限制性影响呢,专家组无法在《TBT 协定》第 2.2 条中得出答案,于是参考了先前 WTO 案例并发现先前案例中的专家组或上诉机构是依照措施对进口产品竞争机会(competitive opportunities)的限制性影响来对该措施(技术法规)的贸易限制性(trade - restrictiveness)进行审查的。在审查过程中,诉争措施的贸易限制性由该措施是否给了《TBT 协定》第 2.1 条下进口产品不利待遇来予以确定。[103] 简单来说,就是当诉争措施给了进口产品相对于国内同类产品更不利的待遇,或对进口产品的进口带来限制时,则可证明该诉争措施具有贸易限制性。[104] 但当诉争措施对进口产品并不带有歧视性时,则需要有关诉争措施给贸易带来真实影响的有力证据及其说理来予以证实诉争措施具有贸易限制性或达到了具有限制性的程度。而对于澳大利亚提出的,审查 TPP 措施对国际贸易的影响应基于措施就所针对的烟草产品对所有 WTO 成员的影响来进行评定的观点,专家组并不赞同。专家组认为若依澳大利亚方的观点,即要证明措施对所有 WTO 成员国都产生了贸易限制性影响,这样的话,当某一出口国出口增长时,则另一成员国就不能就其出口的减少而诉诸《TBT 协定》第 2.2 条,显然这样会限制 WTO 成员国的权利。[105]

回归到本案中,TPP 措施的设计、结构和运作机制是希望通过减少烟草产品包装的吸引力;提高健康警示图标的有效性以及减少包装对消费者的误导

---

〔101〕 United States - Measures Concerning the Importation, Marketing and Sale of Tuna and Tuna Products,专家组报告,世贸组织文件第 WT/DS381/AB/R 号,2012 年 5 月 16 日通过,第 319 段。

〔102〕 Australia - Certain Measures Concerning Trademarks, Geographical Indications and Other Plain Packing Requirements Applicable to Tobacco Products and Packing,专家组报告,世贸组织文件第 WT/DS435/R, WT/DS441/R, WT/DS458/R, WT/DS467/R 号,2018 年 6 月 28 日通过,第 7.1072 段。

〔103〕 同前注,第 7.1073 段。

〔104〕 同前注,第 7.1074 段。

〔105〕 同前注,第 7.1077 - 7.1078 段。

性来使公众减少对烟草产品的吸食和接触,从而为公共健康目标作出贡献。这一措施针对的是所有烟草产品而不仅仅针对进口的烟草产品,因此其相对于国内同类产品而言并没有对进口产品给予不利或歧视性待遇。在这种情况下,专家组无法充分得出 TPP 措施具有贸易限制性。于是专家组继续审查自 TPP 措施实施以来给贸易带来的真实影响等证据,发现自 TPP 措施与其他控烟措施实施以来对贸易产生了限制性影响,已导致整个香烟进口数量的下降,基于此,专家组认为 TPP 措施对国际贸易具有限制性。[106]

b. TPP 措施的贸易限制性是否超过为实现目标所需的必要性

关于 TPP 措施的贸易限制性是否超过了为实现目标所需的必要性问题,专家组对申请方的意见和理由进行了一一审查。首先,专家组并不认同申请方的观点,即 TPP 措施也导致了整个香烟进口市值的下降。专家组认为虽然 TPP 措施会导致价格竞争和价格下落,但实证证据显示,烟草产品的价格在上涨,且抵销了香烟销量上的下降,因此整个市场上香烟的市值不但没下降反而在上升。[107] 虽然专家组并不怀疑 TPP 措施可能在未来,由于香烟销量的下降或价格的下降会造成整个烟草产品市值的下降,但到目前为止,这一情况并没有出现。其次,专家组认为申请方未能证明因遵循 TPP 措施而产生的合规成本具有贸易限制性或会达到贸易限制的程度。因为在专家组看来,虽然为遵循 TPP 措施而带来了合规成本,但这是正常的运行成本且金额不会太大,并不能产生贸易限制性的效果。而且就措施本身而言它也可能造就一种规范的营商环境,在该环境中商家的运用成本可能还会减少,竞争机会反而会增加从而促进了正常贸易。[108] 最后,专家组虽不否认当某一技术法规对进口产品进行严厉惩罚时,在特定案件中会对进口产品产生《TBT 协定》第 2.2 条下贸易限制性的效果。但是在本案中,为确保遵循 TPP 措施而实施的惩罚本身并不会产生贸易限制性效果,特别是进口产品已完全合规的情况下更是如此。[109]

总之,专家组认为,由于 TPP 措施使得进口香烟的数量在减少故具有贸易限制性。但并不认为,由于 TPP 措施对香烟进口施加的条件以及因遵循

---

〔106〕 同前注,第 7.1255 段。
〔107〕 同前注,第 7.1218 段。
〔108〕 同前注,第 7.1235 段。
〔109〕 同前注,第 7.1254 段。

TPP措施而增加的合规成本等,而认为TPP措施具有贸易限制性,也即申请方未能证明TPP措施的贸易限制性超过了为实现目标所需的必要性。

③上诉机构的观点和依据

专家组作出认定后,洪都拉斯和多米尼加提出了上诉,理由是专家组对《TBT协定》第2.2条进行了错误解释。上诉人认为专家组除审查TPP措施对进口产品无歧视性之外,还审查TPP措施实施后所产生的真实贸易影响,这已不符合WTO先前案例的做法,属于对《TBT协定》第2.2条的错误解释。[110] 依照上诉人的观点,《TBT协定》第2.2条下的"贸易限制性"是聚焦于一技术法规是否对进口产品的"竞争机会"有限制性的影响。上诉人认为,TPP措施已使得进口产品无法通过其商标、外观设计等将其产品与其他产品区别开来,而这种区别会培养出消费者对其品牌的忠诚度和付款意愿,但TPP措施对这种区别力的限制,使得进口产品的"竞争机会"或者所区别于其他产品的能力受到了限制。[111] 只要存在这种对"竞争机会"的限制就已证明TPP措施具备"贸易限制性",而无须再对诉争措施对贸易的真实影响进行审查。

澳大利亚认为专家组将《TBT协定》第2.2条中的"贸易限制性"解释为对国际贸易的限制而非对竞争机会的限制是正确的,符合第2.2条的通常含义,也符合《TBT协定》的目标和宗旨,也符合WTO先前案例中各上诉机构对第2.2条的正确解读。澳大利亚赞同专家组的观点,即对整个市场上"竞争机会"的限制并不等同于对进口产品的"贸易限制",对整个市场上"竞争机会"的限制如何导致对进口产品的"贸易限制",需要申请方予以证实。[112] 也就是说当诉争措施对进口产品相对于国内产品而言并无歧视性或并未给予不利待遇时,仅具有对整个市场上"竞争机会"限制性影响这一点无法证明该措施具有"贸易限制性",还应考察诉争措施对贸易的真实影响等相关证据。

上诉机构根据双方的意见并审查专家组对《TBT协定》第2.2条的解释后,认为专家组并没有简单地只以审查产品的竞争条件或竞争机会就来确定

---

[110] Australia – Certain Measures Concerning Trademarks, Geographical Indications and Other Plain Packing Requirements Applicable to Tobacco Products and Packing,上诉机构报告,世贸组织文件第WT/DS435/AB/R, WT/DS441/AB/R号,2020年6月9日通过,第6.377段。

[111] 同前注,第6.378段。

[112] 同前注,第6.379段。

诉争措施是否存在贸易限制性,而上诉人对此存在误读。[113] 上诉机构注意到,专家组在其报告中已表明,TPP 措施是通过限制厂家/品牌商将其产品区别于其他产品的机会,来限制产品竞争的,但是整个市场“竞争条件”的如此改变本身并不构成对进口产品竞争机会的限制。上诉机构明白,专家组是对品牌商/厂家竞争机会的减少,与相对于国内产品而言对进口产品竞争机会的减少予以了区分,并认为后者才构成诉争措施具有贸易限制性,而前者并不足以证明诉争措施具有贸易限制性。[114]

上诉机构认为,其需要考虑的问题是:对一个产品整个市场的“竞争条件”的改变,是否就足以证明这个诉争措施会对国际贸易产生贸易限制性呢?于是上诉机构引用了美国原产国标签案例中[United States – Certain Country of Origin Labelling(Cool) Requirements]上诉机构的观点,在该案中专家组认为对进口家畜实施更高的隔离成本,这一措施相对于美国国内家禽来说给进口家禽增加了竞争限制,进而认为这一诉争措施具有很大的贸易限制性。基于这一专家组的认定,该案上诉机构继而认为只有当减少了进口产品的竞争机会且带有歧视性时,也即相对于国内产品而言减少了进口产品的“竞争机会”时,才足以证明该诉争措施具有贸易限制性。而当只减少“竞争机会”且不带有歧视性时并不足以表明该诉争措施具有贸易限制性,[115] 还需要审查其他如对贸易真实影响的相关证据等来予以确定。因此,上诉机构赞同专家组的意见,在审查诉争措施是否具有歧视性但无法得出结论时,专家组可以审查其他证据,比如真实的贸易影响的证据,来确定诉争措施是否具有贸易限制性,[116] 这一做法并不是对《TBT 协定》第 2.2 条的错误解释。

另外,上诉人认为既然专家组认可 TPP 措施已导致香烟进口数量的下降,且也认为存在消费降级(downtrading)即消费者有从高端香烟向低端香烟消费进行转变的情况,那么也应认定会导致香烟进口市值的下降。而专家组

---

〔113〕 同前注,第 6.383 段。

〔114〕 同前注,第 6.388 段。

〔115〕 Australia – Certain Measures Concerning Trademarks, Geographical Indications and Other Plain Packing Requirements Applicable to Tobacco Products and Packing,上诉机构报告,世贸组织文件第 WT/DS435/AB/R, WT/DS441/AB/R 号,2020 年 6 月 9 日通过,第 6.385 – 6.386 段。

〔116〕 同前注,第 6.392 段。

却认为TPP措施在导致香烟进口数量下降的同时并未导致香烟进口市值的下降,明显是对《TBT协定》第2.2条的错误解释。对此,上诉机构认为专家组并没有如上诉人所述的那样,对进口产品的数量及市值一同进行了审查,而是对二者分别予以了审查,更明确地说是先审查TPP措施对进口香烟数量上的影响,再审查对进口香烟市值上的影响。[117] 专家组审查相关实证证据认为,虽然TPP措施导致了进口香烟数量下降,消费降级,但高价位香烟的价格却有上涨,从而使香烟的均价在上涨,并抵销了进口香烟数量的下降,最终引起整个香烟市值的增加。[118] 上诉机构认为有关进口香烟市值的上升或下降这一事实的认定属于专家组的自由裁量权,专家组才是事实的裁断者,有权衡量和评估各证据,上诉机构无权干涉,[119] 因此上诉人关于专家组对这一事实的认定结果属于对《TBT协定》第2.2条的错误解释的主张,显然无法获得支持。

再者,上诉人认为专家组不认为TPP措施带来的合规成本、严厉惩罚会给国际贸易带来限制性影响的观点也属于对《TBT协定》第2.2条的错误解释。上诉机构同样认同专家组的观点,即上诉人没能证明合规成本、严厉惩罚会给贸易带来限制性影响,特别是当进口香烟已完全遵循TPP措施的情况下。

总之,上诉机构认为上诉人并没有证明专家组对《TBT协定》第2.2条的法律解释存在错误。[120]

④评析

a. 认定"贸易限制性"的审查标准

对于TPP措施是否具有《TBT协定》第2.2条下的贸易限制性问题,其实质属于对条约的解释,对此专家组根据DSU第3.2条的规定,提出应根据《维

---

[117] 同前注,第6.415段。

[118] 同前注,第6.418段。

[119] 同前注,第6.423段。

[120] Australia – Certain Measures Concerning Trademarks, Geographical Indications and Other Plain Packing Requirements Applicable to Tobacco Products and Packing,上诉机构报告,世贸组织文件第WT/DS435/AB/R, WT/DS441/AB/R号,2020年6月9日通过,第6.394段。

也纳条约法公约》第31、32条的规定来进行解释是对的[121]。根据通常含义和上下文(含TBT委员会建议书),专家组认为《TBT协定》第2.2条下的贸易限制性指的是诉争措施对国际贸易具有限制性的影响,简单来说就是该措施会使进口产品的数量减少。对于TPP措施是否会使香烟产品进口数量减少,申请方认为要看该措施是否损害了进口产品的"竞争机会"。而澳大利亚和专家组认为,当该措施并不针对进口产品带有歧视性待遇的时候,对所有产品"竞争机会"的影响或限制,不足以得出该措施就具有贸易限制性。因此,除要审查TPP措施的设计、结构以及运作机制外,还要审查该措施对国际贸易实际影响等相关证据来进行个案判定。[122]

在这里我们发现,审查的实质为对进口产品的限制性影响进行审查,而对进口产品的限制性影响从某种程度而言是一个相对概念,它相对的是国内同类产品。根据各方引用的WTO先前案例可知,若诉争措施带有歧视性,即相对于国内同类产品而言,会限制进口产品的进入或对进口产品的"竞争机会"带来限制,如此则可直接确定该措施具有贸易限制性,这已被WTO先前案例所确认。但是当该措施并不具有歧视性,而是改变了整个市场上产品的"竞争机会"时,则还需要审查该措施对国际贸易的真实影响。因为这时限制的是整个市场上的产品,这种限制很难说会直接导致进口产品数量的减少,[123]这不同于只针对进口产品的歧视性措施,必然会导致进口产品数量的下降。因此,专家组认为除审查TPP措施的设计、结构及运作机制对整个市场上产品"竞争机会"的限制外,还应审查TPP措施实施后具体的真实贸易变化情况。在这里,申请方认为没有必要再审查真实的贸易变化情况的观点显然缺乏合理性。

---

[121] Australia - Certain Measures Concerning Trademarks, Geographical Indications and Other Plain Packing Requirements Applicable to Tobacco Products and Packing,专家组报告,世贸组织文件第WT/DS435/R, WT/DS441/R, WT/DS458/R, WT/DS467/R号,2018年6月28日通过,第7.1082段。

[122] 同前注,第7.1075段。

[123] 比如说新的技术法规(措施)要求所有市面上的零售香烟包装的开口采用翻盖而非平盖的形式,这当然会使部分原采用平盖包装的香烟厂家丧失其区别于其他产品的"竞争机会",但该种限制针对的是所有产品而非歧视进口产品,改变的是整个市场的竞争条件。因此,难以就此认定该措施必然会导致进口产品数量减少,具有贸易限制性。只能说有可能,具体得看该措施实施后真实的贸易变化情况。

而对于真实贸易变化情况的审查,澳大利亚的意思简单来说就是要对所有 WTO 成员国进行审查,要看该措施是否导致每个成员国的出口数量在减少。而专家组反对这一观点,认为一个措施的实施并不一定会使所有 WTO 成员国的出口数量都减少,若某一 WTO 成员国出口反而增加,按澳大利亚的逻辑,则出口减少的国家就无法依照《TBT 协定》第 2.2 条的规定来寻求法律救济,这显然会限缩 WTO 成员国的权利,因此该观点不可取。专家组认为对真实贸易变化情况的审查,应重点审查诉争国总体进口数量的变化,而不应关注具体哪个成员国或是否所有成员国的出口都在减少。显然专家组的这一观点是正确的,因为就国际贸易而言,除诉争措施外还会有其他各种因素导致各成员国或诉争国的出口数量发生变化,而《TBT 协定》第 2.2 条下对国际贸易的限制性影响,应聚焦于诉争措施实施后诉争国整体进口数量的变化,而不应以各成员国都统一出现出口数量减少为要件。因为即便在诉争国整体进口数量下降的情况下,也会有其中某个成员国对诉争国出口量反而增加的情况。故此,专家组审查了 TPP 措施实施后与真实贸易影响相关的证据,在发现澳大利亚香烟进口数量整体下降的基础上作出了 TPP 措施具有贸易限制性的认定。毫无疑问,这一做法值得肯定。

虽然此后申请方对此有异议,认为无须审查 TPP 措施对真实贸易的影响情况便可得出结论,并提起了上诉。但上诉机构经审查后也认同专家组的意见,认为在措施无歧视性的情况下应该对真实贸易的影响情况予以审查,这也是本案中确立的诉争措施是否具有贸易限制性的审查标准。

b. 事实问题应以专家组的认定为准

在确定 TPP 措施具有贸易限制性的同时,专家组对申请方提出的 TPP 措施已导致进口香烟总市值的降低,以及因遵循 TPP 措施而增加的合规成本和 TPP 措施对进口产品的严厉惩罚都是该措施贸易限制性的体现的观点予以了反驳。而申请方之所以要提出这些观点,包括认同专家组肯定 TPP 措施具有贸易限制性的同时却反对其不应审查措施给贸易带来的真实影响,[124] 其目的在于证明,当考虑到无法实现合法目标所产生的危害时,该 TPP 措施虽对实

---

[124] 申请方认为仅以 TPP 措施的设计、结构和运行机制会使生产商/商标所有者将其产品区别于其他产品的“竞争机会”受限或丧失就足以证明该措施具有贸易限制性。

现合法目标有贡献,但其对贸易的限制性已超过其为实现合法目标所需的必要性。而烟草产品进口数量和进口市值的下降、增加的合规成本以及可能的严厉惩罚,均为申请方认为TPP措施更具贸易限制性的体现。所以在专家组反驳其主张后,申请方提起了上诉,认为专家组反驳的理由不成立,是对《TBT协定》第2.2条的错误解释。其中最重要的一点就是,既然专家组认可TPP措施已导致进口数量的减少,那么统一"平装"所带来的价格竞争和消费降级(downtrading),必然也会导致进口市值的下降。上诉机构对其观点予以审查后,根据DSU的规则认为,专家组基于实证证据认定进口市值下降属于专家组作为事实裁判者的自由裁量权,在未存在恣意实施该权利的情况下,上诉机构认为其无权予以干涉,从而驳回了上诉人的请求。从这里可以看出,进口香烟总市值的上升或下降属于事实认定问题,对于这种事实认定问题,各方应向专家组提供更加翔实的证据和说理作为支撑,一旦专家组作出认定后,只要不存在重大滥用其自由裁量权的情况,上诉机构一般均会尊重该专家组的自由裁量权,这也是对DSU规则的遵循。

4. 替代措施是否在对目标具有与TPP措施相同贡献的情况下,具有比TPP措施更少的贸易限制性

(1)争议双方的观点及依据

申请方在认定TPP措施的贸易限制性超过为实现合法目标所需的必要性后,提出了两个替代措施,认为该两个替代措施均可在给合法目标作出与TPP措施相同贡献时,其对贸易的限制性要少于TPP措施。这两个替代措施分别为提高最低法定购买(香烟)年龄(Minimum Legal Purchasing Age, MLPA),将其从当前的18岁提高到21岁,另一个为提高烟草产品的消费税。申请方认为将最低法定年龄从当前的18岁提高到21岁将直接减少公众特别是21岁以下的青少年吸食或接触香烟的数量,考虑到该部分青年吸烟量在总烟民中占有重要份额,禁止这部分人吸烟将会对吸食或接触香烟的数量产生直接影响。该措施也不同于TPP措施那种先改变包装再影响公众吸烟行为的间接方式,很明显该措施将更有利于直接减少香烟消费量从而可能对合法目标作出更大贡献。同时MLPA具有更少的贸易限制性,如它不会对厂家/商标所有者区别于其他产品的商标、外观设计等造成限制或影响,不会影响到他们的知识产权等合法商业权利,也不会使他们增加为遵循TPP措施而多出的合规成本,也会免受可能的 TPP 措施的惩罚,所有这一切均将证明该替代措施相比于 TPP 措施而言具有更少的贸易限制性。[125] 同样,申请方认为提高香烟消费税可以直接降低对烟草产品的吸食或接触,减少烟草产品的销量,从而会对合法目标作出与 TPP 措施相同的贡献。又由于该措施作为非歧视性的国内税收措施相较于可能无效或更具贸易限制性的技术法规而言,更容易符合 WTO 协议的规定,也具有更少贸易限制性。再加上该措施不会妨碍商标等商业权利的使用、不会给商家带来合规成本、不会对商家的利润和市场份额以及整体市场竞争条件产生不利影响,因而具有更少的贸易限制性。[126]

而澳大利亚则认为,将 MLPA 提高到 21 岁其实与其他禁止向未成年人销售香烟、禁止使用虚假身份证明购买香烟等措施相似,这种措施应是 TPP 措施的补充措施而不是其替代措施。[127] 由于其并不会减少烟草产品的吸引力,且对超过 21 岁的烟民不会起到任何作用,也不会鼓励戒烟和停止复吸行为,也无法从更广泛和系统的角度来解除产品包装带来的误导性问题,澳大利亚不认为提高 MLPA 对合法目标的实现会有更大的贡献。[128] 同样对于提高消费税这一措施,澳大利亚认为该措施已在本国实施,只是程度不同,且澳大利亚打算在将来继续提高香烟消费税,因此该措施也不是一个替代措施,是现有措施的微小变动,应作为目前 TPP 措施的一个补充措施对待。[129]

(2)专家组的观点及依据

专家组在审查双方的观点后,认为其首先要解决的问题是:申请方提出的 MLPA 和提高香烟消费税是否为《TBT 协定》第 2.2 条下的替代措施。这就需要考虑其是否能被诉争国合理使用且能通过减少对烟草产品的吸食或接触来对合法目标作出与 TPP 措施相同贡献的同时,其贸易限制性还少于 TPP 措

〔125〕 Australia – Certain Measures Concerning Trademarks, Geographical Indications and Other Plain Packing Requirements Applicable to Tobacco Products and Packing,专家组报告,世贸组织文件第 WT/DS435/R, WT/DS441/R, WT/DS458/R, WT/DS467/R 号,2018 年 6 月 28 日通过,第 7.1395、7.1403 段。

〔126〕 同前注,第 7.1481、7.1482 段。

〔127〕 同前注,第 7.1398、7.1428 段。

〔128〕 同前注,第 7.1428、7.1430 段。

〔129〕 同前注,第 7.1476 段。

施对贸易的限制性。[130] 对于替代措施的认定,专家组参考了 WTO 先前案例,在美国原产地标签案中,该案上诉机构认为《TBT 协定》第 2.2 条下的替代措施在性质上是一种假设性的措施,它并不存在和实施于诉争国当中或并不处于申请方建议的形式。[131] 再依照中国稀土案中专家组的意见认为,申请方提议的措施哪怕仅是在现已实施措施基础上的微小变动,也属于一个有效的替代措施。[132] 因此,专家组认为将法定最低购买(香烟)年龄提高到 21 岁,以及在现有基础上提高香烟消费税均是澳大利亚目前可以利用和实施但还未实施的措施,故属于替代措施范畴。

关于贸易限制性问题,专家组认为应审查替代措施对进口香烟数量的影响,以及其他方面。[133] 虽然申请方提出未限制厂家商标的使用、不会引起合规成本或惩罚,不会改变整个市场的竞争环境等,但专家组认为,依照之前的论述,非歧视性地限制整个市场上各厂家商标的使用(竞争机会)或改变整个市场竞争条件并不会形成《TBT 协定》第 2.2 条下的贸易限制性,引起的合规成本或惩罚也不会构成贸易限制性,因此专家组认为申请方未能证明提高 MLPA 到 21 岁以及提高香烟消费税将必定具有比 TPP 措施更少的贸易限制性。[134]

关于对合法目标的贡献问题,专家组认为无论是 MLPA 到 21 岁或是提高香烟消费税都将直接导致香烟销量的下降,从而都将对合法目标的实现有贡献。但对于贡献的程度问题,专家组认为 MLPA 和提高香烟消费税的作用

---

〔130〕 同前注,第 7.1393 - 7.1394 段。

〔131〕 United States - Certain Country of Origin Labelling (Cool) Requirements (Recourse to Article 21.5 of the DSU by Canada and Mexico),上诉机构报告,世贸组织文件第 WT/DS384/AB/RW,WT/DS386/AB/RW 号,2015 年 5 月 18 日通过,第 5.328 段。

〔132〕 China - Measures Related to the Exportation of Rare Earths, Tungsten, and Molybdenum,专家组报告,世贸组织文件第 WT/DS431/R,WT/DS432/R,WT/DS433/R 号,2014 年 3 月 26 日通过,第 7.186 段。

〔133〕 Australia - Certain Measures Concerning Trademarks, Geographical Indications and Other Plain Packing Requirements Applicable to Tobacco Products and Packing,上诉机构报告,世贸组织文件第 WT/DS435/AB/R, WT/DS441/AB/R 号,2020 年 6 月 9 日通过,第 6.472 段。

〔134〕 Australia - Certain Measures Concerning Trademarks, Geographical Indications and Other Plain Packing Requirements Applicable to Tobacco Products and Packing,专家组报告,世贸组织文件第 WT/DS435/R, WT/DS441/R, WT/DS458/R, WT/DS467/R 号,2018 年 6 月 28 日通过,第 7.1416 - 7.1417 段。

具有局限性,与 TPP 措施的运行机制不同,无法解决产品外观设计给消费者带来的误导性问题,也无法针对所有烟民或无法全面系统地与其他控烟措施一同协作为合法目标作出贡献。例如,MLPA 只是限制而不可能根除 21 岁以下者吸食或接触烟草产品,因为社交资源的存在,如超过 21 岁的亲戚、朋友甚至是陌生人都可能让 21 岁以下者吸食或接触到香烟。[135] 提高香烟消费者税虽增加了消费者购买香烟的成本,但更多的是导致消费降级,且无法与其他如 GHW 等其他控烟措施一同协作来为合法目标作出贡献,起不到如 TPP 措施与其他措施一道的协同作用,因此专家组通过比较认为替代措施对合法目标的贡献相对于 TPP 措施来说要少一些。综上,专家组认为申请方未能证明两替代措施能同 TPP 措施一样为合法目标作出相同的贡献,同时也未能证明两替代措施具有更少的贸易限制性。[136]

(3)上诉机构的意见及依据

在专家组作出认定后,申请方提出异议,认为专家组作出的上述认定存在法律错误,另外,就专家组对替代措施的贸易限制性以及贡献的认定,上诉人也依照 DSU 第 11 条规定提起了上诉,认为专家组违背了客观审查义务。[137] 上诉人认为,专家组对"贸易限制性"这一概念采用了一个狭义的理解,不但未在基于 TPP 措施设计、结构和运行的基础上,聚焦于 TPP 措施对烟草产品竞争机会的影响,反而要求提供有关 TPP 措施对贸易真实影响的证据并对其进行了审查。如果专家组能合理地审查 TPP 措施减少了厂家区别于其他产品的竞争机会的话,专家组应会得出一个不同的结论和认定,也即 TPP 措施比替代措施更具有贸易限制性,因为替代措施并没有减少厂家的竞争机会。[138] 就替代措施的贡献方面,上诉人认为专家组错在:①认为替代措施对目标贡献所采取的机制与 TPP 措施不同,从而认为替代措施贡献少;②没有对替代措施与 TPP 措施的贡献进行合理对比,反而只考虑 TPP 措施与其他控

〔135〕 同前注,第 7.1444 段。

〔136〕 同前注,第 7.1471、7.1464、7.1531、7.1545 段。

〔137〕 Australia – Certain Measures Concerning Trademarks, Geographical Indications and Other Plain Packing Requirements Applicable to Tobacco Products and Packing,上诉机构报告,世贸组织文件第 WT/DS435/AB/R, WT/DS441/AB/R 号,2020 年 6 月 9 日通过,第 6.465 段。

〔138〕 同前注,第 6.467 段。

烟措施的协同作用,而未考虑其他控烟措施与替代措施之间的协同作用。[139]

澳大利亚则认为,专家组认定 TPP 措施具有贸易限制性的理由仅仅是因为其对进口产品的数量产生了影响。按此观点,则申请方提出的替代措施至少与 TPP 措施一样具有贸易限制性。因为澳大利亚的香烟几乎全靠进口,而合法目标是通过减少对烟草产品的食用和接触来实现的,因此任何对合法目标具有相同贡献的措施,必定会对进口烟草产品的数量产生影响。而对进口产品数量产生限制性影响,就意味着措施都具有相同的贸易限制性,所以无法得出替代措施相比较于 TPP 措施而言具有更少的贸易限制性。若有更少的贸易限制性,则证明其对合法目标的贡献比不上 TPP 措施对合法目标的贡献。[140] 关于替代措施的贡献方面,澳大利亚认为在具有与 TPP 措施相同贸易限制性的情况下,提议的替代措施可能会因与 TPP 措施实施方式上的差异而对合法目标的贡献存在不同,也即澳大利亚认为专家组引用巴西翻新轮胎案中的观点是正确的,即一个可替代现存广泛体系中某措施(TPP 措施)的替代措施可能会损害现有措施体系中不同措施间的协同作用,[141] 也即替代措施相对于现存控烟体系中的 TPP 措施而言,由于其无法获得与其他控烟措施间的协同作用,从而其对目标的贡献会少于 TPP 措施。

上诉机构引用先前 WTO 案例的观点认为,应将诉争措施的贸易限制性以及对目标的贡献与替代措施的贸易限制性以及对目标的贡献进行对比,从而来确定诉争措施相对于其实现合法目标的必要性而言是否更具贸易限制性。[142] 关于二者在贸易限制性方面的对比,应聚焦在审查替代措施、TPP 措施对进口香烟数量的影响上。由于 MLPA 以及提高香烟消费税都可直接导致香烟销量和进口量的下降,因而同 TPP 措施一样对于国际贸易具有限制性。虽然上诉人意图从替代措施不会影响到厂家的竞争机会、不会增加合规

〔139〕 同前注,第 6.481 段。

〔140〕 Australia - Certain Measures Concerning Trademarks, Geographical Indications and Other Plain Packing Requirements Applicable to Tobacco Products and Packing,上诉机构报告,世贸组织文件第 WT/DS435/AB/R, WT/DS441/AB/R 号,2020 年 6 月 9 日通过,第 6.468 段。

〔141〕 Brazil - Measures Affecting Imports of Retreaded Tyres,上诉机构报告,世贸组织文件第 WT/DS332/AB/R 号,2007 年 12 月 3 日通过,第 172 段。

〔142〕 United States - Measures Concerning the Importation, Marketing and Sale of Tuna and Tuna Products,上诉机构报告,世贸组织文件第 WT/DS381/AB/R 号,2012 年 5 月 16 日通过,第 320 段。

成本等角度来论述和证明替代措施相较于 TPP 措施来说具有更少的贸易限制性,但考虑到这些因素无法直接影响到烟草产品的销量和进口量,故无法证明替代措施相比较于 TPP 措施来说具有更少的贸易限制性。对于专家组的这一认定,上诉人并没有很清晰地说明专家组在法律上的错误,也没有证明 TPP 措施相对于替代措施而言更具有贸易限制性。因此,上诉机构认为上诉人并未证明专家组对《TBT 协定》第 2.2 条的解释或适用存在错误,也未能证明两替代措施相比较于 TPP 措施而言具有更少的贸易限制性。[143]

关于二者在对目标贡献上的对比,专家组基于两替代措施并不处理 TPP 措施所寻求处理的外观设计(design features)问题,同时替代措施会减少 TPP 措施与其他控烟措施所形成的协同作用和效果。因此,专家组认为替代措施对合法目标的贡献比不上 TPP 措施。[144] 但上诉机构认为虽然替代措施不处理包装外观设计问题,但该问题并不是考虑对目标贡献的核心问题,对目标贡献的核心应是审查是否减少了对烟草产品的吸食或接触,因此不处理包装的外观设计问题并不意味其不能对合法目标提供与 TPP 措施相同的贡献。[145] 另外,专家组的论述中并没有表明在替代措施与其他控烟措施的系统运行中,各替代措施相比于 TPP 措施而言会对目标产生更小的贡献,因此也不能认为 TPP 措施与其他控烟措施的协作就会产生比替代措施更好的效果或对目标更大的贡献。[146] 再者,上诉机构发现专家组在分别评估各措施对目标的贡献时,用的词都是"有意义的"(meaningful),从此上诉机构认为这可合理地推论出 TPP 措施和其他两替代措施对目标的贡献是相似的或相同的。[147]

总之,上诉机构认为,专家组认定申请方未能证明替代措施具有更少的贸易限制性并不存在法律错误,也没有违背 DSU 第 11 条规定的客观审查义务。但上诉机构认为,专家组认为申请方没有证明替代措施将作出与 TPP 措施同等的贡献存在错误。考虑到替代措施并没有给合法目标作出与 TPP 措施相

---

[143] Australia – Certain Measures Concerning Trademarks, Geographical Indications and Other Plain Packing Requirements Applicable to Tobacco Products and Packing,上诉机构报告,世贸组织文件第 WT/DS435/AB/R, WT/DS441/AB/R 号,2020 年 6 月 9 日通过,第 6.478 – 6.479 段。

[144] 同前注,第 6.490 段。

[145] 同前注,第 6.498 段。

[146] 同前注,第 6.500 段。

[147] 同前注,第 6.491 段。

同贡献,具备比 TPP 措施更少的贸易限制性,上诉机构认为上诉人未能证明 TPP 措施的贸易限制性超过了其为实现合法目标所需的必要性。

(4)评析

①TPP 措施相对于其为实现合法目标所需的必要性而言是否更具贸易限制性的审查标准

《TBT 协定》第 2.2 条规定,考虑到合法目标未能实现可能造成的风险,技术法规对贸易的限制不得超过为实现合法目标所必需的限度。结合本案即为 TPP 对贸易的限制性不能超过其为实现合法目标所需的必要性。但限制性的程度、必要性的程度各为多少,以及如何考量各程度,该条文并未给出答案。而若无法考量各自的程度并进行对比,则难以得出 TPP 措施的贸易限制性是否超过了必要性。于是专家组根据之前的 WTO 案例,如在美国与墨西哥的金枪鱼案中,上诉机构的观点认为这涉及将 TPP 措施的贸易限制性和对目标的贡献与申请方提出的可能合理存在的替代措施的贸易限制性和对目标的贡献进行对比。[148] 若相对于替代措施而言,TPP 措施在作出相同贡献的同时具有更多的贸易限制性,则 TPP 措施便会因其贸易限制性超过了为实现合法目标所需的必要性而被修改或取消,反之亦然。

从这里可以看出,当要审查一诉争措施的贸易限制性是否超过了其实现合法目标所需的必要性时,就必然要涉及衡量标准问题。而当无法确定固定的衡量标准时,则必须寻找到一个相对标准,这就涉及对比。而这个对比物就是申请方所主张的可能具有更少贸易限制性又可合理利用的替代措施。也只有基于此来进行对比,才能审查出 TPP 措施的贸易限制性是否超过了其为实现合法目标所需的必要性。

②证明替代措施比 TPP 措施具有更少贸易限制性的审查依据及难点

既然是将替代措施与 TPP 措施进行对比,那么在二者都对合法目标具有类同贡献的情况下,主要是将二者的贸易限制性进行对比。而要证明 TPP 措施更具贸易限制性,则申请方便需反向证明替代措施具有更少的贸易限制性便可。但考虑到无法对贸易限制性进行量化且替代措施在本质上也属于一种

[148] United States - Measures Concerning the Importation, Marketing and Sale of Tuna and Tuna Products,上诉机构报告,世贸组织文件第 WT/DS381/AB/R 号,2012 年 5 月 16 日通过,第 320 段。

假设性的措施,故而只能依据间接证据及推理来进行确定。

在已知 TPP 措施是通过“三机制”(减低吸引力,提高健康警示图标效力,减少包装误导性)来影响抽烟行为再对进口香烟数量产生影响的,且在有相关科研报告和实证证据为依据的情况下,本案申请方主要提出替代措施不会限制商标、外观设计的使用,不会带来合规成本以及惩罚,不会改变整个市场的竞争条件,继而认为其对贸易的限制性要比 TPP 措施少。但本案中对贸易限制性审查的实质在于审查香烟进口数量的变化,而申请方所提的这些观点并不直接作用于整体进口数量,因此专家组认为申请方未能举证证明替代措施的贸易限制性比 TPP 措施的少,这一观点值得肯定也获得了上诉机构的认同。

从这里我们发现由于无直接和实证证据的存在,申请方要想说服裁判者就须提供有力的推理来证明其观点。与此同时我们也看到了本案中的证明难题,既然要去证明替代措施的贸易限制性少于 TPP 措施,那么就得证明其对进口产品数量的影响要少于 TPP 措施的影响。但合法目标又是通过减少对香烟的吸食和接触来实现的。考虑到澳大利亚所有的香烟几乎均为进口而来,故要实现对这一目标的贡献的直接指标便是进口产品数量的下降。因此,替代措施若要达到与 TPP 措施对合法目标相同的贡献率,势必就会将进口产品数量降到类似或相同的程度,也就是二者具有相同的贸易限制性。故想证明替代措施具有与 TPP 措施相同的贡献但又有比 TPP 措施更少的贸易限制性显然是难以实现的,这是本案中的一个证明难题。

③上诉机构对反驳专家组有关措施对目标贡献意见的再思考

对于措施对目标的贡献问题,同样也需要依据间接证据及法律推理来进行确定。承担着举证义务的申请方遂提出 MLPA 和提高香烟消费税都能直接影响购买行为,从而使公众减少对烟草产品的吸食或接触,这对目标的实现显然有贡献。同时主张,这种直接减少吸食和接触香烟数量的方式,相对于 TPP 措施先改变包装再影响吸烟行为这种间接方式而言,其对目标的贡献至少等于或高于 TPP 措施对目标的贡献。但专家组并不这样认为,专家组认为替代措施与 TPP 措施的运行机制不同(如不解决外观设计问题),替代措施会无法取得 TPP 措施与其他控烟措施所形成的协同作用,因而其贡献应少于 TPP 措施。后申请方对此提起上诉后,上诉机构认为专家组的认定存在错误,因为替代措施与 TPP 措施运行机制的不同并不能证明替代措施对减少吸食或接触香烟的贡献就少,同样替代措施与其他控烟措施也会产生协同作用,该协同作用并无证据证明它将低于 TPP 措施与其他控烟措施产生的协同作用。

在这里,无论是认为替代措施对减少吸食或接触香烟的贡献大于还是少于 TPP 措施,还是认为替代措施与其他控烟措施的协同作用将会大于或是少于 TPP 措施,均是基于已有相关证据和事实来进行的一种事实推定。既然是一种事实推定或事实认定,那么根据 DSU 的相关规定应属于专家组的自由裁量权,上诉机构不应加以干涉,除非专家组违背 DSU 第 11 条规定的客观审查义务。而这一客观审查义务根据 WTO 先例可知,均要求专家组存在明显的或显著的滥权时才对其予以干涉。而在本案中,上诉机构并未提出专家组在事实认定方面存在滥权,既然不存在滥权而上诉机构又对其事实认定进行直接否决的做法值得商榷和反思。正如前文专家组对 TPP 措施并未导致进口产品市值下降的认定一样,虽然申请方提出上诉,但上诉机构认为 TPP 措施实施后进口产品市值的上升或下降均属于事实认定问题,且在未发现专家组存在滥权的情况下,上诉机构不应予以干涉,从而驳回了申请方的上诉意见。总之,上诉机构审查的是法律或法律解释问题,对于专家组的事实认定,在未发现其滥用权利的情况下应不加以干涉。

三、结语

通过对本案中所涉 TBT 协议第 2.2 条法律问题的分析和解读,本章认为作为处理案件的裁判者应足够细化法律问题、运用习惯国际法解释原则对法律问题进行解释、充分推理及说理,这样才能让裁决更具说服力和正当性。这些审理方法也对我国国内司法裁决者具有启迪作用,也将推动我国国内司法裁决走向国际化,为涉外法治建设贡献重要力量。

(一)对法律问题的细化

本案需要处理的第一个法律问题是澳大利亚的 TPP 措施是否违背了《TBT 协定》第 2.2 条的规定,面对这样一个貌似简单的问题,裁决者需要对该问题进行细化,需要分别审查 TPP 措施是否为《TBT 协定》下的技术法规?

TPP 措施是否应同时符合《TBT 协定》第 2.2 条以及《TRIPS 协议》第 20 条的规定？TPP 措施是否对目标有贡献以及它对贸易是否具有限制性？替代措施是否在对目标具有与 TPP 措施相同贡献的情况下，具有比 TPP 措施更少的贸易限制性？而对这些已细化问题的审查，还需要进一步进行细化，如对 TPP 措施是否为《TBT 协定》下的技术法规这一问题，则应明确何为技术法规，它的构成要件是什么，而 TPP 措施的具体内容是什么，是否符合技术法规的构成要件，同时先前案例对该问题的意见又是什么。从这里可以看出，对于一个法律问题的审查要尽可能细化为各种小问题，只有将问题细化到足够小、足够细时才能更有针对性地加以分析与处理。

(二)对法律条款的解释

在对问题进行细化后，接下来重要的是对其中的法律条款进行解释，如何解释？必然要依照习惯国际法规则也即《维也纳条约法公约》第 31、32 条的规定来进行解释。如在确定 TPP 措施是否为《TBT 协定》中的“技术法规”时，首先要对何为“技术法规”进行解释。这就需要运用习惯国际法规则来对《TBT 协定》附件中“技术法规”的定义进行解释，具体而言要善意地按照定义的通常含义、结合上下文并参考先前案例对该定义的意见进行解释。同样，在审查 TPP 措施是否具有贸易限制性时，对于条款中何为“限制性”也需要善意地结合上下文按其通常含义并参考先前案例意见对其进行解释。这些都说明依照习惯国际法规则也即《维也纳条约法公约》第 31、32 条的规定来对法律条款进行解释已是一项基本原则，裁决者须予以遵循。同样对于我国国内的司法裁决者而言，也应依照我国法律所规定的合同解释规则进行解释。

(三)重在推理与说理

除对法律条款进行解释外，裁判者还要查明案件事实，但由于有些案件事实有证据予以证实，有些必然也无证据予以证实，这就需要用到推理，同时也需将该推理过程予以详细地说明也就是说理。由于是基于一事实来推出另一事实，这必然无法保证另一事实完全存在或完全正确，因此推理只要求结论具有盖然性而不必具有必然性。为确保做到这种盖然性，裁决者除须基于其他事实或间接证据外，更要依照法律解释规则当中的诚实信用原则来进行推理，只有这样才能保证推理结果的盖然性或正当性。同样,在本案中由于不可能获得所有的证据来证明事实的存在,裁决者当然也得用到诚实信用原则来进行解释和推理,并将其进行充分的说明和阐述(说理),这种情况在本案中常常出现。例如,对于TPP措施是否能影响到吸烟行为,显然这难以获得直接的证据予以证实,因而得进行推理。裁决者基于有关TPP措施的科研报告和文献,确定TPP措施通过其设计的"三机制"可以减少香烟产品的吸引力并引起公众对健康的关注和避免对其危害性的误解,从而依照诚实信用原则推论出TPP措施应会对吸烟行为产生影响。在申请方也未提出其他明显有力的证据或说理来看,显然这一推论的结果有其合理性。再者,裁决者基于澳大利亚几乎所有的香烟全靠进口,以及近年来进口数量下降的情况(虽然无法区分出哪些是TPP措施哪些是其他控烟措施的功劳),推论出TPP措施会对合法目标的实现具有贡献,当然也推论出该措施具有贸易限制性等。所有这些都是裁判者基于诚实信用原则或常识,在已知事实基础上进行的推理,而且将这些推理予以详细说明(说理),即允许反驳也有利于增加其说服力和正当性。对于这些,我国的司法裁决者更要引起足够的重视,因为在我国大力提倡涉外法治建设的过程中,司法裁决特别是涉外司法裁决将是其中重要一环。如果我国司法机构的裁判文书能摒弃重结果而不重说理的习惯,主动强化国际上较为通行的法律解释方法以及对裁决结果由来的说理和说明,必将增强我国司法裁决的合理性和说服力,也更容易获得外国相关机构的承认与执行,从而为我国涉外法治建设作出贡献。

第十章　美国赌博案
(United States – Measures Affecting the Cross – Border Supply of Gambling and Betting Services)

姚若楠

一、案件事实概述

(一)概述

安提瓜和巴布达(以下简称安提瓜)位于加勒比海与大西洋之间,国家经济基础较为薄弱,以旅游业为主。自20世纪90年代中期开始,安提瓜建立了基于互联网远程访问的网络赌博产业,并将其作为改善国家经济发展的战略内容。当时在美国,赌博(包括网络赌博)被多州禁止,但美国的赌博市场庞大,1999年美国国民用于赌博活动的资金就超过6300亿美元。因此,部分在美国受限的网络赌博公司为规避美国法律,纷纷转向在安提瓜等国注册开立,以互联网为媒介继续为美国市场提供赌博服务。1999年,在安提瓜经营的网络赌博公司多达119家,雇佣约3000人,约占国内生产总值的10%,这为安提瓜国家的经济提供了重要支持。[1]

美国称,由于远程提供赌博服务的爆发式增长,美国政府监管赌博的难度增加。境外远程提供赌博服务激增后,美国的监管和执法面临严峻挑战。重要的是,网络赌博等远程赌博行为为有组织犯罪、洗钱犯罪等提供了便利条

〔1〕 United States – Measures Affecting the Cross – Border Supply of Gambling and Betting Services,专家组报告,世贸组织文件第 WT/DS285/R 号,2004 年 11 月 10 日通过,第 3.5 段。

件。因此,美国开始加强对国内赌博产业的管制,也针对境外网络赌博等远程赌博行为予以严厉打击。因为美国的赌博产业庞大,一开始美国对传统赌博产业的相关处罚并不显著,但在2000年后,打击力度增加,甚至一反前态。美国法院根据《有线通讯法》(Wire Act, WA)[2]对从事网络赌博服务的美国国民进行严厉惩处。2003年,美国众议院还正式通过《禁止非法赌博交易法》(Illegal Gambling Business Act, IGBA)。[3] 根据IGBA与《协助敲诈勒索企业的州际或国外旅游运输法》(Interstate or Foreign Travel or Transportation in Aid of Racketeering Enterprises, Travel Act, TA)[4],美国已经起诉了通过电话进行州际以及国际投注的赌博公司。鉴于美国对网络赌博活动严加监管的行为,美国国民对境外赌博网站的使用与支付受限,安提瓜蒸蒸日上的网络赌博服务业每况愈下。2003年,安提瓜网络赌博经营实体的数量已下降到28家,雇佣不到500人。[5] 安提瓜的就业情况受到影响,政府财政收入也受到严重影响。

安提瓜与美国同为世界贸易组织(World Trade Organization, WTO)成员方,两国均是《WTO协定:马拉喀什建立世界贸易组织协定及其附件》的缔约方,包括《马拉喀什建立世界贸易组织协定》(Marrakesh Agreement Establishing the WTO);附件1的1994年《关税与贸易总协定》(General Agreement on Tariffs and Trade, GATT)、《服务贸易协定》(General Agreement on Trade in Services, GATS)、《与贸易有关的知识产权协定》(Trade - Related Aspects of Intellectual Property Rights, TRIPS);附件2的《关于争端解决规则与程序的谅解》(Understanding on Rules and Procedures Governing the Settlement of Disputes, DSU);附件3的贸易政策审议程序(Trade Policy Review Mechanism)以及附件4的诸边协定(Plurilateral Trade Agreements)。

2003年3月13日,安提瓜根据DSU第4条的规定,针对美国影响安提瓜赌博博彩服务跨境提供的措施,提出进行WTO争端解决程序下的磋商程序

---

[2] Wire Act §1084, 18 U. S. C.

[3] Illegal Gambling Business Act §1955, 18 U. S. C.

[4] Travel Act §1952, 18 U. S. C.

[5] United States - Measures Affecting the Cross - Border Supply of Gambling and Betting Services, 专家组报告,世贸组织文件第WT/DS285/R号,2004年11月10日通过,第3.5段。

的要求。2003 年 7 月 21 日,WTO 专家组成立。在专家组审理阶段,第三方包括加拿大、欧共体、日本、墨西哥、中国台湾。2004 年 11 月 10 日,专家组报告公布,报告支持安提瓜,[6] 后安提瓜与美国均进行了上诉。

在上诉机构审理阶段,第三方包括欧共体、日本和中国台湾、澎湖、金门、马祖单独关税区。2005 年 4 月 20 日,争端解决机构(Dispute Settlement Body,DSB)通过了上诉机构报告和经修改的专家组报告,维持了有利于安提瓜的裁决,要求美国履行相关义务。[7] 为确定执行期限,根据 DSU 第 21 条第 3 款(c)项,安提瓜在 2005 年 6 月 20 日要求 WTO 成立仲裁庭,对美国执行 DSB 裁定的合理期间进行仲裁。2005 年 8 月 19 日,仲裁员裁决,确定了 11 个月 2 周的时间执行上诉机构的裁决,合理期限到 2006 年 4 月 3 日期满。[8] 执行时间逾期后,为确定美国是否执行了 DSB 裁决,安提瓜根据 DSU 第 21 条第 5 款要求 WTO 成立仲裁庭进行认定。2007 年 3 月 30 日,WTO 执行专家组裁决美国没有执行裁决。[9] 因此,根据 DSU 第 22 条第 6 款,安提瓜向 WTO 申请对美国中止减让义务(以下简称报复)。2007 年 12 月 21 日,WTO 仲裁庭决定,安提瓜可以实施暂缓对美国承担 TRIPS 义务。[10]

(二)所涉法律问题

本案是第一个涉及通过互联网媒介提供跨境服务的 WTO 争端。本案的争议是美国影响赌博博彩服务跨境提供的各种措施,包括联邦法律,如 WA、TA、IGBA;争议服务是跨境提供的赌博博彩服务。本案涉及的法律问题兼具

---

[6] 同前注,第 7.5 段。

[7] United States – Measures Affecting the Cross – Border Supply of Gambling and Betting Services, 上诉机构报告,世贸组织文件第 WT/DS285/AB/R 号,2005 年 4 月 7 日通过,第 374 段。

[8] United States – Measures Affecting the Cross – Border Supply of Gambling and Betting Services, DSU 第 21 条第 3 款 c 项的仲裁裁决,世贸组织文件第 WT/DS285/13 号,2005 年 8 月 19 日通过,第 66 – 67 段。

[9] United States – Final Countervailing Duty Determination with Respect to Certain Softwood Lumber from Canada, DSU 第 21 条第 5 款的执行之诉专家组裁决,世贸组织文件第 WT/DS257/AB/RW 号,2005 年 12 月 20 日通过,第 7.1 段。

[10] United States – Measures Affecting the Cross – Border Supply of Gambling and Betting Services, DSU 第 22 条第 6 款的报复水平仲裁裁决,世贸组织文件第 WT/DS285/ARB 号,2007 年 12 月 21 日通过,第 6.1 段。

实体和程序,具体包括以下内容:

(1)美国是否在 GATS 下对跨境提供赌博博彩服务做出了承诺?

(2)如果美国做出了承诺,美国是否违反了该承诺对应的市场准入义务?

(3)若美国违反了相关市场准入义务,其能否援引 GATS 下的例外规定(GATS 第 14 条)?

(4)WTO 具有监督裁决执行的程序,美国执行 DSB 裁决的合理期限和具体义务如何?

(5)若美国没有履行 DSB 裁决,WTO 报复水平仲裁庭应当如何确定安提瓜对美国实施的报复及其范围?

二、法律问题分析及评论

(一)跨境提供赌博博彩服务的具体承诺

1. 安提瓜:美国具体承诺了跨境提供赌博博彩服务

安提瓜援引了 GATS 第 20 条第 3 款,认为各成员的具体承诺表是 GATS 的组成部分,必须根据《维也纳条约法公约》(Vienna Convention on the Law of Treaties,VCLT)[11]的解释规则加以解释。首先,安提瓜认为,美国具体承诺表中的分部门 10. D"其他休闲服务(体育除外)"的通常含义就在广义上包含了赌博博彩服务;或者,赌博博彩服务也能被分部门 10. A"娱乐服务"所包含。其次,安提瓜认为《服务部门划分清单》(Services Sectoral Classification List,以下简称第 W/120 号文件)和《1993 年具体承诺表指南》(1993 Scheduling Guidelines,以下简称《指南》)这两份重要文件构成了美国具体承诺表的"上下文"。最后,安提瓜提及了适用 GATS 的"惯例",即世贸组织成员一贯将第 W/120 号文件[以及交叉引用的《临时中央产品分类》(Provisional Central Product Classification,CPC)]用于解释成员方的相关服务分类,安提瓜认

〔11〕《维也纳条约法公约》,英文全称"Vienna Convention on the Law of Treaties",1969 年 5 月 22 日通过,1980 年 1 月 27 日生效,目前有 45 个国家和地区签署,有 116 个缔约方,全文见,https://legal. un. org/ilc/texts/instruments/english/conventions/1_1_1969. pdf,2022 年 9 月 27 日访问。

为本案亦应如此。另外,安提瓜也指出美国多次引用这两份文件的事实。[12]

2. 美国:并未具体承诺跨境提供赌博博彩服务

美国首先反驳了安提瓜将第 W/120 号文件和《指南》作为"上下文"解释的做法,并认为这两份文件应为条约解释的"补充方法"。美国认为按照"上下文"解释其承诺表时,应考虑其他成员的承诺表,包括全部参考、部分参考和没有参考 CPC 的各方成员承诺表。美国认为其具体承诺表没有参考 CPC,而在这种情形下,关于非 CPC 承诺的解释应当适用条约解释的习惯规则(customary rules)。实际上,美国也是按照 VCLT 进行解释,但其认为应对分部门 10. D"其他休闲服务(体育除外)"中的"体育"进行"通常含义"解释,而解释结果就是赌博博彩服务属于"体育"服务中的一种,因而被排除在美国做出的承诺范围之外。[13] 美国进一步称,即使赌博博彩服务不能因"体育"服务而排除,在第 10 部门中,赌博博彩服务也只能属于美国没有做出承诺的分部门 10. E"其他"。而后,美国指出其国内严格限制赌博博彩服务,其并未对赌博博彩服务做出承诺也在情理之中。[14]

3. 专家组及上诉机构:美国具体承诺了跨境提供赌博博彩服务

上诉机构及专家组的认定结论相同,但采用了不同的论证理由。

(1)成员方具体承诺表是 GATS 的组成内容

WTO 成员方在 GATS 下的具体义务产生于其服务贸易承诺表中所承诺开放的服务贸易部门。[15] 因此,专家组与上诉机构都重点关注美国做出的具体承诺部门是否能涵盖赌博和博彩服务。

第一步,确定美国的相关具体承诺部门。GATS 第 20 条规定了各成员具体承诺表的内容:第 1 款规定协定成员方应在承诺表中列明其承担的具体承诺,针对具体承诺部门,要求成员方明确列出"(a)市场准入的规定、限制和条

---

〔12〕 United States – Measures Affecting the Cross – Border Supply of Gambling and Betting Services, 专家组报告,世贸组织文件第 WT/DS285/R 号,2004 年 11 月 10 日通过,第 6.34 – 6.37 段。

〔13〕 United States – Measures Affecting the Cross – Border Supply of Gambling and Betting Services, 上诉机构报告,世贸组织文件第 WT/DS285/AB/R 号,2005 年 4 月 7 日通过,第 14 段。

〔14〕 United States – Measures Affecting the Cross – Border Supply of Gambling and Betting Services, 专家组报告,世贸组织文件第 WT/DS285/R 号,2004 年 11 月 10 日通过,第 6.38 – 6.40 段。

〔15〕 贺小勇:《WTO 新议题研究——中国外贸战略转型的法律思考》,北京大学出版社 2008 年版,第 101 页。

件;(b)国民待遇的条件和资格;(c)有关附加承诺的义务;(d)适当情况下,实施这类承诺的时间表;(e)这类承诺的生效日期”;第3款声明,“具体承诺表应作为本协定的附件,并应作为本协定的整体组成部分”,在本案中,美国的具体承诺表于1994年做出,其应视为GATS的一部分,具有法律效力。在这一问题上,无论是安提瓜、美国还是专家组和上诉机构均没有异议。

GATS第1条第2款对服务贸易的提供模式完全列举为4类,其中跨境提供赌博博彩服务属于模式1“自一成员领土向任何其他成员领土提供服务(跨境提供)”。在美国的具体承诺表中,第10部门为“休闲、文化和体育服务”,其中分部门10. A为“娱乐服务”,10. B为“新闻代理服务”、10. C为“图书馆、档案馆、博物馆等文化服务”,10. D为“其他休闲服务(体育除外)”。

针对分部门10. D中跨境提供的服务贸易模式,美国明确市场准入义务的限制为“无限制”(None)。[16] 根据GATS第16条的市场准入义务规定,针对GATS第1条第2款规定的跨境提供模式下的市场准入,要求“每一成员对任何其他成员的服务和服务提供者给予的待遇,不得低于其在具体承诺表中同意和列明的条款、限制和条件”。而第10部门没有关于赌博博彩服务的明文规定,需要具体解释赌博博彩服务是否属于分部门10. D,一旦属于,美国就对跨境提供赌博博彩服务承担完全的市场准入义务。

此外,GATS下成员方具体承诺表依赖第W/120号文件和CPC,并按照《指南》完成,尤其是第W/120号文件本身就参考了CPC核心产品分类。第W/120号文件中,赌博博彩服务属于分部门10. D“体育和其他休闲服务”,对应CPC中的964编码,而赌博博彩服务在CPC中为“9649其他休闲服务”中的“96492赌博博彩服务”。所以,若符合该逻辑,美国主张其具体承诺表排除了体育服务,而赌博博彩服务属于被排除的体育服务范畴的观点就难以成立,遑论赌博博彩服务至多属于美国没有做出任何承诺的分部门10. E“其他”。[17] 因此,专家组和上诉机构需要解决的是条约解释问题。

---

〔16〕 United States – Measures Affecting the Cross – Border Supply of Gambling and Betting Services,专家组报告,世贸组织文件第WT/DS285/R号,2004年11月10日通过,第6. 272段。

〔17〕 United States – Measures Affecting the Cross – Border Supply of Gambling and Betting Services,上诉机构报告,世贸组织文件第WT/DS285/AB/R号,2005年4月7日通过,第158段。

(2) VCLT 第 31 条的“通常含义”

第二步,为确定美国做出的具体承诺的分部门 10. D 中的“其他休闲服务(体育除外)”是否包含赌博博彩服务,专家组与上诉机构均根据 VCLT 第 31 条、第 32 条进行条约解释。第 31 条规定了条约解释的通则,即按照条约用语的“通常含义”,结合“上下文”,参照条约的“目的和宗旨”进行“善意解释”。其中“上下文”包括条约的序言、附件和有关协定,在考虑“上下文”时需要一并考虑嗣后解释和惯例以及相关国际法规则。第 32 条规定了条约解释的“补充方法”,即在第 31 条适用完毕仍未能解释清楚或解释不合理时适用,主要包括“条约的准备工作和缔约情况”。

按照 VCLT 第 31 条的规定,首先应确定分部门 10. D 中“体育服务”与“休闲服务”的“通常含义”是否包括赌博博彩服务。专家组查阅了词典释义后,认定“体育服务”的通常含义不包括赌博。[18] 但上诉机构认为仅凭词典解释是不能确保其含义为“通常”,因为词典的释义旨在对词语的所有含义进行分类,包括常见含义或罕见含义,也包括普遍含义或专门含义,[19] 而且,也确实有部分词典表明赌博是“体育”的含义之一。因此,上诉机构认为专家组这一结论得出尚早。另外,专家组认为“休闲服务”是否包括赌博不能通过词典解释得到明确认定,需要继续结合“上下文”来确定“休闲服务”的含义。

(3) VCLT 第 31 条的“上下文”

专家组将美国具体承诺表、第 W/120 号文件以及《指南》作为美国具体承诺表的“上下文”(context)来考虑。与专家组不同,上诉机构认为第 W/120 号文件和《指南》是在谈判时所用的文件,由关贸总协定秘书处起草,没有足够证据证明已经构成了“所有当事国之间缔结的协定”或“某些当事国缔结并经其他当事国接受的与条约有关的文件”。[20] 因此,第 W/120 号文件和《指南》并不能作为解释美国具体承诺表的“上下文”的依据。

上诉机构讨论的“上下文”包括美国的具体承诺表、GATS 的架构、DSU

---

〔18〕 United States – Measures Affecting the Cross – Border Supply of Gambling and Betting Services, 专家组报告,世贸组织文件第 WT/DS285/R 号,2004 年 11 月 10 日通过,第 6.61 段。

〔19〕 United States – Measures Affecting the Cross – Border Supply of Gambling and Betting Services, 上诉机构报告,世贸组织文件第 WT/DS285/AB/R 号,2005 年 4 月 7 日通过,第 164 段。

〔20〕 同前注,第 175 段。

和其他成员的 GATS 具体承诺表。第一,美国具体承诺表虽然没有援引 CPC,但是援引了第 W/120 号文件。[21] 第二,GATS 中对“服务”的界定广泛,包括“除政府行使职权提供的服务外的任何部门的任何服务”。GATS 中对“部门”的定义严格,即“除非成员具体承诺表另作说明,部门包含该部门中所有的分部门”。因此,上诉机构得出结论,在 GATS 中,GATS 包含所有服务,一成员可以对任何服务做出具体承诺,行使政府职权而提供的服务除外。成员承担的具体服务的义务取决于该服务所属的部门或分部门,一项服务不能同属两个不同的部门或者分部门。美国的具体承诺表也应作同样理解,即赌博博彩服务必然属于第 10 部门中“休闲服务”“体育”和“娱乐服务”之一。[22] 第三,DSU 第 22 条第 3 款(f)项确认了第 W/120 号文件与 GATS 服务部门的相关性,但不能帮助确定某一特定服务属于成员具体承诺表中的哪个分部门。第四,美国虽未沿用 CPC,但美国与其他成员的具体承诺表一样都遵循第 W/120 号文件的结构,也采用了相同措辞,美国并未明确将赌博博彩服务排除在外。[23] 上诉机构又考察了体现 GATS 目的宗旨的序言,发现并无有效帮助。

(4)VCLT 第 31 条的“嗣后惯例”

上诉机构为明确 VCLT 第 31 条第 3 款(b)项中的“惯例”含义,援引了日本—酒精饮料Ⅱ和智利—价格区间制度两案。前案认为“惯例”是“一致、共同和持续的一系列行为或声明,足以确定一种可识别的模式,即条约缔约方同意该解释”[24]。后案认为“惯例”是“表明 WTO 成员就有关条款的解释达成协议的一种可识别的行为或声明模式”。[25] 通过对前案的援引,上诉机构认为“惯例”的形成必须具备两个条件:一是必须有共同的、一致的、可辨别的行

---

〔21〕 同前注,第 179 段。

〔22〕 同前注,第 180 段。

〔23〕 同前注,第 184 段。

〔24〕 Japan - Taxes on Alcoholic Beverages,专家组报告,世贸组织文件第 WT/DS8/AB/R,WT/DS10/AB/R,WT/DS11/AB/R 号,1996 年 10 月 4 日通过,第 13 页。

〔25〕 Chile - Price Band System and Safeguard Measures Relating to Certain Agricultural Products,上诉机构报告,世贸组织文件第 WT/DS207/AB/R 号,2002 年 9 月 23 日通过,第 214 段。

为或声明模式;二是这些行为或声明必须意味着就相关条款的解释达成一致。[26]

安提瓜主张,《2001 年具体承诺表指南》(以下简称《2001 年指南》)构成"嗣后惯例",其表明 WTO 成员的共同理解,成员具体承诺表应根据第 W/120 号文件和《1993 年指南》进行解释。上诉机构认为,《2001 年指南》是用于成员方谈判未来具体承诺能够协助解释具体承诺的要求,不表明各成员对现有具体承诺解释的共同理解。再者,服务贸易理事会通过《2001 年指南》时,明确声明其"不具有约束力""不会修改各成员在 GATS 下的任何权利或者义务"。因此,上诉机构认为,这两份文件不能证明所有 WTO 成员共同的、一致的、可辨别的行为或声明模式,也不能证明各成员形成了需要依据第 W/120 号文件与《1993 年指南》来解释具体承诺的共同理解。在 VCLT 第 31 条条约解释通则适用完毕后,"其他休闲服务(除体育外)"的含义仍未明确,美国具体承诺表分部门 10. D 中是否包括赌博博彩服务尚不清晰,因此要继续适用 VCLT 第 32 条。

(5) VCLT 第 32 条的"补充方法"

根据 VCLT 第 32 条的规定,要依照条约解释的"补充方法",讨论"条约的准备工作和缔约情况"。专家组在适用"补充方法"时,分析的是乌拉圭回合中美国具体承诺表草案的记录和美国国际贸易委员会(United States International Trade Commission)的相关文件。[27] 与之不同,上诉机构对第 W/120 号文件、《1993 年指南》以及美国具体承诺表草案记录进行了分析。第 W/120 号文件清楚地表明分部门 10. D"体育和其他休闲服务"对应 CPC 的 964 组。然而,第 W/120 号文件没有明确指明两个问题:一是提及 964 组是否意味着一定包含 CPC 的 964 组的每个子类别;二是第 W/120 号文件如何与每一成员的 GATS 具体承诺表相关联。

针对第一个问题,上诉机构称 CPC 为十进制,对一个类别的引用必须理

---

〔26〕 United States – Measures Affecting the Cross – Border Supply of Gambling and Betting Services,上诉机构报告,世贸组织文件第 WT/DS285/AB/R 号,2005 年 4 月 7 日通过,第 192 段。

〔27〕 United States – Measures Affecting the Cross – Border Supply of Gambling and Betting Services,专家组报告,世贸组织文件第 WT/DS285/R 号,2004 年 11 月 10 日通过,第 6. 114 – 6. 133 段。

解为对该类别的所有组成部分的引用。[28] 而在CPC中,与体育服务(9641)相对应的CPC类别不包括赌博博彩服务。其他休闲服务(9649)类别中包含赌博博彩服务(96492)。针对第二个问题,《1993年指南》强调使用共同格式和术语的重要性,并明确表示希望成员方在其分类时使用第W/120号文件和CPC分类。同时,《1993年指南》声明希望对第W/120号文件分部门分类或定义作出区别使用的成员方,应以足够详细的方式进行,以避免对承诺的范围产生任何歧义。[29] 上诉机构称,第W/120号文件和《1993年指南》的术语和结构虽非强制,但被广泛使用和依赖。在谈判成员审查具体承诺表中某个部门时,如果该部门使用的术语与第W/120号文件中相同部门所使用的术语足够接近,且没有明确表示相左,可以认为该成员方希望该部门与第W/120号文件相同部门的类别范围相同。[30] 美国具体承诺表的第10部门中的其他内容都遵从了第W/120号文件的结构,采用了相同术语。虽然美国具体承诺表中没有使用CPC,但分部门10.D对应第W/120号文件的第10.D分部门,进而与CPC中的964对应。此外,上诉机构对美国具体承诺表若干草案的记录进行了审查,其中写明"非经明确提出,美国具体承诺的部门范围对应第W/120号文件的部门范围"。这更进一步明确,美国实际上使用了第W/120号文件并试图遵守《1993年指南》。[31]

因此,上诉机构得出结论,美国具体承诺表中分部门10.D"其他休闲服务(体育除外)"排除了CPC第9641组的"体育服务",赌博博彩服务不在其列。CPC第9649组"其他休闲服务"包含"赌博博彩服务"。因此,美国GATS具体承诺表分部门10.D对赌博博彩服务做出了具体承诺。

4. 对各方意见的评析

WTO成员根据GATS第20条做出的具体承诺表是采取部门和分部门的形式,主要是规定市场准入和国民待遇的限制情况。在具体承诺表的形成中,彼时的关贸总协定秘书处为成员方提供了第W/120号文件和《1993年指

---

[28] United States - Measures Affecting the Cross - Border Supply of Gambling and Betting Services, 上诉机构报告,世贸组织文件第WT/DS285/AB/R号,2005年4月7日通过,第200段。

[29] 同前注,第203段。

[30] 同前注,第204段。

[31] 同前注,第206段。

南》。这两份文件实际上就是 GATS 谈判时,为方便成员方协商如何制表和如何填表的指导文件。第 W/120 号文件对于具体承诺表采取两栏分制,左边栏目为部门与分部门名目,共 11 个服务业部门,每个部门可分为若干分部门。右边的栏目为对应的 CPC 编码。《1993 年指南》是关贸总协定秘书处应谈判方的要求发的"解释性说明"。主要帮助成员明确具体承诺表中的条目和如何写入条目。《1993 年指南》还对成员具体承诺表的结构、栏目等提供了模板。在本案中,美国曾主张第 W/120 号文件和《1993 年指南》仅是谈判时的准备文件,不能代表"全体成员方的一致同意"。[32] 然而,在秘书处最初分发这两份文件时,虽未经 WTO 成员方全体一致同意,但具有促成各成员方形成合意的目的与作用,对该两份文件的参照却能够体现出各成员方的一致同意与遵循。在国际谈判中,如第 W/120 号文件和《1993 年指南》等这种实际使用的非实体性规则最终会直接关涉国家权利与义务,在本案中便有所体现。这可以理解为,本身没有法律约束力的第 W/120 号文件和《1993 年指南》通过关贸总协定秘书处以及成员方自身的具体承诺拥有了法律约束力。

通过运用 VCLT 的解释规则,安提瓜试图对作为 GATS 组成部分的成员方具体承诺表进行解释。在具体适用中,安提瓜仅根据 VCLT 第 31 条规定的"通常含义""上下文""嗣后惯例"进行了解释,得出支持己方的结论后便未再适用 VCLT 第 32 条。安提瓜解释"通常含义"时给出的解释为"或然性"结论,认为美国承诺的赌博博彩服务要么属于分部门 10. D"其他休闲服务(体育除外)",要么属于分部门 10. A"娱乐服务",这一结论显然有悖于 GATS 服务部门分类间的排他性属性。在解释"上下文"时,安提瓜过于依赖第 W/120 号文件和《1993 年指南》这两份文件,以至于混淆了该两份文件与 GATS 之间的关系,导致仅通过适用 VCLT 第 31 条得证观点。

美国作为被申请人,首先对安提瓜的主张进行反驳,在反驳后,其也主动适用了 VCLT 解释规则。但美国的适用方式较为特别,其本身没有正面回应赌博博彩服务属于第 10 部门中的哪一分部门,而是针对其没有做出承诺的分部门 10. D"其他休闲服务(体育除外)"中的"体育"和分部门 10. E"其他"进行解释,而在这两类中,无论赌博博彩服务属于哪一类,美国均没有做出承诺,

---

〔32〕 同前注,第 16 段。

以此达到美国支持己方观点的结果。

VCLT 第 31 条、第 32 条作为条约解释的“帝王条款”,看似清晰明了,无外乎“通常含义”“上下文”“目的宗旨”“补充方法”这样的顺序。但在具体案件中,第 W/120 号文件和《1993 年指南》到底是应看待为“上下文”还是“补充方法”在本案中凸显出来。本案上诉机构纠正了专家组的模糊混淆论证,对 VCLT 条约解释规则进行准确适用,为 WTO 后续裁判提供了良好的“先例”。其中,VCLT 第 31 条解释通则虽优先于第 32 条“补充方法”适用,但并非为第 31 条的附属,其要求在第 31 条适用完全后还未能得到清晰解释时考察条约的准备资料和缔约背景。这些补充方法对条约解释的效果与“通常含义”“上下文”“目的宗旨”相比并无效力上的减损。尤其本案,GATS 缔约的准备资料第 W/120 号文件援引了 CPC,而 CPC 对于货物和服务的分类穷尽且互斥,[33] WTO 成员具体承诺表中的部门和分部门相互排他的性质就得以承袭。此外,在 WTO 协定下,如果有相反规定,需要明确说明,若没有说明,考虑到条约解释的一致性,相同条约内容理应作相同解释。美国主张其没有援引第 W/120 号文件,囿于并未另作声明,最终只能解释为其具体承诺表应视为与其他成员方一样对第 W/120 号文件的实际适用,即条约解释赖以条约本身的已有条文,未作出的条文或是声明是无法进行解释的。

(二)市场准入义务

1. 安提瓜:美国承担完全市场准入义务

安提瓜主张,美国在 GATS 下对跨境提供赌博博彩服务做出了承诺,而“不限制”的措辞表明其对该项服务承担完全的市场准入义务。根据 GATS 第 16 条第 1 款,针对跨境提供赌博博彩服务的市场准入,美国“对任何其他成员的服务和服务提供者给予的待遇,不得低于其在具体承诺减让表中同意和列明的条款、限制和条件”。因此,美国影响跨境提供赌博博彩服务的措施违反了 GATS 第 16 条第 1 款的规定。此外,美国“完全禁止”跨境提供赌博博彩服务的措施等同于“零配额”,也违反了 GATS 第 16 条第 2 款(a)项和(c)

---

〔33〕 同前注,第 172 段。

项的规定。[34]

2. 美国:未违反市场准入义务

美国首先指出,GATS 与 GATT 不同,在前者中,"禁止"本身并非一定与 GATS 第 16 条的市场准入义务相悖。美国认为,GATS 第 16 条的实质内容载于第 16 条第 2 款的 6 种措施,涉及市场准入限制的"形式",且为穷尽式清单。美国主张其所实施的限制措施针对"活动性质",不属于 GATS 第 16 条第 2 款(a)项和(c)项规定的限制"服务提供者的数量"或"限制服务业务总数或以指定数量单位表示的服务产出总量"。同时,美国认为"完全禁止"或"零配额"的措施根本不存在,因为其允许跨境提供某些赌博博彩服务。[35]

3. 专家组/上诉机构:美国违反了市场准入义务

上诉机构支持专家组在其报告的结论,即美国违反了依照 GATS 第 16 条第 1 款、第 16 条第 2 款(a)项和(c)项所承担的市场准入义务。

(1)美国对跨境提供赌博博彩服务承担完全的市场准入义务

专家组认为,美国具体承诺表中分部门 10. D"其他休闲服务"已含对赌博博彩服务的承诺,其在承诺时写明对跨境提供这一方式"无限制"。也就是说,美国已承诺在 GATS 第 16 条下,对跨境提供赌博博彩服务承担完全的市场准入义务,承诺不维持或不采取 GATS 第 16 条第 2 款所列的任何类型的措施来限制赌博博彩服务的市场准入。本案涉及的是 GATS 第 16 条第 2 款(a)项和(c)项:无论以数量配额、垄断、专营服务提供者的形式,还是以经济需求测试要求的形式,限制服务提供者的数量;以配额或经济需求测试要求的形式,限制服务业务总数或以指定数量单位表示的服务产出总量。因 GATS 第 16 条第 2 款为列举式条款,并未设置兜底规定。因此,专家组认为,违反市场准入义务的措施必须在此规定的条文之内得以讨论。[36] 在这个问题上,上诉机构支持了专家组的观点。[37]

---

[34] United States – Measures Affecting the Cross – Border Supply of Gambling and Betting Services, 专家组报告,世贸组织文件第 WT/DS285/R 号,2004 年 11 月 10 日通过,第 6.256 段。

[35] 同前注,第 6.257 段。

[36] 同前注,第 6.318 段。

[37] United States – Measures Affecting the Cross – Border Supply of Gambling and Betting Services, 上诉机构报告,世贸组织文件第 WT/DS285/AB/R 号,2005 年 4 月 7 日通过,第 256 段。

(2)美国的措施构成限制市场准入的措施

上诉机构与专家组都认为,安提瓜所称美国"完全禁止"跨境提供赌博博彩服务的行为,源自系列法律规定和相关文件的影响,而这不构成可以质疑的独立"措施"。[38] 因为美国并未实际颁行特定法律法规明确禁止或限制跨境提供赌博博彩服务,争议产生于 WA、IGBA、TA 三部联邦法律和相关州法律的实施效果,这导致了跨境提供赌博博彩服务的完全禁止。专家组与上诉机构继续对违反市场准入义务的措施进行了讨论,以证明美国是否实施了不承担对赌博博彩服务的完全市场准入义务的措施。

专家组认为禁止提供某些服务实际上已经将服务提供者的数目和与该服务有关的服务业务的数目限制为零。这种禁止导致"零配额"(zero quota),构成 GATS 第 16 条第 2 款的两项措施,即无论以数量配额、垄断、专营服务提供者的形式,还是以经济需求测试要求的形式,限制服务提供者的数量;以配额或经济需求测试要求的形式,限制服务业务总数或以指定数量单位表示的服务产出总量。[39] 上诉机构认为,在专家组审理阶段,安提瓜未能提供初步证据证明美国相关州法律违反 GATS 第 16 条,因此,专家组对美国相关州法律与 GATS 第 16 条的审查不妥。继而,上诉机构只讨论专家组对 GATS 第 16 条第 2 款(a)项和(c)项的解释以及专家组将诸条款适用于争议所涉三部联邦法律的论证。[40]

(3)美国违反了 GATS 第 16 条第 2 款(a)项

专家组和上诉机构根据 VCLT 第 31 条、第 32 条对第 16 条第 2 款(a)项进行了解释。针对"通常含义",该项规定涉及的是成员对服务提供者的数量以及数量配额的限制,即该条款的重点是关于数量的限制。第 16 条第 2 款(a)项中"以……形式"的措辞必须与其前"对服务提供者数量的限制",以及与其后"数量配额"的措辞相结合来解释。上诉机构认为,按照这样的解释思路,第 16 条第 2 款(a)项并不重点关注限制的形式(form),而是关注限制的

---

〔38〕 同前注,第 373 段。

〔39〕 United States - Measures Affecting the Cross - Border Supply of Gambling and Betting Services,专家组报告,世贸组织文件第 WT/DS285/R 号,2004 年 11 月 10 日通过,第 6.338、6.355 段。

〔40〕 United States - Measures Affecting the Cross - Border Supply of Gambling and Betting Services,上诉机构报告,世贸组织文件第 WT/DS285/AB/R 号,2005 年 4 月 7 日通过,第 266 段。

数字或数量性质。[41] 针对“上下文”,上诉机构审查了第16条第2款的序言,其表示了各项的目的,即确定了一成员对做出市场准入承诺的部门不应维持或采取的措施。序言考虑了成员具体承诺表涵盖承诺允许市场准入的情况,并指出该条各项的作用是定义某些禁止的限制,除非成员在具体承诺表中明确规定其允许。因此,第16条第2款(a)项的起草者考虑到的最高限额的限制是大于零的,即并不包括“零配额”这种完全限制的情况,GATT第2条第1款(b)项同是如此,禁止成员征收超过约束税率的关税,而约束税率通常会高于零。但是,上诉机构遵循着专家组的论证,笔锋一转,强调第16条第2款(a)项没有涵盖“零配额”是因为起草时就不包含成员维持完全限制的情况。如果一成员想要对某一部门或分部门完全限制,就不会在具体承诺表中列入该部门或分部门,也不需要依照第16条第2款列出任何限制或措施。也就是说,在具体承诺表中的部门或分部门都不是完全限制的。[42] 以此角度的说理更为直截了当,且没有论证瑕疵。针对“补充方法”,专家组与上诉机构对作为条约缔结准备工作的《1993年指南》进行了讨论。其中《1993年指南》提及了属于第16条第2款(a)项范围内限制形式的示例,即“对服务供应商的国籍要求(相当于零配额)”。“如果成员做出了相关承诺,除非该成员在其具体承诺表内将其列为条件或限制,才会构成与第16条不一致的措施类型。”[43] 因此,上诉机构认为,相当于“零配额”的限制仍然是一种数量限制,属于第16条第2款(a)项的范围内,美国的措施构成对该条款的违反。

(4)美国违反了GATS第16条第2款(c)项

专家组和上诉机构根据VCLT第31条、第32条对第16条第2款(c)项进行了解释。专家组在解释第16条第2款(c)项时认为,该规定的措词或许可以被理解为任何配额都必须以指定的数字单位来表示。但是,专家组进一步将该规定的英文本与法文版和西班牙文版进行比较,发现第16条第2款(c)项并不意味着任何属于该规定范围的配额都必须以指定的数字单位表示。专家组认为该条规定所指的限制是:以指定数字单位的形式;以配额形

---

〔41〕 同前注,第232段。

〔42〕 同前注,第233-234段。

〔43〕 同前注,第237段。

式;以经济需求测试的需求形式。[44]

上诉机构认为专家组通过比较不同语言文本,分析语法结构中逗号使用的方式布局有说服力,指出所有三种语言版本在语法上都是模棱两可的,均能表明对服务业务总数和服务产出总量做出的以指定数字单位的形式、以配额形式或者以经济需求测试的需求形式的三种限制。[45] 上诉机构进一步阐明,第16条第2款(c)项分为两部分,第一部分涉及该条款所涵盖限制的目标,限制有两种类型:服务业务总数和服务产出总量。两者均是定量的。第二部分更详细地说明了属于第16条第2款(c)项服务业务总数和服务产出总量的类型,即以配额形式的指定数字单位或经济需求测试的要求。[46] 但是,这些类型之间或有重叠。例如,限制服务业务总数与限制服务产出总数之间,或者以配额形式的限制和以经济需求检验形式的限制之间都会出现重合。但是,第16条第2款(c)项的所有限制都是数量性质的,都限制进入市场。因此,上诉机构认为,第16条第2款(c)项可能涉及相当于"零配额"的措施。[47] 上诉机构支持了专家组的意见,即"在第16条第2款(c)项的含义范围内,其完全阻止了通过跨境提供包含的一个或多个或所有交付方式进行服务业务和服务产出。换句话说,这样的禁令将导致跨境提供中一个或多个或所有交付手段的零配额"。[48] 最终,上诉机构同样认定,美国的措施构成了对第16条第2款(c)项的违反。此外,考虑到安提瓜的主张因上诉机构支持了专家组对第16条第2款(a)项和(c)项的解释,没有继续论证GATS第16条第2款所禁止的措施是否是穷尽性的。

4. 对各方意见的评析

在WTO的服务贸易中,市场准入意味着一成员允许其他成员的服务和服务提供者进入其本国市场的程度,该成员应对允许进入其本国市场的其他

---

〔44〕 United States - Measures Affecting the Cross - Border Supply of Gambling and Betting Services, 专家组报告,世贸组织文件第WT/DS285/R号,2004年11月10日通过,第6.355段。

〔45〕 United States - Measures Affecting the Cross - Border Supply of Gambling and Betting Services, 上诉机构报告,世贸组织文件第WT/DS285/AB/R号,2005年4月7日通过,第245段。

〔46〕 同前注,第246段。

〔47〕 同前注,第247段。

〔48〕 United States - Measures Affecting the Cross - Border Supply of Gambling and Betting Services, 专家组报告,世贸组织文件第WT/DS285/R号,2004年11月10日通过,第6.355段。

成员的服务和服务提供者给予非歧视待遇。不同于货物贸易,服务贸易的自由化很大程度取决于市场准入,准入标准过低就会威胁到该国的重要领域。[49] GATS 成员具体承诺表是成员对市场准入达成的灵活性较高的谈判结果。因此 GATS 第 16 条和成员具体承诺表作为决定一成员市场准入义务的法律依据尤为重要,决定着在 GATS 下某一成员的权利与义务。

在市场准入义务问题上,安提瓜与美国对 GATS 第 16 条第 1 款与第 2 款间的关系产生了分歧。安提瓜将 GATS 第 16 条第 1 款与第 2 款结合起来看待,无论是将 GATS 第 16 条第 1 款作为第 2 款的兜底规定还是引言,实际上均为扩大美国在 GATS 下承担的市场准入义务的范围。美国认为 GATS 第 16 条的实质内容为第 2 款,且该款规定的 6 项措施为穷尽式列举,即如果成员方要实施这 6 类措施则必须在具体承诺表中列明,超出这 6 类措施无须列明即可实施,而美国的限制措施恰好不属于这 6 类,因此其没有违反 GATS 下的市场准入义务。此外,为反驳安提瓜称美国实施了"完全禁止"跨境提供赌博博彩服务的"零配额"措施,美国主张其允许某些赌博博彩服务的跨境提供。这一补充论点与美国主张其对赌博博彩服务严格监管,不可能做出允许跨境提供赌博博彩服务之具体承诺时的观点有所相悖。

针对 GATS 第 16 条第 2 款所列出的禁止措施是否穷尽这一问题,上诉机构没有继续讨论,但这却是该条款的关键。美国的观点实际上体现了 GATS 第 16 条的主要目的,即对于市场准入的限制主要是数量性限制,侧重于规制限制的"形式",而对 GATS 第 16 条第 2 款所列出的 6 项限制之外的内容不加干涉,将规制权放回给成员方自身。专家组在分析该问题时,对该条款按照 VCLT 条约解释方法进行了审查,参考了《1993 年指南》的规定,最终支持了美国的论点,同时认同美国提出的该条款没有设置如"其他措施"般的兜底条款。专家组的这一决定性判定意味着,GATS 第 16 条第 2 款涵盖的市场准入限制措施只有 6 项,如果一项措施不属于这 6 项措施之一,即使该措施产生了限制市场准入的实际效果,也非为禁止,仍然是符合 GATS 规定的市场准入义务的。

专家组和上诉机构在适用 GATS 第 16 条第 2 款时,没有直接讨论"零配

---

[49] 石静霞、韩天竹、杨幸幸:《服务贸易法》,北京大学出版社 2021 年版,第 141 页。

额”是否属于第16条第2款(a)项中对数量的限制,即不是直接探讨零是否为数量,而是通过对该条款本身的探究,得出条款自身就预设了非为“零配额”的限制。按照该逻辑,美国实施的赌博博彩服务“零配额”的措施就能够适用GATS第16条第2款,而不需要讨论零是否为数量。因此,最终的结论是,GATS第16条第2款的设定就意味着成员已经做出了市场准入承诺后的限制措施,除非成员另作声明是不包括完全不提供市场准入的情况。但实际上,美国的措施导致了“零配额”的出现,同样构成对GATS第16条第2款(a)项的违反。这其实是另辟蹊径解决了这一争论。当然,回顾GATT货物贸易中关于关税的规定,其实零关税仍然是数量的表现。此外,GATS第17条主要规定了市场准入后成员对服务以及服务提供者的歧视待遇问题,因为本案为完全禁止,即“零配额”,专家组与上诉机构考虑到司法节制原则(judicial economy)均未继续讨论GATS第17条的情况。[50]

(三)一般例外条款

1. 美国:相关措施符合GATS第14条的一般例外条款

美国主张,安提瓜诉诸的措施符合GATS第14条(a)、(c)款的例外规定,具有极其重要的政策目的,并且措施的实施方式符合GATS第14条序言的要求。在GATS第14条(a)款下,美国的相关措施对保护“公共道德”和“公共秩序”来说是必需的。因为,远程赌博特别容易吸引被禁止赌博的未成年人,或者被有组织犯罪用来洗钱。[51] 在GATS第14条(c)款下,美国称相关措施是为确保遵守其他符合WTO的本国法律而实施的,尤其是各州赌博法律和有关有组织犯罪的刑法。美国还称,各成员方的立法应被认为是符合WTO的,包括美国为支持其抗辩所援引的各项立法。[52]

2. 安提瓜:相关措施不符合GATS第14条的一般例外

安提瓜认为,美国为援引GATS第14条的一般例外所提出的论点均不成

---

〔50〕 United States – Measures Affecting the Cross – Border Supply of Gambling and Betting Services, 上诉机构报告,世贸组织文件第WT/DS285/AB/R号,2005年4月7日通过,第287段。

〔51〕 United States – Measures Affecting the Cross – Border Supply of Gambling and Betting Services, 专家组报告,世贸组织文件第WT/DS285/R号,2004年11月10日通过,第6.444段。

〔52〕 同前注,第6.445段。

立。首先,安提瓜质疑了美国提出的符合 GATS 第 14 条(a)款的论点,其指出,美国是赌博博彩服务的重要消费市场,美国批准了 48 个州开展赌博活动,因此美国的相关措施并非为保护"公共道德"和"公共秩序"的必需性措施。[53] 其次,安提瓜认为美国提出的符合 GATS 第 14 条(c)款的论点不能成立,因为美国没有提供充分的相关法律信息来支持其观点。继而,安提瓜对美国应承担的举证责任进行质疑,认为美国为证明其措施符合一般例外的举证责任应该与安提瓜在申诉时证明其构成 GATS 下的"措施"相同。[54]

3. 专家组/上诉机构:美国的相关措施不符合 GATS 第 14 条的一般例外

在一般例外这一问题上,上诉机构维持了专家组的裁定结果,认定美国的措施不满足 GATS 第 14 条的一般例外规定,但是在具体分析上又推翻了专家组的部分观点。

(1)美国的措施符合 GATS 第 14 条(a)款

GATS 第 14 条是服务贸易的一般例外条款,该条规定,"在此类措施的实施不在情形类似的国家之间构成任意或不合理歧视的手段或构成对服务贸易的变相限制的前提下,本协定的任何规定不得解释为阻止任何成员采取或实施以下措施:(a)为保护公共道德或维护公共秩序所必需的措施;(b)为保护人类、动物或植物的生命或健康所必需的措施;(c)为使与本协定的规定不相抵触的法律或法规得到遵守所必需的措施,包括与下列内容有关的法律或法规:(i)防止欺骗和欺诈行为或处理服务合同违约而产生的影响;(ii)保护与个人信息处理和传播有关的个人隐私及保护个人记录和账户的机密性;(iii)安全;(d)与第 17 条不一致的措施,只要待遇方面的差别旨在保证对其他成员的服务或服务提供者公平或有效地课征或收取直接税;(e)与第 2 条不一致的措施,只要待遇方面的差别是约束该成员的避免双重征税的协定或任何其他国际协定或安排中关于避免双重征税的规定的结果"。其中第 14 条(a)款的注解增加了对公共秩序例外的说明,即只有在社会的某一根本利益受到真正的和足够严重的威胁时,方可援引公共秩序例外。GATS 考虑到成员方维护主权利益需要做出的必要措施或将违反 GATS 的规定,因此该一

---

〔53〕 同前注,第 6.444 段。

〔54〕 同前注,第 6.445 段。

般例外情况可以作为免责事由。但是,援引一般例外的条件和要求也较为苛刻,以防止成员方滥用例外条款摆脱协定的约束。

专家组与上诉机构对美国的措施是否符合 GATS 第 14 条一般例外的论证,参照了货物贸易中适用 GATT 第 20 条的相关案例。专家组选取了"双层分析法"(two – tiered analysis),先确定美国的有关措施是否符合 GATS 第 14 条下的各款情形,如果符合,还需要确定相关措施是否满足第 14 条序言的要求。上诉机构同样认为,GATS 第 14 条与 GATT 第 20 条是以相同方式规定的一般例外,[55] 因此 GATT 第 20 条的先前适用方式依旧适用于 GATS 第 14 条。

专家组和上诉机构对 GATS 第 14 条(a)款进行论证,最终认为美国的措施是符合 GATS 第 14 条(a)款情形的。在适用 GATS 第 14 条(a)款时,专家组与上诉机构从两方面进行:第一,美国实施市场准入限制措施是为了保护公共道德或维持公共秩序;第二,美国实施市场准入限制措施是为保护公共道德或维持公共秩序所必需的。

第一,专家组支持美国主张,认定美国是为保护公共道德或维持公共秩序而实施的相关措施。专家组指出,"公共道德"是指一个社区或国家或代表一个社区或国家所维持的对与错的行为标准;结合 GATS 第 14 条(a)款脚注 5 的说明,"公共秩序"指的是维护反映在公共政策和法律中的社会根本利益。[56] 专家组对所涉争议的 WA、IGBA、TA 的立法目的进行了分析,认为美国政府之所以颁布这些法律就是以惩治洗钱、有组织犯罪、诈骗、未成年人赌博、赌博成瘾为目的。因此,上诉机构也支持了专家组的论证,认为美国 WA、IGBA、TA 相关争议措施是为维护 GATS 第 14 条(a)款项下的"公共道德"和"公共秩序"所实施的,本质以保护美国国内的公共道德和维持美国国内的公共秩序为目的。[57]

---

[55] United States – Measures Affecting the Cross – Border Supply of Gambling and Betting Services,上诉机构报告,世贸组织文件第 WT/DS285/AB/R 号,2005 年 4 月 7 日通过,第 291 段。

[56] United States – Measures Affecting the Cross – Border Supply of Gambling and Betting Services,专家组报告,世贸组织文件第 WT/DS285/R 号,2004 年 11 月 10 日通过,第 6.467 段。

[57] United States – Measures Affecting the Cross – Border Supply of Gambling and Betting Services,上诉机构报告,世贸组织文件第 WT/DS285/AB/R 号,2005 年 4 月 7 日通过,第 298 – 299 段。

第二,专家组和上诉机构需要考虑美国实施的市场准入限制措施是否为保护公共道德或维持公共秩序所必需。专家组在分析时得出四个结论:一是WA、IGBA、TA相关法律保护的利益和价值均是非常重要的社会利益,是“最高程度的重要”;二是相关法律“必须至少在某种程度上”为解决美国洗钱、有组织犯罪、欺诈、未成年人赌博和赌博成瘾做出贡献;三是有关措施“具有重大的限制性贸易影响”;四是美国拒绝与安提瓜进行双边或多边磋商谈判,美国未能真诚地采取一种行动方针来探索找到一种合理可行、与WTO一致的替代办法。[58]

上诉机构首先对一般例外条款中所规定的“必需性”标准进行界定,认定其为客观标准。WTO成员对一项措施的目标及其监管方法的有效性描述,比如法规文本、立法历史和政府机构或官员的声明,将在客观上决定该措施是否必要。上诉机构引用了适用GATT第20条(d)款的货物贸易案例“韩国—牛肉案”,用以证明GATS第14条的“必需性”要件。该案上诉机构认为“应通过权衡和平衡一系列因素来确定一项措施是否为必需”,包括“确定有关成员是否可以合理地预期采用与WTO一致的替代措施,或是否合理地采用了与WTO不一致的措施”。[59] 本案不仅是上诉机构第一次处理GATS第14条一般例外规定的案件,也是上诉机构第一次处理与“公共道德”有关的例外的案件。因此,“韩国—牛肉案”虽为货物贸易案例,但基于GATS与GATT在一般例外条款上设置的一致性,其对GATS一般例外条款的适用具有参考价值。[60]

上诉机构指出,“必需性”的认定需要在具体案件中审查和权衡系列因素,在此之前还需要对争议措施的利益或价值的“相关重要性”进行评估。只有在确定了特定利益的重要性后,才考虑其他需要“审查和权衡”的因素。因此,上诉机构指出了多数案件中使用的两个因素,一是该措施有助于成员国所

---

〔58〕 United States - Measures Affecting the Cross - Border Supply of Gambling and Betting Services,专家组报告,世贸组织文件第WT/DS285/R号,2004年11月10日通过,第6.531段。

〔59〕 Korea - Measures Affecting Imports of Fresh, Chilled and Frozen Beef,上诉机构报告,世贸组织文件第WT/DS161/AB/R,WT/DS169/AB/R号,2000年12月11日通过,第164段。

〔60〕 United States - Measures Affecting the Cross - Border Supply of Gambling and Betting Services,上诉机构报告,世贸组织文件第WT/DS285/AB/R号,2005年4月7日通过,第291段。

追求目标实现的程度,二是该措施对国际商事产生了限制。[61] 但是,如果一种替代措施只是理论上的,例如,被诉成员没有能力采取,或者该措施给该成员带来了不适当的负担,例如高昂的费用或重大的技术困难,则该替代措施可能被认为是不合理的。此外,一项合理可行的替代措施必须是一种措施,该措施将为被诉成员保留其就 GATS 第 14 条(a)款期望实现所追求的目标,即期望得到的保护水平的权利。[62] 但是,上诉机构也指明,被诉方不负有表明没有合理可行的其他办法来实现其目标的责任,只负有初步举证责任使专家组能够根据在特定案件中需要权衡和平衡的相关因素来评估被质疑的措施。[63]

上诉机构认为,专家组对于美国提交的证据做出了详细论证,已经在跨境提供赌博博彩服务与美国所主张的每一项利益(有组织犯罪除外)之间确立了具体联系。WA、IGBA、TA 三部联邦法律的实施效果导致完全禁止向美国跨境提供赌博博彩服务,上诉机构认定专家组的认定结论无误。但是专家组不应将 WA、IGBA、TA 三部联邦法律的相关措施与安提瓜进行磋商的可能性相比较,"磋商"不能作为一种合理可行且能与争议措施相提并论的替代措施,因此该做法错误。[64] 因此,由于美国对"必需性"提供了初步证据,安提瓜未能提出合理可行的替代措施,上诉机构认定 WA、IGBA、TA 三部联邦法律的相关措施属于 GATS 第 14 条(a)款意义上的"为保护公共道德或维持公共秩序所必需的措施"。

(2)美国的措施符合 GATS 第 14 条(c)款

专家组和上诉机构对 GATS 第 14 条(c)款进行论证,最终也认为美国的措施同样符合 GATS 第 14 条(c)款情形。专家组认为,在适用 GATS 第 14 条(c)款来证明所涉争议措施正当时,应当证明三个要素。一是证明该正当措施应"确保遵守"其他法律法规;二是证明该其他"法律或法规"不得与 WTO 协议不一致;三是证明该正当措施应是确保遵守其他法律或法规"所必需的"。针对"必需性"要件,专家组依旧援引了"韩国—牛肉案"的标准,认为应当审查:应"确保遵守"的法律法规所保护的利益或价值的重要程度;所涉

〔61〕 同前注,第 306 段。

〔62〕 同前注,第 308 段。

〔63〕 同前注,第 310 段。

〔64〕 同前注,第 312 - 321 段。

争议措施有助于确保遵守法律法规的程度;所涉争议措施的实施造成了贸易影响。[65] 因这些论证与 GATS 第 14 条(a)款的讨论相似,专家组也直接顺承了其先前结论,认为美国不符合“必需性”要件是因为没有与安提瓜进行可以作为替代措施的“磋商”。在上诉机构审理阶段,这样的结论却得到了推翻,认为美国与安提瓜磋商并不能成为合理可行的替代措施。但是,鉴于上诉机构已经认定争议措施符合 GATS 第 14 条(a)款的规定,再一次适用了司法节制原则没有对美国的争议措施是否符合 GATS 第 14 条(c)款进行分析。[66]

(3)美国的措施不符合 GATS 第 14 条的序言

鉴于美国的措施符合 GATS 第 14 条(a)款情形,美国具有了援引一般例外的依据,但是还要检验该措施是否也符合 GATS 第 14 条的序言。适用 GATS 第 14 条序言后,专家组和上诉机构认定美国的相关措施不符合序言规定,但是上诉机构在说理部分有所修改。

安提瓜上诉所援引的“韩国—牛肉案”的上诉机构对 GATS 第 14 条序言适用与否进行了分析,认为“发现双重零售制度不符合 GATT 第 20 条(d)款的要求后不需要进行第二层分析,即无须审查 GATT 第 20 条序言条款在本案中的适用情况”。上诉机构反驳了安提瓜的主张,认为虽然“韩国—牛肉案”中上诉机构认为无须分析 GATS 第 14 条的序言,但这一观点并未对本案专家组施加不允许专家组在确定争议措施符合一般例外规定的某一情形后,就停止评估被诉方的抗辩理由。[67]

此外,上诉机构认为专家组对 GATS 第 14 条序言中的“一致性”的审查并没有忽视“任意”或“专断”的性质,上诉机构还指出,专家组分析美国《州际赛马法》(Interstate Horseracing Act,IHA)时,已经指出美国本土赌博博彩服务提供者可以被允许提供远程服务,但相同情况下外国赌博博彩服务提供者却得不到此类允许,甚至 IHA“豁免”了国内赌博博彩服务提供者在 WA、IGBA、

---

〔65〕 United States – Measures Affecting the Cross – Border Supply of Gambling and Betting Services, 专家组报告,世贸组织文件第 WT/DS285/R 号,2004 年 11 月 10 日通过,第 6.488 段。

〔66〕 United States – Measures Affecting the Cross – Border Supply of Gambling and Betting Services, 上诉机构报告,世贸组织文件第 WT/DS285/AB/R 号,2005 年 4 月 7 日通过,第 336 – 337 段。

〔67〕 同前注,第 343 段。

TA 三部联邦法律中的违法行为。[68] 因此,上诉机构支持专家组的论证,美国自称其措施不存在歧视的主张被驳回。

综上,美国 WA、IGBA、TA 相关争议措施虽然符合 GATS 第 14 条(a)款的一般例外情形,但是美国未能证明其措施符合 GATS 第 14 条序言的规定。因此,上诉机构最终维持了专家组裁定,认定美国 WA、IGBA、TA 相关争议措施不能援用 GATS 第 14 条的一般例外规定证明其正当性,其违反市场准入义务的行为不具有合法性。

4. 对各方意见的评析

在 WTO 争端解决机制中,无论是货物贸易还是服务贸易,例外条款的证成难度都很大,一般例外相较国家安全例外的证成难度稍小但也非易事。无论是在 GATT 还是 GATS 中,被诉方对例外条款的援用一般是作为第一抗辩理由。本案是服务贸易例外条款的第一案,其中援引了 GATT 下的"韩国—牛肉案"作为论证依据。这至少有两方面原因:一是 GATT 第 20 条和 GATS 第 14 条本身结构相同,且在 WTO 体系下均作为附件存在,理应作相同解释;二是无论是专家组成员还是上诉机构成员实际上对 GATT 第 20 条下的"双层分析法"都更为熟稔,理所应当地适用下来。这也侧面说明,在 WTO 争端解决机制下已经形成了事实上的"先例",其中的裁判观点有着至关重要的参考价值和约束力。上诉机构对 WTO 协定的条文分析比专家组的论证的拘束力更强,除非有强有力的理由(cogent reasons),否则后续专家组裁判应当遵循上诉机构的裁决。实际上,无论是 WTO 成员,还是后续争端中的当事方以及专家组和上诉机构,无一不援引和倚重先例中专家组和上诉机构报告所载的法律解释和裁决理由。[69] WTO 争端解决机制中的先例效力也因此得以确立。

针对 GATS 第 14 条(a)款的公共秩序与公共道德,无论是专家组还是上诉机构均没有对二者进行联系与区别上的深入探讨。同时,专家组指出"公共道德"和"公共秩序"的敏感性,承认各成员方有权在其领土范围内依循自

〔68〕 同前注,第 364 段。
〔69〕 杨国华:《丛林再现? WTO 上诉机制的兴衰》,人民出版社 2020 年版,第 145 页。

身制度和价值取向来界定和适用“公共道德”和“公共秩序”。[70] GATT 第 20 条(a)款也规定了“公共道德”,那么在同一 WTO 体系下,GATS 第 14 条(a)款的公共道德应作同一解释。但是,公共道德的含义本身受制于不同国家社会、文化、道德和宗教因素的影响,依据 VCLT 条约解释规则去作出同一解释似乎不合乎情理。但若对公共道德不作同一解释,又不符合条约解释的原则,无论是 GATT 第 20 条(a)款还是 GATS 第 14 条(a)款对公共道德的规定就会形同虚设,并不能约束各成员方。同时,一旦根据每个国家的不同国情界定公共道德的含义,就会使得该概念具有强烈的地域性和文化色彩,是极其不利于条约以及相关裁决的执行。实际上,鉴于公共道德的复杂性,在 WTO 中也很少有案件会涉及公共道德的讨论。

为充分反驳安提瓜的诉由,美国在第一时间便对一般例外条款进行了引用。但是,美国在主张其措施符合 GATS 第 14 条(a)、(c)款的例外规定时,并没有按照 VCLT 条约解释规则对两款规定作出解释,而是对“公共道德”和“公共秩序”直接引用,并理所应当地认为规制远程赌博属于其一目的。不过,美国在主张其措施符合公共秩序时,主要论证了线上赌博博彩和线下赌博博彩的区别,重点突出线上赌博的难监管性,尤其是未成年人将深受其害,也论证了赌博博彩与刑事犯罪的关系,这些论证对于证明其符合公共秩序是具有强关联性的。然而,专家组和上诉机构在联系公共秩序与公共道德以及各自的实际表现上没有进行详细论证。

安提瓜从美国实施相关措施的经济原因进行反驳,认为美国并非出于例外条款的“公共道德”和“公共秩序”目的。另外,安提瓜以举证不充分反驳美国主张其措施符合 GATS 第 14 条(c)款的观点,表明 GATS 第 14 条一般例外条款实际上还隐含着举证责任规则。当然,一般情况下奉行“谁主张谁举证”原则。本案中,安提瓜首先初步证明美国存在事实上的歧视措施后,举证责任就归为美国。美国需要证明其没有实施歧视措施,或者说即使有歧视措施也能够通过例外条款正当化。然而,因为美国举证不足,所以不能援引 GATS 第 14 条的一般例外。这也足以表明例外条款援引者所需要达到的证

---

[70] United States – Measures Affecting the Cross – Border Supply of Gambling and Betting Services, 专家组报告,世贸组织文件第 WT/DS285/R 号,2004 年 11 月 10 日通过,第 6.461 段。

明标准是较为严格的。

(四)DSB 裁决的执行

1. 安提瓜:美国没有遵守 DSB 的建议和裁决

安提瓜认为,美国没有采取措施来遵守 DSB 的建议和裁决,因为美国没有采取任何行动对所涉措施进行修正、补充或以其他形式改变。[71] 安提瓜称,DSB 的建议和裁决构成双方争议的最终解决方案,无论一方当事人是否未能提出初步证据,或是提出了初步证据但论证失败,均不会改变这一事实。安提瓜还引用了"欧共体—床上用品案"中上诉机构的观点,"在 DSU 第 21.5 条的程序中,当事人不应被给予第二次机会",因此美国无权在此程序中再一次为其同一论点做出抗辩。[72]

2. 美国:补充举证后无须遵守 DSB 的建议和裁决

美国认为,"为遵守 DSB 建议和裁决而采取的措施"与争议所涉措施相同,只是举证不充分而已。因此,美国称其可以提供新的证据和论据以达到证明标准,也符合 GATS 第 14 条序言的要求。[73] 美方强调,遵守 DSB 建议和裁决必须取决于上诉机构在该争端中的具体裁决结果,而在此前程序中,相关裁定没有明确地指出美国的措施不符合 GATS 第 14 条。相反,裁决中使用的"not shown""not demonstrate""did not establish"等术语只能表明美国未能履行其举证责任,因而与"欧共体—床上用品案"构成实质不同。因此,美国认为该程序应解决的唯一实质问题是:美国能否在此程序中履行其举证责任。[74]

3. 执行之诉专家组:美国未遵守 DSB 的建议和裁决

依据 DSU 通过仲裁的方式解决的主要争议之一是根据 DSU 第 21 条第 5 款确定执行 DSB 建议和裁决的期限的相关问题,另一主要争议就是根据

---

〔71〕 United States – Measures Affecting the Cross – Border Supply of Gambling and Betting Services, DSU 第 21 条第 5 款的执行之诉专家组裁决,世贸组织文件第 WT/DS285/RW 号, 2007 年 3 月 30 日通过,第 6.30 段。

〔72〕 同前注,第 6.39 段。

〔73〕 同前注,第 6.40 段。

〔74〕 同前注,第 6.40 段。

DSU 第 22 条第 6 款确定中止减让的相关问题。[75] 本案执行之诉的仲裁程序分为两个步骤:一是根据 DSU 第 21 条第 3 款确定执行的合理期限;二是根据 DSU 第 21 条第 5 款确定执行方的执行是否符合 DSB 的建议和裁决。

(1)根据 DSU 第 21 条第 3 款确定美国执行 DSB 建议和裁决的合理期限。

DSU 第 21 条规定了 DSB 对执行建议和裁决的监督,其中该条第 3 款对如何确定有关成员的合理执行期限作出了详细的说明:“在专家组或上诉机构报告通过后 30 天内召开的 DSB 会议上,有关成员应通知 DSB 关于其执行 DSB 建议和裁决的意向。如立即遵守建议和裁决不可行,有关成员应有一合理的执行期限。合理期限应为:(a)有关成员提议的期限,只要该期限获 DSB 批准;或,如未获批准则为,(b)争端各方在通过建议和裁决之日起 45 天内双方同意的期限;或,如未同意则为,(c)在通过建议和裁决之日起 90 天内通过有约束力的仲裁确定的期限。在该仲裁中,仲裁人的指导方针应为执行专家组或上诉机构建议的合理期限不超过自专家组或上诉机构报告通过之日起 15 个月。但是,此时间可视具体情况缩短或延长。”因安提瓜与美国就合理期限的提议不同,没有达成一致意见,因此需要根据 DSU 第 21 条第 3 款(c)项在仲裁程序中确定适用于本案的合理期限。在该程序中,仲裁庭需按照先确定仲裁员权限,再确定合理期限的步骤进行论证。

第一,仲裁庭指出该程序的职权范围限于确定美国遵守 DSB 的建议和裁决的合理期限。经 DSB 通过的经修改的专家组报告和上诉机构报告要求美国“使其在上诉机构报告和经修改的专家组报告中发现与 GATS 不一致的措施符合其在该协定下的义务”。DSB 的建议和裁决本质上没有为美国如何履行其义务提供依据或方法,体现的是义务履行的结果。该程序的仲裁员并不负责确定美国的特定执行方法以及基于该方法的合理期限。[76] 作为执行方的美国保留选择其首选执行方法的自由裁量权。仲裁庭还指出,在执行之诉中,并非由执行方负担证明执行合理期限的举证责任,而是由提出合理期限建

---

〔75〕 王贵国:《世界贸易组织法》,法律出版社 2003 年版,第 298 页。

〔76〕 United States – Measures Affecting the Cross – Border Supply of Gambling and Betting Services, DSU 第 21 条第 3 款 c 项的仲裁裁决,世贸组织文件第 WT/DS285/13 号,2005 年 8 月 19 日通过,第 33 段。

议的当事方证明其提及的期限是合理的,[77] 即“谁主张,谁举证”规则。

第二,仲裁庭确定了美国执行DSB的建议和裁决的合理期限。美国主张国内国会立法进程缓慢,要求根据DSU第21条第3款(c)项确定合理期限为最长的15个月。仲裁庭指出,美国需要证明其提出的这一期限的合理性。美国建议仲裁庭考虑国内立法的复杂性,引用了“加拿大—专利期限案”,主张消除歧视的任务很复杂,而修改专利保护的法定期限则相对简单。仲裁庭支持了美国引用案例后的观点,认为本案中美国国会面临的立法任务比加拿大议会在“加拿大—专利期限案”面临修改专利期限的立法任务更复杂。[78] 无数相互关联和重叠的法律适用于赌博博彩活动,包括州和联邦法律以及刑事和民事法律法规。因此,仲裁庭认为仔细研究拟议的立法是如何影响现有监管制度,将是在此争议中采纳施行立法的必要组成部分。这也为后续仲裁庭决定合理期限时考虑“特殊情况”提供了参考。

仲裁庭考虑了相关“特殊情况”:一是美国的执行方式是立法手段;二是美国通过实施立法的目的是消除或澄清对安提瓜实施的不同于国内赌博博彩服务提供者的歧视,以及为实现这一目标而对网络赌博博彩领域进行监管的性质。但是仲裁员提到,这些因素都不足以支撑美国提出的15个月将是一段合理的执行时间,特别是考虑到美国立法程序的灵活性。[79] 正如安提瓜提到的,美国国会在短短5个月内就通过了IHA2000年修正案,而且美国第一百零九届国会已经在大约6个月的工作中通过了15项法律。最终,仲裁庭参考先前的4个仲裁庭对美国通过立法方式执行而确定合理期限,分别为10—15个月,包括10个月、11个月、12个月和15个月。因此,仲裁庭折中选取了11个月2周的合理期限。[80] 但是合理期限的确定是以DSB的建议和裁决通过为起算的,该裁决是2005年8月19日作出,实际上给予美国的执行时间到2006年4月3日,一共为7个月2周。

---

〔77〕 同前注,第31段。
〔78〕 同前注,第45-46段。
〔79〕 同前注,第64段。
〔80〕 同前注,第66-67段。

(2)根据 DSU 第 21 条第 5 款确定美国是否遵守 DSB 的建议和裁决。

DSU 第 21 条第 5 款规定对争议当事方就是否履行 DSB 建议和裁决产生的分歧提供救济,"如在是否存在为遵守建议和裁决所采取的措施或此类措施是否与适用协定相一致的问题上存在分歧,则此争端也应通过援用这些争端解决程序加以决定,包括只要可能即求助于原专家组。专家组应在此事项提交其后 90 天内散发其报告。如专家组认为在此时限内不能提交其报告,则应书面通知。DSB 迟延的原因和提交报告的估计期限"。DSU 第 21 条第 5 款实际上要求专家组评估"为遵守 DSB 建议和裁决所采取的措施"已经"存在"且其与 DSB 建议和裁决"一致"。因此,在 DSU 第 21 条第 5 款的程序中,专家组首先确认了美国是否存在为符合 DSB 建议和裁决的执行措施,即"存在性"问题;其次,如果存在该执行措施,专家组需要判断该措施是否与 DSB 建议和裁决的要求一致,即"一致性"问题。

第一,针对"存在性"问题,安提瓜与美国双方都同意美国没有采取任何新的措施,但是双方在是否存在"为遵守"DSB 建议和裁决而采取的措施上有争议。这样的争议主要是源自 DSB 建议和裁决仅仅规定"使与不一致的相关措施符合 GATS"。按照美国的说法,DSB 建议和裁决不是通过"新"立法,也不是"修改"现有立法,尽管这两种立法都是可能的实施手段。[81] 专家组称,其并不能排除美国因可能目的而采取的任何潜在的遵守措施。专家组援引了"美国—软木木材案"对 GATS 第 21 条第 5 款的解释,"该条款授权专家组评估措施的'存在'和'一致性',但往往与将专家组的管辖权范围限制在朝着实现遵约或以此为目标的措施方向上的解释相抵触"[82]。因此专家组认定,美国相关争议措施不能构成其"为遵守 DSB 建议和裁决而采取的措施"。

第二,针对"一致性"问题,专家组依据 VCLT 的条约解释规则进行了解释。首先,关于"符合""不一致"的通常含义,专家组参考了词典含义,认为

---

[81] United States – Measures Affecting the Cross – Border Supply of Gambling and Betting Services, DSU 第 21 条第 5 款的执行之诉专家组裁决,世贸组织文件第 WT/DS285/RW 号,2007 年 3 月 30 日通过,第 6.8 段。

[82] United States – Final Countervailing Duty Determination with Respect to Certain Softwood Lumber from Canada, DSU 第 21 条第 5 款的执行之诉专家组裁决,世贸组织文件第 WT/DS257/AB/RW 号,2005 年 12 月 20 日通过,第 67 段。

"与协定不一致的"(inconsistent with)措施与该协定不"符合"(conformity with)。而后在"上下文"中进行解释,专家组认为为了使一项被认定与一项协定"不一致"的措施"符合"同一协定,必须做出一些改变。[83] 其次,专家组还澄清,DSB 建议和裁决是让美国将不一致的措施符合 GATS,而不是判断这些措施是否符合 GATS 的"评定过程"(assessment)与 GATS 一致。因此,该建议要求做出改变,消除这些措施与 GATS 的不一致之处。[84] 再次,专家组称,GATS 第 21 条第 5 款规定的 DSB 建议与裁决的执行与监督不包含诉求的再次审理,只包括在 DSB 建议与裁决被采纳之后的事件,以此反驳了美国以争议措施主张为执行措施的狡辩主张。因为,美国实际上是想通过提供新的、更好的论点,证明其原本的措施符合 GATS 第 14 条序言的要求,因而不需要为遵守 DSB 的建议与裁决采取任何措施。最后,专家组还按照 GATS 的宗旨与目的,对 GATS 第 3 条第 3 款中的"及时解决"与 GATS 第 21 条第 1 款的"及时履行"作了一致解释,得出"新措施,包括修订后的措施,是为遵守 DSB 的建议而采取的最常见的措施形式"[85]。因此,专家组认为其无法评估"为遵守"DSB 建议和裁决的措施与 GATS 在一致性上的分歧,因为此类措施根本不存在。[86] 美国自最初程序以来,WA、IGBA、TA 三部法律相关措施中的任何一项都没有改变,甚至其适用和解释都没有改变。同时,也没有证据表明与这些措施或其影响有关的事实或法律背景发生了任何变化。因此,美国的不一致措施仍然不符合 GATS 下的义务,也不符合 DSB 的建议与裁决。[87]

执行之诉专家组还对 DSB 建议和裁决施加于美国的义务进行了明确。DSU 第 17 条第 14 款规定了上诉机构报告对成员方施加的义务为"无条件"性质,其内容为"上诉机构报告应由 DSB 通过,争端各方应无条件接受,除非在报告散发各成员后 30 天内,DSB 经协商一致决定不通过该报告。此通过程序不损害各成员就上诉机构报告发表意见的权利"。这为 WTO 争端解决

---

[83] United States - Measures Affecting the Cross - Border Supply of Gambling and Betting Services, DSU 第 21 条第 5 款的执行之诉专家组裁决,世贸组织文件第 WT/DS285/RW 号,2007 年 3 月 30 日通过,第 6.13 - 6.14 段。

[84] 同前注,第 6.15 段。

[85] 同前注,第 6.16 - 6.20 段。

[86] 同前注,第 6.93 段。

[87] 同前注,第 6.27 - 6.28 段。

机制的强制力提供了法律依据。因此,专家组对 DSU 第 17 条第 14 款的措辞根据 VCLT 的条约解释规则进行了分析。专家组援引了“美国—海虾案”,认为“GATS 第 17 条第 14 款,DSB 通过的上诉机构报告被争端各方无条件接受,因此,必须被视为该争端的最终解决方案”,同时“GATS 第 3 条第 3 款规定的‘迅速解决’对 WTO 的有效运作至关重要”。[88] 本案专家组遵循了“美国—海虾案”的观点,认为“接受是一项义务;无条件则表明当事人不得对其接受已通过的上诉机构报告附加条件”,[89] 以此反驳了美国挑战上诉机构报告权威的做法。执行之诉专家组认为上诉机构的报告中采用的术语表明美国没有履行举证责任,裁决与争议措施有关,不等同于声明上诉机构“没有裁决”或行使司法节制原则,其仍是裁决。[90] 因此,美国仍负有执行 DSB 的建议和裁决的责任,但是基于以上论证美国并未实施相关执行措施。

4. 对各方意见的评析

安提瓜通过援引“欧共体—床上用品案”,认为美国必须遵守 DSB 建议和裁决,且在执行之诉中美国不能继续举证。这一主张关系到何为遵守 DSB 建议和裁决的问题。在美国的主张下,只要其继续完成举证责任,WA、IGBA、TA 三部法律相关措施也可以是“为遵守”DSB 建议和裁决而采取的措施,其不需要对相关措施做出任何变更。实际上,美国旨在推翻上诉机构裁决,要求根据以前无法获得的新证据和论据,重新审查 GATS 第 14 条序言的问题。美国这一主张并未按照 VCLT 的条约解释规则对 GATS 第 17 条、DSU 第 21 条第 5 款作出解释,至少不符合 VCLT 第 31 条规定的按照“通常含义”作出“善意解释”,该主张一旦成立,则会导致 WTO 争端解决程序下的裁决的非终局性,执行之诉也会成为专家组和上诉机构审理程序的附属性程序。

专家组在分析美国是否存在执行 DSB 建议和裁决的措施时,针对美国于 2006 年 10 月颁布的《非法互联网赌博执行法》(Unlawful Internet Gambling

---

〔88〕 United States – Import Prohibition of Certain Shrimp and Shrimp Products, DSU 第 21 条第 5 款的执行之诉专家组裁决,世贸组织文件第 WT/DS58/AB/RW 号,2001 年 11 月 21 日通过,第 97 段。

〔89〕 United States – Measures Affecting the Cross – Border Supply of Gambling and Betting Services, DSU 第 21 条第 5 款的执行之诉专家组裁定,世贸组织文件第 WT/DS285/RW 号,2007 年 3 月 30 日通过,第 6.51 段。

〔90〕 同前注,第 6.64 段。

Enforcement Act, UIGEA)[91]进行了详细讨论。然而,专家组作出了非常矛盾的阐述,其首先说明争端当事方均没有要求专家组将 UIGEA 视为为遵守 DSB 建议和裁决而采取的措施。同时,专家组也指出,UIGEA 不会修改或改变任何争议法律,也不会影响在这些法律所调整的非法活动。UIGEA 并非美国为了遵守 DSB 建议和裁决而采取的措施。这其实意味着,UIGEA 对于本案的审理进程没有实质性帮助。但是,出乎意料的是,专家组以"UIGEA 具有证据价值"的理由,在评估其所审理的事项时提及 UIGEA。[92] 实际上,即使 UIGEA 具有的证据价值极高,在安提瓜与美国均未对 UIGEA 做出主张时,专家组主动分析的做法应值得商榷。此外,在前序程序中,美国可以通过澄清 WA、IGBA、TA 三部法律相关措施不具有歧视性,从而遵守 DSB 的建议和裁决。然而,美国没有选择澄清,而是颁布了 UIGEA 这一仍使 WA 与 IHA 关系模棱两可的法律,最终导致美国丧失了遵守 DSB 建议和裁决的机会。

本案还少有地涉及了 GATS 第 21 条第 2 款的讨论,该条款特别考虑了发展中国家的利益,"对于需进行争端解决的措施,应特别注意影响发展中国家成员利益的事项"。本案的安提瓜为发展中国家,其主张在解决该争端时考虑自己作为发展中国家的利益。该条本身考虑了发展中国家的利益,一定程度上体现出"共同但有区别"的责任,反映了 GATS 第 3 条所规定的协定本身的目的与宗旨。"共同但有区别责任"在国际法各领域的讨论不在少数,但该原则是否已经成为国际法原则、是否意味着有拘束力的国际条约义务以及是否已经成为习惯国际法都还没有定论,这对维护发展中国家的利益实为掣肘。在本案中,安提瓜若要适用该条款,需要用数据证明其符合该条的标准,但是作为一个经济体量较小的发展中国家,其都不具备收集和提供数据的条件,更没有证明其利益受损是因为美国涉案措施所导致的能力。因此,GATS 第 21 条第 2 款表面上确实将发展中国家的利益写入了条约,但实际上在具体适用上具有很大难度。

---

[91] Unlawful Internet Gambling Enforcement Act of 2006, Pub. L. No. 109 – 347, 120 Stat. 1884, 1952 – 1962 (2006) (to be codified at 31 U. S. C. §5361 – 5367).

[92] United States – Measures Affecting the Cross – Border Supply of Gambling and Betting Services, DSU 第 21 条第 5 款的执行之诉专家组裁决,世贸组织文件第 WT/DS285/RW 号,2007 年 3 月 30 日通过,第 6.37 段。

(五)WTO 协定下的报复

1. 安提瓜:在 GATS 及 WTO 其他协定下对美国实施报复

DSU 第 22 条对败诉方未执行 DSB 建议和裁决的补偿和报复作出了规定。DSU 第 22 条第 1 款首先对“补偿和中止减让或其他义务”定义为“在建议和裁决未在合理期限内执行时可获得的临时措施”。DSU 第 22 条第 2 款规定了败诉方成员“未能使被认定与适用协定不一致的措施符合该协定,或未能在按照第 21 条第 3 款确定的合理期限内符合建议和裁决”的情况,“该成员如收到请求应在不迟于合理期限期满前,与援引争端解决程序的任何一方进行谈判,以期形成双方均可接受的补偿。如在合理期限结束期满之日起 20 天内未能议定令人满意的补偿,则援引争端解决程序的任何一方可向 DSB 请求授权中止对有关成员实施适用协定项下的减让或其他义务”。该条款意味着,败诉方应当在 DSU 第 21 条第 3 款确定的合理期限内执行 DSB 建议和裁决,如没有执行,原起诉方将通过谈判达成补偿,如补偿谈判未果,则争端胜诉方可以要求 DSB 授权报复。

为确定受损幅度,安提瓜采用了“反事实方法”(Counterfactual Approach)[93],基于“美国将不限制安提瓜的赌博博彩服务提供者跨境向美国提供服务”的“反事实”计算了受损幅度。[94]

根据 DSU 第 22 条第 3 款规定的报复原则与程序,安提瓜提出,无论是在 GATS 下“同部门”或“跨部门”报复都不足以覆盖全部损失,因此寻求在 GATS 及其他协定下实施报复。安提瓜提出,因客观条件无法“找到任何关于娱乐服务贸易的统计来源”,且该部分贸易量是可以忽略不计的。而更重要的是,在该部门实施报复会进一步限制安提瓜本国国民本就有限的娱乐选择,相反却对美国几乎不产生任何影响。[95] 安提瓜提出,从美国进口的服务数量

---

〔93〕“反事实方法”也称“反事实假设”,最早由美国经济史学家福格尔创设。“反事实方法”虽然是假设,建立在没有发生的事实基础上,但也需要具备合理性。因此,报复水平仲裁庭会审查阿根廷与美国各自提出的“反事实”是否合理。

〔94〕United States – Measures Affecting the Cross – Border Supply of Gambling and Betting Services, DSU 第 22 条第 6 款的报复水平仲裁裁决,世贸组织文件第 WT/DS285/ARB 号,2007 年 12 月 21 日通过,第 3.16 段。

〔95〕同前注,第 4.48 段。

远不足以涵盖其有权报复的水平。安提瓜强调其是自然资源有限的小经济体,严重依赖包括来自美国的进口商品和服务,所以对从美国进口的产品或提供的服务征收额外关税,安提瓜国民购买的产品和服务就会很昂贵。[96] 此外,在安提瓜看来,美国持续不遵守 DSB 建议和裁决的做法使得安提瓜的情况变得“足够严重”,安提瓜的关键收入被剥夺,国家整体经济持续受到不利影响。[97]

2. 美国:安提瓜没有依循 DSU 第 22 条第 3 款要求的原则与程序主张报复

美国同意使用“反事实方法”,但是认为安提瓜的主张不现实,主张按照“仅在赛马方面非歧视地开放远程赌博博彩服务,国内服务提供者一样不受禁止”的“反事实”。[98] 美国称,安提瓜所提议的报复程度并不等于因美国继续实施与 GATS 不一致的措施而遭受的利益无效或减损,安提瓜没有考虑到美国不可能完全开放赌博博彩服务市场的事实,美国认为“反事实”只能基于两种可能:一是完全禁止网络赌博;二是允许国外和本国赌博服务提供者提供远程赛马服务。[99]

美国还认为安提瓜没有遵守 DSU 第 22 条第 3 款规定的报复原则与程序,该条款要求安提瓜应首先在涵盖赌博博彩服务的“同部门”(美国具体承诺表第 10 部门)进行报复,这样“不可行”,安提瓜应继续在同一协定 GATS 下的“其他部门”进行报复。美国提出,安提瓜没有充分地解释说明,为什么在 GATS 下不能实施报复,安提瓜仅凭主张其为发展中国家,需要进口货物和服务,但不具体解释为何在 GATS 下的报复“不可行”或“无效”是不妥的。

3. 报复水平仲裁庭:安提瓜可以在 TRIPS 下对美国实施报复

(1)通过“反事实方法”确定安提瓜的受损幅度

报复水平仲裁庭的成立是基于安提瓜依据 DSU 第 22 条第 6 款发起的仲裁。DSU 第 22 条第 6 款规定了原起诉方请求补偿与报复的程序以及如有争议应适用的仲裁程序:“如发生第 2 款所述情况,则应请求,DSB 应在合理期限结束后 30 天内,给予中止减让或其他义务的授权,除非 DSB 经协商一致决

---

〔96〕 同前注,第 4.87 段。

〔97〕 同前注,第 4.5 段。

〔98〕 同前注,第 3.17 – 3.18 段。

〔99〕 同前注,第 3.23 段。

定拒绝该请求，但是，如有关成员反对提议的中止程度，或声称在起诉方提出请求根据第3款(b)项或(c)项授权中止减让或其他义务时，第3款所列原则和程序未得到遵守，则该事项应提交仲裁。如原专家组成员仍可请到，则此类仲裁应由原专家组做出，或由经总干事任命的仲裁人做出，仲裁应在合理期限结束之日起60天内完成。减让或其他义务不得在仲裁过程中予以中止。"DSU第22条第6款结合第2款规定理解，应是"援引争端解决程序的任何一方"可以适用，但实际上就是指胜诉方，本案中只有安提瓜可以通过该条规定的仲裁制度发起报复水平仲裁。

在审理报复水平仲裁时，仲裁庭需要先确定安提瓜的受损幅度，在确定受损幅度后再根据DSU第22条第3款报复的原则与程序作出报复授权。此前，报复水平仲裁庭先明确了其职权范围限于确定报复水平以及报复部门和协定。针对报复水平仲裁的举证责任，安提瓜先提出主张的报复幅度，美国则需要证明安提瓜提出的报复幅度不符合DSU第22条第3款的报复原则与程序，而跨部门、跨协定的交叉报复则仍需要安提瓜证明。

为确定安提瓜的受损幅度，本案仲裁庭选取了"反事实方法"，援引了"美国—《版权法》第110(5)节(第25条)"案。该案仲裁员根据在引入与TRIPS不兼容的版权限制之前的版税收入的历史数据来确定利益无效或减损的水平，而不是基于对所涉权利不设限制的"反事实"。[100] 根据该案的分析，本案仲裁庭支持了美国所提供的"反事实方法"。按照举证责任规则，美国需要证明安提瓜提出的受损幅度不可取，但是美国直接提出了一个替代方案。仲裁庭认为提出替代方案并不代表完成了举证责任，"反事实"并非必须反映相关成员"最有可能"遵守的情况，其只是代表一种假设情景。在任何给定的情况下，都可能存在一定程度的不确定性，但是必须反映具有说服力或"合理的"履行裁决的情形。[101] 因此，仲裁庭考虑到美国一直强调公共道德和公共秩序，而且其措施符合GATS第14条的具体例外情形，认为美国可能有一系列

[100] US - Section 110(5) of the US Copyright Act, DSU 第25条的仲裁裁决，世贸组织文件第WT/DS160/ARB25/1号，2001年11月9日通过，第4.7-4.14段。

[101] United States - Measures Affecting the Cross - Border Supply of Gambling and Betting Services, DSU第22条第6款的报复水平仲裁裁决，世贸组织文件第WT/DS285/ARB号，2007年12月21日通过，第3.26段。

的符合 WTO 规定的处理方式以执行 DSB 的建议和裁决,不限于完全开放远程赌博博彩服务市场。最终,仲裁庭确认本案中的“反事实方法”采用美国提出的替代方法,认定“允许国外和美国本土赌博服务提供者提供远程赛马服务”为合理假设,可被视为准确反映了安提瓜所应获得的已被取消或损害的利益。[102] 不过,有一位仲裁员反对此观点,认为美国开放赛马赌博服务市场的方式不能让美国保护公共道德和公共秩序的主张成立。[103] 仲裁庭比较了安提瓜与美国对受损幅度的计算方法后,选取了合适的计算方法并对相关数据作了修正,最终得出 210 万美元的受损幅度结果。[104]

(2)根据 DSU 第 22 条第 3 款确定安提瓜报复美国的原则与程序

DSU 第 22 条第 3 款规定了胜诉方如何对败诉方实施报复,“在考虑中止哪些减让或其他义务时,起诉方应适用下列原则和程序:(a)总的原则是,起诉方应首先寻求对与专家组或上诉机构认定有违反义务或其他造成利益丧失或减损情形的部门相同的部门中止减让或其他义务;(b)如该方认为对相同部门中止减让或其他义务不可行或无效,则可寻求中止对同一协定项下其他部门的减让或其他义务;(c)如该方认为对同一协定项下的其他部门中止减让或其他义务不可行或无效,且情况足够严重,则可寻求中止另一适用协定项下的减让或其他义务;(d)在适用上述原则时,该方应考虑:(i)专家组或上诉机构认定有违反义务或其他造成利益丧失或减损情形的部门或协定项下的贸易,及此类贸易对该方的重要性;(ii)与利益丧失或减损相关的更广泛的经济因素及中止减让或其他义务的更广泛的经济后果”。DSU 第 22 条第 3 款为 WTO 争端解决程序提供了具有强制执行力的跨部门交叉报复依据。

为澄清 DSU 第 22 条第 3 款规定的报复原则与程序的要求,仲裁庭引用了“欧共体—香蕉案”对 DSU 第 22 条第 3 款 b、c 项“可行性”和“有效性”标准的含义以及 DSU 第 22 条第 3 款 d 项作用的重要分析。鉴于先案,本案仲裁庭认为根据 DSU 第 22 条第 3 款规定申请报复授权的顺序是:第一,“同部门报复”,要求在受到损害的同一部门展开。第二,“跨部门报复”。当相同部

[102] 同前注,第 3.33 - 3.49 段。

[103] 同前注,第 3.62 - 3.73 段。

[104] 同前注,第 3.188 段。

门的报复被证明为“不可行或无效”后，就可在同协定下（本案中为GATS）的不同部门申请。第三“跨协定报复”。若同一协定不同部门的报复仍为“不可行或无效”且“情况足够严重”，则可申请授权跨协定报复。第四，在适用以上原则的同时需要考量受损贸易对起诉方的重要性和利益丧失以及报复所带来的更广泛的经济后果。[105] 此外“欧共体—香蕉案”中仲裁员指出，“当寻求报复的起诉方与被诉方之间在贸易量和经济实力方面存在巨大不平衡”，甚至“起诉方高度依赖被诉方的进口的情况下，中止减让或某些其他义务对寻求中止的起诉方可能造成比被诉方更有害的影响”。这对于本案仲裁员在确定安提瓜是否可以实施“跨部门报复”时提供了关键支持。

因此，本案仲裁庭首先确定其审查内容为两点：一是根据DSU第22条第3款b项，确定是否在违反GATS的相同部门中中止减让或其他义务是不切实可行有效的；二是是否在违反GATS的不同部门中中止减让或其他义务也是不切实可行有效的，且情况足够严重，以至于安提瓜有权按照DSU第22条第3款c项要求中止另一项协定的减让义务或其他义务。[106]

DSU第22条第7款规定：“按照第6款行事的仲裁人不得审查拟予中止的减让或其他义务的性质，而应确定此类中止的程度是否等于利益丧失或减损的程度。仲裁人还可确定在适用协定项下是否允许拟议的中止减让或其他义务。但是，如提交仲裁的问题包括关于第3款所列原则和程序未得到遵循的主张，则仲裁人应审议此项主张。如仲裁人确定这些原则和程序未得到遵循，则起诉方应以与第3款相一致的方式适用这些原则和程序。各方应将仲裁人的决定视为最终决定予以接受，有关各方不得寻求第二次仲裁。仲裁人的决定应迅速通知DSB，应请求，DSB应授权中止减让或其他义务，除非DSB经协商一致决定拒绝该请求。”该条确定报复幅度与利益受损幅度应相同，同时要求起诉方按照该条第3款所列原则和程序主张报复，且报复水平仲裁的裁决具有终局性。在本案中，仲裁庭需要确定安提瓜是否遵守了DSU第22条第3款要求的原则与程序，以及审定相关的报复幅度。

针对“同部门报复”，仲裁庭认定安提瓜的报复不可行或无效。安提瓜本

[105] 同前注，第4.19段。

[106] 同前注，第4.21段。

身没有在分部门10. D中做出市场准入承诺,其承诺了分部门10. A的娱乐服务,因此只能在分部门10. A实施报复。仲裁庭同意安提瓜在"同一部门"实施报复对美国影响不大却对本国影响严重的主张,指出"同一部门"不限于在次部门中做出的具体承诺,同时援引了美国提交的国际货币基金组织国际收支统计国别表进一步佐证了安提瓜的观点,最终得出"同部门报复""不可行或无效"的结论。[107]

针对"跨部门报复",仲裁庭认定安提瓜的报复不可行或无效。考虑到安提瓜与美国双方贸易金额和经济实力差距巨大,就必须考虑安提瓜在哪个部门实施报复对其自身损害性最小,以此认定"有效性"。仲裁庭指出,服务交易本质上通过多种部门与一国国内经济结构紧密相连。如果让安提瓜在此类领域中止对美国的减让义务可能会对安提瓜这样的小经济体产生重大负面影响。[108]

仲裁庭还对安提瓜适用DSU第22条第3款d项的情况进行了分析。首先,仲裁庭审查了受损服务贸易对安提瓜的重要性,也对利益丧失或减损相关的更广泛的经济因素及中止减让或其他义务的更广泛的经济后果作了分析。仲裁庭指出,安提瓜在GATS其他部门实施"跨部门报复"的可行性和有效性时,已经分析其作为一个依赖进口的小型经济体的一般经济情况,讨论了更广泛的经济因素,实施报复对美国影响很小,而安提瓜受限扩大,报复效果根本无法实现。[109] 加上"情况足够严重",安提瓜无论是在人口、面积、GDP等各领域都与美国存在巨大悬殊;安提瓜自然资源有限,不足以满足自身需求,更不具备出口的条件,其经济高度依赖旅游业等,受制于外部因素;安提瓜是为发展多样经济才拓展了服务贸易业务,包括远程赌博博彩等服务,但是已遭受严重损失。[110] 因此,根据以上原因,仲裁庭认为即使在GATS下的其他部门通过"跨部门报复",报复依旧是"不可行或无效"的。

针对"跨协定报复",仲裁庭认为安提瓜的报复可行且有效,并确定了在TRIPS下的报复幅度。美国提出,安提瓜针对美国市场的跨境提供远程赌博

---

〔107〕 同前注,第4.52－4.65段。

〔108〕 同前注,第4.98段。

〔109〕 同前注,第4.103段。

〔110〕 同前注,第4.108－4.111段。

博彩服务是违反美国刑事法律的,TRIPS 下的报复会使得安提瓜的知识产权违法行为继续增加。安提瓜反驳,主张仲裁员的职责不包括确保安提瓜如何执行报复措施,而且安提瓜也不需要明确计算在 TRIPS 的每一个部门的报复幅度或是否超出报复幅度。[111] 最终,仲裁庭确定安提瓜可以在 TRIPS 下版权和相关权利、商标、工业设计、专利和未披露信息保护 5 个方面实施交叉报复,但是与受损幅度一致,每年不超过 210 万美元。[112] 同时,仲裁庭也指出,其没有质疑安提瓜中止特定义务的权利,但是如果美国认为安提瓜超出了报复幅度,可以通过 DSU 第 22 条第 8 款规定的合适的争端解决程序寻求救济。

4. 对各方意见的评析

为了确定报复水平,本案中无论是安提瓜还是美国都采用了"反事实方法",这一方法的适用需要详实的数据支持来证明起诉方的实际损失。但是由于美国所涉争议法律持续存在,根本无法确定是在何节点美国的法律对安提瓜产生了禁止其跨境提供赌博博彩服务的影响。因此,"反事实方法"本质上是一种情景假设,也依赖于经济学分析。此外,本案仲裁庭通过适用 VCLT 解释规则对 DSU 第 22 条所规定的 WTO 成员方间的报复程序进行了详细的分析,明确了报复的原则与程序,还特别地考虑到安提瓜作为小型发展中国家和美国作为大型发达国家之间的悬殊情况,最终支持了安提瓜的诉求。

本案最终授权安提瓜可以对美国在 TRIPS 下实施交叉报复,但是在 TRIPS 下为保证报复的幅度就必须要考虑到知识产权客体的可复制性和时效性,知识产权权利多因单次披露就再无法阻止对其的后续不当利用。因此,虽然放弃知识产权保护是报复的一种方式,理论上可行,但实际操作很难,有很多不确定因素使得幅度无法确定。而本案审理完结后,安提瓜也没有对美国在 TRIPS 下进行报复,而美国实施报复的原因在政治经济上都有体现。一方面,彼时美国试图在加勒比海地区建立美洲自贸区,安提瓜若实施报复则绝大可能不会被允许加入;另一方面,安提瓜作为一个小型经济发展中国家,需要向世界银行、国际货币基金组织申请贷款、寻求帮助,甚至当受到动乱影响时向联合国申请维护部队。但在这些维持世界秩序的核心国际组织中,美国或

[111] 同前注,第 5.2-5.5 段。
[112] 同前注,第 5.6-5.7 段。

为最大股东或为常任理事国,拥有着安提瓜所不能抗衡的权力。因此,安提瓜即使获得了本案的胜诉裁决,也根本没有能力去执行。本案也深刻揭露出国际法与国际关系的勾连、法律与政治的牵涉。在这些因素的作用下,发展中国家甚至欠发达国家在国际社会中的权利保障任重道远。

三、结语

美国影响赌博博彩服务跨境提供措施案是 WTO 服务贸易案例中争端解决程序适用较为全面的一例,其从专家组阶段、上诉机构阶段,一直持续到 DSB 裁决的执行之诉和报复水平。本案上诉机构虽然在部分方面对专家组的说理进行了大量修改,但无论是专家组还是上诉机构都对 GATS 中最重要的市场准入机制进行了充分讨论,也对 WTO 协定中的例外条款在服务贸易中的应用作出了论证。在审理过程中,专家组和上诉机构先确定美国对跨境提供赌博博彩服务做出了具体承诺,从而考虑美国在该承诺下的市场准入义务,再对美国主张的一般例外适用"双层分析法"进行审查,最终认定美国虽符合 GATS 第 14 条(a)、(c)款具体例外情形,但因未证明其符合该条序言而判定美国败诉。本案中美国的败诉使得小国得以通过法律武器战胜大国。但是,囿于美国未执行 DSB 的建议和裁决,且美国具有安提瓜所不能撼动的国际地位和国家实力,安提瓜作为胜方仍对美国无计可施,未能获得相应利益补偿和相应水平报复。美国影响赌博博彩服务跨境提供措施案不仅是 WTO 争端解决中服务贸易案例中的典型,也是小国与大国间国际争端解决看似成功实则失败的范例。

第十一章　Maffezini 诉西班牙案
(Emilio Agustín Maffezini v. The Kingdom of Spain)

杨家华

一、案件事实概述

(一)案件事实概要

1989 年 11 月,阿根廷公民 Maffezini 根据西班牙的法律,在西班牙的加利西亚地区生产投资成立了一家名为 Emilio A. Maffezini S. A.(以下简称 EAMSA)的公司。Maffezini 以 3500 万元的价格认购了该公司 70% 的股权,以其中的 66.36% 进行实际出资。Sociedad para el - Desarrollo Industrial de Galicia(以下简称 SODIGA)是一家西班牙国有公司,认购了 30% 的股权。同时,SODIGA 以优惠利率向 EAMSA 发放了 4000 万元的贷款,并且西班牙财政部和加利西亚地区政府对公司进行了补贴。[1]

根据西班牙政府的要求,为购买合适的土地,EAMSA 聘请了咨询公司,并对施工成本和生产所需条件进行研判。EAMSA 根据咨询公司提供的报告购买了土地,并与各公司和供应商签订了合同。SODIGA 也对项目进行了经济方面的评估,以决定是否参与该项目。[2] 1991 年 6 月 24 日,EAMSA 向加利西亚地区政府提交了一份环境影响评估(EIA)报告,并于 1992 年 1 月审批

---

[1] Emilio Agustín Maffezini v. The Kingdom of Spain, ICSID Case No. ARB/97/7,裁决,2000 年 11 月 13 日,第 39 段。

[2] 同前注,第 40 段。

通过。在审批通过前,工厂的建设已经开始进行。[3]

然而,在项目的准备阶段,EAMSA 遇到了财政困难,没能成功申请到新的贷款和补贴。Maffezini 从个人账户向 EAMSA 转账 3000 万元。[4] 1992 年 3 月初,Maffezini 下令停止施工并解雇 EAMSA 的员工。1994 年 6 月,Maffezini 的律师与 SODIGA 接洽,请求取消 EAMSA 和 Maffezini 所有未偿债务,以置换 EAMSA 的资产。SODIGA 提出,只要 Maffezini 愿意增加 200 万元投入,它愿意接受这一提议。Maffezini 拒绝了。随后,Maffezini 要求阿根廷驻马德里大使馆进行干预。1996 年 6 月 13 日,多次通信往来之后, SODIGA 表示愿意接受 Maffezini 的律师最初提出的建议。Maffezini 没有对 SODIGA 的最后提议做出回应。不久之后,他便向 ICSID 提请仲裁。[5] Maffezini 向仲裁庭提出了四项主要论点:第一,由于 SODIGA 是一个公共实体,其作为和不作为都应归责于西班牙。第二,项目之所以失败,是因为 SODIGA 在项目成本方面给出了错误的建议,实际成本大大高于最初的估算。第三,由于 EAMSA 在 EZA 结束之前受到投资压力,因此,SODIGA 还应负责 EIA 产生的额外成本。第四,Maffezini 并非向 EAMSA 提供了 3000 万元贷款,这笔金额从他的个人账户转移到 EAMSA 是非正常流程的。[6]

面对指控,西班牙提出四点反驳意见。第一,SODIGA 是一家私人公司,其行为不可归责于国家。第二,Maffezini 负责 EAMSA 项目的可行性调研,包括产品和成本市场的有效性,但 SODIGA 的调研只是出于自身是否参与该项目的目的。Maffezini 完全了解 EIA 的要求,但是依然在获得 EIA 批准之前购买土地和施工建设。第三,向 EAMSA 转移资金是受 Maffezini 所指示,并由 SODIGA 的一名管理者根据 Maffezini 的指示以个人身份进行。第四,在法律层面上,Maffezini 于 1994 年的提出的和解建议是一项合同要约,该要约从未被撤回,因此,SODIGA 于 1996 年接受该要约时,合同就生效了。[7]

1997 年 7 月 18 日,阿根廷个人投资者 Maffezini 向国际投资争端解决中

〔3〕 同前注,第 41 段。
〔4〕 同前注,第 42 段。
〔5〕 同前注,第 43 段。
〔6〕 同前注,第 44 段。
〔7〕 同前注,第 45 段。

心(International Centre for Settlement of Investment Disputes,ICSID)提出仲裁申请。Maffezini援引了1991年《阿根廷与西班牙关于相互促进和保护投资的协定》[8](以下简称《阿根廷—西班牙BIT》)的规定,并通过《阿根廷—西班牙BIT》中的最惠国待遇条款援引了1991年《智利与西班牙关于相互促进和保护投资的协定》[9](以下简称《智利—西班牙BIT》)中的争端解决条款向ICSID提起仲裁。[10]

(二)涉及的法律问题

在管辖权的争议中,本案涉及的法律问题主要有五项:第一,申请人是否满足了《阿根廷—西班牙BIT》中第10条[11]穷尽当地救济规则的要求?第

[8] 《阿根廷与西班牙关于相互促进和保护投资的协定》,西班牙文全称"Acuerdo Para La Promocion Y La Proteccion Reciproca De Inversiones Entre El Reino De Espaaa Y La Republica Argentina",1991年10月3日签署,1992年9月28日生效,全文见UNCTAD网站,https://investmentpolicy.unctad.org/international-investment-agreements/treaty-files/119/download,2023年5月9日访问。

[9] 《智利与西班牙关于相互促进和保护投资的协定》,英文全称"Spain and Chile Agreement on the Reciprocal Protection and Promotion of Investments",1991年10月2日签署,1994年3月28日生效,全文见UN网站,https://treaties.un.org/doc/publication/unts/volume%201774/volume-1774-i-30883-english.pdf,2023年5月9日访问。

[10] Emilio Agustín Maffezini v. The Kingdom of Spain, ICSID Case No. ARB/97/7,裁决,2000年11月13日,第4段。

[11] 《阿根廷与西班牙关于相互促进和保护投资的协定》第10条 一缔约方与另一缔约方投资者争议的解决

1. 一缔约方与另一缔约方投资者之间就本协议所指的投资引起的争议,应当尽可能由争议双方友好解决。

2. 第1款意义下的争议从一方当事人提出争议之日起六个月内无法解决,根据任何一方当事人的请求,应当将争议提交给投资所在国的有资格的司法机构。

3. 有下列情形之一的,争议可以提交至国际仲裁庭:

(a)应争议任何一方的请求,在本条第2款规定的司法程序开始后,经过18个月仍未作出实质性决定,或已作出实质性决定,但双方当事人仍坚持争议;

(b)争议双方当事人同意。

4. 在上述第3款规定的情形下,本条意义下的争议应由当事方之间协商一致提交,除非争议当事方之间另有协议,或者根据1965年3月18日《解决国家和他国国民之间投资争端公约》的仲裁程序提交仲裁,或提交至按照联合国国际贸易法委员会规则设立的特设仲裁庭仲裁。

如果一方当事人要求仲裁,自仲裁程序开始之日起三个月后仍未协商一致,倘若双方都是《公约》缔约方,争议应当根据1965年3月18日《解决国家和他国国民之间投资争端公约》提交仲裁程序仲裁。如果都不是,则应当将争议提交上述的特设仲裁庭仲裁。

5. 仲裁庭应根据本协定作出裁决,在适当的情况下,可以根据双方之间生效的其他条约,投资所在国的国内法,包括国内法中的国际私法规范和国际法一般原则作出裁决。

6. 仲裁裁决具有约束力,各方应当根据本国法律执行。

二,申请人是否可以通过援引 1991 年《阿根廷—西班牙 BIT》中最惠国待遇条款,从而获得 1991 年《智利—西班牙 BIT》中更有利的争端解决待遇?第三,申请人是不是 ICSID 争端程序中的适格投资者?第四,被申请人在本案 ICSID 争端程序中是否具有适格的主体地位?第五,"争议"是否产生于《阿根廷—西班牙 BIT》的效力范围内?本文从这五个问题出发对案件进行详细的分析。

二、法律问题分析及评论

(一)穷尽当地救济

1. 西班牙的观点

被申请人西班牙对 ICSID 管辖权提出异议的理由是申请人 Maffezini 没有遵照《阿根廷—西班牙 BIT》第 10 条的规定穷尽当地救济。西班牙提出了两个论点:第一,申请人依据《阿根廷—西班牙 BIT》第 10 条第 2 款和第 10 条第 3(a)款向 ICSID 提出仲裁申请不符合《阿根廷—西班牙 BIT》的规定。Maffezini 没有用尽西班牙的当地救济措施,从而违反了《阿根廷—西班牙 BIT》中第 10 条第 3 款第(a)项用尽当地救济的要求。第二,申请人没有根据《阿根廷—西班牙 BIT》第 10 条第 2 款的要求,在争议提交至国际仲裁机构之前,将争议诉至西班牙司法机构裁判。[12] 根据《阿根廷—西班牙 BIT》第 10 条第 2 款规定,如果外国投资者与东道国之间发生争端,并且该争端无法在 6 个月内友好解决,则应当将争端提交给投资所在国的法院。同时,《阿根廷—西班牙 BIT》第 10 条第 3(a)款表明,除非双方同意,否则只有在本条第 2 款规定的司法程序开始 18 个月后仍未就该争议的实质内容作出判决,或者即便作出了实质性的判决,双方当事人依然坚持争议的情况下,才能由其中一方将争议提交给 ICSID 仲裁庭解决。

因此,西班牙认为,西班牙法院如果在 18 个月内就争议作出了判决,那么

[12] Emilio Agustín Maffezini v. The Kingdom of Spain, ICSID Case No. ARB/97/7,管辖权裁决,2000 年 1 月 25 日,第 20 段。

无论判决的结果如何,争议都不能再递交国际仲裁。[13]

2. Maffezini 的观点

Maffezini 认为,国内法院作出判决之后就表明争端不再存续。因此,如果西班牙的国内法院对争议在 18 个月内作出判决,那么就无法再根据《阿根廷—西班牙 BIT》第 10 条将争议提交给 ICSID 仲裁庭了。[14]

3. 仲裁庭的论证逻辑及意见

首先,仲裁庭依据内部程序规则《关于解决国家与他国国民间投资争端公约》(以下简称《华盛顿公约》)第 26 条[15]进行解释。第 26 条的措辞表明,除非缔约方将用尽当地救济作为同意 ICSID 仲裁的前提条件,否则应当被视为同意仲裁。《华盛顿公约》第 26 条与传统的国际法规则不同,因为在传统国际法中,除非当事方已经明示或默示放弃用尽当地救济的条件,否则必须穷尽当地救济措施。

其次,仲裁庭对《阿根廷—西班牙 BIT》第 10 条第 3(a)款用尽当地救济措施进行论证,审查西班牙是否在《阿根廷—西班牙 BIT》中明确了以用尽当地救济为条件接受国际仲裁庭管辖。仲裁庭认为,西班牙在批准《华盛顿公约》时,没有对第 26 条附加此类条件。[16] 最后,仲裁庭审查了《阿根廷—西班牙 BIT》第 10 条,发现该条虽然没有明确以用尽当地救济为条件,但条款中提到了国内法院的诉讼程序。仲裁庭根据《维也纳条约法公约》(Vienna Convention on the Law of Treaties, VCLT)第 31 条对条款进行解释,认为《阿根廷—西班牙 BIT》第 10 条第 3(a)款没有表明国内法院作出判决后便不能再将争议提交至国际仲裁庭。相反,国内法院作出判决后双方仍有争议时,可以将争议提交 ICSID 仲裁庭。[17]

仲裁庭认为,不同情况下的用尽当地救济原则的解释有所不同,这取决于

---

[13] 同前注,第 25 段。

[14] 同前注,第 26 段。

[15] 《关于解决国家与他国国民间投资争端公约》第 26 条　除非另有说明,否则根据本公约进行仲裁的当事方的同意应被视为同意此类仲裁而排除任何其他补救措施。缔约方可以要求用尽当地行政或司法救济,作为其同意根据本公约进行仲裁的条件。

[16] Emilio Agustín Maffezini v. The Kingdom of Spain, ICSID Case No. ARB/97/7,管辖权裁决,2000 年 1 月 25 日,第 27 段。

[17] 同前注,第 27 段。

当事方向国际仲裁庭提出的诉求是主张国内法院拒绝司法(denial of justice),还是寻求维护条约保障的权利。在前一种情形下,向国际仲裁庭起诉的权利只能以国家拒绝司法为基础,如果不存在司法不公正的情况,那么国际仲裁庭只能拒绝受理。在本案中,《阿根廷—西班牙 BIT》规定了当事方在用尽当地救济措施之后,才有权利从国际仲裁庭获得条约保障权利的最终裁定。[18] 仲裁庭认为,并非如西班牙所理解的,只有在国内法院拒绝司法的情况下,当事方才能将争议提交至国际仲裁。因为这种主张会使当事方不再享有对国内法院所作的条约解释提出挑战的权利,所以这种解释既不符合《阿根廷—西班牙 BIT》的文本表述,也不符合《阿根廷—西班牙 BIT》赋予外国投资者在国际仲裁庭寻求最终裁决权利的宗旨。[19]

本案中,由于申请人没有依照《阿根廷—西班牙 BIT》的要求穷尽当地救济措施,先将争议诉至西班牙法院。仲裁庭认为,ICSID 仲裁庭缺乏对争端的管辖权。[20]

4. 对各方意见的评析

仲裁庭并没有在一开始就依据 VCLT 解释规则对争议实体条款进行解释,而是先就 ICSID 的内部规则,即《华盛顿公约》第 26 条进行分析适用。这样的论证顺序意味着,讨论仲裁庭管辖权问题时,会优先通过内部规则作为判断管辖权的法律基础。《华盛顿公约》第 26 条表明,除非另有说明,否则当事方的同意会被视为同意仲裁。换言之,只要当事方之间没有作出特殊的说明,那么只要双方同意,ICSID 仲裁庭就有管辖权。如何解释当事方是否“另有说明”,以及“当事方的同意”是解释的关键。接下来就需要考察当事方之间的协议,来确认当事方是否存在特别的规定。这是本案仲裁庭的分析逻辑,也是涉及管辖权争议时仲裁庭的通常论证方式。

在确定了双方都没有排除 ICSID 仲裁庭的管辖权的特殊说明之后,仲裁庭对《阿根廷—西班牙 BIT》中的条款进行了审查。《阿根廷—西班牙 BIT》第 10 条第 1 款至第 3 款规定了提起诉讼的争议范围和条件。争议的范围限于

---

〔18〕 同前注,第 30 段。

〔19〕 同前注,第 31 段。

〔20〕 同前注,第 36 段。

投资者和东道国之间就《阿根廷—西班牙 BIT》中的“投资”引发的争议,应尽可能由争端双方友好解决。提起诉讼的条件是自一方当事人提出争议起,6个月内双方无法协商解决,那么任何一方当事人便可以将争议提交至投资所在国的法院解决。《阿根廷—西班牙 BIT》第 10 条第 3(a)项明确了争议提交国际仲裁庭的两种情形:第一种情形是倘若国内法院在 18 个月后仍未对争议的实质内容作出判决,或者已经作出了判决但是双方当事人依然坚持的,任何一方当事人都可以将争议提交国际仲裁庭;第二种情形是争议双方都同意的情况下,才可以将争议诉至国际仲裁庭。

对这一条款的解释,存在两个问题需要厘清。首先,《阿根廷—西班牙 BIT》第 10 条第 2 款提及有争议的当事方在无法协商解决的情况下,可以将争端提交至投资所在国的国内司法机构解决。这一表述是否规定了争端当事方必须穷尽当地救济措施? 其次,《阿根廷—西班牙 BIT》第 10 条第 2 款是否可以视为该条第 3 款提交国际仲裁庭的前提条件? 根据 VCLT 第 31 条的条约解释规则,首先,从文义解释来看,《阿根廷—西班牙 BIT》第 10 条第 2 款规定了如果双方在 6 个月协商期限内无法就争议事项达成一致,当事方应当将争议提交至东道国司法机构进行解决。很显然,向东道国的司法机构提出请求是双方协商不成之后的必要途径。同时,《阿根廷—西班牙 BIT》第 10 条第 3 款表明只有当国内法院没有在限定时间内对争议事项作出判决或者双方同意的前提下,争议事项才能提交至国际仲裁庭解决。其次,结合上下文的语境,这三个条款的表述事实上存在递进的关系。因此,根据上下文的解释,《阿根廷—西班牙 BIT》第 10 条对穷尽当地救济作出了规定。本案仲裁庭引用了 1977 年国际法委员会的工作报告中关于国家责任相关规则的评注,《阿根廷—西班牙 BIT》中规定用尽当地救济原则本身不会直接产生阻碍争议提交至国际仲裁庭的效果。如果条约确认了某项权利,同时规定争端在提交国际仲裁庭之前需用尽当地救济,那么争端各方就有向 ICSID 仲裁庭起诉的权利。双边投资协定(以下简称 BIT)作为国家间的条约,ICSID 仲裁庭拥有对该条约的解释权。[21]

本案仲裁庭还分析了用尽当地救济原则的两种不同的情形,一种是主张

---

〔21〕 同前注,第 29 段。

国内法院拒绝司法(denial of justice),另一种是要求维护条约所保障的实际权利。这两种情况导致的后果不同,在拒绝司法的情形中,国际仲裁庭的管辖权仅限于因司法程序导致的司法不公正。后一种情况针对条约中的实体规则,当事方可以通过合意向仲裁庭请求维护条约确定的实体权利。根据上述的解释分析,《阿根廷—西班牙 BIT》第 10 条中并没有包含西班牙所理解的在拒绝司法的情形下才能将争端提交仲裁庭的意思,因此,仲裁庭反驳了西班牙的论点。但由于申请人 Maffezini 没有根据《阿根廷—西班牙 BIT》第 10 条第 2 款用尽当地救济原则将争议先提交至西班牙国内司法机构解决,因此,在这一点上,仲裁庭认为自己没有管辖权。

(二)最惠国待遇的范围与程序性事项

1. Maffezini 的观点

《阿根廷—西班牙 BIT》第 4 条第 2 款规定了最惠国待遇:"在本协定规定的所有事项中,这种待遇不得低于其给予第三国投资者在其领土内进行投资的待遇。"同时该条约第 10 条争端解决条款规定了争议提交国际仲裁庭前存在 18 个月的时间限制,相反在《智利—西班牙 BIT》的第 10 条第 2 款[22]中没有规定此类限制,其规定投资者可以在 6 个月的谈判期限届满后选择国际仲裁。[23] 据此,申请人认为,相比之下,西班牙的智利投资者比阿根廷投资者受到更优惠的待遇。因此,通过《阿根廷—西班牙 BIT》中的最惠国待遇条款,申请人可以直接将争议提交 ICSID 仲裁,而无须先递交国内法院裁判。[24]

2. 西班牙的观点

西班牙反对申请人的观点,它认为,西班牙与第三国的贸易关系只与阿根

---

〔22〕《智利与西班牙关于相互促进和保护投资的协定》第 10 条 一方与另一方投资者之间的争议

1. 缔约一方与缔约另一方投资者之间就本条约所指的投资发生的任何争议,应尽可能由争议双方友好协商解决。

2. 如果争议不能在一方或另一方提出之日起六个月内解决,应由投资者自行决定提交给:

争议所涉缔约方的国家司法机构;或按照第 3 款所述的条件进行国际仲裁。

一旦投资者将争议提交给有关缔约方的司法机构或国际仲裁,对其中一个程序的选择即是最终的。

〔23〕Emilio Agustín Maffezini v. The Kingdom of Spain, ICSID Case No. ARB/97/7,管辖权裁决,2000 年 1 月 25 日,第 39 段。

〔24〕同前注,第 40 段。

廷国家有关(res inter alios acta),因此申请人不能援引。同时,根据同类解释原则(ejusdem generis principle),最惠国待遇条款中的“事项”只能作同类解释,不能扩展到与条约意图不同的事项上。也就是说,《阿根廷—西班牙 BIT》最惠国待遇条款中提及的“事项”只能理解为给予投资者待遇的实质性权利,而非程序性事项。[25]

西班牙还认为,最惠国待遇的目的是避免歧视,而歧视只能发生在实质的经济待遇方面,不能发生在程序上。只有在国内法庭的判决对投资者产生客观不利影响时,才能认为不合理的待遇产生了实质性影响。[26]

3. 仲裁庭的论证逻辑和意见

由于本案是 ICSID 案例中第一个涉及讨论最惠国待遇条款中的“所有事项”是否可以解释为涵盖程序性事项的案件,因此,仲裁庭对此采取谨慎的态度。仲裁庭认为,倘若这个条款适用的事项由基础条约确定,这些事项在第三方条约中获得更有利的待遇,那么通过最惠国待遇条款的适用,可以将待遇扩展到基础条约的权利人。[27] 仲裁庭考察了亚洲农产品公司诉斯里兰卡共和国案,该案讨论了是否可以通过《斯里兰卡—英国 BIT》的最惠国待遇条款来适用《斯里兰卡—瑞士 BIT》,因为后者包含了投资者保护的更有利条款。[28] 但是该案并没有涉及最惠国待遇条款是否涵盖程序性事项的问题,所以仲裁庭对此并未做过多的讨论。而在另一些 BIT 中,仲裁庭发现最惠国待遇条款中会明确表示适用于争端解决条款,比如《英国—阿尔巴尼亚 BIT》为避免疑义,就明确了将最惠国待遇纳入争端解决条款中。[29]

仲裁庭从双边投资协定的目的和宗旨层面对“所有事项”的范围进行解释,首先承认了争端解决条款对保护投资协议目的实现的重要性。仲裁庭认为尽管条约没有明确提及最惠国待遇条款涵盖争端解决事项,但争端解决事项的安排与投资协议保护投资者权利的规则密不可分,贸易和投资政策实质

---

[25] 同前注,第 41 段。
[26] 同前注,第 42 段。
[27] 同前注,第 45 段。
[28] 同前注,第 51 段。
[29] 同前注,第 52 段。

方面的内容,与保护它们寻求保障的权利也至关重要。[30] 由此,仲裁庭得出结论,如果与第三国签订的条约中包含争端解决的条款比基础条约中的条款更有利于保护投资者的权益时,则此类条款可以扩展到最惠国待遇条款的受益人,因为其符合同类解释原则。[31]

仲裁庭通过对《阿根廷—西班牙 BIT》的谈判背景的考察,以查明投资协议签订时双方的意图,认为这是作为资本输出国的西班牙和东道国的阿根廷的角色发生转换之后发生的政策间的冲突。在本案中,双方角色后来发生转变,阿根廷成为资本输出国,西班牙成为东道国。仲裁庭审查了西班牙与其他国家签订的所有 BIT,这些条约通过实践表明,西班牙是允许仲裁优先,并在6个月内努力达成友好解决方案的。这也正是《智利—西班牙 BIT》中的规定。[32]《阿根廷—西班牙 BIT》是唯一一个在最惠国待遇条款中提到"本协定所涉所有事项(all matters)"的文本,而西班牙缔结的其他的条约文本中都只是表达了"这种待遇",相对于前者,后者是一种更狭义的表述,因此仲裁庭认为,对"这种待遇"应当作更加狭义的解释。[33] 仲裁庭意识到,尽管最惠国待遇条款适用于投资条约中的争端解决条款可能会导致待遇范围的扩大,但存在重要限制,即对该条款的解释不能够凌驾于公共政策考虑之上,因此,对条款的范围要作限制性解释。[34] 仲裁庭设想了四种不存在于本案的限制情形进行讨论:第一,如果缔约方以必须用尽当地救济为同意国际仲裁的条件,那么就不能通过援引不包含这一要素的第三方条约中的最惠国待遇条款来规避这一要求,这是国际法的基本原则所规定的;第二,如果当事双方同意了一项争端解决安排,包括"岔路口"条款,即在提交国内法院或国际仲裁之间做选择,并且一旦做出选择就是最终的、不可逆的,援引最惠国待遇条款就不能绕过这一规定,这样才能保护缔约方所做出的公共政策的安排;第三,如果条约明确了像 ICSID 这样具体的平台,当事方就不能为了将争议提交给其他的仲裁机构而援引最惠国待遇条款来规避;第四,如果双方同意采用一种制度化的

---

〔30〕 同前注,第 54 段。
〔31〕 同前注,第 56 段。
〔32〕 同前注,第 58 段。
〔33〕 同前注,第 60 段。
〔34〕 同前注,第 62 段。

仲裁机制，例如北美自由贸易协定中包含了严密的程序规则，那么也不能通过最惠国待遇条款来改变缔约方的共同意愿。[35] 据此，仲裁庭认为《阿根廷—西班牙 BIT》最惠国待遇条款中的“所有事项”的理解应当采用扩大的解释，即包含争端解决条款，通过《阿根廷—西班牙 BIT》中的最惠国待遇条款引用《智利—西班牙 BIT》中关于投资者更加优惠的待遇，确立仲裁庭对本案争端的管辖权。[36]

4. 对各方意见的评析

双方对最惠国待遇条款的解释争论集中在两个焦点上：一是最惠国待遇条款表述中的“所有事项”是否可以解释为包含程序事项的所有事项？二是如何解释最惠国待遇条款中“不低于”（no less favorable than）的含义？

本案仲裁庭的论证透露着一种欲迎还拒的心态，在希望扩大自己的管辖权的同时，又不希望由于管辖权的扩张而侵蚀东道国的监管权，因为这可能会直接动摇投资者和东道国之间争端解决机制的合法性，因此明确了最惠国待遇条款适用于程序问题，同时必须将条约中的公共政策的例外情形排除于外。

笔者认为，仲裁庭的解释方法存在问题，因为它没有根据《维也纳条约法公约》（以下简称 VCLT）第 31 条和第 32 条规定的解释规则进行解释，并非所有的公共政策例外都应该视为强行法规则（jus cogens），而用尽当地救济也只是一项各国可以在条约中自由约定的任意法规则（jus dispositivum）。[37] 根据条约解释规则，依照《阿根廷—西班牙 BIT》中最惠国待遇条款所表述的用语，无论从文义解释还是从目的解释，都无法得出最惠国待遇排除公共政策例外的结论。[38] 因此，本案仲裁庭在管辖裁定中将最惠国待遇条款适用于投资者与国家间仲裁程序的事项，同时以公共政策例外作为限制条件，明确排除适用四种情形的最惠国待遇条款解释方法存在明显错误。同时，这个解释在其他案件仲裁庭的论证中产生分歧，比如 Siemens A. G. v. Argentina 案（以下简

---

〔35〕 同前注，第 63 段。

〔36〕 同前注，第 64 段。

〔37〕 Martins Paparinskis, *MFN Clauses and International Dispute Settlement: Moving beyond Maffezini and Plama?*, ICSID Review – Foreign Investment Law Journal, Vol. 26:2, p. 31 – 33 (2011).

〔38〕 Dana H. Freyer & David Herlihy, *Most – Favored – Nation Treatment and Dispute Settlement in Investment Arbitration: Just How "Favored" is "Most – Favored"?*, ICSID Review – Foreign Investment Law Journal, Vol. 20:1, p. 82 (2005).

称西门子案)和 Maffezini 案的仲裁庭的观点一致,但是 Plama 案仲裁庭得出了不同结论。西门子案仲裁庭认为,使用投资争端解决机制是双边投资条约为投资者提供保护的一部分,同时也属于外国投资者和投资待遇的一部分,也是最惠国待遇条款存在的有利体现。[39] 最后,西门子案仲裁庭同意 Maffezini 案仲裁庭的观点,并且认为"待遇"和"与投资相关的活动"的范围是足够广的,足以包含争端解决机制。[40] 相反地,Salini 案仲裁庭指出,该案的情况与 Maffezini 案情况不同,因为 Maffezini 案中,最惠国待遇条款提到了条约所规定的"所有事项"。相反,《意大利—约旦双边投资协定》(以下简称《意大利—约旦 BIT》)第 3 条中不包括任何将其适用范围扩大到争端解决的条款,因此缔约方没有设想将协议涵盖所有权利或所有事项。[41] Plama 案仲裁庭则认为:"在一项条约中增加其他条约提供的更优惠待遇是一回事,用一个完全不同的机制取代当事人专门协商的程序是另一回事。"[42] 仲裁庭并不认为通过适用基础条约中的最惠国待遇条款,可以将基础条约中的争端解决条款被其他条约中的相关条款所替代。[43]

Maffezini 案仲裁庭在解释最惠国待遇条款是否可以适用于争端解决条款时提出,《阿根廷—西班牙 BIT》第 4 条第 2 款的文本表示中含有"所有事项"一词,结合条约的目的和宗旨,以及对西班牙与其他国家签订的双边条约实践的审查,仲裁庭对这一个词采取了最通常意义上的解释,即推断"所有事项"包含了条约中的实体事项和程序事项。实际上,"所有事项"的解释,笔者认为,仲裁庭没有严格根据 VCLT 第 31 条的解释规则进行推理。"所有事项"的理解需要从其上下文并参照条约的目的及宗旨作善意解释。仲裁庭考察了西班牙与其他国家签订的所有双边条约的实践,推断出西班牙在本条约中的意图是将最惠国待遇扩大至争端解决条款的观点站不住脚。因为在西班

[39] Siemens A. G. v. Argentina, ICSID Case No. ARB/02/8, 管辖权裁决, 2002 年 8 月 3 日,第 102 段。

[40] 同前注,第 103 段。

[41] Salini Costruttori S. p. A. and Italstrade S. p. A. v. The Hashemite Kingdom of Jordan, ICSID Case No. ARB/02/13,管辖权裁决, 2004 年 11 月 29 日,第 117 – 118 段。

[42] Plama Consortium Limited v. Republic of Bulgaria, ICSID Case No. ARB/03/24, 管辖权裁决,2005 年 2 月 8 日,第 209 段。

[43] 同前注,第 210 段。

牙与其他国家签订的双边投资条约并不属于西班牙与阿根廷之间关于本条约的嗣后实践,无法从与其他国家签订的投资条约文本中推出本条约双方的合意。因此,本案中仲裁庭对"所有事项"解释的论证是有瑕疵的。

另外,本案仲裁庭没有就何为"有利"(favorable)做出进一步讨论。仲裁庭认为,西班牙多数的条约文本中表明了"这种待遇不得低于其给予第三国投资者在其领土内进行投资的待遇"。虽然该条款表面是给予外国投资者与本国国民同等的待遇,但也可以理解为是确保本国投资者在他国投资取得同等待遇。因此,如果一国为使本国的海外投资者获得比其领土内的外国投资者更有利的争端解决途径,则该条款可以解释为要求其他国家对外国投资者同等的待遇。[44] 笔者认为,"有利"的一般含义要求相关事项要有可比性。大多数程序性事项似乎不能够建立可比关系,因为没有客观的明显基准,仲裁庭需要通过自由裁量来确定。再者,投资者与国家间的国际投资仲裁也未必比国内司法途径或外交保护更有利于投资者,这些只是解决争端的不同制度。不过,存在救济的程序一定比缺乏救济的程序更有利。因此,只有在缺乏其他救济,比如用尽当地救济措施和拒绝外交保护的情况下,才能证明投资者与国家间仲裁可能更为有利。

(三)仲裁申请人的法律地位

1. Maffezini 的观点

申请人强调,他以西班牙公司实体 EAMSA 里的外国投资者身份来请求保护他在公司里的投资。根据《阿根廷—西班牙 BIT》第 1 条第 2 款和第 2 条第 2 款规定,"投资"的定义涵盖所有类型的财产形式和财产权,包括在东道国进行的投资或获得的投资。[45] 因此,他具有适格的投资者身份。

2. 西班牙的观点

被申请人西班牙认为,申请人没有资格提出仲裁请求,因为他不是《华盛顿公约》第 25 条第 1 款中所指称的投资者。西班牙认为,根据《华盛顿公约》

---

〔44〕 Emilio Agustín Maffezini v. The Kingdom of Spain, ICSID Case No. ARB/97/7,管辖异议裁决,2000 年 1 月 25 日,第 61 段。

〔45〕 同前注,第 66 段。

第 25 条第 1 款,ICSID 仅对"一缔约方与另一缔约方国民之间"的投资直接引起的争端具有管辖权。虽然申请人是阿根廷公民,但是他作为阿根廷公民向西班牙索赔的理由是西班牙公司实体 EAMSA 遭受损害。公司当前是存续状态,对于公司的不法行为,申请人作为股东只能通过揭开公司面纱提起诉讼。而这些行为都不可能归责于西班牙。[46] 换言之,这些行为是私主体的行为,并不能归责于国家。

3. 仲裁庭的论证逻辑和意见

《华盛顿公约》第 25 条必须与《阿根廷—西班牙 BIT》的定义条款放在一起解读。《阿根廷—西班牙 BIT》涵盖了投资资本的规定,即具有缔约一方国籍的个人,如果在另一缔约方领土上投资设立公司或法律实体,有权取得该条约的保护。这些规定是对《华盛顿公约》第 25 条的细化和补充。仲裁庭认为,申请人是这家西班牙公司的阿根廷投资者,提出仲裁申请是为了保护他在该公司的投资,并赔偿他因被申请人的损害行为而遭受的损失。因此,申请人有权以投资者个人的身份援引 BIT 的保护,从而获得资格提请仲裁。[47]

4. 对各方意见的评析

《华盛顿公约》中并未对何为"投资"作出统一的定义。因为在起草之初,一方面出于对缔约方意思自治的尊重,另一方面由于投资形式日新月异,无法对投资一概而论。[48] 本案中双方的争议集中于申请人是否为适格的投资者。申请人作为阿根廷的公民,在西班牙境内进行的投资,无疑是属于《阿根廷—西班牙 BIT》所保护的投资者,而且事实上双方对是否属于"投资"并无疑义。仲裁庭在考虑管辖权并判定投资是否存在时,需要考虑争议的"投资"是否涵盖于《阿根廷—西班牙 BIT》的定义条款之内,并且是否获得《华盛顿公约》第 25 条的确认。正如仲裁庭所得出的结论一样,这是缔约一方国籍的个人,在缔约另一方领土进行的投资,因此 Maffezini 具有适格的投资者地位。

---

〔46〕 同前注,第 65 段。

〔47〕 同前注,第 70 段。

〔48〕 赵骏:《国际投资仲裁中"投资"定义的张力和影响》,载《现代法学》2014 年第 3 期,第 164 页。

(四)SODIGA公司在西班牙中的法律地位

1. Maffezini的观点

申请人认为,影响其作出投资的是SODIGA公司的作为和不作为,这些行为应归责于西班牙。SODIGA不仅由几个国家实体共同所有,而且还受国家控制,并作为国家的一个分支机构运营,目的是促进加利西亚地区的经济发展。因此,作为国家实体,SODIGA的作为和不作为可归责于国家。[49]

2. 西班牙的观点

西班牙认为,SODIGA是一家根据西班牙商法成立的私人商业公司,因此,其活动属于私人实体行为。国有实体持有SODIGA部分股权不会改变公司的私人商业性质,也不会使SODIGA性质转变为国有机构。因此,其作为或不作为不能归责于国家。[50] 西班牙一直以西班牙公共行政结构为由辩称SODIGA只是一家作为私营公司创建的金融公司。西班牙援引了1992年11月27日第30/92号法律的第2条,该条确立了公共行政和共同行政程序的法律制度(Public Administrations and Common Administrative Procedure)。该规定将公共行政确定为一般国家行政机关、自治区行政机关和属于地方行政机关的实体。它在这一类别中进一步确定了根据公法创建并具有与上述任何实体相关的法人资格的实体。

3. 仲裁庭的论证逻辑和意见

仲裁庭首先要回答两个问题:第一,SODIGA是不是国家实体,以确定是否符合ICSID和仲裁庭的管辖权条件;第二,SODIGA的作为和不作为是否可归责于国家。第一个问题可以在确立管辖的阶段解决,但第二个问题关系到争端的实质争议,只有在进入实体争议审理阶段才能最终解决。

(1)结构测试

在确定管辖权的时候需要首先判断SODIGA是一家公司还是国家实体,因为《华盛顿公约》第25条项下的被申请人必须是另一缔约方。根据《华盛

---

〔49〕 Emilio Agustín Maffezini N. The Kingdom of Spain, ICSID Gase No. ARB/97/7,管辖权异议裁决,2000年1月25日,第72段。

〔50〕 同前注,第73段。

顿公约》,中心的管辖权仅限于一缔约方与另一缔约方国民之间因投资而产生的法律争议。然而,《华盛顿公约》既没有对“另一缔约方国民”一词作出定义,也没有对“缔约方”一词作出定义。《华盛顿公约》第 25 条只是规定了缔约方组成部门的地位或同意方式。但《华盛顿公约》没有关于这些国家实体、分支机构或机构的行为如何归责于国家的标准。本案中虽然《阿根廷—西班牙 BIT》谈到了“国家机关(state authorities)的行动(autoridades de una Parte)”,但并没有定义这个短语。

一个实体是否应被视为一个国家机关,决定了国家是否最终承担责任。仲裁庭认为,由于《华盛顿公约》和《阿根廷—西班牙 BIT》均未确立这个问题的指导原则,仲裁庭在决定某一实体是否为国家机构时,可参考适用国际法规则。《国家对国际不法行为的责任条款草案》(Draft Articles on Responsibility of States for Internationally Wrongful Acts, ARSIWA)对国家行为的认定标准考虑了如所有权、控制权、受审查实体的宗旨和目标,以及所采取的行为性质等因素。SODIGA 是否为国家实体(state entity),首先从形式或结构的角度进行审查,如果发现该实体直接或间接归国家所有,或者一个实体直接或间接受国家控制,那么就可以推定它是一个国家实体。如果一个实体的目的或宗旨是履行政府性质的职能,或通常由国家保留的职能,也可以推定其作为一个国家实体。[51] 这是一个根据适用的国际法原则确定的事实和法律问题。[52] 仲裁庭注意到,首先,SODIGA 是根据工业部(Ministerio de Industria)发布的一项法令创建的,该法令授权国家工业研究所(Instituto National de Industria)成立 SODIGA,该研究所是一个国家机构。在本案中,将该部门和研究所定性为国家实体没有争议。此外,尽管政府选择以私营商业公司的形式创建 SODIGA,但还是通过规定国家工业研究所拥有不少于 51% 的股权来实现这一目标。事实上,截至 1990 年 12 月 31 日,SODIGA 中的政府股权比例已增至 88% 以上,其中包括 Xunta de Galicia 银行的持股,Xunta de Galicia[53] 银行也

---

〔51〕 同前注,第 77 - 78 段。

〔52〕《国家对国际不法行为的责任条款草案》第 4 条第 1 款:任何国家机关,不论行使立法、行政、司法职能,还是任何其他职能,不论在国家组织中具有何种地位,也不论作为该国中央政府机关或一领土单位机关而具有何种特性,其行为应视为国际法所指的国家行为。

〔53〕 本案中的 Xunta 为加利西亚的大学机构。

是一家有加利西亚自治区行政权的国家实体。

当国家选择通过私营部门，如私营企业（sociedad anonima）或其他公司形式间接运营或控制时，这些标准的相关性会变得模糊不清。但是有一点是明确的，ARSIWA 第 7 条第 2 款不允许国家通过私人间接控制的方式实施不法行为。[54] 仲裁庭意识到，国有公司可能存在多种形式，国家行为的方式也具有多样性，结构测试并不总是能有效确定一个实体是否为国家机关，或者其行为是否可归责于国家，因此需要职能测试来检视实体的职能或将由实体执行的角色。

关于"缔约方国民"的定义中是否包含混合经济公司或国有公司这一问题，《华盛顿公约》起草文件虽然承认在文本的术语表达上"缔约方"不能等同于"缔约方国民"，但是由于国有企业在经济领域中的公私身份混同的特殊性，因此国有企业的地位就有可能被认定为缔约方国民或者缔约方。正如《华盛顿公约》的起草成员 Aron Broches 所解释的那样，"混合经济公司或国有公司不应被取消'另一缔约方国民'的资格，除非其作为政府代理人或履行重要的政府职能"。[55]

（2）职能测试

即便是国有公司也不足以直接被视为国家机构，职能测试需要更多的条件。从 SODIGA 成立的背景来看，西班牙政府的意图是创立一个履行政府职能的实体。创立 SODIGA 的提议源于工业部，并由财政部审查和批准。部长理事会（Consejo de Ministros）是西班牙政府的最高政策机构之一，部长理事会批准了该机构的设立。这些政府机构参与创建表明成立 SODIGA 是为了在区域发展领域履行政府职能。西班牙政府在一项法案中已经明确了 SODIGA 成立的目的之一是促进加利西亚地区的工业发展。此外，西班牙政府通过利用 SODIGA 作为国家行动的工具，其职能之一是开展研究，将新产业引入加利西亚，投资新企业，利用官方资金为企业贷款提供担保，并提供技术援

---

[54] 《国家对国际不法行为的责任条款草案》第 7 条第 2 款：不属于国家正式结构或领土政府实体的一部分，但该国国内法授权行使政府权力要素的实体的机关的行为应被视为国际法规定的国家行为，条件是该机关在有关案件中以这种身份行事。

[55] Aron Broches, *The Convention on the Settlement of Investment Disputes Between States and Nationals of Other States*, R. C. A. D. I., Vol:136, p. 355(1972).

助。SODIGA 还负责为工业发展提供补贴和其他激励措施。这些目标和宗旨本质上是典型的政府公共服务职能,通常不是由私人实体执行,因此通常不能被视为具有商业性质。即使西班牙有可能将此类行为外包给私营、非政府、私营公司等实体,职能测试表明西班牙与该实体可能存在关联,因为其职能由国家授权,根据国际法,这些职能是政府职能。[56]

仲裁庭参考了 Ceskoslovenska Obchodni Banka, A. S. 诉斯洛伐克共和国案,该仲裁庭在处理缔约方国民的定义问题上采用了职能测试。该案仲裁庭认为,国家拥有公司股份的事实不足以确定申请人是否具有缔约方国民的地位,只要行为本身是基于商业性的,而不是政府性质的,那么行为就不能归责于国家。同样,一家以营利为目的的私营公司在履行国家授予它的基本政府职能时,根据职能测试,可以被视为国家机关,从而承担国家对不法行为的国际责任。[57] 本案中,由于 SODIGA 符合有国家创立且资本所有权的结构测试,同时职能测试表明其行为带有政府公共服务职能的性质。仲裁庭得出结论,SODIGA 是代表西班牙行事的国家实体。SODIGA 是否对争议的具体作为和不作为负责?这些作为和不作为是否属于不法行为?所有这些作为或不作为是否为政府行为而不是商业行为?是否可以将这些行为归责于西班牙?这些实体问题在案件的实质审查阶段进行处理。[58]

在实体问题审理阶段,仲裁庭认可了管辖权争议中采用的行为归属测试方法。仲裁庭在分析时指出,SODIGA 等金融公司不应被看作公共行政机构,因为这些公司虽然受私法规制但有时也行使公法下的公共职能。因此,仲裁庭同意管辖权裁决中的观点,结构测试只是其中的考虑要素,同时还需考虑其他的要素,尤其是国家或国家实体对公司的控制以及创立公司的目标和职能。[59] 在管辖阶段,仲裁庭考虑了被申请人的作为或不作为是否可归责于国

---

〔56〕 Emilio Agustín Maffezini N. The Kingdom of Spain, ICSID Case No. ARB/97/7, 管辖权裁决, 2000 年 1 月 25 日, 第 87 段。

〔57〕 Ceskoslovenska Obchodni Banka, A. S. v. The Slovak Republic, ICSID case No. ARB/97/7, 管辖权裁决, 1999 年 5 月 24 日, 第 23 – 27 段。

〔58〕 Emilio Agustín Maffezini N. The Kingdom of Spain, ICSID case No. ARB/97/7, 管辖权裁决, 2000 年 1 月 25 日, 第 89 段。

〔59〕 Emilio Agustín Maffezini N. The Kingdom of Spaln, ICSID Case No. ARB/97/7, 裁决, 2000 年 11 月 23 日, 第 49 – 50 段。

家。仲裁庭认为,SODIGA 是否对这些行为负责,要看所有这些作为和不作为属于政府性质还是商业性质。仲裁庭必须根据职能测试,确定 SODIGA 具体的作为或不作为本质上是商业性质还是政府性质。若属于商业行为则不能归责于西班牙国家,反之亦然。[60] 最后,仲裁庭通过对 SODIGA 公司运营业务和发展的考察,结合相应时期的社会经济发展背景,得出结论认为,EAMSA 成立之时,SODIGA 正处于从国家导向型实体向市场导向型实体转型的过程中。虽然 SODIGA 成立之初的许多职能在本质上接近于政府,但现如今应当将它们视为商业性质。而在过渡时期,实际上是两者的结合,这是考虑是否能将公司的作为或不作为归责于西班牙政府的区分点。因此,仲裁庭必须相应地对引起争议的具体行为进行分类。[61]

4. 对各方意见的评析

在 ISDS 仲裁机制中,国有公司的行为通常具有经济性质,其归属问题要根据习惯国际法进行。首先进行结构测试,其次采用职能测试,考察是否存在受相关国家机构依法授权行使政府权力的因素。[62] 换言之,这一规范性解释包括两个步骤:通过结构测试确定国有公司的法律性质,以及通过职能测试判断是否存在可归责于政府的包含权力要素的行为。

本案的仲裁庭援引 ARSIWA,通过结构测试和职能测试双重步骤来解释论证 SODIGA 公司行为是否能归责于西班牙国家行为的时候,仲裁庭将 ARSIWA 第 7 条作为习惯国际法直接适用。但仲裁庭并未说明为何该草案具有习惯国际法的性质?何以能够直接作为 ICSID 争端案件处理的法律基础?这或许是本案仲裁庭的有意回避。事实上虽然 ARSIWA 不具有国际条约的形式和约束性,但国际法院已经在很多的案件处理过程中适用 ARSIWA 中的条款作为法律论证的依据。国际法理论界普遍认为,ARSIWA 中编纂国家行为归属规则具有习惯法的地位。[63] 国际投资法庭在其裁决中也普遍认为 ARSIWA 中作为归属规则的第 4 条、第 5 条、第 7 条和第 8 条是国际习惯

〔60〕 同前注,第 51 - 52 段。
〔61〕 同前注,第 57 段。
〔62〕 Carlo de Stefano, *Special Issue on 20th Anniversary of ARSIWA: Attribution of Conduct to A State*, ICSID Review, Vol. 37:1 - 2, p. 39(2022).
〔63〕 同前注,第 21 页。

法的编纂。[64] ARSIWA 第 55 条特别法规定表明"只有在一国不法行为的存在条件或一国国际责任的内容或履行应由国际法特别规则规定的情况下,不适用本条款"。[65] ARSIWA 对第 55 条特别法的评注表明,如果存在特别法,草案中的规则的涵盖范围取决于特别法。[66] 詹姆斯·克劳福德认为,ARSIWA 是剩余条款,仲裁庭必须首先审查缔约方的条约。如果条约(如双边投资条约)涵盖了相关问题的领域,国际法委员会的条款就不能适用了。[67]

在 ICSID 的仲裁实践中,通常而言,只要作为特别法的国际投资协定中的规则和习惯国际法中的归属规则相互一致,或者特别法并无特殊规定时,仲裁庭往往适用习惯国际法的规定。比如在 Al T amimi v. Oman 案中,仲裁庭发现《美利坚合众国政府与阿曼苏丹国政府关于建立自由贸易区的协定》(以下简称《美国—阿曼 FTA》)[68] 第 10.1.2 条中存在关于国有公司行为归属的规则,因而 ARSIWA 第 5 条和第 8 条就不能"直接适用于当前的案件"。[69]《美国—阿曼 FTA》中第 10.1.2 条规定,当国有公司行使"该缔约方授予其的任何监管、行政或其他政府权力"时,将由国有公司的设立国承担责任。[70] Al T amimi v. Oman 案仲裁庭的解释方法使 ISDS 实践中国家对其国有公司行为

---

〔64〕 比如 Tulip Real Estate and Development Netherlands BV v. Republic of Turkey, ICSID Case No. ARB/11/28, 裁决,2014 年 3 月 10 日,第 281 段; Saipem SpA v. People's Republic of Bangladesh, ICSID Case No. ARB/05/07,管辖权裁决,2007 年 3 月 21 日,第 148 段; Emilio Agustın Maffezini v. The Kingdom of Spain, ICSID Case No. ARB/97/7, 管辖权裁决,2000 年 1 月 25 日,第 76 段。

〔65〕 《国家对国际不法行为的责任条款草案》第 55 条。

〔66〕 《国际法委员会年鉴(2001)》,联合国第五十三届会议文件,A/CN. 4/SER. A/2001/Add. 1 (Part 2), 第 140 页,全文见,https://legal. un. org/ilc/publications/yearbooks/chinese/ilc_2001_v2_p2. pdf,2023 年 5 月 9 日访问。

〔67〕 James Crawford, *Investment Arbitration and the ILC Articles on State Responsibility*, ICSID Review – Foreign Investment Law Journal, Vol. 25:1, p. 131(2010).

〔68〕 《美利坚合众国政府与阿曼苏丹国政府关于建立自由贸易区的协定》,英文全称"Agreement between the Government of the United States of America and the Government of the Sultanate of Oman on the Establishment of a Free Trade Area",2006 年 1 月 19 日签署,2009 年 1 月 1 日生效,全文见,https://ustr. gov/trade – agreements/free – trade – agreements/oman – fta/final – text。

〔69〕 Adel A Hamadi Al Tamimi v. Sultanate of Oman, ICSID Case No. ARB/11/33, 裁决,2015 年 11 月 3 日,第 324 段。

〔70〕 《美利坚合众国政府与阿曼苏丹国政府关于建立自由贸易区的协定》第 10.1.12 条:本章节中一缔约方的责任适用于国有公司或个人行使该缔约方授予的任何监管、行政或其他政府权力之时。

承担责任的范围受到限制。[71]

本案所涉《阿根廷—西班牙 BIT》由于没有对国家行为的归责问题作出特别的规定,因此仲裁庭首先审查了 SODIGA 的公司所有权结构,认为单独的结构测试不能解决归属问题。仲裁庭于是根据 ARSIWA 第 5 条的职能测试审查了行为中的政府的权力要素。在另一些案件中,仲裁庭会将国有公司提供公共服务和追求公共目标的行为与政府权力行使的职能测试相混淆,"公共目的"被作为确定行为体的行为是否归责于国家的充分条件。比如 Salini 诉摩洛哥案,仲裁庭在管辖权裁决中提到:"ADM 的主要目标是完成国家控制下的任务(建设、管理和运营属于地方公共事业省的资产,以满足摩洛哥王国在基础设施和高效通信网络方面的结构需求)。"[72]确定国有公司的公共目的不是处理归属问题的决定性因素,因为它只是 ARSIWA 第 5 条中结构测试的一个要素,还需要进行职能测试。正如 Jan de Nul 诉埃及案仲裁庭所表明的一样,"合同标的与 SCA 的核心职能有关,即维护和改善苏伊士运河",但"重要的不是公共服务要素,而是行使政府权力"。[73] 因此,国家实体的公共目的或国家战略,例如本案提到的"国家行动工具",UPS 诉加拿大案提到的"在国家经济、社会和文化生活中的重要作用"等[74],这些因素都不能成为将国有实体的作为和不作为归责于设立国的决定性因素。政府权力要素在具体行为中的实际作用不可被忽视。[75] 本案仲裁庭在考虑 SODIGA 的行为归属时,考虑到了在经济转型时期政府行为和商业行为兼而有之,有些被视为政府职能的行为,另一些则是商业职能的行为。仲裁庭将不同职能下的行为划分

---

〔71〕 Carlo de Stefano, Adel A Hamadi Al Tamimi v Sultanate of Oman. , Attributing to Sovereigns the Conduct of State - Owned Enterprises: Towards Circumvention of the Accountability of States under International Investment Law, ICSID Review - Foreign Investment Law Journal, Vol. 32:2, p. 273 (2017).

〔72〕 Salini Costruttori S. p. A. and Italstrade S. p. A. v. Kingdom of Morocco [I], ICSID Case No. ARB/00/4, 管辖权裁决,2001 年 7 月 23 日,第 33 段。

〔73〕 Jan de Nul N. V. and Dredging International N. V. v. Arab Republic of Egypt, ICSID Case No. ARB/04/13, 裁决,2008 年 11 月 6 日,第 169 - 170 段。

〔74〕 United Parcel Service of America Inc. v. Government of Canada, ICSID Case No. UNCT/02/1, 裁决,2007 年 5 月 24 日,第 57 段。

〔75〕 Carlo de Stefano, *Special Issue on 20th Anniversary of ARSIWA: Attribution of Conduct to A State*, ICSID Review, Vol. 37:1 - 2, p. 41(2022).

作为是否归责于西班牙国家行为的分界线,[76] 而且仲裁庭尝试将经济转型完成的时间节点作为区分国有实体行为的商业性质和政府性质的关键要素。但是这样的区分依然不能提供确定的测试标准。

实践中,仲裁庭在适用习惯国际法中的归属规则的共识还处于形成阶段。ICSID 仲裁庭通常会在个案中进行合理的分析,阐述适用归属规则的范围,但是依然没有能够在仲裁实践中形成整体协调一致的准确的适用方法。而本案仲裁庭根据《华盛顿公约》第 25 条管辖权与归属规则结合一起论证的方法并非十分恰当。因为 ARSIWA 的目的是将国家不法行为归责于一国,使该国对其不法行为负责,因此,不应该适用于解决管辖权问题。同时 ARSIWA 还隐含着国家作出不法行为的主观要件。但是实践中,为了确立其司法管辖权,仲裁庭可能会偏向于将投资者对国家行为归属的事实作为初步证据,正如国际法院希金斯(Higgins)法官在伊朗诉美国平台石油案的独立意见中所指出的一样,如果申请人指控的事实成立,便能够通过适用归属规则而确立管辖权。[77] 这事实上变相扩大了 ICSID 仲裁庭的权限,因为《华盛顿公约》并未明确提及国家机构或企业,若通过事实证据就能从职能测试的角度将国有公司纳入《华盛顿公约》第 25 条第 1 款规定的属人原则的范围,那么可能会产生 ICSID 管辖权滥用的风险,从而危及 ICSID 制度的合法性。

(五)争端的时间争议

1. Maffezini 的观点

申请人认为,争议的正式提出在《阿根廷—西班牙 BIT》和《智利—西班牙 BIT》生效后发生的。[78] 虽然双方产生分歧的事件早在 1989 年就开始了,但双边协议中所指的争议在产生之前,只是意见上的分歧,不等同于国际法和国内法所理解的争议这一概念。[79]

---

〔76〕 Emilio Agustín Maffezini N. The Kingdom of Spain, ICSID Case No. ARB/97/7,裁决,2000 年 11 月 13 日,第 52 段。

〔77〕 Oil Platform (Islamic Republic of Iran) v. United States of America,1996 年 12 月 16 日,第 31 – 34 段。

〔78〕 Emilio Agustín Maffezini v. The Kingdom of Spain,ICSID Case No. ARB/97/7, 管辖异议裁决,2000 年 1 月 25 日,第 93 段。

〔79〕 同前注,第 93 段。

2. 西班牙的观点

西班牙辩称,争议发生在《阿根廷—西班牙 BIT》生效之前。《阿根廷—西班牙 BIT》第 2 条第 2 款规定:“本协议不适用于在其生效之前产生的争议或索赔。”[80]《阿根廷—西班牙 BIT》于 1992 年 9 月 28 日生效,但由于申请人希望能够引用《智利—西班牙 BIT》中的最惠国待遇条款,西班牙认为,后者生效时间为 1994 年 3 月 29 日,而争议引发的事实早在 1989 年至 1992 年期间已经发生,西班牙辩称不应适用《智利—西班牙 BIT》。[81]

3. 仲裁庭的分析逻辑和论证意见

仲裁庭认为,争端往往由一系列自然的事件导致,其中这个特定的事件从表达不同意见和陈述不同观点开始,通过提出法律主张对其进行讨论,对方最终拒绝或不予回应,由此这个事件获得了准确的法律含义。在确定关键日期时,仲裁庭必须考虑一系列事件,并根据 BIT 来确定 ICSID 的管辖权。[82]

仲裁庭认为,争议与索赔之间存在差异,即使争议出现了也不意味着与索赔同时发生。关键日期不会将争议与索赔分开,而是将争议与没有引起法律和利益冲突的事件分开,因为这些事件不会导致法律观点和利益冲突。因此,如果争议在关键日期之后发生,则有资格将其转化为索赔,而如果争议在关键日期之前发生,则 BIT 对争议就没有效力。[83] 因此,仲裁庭将关键日期作为争议存在与否的分界线。

仲裁庭同意,在本案中,法律意义上的争议是在 1994 年双方讨论撤资建议的情况下出现的,从而导致申请人提出了各种索赔。这就是说,争议是在《阿根廷—西班牙 BIT》和《智利—西班牙 BIT》都生效之后产生的。仲裁庭得出结论,ICSID 中心对争端拥有管辖权。[84]

4. 对各方意见的评析

将案件提交至像 ICSID 这样的国际性争端解决机构需要一个司法魔方,

---

〔80〕 同前注,第 91 段。

〔81〕 同前注,第 92 段。

〔82〕 同前注,第 96 段。

〔83〕 同前注,第 97 段。

〔84〕 同前注,第 98 段。

只有当属人管辖、属事管辖和属时管辖都符合时,才能确立管辖权。[85] 本案仲裁庭在属事管辖和属人管辖的问题之后对属时问题进行解释,论证争端是否发生在《智利—西班牙 BIT》生效之后。通过属时管辖对 ICSID 仲裁庭的管辖权提出异议往往是当事方采取的应诉策略,同时,对于仲裁庭而言,也是一种自由裁量是否拥有管辖权的工具。可以看出,本案仲裁庭在对争端成立时间解释时没有对申请人提出的一系列事件做详细的推理论证,不免带有扩大管辖权"私心"的嫌疑。本案在属时管辖的问题上主要涉及两个问题:一是关键日期如何确定?二是条约能否溯及既往?

确定关键日期的前提,需要先确定法律争端事件的发生顺序。本案仲裁庭引用了国际法院在 Mavrommatis 诉英国案中对争端作出的解释,强调争端是"在法律或事实问题上的分歧,各方之间的法律观点或利益冲突"。[86] 而亚伯拉罕法官在 Marshall Islands 诉印度案的声明中指出:"存在争端……不仅是法院行使管辖权的条件,更重要的是,也是该管辖权得以确立的前提。"[87]

在 Mavrommatis 诉英国案之后,国际法院在 Interpretation of Peace Treaties with Bulgaria, Hungary and Romania 一案中提出,争端意味着"双方在履行或不履行"国际义务的问题上持有明显相悖的观点。[88] 对"明显相悖的观点"的解释,法院认为需要采用积极反对的行为标准。在 South West Africa 案中,法院表明,"必须证明一方的主张遭到另一方的积极反对"。[89] 但是 Morelli 法官在该案的反对意见中阐明了这一标准:"争端不是由利益冲突本身构成的,而是当事方对某种利益冲突的态度之间的对比。"[90] 这一标准无法包含缄默的情形,一个希望避免诉讼的国家可以保持沉默,从而避免积极反对另一个国家的主张。因此,国际法院为避免分歧认为是否存在国际争端应有客观

[85] Manuel Casas, *Functional Justiciability and the Existence of a Dispute: A Means of Jurisdictional Avoidance?*, Journal of International Dispute Settlement, Vol. 20, p. 601 (2019).

[86] Mavrommatis Palestine Concessions, Greece v. United Kingdom, Objection to the Jurisdiction of the Court, Judgment, PCIJ Series A No. 2, 1924 年 8 月 30 日,第 94 段。

[87] Marshall Islands N. India (Declaration of President Abraham), ICJ Repart, 见 https://www.icj-cij.org/public/files/case-related/158/158-20161005-JUD-01-01-EN.pdf, 第 279 页。

[88] Interpretation of Peace Treaties with Bulgaria, Hungary and Romania, Advisory Opinion, ICJ Report, 1950 年 3 月 30 日。

[89] South West Africa Cases, Reports of Judgments, ICJ Report, 1962 年 12 月 21 日,第 328 页。

[90] Dissenting Opiniox of Judge Morelli, 第 567 页。

判断的标准。[91]

从本案的事实分析,1994 年 6 月,申请人 Maffezini 的律师与 SODIGA 接洽,请求免除 EAMSA 和 Maffezini 从 SODIGA 贷款的未偿债务,换取 EAMSA 的资产。SODIGA 表示,如果 Maffezini 愿意追加 200 万元投资,它将接受这一提议。Maffezini 拒绝了。仲裁庭在管辖权裁决中认为参照先例,可以将 1994 年发生的事件作为真正意义上的法律争端,因此争端行为的发生时间也成为确定关键日期的事实依据。

根据属时管辖原则,双边投资条约对生效前的争端,仲裁庭没有管辖权。投资者往往试图提出东道国违约行为具有持续性,据此可以说该国的不法行为过程跨越了双边投资条约生效前和生效后的时间。ARSIWA 第 12 条规定了违背义务行为的发生,同时第 13 条规定了行为要在义务对该国有约束力的时期发生。[92] 此外,ARSIWA 第 14 条规定了违背义务行为在时间上的三种延续情形。[93] 本案仲裁庭在确定行为的关键日期时并没有将争端行为发生时间与 ARSIWA 中的国家不法行为发生时间相等同,因此就没有在论证过程中援引 ARSIWA 中的条款。因为双方都默认了《阿根廷—西班牙 BIT》对条约生效前的争端行为不存在约束力,因此仲裁庭也就同意了该双边投资条约没有溯及既往的效力。

---

〔91〕 Manuel Casas, *Functional Justiciability and the Existence of a Dispute: A Means of Jurisdictional Avoidance?*, Journal of International Dispute Settlement, Vol. 10:4, p. 607(2019).

〔92〕 《国家对国际不法行为的责任条款草案》

第 12 条　违背国际义务行为的发生

一国的行为如不符合国际义务对它的要求,即为违背国际义务,而不论该义务的起源或特性为何。

第 13 条　对一国为有效的国际义务

一国的行为不构成对一国际义务的违背,除非该行为是在该义务对该国有约束力的时期发生。

〔93〕 《国家对国际不法行为的责任条款草案》

第 14 条　违背义务行为在时间上的延续

1. 没有持续性的一国行为违背国际义务时,该行为发生的时刻即为违背义务行为发生的时刻,即使其影响继续存在。

2. 有持续性的一国行为违背国际义务时,该行为延续的时间为该行为持续、并且一直不遵守该国际义务的整个期间。

3. 一国违背要求它防止某一特定事件之国际义务的行为开始于该事件发生的时刻。该行为延续的时间为该事件持续、并且一直不遵守该义务的整个期间。

三、结语

Maffezini 案仲裁庭的观点主要在两个法律问题上对后续的案子产生了深刻的影响。一是对最惠国待遇条款的适用范围的解释,二是国家公司实体的行为归责问题的论证。

最惠国待遇条款最初的作用在于,如果任何国家选择向外国居民提供特权,它将禁止国家歧视与之签订条约的特定国家的公民,并禁止国家剥夺其给予其他国家公民的特权。[94] 最惠国待遇条款是一个内在包含时间性的条款,它的目标是通过将条约的现在与未来发展联系起来,解决"不确定性和不稳定性"问题。但是,这个条款也是"特洛伊木马",因为它是由缔约方自己在双边投资协定中引入的,但却使条约本身产生不稳定性。[95] 双边投资协定对于不同国家投资者在国际争端解决规则的适用层面上,能否通过最惠国待遇条款获得同等的待遇条件往往并不明确。Maffezini 案第一次将最惠国待遇扩张适用至程序事项。本案中,《阿根廷—西班牙 BIT》和《智利—西班牙 BIT》中的最惠国待遇条款都不明确是否适用于国际争端解决程序,仲裁庭在进行一系列的分析之后认为争端解决规则与充分保护外国投资者紧密相关,因此应将其涵盖到最惠国待遇条款的范围内。[96] 如果第三方条约包含的争端解决条款比基础条约中的条款更有利于保护投资者权益,则此类条款可扩展至最惠国待遇条款的受益人,因为它们完全符合同类解释的原则。[97] 根据 VCLT 第 31 条第 1 款规定:"条约应依其用语按其上下文并参照条约之目的及宗旨所具有之通常意义善意解释之。"但是本案的仲裁庭并没有严格遵守 VCLT 的解释标准。因此在后来的案件中遭到了异议。引发分歧的原因在于

---

〔94〕 Elihu Root, *The Real Question Under the Japanese Treaty and the San Francisco School Board Resolution*, American Journal of International Law, Vol. 1:2, p. 277 – 278(1907).

〔95〕 Yannick Radi, *The Application of the Most – Favoured – Nation Clause to the Dispute Settlement Provisions of Bilateral Investment Treaties: Domesticating the Trojan Horse*, The European Journal of International Law, Vol. 18:4, p. 774(2017).

〔96〕 Emilio Agustín Maffezini v. The Kingdom of Spain, ICSID Case No. ARB/97/7, 管辖权裁决, 2000年1月25日, 第54段。

〔97〕 同前注, 第56段。

不同的文本中最惠国待遇条款的文本表述不同，条款的解释引发的争议主要集中在两个方面，即对争议救济的程序规则是否可以被视为"待遇"，以及是否可以将其进行比较以确定如何为最"优惠"。

为了澄清最惠国待遇条款的范围，有些 BIT 明确将最惠国待遇延伸至争端解决条款，比如《英国—阿尔巴尼亚 BIT》表明了最惠国待遇适用于协议第 1 条至第 11 条的规定。[98] 而另一些，如《阿根廷—巴拿马 BIT》通过解释性声明明确了最惠国待遇条款不适用于国际争端解决规则。[99] 笔者认为，最惠国待遇条款是否适用于争端解决程序的问题首先取决于基础条约中最惠国待遇条款的措辞。在解释最惠国待遇条款的效力时，应考虑到最惠国待遇的条约文本中所表达的当事方意图以及条约中赋予最惠国协定背景的其他条款的措辞。

本案另一个值得关注的关键点是仲裁庭引用 ARSIWA 的归责原则是为了判断国有实体 SODIGA 行为是否应归责于国家。从而确立了两步测试法：结构测试和职能测试。虽然 ARSIWA 并不是强行法，只是习惯法的汇编，但是，它为实体的行为归属国家奠定了理论基础。根据国际习惯法原则，ARSIWA 在国际投资法领域中也同样适用。因此，在 ICSID 相关实践中，仲裁庭对国有实体行为是否归属国家的认定往往适用 ARSIWA 中有关国家行为的归责原则，并将其作为归因分析的基础。

在许多国家，国有企业在国民经济的重要部门中扮演着重要角色，特别是公共利益和基础设施领域，例如能源生产和分配领域，邮政和电信，交通运输和金融服务等。国有企业行为的双重性是基于以上行业而导致的身份上的特殊性。一是国有企业为国家所有，因此在进行商事活动时，以本国的公共政策作为导向，以实现本国的公共利益为目标。二是国有企业同时具有公司的本质，在商事活动过程中不免具有趋利性而追求商业利益。国有企业并非中国的特有现象，但在中国尤为突出。在国际投资领域，有相当一部分投资合同涉及国有企业。一方面，国有企业以投资者的身份，在东道国进行投资；另一方

---

〔98〕 同前注，第 52 段。

〔99〕 National Grid plc v. The Argentine Republic, UNCITRAL，管辖权裁决，2006 年 6 月 20 日，第 85 段。

面,在东道国境内,外国投资者与本国的国有企业进行投资合作。在私人与国家间投资争端仲裁的实践中,前一种情形下,东道国常以投资者是国有企业,将其行为归责于投资者母国为由,拒绝 ICSID 的管辖。后一种情形下,外国投资者出于对东道国法律环境的不信任以及将行为归属东道国能够获得更充分的赔偿,往往希望将国有企业的行为归责于东道国,以寻求 ICSID 的救济。[100] 因此,在未来 BIT 的签订过程中,需要注意国有企业的法律地位问题。

[100] Michael Feit, *Responsibility of the State under International Law for the Breach of Contract Committed by a State - owned Entity*, Berkeley Journal of International Law, Vol. 28:1, p. 144(2010).

第十二章　Plama 诉保加利亚案（Plama Consortium Limited v. Republic of Bulgaria[1]）

何　曾

一、案件事实概述

（一）案件基本事实

Plama Consortium Limited（当时称为 Trammel Investment Limited，以下简称 Plama）是一家在塞浦路斯成立的公司，其从 Euro Energy Holding OOD（以下简称 EEH）手中购买了保加利亚一个名为 Plama AD 公司的全部股份，并随后将其改名为 Nova Plama AD（以下简称 Nova Plama）。Plama 公司后与 EEH 公司达成协议，于 1998 年 9 月 18 日签订了股权购买协议，并在同年 12 月 18 日完成了股权转让。

Nova Plama 作为 Plama 公司旗下的一个子公司，在保加利亚拥有一家炼油厂，主要产业为润滑剂的制造。同时 Nova Plama 还拥有一家发电厂，向当地输电网销售除自己炼油厂所需之外的多余电力。Plama 公司称，保加利亚政府、国家立法、司法当局以及其他公共部门机构故意给 Nova Plama 制造各种障碍，拒绝且无理由地拖延有效的补救措施，给 Nova Plama 造成了实际物质损失，对炼油厂的运营造成重大损害，对 Plama 集团各公司的名誉和市场价值都造成了直接的负面影响。Plama 公司认为保加利亚的行为违反了《能源

[1] Plama Consortium Limited v. Republic of Bulgaria, ICSID Case No. ARB /03/24，管辖权裁决，2005 年 2 月 8 日。

宪章条约》(Energy Charter Treaty, ECT)[2]和《保加利亚—塞浦路斯双边投资协定》(以下简称《保塞 BIT》)[3],要求保加利亚政府给予补偿。[4]

Plama 公司通过 2002 年 12 月 24 日的信函,向国际投资争端解决中心(International Centre for Settlement of Investment Disputes, ICSID)提出了针对保加利亚的仲裁请求。该请求援引了 ECT 中的 ICSID 仲裁条款和《保塞 BIT》。双方在 2004 年 3 月 19 日的联名信中通知仲裁庭,被申请人打算对管辖权提出异议,根据《ICSID 仲裁规则》(Arbitration Rules)[5]第 41 条的规定,仲裁庭在进入案情实质审理之前必须对这些异议作出裁决。

Plama 公司认为,被申请人同意 ICSID 对有关投资的争议进行仲裁,是因为被申请人批准了 ECT,以及《保塞 BIT》中有关最惠国待遇的条款。[6]

Plama 公司指出,它作为一家在塞浦路斯注册的公司,根据 ECT 第 1 条第 7 款的定义,是 ECT 规定的投资者。通过购买 Nova Plama 公司,Plama 公司在保加利亚进行了投资,符合 ECT 第 1 条第 6 款的定义。在 ECT 第三部分中,保加利亚承诺保护其他缔约方(如塞浦路斯)相关投资者的投资。在 ECT 第 26 条中,保加利亚同意 ICSID 对诸如本仲裁主题的争端进行仲裁。

---

〔2〕《能源宪章条约》,英文全称"The Intematlonal Enerqy Charter Corsolidated Energy Charter Treaty",1991 年 12 月 17 日通过,1998 年 4 月生效,目前有 53 个签署国和缔约方,全文见国际能源宪章网站,https://www.energycharter.org/fileadmin/DocumentsMedia/Legal/ECT – Positive_Annex_W.pdf,2022 年 10 月 9 日访问。

〔3〕《保加利亚—塞浦路斯双边投资协定》,英文全称"Agreement between the Government of the People's Republic of Bulgaria and the Government of the Republic of Cyprus on Mutual Encouragement and Protection of Investments",1987 年 11 月 12 日签署,1988 年 5 月 18 日生效,保加利亚与塞浦路斯两个缔约方,全文见联合国贸发会议投资政策中心网站,https://investmentpolicy.unctad.org/international – investment – agreements/treaty – files/522/download,2022 年 10 月 9 日访问。

〔4〕Plama Consortium Limited v. Republic of Bulgaria, ICSID Case No. ARB /03/24,管辖权裁决,2005 年 2 月 8 日,第 21 段。

〔5〕《仲裁规则》,英文全称"Rules of Procedure for Arbitration Proceedings",又称"Arbitration Rules",是"ICSID Convention, Regulations and Rules"的一部分,全文见国际投资争端解决中心网站,https://icsid.worldbank.org/sites/default/files/ICSID%20Convention%20English.pdf,2022 年 10 月 9 日访问。

〔6〕Plama Consortium Limited v. Republic of Bulgaria, ICSID Case No. ARB /03/24,管辖权裁决,2005 年 2 月 8 日,第 27 段。

(二)案件争议之法律问题

本案争议的法律问题主要包括以下方面。

1. 仲裁双方是否均已同意 ICSID 进行管辖:根据《关于解决国家与其他国家国民之间投资争端公约》(以下简称《华盛顿公约》)[7]第 25 条第 1 款来确立仲裁庭的管辖权需要符合什么条件?可否根据 ECT 第 26 条来确立 ICSID 的管辖?

2. ECT 第 17 条能否使 ICSID 的管辖权失效:ECT 第 17 条应该如何行使?如果一方行使了该利益否认条款,另一方还能否提起仲裁?

3.《保塞 BIT》第 3 条规定的最惠国条款能否延伸至争端解决:在什么情况下,《保塞 BIT》中的最惠国条款可以适用于争端解决机制?

二、案件管辖权问题的分析及评价

(一)是否同意 ICSID 进行管辖:《华盛顿公约》第 25 条及 ECT 第 26 条

保加利亚主张,仲裁庭的管辖权必须参照《华盛顿公约》第 25 条第 1 款来确立,Plama 则认为 ECT 第 26 条包含缔约方向其他缔约方投资者提出的 ICSID 仲裁的长期公开书面要约。仲裁庭有权根据案情确定申请人和被申请人之间根据 ECT 第 26 条和《华盛顿公约》解决当前争议,即拥有管辖权,并且争议双方均已在《华盛顿公约》第 25 条第 1 款的含义范围内作出书面同意。

1. 保加利亚的意见及依据

保加利亚认为,仲裁庭的管辖权必须参照《华盛顿公约》第 25 条第 1 款来确定[8],该条规定了“中心的管辖适用于缔约方和另一缔约方国民之间直

---

[7] 《关于解决各国和其他国家国民之间投资争端的公约》,英文全称“Convention on the Settlement of Investment Disputes Between States and Nationals of Other States”,1965 年 3 月 18 日通过,1966 年 10 月 14 日生效,目前有 165 个国家和地区签署,有 157 个缔约方,全文见国际投资争端解决中心网站,https://icsid. worldbank. org/rules – regulations/convention/icsid – convention/preamble,2022 年 10 月 9 日访问。

[8] Plama Consortium Limited v. Republic of Bulgaria, ICSID Case No. ARB /03/24,管辖权裁决,2005 年 2 月 8 日,第 29 段。

接因投资而产生的任何法律争端，而该项争端经双方书面同意提交给中心”[9]。保加利亚主张，根据该条的规定，只有经双方同意的争议方可提交仲裁，而保加利亚并未同意这一申请。

2. Plama 的意见及依据

Plama 主张，ECT 第五部分规定了争端的解决，其中第 26 条规定了投资者与缔约方之间争端的解决，从第 26 条第 1、2、4 款的规定来看，“一缔约方与另一缔约方投资者之间关于后者在前者区域内投资有关的争端，如涉及违反前者第三部分规定的义务，应尽可能友好解决”，如果在 3 个月内没有友好解决，“争端的投资者一方可以选择将其提交 ICSID 进行仲裁”。[10]

Plama 认为，保加利亚签署和加入 ECT 构成了《华盛顿公约》第 25 条第 1 款要求的对 ICSID 仲裁的“书面同意”。ECT 第 26 条包含了缔约方向其他缔约方的投资者提出的 ICSID 仲裁的长期、公开的书面要约。通过提交仲裁请求，Plama 接受了这一要约。因此根据《华盛顿公约》和 ECT 第 26 条，仲裁庭的管辖权已经确立。[11]

3. 仲裁庭的意见及依据

一方面，仲裁庭明确申请人作为投资者在保加利亚进行了符合 ECT 规定的投资。保加利亚于 1996 年 11 月 15 日批准了 ECT，是 ECT 第 1 条第 2 款规定的“缔约方”，是同意受 ECT 约束的国家，ECT 对其生效。塞浦路斯和法国也是缔约方，分别于 1998 年 1 月 16 日和 1999 年 9 月 28 日批准了 ECT。[12] 同时，Plama 是 ECT 第 1 条第 7 款(a)项规定的“另一缔约方的投资者”，即一家按照塞浦路斯法律设立的公司。在仲裁请求中，Plama 出示了塞浦路斯公司注册部 2002 年 3 月 29 日的证明，证明其于 1998 年 9 月 2 日注册，并一直存在登记册上。[13] 另一方面，根据 ECT 第 1 条第 6 款的定义，“‘投资’是指投资者直接或间接拥有或控制的每一种资产”，接着是一个广泛的、非详尽的

〔9〕《关于解决各国和其他国家国民之间投资争端的公约》，全文见商务部网站，http://tfs.mofcom.gov.cn/article/date/j/al/200212/20021200058437.shtml，2023 年 5 月 8 日访问。

〔10〕Plama Consortium Limited v. Republic of Bulgaria, ICSID Case No. ARB /03/24，管辖权裁决，2005 年 2 月 8 日，第 121 段。

〔11〕同前注，第 138 段。

〔12〕同前注，第 123 段。

〔13〕同前注，第 124 段。

不同种类的资产清单，几乎包括任何权利、财产、货币或货币价值的利益，“包括……（b）公司的股份、股票或其他形式的股权参与”。根据 ECT 第 1 条第 10 款的定义，“‘地区’对于作为缔约方的国家而言，是指（a）其主权范围内的领土”。[14] 因此，仲裁庭认为，本争端确实涉及申请人作为“投资者”在保加利亚“地区”的“投资”。[15]

仲裁庭处理的下一个问题是，双方目前的争端是否涉及“被申请人违反了 ECT 第三部分的义务”。ECT 第三部分是题为“投资、促进和保护”的一章，包含了 ECT 对投资者的主要实质性保护，包括 ECT 第 10 条、第 12 条和第 13 条规定的促进、保护和投资待遇、损失赔偿和征收。从 Plama 提交的材料中不难看出，它在指控保加利亚违反 ECT 第三部分的若干规定。仲裁庭认为，如果根据申请人所指控的事实，被申请人的行为可能违反了 ECT，那么仲裁庭就有管辖权来确定事实到底是什么，看是否确实形成了对该条约的违反。[16]

仲裁庭接着审查了争议双方是否“同意”将争端提交 ICSID 仲裁。申请人方面，Plama 称，它有效地行使了 ECT 第 26 条规定的权利，将其与保加利亚的争端提交 ICSID 仲裁，且按照《华盛顿公约》第 25 条第 1 款的要求，“书面同意”ICSID 的管辖权。[17] 仲裁庭认为，申请人有效地行使了根据 ECT 第 26 条将其与被申请人的争端提交 ICSID 的权利，并且已根据《华盛顿公约》第 25 条第 1 款有效地进行了必要的书面沟通。[18]

被申请人方面，仲裁庭对于保加利亚是否同意 ICSID 管辖作出了如下的分析。第一，ECT 第 26 条第 3 款（a）项规定，缔约方对国家以及投资者之间的仲裁给予“无条件的同意”，因此，作为一个缔约方，保加利亚无条件地表达了《华盛顿公约》所要求的书面同意。第二，ECT 第 46 条规定，不得对 ECT 作出保留，而事实上保加利亚也没有对第 26 条作出保留，因此，保加利亚的同意是无保留的。第三，根据《华盛顿公约》第 25 条第 1 款的规定，当各方同意

[14] 同前注，第 125 段。
[15] 同前注，第 131 段。
[16] 同前注，第 132 段。
[17] 同前注，第 133 段。
[18] 同前注，第 137 段。

时,任何一方"不得单方面撤回其同意",因此,保加利亚的同意从 Plama 提出仲裁请求之日起是不可撤销的。第四,ECT 第 45 条第 1 款规定,各签署国同意在条约对其生效之前暂时适用条约,因此,ECT 第 26 条自一国签署之日起暂时适用,除非该国根据 ECT 第 45 条第(2)款(a)项宣布自己免于暂时适用,而保加利亚没有作出这样的声明。[19]

综上,仲裁庭裁定,根据 ECT 第 26 条和《华盛顿公约》,它对申请人和被申请人之间的争端具有管辖权,并且争端双方都已在《华盛顿公约》第 25 条第 1 款的意义上对此管辖权给予了书面同意。[20]

4. 对各方意见的评析

在 Plama 的分析中,它认为 ECT 第 26 条是缔约方向其他缔约方的投资者提出的接受 ICSID 仲裁长期、公开的书面要约,通过提交仲裁申请,Plama 接受了这一要约。对于要约的法律含义,如果参考《中华人民共和国民法典》第 472 条要约的定义及条件,那么,要约是希望与他人订立合同的意思表示,该意思表示应当符合下列条件:(一)内容具体确定;(二)表明经受要约人承诺,要约人即受该意思表示约束"。在大陆法系中,合同被定义为当事人的"合意",要约则一般被定义为"以一定契约之成立为目的之确定的意思表示"或者"当事人一方向另一方提出合同条件,希望另一方接受的意思表示"。大陆法系的民法理论认为,要约是一个希望订立合同的意思表示,要约人发出要约之后,要受法律规定的限制,非依规定不能撤回或者撤销。如果对方承诺则协议达成,就必须按照达成的协议履行,违反协议就要承担违约责任。在英美法系中,合同则被定义为"许诺"或者一系列的"许诺",要约也被视为当事人所作的一种允诺,如"要约人做什么事或不做什么事的一种许诺"。[21] 从上文可以看出,尽管存在不同的理论和不同的定义方式,两大法系对要约含义的认识基本是一致的。要约要取得法律效力,必须具备一定的条件。首先要约的内容应该具体确定,不能模棱两可,产生歧义,而如果把 ECT 第 26 条看成是缔约方向其他缔约方的投资者提出的接受 ICSID 仲裁的要约,笔者认为该内

[19] 同前注,第 140 段。

[20] 同前注,第 142 段。

[21] 全国人大常委会法制工作委员会编:《中华人民共和国合同法释义》,法律出版社 2009 年版,第 33 页。

容是足够明确清楚的。其次,要约必须表明经受要约人承诺,要约人即受该意思表示拘束,而ECT的缔约方签署ECT就表示愿意受到第26条第3款规定的约束:"无条件同意根据本条的规定将争议提交国际仲裁或调解机构。"《华盛顿公约》第25条第1款也明确规定,"当双方表示同意后,任何一方不得单方面撤销其同意"。综上,笔者认为Plama提出的理由是合理、有法律依据的,保加利亚作为ECT的缔约方,已经在《华盛顿公约》第25条第1款的意义上对ICSID的管辖权给予了书面同意。

仲裁庭在对ECT第26条分析中指出,该条款为投资者对东道国的索赔提供了一个几乎前所未有的补救措施,"ECT的投资制度最重要的方面可能是规定根据外国投资者的选择对政府进行强制仲裁"〔22〕。在传统的投资仲裁协定中,一项投资争端是否提交国际仲裁,取决于缔约方(东道国)是否同意将争端提交国际仲裁,只有东道国同意仲裁并与投资者达成仲裁协议,国际仲裁机构才享有管辖权,即所谓的逐案审批同意权〔23〕。从《华盛顿公约》第25条第1款的规定来看,ICSID管辖权的前提是争端双方均同意将争端以书面形式提交仲裁,这也是本案中保加利亚用来抗辩的理由,它认为自己并没有做出书面同意将此争端提交ICSID仲裁。而在ECT中,为了保护投资人的利益,取消了ICSID的逐案审批同意权,ECT第26条第3款规定,"各缔约方应无条件同意根据本条的规定将争议提交国际仲裁或调解机构"。这一条款赋予了投资者直接将争端提交国际仲裁机构的权利,而东道国应无条件同意,即赋予了投资者强制仲裁权。通过本案仲裁庭的裁决也可以看出,ICSID尊重且确认了ECT争端解决条款为投资者设立的强制仲裁权,允许投资者直接向ICSID申请仲裁而无须经过东道国对于ICSID管辖权的同意。在"逐案审批同意权"与"强制仲裁权"冲突时,ICSID倾向于承认和支持投资者的强制仲裁权。

〔22〕 Plama Consortium Limited v. Republic of Bulgaria, ICSID Case No. ARB /03/24,管辖权裁决,2005年2月8日,第141段。

〔23〕 蒋新、周林峰:《ECT投资仲裁与ICSID机制比较研究》,载《湘潭大学学报(哲学社会科学版)》2009年第3期,第46页。

(二)是否使 ICSID 的管辖权失效:ECT 第 17 条

保加利亚认为,根据 ECT 第 17 条利益否认条款,保加利亚有权拒绝给予 Plama 公司 ECT 第三部分项下的利益,因而双方争议的内容根本不存在,Plama 无权根据 ECT 第 26 条提起仲裁。仲裁庭认为,ECT 的目标和宗旨明确要求第 26 条不受第 17 条第 1 款实施的影响,第 17 条第 1 款并不否认条约规定的投资者的所有利益,而是明确限于否认 ECT 第三部分的利益,保加利亚关于 ECT 第 17 条第 1 款的管辖权抗辩不能得到支持。

1. 保加利亚的意见及依据

保加利亚认为,其根据 ECT 第 26 条第 1 款同意将争端提交 ICSID 仲裁的前提是产生了违反 ECT 第三部分义务有关的争端。ECT 第三部分包含第 17 条,该条规定缔约方有权拒绝向"第三国公民或国民拥有或控制的法律实体,该实体在其组织所在的缔约方区域内没有实质性商业活动"提供该部分项下的利益保护。[24] 保加利亚在 2002 年 12 月 24 日收到 Plama 的仲裁请求后,立即在 2003 年 2 月 18 日致 ICSID 的信中,根据 ECT 第 17 条第 1 款行使了其权利,即以缺乏所有权和控制权为由,拒绝给予申请人 ECT 项下的利益。这样做的依据是,申请人是一家"邮箱公司"(mailbox company),在其注册地塞浦路斯共和国没有实质性的商业活动,而且未能证明它是由 ECT 缔约方的国民拥有或控制的。[25]

保加利亚提出,由于它已经拒绝向 Plama 提供 ECT 第 17 条第 1 款的保护,ECT 不再适用,因此不可能存在违反任何 ECT 第三部分义务的情况,[26] 故本案中 ICSID 的管辖权也就失去了法律依据,因为并没有申请人所指控的违反 ECT 义务的争端发生。

保加利亚进一步指出,ECT 第 17 条包含了条约的实质性规定,这些规定限定、限制或缩小了缔约方 ECT 第三部分义务的范围。在满足 ECT 第 17 条第 1 款的条件时,ECT 缔约方没有 ECT 第三部分的义务。缔约方不需要采取

---

〔24〕 Plama Consortium Limited v. Republic of Bulgaria, ICSID Case No. ARB /03/24,管辖权裁决,2005 年 2 月 8 日,第 30 段。

〔25〕 同前注,第 31 段。

〔26〕 同前注,第 33 段。

任何进一步措施来实现其拒绝权。[27] 保加利亚提出,ECT 第 17 条第 1 款规定,当存在该条所描述的情况时,缔约方可以选择是否提供 ECT 第三部分的利益,其目的是为各国提供灵活性,以确定何时有理由拒绝提供利益。ECT 第 17 条并不要求缔约方提前通知投资者拒绝给予其利益,第 17 条本身就是一个通知。而 Plama 将 ECT 解释为缔约方有义务在所有情况下提供该条约的所有利益,除非他们明确地予以拒绝,这是错误的。保加利亚认为,一个违反 ECT 第 17 条条件的公司不应该对其拥有利益抱有合理的期望,因为东道国在这种情况下没有义务提供这些利益,这种情况下的投资者从一开始就应当知道它没有 ECT 的权利。因此,不存在申请人所认为的追溯效力。[28] 如果存在满足 ECT 第 17 条第 1 款规定的情况,那么申请人所指控的事实必然无法构成违反 ECT 第三部分的基础,保加利亚对 ICSID 管辖权的同意就会失效,因为该同意仅适用于涉及违反 ECT 第三部分的争端。[29]

2. Plama 的意见及依据

Plama 认为,保加利亚根据 ECT 第 17 条第 1 款来否认其享有 ECT 第三部分的利益,这不是对管辖权的反对,而是对案情的实质性辩护,这并不影响它提出或同意仲裁。[30] Plama 指出,ECT 第 17 条第 1 款不能适用于本案,因为其适用的条件并不存在。这些条件是,投资公司必须由非 ECT 缔约方的公民或国民拥有或控制,且投资者在缔约方的地区没有进行实质性的商业活动。[31] 而 Plama 满足这两个适用条件:从投资之日起,Plama 一直由法国国民 Jean – Christophe Vautrin 先生拥有和控制,而法国是 ECT 的缔约方。[32]

Plama 还认为,ECT 第 17 条不可能自动运作而拒绝向投资者提供 ETC 第三部分的利益,因为如果是这样的话,第 17 条将不过是一个“例外”条款,而例外条款由 ECT 第 24 条进行规定,第 17 条并不是其中之一。[33]

Plama 提出,保加利亚对 ECT 第三部分利益的任何拒绝只会影响到在拒

---

〔27〕 同前注,第 64 段。

〔28〕 同前注,第 84 段。

〔29〕 同前注,第 85 段。

〔30〕 同前注,第 41 段。

〔31〕 同前注,第 44 段。

〔32〕 同前注,第 45 段。

〔33〕 同前注,第 72 段。

绝日之后原本适用的利益。ECT 第 17 条第 1 款赋予每个缔约方拒绝 ECT 第三部分利益的权利，但本身并不构成对该利益的拒绝，这项权利要想生效，必须明确行使，且不具有追溯力，而保加利亚所谓的行使行为只发生在 2003 年 2 月 18 日。[34] 这一行为只能使保加利亚在之后对 Plama 拒绝提供本来它可以得到的利益，在此之前，Plama 作为受保护的投资者，仍然享有 ECT 第三部分的保护，保加利亚对其承担该义务已有 4 年多的时间，而正是在这期间它做出了 Plama 所称的违反 ECT 的行为。[35] 由于申请人的仲裁请求是在 2002 年 12 月 19 日提出的，保加利亚所谓的否认利益行为对仲裁庭的管辖权没有影响。[36]

3. 仲裁庭的意见及依据

仲裁庭考虑的第一个问题是，保加利亚根据 ECT 第 17 条第 1 款提出的主张是否可以剥夺仲裁庭的管辖权。[37] 仲裁庭认为，应根据《维也纳条约法公约》(Vienna Convention on the Law of Treaties, VCLT) 第 31 条第 1 款来解释 ECT 第 17 条第 1 款和第 26 条的效力。ECT 第 17 条明确提到了拒绝"本部分的"利益，从而提到了 ECT 第三部分赋予投资者的实质性利益。这种语言被 CET 第 17 条的标题所确认："在某些情况下不适用第三部分的情况。"从这些条款来看，根据通用的上下文含义进行善意的解释，ECT 第 17 条第 1 款并不意味着否认投资者在整个 ECT 条约下的所有利益，而是明确地将利益限制在 ECT 第三部分下。[38] 缔约方只有在满足 ECT 第 17 条第 1 款的具体标准时才能否认这些利益，否则不能有效地行使其拒绝权。[39] 此外，ECT 第 26 条为所涉投资者的索赔提供了一个程序性救济措施，它并不是该投资者根据 ECT 第三部分享有的 ECT 的实质性利益的一部分。在仲裁庭看来，ECT 的目标和宗旨明确要求第 26 条不受第 17 条第 1 款的影响。[40] 基于这些原因，仲裁庭裁定，保加利亚援引 ECT 第 17 条第 1 款的抗辩不能否认仲裁庭的管

[34] 同前注，第 43 段。
[35] 同前注，第 91 段。
[36] 同前注，第 98 段。
[37] 同前注，第 146 段。
[38] 同前注，第 147 段。
[39] 同前注，第 149 段。
[40] 同前注，第 148 段。

辖权。

在管辖权之外,争议双方还都要求仲裁庭就 ECT 第 17 条第 1 款的适用与否作出裁决,因此仲裁庭进一步考察了该条款。

保加利亚提出, ECT 第 17 条第 1 款不要求保加利亚采取任何行动,且无论是否采取了行动,拒绝给予利益的做法都具有追溯力。[41] 对此仲裁庭认为,权利的存在与该权利的行使是不同的。例如,一个缔约方可能有将争端提交仲裁的合同权利,但除非该权利被行使,否则不可能有仲裁。同样,根据 ECT 第 17 条第 1 款,缔约方有权拒绝给予投资者 ECT 第三部分项下的利益,但其不一定行使这一权利,而且可能永远不会行使这一权利。ECT 第 17 条第 1 款的语言是明确的,并且该含义与 ECT 缔约方在不同的双边投资条约下的不同国家实践相一致:其中某些国家对在该国没有实质性商业活动存在的法律实体适用宽松的方法(如荷兰),而某些其他国家则适用严格的方法(如美国)。ECT 是一个多边条约,第 17 条第 1 款是以宽松的措辞起草的,以适应不同的国家实践。[42] 进一步说,如果保加利亚是正确的,那么 ECT 第 17 条第 1 款应以更明确的方式起草。例如,1995 年 12 月的《东盟服务框架协议》(ASEAN Framework Agreement on Services)[43] 在第 6 条(利益否定)中规定,“对于这样的服务提供者应拒绝给予本框架协定的利益:其是非成员国的自然人,或是根据成员国法律组成的非成员国拥有或控制的法人,但没有在成员国境内从事实质性商业活动”。这种简单的语言不要求缔约方行使或采取其他行动,而且没有留下任何模糊的余地。这样的语言本可以用于 ECT 第 17 条第 1 款,但却没有被使用。在这种情况下,仲裁庭显然不允许以对被申请人有利的方式认定 ECT 第 17 条第 1 款。[44]

仲裁庭还认为,该权利的行使应有明确的通知,以便投资者能够合理地获得。为此,可以在缔约方的官方公报上发表一般性声明,或在缔约方的投资法

---

[41] 同前注,第 154 段。

[42] 同前注,第 155 段。

[43] 《东盟服务框架协议》,英文全称“ASEAN Framework Agreement on Services”,1995 年 12 月 15 日通过,目前有 7 个签署国和缔约方,全文见东盟网站,https://asean. org/wp - content/uploads/2021/08/ASEAN - Framework - Agreement - on - Services - AFAS. pdf,2022 年 10 月 9 日访问。

[44] Plama Consortium Limited v. Republic of Bulgaria, ICSID Case No. ARB /03/24,管辖权裁决,2005 年 2 月 8 日,第 156 段。

或其他法律中作出相关规定,甚至与某一特定投资者或某一类别的投资者交换信件等,这些都是可行的。就其本身而言,ECT 第 17 条第 1 款充其量只具备了一半的通知作用,如果没有东道国对其进一步的通知,就几乎等于没有告诉投资者。[45] 基于这些原因,仲裁庭在本案中裁定,保加利亚必须对 Plama 明确行使其在 ECT 第 17 条第 1 款下的权利,并且只是在 2003 年 2 月 18 日,即在 Plama 对 Nova Plama 进行投资的 4 年多之后才行使该权利。故现在的争议焦点是,保加利亚对该利益否认权利的行使具有延伸到 1998 年的追溯效力,还是仅从 2003 年起具有预期效力。[46]

仲裁庭认为,除非东道国行使其在 ECT 第 17 条第 1 款下的权利,否则投资者就享有 ECT 第三部分的利益,在该权利被行使之前,投资者对这部分利益有合理的期望。在进行任何投资之前,无论该东道国是否已根据 ECT 第 17 条第 1 款行使了权利,投资者都需要得到合理的通知,使其可以根据自己的选择来计划商业事务。因为在进行投资后,投资者的选择将更为有限,更容易受到东道国行使 ECT 第 17 条第 1 款权利的影响。因此,投资者至少需要受到与投资发生前的潜在投资者所享有的相同的保护,即得到合理的通知。ECT 第 2 条明确规定的"目的"是"建立一个法律框架,以促进能源领域的长期合作"。[47] 因此,仲裁庭认为,ECT 的目标和宗旨表明,对利益否认权利的行使不应具有追溯效力。一个投资者,如果适当地了解 ECT 第 17 条第 1 款的潜在影响,可以在进行投资之前相应地调整计划。然而,如果该权利的行使具有追溯效力,对投资者的影响是很严重的,因为当这种权利没有被行使时,潜在的投资者可能会产生合理的商业期望,一旦该权利在后来被行使并且具有追溯力,那么投资者先前的期望将会落空。[48] 这与 ECT 的目标和宗旨相悖,因为它不能促进"长期"合作。最后,仲裁庭裁定,保加利亚于 2003 年 2 月 18 日行使其在 ECT 第 17 条第 1 款下的权利,只是从该日起剥夺了 Plama 在 ECT 第三部分下的利益。[49]

---

〔45〕 同前注,第 157 段。
〔46〕 同前注,第 158 段。
〔47〕 同前注,第 161 段。
〔48〕 同前注,第 162 段。
〔49〕 同前注,第 165 段。

4. 对各方意见的评析

利益否认条款(denial of benefits clause,又译成“利益拒绝条款”“拒绝授惠条款”等)是指缔约一方保留拒绝给予另一缔约方投资协定项下部分或全部利益的权利,如果另一方投资者是由本国投资者或非缔约方投资者,或无正常外交关系的第三方投资者所拥有或控制,且该投资者在另一缔约方境内未开展实质性的商业活动。[50] NAFTA、ECT、ASEAN 以及美国、加拿大、新加坡、日本、中国等国家签订的部分双边投资协定(以下简称 BIT)或双边 FTA 含有利益否认条款,但是不同投资条约对于利益否认条款的适用对象、适用条件以及适用程序的规定并不完全相同。在实践中,仲裁庭对利益否认条款的适用往往作出了严格解释,东道国援引该条款主张行使利益否认权利极少为仲裁庭接受。[51] 本案中所涉的 ECT 第 17 条是一条利益否认条款,它将投资者受保护的利益范围限于 ECT 第三部分,但很容易注意到的是,ECT 的其他部分也包含了有关投资保护的重要内容,在本案中突出表现为 ECT 第五部分所涵盖的争端解决机制。本案的争议焦点就集中在东道国能否根据 ECT 第 17 条拒绝给予投资者在 ECT 下的利益,如果可以,那么投资者将无法根据不存在的利益而提起仲裁,至少不能根据 ECT 中的争端解决机制(这也属于对投资者利益的保护)提起仲裁。

根据仲裁庭的观点,由于 ECT 第 17 条的标题是“在某些情况下不适用第三部分的情形”,条文中也明确表明缔约方有权拒绝授予的利益范围为“本部分”,因此该条否定的利益仅限于 ECT 第三部分,而争端解决不属于其第三部分,故第 17 条并不能阻止投资者寻求存在于 ECT 第五部分的第 26 条争端解决救济的权利。笔者认为,这是仲裁庭根据 VCLT 第 31 条对 ECT 第 17 条用语按其上下文的通常含义所进行的解释,方法与结论均无不妥之处。根据该条款的规定,缔约方有权拒绝将本部分利益授予:“(1)如果第三国的公民或国民拥有或控制一个法律实体,并且该实体在其组织所在的缔约方区域内没有实质性商业活动。”从该条款来看,在保护投资者的同时,也对非缔约方投

---

〔50〕 漆彤:《论国际投资协定中的利益拒绝条款》,载《政治与法律》2012 年第 9 期,第 98 - 99 页。

〔51〕 徐树:《国际投资仲裁中投资者的“条约选购”问题研究》,载《国际经济法学刊》2013 年第 2 期,第 139 - 140 页。

资者利用"邮箱公司"免费搭载条约便车的行为进行了限制和约束。在本案中,利益否认条款主要有两方面的适用条件:一是非缔约方,即第三国的公民或国民"拥有"或"控制"的法律实体;二是该法律实体在东道国没有进行实质性商业活动。本案仲裁庭注意到将 ECT 第 17 条第 1 款两个部分联系起来的"并且"一词非常重要,表明需要同时满足这两个条件。Plama 承认没有进行实质性商业活动,故第二个条件得到满足。而对第一个条件,仲裁庭实际上绕过了对其的实质性审查:"仲裁庭暂时不对第 17 条第 1 款中关于申请人的所有权或控制权的第一部分进行裁决。"因为仲裁庭认为 ECT 第 17 条第 1 款的第一部分不是一个管辖权问题,且该利益否认的行为不具有追溯力,故不需要对这一个没有发生追溯效力的问题进行裁决。随着实践中涉及利益否认条款的争议逐渐增多,东道国如何行使这项权利越来越成为一个不容忽视的问题。笔者认为,仲裁庭未对保加利亚能否行使 ECT 第 17 条赋予的利益否认权利作出裁决有些不尽人意,其本可对该条款如何具体适用作出探讨,有助于弥补条约在投资者利益保护上的准确适用,从而对该条款适用条件的模糊性给出进一步精确化的指导。但若仲裁庭只围绕管辖权进行裁判,而认为 ECT 第 17 条对于利益否认条款的适用条件不是管辖权问题,这样的裁决也是无可厚非的。笔者同意申请人的观点,保加利亚援引 ECT 第 17 条是针对案情的实质性辩护,可用于对双方争议的最终结果作出实体方面的裁判,而不是对管辖权的抗辩。

除了 ECT 第 17 条用语的通常含义,仲裁庭还根据条约的目的及宗旨对该条进行了解释。ECT 目前共有 53 个签署国和缔约方,包括欧盟和欧洲原子能共同体。ECT 为能源合作领域提供了一个独一无二的多边框架,它旨在通过运营更开放和更具竞争力的能源市场来促进能源安全,同时尊重可持续发展和能源主权的原则。[52] 根据 ECT 第 2 条,其目的是建立一个法律框架,以促进能源部门的长期合作。在该条约的第三部分,缔约方承诺有义务给予其他缔约方的投资者"公平和公正的待遇"以及"持续的保护和安全"(第 10 条)。仲裁庭据此认为,对利益否认条款必须以明确通知的方式行使,并且该

---

〔52〕 国际能源宪章网站,https://www.energycharter.org/process/energy-charter-treaty-1994/energy-charter-treaty/,2002 年 9 月 7 日访问。

权利的行使没有溯及过往的效力，否则会与ECT“长期合作”的目的相违背，若非如此，投资者无法进行“长期”的商业规划，而很有可能因为东道国行使利益否认权利失去其商业利益，这显然不是ECT缔约方所设想的初衷。有观点认为，由于仲裁员对ECT的目的和宗旨存在理解上的偏差，对投资者的过度保护，侵犯了缔约方的利益，反而可能导致消极的影响。该观点批评本案的仲裁庭将ECT的目的和宗旨等同于高标准的投资者保护，包括公平与公正、非歧视、可预见原则等，甚至将ECT第2条中“能源领域的长期合作”等同于投资者的长期计划。而ECT的目标并不仅仅限于投资者保护，而是有多种目的和宗旨，例如可持续发展。片面强调ECT中的投资者保护目的，而忽视ECT的缔约方在能源领域的其他合作，很可能会不利于东道国当地的经济、社会发展和环境保护，给可持续发展这一目标带来消极的影响。[53] 本案讨论仲裁庭的管辖权问题，仲裁庭对ECT第2条规定的条约目的加以分析，是为了理解ECT第17条第1款，从而确认是否能根据第17条排除仲裁庭的管辖权，这与上述观点的讨论并非同一个问题。笔者认为，就条约的解释方法而言，参考条约的目的和宗旨对具体条款进行解释是一个合理的解释方法，这并不必然为条约的目的设定理解的导向，即此处的重点在于运用条约目的来理解条款，而不是用条款的适用来解释条约的目的。故虽然笔者注意到许多人批评本案仲裁庭过大地保护了投资者的利益，或是忽视利益否认条款的可操作性并使其失去了实际意义，但笔者认为就管辖权问题而言，仲裁庭的分析并无不妥之处，至于究竟应该在多大程度上保护投资者利益，或者ECT第17条授予东道国在争端解决时拥有多大程度对抗投资者的权利，应该是另案处理的问题。

（三）《保塞BIT》能否延伸至争端解决：最惠国条款

Plama公司认为，《保塞BIT》中的最惠国条款必须被解释为可延伸到保加利亚缔结的其他投资条约的争端解决机制中，只要其他投资条约比《保塞BIT》中的条款更为有利。仲裁庭的结论是该最惠国条款不能解释为将《保塞

---

〔53〕 张庆麟、马迅：《论〈能源宪章条约〉投资规则的可持续发展》，载《暨南学报（哲学社会科学版）》2009年第2期，第94页。

BIT》项下的争议提交至 ICSID 仲裁。

1. 保加利亚的意见及依据

保加利亚认为不能根据《保塞 BIT》中的最惠国条款,就将 Plama 提出的索赔提交 ICSID 仲裁。[54] 保加利亚援引《1978 年最惠国条款草案》(Draft Articles on Most Favored Nation Clauses 1978)[55]第 4 条的规定,最惠国义务只适用于"商定的关系范围内"(in an agreed sphere of relations)。该规则规定,最惠国待遇只能在条款规定的框架内提出,并且只与条款规定的子项目有关。保加利亚的条约实践和《保塞 BIT》的背景表明,保加利亚不认为其同意国际仲裁的条款包含在最惠国待遇中。因此,《保塞 BIT》只为投资者提供了有限的国际仲裁机会,并附有限制性条款。《保塞 BIT》中的最惠国条款不能被解释为同意将该条约下的争端提交 ICSID 仲裁。[56] 保加利亚总结了三个基本论点:第一,在没有明确证据的情况下,最惠国条款不能为条约中不存在的管辖权创造依据;第二,《保塞 BIT》中最惠国条款的内容并不包括争端解决;第三,即使争端解决被视为属于《保塞 BIT》所设想的一种待遇,Plama 也不能援引最惠国待遇来推翻《保塞 BIT》条款中所反映的基本政策考虑。[57]

保加利亚认为最惠国条款不能把它在其他条约下将争端提交 ICSID 仲裁的同意转化为将《保塞 BIT》下的争端提交 ICSID 仲裁的同意,而应根据最惠国条款的普通含义、上下文以及《保塞 BIT》的目的和宗旨,对其进行解释。[58]

2. Plama 的意见及依据

Plama 提出,根据《保塞 BIT》的最惠国条款,保加利亚同意 ICSID 对本案的争端进行仲裁。根据《保塞 BIT》,Plama 符合投资者的定义,且《保塞 BIT》

---

[54] Plama Consortium Limited v. Republic of Bulgaria, ICSID Case No. ARB /03/24,管辖权裁决,2005 年 2 月 8 日,第 35 段。

[55] 《1978 年最惠国条款草案》,英文全称"Draft Articles on Most - Favoured - Nation Clauses 1978",1978 年 7 月 19 日通过,全文见仲裁法院网站,https://www.bits.de/ac - archive/voelkerrecht/on/1_3_1978.pdf,2022 年 10 月 10 日访问。

[56] Plama Consortium Limited v. Republic of Bulgaria, ICSID Case No. ARB /03/24,管辖权裁决,2005 年 2 月 8 日,第 36 段。

[57] 同前注,第 37 段。

[58] 同前注,第 66 段。

载有最惠国条款，该最惠国条款适用于“待遇”的所有方面，不仅指其他 BIT 的实质性条款，也包括保加利亚作为缔约方的其他 BIT 中的争端解决条款。具体而言，如果保加利亚缔结的其他投资条约载有更有利的争端解决机制[如 1997 年 10 月 3 日的《保加利亚—芬兰双边投资协定》[59]（以下简称《保加利亚—芬兰 BIT》]，规定了 ICSID 仲裁的可能性），那么与《保塞 BIT》中的限制性仲裁手段相比，根据最惠国条款，塞浦路斯就可以使用该种更有利的争端解决机制，选择仲裁机构，因为这是更有利的待遇，这与《保塞 BIT》的政策考虑无关。[60]

3. 仲裁庭的意见及依据

仲裁庭审查了《保塞 BIT》中的最惠国条款。其有关争端解决的条款只涉及与征收有关的争端：征收的合法性“应根据有关投资者的请求，通过已采取适当步骤的缔约方的常规行政和法律程序加以检查”，关于“赔偿金额的争议……应通过采取征收措施的缔约方的正常法律程序或由国际‘特设’仲裁法院进行检查”（第 4 条第 4.1 款），并且在第 4 条第 4.2 至 4.5 款中进行了详细说明，而 ICSID 并不在其列。Plama 在本案中并没有援引这些争端解决条款。[61]

仲裁庭认为，目前还不清楚《保塞 BIT》最惠国条款中“待遇”一词的通常含义是否包括或排除了保加利亚作为缔约方的其他 BIT 中的争端解决条款。[62]《保塞 BIT》第 3 条第 2 款包含了与经济共同体、关税同盟或自由贸易区有关的最惠国待遇的例外。可以进行这样的理解，即所有其他事项，包括争端解决，都属于《保塞 BIT》第 3 条第 1 款的最惠国待遇规定的范围。然而，《保塞 BIT》第 3 条第 2 款提到“特权”（privileges）一词，应理解为最惠国待遇

---

〔59〕《保加利亚—芬兰双边投资协定》，英文全称“Agreement between the Government of the Republic of Finland and the Government of the Republic of Bulgaria on the Promotion and Protection of Investments”，1997 年 10 月 3 日签署，1999 年 4 月 16 日生效，保加利亚与芬兰两个缔约方，全文见联合国贸发会议投资政策中心网站，https://investmentpolicy. unctad. org/international - investment - agreements/treaty - files/527/download，2022 年 10 月 10 日访问。

〔60〕Plama Consortium Limited v. Republic of Bulgaria，ICSID Case No. ARB /03/24，管辖权裁决，2005 年 2 月 8 日，第 99 段。

〔61〕同前注，第 186 段。

〔62〕同前注，第 189 段。

与实质性保护有关。因此,第 3 条第 2 款表明,第 3 条第 1 款只涉及与实质性保护有关的规定,从而排除了与解决争端有关的程序性规定。[63]

《保塞 BIT》的序言表明其目标和宗旨是"为一个缔约方的投资者在另一个缔约方领土上的投资创造有利条件",且标题中提到"相互鼓励和保护投资"。Plama 认为上述目标和宗旨非常重要,并引用了《执行主任关于 1965 年 ICSID 公约的报告》(Report of the Executive Directors on the ICSID Convention of 1965)[64],该报告第 9 段指出"建立一个旨在促进解决国家与外国投资者之间争端的机构,可以成为促进相互信任气氛的一个重要步骤,从而刺激希望吸引私人国际资本的国家增加资本流动"。Plama 引用了联合国国际贸易法委员会(UNCTAD)的研究报告《1990 年代中期的双边投资条约》[65],其中第 5 页载有同样的表述。Plama 还援引了 Maffezini 案的裁决,其中指出:"争端解决安排与保护外国投资者密不可分,因为它们也与保护贸易条约规定的商人权利有关。"[66] 仲裁庭认为,尽管这种说法的普遍性是不可否认的,但不足以在本案中提供法律上的依据,不能认定《保塞 BIT》的缔约方打算通过最惠国条款涵盖保加利亚作为缔约方的其他条约中的仲裁协议。[67] 《保塞 BIT》缔结于 1987 年,当时的保加利亚处于共产主义制度之下,对外国投资者的保护有限,争端解决条款也非常有限。20 世纪 90 年代,在保加利亚的共产主义政权发生变化后,开始在缔结的 BIT 中写进了诉诸 ICSID 仲裁的争端解决条款。然而,这种做法在本案中并不特别相关。保加利亚和塞浦路斯于 1998 年就《保塞 BIT》的修订进行了谈判,具体考虑到了对争端解决条款的修改,但是谈判失败了。从这些谈判中可以推断出,两方并不认为最惠国条款可以延伸

[63] 同前注,第 191 段。

[64] 《执行主任关于 1965 年 ICSID 公约的报告》,英文全称"Report of the Executive Directors on the Convention on the Settlement of Investment Disputes between States and Nationals of Other States",1965 年 3 月 18 日发布,全文见国际投资争端解决中心网站,https://icsidfiles.worldbank.org/icsid/icsid/staticfiles/basicdoc/partB.htm,2022 年 10 月 10 日访问。

[65] 《1990 年代中期的双边投资条约》,英文全称"Bilateral Investment Treaties in the Mid-1990s",全文见联合国网站,https://digitallibrary.un.org/record/264901,2022 年 10 月 10 日访问。

[66] Emilio Agustín Maffezini v. The Kingdom of Spain, ICSID Case No. ARB/97/7,管辖权裁决,2000 年 1 月 25 日,第 54 段。

[67] Plama Consortium Limited v. Republic of Bulgaria, ICSID Case No. ARB /03/24,管辖权裁决,2005 年 2 月 8 日,第 193 段。

到其他 BIT 中的争端解决条款。[68]

仲裁庭指出，随着 20 世纪 80 年代以来双边和多边投资条约的出现，母国对其在国外投资的国民的传统外交保护机制已在很大程度上被投资者对东道国的直接仲裁所取代。如今，仲裁是解决投资者和东道国之间争端的普遍途径。然而，这一现象并没有消除仲裁的基本前提条件：当事人达成仲裁协议。在国内法和国际法中，一个公认的原则是，仲裁协议应该是明确和不含糊的。在 BIT 的框架内，仲裁协议是由国家事先对 BIT 范围内的投资争端给予仲裁同意而达成，如果投资者有此愿望，则由投资者接受。[69] 而如果仲裁协议是通过参考别的 BIT 而达成，那么就很难认定各方的意图是明确和毫不含糊的。[70]

仲裁庭针对 Plama 为证明其论点所列举的其他协议亦作出了裁判。Plama 指出，《保塞 BIT》中的最惠国条款是一个宽泛的条款，与其他类型的最惠国条款，如《北美自由贸易协议》（North American Free Trade Agreement, NAFTA）[71] 第 1103 条不同，该条对最惠国待遇作出了规定："每一缔约方应给予另一缔约方投资者不低于在类似情况下给予任何另一缔约方或非缔约方投资者在投资的设立、收购、扩张、管理、行为、运营和出售或其他处置方面的优惠待遇。"[72] Plama 又指出，同样的规定可以在《美洲自由贸易区草案》（Free Trade Area of Americas Draft Agreement，以下简称《FTAA 草案》）[73] 中找到。《FTAA 草案》的脚注 13 如下："缔约方注意到仲裁庭最近在 Maffezini 一案中的裁决，该裁决认为《阿根廷—西班牙 BIT》中的最惠国条款异常宽泛，包括了国际争端解决程序。相比之下，本协议的最惠国条款的范围明确限制

---

〔68〕 同前注，第 195 段。

〔69〕 同前注，第 198 段。

〔70〕 同前注，第 199 段。

〔71〕 《北美自由贸易协议》，英文全称"North American Free Trade Agreement"，1992 年 8 月 12 日签署，1994 年 1 月 1 日生效，目前有 3 个缔约方，全文见投资条约仲裁网，https://www. italaw. com/sites/default/files/laws/italaw6187%286%29. pdf，2022 年 10 月 10 日访问。

〔72〕 Plama Consortium Limited v. Republic of Bulgaria, ICSID Case No. ARB /03/24，管辖权裁决，2005 年 2 月 8 日，第 201 段。

〔73〕 《美洲自由贸易区草案》，英文全称"Free Trade of the Americas Draft Agreement"，2003 年 11 月 21 日通过第三稿，全文见美洲自由贸易区网站，http://www. ftaa - alca. org/FTAADraft03/Index_ e. asp，2022 年 10 月 10 日访问。

在‘关于投资的设立、收购、扩张、管理、行为、经营和出售或其他处置’的事项上。缔约方共同的理解和意图是,该条款不包括国际争端解决机制,如本章 C. 2. b 节(一缔约方与另一缔约方投资者之间的争端解决)所包含的机制,因此不能得到类似于 Maffezini 案的结论。”[74] 对此仲裁庭认为,这表明在 NAFTA 中,以及可能在《FTAA 草案》中,不能以提及方式纳入其他 BIT 中规定的争端解决条款。如果最惠国条款中缺乏明确的语言,就不能反过来推断,争端解决条款必须被视为纳入。《FTAA 草案》中的具体排除是各国对 Maffezini 案中的扩张性解释的反应,该解释超出了缔约方通过双边或多边投资条约中的最惠国条款所要实现的目的和意图。[75] 相反,纳入争端解决条款的意图必须明确和毫不含糊地表达。例如,《英国 BIT 范本》(UK Model BIT)[76] 就是这种情况,该范本第 3 条第 3 款中规定,“为避免疑问,确认上述第(1)和(2)款规定的待遇应适用于本协议第 1 至 12 条的规定”,《英国 BIT 范本》第 8 条和第 9 条规定了争端的解决。[77]

Plama 认为,对投资者来说,在不同的争端解决机制中进行选择,并按照《保加利亚—芬兰 BIT》中的规定通过仲裁解决整个争端,显然要比局限于对征收补偿数量的特设仲裁更为有利。仲裁庭倾向于同意申请人的观点,即在这一特定情况下,有选择总比没有选择好。但是,如果一个 BIT 规定了联合国国际贸易法委员会(UNCITRAL)的仲裁,而另一个则规定了 ICSID 的仲裁,这种情况下哪个更为有利?[78] 此外,当双方在某项 BIT 中就特定的争端解决机制达成一致时,如《保塞 BIT》(特设仲裁),双方对最惠国待遇的同意意味着打算通过最惠国条款的实施,用一种完全不同的争端解决机制(如 ICSID 仲裁)来取代双方关于这种争端解决机制的具体协议。在一个条约中

---

[74] Plama Consortium Limited v. Republic of Bulgaria, ICSID Case No. ARB /03/24, 管辖权裁决, 2005 年 2 月 8 日, 第 202 段。

[75] 同前注, 第 203 段。

[76] 《英国 BIT 范本》, 英文全称“UK Model Bilateral Investment Treaty”, 2008 年发布, 全文见联合国贸发会议投资政策中心网站, https://investmentpolicy. unctad. org/international - investment - agreements/treaty - files/2847/download, 2022 年 10 月 10 日访问。

[77] Plama Consortium Limited v. Republic of Bulgaria, ICSID Case No. ARB /03/24, 管辖权裁决, 2005 年 2 月 8 日, 第 204 段。

[78] 同前注, 第 208 段。

加上其他条约提供的更有利待遇是一回事，用一个完全不同的机制来取代各方专门谈判而来的程序则是另一回事。〔79〕

Plama 以一些案例为依据，认为这些案例支持其解释。然而在这些案例中，没有一个案例认为条约中的争端解决条款能通过最惠国条款的实施而被其他条约中的争端解决条款全部取代。〔80〕 在仲裁庭看来，缺乏先例并不令人惊讶。当多边或双边投资条约包含有具体争端解决条款时，不能指望各国通过最惠国条款的运作，让这些条款在未来被不同的争端解决条款取代，除非各国对此有明确的约定。〔81〕

基于上述原因，仲裁庭得出结论，《保塞 BIT》的最惠国条款不能引申为将《保塞 BIT》下的争端提交给 ICSID 仲裁，并且申请人不能在本案中援引保加利亚作为缔约方的其他 BIT 中的争端解决条款。〔82〕

4. 对各方意见的评析

在国际投资仲裁实践中，利用最惠国条款规避基础条约中投资者认为非优惠的争端解决机制是投资者最常使用的仲裁策略之一。这种策略源自国际投资法"碎片化的现实"，其运行遵循以下模式：首先，投资者母国与东道国之间签订的投资条约（常称为基础条约）中规定了最惠国条款和投资争端解决程序；其次，由于国际投资法更多表现为双边范式，因此东道国可能因为缔约谈判能力的不同而缔结多个具有不同争端解决程序的投资条约（常称为第三方条约）；最后，当投资者认为东道国缔结的其他投资条约规定了更优惠的争端解决程序时，就可以依据基础条约中的最惠国条款并入这些更优惠的程序待遇。〔83〕 在本案中 Plama 是根据这一模式就保加利亚的行为提交 ICSID 仲裁：《保塞 BIT》的第 3 条规定了最惠国待遇，第 4 条则规定了争端解决程序，当 Plama 认为《保加利亚—芬兰 BIT》中规定的 ICSID 仲裁的争端解决程序对自己更有利时，便依据最惠国条款援引了该争端解决方式。

〔79〕 同前注，第 209 段。

〔80〕 同前注，第 210 段。

〔81〕 同前注，第 212 段。

〔82〕 同前注，第 227 段。

〔83〕 朱明新：《最惠国待遇条款适用投资争端解决程序的表象与实质——基于条约解释的视角》，载《法商研究》2015 年第 3 期，第 172 页。

因此这里的问题是,如何理解《保塞 BIT》最惠国条款中“待遇”一词的通常含义,该最惠国条款是否可以适用于待遇的所有方面,包括实体范围和争端解决条款,抑或如仲裁庭所裁判的,仅能适用于实体范围而不适用于程序性规定。

BIT 中最惠国条款的约文本身的措辞可以分为四种类型:(1)最惠国条款明确表明可以适用于争端解决机制,如《英国 BIT 范本》;(2)最惠国条款使用了较为笼统的表达方式,如“所有事项”“所有权利”或仅仅使用“待遇”一词概括其所涉及的事项范围,但并未提及是否涉及争端解决程序问题,如《阿根廷—西班牙双边投资协定》[84]第 4 条第 2 款;(3)限制了最惠国条款所适用的范围,但没有明确指明争端解决程序是否包括在此范围之内,如 NAFTA 第 1103 条;(4)最惠国条款明确规定不适用于争端解决程序,如 CAFTA、FTAA 中的规定。[85] 由此可见,正因为在实践中存在大量措辞模糊的条文,最惠国条款能否适用于程序性事项才会有着很大的不确定性,需要在具体案件中根据涉案 BIT 的具体条文、条约的目的与宗旨,以及相关的背景等进行解释与裁判。

在解释最惠国条款时,两项解释工具经常被使用。一是 VCLT 第 31 条确定的解释规则:“条约应依其用语按其上下文并参照条约之目的及宗旨所具有之通常意义,善意解释之。”[86] 二是“同类规则”(ejusdem generis rule),即只有在第三方条约与基础条约规定的事项属于同一个类别,并且该事项本身须与最惠国待遇相关时,方可援用最惠国条款。[87] 但不论运用何种方法,自由裁量的空间给予了各个仲裁员发挥自身专业优势的余地,同时也会因为仲

〔84〕《阿根廷—西班牙 BIT》,英文全称“Agreement between the Argentine Republic and the Kingdom of Spain on the Reciprocal Promotion and Protection of Investments”,1991 年 10 月 3 日签署,1992 年 9 月 28 日生效,阿根廷与西班牙两个缔约方,全文见投资者东道国争端解决法律指南,https://www.investorstatelawguide.com/documents/documents/BIT - 0008% 20 -% 20Argentina - Spain%20(1991)%20%5Benglish%20translation%5D%20UNTS.pdf,2022 年 10 月 10 日访问。

〔85〕刘颖、封筠:《国际投资争端中最惠国待遇条款适用范围的扩展——由实体性问题向程序性问题的转变》,载《法学评论》2013 年第 4 期,第 48 页。

〔86〕联合国网站,https://www.un.org/zh/documents/treaty/ILC - 1969 - 3,2023 年 5 月 8 日访问。

〔87〕赵骏:《论双边投资条约中最惠国待遇条款扩张适用于程序性事项》,载《浙江社会科学》2010 年第 7 期,第 57 页。

裁理念缺乏连贯性和一致性,使得仲裁结果具有很大随意性和不可预测性。[88] 此外,仲裁员的国籍、背景、专业优势、文化认知水平的不同,也会使仲裁裁决的分析和结果有所差异。[89] 例如在 Maffezini 案中,最惠国条款作出了"在受本协议约束的所有事项中,这种待遇不得低于"(In all matters subject to this Agreement, this treatment shall not be less favourable than…)的规定,故仲裁庭按照条文的通常含义认为"所有事项"应当包括争端解决程序性问题。当最惠国条款仅仅使用了"与投资有关的待遇"一语,而没有包括"所有事项""全部事项"等定语时,对该条款适用范围的解释难度就出现了不确定性。没有哪个国际投资条约曾明确定义了"待遇"一词,即使有的话,一些条约也通常只是通过界定或列举与投资有关的活动,进一步对最惠国条款的适用范围作出规定,因此就给"待遇"是否包括与投资有关的程序性规定的解释留下了空白。[90] 本案中的情况也是如此,仲裁庭最终作出了与 Maffezini 案相反的裁决。

通常来说,最惠国条款在国际贸易领域中的适用限于实体范围内,但 2000 年 Maffezini 一案的判决将最惠国条款扩展至争端解决的适用,从而引发了对最惠国待遇适用范围由实体性法律转向程序性法律的考查和探究。在 2004 年的 Siemens v. Argentina 案[91]中,基于与 Maffezini 案同样的思路,ICSID 仲裁庭裁定对该案具有管辖权,重申了最惠国条款可以扩展适用于程序性事项。Gas Natural SDG v. Argentina 案中,仲裁庭认为只要缔约各方在最惠国条款中没有作出明确相反的规定,则均应视为该条款适用于投资争端解决程序,"除非 BIT 的缔约方或特定投资协定的缔约方明确选择了争端解决机制,否则 BIT 中的最惠国条款应被理解为适用于争端解决"[92]。仲裁庭指

---

〔88〕 郭桂环:《论 BIT 中最惠国待遇条款的解释》,载《河北法学》2013 年第 6 期,第 162 页。

〔89〕 师华、崔一:《论最惠国待遇条款在投资争端解决中的适用》,载《山西大学学报(哲学社会科学版)》2012 年第 5 期,第 88 页。

〔90〕 王楠:《最惠国待遇条款在国际投资争端解决事项上的适用问题》,载《河北法学》2010 年第 1 期,第 121 页。

〔91〕 Siemens A. G. v. The Argentina Republic, ICSID Case No. ARB/02/8,管辖权裁决,2004 年 8 月 3 日。

〔92〕 Gas Natural SDG, S. A. v. The Argentine Republic, ICSID Case No. ARB /03/10,管辖权裁决,2005 年 6 月 17 日,第 49 段。

出,“BIT 中关于投资者与东道国间有关国际仲裁的规定是对外国投资者重要的实质性激励和保护,申请人有权根据《阿根廷—西班牙双边投资协议》第 4 条第 2 款,利用《美国—阿根廷双边投资协议》[93] 中的争端解决条款”[94]。在 RosInvest v. Russian 一案的管辖权裁决中,仲裁庭的观点是,如果在某一 BIT 中没有管辖权条款但在相似的另一个 BIT 中存在同意进行投资仲裁的条款,则可以根据 BIT 中的最惠国待遇条款认定在前一 BIT 中国家同样存在同意进行投资仲裁的意思表示,“《英国—苏联双边投资协议》[95] 第 3 条中的最惠国条款适用于根据其他条约提交仲裁”[96],“仲裁庭根据《英国—苏联双边投资协议》第 3 条以及《丹麦—俄罗斯双边投资协议》[97] 第 8 条有关的最惠国条款提交的仲裁申请拥有管辖权”[98]。而本案的仲裁庭则认为最惠国条款不应涉及另一条约中有关争端解决的程序性问题,除非其缔约双方明确表示有此种意图,这样思路的案例也有很多。在 Salini v. Jordan 案中,申请人希望

[93] 《美国—阿根廷双边投资协议》,英文全称“Treaty between United States of America and the Argentine Republic Concerning the Reciprocal Encouragement and Protection of Investment”,1991 年 11 月 14 日签署,1994 年 10 月 20 日生效,美国与阿根廷两个缔约方,全文见联合国贸发会议投资政策中心网站,https://investmentpolicy. unctad. org/international - investment - agreements/treaty - files/127/download,2023 年 5 月 8 日访问。

[94] Gas Natural SDG, S. A. v. The Argentine Republic, ICSID Case No. ARB /03/10,管辖权裁决,2005 年 6 月 17 日,第 31 段。

[95] 《英国—苏联双边投资协议》,英文全称“Agreement between the Government of the United Kingdom of Great Britain and Northern Ireland and the Government of the Union of Soviet Socialist Republics for the Promotion and Reciprocal Protection of Investments”,1989 年 4 月 6 日签署,1991 年 7 月 3 日生效,英国与苏联两个缔约方,全文见联合国贸发会议投资政策中心网站,https://investmentpolicy. unctad. org/international - investment - agreements/treaty - files/2235/download,2023 年 5 月 8 日访问。

[96] RosInvestCo UK Ltd. v. The Russian Federation, SCC Case No. V079 /2005,管辖权裁决,2007 年 10 月,第 135 段。

[97] 《丹麦—俄罗斯双边投资协议》,英文全称“Agreement between the Government of the Kingdom of Denmark and the Government of the Russian Federation concerning the Promotion and Reciprocal Protection of Investments”,1993 年 11 月 4 日签署,1996 年 8 月 26 日生效,丹麦与俄罗斯两个缔约方,全文见联合国贸发会议投资政策中心网站,https://investmentpolicy. unctad. org/international - investment - agreements/treaty - files/1028/download,2023 年 5 月 8 日访问。

[98] RosInvestCo UK Ltd. v. The Russian Federation, SCC Case No. V079 /2005,管辖权裁决,2007 年 10 月,第 I. 2. 段。

根据《意大利—约旦双边投资协议》[99]中的最惠国条款适用《约旦—美国双边投资协议》[100]中的相关条款提起仲裁请求。而仲裁庭认为《意大利—约旦双边投资协议》第3条没有包括将其适用范围扩展至争端解决的规定,“仲裁庭得出结论,就争端解决条款而言,BIT 第3条不适用”[101]。在 Telenor v. Hungary 案中,仲裁庭表示“完全赞同 Plama 案中仲裁庭对一般原则提供的分析和陈述”[102],并得出结论“在本案中,最惠国条款不能用于将仲裁庭的管辖权扩展到征收以外的类别,因为这将推翻匈牙利和挪威签订有关 BIT 的共同意图”[103]。

从这些案例可以看出,最惠国条款能否扩展到程序性事项历来都有不同的观点。如果从最大限度保护投资者利益的角度出发,仲裁庭应考虑同意将最惠国条款在一定条件下适用至争端解决程序性事项。一些观点认为,投资者通过最惠国条款享受的待遇,不应仅局限于实体权利,也应在一定程度上给予获得司法救济等相关的程序性权利。因为司法救济的方式不同,外国投资者所能获得的保护效果就不同。实体权利与程序权利的结合才能最大限度保护投资者的利益。[104] 在一般的 BIT 最惠国条款中,从通常含义来理解“待遇”一词,并没有实体或者程序的区分。无论是实体或是程序,都会影响投资者和投资的“待遇”。本案的仲裁庭主张对最惠国条款的限制解释,关注的重

---

[99] 《意大利—约旦双边投资协议》,英文全称“Agreement between the Government of the Hashemite Kingdom of Jordan and the Government of the Italian Republic on the Promotion and Protection of Investments”,1996年7月21日签署,2000年1月17日生效,2015年1月17日终止,意大利与约旦两个缔约方,全文见联合国贸发会议投资政策中心网站,https://investmentpolicy.unctad.org/international – investment – agreements/treaty – files/3379/download,2023年5月8日访问。

[100] 《约旦—美国双边投资协议》,英文全称“Treaty between the Government of the United States of America and the Government of the Hashemite Kingdom of Jordan Concerning the Encouragement and Reciprocal Protection of Investment With Annex arol Protocol”,1997年7月2日签署,2003年6月12日生效,约旦与美国两个缔约方,全文见联合国贸发会议投资政策中心网站,https://investmentpolicy.unctad.org/international – investment – agreements/treaty – files/1776/download,2023年5月8日访问。

[101] Salini Costruttori S. p. A and Italstrade S. p. A v. The Hashemite Kingdom of Jordan, ICSID Case No. ARB /02/13,管辖权裁决,2005年11月9日,第119段。

[102] Telenor Mobile Communication A. S. v. The Republic of Hungary,ICSID Case No. ARB /04/15,裁决,2006年9月13日,第99段。

[103] 同前注,第100段。

[104] 刘颖、封筠:《国际投资争端中最惠国待遇条款适用范围的扩展——由实体性问题向程序性问题的转变》,载《法学评论》2013年第4期,第48页。

点在于缔约双方的主观意图。有观点认为这种做法无疑忽略了 VCLT 第 31 条的解释规则,没有将法律解释的起点放在条约本身的文本内容上。以缔约方主观意图为标准,会加大解释的混乱,且更加难以形成统一的解释标准。因此,如果缔约方要限制最惠国条款在争端解决上的使用,就应该在文本中作出明确的规定。否则,就应从一般通常含义加以理解,广义地认为争端解决程序也会影响投资者和投资的待遇,而使其适用最惠国条款。[105] 支持将最惠国条款扩张适用于程序性事项的论据集中在以下方面:(1)有关投资者与东道国之间争端解决的程序性权利与投资者的实体性权利紧密相连、相互依存,不可能将二者孤立起来;(2)BIT 中最惠国条款存在的初衷在于消除歧视性待遇,促进全球市场经济竞争,将最惠国待遇扩张适用于程序性事项可以为不同投资者进行公平竞争提供制度性保障;(3)签订 BIT 旨在促进国际投资,良好的争端解决机制是促进国际投资、保护外资的关键因素之一。[106]

而反对的意见主要集中在如下方面:(1)将最惠国待遇用于程序性规定会导致"挑选条约"(treaty shopping),甚至造成 BIT 中某些具体条款的滥用;(2)以东道国身份频繁地被投资者提起仲裁诉讼,加上仲裁本身对于投资者的制度性偏见,不仅会增加东道国的讼累,而且可能会对东道国主权形成不合理的挑战。[107] 如果申请方试图通过最惠国条款将东道国与另一缔约方签订的 BIT 中作出的将争端提交 ICSID 管辖的同意引入到自身的 BIT 中,东道国将面临接受自己从未同意的相关仲裁机构的管辖,这无疑是对东道国意思自治的威胁。[108] 从东道国的角度来看,同意仲裁是一种妥协,一种对主权豁免的放弃。国家在案件中的利益包括确保仲裁庭对国家没有偏见,并且仲裁庭不会逾越国家同意的边界,干涉一国的内部事务。因此,最惠国待遇的适用不

---

[105] 董静然:《最惠国待遇条款与国际投资争端解决程序法律解释研究》,载《国际商务(对外经济贸易大学学报)》2018 年第 5 期,第 135 - 136 页。

[106] 赵骏:《论双边投资条约中最惠国待遇条款扩张适用于程序性事项》,载《浙江社会科学》2010 年第 7 期,第 58 - 59 页。

[107] 同前注,第 58 - 59 页。

[108] 刘颖、封筠:《国际投资争端中最惠国待遇条款适用范围的扩展——由实体性问题向程序性问题的转变》,载《法学评论》2013 年第 4 期,第 47 页。

能创设原本不存在的国家同意,也不能扩展国家同意的范围。[109] 如果对最惠国条款作出程序性事项的扩张解释,那么就会给予投资者在东道国缔约的众多 BIT 中进行“挑选条约”,从而找到一个最大限度符合自身利益的条约,这会给东道国带来巨大的不确定性,东道国无法预知争端将以何种方式得以解决,并面临着要承担高于其在 BIT 中已作出承诺的风险。

具体到本案中,笔者认为重点依然在于如何对所涉最惠国条款进行解释。按照 VCLT 第 31 条的规定,根据约文的通常含义来解释条约中的具体条款,《保塞 BIT》中对于“待遇”一词并没有作出限制或进一步的说明,在这种情况下,笔者至少不反对仲裁庭的意见,即无法如 Maffezini 案一样将“待遇”延伸到包含所有事项。事实上,从现有国际投资条约最惠国条款的各种约文用语中,根本无法找出“待遇”应适用于争端解决事项的“通常含义”。在这种情况下,往往需要借助目的解释的方法[110]。VCLT 第 31 条第 3 款规定:“应与上下文一并考虑者尚有:(a)当事国嗣后所订关于条约之解释或其规定之适用之任何协定;(b)嗣后在条约适用方面确定各当事国对条约解释之协定之任何惯例……”[111] 如果使用这种以后续实践的方式来解释条约,从而更好地了解双方缔约时的真正目的,那么在本案中,虽然并不存在“嗣后所订关于条约之解释”或者“嗣后在条约适用方面”的实践,但是从双方签订《保塞 BIT》的目的和背景以及后续对修订《保塞 BIT》的谈判结果来看,不能得出双方达成了修改原本争端解决条款和程序的合意,因此更不能引申理解为《保塞 BIT》中的最惠国条款能扩展至争端解决程序性事项的意图。

除了依托 VCLT 进行文义解释,“同类规则”也常常被运用来解释最惠国条款。联合国国际法委员会在《1978 年最惠国条款草案及评注》中指出,同类规则得到各国际法庭判例、各国内法院以及外交实践等普遍承认。[112] 如今,虽然该草案报告的背景已经发生变化,但正如联合国国际法委员会在《2015

[109] 乔娇:《论 BIT 中最惠国待遇条款在争端解决上的适用性》,载《上海政法学院学报(法治论丛)》2011 年第 1 期,第 68 页。

[110] 郭桂环:《论 BIT 中最惠国待遇条款的解释》,载《河北法学》2013 年第 6 期,第 162 页。

[111] 联合国网站,https://www.un.org/zh/documents/treaty/ILC-1969-3,2023 年 5 月 8 日访问。

[112] 《1978 年最惠国条款草案及评注》,英文全称“Draft Articles on Most-Favoured-Nation Clauses with Commentaries 1978”,对第 9 条第 1 款的评注,全文见联合国网站,https://legal.un.org/ilc/texts/instruments/english/commentaries/1_3_1978.pdf,2022 年 10 月 10 日访问。

年最惠国条款最终报告》中所述的一样:“最惠国条款的特性依然没变,1978年草案的核心规定仍然是今天解释与适用最惠国条款的基础。”[113] 根据同类规则,最惠国条款能否引入第三方投资条约的条款需要满足两项条件:其一,该引入条款所代表的更优“待遇”属于最惠国条款主题范围;其二,基础条约有一项与该引入条款的主题具有本质同一性的条款,即最惠国条款能“提升”基础条约中已有的条款,但不能创设新权利或待遇。[114] 但针对这种解释,有学者认为,同类规则并不能解决最惠国待遇能否适用于投资争端解决程序的问题。原因如下:首先,根据同类规则,就投资争端解决程序整体上能否适用最惠国待遇的问题,本身就存在争议;其次,就投资争端解决程序中的各具体事项能否适用最惠国待遇的问题,依靠抽象的同类原则更是无法解决。哪些具体的争端解决程序事项可以成为最惠国待遇的适用对象,目前的国际仲裁实践缺乏应有的稳定性、一致性和可预见性。为了消除这种不确定性,唯有承认仅在缔约双方有明确约定的情形下,最惠国待遇才适用于投资争端解决程序。[115] 国际仲裁以明确同意的原则为基础,本案中的仲裁庭就坚持此种态度,认为仲裁条款必须明确无误,成为合同(条约)的一部分。因此,基础条约中的最惠国条款不能以提及方式纳入另一条约中规定的全部或部分争端解决条款,除非基础条约中的最惠国条款明确表明缔约方打算纳入这些条款。

本案的仲裁庭指出,仲裁的基本前提条件是当事人达成仲裁的合意,且该合意必须明确无误。通过最惠国条款援引第三方条约中的争端解决条款来提请 ICSID 仲裁,很容易使人们对仲裁合意的明确性和无误性产生质疑,因此当事国应当将争端解决事项并入最惠国待遇适用范围的意图明确无误地表达出来。[116]

---

[113] 《2015 年最惠国条款最终报告》,英文全称“Most – Favoured – Nation Clause Final Report of the Study Group on the Most – Favoured – Nation Clause 2015”,全文见联合国网站,https://legal.un.org/ilc/texts/instruments/english/reports/1_3_2015.pdf,2022 年 10 月 10 日访问,第 212 段。

[114] 蒋海波:《论投资条约中最惠国条款的多边化作用及限度——基于同类规则适用的实证分析》,载《武大国际法评论》2020 年第 2 期,第 142 – 144 页。

[115] 徐崇利:《从实体到程序:最惠国待遇适用范围之争》,载《法商研究》2007 年第 2 期,第 44 页。

[116] 余劲松:《国际投资条约仲裁中投资者与东道国权益保护平衡问题研究》,载《中国法学》2011 年第 2 期,第 140 页。

有学者分析,同意 ICSID 对争议的管辖权有三种类型:(1)在投资者与东道国之间的直接协议中规定,通常针对特定投资;(2)在东道国国内的立法条款中规定;(3)在投资条约的条款中规定。就国内立法和条约而言,东道国的同意通常单方面地提供给任何符合法律或条约要求的投资者。因此,BIT 通常包含一个争议解决机制,根据该机制,每个国家事先同意 ICSID 对条约另一缔约方国民提交的符合条约要求的仲裁。如果这三种形式的国家同意都没有得到满足,投资者将无法诉诸国际仲裁,即投资者不能使用东道国签订的另一份 BIT 中所载的最惠国条款绕过这种缺乏同意的情况,最惠国条款不能扩大基本条约的国际仲裁权的范围,在没有条约基础条款规定的情况下,不能被用于允许国际仲裁。[117]

在国际投资中,对于仲裁协议还存在许多不同的看法。有观点认为,不同于一般商事仲裁,投资条约仲裁合意建立在"无默契仲裁"理论上。根据该理论,争端解决条款被视为缔约方对该条款规定的投资争端给出仲裁同意,而后投资者提起投资仲裁的行为被视为对该仲裁同意的接受,并由此形成仲裁合意。[118] 因此,国际投资条约中的仲裁协议更像是一种要约,而非如同商事仲裁需要双方达成清楚明确的仲裁协议或仲裁条款。而另外的观点则认为,仲裁协议的实质内容包括仲裁事项和仲裁机构,当仲裁协议约定将争端提交 A 机构仲裁时,B 机构对争端就不享有管辖权。无论是在国内法还是国际法中,有关仲裁的一个基本原则就是争端方对提交仲裁的同意必须是明确的、毫不含糊的。当基础条约中的争端解决条款已经明确地表达出缔约方的真实意图时,再通过措辞含糊的最惠国条款援引第三方条约中的争端解决条款显然是不适当的。最惠国条款不能创设出本不存在的仲裁同意,即在认定缔约方对于最惠国条款能否适用于争端解决问题的真实意图方面,措辞含糊的最惠国条款的适用不应凌驾于 BIT 缔约方通过谈判达成的明确表示其意图的争端

〔117〕 Patrick Dumberry, *The Formation and Identification of Rules of Customary International Law in International Investment Law*, Cambridge University Press, 2016, p. 384.

〔118〕 蒋海波:《论投资条约中最惠国条款的多边化作用及限度——基于同类规则适用的实证分析》,载《武大国际法评论》2020 年第 2 期,第 149 页。

解决条款之上。[119] 如本案所适用的基础条约《保塞 BIT》第 4 条第 4 款明确规定投资者只能就征收补偿数额的争端提起仲裁,为争端解决机制限定了主题,从而排除了对其他事项的仲裁同意。换言之,缔约方同意将其与另一方国民之间发生的有关征收这一特定事项的投资争端提交国际“特设”仲裁法院管辖,而对于其他事项就不存在东道国给予了同意提交仲裁的意思表示,因此不能将最惠国条款引申到其他 BIT 不同主题的争端解决机制中。

为外国投资者创建一个开放、非歧视的法律环境是所有投资条约中最惠国条款的总体目标,而最惠国条款的多边化作用就是为此目标服务的重要机制。因为最惠国条款可以拉平东道国缔结的所有与外国投资待遇保护有关的条约,使东道国与任何第三国达成的投资条约所规定的优惠待遇扩散至受惠国的投资者,从而破除双边主义的藩篱,确保来自不同国家的外国投资者在该东道国内获得平等竞争的机会。[120] 从前,发展中国家在与发达国家的 BIT 谈判中往往有着不平等的地位和不均衡的谈判能力,在许多情况下,发展中国家缔结 BIT 的某些条款来自发达国家的不当压力,这一特征会在一定程度上削弱发展中国家的自主权。相应地,在发达国家(往往是投资者)的倡导下,国际仲裁机构更偏向于注重投资者利益的保护。而随着时代的发展,这些发达国家出现了外商直接投资流入量高于流出量的情况,即发达国家作为东道国的情况越来越常见,因此这些国家也不得不从维护东道国利益的角度考虑,开始限制对最惠国条款的解释,故国际仲裁条约和仲裁机构等开始更多地注重投资者和东道国之间利益的平衡。这是各方利益相互博弈的动态过程,因而对最惠国条款的解释也会一直存在变化和发展。

三、结语

本案重点讨论了最惠国待遇在争端解决程序当中的适用这一法律问题。虽然对于最惠国条款能否适用于争端解决的程序性事项,在学术界和实务界

---

〔119〕 王楠:《最惠国待遇条款在国际投资争端解决事项上的适用问题》,载《河北法学》2010 年第 1 期,第 123 页。

〔120〕 蒋海波:《论投资条约中最惠国条款的多边化作用及限度——基于同类规则适用的实证分析》,载《武大国际法评论》2020 年第 2 期,第 142 页。

的各种观点和裁决莫衷一是，但是回到本案中，在具体的语境下，从约文的通常含义、条约签订的目的以及嗣后修订的背景来看，笔者同意仲裁庭的观点：除非另有明确的积极适用规定，《保塞 BIT》中的最惠国条款不可适用于争端解决程序。

第十三章　Phoenix 诉捷克共和国案
（Phoenix v. the Czech Republic）

赵彦婷

一、案件事实概述

（一）概述[1]

本案的案件事实梳理下图 13－1、图 13－2 所示。

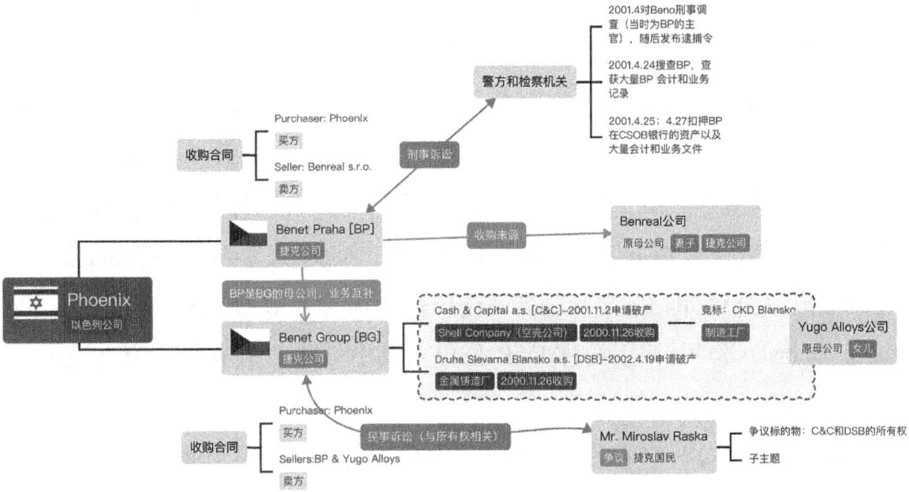

图 13－1　案件事实梳理

[1] 本案案件编号为 ARB/06/5，事实概述主要来源于 ICSID 官网，https://icsid.worldbank.org/cases/case－database/case－detail? CaseNo＝ARB/06/5，2023 年 3 月 5 日访问。

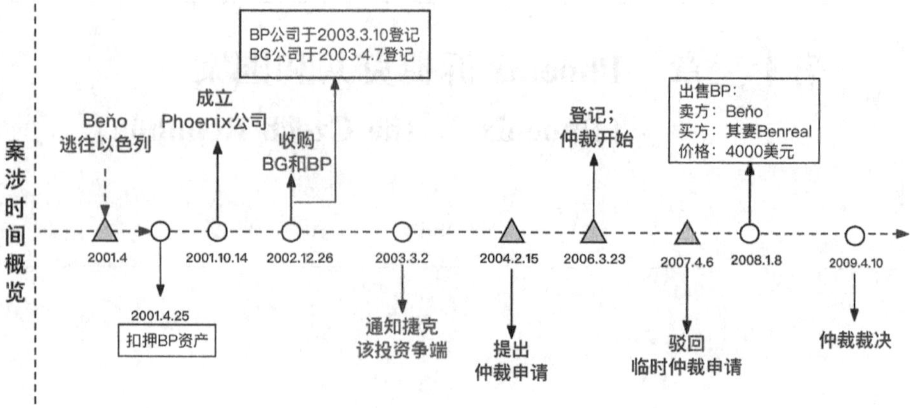

图 13-2　案件相关时间轴

本案申请方 Phoenix Action Ltd.(以下简称 Phoenix 公司)是由前捷克国民 Mr. Vladimír Beňo(以下简称 Beňo)依照以色列法律成立的公司,2001 年 10 月 14 日在以色列登记,营业地为 50 Dizeongoff Street,Tel Aviv(特拉维夫,以色列第二大城市)。2002 年 12 月 26 日,Phoenix 公司与 Benreal 股份有限公司签订股份转让合同收购了 Benet Praha 公司(以下简称 BP 公司),与 BP 公司以及 Yugo Alloys 股份有限公司签订股份购买合同收购了 Benet Group 公司(以下简称 BG 公司),分别于 2003 年 3 月 10 日以及 4 月 10 日登记为 Phoenix 公司所有。BP 和 BG 这两家公司业务具有互补性,此外,BP 与 BG 公司的原所有人分别是 Beňo 的妻子与女儿。(如图 13-1 所示)BG 公司拥有两家捷克公司,即 Cash & Cash 公司(以下简称 C & C 公司)和 Druha Slevarna Blansko 公司(以下简称 DSB 公司),其中 C & C 公司是一家空壳公司,DSB 公司是一家金属铸造厂。

Phoenix 公司在收购两家公司时,BP 公司与 BG 公司均处于诉讼阶段,其中 BP 公司正与警方和检察机关就公司银行账户资金冻结以及公司大量会计和业务文件扣押纠纷进行诉讼。该诉讼的起因是 2001 年 4 月检方怀疑当时 BP 公司的主管 Beňo 涉嫌逃漏关税与所得税欺诈,对其展开刑事调查。之后捷克警方对 Beňo 发布逮捕令,依法将其拘留,但是 Beňo 逃脱了警方的追捕并逃往以色列。2001 年 4 月 24 日,作为 Beňo 刑事调查的一部分,捷克警方搜查 BP 公司,并查获了大量的会计和业务文件。2001 年 4 月 25 日和 2001

年 4 月 27 日,警方确定 BP 公司的资金属于犯罪活动(逃税)的收益,经布拉格检察院批准,冻结了 BP 公司在捷克银行(Ceskoslovenska Obchodni Banka A. S. ,CSOB,曾用名为捷克斯洛伐克贸易银行)的所有资产并且扣押了公司的大量会计和业务文件。[2] BG 公司与捷克公民 Mr. Miroslav Raška(以下简称 Raška)就收购 C&C 公司和 DSB 公司相关事项进行民事诉讼。BG 公司于 2001 年 11 月 2 日向布拉格市法院提交针对 C&C 公司的破产申请,并于 2002 年 4 月 19 日向赫拉德茨克拉洛韦地区法院(Hradec Králové,捷克的一座城市)提交针对 DSB 公司的破产申请。BG 公司和 Raška 都声称是这两家破产公司的真正所有者。[3] 本案的关键时间点如图 2 所示。

2003 年 3 月 2 日,申请方通知(inform)被申请方捷克共和国(以下简称捷克),其司法机构对 BP 公司的资产冻结、文件扣押和对 BG 公司的"拒绝司法"行为存在投资争端。2004 年 2 月 15 日申请方依据《捷克共和国与以色列双边投资协定》[4](以下简称捷以 BIT)以投资人身份将 BP 公司及 BG 公司的有关争端提交至国际投资争端解决中心(International Center for Settlement of Investment Disputes,ICSID)进行仲裁。申请方请求确认被申请方捷克违反《捷以 BIT》第 5 条关于征收[5]的规定,并宣布捷克有义务对申请方因被申

---

[2] Phoenix Action, Ltd. v. The Czech Republic, ICSID Case No. ARB/06/5, 管辖权裁决,2009 年 4 月 15 日,第 32 - 33 段。

[3] 同前注,第 31 段。

[4] 《捷克共和国与以色列双边投资协定》,英文全称"Agreement between the Government of the Czech Republic and the Government of the State of Israel for the Reciprocal Promotion and Protection of Investments", 1997 年 7 月 23 日签署, and entered into force on Mar. 16,1999, https://edit.wti.org/app.php/document/show/a7dad6e8 - 717e - 42fc - b90e - 67491a72414a。

[5] 《捷克共和国与以色列双边投资协定》第 5 条 Expropriation(征收):1. Investments of investors of either Contracting Party shall not be nationalized, expropriated or subjected to measures having effect equivalent to nationalization or expropriation (hereinafter: "expropriation") in the territory of the other Contracting Party, except for a public purpose related to the internal needs of that Contracting Party on a non - discriminatory basis under due process of law and against prompt, adequate and effective compensation. Such compensation shall amount to the market value of the investment expropriated immediately before the expropriation or before the impending expropriation became public knowledge, whichever is the earlier, shall include interest until the date of payment, shall be made without delay, be effectively realizable and be freely transferable in a freely convertible currency. 2. The investors affected shall have a right, under the law of the Contracting Party making the expropriation, to prompt review, by a judicial or other independent authority of that Contracting Party, of his or its case and of the valuation of his or its investment in accordance with the principles set out in this Article。

请方违反规定而遭受的伤害和损失进行赔偿。

2006年3月23日,ICSID秘书处根据《解决国家与他国国民间投资争端公约》(Convention on the Settlement of Investment Disputes Between States and Nationals of Other States,以下简称《华盛顿公约》)第36条第(3)款进行登记。同日,秘书长将登记通知当事方,并请他们根据《ICSID仲裁规则》第6条、第7条组建仲裁庭。2007年1月8日,仲裁庭正式组成。在仲裁过程中,申请方于2008年1月8日将BP公司出售,通过Benreal股份有限公司间接归其妻子所有。[6] 2009年4月15日,仲裁庭发布最终裁决[7]。仲裁庭裁定:(1)申请方声称的投资不符合《华盛顿公约》和《捷以BIT》定义的范围,因不存在受保护的投资,仲裁庭无须处理被告提出的其他异议,即仲裁庭对于申请方的请求缺乏管辖权。(2)申请方承担所有ICSID费用(仲裁庭成员和秘书处的费用和开支,不包括住宿费)USD356,000.00;申请方向被申请方支付USD196,000.00;考虑诉讼程序的进程,被申请方的法律费用和开支并不合理,申请方应承担此类费用合计CZK21,417,199.13。[8]

(二)所涉法律问题

根据《华盛顿公约》第25条[9]的规定:"1.中心的管辖适用于缔约方(或

---

〔6〕 Phoenix Action, Ltd. v. The Czech Republic, ICSID Case No. ARB/06/5, 管辖权裁决,2009年4月15日,第26段。

〔7〕 同前注。

〔8〕 同前注,第148-152段。

〔9〕 Article 25:(1) The jurisdiction of the Centre shall extend to any legal dispute arising directly out of an investment, between a Contracting State (or any constituent subdivision or agency of a Contracting State designated to the Centre by that State) and a national of another Contracting State, which the parties to the dispute consent in writing to submit to the Centre. When the parties have given their consent, no party may withdraw its consent unilaterally. (2) "National of another Contracting State" means:(a) any natural person who had the nationality of a Contracting State other than the State party to the dispute on the date on which the parties consented to submit such dispute to conciliation or arbitration as well as on the date on which the request was registered pursuant to paragraph (3) of Article 28 or paragraph (3) of Article 36, but does not include any person who on either date also had the nationality of the Contracting State party to the dispute; and (b) any juridical person which had the nationality of a Contracting State other than the State party to the dispute on the date on which the parties consented to submit such dispute to conciliation or arbitration and any juridical

缔约方指派到中心的该国的任何组成部门或机构)和另一缔约方国民之间直接因投资而产生的任何法律争端,而该项争端经双方书面同意提交给中心。当双方表示同意后,任何一方不得单方面撤销其同意。"ICSID 享有管辖权的前提有五项:(1)有法律争端;(2)争端直接由基础经济活动产生;(3)该经济活动是一项投资;(4)该投资发生在缔约方和另一缔约方国民之间;(5)双方合意。虽然公约并未对"投资"进行具体界定,但是在许多案例中可以看到仲裁庭尝试阐明投资的定义。[10]本案中仲裁庭将管辖权归纳为四个要件:第一,属人管辖权(ratione personae),针对缔约方和另一缔约方的国民;第二,属物管辖权(ratione materiae),必须是直接由投资引起的法律争议;第三,双方合意(ratione voluntatis,consent),缔约方和投资者必须书面同意通过 ICSID 解决争端;第四,属时管辖权(ratione temporis),《华盛顿公约》必须在相关时间内适用。[11]

本案仲裁庭对于"投资人"的认定,即属人管辖权较为明确。国际司法机构一般会采用成立地标准和所在地标准来判断法人的国籍。根据《捷以 BIT》,本案申请方于 2001 年 10 月 14 日在以色列登记,并且在其境内特拉维夫有其永久营业地,属于以色列投资人。[12]在达成合意方面亦不存在争议,捷克在签订双边协定时视为同意,而申请方提交仲裁即为同意。[13]因此,本案的主要争议点在于属时管辖和属物管辖的认定,即案件所涉"投资"的时间点如

person which had the nationality of the Contracting State party to the dispute on that date and which, because of foreign control, the parties have agreed should be treated as a national of another Contracting State for the purposes of this Convention. (3) Consent by a constituent subdivision or agency of a Contracting State shall require the approval of that State unless that State notifies the Centre that no such approval is required. (4) Any Contracting State may, at the time of ratification, acceptance or approval of this Convention or at any time thereafter, notify the Centre of the class or classes of disputes which it would or would not consider submitting to the jurisdiction of the Centre. The Secretary - General shall forthwith transmit such notification to all Contracting States. Such notification shall not constitute the consent required by paragraph (1).

〔10〕 Alex Grabowski, *The Definition of Investment under the ICSID Convention: A Defense of Salini*, Chicago Journal of International Law, Vol. 15:9, p. 287, 295.

〔11〕 Phoenix Action, Ltd. v. The Czech Republic, ICSID Case No. ARB/06/5, 管辖权裁决, 2009 年 4 月 15 日, 第 54 段。

〔12〕 同前注, 第 65 段。

〔13〕 同前注, 第 66 段。

何认定？本案相关经济活动是否符合“投资”的定义？是否属于“直接产生于投资的法律争端”(any legal disputes arising directly out of an investment)？

根据以上内容,笔者将争端双方争议的主要问题归纳为以下三项进行分析:(1)关于仲裁庭属时管辖权的认定;(2)对投资定义的解释,其中涉及国际公约与双边投资协定(以下简称 BIT)之间的关系,此处运用《维也纳条约法公约》(Vienna Convention on the Law of Treaties,VCLT)[14]解释规则和国际法一般原则在分析投资定义时的具体适用;(3)关于本案仲裁庭属物管辖权的认定,对于“Salini Test”的适用与创新。

二、对法律问题的分析及评论

(一)关于仲裁庭属时管辖的认定

1. 当事方与仲裁庭的意见及法律依据

(1)涉及的法律条文及其解释

根据《华盛顿公约》第 32 条[15]、第 41 条规定,仲裁庭可以将管辖权异议作为先决问题处理,或者将其并入争端事实问题部分之后一并处理。

属时管辖的内涵在国内外法学中没有统一定论,根据《罗马规约》第 11 条和美国关于公益诉讼司法管辖的规定,可定义为对何时产生的争议具有管辖权,是投资仲裁庭在裁定过程中关注的对象。[16]

(2)被引用的案例及理由

引用根据《北美自由贸易协定》(North American Free Trade Agreement, NAFTA)设立的仲裁庭在 Gami Inv. v. The Government of the United Mexican

---

[14] 《维也纳条约法公约》,联合国条约法会议 1969 年 5 月 23 日通过并开放给各国签字、批准和加入,按照第 84 条第 1 款规定,于 1980 年 1 月 27 日生效,全文见联合国官方网站,https://www.un.org/zh/node/182129。

[15] 《解决国家与他国国民间投资争端公约》第 32 条规定:1. 委员会应是其本身权限的决定人。2. 争端一方提出的反对意见,认为该争端不属于中心的管辖范围,或因其他原因不属于委员会权限范围,委员会应加以考虑,并决定是否将其作为先决问题处理,或与该争端的实体问题一并处理。

[16] 孙颖:《论国际投资仲裁中的属时管辖争议及处理原则——以国际投资协定时效条款适用为视角》,载《国际商务研究》2021 年第 3 期,第 65 – 76 页。

States 案[17](以下简称 Gami 案)中的分析,"NAFTA 仲裁员无权评估外国人投资决定之前的行为"。[18]

引用联合国国际贸易法委员会(United Nations Commission on International Trade Law, UNCITRAL)仲裁庭在 Société Générale v. Dominican Republic 案[19]中的分析,"……仲裁庭对于申请方投资之前的行为缺乏管辖权"。

(3)各方意见以及仲裁庭法律推理过程

被申请方捷克的主张如下:仲裁庭的职权范围仅限于捷克对 Phoenix 公司在"投资"(2006 年 12 月 26 日)之后的作为与不作为。同时,捷克认为争议的行为只能认为是收购之前行为的逻辑延伸(a logical extension),因此对于本案收购之后所受争议的行为应当适用相同处理方式得出同样的结论,即缺乏管辖权。[20] 对于投资生效之后实施的行为导致的"拒绝司法"(denial of justice)的主张,由于捷克法院尚未作出最终判决,Phoenix 公司并未用尽当地救济,所以仲裁庭也缺乏管辖权。[21] 因此,申请方认为仲裁庭对于 BP 和 BG 这两家捷克公司在被 Phoenix 公司收购之前所实施的行为缺乏属时管辖。

而申请方 Phoenix 公司的主张主要包括以下内容:其申请主张确发生在投资(2002 年 12 月 26 日)之后,捷克法院的所有权诉讼因为裁决不合理以及存在时间拖延违反了《捷以 BIT》;其并非主张资金冻结和文件扣押本身违反了《捷以 BIT》,而是主张在投资后近 5 年内未能终止资金冻结和文件扣押,在此期间,继续冻结和扣押的正当理由已经过期,违反了《捷以 BIT》;并非主张海关评估、税务评估本身违反了《捷以 BIT》,而是捷克要求 BP 公司 2002 年 12 月之后在没有商业记录的情况下对这些评估做出回应,从而违反了《捷以

[17] Gami Inv., Inc. v. The Government of the United Mexican States, UNCITRAL - NAFTA, 最终裁决,2004 年 11 月 15 日,第 93 段。

[18] Phoenix Action, Ltd. v. The Czech Republic, ICSID Case No. ARB/06/5, 管辖权裁决,2009 年 4 月 15 日,第 69 段。

[19] Société Générale v. Dominican Republic, UNCITRAL, LCIA Case No. UN7927 (France - Dominican Republic BIT), 对管辖权的初步异议,2008 年 8 月 19 日,第 110 段。

[20] Phoenix Action, Ltd. v. The Czech Republic, ICSID Case No. ARB/06/5, 管辖权裁决,2009 年 4 月 15 日,第 36 段。

[21] 同前注,第 37 段。

BIT》。[22] 对于当地补救措施,申请方认为其不具有管辖权性质,而是基于案情的抗辩。申请方认为当主张与不作为或者拒接司法的行为有关时,就不再考虑用尽当地补救措施。[23]

仲裁庭分析如下:其属时管辖权是有限的,仅对所受保护的"投资"之后发生的作为和不作为进行判断。《捷以 BIT》仅在 Phoenix 公司"投资"捷克之后适用,因为双边协定规定的东道国义务都与另一缔约方国民投资行为有关。本案"投资"时间点为 2002 年 12 月 26 日,在这之前产生的主张,由于东道国无须承担《捷以 BIT》中的义务,因此仲裁庭对于 2002 年 12 月 26 日之前发生的作为或不作为缺乏属时管辖权。[24] 此外,仲裁庭引用 Gami 案等案件中的分析,表明其他仲裁庭仅限于对投资者投资行为发生之后东道国的作为和不作为有属时管辖权。[25] 同理,仲裁庭对 2008 年 1 月 8 日 Phoenix 公司将 BP 公司和 BG 公司出售后的行为缺乏管辖权。[26] 综上,仲裁庭对东道国在 2002 年 12 月 26 日之前以及 2008 年 1 月 8 日之后发生的作为或不作为缺乏属时管辖权。

2. 对各方意见的评析

在管辖权的要求中,属时管辖同"双方合意"要件、"属人管辖"一样容易得出结论,仲裁庭仅对职权范围内的内容作出判断。在此类案件中,需要关注投资发生的时间点。本案对于属时管辖的认定分析较为明确,使用的篇幅也较少。一般来说,对于时间的认定具有客观性,仲裁庭的责任仅在确认争端发生时投资人是否具备当事人资格,不会另加讨论当事人的主观认知。在国际仲裁争端中,《华盛顿公约》对于属时管辖没有进行明确规定,仅是对投资人所需满足的国籍时间进行限定。对于"投资"定义的空白也使得属时管辖的内容较为模糊,相关争议越来越复杂,比如对于争端产生的时间点存在争议,如 BIT 中约定争端"产生"之后可适用仲裁条款,"产生"的节点是指在 BIT 生效后产生的争端还是具有溯及力;如部分 BIT 中规定"用尽当地救济",那么

---

〔22〕 同前注,第 48 段。

〔23〕 同前注,第 49 段。

〔24〕 同前注,第 67 - 68 段。

〔25〕 同前注,第 69 段。

〔26〕 同前注,第 70 段。

启动争端解决程序是否可视为争端产生;BIT 的生效时间、失效时间等也与属时管辖的认定密不可分。

一般来说,根据 VCLT 第 28 条关于溯及力的一般规定,条约通常仅对其生效后的争议具有管辖权。但是如果 BIT 中存在溯及力条款,则会影响管辖权的认定,扩大时效范围。随着我国"一带一路"的发展,BIT 的研究分析对于我国的经济贸易发展有着重要意义,我国采用不溯及既往的原则,应当注重条约中对于时效条款的表述,完善时效条款的内容。

虽然本案仲裁庭认为其缺乏属时管辖权,但是进一步用更长的篇幅对属物管辖进行论证,分析本案是否构成"权利滥用"。

(二)对投资定义的解释:国际公约、双边协定、一般法律原则

1. 当事人的意见

(1)申请方认为《华盛顿公约》未对投资进行定义,目的是给当事方自由裁量权。申请方认为本案不适用于 Salini Test,因为对于《华盛顿公约》投资的定义引入了"非文本管辖权限制"(non - textual jurisdiction limitations)。但是同时又坚持认为在其他事件中可以适用与该测试不同的标准。[27]

(2)被申请方认为《华盛顿公约》中关于"投资"的定义独立于《捷以BIT》。同时,在确定投资时可以适用 Salini Test 作为参考,不适用于与该测试不同的标准。[28]

2. 仲裁庭的意见及法律依据

(1)涉及的法律条文及其解释

《华盛顿公约》中并没有对投资进行定义,本案仲裁庭在对"投资"进行定义之前,对《华盛顿公约》与《捷以 BIT》的具体内容进行了分析。在解释过程中,运用了 VCLT 第 31 条的习惯解释规则和国际法的一般原则。[29]

在先前案件中,仲裁庭判断何为《华盛顿公约》第 25 条项下"直接产生于投资的法律争端"(any legal disputes arising directly out of an investment)时产

---

〔27〕 同前注,第 81 - 82 段。

〔28〕 同前注。

〔29〕 同前注,第 75 段。

生了两种不同的解释方法:客观主义方法和主观主义方法。客观主义的解释方法认为,投资内含某些基本的特征或要素,这些特征或要素为仲裁庭判断投资存在与否提供了确定的标准。换言之,客观主义方法实际上对投资设定了一些条件,一定程度上限制了投资的范围,事实上是一种限制解释的方法。主观主义的解释方法则对投资定义作宽泛的广义解释,即只要存在投资特征的经济活动都可以构成《华盛顿公约》项下的投资,而投资特征的具体内容则完全由仲裁庭自由裁量。[30]

《捷以 BIT》第 1 条第 1 款[31]规定:"本协议中,'投资'一词应包括缔约一方的投资者根据缔约另一方的法律和法规在缔约另一国境内投资的与经济活动有关的任何资产,尤其包括但不限于:

a)动产和不动产,以及与各类资产有关的任何其他物权,如抵押、留置权、质押权和类似权利;

b)来自公司股份、债券和其他权益的权利;

c)对与投资相关的具有经济价值的金钱或任何业绩的主张;

d)知识产权,包括版权、商标、专利、工业设计、技术流程、专有技术和商业秘密,与投资相关的商品名称和商誉;

e)法律或合同授予的商业特许权,包括寻找、培育、开采或开发自然资源的特许权。"

(2)被引用的案例及理由

在解释投资的定义时引用以下案例:Malaysian Historical Salvors Sdn,

---

〔30〕 王璐:《投资定义问题再探讨——基于 ICSID 仲裁新实践的分析》,载《国际经济法学刊》2011 年第 4 期,第 205 – 219 页。

〔31〕 《捷克共和国与以色列双边投资协定》第 1 条:For the purposes of the present Agreement: 1. The term "investments" shall comprise any kind of assets invested in connection with economic activities by an investor of one Contracting Party in the territory of the other Contracting Party in accordance with the laws and regulations of the latter and shall include, in particular, though not exclusively: (a) Movable and immovable property, as well as any other rights in rem in respect of every kind of asset such as mortgages, liens, pledges and similar rights; (b) Rights derived from shares, bonds and other kind, of interests in companies; (c) Claims to money or to any performance having an economic value associated with an investment; (d) Intellectual property rights, including copyrights, trademarks, patents, industrial designs, technical processes, know – how, trade secrets, trade names and goodwill associated with an investment; (e) Business concessions conferred by law or under contract, including concessions to search for, cultivate, extract or exploit natural resources。

Bhd v. Malaysia 案(以下简称 Malaysia 案)[32]中的"双轨原则"(double - barrelled test),"如果合同符合双边协定的'投资'定义但是不符合《华盛顿公约》第 25 条对于'投资'的定义,将不足以支撑仲裁庭的管辖权"。

在分析投资相关的标准时引用以下案例:Biwater gauff (Tanzania) Ltd. v. United Republic of Ranzania 案(以下简称 Biwater 案)[33]中,认为对于《华盛顿公约》第 25 条不能作广义解释。

对于投资符合东道国法律引用以下案例:①Plama 案[34]中,虽然《能源宪章条约》(Energy Charter Treaty)没有明确规定投资应当符合特定的法律,但是这并不意味着《能源宪章条约》提供的保护包括违反国内法或国际法的投资。仲裁庭得出结论,《能源宪章条约》的实质性保护不适用于违反法律的投资。②Fraport v. The Philippines 案[35]中,投资需要符合菲律宾法律,而 Fraport 违反菲律宾《反傀儡法》(Anti - Dummy Law),故仲裁庭缺乏管辖权。

对于投资应当遵循诚信原则引用以下案例:①Amco Asia Corporation et al v. Indonesia 案[36](以下简称 Indonesia 案),"任何公约,包括仲裁公约,都应当遵循诚信原则进行解释。"②Inceysa v. El Salvador 案[37](以下简称 Inceysa 案)中,仲裁庭提到的一般法律原则中包括诚信原则,仲裁庭在分析中首先认定 Inceysa 违反诚信原则,因此违反 El Salvador 法律,其次仲裁庭补充"违反国家诚信原则也是违反国际公共政策"的观点。[38] ③Plama 案中,也采用了这种"违反国家诚信原则也同时是对国际公共政策的违反"的观点,仲裁

---

[32] Malaysian Historical Salvors Sdn,Bhd v. Malaysia,ICSID Case No. ARB/05/10, 裁决,2007 年 5 月 28 日,第 55 段;Mihaly International Corporation v. Sri Lanka, ICSID Case No. ARB/00/2,裁决,2002 年 3 月 15 日,第 24 段。

[33] Biwater Gauff (Tanzania) Ltd. v. United Republic of Tanzania,ICSID Case No. ARB/05/22 (UK/Tanzania BIT),裁决,2008 年 7 月 24 日,第 308 段。

[34] Plama Consortium Limited v. Bulgaria,ICSID Case No. ARB/03/24 (Energy Charter Treaty), 裁决,2008 年 8 月 27 日,第 139 - 139 段。

[35] Fraport AG Frankfurt Airport Services Worldwide v. Republic of the Philippines,ICSID Case No. ARB/03/25 (Germany/Philippines BIT), 裁决,2007 年 8 月 16 日,第 306、323 段。

[36] Amco Asia Corporation et al. v. Indonesia, ICSID Case No. ARB/81/1, 管辖权决定,1983 年 8 月 25 日,第 14 段。

[37] Inceysa Vallisoletana,S. L. v. Republic of El Salvador,ICSID Case No. ARB/03/26, 裁决,2006 年 8 月 2 日,第 230 段。

[38] 同前注,第 243、249 段。

庭裁定,“该投资是通过违反保加利亚法律的欺诈手段进行的,违反了国际公共政策的基本概念……因此仲裁庭裁定,申请方的行为违反诚信原则,该原则不仅是保加利亚法律的一部分,也是国际法的一部分”[39]。④World Duty Free Company Limited 案[40]中,仲裁庭认为为了获得合同而向东道国总统行贿这一腐败行为违反了国内法律原则和国际公共政策。

(3)法律推理过程

仲裁庭沿用 Malaysia 案中[41]仲裁庭所建立的双轨原则,认为投资须同时符合《华盛顿公约》和 BIT 所包含的投资定义,属于两者的交集。[42] 接着仲裁庭进一步讨论《华盛顿公约》和 BIT 适用的解释规则,对于两者的解释应符合国际法,具体体现在 VCLT 中的习惯解释规则和国际法的一般原则的适用。[43] 上诉机构在 US – Gasoline(美国汽油案)中指出,VCLT 中标题为“解释通则”的第 31 条,已获得习惯国际法或普通国际法的地位,因此它已是“解释国际公法的习惯规则”。[44] 仲裁庭指出在分析这两者的具体内容时,也应当考虑一般法律原则,例如 VCLT 中所提及的不溯及既往原则(the principle of non – retroactivity)和诚信原则(the principle of good faith)。一般法律原则在世界贸易组织也有所体现,如 Jost Pauwelyn[45]所述,“国家在其条约关系中,可以脱离一般国际法的一项、多项或理论上的所有规则(强制法规则除外),但它们不能脱离国际法体系”。仲裁庭在美国汽油案中也指出,对于总协定的解读不能脱离国际法。[46] 仲裁庭认为国际投资中也无法脱离国际法

〔39〕 Plama Consortium Limited v. Bulgaria, ICSID Case No. ARB/03/24 (Energy Charter Treaty), 裁决,2008 年 8 月 27 日,第 133 – 134 段。

〔40〕 World Duty Free Company Limited v. The Republic of Kenya, ICSID Case No. ARB/00/7, 裁决, 2006 年 10 月 4 日,第 148、157 段。

〔41〕 Malaysian Historical Salvors Sdn, Bhd v. Malaysia, ICSID Case No. ARB/05/10, 裁决,2007 年 5 月 28 日,第 55 段。

〔42〕 Phoenix Action, Ltd. v. The Czech Republic, ICSID Case No. ARB/06/5, 管辖权裁决,2009 年 4 月 15 日,第 74 段。

〔43〕 同前注,第 75 – 76 段。

〔44〕 United States – Standards for Refornulated and Conventional Gasoline, 上诉机构报告,世贸组织文件第 WT/DS2/AB/R 号,1996 年 4 月 29 日通过,第 29 – 30 页。

〔45〕 Jost Pauwelyn, *Role of Public International Law in the WTO Law*, AJIL, p. 539(2001).

〔46〕 United States – Standards for Refornulated and Conventional Gasoline, 上诉机构报告,世贸组织文件第 WT/DS2/AB/R 号,1996 年 4 月 29 日通过,第 18 页。

及一般法律原则进行解读。同时举了较为极端的例子,即ICSID 不保护违反人权的投资,如实施酷刑或种族灭绝或支持奴役或贩运人体器官而进行的投资。〔47〕 因此,仲裁庭依据 VCLT 第 31 条解释规则以及国际法一般原则,分别对《华盛顿公约》和 BIT 具体条款进行解释。

根据 VCLT 第 31 条解释规则的一般解释顺序,首先分析投资的通常含义。一般来说,对于投资的认定依赖其通常含义即可。当经济活动的性质不太明显或者具有不同的组成部分导致投资较难确定时,ICSID 判例法制定了各种标准来识别投资概念的相关要素。但是在少数情况下,通常含义可能会不足以发现表面上是投资但实际不属于应受保护的投资,当对受保护的投资存在与否有所疑问时,仲裁庭就需要对这一"投资"进行上下文分析,考虑对于投资的国际保护目的(无论是 ICSID 的特定目的还是国际法保护的一般目的)。〔48〕 据此仲裁庭将按以下顺序分析:首先,仲裁庭对于《华盛顿公约》的投资概念按照通常含义、上下文、目的宗旨的顺序进行解释。其次,对《捷以 BIT》的投资概念按照通常含义和目的宗旨的顺序进行解释。最后,仲裁庭根据国际法的一般原则对两者关于投资的定义进行解释。(如表 13 - 1 所示)

表 13 - 1

解释规则	The ICSID convention	《捷以 BIT》
VCLT 解释规则 Ordinary meaning(通常含义)	可适用 Salini Test,但需要进行补充	不能与《华盛顿公约》定义相抵触,可以确认或限制,但是不能扩大解释〔49〕

〔47〕 Phoenix Action, Ltd. v. The Czech Republic,ICSID Case No. ARB/06/5, 管辖权裁决,2009 年 4 月 15 日,第 75 - 78 段。

〔48〕 同前注,第 79 段。

〔49〕 同前注,第 96 段。

续表

解释规则	The ICSID convention	《捷以 BIT》
VCLT 解释规则 Purpose（目的宗旨）	为了鼓励和保护促进东道国经济的国际投资（而不是国家投资）；保护以发展经济活动为目的的投资	促进国际投资的流动[50]，《捷以 BIT》的签订是为了加强经济合作，使两国互惠互利
The general principles of international law（国际法的一般原则）	必须符合东道国法律，必须是善意的投资（bona fide investments）。国际投资保护的是合法、善意的投资[51]	

如前文所述，《华盛顿公约》第 25 条并未对"投资"作出定义，对于定义的留白，仲裁庭认为这并不是自由裁量权的体现，相反，对于投资的认定有确定的标准，当事方无法自由决定投资的种类。而本案仲裁庭认同 Salini Test 中确立的标准，但是应当结合案件情况进行补充。[52]

对于两者的关系，本案仲裁庭认为，BIT 的具体规定不能与《华盛顿公约》相抵触，也就是说，BIT 可以对《华盛顿公约》进行确认或者限制，但不能为了寻求 ICSID 救济而对《华盛顿公约》进行扩大解释。《华盛顿公约》属于多边协定，而 BIT 属于双边协定，BIT 对于投资的定义应当在《华盛顿公约》对投资定义的范围之内。[53]《捷以 BIT》第 10 条规定："'投资'一词包括……在另一缔约方领土进行相关经济活动应当符合当地的法律和法规……"这项规定表明投资需要符合东道国法律。这一定义是否为《华盛顿公约》投资概念的限制解释，或者仅仅是从 ICSID 仲裁中受益的投资所需要

[50] 《捷克共和国与以色列双边投资协定》的序言部分：The Government of the Czech Republic and the Government of the State of Israel (hereinafter the "Contracting Parties"), DESIRING to intensify economic cooperation to the mutual benefit of both countries, INTENDING to create favorable conditions for greater investments by investors of either Contracting Party in the territory of the other Contracting Party, And RECOGNIZING that the reciprocal promotion and protection of investments on the basis of the present Agreement will be conducive to the stimulation of individual business initiative and will increase prosperity in both States.

[51] Phoenix Action, Ltd. v. The Czech Republic, ICSID Case No. ARB/06/5，管辖权裁决，2009 年 4 月 15 日，第 100 段。

[52] 同前注，第 82 段。

[53] 同前注，第 96 段。

的要素之一的描述。[54] 对于这一问题,仲裁庭从国际法的一般原则进行回答。引用 Plama 案中的分析,该案仲裁庭认为即使《能源宪章条约》中没有明文规定投资应当“符合法律”,但是这并不意味着《能源宪章条约》提供的保护包括违反国内法或国际法的投资,而本案中《捷以 BIT》第 10 条明文规定了投资应当“符合东道国的法律”。[55]

仲裁庭认为应当保护的是合法、善意的投资。[56] 此处仲裁庭引用国际法一般原则中的诚信原则。诚信原则目前已被国际公法普遍承认为一项国际法一般原则。滥用程序原则也有所体现。[57] 仲裁庭引用劳特派特的相关表述,即“任何一种权利,无论其确立得多么完善,在某些情况下都不能以其被滥用为由拒绝承认”。[58] “禁止滥用权利”同样是一项基本法律原则,得到国际法理论和实践的支持。诚信原则不仅是一项一般法律原则[59],还是一项习惯国际法原则,[60]在国际法中有着牢不可破的基础地位。因此,对于《华盛顿公约》和 BIT 的解释也应当遵循诚信原则。仲裁庭还指出,诚信原则就像是双面人(Janus concept[61]),一面朝向国家法律秩序,一面朝向国际法律秩序。一般情况下,违反国家原则也会同时导致国际原则的违反。[62] 本案仲裁庭依赖诚信原则的两个方面审查“投资”是否应当受到保护。

仲裁庭依国际法一般原则,寻求 ICSID 机制一般规范与 BIT 具体规范下,对于投资概念的适当解释,发现 BIT 明确指出投资“与经济活动相关”(in connection with economic activities)的必要性,以及投资须依据东道国的法律法规(in accordance with the laws and regulations of the host State)进行。在此

---

[54] 同前注,第 98 段。

[55] 同前注,第 101 段。

[56] 同前注,第 100 段。

[57] 同前注,第 106 - 107 段。

[58] Hersch Lauterpacht, *Development of International Law by the International Court*, Cambridge University Press, 1958, p. 164.

[59] Certain Norwegian Loans (France v. Norway) (Jurisdiction), Judgement, ICJ Reports, 1957, p. 9. 53.

[60] Georg Schwarzenberger & Edward D. Brown, *A Manual of International Law*, Stevens & Sons, edn., 1976, p. 7. 施瓦曾伯格和布朗的《国际法手册》把诚信原则列为七项国际法基本原则之一。

[61] Janus,希腊双面神。

[62] Phoenix Action, Ltd. v. The Czech Republic, ICSID Case No. ARB/06/5, 管辖权裁决,2009 年 4 月 15 日,第 109 段。

两点上,与《华盛顿公约》中投资的概念完全一致,并没有进行修改,只是明确地表达了暗示其在解释规范中两个必要的要件,“投资须是为了在东道国开展经济活动而开展的一项行动”以及“投资资产须依据东道国法律”。由此可知,BIT 旨在更明确地为《华盛顿公约》补充投资应具备的要件。[63]

3. 对各方意见的评析

有学者指出,ICSID 仲裁中构成投资的认定的主要法律渊源是 BIT 和《华盛顿公约》。[64] 在具体的分析过程中,本案仲裁庭认为投资的定义应当同时符合《华盛顿公约》第 25 条和《捷以 BIT》第 10 条的规定,但是在具体的分析中,仲裁庭先从《华盛顿公约》进行解释,再从《捷以 BIT》进行解释。表面来看国际公约和双边协定之间存在分析顺序,或有位阶关系,但是笔者认为,这种分析顺序是为了表明 BIT 的具体规定应在《华盛顿公约》范围之内。《华盛顿公约》可以看作 BIT 的一个综合性框架,而 BIT 在此框架内可作同样解释或者是限制解释。

《华盛顿公约》对于“投资”定义的缺失,有的观点认为这是一种自由裁量权的表现,但是在具体的案例中,“投资”仍然存在确定的标准。不同层次的“投资”在认定时可采用的标准和方法有所不同,一般的“投资”在通常含义下即可进行认定,但是在经济活动不太明显或者具有不同的组成部分的,“投资”就变得难以确定。在 ICSID 先前的案例中,对于“投资”的定义采取了不同的标准。结合仲裁庭的分析,当存在表面符合定义但是实际与国际投资保护目的相悖的经济活动通过解释规则的通常含义等无法发现时,则需要借助其他的解释规则,此时也可考虑国际法的一般原则等。如前所述,VCLT 第 31 条解释规则已被视为习惯国际法,为了能够进一步实现 ICSID 保护投资的目的,在认定一行为是否属于“投资”时,除适用 VCLT 解释规则外,还要适用一般国际法原则进行解释,不能仅仅只是考察其表面要件是否属于投资,结合具体的案件事实和背景,综合考量该投资是否符合一般国际法原则。如《捷以 BIT》第 10 条中提及的“符合东道国法律”这一要求以及符合诚信原则。

---

[63] 同前注,第 116 段。

[64] Campbell McLachlan, Laurence Shore & Matthew Weiniger, *International Investment Arbitration Substantive Principles*, Oxford University Press, 2017, p. 217.

这种分析也为难以认定的投资形式提供了较为丰富的路径。

(三)关于本案仲裁庭属物管辖的认定:对于"Salini Test"的适用与创新

1. 当事方的意见

被申请方认为本案不符合"投资"的定义,Phoenix 公司所称收购 BP 公司和 BG 公司的行为不属于《华盛顿公约》第 25 条和《捷以 BIT》第 1 条和第 7 条下的投资,不适用 Salini Test,即对东道国没有资金贡献、不存在足够的期间、未承担风险以及没有促进东道国的发展。在具体的分析中指出,由于投资本身不存在,这表明没有持续的经营时间,而且 Phoenix 公司的"投资"明显与商业活动无关,没有经营项目所以不满足风险要素;申请方指出 Phoenix 公司没有进行任何经济活动,此外在收购 BP 公司 6 年之后又以同样的价格将其卖出,这一点也可证明 Phoenix 公司不是为了进行经济活动。

申请方认为,其为收购 BP 公司和 BG 公司支付了初始投资资金,并且在过去 5 年中也向其子公司追加投资 137 万美元用于支付各种运营费用;申请方指出没有进行正常的经济活动是由于捷克政府的冻结和扣押以及法院的"拒绝司法"等行为;申请方表明自己收购公司是为了"重振"这两家捷克公司的经济,而被申请方违反 BIT 是导致这两家公司无法恢复先前运作的原因。

2. 仲裁庭的意见及法律依据

(1)涉及的法律条文及其解释

如前文所述,根据《华盛顿公约》第 25 条第 1 项规定,可得出管辖权的要件之一是属物管辖,ICSID 的管辖权应是"直接因投资所引起的法律争端",具有法律性质争端的存在以及投资的存在。在该公约中,并未对"投资"进行具体的定义,本案仲裁庭在分析过程中结合 VCLT 中的解释规则和一般国际法原则进行解释,并指出《华盛顿公约》的目的是激励和保护国际投资从而促进东道国的经济发展。[65]

---

〔65〕 International Bank for Reconstruction and Development, Report of the Executive Directors on the ICSID Convention, March 18, 1965 (Report of the Executive Directors), para. 12.

(2)被引用的案例及理由

引用 Salini v. Morocco 案[66]中仲裁庭建立的"Salini Test",结合先前关于国际投资仲裁的裁判中确立的标准:①对东道国经济的资金或资产贡献;②该项投资存续一定的时间;③风险承担与获利期待;该案仲裁庭审查各方证据,该案仲裁员认为,仅有这 3 项要件并不完整,因此依据《华盛顿公约》序言,添加了第 4 项要件,强调私人投资在东道国经济发展中的作用,即对于东道国发展的贡献。Salini test 作为判断"投资"资格的标准,已经有相当的代表性与正当性。[67] 如 Jan de Nul N. V. v. Arab Republic of Egypt 案[68](以下简称 Jan de Nul 案)中运用 Salini Test,并指出"Salini 提供的四个要件紧密相互关联,应该结合个案全部使用"。

目前,对于第 4 项标准(对东道国发展的贡献)有分歧:①有的仲裁庭认同该项的重要性。本案仲裁庭引用 Patrick Mitchell v. the Democratic Republic of Congo 案[69](以下简称 Mitchell 案)中的分析,该案认为贡献具有重要性,但是对此进行了灵活分析,认为贡献不必是成功或者可观的;Sedelmayer v. Russian Federation 案[70]中,仲裁庭认为投资应当在商业活动的框架之中进行,目的在于创造更多的经济价值;若投资者的投资无法带来经济活动,即便符合其他 3 项要件,也会因违反《华盛顿公约》的目的而无法成为受保护的投资[71]。②有的仲裁庭持怀疑态度,本案仲裁庭引用 L. E. S. I. S. p. A. et

---

[66] Salini Costruttori S. p. A. and Italstrade S. p. A. v. Kingdom of Morocco, ICSID Case No. ARB/00/4, 管辖权决定, 2001 年 7 月 23 日, 第 52 段。本案涉及两家意大利公司与摩洛哥政府之间的纷争。

[67] Alex Grabowski, *The Definition of Investment under the ICSID Convention: A Defense of Salini*, Chicago Journal of International Law, Vol. 15:9, p. 287, 295, 297.

[68] Jan de Nul N. V. v. Arab Republic of Egypt, ICSID Case No. ARB/04/13, 管辖权决定, 2006 年 6 月 16 日, 第 91 段。

[69] Mitchell v. The Democratic Republic of Congo, ICSID Case No. ARB/99/7, 关于申请撤销裁决的决定, 2006 年 11 月 1 日, 第 33 段。

[70] Sedelmayer v. Russian Federation, (Germany/Union of the Soviet Socialist Republics BIT), ad hoc arbitration under the Stockholm Chamber of Commerce arbitration rules, 裁决, 1998 年 7 月 7 日, 第 224 段。

[71] Phoenix Action, Ltd. v. The Czech Republic, ICSID Case No. ARB/06/5, 管辖权裁决, 2009 年 4 月 15 日, 第 86 段。

ASTALDI S. p. A. v. Algeria 案[72],该案仲裁庭并未将该项作为单独的条件,而是认为其包含在其他的标准之中。

对于“发展”的程度分析,本案仲裁庭认为应当进行要求较低的方法(A less ambitious approach),以国际投资对东道国经济的贡献为中心,由贡献、期限、风险要素构成。参考 Sedelmayer v. Russian Federation 案[73]中仲裁庭的观点,假定投资是在商业活动的框架内进行,原则上投资的目的是创造经济价值。本案仲裁庭认为,如果投资者没有进行经济活动,虽然可能涉及贡献、期限和风险,但是不符合《华盛顿公约》的目的,因此也不符合投资的条件。[74]

本案仲裁庭对于“Salini Test”的第 4 项标准的观点为:国际投资对于东道国的贡献是难以被估量的,故应采取较为限缩的判断方法,将 Salini Test 的第 4 项要件限缩在促进东道国“经济”发展,更能符合投资的特性。[75]

此外,仲裁庭还引用 Banro v. Congo 案[76],该案中,国内签订的无效的 ICSID 条款无法转让给外国投资人从而变得有效。Mihaly International Corporation v. Sri lanka 案[77](以下简称 Mihaly 案)中,Mihaly 是加拿大公司,在程序上存在瑕疵,因为加拿大在案件当时不是成员之一,因此无权提交中心仲裁,无法转让给美国公司。如果允许这样的转让,将会违反《华盛顿公约》的宗旨和目标。Tokios Tokeles v. Ukraine 案[78]中,立陶宛公司创建的乌克兰公司,主要的争议是该公司是否可以被认定为外国投资人。该案中,仲裁庭认为申请方的行为没有构成对法人创建的滥用,申请方创建公司不存在获取

---

[72] L. E. S. I. S. p. A. et ASTALDI S. p. A. v. Algeria, ICSID Case No. ARB/05/3 (Italy/Algeria BIT), 决定, 2006 年 7 月 12 日,第 73 段。

[73] Sedelmayer v. Russian Federation (Germany/Union of the Soviet Socialist Republics BIT), ad hoc arbitration under the Stockholm Chamber of Commerce arbitration rules,裁决,1998 年 7 月 7 日,第 224 段。

[74] Phoenix Action, Ltd. v. The Czech Republic, ICSID Case No. ARB/06/5, 管辖权裁决,2009 年 4 月 15 日,第 88 段。

[75] 同前注,第 85 段。

[76] Banro American Resources, Inc. and Société Aurifère du Kivu et du Maniema, SARL v. Democratic Republic of the Congo, ICSID Case No. ARB/98/7, 裁决,2000 年 9 月 1 日,第 5 段。

[77] Mihaly International Corporation v. Sri Lanka, ICSID Case No. ARB/00/2,裁决,2002 年 3 月 15 日,第 24 段。

[78] Tokios Tokelés v. Ukraine, ICSID Case No. ARB/02/18, 管辖权决定,2004 年 4 月 29 日,第 56 段。

ICSID 仲裁途径的目的，因为公司在双边协定生效之前已经存续 6 年。[79]

(3)法律推理过程

如前文所述，判例法的不断丰富，产生了大量的判断标准，在认定的细节上存在千差万别。本案仲裁庭基本上认同 Salini Test 的 4 项要件，但是认为 Salini Test 在本案中并不是完全的契合，需要更多的阐释。因此，仲裁庭将其 4 项要件拓展为 6 项要件。根据 VCLT 解释规则和一般国际法原则认为本案主要应分析以下要素(如表 13－2 所示)[80]。

表 13－2

序号	Criteria/Elements	申请方	被申请方	仲裁庭分析(主要分析仲裁庭内容)
1	A contribution in money or other assets(贡献)	购买股份(＄334,500)，并提供三份国际汇款的确认书；后续向子公司追加投资＄1,370,000；近 5 年的运营费用[81]	仅仅拥有股份并不自动符合"投资"的资格[82]	对于投资的低价(名义价格)会影响对于投资的认定，但是此处只需要进行表面认定即可[83] ✓(looklike－目前表面满足要求)
2	A certain duration(持续期间)		没有商业项目	2002 年收购至 2008 年出售，有持续时间。 ✓(大约 6 年，满足要求)
3	An element of risk(风险)		没有商业项目，因此不承担风险[84]	收购状况不佳的公司会承担一定的风险。从表面来看，低价收购破产公司仍然存在风险，即投资人会损失其所支付的金额[85] ✓(look like－目前表面满足要求)

[79] Phoenix Action, Ltd. v. The Czech Republic, ICSID Case No. ARB/06/5，管辖权裁决，2009 年 4 月 15 日，第 94 段。

[80] 同前注，第 114 段。

[81] 同前注，第 118 段。

[82] 同前注，第 121 段。

[83] 同前注，第 119、123 段。

[84] 同前注，第 126 段。

[85] 同前注，第 127 段。

续表

序号	Criteria/ Elements	申请方	被申请方	仲裁庭分析(主要分析仲裁庭内容)
4	An operation made in order to develop an economic activity in the host State(为在东道国发展经济而开展的活动)	由于被申请方的原因(如非法冻结;拒绝司法)无法从事经济活动,是被申请方违约在先〔86〕	没有后续的经营活动,并在收购6年后(2008年)以同样的价格出售公司〔87〕	没有经济活动,均是诉讼活动。经济活动的发展必须是可预见或者有意的,但不一定是成功的,否则可能会丧失外国投资国际保护的目的。尽管没有经济活动,仅凭这一项不足以支持其不属于"投资",需要进一步的分析〔88〕
5	Assets invested in accordance with the laws of the host State(根据东道国法律投资的资产)			本案中没有违反捷克法律的行为,也没有违反国家法律秩序中体现的诚信原则〔89〕 ✓
6	Assets invested bona fide(善意投资)			(1)投资时间(the timing of the investment) (2)最初申请理由(the initial request to ICSID) (3)申请仲裁的时间点(the timing of the claim) (4)交易实质(the true nature of the operation) (5)投资的运营内容(the true nature of the operation)

第一,贡献。仲裁庭认为对于低价收购股份的行为需要深入分析,如果真

〔86〕 同前注,第131段。
〔87〕 同前注,第130段。
〔88〕 同前注,第133段。
〔89〕 同前注,第134段。

实动机是为了发展经济行为,低价的存在不是阻碍投资存在的障碍。仅从这一点来看,申请方确实在购买 BP 公司和 BG 公司时贡献了资金,目前可以认为是一项投资。仲裁庭在全资投资人和主要投资人或者小份额股东上不作任何区分[90],在 Lanco 案[91]、CMS 案[92]中,仲裁庭不考虑东道国企业的多数或者控制权问题,申请方仅拥有东道国国有公司 18.3% 的股份也可认定为投资;在 Enron v. Argentina 案[93]中,申请方间接拥有阿根廷公司 35.263% 的间接股份,仲裁庭认为这是一项投资,但是作出警告(caveat),认为对此需要确定一个临界点(a cut - off point)。本案中,就这一点的认定上,收购两家公司看起来(look like)属于外国投资。

第二,持续时间。仲裁庭仅用两个段落就完成了对该项的分析,认为申请方在 2002 年支付款项收购两家公司可以看作投资行为的发生,而其在 2008 年没有出售股份之前,从事的经营确实是有一定的持续时间。[94] 本案的时间线中明确有 6 年通过以色列的公司实体掌握两家捷克公司。

第三,风险。收购状况不佳的公司,通常假设投资者承担无法振兴公司的风险。国际商业中商人通常用一定的价格收购破产公司并试图将其转化为可持续盈利的项目。从表面来看,用少量的钱,收购破产公司,仍然承担一定的风险:投资者失去了付出的金钱,因为公司清算无法给股东偿付现金。仲裁庭认为即使是基于缺乏风险的投资,也不能够否认风险的存在。仲裁庭总结得出,目前客观的要件不足以否认投资的存在。[95]

第四,为在东道国发展经济而开展的活动。投资发生时,产生的是诉讼活动而非经济活动。[96] 申请方指出,如果被申请方遵守 BIT 义务,没有进行非

---

[90] 同前注,第 121 段。

[91] Lanco International v. Argentine Republic, ICSID Case No. ARB/97/6, 管辖权决定,1998 年 12 月 8 日,第 10 段。

[92] CMS Gas Transmission Company v. The Argentine Republic, ICSID Case No. ARB/01/8, 管辖权决定,2003 年 7 月 17 日,第 55 段。

[93] Enron Corporation and Ponderosa Assets, L. P. v. Argentine Republic, ICSID Case No. ARB/01/3 (United States/Argentina BIT), 管辖权决定,2004 年 1 月 14 日,第 54 段。

[94] Phoenix Action, Ltd. v. The Czech Republic, ICSID Case No. ARB/06/5, 管辖权裁决,2009 年 4 月 15 日,第 124 - 125 段。

[95] 同前注,第 126 - 128 段。

[96] 同前注,第 129 段。

法冻结等行为,BP 公司和 BG 公司的盈利能力会恢复。仲裁庭将此论点作为推理的第一步,仲裁庭认为,一项投资是否盈利并不必然取消经济运营作为投资的资格。经济活动的发展是可预见或者可预期的,但不必然是成功的,尤其是当投资人面对的经济发展问题来源于东道国的行为时。如果由于东道国的行为使得投资停滞不前,那么仍然是符合"投资"的,否则 BIT 对外国投资的国际保护将违背其目的。因此,仲裁庭倾向于(incline)接受,尽管本案中这两家捷克公司自收购以来没有开展明显的经济活动,但是仅凭这一项无法构成对"投资"的否定。但前提是,这一警告是根本性的,申请方确实有从事经济活动的意图,并且善意地履行了但由于东道国的干扰没有成功。因此仲裁庭需要进一步分析申请方从事业务的具体内容。[97]

第五,根据东道国法律投资的资产。本案中这一点很好确定,仲裁庭也仅用一个段落进行分析。Phoenix 公司的收购行为没有违反捷克的法律,也没有违反国内法律中所包含的善意原则。申请方在捷克注册两家公司是合法的。[98]

第六,善意投资。这一点是仲裁庭重点进行分析的内容,从以下五个方面进行具体阐述:

1. 投资的时间点(the timing of the investment)。这是首要考虑要素,申请方进行投资时,这两家公司已经处于民事诉讼以及税务问题之中。同时,民事诉讼已经进行了 14 个月,刑事调查已经进行了 20 个月,银行的账户已经冻结了 18 个月。申请方已经清楚知悉这两家捷克公司所处的境况,也就是说,申请方所主张的所有损害在申请方进行"投资"时就已经发生。[99]

2. 最初的申请原因(the initial request to ICSID)。申请方基于两家捷克公司先前存在的纠纷提出仲裁申请,虽然申请方放弃了最初的转让理论(assignment theory),但是通过这一点可以了解 Beňo 的真实意图。此外,被申请方提交仲裁庭的一项证据:BP 公司给捷克的信件中要求捷克向 BP 公司支付款项,并允许 BP 公司向 ICSID 提出申请程序。这项证据也可看出 Phoenix 公

〔97〕 同前注,第 133 段。

〔98〕 同前注,第 134 段。

〔99〕 同前注,第 136 段。

司最初提出申请仲裁的主张是希望将 BP 公司和 BG 公司已经存在的纠纷提交至 ICSID。[100]

3. 申请仲裁的时间点(the timing of the claim)。申请方的“投资计划”仅是为了使得纠纷受到 BIT 相关条款的保护。申请方于 2003 年 3 月 2 日通知投资争端事项,在两家捷克公司注册之前,在收购 Benet 集团之后的两个月,在收购之后的 11 个月向 ICSID 提交申请。在 Phoenix 公司写给捷克财政部的信件中,Phoenix 公司主张一系列行为违反了 BIT。假设只看投资之后发生的事情,那么申请方对于两个月之前的投资行为基于违反 fair and equitable treatment 标准(以下简称 FET)而首次提出 ICSID 申请时,可以明确表明其真正想要主张的是投资前的违规行为和损害。[101]

4. 交易本质(the substance of the transaction)。本案中所有的投资、转让,均发生在 Beňo 的家庭成员中,其中 BP 公司的前所有人为 Beňo 的妻子 Mrs. Vladimira Beňo;BG 公司的前所有人为 Beňo 的女儿 Zuzana Beňová。申请方在 2008 年 1 月向 Benreal(BP 公司的全资子公司)出售 BP 公司的股份,这一交易缺乏交易透明性。从以上奇怪的交易线来看,“投资”看起来是 Beňo 一家的资金重组。[102]

5. 投资的运营内容(the true nature of the operation)。Phoenix 公司在市场中没有任何经济活动的迹象,甚至没有打算开展经济活动。同时,Phoenix 公司也没有商业计划,没有再融资计划,没有经济目标,没有对经济交易进行实质的估价。根据申请方律师的陈述经济活动主要集中在被冻结的资金估价等方面,仲裁庭进一步认定 Phoenix 公司并不是基于公司的实际或者未来价值进行的投资,而仅仅是家庭内部的资产重组,从而获得 ICSID 的管辖权。在前述分析中,仲裁庭认为购买破产公司或者状况不佳的公司不是必须成功的,并且在初步推理中仅表示怀疑,并不一定否定“投资”的存在。仲裁庭在此处对其推理进行完善,得出不同的结论。申请方说明 BP 公司和 BG 公司都从事铁合金贸易,但是自 2001 年 4 月以来并没有积极从事该项业务。同时,

---

[100] 同前注,第 137 段。
[101] 同前注,第 138 段。
[102] 同前注,第 139 段。

申请方在“投资”之后没有开展任何经济活动,可见其目的并不是开展经济活动。[103]

以上证据表明,Phoenix 公司收购 Benet 集团的目的并不是开展经济活动,而是使得已经存在的国内争端转换为国际争端,从而受到《捷以 BIT》和《华盛顿公约》的保护。一项投资表面看起来是投资,但是众多因素表明,这种表面的投资不属于受保护的投资。所有的因素分析都表明了对权利的滥用。在此,这种滥用被称为“滥用程序”(detournement de procedure)。如在 Inceysa 案中,仲裁庭认为整个“投资”属于欺骗性的交易,其目的是获取 ICSID 仲裁。此处的“善意”(bona fide)标准适用于滥用管辖权情况,但是仲裁庭认为该标准的适用不仅局限于程序分析中,同样也适用于实体问题分析中。[104]

如果仲裁庭接受了申请方的请求,将以前存在的国内争端诉至中心仲裁庭,通过将国内的经济利益转变为一家外国公司试图获取 BIT 项下的保护,这种转换构成“受保护的投资”,那么 BIT 和 ICSID 仲裁庭将会没有界限。仲裁庭的职责并不是为了保护这种滥用国际投资保护系统的操作。[105]

3. 对各方意见的评析

ICSID 的案例中有很多投资的标准,Salini 案中所确立的“Salini Test”4 项要件对国际投资案件产生巨大的影响,如前所述,在不同的案件中进行调整性适用。本案中仲裁庭部分参考了 Salini Test 的标准,并在此基础上,结合本案的具体情况增加了一些具体的分析要素,即本案中仲裁庭所设立的 6 项要件。

仲裁庭对于交易本质依赖 VCLT 的解释规则和一般国际法原则(主要依靠诚信原则)进行分析。在分析逻辑中,可以看出对于交易目的、业务本身或者经营内容的分析,也是一项投资能否得到有效保障的重要因素。

本案中,仲裁庭在初步审查中,结合通常含义,本案涉及的“投资”符合一般的投资定义,没有发现明显的违反投资定义的内容。但是仲裁庭发现,申请

[103] 同前注,第 140 - 141 段。
[104] 同前注,第 143 段。
[105] 同前注,第 144 段。

方并非为了从事经济活动而投资，其目的单纯是将已存在的国内争端，转化为适用ICSID的国际争端，因而，仲裁庭认定此类行为并非善意，不能受ICSID保护。[106] 仲裁庭对于投资人的动机产生怀疑之后，将会对于交易的本质进行深层次、多角度的分析，比如增加对于具体经济活动的审查。

通过梳理申请方的时间线（如图13－2所示），发现本案的一些重要时间节点以及各时间点的间隔（如通知捷克投资争端和设立“投资”的行为之间间隔的时间不到3个月），可以看出本案中“投资”动机不纯，其真实目的并非开展经济活动，而是企图将国内争端转变为国际争端，从而诉诸ICSID进行仲裁的途径。这种“投资”并不是ICSID所要保护的投资。

通过对投资流转走向的分析，在投资过程中，若资金明显在相同人群内来回流动，仲裁庭将会对投资动机产生怀疑。那么，如果本案资金在多人之间流动，是否会导致不同的仲裁结果？本案被认定为家人内部的经济流转，笔者此处认为，在家人之间的经济活动不会必然导致投资违反诚信原则。本案中最主要的点是这一表象背后的不诚信交易本质，交易本质包含投资人的投资动机、投资方法、投资标的物形式与交易内容等。

本案中涉及条约选购（treaty shopping），有一些学者也称之为国际筹划（nationality planning）。国际投资法中不存在普遍确认的关于条约选购的定义，但为了追求投资保护的最大化，投资者可通过在第三国设立的中间公司对东道国进行投资，据此“选购”第三国与东道国间的投资条约以寻求保护，这也被称为投资者的“条约选购”或“搭便车”行为。[107] 虽然本案中仲裁庭并未对条约选购的行为作出判定，但是Phoenix公司的这种行为属于典型的条约选购。本案属于条约选购中的“返程投资”，即“具有东道国国籍的投资者为了规避东道国的国内管辖，可通过在其他国家设立的中间公司对东道国进行投资，从而寻求该国与东道国间投资条约的保护”[108]。在国际投资案例中，条约选购属于一种中性行为，虽然在形式上符合明文要件，但在个别情况下，可能会造成不适当的后果，仲裁庭就会转向非明文要件，如程序滥用原则的应

---

〔106〕 同前注，第142段。

〔107〕 徐树：《国际投资仲裁中投资者的“条约选购”问题研究》，载《国际经济法学刊》2013年第2期，第122页。

〔108〕 同前注。

用。法律原则为当事人和仲裁庭、国际法院等提供了更多的解释空间,因此在争议解决过程中经常会被探讨和分析。但这种灵活性,也会让仲裁庭的意见变得难以预料和不确定。

在国际法中,一般认为滥用程序的概念源自诚信原则。[109] 诚信原则常用于判断东道国的行为是否善意,在仲裁程序的进行中也扮演关键角色,协助维持仲裁的公平性。此外,诚信原则也越来越应用于国际仲裁程序的管辖权阶段,即处理"投资是否符合诚信原则"或"投资者是否以诚信原则为初衷",以避免造成仲裁程序滥用。而权利滥用原则作为许多国家法律制度共同原则,且得到国际公法认可的情况之下,禁止权利滥用与禁止程序滥用也成为仲裁庭适用的一般法律原则,因为权利滥用原则系超越协定明文的考量,非常适合处理各方虽未实际违反法条,但是在案件具体情况下的手段仍令人感到反感的状况。[110]

本案中,被申请方提出申请方安排国籍这种行为属于条约选购。案件中真正的利益方是 Benet 公司,而非 Phoenix 公司。Phoenix 公司收购 BP 公司与 BG 公司的目的在于通过双边协定,将原本只是国内争端的案件转交给 ICSID 仲裁,显然有悖于《华盛顿公约》和《捷以 BIT》鼓励投资的目的。本案划定了条约选购的界限,目的是维护国际投资仲裁的稳定性,防止投资者被控滥用权利,同时也保证东道国可以保护自己的权益,不会成为跨国投资者寻求国际投资仲裁的跳板。

三、结语

为符合国际投资协定保护投资人的宗旨,多数的国际投资协定对于投资与投资人定义并未设下严格限制。本案中,仲裁庭引用双轨原则,对《华盛顿公约》和《捷以 BIT》中投资的概念进行分析,并结合本案的具体情况对"Salini

〔109〕 Michael Byers, *Abuse of Rights: An Old, Principle*, A New Age, McGill Law Journal Vd. 47, p. 389(2002).

〔110〕 Emmanuel Gaillard, *Abuse of Process in International Arbitration*, ICSID Review(Jan. 16, 2017), https://www.shearman.com/~/media/Files/newsinsights/publications/2017/01/icsidreviewsiw036full.pdf, p. 1-21.

Test”进行扩大调整，由经典的4项要件丰富至6项要件。此外在解释中重点适用了国际法一般原则。

条约选购的“时间”是仲裁庭考虑“恶意”的关键性因素。[111] 有学者认为，“条约选购”的核心在于通过多层级控制关系的运作，从而对其控制链条下公司的国籍身份进行包装。[112] 条约选购的时间点很重要，在争端发生后通过投资运作进行的条约选购并不能得到仲裁庭的认可。对此，作为本案仲裁庭主席的Stern教授[113]也专门撰文指出，为了获得国际投资仲裁申请资格的“事后选购”并不符合善意原则。但是事前选购并不构成对ICSID体制和BIT的滥用。仲裁庭在适用揭开公司面纱制度上的谨慎，源于其对条约选购者的善意推定。通过第三国转投资或者返程投资进行条约选购的投资者只要在形式上符合投资条约对投资者的国籍要求，仲裁庭就推定其具有引用该投资条约的资格，除非东道国能证明该投资者存在欺诈或者其他滥用公司人格等“恶意的”情形。

仲裁庭认为本案中争议事项为诉讼活动并非经济活动，不属于投资，[114] 且投资时损害已发生，投资之后在短时间内提起仲裁，加上投资行为事实上只发生在家人之间，申请方本身也无任何运营内容，并没有开展经济活动。综上，仲裁庭最终认为本案违反诚信原则不属于ICSID保护范围，对其无管辖权。

本案中所设立的6项要件，虽不具有约束力，但是为以后类似“表面投资”的分析提供了较为全面的分析思路和参照。本案是投资者与东道国仲裁案件中适用“权利滥用”原则的标志性案件。对于认定投资是否为《华盛顿公约》中保护的投资，仲裁庭可以根据明文要件进行判定，也可以适用一般法律原则以及案例法下演化而来的标准，比如被众多仲裁庭引用的“Salini Test”，分析投资的主客观要件，了解投资是否属于善意投资，有无违反诚信原则，以及行为是否构成权利滥用、程序滥用。

---

〔111〕 徐树：《国际投资仲裁中投资者的“条约选购”问题研究》，载《国际经济法学刊》2013年第2期，第134页。

〔112〕 同前注。

〔113〕 Brigitte Stern, *Are There New Limits on Access to International Arbitration*, ICSID Review - Foreign Investment Law Journal, Vol. 25:1, p. 26 - 36(2010).

〔114〕 Phoenix Action, Ltd. v. The Czech Republic, ICSID Case No. ARB/06/5, 管辖权裁决，2009年4月15日，第129段。

第十四章　MHS诉马来西亚案 (Malaysian Historical Salvors, SDN, BHD v. Malaysia)

陈绍东

一、案件事实与法律焦点

(一)案件事实

本案申请人马来西亚人历史打捞公司(Malaysian Historical Salvors Sdn., Bhd.,以下简称MHS公司)根据马来西亚法律成立,由英国国民控制,主要业务是海上救助和打捞。本案的被申请人是马来西亚政府。[1]

1991年8月3日,MHS公司与马来西亚政府签订了一份《打捞合同》(以下简称《合同》),政府要求MHS公司确定戴安娜(Diana)号沉船的位置并打捞该船的货物,该船于1817年在马六甲海岸沉没,船上搭载了大量的中国瓷器。[2]《合同》设定的义务显示,首先,MHS公司需要利用其专业知识、人员和设备来打捞戴安娜号,且MHS公司应确保其工作人员中至少雇佣50%的马来西亚人;其次,MHS公司投资和花费自己的财力和其他资源,并承担打捞作业的所有风险、保费与经费;再次,MHS公司还有义务清理、恢复和编目回收的物品,且妥善保管物品;最后,MHS公司有义务安排国际拍卖公司佳士得在欧洲拍卖回收的物品。[3]

---

[1] Malaysian Historical Salvors, SDN, BHD v. Malaysia, ICSID Case No. ARB/05/10,管辖权裁决,2007年5月17日,第2-6段。

[2] 同前注,第7段。

[3] 同前注,第8-9段。

《合同》是在“没有发现就没有报酬”(no finds – no pay)的惯例基础上进行的。这个海上打捞惯例意味着,搜索和打捞作业的所有费用及其伴随风险,将完全由 MHS 公司承担,且 MHS 公司只有在完成打捞作业并在后续成功销售打捞文物的情况下,才能收回成本并盈利。[4]《合同》还进一步规定,马来西亚政府收取打捞物的销售收益,然后将属于 MHS 公司的部分销售收益返还给 MHS 公司。如果未售出的文物和已售出的打捞物的拍卖价值总额被评估低于 1000 万美元,则 MHS 公司有权获得 70% 收益。如果总额在 1000 万美元至 2000 万美元之间,MHS 公司的份额将是收益的 60% 。如果总额超过 2000 万美元,MHS 公司将获得 50% 收益。此外,马来西亚政府保留了从销售中提取残余物品的权利,条件是向申请人支付其在这些物品的最佳可得价值(best attainable value)中的份额。[5]

马来西亚政府通过设立一个委员会,监督 MHS 公司履行《合同》下的所有义务,该委员会由大约 20 名经常更换的代表组成,这些代表来自马来西亚的海事警察、海事局、国家博物馆、国家档案馆、财政部、文化与旅游部和交通部。[6] MHS 公司的搜索和打捞工作花费了近 4 年时间,可回收的货物共计 24,000 件,佳士得拍卖行于 1995 年 3 月在阿姆斯特丹以约 298 万美元的价格拍卖了未被拒绝出售的物品。[7] MHS 公司声称,根据双方之间的合同,它有权获得拍卖所实现金额的 70% ,实际上仅获得了 120 万美元,这占拍卖所得金额的 40% 。MHS 公司进一步称,马来西亚政府扣留了价值超过 40 万美元的瓷器打捞物品,并且没有向 MHS 公司支付其在这些物品的最佳可得价值。以上情况构成了本案争端的起因。[8]

在寻求国内解决路径[9]无果后,2004 年 9 月 30 日,MHS 公司依据《大不列颠及北爱尔兰联合王国政府与马来西亚政府关于促进和保护投资的协

---

[4] 同前注,第 10 段。
[5] 同前注,第 11 段。
[6] 同前注,第 12 段。
[7] 同前注,第 13 段。
[8] 同前注,第 14 段。
[9] 同前注,第 15 – 17 段。

定》[10]（以下简称《英国—马来西亚BIT》）和《关于解决国家与其他国家国民之间投资争端公约》[11]（Convention on the Settlement of Investment Disputes Between States and Nationals of Other States，以下简称《华盛顿公约》）向国际投资争端解决中心（International Center for Settlement of Investment Disputes，ICSID）提交对马来西亚政府的仲裁请求。2007年5月17日，仲裁庭作出终局裁决，裁决仲裁庭无管辖权。[12] 2007年9月7日，MHS公司向ICSID提出撤销仲裁申请，要求根据《华盛顿公约》第52条第1款（b）项撤销裁决，2009年4月16日，ICSID特设委员会以多数意见决定撤销该仲裁裁决。[13]

（二）法律问题

本案最重要的争议焦点在于投资适格性的认定。许多仲裁庭在其裁决中提到，ICSID程序并未对"投资"施加过分严苛的限制，体现了该种程序保护跨境投资的理念。[14] 然而，宽松的定义造成ICSID仲裁庭自由裁量权过大，容易引发差别巨大的裁决。ICSID仲裁庭在确认管辖权的问题上面临选择，到

---

〔10〕《大不列颠及北爱尔兰联合王国政府与马来西亚政府关于促进和保护投资的协定》，英文全称"Agreement between the Government of the United Kingdom of Great Britain and Northern Ireland and the Government of Malaysia for the Promotion and Protection of Investments"，1981年5月21日签署，1988年10月21日生效，由马来西亚和英国两方签署，全文见联合国贸易与发展会议投资政策中心网，https://investmentpolicy. unctad. org/international - investment - agreements/treaty - files/1972/download，2023年5月8日访问。

〔11〕《关于解决国家与其他国家国民之间投资争端公约》，英文全称"Convention on the Settlement of Investment Disputes Between States and Nationals of Other States"，1965年3月18日通过，1966年10月14日生效，目前有165个国家和地区签署，有157个缔约方，包含马来西亚和英国，中文全文见中华人民共和国商务部条约法律司网，http://tfs. mofcom. gov. cn/article/date/j/al/200212/20021200058437. shtml，英文全文见国际投资争端解决中心网，https://icsid. worldbank. org/sites/default/files/ICSID_Gonvention_EN. pdf，2023年10月26日访问。

〔12〕Malaysian Historical Salvors，SDN，BHD v. Malaysia，ICSID Case No. ARB/05/10，管辖权裁决，2007年5月17日，第18－37段。

〔13〕Malaysian Historical Salvors，SDN，BHD v. Malaysia，ICSID Case No. ARB/05/10，撤销裁决，2009年4月16日，第24－26、83－84段。

〔14〕《关于解决国家与其他国家国民之间投资争端公约》第25条第1款；Joy Mining Machinery Limited v. Arab Republic of Egypt，ICSID Case No. ARB/03/11，管辖权裁决，2004年8月6日，第42、48－50段；Fedax N. V. v. Republic of Venezuela，ICSID Case No. ARB/96/3，管辖权裁决，1997年7月11日，第22－24段。

底是严格限制投资定义,还是宽松纳入更多类型的经济概念[15],如其他仲裁机构一样纳入货物贸易[16]、源于股份的权利债务[17]等概念。若仲裁庭判断不公允,就有可能遭受程序上的挑战。由此引发出本案的第二个争议焦点,即本案仲裁庭限缩管辖权的行为是否构成《华盛顿公约》所规定的撤销事由[18]——“仲裁庭明显超越其权力”?最后,值得思考的是撤销制度和上诉制度的区别与联系,由此出发,本章进一步提出改进现有投资仲裁制度的建议,以期减少投资仲裁不一致性和频繁撤销裁决所带来的不安定性和低公信力困境。

二、各方的意见和依据及其评析

(一)MHS 公司之《合同》在本案中是否构成适格“投资”?

1. 各方意见及其依据

MHS 公司依据文义解释,认为案涉《合同》符合“投资”的一般含义:在商业运作或者不动产中投入金钱或资产,以期获得收益或者资产的增长。MHS 公司在履行《合同》的过程中,投入了自己的资金和其他财力,并承担了打捞不成功的风险,以期在未来获得收益。[19] 为加强论证,MHS 公司援引了许多既往的案例,以期证明 MHS 公司的投资符合既往判例中的“投资”定义,如

[15] 赵骏:《国际投资仲裁中“投资”定义的张力和影响》,载《现代法学》2014 年第 3 期,第 163 - 167 页。

[16] Pope & Talbot Inc. v. The Government of Canada, UNCITRAL - NAFTA,临时裁决,2000 年 6 月 26 日,第 96 - 99 段。该案仲裁庭将货物贸易纳入《北美自由贸易携协定》下的“投资”定义中。

[17] Eureko B. V. v. Republic of Poland, 特设仲裁庭(基于《荷兰—波兰 BIT》),关于赔偿责任的部分裁决,2005 年 8 月 19 日,第 139 - 146 段。该案仲裁庭将源于股份的权利债务纳入了《荷兰—波兰 BIT》下的“投资”定义。

[18] 《关于解决国家与其他国家国民之间投资争端公约》第 52 条。该条具体内容为:“一、任何一方可以根据下列一个或几个理由,向秘书长提出书面申请,要求取消裁决:(一)法庭的组成不适当;(二)法庭显然超越其权力;(三)法庭的一个成员有受贿行为;(四)有严重的背离基本程序规则的情况;(五)裁决未陈述其所依据的理由。”

[19] Malaysian Historical Salvors, SDN, BHD v. Malaysia, ICSID Case No. ARB/05/10, 管辖权裁决,2007 年 5 月 17 日,第 46 段。

Alcoa v. Jamaica 案[20]、Salini v. Morocco 案[21]、Joy Mining v. Egypt 案[22]以及 L. E. S. I. - DIPENTA v. Algeria 案[23]。

必须着重强调的是,Salini v. Morocco 案确立了投资的一些基本特征,这些特征被后来的 ICSID 仲裁庭所广泛参考,即便这些仲裁庭不一定严格应用甚至反对 Salini Test 标准。[24] 在 Salini v. Morocco 案中,Salini 公司中标了摩洛哥的道路工程,与一家名为 ADM 的摩洛哥公司签订了建筑合同,该公司享有摩洛哥高速公路特许经营权,特许经营合同由 ADM 公司与摩洛哥政府签订,工程的招投标亦被涵盖在合同义务内。Salini 公司花费了 36 个月完成工程,延误了 4 个月的工期,据此,ADM 公司拒绝了 Salini 公司的付款请求,在寻求国内救济没有回音后,Salini 公司选择向 ICSID 提交仲裁,要求摩洛哥政府赔偿。[25] 争议焦点在于,案涉的建筑工程施工合同是否属于《意大利—摩洛哥 BIT》和《华盛顿公约》定义的"投资",为此,仲裁庭分析了投资的内涵,总共列出了投入、合同履行期限、风险承担和对东道国的贡献等 4 个典型特征,该案仲裁庭认为,需要从整体上审视这些特征,最终断定 Salini 公司的投资符合两个条约的定义。[26] Salini 案的仲裁庭面临着合同争端和投资争端的分歧,对这种分歧的思考有利于本案仲裁庭思考 MHS 公司和马来西亚签订

---

〔20〕 Alcoa Minerals of Jamaica, Inc v. Jamaica, ICSID Case No. ARB/74/2, 管辖权与职权裁决, 1975 年 7 月 6 日。

〔21〕 Salini Costruttori S. p. A. and Italstrade S. p. A. v. Kingdom of Morocco, ICSID Case No. ARB/00/4, 管辖权裁决, 2001 年 7 月 23 日。

〔22〕 Joy Mining Machinery Limited v. Arab Republic of Egypt, ICSID Case No. ARB/03/11, 裁决, 2004 年 8 月 6 日。

〔23〕 Consorzio Groupement L. E. S. I. - DIPENTA v. People's Democratic Republic of Algeria, ICSID Case No. ARB/03/08, 管辖权裁决, 2004 年 8 月 6 日。

〔24〕 MCI Power Group, LC et al. v. Ecuador, ICSID Case No. ARB/03/6, 裁决, 2007 年 7 月 31 日, 第 165 段; Biwater Gauff (Tanzania) Ltd v. Tanzania, ICSID Case No. ARB/05/22, 裁决, 2008 年 7 月 24 日, 第 312 - 316 段; Deutsche Bank AG v. Sri Lanka, ICSID Case No. ARB/09/2, 裁决, 2012 年 10 月 31 日, 第 294 段; Abaclat and others (formerly Giovanna a Beccara and others) v. Argentine Republic, ICSID Case No. ARB/07/5, 管辖权裁决, 2011 年 8 月 4 日, 第 364 段; Hassan Awdi, Enterprise Business Consultants, Inc. and Alfa El Corporation v. Romania, ICSID Case No. ARB/10/13, 裁决, 2015 年 3 月 2 日, 第 197 - 199 段。

〔25〕 Salini Costruttori S. p. A. and Italstrade S. p. A. v. Kingdom of Morocco, ICSID Case No. ARB/00/4, 管辖权裁决, 2001 年 7 月 23 日, 第 1 - 5 段。

〔26〕 同前注, 第 43 - 58 段。

的《合同》之性质。[27]

同时,马来西亚政府以 Joy Mining v. Egypt 案、Mihaly v. Sri Lanka 案[28]、Jan de Nul v. Egypt 案[29]以及 SGS v. Pakistan 案[30]为论据,提出了相反的观点。其认为,《合同》不是《华盛顿公约》第 25 条第 1 款下的"投资"。马来西亚政府根据目的解释,认为《合同》的唯一目的是考古和历史遗产研究,由此,MHS 公司的情况并不符合 Salini v. Morocco 案中的"投资"特征,具体而言是不符合"对东道国有所贡献"这一特征的。[31]

仲裁庭认为,MHS 公司必须证明《合同》符合《华盛顿公约》第 25 条第 1 款[32]对"投资"的定义,以及《英国—马来西亚 BIT》对"投资"的定义,才可以赋予仲裁庭以管辖权。[33]

然而,仲裁庭认为,即使借助《维也纳条约法公约》(Vienna Convention on the Law of Treaties, VCLT)[34]第 31 条也难以确认《华盛顿公约》第 25 条第 1 款的投资定义。[35] 在 Tokios v. Ukraine 案和 Salini v. Morocco 案等判例中,

---

〔27〕 Malaysian Historical Salvors, SDN, BHD v. Malaysia, ICSID Case No. ARB/05/10,管辖权裁决,2007 年 5 月 17 日,第 83 段。

〔28〕 Mihaly International Corporation v. Democratic Socialist Republic of Sri Lanka, ICSID Case No. ARB/00/2, 裁决,2002 年 3 月 15 日。

〔29〕 Jan de Nul N. V. Dredging International N. V. v. Arab Republic of Egypt, ICSID Case No. ARB/04/13, 管辖权裁决,2006 年 6 月 16 日。

〔30〕 SGS Société Générale de Surveillance S. A. v. Islamic Republic of Pakistan, ICSID Case No. ARB/01/13, 管辖权裁决,2003 年 8 月 6 日。

〔31〕 Malaysian Historical Salvors, SDN, BHD v. Malaysia, ICSID Case No. ARB/05/10, 管辖权裁决,2007 年 5 月 17 日,第 47 段。

〔32〕 《关于解决国家与其他国家国民之间投资争端公约》第 25 条第 1 款。该条具体内容为:"中心的管辖适用于缔约方(或缔约方向中心指定的该国的任何组成部分或机构)和另一缔约方国民之间直接因投资而产生并经双方书面同意提交给中心的任何法律争端。当双方表示同意后,任何一方不得单方面撤销其同意。"

〔33〕 Malaysian Historical Salvors, SDN, BHD v. Malaysia, ICSID Case No. ARB/05/10, 管辖权裁决,2007 年 5 月 17 日,第 42 – 43 段。

〔34〕 《维也纳条约法公约》,英文全称"Vienna Convention on the Law of Treaties",1969 年 5 月 23 日通过,1980 年 1 月 27 日生效,目前有 45 个国家和地区签署,有 116 个缔约方,英文版全文见联合国官网,https://legal. un. org/ilc/texts/instruments/english/conventions/1_1_1969. pdf, 中文版全文见联合国官网,https://www. un. org/zh/documents/treaty/ILC – 1969 – 3,2023 年 5 月 8 日访问。

〔35〕 Malaysian Historical Salvors, SDN, BHD v. Malaysia, ICSID Case No. ARB/05/10, 管辖权裁决,2007 年 5 月 17 日,第 65 – 66 段。

仲裁庭均指出了《华盛顿公约》第 25 条第 1 款没有规定投资的具体内涵,[36]目的是让各缔约方自由地在投资协定中定义投资,以免《华盛顿公约》的文本过度限制各缔约方的自由,从而不能适应新的投资类型。而在实践中,确定投资适格性有赖于仲裁庭的说理,凭借的主要材料是投资协定中的定义。在一些仲裁员的裁决中,他们更习惯于参考过往 ICSID 的判例,将相关材料置于宏观的 ICSID 体系下看待。[37]

在本案中,《英国—马来西亚 BIT》第 1 条规定了"投资"的定义:"就本协议而言,第(1)(a)条'投资'是指各种资产,尤其包括但不限于:……(iii)具有财物价值的金钱请求权(claims to money)或合同履行请求权(claims to performance under contract)……(v)法律或合同授予的商业特许权(business concessions),包括寻找、培育、开采或开发自然资源的特许权。"第 1(b)(ii)条额外规定了投资的另一个构成要件——政府核准。该条规定的文本是:"(b)上述术语(投资)应指……(ii)就马来西亚境内的投资而言,指马来西亚有关部门根据其法律和行政惯例将项目归类为'核准项目'的所有投资。"[38]

由于涉及条约目的和宗旨的解释,《华盛顿公约》的序言亦被仲裁庭所运用,序言的第一句指出,"各缔约方考虑到对经济发展进行国际合作的必要性和私人国际投资在这方面的作用",这一表述加强了仲裁庭对"投资为东道国经济发展带来贡献"这一特征的要求。[39] 当然,本案仲裁庭更进一步研究了《华盛顿公约》起草阶段的历史文件——《执行董事关于解决国家与其他国家国民之间投资争端公约的报告》(以下简称《执行董事报告》),该文件指出:"在向各国政府提交所附公约时,执行董事的愿望是加强各国在经济发展事业中的伙伴关系。建立一个旨在促进解决国家和外国投资者之间争端的机构,可以成为促进相互信任的一个重要步骤,从而刺激更多的国际私人资本流

---

[36] Salini Costruttori S. p. A. and Italstrade S. p. A. v. Kingdom of Morocco, ICSID Case No. ARB/00/4, 管辖权裁决,2001 年 7 月 23 日, 第 51 段; Tokios Tokelés v. Ukraine, ICSID Case No. ARB/02/18, 管辖权裁决,2004 年 4 月 29 日,第 73 段。

[37] 例如,Joy Mining v. Egypt 案的仲裁庭就引用了 Fedax v. Venezuela 案和 Alcoa v. Jamaica 案等 ICSID 案例对"投资"定义的意见。参见 Joy Mining Machinery Limited v. Arab Republic of Egypt, ICSID Case No. ARB/03/11, 裁决,2004 年 8 月 6 日,第 47 – 53 段。

[38] 《英国—马来西亚 BIT》第 1 条。

[39] 《关于解决国家与其他国家国民之间投资争端公约》"序言"。

向那些希望吸引它们的国家。”[40]

仲裁庭援引了 Christopher Schreuer 教授的学术观点，该观点确认了《华盛顿公约》下的 5 个投资典型特征：第一，投资项目有一定的持续时间；第二，利润和回报具有一定的规律性，让投资者对投资有所期望；第三，双方通常都愿意承担风险，风险在一定程度上与持续时间和利润预期成正相关；第四，投资承诺是实质性的；第五，投资活动对东道国的发展具有重要意义。对于最后一个特征，Christopher Schreuer 教授认为，这并不一定是投资的一般特征，但是，《华盛顿公约》序言和《执行董事报告》的措辞暗示着，促进发展是《华盛顿公约》的目标和宗旨的一部分。这些特点不一定要被理解为确立管辖权的严格要件，而仅仅是《华盛顿公约》规定的投资的典型特征，即便投资并不完全符合这些特征，亦有可能使得仲裁庭确立 ICSID 的管辖权。[41] 此外，仲裁庭提供了其他 4 个案例，要求各方提供意见，加强论证，这些案例包括 Bayindir v. Pakistan 案[42]、CSOB v. Slovak 案[43]、Patrick v. Congo 案[44]以及 PSEG v. Turkey 案[45]。

本案仲裁庭审查这些案例是否有助于判断“投资”适格性，由此剔除了 Mihaly v. Sri Lanka 案、Alcoa v. Jamaica 案和 SGS v. Pakistan 案等案例，仲裁庭认为，这些案例无益于判断本案《合同》在《华盛顿公约》下的适格性。[46] Mihaly v. Sri Lanka 案仅仅确认了先合同支出不能被认定为投资，而本案的

---

[40] the Report of the Executive Directors on the Convention on the Settlement of Investment Disputes between States and Nationals of other States, 1965 年 3 月 18 日，第 9 段，全文见国际投资争端解决中心网，https://icsid.worldbank.org/sites/default/files/Report_Executive_Directors.pdf，2023 年 5 月 8 日访问。

[41] Christoph H. Schreuer, *The ICSID Convention: A Commentary*, Cambridge University Press, 2001, p. 140.

[42] Bayindir Insaat Turizm Ticaret Ve Sanayi A. S v. Islamic Republic of Pakistan, ICSID Case No. ARB/03/29，管辖权裁决，2005 年 11 月 14 日。

[43] Ceskoslovenska obchodni banka, a. s. v. Slovak Republic, ICSID Case No. ARB/97/4，管辖权裁决，1999 年 5 月 24 日。

[44] Patrick Mitchell v. The Democratic Republic of Congo, ICSID Case No. ARB/99/7，裁决和反对意见的摘录，2004 年 2 月 4 日。

[45] PSEG Global Inc and Konya Ilgin Elektrik Üretim ve Ticaret Limited Sirketi v. Republic of Turkey, ICSID Case No. ARB/02/5，管辖权裁决，2004 年 6 月 4 日。

[46] Malaysian Historical Salvors, SDN, BHD v. Malaysia, ICSID Case No. ARB/05/10，管辖权裁决，2007 年 5 月 17 日，第 57 段。

当事人已经签署并履行合同;[47] Alcoa v. Jamaica案仲裁庭确认出资(contribution of capital)可以作为一种投资,但Alcoa公司的出资并未达到实质要求(substantial amount),这种意见对本案确认投资的数额特征并无助益;[48] 在SGS v. Pakistan案中,问题在于,根据投资者与巴基斯坦之间的协议,投资者向巴基斯坦海关提供的预检查服务是否属于《瑞士—巴基斯坦BIT》中"投资"定义,该案没有讨论《华盛顿公约》下的"投资"定义,无助于确定《华盛顿公约》的"投资"金额要求。[49]

仲裁庭认为,《华盛顿公约》第25条第1款是投资定义的客观标准,如果允许双方合意超越这一标准,那么该条的存在毫无意义。[50] 投资要被《华盛顿公约》所保护,不仅要满足双边投资协定中的定义,更重要的是满足《华盛顿公约》第25条的客观标准。如果满足了双边投资协定中的定义,却不满足《华盛顿公约》的标准,那么该等投资亦不能被ICSID所保护。[51]

接下来,仲裁庭根据VCLT第31条解释"投资"。值得注意的是,仲裁庭直接以目的解释的方法对"投资"作出解释。仲裁庭指出,《华盛顿公约》的序言应当被重视起来,因为序言确认了ICSID的目的和宗旨。序言提到"考虑到对经济发展进行国际合作的必要性和私人国际投资在这方面的作用","投资"一词的解释应该能够鼓励、便利和促进跨界经济合作和发展。[52] 此外,《执行董事报告》也指出ICSID的建立是由加强各国在经济发展事业中的伙伴关系的愿望所推动的,这一点被Christopher Schreuer教授所认可。[53] 在实

---

[47] Mihaly International Corporation v. Democratic Socialist Republic of Sri Lanka, ICSID Case No. ARB/00/2, 裁决,2002年3月15日,第48、51段。

[48] Alcoa Minerals of Jamaica, Inc v. Jamaica, ICSID Case No. ARB/74/2, 管辖权与职权裁决,1975年7月6日,第125-144段。

[49] SGS Société Générale de Surveillance S. A. v. Islamic Republic of Pakistan, ICSID Case No. ARB/01/13, 管辖权裁决,2003年8月6日,第133-143段;Malaysian Historical Salvors, SDN, BHD v. Malaysia, ICSID Case No. ARB/05/10, 管辖权裁决,2007年5月17日,第64段。

[50] Malaysian Historical Salvors, SDN, BHD v. Malaysia, ICSID Case No. ARB/05/10, 管辖权裁决,2007年5月17日,第54段。

[51] 同前注,第55段。

[52] Malaysian Historical Salvors, SDN, BHD v. Malaysia, ICSID Case No. ARB/05/10, 管辖权裁决,2007年5月17日,第65-68段。

[53] Christoph H. Schreuer, *The ICSID Convention: A Commentary*, Cambridge University Press, 2001, p. 125.

务中，CSOB v. Slovak 案的仲裁庭同意以上观点，认为促进东道国经济发展的国际交易可被视作《华盛顿公约》定义之投资。[54]

然而，促进经济发展只是投资所涉及的一个讨论点。本案仲裁庭更重视对这些讨论点在判断投资适格性中的运用程度，因此采纳了实证方法，试图确认“投资”的特征。[55] 仲裁庭特别指出，案例讨论的目的不在于遵循先例裁决，而在于确认当代投资仲裁中关于投资适格性的确认标准所呈现的趋势。[56] 由此，理论界和实务界分为了两种观点。

第一种观点是 Christopher Schreuer 教授所赞同的典型特征方法（Typical Characteristics Approach），这种观点认为投资的这 5 个特征并非都需要满足，即便某一个特征较弱，仲裁庭可以从整体上补强特征和确认“投资”适格性，甚至仲裁庭可以在完全没有典型特征存在的情况下，推导出作为例外的“投资”适格性结论。[57] 在当代投资迅猛发展的情况下，各种新类型、新形式的投资层出不穷，这一观点让 ICSID 仲裁保持灵活性和适应性，使得 ICSID 符合更广泛的投资保护目标。这对于 ICSID 仲裁的具体影响是，仲裁庭更多地倾向于案例分析的实证方法，以确认各种类型的投资适格性，而非理论与文本分析。在实务中，CSOB v. Slovak 案中的仲裁庭则更倾向于典型特征方法，不将这些特征视作投资适格性的先决条件；[58] Bayindir v. Pakistan 案中的仲裁庭则认为 Salini v. Morocco 案确认的这些要素有着千丝万缕的联系，而案件情况千差万别，应在个案中具体全面地审查；[59] Jan de Nul v. Egypt 案仲裁庭亦赞同了 Bayindir v. Pakistan 案仲裁庭的观点，应用 Salini v. Morocco 案的

---

[54] Ceskoslovenska obchodni banka, a. s. v. Slovak Republic, ICSID Case No. ARB/97/4，裁决，2004 年 12 月 29 日，第 64 段。

[55] Malaysian Historical Salvors, SDN, BHD v. Malaysia, ICSID Case No. ARB/05/10，管辖权裁决，2007 年 5 月 17 日，第 72 段。

[56] 同前注，第 104 段。

[57] Malaysian Historical Salvors, SDN, BHD v. Malaysia, ICSID Case No. ARB/05/10，管辖权裁决，2007 年 5 月 17 日，第 71 段。

[58] Ceskoslovenska obchodni banka, a. s. v. Slovak Republic, ICSID Case No. ARB/97/4，管辖权裁决，1999 年 5 月 24 日，第 90 – 91 段。

[59] Bayindir Insaat Turizm Ticaret Ve Sanayi A. S v. Islamic Republic of Pakistan, ICSID Case No. ARB/03/29，管辖权裁决，2005 年 11 月 14 日，第 130 – 138 段。

方法时,更应仔细地通过个案审查。[60]

第二种观点是 Joy Mining v. Egypt 案仲裁庭所使用的严格要件方法(Jurisdictional Approach)。在该案中,仲裁庭没有认定 Joy Mining 公司提供的保函是适格的投资,原因是保函并未满足 Salini v. Morocco 案确定的 4 个特征。[61] 这种观点认为,仲裁庭要在确认投资适格性前严格审查上述的这些特征,将这些特征的重要性上升到要件的高度,一旦缺乏某个要件,这些交易就被排除了投资适格性,换言之,《华盛顿公约》第 25 条下的"投资"定义被视作客观要求,即该案仲裁庭认为投资特征需要从整体上确认,尽管投资拥有每一个特征,但如果这些特征不够明显,没有达到一种客观标准(要件),同样会被否决投资适格性。[62] 双方不能在具体投资协定中规定哪些违反客观要求的投资,否则,缔约方就会错误地扩张了 ICSID 的管辖权。本案的仲裁庭受此影响,着力于审查案涉《合同》是否符合《华盛顿公约》规定的客观要求,从而限制 ICSID 的管辖权。综合地来看,Salini v. Morocco 案和 Joy Mining v. Egypt 案确立了一种两阶段的投资适格性判断方法,首先要判断经济形式是否属于具体投资协定中的"投资"定义,其次判断是否符合《华盛顿公约》的"投资"定义,而且这些案件中阐述了一些投资的基本特征。[63]

本案仲裁庭援引了一些案例进一步说明客观标准方法,例如,L. E. S. I. -

---

〔60〕 Jan de Nul N. V. Dredging International N. V. v. Arab Republic of Egypt, ICSID Case No. ARB/04/13, 管辖权裁决,2006 年 6 月 16 日,第 90 - 96 段。

〔61〕 在该案中,仲裁庭认同了 Salini 案从整体上审视这些特征的特点,但是该案的仲裁庭似乎把特征上升到要件的高度。对于 Joy Mining 公司与阿拉伯埃及共和国工业和采矿项目总组织(the General Organization for Industrial and Mining Projects of the Arab Republic of Egypt, IMC)签订的关于采矿场地设备的合同,Joy Mining 公司向 IMC 提供了保函,但 IMC 并未向 Joy Mining 公司提供担保。之后,双方就设备的技术问题产生纠纷,Joy Mining 公司诉至 ICSID,要求确认这些担保也是一种投资。仲裁庭明显不同意 Joy Mining 公司的观点,认为双方基础合同是一份买卖合同,合同价款一次性支付。保函有商业风险,利润回报不规律,对东道国发展贡献并不大。因此,Joy Mining 公司提供的银行保函不具备存在期限、规律性回报、投资风险和促进东道国经济发展等特征。参见 Joy Mining Machinery Limited v. Arab Republic of Egypt, ICSID Case No. ARB/03/11, 管辖权裁决,2004 年 8 月 6 日,第 53 段。

〔62〕 Joy Mining Machinery Limited v. Arab Republic of Egypt, ICSID Case No. ARB/03/11, 管辖权裁决,2004 年 8 月 6 日,第 50 段。

〔63〕 Salini Costruttori S. p. A. and Italstrade S. p. A. v. Kingdom of Morocco, ICSID Case No. ARB/00/4, 管辖权裁决,2001 年 7 月 23 日,第 45、58 段;Joy Mining Machinery Limited v. Arab Republic of Egypt, ICSID Case No. ARB/03/11, 管辖权裁决,2004 年 8 月 6 日,第 43 - 58 段。

DIPENTA v. Algeria 案的仲裁庭从 CSOB v. Slovak 案和 SGS v. Pakistan 案中归纳出一些客观标准：一是缔约一方在东道国的投入；二是投入持续一定时间；三是投入存在风险。对于"为东道国发展作出贡献"的标准，L. E. S. I. – DIPENTA v. Algeria 案仲裁庭则认为，难以从具体情况确定这一标准，相反，这一标准隐含在上述三点标准中，而投资需要满足这些作为严格要件的客观标准。[64] 又如，Patrick v. Congo 案中的双方当事人则争议以下问题："对东道国发展作出贡献"是投资的严格要件，还是用于扩大投资范围和补充其他特征的典型特征？该案仲裁庭裁决 ICSID 具备管辖权。[65] 然而。民主刚果提出了撤销申请，认为仲裁庭在没有投资存在的前提下确认了投资适格性，特设委员会赞同了民主刚果的这一观点，认为"投资对东道国有贡献"是一种客观标准（严格要件），旨在表明投资的客观意义，申请人需要证明这一标准，不过，该案特设委员会亦给自己留有余地，指出基础合同或者业务如果对东道国经济有贡献，亦可满足这一要件，此外，经济发展的内涵非常广泛，随着时代变迁而有所发展。[66] 然而，需要指出的是，即便是上述 L. E. S. I. – DIPENTA v. Algeria 案的仲裁庭，亦认可定义投资的多样方法，即不需要明确证据证明每个特征都存在。[67] 在实务中，这一观点容易使得严格要件方法下降为典型特征方法。

但是，本案仲裁庭认为，典型特征方法和严格要件方法的区别更多是学理性的，而非实务性的。在实务中，案件事实不一，争议焦点不同，ICSID 仲裁往往采取从特殊到一般的经验主义办法而非从一般到特殊的教条主义方法来确认投资适格性。[68] 仲裁庭归纳了投资仲裁中确认投资适格性的 4 种倾向：第一，如果投资的每一项特征都非常明显，仲裁倾向于采取严格要件方法确认适

---

〔64〕 Consorzio Groupement L. E. S. I. – DIPENTA v. People's Democratic Republic of Algeria, ICSID Case No. ARB/03/08, 裁决，2005 年 1 月 10 日，第 10 – 15 段。

〔65〕 Patrick Mitchell v. The Democratic Republic of Congo, ICSID Case No. ARB/99/7, 裁决和反对意见的摘录，2004 年 2 月 4 日，第 40 – 57 段。

〔66〕 Patrick Mitchell v. The Democratic Republic of Congo, ICSID Case No. ARB/99/7, 撤销裁决，2006 年 11 月 1 日，第 25 – 33 段。

〔67〕 Consorzio Groupement L. E. S. I. – DIPENTA v. People's Democratic Republic of Algeria, ICSID Case No. ARB/03/08, 裁决，2005 年 1 月 10 日，第 10 – 15 段。

〔68〕 Malaysian Historical Salvors, SDN, BHD v. Malaysia, ICSID Case No. ARB/05/10, 管辖权裁决，2007 年 5 月 17 日，第 105 段。

格性(Bayindir v. Pakistan 案);第二,如果投资的一项或者多项特征完全缺失,仲裁倾向于采取严格要件方法否认适格性(Joy Mining v. Egypt 案);[69] 第三,如果投资特征不如前两种情况一样明显,仲裁可选择采取典型特征方法补足适格性(Jan de Nul v. Egypt 案),在当前案件中不强求满足每一个特征,且允许从整体上补强特征和确认适格性,就经典的 Salini v. Morocco 案而言,其方法从表述上看既可能被认为是典型特征方法,又可能被认为是严格要件方法,例如运用了"标准"的说辞,然而,从整体与事实出发的相关表述来看,Salini v. Morocco 案的仲裁庭似乎更加偏向于典型特征方法;第四,在第三种情况下,仲裁庭可以选择严格要件方法审查适格性,但放低了相关要件的证明标准,而且,即便所有要件都被满足,仍不能自动推导出适格性的结论,仲裁庭仍然要全面考虑案涉事实来认定投资(Patrick v. Congo 案)。[70]

根据以上判例标准的讨论,本案仲裁庭赞同要全面审查案涉事实,以确定本案交易是否获得了投资的适格性。

1. 关于利润与回报的规律性,MHS 公司引用了一个制药公司的例子,在该行业的药品研发中,利润和回报不总是规律的。仲裁庭认可了这一例子,与 MHS 公司达成一致意见:就当前的案件事实,这一特征不是决定性的,在其他裁决中亦未被当作一个基本标准,在 Salini v. Morocco 案中,这一特征甚至没被仲裁庭所注意到。[71]

2. 关于投入,MHS 公司在未得到马来西亚政府的款项或者援助时,即投入了自有资金、设备和技术,并雇用了人员来履行《合同》,仲裁庭认定这一情况与 Salini v. Morocco 案的申请人一样。马来西亚政府指出,MHS 公司的投入在规模上并未达到 Joy Mining v. Egypt 案或者 Jan de Nul v. Egypt 案的水平,仲裁庭赞同这一观点,并进一步指出,本案所涉及的经济概念的性质更像是商业合同义务的履行。[72]

---

〔69〕 Joy Mining 案仲裁庭和 Salini 案仲裁庭都认为需要从整体上把握相关特征。参见 Joy Mining Machinery Limited v. Arab Republic of Egypt, ICSID Case No. ARB/03/11, 管辖权裁决,2004 年 8 月 6 日,第 54 段。

〔70〕 Malaysian Historical Salvors, SDN, BHD v. Malaysia, ICSID Case No. ARB/05/10, 管辖权裁决, 2007 年 5 月 17 日,第 106 段。

〔71〕 同前注,第 108 段。

〔72〕 同前注,第 109 段。

3. 关于合同履行期间，仲裁庭认定，案涉《合同》的履行期间具备不确定性因素，如定位期限的不确定性和打捞时间的不确定性。经双方协商，才将原定 18 个月的履行期间延长到两年以上，满足了 Salini v. Morocco 案的数量标准(Quantity)。[73] 然而，仲裁庭假定了履行期间和"促进东道国经济发展"之间的联系，认为履行期间越长，越能促进东道国经济发展。因此，仲裁庭得出结论，案涉《合同》的履行期间虽然满足了时间上的要求，但不满足过往判例所确立的质量标准(Quality)，即履行期间时长没有满足东道国经济发展的要求。[74]

4. 关于合同风险，案涉《合同》的风险全部由 MHS 公司承担。然而，"没有发现就没有报酬"的合同惯例并不能直接导向《华盛顿公约》下的投资适格性结论。仲裁庭认为，案涉《合同》的风险并未超出一般打捞合同的商业风险，而许多的 ICSID 判例已经指出商业合同的风险并不能等同于《华盛顿公约》下的投资风险。因此，仲裁庭认为，案涉《合同》表面上满足了风险的要求，但实质上却不是投资风险。[75]

5. 关于对东道国经济发展的贡献，过往判例在这一特征的处理上有分歧，L. E. S. I. - DIPENTA v. Algeria 案的仲裁并未考虑这一特征(三标准)，Salini v. Morocco 案的仲裁考虑了这一特征却并未要求重要性(四标准)，但 Joy Mining v. Egypt 案的仲裁庭则要求了重要性(四标准 + 重要性)，Bayindir v. Pakistan 案仲裁庭则在 L. E. S. I. - DIPENTA v. Algeria 案的基础上要求重要性(三标准 + 重要性)。[76] 仲裁庭认为，前几个特征对确定投资适格性并不具有决定性意义，根据目前的事实，《合同》若要构成《华盛顿公约》要求的投资，就要对东道国经济发展作出重大贡献。这是马来西亚政府的观点，亦是 PSEG v. Turkey 案被申请人的分析，该案东道国土耳其认为申请人的电厂合

---

[73] Salini Costruttori S. p. A. and Italstrade S. p. A. v. Kingdom of Morocco, ICSID Case No. ARB/00/4，管辖权裁决，2001 年 7 月 23 日，第 54 段。

[74] Malaysian Historical Salvors, SDN, BHD v. Malaysia, ICSID Case No. ARB/05/10，管辖权裁决，2007 年 5 月 17 日，第 110 - 111 段。

[75] 同前注，第 112 段。

[76] 同前注，第 113 - 122 段。

同必须对其经济作出巨大贡献。[77] 不过值得注意的是,虽然 PESG 公司的投资显而易见地满足 Salini v. Morocco 案标准的要求,但 PSEG v. Turkey 案仲裁庭并未应用 Salini 标准,即宣告了 ICSID 的管辖权,本案的独任仲裁员在管辖权裁决中对此表示不解,亦从侧面反映独任仲裁员对适格投资审查标准的追求。[78]

综合上述分析,案涉《合同》的履行是否对马来西亚政府的经济发展有所贡献成为仲裁庭审查的最重要特征。仲裁庭进一步指出,对东道国发展有贡献并不直接导向投资适格性,投资贡献必须是积极而重大的,这与 Christopher Schreuer 教授的观点相似,[79] 而不是 Patrick v. Congo 案的特设委员会的观点——投资贡献只要是某种形式即可。[80]

仲裁庭指出本案是 ICSID 历史上第一次审理关于打捞合同的案件,然而,与 Salini v. Morocco 案涉及的基础设施有利于摩洛哥的经济发展不同,本案的《合同》并未对马来西亚经济发展作出物质贡献,且其《合同》贡献并不具有重要性。[81]

MHS 公司对仲裁庭的意见表示抗辩。首先,MHS 公司在打捞的过程中雇佣马来西亚人从事清洗、包装、清点和拍摄等工作,促进了马来西亚经济的发展;其次,MHS 公司履行合同提高了当地人的专业知识水平并提高了马来西亚的国家形象,具备文化和政治收益;最后,MHS 公司的贡献不应跨行业比

---

〔77〕 Malaysian Historical Salvors, SDN, BHD v. Malaysia, ICSID Case No. ARB/05/10, 管辖权裁决, 2007 年 5 月 17 日, 第 123 - 124 段; PSEG Global Inc and Konya Ilgin Elektrik Üretim ve Ticaret Limited Sirketi v. Republic of Turkey, ICSID Case No. ARB/02/5, 被申请人意见, 2007 年 3 月 22 日。

〔78〕 Malaysian Historical Salvors, SDN, BHD v. Malaysia, ICSID Case No. ARB/05/10, 管辖权裁决, 2007 年 5 月 17 日, 引注 17; PSEG Global Inc and Konya Ilgin Elektrik Üretim ve Ticaret Limited Sirketi v. Republic of Turkey, ICSID Case No. ARB/02/5, 管辖权裁决, 2004 年 6 月 4 日, 第 114 - 124 段。

〔79〕 Christoph H. Schreuer, *The ICSID Convention: A Commentary*, Cambridge University Press, 2001, p. 121.

〔80〕 Patrick Mitchell v. The Democratic Republic of Congo, ICSID Case No. ARB/99/7, 撤销裁决, 2006 年 11 月 1 日, 第 25 - 33 段; Malaysian Historical Salvors, SDN, BHD v. Malaysia, ICSID Case No. ARB/05/10, 管辖权裁决, 2007 年 5 月 17 日, 第 90 - 96、126 - 127 段。

〔81〕 Malaysian Historical Salvors, SDN, BHD v. Malaysia, ICSID Case No. ARB/05/10, 管辖权裁决, 2007 年 5 月 17 日, 第 131 段。

较,而应在打捞专业领域内衡量贡献或者有关贡献的承诺。[82]

然而,仲裁庭否认了 MHS 公司的理由,评估 MHS 公司的贡献不能以特定领域作为参考,应该评估其对东道国马来西亚经济的整体贡献,即合同利益的经济影响。而仲裁庭认为 MHS 公司的《合同》不如基础设施建设等对东道国经济有所贡献,本案仅仅是商业合同的利益问题,不能升格为足够的积极贡献,预期的旅游和文化价值经济收益总是不确定的,不符合《华盛顿公约》和既往裁决。[83]

因此,仲裁庭根据上述推理驳回了 MHS 公司的诉求,否决了《华盛顿公约》下的投资适格性从而拒绝管辖此案。基于双重认证的要求,案涉《合同》不满足《华盛顿公约》的要求,亦无必要再审查《英国—马来西亚 BIT》下的"投资"定义,因此仲裁庭并未就《英国—马来西亚 BIT》展开说理。[84]

2. 对各方意见的评析

MHS 公司认为,案涉《合同》的履行,符合《英国—马来西亚 BIT》的"投资"定义,应当被认定为投资,受到 ICSID 的保护。MHS 公司进一步认为,《合同》也属于《英国—马来西亚 BIT》规定的"已批准项目"的定义,因为《合同》是直接与马来西亚政府签订的。[85] 马来西亚政府则提出了一些抗辩:第一,争端与《英国—马来西亚 BIT》中的"投资"和"已批准项目"无关;第二,案涉《合同》纯属于商业合同,而不是投资;第三,根据马来西亚国内司法程序和特许仲裁员协会的确认,MHS 公司对争端的不满已经被国内程序所解决,不应再到 ICSID 来寻求救济。[86]

在当代强调投资保护的现状下,本案仲裁庭通过严格适用投资特征审查来否决投资适格性,从而拒绝管辖。在此案中,仲裁庭运用的法律解释方法和推论值得商榷。

就案涉的《华盛顿公约》来看,本案仲裁庭的解释方法出现了适用顺序的瑕疵。《华盛顿公约》第 25 条第 1 款是确认管辖权的基础条文,奠定了 ICSID

---

〔82〕 同前注,第 132 段。
〔83〕 同前注,第 132 段。
〔84〕 同前注,第 147 – 148 段。
〔85〕 同前注,第 38 – 40 段。
〔86〕 同前注,第 41 段。

管辖外国投资者与东道国争端的基础。该条并未对“投资”有详细的定义,这一定义空白被认为是《华盛顿公约》立法者的有意留白,将对宽泛概念的解释责任留给仲裁员,以应对瞬息万变的现实世界。[87] 在条约本义不明的情况下,需要运用作为习惯国际法的 VCLT 第 31 条进行解释,当按照第 31 条无法得出妥当的解释结论时,再行适用第 32 条的历史解释等方法。[88] 然而,仲裁庭首先乃至主要适用目的解释(第 31 条),而不是根据通常含义解释,这一适用顺序有所商榷,并不符合 VCLT 所要求的解释方法顺序。从通常含义开始分析适格投资是常见的,本案仲裁庭却未能首先从通常含义出发,考量案涉《合同》和《华盛顿公约》,而是直接利用目的解释。更有论者认为,本案仲裁庭过于关注目的解释,对于《华盛顿公约》的解释过于机械和传统,没有对其进行系统解释。[89] 这显示了当代仲裁庭在条约解释的非一致性,表明仲裁裁决对 VCLT 解释方法的运用是较为主观的,无法形成判例法的效力,亦让后来的仲裁庭在不同的解释标准间有所困惑,由此导向了完全不一样的结论,损害了仲裁的权威性和正当性。[90]

因此,与上述问题相连接的另一个问题是,这种解释方法所产生的案例能否为其他案例所参考,形成事实上的判例法效力?各个仲裁庭的专业水平和学术观点都有可能影响解释的质量,不同案件的事实亦有很大差异,ICSID 的裁决之间并不符合“同案同裁”的原则,并不能直接适用。虽然本案仲裁庭认为,直接从裁决中归纳出投资的特征只是为了确认当代投资仲裁中的趋势,而

---

〔87〕 Dominique Grisay, *International Arbitration: The ICSID Convention: A Convenient Solution for Companies in Conflict with States*, International Legal News, Vol. 6:1, 18 March 2007. 转引自 Gautami S. Tondapu, International Institutims and Dispute Settlement: The case of ICSID, Bond Law Review, Vol. 22:1, p. 81 – 95(2010)。

〔88〕 《维也纳条约法公约》第 32 条。该条具体内容为:为证实由适用第 31 条所得之意义起见,或遇依第 31 条作解释而:(a)意义仍属不明或难解;或(b)所获结果显属荒谬或不合理时,为确定其意义起见,得使用解释之补充资 f 料,包括条约之准备工作及缔约之情况在内。

〔89〕 Damon Vis – Dunbar, *Underwater Salvaging Firm Fails "Investment" Test in ICSID Case against Malaysia*, Investment Treaty News, 30 June 2007.

〔90〕 实证结果表明,仲裁庭用以解释条约和论证自己的观点的依据中,有 39% 的来自先例裁决,16% 的来自学者学说,只有 29% 的来自 VCLT 第 31 条所指引的渊源,仲裁庭并未完全依照《国际法院规约》第 38 条与 VCLT 第 31 条和第 32 条的指引,规范渊源使用和条约解释。参见 Anthea Roberts, *Power and Persuasion in Investment Treaty Interpretation: The Dual Role of State*, American Journal of International Law, Vol. 104, p. 190(2010)。

不是适用判例法,[91]但是,根据归纳出的特征逐个对照审查当前案件事实的做法,表明本案仲裁庭较为认可判例法,而忽视了当前事实的复杂性和新颖性,这种做法并不妥当。以上,裁决非一致性和事实判例法的现象,呼唤着投资者和国家之间争端解决机制的变革,现今世界各国和国际组织正在推动改革进程,以期解决这些弊病,这一部分将在下文详述。

关于投资适格性的确认方法,在实务中,方法的选用不是非此即彼的,现代投资领域的变化使得中心的管辖权呈现扩大的趋势,为了让ICSID管辖更多的投资案件,仲裁庭可能会因不同的案件事实而利用不同的方法。[92] 对于那些投资特征明显的案件,仲裁庭一般会直接应用严格要件方法确认管辖;[93]而对于那些投资特征明显程度不足的案件,仲裁庭则倾向于利用典型特征方法从整体上补足投资的适格性,从而确立ICSID的管辖权。[94]

关于本案的核心争议点是投资是否一定要对东道国经济有实质性的重大贡献?一定要是持续盈利的投资才算投资吗?这一观点是根据《华盛顿公约》中"促进东道国经济"的目的和宗旨而推论出来的,由此,仲裁庭对投资的投入、期限和风险施加了实质性的要求,要求MHS公司承担较高的举证责任。如果按照仲裁庭的逻辑,一个典型特征较弱的交易因为各种风险而不幸亏损,不能给所在国政府缴纳税款,其较弱的经济贡献就有可能被忽视。需要注意的是,《华盛顿公约》的目的和宗旨里,亦有"保护投资"的含义,如果因为投资结果不佳而否认投资的适格性,就有可能会过分限缩ICSID的管辖权。这一观点亦被Deutsche Bank v. Sri Lanka案仲裁庭确认,在该案中,争端双方对申请人与斯里兰卡的国有石油公司签订的保值协议是否构成《华盛顿公约》及《德国—斯里兰卡BIT》中的"投资"存在分歧,与本案一样,各方聚焦于

---

〔91〕 Malaysian Historical Salvors, SDN, BHD v. Malaysia, ICSID Case No. ARB/05/10,管辖权裁决,2007年5月17日,第104段。

〔92〕 同前注,第105段。

〔93〕 同前注,第106段(a)(b)项。

〔94〕 同前注,第106段(c)(d)项。

"促进东道国发展"能否作为投资定义的组成标准。[95] 该案仲裁庭认为,一方面 Salini Test 标准没有法律上的拘束力,后来的仲裁庭并不必然要在投资适格性的判断中考虑这一因素,另一方面这一标准是不确定的主观概念,难以应用,如 SGS v. Paraguay 案所展示的那样,即便事后投资者活动未能对东道国经济发展产生重大影响乃至亏本经营,其本身也应当值得被保护,因此仲裁庭裁决 Deutsche Bank v. Sri Lanka 案可以被受理。[96] 一个国家的营商环境优劣,不仅要关注从中获益的群体,也要关注那些"努力而不幸"的人,"事后不认账"的投资适格性认定方法,不仅在伤害弱势投资者的利益,也在破坏着国家营商环境的对外形象,因此,将"对东道国的发展作出贡献"变为严格要件不太妥当。贡献要素充其只能作为一项不具强制拘束力的参考性标准,仲裁庭不应以是否产生贡献及贡献大小为由,否认一项交易的"投资"属性,也不宜据此拒绝行使管辖权。[97]

同时,根据《华盛顿公约》的目的和宗旨,各种类型的投资都应该被广泛保护,本案特殊的情况在于,其《合同》最终将使得旅游文化领域受益,在文化经济和第三产业蓬勃发展的 21 世纪,ICSID 体系亦应与时俱进,不仅要考虑基建等有形积极贡献,更要考虑旅游文化事业发展带来的无形积极贡献。事实上,按照本案仲裁员的观点,MHS 公司的投资应该符合"促进东道国发展"特征,至于经济发展的实质性(重要性)特征,Joy Mining v. Egypt 案、Salini v. Morocco 案以及 Fedax v. Venezuela 案[98]也未曾达成一致,发展理念的内

---

[95] Deutsche Bank AG v. Democratic Socialist Republic of Sri Lanka, ICSID Case No. ARB/09/2, Makhdoomali Khan 仲裁员的反对意见,2012 年 10 月 23 日,第 40、46 段。更多探讨参见黄世席:《国际投资条约中投资的确定与东道国发展的考量》,载《现代法学》2014 年第 5 期,第 138 - 139 页。

[96] Deutsche Bank AG v. Democratic Socialist Republic of Sri Lanka, ICSID Case No. ARB/09/2, 裁决,2012 年 10 月 31 日,第 306 段;SGS Société Générale de Surveillance S. A. v. Republic of Paraguay, ICSID Case No. ARB/07/29,管辖权裁决,2010 年 2 月 12 日,第 107 段。

[97] 张建:《国际投资仲裁管辖权研究》,中国政法大学 2018 年博士学位论文,第 47 页。

[98] Fedex 案仲裁庭认为,结合《关于解决国家与其他国家国民之间投资争端公约》第 25 条第 1 款与 Schreuer 教授的观点,确定了判断适格投资的特征标准,"一个(适格)投资应该被认为具备以下基本特征:一定的持续时间,定期的利润及回报,承担风险,实质性承诺以及对东道国发展有重大贡献"。但 Salini 案并未要求贡献是重大的。参见 Christoph H. Schreuer, *The ICSID Convention: A Commentary*, Cambridge University Press, 2001, p. 25; Fedax N. V. v. The Republic of Venezuela, ICSID Case No. ARB/96/3, 管辖权裁决,1997 年 7 月 11 日,第 43 段。

涵,很大程度取决于仲裁员的理解,而对东道国文化和历史贡献理应属于 Joy Mining v. Egypt 案主张的投资能够“为东道国发展起到重要贡献”。[99]

最后一个值得注意的问题是,本案仲裁庭在审查《华盛顿公约》后认为,对《华盛顿公约》的理解得出否定管辖权的结论,因此仲裁庭没有必要再行审查《英国—马来西亚 BIT》。[100] 这样的做法也许会超出缔约方双边投资协定(以下简称 BIT)的具体合意。有学者指出,ICSID 作为政府间组织,作为国际法主体的资格来自缔约方的主权让渡和共同合意,赋予 ICSID 以管辖权的恰是 BIT 和《华盛顿公约》第 25 条中提及的国家的“同意”,ICSID 对公约的解释依据 BIT 具有合理内核。[101] 仲裁的启动表达了投资者的选择,并使投资者和国家不可撤销地受 ICSID 争议解决程序解决特定争议的约束。[102] 如果仲裁庭不审查 BIT 中的具体定义,就有可能会出现 ICSID 超越双方当事国合意的危险,从而使得管辖权的确立出现错误,这既包括错误确立管辖权,又包括错误放弃管辖权,这将会损害 ICSID 的权威。

(二)本案仲裁庭限缩管辖权的行为是否构成《华盛顿公约》所规定的撤销事由——“仲裁庭明显超越其权力”?

1. 各方意见及其依据

在仲裁庭裁决 ICSID 对本案没有管辖权之后,MHS 公司根据《华盛顿公约》第 52 条第 1 款(b)项规定,向 ICSID 提交撤销申请(Annulment)。[103]

---

[99] 马明飞:《水下文化遗产打捞合同争议解决路径研究——以国际投资条约为视角》,载《政治与法律》2015 年第 4 期,第 144 页。

[100] Malaysian Historical Salvors, SDN, BHD v. Malaysia, ICSID Case No. ARB/05/10, 管辖权裁决,2007 年 5 月 17 日,第 147 – 148 段。

[101] 何芳:《论 ICSID 仲裁中的投资定义》,载《河北法学》2018 年第 10 期,第 103 – 104 页。

[102] 东道国对 ICSID 仲裁的同意规定于国内立法或国际条约中,投资者对 ICSID 仲裁的同意体现在其提交仲裁的申请书中,二者并没有共存于同一份书面文件中,但是却足以通过“要约”与“承诺”的方式形成提交仲裁管辖的合意,这正是无默契仲裁的核心特征所在。这种各方当事人非同时、非同一文件形成的接受投资仲裁的合意,符合《华盛顿公约》第 25 条的“书面同意”要求及《纽约公约》第 2 条的“书面协议”要求,不构成对仲裁庭行使管辖权的障碍。参见张建:《国际投资仲裁管辖权研究》,中国政法大学 2018 年博士学位论文,第 66 – 72 页;Andrea Marco Steingruber, *Consent in International Arbitration*, Oxford University Press, 2012, p. 190。

[103] Malaysian Historical Salvors, SDN, BHD v. Malaysia, ICSID Case No. ARB/05/10, 撤销裁决,2009 年 4 月 16 日,第 24 – 26 段。

《华盛顿公约》第 52 条第 1 款规定的主要撤销事由有:(1)仲裁庭的组成不适当;(2)仲裁庭明显超越其权力;(3)仲裁庭的成员有受贿行为;(4)有严重的背离基本程序规则的情况;(5)裁决未陈述其所依据的理由。而本案中涉及的撤销事由为"仲裁庭明显超越其权力"。[104]

ICSID 争端解决程序提供的是一种仲裁程序,仲裁程序的特点是终局性和方便性,仲裁程序是一裁终局,当事人希望在尽可能快的时间内作出裁决,减少双方的讼累,但仲裁程序丧失了上诉救济的机会,当仲裁结果不尽如人意时,当事方往往寻求撤销程序的帮助。国内法对仲裁裁决的撤销程序是由国内法院完成的;[105] 而在 ICSID 程序下,申请应在作出裁决之日后 120 天之内提出。但以受贿为由而要求撤销裁决的除外,该项申请应在发现受贿行为后 120 天之内,并且无论如何在作出裁决之日后 3 年之内提出。[106] 主席在接到要求时,应立即从仲裁人小组中任命一个由 3 人组成的特设委员会(Ad Hoc Committee)。委员会的成员不得为作出裁决的法庭成员,不得具有与上述任何成员相同的国籍,不得为争端一方的国家的国民或其国民是争端一方的国家的国民,不得为上述任一国指派参加仲裁人小组的成员,也不得在同一争端中担任调停人。委员会根据《华盛顿公约》第 52 条第 1 款规定的任何理由有权取消裁决或裁决中的任何部分。[107] 在特设委员会考虑撤销决定期间,仲裁裁决既可以依申请,也可以依职权中止执行,当事人申请中止执行的应当中止执行,直到委员会对该要求作出决定为止。[108] 如果裁决被取消,则经任何一方的请求,应将争端提交给依照本章第二节组织的新仲裁庭。[109]

在本案中,MHS 公司依据的事由是"仲裁庭明显超越其权力",援引 Vivendi v. Argentina 案作为本案"仲裁庭明显超越其权力"的论证。该案的特设委员会指出,仲裁庭不仅行使了那些没有规定在相关投资协定和《华盛顿

---

〔104〕《关于解决国家与其他国家国民之间投资争端公约》第 52 条第 1 款。

〔105〕在中国,当事人是向作出裁决的仲裁委员会所在地的中级人民法院提出撤销申请,参见《中华人民共和国仲裁法》第 58 条。

〔106〕《关于解决国家与其他国家国民之间投资争端公约》第 52 条第 2 款。

〔107〕《关于解决国家与其他国家国民之间投资争端公约》第 52 条第 1 款。

〔108〕《关于解决国家与其他国家国民之间投资争端公约》第 52 条第 5 款。

〔109〕《关于解决国家与其他国家国民之间投资争端公约》第 52 条第 6 款。

公约》中的权力,而且没有行使已经规定在这些条约文本中的权力。[110]

具体而言,MHS 公司列出几个主要撤销理由。

第一,仲裁庭过分限缩了“投资”一词的含义,未能正确应用 VCLT 第 31 条的文义解释和目的解释,此外,仲裁庭没有注意到 ICSID 的筹备文件(Travaux Préparatoires),这属于 VCLT 第 32 条规定的补充手段,可以帮助确认 ICSID 体系精神下投资的宽泛定义,例如,不设置投资金额下限和投资时间限制,以及应当在仲裁中尊重具体投资协定缔约方的意图,原仲裁庭明显没有达到这些标准。[111]

第二,仲裁庭将典型特征的检验标准提高到严格要件方法的水平,认为满足这些条件是必须的,这一观点不符合“投资”的通常含义和 ICSID 的筹备文件精神,实际上缩小了“投资”一词的含义,使得 MHS 公司履行《合同》对马来西亚历史文化和博物事业的贡献被忽略。[112] 着重强调的是,“对东道国经济发展有贡献”这一要求是仲裁庭从《华盛顿公约》序言推导的错误结果,序言中“考虑到经济发展需要国际合作”表明经济发展是国际合作的自然结果,而不应将其作为判定投资的前置条件。换言之,MHS 公司不认为 Salini v. Morocco 案描述的投资特征是严格要件,仲裁庭将其上升为严格要件的做法是错误的,因此构成“仲裁庭明显超越其权力”,Pey Casado v. Chili 案确认了这一观点。[113]

第三,即便仲裁庭可以利用特征审查投资适格性,亦不应在投入金额、合同期间与合同风险以及经济贡献等特征中加上实质性的要求,如要求重大经济贡献等。[114]

第四,仲裁庭没有考虑《英国—马来西亚 BIT》中对“投资”的广泛定义,

---

[110] Compañía de Aguas del Aconquija S. A. and Vivendi Universal S. A. v. Argentine Republic, ICSID Case No. ARB/97/3, 撤销裁决,2002 年 7 月 3 日,第 86 段。

[111] Malaysian Historical Salvors, SDN, BHD v. Malaysia, ICSID Case No. ARB/05/10, 撤销裁决, 2009 年 4 月 16 日,第 28 段。

[112] 同前注,第 29 段。

[113] 同前注,第 30 段;Victor Pey Casado et Fondation ‘Presidente Allende’ v. Republic of Chili, ICSID Case No. ARB/98/2, 裁决,2008 年 5 月 8 日。

[114] Malaysian Historical Salvors, SDN, BHD v. Malaysia, ICSID Case No. ARB/05/10, 撤销裁决, 2009 年 4 月 16 日,第 31 段。

即“每一种资产”,应当结合《英国—马来西亚 BIT》的宽泛定义考虑《华盛顿公约》第 25 条的相关规定。[115]

对于“仲裁庭明显超越其权力”的判断程序,MHS 公司认为《华盛顿公约》并未规定判断的先后,即不用先判断越权与否,再判断越权程度是否达到明显,管辖权只要越权,其本质就是明显的。[116]

马来西亚政府则针对 MHS 公司的请求进行抗辩。

第一,案涉《合同》的履行不属于《华盛顿公约》第 25 条第 1 款所规定的“投资”,MHS 公司没有为东道国经济作出贡献,因此 ICSID 没有管辖权。[117]

第二,仲裁庭并未构成《华盛顿公约》第 52 条第 1 款所规定的“仲裁庭明显超越其权力”,仲裁庭完全是在其职权范围内否决了投资的适格性,MHS 公司的诉求实际是在上诉(appeal),要求特设委员会更改仲裁庭的“投资”定义,使得特设委员会考量实体问题,这超出了特设委员会的职权。另外,仲裁庭注意并正确运用了 VCLT 规定的解释相关条约文本。[118] 为此,马来西亚政府援引 Pey Casado v. Chili 案[119]以及 L. E. S. I. – DIPENTA v. Algeria 案[120]指出,既往裁决已经应用过严格要件方法,不能据此宣布无效。

第三,仲裁庭所采取的方法是基于事实的全面审查方法,即便达到了严格要件的标准,也不能因此而撤销。[121]

第四,仲裁庭对先例的引用未达到判例法的标准,这些先例只是加强了说理,并未越权。[122]

第五,马来西亚政府还援引 CDC v. Seychelles 案[123] 进一步抗辩,即便

[115] 同前注,第 38 段。

[116] 同前注,第 39 段。

[117] 同前注,第 43 段。

[118] 同前注,第 44 – 48 段。

[119] Victor Pey Casado et Fondation “Presidente Allende” v. Republic of Chili, ICSID Case No. ARB/98/2, 裁决,2008 年 5 月 8 日,第 232 段。

[120] Consorzio Groupement L. E. S. I. – DIPENTA v. People’s Democratic Republic of Algeria, ICSID Case No. ARB/03/08, 管辖权裁决,2004 年 8 月 6 日,第 13 段。

[121] Malaysian Historical Salvors, SDN, BHD v. Malaysia, ICSID Case No. ARB/05/10, 撤销裁决,2009 年 4 月 16 日,第 49 段。

[122] 同前注,第 50 段。

[123] CDC Group plc v. Republic of Seychelles, ICSID Case No. ARB/02/14, 撤销裁决,2005 年 6 月 29 日,第 42 段。

特设委员会认为仲裁庭有越权,其程度未达到可以一眼看出的明显程度。[124]

特设委员会仍然依照 VCLT 对《华盛顿公约》进行解释,这种方法为国际司法程序所广泛接受,成为国际习惯。[125] “投资”一词的通常含义是指为提供回报而承诺投入资金或其他资产。该词语的上下文以及《华盛顿公约》的目的和宗旨表明,这个词是没有任何限制的。[126] 如果仲裁庭直接根据《华盛顿公约》和 VCLT 第 31 条得出“投资”一词是含混不清的结论,从而直接适用 VCLT 第 32 条的补充资料方法,是不妥当的。“投资”在案涉的《英国—马来西亚 BIT》中亦有定义,其中第 1 条广泛地定义了“投资”。[127]

特设委员会认为,MHS 公司和马来西亚政府之间的《合同》是一种资产,双方争议的是在这一具备财务价值的《合同》下对金钱和履约等给付的要求。同时,《合同》涉及知识产权,MHS 公司被给予的权利可以视作《合同》授予的经营特许权。因此,根据《英国—马来西亚 BIT》的条款,就投资协定的目的而言,案涉《合同》是一种投资。[128]

仲裁庭的问题在于,其过分重视 ICSID 裁决下的投资适格性定义,而没有讨论《英国—马来西亚 BIT》的相关规定,由此导出的结论并没有双方合意基础的支持。[129] 根据《英国—马来西亚 BIT》第 7 条,如果投资者和东道国之间发生法律争端,而又不能通过寻求当地补救办法或其他方式达成协议加以

---

〔124〕 Malaysian Historical Salvors, SDN, BHD v. Malaysia, ICSID Case No. ARB/05/10, 撤销裁决, 2009 年 4 月 16 日, 第 51 – 55 段。

〔125〕 Territorial Dispute (Libyan Arab Jamahiriya/Chad), Judgement, ICJ Report, 3 February 1994, 第 21 – 22 页, 第 41 段; Kasikili/Sedudu Island (Botswana/Namibia), Judgement, ICJ Report, 13 December 1999, 第 1059 页, 第 18 段。

〔126〕 《关于解决国家与其他国家国民之间投资争端公约》的序言指出,各缔约方考虑到为经济发展进行国际合作的需要和私人国际投资在这方面的作用;注意到各缔约方和其他缔约方的国民之间可能不时发生与这种投资有关的争端;认识到虽然此种争端通常将遵守国内法律程序,但在某些情况下,采取国际解决方法可能是适当的;特别重视提供国际调解或仲裁的便利,各缔约方和其他缔约方国民如果有此要求,可以将此种争端交付国际调解或仲裁;愿在国际复兴开发银行的主持下建立此种便利;认识到双方同意借助此种便利将此种争端交付调解或仲裁,构成了一种有约束力的协议,该协议特别要求对调解员的任何建议给予适当考虑,对任何仲裁裁决予以遵守;宣告不能仅仅由于缔约方批准、接受或核准本公约这一事实而不经其同意就认为该缔约方具有将任何特定的争端交付调解或仲裁的义务。

〔127〕 Malaysian Historical Salvors, SDN, BHD v. Malaysia, ICSID Case No. ARB/05/10, 撤销裁决, 2009 年 4 月 16 日, 第 57 – 59 段。

〔128〕 同前注, 第 60 段。

〔129〕 同前注, 第 80 段(a)项。

解决,唯一的救济途径就是求助于 ICSID。与其他 BIT 不同,ICSID 没有提供第三方争端解决方案。如果 ICSID 放弃管辖权,则投资者没有任何的救济途径,仲裁庭通过限制投资的定义,剥夺了投资者近乎唯一的救济途径,这违反《英国—马来西亚 BIT》对投资的包容性定义以及保护投资的目的。[130]

在讨论完《英国—马来西亚 BIT》中关于"投资"较为具体的定义之后,特设委员会讨论了《华盛顿公约》较为模糊的定义。前文提到,因为无法通过 VCLT 第 31 条得出明确的结论,因此特设委员会根据 VCLT 第 32 条补充解释,为此,特设委员会查看了条约缔约时的相关讨论,试图确认《华盛顿公约》的意图。[131]

在缔约的准备阶段,世界银行内部曾有人建议为仲裁的争议数额确定相当于 10 万美元的下限。原因是仲裁是一种耗费甚大的程序,标的额过小的争端不应令各方强制接受 ICSID 的管辖。[132] 此外,《华盛顿公约》的初稿为投资确定了不低于 5 年的最低确定期限:投资是指在不确定的期限内具有经济价值的货币或其他资产的贡献,如果投资被确定了期限,则不少于 5 年。世界银行秘书处进一步尝试定义:投资指获得(1)为设立或经营工业、商业、农业、金融或服务企业而获得的产权或合同权利(包括特许权下的权利);(2)参与或参股任何此类企业;或(3)公共或私人实体的财务义务,而不是由短期银行或信贷安排产生的义务。[133] 这些建议最终都没落实到《华盛顿公约》的正式文本中,大部分的筹备成员认为,这样复杂的规定会使得仲裁庭难以确认投资适格性,有意留白反而是更好的安排。[134] 世界银行总顾问 Broches 赞同了这一安排,他认为,过分烦琐的定义既有可能阻碍投资者寻求 ICSID 的救济,现实交易并不会完全符合烦琐定义,又有可能导致当事方通过纠缠定义来拖延仲裁程序。如果缔约方不希望某些类型的争端被 ICSID 所管辖,他们完全可

---

〔130〕 同前注,第 61 - 62 段。

〔131〕 同前注,第 63 段。

〔132〕 ICSID, *History of the ICSID Convention: Documents Concerning the Origin and the Formulation of the Convention on the Settlement of Investment Disputes between States and Nationals of other States*, Vol. 2:1, p. 33 (1968).

〔133〕 同前注,卷 2 - 2,第 844 页。

〔134〕 同前注,卷 2 - 1,第 567 页。

以做出保留的意思表示。[135] 综上,《华盛顿公约》的缔约准备材料亦不支持施加“外部限制”,但本案仲裁庭却反其道而行之,施加了外部限制。[136]

特设委员会认为,现如今数千份双边和多边条约正在生效,这些条约赋予ICSID以有效的管辖权,如果忽略这些条约而仅仅解释《华盛顿公约》第25条,则有可能过分限缩管辖权,使得ICSID瘫痪,而这就是本案仲裁庭所犯的明显错误。[137] 本案仲裁庭将Salini v. Morocco案所确认的一些典型特征上升为严格要件的高度,逐一审查,将本应作为目的的“促进东道国经济发展”特征错误地当作要件审查,这些做法和《华盛顿公约》及其筹备文件所显现的精神是不一致的。[138] 特设委员会赞同Biwater v. Tanzania案的仲裁庭观点:仲裁庭不应严格运用Salini v. Morocco案的4项标准,这种方法限缩了《华盛顿公约》的解释,与条约精神以及立法趋势不符,相反,仲裁庭应对“投资”定义采取更加灵活和务实的做法,要参考Salini v. Morocco案的标准,考虑案件的所有事实和法律文书(包括双边投资协议),这是一种更为务实和灵活的做法。[139]

综合上述分析,特设委员会认为仲裁庭的问题如下:第一,完全没有考虑和适用《英国—马来西亚BIT》,该协定以宽泛的术语定义“投资”,仲裁庭反而将“投资”局限于其认为与《华盛顿公约》第25条第1款解释有关的典型特征的分析;第二,将典型特征上升到严格要件的标准,并迫切地解释所谓“对东道国经济发展作出贡献”的特征,从而排除数额较小的投资以及具有文化和历史性质的投资;第三,没有考虑到《华盛顿公约》的筹备文件,特别是在一些关键方面,得出的结论与筹备实际情况不相符,违反了《华盛顿公约》起草

---

〔135〕 同前注,卷2-1,第54、566页;另参见International Bank for Reconstruction and Development, *Report of the Executive Directors on the Convention on the Settlement of Investment Disputes Between States and Nationals of Other States*, 18 March 1965, paras. 23-27。

〔136〕 Malaysian Historical Salvors, SDN, BHD v. Malaysia, ICSID Case No. ARB/05/10, 撤销裁决, 2009年4月16日,第74段。

〔137〕 同前注,第73段。

〔138〕 Christoph H. Schreuer, *The ICSID Convention: A Commentary*, Cambridge University Press, 2001, p. 140.

〔139〕 Biwater Gauff (Tanzania) Limited v. United Republic of Tanzania, ICSID Case No. ARB/05/22, 裁决,2008年7月24日,第310、312-318段;Malaysian Historical Salvors, SDN, BHD v. Malaysia, ICSID Case No. ARB/05/10, 撤销裁决,2009年4月16日,第78段。

者的决定,即拒绝为投资金额设定货币下限,拒绝对投资期限作具体说明,不明确“投资”一词的具体含义,并重视那些规定了 ICSID 争端解决方法的投资协定中商定的投资定义。这 4 个方面构成了《华盛顿公约》第 52 条第 1 款规定的撤销事由,即“仲裁庭明显超越其权力”,因此,特设委员会以多数票决定撤销仲裁庭的裁决,而 Mohamed 仲裁员提出了反对意见,赞同了仲裁庭的意见。[140]

2. 对各方意见的评析

(1)投资适格性是否存在外部限制?

关于认定投资适格性的标准,一直存在主观主义与客观主义的分歧。

主观主义认为,ICSID 的管辖权只需要投资条约缔约方的合意即可确立,在当事人同意将争端提交 ICSID 仲裁时,就已经意味着争端符合《华盛顿公约》第 25 条第 1 款对于“投资”的要求。[141] 这是特设委员会和 MHS 公司的观点,他们选择尊重投资条约缔约方在其条约中对“投资”的定义,这些定义往往是广泛而包容的,总体来看,ICSID 的管辖权也是随着新情况而不断扩张,以迎合投资保护的更高要求。但是,有论者指出,在现实生活中,一项经济交易往往具有边际性、交融性,很难绝对地将某项交易定性为投资交易抑或纯粹的商事交易。[142] 仲裁庭过分强调投资保护,扩大认定“投资”,很有可能让部分非投资领域的争端(如商事争端)纳入 ICSID 的管辖范围中,使得 ICSID

---

[140] Malaysian Historical Salvors, SDN, BHD v. Malaysia, ICSID Case No. ARB/05/10, 撤销裁决, 2009 年 4 月 16 日,第 80 - 84 段;穆罕穆德法官的反对意见基本赞同仲裁庭的意见,参见 Malaysian Historical Salvors, SDN, BHD v. Malaysia, ICSID Case No. ARB/05/10, Mohamed Shahaubuddeent 法官的反对意见,2009 年 2 月 19 日。

[141] G. R. Delaume, *Convention on the Settlement of Investment Disputes Between States and Nationals of Other States*, The International Lawyer, Vol. 1:1, p. 70(1966); Aaron Broches, *The Convention on the Settlement of Investment Disputes: Some Observations on Jurisdiction*, Columbia Journal of Transnational Law, Vol. 5, p. 263(1966); George R. Delaume, *ICSID and the Transnational Financial Community*, ICSID Review, Vol. 1, p. 237(1986).

[142] 张建:《国际投资仲裁管辖权研究》,中国政法大学 2018 年博士学位论文,第 77 页。

和国际商会[143](International Chamber of Commerce)等其他国际机构毫无区别,东道国被诉风险过高,与投资者利益无法达成平衡。[144]

客观主义认为,除了当事国双方的合意以外,确立 ICSID 管辖权还需要同时符合《华盛顿公约》的要求,"同意"只是行使管辖权的基础,《华盛顿公约》第25 条的相关规定应当构成对"投资"这一概念判断的外部客观限制。[145] 前文已述,就客观标准的应用宽松程度而言,客观主义方法分为典型特征方法和严格要件方法。这是仲裁庭、马来西亚政府以及 Mohamed 仲裁员的反对意见中所秉持的观点,他们在对具体投资协定有关"投资"定义的缔约方合意审查完毕后,还需要审查这种合意是否符合《华盛顿公约》的文义、上下文与目的、宗旨,或者更进一步,直接审查案涉争议是否符合《华盛顿公约》的规定与精神,如果不符合,仲裁庭就不再审查具体投资协定中的定义。持这一观点的人认为,仅凭双方合意不足以确立 ICSID 的管辖,而且需要注意的是,具体投资协定中对《华盛顿公约》精神的超越,会降低 ICSID 的权威性,为此,需要为当事国双方的合意施加一种外部客观限制,即《华盛顿公约》的限制,防止缔约方不当地利用 ICSID 来保护一些没有条约利益的交易。[146]

需要注意的是,《华盛顿公约》规定:任何缔约方可以在批准、接受或认可本公约时,或在此后任何时候,把它将考虑或不考虑提交给中心管辖的一类或几类争端通知中心。秘书长应立即将此项通知转送给所有缔约方。此项通知

---

[143] 国际商会,英文全称"International Chamber of Commerce",是国际民间经济组织。它是由世界上一百多个国家参加的经济联合会,包括商会、工业、商业、银行、交通、运输等行业协会。它也是联合国经社理事会的一级咨询机构。该机构于 1919 年 10 月在美国新泽西州大西洋城举行的国际贸易会议发起,1920 年 6 月在巴黎成立,总部设在巴黎,宗旨是:推动国际经济的发展,促进自由企业和市场组织的繁荣,促进会员之间经济往来,协助解决国际贸易中出现的争议和纠纷,并制定有关贸易、银行、货运方面的规章和条款。更多信息参见 ICC 官网,https://iccwbo.org/about-icc-2/,2023 年 5 月 8 日访问。

[144] 余劲松:《国际投资条约仲裁中投资者与东道国权益保护平衡问题研究》,载《中国法学》2011 年第 2 期,第 132-133 页;谭敏:《国际投资仲裁中投资者滥诉行为规制研究》,中南财经政法大学 2020 年硕士学位论文,第 10 页。

[145] Christoph H. Schreuer, *The ICSID Convention: A Commentary*, Cambridge University Press, 2001, p. 122; Aguas del Tunari SA v. Republic of Bolivia, ICSID Case No. ARB/02/3, 管辖权裁决, 2005 年 10 月 21 日, 第 278 段; Malaysian Historical Salvors, SDN, BHD v. Malaysia, ICSID Case No. ARB/05/10, 管辖权裁决, 2007 年 5 月 17 日, 第 55 段。

[146] Chester Brown & Kate Miles, *Evolution in Investment Treaty Law and Arbitration*, Cambridge University Press, 2011, p. 43.

不构成第 1 款所要求的同意。[147] 该规定是公约起草者面对“投资”定义故意留白的权衡之举,目的是将定义的主动权留给缔约方,问题在于,缔约方往往会做出比较少的保留,目的在于减少投资限制,以更大的宽松度吸引更多的外国投资者进入东道国境内。这就导致 ICSID 仲裁庭对确立管辖权有较高的自由度,在实务中,存在东道国司法管辖权和 ICSID 管辖权的内在紧张关系,仲裁庭既可以完全从《华盛顿公约》出发考量管辖权问题,也可能仅仅基于涉案的具体投资协定考量管辖权。这两种做法都过于极端,从长远角度上看都不利于投资者和国家之间的争端解决。

《华盛顿公约》第 42 条规定:(1)仲裁庭应依照双方可能同意的法律规则判定一项争端。如无此种协议,仲裁庭应适用争端一方的缔约方的法律(包括其关于冲突法的规则)以及可能适用的国际法规则。(2)仲裁庭不得借口法律无明文规定或含义不清而暂不作出裁决。(3)第 1 款和第 2 款的规定不得损害仲裁庭在双方同意时对争端作出公平和善意的决定的权力。[148]

从这一规则出发,更务实的做法是在个案中考虑所有可能适用的规则,不能有所偏废。一方面,作为双方提交 ICSID 仲裁的基础投资协定,是 ICSID 仲裁庭必须要适用的。当事双方寻求 ICSID 的帮助,必然是期望能在基础文件的法律体系下妥善解决双方的争议。另一方面,双边或者多边投资协定中具体同意提交 ICSID 的条款表明双方同意受到《华盛顿公约》的拘束,《华盛顿公约》代表的是缔约方之间更为宽泛的同意。按照本案特设委员会的观点,这种同意受到的外部限制也是极少的,且这种外部限制无法通过当事人合意来排除,限制仅仅表现在以下两个方面:第一,争端本质上应该是与法律有关的争端;第二,争端所涉“投资”这一概念不应该表现为买卖行为。[149] 有论者认为,通过这一减少限制的解释方法,ICSID 在解释投资时飞驰在主观主义解释的高速公路上。[150] 需要注意的一点是,即便主观主义解释方法给予缔约

---

[147] 《关于解决国家与其他国家国民之间投资争端公约》第 25 条第 4 款。

[148] 《关于解决国家与其他国家国民之间投资争端公约》第 42 条。

[149] Malaysian Historical Salvors, SDN, BHD v. Malaysia, ICSID Case No. ARB/05/10, 撤销裁决, 2009 年 4 月 16 日,第 72 段。

[150] 赵骏:《国际投资仲裁中“投资”定义的张力和影响》,载《现代法学》2014 年第 3 期,第 161 - 174 页。

方较为宽松的协商空间，在缔结双边或者多边投资协定时，各缔约方仍然要预料到，如果他们需要利用 ICSID 争端解决程序，应当注意协定尽可能地不违反《华盛顿公约》的目的和宗旨，否则，在实务中就有可能被 ICSID 否决管辖权。

针对 ICSID 仲裁庭审查，应当首先关注具体投资条约中的 ICSID 仲裁条款对适格投资者、适格投资、争端—投资因果关系和前置程序的相关规定，其次，以之为前提对案件事实进行推理，如果能得出确立管辖权的积极结论，再将其结论放入《华盛顿公约》中进行法律推理，检验是否超越了 ICSID 的目标和宗旨，以期得到一个更为妥当的结论。如果在第一次推理中得出了否定的结论，有必要去尊重双方的合意，如果仲裁庭扩张 ICSID 的管辖权，这种做法恐怕将超出了东道国对 ICSID 管辖的预期，遑论本案仲裁庭直接放弃了《英国—马来西亚 BIT》中的解释而只适用《华盛顿公约》的做法。

虽然本案仲裁庭在规则的适用顺序上有所缺漏，但亦对过往的裁决做了系统性的总结，这是值得肯定的。从这些裁决中可以看出，实务中的 ICSID 仲裁庭仍然无法在规则上做到统一，导致“同案不同裁”的现象出现，损害了 ICSID 的公信力，这一问题应在 ICSID 的改革进程中越发受到重视。

（2）撤销制度与上诉制度再思考

本案中，MHS 公司依据《华盛顿公约》第 52 条向 ICSID 提出撤销申请，经特设委员会审议，以“仲裁庭明显超越其权力”为由撤销了仲裁裁决。

ICSID 争端解决程序是一种国际仲裁程序。仲裁程序决定其一裁终局的性质，国际程序决定了 ICSID 的仲裁不受到任何国内程序的撤销，与各缔约方的国内司法管辖权相互区别。如果允许国内程序撤销 ICSID 裁决，那么东道国就有可能利用其优势地位获得相对有利的司法进程和结果，使得弱势的投资者在长期的讼累中遭受更多损失。[151]

《华盛顿公约》第 50 条规定：（1）如果双方对裁决的意义或范围发生争端，任何一方可以向秘书长提出书面申请，要求对裁决作出解释。（2）如有可能，应将该项要求提交作出裁决的仲裁庭。如果不可能这样做，则应依照本章第二节组织新仲裁庭。仲裁庭如认为情况有此需要，可以在作出决定前停止

[151] 即便是 ICSID，其大部分案件的程序时长亦以年计算，对投资者而言耗费巨大。

执行裁决。[152]

《华盛顿公约》第 51 条规定:(1)任何一方可以根据发现一些其性质对裁决有决定性影响的事实,向秘书长提出书面申请要求修改裁决,但必须以在作出裁决时仲裁庭和申请人都不了解该事实为条件,而且申请人不知道该事实并非由于疏忽所致。(2)申请应在发现该事实后 90 天内,无论如何应在作出裁决之日后 3 年之内提出。(3)如有可能,该项要求应提交作出裁决的法庭。如果不可能这样做,则应依照本章第二节组织新仲裁庭。(4)仲裁庭如认为情况有此需要,可以在作出决定前,停止执行裁决。如果申请人在申请书中要求停止执行裁决,则应暂时停止执行,直到仲裁庭对该要求作出决定为止。[153]

在 ICSID 程序下,撤销是最严厉的一种救济方法,与补充决定、更正、解释或者修订裁决等方法不同,撤销需要由另行组成的特设委员会来审查决定是否存在撤销事由,而更为轻微的方法则有可能由作出裁决的原仲裁庭来考虑是否存在撤销事由。

撤销的事由规定于《华盛顿公约》第 52 条第 1 款,特设委员会仅仅能通过 5 项事由撤销裁决,此 5 项之外的事由并不在特设委员会的审查范围之内,而 5 项事由中的一项或者多项可以成为特设委员会撤销全部裁决或者部分裁决的依据。不过,《华盛顿公约》没有细化说明的是,只要仲裁庭发现《华盛顿公约》第 52 条第 1 款的事由就必然要撤销吗?还是要由特设委员会审查事由的严重性,只有过度严重的时候才应该撤销?这也是本案争论焦点之一——“仲裁庭明显超越其权力”的判断问题所涉及的深层次解释。

本章认为,对于《华盛顿公约》第 52 条第 1 款,应遵循 VCLT 第 31 条的解释规则来理解。对于“仲裁庭明显超越其权力”的判断标准,应当先从文义解释出发,“明显”(manifest)应当被理解为易于注意或者理解的,即马上可以看出来的越权,如果越权还需要具体审查,再行判断其严重性,那么该种越权难以称得上为“明显”,而且,这个词亦不意味着所犯的越权行为一定是严重的,严重性和明显性并不直接挂钩;其次,结合上下文进行同类解释,其他的事由只存在“全有或全无”的状态,很难断定中间状态的存在;最后,根据条约的

[152] 《华盛顿公约》第 50 条。

[153] 《华盛顿公约》第 51 条。

目的之一——使得 ICSID 管辖权得以正确行使,亦可以认为这些事由的存在自身就是严重的。因此,这些解释表明,特设委员会对撤销事由的解释并不存在过多的自由裁量权。

对于“越权”一词的解释,本文认为不能过度限缩词义内涵,越权不是只能以作为的方式存在,更应该注意不作为的方式,在 ICSID 争端解决程序下,仲裁庭负有解决争端和行使被授予权力的义务,如果仲裁庭不正确行使权力甚至不行使权力,也可以构成“越权”,正如本案中的仲裁庭一样。放置于仲裁庭面前的《英国—马来西亚 BIT》表明双方更加具体的合意,[154] 如果不运用这一条约,而只是将视野局限于分析《华盛顿公约》和既往裁决中,进而拒绝管辖权,已然构成不作为的“越权”。遑论本案仲裁庭不恰当地将先例上升到具备判例法效力的高度,严格提高管辖权确立条件,这更能构成作为的“越权”。[155]

让我们将视野从微观的规范解释转向更宏观的制度运行,随着时代的发展,撤销制度启动的频率越来越高,使得这一项制度有成为隐藏的“上诉制度”的风险。然而,两种制度仍然是有区别的。

在国内法中,上诉可以针对案件事实和法律适用全面或者部分审查,撤销则只能针对部分违反程序的事由。[156] 类似地,在 ICSID 程序中,撤销程序的审查范围仅限于《华盛顿公约》第 52 条第 1 款规定的 5 种事由。[157] 这些事由主要是程序问题,委员会仅仅关心前一仲裁庭决定过程的合法性,而对于案件事实和法律适用的审查,则留待撤销后的新仲裁庭作出;相比之下,上诉既要关注决定过程的合法性,又要关注内容的实质正确性,在得出事实认定错误或者法律适用错误的结论后,上诉法庭可以改判或者要求原审法庭更改错误的

[154] Malaysian Historical Salvors, SDN, BHD v. Malaysia, ICSID Case No. ARB/05/10, 撤销裁决, 2009 年 4 月 16 日, 第 80 段(a)项。

[155] 同前注, 第 80 段(b)项。

[156] 中国的刑事上诉秉持着“全面审查原则”,而民事诉讼则受到上诉范围的限制,参见《中华人民共和国刑事诉讼法》第 233 条;《中华人民共和国民事诉讼法》第 175 条。

[157] 在《华盛顿公约》的起草过程中,撤销程序的有限性和特殊性被反复强调。参见 ICSID Secretariat, *Background Paper on Annulment for the Administrative Council of ICSID*, 10 August 2012, p. 30 – 40。

判决。[158] 可以说,撤销程序是在有限的空间内“起舞”,部分地牺牲了ICSID 裁决的终局性,以期提高仲裁庭裁决过程中的公平正义,这种审查是有限度的,更高水平的审查应当是上诉程序或者重新仲裁程序的任务。体现到证明对象中,撤销程序的 MHS 公司应当证明原仲裁庭的裁决决定过程符合 5 个事由中的一个或多个,而不必考虑裁决的实质正确性。

然而,涉及管辖权的确立问题,实体问题和程序问题往往交织在一起。对于撤销事由的审查,仲裁庭仍然要考虑到案件事实和具体的投资协定适用,如此以来,就会有可能使得撤销程序变成实质上的上诉程序,部分特设委员会甚至会直接裁决案件的是非曲直,代行了仲裁庭的角色。[159] 关涉本案,有必要准确区分两种情况:第一种是未适用恰当的法律或条约(Sempra v. Argentina 案[160]);第二种是适用法律错误(CMS v. Argentina 案[161])。第一种情况可以构成《华盛顿公约》第 52 条第 1 款中的“仲裁庭明显超越其权力”即本案的情况;第二种情况则不是“仲裁庭明显超越其权力”事由所能涵盖的范围,而是进入实质正确性的判断范围。[162] 在后一种情况下,特设委员会则需要审查双方当事人的事实、证据与法律依据,以及仲裁庭如何认定这些依据,这使得特设委员会明显地变成了上诉法庭,直接挑战 ICSID 争端解决程序的终局性基础。

对初次仲裁结果不满的当事人,完全可以借助撤销程序以及撤销后组成的新仲裁庭改变结果。然而,撤销程序本是特别程序,应当被审慎利用,为了遏制越发增多的撤销申请,仲裁庭在驳回申请后往往倾向于使申请撤销的一

---

〔158〕 丁晓雨:《ISDS 上诉机制的构建问题研究》,对外经济贸易大学(与中国金融学院合并)2018 年博士学位论文,第 134 - 140 页;韩秀丽:《论〈ICSID 公约〉仲裁裁决撤销程序的局限性》,载《国际法研究》2014 年第 2 期,第 54 - 55 页。

〔159〕 有学者批评 Amco v. Indonesia 案的特设委员会认为其逾越了自己的职能,将撤销程序变成了上诉程序。参见 Emmanuel Gaillard & Yas Banifatemi, *Annument of ICSID Awards*, Juris Publishing, 2004, p. 5; Amco v. Indonesia, ICSID Case No. ARB/81/1, 第二次撤销裁决(重新提交案件),1992 年 12 月 3 日。

〔160〕 Sempra Energy International v. Argentine Republic, ICSID Case No. ARB/02/16, 撤销裁决, 2010 年 6 月 29 日,第 209 段。

〔161〕 CMS Gas Transmission Company v. Argentine Republic, ICSID Case No. ARB/01/8, 撤销裁决, 2007 年 9 月 25 日,第 158 段。

〔162〕 韩秀丽:《论〈ICSID 公约〉仲裁裁决撤销程序的局限性》,载《国际法研究》2014 年第 2 期,第 55 页。

方当事人承担撤销程序的全部费用以及对方当事人所付出的部分法律费用。[163] 另外,撤销程序的频繁适用,加重了"同案不同裁"的问题。有学者指出,对于裁决一致性问题,主要体现在三个方面:一是不同仲裁庭对于同一条约中的同一标准得出不同结论;二是依据不同条约成立的仲裁庭对同一事实、同一当事方、相似的投资权利得出不同结论;三是针对相似的商业情境与投资权利,不同仲裁庭却得出了相反的结论。[164] 这种状况损害了 ICSID 裁决的参考效力。为此,需要思考国际投资法领域裁决的救济与纠错机制设计问题,比较上诉程序和撤销程序的特点,形成新的方案。上诉机制通过实质审查,牺牲了仲裁的终局性,以期达到裁决内部的正确性与裁决之间的连续性,提高公平正义的可能性和投资仲裁制度的合法性。不过,上诉程序增加了当事人和裁决机构的负担,减损了当事人向 ICSID 寻求救济的可能性。同时,基于当前国际投资法适用规则的复杂局面,加入上诉机制这一程序可能会使得规则适用更加复杂,这一问题需要理论建构者和实务工作者进一步思考。

投资争端上诉机制改革已经在一些多边条约中有所体现,如美国《2004年双边投资条约范本》附件 D 规定:"自本条约生效起 3 年内,双方应该考虑是否建立一个双边上诉机构或者类似机制,以审查根据本《条约》对双方建立上诉机构或类似机制后启动的仲裁作出的裁决。[165] ICSID 自身也在思考这一问题,不过,ICSID 并不希望根据双边条约建立一种特别上诉制度,而是要建立一种普遍性的上诉制度,他们在 2006 年修订《ICSID 仲裁规则》的过程中,提出了关于建立一个可选的 ICSID 上诉机制的建议,该机制将根据一套上诉机制规则建立和运作。该机制旨在与 ICSID 仲裁、联合国贸易法委员会规则和投资条约中的投资者与国家争端解决条款中规定的任何其他形式结合使用。拟议的上诉机制规则规定设立一个上诉小组,由 ICSID 行政理事会根据 ICSID 秘书长的提名选出的 15 人组成。前 15 名成员中有 8 名任期 3 年,其他所有成员将任期 6 年。每个成员将具有不同的国籍,成员将是"所有具

〔163〕 同前注,第 57 页。

〔164〕 漆彤、方镇邦:《投资者与东道国争端解决上诉机制改革的分歧与展望:一个文献综述》,载《国际商务研究》2021 年第 6 期,第 62 - 63 页。

〔165〕 历年来的美国投资协定模范文本参见 Kenneth J. Vandevelde, *U. S. International Investment Agreements*, Oxford University Press, 2009, p. 769 - 852。

有公认权威的人,在法律、国际投资和投资条约方面具有明显的专门知识"。根据拟议的规则,可以以明显的法律错误或现行 5 项撤销裁决事由中的任何一项为由质疑裁决。此外,有人提议将严重事实错误列入"狭义定义,以保持对仲裁庭事实调查结果的适当尊重"。上诉法庭可以维持、修改或撤销有关裁决,或以借用现有的撤销事由全部或部分撤销裁决。然而,当时 ICSID 的主要潮流仍然注重裁决的终局性,对裁决的正确性、一致性和连续性还不够重视,从而没有动力掀起如此大规模的系统性变革。[166]

此外,《跨太平洋伙伴关系协定》(Trans – Pacific Partnership Agreement, TPP)草案于 2015 年颁布。[167] 当年的 11 月 12 日,欧盟委员会向美国提交了一份新的国际投资法院(Interactional Investment Count, IIC)的修订提案,旨在作为美国和欧盟正在谈判的《跨大西洋贸易和投资伙伴关系协定》(Transatlantic Trade and Investment Partnership, TTIP)下的投资者—国家争端解决机制。IIC 和 TTIP 的提案设想了一个两级常设法院,包括一个由 15 名法官组成的初审法庭和一个由 6 名法官组成的上诉法庭,法官有权根据 ICSID 或联合国国际贸易法委员会规则,或在各方同意的情况下根据另一套规则裁决争议。为了确保裁决的法律正确性,上诉法庭的任务是审议法庭在解释或适用法律方面是否犯了错误,或在对事实的理解,包括对相关国内法的理解方面是

[166] K. Yannaca – Small, Improving the System ofInvestor – State Dispute Settlement, OECD Working Papers on International Investment, No. 2006/01, p. 3 – 43, p. 8 – 14 (2006). 全文见经济合作与发展组织数据库网, http://dx. doi. org/10. 1787/631230863687; ICSID, Possible Improvements of the Framework for ICSID Arbitration, ICSID Secretariat Discussion Paper, 22 October 2004, p. 14 – 16, Annex, 全文见国际投资争端解决中心网站, https://icsid. worldbank. org/sites/default/files/Possible%20Improvements%20of%20the%20Framework%20of%20ICSID%20Arbitration_0.pdf, 2023 年 10 月 27 日访问.

[167] 《跨太平洋伙伴关系协定》,英文全称"Trans – Pacific Partnership Agreement", 2015 年 11 月正式发布,共有 11 个缔约方,现已升级为"全面与进步跨太平洋伙伴关系协定(CPTPP)", TPP 条约全文见新西兰外交与贸易部官网, https://ndhadeliver. natlib. govt. nz/webarchive/20180323090214/http://tpp. mfat. govt. nz/tpp – text. php, 2023 年 5 月 8 日访问。值得注意的是,虽然 TPP 仍然没有设置上诉机制,但 TPP 中的投资章节(第 9 章)明确指出,如果未来各个缔约方在讨论中制定了上诉机制,各方将考虑根据 TPP 做出的裁决是否应受该机制的约束。

否存在明显错误。[168] 这一机制提案虽未被美国所接受,却成为《欧盟—加拿大全面经济贸易协定》(Comprehensive Economic and Trade Agreement, CETA)和《欧盟—越南自由贸易协定》(Europe Union – Vietnam Free Trade Agreement)的争端解决方法。[169]

这些国家在局部形成了类似于 WTO 争端解决机制的上诉制度,将任命仲裁员(法官)的权力转移到投资条约缔约方手中,仲裁庭(法庭)的决定不再是最终决定。这将有利于保证裁决的统一性和连续性,使得投资者对裁决结果有了预测的可能性,并在法理上加强了投资仲裁制度的合法性。即便会带来潜在的讼累和牺牲裁决终局性,亦有方法解决潜在缺点。针对上诉机制的时间控制方面:一是控制正式仲裁程序的时间。明确和提高延长审理期限的标准,确定程序结束节点,限制裁决撰写期限。二是在人员选任阶段,为提高效率及经济性,需限缩选定仲裁员阶段的时间、限制提起回避的时间并明确中止标准。针对裁决费用方面,首先是建构费用分配机制,实现对不当利用程序者的自我限制。对于部分诉讼能力极弱的发展中国家和中小投资者,可以考虑诉讼费用的减免缓交等。同时,应当优化程序规则,形成对当事方利用程序进行拖延的制度限制。[170]

在未来,通过双边条约乃至多边条约推动富有权威性的世界投资法院系统机制的建立是可行的,能从根本上缓解目前投资争端解决领域的复杂局面。不过,这一机制的建立有赖于各国的政治意愿和谈判智慧,其中将会涉及发达

---

[168] 《跨大西洋贸易和投资伙伴关系协定》,英文全称"Transatlantic Trade and Investment Partnership",谈判始于 2013 年而终于 2016 年,欧盟委员会于 2019 年宣布相关文件过时且不再相关,见欧盟委员会网,https://policy. trade. ec. europa. eu/eu – trade – relationships – country – and – region/countries – and – regions/united – states/eu – negotiating – texts – ttip_en, 2023 年 5 月 8 日访问。

[169] 《欧盟—加拿大全面经济贸易协定》,英文全称"EU – Canada Comprehensive Economic and Trade Agreement",2016 年 10 月 30 日签署,2017 年 9 月 21 日生效,缔约方为欧盟和加拿大,全文见欧洲联盟法律数据库网,https://eur – lex. europa. eu/legal – content/EN/TXT/? uri = CELEX: 22017A0114(01)#d1e2567 – 23 – 1,2023 年 5 月 8 日访问;《欧盟—越南自由贸易协定》,英文全称"Europe Union – Vietnam Free Trade Agreement",2019 年 6 与 30 日签署,2020 年 8 月 1 日生效,全文见欧盟委员会网,https://policy. trade. ec. europa. eu/eu – trade – relationships – country – and – region/countries – and – regions/vietnam/eu – vietnam – agreement/texts – agreements_en, 2023 年 5 月 8 日访问。

[170] 丁晓雨:《ISDS 上诉机制的构建问题研究》,对外经济贸易大学(与中国金融学院合并)2018 年博士学位论文,第 97 – 120 页。

国家和发展中国家在投资领域中的诉求平衡,东道国公共利益和投资者利益的平衡,以及既有投资仲裁机制与国家司法机制的平衡,妥善地解决这些问题才是确保上诉机制行稳致远的根本之举,从根本上推动国际法的公信力提升。

三、结语

MHS 公司诉马来西亚案集中展现了 ICSID 管辖权的基础争议——适格投资的确定方法。仲裁庭秉持 ICSID 本位立场,严格适用《华盛顿公约》和判例中所确定的投资特征来审查案涉《合同》,拒绝确立 ICSID 的管辖权;而特设委员会则为适格投资减少限制,重回《英国—马来西亚 BIT》和 ICSID 历史文件中的宽松立场,确认了投资适格性。

本案的价值之一在于对过往投资案例的系统整理,帮助学者与实务人员查明 ICSID 判例有关投资定义的趋势,但也展现了当代投资仲裁中的不一致性问题,这一内在缺陷严重影响了 ICSID 体系的公信力。另外,本案涉及撤销制度的适用问题,展现了 ICSID 如何结合案件事实和仲裁裁决思考撤销事由的成立与否。由此引申到撤销制度和上诉制度的联系与区别。在未来,国际投资仲裁领域势必要进一步改革,探讨上诉机制建立的必要性和可能性,以适应投资者和东道国对裁决正当性和安定性的期望,将更多的争端消弭于更加良好的制度之中。

第十五章　Fraport 诉菲律宾案 (Fraport AG Frankfurt Airport Services Worldwide v. Republic of the Philippines)

翟率宇

一、案件事实概述

(一)概述

1. 投资事实

本案的申请人 Fraport 公司是国际机场业务领域的领先者,其投资了菲律宾国际航空有限公司(Philippine International Air Terminals Co. ,PIATCO)。申请人作为股东和贷款人,对 PIATCO 的投资受到以下事实的影响:被申请人菲律宾共和国在投资争端发生之前,已于 1997 年 7 月授予PIATCO 在马尼拉尼诺伊·阿基诺国际机场(Ninoy Aquino International Airport,NAIA)修建和运营新国际客运机场航站楼(3 号航站楼)的特许权。申请人作为 3 号航站楼项目的财务参与者,投资持续了数年时间,自 1999 年至 2003 年,申请人既直接投资于 PIATCO,又间接投资于 PIATCO 拥有所有权权益的一系列菲律宾关联公司。除了股权投资,申请人还向 PIATCO、其关联公司以及 PIATCO 的贷款机构和承包商提供贷款和付款担保。

Fraport 于 1999 年 6 月 9 日签订了四项协议,由此获得了 PIATCO 的直接和间接利益如下:25% 的 PIATCO,40% 的 PTI(PAGS Terminals, Inc.)和 40% 的 PTH(PAGS Terminal Holdings, Inc.);PTI 进一步获得了 11% 的 PIATCO。也正是在此期间,Fraport 签订了股东协议,这些协议将自行保密

(秘密股东协议)。之后,Fraport 根据 2000 年 5 月 5 日的两份协议决定增加其股份。根据这两项协议,Fraport 又收购了 PIATCO5% 的股份,PTI 又收购了 PIATCO24% 的股份。2001 年,Fraport 收购了 PAGS 公司(Philippine Airport and Ground Services, Inc.)40% 的股份,这使得 Fraport 在 PIATCO 公司又获得了 9.04% 的间接权益。此时,Fraport 已经获得了 PIATCO 的 61.44% 的直接和间接所有权。[1]

2. 争议事项

2001 年至 2002 年间,PIATCO 与菲律宾总统的关系陷入僵局。菲律宾运输和通信部与申请人就 3 号航站楼特许合同的废止产生争议。2002 年,在 3 号航站楼计划投入商业运营的前一个月,菲律宾总统 Macapagal – Arroyo 公开谴责 3 号航站楼项目和 PIATCO,表示上届政府签订的涉及 3 号航站楼的所有协议均无效。从 2002 年 9 月开始,菲律宾最高法院收到了几份针对 PIATCO 和其他公司的禁止令申请,如 Agan 诉 PIATCO 案(以下简称 Agan 案)。[2] 2003 年 5 月 5 日,菲律宾最高法院认定 3 号航站楼特许合同是自始无效的,并将 3 号航站楼所有权转移给国家。法院裁定,3 号航站楼项目特许公司(当时为 Paircargo 财团,该公司后来与 PAGS、Security Bank 合并为 PIATCO)没有被适当地预审为在财务上有能力承担合同,因为资格预审投标和授予委员会(PBAC)无视菲律宾银行法关于出资限额的规定,将 Paircargo 的合作伙伴 Security Bank 的全部股权不适当地计入了该财团的净值,因而 Paircargo 不是合格的投标人,PBAC 将 3 号航站楼特许权合同授予 Paircargo 是无效的。此外,法院发现 1997 年的特许协议与已招标的特许协议草案"完全不同",后者"直接将以前在投标过程中无法获得的具体财务优势转化给 PIATCO"。因此,1997 年的特许权协定因违反公共政策而无效。[3]

在最高法院作出裁决时,3 号航站楼几乎全部建成。在菲律宾最高法院判决 PIATCO 的特许权和相关合同无效后,政府官员一再保证,申请人将得到适当的补偿。2003 年 6 月,菲律宾总统发布行政令,建立监督委员会以处理 3

---

〔1〕 Fraport AG Frankfurt Airport Services Worldwide v. Republic of the Philippines, ICSID Case No. ARB/03/25,裁决,2007 年 8 月 16 日,第 116 – 117 段。

〔2〕 同前注,第 207 段。

〔3〕 同前注,第 217 – 218 段。

号航站楼相关事宜。然而,到 2003 年年底,监督委员会与国际机场公司 PIATCO 和申请人 Fraport 之间的协商被无限期推迟。在此期间,PIATCO 曾要求最高法院重新考虑其对 Agan 案的判决,但 PIATCO 的动议被最高法院于2004 年 1 月 21 日驳回。至此,最高法院对 Agan 案的裁决具有终局性。2004 年 3 月 1 日,菲律宾总统 Macapagal – Arroyo 解散了监督委员会。在此期间,申请人于 2003 年 9 月 17 日向国际投资争端解决中心(以下简称 ICSID)提交了仲裁请求。[4]

3. 征收程序

2004 年 1 月 21 日,最高法院发布了复议决定,PIATCO 不能合法运营 3 号航站楼。最高法院的诉讼自此结束。为满足日益增长的国际客运需求的公共利益,尽快建成并运营该候机楼,政府决定征收。然而,PIATCO 公司保留了其在 3 号航站楼设施中的权利,并拒绝政府官员进入该设施。在经过多次沟通这一情况之后,征收以 12 月的最后一次失败告终。[5] 2004 年 12 月 21 日,菲律宾共和国提起法院诉讼,要求接管 3 号航站楼。当天,法院发布了接管的命令,指示菲律宾“拥有和控制 3 号国际客运航站楼,并控制所有有害占有人、被告菲律宾国际航空码头公司以及根据该航站楼索赔的所有其他人员”。在随后的一段时间,双方围绕该法院命令以及补偿金问题在菲律宾地区法院和最高法院展开诉讼。2006 年 9 月,菲律宾政府向 PIATCO 和 Fraport 支付了一笔临时款项作为补偿。[6]

4. 裁决结果

仲裁庭于 2007 年 8 月 16 日作出裁决,以缺乏管辖权为由驳回了申请人的请求。仲裁庭裁定如下:接受被申请人对 ICSID 管辖权的异议;裁定申请人的投资未满足《德国—菲律宾双边投资协定》(以下简称《德国—菲律宾

---

〔4〕 同前注,第 219 – 221 段。
〔5〕 同前注,第 230 段。
〔6〕 同前注,第 238 – 277 段。

BIT》)〔7〕有关“投资合法性”的要求,仲裁庭对本案无管辖权;驳回申请人的索赔请求。

2007 年 12 月 6 日,Fraport 向 ICSID 提出申请撤销仲裁庭于 2007 年 8 月 16 日就 Fraport 和菲律宾之间的仲裁裁决。ICSID 临时撤销委员会于 2010 年 12 月决定撤销 2007 年 8 月 16 日的裁决。2011 年,Fraport 再次对菲律宾提起仲裁请求,声称其投资受到了非法征收征用。仲裁庭仍以没有管辖权为由驳回申请人的请求。

(二)所涉法律问题

在仲裁阶段,本案涉及的法律问题主要是对国际投资条约中“符合东道国法律”要求的解释。被申请人菲律宾认为申请人 Fraport 的投资违反其国内法,违反《德国—菲律宾 BIT》第 1 条第 1 款规定的投资“符合菲律宾法律”要求,不属于《德国—菲律宾 BIT》所保护的适格投资,因而仲裁庭不具有管辖权。本案涉及的法律问题主要包括:

(1)《德国—菲律宾 BIT》中规定“符合东道国法律”的要求对仲裁庭管辖权有何影响?

(2)仲裁庭在判断“符合东道国法律”要求时,是否以及如何考虑东道国国内法?

(3)在判断“符合东道国法律”要求时,如何对投资者和东道国适用国际法上的诚信原则?

在撤销阶段,申请人 Fraport 在请求委员会撤销裁决时依据了《关于解决国家与其他国家国民之间投资争端公约》(Convention on the Settlement of Investment Disputes Between States and Nationals of Other States,以下简称《华盛顿公约》)第 52 条规定的 3 个不同理由,撤销委员会需要根据《华盛顿公约》

〔7〕《德国—菲律宾双边投资协定》,英文全称“Agreement between the Federal Republic of Germany and the Republic of the Philippines for the Promotion and Reciprocal Protection of Investments”,1997 年 4 月 18 日签署,2000 年 2 月 1 日生效,德国与菲律宾两个缔约方,全文见联合国贸发会议投资政策中心网站,https://investmentpolicy. unctad. org/international - investment - agreements/treaty - files/1392/download。

第52条第1款判断是否符合撤销仲裁的条件。[8] 因此,裁决撤销阶段涉及的法律问题主要包括:

(1)根据《华盛顿公约》第52条第1款(b)项,如何判断仲裁庭“明显越权”(Manifest Excess of Power)?

(2)根据《华盛顿公约》第52条第1款(d)项,如何判断“严重违背基本程序规则”(Serious Departure From a Fundamental Rule of Procedure)?

(3)根据《华盛顿公约》第52条第1款(e)项,何为“裁决未说明其所依据的理由”(Failure to State the Reasons)?

二、对仲裁裁决中法律问题的分析及评论

(一)“符合东道国法律”要求与仲裁庭管辖权

1. 申请人的意见及法律依据

申请人认为,其投资是符合(in accordance with)菲律宾法律的。申请人称,《德国—菲律宾BIT》规定了被申请人承认外国投资的义务。“仲裁庭在界定涉及承认外国投资及其遵守当地法律条款的范围时,将考虑BIT更广泛的目的。”对BIT条款的解释必须以双边投资条约的目的为指导。申请人主张,双方在本仲裁中的争议实际上是关于根据《德国—菲律宾BIT》作出的“投资”。首先,申请人认为,其投资符合菲律宾法律的证据没有被反驳,因此应当视为其投资是根据《德国—菲律宾BIT》作出的适格投资。其次,申请人强调,被申请人有责任提供证据证明申请人的投资不符合(not in accordance with)其法律规定,被申请人不能仅仅通过表明申请人未遵守(non - compliance with)当地法律来履行其证明责任。此外,必须在投资时评估其是否符合菲律宾法律。最后,申请人认为,主管当局的批准和默许行为进一步构成被申

---

[8] 《关于解决各国和其他国家国民之间投资争端的公约》,英文全称“Convention on the Settlement of Investment Disputes Between States and Nationals of Other States”,1965年3月18日通过,于1966年10月14日生效,目前有165个国家和地区签署,有158个缔约方,全文见ICSID网,https://icsid. worldbank. org/rules - regulations/convention/icsid - convention/preamble。

请人接受申请人投资的证据。[9]

2. 被申请人的意见及法律依据

(1)被引用的案例及理由

被申请人引用了 Salini v. Morocco 案,用以论证《德国—菲律宾 BIT》的保护仅适用于符合菲律宾法律进行的投资。[10] 被申请人认为,如果审查《德国—菲律宾 BIT》对投资合法性的分析必须要进行 Salini Fest 标准测试,其序言中旨在促进投资的广泛和一般的陈述不能作为规避进行这种分析义务的理由。被申请人认为,"解释的规定需要一个平衡的方法,既考虑到国家寻求创造有利的环境促进投资,又不以牺牲其他必须得到尊重的法律和监管要求为代价,以促进和维持基于法治的政府"[11]。

(2)法律推理过程

被申请人认为,《德国—菲律宾 BIT》提供的保护不适用于违反菲律宾国内法的投资行为。被申请人提及仲裁申请的"有限性",认为申请人的投资违反了被申请人国内法,超出了 BIT 明确限制的范围,即违反《德国—菲律宾 BIT》第 1 条第 1 款规定的投资"符合菲律宾法律",因此不属于《德国—菲律宾 BIT》规定的适格投资。被申请人进一步强调,符合东道国法律的义务是持续存在的,投资者必须在进行投资的整个期间遵循此项义务,即便有一次违反也不属于 BIT 的保护范围。如果投资者希望享有 BIT 下的权利和利益,投资者就有责任确保其投资遵守东道国法律。[12]

被申请人认为,申请人的论点混淆了建立管辖权要素的一般证明标准和用于评估 BIT 实质性条款已被违反的充分索赔标准。被申请人并非质疑申请人所指称的申请理由是否能够构成违反 BIT 的行为,被申请人的反对理由主要是基于建立管辖权的基本要素,比如是否存在 BIT 所涵盖的投资。正是

---

〔9〕 Fraport AG Frankfurt Airport Services Worldwide v. Republic of the Philippines, ICSID Case No. ARB/03/25,裁决,2007 年 8 月 16 日,第 298 段。

〔10〕 Salini Costruttori S. p. A. and Italstrade S. p. A. v. Kingdom of Morocco, ICSID Case No. ARB/00/4,裁决,2001 年 7 月 23 日。

〔11〕 Fraport AG Frankfurt Airport Services Worldwide v. Republic of the Philippines, ICSID Case No. ARB/03/25,裁决,2007 年 8 月 16 日,第 288 段。

〔12〕 同前注,第 285 – 286 段。

由于申请人对 PIATCO 的资本投资、贷款和担保违反了《菲律宾宪法》[13]和菲律宾第 108 号联邦法(题为《惩罚规避某些权利、特许或特权国有化法律行为的法案》,以下简称《反挂名法》)[14],他们才未能从《德国—菲律宾 BIT》的保护中获益,特别是从 1999 年开始,申请人在 PIATCO 的投资结构就是为了规避菲律宾《国籍法》和《反挂名法》。申请人设计了一系列安排,旨在确保其能够对 PIATCO 施加影响和控制,包括有权对 PIATCO 的董事会作出额外任命、对港口运营商的决定拥有否决权、允许其影响港口运营和零售管理领域的联合安排以及合同安排,从而确定申请人有 3 号航站楼项目财务安排的专断权力。被申请人还曾建议申请人,除了考虑申请人和 PIATCO 之间的股权投资以外,其他的财务安排(3 号航站楼项目)也应当认真考虑。[15]

3. 仲裁庭多数意见及法律依据

(1)涉及的法律条文及解释

《德国—菲律宾 BIT》第 1 条第 1 款规定:"就本协议而言:1. '投资'一词应指根据缔约方任何一方各自的法律和法规接受的任何种类的资产,特别是,但不仅限于:(a)动产和不动产以及其他物权,如抵押、留置权、质押、用益权和类似权利;(b)公司股票和债券的股份或这些公司财产的权益;(c)对用于创造经济价值的金钱或任何具有经济价值的行为的债权;(d)知识产权,特别是版权、专利、实用新型专利、注册设计、商标、商号、贸易和商业秘密、技术流程、专门知识和商誉;(e)法律或合同授予的商业特许权,包括勘探、开采或利用自然资源的特许权;资产投资形式的任何改变不得影响其作为投资的分类。"针对该条款,当事双方就东道国的法律和法规规定所限制的 BIT 范围存在根本分歧。

为明确《德国—菲律宾 BIT》所保护的适格投资范围,仲裁庭还依照《维也纳条约法公约》(Vienna Convention on the Law of Treaties, VCLT)第 31 条

---

〔13〕《菲律宾宪法》,英文全称"1987 Constitution",1987 年 2 月 2 日通过,全文见菲律宾最高法院网站,https://elibrary. judiciary. gov. ph/thebookshelf/showdocs/3/353。

〔14〕《菲律宾第 108 号联邦法》,英文全称"An Act to Punish Acts of Evasion of the Laws on the Nationalization of Certain Rights, Franchises or Privileges",1936 年 10 月 30 日通过,全文见菲律宾最高法院网站,https://elibrary. judiciary. gov. ph/thebookshelf/showdocs/29/17830。

〔15〕Fraport AG Frankfurt Airport Services Worldwide v. Republic of the Philippines, ICSID Case No. ARB/03/25,裁决,2007 年 8 月 16 日,第 289 - 290 段。

审查了条约的上下文、与条约有关的协定、条约的嗣后协定等,包括《德国—菲律宾 BIT》其他条款、与《德国—菲律宾 BIT》在同一天缔结的《议定书》以及 1997 年 7 月 10 日菲律宾与德国交换的《批准书》。《德国—菲律宾 BIT》第 2 条第 2 款规定:"每一缔约方应尽可能促进另一缔约方的投资者在其领土上的投资,并根据第一条第一款所述的其宪法、法律和规章允许这种投资。"《议定书》第 2 条规定:"根据《菲律宾宪法》的规定,外国投资者一般不得在菲律宾共和国境内拥有土地。然而,投资者可以持有一家公司最高 40% 的股权,然后就可以获得土地所有权。"《批准书》载明:"鉴于,本协议规定,投资应在各缔约方的宪法、法律和法规允许的范围内进行,并符合这些规定。"

(2)法律推理过程

首先,仲裁庭需要明确界定适格投资的法律标准。仲裁庭注意到,由于《德国—菲律宾 BIT》的措辞,双方的论点都详细地阐述了对所使用的"接受"(accepted)一词的解释。比如,被申请人引用联合国贸易和发展会议(UNCTAD)关于国际投资协定问题的系列会议:"在适用这一限制的协议中,未按照东道国的法律和法规建立的投资将不属于协议中所使用的'投资'的定义。投资协议中的这种限制显然是为了引导外国投资者通过拒绝覆盖不遵守条约的投资,确保在建立投资的过程中所有地方法律法规得到满足。"被申请人还认为必须满足"法律标准"(objective standard of lawfulness)。[16] 仲裁庭还进一步指出,仲裁程序的边界是由仲裁协议划定的,在本案中是由《德国—菲律宾 BIT》和《华盛顿公约》划定的。《华盛顿公约》第 25 条提供了属事管辖权(ratione materiae)的因素,但没有定义"投资",留给纳入 ICSID 管辖权的当事方根据自己的意愿提供定义。在包含 ICSID 仲裁选择的 BIT 中,"投资"一词的内容应由作为《华盛顿公约》第 25 条特别法的相关 BIT 的语言确定。[17]

其次,仲裁庭对于本案中《德国—菲律宾 BIT》所保护"投资"的适格条件进行了分析。关于界定"投资"的 BIT,一项经济交易可能在事实上和财务上

---

[16] Fraport AG Frankfurt Airport Services Worldwide v. Republic of the Philippines, ICSID Case No. ARB/03/25,裁决,2007 年 8 月 16 日,第 301 - 302 段。

[17] 同前注,第 305 段。

(factually and financially)被定性为投资(由外国实体输入另一个 BIT 缔约方经济中的资本构成),但是法律上(legally)可能不属于根据相关 BIT 设立的仲裁庭的管辖范围。本案中,双方对属时管辖权(ratione temporis)和属人管辖权(ratione personae)没有异议,但对属事管辖权存在异议。这些异议涉及对申请人投资违反菲律宾法律,特别是《反挂名法》的指控,仲裁庭首先审查了与之相关的事实,之后提出有关文书确立的法律标准,阐述自己的分析。仲裁庭首先审查了《德国—菲律宾 BIT》第 1 条第 1 款的规定,就本协议而言,"投资"一词应指根据缔约方任何一方各自的法律和法规接受的任何种类的资产。"根据缔约方任何一方各自的法律和法规接受"的资格适用于《德国—菲律宾 BIT》所涵盖的各种形式的投资。此外,仲裁庭还根据 VCLT 第 31 条的解释规则回顾了《德国—菲律宾 BIT》其他条款、与《德国—菲律宾 BIT》在同一天缔结的《议定书》以及 1997 年 7 月 10 日菲律宾与德国交换的《批准书》,选取了对于解释《德国—菲律宾 BIT》所保护的"投资"范围非常重要的 4 项条款,包括 BIT 和《协定书》中的 3 项、《批准书》中的 1 项,表明"根据缔约方任何一方各自的法律和法规接受"这一条件的重要性。仲裁庭指出,应考虑到外资比例在菲律宾有明确的宪法限制。同时,仲裁庭指出,该条约存在的理由是缔约方希望鼓励投资。然而,虽然应该根据 BIT 的目的和宗旨来解释,但若假意利用 BIT 的目的和宗旨来取消上述 4 项条款中明确的规定,将违反法律解释的原则,因为 BIT 的目的和宗旨本质上是解释者的一种推论。显而易见,正如上述 4 项规定所表明的一样,BIT 缔约方之一的国民进行的经济交易必须满足东道国的某些法律要求,才能被视为"投资"并受条约管辖。[18]

最后,仲裁庭论述了投资应符合东道国国内法的范围。仲裁庭引用了学者的观点认为,广义而言,国际投资有两种类型:第一种是基于或伴随与东道国的某种明确协议或单方面沟通[19];第二种涉及对东道国市场的投资,但投资者和东道国政府之间没有相应的具体协议。《德国—菲律宾 BIT》的英文版本可以解读为第 1 条第 1 款和第 2 条第 1 款仅适用于第一种投资,但这种解

---

[18] 同前注,第 335 - 340 段。

[19] Michael Reisman & Mahnoush H. Arsanjani, *The Question of Unilateral Governmental Statements as Applicable Law in Investment Disputes*, ICSID Review, Vol. 19:2, p. 328 - 343 (2004).

释似乎是不合理的,甚至是值得怀疑的。第一,缔约方不太可能坚持只在第一类投资方面遵守其各自的宪法、法律和条例,但与此同时,免除潜在投资者对第二类相当常见的投资类型中的遵守义务。第二,《议定书》第 2 条详细阐述了《德国—菲律宾 BIT》第 2 条,即购买一家公司的股份,该公司随后可能在共和国境内获得土地。外国投资者收购一家国内公司的股份是合法交易,就其性质而言,不涉及政府的某些接受或许可的行为。第三,《批准书》使用了全面的表述:"投资应在允许的区域内根据……"因此,对投资的实质性限制似乎既与第一类投资有关,也与第二类投资有关。关于相关条款时间条件的持续性,被申请人主张,投资不仅应在开始时"符合"相关国内法,而且必须持续遵守国内法。在 BIT 运作过程中偏离某些法律或法规将剥夺 BIT 下仲裁庭的管辖权。然而,仲裁庭不同意被申请人的观点,仲裁庭认为,《德国—菲律宾 BIT》第 1 条和第 2 条的措辞都强调了投资的启动。此外,BIT 制度的有效运作似乎要求管辖权的遵守仅限于投资的启动。如果投资者在开始投资时遵守了东道国的法律,但在投资过程中被东道国指控违反其法律,则东道国可以对投资者诉称其实质性违反 BIT 提出抗辩,将投资者违法作为东道国对此投资采取行动的抗辩事由,但不能据此剥夺仲裁庭的管辖权。[20]

4. 仲裁员 Bernardo M. Cremades 的意见及法律依据

仲裁员 Bernardo M. Cremades 不同意仲裁庭多数意见,认为申请人的资产可能在菲律宾从事非法行为(据称违反了《反挂名法》),这一事实并不改变其持股是根据菲律宾法律接受(accepted)的资产的事实。投资者的任何非法行为都可能产生后果,犯罪行为应该在国内刑事司法系统内受到惩罚。根据《德国—菲律宾 BIT》,投资者的非法行为很可能视情况免除或限制缔约方在仲裁中的责任。BIT 的缔约方也有可能排除仲裁庭对投资者非法行为的管辖权。投资者违法现象严重,解决的手段很多。然而,本判决是对《德国—菲律宾 BIT》第 1 条第 1 款的人为、脱离上下文的解释,排除了本仲裁庭对涉嫌违反菲律宾《反挂名法》的管辖权,这种解释违背了促进和保护在菲律宾投资的

---

〔20〕 Fraport AG Frankfurt Airport Services Worldwide v. Republic of the Philippines, ICSID Case No. ARB/03/25,裁决,2007 年 8 月 16 日,第 343 - 345 段。

目标和宗旨。[21]

5. 对各方意见的评析

很多国际投资条约设有投资“符合东道国法律”的条款，该条款一般有三种规定方式：一是在条约所保护的适格投资定义中规定；二是在投资定义之外的其他条款中规定；三是同时规定在投资定义和其他条款中。合法性要求在国际投资条约中规定在不同的条款，其所发挥的作用和产生的法律效果也有所不同。一般而言，在投资定义条款中规定的“符合东道国法律”要求是为了明确该条约所保护的适格投资范围；在非定义条款中规定的“符合东道国法律”要求则是为了明确该条约的实体保护范围；在定义条款和非定义条款中同时规定“符合东道国法律”要求则对于非法投资具有排除仲裁管辖和排除条约实体保护的双重效果。本案中《德国—菲律宾 BIT》属于第三种规定方式，在投资定义和促进与接受投资条款中同时规定了合法性要求，仲裁庭根据适格投资定义条款将“符合东道国法律”作为管辖权要件。根据本案仲裁庭对《德国—菲律宾 BIT》的解释，投资的合法性是本案东道国同意提交仲裁的附加条件，若投资不符合菲律宾国内法，实际上相当于缺乏有效的提交仲裁的双方合意，由此产生的法律效果是仲裁庭不具有管辖权。[22]

在判断是否符合投资合法性要求时，需要考虑的一个重要问题是投资违法行为的发生时间。本案中各方争议焦点之一是，《德国—菲律宾 BIT》明确规定其保护的“投资”仅限于“根据缔约方任何一方各自的法律和法规接受的资产”，该条要求的符合东道国法律的义务是否只限定于启动投资的那一刻？若第一次投资进入东道国时合法，而后续的投资涉及违法行为，是否仍受到 BIT 保护？投资创设（made）和接受（accepted）是什么关系？

本案的申请人主张菲律宾在其投资创设时的批准和默许行为表明菲律宾接受了其投资；被申请人则主张申请人应当在整个投资期间遵守东道国国内法，而不仅限于投资创设时。根据《德国—菲律宾 BIT》第 1 条第 1 款的通常含义、上下文以及补充材料，“符合东道国法律”的要求应仅限于投资创设时

〔21〕 Fraport AG Frankfurt Airport Services Worldwide v. Republic of the Philippines, ICSID Case No. ARB/03/25, Bernardo M. Cremades 先生的异议，2007 年 8 月 16 日，第 13 - 14 段。

〔22〕 马迅：《论“干净的手”原则在国际投资仲裁中的适用》，载《现代法学》2016 年第 5 期，第 151 页。

或进入时,此后申请人违反东道国国内法的行为可以作为被申请人的抗辩理由,但不能阻碍仲裁庭的管辖。基于此,无论是仲裁庭的多数意见还是仲裁员 Bernardo M. Cremades 的意见,都认为《德国—菲律宾 BIT》所规定的投资符合东道国法律的义务仅限投资启动时,在投资准入后的使用、运营、管理阶段出现违法行为不影响仲裁庭管辖权,只能在案件实体阶段进行审理。类似地,2014 年 Hulley v. Russia 案的仲裁庭也采纳了同样的观点。[23] 然而,本案申请人与被申请人,也是仲裁庭多数意见与仲裁员 Bernardo M. Cremades 意见之间的分歧在于,签订秘密股权协议时是否已经创设投资。实际上,投资进入东道国有一个持续性的过程,而非一次性的。本案中,投资者 Fraport 的投资跨越了数年时间,自 1999 年开始投资起,到签订秘密股东协议时,投资仍在持续进入东道国。在此期间,若投资者违反东道国法律则仍处于投资创设或者投资准入阶段。因此,作者认为该投资不适格,仲裁庭没有管辖权。

(二)"符合东道国法律"要求与东道国国内法

1. 申请人的意见及法律依据

申请人称,其对 PIATCO 的投资以间接投资的方式允许向 3 号航站楼提供资金,遵守了包括菲律宾对外国所有公用设施限制在内的菲律宾法律。程式家族的成员都是菲律宾的公民,他们控制着 PIATCO。尽管 Fraport 通过关联公司直接和间接拥有 PIATCO 61.44% 的股份,但仅是拥有 PIATCO 30% 股权的非控股股东。被申请人基于申请人不遵守《国籍法》和《反挂名法》而提出的观点应被理解为是为了本次仲裁而进行的编造(invention)。[24]

2. 被申请人的意见及法律依据

被申请人对申请人是否违反东道国国内法这一问题进行具体的阐释,指出 3 号航站楼特许经营权属于公用事业(public utility)管理范畴,受《菲律宾宪法》中针对公共基础设施的国籍限制以及《反挂名法》的禁令限制,这两者都适用于申请人对 PIATCO 的投资。被申请人认为,申请人试图通过"间接"

---

〔23〕 Hulley Enterprises Limited (Cyprus) v. The Russian Federation, PCA Case No. 2005-03/AA226, 最终裁决,2014 年 7 月 18 日,第 1354-1356 段。

〔24〕 Fraport AG Frankfurt Airport Services Worldwide v. Republic of the Philippines, ICSID Case No. ARB/03/25,裁决,2007 年 8 月 16 日,第 292-293 段。

所有权的手段和秘密股东协议(the secret shareholder agreements),公开逃避菲律宾将公用事业资本的外国所有权限制在40%以内的国籍要求。被申请人认为,申请人寻求对3号航站楼和/或PIATCO的实际控制权作为申请人投资的工具,是因为其监事会不允许申请人的资金流入3号航站楼项目。[25]

3. 仲裁庭多数意见及法律依据

(1)涉及的法律条文及解释

1999年1月11日,QT律师事务所向Fraport提交了一份关于法律问题的初步尽职调查报告,当时这被认为是Fraport计划在菲律宾投资的准备工作的一部分。报告中提及《菲律宾宪法》中的外国所有权限制、反挂名法、保密股东协议等。[26]

第一,关于《菲律宾宪法》中外国所有权限制。《菲律宾宪法》规定:"除非授予菲律宾公民或根据菲律宾法律组建的公司或协会,且其资本至少有60%归菲律宾公民所有,否则不得授予运营公用事业的特许权、证书或任何其他形式的授权,此类特许权、证书或授权也不得具有排他性或期限超过50年。任何此类特权或权利也不得授予,除非国会根据公共利益的要求对其进行修正、变更或废除。国家鼓励公众参股公用事业。外国投资者对公用事业企业管理机构的参与应限于其资本的比例份额,且该公司或协会的所有执行和管理人员必须是菲律宾公民。"[27]外资对该类公司的所有权仅限于其资本的40%。申请人称:"程式家族都是菲律宾的公民,并控制着PIATCO。Fraport是PIATCO的30%的非控股股东,尽管它通过连锁公司直接和间接拥有PIATCO的61.44%的股份。"[28]

第二,关于菲律宾《反挂名法》。《反挂名法》是对违反国有化法律的人实施刑事和民事处罚。《反挂名法》第2-A节规定:"任何以其名义或在其控制下拥有权利、特许经营权、特权、财产或业务的个人、公司或协会,其权利的行使或享有被宪法或法律明确保留给菲律宾或任何其他特定国家的公民,或至少百分之六十的资本由菲律宾公民拥有的公司或协会,允许不具备《菲律宾

[25] 同前注,第287段。
[26] 同前注,第308段。
[27] 同前注,第309段。
[28] 同前注,第292段。

宪法》或法律规定的必要条件的个人、公司或协会使用、开发或享有这些权利、特许经营权、特权、财产或业务;或以任何方式允许不具备《菲律宾宪法》或现行法律要求的资格的人获得、使用、开发或享有法律明确规定由菲律宾或任何其他特定国家的公民行使和享有的权利,参与其管理、运作、行政或控制,作为其中的官员、雇员或劳动者,无论有无报酬,司法部长特别授权雇用的技术人员除外,以及任何明知故犯地帮助、协助或教唆策划、完成或实施上述任何行为的人,应当被惩罚。……应允许选举外国人担任从事部分国有化活动的公司或协会的董事会或管理机构的成员,选举比例应与他们在这些实体的资本中所允许的参股或股份成比例。" 报告指出,作为一个公用事业公司,该公司的经营和所有权也包括在《反挂名法》中。这意味着本公司与外国人的任何安排都必须仔细考虑。外国人只有经司法部长事先批准后,才能担任技术职位。所有的行政和管理职位都必须由菲律宾公民担任。选举比例应与其被允许的参股成比例。[29]

第三,关于保密股东协议。Fraport 继续通过执行其机密文件中所述的策略,规避了相关的菲律宾法律。1999 年 7 月 6 日,Fraport 与 Paircargo(一家航空货运企业,后被并入 PIATCO)、PAGS(菲律宾机场和地面服务有限公司)和 PTI(菲律宾机场和地面服务终端公司)之间达成保密股东协议(FAG - PAIRCARGO - PAGS - PTI Shareholders' Agreement),被申请人定义为"控制协议"或"汇集协议"。其中,第 2.02 条规定:"如果股东不能达成一致意见,(a)股东应咨询 FAG,FAG 可就以下任何事项提出建议(这些事项属于 FAG 的专业知识和能力范围):(i)《O&M 协定》的执行情况;(ii)综合航站的操作、维修及管理复杂;(iii) 在正常业务过程中,在航站楼内进行商业运营。此后,股东应根据 FAG 的建议采取行动。"第 1.07 条规定:"股东应对本协议的条款和条件严格保密,并承诺未经其他股东事先书面同意,不向任何第三方披露本协议的内容,除非是为了履行其在本协议项下的义务或执行本协议的规定。" 第二项相关协议是 1999 年 7 月 6 日 PIATCO 股东协议的增编。附录第 9 条授予 Fraport 作为融资安排人的"专属权限":"尽管股东协议中有任何相反的规定,但 FAG 应为项目的财务安排人,并应拥有确定项目财务安排的专

---

〔29〕 同前注,第 309 段。

属权力，如有必要，包括根据对公司有利的条款和条件提名公司的财务顾问……"[30]

(2)法律推理过程

首先，仲裁庭指出，上述协议以及申请人自己的内部文件表明，Fraport 有意地、秘密地以一种它知道违反《反挂名法》的方式组织投资。根据菲律宾法律，Fraport 在 3 号航站楼股权投资的法定有限百分比是合法的，但 Fraport 对投资的控制和管理却是违法的。比如，除了在 PIATCO 董事会中持有 PIATCO 股份比例的职位外，FAG 的代表只有在司法部长事先批准后才能被任命为 PIATCO 企业中的技术职位。[31] 仲裁庭表示无法理解申请人的最高管理层是如何逃避自己的责任，并将问题归咎于其菲律宾律师 Quisumbing Torres 的错误、菲律宾法律规定的模糊、或者申请人对律师警告的误解。尤其难以理解的是，申请人的最高管理层如何能够振振有词地称，他们对于曾确认过的关于"申请人与 PIATCO 达成的协议与菲律宾法律要求不符"的建议并不知情。仲裁庭从申请人的内部和同期文件中得知，申请人始终知道其在菲律宾的投资结构违反《反挂名法》，并试图对这些安排保密。记录中没有任何迹象表明，被申请人知道、应当知道或本可以知道申请人在 1999 年首次进行投资时不符合菲律宾法律的秘密安排。[32]

其次，仲裁庭详尽分析了申请人是如何违反菲律宾《反挂名法》的。仲裁庭关注的问题不在于申请人可能已经超过了法律允许外国投资者在宪法规定的公用事业类别中进行的法定股权投资水平。仲裁庭认为，申请人既没有超过国内法规定的投资水平，也没有违反《德国—菲律宾 BIT》的"符合(in accordance)"要求。但是，1999 年 7 月 6 日的秘密股东协议(FAG – PARGO – PAGS – PTI 股东协议)违反了国内法的相关规定。对于秘密股东协议是如何违反《反挂名法》的，仲裁庭认为，第一，忽略了所持股份百分比的实际投票权重要求(受菲律宾法律规定的法定上限限制)，即每个股东有均等投票权(每个股东在预备会议期间的地位应给予同等权重，即 FAG、PAIRCARGO、PAGS

---

〔30〕 同前注，第 319 – 321 段。

〔31〕 同前注，第 323 段。

〔32〕 同前注，第 347 段。

和 PTI 各有一票)。第二,如果股东不同意,Fraport 的观点对该协议第 2.02 条第 2 款中列举的事项具有控制作用。简言之,Fraport 对这些事项的管理控制违反了《反挂名法》。[33] 从字面上解释,《反挂名法》禁止外国人作为官员、雇主或劳动者(officer, employee or laborer)参与管理、运作、行政或控制,是否意味着作为股东(shareholder)参与控制就不违反《反挂名法》? 仲裁庭将《反挂名法》的这部分解释为包括股东的干预,这是干预 PIATCO 的"管理、运营或控制"的实际手段,且 Fraport 文件表明其明知正在做出的安排不符合《反挂名法》。[34]

最后,仲裁庭还通过菲律宾国内法确定的方式分析了申请人的行为。从《反挂名法》的文本可以看出,《菲律宾宪法》和《反挂名法》的关键是管理控制(managerial control),正如菲律宾法律表述的一样,诸如股权投资比例之类的定量证据只是证明是否管理控制的重要指标或标志。在股权投资比例上,在废除计算的"祖父规则"、规定外国权益的百分比、采取所谓的"控制规则"之后,菲律宾明显放松了对股权投资比例的限制,因此 Fraport 是无误的。"控制规则"一词实际上是一个误导性的说明,因为"控制规则"并不涉及实证检验,以确定外国投资者是否实际上行使了管理控制,它仅使用了一个更宽松的非累积定量检验来计算允许的股权上限。[35] 根据菲律宾法律,有两种方法来确定是否违反《反挂名法》:第一,定量检验,如果超过这个数值则将推定为违反《反挂名法》;第二,管理控制的实际证明,若能证明存在实际管理控制,则无须证明公司股权数量。第一种方法只是推断第二种方法的一种方式。本案仲裁庭所关心的不是 Fraport 的股权数,而是秘密股东协议。根据 Fraport 的内部文件,秘密股东协议表明,Fraport 从一开始就对菲律宾的法律禁令有准确的理解,但认为如果遵守禁令,预期的投资就不会盈利。因此,它选择通过秘密股东协议的方式秘密违反菲律宾法律来进行投资。这些协议表明,Fraport 知道它的投资不"符合"菲律宾法律。[36]

经过详尽的分析和审查,仲裁庭认为,Fraport 通过秘密股东协议参与"管

---

[33] 同前注,第 350 - 351 段。

[34] 同前注,第 356 段。

[35] 同前注,第 352 段。

[36] 同前注,第 354 - 355 段。

理、运作、行政或控制”的真正方式是作为股东参加第2.02条所述的保密但有约束力的预备会议。正如《反挂名法》所指出的，Fraport不会“以官员、雇主或劳动者的身份”参与随后的正式董事会会议，但正式股东会会议只是例行公事地通过该次保密但有约束力会议的结果。可以肯定的是，Fraport仍将以指定PIATCO职员的方式来完成非法干预。实际上，真正的控制决定须由PIATCO的“官员、雇主或劳动者”来执行，才符合《反挂名法》的字面解释。但这里的字面解释可能会产生问题：如果外国人的指定官员干预管理和控制事项A、B和C，则该外国人将违反《反挂名法》，但如果该外国人作为股东秘密干预管理和控制这些事项，则该外国人不会违反《反挂名法》。如果这是干预PIATCO“管理、运作、行政或控制”的实际手段，仲裁庭将《反挂名法》的这一部分解释为包括股东的干预。这一解释也没有给Fraport带来有追溯力的负担，因为仲裁庭在上文中审查的Fraport内部文件表明，Fraport很清楚它所做的安排不符合《反挂名法》的规定。[37]

此外，仲裁庭还明确了申请人行为在国内法上的效果对国际法的影响。申请人所持“行为是否违反菲律宾法律应为国内法问题，不产生国际法效力”的观点并不可取。如果采用申请人的观点，将使国际条约的重要内容丧失意义和效力。因此，违反东道国国内法可能产生国际法上的后果。尽管《德国—菲律宾BIT》是一项国际文件，但其第1条和第2条以及《议定书》第2条产生了对国内法的反致（renvoi），这一机制在条约中并不少见，而且确实出现在《华盛顿公约》中。不遵守国际条约所涉及的国内法将具有国际法效力。[38]

4. 仲裁员Bernardo M. Cremades的意见及依据

仲裁员Bernardo M. Cremades认为，Fraport没有违反菲律宾国内法。其理由如下：第一，应使用符合菲律宾法律的“控制”测试申请人在PIATCO的实际持股比例从未超过总股本的30%。它还通过持股PAGS、PTH和PTI间接持有PIATCO的股份。在本案中，如仲裁裁决所述，Fraport在PIATCO的直接和间接持股符合菲律宾外国所有权法律。菲律宾法律中对间接持股的处理应适用“控制”测试，该测试取代了早期的“祖父”测试，并使《反挂名法》符

---

〔37〕 同前注，第356段。

〔38〕 同前注，第394段。

合 1991 年《外国投资法》中“菲律宾国民”的定义。“控制”测试将实际投票权视为菲律宾公司的决定性特征,因为它将事实上 60% 由菲律宾公民拥有的公司视为完全菲律宾公司。“控制测试”并不是一个误导性的规则,而是菲律宾法律的一个规则,具有简单明了的优点,即在 60% 的虚拟资本掌握在菲律宾公民手中的情况下,不能以非法控制为由违反《反挂名法》的行为。尽管菲律宾法律有这一明确的规则,但仲裁庭多数意见仍同意被申请人的意见,即如果 60% 的实际投票控制权在菲律宾公民手中,外国投资者仍可能违反《反挂名法》。裁决对国家检察官(菲律宾法律中负责起诉违反《反挂名法》的官员)的决定进行了广泛的分析,试图证明国家检察官无法获得秘密股东协议这一事实可以解释为何依赖该官员进行“控制”测试,以及他未能审查其他形式的控制。事实上,国家检察官采用的是控制测试,这是菲律宾的法律。国家检察官考虑并拒绝了本仲裁庭多数成员现在采取的立场,即控制权可能在“组织结构”中被确定为旧的法律,在本案中不能再使用,因为《外国投资法》已经规定在确定公司国籍时应使用控制权测试。[39]

第二,PIATCO 不是《反挂名法》中的“傀儡”(dummy)。《反挂名法》的目的是惩罚逃避菲律宾国有化要求的行为。《反挂名法》将挂名的行为定为犯罪。《反挂名法》第 2 – A 节规定,拥有《菲律宾宪法》或法律明确保留给菲律宾公民的权利、特许经营权、特权、财产或业务的菲律宾个人或公司,如果允许外国人以第 2 – A 节列举的方式将自己用作“傀儡”,则构成犯罪。《反挂名法》第 2 – A 节仅间接规定了外国投资者可能承担的刑事责任,即将故意帮助、协助或教唆他人策划、完成或实施上述任何行为的个人行为定为犯罪。然而,共犯是否有罪取决于菲律宾主犯的犯罪行为,即证明上文列举的任何行为。被申请人没有证明 PIATCO 违反了《反挂名法》。如果 PIATCO 没有违反《反挂名法》,那么 Fraport 不可能帮助、协助或教唆或以其他方式参与任何犯罪。PIATCO 本身不是秘密股权协议的当事方,被申请人没有证明 Fraport 行使了非法控制权,以及 PIATCO 允许 Fraport 利用 3 号航站楼的特许权。[40]

第三,Fraport 没有违反刑事法规,只是鲁莽行为。比如,没有证据表明

---

〔39〕 同前注,Bernardo M. Cremades 先生的异议,2007 年 8 月 16 日,第 16 节。

〔40〕 同前注,Bernardo M. Cremades 先生的异议, 2007 年 8 月 16 日,第 20 – 21 节。

Fraport 试图在任何场合行使秘密股东协议第 2.02 条中的权力,或其他股东接受任何所谓的行使该权力,或 PIATCO 的任何决定或行动以任何方式受到协议条款的影响。被申请人承认 Fraport 从未行使这些据称非法的权力。因此,PIATCO 并未被用作“傀儡”,也没有违反《反挂名法》。被申请人的陈述和仲裁庭多数裁决,混淆了 Fraport 在菲律宾法律下的鲁莽行为和违反刑事法规的行为。[41]

第四,PIATCO 自始没有特许经营权,不符合《反挂名法》中的主体要求。《反挂名法》还要求“傀儡”实际上拥有公用事业特许经营权。在这种情况下,“傀儡”是 PIATCO,而特许经营权是 3 号航站楼的特许权。然而,菲律宾最高法院判决 1997 年授予 PIATCO 的 3 号航站楼特许权是自始无效的。PIATCO 是否有可能依据 Fraport 提供该特许经营权而犯下刑事罪行?被申请人没有向仲裁庭证明,在菲律宾法律中,当公共事业特许经营无效时,公司可能违反《反挂名法》。[42]

5. 对各方意见的评析

国际投资条约中规定“符合东道国法律”要求表明仲裁庭界定适格投资时应依据东道国国内法。对此,申请人是从投资股权份额方面说明他的投资符合菲律宾国内法,被申请人则从秘密股东协议的证据说明申请人对 PIATCO 的实际控制违反菲律宾国内法。申请人和被申请人在这一问题的争议应当考虑菲律宾国内法的相关规定,而菲律宾国内法关于股权限制的规定实质上是为了避免外国人的“管理控制”,由此可以判断申请人签订秘密股东协议获取实际控制权的行为不符合菲律宾国内法。

仲裁庭明确地指出,理解国际投资条约中“符合东道国法律”要求显然需要考虑东道国的国内法。仲裁员 Bernardo M. Cremades 基于他对菲律宾国内法的解释得出了与仲裁庭多数意见相悖的结论,但他在分析过程中同样也仔细考虑了东道国的国内法,只是他与仲裁庭多数意见对菲律宾国内法的理解不同。尽管《德国—菲律宾 BIT》是一项国际文件,但其中的部分条款产生了对国内法的反致(renvoi),质言之,国际条约中的部分条款将产生适用国内法

---

〔41〕 同前注,Bernardo M. Cremades 先生的异议, 2007 年 8 月 16 日,第 23 节。
〔42〕 同前注,Bernardo M. Cremades 先生的异议, 2007 年 8 月 16 日,第 25 – 26 节。

的效果。同时,仲裁庭指出,否定投资行为是否“符合东道国法律”具有国际法效力的观点,将使国际条约的重要内容丧失其意义和效力。通过本案仲裁庭的解释,审查国际法上的适格投资需要考虑东道国国内法的相关内容,不遵守国际条约所涉及的国内法将具有国际法效力。然而,并非所有情况下违反国内法都会产生国际法效力,国内法与国际法效力的连接需要一个“中介”,本案中的“中介”是《德国—菲律宾 BIT》第 1 条中规定的“符合东道国法律”要求。

此外,还应当注意的问题是“符合东道国法律”要求的内涵,质言之,“符合东道国法律”是指符合东道国国内法对投资合法性的一般要求,还是指符合东道国国内法中对投资形式的具体规定？在 Salini v. Morocco 案中,仲裁庭首次对国际投资条约中“符合东道国法律”要求进行了解释。该案仲裁庭认为,BIT 中“符合东道国法律”要求主要指的是投资符合一般东道国国内法,而非东道国国内法中对投资的定义。[43] 其理由是国际投资条约作为国际法,应由缔约各方决定投资的定义,而不能以一国国内法中投资的定义取代国际投资条约项下投资的定义。这一观点也被后续的国际投资仲裁实践所接受。[44] 值得注意的是,本案仲裁庭对于《菲律宾宪法》中外国所有权限制等分析表明,在判断是否“符合东道国法律”要求时,本案仲裁庭不仅考虑了投资合法性的一般要求,也考虑了东道国国内法中对投资的定义。[45]

(三)“符合东道国法律”要求与诚信原则

1. 申请人的意见及法律依据

申请人认为,被申请人从未根据本国法律采取任何行动,起诉 Fraport 违

---

〔43〕 Salini Costruttori S. p. A. and Italstrade S. p. A. v. Kingdom of Morocco, ICSID Case No. ARB/00/4,管辖权裁决,2001 年 7 月 23 日。

〔44〕 如 Bayindir v. Pakistan 案、Saipem v. Bangladesh 案、L. E. S. I. – DIPENTA v. Algeria 案等裁决中曾引用 Salini v. Morocco 案的该观点,或者曾表达与之类似的观点。See Bayindir Insaat Turizm Ticaret Ve Sanayi A. S. v. Islamic Republic of Pakistan, ICSID Case No. ARB/03/29,裁决,2009 年 8 月 27 日;Saipem S. p. A. v. The People's Republic of Bangladesh, ICSID Case No. ARB/05/07,裁决,2009 年 6 月 30 日;Consorzio Groupement L. E. S. I. – DIPENTA v. People's Democratic Republic of Algeria,裁决,2005 年 1 月 10 日。

〔45〕 王璐:《论投资条约中的“符合东道国法律”要求——兼论我国在中美投资条约谈判中的立场选择》,载《法商研究》2013 年第 1 期,第 122 – 123 页。

反这些法律。关于管辖权论点之一,被申请人早就知道 PIATCO 的股权结构的细节,但从未在菲律宾控告申请人违反外国所有权法,特别是申请人认为其一直向菲律宾证券交易委员会充分披露其投资,被申请人知道申请人在政府最高层的投资。申请人还指出,虽然在 2003 年 5 月的 Agan 案中已经提供了 PIATCO 的股东结构图表,但菲律宾最高法院并没有处理这一问题。被申请人强调,它在向 3 号航站楼项目施加影响时已经寻求并遵守了法律建议,以确保其遵守法律。对此,申请人主张,主管当局的批准和默许行为进一步构成被申请人接受申请人投资的证据。〔46〕

2. 被申请人的意见及法律依据

被申请人认为,从更广泛的角度来看,被申请人所主张的仲裁庭不具有管辖权在某种程度上与申请人不遵守菲律宾法律,即《反挂名法》禁令的行为有关,这是基于以下声明:“重点不是 Fraport 控制了 PIATCO,而是 Fraport 试图控制 PIATCO 但未能成功。”被申请人称,申请人试图控制 PIATCO 行为的证据是申请人在 2005 年 12 月和 2006 年 1 月听证会期间提供的秘密股东协议。〔47〕

3. 仲裁庭多数意见及法律依据

仲裁庭多数意见认为,当问题是投资是否符合东道国的法律时,可能会有相当多的论据赞成以一种更自由、对投资者更慷慨的方式解释属事管辖权。在某些情况下,东道国的有关法律可能并不完全明确,而且可能出于诚信(good faith)犯下错误。诚信错误的一个标准是,一个合格的当地律师的尽职调查报告没能指出这一问题。另一个可能表明投资者出于诚信违反规定的标准是,违规安排并不能对投资的盈利状况起到重要促进作用。〔48〕

本案中的记录表明,(1)《德国—菲律宾 BIT》明确和反复要求,为了有资格获得《德国—菲律宾 BIT》的保护,投资必须符合东道国的法律;(2)当地律师明确警告,某一特定的结构安排将违反菲律宾法律的重要规定。此外,董事会层面明确讨论了违规行为。鉴于财务专家编制的尽职调查研究报告(他们

〔46〕 Fraport AG Frankfurt Airport Services Worldwide v. Republic of the Philippines, ICSID Case No. ARB/03/25,裁决,2007 年 8 月 16 日,第 295 段。

〔47〕 同前注,第 291 段。

〔48〕 同前注,第 396 段。

显然没有听取有关当地法律限制的建议)，申请人得出结论，认为其股权投资证明盈利的唯一可行方法是秘密安排，即以投资者不知道的方式管理和控制该项目。此种秘密安排通过 1999 年 6 月 6 日订立的 FAG – PAIRCARGO – PAGS – PTI 股东协议第 2.02 条实现。该条允许申请人对属于其"专业知识和能力范围"的事项进行决定性和控制性投票。因此，不能认为违反行为是偶然的，与投资无关。申请人的有关安排不符合菲律宾法律，体现在其决定秘密做出这些安排，并设法使这些安排根据外国法律生效。所有这些事实都来自申请人的内部文件，其可信度很难被申请人质疑。[49]

仲裁庭还对证据标准作出简要评论。无论菲律宾法律要求什么样的证据标准来证明犯罪行为，本案仲裁庭面临的不是对犯罪的认定，而是国际投资争端的"管辖权问题"，即德国公司的经济交易是否"符合(in accordance)"菲律宾法律进行，从而符合《德国—菲律宾 BIT》下的"投资"。假设在本案中采用"超出合理怀疑"证明标准而非"证据优势"证明标准，鉴于"符合"的要求需要审查的主体是菲律宾的刑事法规，这实质上是事实自证(res ipsa loquitur)。在申请人自己的文件中找到的所有相关事实，是不容置疑的。[50]

申请人主张，东道国政府未起诉违反《反挂名法》的行为，使得投资者合理地推断其行为合法并进行进一步投资。对此主张，仲裁庭认为，尽管要求出示文件，这些秘密文件与被申请人的管辖权异议明显相关，而且仲裁庭庭长在仲裁早期严厉警告不出示此类文件可能导致不利后果，但只是在审理过程中才知道许多此类文件的存在。只是在仲裁庭庭长当时的坚持下，这些文件才最终被拿出来。在这方面，Fraport 公司在为自己辩护时声称菲律宾"从未根据其法律采取任何行动指控 Fraport 公司违反这些法律"是站不住脚的。申请人故意通过秘密股东协议规避《反挂名法》，导致菲律宾不知情从而没有对其采取法律行动，因此，申请人不能声称"依法"进行了投资，也不能认为被申请人的高级官员放弃了法律要求并认可了其投资，因为被申请人的官员不可能知道这一违规行为。由于没有"依法投资"，仲裁庭缺乏属事管辖权。[51]

---

〔49〕 同前注，第 398 段。
〔50〕 同前注，第 399 段。
〔51〕 同前注，第 401 段。

仲裁庭强调,外国投资者有遵守东道国法律的义务。至于政策,BIT 要求政府以透明的方式处理与外国投资者的关系。外国投资者负有一些对等的义务,其中之一是根据东道国法律进行投资的义务。可以说,即使是不符合东道国法律的投资也可能给东道国带来经济价值,但这不是国际法这一领域的唯一目标。尊重东道国法律的完整性也是发展的一个关键部分,也是国际投资法关注的一个问题。尽管如此,仲裁庭在这个问题上的决定并不取决于政策。BIT 的语言是决定性的,在这个问题上是毫不含糊的。遵守东道国的法律是《德国—菲律宾 BIT》及其所附议定书中一项明确而合理的要求。申请人表面上购买了 3 号航站楼项目的股份,实则是掩盖了一种不同类型的非法投资,并不是《德国—菲律宾 BIT》所涵盖的"投资"。由于《德国—菲律宾 BIT》是本案仲裁庭裁决的基础,而仲裁庭缺乏属事管辖权,因此必须驳回申请人的索赔申请。[52]

4. 仲裁员 Bernardo M. Cremades 的意见及法律依据

仲裁员 Bernardo M. Cremades 认为,国际法中的诚信原则先于并超越了 VCLT 第 26 条。例如,它延伸到滥用权利、缔约方不当使用国内法(VCLT 第 27 条的事项),以及一国不能对同一事实采取不一致立场的原则(该原则在国际领域的适用知名于 Anglo – Saxon 辖区的禁止反言)。《德国—菲律宾 BIT》第 9 条中的投资者—国家争端解决条款构成向另一国的投资者公开提出仲裁。在投资者开始仲裁之前,投资者才会接受该要约,从而形成仲裁协议。缔约方的长期要约必须诚信地提出和维持,仲裁被接受后,必须诚信地进行。

仲裁协议的形成(程序事项)受诚信原则的约束。缔约方滥用其本国法律是 BIT 实质性条款的主题,如公平公正待遇的要求,以及没有补偿就没有征用。它也是拒绝司法等国际公法义务的主体。然而,缔约方滥用其本国法律可以采取程序形式,因此影响仲裁协议的形成和仲裁庭的管辖权。在 BIT 产生的仲裁协议的情况下,如《德—菲律宾 BIT》第 9 条,仲裁协议的形成和履行受诚信的管辖,诚信来自 VCLT 第 26 条和程序的基本原则。滥用法律的缩影是其前后矛盾或任意性。矛盾性或任意性指的是,规则对于不同主体的适用不同,或者在不同时间适用不同,或者由某一官员自行决定,或者不同国家

〔52〕 同前注,第 404 段。

机构承认和执行的情况不同。关于仲裁协议的形成,诚信原则或禁止反言原则阻止国家采取与其内部法律或以前行为的立场。

仲裁员 Bernardo M. Cremades 认为,菲律宾违反诚信原则。被申请人不能在本仲裁中诚信地采取立场,即 PIATCO 拥有有效的公用事业特许经营权,因为其违反自身的内部法律,以及违反其官员在 4 年的时间内一贯和公开采取的立场。然而,这正是被申请人在追究违反《反挂名法》的行为时所采取的立场。本案中,被申请人声称对一项特许经营权进行了犯罪控制,从而逃避了仲裁协议,4 年来,被申请人一直坚称该特许经营权并不存在。被申请人操纵国内法的明显态度,显示了对法治的蔑视,是恶意的缩影。

5. 对各方意见的评析

申请人主张主管当局的批准和默许行为进一步构成被申请人接受申请人投资的证据,实际上是以禁止反言原则为依据主张被申请人不当利用《德国—菲律宾 BIT》中的"符合东道国国内法"要求。被申请人主张 Fraport 虽然在股权结构上看似符合菲律宾国内法规定,但其明知菲律宾国内法而签订秘密股东协议试图规避法律,实际上也是以诚信原则为依据主张申请人违反"符合东道国国内法"要求。双方看似针锋相对的主张实际上都以国际法上的诚信原则为依据。诚信原则(good faith)是判断国际投资合法性、确定"符合东道国法律"要求的重要标准。[53] 诚信原则是国际法的一项重要的一般法律原则。在条约法领域,诚信原则适用于国际条约的缔结、履行、解释和争端解决等各个阶段。"诚信"的含义较为抽象,在条约解释领域,其最主要的义务是"诚实"地解释,然而,"诚信"并不完全等同于"诚实"。《牛津词典》中对"诚信"一词的解释是:"做对的事情的意图。"关于国际法上"诚信"的定义,国际法学者奥康奈尔指出,"国际法上的诚信原则是一项基本原则,由此引申出条约必须遵守规则和其他特别地和直接地与诚实(honesty)、公正(fairness)和合理(reasonableness)相关的规则。这些规则在任何特定时间的适用,取决于在该时间国际社会流行的关于诚实、公正和合理的主导标准"[54]。

---

[53] 王璐:《论投资条约中的"符合东道国法律"要求——兼论我国在中美投资条约谈判中的立场选择》,载《法商研究》2013 年第 1 期,第 123 - 124 页。

[54] John F. O'Connor, *Good Faith in International Law*, Dartmouth, 1991, p. 124.

诚信原则体现在多个重要的国际条约中,比如,VCLT的多处体现了该原则,其序言第3段宣布:“鉴悉自由同意与诚信之原则以及条约必须遵守规则乃举世所承认。”[55]同时,VCLT第18条规定的先条约义务、第26条规定的条约必须遵守义务、第31条规定的条约解释规则等也提及了诚信原则。此外,国际法司法实践中也深入而广泛地适用并发展了诚信原则。首次明确诚信原则作为国际法一般法律原则的地位的是国际法院1974年核试验案,该案裁决第49段指出:“无论义务的渊源为何,诚信原则是支配国际法上法律义务创设和履行的一项基本原则。国家之间的信任和信心是国际合作的内在要求。正如条约必须遵守原则是基于诚信原则而产生的一样,根据单方行为而产生的国际义务的约束性也是基于这项原则。”[56]从国际法院裁决可见,条约必须遵守(Pacta Sunt Servanda)原则是由诚信原则衍生出来的一项子原则,除此以外,与诚信原则相关联的原则还包括公平(Equity)原则、禁止滥用权利和程序(abuse of rights and proceedings)原则、禁止反言(Estoppel)原则以及默认(Acquiescence)原则等。[57]

投资是否“符合东道国法律”要求也需要判断是否符合诚信原则。基于该原则,BIT的缔约方仅有义务保护合法的投资,而没有义务保护以欺诈手段进行的投资。[58] 就本案而言,诚信原则既适用于投资者Fraport,也适用于东道国菲律宾,对于投资者,应诚信履行条约项下的义务,即遵守当地法律。本案中Fraport利用不当的手段达到了法律明文禁止的目的,违反诚信原则。对于东道国政府,应当遵循禁止反言原则,如果对方已经依赖一国作出的言行,则该国不可以再作出或站在与自己曾经的宣言或行为相冲突的法律立场。本案中,菲律宾先前授予PIATCO特许权,而后菲律宾最高法院判决PIATCO的

---

〔55〕《维也纳条约法公约》,英文全称“Vienna Convention on the Law of Treaties”,1969年5月22日通过,于1980年1月27日生效,目前有45个国家签署,有116个缔约方,全文见联合国网,https://treaties.un.org/pages/ViewDetailsIII.aspx?src=TREATY&mtdsg_no=XXIII-1&chapter=23&Temp=mtdsg3&clang=_en,2023年10月24日访问。

〔56〕Nuclear Tests (New Zealand v. France), Judgment ICJ Reports 1974,1974年12月20日,第457页,第49段。

〔57〕王玮:《善意原则在国际法实践中的应用研究——基于国际法院具体适用的类型化分析》,载《河北法学》2021年第4期,第173页。

〔58〕王贵国:《略论晚近国际投资法的几个特点》,载《比较法研究》2010年第1期,第72页。

特许权和相关合同无效，也违反了诚信原则。虽然本案仲裁庭最终裁决认为，是由于 Fraport 故意隐瞒其违法行为，菲律宾未能发现有关违法行为，因此菲律宾提出的管辖权异议成立，Fraport 的申请被驳回，但是本案的仲裁庭也认可了禁止反言原则的适用，指出在东道国明知某项投资违反其国内法却忽视该违法行为且为该投资背书的情况下，不得以违反其国内法为由提出管辖权抗辩。[59] 此外，诚信原则或者禁止反言原则对于东道国的适用还体现在东道国不能利用国际投资条约中"符合东道国法律"要求的规定，在外国投资者投资过程中随意修改国内法，并以投资不符合修改后的国内法为由规避国际条约义务。

三、对裁决撤销中法律问题的分析及评论

(一)根据《华盛顿公约》第 52 条第 1 款(b)项，如何判断仲裁庭"明显越权"？

1. Fraport 的意见及法律依据

Fraport 提出，仲裁庭明显越权是基于三个不同的理由：第一，仲裁庭将《德国—菲律宾 BIT》第 1 条第 1 款解释为"合法性要求"(要求投资依法进行)，而不是"准入条款"(要求投资依法"接受")。第二，在驳回 Fraport 的申请时，仲裁庭只考虑了 Fraport 的部分投资，而没有考虑 Fraport 持有的某些股份、贷款和担保。第三，仲裁庭未能认定主犯违反了《反挂名法》，因此作为从犯的 Fraport 不可能违反《反挂名法》。[60]

2. 菲律宾的意见及法律依据

菲律宾认为，仲裁庭拒绝对 Fraport 的诉求行使管辖权没有构成"明显越权"。第一，仲裁庭得出的结论是站得住脚的，即《德国—菲律宾 BIT》第 1 条和第 2 条的用语都是指投资在"启动投资"时必须遵守东道国法律的时间要

[59] 王宇石：《论国际投资仲裁中的腐败抗辩及其处理》，载《湘潭大学学报(哲学社会科学版)》2020 年第 2 期，第 101 页。

[60] Fraport AG Frankfurt Airport Services Worldwide v. Republic of the Philippines, ICSID Case No. ARB/03/25，撤销裁决，2010 年 12 月 23 日，第 32 段。

求。第二,对于 Fraport 所称的仲裁庭没有考虑 Fraport 的其他形式的投资,菲律宾认为,没有理由要求仲裁庭以不同类别或单位为基础处理投资的独立要素,然后相应地作出独立的管辖权决定。第三,对于 Fraport 所主张的《反挂名法》错误解释,菲律宾认为,《德国—菲律宾 BIT》第 1 条第 1 款限制了仲裁庭同意仲裁的范围,该范围将作为一个国际法问题来确定,尽管《德国—菲律宾 BIT》第 1 条包含对菲律宾国内法的反致,但该条不能直接适用而是需要咨询,以诚信地评估《德国—菲律宾 BIT》旨在保护哪些投资。[61]

3. 特设委员会的意见及法律依据

(1)涉及的法律条文及解释

该问题涉及的法律条文是《华盛顿公约》第 52 条第 1 款(b)项,即"仲裁庭明显越权"。委员会认为,仲裁庭在两种情况下构成越权:一是仲裁庭事实上没有被授予管辖权却行使了管辖权;二是仲裁庭被授予管辖权却没有行使管辖权。[62] 委员会还注意到,根据《华盛顿公约》第 52 条第 1 款(b)项,超额权力行为必须明显显示,以便为委员会撤销裁决提供理由。委员会考察了《华盛顿公约》第 52 条的制定历史:《华盛顿公约》第 52 条的灵感来自《仲裁程序示范规则》第 35 条,该规则是联合国国际法委员会于 1958 年根据其特别报告员 Georges Scelle 教授提交的报告通过的。《仲裁程序示范规则》第 35 条规定:"任何一方当事人均可以基于下列一项或多项理由对裁决的有效性提出质疑:(a)认为仲裁庭越权;……"后来,在德国代表的建议下,《华盛顿公约》初稿加上了"明显"(manifestly)一词。也有提议删除"明显"一词,但该提议被否决了。因此,由于"明显"是《华盛顿公约》第 52 条第 1 款所载规则的一部分,必须赋予该词一定的效力。问题是"明显"这一形容词对于正确解释这一无效理由的含义是什么。[63] 《华盛顿公约》评注指出,第 52 条第 1 款(b)项具有双重要求:必须"越权",且这种越权必须是"明显的"。评注提到了"明显"一词的字典含义,可以理解为"简单""清楚""当然""显而易见的",评注认为,越权的明显性质与容易被察觉有关,结论是:"如果不太费力也不

---

〔61〕 同前注,第 62 – 72 段。

〔62〕 同前注,第 37 段。

〔63〕 同前注,第 39 段。

需要更深入的分析就能察觉,那么越权就是明显的。"[64] 如果是这种情况,这将意味着《华盛顿公约》第 52 条的条件可能只需进行表面审查即可满足,从而缔约方可以实现对仲裁程序完整性的重要和排他的控制。[65]

(2)被引用的案例及理由

委员会还考察了过去的特设委员会对是否越权问题发表的声明,判断"明显"的标准有三个方面:第一种标准是"不言而喻"或"简单阅读"的方法(测试)。在 Repsol v. Petroecuador 案中,该案特设委员会认为,"显而易见"应被解释为"本身显而易见",而且"只要阅读裁决,甚至在详细审查其内容之前"即可确定。[66] 第二种标准和程度以及严重性有关。"明显越权"要求是撤销的一个条件,与其说与越权的明确性有关,不如说与越权的程度或严重性有关。[67] 第三种标准是分别考察仲裁裁决的文本和实质。在 Soufraki v. UAE 案中,该案委员会认为,对于"明显"一词两种不同含义之间的严格对立是一场不必要的辩论。在该案委员会看来,明显的越权意味着越权应立即在文本上是明显的和实质上是严重的。[68]

(3)法律推理过程

本案仲裁庭认为,"明显越权"的要求涉及审查工作的性质。如果仲裁庭的管辖权合理地允许有一种以上的解释,特设委员会将特别重视仲裁庭对管辖权文书的解释。如果仲裁庭对其管辖权的决定并非不合理,则委员会将不会进行干预。因为这里的问题是对一项国际条约的解释,即两个主权国家之间缔结的 BIT。国际法院在其审查判例中就采用了这种办法。委员会认为,ICSID 特设委员会关于审查管辖权问题的切实可行标准的判例应被解释为类似的效力。委员会认为,超出管辖权应是可证明的和实质性的,而且是毋庸置疑的。如果提出了困难的法律问题从而需要进行广泛的辩论,这一事实并不

---

〔64〕 Ch. Schreuer et al., *The ICSID Convention, A Commentary*, 2nd edition, Cambridge University Press, 2009, p. 938, para. 135.

〔65〕 Fraport AG Frankfurt Airport Services Worldwide v. Republic of the Philippines, ICSID Case No. ARB/03/25,撤销裁决,2010 年 12 月 23 日,第 40 段。

〔66〕 Repsol v. Petroecuador, ICSID Case No. ARB/01/10,撤销裁决,2007 年 1 月 8 日,第 36 段。

〔67〕 Vivendi v. Argentina, ICSID Case No. ARB/97/3,撤销裁决,2002 年 7 月 3 日, 第 104 – 112、115 段。

〔68〕 Soufraki v. UAE, ICSID Case No. ARB/02/7,撤销裁决,2007 年 6 月 5 日,第 40 段。

一定能确定仲裁庭是否明显地超出其权力范围。由于调查的目的是确定仲裁庭做法的合理性，申请人必须承担证明明显越权的沉重负担。委员会必须根据仲裁庭收到的证据和提交的文件，而不是根据新的证据，来确定仲裁庭的方法是否合理。[69]

就本案而言，撤销委员会逐个进行分析了 Fraport 的主张：针对第一个主张，撤销委员会认为，它没有“被授权作为一个上诉机构，用自己对 BIT 的解释取代仲裁庭通过的解释”，特别是只要仲裁庭的解释“站得住脚”，就不能“得出仲裁庭明显越权的结论”。委员会认为，仲裁庭对《德国—菲律宾 BIT》第 1 条第 1 款的解释“并非站不住脚”，因此得出结论，仲裁庭没有明显越权。针对第二个主张，仲裁庭在驳回申请时没有考虑 Fraport 的一些投资，委员会裁定仲裁庭没有明显越权，认为“仲裁庭有权将 Fraport 在 3 号航站楼项目中的投资参与视为追求相同目标的整体”，因此可以将其分析应用于“Fraport 的整体投资”。针对第三个主张，委员会认为，在撤销程序中审查仲裁庭关于 Fraport 违反《反挂名法》的裁决，或者 Fraport 是否在法律上有可能成为违反《反挂名法》第 2 – A 节的犯罪者，是不恰当的。仲裁庭成员不是菲律宾法律的专家。因此，对菲律宾法律的解释和构建，就其相关程度而言，应基于菲律宾主管机构对该法律实际应用的证据和研究。仲裁庭如何处理这一问题是委员会在下面分析的主题。[70]

关于 Fraport 公司根据《华盛顿公约》第 52 条第 1 款(b)项提出的论点，委员会最终得出结论认为，如果支持 Fraport 公司关于仲裁庭明显越权的主张，将超越其撤销权的界限，使自己成为一个上诉机构(organe d'appel)。[71]

4. 对各方意见的评析

裁判机构越权通常被认为是最古老且最广泛接受的裁决无效事由。从法理上来看，国际投资仲裁的基石是当事方的仲裁合意，这也是仲裁庭的权力来源，若仲裁庭背离当事方的授权作出裁判则为越权。在国际投资仲裁领域，目前尚不存在类似于国内司法制度的上级法院，而是由特设委员会作为裁决是

---

〔69〕 Fraport AG Frankfurt Airport Services Worldwide v. Republic of the Philippines, ICSID Case No. ARB/03/25，撤销裁决，2010 年 12 月 23 日，第 44 – 45 段。

〔70〕 同前注，第 112 – 116 段。

〔71〕 同前注，第 118 段。

否越权的最终判断者。然而,在当前的国际条约文本以及国际投资仲裁理论与实践中,“越权”的定义界定及认定标准仍存在模糊性和不确定性,很大程度上成为当事方寻求执行或推翻仲裁裁决的阻碍。判断仲裁庭裁决是否越权的难点在于各类价值和原则的平衡,尤其是维护仲裁裁决终局性和确保裁决结果公正性的张力。[72] 鉴于此,裁决撤销事由中对于仲裁庭越权的认定应当受到严格限制。

首先,特设委员会的权力范围应当依据《华盛顿公约》严格界定。越权的认定属于效力审查而非上诉审查,应避免对裁决内容的各个方面进行重新审理,使撤销程序成为上诉程序。本案特设委员会指出,仲裁庭审理案件缺乏管辖权或者超越管辖权都有可能构成仲裁庭越权。[73] 此外,特设委员会的任务是审查仲裁庭是否对应分析的问题进行了分析,而不是审查仲裁庭怎么分析以及分析的对错。本案中,仲裁庭裁决中将《德国—菲律宾 BIT》第 1 条第 1 款投资定义的前言部分标粗,[74] 表明仲裁庭已经以自我裁量的标准(by itself)对该问题进行了分析,因而本案特设委员会认为仲裁庭没有明显违反权限。其次,越权的认定应当遵循严格的标准,只有在仲裁庭越权程度达到“明显性”程度时才可认定存在越权。本案特设委员会经过三个先例的考察,认为超出管辖权应是可证明的和实质性的,只要仲裁庭的解释“站得住脚”,就不能“得出仲裁庭明显越权的结论”。最后,越权的认定应当基于仲裁阶段的证据进行客观判断,且根据《华盛顿公约》第 52 条中“有权”一词,即使仲裁裁决存在可撤销事由,特设委员会也对于是否撤销裁决享有一定的自由裁量权。

---

〔72〕 徐树:《谁来监督裁判者:国际仲裁越权裁决的救济难题》,载《当代法学》2022 年第 1 期,第 158 页。

〔73〕 Fraport AG Frankfurt Airport Services Worldwide v. Republic of the Philippines, ICSID Case No. ARB/03/25,撤销裁决,2010 年 12 月 23 日,第 37 段。

〔74〕 标粗部分为《德国—菲律宾 BIT》第 1 条第 1 款:“根据缔约方任何一方的法律和法规接受的任何种类的资产……”See Fraport AG Frankfurt Airport Services Worldwide v. Republic of the Philippines, ICSID Case No. ARB/03/25,撤销裁决,2010 年 12 月 23 日,第 80 段。

(二)根据《华盛顿公约》第52条第1款(d)项,如何判断“严重违背基本程序规则”?

1. Fraport的意见及法律依据

Fraport主张,仲裁庭在两个方面严重违背了基本的程序规则:第一,忽略在确定是否违反刑法时必须尊重的原则,特别是法无明文规定不为罪和疑罪从无的原则。这一理由主要是涉及仲裁庭解释《反挂名法》的方法。第二,诉讼结束后接受的证据剥夺了Fraport的听证权。这一理由主要是涉及仲裁庭决定采纳菲律宾特别检察官在诉讼程序结束后就Fraport被控违反《反挂名法》的刑事申诉作出决定的调查证据,而没有向当事方提供机会就提交给仲裁庭的材料的影响进行陈述。[75]

关于第一个方面,法无明文规定不为罪原则(Nullum crimen sine lege)和疑罪从无原则(in dubio pro reo)。Fraport认为,《反挂名法》是一项刑事法规,即使这种法规只偶然适用于国际仲裁程序中,法无明文规定不为罪和疑罪从无原则也是适用的。如果不这样做,就等于违反了一个基本的程序规则。《菲律宾宪法》和菲律宾所参加的条约都要求遵守法无明文规定不为罪原则。因此,Fraport认为,这一原则具有强行法(jus cogens)的性质,并对国际仲裁庭具有约束力。Fraport强调,《反挂名法》是一项刑事法规。它认为,《华盛顿公约》第52条第1款(d)项的保护不应被简化为仅仅是技术性的程序规则,而应包括公平审判权的规定和管辖任何法律程序(包括仲裁程序)的自然正义原则。Fraport认为,该裁决从表面上看,仲裁庭并没有采用这种推定来处理Fraport违反《反挂名法》第2—A节的证据。仲裁庭明确承认,对《反挂名法》的字面解释不会涵盖Fraport的行为,但仲裁庭仍然认定Fraport违反了法律,适用了仲裁庭自己对被禁止行为的观点,而这种观点在《反挂名法》本身的文本中找不到支持。Fraport认为,仲裁庭是在对Fraport公司预先定罪的基础上进行审理的,没有考虑怀疑的可能性,因而违反了疑罪从无原则。[76]

---

〔75〕 Fraport AG Frankfurt Airport Services Worldwide v. Republic of the Philippines, ICSID Case No. ARB/03/25,撤销裁决,2010年12月23日,第120段。

〔76〕 同前注,第121－126段。

关于第二个方面,仲裁庭是否侵犯当事方的听证权。Fraport 认为,仲裁庭承认这一证据在三个方面侵犯了其辩护权:第一,仲裁庭多数意见认为,Fraport 的交易律师斯蒂勒博士在菲律宾作了虚假证词,但未允许 Fraport 或证人就这一严肃但站不住脚的裁决发表意见。第二,仲裁庭多数人对菲律宾检察官的声明进行了决定结果但不正确的事实描述。仲裁庭多数意见认为,与检察官的决议有关的关键事实问题是,秘密股东协议是否已成为声明的一部分,并由检察官审议。这个问题没有向当事各方披露,因此当事各方没有机会面对仲裁庭所依赖的证据。Fraport 认为,仲裁庭以仲裁中的保密协议为由,而不能把这两项决定性的协议向检察官披露的结论是不正确的。第三,仲裁庭多数人承认,如果有关这些材料的事实有所不同,它对管辖权的决定就会不同,因为若检察官认定没有违反《反挂名法》,则菲律宾涉及违反禁止反言原则。Fraport 认为,听证权包括面对基本事实的权利。听证应涉及主要事实,有关的材料是特别检察官的决定及其书面记录,而不仅仅是仲裁庭可能决定从中得出的推论。关于弃权,Fraport 认为,仲裁庭已通知当事各方,该程序仅仅是为了完成记录,而不是考虑其实质内容:"多数人在没有通知当事人的情况下改变了接收基本材料的目的。目的上的改变没有传达给 Fraport,这就是为什么 Fraport 不能作出回应,因此被剥夺了听取意见的权利。"在特设委员会的听证会上,Fraport 在开庭时没有进一步就这个问题提交意见,其理由是基于书面诉状。在回复被申请人的意见中,Fraport 讨论了在仲裁记录中以及在菲律宾检察官面前对股东协议的披露程度。本应向 Fraport 提供机会参与听证关于菲律宾检察官裁决是否约束仲裁庭的法律问题,以及关于股东协议是否确实已向检察官提出的事实问题。这些问题既涉及当事各方之间的权利平等,也涉及面对仲裁庭所关切的具体问题的机会。[77]

2. 菲律宾的意见及法律依据

关于第一个方面,菲律宾认为,《华盛顿公约》第 52 条第 1 项(d)款的目的是确保当事各方得到正当程序的基本保障。它认为,Fraport 关于法无明文规定不为罪和疑罪从无原则的主张不能得到支持,原因有以下三个方面:第一,因为这两项原则只适用于刑事方面,因此不能被视为 ICSID 目的的基本

[77] 同前注,第 130 – 133 段。

程序规则;第二,即使在刑事方面,也不能被适当地视为程序规则,法无明文不为罪是一项实质性规则,而疑罪从无确立了仅适用于刑事案件的证据标准;第三,即使适用,仲裁庭在任何情况下都没有违反这两项原则。关于第一点,菲律宾指出,疑罪从无原则适用于刑事诉讼,因为国家在这类诉讼中拥有许多优势,包括获得证据的强制性权力和起诉权利。此外,刑事诉讼中涉及的利益是人的自由。这两种因素都不存在国际仲裁中,因此,适用这些原则将会扭曲当事各方的平等。如果仲裁庭对违反较严重的刑法行为采用比对违反较不严重的民法行为适用更高的证据标准,将导致荒谬的结果。关于第二点,菲律宾认为,程序规则是一种管理仲裁庭工作和诉讼程序进行的规则,而不是解释适用法律或评估证据的方式。仲裁庭在本案中的做法不能基于其未能公正地评估证据而被批评,特设委员会普遍认为,仲裁庭在判断证据可采性及其证明价值上应当自我裁判。因此,仲裁庭在处理证据方面的做法上被诉称的缺陷不违反基本程序规则。关于第三点,菲律宾强调,最根本的问题是仲裁庭是否公正地对待当事各方。它承认,不进行公平的听证将构成违反《华盛顿公约》第52条第1项(d)款,但菲律宾认为,本案中,这项权利在任何方面都没有受到侵犯。[78]

值得注意的是,申请人和被申请人分别引用了Pellet教授和Cassese教授等学者的观点。Pellet教授承认这些原则是法律的一般原则,但不同意Cassese教授提出的关于它们具有强行法性质的主张。他认为,如果在仲裁庭面前的问题上适用这些原则,将会误解其任务的性质,仲裁庭的任务并不是为了判决Fraport的刑事罪行,而是为了确定Fraport的投资是否符合菲律宾法律的相关规定。法无明文规定不为罪原则作为法律的一般原则,只适用于刑事诉讼,在刑事诉讼以外的国际文书中没有得到承认。国际仲裁庭在适用该原则时,是为了评估一国国内法或国内法院的裁决是否符合国家的国际义务,而不是将该原则适用于潜在的国内法案件。Pocar教授补充说,合法性原则之所以成为习惯国际法的规范,是为了保护被控有犯罪行为的人,防止法官和检察官滥用国家权力。他解释道:“刑事诉讼之外,并未威胁合法性原则保护的价值观,适用该原则是不合理的,因为它最终会保护这一原则所需要的更严格解释

〔78〕 同前注,第139-143段。

的受益者,没有适当的理由给予这种更有利的待遇。"即使适用法无明文规定不为罪的原则,也不一定要求字面解释,因为忠于法律需要根据特定条款的上下文和目的进行解释。[79]

关于第二个方面,菲律宾在其辩诉状中指出,Fraport 在审理过程中没有选择提交关于《反挂名法》的详细意见,尽管该公司注意到仲裁庭根据股东协议对《反挂名法》解释的重视。之后,在听证后的书面陈述中,Fraport 实际上对《反挂名法》解释作了一些详细说明。关于披露检察官的决议所采取的立场,菲律宾提出:第一,仲裁庭听取了 Fraport 关于菲律宾检察官的记录是否完整的意见。Fraport 在给仲裁庭的信中指出了记录的不完整性,对此,仲裁庭请 Fraport 补充记录,向仲裁庭提供信函中所列文件的副本。此后,Fraport 继续通过信函向仲裁庭提交关于记录完整性的意见。第二,仲裁庭听取了 Fraport 对 Fraport 公司的交易律师 Stiller 博士向菲律宾司法部所作陈述的解释,事实上 Fraport 已在仲裁庭之前就保密股东协议的解释提供了证据,仲裁庭审议并明确拒绝了这一证据。第三,司法部的调查结果是根据 Fraport 所提供的不正确的证据产生的。事实上,Fraport 已经在口头听证会上提交了声明,称菲律宾有权获得股东协议。无论如何,仲裁庭明确指出,检察官多年后的了解与菲律宾在 1999 年接受投资时是否知道这些协定的问题无关。此外,仲裁庭不认为内政决定对它具有约束力。第四,菲律宾根据《ICSID 仲裁规则》第 27 条提出,Fraport 已经放弃了对仲裁庭在这方面的不正当程序提出质疑的权利,当时并没有对仲裁庭提出这样的异议。在答辩中,菲律宾主张,仲裁庭尊重了 Fraport 的听证权利:(1)对《反挂名法》的解释是在争端的法律框架内,因为它已在诉状和听证会上提出;(2) Fraport 有机会在菲律宾司法部证据记录中发表意见:①根据《华盛顿公约》第 43 条,仲裁庭要求在仲裁程序结束后出示文件是适当的;②Fraport 有机会说明记录的完整性,事实上,它在与仲裁庭通信时已经说明,仲裁庭限制进一步提交意见的命令是公平的,因为该命令适用于双方;③Fraport 已经放弃了异议权,它对仲裁庭要求的答复表明,它非常清楚证明检察官对股东协议了解程度的重要性。在特设委员会的听证会

---

[79] Fraport AG Frankfurt Airport Services Worldwide v. Republic of the Philippines, ICSID Case No. ARB/03/25,撤销裁决,2010 年 12 月 23 日,第 135 - 138 段。

上,菲律宾提出:第一,Fraport 在提交的文件中违反了《反挂名法》,Fraport 本有机会答复,但是在听证会本身和听证会后的摘要中,Fraport 的律师没有认真对待有关违反《反挂名法》的指控,即使仲裁庭明确提出了这一点也没有对此提出反对意见。第二,就后来提出的检察官的决议和文件而言,Fraport 在撤销程序中没有指控检察官能够获取秘密股东协议,只是说他获取了提到该协议的文件。因此,仲裁庭有权得出结论,这不足以说服检察官有证据证明 Fraport 违反《反挂名法》。这个问题在任何情况下都不能得出这一结论,因为仲裁庭认为,只有菲律宾在进行投资时就知道了秘密股东协议,才能产生禁止反言的效果。在口头答辩过程中,菲律宾答复了特设委员会就菲律宾的《反挂名法》诉讼提出的两个具体问题:首先,菲律宾承认,关于《反挂名法》解释的唯一潜在的法律证据是之前仲裁庭是两个司法部意见以及最高法院的判决。菲律宾认为,这些意见涉及《外国投资法》下股权限制的解释问题,而不是涉及《反挂名法》禁止的其他控制手段。其次,菲律宾告知委员会,菲律宾司法部的诉讼程序仍未结束。由于检察官的决定在仲裁程序中披露,存在复议和复审的未决动议。司法部已经完成了调查,但没有提交刑事案件信息。[80]

3. 特设委员会的意见及法律依据

(1)涉及的法律条文及解释

委员会认为,《华盛顿公约》第 52 条第 1 款(d)项对“严重偏离基本程序规则”的撤销是为了“控制仲裁程序的完整性”,并包含“程序规则必须是基本的以及严重偏离程序规则的双重要求”。《华盛顿公约》没有规定基本的程序规则。这一撤销理由取自联合国国际法委员会编写的《仲裁程序示范规则》第 35 条(c)款,未作任何修改。[81]

(2)法律推理过程

委员会认为,仲裁庭是否严重偏离基本程序规则的问题,不能通过适用法无明文规定不为罪或者疑罪从无原则来解决。法无明文不为罪原则概括了保护被告在刑法结构中的一项基本人权原则,即任何人的任何行为或不行为,在

---

〔80〕 同前注,第 145 - 148 段。

〔81〕 同前注,第 180 - 181 段。

发生时根据国内法或国际法均不构成刑事犯罪,不得被判有罪。《反挂名法》通过明确条款(惩罚逃避关于某些权利、特许经营或特权国有化法律的行为),目的是禁止某些行为被定义为犯罪,并对其从事的行为进行适当制裁。菲律宾在仲裁庭的听证会上以及仲裁庭自己都将其视为一项刑事规约。但是,将该原则视为目前的基本程序规则,将是对该原则重要功能的扭曲。仲裁庭的问题是,是否根据菲律宾法律接受或承认该投资,从而使仲裁庭具有属事管辖权。如果某一当事方希望辩称一项投资没有按照东道国法律被接受,那么这种论点本身就需要明确和积极的证据,证明东道国法律没有得到遵守。但是,通过援引目的是防止被告因刑事犯罪而被定罪的原则,并不能使这一问题得到解决。无论该原则多么重要,在性质上都不是程序性的,而是适用于决定实体法范围的内容。"疑罪从无"这一准则也蕴含着重要的人权保护理念,即每一个被指控刑事犯罪的人,在得到所有必要的辩护保证的公开审判中,在被依法证明有罪之前,有权被视为无罪。但是,这一原则不能用于投资者对一个国家提起的国际仲裁程序。事实上,在 ICSID 程序的范围下,适用这种推定本身可能等于没有正当程序,因为它可能导致当事方之间不平等。疑罪从无原则在刑事诉讼中作为辩护权利适用是适当的,因为它平衡了国家的强制权力,但不能把它纳入国际仲裁程序,否则将不符合当事各方平等的原则。[82]

对于当事方的听证权,委员会认为,听取当事各方意见的要求无疑被认为是一项基本的程序规则,如果严重违背,则仲裁裁决可以予以撤销。当事方的听证权问题涉及仲裁庭决定接受与菲律宾特别检察官决定不起诉 Fraport 公司涉嫌违反《反挂名法》有关的证据。到目前为止,根据《华盛顿公约》第 52 条第 1 款(d)项规定的裁决,听证权在 ICSID 唯一的宣告无效的决定中得到了具体适用。[83] 但是毫无疑问,这种要求是一项基本程序规则,撤销条件应当是严重违反。在 ICSID 撤销程序中经常看到,如果当事方在仲裁庭本身没有提出异议,就可能失去提出异议的权利。这所依据的是《ICSID 仲裁规则》第 27 条,该条规定:"一方知道或应该知道《行政和财务条例》、本规则、适用

〔82〕 同前注,第 188 - 193 段。

〔83〕 Amco Asia v. Indonesia II, ICSID Case No. ARB/81/1,撤销裁决,1992 年 12 月 3 日,第 9.05 - 9.10 段。

于诉讼程序的任何其他规则、协议、仲裁庭命令未得到遵守,且未及时陈述其异议,根据公约第45条规定应被视为放弃异议的权利。”然而,以严重违反《华盛顿公约》第52条第1款(d)项所规定的基本程序规则为由申请撤销时,《ICSID仲裁规则》第27条实施了一项更基本的原则,即如果当事方在意识到仲裁庭程序后没有迅速提出异议,则丧失根据《华盛顿公约》第52条第1款(d)项申请撤销的权利。然而,如果援引这一原则以排除当事方因其他严重违反仲裁庭的基本程序规则而寻求撤销的权利,提出异议的一方必须知道仲裁庭的行为,且有提出异议的合理机会。[84]

本案中,仲裁庭在裁决中认为,行使管理控制权是充分的。仲裁庭驳回了检察官决议的相关性,理由是没有事实证据表明检察官知道秘密股东协议。检察官的记录中忽略了这些协议,这对刑事诉讼的驳回起到了决定性作用。委员会认为,仲裁庭在收到检察官的决议后对当事方的处理确实严重背离了使当事各方有权听取意见的基本程序规则。具体而言,仲裁庭在收到检察官决议和检察官档案中的文件后,没有重新启动诉讼程序。这剥夺了当事方就检察官决议的法律效力提出意见的机会。[85] 委员会认为,剥夺双方当事人的这一机会,“实质上损害了Fraport,因为仲裁庭在与提交给检察官的记录有关的事实问题以及检察官的决议与关于解释《反挂名法》的法律问题的相关性两方面都作出了不利的裁定”。鉴于这严重背离了基本的程序规则,委员会得出结论认为,“该裁决必须完全无效”。[86]

接下来,委员会从两个方面具体分析了仲裁庭损害当事方听证权的做法:一是菲律宾检察官的事实记录;二是检察官决议对仲裁庭审理的菲律宾法律关于《反挂名法》第2-A节的解释问题的影响。

仲裁庭没有给予各方听取意见的权利的第一个方面是向检察官提供的材料的事实记录。仲裁庭为其不适用检察官决议的决定辩护,理由是没有证据表明检察官有秘密股东协议,而仲裁庭认为该协议是证明违反《反挂名法》的关键证据。除了这一证据与菲律宾法律规定的以这种方式行使控制权可能构

---

〔84〕 Fraport AG Frankfurt Airport Services Worldwide v. Republic of the Philippines, ICSID Case No. ARB/03/25,撤销裁决,2010年12月23日,第197-206段。

〔85〕 同前注,第218段。

〔86〕 同前注,第244-247段。

成违约的情况有关外，委员会不得不认为仲裁庭在确定这一事实问题上的做法是错误的。委员会认为，仲裁庭确定这一事实问题的方法严重损害了听证权。尽管仲裁庭表示它只是在完成证据记录的完整性，但在裁决中还是广泛使用了检察官调查中出示的文件。这包括根据在检察官面前所作的陈述，对一名证人（Fraport 公司的交易律师 Stiller 博士）的可信度进行推断。仲裁庭还发现，检察官的档案中没有秘密股东协议。仲裁庭这样做的依据是，菲律宾在其 2007 年 1 月 11 日的信中声称"司法部没有这些关键文件"，以及 Fraport 未能在其 2007 年 3 月 16 日的信中具体指出相关文件的披露。此外，菲律宾在 2007 年 3 月 30 日的信中实际上也承认了记录不完整。然而，仲裁庭没有具体要求任何一方就检察官档案中的文件披露是否充分提出意见。仲裁庭也没有表明它对确定检察官是否接触过秘密股东协议的重视程度。仲裁庭随后作出负面推断，即如果检察官掌握了秘密股东协议，其决定很可能会有所不同。鉴于关于检察官掌握哪些文件的资料已被证明是不可靠的，委员会认为，仲裁庭在没有听取双方关于检察官所掌握的记录是否充分有效，以及根据这些提交的文件考虑可能需要进一步证据调查或程序的情况下，作出这种决定是不适当的。[87]

仲裁庭在收到补充事实材料之前就先发制人，在 2007 年 2 月 14 日的信中指示仲裁庭不收材料。然而，仲裁庭继续调查菲律宾检察官的事实记录，在 2007 年向当事各方发出这方面的指示，然后于 2007 年 6 月 13 日宣布完全结束所有诉讼。正如仲裁庭在其 2007 年 2 月 14 日的信中所述，在整个这段期间，仲裁庭继续其审议工作。委员会认为，仲裁庭 2 月 14 日的指示不符合仲裁庭允许双方就新材料陈述案情的基本义务。鉴于《反挂名法》的适当解释在仲裁庭的分析中起着至关重要的作用，检察官关于他所收到的证据的决议具有特殊的意义。仲裁庭在没有给双方提供机会对这一证据进行陈述并利用这些陈述的情况下，不应着手在其审议中分析和考虑这一证据。在这种混乱的情况下，对案件结果有决定性影响的问题进行了事实调查，委员会认为，在审议过程已经进行了几个月的情况下，仲裁庭不应继续审议。相反，它应该根据《ICSID 仲裁规则》第 38 条第 2 款赋予的权力，重新开始诉讼程序。然而，

〔87〕 同前注，第 219－227 段。

仲裁庭于2007年2月14日明确决定,“并不需要根据仲裁规则第38条决定重新启动程序”。仲裁庭虽然在同一封信中表示,将在审议所要求的文件后决定是否需要各方作出进一步澄清,但事实上从未作出这样的决定,或者说,即使作出了决定,仲裁庭也没有向各方通报,只是严格禁止双方进一步沟通,但没有指出仲裁庭认为新材料可能涉及的问题。鉴于仲裁庭既结束了诉讼程序,又明确表示不接受任何一方就新材料提交的材料,委员会认为,Fraport没有丧失其在这些废除程序中对仲裁庭未遵守这一基本程序规则提出异议的权利。Fraport只有在知道仲裁庭在审议阶段将从检察官的事实记录中引出这一调查的意义时,才可能放弃在撤销程序中以《华盛顿公约》第52条第1款(d)项为由提出申诉的权利,而这显然是它在阅读裁决之前无法做到的。当事方只有在合理地了解其可能希望提出异议的仲裁庭裁决时,才能放弃异议。在本案中,仲裁庭指出,它“只是寻求完成证据记录”,而没有说明可能将新材料用于何种用途。此外,仲裁庭指出,它将在审议新材料后“确定是否需要双方做出进一步澄清”。但与此同时,没有根据《ICSID仲裁规则》第38条重新开始诉讼程序,以便为各方提供机会,以对抗性方式对检察官的事实记录进行解释。仲裁庭从未就是否需要各方作出进一步澄清的问题传达其决定,而是一再指示各方不要向其提交材料。因此,不存在当事方可以默许或反对的决定。在这种情况下,不能因为Fraport没有提出反对意见而受到批评。[88]

仲裁庭没有给予各方听取意见的权利的第二个方面是,检察官决议对仲裁庭审理的菲律宾法律关于《反挂名法》第2-A节的解释问题的影响。在收到检察官的决议及其档案文件后没有重新启动诉讼程序,也会对裁决中关于被申请人以涉嫌违反《反挂名法》为由反对仲裁庭管辖权的结论产生影响。这就构成仲裁庭裁决的比例(ratio)问题。委员会认为,仲裁庭未能允许双方根据重要的新材料向其提交新的意见,使得仲裁庭审理的整个基础受到质疑,强调了违背听证权的严重性。鉴于《德国—菲律宾BIT》的明确要求,仲裁庭决定,菲律宾法律作为“缔约方的法律法规”,在审查仲裁庭是否拥有属事管辖权的过程中必须适用。因此,国际法和菲律宾法律都与这一审查有关。在其适用范围内,仲裁庭(在保留其评估证据和裁决的独立权力的同时)应特别

---

〔88〕 同前注,第228-234段。

考虑关于《反挂名法》解释的国内决定,以确定其在国内法律系统中的适用情况。因此,当事人的听证权主要包括就任何此类相关的国内决定的意义和效果进行听证的机会。正如仲裁庭自己所接受的那样,关于违反《反挂名法》第2-A节的这个问题,“基本上是在听证后提交的材料中讨论的,因为证明这个问题的大部分文件是在关于管辖权的听证会之前,或者在庭长的坚持下,在听证会期间提出的”。其结果是,在诉讼中提交的关于菲律宾法律的专家报告中没有详细考虑这个问题。双方在听证会后的陈述中也没有就适用《反挂名法》第2-A节所产生的解释问题进一步援引权威。因此,正如菲律宾在撤销程序的口头听证会上所接受的那样,关于《反挂名法》第2-A节解释的证据,除了当时的事实文件外,可供仲裁庭帮助其确定决定性问题的证据仅限于以下几点:第一,《反挂名法》本身的条文;第二,提到司法部的两份意见,但该文本没有提交给仲裁庭;第三,菲律宾最高法院在 Luzon v. Anti-Dummy Board 一案中的裁决涉及《反挂名法》中关于雇用外国人的明确规定,但并未就本案中的争议点作出裁决。[89]

在解释《反挂名法》时,除了参考当时的事实记录外,仲裁庭只引用了《反挂名法》本身的文本和司法部第165号意见。在此背景下,菲律宾在仲裁庭于2006年10月25日结束诉讼后,于2007年1月5日和3月19日提交的检察官决议和随后的重新审议决议,首次提供了菲律宾法律在相关问题上的具体证据。这两项决议都明确指出,针对 Fraport 对 PIATCO 行使管理控制权构成违反《反挂名法》的具体投诉,这一测试不再适用于确定违约行为。这并不是说,检察官决议对仲裁庭确定其管辖权的目的来说一定是决定性的,而是说,国际仲裁庭可能需要非常仔细地审查国内当局在处理直接由同一组事实引起的针对外国人的案件时作出的决定。鉴于针对国家诉讼正在进行,而决策者是国家的一个机关,仲裁庭需要确定有关决策者的公正性等问题。仲裁庭对于提交给它的证据的证明价值进行判断保有最终权力。然而,就本案中出现问题的方式而言,检察官决议具有特殊意义。第一,申请人提出的问题之一正是困扰仲裁庭的法律解释问题。第二,检察官正是负责管理《反挂名法》的官员。第三,检察官独立作出的决定不利于国家利益。第四,该决定明确驳

[89] 同前注,第235-239段。

回了一个与管辖权问题有关的法律权威的适用性(司法部第165号意见)。第五,检察官决定,管理控制测试并不适用于确定Fraport在《反挂名法》下的责任。[90]

正如Fraport在本委员会提出的意见一样,它应该有机会就检察官决议的法律效力向仲裁庭提出意见,具体包括:第一,菲律宾不得主张对《反挂名法》作出与其负责官员所采用的解释相反的解释;第二,仲裁庭应在这一点上给予检察官决议以效力,同时仲裁庭有义务在考虑到有关当局对该法的适当解释的情况下,适用在菲律宾适用的国内法。至少在仲裁庭决定以对《反挂名法》第2-A节的解释作为裁决比例的基础,并背离检察官对其解释的决定的情况下,应该为各方提供进一步的机会,以提交有关菲律宾法律的证据,并就这一具体问题提出意见。但仲裁庭没有这样做,这突出说明了严重偏离了基本程序规则。仲裁庭对这两个问题作出了不利调查结果,一是检察官记录的事实问题,二是检察官决议与关于《反挂名法》解释法律问题的相关性(无论该法律最终的正确解释可能是什么),这种背离基本程序规则的做法对Fraport造成了实质性的损害。而这两个问题的每一项都特别涉及在仲裁庭结束后提交的证据,每一步都是仲裁庭推理得出驳回Fraport申请的裁决的重要步骤。[91]

因此,委员会得出结论:基于本决定本部分所列的所有理由,该裁决必须全部宣告无效。

4. 对各方意见的评析

严重违背基本程序规则是特设委员会撤销仲裁裁决的理由之一。Fraport根据《华盛顿公约》第52条第(1)款(d)项认为仲裁庭严重背离的两个基本程序规则分别是:违反法无明文规定不为罪和疑罪从无的原则,以及侵犯其发表意见的听证权。菲律宾对于这两点的答辩意见分别是:法无明文规定不为罪和疑罪从无的原则不是国际投资仲裁的基本程序原则;仲裁庭充分尊重Fraport的听证权利,没有严重背离该项规则。根据《华盛顿公约》第52条第1款(d)项的表述,以该条为由撤裁的条件是满足"基本"(fundamental)和"严重"

---

〔90〕 同前注,第240-243段。

〔91〕 同前注,第244-246段。

(serious)的要求。质言之,援引这一理由受到两个问题的限制:第一,仲裁庭违反的程序原则是否属于基本程序规则;第二,仲裁庭这种做法是否达到严重的程度。由于"基本"和"严重"两词范围的模糊性,该条款很有可能被国际投资仲裁败诉一方滥用,将仲裁庭忽略或处理不当的小事视为基本程序规则,正如 Schreuer 所言,"几乎任何程序性规则都可以某种方式追溯到一个更广泛的被描述为基本性的原则"[92]。因此,严重违背基本程序规则这一条款很大程度上构成了对仲裁庭权威的挑战。

关于基本程序规则的范围,本案特设委员会认为,基本程序规则意在表示可能构成"一般法律原则"的程序规则,只要这些规则涉及国际仲裁程序。[93] 目前国际投资仲裁实践达成的一致共识是,给予双方平等陈述的权利属于基本程序规则的范畴。比如,本案特设委员会认为仲裁庭侵犯了当事方平等陈述权,理由如下:仲裁庭未能让申请人有机会对被申请人提交给菲律宾检察官的文件作出评论,而菲律宾检察官后来裁定仲裁庭为其裁决适用的国内法不再有效。本案特设委员会决定,仲裁庭在阻止当事方提出进一步意见后继续进行审议,并"在裁决中广泛使用了检察官调查中的文件"。此外,仲裁庭还推断,检察官对没有提交给他的秘密股东协议的了解可能会对原告没有犯罪的决定产生影响。在这种情况下,本案特设委员会认为,仲裁庭拒绝接受当事双方的补充呈件"不符合仲裁庭允许当事方陈述案情的基本义务"。除了听证权以外,部分国际投资仲裁案件的当事方还对仲裁庭处理问题的方式提出质疑,比如,Enron v. Argentina 案的申请人认为仲裁庭承认专家证据的迟延提交违反了当事方之间关于第一次会议仲裁期间行为的协议,并以当事方自主或同意是仲裁的先决条件为由,将违反协议的行为提高到严重违反基本程序规则的程度,但该主张并未得到特设委员会的支持。[94]

关于违反基本程序规则做法的严重性,许多国际投资仲裁案例已经对此作出了阐释。比如,MINE v. Guinea 案特设委员会认为"严重性"包含定量和

---

[92] Christoph Schreuer, *From ICSID Annulment to Appeal : Half Way Down the Slippery Slope*, Law and Practice of International Courts and Tribunals, Vol. 10:2, p. 211 – 226 (2011).

[93] Fraport AG Frankfurt Airport Services Worldwide v. Republic of the Philippines, ICSID Case No. ARB/03/25,撤销裁决,2010 年 12 月 23 日,第 186 – 187 段。

[94] Enron v. Argentina, ICSID Case No. ARB/01/3,撤销裁决,2010 年 7 月 30 日,第 195 段。

定性的标准，即违反应为实质性的，且足以剥夺该规则下某一当事方的利益。[95] 又如，Wena Hotels v. Egypt 案特设委员会将“基本”一词解释为“应作为国际法问题得到遵守的最低程序标准”，“违反此类规则将导致仲裁庭得出的结论与遵守此类规则本应得到的裁决实质上不同”。[96] 本案中，特设委员会认定严重性的依据在于：仲裁庭未能允许双方根据重要的新材料向其提交新的意见，而这份新材料的篇幅（1900 页）以及检察官决定涉及对国内法解释的重要事实，都证实了仲裁庭侵犯当事方听证权的严重性。通过上述案例可以看到，国际投资仲裁特设委员会认定严重性的共同特点是，通过结果确定仲裁庭违背基本程序规则的严重程度，若仲裁庭违背基本程序规则没有导致实质性结果，则可能不会被特设委员会认定为违反《华盛顿公约》第 52 条第 1 款（d）项。[97] 值得注意的是，严重违背了基本程序规则是本案仲裁裁决被撤销的唯一理由，除该条以外，特设委员会认为本案仲裁庭并未违反《华盛顿公约》第 52 条第 1 款其他款项的规定。

（三）根据《华盛顿公约》第 52 条第 1 款（e）项，何为“裁决未说明其所依据的理由”？

1. Fraport 的意见及法律依据

Fraport 认为，第一，仲裁庭未能给出其违反《反挂名法》的调查结果的理由，没有理由指控其作为主犯或从犯违反了该法。当事方不清楚裁决第 356 段所述理由的含义，即“仲裁庭将《反挂名法》的这部分解释为包括股东的参与，如果这是干预 PIATCO 的管理、运营或控制的实际手段”，表明该裁决没有给出一个可以理解的决定。在没有主犯违反行为的情况下，从犯不能有违法行为，而本案没有发现 PIATCO 作为主犯的违反行为。第二，该裁决没有给出其违反《反挂名法》的结论的理由。Fraport 引用该裁决第 395 段为例，认为

---

〔95〕 Maritime International Nominees Establishment（MINE）v. Republic of Guinea, ICSID Case No. ARB/84/4，撤销裁决，1989 年 12 月 22 日，第 5.05 段。

〔96〕 Wena Hotels Limited v. Arab Republic of Egypt, ICSID Case No. ARB/98/4，撤销裁决，2022 年 2 月 5 日，第 57 – 58 段。

〔97〕 Guiguo Wang, *The ICSID Annulment Mechanism: Practice, Problems and Alternatives*, China Legal Science, Vol. 2:2, p. 29 – 54 (2014).

第 395 段与仲裁庭多数人关于《德国—菲律宾 BIT》第 1 条中提及菲律宾法律的假设相矛盾,甚至本身也自相矛盾。仲裁庭多数成员认为,尽管参考了菲律宾法律,《反挂名法》第 2 – A 节中的犯罪行为(包括允许第三方介入第 2 – A 节范围内的公共事业特许权的管理、运营或控制)对于认定违反菲律宾法律是不必要的,因为就属事管辖权而言,遵守国家法律的相关性发生在投资之时,也就是说,在犯罪行为进行之前。仲裁庭多数成员还引用了《反挂名法》第 2 – A 节的部分,即在计划阶段采取帮助行为。Fraport 据此认为,读者无法确定仲裁庭多数成员想要描述的是主犯试图违反《反挂名法》第 2 – A 条,还是试图协助和教唆。第三,接下来的裁决没有说明未能适用法无明文规定不为罪原则的理由,而在裁决的第 356 段和第 395 段中适用《反挂名法》违反了这一原则。第四,该裁决未能给出其未将《德国—菲律宾 BIT》单独应用于 Fraport 的每个独立投资的理由。裁决中没有任何理由将 Fraport 的所有股权和债务投资视为单一非法投资;也没有理由因汇集协议和 PIATCO 股东协议的附录而将全部投资视为非法,这些投资完全可分割且独立于 Fraport 的投资;也没有理由驳回 Fraport 在 2001 年汇集协议和附录的条款被修改后所做的投资,尽管被申请人自己接受修改后 Fraport 的股权结构完全符合菲律宾法律。[98]

2. 菲律宾的意见及法律依据

菲律宾认为,该裁决有明确的和内含的理由,足以满足《华盛顿公约》第 52 条第 1 款(e)项的要求。对裁决理由和理由说服力的分歧都不是宣告撤销的理由。仲裁庭已经作出了所有必要的关键调查,结论是 Fraport 违反了《反挂名法》中有关协助或教唆的规定。仲裁庭认定,该行为是 Fraport 通过对 PIATCO 提供非法控制的秘密股东协议,明知并故意规避《反挂名法》。正是通过计划并签订秘密股东协议,Fraport 被允许对 PIATCO 行使控制,才能进行协助或教唆的行为。仲裁庭提到了 Fraport 的意图,因为《反挂名法》要求协助者或教唆者在知情的情况下采取行动。由于这种违反菲律宾法律的行为在其投资一开始时就故意发生,该投资不符合《德国—菲律宾 BIT》的保护条件。

[98] Fraport AG Frankfurt Airport Services Worldwide v. Republic of the Philippines, ICSID Case No. ARB/03/25,撤销裁决,2010 年 12 月 23 日,第 251 – 254 段。

对于法无明文规定不为罪原则,仲裁庭并非未说明不引用该原则的理由,而是因为这一原则不适用于国际仲裁庭对投资争端中其管辖权的确定,Fraport 在仲裁中也没有援引。无论如何,仲裁庭裁决中大部分论述的是秘密股东协议,而 Fraport 有充分的机会以书面和口头提交的形式发表意见。被申请人认为,仲裁庭的观点是以 Fraport 为特征的投资组合是单一的投资。[99]

3. 特设委员会的意见及法律依据

(1)涉及的法律条文及解释

本问题涉及的法律条文是《华盛顿公约》第 52 条第 1 款(e)项,即"裁决未说明其所依据的理由"。仲裁庭认为,《华盛顿公约》第 52 条第 1 款(e)项仅限于非常有限的情况,即审查裁决的合法性,而非重新审查仲裁庭所处理的事实和法律问题。为解释仲裁庭说理的标准,委员会考察了《华盛顿公约》第 48 条第 3 款,即"裁决应处理提交仲裁庭的每一个问题,并应陈述裁决所依据的理由"。

(2)被引用的案例及理由

为证明撤销诉讼不能导致案件的重新审理,委员会考察了仲裁先例。CDC v. Seychelles 案的特设委员会指出,特设委员会晚近的做法似乎是以这种方式适用《华盛顿公约》第 52 条第 1 款(e)项的,即委员会不干涉仲裁庭的法律和事实决定。[100] 由此,委员会认为其不应审查仲裁庭给出的理由是否令人信服。

(3)法律推理过程

首次,委员会指出,关于《华盛顿公约》第 52 条第 1 款(e)项,特设委员会控制的是仲裁庭实际裁定的裁决,而不是申请人所希望的裁决。这一点对 Fraport 提出的第一、第三和第四项反对意见有特别的意义。对于 Fraport 所主张的其股权投资不是一次性进行的观点,委员会认为,根据《华盛顿公约》第 48 条第 3 款,向仲裁庭提出问题必须提供理由,但 Fraport 在这里试图向委员会提出一个尚未提交仲裁庭的问题。仲裁庭裁决不能因忽视了一个没有提交给仲裁庭且没有给出理由的问题而受到批评。对于 Fraport 关于公用事业

---

[99] 同前注,第 255－257 段。

[100] CDC v. Seychelles, ICSID Case No. ARB/02/14,撤销裁决,2005 年 6 月 29 日,第 70 段。

的异议,委员会认为,仲裁裁决第 350 段指出 Fraport 没有超过依法允许外国投资者投资的法定股权标准,或向宪法规定的公用事业类别贷款过多,没有迹象表明该段裁决涉及 3 号航站楼以外的其他项目,申请人未提供其他合理解释。对于 Fraport 所主张的仲裁庭没有明确 Fraport 是主犯还是从犯,委员会认为,鉴于仲裁庭在审查 Fraport 的投资是否受到《德国—菲律宾 BIT》保护的过程中考虑了《反挂名法》,而不是在对 Fraport 提出刑事指控的背景下,仲裁庭无须澄清 Fraport 是作为主犯还是从犯行事。对于 Fraport 主张的法无明文规定不为罪或疑罪从无的原则,委员会认为,Fraport 没有在仲裁中提出这些论点,该论点是 Fraport 在撤销程序中首次提出的,而 Fraport 批评仲裁裁决没有围绕这些论点说明理由,这是毫无根据的。[101]

其次,委员会强调,撤销诉讼不能导致整个案件的重新审理。这一点对于 Fraport 提出的第二项异议具有特别的意义。委员会裁定,根据《华盛顿公约》第 52 条第 1 款(e)项,审议仲裁庭给出的理由是否令人信服不是特设委员会的任务。本案中,对于 Fraport 的第一点反对意见,即"仲裁庭免除了《反挂名法》第 2 - A 节中定义的行为要求,但仍然裁定菲律宾违反了法律",委员会认为,仲裁庭已经宣布"外国投资者在国内公司收购股份是一个法律行为,就其本质而言,不要求政府采取一些涉及接受或许可的行动,然而,从 BIT 和议定书中可以很清楚地看出,根据东道国的法律仍然是必要的"。仲裁庭的主张没有任何自相矛盾之处,正如在对《德国—菲律宾 BIT》条款的分析中所解释的那样,遵守国家法律的实质意义是在投资的那一刻。这实际上是对外国投资者和国际司法管辖权都有利的一个限制。对此,委员会认为 Fraport 这个以自相矛盾为由的批评是不正确的。对于 Fraport 的第二点反对意见,即"仲裁庭在第 2 - A 节中虚构了一项未遂罪,并认为 Fraport 在没有发现协助或教唆行为或没有确认主犯的情况下犯下了这一罪行",委员会认为,当事双方在仲裁之前就《反挂名法》是否将企图违法定为犯罪表示了不同的看法。委员会认为,尽管菲律宾最高法院从一开始取消了 3 号航站楼的特许权,但《反挂名法》仍适用于 3 号航站楼作为公用设施,这种指控只是由不同意见引起的主

---

〔101〕 Fraport AG Frankfurt Airport Services Worldwide v. Republic of the Philippines, ICSID Case No. ARB/03/25,撤销裁决,2010 年 12 月 23 日,第 259 - 271 段。

张。虽然在不同意见中表达了这种观点,这一点不属于仲裁庭的推理部分,仲裁庭的裁决不能因此而受到批评。此外,仲裁庭认为,Fraport 监事会无视 QT 报告的警告是无可争议的事实,表明 Fraport 的投资是故意不符合菲律宾法律的。根据仲裁庭提到的"优势证据"或者"排除合理怀疑"的证据标准,该裁决第 399 段中"这是一种事实自证的情况"的表达也不存在矛盾之处,Fraport 的投资不符合《德国—菲律宾 BIT》第 1 条要求的结论是不可避免的。Fraport 认为仲裁庭的推理是矛盾和不完整的论点只是对解决办法的批评,委员会没有接受这一主张。[102]

委员会得出结论认为,仲裁庭并不缺乏推理或者存在矛盾,因此《华盛顿公约》第 52 条第 1 款(e)项规定的撤销条件在本案中并不存在。[103]

4. 对各方意见的评析

说理是司法或仲裁程序的基本要求,未说明仲裁裁决理由也是特设委员会撤销仲裁裁决的事由之一。Fraport 根据《华盛顿公约》第 52 条第 1 款(e)项认为仲裁庭裁决未说明其所依据的理由,包括违反《反挂名法》调查结果与结论的理由、适用法无明文规定不为罪原则的理由、将 Fraport 的所有股权和债务投资视为单一非法投资的理由。菲律宾则认为仲裁庭裁决的说理足以满足《华盛顿公约》第 52 条第 1 款(e)项的要求,只是 Fraport 与仲裁庭的观点不同。双方的争议焦点涉及的是仲裁裁决说理的标准,根据 VCLT 解释规则,对《华盛顿公约》第 52 条第 1 款(e)项的解释除了考虑其通常含义之外,还可以考虑在《华盛顿公约》中的上下文,而《华盛顿公约》中有关仲裁裁决理由的条款是第 48 条第 3 款,该条要求仲裁庭处理当事方提出的每一个问题,并说明裁决所依据的理由。除了该条以外,《华盛顿公约》中并没有对仲裁庭说明裁决理由的义务作出具体标准,因而在多大程度上说明裁决理由是由个案仲裁庭自主决定的。正如特设委员会所指出的,《华盛顿公约》第 52 条第 1 款(e)项仅限于非常有限的情况,否则将会导致对仲裁庭所处理案件事实或法律问题的重新审理。因此,援引该撤裁事由需要明确以下问题:第一,未说明裁决理由的范围是什么?与《华盛顿公约》第 52 条第 1 款的其他条款不

---

〔102〕 同前注,第 272 - 279 段。
〔103〕 同前注,第 280 段。

同,该项表述中没有“明显”“严重”“基本”等限定词,这是否说明未“充分”说明裁决理由不会导致撤销裁决?理由相互矛盾是否会导致撤销裁决?第二,根据《华盛顿公约》第 48 条第 3 款,未能处理当事方提出的每一个问题是否属于《华盛顿公约》第 52 条第 1 款中的撤裁事由?具体而言,是属于《华盛顿公约》第 52 条第 1 款(b)项的越权还是属于《华盛顿公约》第 52 条第 1 款(e)项的未说明裁决理由?[104]

在国际投资仲裁实践中,仲裁庭通常将陈述理由要求作为最低标准,换言之,只要裁决中包含说理部分就满足要求。比如,MINE v. Guinea 案特设委员会认为,只要裁决使人能够了解法庭如何从 A 论点进行到 B 论点并最终得出结论,即使存在事实或法律错误,也能满足“说理”的要求。[105] “未说明裁决理由”并不等同于说理不充分或者说理自相矛盾。如果委员会认定仲裁机构裁决理由不足或者裁决理由自相矛盾而撤销裁决,则意味着委员会对该部分重新进行了说理,从而面临着特设委员会成为上诉机构的风险。对于裁决理由不足,早期 ICSID 特设委员会以理由不足撤销仲裁裁决的做法受到广泛批评,原因是审查仲裁庭未讨论的法律或事实理由超越了特设委员会的权力范围,因而,本案特设委员会指出,特设委员会晚近的做法是不干涉仲裁庭的法律和事实决定,审议仲裁庭给出的理由是否令人信服不是特设委员会的任务;对于裁决理由自相矛盾,投资仲裁实践普遍认同裁决理由自相矛盾可以视作没有提供理由,从而导致裁决无效,但特设委员会对于裁决自相矛盾的认定非常谨慎,本案特设委员会同样采取谨慎态度分析并得出仲裁庭推理并不存在矛盾的结论。

四、结语

在近年来国际投资仲裁案件数量急剧膨胀的趋势下,仲裁庭扩张管辖权的情况频发,而特设委员会撤销裁决的标准或条件却存在相当程度的模糊性。

---

[104] Guiguo Wang, *The ICSID Annulment Mechanism: Practice, Problems and Alternatives*, China Legal Science, Vol. 2:2, p. 29 – 54 (2014).

[105] Maritime International Nominees Establishment (MINE) v. Republic of Guinea, ICSID Case No. ARB/84/4,撤销裁决,1989 年 12 月 22 日,第 5.09 段。

Fraport v. Philippines 案集中体现出当前国际投资仲裁机制下仲裁庭管辖权和撤销程序所面临的种种问题。由于《德国—菲律宾 BIT》的投资定义条款中规定了"符合东道国法律"要求,仲裁庭需要考虑申请人 Fraport 的投资是否违反菲律宾国内法,由此,"符合东道国法律"要求之类的国际条约条款产生了适用国内法的效果。此外,仲裁庭还基于国际法上的诚信原则进行审查,最终以投资不符合《德国—菲律宾 BIT》中的合法性要求为由,作出仲裁庭缺乏管辖权的裁决。

在撤销阶段,特设委员会根据《华盛顿公约》第 52 条规定的五个撤裁理由中的三个进行审查,并最终以严重违背基本程序规则为由撤销了该案仲裁庭所作裁决。撤销程序是 ICSID 仲裁制度的内部监督,是目前当事方对仲裁裁决提出异议的重要救济途径。不同于国内司法机制或商事仲裁机制,ICSID 仲裁体系是自足的,其裁决不能在各缔约方法院上诉、申请撤销或不予执行。[106] 显然,ICSID 撤销程序的设置起到了积极效用,在涉及管辖权等仲裁案件中发挥了一定的审查和救济作用。然而,ICSID 撤销机制也存在诸多局限性:第一,撤销机制不等同于上诉机制。前者仅具有临时仲裁的性质,仅能够宣布该裁决无效;后者则具有高度确定性和可预测性,可以修改或重新作出裁决。第二,撤销程序的特设委员会无权审查仲裁裁决中事实认定和法律适用等实质性问题,也无权解释仲裁裁决中的理由,其权力受到很大的限制。第三,撤销程序特设委员会以临时仲裁形式作出的裁决仍然可能不具有一致性。[107] 此外,撤销程序还面临国际社会对其中立性和公正性、效率和成本等问题的质疑。

实际上,国际社会对撤销机制的争议涉及了对整个投资者—国家争端解决(ISDS)机制合法性的担忧。在此背景下,ISDS 机制改革的呼声日渐高涨,特别是要求强化对投资仲裁裁决的审查。目前各国对于 ISDS 改革方案采取或保守或激进的不同态度,大致可以概括为以下几种模式:巴西和南非等部分

---

〔106〕 根据《华盛顿公约》第 53 条和第 54 条的规定,仲裁庭的裁决对双方具有约束力,且当事方不可在国内法院申请不予承认和执行裁决。但是,当事方仍可根据公约第 52 条的规定申请 ICSID 组成特设委员会撤销裁决。

〔107〕 肖威:《ISDS 机制变革的根源、趋势及中国方案》,载《法治现代化研究》2020 年第 5 期,第 161 - 162 页。

国家主张完全废止现行的 ISDS 机制,回归当地救济、外交保护、国家间争端解决等传统救济方式,不考虑改良包括撤销程序在内的 ISDS 机制的可能性;ICSID 和联合国国际贸易法委员会主张部分修改国际投资仲裁规则,支持对撤销程序在内的 ISDS 机制进行温和派改良;欧盟提出建立常设投资仲裁法庭制度以取代现有的 ISDS 机制,这种替代性解决方法提出设立上诉机构,摒弃包括撤销程序在内的 ISDS 仲裁机制,当前已经在与加拿大等国签订的贸易投资协定中就投资争端解决设置了双边上诉机制,创设初审仲裁庭和上诉仲裁庭。然而,短期内通过修订《华盛顿公约》将撤销程序转变为上诉机制的改革仍难以实现突破,以区域性争端解决机制作为改革的突破口可能是进一步推进 ISDS 改革的有效路径。

第十六章 LG&E公司诉阿根廷案
（LG&E Energy Corp.，LG&E Capital Corp.，and LG&E International，Inc. v. Argentine Republic）

姚若楠

一、案件事实概述

（一）概述

本案中的申请人 LG&E Energy Corp.、LG&E Capital Corp.、LG&E International Inc.（以下简称 LG&E 公司）均是在美国设立的法人，拥有美国国籍，其中能源与资本两公司在肯塔基州设立，国际公司设立在特拉华州。本案中的被申请人是阿根廷。

LG&E 公司持有阿根廷三家天然气分销商的股份，包括 Distribuidora de Gas del Centro，Distribuidora de Gas Cuyana S. A. 和 Gas Natural BAN S. A.（以下统称三家天然气分销商）。这三家天然气分销商拥有阿根廷当地的天然气分销许可，LG&E 公司以持有三家公司股份的形式在阿根廷进行了投资。[1]

20 世纪 80 年代，阿根廷爆发金融危机，经济衰退，通货膨胀。从 1989 年起，为了实现经济的市场化，阿根廷实行国有公司私有化，同时采取将阿根廷比索与美元挂钩等措施对国内经济制度进行改革，以消除通货膨胀、吸引外

---

〔1〕 LG&E Energy Corp.，LG&E Capital Corp.，and LG&E International，Inc. v. Argentine Republic，ICSID Case No. ARB/02/1，管辖权裁决，2004 年 4 月 30 日，第 19 段。

资。其中,国有天然气垄断公司 Gas del Estado 被私有化后,该公司的设备全部转移到新设的被授予运输和分销天然气资格的当地公司,也就是三家天然气分销商中的公司。[2] 为吸引外资,阿根廷政府承诺关税以美元计算,同时按照美国生产者价格指数(U. S. Producer Price Index, PPI)以半年为限定期对税费进行调整,结算汇率使用比索表示。

20 世纪 90 年代,阿根廷再一次爆发金融危机,每况愈下。从 1999 年起,阿根廷为应对金融危机采取了诸多措施,其中就包括停止此前对外国投资者承诺过的优惠政策,如在 1999 年取消适用 PPI。在 2002 年 1 月颁布的《公共紧急和货币汇兑法》(Public Emergency and Currency Exchange Law,以下简称《紧急法案》)也不再对货币汇兑和通货膨胀进行保护。《汇兑法》(Convertibility Law)中阿根廷比索与美元 1:1 兑换的规定也经修改,阿根廷比索的价值缩减。[3] 2002 年 2 月 12 日,阿根廷根据《293/02 法令》宣布对公共服务合同进行"重新协商"(renegotiate)。[4]

阿根廷与美国均是《关于解决国家与其他国家国民之间投资争端公约》[5](以下简称《华盛顿公约》)的缔约方,两国分别在 1994 年和 1966 年批准了该公约。1991 年 11 月 14 日,两国签订了《美利坚合众国与阿根廷共和国关于相互鼓励和保护投资的条约》[6](以下简称《美国—阿根廷 BIT》),该条约于 1994 年 10 月 20 日生效。

LG&E 公司主张阿根廷的一系列行为违反了《美国—阿根廷 BIT》中保护投资者的相关条款,包括违反了公平公正待遇、实施了歧视与专断待遇、违反

〔2〕 同前注,第 22 段。
〔3〕 同前注,第 23 段。
〔4〕 同前注,第 24 段。
〔5〕《关于解决国家与其他国家国民之间投资争端公约》,英文全称"Convention on the Settlement of Investment Disputes Between States and Nationals of Other States",1965 年 3 月 18 日通过,1966 年 10 月 14 日生效,目前有 165 个国家,有 158 个缔约方,全文见世界银行国际投资争端解决中心官方网站,https://icsid. worldbank. org/rules - regulations/convention,2023 年 10 月 25 日访问。
〔6〕《美利坚合众国与阿根廷共和国关于相互鼓励和保护投资的条约》,英文全称"Treaty between United States of America and the Argentine Republic Concerning the Reciprocal Encouragement and Protection of Investment",1991 年 11 月 14 日签署,1994 年 10 月 20 日生效,美国与阿根廷两国为缔约方,全文见联合国贸易和发展会议官方网站,https://investmentpolicy. unctad. org/international - investment - agreements/treaty - files/127/download,2022 年 7 月 24 日访问。

了保护伞条款以及构成了对其投资的间接征收。2001 年 12 月 21 日,LG&E 公司根据《华盛顿公约》向国际投资争端解决中心(International Centre for Settlement of Investment Disputes,ICSID)对阿根廷提起仲裁。2003 年 7 月 21 日,阿根廷提交了管辖权异议。2004 年 4 月 30 日,仲裁庭发布了关于管辖权异议的决定,明确涉案争议在 ICSID 的管辖范围以及仲裁庭的职权范围之内。[7] 最后,仲裁庭于 2006 年 10 月 3 日作出关于国家责任的决定,[8] 于 2007 年 7 月 25 日作出最终裁决。[9]

(二)所涉法律问题

本案中,阿根廷在管辖权异议中对 LG&E 公司的出庭资格(jus standi)提出了怀疑,这直接关系到 LG&E 公司是不是合格投资者,即属人管辖(ratione personae)的问题。仲裁庭的管辖权决定表明 ICSID 具有本案的管辖权,这意味着仲裁庭需要继续审理本案的实体问题。

在实体审理过程中,仲裁庭需要确定阿根廷是否存在国际不法行为,是否需要承担国家责任以及如果需要承担将采取何种方式。国家责任产生的前提是存在国际不法行为,因此 LG&E 公司对阿根廷的国际不法行为做出了初步举证,其中涉及公平公正待遇、歧视专断待遇、保护伞条款以及间接征收四个关键问题。国家责任的后果是充分赔偿(full reparation),[10] 充分赔偿也有不同的方式,本案涉及的是其中一种方式:补偿(compensation)。

阿根廷做出国际不法行为并不必然发生承担国家责任的后果,因为在广泛的双边投资协定(Bilateral Investment Treaty,BIT)中,均包含解除行为不法性的国家危急情况,《美国—阿根廷 BIT》亦不例外。因此,仲裁庭还需要对阿根廷解除行为不法性的国家危急情况抗辩做出审理。阿根廷的抗辩成立与否直接关系到国家责任的承担,关系到投资者 LG&E 公司能否获得赔偿。

---

[7] LG&E Energy Corp., LG&E Capital Corp., and LG&E International, Inc. v. Argentine Republic, ICSID Case No. ARB/02/1, 管辖权裁决,2004 年 4 月 30 日,第 84 段。

[8] 同前注,第 267 段。

[9] LG&E Energy Corp., LG&E Capital Corp., and LG&E International, Inc. v. Argentine Republic, ICSID Case No. ARB/02/1, 裁决,2007 年 7 月 25 日,第 115 段。

[10] James Crawford, *Articles on Responsibility of States for Internationally Wrongful Acts*,联合国国际法视听图书馆网,https://legal.un.org/avl/ha/rsiwa/rsiwa.html,p. 5.

综上,本案涉及的法律问题共 7 项:

(1)ICSID 对案件是否有管辖权?

(2)阿根廷政府是否违反了公平公正待遇?

(3)阿根廷政府是否实施了歧视专断待遇?

(4)阿根廷政府是否违反了保护伞条款?

(5)阿根廷政府的措施是否构成间接征收?

(6)阿根廷政府能否通过援引国家危急情况解除其行为不法性?

(7)阿根廷政府是否以及如何承担国家赔偿责任?

二、法律问题分析及评论

(一)管辖权

1. LG&E 公司:ICSID 对该投资争端具有管辖权

LG&E 公司称,根据《美国—阿根廷 BIT》,双方选择由 ICSID 仲裁。本案涉及投资争端,且根据《美国—阿根廷 BIT》第 7 条,阿根廷同意将投资争端提交 ICSID 仲裁。此外,LG&E 公司称,在诉诸仲裁之前,其曾多次试图通过协商和谈判的方式解决这一争端,但都没有成功,阿根廷选择不做出回应,并表示其没有能力友好地解决这种争端。LG&E 公司指出,本争议产生于 2000 年 8 月 30 日。LG&E 公司在 2001 年 12 月 21 日提交仲裁申请,根据《美国—阿根廷 BIT》第 7 条第 3 款(a)项,可以认为该争议自发生之日起已经满足且超过了 6 个月的要求。LG&E 公司主张其遵守了《华盛顿公约》第 25 条第 1 款的要求,争议直接源于其在阿根廷的投资。并且,该争议属于《华盛顿公约》缔约方阿根廷与作为另一个缔约方美国国民的 LG&E 公司之间的争端。因此,ICSID 对该投资争端具有管辖权。[11]

2. 阿根廷:LG&E 公司的主张不可受理或 ICSID 缺乏管辖权

阿根廷认为 LG&E 公司的主张不可受理或 ICSID 缺乏管辖权,其提出了 6 项理由。第一,LG&E 公司不具有出庭资格。LG&E 公司的身份是股东,其

---

〔11〕 LG&E Energy Corp., LG&E Capital Corp., and LG&E International, Inc. v. Argentine Republic, ICSID Case No. ARB/02/1, 管辖权裁决,2004 年 4 月 30 日,第 25–26 段。

损失是间接的。第二,该争议非《华盛顿公约》第 25 条要求的直接产生于投资的争议。争议涉及的不是 LG&E 公司的投资,而是阿根廷政府的“普遍措施”。第三,一旦承认 LG&E 公司提出的间接索赔,就会违反《华盛顿公约》第 25 条第 2 款(b)项对国籍的要求。第四,自 LG&E 公司提出额外的争议起到提交 ICSID 仲裁,并未达到 6 个月的期限。第五,LG&E 公司提交的争议涉及许可的履行或违反,属于政府与被许可方之间的管辖承诺范围。第六,因该争端已经提交了联邦法院,所以排除了根据双边条约进行国际仲裁的争议解决方式。[12]

3. 仲裁庭:ICSID 对该投资争端具有管辖权

(1)LG&E 公司是适格投资者

仲裁庭认定 LG&E 公司是适格投资者。[13]《华盛顿公约》第 25 条为 ICSID 管辖权的内容,该条第 1 款对投资争端以及书面同意接受管辖作出了规定。《华盛顿公约》第 25 条第 2 款(b)项中构成合格投资者的法人有两类:一是拥有争端一方国家以外某一缔约方国籍的法人;二是尽管拥有争端一方国家的国籍但受外国控制的法人。

本案中的 LG&E 公司为具有美国国籍的法人,在三家天然气分销商的股份占比分别为 45.9%、14.4% 与 19.6%,[14]因此非为控股股东。因为是由三家天然气分销商而非 LG&E 公司直接对许可合同中涵盖的运营活动负责,[15]阿根廷便主张 LG&E 公司只是三家天然气分销商的间接股东,不产生直接和实质性的控制,因此也不能对非属于《美国—阿根廷 BIT》投资者的三家天然气分销商的许可证主张间接损害。仲裁庭指出,《美国—阿根廷 BIT》第 7 条第 8 款没有要求《华盛顿公约》第 25 条第 2 款(b)项中的“外国控制”,因此没有必须为控股股东的限制。[16]

因此,仲裁庭对该问题进行了条约文本分析后,考虑到先前 CMS v. Ar-

---

〔12〕 同前注,第 29 – 34 段。

〔13〕 同前注,第 63 段。

〔14〕 LG&E Energy Corp., LG&E Capital Corp., and LG&E International, Inc. v. Argentine Republic, ICSID Case No. ARB/02/1, 赔偿责任裁决,2006 年 10 月 3 日,第 52 段。

〔15〕 LG&E Energy Corp., LG&E Capital Corp., and LG&E International, Inc. v. Argentine Republic, ICSID Case No. ARB/02/1, 管辖权裁决,2004 年 4 月 30 日,第 48 段。

〔16〕 同前注,第 54 段。

gentine 案区分拥有许可证的东道国企业与投资者的裁决,同时援引支持该观点的类似案件,[17]驳回了阿根廷对 LG&E 公司的出庭资格异议,并且确认虽然 LG&E 公司没有在阿根廷直接运营其投资,但是通过持有运营投资的东道国公司的股份,即使不是控股股东,仍然构成外国投资者。

(2)案涉争议为投资争议

仲裁庭认为案涉争议为投资争议。《华盛顿公约》本身没有对“投资”做出定义,各方签订的 BIT 一般会对“投资”做出进一步的明确。《美国—阿根廷 BIT》第 1 条第 1 款(a)项中第二种情况就包括“公司股份”(shares of stock),本案中 LG&E 公司在阿根廷的公司股份就是合格的投资。此外,仲裁庭反驳了阿根廷关于许可协议只约束其与本土三家天然气分销商的主张,认为虽然该协议规定了双方的义务,但美国 LG&E 公司进行了有效投资,构成外国投资。本案所涉争议是《华盛顿公约》与《美国—阿根廷 BIT》项下的投资争端而非许可协议下的合同争端。同时,仲裁庭援引 CMS v. Argentine 案否定了阿根廷关于“一般经济政策”不受管辖的主张。[18]

(3)阿根廷同意 ICSID 管辖

仲裁庭对同意 ICSID 管辖这一要素进行论证。因阿根廷政府已经在《美国—阿根廷 BIT》中对 ICSID 仲裁做出了书面的同意,而投资者 LG&E 公司根据《美国—阿根廷 BIT》第 7 条第 3 款也对解决争议的方式做出了选择,向 ICSID 提起仲裁,所以本案中不会涉及“岔路口”条款或“用尽当地救济”的额外要求。[19] 最终,仲裁庭裁定其对本案具有管辖权。[20]

4. 对各方意见的评析

本案与 CMS v. Argentine 案的背景十分相似,投资者的行业均为天然气、被诉东道国均为阿根廷,适用法律均为《华盛顿公约》与《美国—阿根廷 BIT》,且阿根廷对管辖权异议的主张等诸多争议焦点也几乎相同。针对 ICSID 管辖权的问题,在 CMS v. Argentine 案中,仲裁庭认为《华盛顿公约》没有明确地将控制权作为管辖权的核心要素,仅是将其视为非常特定目的的替

---

〔17〕 同前注,第 60-62 段。
〔18〕 同前注,第 64-68 段。
〔19〕 同前注,第 69-78 段。
〔20〕 同前注,第 84 段。

代方法。[21] CMS v. Argentine 案的仲裁庭也对持有许可证的东道国公司和投资者进行了区分,指出投资者根据 BIT 中保护投资者的条款享有的权利与持有许可证的东道国公司有别,这种权利独立于持有许可证的东道国公司。[22] 这一观点在 Compañía de Aguas del Aconquija, S. A. & Compagnie Générale des Eaux v. Argentine Republic 案[23]、Lanco International Inc. v. Argentine Republic 案[24]中都得到了仲裁庭的采纳。

本案仲裁庭认为,投资者只要持有当地公司的股份,根据相关 BIT 和《华盛顿公约》就构成适格投资,而不论投资者对当地公司的股权控制形式和程度。一方面,这为国际投资仲裁中保护投资者提供了充分的依据;另一方面,国家在签订 BIT 时为充分保护投资者而设置的广泛的投资定义也在一定程度上对国家自身苛以更严格的责任。在 Sr Tza Yap Shum v. Republic of Peru 案中表现更为明显,投资者拥有持东道国当地公司股份的非东道国公司的股份,仍然构成受保护的投资。[25] 早前大量国际投资法裁决表现出保护投资者的倾向,东道国利益与投资者利益之间的矛盾激化,也为当前国际投资争端机制改革埋下了伏笔。

阿根廷在论证 LG&E 公司不是合格投资者时,主要强调申请人只是被授予天然气分销许可证公司的股东,应是三家天然气分销商与阿根廷之间的争议,申请人是无关第三方。阿根廷还引用了著名的巴塞罗那电车案,[26] 但是其只关注到彼案结论是股东股份权益不受保护,遗漏了国家对国民的外交保护与国际投资仲裁申请二者间的显著区别。仲裁庭在反驳阿根廷主张时就明

---

[21] CMS Gas Transmission Company v. Argentine Republic, ICSID Case No. ARB/01/8, 管辖权裁决,2003 年 7 月 17 日,第 58 段。

[22] LG&E Energy Corp., LG&E Capital Corp., and LG&E International, Inc. v. Argentine Republic, ICSID Case No. ARB/02/1, 管辖权裁决,2004 年 4 月 30 日,第 60 段。

[23] Compañía de Aguas del Aconquija, S. A. & Compagnie Générale des Eaux v. Argentine Republic, ICSID Case No. ARB/97/3, 裁决,2000 年 11 月 21 日,第 76 段。

[24] Lanco International Inc. v. Argentine Republic, ICSID Case No. ARB/97/6, 初步裁决,1998 年 12 月 8 日,第 46 段。

[25] Sr Tza Yap Shum v. Republic of Peru, ICSID Case No. ARB/07/6, 管辖权裁决,2009 年 6 月 19 日,第 73-77 段。

[26] Barcelona Traction, Light & Power Co. Ltd. (Belgium v. Spain), Judgment, ICJ Reports 1970 年 2 月 5 日,第 3 页。

确提到,本案属于在投资者—东道国仲裁,作为股东的投资者可以直接寻求争端解决。这完全是两个层面的问题,至少巴塞罗那电车案件中关于股东权益的保护是实体问题,而本案中申请人仲裁的可及性是程序上的管辖权问题,或许其股份权益不受保护但是不会影响《华盛顿公约》与《美国—阿根廷 BIT》规定的申请仲裁的权利。

此外,阿根廷政府在 CMS v. Argentine 案与本案中均以一般措施(general measures)抗辩,其认为仲裁庭无法管辖不区分外国投资者的一般措施或政策。CMS v. Argentine 案中,仲裁庭认为其虽对阿根廷政府的普遍经济政策(general economic policy)没有管辖权,但是可以管辖此类政策或特定措施是否违反条约、立法或合同中所做出的承诺而对投资者的投资产生直接影响。〔27〕

仲裁庭在对阿根廷提出的 LG&E 公司不能根据许可协议索赔进行审理时,区分了许可协议下的"合同争议"与《华盛顿公约》和《美国—阿根廷 BIT》下的"条约争议",虽然仲裁庭在管辖权裁决中没有直接提及"保护伞条款",但后续案件进程中,LG&E 公司主张阿根廷违反了"保护伞条款"。由此也可以看出,仲裁庭在管辖权裁决的程序中虽然不直接对实体问题进行审理,但是为了确定程序事项也需要对实体问题进行初判,这也体现出国际投资仲裁争端解决中的程序实体问题之间关联的紧密性。其实,仲裁庭处理管辖权争议的方式与解决实体问题别无二致,即审阅书面意见、证据的开庭听审以及证人证言,最后作出裁决。〔28〕

仲裁庭裁定其是否具有管辖权的法律依据来源于"仲裁庭自裁管辖权原则"(competence - competence doctrine)。该原则被仲裁立法、司法判例和权威意见广泛接受,若当事人一方向仲裁庭提出缺乏管辖权的异议,仲裁庭被推定为有权对该管辖权异议进行裁定,但仲裁员的决定也需要受到后续司法审

〔27〕 CMS Gas Transmission Company v. Argentine Republic, ICSID Case No. ARB/01/8, 管辖权裁决,2003 年 7 月 17 日,第 33 段。

〔28〕 Gary Born, *International Arbitration: Law and Practice*, Kluwer Law International BV, 2016, p. 48.

查的限制。[29]“仲裁庭自裁管辖权原则”与“仲裁条款自治”之间具有直接的关联,[30]但是二者各有侧重。关于“仲裁条款自治”(autonomy of the arbitration clause)或称“仲裁协议的独立性”(separability of international arbitration agreements),在英国案例 Vee Networks Ltd. v. Econet Wireless International Ltd. 一案中,法院认为“仲裁协议的独立性”意味着仲裁协议与基础合同分离,[31]即使基础合同无效,仲裁协议依然有效。[32] “仲裁庭自裁管辖权原则”则反映了独立性原则,但是要以仲裁协议有效且约束当事人为前提。[33]

《华盛顿公约》第 41 条第 1 款规定“仲裁庭是其管辖权的裁判者”,同样体现了“仲裁庭自裁管辖权原则”。但是“仲裁协议的独立性”在国际投资仲裁中的体现并不明显,这主要是由于投资者—东道国之间仲裁协议的达成方式较之商事仲裁更加特殊,一般认为东道国政府是在签署 BIT 时就已经做出 ICSID 仲裁的持续性要约(standing offer),一旦投资者提起仲裁就构成承诺,投资仲裁协议达成。在国际投资争端中,仲裁协议实际上都不在基础合同之中,也就无须考虑二者之间的独立性。可以窥见,国际投资仲裁是建基于国际商事仲裁现有制度,并经特定要旨及需求调适,最终形成的具有特色的争端解决机制。

(二)公平公正待遇

1. LG&E 公司:阿根廷违反了公平公正待遇

LG&E 公司称阿根廷违反了《美国—阿根廷 BIT》第 2 条第 2 款(a)项,该条款旨在保证 LG&E 公司在阿根廷的投资将在任何时候获得公平公正待遇。

LG&E 公司主张,公平公正待遇包含“稳定和可预期的投资法律框架”。

---

〔29〕 Gary Born, *International Arbitration: Law and Practice*, Kluwer Law International BV, 2016, p. 56.

〔30〕 Nigel Blackaby et al., *Redfern and Hunter on International Arbitration*, 6th edition, Oxford University Press, 2015, p. 107.

〔31〕 案例详见[2006] EWHC 1568 (Comm), [2006] ArbLR 19。

〔32〕 Gary Born, *International Arbitration: Law and Practice*, Kluwer Law International BV, 2016, p. 55.

〔33〕 Nigel Blackaby et al., *Redfern and Hunter on International Arbitration*, 6th edition, Oxford University Press, 2015, p. 341.

LG&E 公司称其依据包括对《美国—阿根廷 BIT》序言部分的目标和宗旨的解释,对公平公正待遇条款的解释,以及相近三个案件中仲裁庭的意见。因此,LG&E 公司认为,违反公平公正待遇意味着,东道国不能给予影响外国投资者进行投资时所考虑的基本期待的待遇。同时,考虑到《美国—阿根廷 BIT》的目标是促进外国投资,LG&E 公司认为,为其投资奠定基础并保护其价值的法律框架的稳定性和可预期性尤为重要。[34]

本案中,阿根廷以《美国—阿根廷 BIT》的相关保证和私有化法律框架吸引投资者,这些构成阿根廷对投资的保证。LG&E 公司的合理信赖包括:相关法律提供的防止货币波动和通货膨胀的保证,提供公用事业费率的调整以确保合理的回报率、阿根廷不会冻结公用事业费率等。[35] 然而,在经济危机期间,阿根廷放弃了对天然气分销部门投资者的保证。2002 年 1 月,《紧急法案》取消了对通货膨胀的保护。阿根廷迫使被许可方签订协议,推迟 PPI 调整,《紧急法案》更是永久废除了 PPI 调整。[36] 鉴于这些措施,LG&E 公司主张,阿根廷违反了其禁止冻结或控制税费的保证,从而违反了公平公正待遇。

2. 阿根廷:未违反公平公正待遇

阿根廷首先反驳了 LG&E 公司对公平公正待遇的定义。阿根廷认为,公平公正待遇的标准应该是公正和客观的,而不是个人和武断的。阿根廷引用了 Genin v. Estonia 案,指出"公平公正待遇是指应给予投资者的国际最低待遇标准";引用了 Myers v. Canada 案,称"只有当证明投资者受到不公正或武断的对待,以致这种待遇上升到国际上无法接受的程度时,才会违反公平公正待遇"。[37] 阿根廷主张,关于 PPI 调整,从 1998 年中期开始,PPI 作为利率调整指标已经不合理,不能反映服务提供者活动中所涉及的商品和服务的价值变化,因此必须改变。[38] 阿根廷从各方面反驳后,认为其相关法律与措施并未违反公平公正待遇。

---

〔34〕 LG&E Energy Corp., LG&E Capital Corp., and LG&E International, Inc. v. Argentine Republic, ICSID Case No. ARB/02/1, 赔偿责任裁决,2006 年 10 月 3 日,第 102 段。

〔35〕 同前注,第 106 段。

〔36〕 同前注,第 108 段。

〔37〕 同前注,第 113 段。

〔38〕 同前注,第 116 段。

3. 仲裁庭：阿根廷违反了公平公正待遇

仲裁庭认为，阿根廷违反了公平公正待遇，并从法律和经济制度的稳定性与投资者的合理期待角度进行分析。

(1)公平公正待遇包含法律和经济制度的稳定性

仲裁庭首先对公平公正待遇的含义予以明确。《美国—阿根廷 BIT》第 2 条第 2 款(a)项规定了公平公正待遇，仅仅表示"任何时间的投资都应被给予公平公正待遇"，并没有对这一待遇的具体内容进行阐释。因条约文义尚不明确，需要根据《维也纳条约法公约》〔39〕(Vienna Convention on the Law of Treaties, VCLT)第 31 条进行解释，首先仲裁庭需要根据公平公正待遇的"通常含义"，结合"上下文"以及条约的"目的和宗旨"进行"善意解释"。VCLT 是取得国际共识的习惯国际法之一，在国际投资仲裁庭中被广泛适用。

仲裁庭根据 VCLT 第 31 条进行分析时，认为公平公正待遇作为国际标准之一具有通常特征而且会随时间演进，无法得出一个清晰且静止不变的概念，因此"通常含义"无法确定。〔40〕 继而，在根据"上下文"和"目的和宗旨"来解释公平公正待遇时，需要考察《美国—阿根廷 BIT》的序言(preamble)。该序言规定"公平公正待遇是为投资和最优利用经济资源来维持稳定的制度"，且阿根廷与美国签订 BIT 是以"促进更大的经济合作""刺激私人资本和发展两国经济"为目的的。此后，仲裁庭对其他适用《美国—阿根廷 BIT》的仲裁案例进行分析，特别是援引了 CMS v. Argentine 案中东道国法律和经济制度的稳定性是公平公正待遇标准的重要构成这一观点。〔41〕 因此，仲裁庭得出结论，即法律和经济制度的稳定性是公平公正待遇的重要构成。

(2)投资者的合理期待

仲裁庭另外援引了对公平公正待遇进行分析的不同案件后，分析了投资者合理期待(fair expectation)的特征：合理期待产生于投资当时东道国的条

---

〔39〕《维也纳条约法公约》，英文全称"Vienna Convention on the Law of Treaties"，1969 年 5 月 23 日通过，1980 年 1 月 27 日生效，目前有 45 个国家签署，有 116 个缔约方，全文见联合国官方网站，https://legal.un.org/ilc/texts/instruments/english/conventions/1_1_1969.pdf，2022 年 9 月 27 日访问。

〔40〕 LG&E Energy Corp., LG&E Capital Corp., and LG&E International, Inc. v. Argentine Republic, ICSID Case No. ARB/02/1，赔偿责任裁决，2006 年 10 月 3 日，第 123 段。

〔41〕 同前注，第 124 - 131 段。

件;当事人仅一方不能成立合理期待;合理期待是以法律的形式存在和执行的;除国家危急情形外,对投资者产生损害的东道国负有赔偿责任;投资者的合理期待需要考虑商业风险和产业常规模式。[42] 这就意味着,投资者的合理期待本身需要考虑到跨国投资的难度、时长等诸多因素,不能将普通商业风险也上升为东道国做出承诺的事项,否则投资者的期待便不合理。

仲裁庭最终认为,公平公正待遇包括东道国的一致和透明的行为,明确包括东道国为满足外国投资者"正当期待"(justified expectations)而给予并保持的稳定且可预期的法律制度。这里的"正当期待"用法较为鲜见,其更多地体现出投资者产生的合理期待还需要符合法律要求这一层意蕴。[43]

4. 对各方意见的评析

仲裁庭在分析公平公正待遇条款前,还对 LG&E 公司主张的阿根廷政府对投资者做出的承诺进行了识别。LG&E 公司认为,阿根廷政府违反公平公正待遇的表现之一就是其放弃了为吸引外国投资做出的法律承诺。阿根廷则认为,LG&E 公司所称承诺没有法律上的依据,报告、会议纪要等不具有约束力的文件不会决定投资者是否投资天然气分发市场。仲裁庭特意回应了这一问题,"投资者合理期待"为公平公正待遇所包含的裁判观点似乎已经铺就。

LG&E 公司主张公平公正待遇要求东道国具有稳定可预期的投资法律制度。阿根廷政府主张公平公正待遇指向国际最低标准待遇,"东道国不公正或任意对待投资者必须达到国际上不可接受的程度"才构成违反公平公正待遇。这就引发了国际投资待遇标准间的关系,尤其是公平公正待遇与最低标准待遇二者的关系该如何理解是国际投资法中的经典论争。仲裁庭在探究公平公正待遇内涵时,援引了多个案例,如 MTD v. Chile 案对公平公正待遇的含义做出了字面意思的解释。CMS v. Argentine 案是对本案参考价值最高的一例,该案中关于公平公正待遇的内容对本案产生了较大影响,[44] 在确定东道国稳定可预期的法律制度属于内容之一这一点上保持了高度一致。

但本案的仲裁庭并没有对公平公正待遇与国际最低标准待遇的区别进行

---

[42] 同前注,第 130 段。

[43] 同前注,第 131 段。

[44] 同前注,第 124 - 131 段。

分析。阿根廷政府援引 Genin v. Estonia 案时，主要是援引了该案中援引的 Neer 案中关于政府"恶意"的分析。[45] Neer 案是最早形成国际最低待遇标准的案件，主要涉及墨西哥没有对美国国民 Neer 的谋杀案进行调查，因此构成"拒绝司法"，违反国际法。[46] 仲裁庭在这一点上，认为"恶意"(bad faith)不是违反公平公正待遇条款的要素而予以规避，明显本案中不涉及所援引案件中的"恶意"问题。本案仲裁庭甚至没有指出，Genin v. Estonia 案仲裁庭的观点是：公平公正待遇是国际最低待遇标准的一部分。[47]

在证明公平公正待遇包含投资者合理期待时，仲裁庭援引了证明该观点的惯用案例 Tecmed v. Mexico 案，[48] 而此后的 MTD v. Chile 案、Occidental v. Ecuador 案以及 CMS v. Argentine 案均与其保持一致裁判。Waste Management v. Mexico 案明确了公平公正待遇对东道国政府透明度的要求，涉及条约下投资活动的法律要求可能受影响的投资者都需要被告知。[49] 本案中《紧急法案》的颁布以及 PPI 的取消适用等法律措施就处于投资者知晓的内容之外，这是决定仲裁庭的判断的关键事实。

在国际投资待遇中有最惠国待遇原则、国民待遇原则和公平公正待遇原则三类常用待遇标准，均涉及东道国的投资环境、与外国投资相关的法律等。其中，公平公正待遇相较前二者更为绝对，具有无条件适用性。而在发达国家国民充当多数国际投资者的背景下，国际最待遇标准要求东道国对外资提供的待遇若是低于国际最低标准，就需要以后者为准。

公平公正待遇因其表述的多样化产生了诸多解释上的争议，有的如阿根廷在本案中的一致主张一样，混同公平公正待遇与国际最低待遇之间的含义

---

〔45〕 Alex Genin, Eastern Credit Limited, Inc. and A. S. Baltoil v. The Republic of Estonia, ICSID Case No. ARB/99/2，裁决，2001 年 6 月 25 日，第 367 段。

〔46〕 The United States (L. F. Neer) v. The United Mexican States, Mexico - US General Claim Commission, Award, 15 October 1926, IV Reports of International Arbitration Awards, 1926.

〔47〕 Alex Genin, Eastern Credit Limited, Inc. and A. S. Baltoil v. The Republic of Estonia, ICSID Case No. ARB/99/2，裁决，2001 年 6 月 25 日，第 367 段。

〔48〕 Técnicas Medioambientales Tecmed S. A. v. The United Mexican States, ICSID Case No. ARB (AF)/00/02，裁决，2003 年 5 月 29 日，第 154 段。

〔49〕 Waste Management, Inc. v. The United Mexican States, ICSID Case No. ARB(AF)/00/3，裁决，2004 年 4 月 30 日，第 98 段。

与关系,也有的只据文义解释为“正当的”“无偏见的”“公正的”“合理的”[50]。在公平公正待遇条款的解释上,本案仲裁庭未经区分解释方法地引用先前仲裁庭观点,甚至没有在分析时提及国际最低待遇标准。

国际最低待遇与公平公正待遇二者联系紧密,在国际投资仲裁实践中有不同观点。一是认为国际最低待遇标准包含公平公正待遇和及时与充分的安全保护。[51] 这一观点的最佳例证就是《北美自由贸易协定》[52](North American Free Trade Agreement,NAFTA)第 1105 条,其在区域层面确定了国际最低待遇包含公平公正待遇和及时与充分的安全保护。二是认为公平公正待遇与国际最低待遇近乎一致,这体现在 OEPC v. Ecuador 案[53]与 CMS v. Argentine 案[54]中。在与本案背景与争议焦点高度相似的 CMS v. Argentine 案中,仲裁庭至少对这一问题做出了分析。

仲裁庭分析了适用《美国—阿根廷 BIT》的不同投资仲裁案件,得出公平公正待遇包含“东道国经济结构与法律的稳定性”后,[55]又对《智利—马来西亚 BIT》、NAFTA 中的公平公正待遇含义进行了梳理。就本案而言,其实仲裁庭在分析《智利—马来西亚 BIT》后就可以停笔,继续参考其他国际条约的解释或许是考虑两个原因:一是增强裁决本身说理以旁征博引;二是为了具化公平公正待遇的内涵,明确其在现有国际仲裁实践中的普遍共识,为后续争端解决提供参考。

---

[50] MTD Equity Sdn. Bhd. and MTD Chile S. A. v. Republic of Chile, ICSID Case No. ARB/01/7,裁决,2004 年 5 月 25 日,第 113 段。

[51] 王贵国:《国际投资法》,北京大学出版社 2001 年版,第 183 页。

[52] 《北美自由贸易协定》,英文全称“North American Free Trade Agreement”1994 年 1 月 1 日生效,缔约方包括美国、墨西哥与加拿大三国,全文见美国海关及边境保卫局官方网站,https://tcc.export.gov/Trade_Agreements/All_Trade_Agreements/NorthAmericanFreeTA.asp,2023 年 10 月 26 日访问。

[53] Occidental Exploration and Production Company v. Republic of Ecuador, LCIA Case No. UN 3467,裁决,2004 年 7 月 1 日,第 189 - 190 段。

[54] CMS Gas Transmission Company v. Argentine Republic, ICSID Case No. ARB/01/8,裁决,2005 年 5 月 12 日,第 284 段。

[55] LG&E Energy Corp., LG&E Capital Corp., and LG&E International, Inc. v. Argentine Republic, ICSID Case No. ARB/02/1,赔偿责任裁决,2006 年 10 月 3 日,第 125 段。

(三)歧视专断待遇

1. LG&E 公司:阿根廷的行为构成歧视专断待遇

针对歧视待遇,LG&E 公司认为,相比于上游企业(生产)、大型工业消费者和其他非由外国投资者主导的部门,阿根廷的措施歧视下游天然气部门企业(运输和分销)。LG&E 公司称,从第一次 PPI 调整到 2002 年 1 月 6 日颁布《紧急法案》期间,天然气产业受到的待遇不同于其他类似公用事业,如电力和供水企业。LG&E 公司特别强调,该类措施具有明显歧视,因为天然气分销部门的大多数投资者是外国人。[56]

针对专断待遇,LG&E 公司认为阿根廷对天然气分销许可证持有者的措施是武断的,构成"无视法治的任意行为"。LG&E 公司称,阿根廷政府在法律、法令、决议、法规和法院判决的幌子下行事,故意否认其做出的承诺,遵循"权力规则,而不是法治"。[57]

2. 阿根廷:并未实施歧视专断待遇

阿根廷否认其采取的措施具有歧视性。阿根廷主张,此类措施是一般性措施,没有任何不合理的区别。阿根廷解释称,每一项公共服务都有一套税费规则,因此,对公共服务领域在内的所有部门的影响可能并不完全相同。根据不同的规则、不同的协议和不同的特征,将一种公用事业与另一种公用事业进行比较,认为阿根廷歧视不同公用事业是不合理和不合法的。[58]

阿根廷称其措施不是专断的,相反,却是合理且与所追求目标相称的。阿根廷认为,税费制度并没有废除,只是政府在经济危机期间被迫采取措施而有所修改。另外,阿根廷认为,将税费调整与比索挂钩并非武断或歧视行为。如果与比索没有联系,许多消费者就无法获得天然气服务,将导致天然气分销行业本身的崩溃。[59]

---

〔56〕 LG&E Energy Corp., LG&E Capital Corp., and LG&E International, Inc. v. Argentine Republic, ICSID Case No. ARB/02/1,赔偿责任裁决,2006 年 10 月 3 日,第 140 - 143 段。

〔57〕 同前注,第 149 - 151 段。

〔58〕 同前注,第 144 - 145 段。

〔59〕 同前注,第 152 - 154 段。

3. 仲裁庭:阿根廷不构成歧视专断待遇

(1)阿根廷构成歧视待遇

《美国—阿根廷 BIT》第 2 条第 2 款(b)项规定:“任何一方均不得以专断或歧视措施以任何方式损害投资的管理、经营、维护、使用、享受、获得、扩张或处置。”在该条约中,专断待遇与歧视待遇是用“或”(or)连接的,即违反其中之一就构成对条约义务的违反。仲裁庭对歧视专断待遇的分析中也区分二者进行了两步论证,一是歧视,二是专断。

仲裁庭认为阿根廷构成歧视待遇。仲裁庭用以论证如何构成歧视待遇时,参考了 1989 年国际法院的 ELSI 案最初提出的歧视措施的标准。[60] 仲裁庭继而总结包括以下要素:“有意图的待遇,对国民有利,对外国投资者不利,并且在相同情况下的国民不受此措施约束。”仲裁庭通过引用 ELSI 案探究歧视的要件,指明有歧视意图的措施或产生歧视效果的措施都构成歧视措施。在本案中,阿根廷政府对公用领域的不同公司做出了区别对待,同一公用领域的水电分发公司在适用《紧急法案》、PPI 调整以及货币汇兑方面均与天然气分发公司不同,而且对其较为有利而对天然气分发公司较为不利。仲裁庭认为阿根廷的措施即使没有以歧视外国投资者为目的实施,实际上也确实产生了歧视外国投资者控制的天然气分发公司的效果,因而阿根廷构成歧视待遇。[61]

(2)阿根廷不构成专断待遇

仲裁庭认为阿根廷不构成专断待遇。针对专断待遇,仲裁庭首先指出《美国—阿根廷 BIT》中虽要求非歧视与非专断待遇,但是并没有对“专断”做出定义。因此,仲裁庭认为应当借鉴国际法中对“专断”措施的“普通词义”(plain meaning)解释。本案仲裁庭从正反两面诠释了“专断”的定义。首先,仲裁庭援引了 Lauder v. Czech 案转述《布莱克法律词典》后提出的“专断”(arbitrariness)定义,即“个人非基于理由或事实而基于偏见或偏好的裁

---

〔60〕 Elettronica Sicula S. p. A. (ELSI) (United States of America v. Italy), Judgement, ZCJ Report, 1989 年 7 月 20 日,第 29 段。

〔61〕 LG&E Energy Corp., LG&E Capital Corp., and LG&E International, Inc. v. Argentine Republic, ICSID Case No. ARB/02/1, 赔偿责任裁决,2006 年 10 月 3 日,第 146 - 148 段。

量”[62]。为进一步明确“专断”措施的内涵，明确东道国采取措施的正当程度，仲裁庭援引了以下案例：Genin v. Estonia 案中“爱沙尼亚因政治经济转型而加强对银行部门的监管，这样的规则体现的是‘明确且合法的公共目的’”[63]，因此是不构成“专断”的。而在 Lauder v. Czech 案中，“因担心外国人对捷克本国电视广播产业产生政治影响”[64]而施加的措施，是构成“专断”的。另外，仲裁庭还指出《美国—阿根廷 BIT》的序言体现出缔约方对“合理决策过程”的要求，“合理决策过程”应当同时权衡考虑某措施对外国投资者的影响以及施加该措施的东道国利益。[65]

最终，仲裁庭认为本案情况介于 Genin v. Estonia 案与 Lauder v. Czech 案之间，充分考虑了阿根廷的经济危机情况，政府为应对经济危机采取的措施或许不是最佳的，但也非未经正当考虑就随意做出的，[66]因此不构成专断待遇。在此部分，仲裁庭还明确称，阿根廷虽然不构成专断待遇，但这并不意味着其没有违反公平公正待遇所要求的保证“稳定的法律制度”。综上，阿根廷的措施构成歧视待遇，不构成专断待遇，同时不影响其对公平公正待遇的背信。

4. 对各方意见的评析

在国际投资仲裁实践中，依据双边投资协定的规定，仲裁庭常常对公平公正待遇与歧视专断待遇同时论证。本案仲裁庭在分析公平公正待遇后对歧视专断待遇作论证。最后，仲裁庭认为阿根廷的行为构成歧视待遇，不构成专断待遇，但并不影响阿根廷对公平公正待遇的违反。这样的结论看似产生了公平公正待遇与歧视专断待遇二者有别的效果，但其实仲裁庭在分析歧视待遇的时候没有作此区分，或者说歧视待遇与公平公正待遇很难区分。在 Lauder v. Czech 案中，仲裁庭将公平公正待遇与歧视相联系，认为公平公正待遇可以因专断和歧视的行为被违反。[67] 甚至在 Bogdanov 案中，仲裁庭认为公平公

---

〔62〕 Ronald S. Lauder v. The Czech Republic, UNCITRAL, 裁决，2001 年 9 月 3 日，第 221 段。

〔63〕 Alex Genin, Eastern Credit Limited, Inc. and A. S. Baltoil v. The Republic of Estonia, ICSID Case No. ARB/99/2, 裁决，2001 年 6 月 25 日，第 370 段。

〔64〕 Ronald S. Lauder v. The Czech Republic, UNCITRAL, 裁决，2001 年 9 月 3 日，第 222 - 232 段。

〔65〕 LG&E Energy Corp., LG&E Capital Corp., and LG&E International, Inc. v. Argentine Republic, ICSID Case No. ARB/02/1, 赔偿责任裁决，2006 年 10 月 3 日，第 158 段。

〔66〕 同前注，第 162 段。

〔67〕 Ronald S. Lauder v. The Czech Republic, UNCITRAL, 裁决，2001 年 9 月 3 日，第 292 - 294 段。

正待遇等同于不存在歧视措施。[68] 相对来说,专断待遇同歧视待遇与公平公正待遇的区别更加分明,本案仲裁庭对此也做出了评价,选择不去触及歧视待遇与公平公正待遇的复杂关系。

在本案中分析歧视待遇时,仲裁庭选择在同一经济部门即公用事业中进行讨论,区分了天然气分发公司与水电分发公司,根据措施的实施对象认定有歧视存在。这一做法与 LG&E 公司的主张相同,尤其是考虑到,本案中天然气分发公司绝大多数是由外国投资者投资的,所以导致措施实际上产生了对外国投资者的歧视。仲裁庭的论证思路可以归纳为:第一,措施是针对产业而并非针对外国投资者做出的;第二,在同一产业部门内对外国投资者造成了事实上的歧视。

仲裁庭没有继续对事实上的歧视做深入论证,基于国民待遇原则,至少有三种情形会构成事实上的歧视:一是外国投资者受到的待遇低于东道国国民,因而外国投资者的待遇低于 BIT 的要求;二是东道国政府采取某一措施后,外国投资者与本国国民的待遇均得到提高,但是国民待遇提高的程度更高,也构成歧视;三是东道国政府采取某一措施后,外国投资者与本国国民的待遇均降低,但是外国投资者待遇降低的程度更大,同样构成歧视。

此外,仲裁庭将同一经济部门作为相同情形来判断"歧视"是否存在是否合理也值得商榷。"同一经济部门"只是对投资者所从事的经济领域做出了区分,即使是在"同一经济部门"中,不同公司受东道国政府措施的影响程度也有不同。"歧视"这一概念本身具有相对性,经济部门应不是唯一判断标准。至少还应当考虑公司运营的时间、规模大小、人员多少等因素,综合考虑其是否遭受"歧视"待遇。

值得一提的是,仲裁庭在分析"专断"的定义时,援引的是 Lauder v. Czech 案中转述的《布莱克法律词典》中的定义。本案仲裁庭在这一点上并不是对 VCLT 第 31 条"通常含义"的适用,实际上是通过 Lauder v. Czech 案直接借鉴国际法语境下"专断"的含义。通常情况下,VCLT 第 31 条"通常含义"并非指参考《布莱克法律词典》,因该词典属于法律专业性词典,并不能体

---

[68] Iurii Bogdanov, Agurdino - Invest Ltd. and Agurdino - Chimia JSC v. Republic of Moldova, SCC Case No. 093/2004,裁决,2005 年 9 月,第 16 段。

现特定词汇的"通常含义"。因此本案仲裁庭也是非常巧妙地规避了 VCLT 第 31 条的直接适用,通过援引先前判例的观点作为佐证,而非通过 VCLT 第 31 条进行条约解释误用《布莱克法律词典》。实践中,无论是国际贸易法案例还是国际投资法案例,《牛津词典》已经成为界定"通常含义"的指南,这在一定程度上也体现出英语语言对国际法实践的重要推动和实质垄断。

(四)保护伞条款

1. LG&E 公司:阿根廷违反了保护伞条款

LG&E 公司主张,阿根廷违反了保护伞条款。阿根廷对外国投资者在天然气分销部门的投资承担了基本义务,但其拒绝履行法律承诺,也没有赔偿 LG&E 公司的损失。LG&E 公司认为,阿根廷通过向外国投资者承诺投资回报来吸引投资,这些承诺是以法律义务的形式呈现的。LG&E 公司主张,这些承诺构成保护伞条款的内容。仲裁庭不需要判定所有关于投资的一般法律法规都构成保护伞条款的义务,但在本案的特定情况下,阿根廷没有履行其在条约下的保护伞条款的义务。[69]

2. 阿根廷:仅构成合同违约

阿根廷主张,其对天然气分销和运输产业的一般立法承诺不构成使得保护伞条款生效的具体陈述。因此,阿根廷称,LG&E 公司的诉求属于合同违约,应根据合同的具体管辖权条款进行解决,而不能根据保护伞条款通过国际裁决解决。[70]

3. 仲裁庭:阿根廷违反了保护伞条款

(1)保护伞条款的含义

《美国—阿根廷 BIT》第 2 条第 2 款(c)项规定:"缔约各方应遵守其就投资可能达成的任何义务。"其之所以被称为保护伞条款,就是由于该条款将合同义务以及其他义务都收束在条约的保护伞之下。[71] 在本案中,该条款表

---

〔69〕 LG&E Energy Corp., LG&E Capital Corp., and LG&E International, Inc. v. Argentine Republic, ICSID Case No. ARB/02/1, 赔偿责任裁决,2006 年 10 月 3 日,第 164 – 166 段。

〔70〕 同前注,第 166 – 168 段。

〔71〕 Rudolf Dolzer & Christoph Schreuer, *Principles of International Investment Law*, 2nd edition, Oxford University Press, 2012, p. 166.

明,阿根廷将履行其对美国投资者投资的相关义务。

仲裁庭在考虑保护伞条款时指出,保护伞条款下的义务源自 BIT,而且这种义务包括从合同义务衍生出来的条约义务。[72] 根据 CMS v. Argentine 案和 SGS v. Philippines 案,仲裁庭再一次明确了合同义务与条约义务的联系和区别。在对保护伞条款做出基本判别后,仲裁庭认为在本案中考虑阿根廷是否违反保护伞条款,就需要判断阿根廷的《天然气法》(Gas Law)及相关法规是否构成一项义务;该义务关涉 LG&E 公司作为外国投资者的权能(capacity),涉及 LG&E 公司的投资。只有《天然气法》及相关法规同时具备前述三要件时,阿根廷废除《天然气法》及相关法规保证的行为才会引致违反条约义务。

(2)阿根廷违反了保护伞条款

仲裁庭首先考虑的是,基于《天然气法》及相关法规,阿根廷是否对外国投资者及其投资承担国际性义务。仲裁庭分析时,考虑到《天然气法》及相关法规中调整税费的条款的作用就是保证外国投资者投资的价值。而这一立法目的恰好是投资者 LG&E 公司投资的目的,即增加其所持三家天然气分销商的股份价值。因此,仲裁庭借助 SGS v. Philippines 案中关于"保护伞条款适用时,东道国必须承担一种法律义务,这种义务是针对个案中具体投资而承担的,不是一般性质的法律义务"[73]的观点,认定阿根廷《天然气法》及相关法规非为一般性的法律义务,已经构成对特定投资者的特定义务。[74] 因此阿根廷违反了对外国投资者 LG&E 公司所作投资承担的具体义务,构成对保护伞条款的违反。

4. 对各方意见的评析

在保护伞条款这一主张上,LG&E 公司将阿根廷的行为视为对条约义务的违反,因而寻求 ICSID 仲裁。与此不同,阿根廷则否认其违反了条约义务,

---

[72] LG&E Energy Corp., LG&E Capital Corp., and LG&E International, Inc. v. Argentine Republic, ICSID Case No. ARB/02/1, 赔偿责任裁决,2006 年 10 月 3 日,第 170 段。

[73] SGS Société Générale de Surveillance S. A. v. Republic of the Philippines, ICSID Case No. ARB/02/6, 管辖权裁决,2004 年 1 月 29 日,第 121 页。

[74] LG&E Energy Corp., LG&E Capital Corp., and LG&E International, Inc. v. Argentine Republic, ICSID Case No. ARB/02/1, 赔偿责任裁决,2006 年 10 月 3 日,第 174 段。

仅构成对合同义务的违反,主张借由国内法解决争端。因此,这一问题的关键是在保护伞条款下,如何看待合同义务与条约义务以及在何种情况下合同义务会上升至条约义务。

国际投资仲裁实践中对保护伞条款的论争一直存在,从否定保护伞条款将合同义务上升为条约义务,到肯定保护伞条款将合同义务转化为条约义务,再到现今,为平衡东道国与投资者双方利益,考虑东道国的身份以有限肯定保护伞条款联结合同义务与条约义务的桥梁作用。最早,SGS v. Pakistan 案体现出对保护伞条款的严格限制适用。SGS v. Pakistan 案仲裁庭认为非经缔约双方明确地一致表示,不适用保护伞条款,同时基于保护伞条款非位于条约实体性条款中等原因,对保护伞条款不予采用。〔75〕 随后,SGS v. Philippines 案仲裁庭对前案提出了批评,认为该案仲裁庭没有对保护伞条款做出清晰的定义。〔76〕 在后续的 El Paso Energyn v. Argentine〔77〕以及 Pan American v. Argentine〔78〕两案在一定程度上支持 SGS v. Pakistan 案的观点,一般情况下保护伞条款不能将合同义务上升为条约义务,除非符合 BIT 中规定的合同诉求,即需要区分国家是作为商业主体还是作为统治主体,体现出在保护伞条款实践中对东道国利益与投资者利益平衡关系的构建。〔79〕

但是,因国际投资法并没有明确仲裁庭裁决或称裁判先例能够对后续案件产生绝对的法律约束力,裁判观点仍有冲突。2012 年的 SGS v. Paraguay 案又对前案做出了推翻,该案仲裁庭认为,既然“条约没有明示或暗示地规定只有在政府滥用其主权权力时才构成对其承诺的违反”〔80〕,那么无须区分是

---

〔75〕 SGS Société Générale de Surveillance S. A. v. Islamic Republic of Pakistan, ICSID Case No. ARB/01/13, 管辖权裁决,2003 年 8 月 6 日,第 167 - 171 页。

〔76〕 SGS Société Générale de Surveillance S. A. v. Republic of the Philippines, ICSID Case No. ARB/02/6, 管辖权裁决,2004 年 1 月 29 日,第 125 页。

〔77〕 El Paso Energy International Company v. The Argentine Republic, ICSID Case No. ARB/03/15,管辖权裁决,2006 年 4 月 27 日,第 72 - 74 页。

〔78〕 Pan American Energy LLC and BP Argentina Exploration Company v. Argentine Republic, ICSID Case No. ARB/03/13, 初步裁决,2006 年 7 月 27 日,第 101 - 103 段。

〔79〕 Rudolf Dolzer & Christoph Schreuer, *Principles of International Investment Law*, 2nd edition, Oxford University Press, 2012, p. 173.

〔80〕 SGS Société Générale de Surveillance S. A. v. The Republic of Paraguay, ICSID Case No. ARB/07/29, 裁决,2012 年 2 月 10 日,第 91 页。

否有国家权力的行使,不用分析国家是商业主体还是统治主体,只要违反了与投资有关的合同承诺,就构成对保护伞条款的违反。

本案仲裁庭援引了 CMS v. Argentine 案和 SGS v. Philippines 案对保护伞条款的界定,即"违反东道国与投资者之间的合同义务会引发基于保护伞条款的诉求"〔81〕。SGS v. Philippines 案是较早肯定保护伞条款能够产生将合同义务上升为条约义务的先例,并几经后续仲裁庭援引,本案仲裁庭为支持 SGS v. Philippines 案保护伞条款的裁判数量又添一例。在适用于本案时,仲裁庭选取了 SGS v. Philippines 案作为参考依据,并根据本案案情在脚注中引用了该案关于保护伞条款的分析。〔82〕 实际上,本案《天然气法》及相关法规主要就是为吸引外国投资者而制定的,这一点对于分析阿根廷是否对外国投资者及其投资做出特定承诺,是否违反保护伞条款至关重要。如果在分析保护伞条款在本案的具体适用中提出这一点并进行论证,本案仲裁庭在该部分的说理将更增说服力。可惜的是,本案仲裁庭只在本部分最后结论的最后一句话才提及这一点。另外,相比其他部分的论证,仲裁庭在裁决正文中指出案件名称,摘引原仲裁庭的原文,在脚注中引用裁决观点的做法也值得推敲。

CMS v. Argentine 案与本案重合度较高,在保护伞条款上亦然。一旦参考仲裁裁决,CMS v. Argentine 案具有优势地位。CMS v. Argentine 案中仲裁庭延续了对国家在合同中的身份问题的分析,〔83〕本案仲裁庭没有援引。CMS v. Argentine 案的裁决作出后,阿根廷就该裁决于 2005 年 9 月 8 日向 ICSID 秘书长申请撤销,2007 年 9 月 25 日 ICSID 仲裁特别委员会作出了撤销阿根廷违反保护伞条款的裁决。委员会认为,保护伞条款中规定的义务是条约下的法律义务,约束主体是东道国与被外国投资者投资的公司,阿根廷违反

---

〔81〕 CMS Gas Transmission Company v. Argentine Republic, ICSID Case No. ARB/01/8, 裁决,2005 年 5 月 12 日,第 303 段;SGS Société Générale de Surveillance S. A. v. Republic of the Philippines, ICSID Case No. ARB/02/6, 管辖权裁决,2004 年 1 月 29 日,第 127 - 128 段。

〔82〕 LG&E Energy Corp., LG&E Capital Corp., and LG&E International, Inc. v. Argentine Republic, ICSID Case No. ARB/02/1, 赔偿责任裁决,2006 年 10 月 3 日,第 174 段;SGS Société Générale de Surveillance S. A. v. Republic of the Philippines, ICSID Case No. ARB/02/6, 管辖权裁决,2004 年 1 月 29 日,第 121 段。

〔83〕 CMS Gas Transmission Company v. Argentine Republic, ICSID Case No. ARB/01/8, 裁决,2005 年 5 月 12 日,第 206 段。

的是与被外国投资者投资的公司之间的合同义务,因没有违反其他条约中的实体义务,不构成违反保护伞条款。[84] 这就导致本案与 CMS v. Argentine 案在保护伞条款的认定上出现了相反的结论。

饶有趣味的是,本案的实体性审理与 CMS v. Argentine 案的撤销裁决程序具有一定的时间上的重合性。本案仲裁庭是在 2005 年 1 月 23 至 29 日进行实体性审理,2006 年 10 月 3 日作出国家责任裁决,2007 年 6 月 25 日作出最终裁决。虽然本案在保护伞条款的说理上与 CMS v. Argentine 案裁决(撤销前)有所出入,但是结论均认定阿根廷违反保护伞条款,而 CMS v. Argentine 案中判定阿根廷违反保护伞条款的裁决在 2007 年 9 月 25 日才被撤销。

(五)间接征收

1. LG&E 公司:阿根廷构成间接征收

LG&E 公司主张阿根廷对其投资实施了间接征收且没有进行补偿。LG&E 公司引用了学者鲁道夫·多尔查(Rudolf Dolzer)的观点,主张间接征收发生在政府行为严重损害投资价值的情况下。在本案中,阿根廷的行为对 LG&E 公司的投资(股份)产生了实质性影响。LG&E 公司认为,其投资价值建立在税费制度基础上,但随着阿根廷对未来税费的调整而波动。LG&E 公司补充指出,间接征收与投资者继续经营或控制其天然气分销业务的事实无关,也与其是否拥有股份的所有权无关。间接征收情况下,LG&E 公司许可证的所有权是否已转让给国家并不重要,只要表明外国投资者的投资由于政府的行动而受损即可。[85]

2. 阿根廷:不构成间接征收

阿根廷主张其对 LG&E 公司的投资没有实施任何形式的征收,包括直接征收与间接征收。阿根廷认为,间接征收不需要正式转让所有权,因为其目的是"掩盖征收事件并逃避由此产生的责任"。然而,LG&E 公司没有证明阿根廷调整 PPI 的行为构成征收事件。阿根廷指出,在经济危机期间不存在任何

---

〔84〕 CMS Gas Transmission Company v. Argentine Republic, ICSID Case No. ARB/01/8, 裁决撤销及暂缓执行申请书,2005 年 9 月 8 日,第 68–70 段。

〔85〕 LG&E Energy Corp., LG&E Capital Corp., and LG&E International, Inc. v. Argentine Republic, ICSID Case No. ARB/02/1, 赔偿责任裁决,2006 年 10 月 3 日,第 176–180 段。

征收行为。LG&E 公司可能与其他人一样受到了经济危机的影响,但这并不意味着阿根廷征收了其投资。阿根廷也否认了国家在此期间采取的措施与 LG&E 投资价值波动之间存在任何因果关系,LG&E 公司投资价值的波动只能归因于影响阿根廷的宏观经济条件。[86]

3. 仲裁庭:阿根廷不构成间接征收

(1)间接征收的含义

《美国—阿根廷 BIT》第 4 条第 1 款规定:"除非为公共目的,投资不得通过相当于征收或国有化的措施直接或间接地被征收或国有化;如有征收或国有化,也要根据正当法律程序和《美国—阿根廷 BIT》第 2 条第 2 款规定的一般待遇原则以非歧视的方式做出,给予及时、充分、有效的赔偿……"条约文本直接采用"征收或国有化"表述,没有进行具体定义,这也导致认定征收实际上取决于仲裁庭的自由裁量。其中,征收与国有化在法律性质上别无二致,均会使私有财产所有者失去财产权,现今多以征收进行判断。如果认定东道国构成征收或国有化,则其应当进行赔偿,此处采用的是"及时、充分、有效的赔偿"。

因《美国—阿根廷 BIT》第 4 条只是明文援引"征收"以及"任何产生相同效果的行动",并没有对"相当于征收"的措施、行动或行为进行定义,为确定间接征收的定义,仲裁庭对国际法中间接征收的相关标准进行了研判。根据 BIT 和一般国际法原则,为公共利益目的,国家可以在其裁量权范围内行使主权征收私人财产,但须经国际法要求的正当程序且予以赔偿。

仲裁庭继而将"相当于征收的措施"划分为蚕食性征收(creeping expropriation)以及事实征收(de facto expropriation),并通过援引 CME v. Czech 案与 Pope & Talbot v. Canada 案来证明二者共性。CME v. Czech 案中,仲裁庭认为:"东道国的行动或行为不涉及'获取'(over taking),但当政府措施有效地使外国投资者的财产利益归于无效(aeutralized)时,征收发生。"[87] Pope & Talbot v. Canada 案中,仲裁庭认为:"当外国投资者不再控制投资,或不能指

---

〔86〕 同前注,第 181-184 页。

〔87〕 CME Czech Republic B. V. v. The Czech Republic, UNCITRAL, 部分裁决,2001 年 9 月 13 日,第 604 段。

导投资的日常运作时,其对投资的所有权或享有的权益就已经无效。"[88]通过援引 CME v. Czech 案、Pope & Talbot v. Canada 案分析蚕食性征收与事实征收的共同点后,仲裁庭又对二者做了区分,认为蚕食性征收以渐进的或持续的形式进行,而事实征收是通过时间上十分接近或同时发生的行动实现。

(2)东道国行为对外国投资者投资的影响

仲裁庭认为判定征收需要权衡一组矛盾,即东道国实施国家政策的权力与相应措施对外国投资者投资所有权产生影响的程度。为评定投资者所有权受影响的程度,需要对干预投资者合理期待的经济影响以及措施的持续时间进行分析。

第一,针对经济后果,仲裁庭认为应当关注"东道国所采取措施产生的经济后果是否足够严重,以致需要对征收进行赔偿"[89]。仲裁庭认为对投资的影响必须达到产生实质后果才能主张征收赔偿。仲裁庭援引了 Pope & Talbot v. Canada 案中仲裁庭的观点,即"若投资企业即使在利润减少的情况下还能继续经营,那么对投资企业经营能力的影响是满足赔偿条件的"[90]。仲裁庭提及了 Tecmed v. Mexico 案中仲裁庭的结论,即东道国的行动应是"完全剥夺了投资者对其投资的经济使用和享受,与投资有关的收入或利益等权利已不复存在"[91]。因此,仲裁庭认为,因东道国的行为而产生征收赔偿,需要导致投资已经丧失价值或失去经济用途以及相应程度的损失。

第二,针对关涉投资所有权受影响程度的措施的持续期间,仲裁庭认为征收必须是"永久性的"而非"暂时性的",除非投资的成功发展依赖于某些活动在特定时刻的实现,而这些活动可能不会持续变化。实际上,Pope & Talbot v. Canada 案与 Tecmed v. Mexico 案两案已经表现出,在国际投资争端解决中认定征收的标准较高,本案仲裁庭在沿用此标准时很难不得出东道国未进

---

〔88〕 Pope & Talbot Inc. v. The Government of Canada, UNCITRAL, 部分裁决,2000 年 6 月 26 日,第 100 段。

〔89〕 LG&E Energy Corp., LG&E Capital Corp., and LG&E International, Inc. v. Argentine Republic, ICSID Case No. ARB/02/1, 赔偿责任裁决,2006 年 10 月 3 日,第 191 段。

〔90〕 Pope & Talbot Inc. v. The Government of Canada, UNCITRA, 部分裁决,2000 年 6 月 26 日,第 101－102 段。

〔91〕 Técnicas Medioambientales Tecmed S. A. v. The United Mexican States, ICSID Case No. ARB (AF)/00/02, 裁决,2003 年 5 月 29 日,第 115 段。

行征收行为的结论。

(3)东道国实施征收的权力

仲裁庭在考虑东道国实施国家政策的权力时,对国家“治安权”(police power)进行了分析。仲裁庭在分析东道国“治安权”时,与 CMS v. Argentine 案一样,仍是依赖于 Tecmed v. Mexico 案。在该案中,仲裁庭认为“承认东道国的‘治安权’很重要,这是区分‘管理措施’(regulatory measures)和‘事实征收’的主要要素之一。前者是国家行使治安权力导致资产或权利减少的一般表现形式,而后者是实质剥夺资产或权利”[92]。同时,该案还强调了东道国措施的比例性或适度性(proportionality),要考虑“东道国采取的行动或措施,对公共利益的保护和对受影响的合法投资的保护是否合乎比例”[93]。通过分析 Tecmed v. Mexico 案对国家“治安权”的肯定和对比例原则的要求,仲裁庭认为国家拥有采取征收措施的权力,但是行使这一权力若是为社会或是普遍福利目的,是不会引发国家责任的,除非诸类措施的采取明显不符合比例原则。

(4)阿根廷不构成征收

综合上述原因,仲裁庭明确指出,虽然阿根廷政府的措施对 LG&E 公司的投资产生了一定影响,但是并没有剥夺其对投资的所有权和享有投资的权益,甚至 LG&E 公司的投资价值在经济危机期间有所回升。而且,在经济危机期间,LG&E 公司所持股票价值虽有波动,不能像此前一样进行日常管理,但是其没有失去对投资的控制权。因此,阿根廷的行动没有对 LG&E 公司的投资产生永久性的影响,也没有导致投资不复存在,阿根廷不构成对 LG&E 公司投资的征收。[94]

4. 对各方意见的评析

征收可以划分为直接征收与间接征收两种,间接征收的一般表现形式是东道国通过颁布法律法规而导致私人财产损失,法律法规本身并不针对个别主体,也不会区分外国投资者。征收的争议一般发生在投资者认为其投资遭到损失的情况下,但投资的财产所有权不一定发生转移,不以财产所有权转归

---

〔92〕 同前注,第 115 段。

〔93〕 同前注,第 122 段。

〔94〕 LG&E Energy Corp., LG&E Capital Corp., and LG&E International, Inc. v. Argentine Republic, ICSID Case No. ARB/02/1, 赔偿责任裁决,2006 年 10 月 3 日,第 198 – 200 段。

国家为前提。本案中,因间接征收在BIT中缺乏定义,LG&E公司在界定间接征收行为时参考了支持其主张的学者的观点。不过,LG&E公司与阿根廷一样,均认为间接征收不必然决定投资所有权转移至国家。

在分析国家行为是否构成间接征收时,仲裁庭对东道国措施影响外国投资者的程度和东道国实施征收的权力进行了权衡,指明东道国措施影响外国投资者的程度包含经济后果和持续期间两个因素。其中,经济后果是投资者合理期待所包含的内容,而这种经济后果必须使得投资永久性丧失价值或经济用途。

在明确国家"治安权"重要性的基础上,仲裁庭也对保护投资者的合理期待与保护公共利益提出了比例性要求。比例原则实际上发挥着缓和投资者权益与东道国规制权之间矛盾的作用。针对国家"治安权",在Lauder v. Czech案中,仲裁庭同样认为,"如果国家的措施是基于国家治安权采取的善意管理行为,则国家不需要对该措施造成的经济损失承担责任"[95]。本案仲裁庭援引的是同一时间段的CME v. Czech案,没有在此对Lauder v. Czech案进行援引。此外,本案中,一旦阿根廷的行为构成征收,会直接影响LG&E公司获得赔偿的数额,与违反公平公正待遇有所不同。

仲裁庭援引的CME v. Czech案和Tecmed v. Mexico案本身就都包含征收中投资者合理期待的考量,这两个案件也是CMS v. Argentine案中的裁决参考,本案与CMS案在间接征收的论证上近乎一致,均表明虽然东道国违反了外国投资者的合理期待,但是因投资没有受损或是无效,仅仅构成对公平公正待遇的违反,但不构成间接征收。[96]

本案仲裁庭在指明东道国的行为应当考虑公共利益与投资者合法权益且符合比例原则后,针对国家行使权力的免责情况,额外援引了美国法学会撰写的《对外关系法重述(第三次)》中的相关标准,即国家不对基于诚实信用(bona fide)所作行为导致的财产损失或其他经济不利益负责,仲裁庭还对该标准的后续实践判例有所提及。值得注意的是,仲裁庭在本部分的要文分析即将结束之际援引美国学者的学说,很难不产生《对外关系法重述(第三次)》是作

[95] Ronald S. Lauder v. The Czech Republic, UNCITRAL, 裁决,2001年9月3日,第198段。
[96] 邓婷婷:《国际投资协定中的公平与公正待遇研究》,法律出版社2017年版,第162页。

为国际法中的何种法律渊源被援引的疑问。虽然被援引的观点有国际性案例的支持,但仲裁庭又没有直接援引该案例,这样的做法也值得商榷。在由委内瑞拉的塔蒂亚娜·B.德·麦凯尔特(Tatiana B. de Maekelt)担任首席仲裁员,巴西的弗朗西斯科·雷泽克(Francisco Rezek)、荷兰的阿尔贝特·扬·范登贝格(Albert Jan van den Berg)担任仲裁员的本案中,仲裁裁决中明文援引《对外关系法重述(第三次)》,至少在一定程度上表明美国法学研究对国际(投资)争端解决所产生的影响重大,也可以看出美国以对外关系法为媒介形成的涉外法治经验与成果是不可忽视的。

(六)国家危急情况

1. 阿根廷:虽然违反条约义务,但符合危急情况得以免责

阿根廷主张,虽然其违反条约义务,但因为其国内遭遇了政治、经济和社会危机,阿根廷可以采取违背对天然气分销企业所承担的条约义务的行动。因此,虽然阿根廷为克服经济危机而采取的措施导致了对 LG&E 公司外国投资者权利的侵犯,但这些措施是在必要的情况下实施的。[97]

首先,阿根廷主张《美国—阿根廷 BIT》第 11 条依赖国家自决,对于维持公共秩序或保护其基本安全利益所必需的措施应由国家善意作出决定。阿根廷认为《美国—阿根廷 BIT》第 11 条的规定源自美国的"战略性模糊",没有明确规定何为判定维持公共秩序或保护基本安全利益措施是否必要的主体。但是考虑到美国在 1992 年表示,其对基本安全条款的判定是自决的,因此《美国—阿根廷 BIT》第 11 条也应作相同认定。[98]

其次,阿根廷主张其措施是为维持公共秩序和保护基本安全利益所采取的必要措施。2000 年至 2002 年间的金融危机足以构成援引《美国—阿根廷 BIT》第 11 条进行保护的国家紧急状态。在公共秩序方面,突如其来的经济灾难、数百万工人大规模罢工等情况使得阿根廷采取了必需的措施。在基本安全利益方面,阿根廷主张,第 11 条保护的基本安全利益包括经济和政治利

---

〔97〕 LG&E Energy Corp., LG&E Capital Corp., and LG&E International, Inc. v. Argentine Republic, ICSID Case No. ARB/02/1, 赔偿责任裁决,2006 年 10 月 3 日,第 201-202 段。

〔98〕 同前注,第 208-209 段。

益以及国家军事防御利益。其中,经济稳定就属于国家基本安全利益的内容,因此阿根廷为保护其经济利益而采取的必要措施可以适用该条款。[99] 最终,阿根廷主张其在危急情况下的行为应得以免责。

2. LG&E 公司:阿根廷不符合危急情况

LG&E 公司对阿根廷援引危急情况的主张予以反对。LG&E 公司认为,《美国—阿根廷 BIT》第 11 条不适用于经济危机,对其中规定的公共秩序和基本安全利益应采用限制性解释,仅限于实际的安全威胁。LG&E 公司认为,无论是通过解释《美国—阿根廷 BIT》第 11 条的通常含义,还是通过"上下文""目的"解释,都无法表明第 11 条是自决的。而且《美国—阿根廷 BIT》签订时美国的立场也是非自决的,在本协定签订后的 1992 年才开始变化。[100]

LG&E 公司将"公共秩序"措施定义为"根据国家治安权力采取的行动,特别是在公共卫生和安全方面"。根据这一定义,LG&E 公司称,本案中的争议措施并不是为了使国家威胁得以缓解。LG&E 公司主张"基本安全利益"不包括经济利益,仅包括国防或军事利益。因此,不应将经济危机上升为基本安全利益,否则将是对条约目的和宗旨的无视,而经济危机时期正是投资者需要条约予以保护的时候。[101]

3. 仲裁庭:阿根廷符合危急情况

(1)不排除措施条款非为国家自决

《美国—阿根廷 BIT》第 4 条第 3 款规定:"因战争或其他武装冲突、革命、国家紧急情况(state of national emergency)、叛乱、内乱或其他类似事件而使任何一方的国民或公司在另一方境内的投资遭受损失的,该另一方应给予不低于给予其本国国民或公司或给予任何第三国国民或公司的待遇,且以导致损失的措施中较优惠的待遇为准。"该规定明确了东道国在这类情况下对投资者造成损失后适用的待遇标准,上述情形均非国家主观原因所致。与条约后续第 11 条可以结合看待为例外情形,其中国家紧急情况在列。

《美国—阿根廷 BIT》第 11 条规定:"本条约不排除任何缔约方为维持公

---

〔99〕 同前注,第 215 - 219 段。
〔100〕 同前注,第 210 - 211 段。
〔101〕 同前注,第 220 - 224 段。

共秩序、履行其关于维持或恢复国际和平或安全的义务或保护其自身基本安全利益而采取的必要措施。"假设东道国政府措施违反了该BIT的规定,但若是因维持公共秩序、履行关于维持或恢复国际和平或安全的义务以及保护国家基本安全利益三种情形,且该措施是必要的,则国家行为的不法性就得到了解除。该条为BIT中的不排除措施条款,涉及国家基本安全利益,为缔约方作为东道国的规制权提供最后的保险,承担着"安全阀"的作用。

根据阿根廷的主张,仲裁庭需要对《美国—阿根廷BIT》第11条是否是国家自决(self-judging)进行论证。仲裁庭为此采取了双重分析:第一,先确定阿根廷做出行为时的情况是否属于可以得到《美国—阿根廷BIT》第11条保护的情况;第二,阿根廷的措施是否是为维持公共秩序或保护基本安全利益所必需的。鉴于《美国—阿根廷BIT》并未规定保护基本安全利益的措施是由东道国阿根廷根据善意原则(good faith)决定还是由仲裁庭决定,仲裁庭认为除非双方一致同意修改,否则需要根据条约签署时的情况来解释条约。本案中,该BIT于1991年12月签署。直到1992年批准《俄罗斯—美国BIT》后,美国始声明其实施涉及基本安全的措施是自决的。两国的批准文书均在《美国—阿根廷BIT》签署之后,而且都明文规定了这一变化。因此,仲裁庭得出结论,即《美国—阿根廷BIT》第11条中缔约方对保护基本安全利益措施的实施不是自决的。

(2)阿根廷危急情况的持续期间

仲裁庭对阿根廷危急情况的存在期间进行了确定。仲裁庭反对LG&E公司关于根据《紧急法案》生效日期计算始期的主张,而且一旦根据《紧急法案》确定始期,就意味着要根据其确定终期,但是该法案的有效性多次得到延长。仲裁庭认为紧急情况须限于例外,只有在面对极端情形时才能适用,阿根廷必须处于严重公共失序情形。[102] 考虑到阿根廷经济、政治以及失业、医疗体系等社会各部门的严峻情况,阿根廷亟须立即采取果断行动,恢复社会秩序,以抑制经济衰退。仲裁庭指出,《美国—阿根廷BIT》第11条并非仅限于与军事行动及战争同等程度的情况,而且如果一个国家的经济基础受到威胁,其严重程度不亚于任何军事侵略。严重的经济危机同样构成国家基本安全利

---

〔102〕 同前注,第228段。

益。[103] 因此，仲裁庭认为，从 2001 年 12 月 1 日开始至 2003 年 4 月 26 日，阿根廷均处于采取必要措施维持公共秩序并保护基本安全利益的危急情况。[104] 确定危急情况的持续区间关乎阿根廷的责任界分以及承担。

(3)阿根廷采取的措施符合必需性

仲裁庭对阿根廷在危急情况下采取措施的必需性进行了论证。仲裁庭认为在《美国—阿根廷 BIT》第 11 条的情形下，国家除了行动别无选择，而且国家在维持公共秩序或保护其基本安全利益方面可能有多种应对办法。在危急情况下，时间是做出应对的关键。一是阿根廷《紧急法案》仅用 6 天时间就起草完毕，在当时是迅速且必要的应对经济危机的单边行动。而且《紧急法案》也对外国投资者的利益进行了考虑，但是阿根廷无法单独评估数千份公共事业领域合同，其采取的对策是先实施全面解决方案(across - the - board solutions)，然后进行合同的再次谈判(renegotiation)。二是在危急情况期间，仍然要求阿根廷政府与正在经历高通胀的美国挂钩的关税指数是不合理的。三是《美国—阿根廷 BIT》第 4 条第 3 款已经将国家紧急状态视为特殊情况，这与该 BIT 第 11 条的解释是一致的，亦没有证据证明在此期间阿根廷违反了该 BIT 的第 4 条第 3 款。[105] 因此，仲裁庭认为阿根廷采取的措施符合必需性。

(4)阿根廷符合危急情况，在此期间不承担国家责任

在上述论证后，仲裁庭对本案的"重头戏"即危急情况做出了细致翔实的说理。第一，仲裁庭先确定了危急情况的含义，即何种情况才能构成危急情况。仲裁庭援引了国际法中现存的危急情况的标准，即联合国国际法委员会颁布的《国家对国际不法行为的责任条款草案》[106](以下简称《国家责任草案》)第 25 条对"危急情况"的规定："1. 一国不得援引危急情况作为理由解除不遵守该国所负某项国际义务的行为的不法性，除非：(a)该行为是该国保护

---

[103] 同前注，第 238 段。

[104] 同前注，第 245 段。

[105] 同前注，第 240 - 244 段。

[106] 《国家对国际不法行为的责任条款草案》，英文全称"Draft Articles on Responsibility of States for Internationally Wrongful Acts"，联合国国际法委员会于 2001 年 11 月通过了该条款草案的最终文本，2001 年 12 月 12 日，联合国大会通过了第 56/83 号决议，其中载明"在不影响其未来通过或其他适当行动的情况下，提请各国政府注意[条款]"，全文见联合国官方网站，https://legal.un.org/ilc/texts/instruments/english/draft_articles/9_6_2001.pdf，2023 年 10 月 26 日访问。

基本利益、对抗某项严重迫切危险的唯一办法;而且(b)该行为并不严重损害作为所负义务对象的一国或数国的基本利益或整个国际社会的基本利益。2.一国绝不得在以下情况下援引危急情况作为解除其行为不法性的理由:(a)有关国际义务排除援引危急情况的可能性;或(b)该国促成了该危急情况。”此条中的危急情况意味着,国家保护其受某一严重迫切危险所威胁的基本利益的唯一办法是暂不履行某些较不重要或较不紧迫的其他国际义务,即解除行为的不法性。[107]

仲裁庭指出,《国家责任草案》的起草者 Roberto Ago 认为危急情况需要符合以下条件:“一国存在、政治或经济生存、维持国家存续的基本服务的可能性或国内和平的维护受到严重威胁”[108],也就是国家必须正在处理最基本或特别重要的利益。而且,仲裁庭进一步阐述了危急情况的三种情形:对国家生存而非对其他利益的危险是必需的,这一国家危险必须非由该国导致,危险应该是严重、迫在眉睫且没有其他方法可以避免的。[109]

第二,仲裁庭还对危急情况的适用限制做出了论证。根据联合国国际法委员会的结论,应由国家主观理解严重、迫在眉睫且没有其他方法可以避免的危急情况。[110] 为减少国家滥用危急情况的主观性,联合国国际法委员会在《国家责任草案》中对危急情况的可及性(admissibility)规定了非常苛刻的限制条件。[111] 詹姆斯·克劳福德(James Crawford)指出,“当一国援引危急情

---

〔107〕 国际法委员会报告第五十三届会议(2001年4月23日至6月1日和7月2日至8月10日),大会,正式记录:第五十六届会议,补编第10号(A/56/10),第152页。

〔108〕 Document: - A/CN. 4/318/Add. 5 - 7 Addendum - Eighth Report on State Responsibility by Mr. Roberto Ago, Special Rapporteur - the Internationally Wrongful Act of the State, Source of International Responsibility (part 1), 1980, Vol. II(1), p. 14, para. 2,全文见联合国官方网站,https://legal. un. org/ilc/documentation/english/a_cn4_318_add5_7. pdf,2023年10月26日访问。

〔109〕 LG&E Energy Corp., LG&E Capital Corp., and LG&E International, Inc. v. Argentine Republic, ICSID Case No. ARB/02/1,赔偿责任裁决,2006年10月3日,第247段。

〔110〕 同前注,第248段。

〔111〕 Document: - A/CN. 4/315 - “Force Majeure” and “Fortuitous Event” as Circumstances Precluding Wrongfulness: Survey of State Practice, International Judicial Decisions and Doctrine - Study Prepared by the Secretariat, 1978, Vol. II(1), p. 78, para. 41,全文见联合国官方网站,https://legal. un. org/ilc/documentation/english/a_cn4_315. pdf,2023年10月26日访问。

况时,是完全知晓其是通过选择这一程序而故意不遵守国际义务的"[112]。因此,国家的这种蓄意行动必须符合《国家责任草案》第25条规定的条件,如若不符,就不能根据该条排除一国违反国际义务行为的不法性。

第三,仲裁庭对《国家责任草案》第25条危急情况的具体适用条件做出了论述。一是该行为必须是国家为保护其利益而可采取的唯一手段。国家不可能"通过任何其他手段……在被迫按其行动之前,必须用尽一切可能的法律手段"[113]。二是受保护的利益也必须对国家至关重要。在此处,仲裁庭着重解释,经济利益、金融利益或与保护国家免受严重的内部或外部损害有关的利益,均被视为基本利益。因此,利益的重要程度必须由国家在特定情况下根据所处条件来确定。三是利益必须受到严重和迫在眉睫的危险的威胁。危险必须客观存在,而不能仅仅是认为可能存在,并将马上发生。四是国家采取的行动可能不会严重损害另一国的利益。防止为了维护非基本利益而援引危急情况的可能性。五是所涉国际义务必须允许援引危急情况。在本案中,《美国—阿根廷BIT》第4条第3款以及第11条已经表明缔约双方对援引危急情况的合意。六是国家没有促成该危急情况的发生。如果国家有过失,则例外即告消失,因为在这种情况下,国家行为与损害之间形成了因果关系。基于以上六要件,仲裁庭认为阿根廷面临着对其生存、政治和经济生存、维持国家存续的基本服务的可能性以及维护其内部和平的严重威胁,且没有证据证明阿根廷导致了此危急情况。在这种情况下,经济复苏"一揽子"计划(economic recovery package)是应对危机的唯一手段。虽然起草经济复苏计划可能有很多种方式,但阿根廷必须做出全面反应,必须解决公用事业的关税问题,无法说明任何其他国家的权利因阿根廷在危机期间采取的措施而受到严重损害。[114] 最终,仲裁庭认为阿根廷的行为虽违反了条约义务,但因符合危急情

---

〔112〕 Document A/CN. 4/498 and Add. 1 – 4 Second Report on State Responsibility, by Mr. James Crawford, Special Rapporteur, p. 27 – 28,全文见联合国官方网站,https://legal. un. org/ilc/documentation/english/a_cn4_498. pdf,2023年10月26日访问。

〔113〕 Document A/CN. 4/SER. A/1980, Yearbook of the International Law Commission:1980 Volume I, p. 155 and 175, 全文见联合国官方网站,https://legal. un. org/ilc/publications/yearbooks/english/ilc_1980_v1. pdf,2023年10月26日访问。

〔114〕 LG&E Energy Corp., LG&E Capital Corp., and LG&E International, Inc. v. Argentine Republic, ICSID Case No. ARB/02/1, 赔偿责任裁决,2006年10月3日,第257段。

况,在危急情况存续期间不承担国家责任。

4. 对各方意见的评析

在不排除措施条款的判定主体这一前置性问题上,阿根廷与 LG&E 公司意见相左,因此仲裁庭需要考虑如何裁定自决性问题。根据不排除措施条款,阿根廷主张即使其违反了条约义务也能通过该条款而豁免责任。针对不排除措施条款的解释,阿根廷采取扩大解释方法,认为经济安全利益也属于国家基本安全利益的内容。LG&E 公司依据 VCLT 解释规则对不排除措施条款进行限缩解释,认为经济利益不属于国家基本安全利益。因此,本案仲裁庭在经济利益与国家基本安全利益的关系上,必然需要论证充足。

根据仲裁庭的裁决,国家危急情况的条款非为国家自决性条款。但这会产生悖论,即国家自己主动做出的这一行为,这样的主动判断和决定若非自决,则该作何解释?如果国家行为不是自决的,理论上,国家就不能自主地做出行为。仲裁庭确实可以根据美国签订条约时未明确对基本安全利益的自决立场得出自决合意没有达成的结论,但这一事实尚不能支撑国家危急情况条款非为国家自决性条款的普遍性结论。仲裁庭在后续对危急情况的论证中,又援引了联合国国际法委员会的观点,同意应由国家主观理解严重、迫在眉睫且没有其他方法可以避免的危急情况,[115]但国家基于主观理解做出的行为似乎与自决并无二致,使得论证不能自圆其说。

其实,仲裁庭可以更进一步分析《美国—阿根廷 BIT》第 11 条的性质。该不排除措施条款已经通过"不应排除"(shall not preclude)对 BIT 双方(either party)做出授权,属于"初级规则"(primary rules)而非"次级规则"(secondary rules),即美国与阿根廷两个国家有权自行判断(self－judging)是否采取相关措施,该条款的适用不以其他条款的适用为前提。仲裁庭若指出不排除措施条款的附条件授权性质便能解决这一问题,即阿根廷在享有自行判断是否采取措施的权力的同时,也负有证明满足采取措施的相关条件的义务,而是否履行了相关义务应由仲裁庭审查。毕竟无论阿根廷实施相应措施是不是自决的,由于该条款本身就是条约的内容,阿根廷作为缔约方在履行条约义务时仍然要符合善意履行(good faith)的原则。而善意履行条约义务正是规范国家

---

[115] 同前注,第 248 段。

承担条约义务和享有条约权利的国际法基本原则。遗憾的是,仲裁庭最后只是片面地写道,“如果阿根廷的行为是自决的,将受善意原则的约束,但并不显著影响后续的实体问题分析”。这显然忽视了即使国家做出行为是非自决的,善意原则同样适用。

在国际投资仲裁实践中,《国家责任草案》第 25 条规定的“危急情况”常被与相应 BIT 中的不排除措施条款进行互通解释,由此引发的讨论可能便是《国家责任草案》第 25 条国家危急情况与 BIT 不排除措施条款的联系与区别。一方面,针对二者的联系,即审查 BIT 不排除措施条款为何要考虑《国家责任草案》第 25 条国家危急情况,应与《华盛顿公约》第 42 条第 1 款的法律适用规定有关,该条规定,仲裁庭在解决投资争端时应首先适用争议双方达成的合意规则,在缺乏合意规则时,适用东道国法律或相关国际法规范。《国家责任草案》第 25 条属于国际法规范,而且作为习惯国际法,具有普遍约束力,自然应当适用。《国家责任草案》第 25 条对危急情况的规定成为习惯国际法最早可以追溯到 Gabčíkovo - Nagymaros Project 案[116]。BIT 不排除措施条款与之类似,如本案的《美国—阿根廷 BIT》第 11 条,主要是保护缔约方为了实现某些公共政策目标而采取措施的自由度,具体包括国家安全、公共秩序、公共健康、公共道德等方面。[117] 另一方面,针对二者的区别,《国家责任草案》第 25 条以违约为前提,是豁免国际不法行为的例外;BIT 不排除措施条款本身就是权利依据,不构成违约。CMS v. Argentine 案的撤销裁决委员会[118]对二者的适用顺序予以明确,即 BIT 不排除措施条款构成特别法,《国家责任草案》第 25 条构成一般法,依据特别法优于一般法的原则,仲裁庭如果已经适用前者,就无须再考虑后者。[119] 因此,BIT 不排除措施条款的适用可以参考

---

[116] Gabčíkovo - Nagymaros Project (Hungary/Slovakia), Judgment, ICJ Report, 1997 年 9 月 25 日,第 40 - 41 页,第 51 - 52 段。

[117] 王楠:《危急情况之习惯国际法与投资条约中的不排除措施条款——兼论 CMS 案和 LG & E 案》,载《比较法研究》2010 年第 1 期,第 114 页。

[118] 该案撤销委员会成员之一就是詹姆斯·克劳福德(James Crawford)教授,他曾于 1997 年至 2001 年担任国家责任问题特别报告员,其对《国家责任草案》的研究十分深厚且具有权威性,因此该撤销裁决对 BIT 中不排除措施条款与《国家责任草案》第 25 条、第 27 条的讨论具有非常重要的价值。

[119] CMS Gas Transmission Company v. Argentine Republic, ICSID Case No. ARB/01/8, 撤销裁决决定,2007 年 9 月 25 日,第 129 - 134 页。

但不能完全按照《国家责任草案》第25条的分析框架进行,审查的严格程度也应弱于《国家责任草案》第25条,国家排除例外适用的情况更应有较大不同。

在本案中,仲裁庭对习惯国际法与条约的适用位次进行了明确,即先条约后习惯国际法。仲裁庭根据特别法优于一般法的原则,以《美国—阿根廷BIT》第11条为基本依据,以《国家责任草案》第25条作为补充论证,属于"双向印证"的审查标准。"双向印证"审查标准有别于将《国家责任草案》第25条机械套用于《美国—阿根廷BIT》第11条的"单向印证"标准,但是也更为严格,有限制不排除措施条款适用之嫌。不过,自2005年后,国际投资法领域关于国家危急情况或国家根本安全例外条款的裁判标准逐渐从"双向印证"向"单向印证"开始演进,[120]慢慢地矫正了偏向保护投资者的裁判偏颇,更好地平衡了东道国规制权与投资者利益保护的关系。

(七)国家赔偿责任

1. LG&E公司:阿根廷应进行充分赔偿

LG&E公司援引了《国家责任草案》第27条,认为即使阿根廷在本案的情况下可以使用危急情况进行抗辩,阿根廷也必须赔偿其损失。[121] LG&E公司认为,阿根廷应进行充分赔偿,并提出按照常设国际法院1928年在Factory at Chorzów案中确定的赔偿原则进行。LG&E公司主张,国际法上的全额赔偿应依投资者损失的公平市场价值(fair market value)确定。[122]

2. 阿根廷:LG&E公司提出的赔偿标准有误

阿根廷反驳了LG&E公司的赔偿标准,其指出:LG&E公司对其投资估值的方法不充分;投资估值日期是任意选取的;一旦赔偿,LG&E公司将不当得利;国家风险溢价对赔偿部分会产生影响,部分已经赔偿。阿根廷对其论点

---

[120] 丁夏:《国际投资仲裁中的裁判法理研究》,中国政法大学出版社2016年版,第240-241页。

[121] LG&E Energy Corp., LG&E Capital Corp., and LG&E International, Inc. v. Argentine Republic, ICSID Case No. ARB/02/1, 赔偿责任裁决,2006年10月3日,第225段。

[122] LG&E Energy Corp., LG&E Capital Corp., and LG&E International, Inc. v. Argentine Republic, ICSID Case No. ARB/02/1, 裁决,2007年7月25日,第10-12段。

进行了具体论证。[123]

3. 仲裁庭:阿根廷承担非危急情况期间的赔偿义务

(1)危急情况期间,阿根廷无赔偿义务

仲裁庭首先需要判断危急情况下阿根廷是否需要赔偿。为确定国家赔偿责任,仲裁庭需要在《国家责任草案》以及《美国—阿根廷 BIT》中寻找法律依据。其中,《国家责任草案》第 27 条对援引解除行为不法性的情况的后果作出了规定:"根据本章援引解除行为不法性的情况不妨碍:(a)在并且只在解除行为不法性的情况不再存在时遵守该项义务;(b)对该行为所造成的任何物质损失的赔偿问题。"第 27 条作为不妨碍条款,并没有对如何赔偿做出解释,仅仅指出在若干情况下有支付赔偿的可能性。[124] 同时,《美国—阿根廷 BIT》第 11 条中亦没有赔偿的相关规定。

鉴于以上规定,仲裁庭认为无论是《美国—阿根廷 BIT》还是《国家责任草案》中均没有关于赔偿的法律依据。尤其是根据《美国—阿根廷 BIT》第 11 条,国家危急情况只适用于紧急情况,一旦该情势被克服,即恢复了一定程度的稳定,对于任何违反其国际法义务的行为,国家不再免除责任,且应立即恢复这些义务。[125] 因此,仲裁庭确定在危急情况期间,投资者的损失自担。但是,在 2003 年 4 月 26 日后(4 月 27 日起),国家危急情况结束,阿根廷的义务再次生效。

(2)非危急情况期间,阿根廷按照实际损失承担赔偿义务

仲裁庭认定,在非危急情况期间,阿根廷应为违反条约义务对 LG&E 公司造成的损害进行赔偿。仲裁庭在确定赔偿标准时,援引了 Factory at Chorzów 案,其中明确规定国际不法行为的最重要后果是国家有义务对因该

---

[123] 同前注,第 22－28 段。

[124] 国际法委员会报告第五十三届会议(2001 年 4 月 23 日至 6 月 1 日和 7 月 2 日至 8 月 10 日),大会,正式记录:第五十六届会议,补编第 10 号(A/56/10),第 165 页。James Crawford, *The International Law Commission's Articles on State Responsibility*, Cambridge University Press, 2002, p. 178.

[125] LG&E Energy Corp., LG&E Capital Corp., and LG&E International, Inc. v. Argentine Republic, ICSID Case No. ARB/02/1, 赔偿责任裁决,2006 年 10 月 3 日,第 261 段。

行为造成的损害进行赔偿,[126]而且此种赔偿是“充分”赔偿。[127]

仲裁庭援引了《国家责任草案》第31条,该条规定:“1.责任国有义务对国际不法行为所造成的损害提供充分赔偿;2.损害包括一国国际不法行为造成的任何损害,无论是物质损害或精神损害。”这一规定为充分赔偿提供了正式的法律依据,是对先前判例观点的法典化。《国家责任草案》第34条对充分赔偿的具体方式作出了规定:“对国际不法行为造成的损害的充分赔偿,应按照本章的规定,单独或合并地采取恢复原状(restitution)、补偿(compensation)和抵偿(satisfaction)的方式。”《国家责任草案》第36条对如何确定补偿的对应损害作出了规定:“1.一国际不法行为的责任国有义务补偿该行为造成的任何损害,如果这种损害没有以恢复原状的方式得到赔偿;2.这种补偿应弥补经济上可评估的任何损害,包括可确定的利润损失。”

因此,本案仲裁庭确定赔偿的适用标准为充分赔偿(“full” reparation),而本案中的充分赔偿责任具体包含恢复原状和补偿两种。针对补偿,仲裁庭对损失的计算标准做出了取舍,认为公平市场价值标准适用于征收,[128]而本案中阿根廷并没有进行间接征收行为。因此,仲裁庭根据《国家责任草案》第36条,认为应适用实际损失标准(actual loss)来确定补偿的数额。[129]

4.对各方意见的评析

本案中,东道国政府没有进行征收行为,因此不能采用征收常用的“公正补偿”(fair compensation)标准。[130]对于违反公平公正待遇、实施歧视待遇以及违反保护伞条款的行为,因为《美国—阿根廷BIT》没有相关赔偿规定,仲裁庭只能援引《国家责任条款》的赔偿条款。由此也发现,在征收情形下,东道国政府承担的是补偿(compensation)责任,且与国际不法行为责任中的赔偿

---

[126] *Case Concerning Certain German Interests in Polish Upper Silesia* (*Germany v. Poland*), Permanent Court of International Justice Proceeding, Merits 1928, P. C. I. J. Series A. No. 17, p. 21.

[127] *Case Concerning Certain German Interests in Polish Upper Silesia* (*Germany v. Poland*), Permanent Court of International Justice Proceeding, Merits 1928, P. C. I. J. Series A. No. 17, p. 47.

[128] LG&E Energy Corp., LG&E Capital Corp., and LG&E International, Inc. v. Argentine Republic, ICSID Case No. ARB/02/1, 裁决,2007年7月25日,第35段。

[129] LG&E Energy Corp., LG&E Capital Corp., and LG&E International, Inc. v. Argentine Republic, ICSID Case No. ARB/02/1, 裁决,2007年7月25日,第45段。

[130] 张正怡:《能源类国际投资争端法律问题研究》,法律出版社2014年版,第143页。

(reparation)的具体形式之一补偿(compensation)相同。但征收中的补偿标准的实践更为丰富,其又可以分为"迅速、恰当、有效补偿"和"适当补偿"。而本案不涉及征收,赔偿(reparation)形式确定为补偿(compensation)。

国家对其国际不法行为承担责任仍然是当代国际法的一个重要问题。[131] 2001 年联合国大会第 56 届会议中,《国家责任条款》得到通过,但是其仍未成为一项公约。在国际法律实践,如国际法院、国际投资仲裁庭中,《国家责任条款》的适用频率高、适用效果显著,不仅《国家责任条款》第 25 条具备了习惯国际法的地位,第 34 条充分赔偿相关规定也已经成为经广泛接受的国际法。[132]

在国际投资仲裁实践中,对国家责任的承担关注较少。国家责任的承担方式该如何选取、投资者受损的数额如何确定等在实践中是颇为复杂的难题,但却直接关乎东道国政府对投资者的赔偿。本案中,LG&E 公司主张按照公平市场价值标准计算赔偿数额,而仲裁庭指出该标准适用于征收并对此进行驳回。站在当事人的立场,不同计算标准对应的赔偿数额不同,关乎当事人在案件中的切实利益。

三、结语

2001 年 12 月起,为应对经济危机,阿根廷采取了颁布《紧急法案》等系列措施,由此对外国投资者的权益造成了损害。此后,阿根廷作为被申请人在 ICSID 进行投资仲裁的案件数量攀升,本案正是其中一例。由于 LG&E 公司在阿根廷的投资表现为享有阿根廷当地公司的股份,仲裁庭根据《华盛顿公约》和《美国—阿根廷 BIT》对合格投资、合格投资者进行了分析,确认了 LG&E 公司寻求 ICSID 仲裁救济的法律地位。针对公平公正待遇,仲裁庭认为东道国法律和经济制度的稳定性是其中要义,而阿根廷的行为剥夺了投资者基于此产生的正当(合理)期待,构成对公平公正待遇的违反。针对歧视专

[131] 张乃根:《试析〈国家责任条款〉的"国际不法行为"》,载《法学家》2007 年第 3 期,第 95 页。

[132] CMS Gas Transmission Company v. Argentine Republic, ICSID Case No. ARB/01/8, 裁决,2005 年 5 月 12 日,第 399 段。

断待遇,仲裁庭认为阿根廷的行为实际上造成了对外国投资者的歧视,但仍属于合理决策,因此违反歧视待遇而未违反专断待遇。针对保护伞条款,仲裁庭认为,阿根廷对外国投资者及其投资负有特定的国际义务,其行为对这一义务的违反就构成对保护伞条款的违反。针对间接征收,仲裁庭认为阿根廷实施"治安权"的行为没有导致 LG&E 公司对投资的永久性丧失,并不构成间接征收。针对国家危急情况,阿根廷在系列案件中普遍选取将经济危机作为危急情况这一免责事由,但是不同案件裁决中对其危急情况的界定和解释有所不同。在本案中,仲裁庭认为经济危机的情况已经严重威胁到该国经济安全,阿根廷的经济复苏一揽子计划是其应对危机的唯一手段,而且阿根廷没有造成该经济危机,最终认定阿根廷符合危急情况这一解除行为不法性的事由。但危急情况的免责具有时间性,一旦事由消失,阿根廷即刻恢复原有的国际法上的义务。针对国家赔偿责任,仲裁庭认为阿根廷应就其在非危急情况期间的违约行为对 LG&E 公司造成的损失进行充分赔偿。

LG&E v. Argentine 案与 CMS v. Argentine 案的案情高度吻合,均涉及阿根廷提出危急情况这一重要抗辩,但两案仲裁庭在危急情况的判断上却截然不同。LG&E v. Argentine 案对危急情况的适用更为客观公正,尤其是该案体现了对东道国经济安全利益的保护,纠正了 CMS v. Argentine 案作为"第一张多米诺骨牌"挑战和限制国家重大公共利益的不当做法。[133] 阿根廷在应对经济危机期间面临的法律挑战值得警惕,在 BIT 缔结过程中,应当对东道国规制权与投资者权益保护进行更为清晰的界定,尤其是要就危急情况是否由国家自决以及其具体含义是否与《国家责任草案》完全一致、国家责任的承担方式以及赔偿标准等内容在缔约方间达成书面合意,以有效保护国家保护经济、政治等基本安全利益的权力,构建国际投资领域的良好法律秩序。

---

〔133〕 张光:《国际投资法制中的公共利益保护问题研究》,法律出版社 2016 年版,第 158 页。

第十七章　Tokios Tokelés 公司诉乌克兰案
(Tokios Tokelés v. Ukraine)

陈绍东

一、案件事实与争议焦点

(一)事实概述

本案申请人 Tokios Tokelés(以下简称 Tokelés 公司)成立于 1989 年,是一家根据立陶宛法律成立的企业,主要在立陶宛境内外从事广告、出版和印刷业务。1994 年,Tokelés 公司根据乌克兰法律创建全资子公司 Taki Spravy,其控制人和管理者是两位居住于乌克兰的立陶宛公民。[1]

2001 年起,乌克兰政局持续动荡,以季莫申科为代表的反对派在议会选举前后通过制作和散发煽动性竞选材料,谋求推翻现有政府,而 Taki Spravy 参与了这一活动。据 Tokelés 公司称,Taki Spravy 于 2001 年与季莫申科所在的政治集团签订了一系列协议,为政治集团制作了大约 250 万份竞选材料。另外,2000 年以来,乌克兰经济局势持续恶化,政府加大力度打击逃税和洗钱等违法行为。之后,乌克兰当局开始对 Taki Spravy 展开一系列的调查,包括税务调查、行政处罚、营业场所搜查、文件扣押以及对实控人的刑事指控等。这些行动对 Taki Spravy 的业务经营、客户关系和员工福利造成了影响,其多次寻求国内救济途径,终告失败。[2]

立陶宛和乌克兰均是《关于解决国家与其他国家国民之间投资争端公

[1] Tokios Tokelés v. Ukraine, ICSID Case No. ARB/02/18, 管辖权裁决,2004 年 4 月 29 日,第 1－2 段。

[2] 同前注,第 3－4 段。

约》(以下简称《华盛顿公约》)的缔约方,前者于 1992 年批准了《华盛顿公约》,而后者于 2000 年批准。在 1995 年,乌克兰与立陶宛签署了《乌克兰政府与立陶宛共和国政府关于促进和相互保护投资的协定》(以下简称《乌克兰—立陶宛 BIT》),旨在保护跨境投资的缔约方国民和促进双方投资增长。[3] 因上述投资纠纷,Tokelés 公司根据双方签订的协议,于 2002 年 8 月 14 日在国际投资争端解决中心(International Centre for Settlement of Investment Disputes, ICSID)向乌克兰提起仲裁。[4] 本案仲裁庭于 2004 年 4 月 29 日作出管辖权裁决,以多数意见确立 ICSID 对本案的管辖权。[5] 其后,ICSID 仲裁庭于 2007 年 6 月 29 日作出实体裁决,没有支持申请人 Tokelés 公司的相关请求,即乌克兰政府没有违反征收条款、公平公正待遇条款以及充分保护与安全条款。[6]

(二)法律问题

本案首先需要解决的是管辖权问题,第一,Tokelés 公司是否符合《乌克兰—立陶宛 BIT》所定义的"适格投资者",其中的争议焦点是控制权标准能否被应用在确定适格投资者身份上;第二,Tokelés 公司的投资是否属于《华盛顿公约》和《乌克兰—立陶宛 BIT》所定义的"适格投资",案涉的争议是否直接来自 Tokelés 公司的投资。在解决管辖权的问题之后,本案面临的实体法律争议是乌克兰政府的行为是否违反《乌克兰—立陶宛 BIT》并构成"征收",重点在于是否构成"间接征收";相关执法行动是否具备政治目的;是否达到违反公平公正待遇条款以及充分保护与安全条款的程度。

---

〔3〕《乌克兰政府与立陶宛共和国政府关于促进和相互保护投资的协定》,英文全称"Agreement between the Government of Ukraine and the Government of the Republic of Lithuania for the Promotion and Reciprocal Protection of Investments",1994 年 2 月 8 日签署,1995 年 3 月 6 日生效,由乌克兰和立陶宛两个国家缔约,全文见联合国贸易与发展会议投资政策中心网,https://investmentpolicy. unctad. org/international - investment - agreements/treaty - files/5033/download,2023 年 5 月 8 日访问。

〔4〕Tokios Tokelés v. Ukraine, ICSID Case No. ARB/02/18, 管辖权裁决,2004 年 4 月 29 日,第 5 - 13 段。

〔5〕同前注,第 108 段。

〔6〕Tokios Tokelés v. Ukraine, ICSID Case No. ARB/02/18, 裁决,2007 年 7 月 26 日,第 147 - 148 段。

二、各方的意见和依据及其评论

(一) Tokelés 公司是否符合《乌克兰—立陶宛 BIT》所定义的“适格投资者”

1. 各方意见及其依据

Tokelés 公司在仲裁请求中声明,本公司来自立陶宛,在立陶宛境内进行了工商登记,按照《乌克兰—立陶宛 BIT》属于适格投资者,可以申请仲裁。[7]

乌克兰政府抗辩称,Tokelés 公司不是符合《乌克兰—立陶宛 BIT》定义的立陶宛投资者,理由有三:第一,乌克兰公民掌握了该公司的实控权;第二,该公司在立陶宛境内没有“实质性商业活动”,其运营总部在乌克兰境内,应该认定该公司是乌克兰投资者;第三,认定该公司属于立陶宛公司与《华盛顿公约》的目的相违背,为避免这一结果,应该适用“揭开公司面纱”,即无视 Tokelés 公司的注册地,以实控人的国籍为投资者来源地的标准(控制权标准)。[8] 关于“揭开公司面纱”,乌克兰政府进一步论证,首先,《华盛顿公约》和《乌克兰—立陶宛 BIT》的投资者定义允许该种方法的应用;其次,允许那些实质上是乌克兰国内公司的申请人利用《华盛顿公约》和《乌克兰—立陶宛 BIT》提供的争端解决机制,无疑是将国内争端引向国际救济途径,这将使得 Tokelés 公司获得不正当的条约利益;最后,ICSID 的历史裁决支持仲裁庭运用控制权标准而非成立地标准来界定投资者的国籍,这同样适用于本案的情况。[9]

仲裁庭首先分析了《华盛顿公约》第 25 条的投资者定义。[10]《华盛顿公约》第 25 条规定了 ICSID 的管辖权范围。该条第 1 款是基本规定:ICSID 的管辖适用于缔约方(或缔约方指派到 ICSID 的其任何组成部分或机构)和另一缔约方国民之间直接因投资而产生的任何法律争端,而该项争端经双方书

---

〔7〕 同前注,第 16 段。

〔8〕 Tokios Tokelés v. Ukraine, ICSID Case No. ARB/02/18, 管辖权裁决,2004 年 4 月 29 日,第 21－22 段。

〔9〕 同前注,第 23 段。

〔10〕 同前注,第 24 段。

面同意提交给 ICSID。当双方表示同意后,任何一方不得单方面撤销其同意。[11] 第 2 款则细化规定了"另一缔约方国民"的定义,其中重要的是规定法人的(b)项:在争端双方同意将争端交付调停或仲裁之日,具有作为争端一方的国家以外的某一缔约方国籍的任何法人,以及在上述日期具有作为争端一方缔约方国籍的任何法人,而该法人因受外国控制,双方同意为了本公约的目的,应看作是另一缔约方国民。[12]

仲裁庭认为,《华盛顿公约》第 25 条并未规定具体定义方法,并将这一任务留给了各缔约方自行解决,以便就"国籍"的含义以及基于合理标准的调解或仲裁条款而作出的国籍规定达成一致,而 ICSID 及其仲裁庭应当接受国家立法或者双边条约中对法人国籍的定义方法。[13] 《乌克兰—立陶宛 BIT》作为条约,必然要受到条约解释的习惯国际法约束。为此,仲裁庭需要通过条约解释方法分析《乌克兰—立陶宛 BIT》下的投资者定义,只要各缔约方的定义方法不违反公约的目的,就应当被接受。于是,仲裁庭根据作为习惯国际法的《维也纳条约法公约》(Vienna Convention on the Law of Treaties, VCLT)第 31 条,对《乌克兰—立陶宛 BIT》第 1 条第 2 款(b)项和(c)项进行解释。VCLT 第 31 条第 1 款规定:条约应依其用语按其上下文并参照条约之目的及宗旨所具有之通常意义,善意解释之。[14] 第 2 款规定:就解释条约而言,上下文除指连同弁言及附件在内之约文外,还应包括:(1)全体当事方间因缔结条约所订与条约有关之任何协定;(2)一个以上当事方因缔结条约所订并经其他当事方接受为条约有关文书之任何文书。[15] 第 3 款规定:应与上下文一并考虑者还有:(1)当事方嗣后所订关于条约之解释或其规定之适用之任何协定;(2)嗣后在条约适用方面确定各当事方对条约解释之协定之任何惯例;(3)适

---

〔11〕《华盛顿公约》第 25 条第 1 款。

〔12〕《华盛顿公约》第 25 条第 2 款。

〔13〕 Aron Broches, *The Convention on the Settlement of Investment Disputes between States and Nationals of Other States* ,in Hague Academy of International Law ed. , Recueil des Cours (1972 – II) Briu Nijhoff,1973, p. 359 – 361; C. F. Amerasinghe, *Interpretation of Article* 25(2)(*B*) *of the ICSID Convention*, in R. Lillich and C. Brower eds. , International Arbitration in the 21st Century: Towards "Judicialization" and Uniformity, Transnational Publishers, 1993, p. 223, 232.

〔14〕 VCLT 第 31 条第 1 款。

〔15〕 VCLT 第 31 条第 2 款。

用于当事方间关系之任何有关国际法规则。[16]

第一,仲裁庭首先解释“投资者”的通常含义。《乌克兰—立陶宛 BIT》第 1 条第 2 款(b)项指出:根据立陶宛共和国法律法规,在立陶宛共和国境内设立的任何实体是适格的投资者。[17] 仲裁庭通过《牛津英语词典》查阅了“实体”(entity)和“设立”(establish)的解释,前者的意思是“具有真实存在的事物”,后者的意思是“在永久或坚实的基础上建立;设立(企业)”,由此推导出“立陶宛投资者”通常含义是“在立陶宛境内根据其法律和法规在安全基础上建立的真正合法存在物”。这是仲裁庭推理的大前提。[18] 其后,仲裁庭分析了 Tokelés 公司的发展历程,该公司是在立陶宛境内注册的公司,注册资料显示,公司由立陶宛法律管辖,且公司地址位于维尔纽斯(立陶宛首都),因此,根据《乌克兰—立陶宛 BIT》第 1 条第 2 款(b)项的通常含义,仲裁庭认为 Tokelés 公司属于《乌克兰—立陶宛 BIT》定义的适格投资者。[19]

第二,仲裁庭还利用了 VCLT 第 31 条提供的体系解释方法和目的解释方法,反驳了乌克兰政府所要求运用的控制权标准。《乌克兰—立陶宛 BIT》第 1 条第 2 款(c)项将条约的适用范围扩展到根据第三国法律成立的法律实体,前提是其控制权为缔约方国民所控制。[20] 乌克兰政府认为,控制权的标准可以被用于《乌克兰—立陶宛 BIT》第 1 条第 2 款(a)项和(b)项中,以否认那些企图利用外国法律和《乌克兰—立陶宛 BIT》来逃避国内法律监管的实体,使得他们不能成为适格投资者。[21] 仲裁庭则认为,应当将《乌克兰—立陶宛 BIT》第 1 条第 2 款(c)项与(a)项和(b)项置于同一个体系内理解。如果条约制定者希望利用控制权标准否认另一缔约方投资者的适格性,那么他们就应该将控制权标准这一例外放置于(a)项和(b)项之后。事实上,《乌克兰—立陶宛 BIT》并未如此规定。因此,通过反面解释和体系解释,仲裁庭推定

---

[16] VCLT 第 31 条第 3 款。

[17] 《乌克兰—立陶宛 BIT》第 1 条第 2 款(b)项。

[18] Tokios Tokelés v. Ukraine, ICSID Case No. ARB/02/18, 管辖权裁决,2004 年 4 月 29 日,第 28 段。

[19] 同前注,第 29 段。

[20] 《乌克兰—立陶宛 BIT》第 1 条第 2 款(c)项。

[21] Tokios Tokelés v. Ukraine, ICSID Case No. ARB/02/18, 管辖权裁决,2004 年 4 月 29 日,第 30 段。

(b)项确立的唯一标准是公司注册地标准,否决了控制权标准。[22] 此外,《乌克兰—立陶宛 BIT》前言指出,其目的和宗旨是"加强经济合作,促进两国互利,并为一国投资者在另一国领土上的投资创造和维持有利条件"[23]。此处,仲裁庭援引了 SGS v. Philippines 案,该案仲裁庭指出:"投资协定是一项促进和互惠保护投资的条约。根据序言,该协定的目的是'为缔约一方的投资者在另一方领土上的投资创造和维持有利条件',解决其解释中的不确定性是合理的,这有利于保护投资。"[24]另外,《乌克兰—立陶宛 BIT》第 1 条使用的"任何"(any)字样亦体现了这一条约的目的和宗旨。如果利用控制权标准否认法人国籍,那么将会与条约的目的和宗旨冲突。[25]

关于乌克兰政府提出的"实质性商业活动"抗辩,[26]亦即某些双边条约允许一个缔约方拒绝向另一缔约方受外国国民控制且不在另一方境内从事实质性商业活动的实体提供条约的保护利益。例如《美利坚合众国和乌克兰关于鼓励和相互保护投资的条约》[27]、《美利坚合众国与阿根廷共和国关于相互鼓励和保护投资的条约》第 1 条第 2 款与乌克兰及立陶宛共同参与的《能源宪章条约》[28]第 17 条第 1 款及其附件一。仲裁庭承认,这些既有的法律实践确立了"实质性商业活动"的抗辩理由,却拒绝将其施加在本案《乌克兰—立陶宛 BIT》的解释中,理由在于,这会对双方的同意以及 ICSID 的管辖权造成不合理的限制。仲裁庭认为,如果超越历史谈判中的缔约方原意和条文的

---

[22] 同前注,第 30 段。

[23] 同前注,第 31 – 32 段。

[24] SGS Société Générale de Surveillance S. A. v. Republic of the Philippines, ICSID Case No. ARB/02/6, 管辖权裁决,2004 年 1 月 29 日,第 116 段。

[25] Tokios Tokelés v. Ukraine, ICSID Case No. ARB/02/18, 管辖权裁决,2004 年 4 月 29 日,第 32 段。

[26] 同前注,第 33 段。

[27] 《美利坚合众国和乌克兰关于鼓励和相互保护投资的条约》,英文全称"Treaty between the United States of America and Ukraine Concerning the Encouragement and Reciprocal Protection of Investment", 1994 年 3 月 4 日签署,1996 年 11 月 16 日生效,缔约方为美国与乌克兰,全文见联合国贸易与发展会议投资政策中心网,https://investmentpolicy. unctad. org/international – investment – agreements/treaties/bilateral – investment – treaties/3054/ukraine—united – states – of – america – bit – 1994 – ,2023 年 5 月 8 日访问。

[28] 《能源宪章条约》,英文全称"the Energy Charter Treaty", 1994 年 12 月 16—17 日签署,1998 年 4 月生效,全文见国际能源宪章网站,http://www. encharter. org/upload/1/T reatyBook – en. pd, 2023 年 5 月 8 日访问。

文义解释,那么仲裁庭就会错误地放弃 ICSID 本该被赋予且有义务行使的管辖权,因此,“实质性商业活动”这一抗辩亦被仲裁庭驳回。[29] 虽然这一抗辩与本案的管辖权无关,仲裁庭亦查看了 Tokelés 公司向仲裁庭提供的证据,如财务报表和业务材料等,这些材料显示 Tokelés 公司在立陶宛境内构成了“实质性商业活动”,这加强了仲裁庭对“实质性商业活动”抗辩的否认。[30]

综上,仲裁庭基于双方的同意,确认注册地标准是本案确立法人实体国籍的唯一标准。仲裁庭特别强调的是,ICSID 的裁决不能超越双方的同意,除非这样做不符合《华盛顿公约》的目的和宗旨,双方如果需要应用控制权标准或者“实质性商业活动”抗辩,完全可以在条约谈判时自由加入。《乌克兰—立陶宛 BIT》中对应词语的缺失,已经可以推定缔约双方同意不适用这两个理由否认条约利益,因此,仲裁庭不能超越双方的合意来应用相关的标准,否则将会损害各方对争端解决程序乃至条约运用的可预测性,进而使得 ICSID 的权威在实质上落空。[31]

在对《乌克兰—立陶宛 BIT》审查完毕后,仲裁庭继续前进了一步,审查了《华盛顿公约》的外部边界,仲裁庭认为,注册地标准是确定法人国籍的传统标准和现代趋势,被 ICSID 仲裁庭广泛接受。[32] 《华盛顿公约》第 25 条第 2 款(b)项规定是对前款的补充,其适用必须以双方的协议为前提,而仲裁庭以通常含义解释否认了乌克兰政府援引这一规定进行抗辩的可能性,原因在于,该规定的原意是协议先于仲裁,而非在仲裁之中创造新规则。更应当指出的是,本案中的《乌克兰—立陶宛 BIT》既没有双方的合意,Tokelés 公司亦非根据东道国法律创设的实体,因此,这一规则无法适用。而且,仲裁庭援引了 Wena

〔29〕 Tokios Tokelés v. Ukraine, ICSID Case No. ARB/02/18, 管辖权裁决,2004 年 4 月 29 日,第 36 段。

〔30〕 同前注,第 35 - 37 段。

〔31〕 同前注,第 38 - 41 段。

〔32〕 Société Ouest Africaine des Bétons Industriels v. Republic of Senegal, ICSID Case No. ARB/82/1, 管辖权裁决,1984 年 8 月 1 日,第 29 - 46 段;Autopista Concesionada de Venezuela, C. A. v. Bolivarian Republic of Venezuela, ICSID Case No. ARB/00/5, 管辖权裁决,2001 年 9 月 27 日,第 108 段。

v. Egypt 案[33]、CMS v. Argentina 案[34]和 Autopista v. Venezuela 案[35]的说理,其中,最具代表性的是 Wena v. Egypt 案,该案仲裁庭认可申请人华纳酒店有限公司的观点,基于促进经济发展和外国投资的考虑,《华盛顿公约》第25 条第2 款(b)项应被扩大适用,以期更周全地保护投资者的利益。而本案仲裁庭认为,该条目的在于保护那些根据东道国法律设置且被另一缔约方国民控制的分公司,恰恰是扩大了《华盛顿公约》的适用范围,防止因为以注册地标准对法人国籍的单一化、机械化认定而减损对投资方的保护以及 ICSID 的管辖权,如果该条的控制权标准被用于限制那些根据另一缔约方相关规定创设的法人实体,阻碍其适格性认定,将会造成条约目的的冲突。因此,要使该条的解释合乎条约目的,就要导向更宽泛的 ICSID 管辖权,乌克兰政府希望认定 Tokelés 公司为乌克兰实体的要求就会与之相冲突。[36]

此外,仲裁庭仍需解决的一个问题是"揭开公司面纱"在习惯国际法中的适用与否。"揭开公司面纱"是一个国内法概念,指在公司实控人滥用法人人格地位损害公司利益和相对人利益时,可以揭开公司面纱,突破有限责任制度,使得实控人负连带责任。[37] 然而,这一国内法的规则能否类推适用于国际法领域,乃至成为一种习惯国际法?这是仲裁庭需要解决的问题。[38]

而本案的仲裁庭倾向于否认"揭开公司面纱"这一规则在国际法领域的

---

[33] ICSID, Wena Hotels Ltd. v. Arab Republic of Egypt (Proceeding on the Jurisdiction), International Legal Materials, Vol. 41:4, pp. 881 - 895, p. 881, 886 (2002).

[34] CMS Gas Transmission Company v. Republic of Argentina, ICSID Case No. ARB/01/8, 管辖权裁决,2003 年 7 月 17 日,第 51 段。

[35] Autopista Concesionada de Venezuela, C. A. v. Bolivarian Republic of Venezuela, ICSID Case No. ARB/00/5, 管辖权裁决,2001 年 9 月 27 日,第 109 段。

[36] Tokios Tokelés v. Ukraine, ICSID Case No. ARB/02/18, 管辖权裁决,2004 年 4 月 29 日,第 52 段。

[37] 参见《中华人民共和国公司法》第 20 条。该条具体内容为:公司股东应当遵守法律、行政法规和公司章程,依法行使股东权利,不得滥用股东权利损害公司或者其他股东的利益;不得滥用公司法人独立地位和股东有限责任损害公司债权人的利益。公司股东滥用股东权利给公司或者其他股东造成损失的,应当依法承担赔偿责任。公司股东滥用公司法人独立地位和股东有限责任,逃避债务,严重损害公司债权人利益的,应当对公司债务承担连带责任。

[38] 习惯国际法,是指被接受为法律的一般实践或通例或做法,其形成需要有客观因素和主观因素,前者指的是一般实践或者通例(general practice)存在,后者指一般的实践或者通例被各国接受成为法律,即国家承认其法律约束力,亦即法律确信(opinion iuris)。详见 Peter Malanczuk, *Akehurst's Modern Introduction to International Law*, Routledge, 2002, p. 44 - 45。

存在。为此,仲裁庭援引了 Barcelona Traction 案。在该案中,巴塞罗那电车、电灯和电力有限公司注册于加拿大多伦多,为西班牙的加泰罗尼亚建造了一套电力生产和输送系统。虽然公司的总部、账户和股份登记册都在多伦多,但在绝大部分时间里,比利时国民实际控制了该公司。西班牙政府和司法当局的一系列行动致使巴塞罗那电车、电灯和电力有限公司破产,其资产被没收并出售。为此,比利时政府根据与西班牙政府订立的条约和《国际法院规约》向国际法院提起诉讼,请求法院宣布西班牙国家机关的行为违反了国际法,且西班牙需赔偿比利时国民的损失。国际法院认为,争议焦点在于比利时是否有权对本国股东实控的外国法人在第三国所遭受的侵害施加外交保护。基于相关国际法规则的空白,国际法院求助了有限责任公司制度这一国内法普遍接受的规则,认为国际法的一般规则只允许公司的国籍国提出赔偿请求,而 Barcelona Traction 案中并未出现公司股东受侵害和公司国籍国缺乏代表公司采取行动的能力等"揭开公司面纱"的例外情况,以使得比利时豁免上述的一般规则限制,因此,国际法院以 15 票对 1 票驳回了比利时的诉讼请求。[39] 本案仲裁庭认同了国际法院的观点,亦即"揭开面纱的过程是国内法承认的一个例外过程,对于自己建立的机构,同样可以在国际法中发挥类似的作用","国内法在这一问题上已经积累的大量实践表明,揭开面纱是为了防止滥用法人特权,例如在某些欺诈或渎职案件中,保护债权人或买方等第三人,或防止逃避法律要求或义务"。[40] 然而,在本案中,乌克兰政府并未证明 Tokelés 公司在滥用其立陶宛国籍逃避乌克兰国内法律的管辖或者实施欺诈行为,而且,Tokelés 公司的立陶宛法人地位确立于《乌克兰—立陶宛 BIT》生效前 6 年,在争端之前得到了两国法律的承认。综合现有证据,仲裁庭继续认定了 Tokelés 公司作为立陶宛实体的法律地位。[41]

本案管辖权阶段的仲裁庭以多数意见同意确立 ICSID 的管辖权,但首席仲裁员 Prosper Weil 并不赞同这一观点,他认为仲裁庭所采取的办法没有促

---

〔39〕 Barcelona Traction, Light and Power Co., Ltd. (Belg. v. Spain), ICJ Report, 1970 年 2 月 5 日, 第 99 – 103 段。

〔40〕 同前注, 第 56 – 58 段。

〔41〕 Tokios Tokelés v. Ukraine, ICSID Case No. ARB/02/18, 管辖权裁决, 2004 年 4 月 29 日, 第 56 段。

进《华盛顿公约》目标和宗旨的实现,为此,他运用了目的论解释和历史资料解释的方法阐释条约的原意。[42] Weil 仲裁员指出,《华盛顿公约》由世界银行执行董事制定,其目标和宗旨载于《执行董事关于解决国家与其他国家国民之间投资争端公约的报告》(the Report of the Executive Directors on the Convention on Settlement of Investment Disputes between States and Nationals of other States,以下简称《执行董事报告》)以及《华盛顿公约》本身的序言规定中。[43] 《执行董事报告》指出,ICSID 的设立旨在促进解决国家与外国投资者之间的争端,以期刺激更多的国际私人资本流入希望吸引这些资本的国家,虽然投资争端通常是根据有关东道国的法律解决的,但东道国和投资者认为,同意采用国际解决方法符合他们的共同利益。一个国家(地区)加入《华盛顿公约》将刺激更多的国际私人投资流入东道国境内,这是《华盛顿公约》的主要目的,且该公约的广泛目标是鼓励更多的国际私人投资流入,并提供国际投资争端的解决方法,且考虑到所涉争端的特殊性以及适用当事方的特殊性。[44] 《华盛顿公约》的序言则指出国际投资争端由国际法律程序解决的必要性和适当性。这些历史文件和条约文字表明 ICSID 的仲裁所针对的是国际投资争端而非国内争端,因此,资本的来源地是非常重要的。恰恰相反的是,仲裁庭基于资本来源地不重要的假设作出裁决,违背了《华盛顿公约》的目的和宗旨,从而错误地扩大了管辖权。[45] 反对的另一个原因是 ICSID 仲裁方法对其他救济方法的绝对排斥,这规定在《华盛顿公约》第 26 条和第 27 条。Weil 仲裁员基于条文解释认为确立 ICSID 的管辖权必须特别谨慎,因为它会剥夺东道国的外交主权和司法主权。[46]

---

〔42〕 Tokios Tokelés v. Ukraine, ICSID Case No. ARB/02/18, 管辖权裁决反对意见,2004 年 4 月 29 日,第 1 段。

〔43〕 同前注,第 2 - 3 段。

〔44〕 International Bank for reconstruction and Development, *The Report of the Executive Directors on the Convention on the Settlement of Investment Disputes between States and Nationals of Other States*, paras. 9 - 13, https://icsid.worldbank.org/sites/default/files/Report_Executive_Directors.pdf, 2023 年 5 月 8 日访问。

〔45〕 Tokios Tokelés v. Ukraine, ICSID Case No. ARB/02/18, 管辖权裁决反对意见,2004 年 4 月 29 日,第 6 段。

〔46〕 Tokios Tokelés v. Ukraine, ICSID Case No. ARB/02/18, 管辖权裁决反对意见,2004 年 4 月 29 日,第 7 - 9 段。

反对意见的核心在于,《华盛顿公约》并没有规定法人实体的国籍确定标准,但这一标准亦不应完全由当事方自行决定。如果当事方自行决定将那些注册于东道国外的投资协定缔约方但实际上由东道国国民实际控制的公司纳入 ICSID 管辖权的范围,那么这种合意将违背《华盛顿公约》"维护国际投资"的宗旨和目的。换言之,ICSID 机制不适用于本国国民通过外国实体利用国内资本在本国进行的投资,无论该实体是否已存在或为此目的而设立。[47]

Weil 仲裁员驳斥了仲裁庭对《乌克兰—立陶宛 BIT》的形式化认定,直接认定 Tokelés 公司是东道国国民的经济实质,这体现在《华盛顿公约》第 25 条第 2 款(b)项的解读中。Weil 仲裁员与其他仲裁员的分歧在于对该条目的和宗旨的解释,仲裁庭认为其目的是扩大 ICSID 的管辖权,排除对管辖权的限制,Weil 仲裁员却认为此条的目的是对具备国际投资性质的真正投资给予 ICSID 程序的保护,亦即经济实质优于法律形式,为此,需要甄别投资者的经济实质并谨慎扩大 ICSID 的管辖权,以免使得一些本该通过国内程序解决的问题错误地进入 ICSID 的程序中,成为一些公司逃脱国内监管的手段,而仲裁庭的意见恰恰是在鼓励这种现象出现,确认缔约双方超出《华盛顿公约》目的和宗旨的同意,将会使得《华盛顿公约》第 25 条变成纯粹的任择条款,这明显是无效的。[48]

Weil 仲裁员的推定并不意味着 ICSID 在其后的每个案件中都要原则性地审查法律结构,以确认经济实质或者找到真正投资者,因为各国签署的双边投资协定的同意范围并不一致,这仍然需要个案分析和灵活把握。但本案事实表明,这就是一个乌克兰实体在乌克兰进行投资的问题,并不能适用 ICSID 程序。由此得出的结论是,一旦通过《华盛顿公约》第 25 条第 2 款(b)项可以得出 ICSID 无管辖权的结论,就不必再讨论《乌克兰—立陶宛 BIT》的问题了,仲裁庭审查《乌克兰—立陶宛 BIT》是画蛇添足的举措。[49]

2. 对各方意见的评析

在 ICSID 的仲裁历史上,本案是有关适格投资者的著名案例。东道国国

---

〔47〕 同前注,第 19 段。

〔48〕 同前注,第 23 – 24 段。

〔49〕 同前注,第 29 – 30 段。

民在另一缔约方注册成立并实际控制的公司回流东道国的投资能否得到《华盛顿公约》和程序的保护？仲裁庭尊重双方在《乌克兰—立陶宛 BIT》中的合意,坚持以注册地标准认定其适格投资者地位,以目的论扩张方法解释《华盛顿公约》第 25 条并扩大了 ICSID 的管辖权。[50] 但 Weil 仲裁员却坚持首先审查《华盛顿公约》,以目的论限缩方法解释《华盛顿公约》第 25 条,认为要对 ICSID 管辖权的确立持谨慎态度,坚持以经济实质否认其适格投资者地位。[51]

关于仲裁庭多数意见,其中的部分论证值得进一步商榷。

首先,多数意见援引 Wena v. Egypt 案时提到,扩大 ICSID 的管辖权符合现代加强国际投资保护的趋势,因此,面对 Tokelés 公司的新情况,国际投资法倾向于将其纳入适格投资者的定义。[52] 为此,多数意见引用了 Barcelona Traction 案论证注册地标准的合理性,如上所述,国际法院在该案中谈论了"揭开公司面纱"在国内法的适用范围。[53] 然而,国际法院的判决并没有指出在国际法领域是否存在这种国际习惯,使得国际法院可以利用这种习惯来否认法人实体的人格。多数意见面对乌克兰的抗辩,是从法人人格否认制度的目的出发论证的,亦即 Tokelés 公司没有出现适用国内法的法人人格否认制度的事由,如欺诈。[54] 然而,多数意见没有说明的是,为什么仲裁庭可以直接将国内法的标准类推适用于国际法领域,或者说是否存在这种国际习惯可以审查国际法中的主体行为。

另外,虽然 Barcelona Traction 案中的国际法院否决了控制权标准,有利于多数意见的论证,但其判决比利时败诉的判决结果实质上并不利于国际投资保护。多数意见援引这一案例进行说理,虽能加强对控制权标准的否决论

---

〔50〕 Tokios Tokelés v. Ukraine, ICSID Case No. ARB/02/18, 管辖权裁决,2004 年 4 月 29 日,第 31 段。

〔51〕 Tokios Tokelés v. Ukraine, ICSID Case No. ARB/02/18, 管辖权裁决反对意见,2004 年 4 月 29 日,第 24 段。

〔52〕 Tokios Tokelés v. Ukraine, ICSID Case No. ARB/02/18, 管辖权裁决,2004 年 4 月 29 日,第 47 段。

〔53〕 Barcelona Traction, Light and Power Co., Ltd. (Belg. v. Spain), Judgemenl, ICJ Report, 1970 年 2 月 5 日,第 56 - 58 段。

〔54〕 Tokios Tokelés v. Ukraine, ICSID Case No. ARB/02/18, 管辖权裁决,2004 年 4 月 29 日,第 56 段。

证,但在论证目的上却有矛盾,未能加强前述说理。

值得注意的是,多数意见将注册地标准视作"国际法中的主要做法",为此只援引了《奥本海国际法》和 Barcelona Traction 案等先例,缺乏其他渊源。[55] 国际法中的主要渊源有国际条约、国际习惯和一般法律原则,[56] 而国际法院的判决和相关学者的学说仅能辅助论证,并不能使其直接构成习惯国际法,还需要更多的法律实践以形成法律确信,而多数意见直接运用习惯国际法确定公司国籍,这一结论尚待斟酌。[57] 而且,多数意见在援用既往的 ICSID 裁决时,似乎将其作为实质上的判例法来运用,然而,相关裁决在适格投资者这一问题上仍然有分歧,在不稳定的情况下直接将某些案例视作有权威的先例,并不妥当。[58] 有学者进一步指出,现有国际投资仲裁体制,不仅缺乏对可适用法的详尽规定,也没有对仲裁庭适用法律方法的明确引导以及解释条约错误的纠错机制,更极度依赖于学者学说和先前裁决,脱离了条约缔约方实践或者意图的束缚。[59] 这些问题需要各方主体在双边投资协定缔结过程和争端解决制度改革中通过构建上诉机制[60]和东道国联合解释[61]等方式加以解决。

---

〔55〕 同前注,第 70 段。

〔56〕 王铁崖指出,大家都承认的"国际法的渊源主要是两个,即条约和习惯"。一般法律原则与条约和国际习惯有别,因而成为国际法的渊源,但它不是独立的国际法渊源。参见王铁崖主编:《国际法》,法律出版社 1981 年版,第 26、31 页。

〔57〕 Tokios Tokelés v. Ukraine, ICSID Case No. ARB/02/18, 管辖权裁决,2004 年 4 月 29 日,第 70 段。

〔58〕 王鹏在梳理"揭开公司面纱"的相关投资仲裁案例后指出,ICSID 仲裁中揭开公司面纱的实践可归纳为三种模式:国籍协议的外国控制模式、本国国民控制否定模式、投资定义条款模式。三种模式存在分歧,仲裁庭应在缔约方明示或默示的授权范围内进行法律解释,以此促进国际投资法体系的一致性与自洽性。更多案例参见王鹏:《ICSID 仲裁中的揭开公司面纱问题研究:路径与协调》,载《武大国际法评论》2014 年第 1 期,第 139 – 158 页。

〔59〕 刘笋:《论国际投资仲裁中的先例援引及缔约方的干预和引导》,载《法学评论》2021 年第 3 期,第 182 页;Ole Kristian Fauchad, *The Legal Reasoning of ICSID Tribunals – An Empirical Analysis*, The European Journal of International Law, Vol. 19:2, pp. 301 – 364; p. 356 – 357(2008); Anthea Roberts, *Power and Persuasion in Investment Treaty Interpretation: The Dual Role of State*, American Journal of International Law, Vol. 104, pp. 301 – 364; p. 190(2010)。

〔60〕 魏德红:《投资者 – 国家争端解决(ISDS)机制转型研究》,吉林大学 2020 年博士学位论文,第 46 – 66 页。

〔61〕 赵海乐:《国际法治视角下的 BIT"联合解释"问题研究——以中国缔约文本为切入点》,载《现代法学》2017 年第 2 期,第 146 – 154 页;靳也:《国际投资仲裁程序规则中的缔约方条约解释机制研究》,载《武大国际法评论》2017 年第 5 期,第 87 – 99 页。

而且,本案仲裁庭仍然没有解决的问题是,为逃避国内监管而在东道国之外创设的公司,是仍然严格适用注册地标准?还是需要否认投资者的条约利益?[62] 仲裁庭按照本案中的《乌克兰—立陶宛 BIT》严格适用,将其视作缔约各方的有意举动(deliberate choice of the Contracting Parties)。[63] 那么,根据仲裁庭的观点,在双边投资协定允许"揭开公司面纱"以否认条约利益的情况下,仲裁庭就能适用双方合意达成的方式来否认 Tokelés 公司的投资者适格性?这带来的潜在问题是"滥用法人人格以逃避国内监管"的证明责任问题,基于东道国的强势地位,其在举证方面更加便利,但要将这一事实证明到什么样的程度,还需要进一步探讨。然而,更重要的是,这一国内法规则能否直接类推适用于国际投资法领域,而成为习惯国际法,尚待更多的法律实践形成内心确信,但观察目前的缔约现状和仲裁案例[64],各缔约方与仲裁庭并未完全明晰"否认条约利益"在投资协定中的含义,相关实践形成习惯国际法尚待时日。[65]

当然,仲裁庭的裁决将注册地标准这一传统规则从国内商法领域扩展到国际投资领域,从这一点来说,裁决是富有开创意义的,澄清了双边投资协定中常用条款的含义,促进了习惯国际法的进一步形成,赋予了传统规则以更多的生命力。

针对 Weil 仲裁员的反对意见核心观点——资本来源国的决定性,多数意见仅仅简单论述"《华盛顿公约》确立管辖权的条件不包括资本来源",未能进

---

[62] 利益否认(denial of benefits)是指缔约一方保留拒绝给予另一缔约方投资者投资协定项下一部分或全部利益的权利,如果另一方投资者是由本国投资者或非缔约方投资者,或无正常外交关系的第三方投资者所拥有或控制,且该投资者在另一缔约方境内未开展实质性的商业活动。参见漆彤:《论国际投资协定中的利益拒绝条款》,载《政治与法律》2012 年第 9 期,第 98-99 页。

[63] Tokios Tokelés v. Ukraine, ICSID Case No. ARB/02/18, 管辖权裁决,2004 年 4 月 29 日,第 36 段。

[64] 参见 Waste Management, Inc. v. United Mexican States, ICSID Case No. ARB (AF)/00/3, 裁决,2004 年 4 月 30 日,第 80 段;Generation Ukraine Inc. v. Ukraine, ICSID Case No. ARB/00/9, 裁决,2003 年 9 月 16 日,第 15 段;Plama Consortium Limited v. Republic of Bulgaria, ICSID Case No. ARB/03/24, 管辖权裁决,2005 年 2 月 8 日;Pan American Energy LLC and BP Argentina Exploration Company v. The Argentine Republic, ICSID Case No. ARB/03/13, 管辖权裁决,2006 年 7 月 27 日。

[65] 漆彤指出,尽管利益拒绝条款已包含"拥有或控制""无实质性商业活动"等实体要求以及"事前通知及磋商"等程序要求,但在判断标准上仍具有很大的模糊性,需要进一步精确化。参见漆彤:《论国际投资协定中的利益拒绝条款》,载《政治与法律》2012 年第 9 期,第 98-99 页。

一步推进条约的解释,这也是令人遗憾的;[66]反对意见则认为资本来源国是重要的,直接决定投资的国际性质,乌克兰政府的"揭开公司面纱"抗辩模糊了焦点,事实上,Tokelés 公司利用注册地标准是否有不正当目的并不重要。[67]

进一步说,反对意见与多数意见的核心争议点在于对《华盛顿公约》和《乌克兰—立陶宛 BIT》的审查顺序。多数意见认为需要尊重缔约双方合意,先行审查《乌克兰—立陶宛 BIT》,其后再审查《乌克兰—立陶宛 BIT》是否和《华盛顿公约》一致,这种方式更加重视双边投资协定的作用和缔约方的意思表达;[68]反对意见则认为需要先审查《华盛顿公约》,如果 Tokelés 公司不符合《华盛顿公约》的要求,就没有必要再审查《乌克兰—立陶宛 BIT》了,因为缔约双方的合意有可能违背《华盛顿公约》的要求,Weil 仲裁员认为,缺乏对资本来源地的关注会使得 ICSID 管辖本不应管辖的案件。[69]

在本案的语境中,如果严守双方合意中的注册地标准,那么双方举证和仲裁庭论证就会趋向简单化和形式化。但是,如果按反对意见的观点,双方举证和仲裁庭论证就要涉及资本来源和经济实质的认定了,这极大地加重了双方举证和仲裁庭论证的负担,使得仲裁庭面临极为复杂的情况。例如,通过复杂的控制形式,实控人可以在不成为多数股东的前提下控制住目标公司,这一情况如何处理?又如,实控股东也是法人实体,是否又要根据经济实质判定国籍,直至无限穿透?反对意见对这些情况都没有给出洞见。对程序申请者而言,它们在缔结双边投资条约或者寻求救济措施时,就会严肃考虑 ICSID 的地位。因为按照反对意见的观点,投资者有可能会被定义为东道国国民从而排斥 ICSID 的管辖,如果投资者穷尽了国内法律救济程序,就会出现在法律上无法救济的情况,再诉诸政治手段,恐怕会远远超过投资者的能力,从根本上动摇投资仲裁的正当性基础,损害投资者利益;当然,这种经济实质的认定对东道国并非毫无好

---

〔66〕 Tokios Tokelés v. Ukraine, ICSID Case No. ARB/02/18, 管辖权裁决,2004 年 4 月 29 日,第 80 – 81 段。

〔67〕 Tokios Tokelés v. Ukraine, ICSID Case No. ARB/02/18, 管辖权裁决反对意见,2004 年 4 月 29 日,第 20 段。

〔68〕 Tokios Tokelés v. Ukraine, ICSID Case No. ARB/02/18, 管辖权裁决,2004 年 4 月 29 日,第 82 段。

〔69〕 Tokios Tokelés v. Ukraine, ICSID Case No. ARB/02/18, 管辖权裁决反对意见,2004 年 4 月 29 日,第 28 段。

处,如果允许这种认定方法的存在,那么就可以通过国内程序打击一些利用外国法律形式掩盖非法目的的跨国犯罪,如洗钱和欺诈等,保障公共利益。[70]

还需要注意的一点是,《华盛顿公约》的目的在于促进跨境投资流入东道国,缔约方基于这一预期利益,为促进投资争端的妥善解决和营商环境的改善,签订了公约。[71] 如果严格限缩 ICSID 的管辖权,不仅会出现经济实质认定的困难,而且有可能在实务中阻遏投资者的投资意愿,投资者需要为控股股东的国籍而付出额外的合规成本,且有可能在进入东道国投资后被否决其适格投资者地位,这明显与《华盛顿公约》的保护目的不符。按照反对意见的观点,《华盛顿公约》的审查次序优于双边投资协定,如果双方权衡的合意不重要,那么双边投资条约的谈判国就会慎重考虑是否接受 ICSID 管辖,因为 ICSID 可能会作出违背双方合意的裁决,减损作为 ICSID 管辖权基础的双方合意,而且这些国家需要明确考虑是否在双边投资协定中排除控制权标准,提高了条约谈判成本。[72]

总的来说,一国在国际投资领域既有可能是资本输入国,又有可能是资本输出国,影响缔约方是否接受 ICSID 管辖权的因素有很多。虽然过度扩大或者过度限缩 ICSID 管辖权的做法都是不可取的,但双边投资协定缔约方根据各自的国家主权,有权自主决定其政策并与他国谈判适格投资者的界定标准,固然,双边投资协定缔约方可以采取控制权标准否决投资者的适格性,但缔约方亦要考虑这一政策带来的投资遏制效应,如果没有明示这一观点,可以推定他们并不期望在国际投资领域施加过多限制。在本案中,多数意见的推理仍然在可以接受的合理范围内,他们赋予了传统规则以新生命,没有超出投资参与方的预测可能性,纵然论证存在一定瑕疵,仍能确立 ICSID 的管辖权,相比

〔70〕 关于投资仲裁中的公共利益保护趋势及公共利益与投资者利益的平衡问题,参见毛婵婵:《国际投资条约仲裁中公共利益保护问题研究——以 ICSID 仲裁为视角》,武汉大学 2013 年博士学位论文,第 31 - 77 页;张光:《论国际投资仲裁中投资者利益与公共利益的平衡》,载《法律科学(西北政法大学学报)》2011 年第 1 期,第 109 - 114 页。

〔71〕 《ICSID》公约,序言。

〔72〕 在缔约和修约过程中,我国需要同时考虑资本输入国与资本输出国的双重身份,排除或者不排除某种标准,都有可能引发仲裁庭的过度解释或者不足解释,不利于保护我国的利益。因此,缔约或者修约需要更为复杂的立法技术,如澄清术语含义、重塑条约体系等,以明确表达缔约方的意图,这将耗费较大的成本。参见刘笋:《论国际投资仲裁中的先例援引及缔约方的干预和引导》,载《法学评论》2021 年第 3 期,第 183 页。

之下,反对意见的观点就显得过于谨慎,不符合保护跨境投资的现代趋势。不过,仅仅强调条约目的——促进投资——而不顾其他规定,便有可能违反缔约者的原意。〔73〕 本案的争端解决并未提出协调投资促进目的和其他规定的良善路径,加强条约解释和裁决的一致性仍然任重道远。

(二) Tokelés 公司的投资是否属于《华盛顿公约》和《乌克兰—立陶宛BIT》所定义的"适格投资",争端是否直接起源于投资

1. 各方意见及其依据

Tokelés 公司认为,其自 1994 年以来在乌克兰境内的投资已达 650 万美元,投资是合法的,乌克兰当局登记了相关投资,这应当被认定为《华盛顿公约》和《乌克兰—立陶宛 BIT》所定义的"适格投资",且争端是由乌克兰方面针对投资的不当行为引发的。〔74〕

针对投资的定义,乌克兰政府抗辩称,即便仲裁庭认为 Tokelés 公司是根据立陶宛法律成立的法律实体,申请人亦未根据《乌克兰—立陶宛 BIT》在乌克兰进行"投资",Tokelés 公司没有证明其对子公司 Taki Spravy 进行了足够的初始投资,亦没有证明资本来源于乌克兰境外,因此,其投资不属于《华盛顿公约》和《乌克兰—立陶宛 BIT》所保护的跨境投资。〔75〕 附加抗辩的理由是 Tokelés 公司的投资不符合乌克兰法律,就本案的情况而言,这些违反行为包括子公司的法律形式不当以及资产转让中的文件瑕疵问题,因此 Tokelés 公司不能享受《乌克兰—立陶宛 BIT》的利益保护。〔76〕 Salini v. Morocco 案仲裁庭则强调了 ICSID 体系不保护非法活动的立场,而投资必须符合东道国的法律。〔77〕

针对争端与投资的因果关系,乌克兰政府认为,只有针对实物资产的行动所引发的争端才可以被认定为"直接起源于投资"的争端。〔78〕

---

〔73〕 王贵国:《中华传统文化视角下的国际经济法》,法律出版社 2022 年版,第 387 页。

〔74〕 Tokios Tokelés v. Ukraine, ICSID Case No. ARB/02/18, 裁决,2007 年 7 月 26 日,第 16 段。

〔75〕 Tokios Tokelés v. Ukraine, ICSID Case No. ARB/02/18, 管辖权裁决,2004 年 4 月 29 日,第 72 段。

〔76〕 同前注,第 82 – 86 段。

〔77〕 Salini Costruttori S. p. A and Italstrade S. p. A v. Kingdom of Morocco, ICSID Case No. ARB/00/4, 管辖权裁决,2001 年 7 月 23 日,第 46 段。

〔78〕 Tokios Tokelés v. Ukraine, ICSID Case No. ARB/02/18, 管辖权裁决,2004 年 4 月 29 日,第 32 段。

《华盛顿公约》第 25 条并未定义投资,将商榷的空间留给各缔约方,因此,仲裁庭延续确认适格投资者的做法,遵循 VCLT 确认的条约解释方法对《乌克兰—立陶宛 BIT》第 1 条第 1 款中的“投资”定义进行解释。

首先是通常含义解释,《乌克兰—立陶宛 BIT》下的“投资”定义为“一个缔约方的投资者在另一缔约方领土上花费金钱或者精力,以期从中获得回报或者利润的每种资产”,并在其后非穷尽地列举了一张投资形式清单,包括动产、不动产、股份和债权,且该条约特别指出,投资形式的变动并不会更改投资的本质。[79] 该条文的解释并未对投资的行使方式有所要求,但对 Tokelés 公司提出了证明责任要求,其必须证明其在乌克兰境内投入了资产。而 Tokelés 公司提供的证据显示,其从 1994 年的 17 万美元初始投资开始,持续再投资至 2002 年,总投资超过 650 万美元。[80] 尤其是 Tokelés 公司提供的 23 份“外国投资付款通知”的副本显示,乌克兰当局登记了相关投资,尽管这一登记和承认义务并未规定在《乌克兰—立陶宛 BIT》中,但反证了 Tokelés 公司在乌克兰境内进行投资。[81]

其次是上下文解释,仲裁庭特别注意到条约中存在“每一种”(any)的字样,这种字样显示了东道国对各类资本的欢迎,与乌克兰在本案中要求限制资本来源的主张明显不相符。[82]

最后是目的解释,《乌克兰—立陶宛 BIT》和《华盛顿公约》旨在为投资者或其投资提供广泛的保护,如果对资本的来源施加限制,将会减损保护的效果。[83] 这种宽泛的定义立场亦被 ICSID 案例所确认,在 Fedax v. Venezuela 案中,仲裁庭确认了申请人所持有的委内瑞拉政府本票也是《华盛顿公约》所保护的投资,该案被申请人认为,案涉投资不是直接投资,而仲裁庭根据文义解释强调了《华盛顿公约》对投资的广泛定义——第 25 条第 1 款规定的 ICSID 的管辖权应延伸至直接由投资引起的任何法律纠纷。仲裁庭认为《华盛

---

〔79〕《乌克兰—立陶宛 BIT》第 1 条第 1 款。

〔80〕Tokios Tokelés v. Ukraine, ICSID Case No. ARB/02/18, 管辖权裁决,2004 年 4 月 29 日,第 76 段。

〔81〕同前注,第 86 段。

〔82〕同前注,第 32 段。

〔83〕同前注,第 75 - 77 段。

顿公约》中的“直接”(directly)是对“争端”(dispute)的限定,而非对“投资”一词的限定,从而驳回了被申请人的抗辩,确立了投资的广泛定义。[84]

仲裁庭由此推定申请人在乌克兰通过子公司 Taki Spravy 进行了投资,以期在乌克兰境内获得利润或回报。仲裁庭进一步认为,即便假设申请人的资本均来源于乌克兰境内,由此产生的投资亦不会超出《华盛顿公约》的管辖范围,因为申请人决定在乌克兰境内投入其控制的资本,而不是用于东道国以外的国家,从而符合《华盛顿公约》的目的。[85] 因此,申请人资本的来源与案件管辖权是不相关的,这一观点与 Tradex v. Albania 案中的仲裁庭观点相同,在该案中,仲裁庭考虑了阿尔巴尼亚法律对“外国投资”的定义,该定义与《乌克兰—立陶宛 BIT》中对“投资”的定义相似:外国投资者在阿尔巴尼亚共和国领土上直接或间接拥有的各种投资。仲裁庭发现,“没有任何地方要求外国投资者必须从自己的资源中为投资提供资金……法律提供了对‘投资’的广泛解释”[86]。因此,资本来源这一问题和管辖权问题毫无关联,仲裁庭拒绝超越双方对《华盛顿公约》的同意基础以及《乌克兰—立陶宛 BIT》对于“投资”的自由定义。[87]

关于投资合法性问题,仲裁庭则回到原文原意,他们认为,这一条中“符合东道国法律”的表述是常规的,目的在于将那些非法活动排除在 ICSID 体系的保护范围之外,这一立场被 Salini v. Morocco 案的仲裁庭所确认。[88] 本案仲裁庭则进一步引申出非法性的形式与实质问题以及举证责任的问题。对于前者,投资的违法性必须是实质的,影响到东道国的利益,而不能仅仅是形式的非法性乃至瑕疵;对于后者,东道国必须证明外国投资违反了本国法律,否则就要承担举证不利的后果。为此,本案仲裁庭则需要确认乌克兰政府是

---

〔84〕 Fedax N. V. v. Republic of Venezuela, ICSID Case No. ARB/96/3, 管辖权裁决,1997 年 7 月 11 日,第 22 – 24 段。

〔85〕 Tokios Tokelés v. Ukraine, ICSID Case No. ARB/02/18, 管辖权裁决,2004 年 4 月 29 日,第 80 段。

〔86〕 Tradex Hellas S. A. v. Republic of Albania, ICSID Case No. ARB/94/2, 裁决,1999 年 4 月 29 日,第 105 段。

〔87〕 Tokios Tokelés v. Ukraine, ICSID Case No. ARB/02/18, 管辖权裁决,2004 年 4 月 29 日,第 82 段。

〔88〕 Salini Costruttori S. p. A and Italstrade S. p. A v. Kingdom of Morocco, ICSID Case No. ARB/00/4, 管辖权裁决,2001 年 7 月 23 日,第 46 段。

否提供了证据来证明 Tokelés 公司本身的印刷和广告宣传活动是非法的。[89] 然而,根据仲裁庭的调查,乌克兰政府出具的文件确认了公司活动的合法性,乌克兰政府将其子公司 Taki Spravy 登记为合法企业,并为 Tokelés 公司的投资核发了 23 份确认书。如果像乌克兰政府那样纠缠于这些微小的行政瑕疵而否认申请人的条约利益,将会因小失大,减损对投资者的保护,这种状况并不符合条约目的。[90] 综合上述理由,仲裁庭最终认定案涉投资是《乌克兰—立陶宛 BIT》定义的适格投资。

关于争端与投资的直接因果关系,仲裁庭认为凭借《华盛顿公约》即可得出肯定的结论,而不必考虑《乌克兰—立陶宛 BIT》第 8 条,即"缔约一方的投资者可将与在另一缔约方境内的投资有关的争端提交仲裁"。[91] 《华盛顿公约》第 25 条第 1 款将管辖权扩大到"直接由投资引起"的任何争议。因为条文中规定的直接性要求,争议和投资必须要有合理的联系。仲裁庭认为,争端与投资的合理密切关联能够使得争端满足所需的直接性,而投资外围的辅助活动所引起的争端不应被纳入争端解决程序。[92] 而《华盛顿公约》的条文并不应被理解为只有针对实物资产才满足直接性,相反,对于所投入资产的商业运营造成阻碍,从而引发争端,也可以被认定为直接起源于投资争端,东道国政府不仅要担负维护实体资产的义务,更要担负维持商业运营的义务。[93] 为了说明这一点,Schreuer 教授援引了 Holiday v. Morocco 案作为说理,该案中第一次提出要将投资业务整体看待,投资既包括投资者投入的实物资产,也包括为开展投资而进行的商业运作,该案仲裁庭也首次将与投资有关的贷款合同视作投资的一部分,从而可以满足直接性的要求。[94] 对照本案,即乌克兰政府的行为只要影响到投资业务的开展,即可满足《华盛顿公约》确立管辖权的要求,而不必限定于对实物资产的影响。[95]

---

[89] Tokios Tokelés v. Ukraine, ICSID Case No. ARB/02/18, 管辖权裁决,2004 年 4 月 29 日,第 85 段。

[90] 同前注,第 83 – 86 段。

[91] 同前注,第 89 段。

[92] 同前注,第 88 段。

[93] 同前注,第 91 段。

[94] Christoph H. Schreuer, *The ICSID Convention: A Commentary*, Cambridge University Press, 2001, p. 116.

[95] Tokios Tokelés v. Ukraine, ICSID Case No. ARB/02/18, 管辖权裁决,2004 年 4 月 29 日,第 92 段。

同时,仲裁庭亦援引了《关于国家对外侨所受损害的国际责任公约草案》(Draft Convention on the International Responsibility of States for Injuries to Aliens)来说明国际法中国家在“财产”和“财产的使用”方面的义务和责任,该条约草案将“财产征收”定义为“不仅包括对财产的彻底征收,还包括对财产使用、享有或处置的任何不合理干扰,以证明其所有人将无法在此类干扰开始后的合理期限内使用、享有和处置财产”[96]。此外,伊朗—美国索赔法庭(Iran – U. S. Claims Tribunal)认为,“根据国际法,通过国家对财产的使用或对其利益的享受进行干预,就可能发生剥夺或夺取财产的行为”[97]。而在本案中,乌克兰政府针对 Tokelés 公司的每一项行动,如调查、扣押文件或者司法指控,乃至于扣押资产,已经完全干扰到公司的正常商业运营,导致其雇佣人员和客户资源流失,符合上述草案所描述的“不合理干扰”。[98] 因此,仲裁庭得出结

---

〔96〕 L. Sohn & R. Baxter, *Responsibility of States for Injuries to the Economic Interests of Aliens*, American Journal of International Law, Vol. 55, p. 548 – 584, p. 545, 553 (1961).

〔97〕 Tippetts, Abbott, McCarthy, Stratton v. TAMS – AFFA, Iran – U. S. Claims Tribunal Case No. 7, 第 141 – 7 – 2 号判决, 1984 年 6 月 22 日, 第 3 – 4 页。

〔98〕 国家责任是当前国际法学界重点研究的问题之一。在国际法中,存在这样一条传统原则,即被国际法认定为非法的任何国家行为,如违反了习惯国际法的规则或无视其已缔结的条约的义务,即为国际不法行为(既包括严重的国际不法行为,也包括一般的国际不法行为),实施该行为的国家承担国际法上的国家责任。这个原则是得到国家实践和司法判例强有力支持的。也就是说,一旦一个国家对另一个国家实施了国际不法行为,那么国家责任就在两国之间立即产生。自 1949 年联合国国际法委员会首次会议将国家责任列为其 14 个议题之一以来,国际社会对此一直十分关注。目前,国际法领域仍然不存在一部有关国家责任的普遍性条约。联合国国际法委员会第 53 届会议于 2001 年 11 月二读通过的《国家对国际不法行为的责任条款草案》(Draft Articles on Responsibility of States for Internationally Wrongful Acts)代表着目前国际法学界对于国家责任的一般共识,事实上,虽然关于国家责任的国际法仍然停留在草案阶段,但草案中的部分条款已具有习惯国际法的地位,事实上也在起作用。例如,国际法院在 Gabčíkovo – Nagymaros 案和 Cumaraswamy 案中,都应用了条款草案作为国家责任的重要说理。参见 Peter Malanczuk, *Akehurst's Modern Introduction to International Law*, Routledge, 2002, p. 254; Philip Allot, *State Responsibility and the Unmaking of International Law*, Harvard International law Journal, Vol. 29:1, p. 1 – 26 (1988); James Crawford, *The International Law Commission's Articles on State Responsibility: Introduction, Text and Commentaries*, Cambridge University Press, 2002, p. 1 – 4; Gabčíkovo – Nagymaros Project (Hungary/Slovakia), Judgment, ICJ Report, 1997 年 9 月 25 日, 第 47、50 – 53 段; Difference Relating to Immunity from Legal Process of a Special Rapporteur of the Commission on Human Rights, Adivisory Opinion, ICJ Report, 1999 年 4 月 29 日, 第 62 段; 张磊:《论国际法上传统国家责任的产生与构成》,载《学术论坛》2012 年第 2 期; 张磊:《论国际法上构成国家行为的基本原则——以联合国〈国家对国际不法行为的责任条款草案〉为线索》,载《天津行政学院学报》2016 年第 2 期。

论,该争议直接源于 Tokelés 公司在乌克兰境内的投资。[99]

2. 对各方意见的评析

在认定投资适格性的过程中,本案仲裁庭采取了更为宽泛的做法,这反映了当今国际投资领域中广泛保护投资者的趋势。在《华盛顿公约》草拟阶段,起草者曾经考虑过为投资施加时间和数额的限制,但在最终的公约文本中,对"投资"一词并未添加任何的修饰语,这被理解为起草者的有意留白。[100] 在公约起草的 20 世纪 60 年代,国际投资方兴未艾,起草者并不能预见日后国际投资发展的迅猛态势和层出不穷的新状况,为了保持 ICSID 确立管辖的灵活度以应对这些新状况,有必要采取宽泛的定义,使得具体的仲裁庭灵活解释。[101]

问题在于,ICSID 体制的特点是"一案一裁",不同于国内裁决可以适用统一的法律和权威司法解释,ICSID 仲裁庭面对《华盛顿公约》有着较大的自由裁量权,导致不同仲裁庭对"投资"和"投资者"等定义的解释大相径庭。这种主观性导致了 ICSID 裁决的不统一,损害了 ICSID 的权威。主观性造成的另一个后果是,一些仲裁庭直接将历史裁决上升至判例法的高度。[102] 在裁决实践中,仲裁庭常引用前人判决进行说理,以至于援引实践成为当代投资仲裁不可或缺的一部分。[103] 然而,仲裁的特点决定,ICSID 裁决案例不应如普通法系的判例法一样具有权威效力,仲裁庭仍然要按照投资协定和案件具体事实,

---

[99] Tokios Tokelés v. Ukraine, ICSID Case No. ARB/02/18, 管辖权裁决,2004 年 4 月 29 日,第87 - 93 段。

[100] International Bank for Reconstruction and Development, *Report of the Executive Directors on the Convention on the Settlement of Investment Disputes Between States and Nationals of Other States*, 18 March 1965, paras. 23 - 27.

[101] Christoph H. Schreuer, *The ICSID Convention: A Commentary*, Cambridge University Press, 2001, p. 123.

[102] 有学者指出,由于 ICSID 组织架构的制约,仲裁庭进行"先例援引"会产生一系列问题。例如《华盛顿公约》并没有赋予 ICSID 仲裁庭造法权力,"先例援引"是否存在造法的嫌疑。再如 ICSID 纠错功能薄弱,不存在上诉机构,如果仲裁庭对错误的"先例"持续进行"援引"是否会使错误不断深化,最终给投资双方带来损失。参见张惠超:《ICSID 仲裁中的"先例援引"研究》,辽宁大学 2022 年硕士学位论文,第 15 - 18 页;唐卓然:《ICSID 仲裁先例问题研究》,浙江大学 2014 年硕士学位论文,第 14 - 17 页。

[103] J. Romesh Weeramnantry, *The Future Role of Past Awards in Investment Arbitration*, ICSID Review - Foreign Investment Law Journal, Vol. 25:1, p. 111 - 124(2010).

运用解释方法和证明方法,作出合理裁决。[104]

本案中更值得关注的事实是,本案是由乌克兰国民控制的外国公司向东道国输入其所控制的资本。虽然仲裁庭认为资本来源并不重要,驳回了乌克兰政府的抗辩,但是深究仲裁庭的推论可发现,其一方面扩张了ICSID的管辖权范围;另一方面,有可能导致不该被《华盛顿公约》所保护的内部纠纷错误地享受到条约的保护利益,进而在东道国国内造成不公平竞争,使这些享受到额外条约利益的投资者享受了差别待遇。而《华盛顿公约》的序言精神指出,这种境内投资争端不应为ICSID所保护,仲裁庭的解释推论虽符合"促进投资"的条约目的,但另一方面却又导致ICSID进一步"蚕食"东道国司法主权。[105]

关于因果关系,乌克兰政府认为,只有针对实物资产的行动所引发的争端才可以被认定为"直接起源于投资"的争端。[106] 诚然,这一形式化的标准在实务中易于操作,但这一方法可能与《华盛顿公约》的目的和宗旨相抵触。前文提到,公约起草者并不希望对投资施加过多的限制。在当今越发重视投资保护的情况下,ICSID程序除了扩大"投资"和"投资者"的范围之外,亦在认定东道国责任方面做了更有利于投资者的认定。投资者除了投入实物资产之外,亦要围绕实物资产开展运营,才能发挥出投资的最佳效应。若东道国行为

---

[104] 有学者指出,学术界对《华盛顿公约》第53条第1款("裁决对双方有约束力")的解读通常是:仲裁裁决对非该仲裁程序当事方的私人或实体无法律约束力。换言之,该条排除了仲裁领域的先例原则或学说,至少排除了严格意义上的约束性权威。仲裁庭需要审慎地援引先例,并认真对待每一个具体案件。参见刘笋:《论国际投资仲裁中的先例援引及缔约方的干预和引导》,载《法学评论》2021年第3期,第174、180-181页;Jeffery P. Commission, *Precedent in Investment Treaty Arbitration: A Citation Analysis of a Developing Jurisprudence*, Journal of International Arbitration, Vol. 24:2, p. 129-158(2007)。

[105] 刘笋认为,《华盛顿公约》体系下的ICSID仲裁是有节制的争端解决程序,原因在于,即使一国(地区)加入《华盛顿公约》,该国(地区)仍然有权通过双边投资协定的定义条款或依据该公约第25条第4款发布限制通知,将某类具体的投资争端排除在可仲裁事项之外,从而拒绝提交仲裁庭管辖。据此,《华盛顿公约》为成员尤其是投资东道国的司法主权保留了一定的回旋余地。不过,自20世纪90年代以来,ICSID仲裁机制逐渐失去节制,仲裁庭扩张管辖权的现象越来越普遍化,《北美自由贸易协定》与美式双边投资协定实际上为投资者提供了"直通车"性质的国际投资仲裁程序,仲裁庭的管辖权不再受制于任何前置程序的束缚。参见刘笋:《论国际投资仲裁对国家主权的挑战——兼评美国的应对之策及其启示》,载《法商研究》2008年第3期,第3-4页。

[106] Tokios Tokelés v. Ukraine, ICSID Case No. ARB/02/18, 管辖权裁决,2004年4月29日,第90段。

针对了围绕资产展开的运营活动,即可认定东道国的责任。

(三)乌克兰的行为是否违反《乌克兰—立陶宛 BIT》构成“征收”

1. 各方意见及其依据

Tokelés 公司指控乌克兰侵占了申请人对子公司 Taki Spravy 的物权,并采取了相当于征收的措施。首先,政府对其子公司采取行动是在该公司向季莫申科集团交付竞选材料几天后开始的,这与政治动机是一致的;其次,税务当局公开指控 Taki Spravy 涉嫌那些当局已经决定不追究或无权追究的罪行,使人们对调查的合法性产生了怀疑;再次,国家调查的规模、性质和持续时间以及其他一些方面明显缺乏事实或法律基础;最后,即使考虑到各国刑事司法制度之间的差异,也很难协调公司实控人的刑事诉讼与正当程序的一般原则,相关诉讼已经开庭多次。[107] 这些举措违反了《乌克兰—立陶宛 BIT》第 5 条有关征收的规定,该条第 1 款指出,除出于公共目的外,任何缔约方投资者的投资不得在另一缔约方境内被国有化、征收或采取等同于国有化或征收的措施。征收应在适当法律程序下和非歧视基础上进行,并应附有及时、充分支付和有效补偿的规定。对投资者利益的此类补偿应等同于征收前或征收时的市场价值。补偿应包括从征用之日起按伦敦银行同业拆借利率计算的利息,并应立即支付、有效变现、自由换汇和自由转让。[108] 该条第 2 款指出,该条第 1 款规定也适用于缔约一方没收一家公司的资产的情况,该公司是根据现行法律在其领土的任何部分成立的,另一缔约方的投资者拥有该公司的股份。[109]

乌克兰方面抗辩称,针对 Taki Spravy 的行动是对与其有业务往来的公司进行调查的结果,该调查开始于 Taki Spravy 为季莫申科政治集团生产材料之前。该证据进一步表明,这些公司显示出欺诈的迹象,而正是他们与 Taki Spravy 的交易导致了税务机关调查。[110]

于是,仲裁庭归纳争议焦点为:乌克兰税务机关为什么对 Taki Spravy 采取这些行动?当局发起并执行这些行动是为了惩罚 Taki Spravy 为政府的政

---

〔107〕 Tokios Tokelés v. Ukraine, ICSID Case No. ARB/02/18, 裁决,2007 年 7 月 26 日,第 114 段。

〔108〕 《乌克兰—立陶宛 BIT》第 5 条第 1 款。

〔109〕 《乌克兰—立陶宛 BIT》第 5 条第 2 款。

〔110〕 Tokios Tokelés v. Ukraine, ICSID Case No. ARB/02/18, 裁决,2007 年 7 月 26 日,第 115 段。

治对手制作竞选材料吗？还是如乌克兰所主张的那样，当局调查与 Taki Spravy 有业务关系的虚构企业，从而自然而合理地导致了他们对 Taki Spravy 的调查？[111]

仲裁庭首先对条约进行解释，认为征收（expropriation）与国有化的概念重合，一般指国家为了公共利益而征收财产，但在国际投资领域，征收一词的含义被扩大，包括了具有等同于征收效力的间接征收措施，即利用各种举措让投资失去实际效用，剥夺投资者对其投资的控制、利益和经济用途，如撤销进口许可证和禁止开展等行政限制。[112] 在涉及征收的问题上，Middle East v. Egypt 案的仲裁庭首次提出了间接征收的问题，即便投资者可以保留对投资的相应权利的所有权，但囿于无法利用投资获益，其投资亦可以被视作征收。[113] 在该案中，埃及当局事实上吊销了投资者的进口许可证，这种措施的后果是剥夺外国投资者将某种类型的水泥进口到埃及并在当地销售的权利和能力。除该案外，其他一些案件亦有提及征收的问题，联合国国际贸易法委员会受理的 CME（Netherlands）v. Czech 案中，由于捷克国家机构的作为与不作为，合资企业变成一家只有资产而无业务的企业；[114] 在北美自由贸易体系下，Metalclad v. Mexico 一案的仲裁庭指出，征用仍然包括对财产使用的隐蔽或附带干预，其后果是剥夺所有人对全部或大部分合理预期的经济利益的使用权，即使这样做不一定对东道国明显有利。[115]

在本案中，乌克兰政府的行为干扰了 Tokelés 公司的运作，在形式上与上述案例中的间接征收类似，其效果都如同直接征收，将会阻碍投资方在东道国的投资。然而，仲裁庭认为，构成间接征收仅有表面上的相似是不足的，征收的解释必须着重证明政府行为造成的损害程度，东道国征收必须剥夺大部分

---

[111] 同前注，第 113 – 116 段。

[112] 同前注，第 117 段。

[113] Middle East Cement Shipping and Handling Co. S. A. v. Arab Republic of Egypt, ICSID Case No. ARB/19/6，裁决，2002 年 4 月 12 日，第 108 段。

[114] CME（Netherlands）v. Czech Republic, UNCITRAL Case No. 403/VERMERK/2001/CME，部分裁决，2001 年 9 月 13 日，第 591 段；Tokios Tokelés v. Ukraine, ICSID Case No. ARB/02/18，裁决，2007 年 7 月 26 日，第 119 段。

[115] Metalclad v. United Mexican States, ICSID Case No. ARB/AF/97/1，裁决，2000 年 8 月 30 日，第 103 段；Tokios Tokelés v. Ukraine, ICSID Case No. ARB/02/18，裁决，2007 年 7 月 26 日，第 119 段。

的投资价值,在程度上达到“实质性”(substantial)损害。例如,5%的价值减损不构成实质性损害,但95%的价值减损就是实质性损害了。[116] 这一程度为 Pope & Talbot v. Canada 案[117]、CMS v. Argentina 案[118]和 Waste Management v. Mexico 案[119]所确认。解决了证明对象的问题,下一步则是证明责任的分配问题,仲裁庭援引 Asian Agricultural Products v. Sri Lanka 一案指出,国家司法程序实践中广泛地将损害程度的证明责任分配给投资者,负有举证责任的投资者不仅必须提供证据支持其指控,而且必须使法庭相信其真实性,以免因证据不足而被忽视诉求。[120] 依照这一观点,仲裁庭将证明责任分配给 Tokelés 公司,并审查 Tokelés 公司提供的证据是否可以证明乌克兰的行为达到“实质性”程度,从而构成征收。[121]

为了证明这些问题,Tokelés 公司提交了大约200件证据,用以证明 Taki Spravy 和乌克兰中央与地方各行政部门之间的行动往来。仲裁庭以行动部门为分类依据,将这些行动整理分类为18个表格作为附件 A(Annex A),并统计了相关证据数量,制作了证据数量的每季度分布图作为附件 B(Annex B)。[122]

但是,仲裁庭仍然采纳了乌克兰方面的意见,相关调查早在竞选材料提交之前就已经启动,而非针对 Tokelés 公司的政治报复。根据征收需要达到实质性损害的原理,Tokelés 公司提供的相关证据材料印证了其虽然受到执法行

---

[116] Tokios Tokelés v. Ukraine, ICSID Case No. ARB/02/18, 裁决,2007年7月26日,第120段。

[117] Pope & Talbot Inc. v. The Government of Canada, UNCITRAL - NAFTA,临时裁决,2000年6月26日,第96、102段;Tokios Tokelés v. Ukraine, ICSID Case No. ARB/02/18, 裁决,2007年7月26日,第120段。

[118] CMS Gas Transmission Co. v. Argentine Republic, ICSID Case No. ARB/01/08, 裁决,2005年5月12日,第262段;Tokios Tokelés v. Ukraine, ICSID Case No. ARB/02/18, 裁决,2007年7月26日,引注116。

[119] Waste Management, Inc. v. United Mexican States, ICSID Case No. ARB (AF)/00/3, 裁决,2004年4月30日,第155段;Tokios Tokelés v. Ukraine, ICSID Case No. ARB/02/18, 裁决,2007年7月26日,引注116。

[120] Asian Agricultural Products Ltd. v. Republic of Sri Lanka, ICSID Case No. ARB/87/3, 裁决,1990年6月27日,第56段;Tokios Tokelés v. Ukraine, ICSID Case No. ARB/02/18, 裁决,2007年7月26日,引注117。

[121] Tokios Tokelés v. Ukraine, ICSID Case No. ARB/02/18, 裁决,2007年7月26日,第120-121段。

[122] 同前注,第34段、附件 A、附件 B。

动影响,但仍然能在乌克兰境内继续营业。例如,Tokelés 公司未能证明政府公告损害了其商业声誉和客户关系,以至于不能获得任何新订单,亦未能证明政府执法行动严重损害其运作能力,减损其大部分价值;Taki Spravy 在受到调查后将大部分资产转移给了另一家公司,而那一家公司并未受到政府行动的针对。因此,仲裁庭认为,Tokelés 公司不能证明其因为政府行动和政府公告遭受到实质性损害,不构成《乌克兰—立陶宛 BIT》中的"征收"。[123]

2. 对各方意见的评析

在当前越发强调国家安全和经济主权的形势下,国际投资领域中的征收问题受到了更多的关注。在 20 世纪,东道国往往是亟须资本输入的发展中国家,在引入外资获得一定的发展后,本国的民族资本亦逐步地发展起来,此时势必要加强市场主体间的平等管理,对外资采取更多的规范措施,这些措施有概率被 ICSID 认定为征收;同时,各国越发强调经济主权的独立性,亦让各国对那些有损经济主权乃至国家安全的外资企业给予了更多的关注。有论者指出,征收是国家基于社会公共利益对外国投资者的财产进行剥夺的行为,可以分为直接征收和间接征收。直接征收指的是东道国政府公开地、一次性地将外资收归国有;而间接征收则是指东道国政府干预外国投资者行使财产权的各种措施,从而导致其失去实质效用的行为,又称为管理征收或事实征收。[124]而本案则涉及间接征收的认定与举证问题。

对于"征收"行为的界定,仲裁庭采纳了广义定义,即将"具有等同于征收效力的措施"也囊括在内,而裁决显示判断是否构成"征收"则需考量政府行为造成的损害程度,也即判断是否造成"实质性损害",在本案中,由于 Tokelés 公司未能提供充足证据来论证乌克兰政府的行为达到了产生"实质性损害"的程度,这一主张被仲裁庭驳回。[125]

值得讨论的是,在双边投资协定中对征收的定义将会涉及东道国和投资者的利益权衡问题。除了要使投资的效用完全丧失("实质性损害")这一后果要件之外,还可以额外解释出"为了公共利益"这一目的要件。

---

〔123〕 同前注,第 122 段。

〔124〕 徐崇利:《利益平衡与对外资间接征收的认定及补偿》,载《环球法律评论》2008 年第 6 期,第 28 页。

〔125〕 Tokios Tokelés v. Ukraine, ICSID Case No. ARB/02/18, 裁决,2007 年 7 月 26 日,第 122 段。

一般而言,后果要件会偏向于保护投资者的利益,如果单采这一要件,只要是构成实质性损害就会构成征收,有利于投资者利益的保护。纯粹后果要件的典型案例是 Metalclad v. Mexico 案,在该案中,仲裁庭承认了间接征收的存在,如转移或者干预财产的使用,而墨西哥拒绝颁布运营许可证的措施使得 Metalclad 公司的填埋场无法运营,实质上剥夺了投资者的财产权益,构成了征收。[126]

目的要件偏向于保护东道国的利益,如果单采这一要件,只要符合公共利益就可以征收,有利于东道国利益的保护。纯粹目的要件的典型案例是 Methanex v. United States 案,在该案中,仲裁庭仅仅对加利福尼亚州政府颁布禁令的目的进行了分析,并未讨论 Methanex 公司受到加利福尼亚州政府政策影响的问题,从而驳回了 Methanex 公司关于征收的指控。[127]

然而,后果要件的滥用可能会过分保护外资的利益而减损东道国的经济主权,目的要件的滥用则会助长东道国对外国投资管理权的扩大乃至变成对外国投资的干涉,因此当代的投资协定中,往往要求目的要件和结果要件同时存在,以平衡东道国和投资者的利益冲突。[128]

这种标准见于 LG&E v. Argentina 一案的仲裁庭意见中,仲裁庭在该案中首先指出了《美利坚合众国与阿根廷共和国关于相互鼓励和保护投资的条约》没有定义"征收",仅使用了"征收"这一用语以及"其他任何有同等效果的措施"的表述,没有指出什么措施构成同等效果,因此仲裁庭利用国际法判例建构了征收标准。[129] 仲裁庭指出,国际投资双边条约中常用"相当于(equivalent to)"或者"等同于(tantamount)"的表述来指代"蚕食式征收"(creeping expropriation)或者"事实征收"(de facto expropriation)。其共同点在于,东道国的行为不涉及"公开采取征收行动",但当政府措施"有效地消除

---

〔126〕 Metalclad Corporation v. The United Mexico States, ICSID Case No. ARB(AF)/97/1, 裁决,2002 年 8 月 30 日,第 102-112 段。

〔127〕 Methanex Corporation v. United States, UNCITRAL, 关于管辖权和案情的最终裁决,2005 年 8 月 3 日,第四部分 D 章,第 1-8 页。

〔128〕 徐崇利:《利益平衡与对外资间接征收的认定及补偿》,载《环球法律评论》2008 年第 6 期,第 32-34 页。

〔129〕 LG&E v. Argentina, ICSID Case No. ARB/02/1, 赔偿责任裁决,2006 年 10 月 3 日,第 185-200 段。

了外国投资者的财产利益"时,就会构成征收。当投资者不再控制投资或无法指导投资的日常运作时,可以认为,投资者对所有权或投资的享有被"消除"了。[130] 间接征收可能会以渐进或逐渐增加行动的形式出现,或通过在时间上非常接近或同时进行的行动产生征收效果。[131] 在考虑构成征收的因素时,仲裁庭采用了目的兼效果的判断方法。一方面,仲裁庭认为在评价措施对投资者权益干预的程度时,必须说明措施的经济影响,即措施对投资者合理预期的干预程度以及措施持续的时间。而在考虑经济影响的严重程度时,重点是要分析东道国采取的措施所产生的经济影响是否足够严重,以至于产生了补偿的需求。[132] 另一方面,仲裁庭认为在认定一项措施是否构成征收时,措施的目的及措施的效果必须存在一种平衡。[133] 更重要的是,仲裁庭在该案中引入了比例原则,以区分征收措施与东道国合法规制权。[134] 然而,该案仲裁庭仅仅通过否定阿根廷政府的措施构成实质性影响,即否认了阿根廷政府的行为构成征收。[135] 有学者认为,该案没有对政府采取的措施与其目的是否成比例进行分析,故该案仅从理论上提出了效果与目的相结合的标准及比例原则,对比例原则的具体使用并没有提供具有操作性的指引。[136]

但是,本案提醒我们必须重新审视结果要件在实务中的证明难度。Tokelés 公司并未遭受直接征收,而在东道国没有采取明显不当的措施时,要证明程度等同于直接征收的间接征收是非常困难的。乌克兰当局并未如其他案例中的东道国一样施加禁入或者禁止许可等行政措施,[137] 而是以搜查、行政处罚和司法程序等国内程序对 Tokelés 公司施加影响,Tokelés 公司的商业运营确实受到了影响,但难以评估这种措施带来的心理影响和软性限制,实际

---

[130] 同前注,第 188 段;Pope & Talbot Inc. v. The Government of Canada, UNCITRAL – NAFTA,临时裁决,2000 年 6 月 26 日,第 100 段。

[131] 同前注,第 188 段;

[132] 同前注,第 191 – 195 段。

[133] 同前注,第 189 段。

[134] 同前注,第 195 段。

[135] 同前注,第 198 – 200 段。

[136] 夏欢:《国际投资法中间接征收的认定标准》,吉林大学 2018 年硕士学位论文,第 30 页。

[137] Middle East Cement Shipping and Handling Co. S. A. v. Arab Republic of Egypt, ICSID Case No. ARB/19/6,裁决,2002 年 4 月 12 日,第 108 段;Tokios Tokelés v. Ukraine, ICSID Case No. ARB/02/18,裁决,2007 年 7 月 26 日,第 118 – 119 段。

上加大了投资者对“实质性损害”的证明难度。[138] 当然,仲裁庭基于《华盛顿公约》和《乌克兰—立陶宛 BIT》“促进和保护投资”的目的和宗旨,会更多地考量投资者一方的诉求,但这并不代表仲裁庭可以漠视东道国的一些诉求,如国家安全、公共利益和经济主权等,如何在实务中进一步平衡两者的利益,值得进一步思考。

本案亦显示了近年来投资协定的一种变化趋势,亦即在投资协定中加强国家规制权,减少投资者滥诉现象。例如,美国 2012 年双边投资协定范本附件 B 中扩大了间接征收认定时的单一影响因素,要求仲裁庭在调查案件事实时综合考虑“政府行为性质”、“政府行为对投资经济价值所产生的影响”和“政府行为对投资者明显合理期待的妨碍程度”等因素;[139] 又如,加拿大与欧盟签订的《全面经济与贸易协定》(CETA)的征收附件设置了更高的适用规则,其将“东道国措施持续的时间”新增为认定因素之一。[140] 这些规定减少了外国投资者使用征收条款挑战东道国的机会,东道国规制权的力度得到明显强化。[141] 更有甚者直接放弃定义“间接征收”,如巴西和印度于 2020 年达成的《巴西联邦共和国与印度共和国投资合作和便利化协定》。[142] 该协定删除了间接征收规定,仅规定了直接征收,大大减轻了东道国对外国投资者的保护

---

〔138〕 Tokios Tokelés v. Ukraine, ICSID Case No. ARB/02/18, 裁决,2007 年 7 月 26 日,第 120 - 121 段;Asian Agricultural Products Ltd. v. Republic of Sri Lanka, ICSID Case No. ARB/87/3, 裁决,1990 年 6 月 27 日,第 56 段;Tradex Hellas S. A. v. Republic of Albania, ICSID Case No. ARB/94/2, 裁决,1996 年 12 月 24 日,第 74 段。

〔139〕 《2012 美国双边投资条约范本》,英文全称“2012 U. S. Model Bilateral Investment Treaty”,2012 年发布,全文见美国贸易代表办公室官网,https://ustr. gov/sites/default/files/BIT% 20text% 20for% 20ACIEP% 20Meeting. pdf, 2023 年 10 月 26 日访问。

〔140〕 《全面经济与贸易协定》,英文全称“Comprehensive Economic and Trade Agreement”,2017 年 2 月 15 日通过,2017 年 9 月 21 日开始生效,目前有加拿大和欧盟两个缔约方,全文见欧盟委员会贸易部门官网,https://policy. trade. ec. europa. eu/eu - trade - relationships - country - and - region/countries - and - regions/canada/eu - canada - agreement/ceta - chapter - chapter_en, 2023 年 10 月 26 日访问。

〔141〕 杨希:《国际投资法中的国家“回归”趋势——兼评我国〈外商投资法〉中的规制权》,载《海南大学学报(人文社会科学版)》2021 年第 1 期,第 130 页。

〔142〕 《巴西联邦共和国与印度共和国投资合作和便利化协定》,英文全称“Investment Cooperation and Facilitation Treaty between the Federative Republic of Brazil and the Republic of India”,2020 年 1 月 25 日签署,尚未生效,缔约方为巴西和印度,全文见联合国贸易与发展会议投资政策中心网站,https://investmentpolicy. unctad. org/international - investment - agreements/treaty - files/5912/download, 2023 年 5 月 8 日访问。

义务。然而,由于直接征收这一相对简单粗暴的管制行为在国际社会实践中已非常少见,该协定实质上放弃了规制东道国征收行为,这有利于降低东道国行使外资监管权引发征收争议的概率,极大地增强了东道国监管外资的信心,有助于消解"监管寒颤"的负面影响。[143]

(四)乌克兰的执法行动是否存在政治目的,相关行动是否达到违反充分保护与安全条款和公平公正待遇条款的程度

1. 各方意见及其依据

Tokelés 公司提供了大量证据,指控乌克兰方未能提供公平公正待遇,同时违反了充分保护与安全条款。[144] 《乌克兰—立陶宛 BIT》第 2 条规定,缔约各方应鼓励和创造有利条件,使缔约另一方的投资者在其领土内投资,并应根据其法律和条例承认这种投资。[145] 第 3 条第 1 款指出,每一缔约方应在其领土内给予另一缔约方投资者的投资和回报以公平和公正的待遇,待遇不得低于其给予任何第三国投资者的投资和回报。[146] 第 3 条第 2 款指出,每一缔约方应在其领土内就其投资的管理、维护、使用、享有或处置给予另一缔约方的投资者公平和公正的待遇,且不低于其给予任何第三国投资者的待遇。[147]

乌克兰提交证据证明其措施先于政治竞选执行,当局对其业务关联企业的欺诈迹象早有怀疑,由此引发对 Taki Spravy 的调查是自然而然的,而非单单与季莫申科竞选事件有因果关系。[148]

仲裁庭认定,Tokelés 公司提出的一些指控缺乏事实依据,更多的是推测性的证人证言以及来自乌克兰的一些文件,而这些文件证明 Tokelés 公司可能存在欺诈行为,Tokelés 公司亦未提供证据证明一些明显异常的文件是如何产生和存在的。[149] 而且,针对国家机关在新闻媒体上对 Taki Spravy 的不准

---

〔143〕 陶立峰:《国际投资协定新动向及对中国的启示——以〈巴西—印度投资合作和便利化协定〉为样本》,载《国际经济评论》2021 年第 6 期,第 77 – 93 页。

〔144〕 Tokios Tokelés v. Ukraine, ICSID Case No. ARB/02/18, 裁决,2007 年 7 月 26 日,附件 A。

〔145〕 《乌克兰—立陶宛 BIT》第 2 条。

〔146〕 《乌克兰—立陶宛 BIT》第 3 条第 1 款。

〔147〕 《乌克兰—立陶宛 BIT》第 3 条第 2 款。

〔148〕 Tokios Tokelés v. Ukraine, ICSID Case No. ARB/02/18, 裁决,2007 年 7 月 26 日,第 87 – 95 段。

〔149〕 同前注,第 125 – 126 段。

确指控(具体为“洗钱”),仲裁庭认为,虽然相关的宣传不够准确,但仲裁庭的职能不在于审查相关行为正确与否,而在于查明这些宣传行为是否和所谓的政治报复有关。仲裁庭进一步阐述,该媒体文件是国家机关在回应 Taki Spravy 的批评,虽然文件不够准确,但很难将其与 Tokelés 公司所称的阴谋建立起因果关系。[150] Tokelés 公司提供的录像展现了乌克兰当局令人不愉快的执法行动,但仲裁庭指出,其意义不应被夸大为阴谋论的组成部分,如果这是一场政治阴谋,乌克兰当局很可能不允许录像,视频中的场景亦不会如此平和。[151] 当局内部通信显示,税务机关在执法的行政权力上有所缺失,这可以归咎于内部管理的松懈,但仲裁庭认为这并未给 Taki Spravy 造成额外的损害,其同样拒绝了审查行政行为的合法性与合理性。[152] 选举委员会的授权调查引发自其他地区的议员候选人所提出的怀疑,即便在授权程序上有违法嫌疑,亦无法证明有阴谋存在。[153] 对 Tokelés 公司主管人员的刑事诉讼亦是相似的情况,仲裁庭无法通过现有证据确认乌克兰的司法行动是明显不公的,亦无法确认被指控的实控人是否清白。[154]

以上这些情况使得仲裁庭倾向于乌克兰,仲裁庭重视乌克兰行为的不法性质,但仲裁庭并不将这些指控视为 Tokelés 公司所称政治阴谋论的组成部分。仲裁庭指出,基于打击经济犯罪的趋势,乌克兰并没有必要针对特定的公司投入过多的精力,并且在季莫申科上台后,与其合作的 Tokelés 公司所遭受的调查应该减少甚至消失,但却有增无减,这明显违背常理。对于自己上台的支持者,政客并没有理由横加打击,更何况与 Taki Spravy 有关联的公司以及帮助其他政治集团的出版商都没有受到干扰,Tokelés 公司并未对这些状况有更加充分的解释,使得仲裁庭认定乌克兰的行为和 Tokelés 公司声称的“政治打击”并无因果关系,当局有充分的理由就 Taki Spravy 的欺诈迹象展开调查。[155]

---

[150] 同前注,第 128 段。
[151] 同前注,第 130 段。
[152] 同前注,第 131 段。
[153] 同前注,第 132 段。
[154] 同前注,第 133 段。
[155] 同前注,第 136 – 137 段。

仲裁庭指出，并不需要根据《乌克兰—立陶宛 BIT》的相关条文确定东道国的保护标准，这一标准在理论界和实务界有着巨大的争论，因此，他们并未援引案例进行说理。[156] 仲裁庭的主要关注点还是在证据和证明问题上，根据"谁主张，谁举证"的原理，举证责任将由 Tokelés 公司承担，只要 Tokelés 公司能证明乌克兰的执法行动是在蓄意针对其投资，或者通过惩罚公司以警告其他企业不要与政治反对派有所联结，那么，乌克兰的行为即违反了《乌克兰—立陶宛 BIT》。而在证明标准问题上，仲裁庭采取了平均标准，即只要 Tokelés 公司说服仲裁庭并使之认定为真实即可，而不是更高或者更低的证明标准。[157] 然而，在分析相关证据后，仲裁庭认定 Tokelés 公司并未达到证明标准，因此认定其对公平公正待遇和充分保护与安全条款的相关指控不成立。[158]

2. 对各方意见的评析

对于乌克兰的行为是否违反"充分保护与安全"条款和"公平公正待遇"条款，仲裁庭并没有从相互冲突的条约解释中去考虑 Tokelés 公司的主张，亦即仲裁庭不考虑乌克兰的行为是否达到了违反这些条款义务的程度，没有利用 VCLT 所规定的方法去解释条款。反之，仲裁庭首先要求 Tokelés 公司充分证明乌克兰政府的行为与政治目的之间的关联性，否则，进入行为违反程度的讨论是毫无意义的。[159] 非常明显的是，Tokelés 公司在本案中提出了大量且零散的证据，但绝大部分是行政文件、新闻报道以及证人证言等间接证据，难以拼凑出"政治阴谋论"的全貌，由于投资者相较于东道国政府而言相对处于弱势地位，投资者很难获得直接证据证明因果关系。[160]

本案的仲裁庭并没有就证明标准充分说理，仅仅模糊地提出了较低、平均和较高三种证明标准并选取了其中的平均标准，即让 Tokelés 公司承担举证责任并让仲裁庭相信其真实性即可，仲裁庭并没有充分说理需要达到一个什么样的证明程度，选取"优势证据标准"还是"高度盖然性标准"。[161] 然而，无

---

〔156〕 同前注，第 123 段。
〔157〕 同前注，第 124 段。
〔158〕 同前注，第 136 - 137 段。
〔159〕 同前注，第 123 段。
〔160〕 同前注，附件 A、附件 B。
〔161〕 同前注，第 124 段。

论是哪种证据标准,基于 Tokelés 公司一般只能以间接证据举证,要提出能够证明东道国政府行为动机的直接证据并拼凑出完整的因果关系链就更为困难,这显示出 Tokelés 公司在案件中承担着较重的举证责任,在实务中恐怕会减损投资者权益的实际保护力度。在未来的实践中,ICSID 是否需要在其规则中考虑举证责任的倒置,在东道国和投资者之间重新分配举证责任以使其更加公平合理,也是值得关注的问题。

虽然本案的仲裁庭并未就案涉《乌克兰—立陶宛 BIT》两个条款的内涵做具体阐释,但有必要在此简要讨论。

充分保护与安全条款和公平公正待遇条款在实践中一般采取宽泛的表述,强调东道国的保护要尽可能宽泛、公平和公正,这种表述对东道国不利。[162] 在实务中,投资者往往以这些条款进行抗辩,但考虑到东道国亟须资本输入的现状,可以认为这是东道国条约谈判时的一种妥协,以牺牲部分外资管辖权的代价换取更多的外资输入和更快的经济发展。然而,实务中仍然要明晰充分保护至何种程度。有学者指出,对充分保护与安全条款的解释往往从"充分"和"投资"两词入手。[163] 对于"充分"一词,仲裁庭往往难以在 VCLT 提供的方法下给出合理的解释;当代的投资仲裁庭大多是从"投资"含义入手来解释相关条款。前文已述,《乌克兰—立陶宛 BIT》第 1 条对投资定义放宽到"一缔约方投资者根据另一缔约方的法律和法规在另一缔约方领土内投资的每一种资产",而在当代,投资绝不仅仅局限于有形财产的保护,对无形财产以及投资者本人的保护亦应被涵盖在充分保护与安全条款的范围内,以符合促进外国投资者来东道国投资的目的与宗旨。为此,不仅需要避免非法征收和暴力侵占等直接侵害,还要避免投资法律环境不公和司法体系不成熟等因素造成的无形侵害。[164] 东道国对于前者当然要承担国家不法责任,然而对于后者,理论界仍然对国家责任的程度有所争议:国家责任到底是严格

〔162〕 更多关于充分保护与安全条款以及投资促进条款的研究,参见张庆麟:《国际投资协定中的投资促进措施及其规制》,载《政法论丛》2022 年第 2 期,第 30 - 42 页。

〔163〕 孟华蝶:《国际投资协定中充分保护与安全条款的含义扩张研究》,华东政法大学 2020 年硕士学位论文,第 2 - 5 页。

〔164〕 不过,Wena Hotels Ltd. v. Egypt 一案仲裁庭对充分保护与安全条款的论证表明,充分保护与安全条款主要关注对有形财产的直接侵害,无形侵害仍然有证明难度。参见 Wena Hotels Ltd. v. Arab Republic of Egypt, ICSID Case No. ARB/98/4,裁决,2000 年 12 月 8 日,第 80 - 101 段。

责任还是一般责任？国家的过失需要达到何种程度才须担负责任？这会直接影响投资者与东道国利益的平衡。无论争议如何，这启发了我们，在实务条约谈判和解释中可利用目的论扩张的方法，使该条对东道国义务与责任程度的规定得以明确，避免过于宽泛的条款于争端解决时对东道国造成不利影响。

关于公平公正待遇条款，本案所涉及的《乌克兰—立陶宛 BIT》的立法技术是一种比较式的技术，类似于“国民待遇”和“最惠国待遇”，后两者是从贸易领域引申到投资领域之中的。然而，从立法原意上看，这几种待遇仍然是有区别的。[165]“国民待遇”和“最惠国待遇”需要有一个基本的国民投资待遇标准或第三国国民在本国投资的标准作为参照系，亦即在双边投资协定中给予缔约方的投资待遇标准有可能随着参照系的变动而有所变动，在此情况下，投资者会对东道国给予的待遇抱有合理的期待，即待遇不能低于在东道国投资的第三国国民或东道国国民。[166] 然而，这并不意味着当第三国待遇或者国民待遇在一个较低的水准时，投资的公平公正待遇亦要随之下降与之齐平。国际投资领域的发展趋势和投资协定的目标宗旨确认，公平公正待遇是一个独立的标准。[167] 东道国对投资者的保护应达到“充足”的程度，保证投资者不会

---

[165] 肖威：《国际投资中的“公平与公正待遇”研究》，复旦大学 2014 年博士学位论文，第 22 – 30 页。

[166] 关于合理期待，有论者指出，保护投资者合理期待在公平公正待遇中扮演了十分重要的角色，被仲裁庭认可次数最多。第一，这种期待建立于投资者作出投资决定之初，并且来源于东道国商业环境、立法与行政框架、东道国对投资者作出的具体承诺等。第二，东道国经济政策的变化及东道国改变投资者在作出投资时所信赖的安排或具体承诺等都会损害投资者的合理期待。除此之外，也有仲裁庭指出东道国实行专断与歧视待遇、以缺乏透明度的方式改变投资者长期依赖的法律框架同样构成损害投资者的合理期待，违反公平公正待遇，这体现出近年来仲裁庭在不断拓宽合理期待的内容，愈加重视保护投资者的合理期待。第三，仲裁庭对合理期待的认定提出了限制条件。如果投资者利益受损是由于普通商业风险，则此种情形不属于损害投资者合理期待。公平公正待遇所保护的投资者期待是在投资背景下合理、合法的期待。参见林燕萍、朱玥：《论国际投资协定中的公平公正待遇——以国际投资仲裁实践为视角》，载《上海对外经贸大学学报》2020 年第 3 期，第 72 – 89 页。相关案例可见 Murphy Exploration & Production Company v. Ecuador, PCA Case No. 2012 – 16, 裁决，2016 年 5 月 6 日，第 247 段；Termosolar B. V. v. Spain, ICSID Case No. ARB/13/31, 裁决，2018 年 6 月 15 日，第 532 – 533 段；Masdar Solar & Wind Cooperatief U. A. v. Kingdom of Spain, ICSID Case No. ARB/14/1, 裁决，2018 年 5 月 16 日，第 522 段；ADF Group Inc. v. United States, ICSID Case No. ARB (AF)/00/1, 裁决，2003 年 1 月 9 日，第 189 段；Saluka Investments BV v. Czech Republic, UNCITRAL, 部分裁决，2006 年 3 月 17 日，第 306 段；Georg Gavrilovic and Gavrilovic d. o. o. v. Republic of Croatia, ICSID Case No. ARB/12/39，裁决，2018 年 7 月 26 日，第 985 段；Allard v. The Government of Barbados, PCA Case No. 2012 – 06, 裁决，2016 年 6 月 27 日，第 192 – 194 段。

[167] 肖威：《国际投资中的“公平与公正待遇”研究》，复旦大学 2014 年博士学位论文，第 25 页。

因为参照系的变动而获得更低的待遇,以保障宏观上的跨境投资安全。

三、结语

2000 年以来,乌克兰政局起伏,经济形势不佳,当局加大对欺诈、走私和逃税等行为的打击力度。在此背景下,被乌克兰国民实控的立陶宛法人——Tokelés 公司因其在乌克兰境内的投资而遭受了当局的打击行动,损害了 Tokelés 公司的权益,此即案件争端的肇始。[168]

由于 Tokelés 公司的实控人是乌克兰国民,双方主要就该公司是否构成《华盛顿公约》和《乌克兰—立陶宛 BIT》下的适格投资者展开了讨论,为此,仲裁庭审查了《华盛顿公约》第 25 条以及《乌克兰—立陶宛 BIT》第 1 条和第 8 条。《华盛顿公约》第 25 条奠定了 ICSID 管辖其他国家(地区)投资者与东道国争端的基础,与本案最为相关的是第 25 条第 2 款(b)项,该条文定义了适格的法人投资者,且指出基于双方同意和公约目的,可以有限适用控制权标准认定适格投资者。《乌克兰—立陶宛 BIT》第 1 条第 2 款规定了适格投资者的三种定义,规定了注册地标准和控制权标准的适用条件和范围。仲裁庭认为,由于《华盛顿公约》未规定法人国籍的确认方法,而将这一自由留给缔约方,因此,仲裁庭严格按照《乌克兰—立陶宛 BIT》中的规定,认定 Tokelés 公司为适格投资者。此外,仲裁庭按照 VCLT 提供的解释方法,论证了投资适格性、争议起源于投资的直接性以及双方同意等确立管辖权的要件。[169] 最终,仲裁庭以多数意见同意确立 ICSID 对本案的管辖权,以符合 ICSID 广泛保护投资的目的和宗旨。

然而,基于对条约目的与宗旨的理解差异,首席仲裁员 Weil 提出了反对意见,他认为本案争端事实上是国内争端,不属于 ICSID 管辖范围,ICSID 的

---

〔168〕 Tokios Tokelés v. Ukraine, ICSID Case No. ARB/02/18, 管辖权裁决,2004 年 4 月 29 日,第 2-11 段。

〔169〕 需要指出的是,乌克兰政府在签订《立陶宛—乌克兰 BIT》时,对第 8 条所规定的争端解决程序的同意,已经构成《华盛顿公约》第 25 条中“双方同意”条件的一部分,待另一缔约方投资者向 ICSID 提交仲裁请求和同意书时,“双方同意”这一条件即告满足,并不需要额外的程序。

目的在于管辖国际投资争端,过分扩张管辖权将会侵蚀东道国的司法主权。[170] 这一理解差异凸显了当代国际投资仲裁领域的困境,文本的模糊性和解释的主观性使得裁决的标准难以统一。深究这一现象的根源可以发现,其主要在于投资者和东道国的利益难以平衡,仲裁者秉持不同的立场将会导向不同的结论。[171] 例如,在 SGS v. Philippines 案和 SGS v. Pakistan 案中,不同的仲裁庭针对"保护伞条款"作出了完全不一样的解释,一个仲裁庭主张,投资条约中的保护伞条款不能将政府违反合同的义务自动上升到违反条约上的国际法义务的高度;[172] 另一个仲裁庭则认为,依据保护伞条款,东道国如果没有履行其对某项具体投资承诺的义务,包括具体合同下的义务,则可以被视为东道国也违反了双边投资条约创设的国际法上的义务。[173] 这种状况有可能危害 ICSID 的公信力,尤其在 ICSID 面临其他仲裁机构的竞争时,对仲裁结果的期待可能性会影响投资者和东道国对仲裁机构的选择和条约谈判行为的导向。

在实体层面,本案涉及间接征收、充分保护与安全条款和公平公正待遇等话题。对于间接征收,仲裁庭采效果说,将证明损害后果的责任分配给 Tokelés 公司,且需将损害后果证明到"实质性"的程度,但仲裁庭认定 Tokelés 公司未能达到证明标准,因而不构成征收。[174] 关于充分保护与安全条款和公平公正待遇,本案仲裁庭并未探究待遇的具体含义,而主要聚焦于证据和证明问题,要求 Tokelés 公司首先证明乌克兰政府的行为具备政治目的,其后才能

---

〔170〕 Tokios Tokelés v. Ukraine, ICSID Case No. ARB/02/18, 管辖权裁决反对意见,2004 年 4 月 29 日,第 8 段。

〔171〕 默勒斯指出"前理解"(Vorverständnis)的问题,意思是在面对某个文本时,解释者并非毫无偏见,每个法律解释者都受限于他各自的背景或者"时代精神"。意识到"前理解"的存在有助于我们理解和解决裁决的不一致性问题。参见[德]托马斯·M. J. 默勒斯:《法学方法论》(第 4 版),杜志浩译,北京大学出版社 2022 年版,第 36 - 41 页。

〔172〕 SGS Société Générale de Surveillance S. A. v. Islamic Republic of Pakistan, ICSID Case No. ARB/01/13, 管辖权裁决,2003 年 8 月 6 日,第 168 - 170 段。更多关于裁决不一致性的问题,参见刘笋:《国际投资仲裁裁决的不一致性问题及其解决》,载《法商研究》2009 年第 6 期,第 139 - 147 页。

〔173〕 SGS Société Générale de Surveillance S. A. v. Republic of the Philippines, ICSID Case No. ARB/02/6, 管辖权裁决,2004 年 1 月 29 日,第 128 段。

〔174〕 Tokios Tokelés v. Ukraine, ICSID Case No. ARB/02/18, 裁决,2007 年 7 月 26 日,第 117 - 122 段。

讨论是否违反相关待遇,但仲裁庭认定 Tokelés 公司提供的证据未能证明乌克兰政府的行为具备政治目的,因此裁决驳回 Tokelés 公司的诉求。[175] 这一裁决结果无疑是支持了东道国政府的执法行为,维护了东道国的利益。然而,从该案的案情和裁决中可以发现,投资者在面临国家执法行动时处于弱势地位,若仍然要在 ICSID 程序中负担较重的举证责任,将会使得 ICSID 对跨境投资的保护“有名无实”。同时,在国家安全和公共利益受到威胁时,东道国的执法行动容易招致 ICSID 程序的注意,当今国际投资仲裁领域越发倾向于宽松认定相关条约概念。这一仲裁趋势将会严重挑战东道国执法程序,致使东道国难以维护本国权益,在具体投资条约磋商和宏观投资司法体系的设计中,缔约方仍需注意条款内容的协商,以保持投资者利益和东道国利益的平衡。

〔175〕 同前注,第 123 - 137 段。

第十八章　Saipem 公司诉孟加拉案
(SAIPEM S. p. A. v. the People's Republic of Bangladesh)

杨朝军

一、案件事实概述

(一)案情概述

1990 年 2 月 14 日一家在意大利注册且主要从事石油和天然气管道铺设业务的 SAIPEM S. p. A. (以下简称 Saipem 公司)和孟加拉国一家国有的石油天然气及矿产公司——孟加拉石油公司(Petrobangla)签订工程合同。依照合同约定,Saipem 公司在孟加拉国铺设石油和天然气管道,管道长度为 409 公里,合同造价约为 3400 万美元,该项目应于 1991 年 4 月 30 日完工。该项目由世界银行及其下属的国际开发协会提供贷款。合同约定在每次向 Saipem 公司支付工程进度款时,孟加拉国石油公司有权扣留其中的 10% 作为质量保证金,但扣款总额不超过合同总额的 5%。该质保金的 50% 在项目完成并交付使用后 30 天内支付给 Saipem 公司,余下的 50% 在工程运行合格证签发后 30 日内支付或在 Saipem 公司向孟加拉石油公司提交其认可的银行签发的等额付款保证函(Warranty Bond)后支付。同时,双方约定合同所生争议应提交国际商会仲裁院(the International Court of Arbitration of International Chamber of Commerce,以下简称 ICC 仲裁院)予以仲裁,适用的法律为孟加拉国法律,仲裁地为孟加拉国首都达卡。[1]

合同签订后,由于在铺设管道过程中遭当地居民反对以及其他问题,双方同意将完工时间推迟一年至1992年4月30日(鉴于该项目为世界银行资助的项目,延迟完工亦得到世界银行的认可)。1992年6月14日工程完工并移交给孟加拉石油公司,孟加拉石油公司随后向Saipem公司支付了50%质保金。

后Saipem公司向孟加拉石油公司提供了签发的付款保证函,但孟加拉石油公司却没有支付剩余的50%质保金,另外双方也无法就Saipem公司在工程延迟过程中的额外开支达成协议,于是产生争议[2]。

1993年6月7日,Saipem公司根据双方的合同约定,向ICC仲裁院提起仲裁。1994年5月4日仲裁庭组成后,孟加拉石油公司提出管辖权异议,1995年11月27日仲裁庭裁决驳回孟加拉石油公司的管辖权异议申请[3]。1997年7月22—27日举行证人听证会期间孟加拉石油公司提出程序性问题主张,主要为:(1)要求对Saipem公司邀请的但未出庭的证人的证言予以删除;(2)要求庭审中出庭的所有证人都可待在庭审室内;(3)在对证人交叉询问过程中,请求提交证据目录中未出现但来自孟方的文件;(4)要求对世界银行的备忘录草案以及单方准备的成本计算予以删除[4]。这些主张均被仲裁庭予以驳回。1997年11月16日,孟加拉石油公司向达卡初级法院申请撤销ICC仲裁院仲裁庭的仲裁权,理由是ICC仲裁庭仲裁员存在不当行为以及其驳回孟方在(7月)庭审中的程序性问题主张违反了孟方在程序上的权利。1997年11月17日,孟加拉石油公司又向孟加拉国最高法院的高等法庭申请中止ICC仲裁庭的仲裁程序。1997年11月24日,孟加拉国最高法院发布禁止令,责令Saipem公司停止在ICC仲裁院的仲裁。2000年4月5日,达卡初级法院否决了ICC仲裁院的裁决权,理由是:"考虑到双方律师呈递的文件和呈辞,我认为仲裁庭拒绝就证据的效力作出决定、从记录中剔除一些文件以及

---

[1] SAIPEM S. p. A. v. The People's Republic of Bangladesh, ICSID Case No. ARB/05/07, 管辖权裁决,2007年3月21日,第6-10段。

[2] 同前注,第11-17段。

[3] 同前注,第20段。

[4] 同前注,第22段。

没有引导当事方提交与保险相关的资料等是不适当的。此外,仲裁庭明显没有考虑相关的法律,从而构成渎职行为。基于前述情形,我认为在此案中可能存在审判不公。"[5]对该裁决,Saipem公司没有提起上诉。

2001年4月30日,ICC仲裁院仲裁庭决定继续仲裁,理由是:"挑战及撤换仲裁员是国际商会仲裁院的专属权利,而不应由孟加拉国法院置喙,故孟加拉国法院撤销国际商会裁决之举违反了国际仲裁的一般原则。"[6]2001年5月9日,孟加拉石油公司向达卡初级法院申请撤销ICC仲裁院关于继续仲裁的决定,理由是仲裁庭的仲裁权早已被法院撤销,其无权再作出任何决定,同时向法院申请临时和长期禁令,但达卡初级法院驳回了其请求。2001年5月27日,针对初级法院的驳回,孟加拉石油公司向最高法院高等法庭提起上诉。同日,高等法院作出了禁止Saipem公司继续ICC仲裁庭仲裁的禁令。[7]

2003年5月9日,ICC仲裁院继续仲裁并裁定孟加拉石油公司败诉,判其偿付Saipem公司600余万美元及11余万欧元。

在ICC仲裁院作出裁决后,孟加拉石油公司向法院起诉,要求撤销ICC仲裁庭裁决。Saipem公司则提出了反对意见。2004年4月21日,孟加拉国最高法院高等法庭驳回了孟加拉石油公司的申请,指出根据孟加拉国的法律ICC的裁决系自始无效,鉴于根本不存在有效的裁决,因此也就没有撤销的问题。该法庭特别指出,争议双方的合同应受有效的孟加拉国法律管辖。[8]

2004年10月5日,Saipem公司依据孟加拉国和意大利之间于1990年3月20日签订并于1994年9月20日生效的双边投资保护协定(between the Government of the Republic of Italy and the Government of the People's Republic of Bangladesh on the Promotion and Protection of Investments,孟意BIT)向国际投资争端解决中心(International Centre for Settlement of Investment Disputes,ICSID)提起仲裁。Saipem公司认为孟加拉国违背了孟意BIT的约定,对Saipem公司的投资进行了间接征收而没有提供补偿,并要求对因孟加拉国违约而给其造成的所有经济损失予以补偿。具体而言,Saipem公司认为孟加

---

[5] 同前注,第29段。

[6] 同前注,第31段。

[7] 同前注,第33段。

[8] 同前注,第36段。

拉石油公司与当地法院合谋蓄意破坏 ICC 仲裁院仲裁,剥夺投资者依照合同寻求仲裁以及实现其主张的权利(这一权利已被 ICC 仲裁院裁决所具体化),同时孟加拉石油公司及法院的行为可归结为孟加拉国的行为,即该行为违反了孟意 BIT 所规定的义务,已构成对 Saipem 公司投资的间接征收,因而应当予以补偿。

由于 ICSID 受理案件后,孟加拉国提出了管辖异议,新组成的仲裁庭首先需要考虑的问题是本中心是否对该案享有管辖权。若有管辖权则接下来要考虑的问题是孟加拉国是否有违约行为,以及违约行为是否导致外国投资者 Saipem 公司遭受损失。[9] 仲裁庭于 2007 年 3 月 21 日就管辖权问题作出裁决,认定该仲裁庭对该案具有管辖权。然后于 2009 年 6 月 30 日就争议的实体问题作出了终局裁决,认定孟加拉国法院的行为构成间接征收,应向 Saipem 公司承担补偿责任。

(二)涉及的法律问题

ICSID 仲裁庭在处理此案过程中首先要考虑仲裁庭是否对该案享有管辖权,具体来说就是 Saipem 公司所主张的争议是否符合《关于解决国家与其他国家国民之间投资争端公约》(以下简称《华盛顿公约》)第 25 条以及孟意 BIT 第 1 条、第 5 条规定下的投资争议,这当中最重要的是对"投资"的认定,此为本文要评析的法律问题之一。其次,在仲裁庭确定其享有管辖权后,接下来需要考虑孟加拉国法院的行为是否构成对 Saipem 公司投资的间接征收,而在此过程中便需对"拒绝司法"(a denial of justice)[10] 与国家滥用权利问题予以考虑,此为本文要评析的法律问题之二:

1. 如何确定符合《华盛顿公约》第 25 条及孟意 BIT 第 1 条中的"投资"。
2. 如何看待"拒绝司法"与国家滥用权利。

---

[9] 王贵国:《从 Saipem 案看国际投资法的问题与走势》,载《中国政法大学学报》2011 年第 2 期,第 52 页。

[10] 此制度在各中文专著中译文各异,存在"拒绝司法""拒绝正义""拒绝裁判""执法不公""拒绝受理或执法不公"等多种译法。而较为权威的译法为王铁崖教授在其所编《英法汉国际法词汇》(中国对外翻译出版公司 1983 年版)第 128 页中表述的"拒绝司法;执法不公"。本文采用"拒绝司法"这一译法。

二、对法律问题的分析及评析

(一)法律问题:如何确定符合《华盛顿公约》第25条及BIT第1条中的“投资”

2004年10月5日Saipem公司向ICSID提起国际仲裁申请后,孟加拉石油公司于2006年5月14日向双方选定的仲裁庭提出了管辖异议,2006年9月21至22日仲裁庭对管辖权问题举行听证会,其目的在于确定仲裁庭对本案是否具有管辖权。这当中仲裁庭要考虑的问题就是双方间的争议是否属于《华盛顿公约》第25条以及孟意BIT第1条所述的“投资”争议。

1. 是否满足《华盛顿公约》第25条规定的条件

ICSID管辖案件的基础是符合1965年《华盛顿公约》第25条的规定,[11]根据该条规定,需要满足以下四个条件,仲裁庭才对争议案件享有管辖权:(1)争议发生在一缔约方与另一缔约方的公民间;(2)双方必须书面同意由ICSID予以仲裁;(3)必须是一个法律争议;(4)争议必须直接源于投资。

(1)争议发生在一缔约方与另一缔约方的公民间

对于条件(1),双方没有争议,即发生在一缔约方(孟加拉国)与另一缔约方公民(注册在意大利的Saipem公司)间,且孟加拉国和意大利均是1965年《华盛顿公约》的缔约方,因而条件(1)符合。

(2)双方必须书面同意由ICSID仲裁

对于条件(4),虽要求(到ICSID仲裁)要采取书面形式,但对书面形式并没有进一步的规定。事实上书面同意可以由东道国以及投资者在不同的时间点做出。通常东道国做出书面同意(可通过国内法或BIT做出)在先而被视为“要约”,投资者通过发起仲裁申请或直接通知东道国同意在后而被视为

---

〔11〕《华盛顿公约》第25条原文:Article 25 (1) The jurisdiction of the Centre shall extend to any legal dispute arising directly out of an investment, between a Contracting State (or any constituent subdivision or agency of a Contracting State designated to the Centre by that State) and a national of another Contracting State, which the parties to the dispute consent in writing to submit to the Centre. When the parties have given their consent, no party may withdraw its consent unilaterally. See 国际投资争端解决中心网站,https://icsid.worldbank.org 2023年10月26日访问。

"承诺",从而满足双方"书面同意"这一条件。[12] 本案中也是如此,孟加拉国与 Saipem 公司母国(意大利)签订孟意 BIT 协议在先,同意将孟意 BIT 协议下的争议提交给 ICSID 仲裁解决,此即为"要约"。后意大利的 Saipem 公司向 ICSID 提起书面仲裁申请,即为对孟加拉国要约的书面"承诺",从而满足了条件(4)的要求,对此孟加拉国没有表示反对。但孟加拉国对其孟意 BIT 下同意的范围有不同的意见,孟加拉国认为其在孟意 BIT 中书面同意去 ICSID 仲裁的范围并不包括因当地法院根据孟意 BIT 第 5 条第 1 款作出裁决的行为而引发的争议。[13]

(3)必须是一个法律争议

对于条件(2),孟加拉国认为双方间并不存在法律争议,因为存在法律争议的前提是要有合法的"起因",而 Saipem 公司没有证据证明存在这种"起因"。且 Saipem 公司在起诉书中,只表明其合同权利(被 ICC 仲裁院裁决具体化)因当地法院的撤销裁决而被剥夺或无法获得承认与执行,但并没有证据证明或十分清楚地明确法律争议的起因是什么。仲裁庭认为既然是法律争议即涉及法律权利和法律义务的纷争。换句话说,一个争议在性质上要想成为法律争议,就涉及原告方所享有的法律权利及其范围,以及在遭受被告侵犯或违反后,所享有的救济的性质及其范围。[14] 仲裁庭认为对于 Saipem 公司是否享有法律权利的判断,应等到后面的实体审查部分再进行,但 Saipem 公司主张享有权利本身已构成《华盛顿公约》第 25 条规定的法律争议。[15] 因此,仲裁庭认为符合条件(2)的要求。

(4)争议必须直接源于投资

条件(3)可分为两个部分:一是是否存在投资,二是争议是否直接源于投资。

---

〔12〕 Guiguo Wang, *International Investment Law: A Chinese Perspective* , Routledge of the Taylor & Francis Group, 2015, p. 213.

〔13〕 SAIPEM S. p. A. v. The People's Republic of Bangladesh, ICSID Case No. ARB/05/07, 管辖权裁决,2007 年 3 月 21 日,第 63 段。

〔14〕 同前注,第 95 段。

〔15〕 同前注,第 97 段。

①是否存在投资

对于是否存在投资，仲裁庭决定适用以往相似仲裁案件中所形成的著名的"Salini 案考察标准(Salini Test)"：(1)一定金钱或其他具备经济价值资产的投入；(2)一定期限；(3)一定风险；(4)对东道国发展的一定贡献。[16]

Saipem 公司认为，诉争工程合同本身就是一个投资。因为公司已投入了大量技术、资金和人力资源在本项目中，该工程中途由于中断和延误持续时间超过两年半，且在此期间面临着各种可能的风险，同时该工程对孟加拉国的经济发展做出了贡献。

孟加拉国虽认可 Saipem 公司投入了大量的技术和人力资源，也认可其对当地经济发展的贡献，但孟加拉国认为 Saipem 公司自己没有投入资金进入项目(因为该项目是世界银行资助项目，其资金来源于世界银行下属的国际开发协会提供的贷款)，所以不符合"一定资金投入"这一标准，从而并不存在投资，并援用 Soabi v. the State of Senegal 案中仲裁庭的观点来支持其主张。在该案中，仲裁庭认为协议的主要任务限定在对工程进行施工，且客户根据工程进度向施工方支付款项，因而不能认定该协议为投资协议，因该协议引发的争议不能认定为《华盛顿公约》第 25 条下的投资争议。[17] Saipem 公司对此予以了反驳，认为在施工和类似合同中，外国投资者在工程完工前从东道国获得部分预付款或工程款属正常现象，这一现象与是否将该工程定性为投资合同没有关联性。再者，投资者的资金来源与 Salini 案考察标准中确定是否存在投资本身也无关联性。[18] 孟加拉国还认为该工程真正施工的时间不超 1 年，不符合 Salini 案考察标准中通常认为 2 年为充分持续期间的要求。同时认为，由于工程采用的是预付款方式(advance payment)，所以对 Saipem 公司来说并不存在任何商业风险。[19]

仲裁庭基于孟加拉国的观点(Saipem 公司没有投入资金)，认为孟加拉国

〔16〕 同前注，第 99 段。

〔17〕 Société Ouest Africaine des Bétons Industriels (SOABI) v. Senegal, ICSID Case No. ARB82/1，裁决，1988 年 2 月 25 日，第 219 段。

〔18〕 SAIPEM S. p. A. v. The People's Republic of Bangladesh, ICSID Case No. ARB/05/07，管辖权裁决，2007 年 3 月 21 日，第 104 段。

〔19〕 同前注，第 101 段。

实质质疑的是资金的来源问题，即当资金来自第三方（世界银行）而非来自Saipem公司自身时，这样的资金投入不能算作Salini案考察标准中的“一定资金投入”。而仲裁庭并不赞同这一观点，仲裁庭认为，投资者的资金可以来源于国外Saipem公司本身的资金，也可来源于东道国国内筹集的资金，即资金的来源与认定是否为投资没有关系。[20] 仲裁庭同时援用了《华盛顿公约》的起草文件以及先前相关投资仲裁案例来支持其观点。比如在《华盛顿公约》起草过程中，就表明由于无法对资金的来源进行区分，应不对资金的来源予以考察。[21] 先前的几个投资仲裁案例也表明没有必要对资金的来源予以考察。仲裁庭从而认定Saipem公司满足“一定资金投入”的要求。

对于一定期限，孟加拉国认为真正实施的施工不超1年时间，但仲裁庭认为，孟加拉国并没有进一步论证：为什么要以实际施工时间（不包含中断和暂停的时间）为准，也没有指出某一权威机构同意这一观点。[22] 考虑到该项目整体持续了两年多时间，仲裁庭认为符合一定期限要求。

对于一定风险，孟加拉国的意思是Saipem公司提供的是管道铺设服务，而项目的资金系孟加拉国自己向世界银行借贷而来，且要事先向Saipem公司支付工程款，因此认为Saipem公司在此项目中并不承担任何风险。而仲裁庭并不这样认为，其认为工程进行当中发生了中断、暂停，这就给合同造成了内在风险。同时，合同规定了质保金制度，即有部分本属Saipem公司的资金存放在孟加拉石油公司方，这不但是一种资金投入也明显是一种风险，故存在风险。[23]

至此，仲裁庭认为Saipem公司与孟加拉石油公司间达成的工程合同属于《华盛顿公约》第25条下的“投资”。同时仲裁庭强调对于是否存在第25条下的“投资”，要从整个流程上来加以理解。就本案而言，整个流程不仅包括合同、工程本身，也包括质保金、银行保函以及关联的ICC仲裁院仲裁。[24]

②争议是否直接源于投资

孟加拉国认为源于ICC仲裁院裁决的争议并不是一个直接源于投资的

---

〔20〕 同前注，第106段。
〔21〕 同前注，第107段。
〔22〕 同前注，第102段。
〔23〕 同前注，第109段。
〔24〕 同前注，第110段。

争议。[25] 仲裁庭虽认为源于ICC仲裁院裁决的权利并不直接源于投资，但是对《华盛顿公约》第25条下的投资应从整个流程上来考虑，它不仅包括合同，也包括工程本身、质保金以及ICC仲裁院仲裁，这些都属于投资的内容。既然投资包含ICC仲裁院仲裁，那源于ICC仲裁院仲裁的争议也就直接源于投资。因此，仲裁庭认为条件(3)(争议必须直接源于投资)得以符合。

综上所述，仲裁庭通过对《华盛顿公约》第25条规定条件的逐条分析，认为本案争议符合《华盛顿公约》第25条规定条件下的投资争议。

2. 评析

(1)关于是否为法律争议的认定

仲裁庭在对其对该案是否享有管辖权进行确定之前，已明确其适用的法律为ICSID以及孟意BIT，而不适用其他案件事实所适用的法律。[26] 同时明确应依照国际法来对ICSID和孟意BIT的相关规定予以解释，双方对此表示同意。[27] 对于《华盛顿公约》第25条所列4个条件进行考察，条件(1)和(4)当事人双方均无异议，则无须考察。对于条件(2)(必须为法律争议)，孟加拉国表达了异议[28]，认为不存在法律争议，理由是法律争议的前提是要有起因，而Saipem公司没有证据证明存在起因或未具体明确何为起因。[29] 仲裁庭认为法律争议即法律上权利与义务的分歧，Saipem公司是否真正享有法律权利应留到后期事实部分予以查明，但其主张权利本身已构成了《华盛顿公约》第25条规定的法律争议。

对条件(2)的考量，即对《华盛顿公约》第25条的解释，正如仲裁庭所述，对ICSID的解释应适用国际法，这里的国际法通常指的就是《维也纳条约法公约》第31和32条。根据其第31条的规定，对《华盛顿公约》第25条"直接源于投资的法律争议"中"法律争议"的解释，应先依照其通常含义来进行解释。依照通常含义可知，此处引发的法律争议是相对于非法律争议而言的，即

---

〔25〕 同前注，第112段。

〔26〕 同前注，第68段。

〔27〕 同前注，第78段。

〔28〕 对于条件4双方需采书面形式同意仲裁，孟加拉国虽提出异议，但其异议点是在同意的"范围"，而对"书面"形式要求并没有不同意。故在此表述为对条件1和4当事人双方均无异议。

〔29〕 同前注，第93段。

引发的争议要是法律争议而非其他争议,其关注的重点是争议的性质,而非是否存在争议。孟加拉国抗辩称根本就不存在法律争议,其辩论意见出现偏题。因为是否存在争议或是否存在法律争议不是此处考察的重点,正如仲裁庭所言,既然 Saipem 公司已申请仲裁就表明存在争议。同时仲裁庭依照通常含义认为法律争议即为法律上的权利义务之争,Saipem 公司是否真正享有法律上的权利,应留到后期的事实部分再进行考察。因此,仲裁庭对此的解释是合法也是合理的。

(2)关于一定资金投入的补充论述

其实,仲裁庭除援用《华盛顿公约》起草文件以及先前案例来证明资金来源与是否认定为投资无关外,还可以孟加拉国已认可的技术和人力资源投入来证明 Saipem 公司已有"其他具备经济价值资产的投入"。从 Salini 案考察标准中关于资金投入的全文["一定金钱或其他具备经济价值资产的投入"(a contribution of money or other assets of economic value)]来看,除"一定金钱(资金)投入"外,也还可以是"其他具备经济价值资产的投入",而孟加拉国认可的技术和人力资源当然应视为具有一定经济价值的资产。[30] 因为根据《维也纳条约法公约》第 31 条按通常含义来理解文中"asset"的含义,也即依照《简明牛津字典》来定义通常含义的话,其包含了"有价值或有用的人或物"。如果仲裁庭能够将此点补充论述上去,可以更加全面地证明 Saipem 公司符合一定资金投入这个要求。

(3)关于争议是否直接源于投资的认定

对于这个问题的考察,首先要明白本案的争议是什么,根据 Saipem 公司的仲裁申请,可简单理解为 Saipem 公司认为孟加拉国当地法院撤销 ICC 仲裁院裁决[31]的行为,剥夺了其依照合同寻求仲裁解决争议的权利且构成间接

---

〔30〕 根据《简明牛津字典》,asset 指的是对某人或某物有价值或有用的人或物(a person or thing that is valuable or useful to somebody/something),参见牛津高阶字典官网,https://www.oxfordlearnersdictionaries.com/definition/english/asset? q = asset 2023 年 10 月 26 日访问。因此,孟加拉国认可的技术和人力资源投入实际属于其他有经济价值资产(assets)投入。

〔31〕 此处虽表述为"撤销 ICC 裁决",但实情为孟加拉国初级法院先基于孟加拉国石油公司对 ICC 仲裁院仲裁庭仲裁员的不当行为指控,而作出了撤销 ICC 仲裁院仲裁权的裁决,在 ICC 仲裁院仲裁庭无视法院裁决继续仲裁并作出裁决后,孟加拉国最高法院高等法庭又作出了 ICC 裁决自始无效的裁决,故为表述方便,直接将此表述为"撤销 ICC 仲裁院裁决"。

征收,违背了孟意 BIT 的约定,故应予以补偿。而基于孟加拉国的答辩可简单理解其观点为,当地法院是依法作出的裁决,其撤销仲裁裁决的行为合法,故不构成间接征收。因此,双方的争议点简单来说在于是否应撤销 ICC 仲裁院裁决,即一方认为撤销 ICC 仲裁院裁决是合法的,而另一方认为不应对 ICC 仲裁院裁决予以撤销,ICC 仲裁院裁决本身有效而其撤销行为是非法的,这便是双方间的争议。如前所述,本案的投资指的是 Saipem 公司在孟加拉国承接的石油天然气管道工程,更具体点讲是双方间签订的工程合同。鉴于原文"争议"与"投资"间的连接词用的是"直接源于",这个"直接"(directly)就排除了"间接"(indirectly)这一方式。那么关于"是否应撤销 ICC 仲裁院裁决"这一争议是"直接"来自这个"投资(工程合同)"吗?显然难以得出肯定的答案。但可以说是间接来自"投资",因为投资合同中包含了去 ICC 仲裁院进行仲裁的规定,而这个 ICC 仲裁院裁决结果又直接来自去 ICC 仲裁院仲裁这一约定,故它们间的关系可以排序为:先有投资合同(含去 ICC 仲裁院仲裁的约定),后有 ICC 仲裁院裁决,再有关于应否撤销 ICC 仲裁院裁决的争议,从而可推出双方间的争议是间接来自"投资"。这也就是孟加拉国所主张的"源于 ICC 仲裁院裁决的争议并不是一个直接源于投资的争议"[32],由此来看,孟加拉国的反驳意见有其道理。

仲裁庭首先也认同孟加拉国的意见,即认为源于 ICC 仲裁院裁决的权利并不是直接源于投资,同时也不认同将 ICC 仲裁院裁决直接视为《华盛顿公约》第 25 条下投资的观点。[33] 至此,我们可以得知,本案有关 ICC 仲裁院裁决的争议并不直接源于投资,且仲裁庭也不同意将 ICC 仲裁院裁决直接视为《华盛顿公约》第 25 条下的投资。但随后仲裁庭又话锋一转,认为对于第 25 条下的投资,要从整个流程上来加以理解。就本案而言,整个流程不仅包括合同、工程本身,也包括质保金、银行保函以及关联的 ICC 仲裁院仲裁。[34] 鉴于

---

〔32〕 SAIPEM S. p. A. v. The People's Republic of Bangladesh, ICSID Case No. ARB/05/07, 管辖权裁决,2007 年 3 月 21 日,第 112 段。

〔33〕 同前注,第 113 段。

〔34〕 同前注,第 110 段。

投资包含 ICC 仲裁院仲裁，同时参考先前类似案例，[35] 仲裁庭进而认为本案有关仲裁裁决的争议直接源于整个投资。[36]

对于仲裁庭的这个结论本文认为值得商榷。首先，仲裁庭先认为源于 ICC 仲裁院裁决的权利并不是直接源于投资，随后通过扩大解释投资应包含 ICC 仲裁院仲裁，进而推论出当前争议源于投资，这明显与其前述论断相矛盾。其次，虽然从整个流程角度来理解投资应包含 ICC 仲裁院仲裁，这是合理的，因为投资除合同及工程本身外，当然还包括其中的工程款支付，质保金以及约定提交 ICC 仲裁院仲裁的争议解决方式等，但"提交 ICC 仲裁院仲裁"与"ICC 仲裁院裁决结果"是有区别的。"提交 ICC 仲裁院仲裁"是一种争端解决方式，被包含在"投资"范围内，但"ICC 仲裁院裁决结果"却是"提交 ICC 仲裁院仲裁"后的结果，有关应否撤销仲裁裁决这一争议是直接源于"ICC 仲裁院裁决结果"，而不直接源于"提交 ICC 仲裁院仲裁"这一争端解决方式，继而不可能直接源于"投资"。故而，仲裁庭在此处将"提交 ICC 仲裁院仲裁"混淆成"ICC 仲裁院裁决结果"进而推断出争议是直接源于投资是值得商榷的，或至少说是难以令人信服的。虽然在仲裁庭的论述中，其还引用了 CSOB v. the Slovak Republic 案来论述其结论的准确性，但细看该先前案例仲裁庭的推理可知，之所以将源于未构成"投资"的一个单个交易的争议视为直接源于投资的争议，是因为该单个交易是构成一个"投资"的整个流程的组成部分，[37] 也就是说该单个交易被包含在投资范围内。但本案的投资只包含"提交 ICC 仲裁院仲裁"这一争端解决方式，显然不包括"ICC 仲裁院裁决结果"，因而援用该案也无法论证争议是直接来源于投资这一结论。

3. 是否符合孟意 BIT 规定的条件

根据 BIT 第 9 条的规定，当投资者与东道国间因国家征收、国有化、征用

---

[35] CSOB v. the Slovak Republic (ICSID Case No. ARB/97/4), Decision on Jurisdiction of 24 May 1999, ICSID Review 1999, para. 275.

[36] SAIPEM S. p. A. v. The People's Republic of Bangladesh, ICSID Case No. ARB/05/07, 管辖权裁决，2007 年 3 月 21 日，第 114 段。

[37] 原文：...Hence, a dispute that is brought before the Centre must be deemed to arise directly out of an investment even when it is based on a transaction which, standing alone, would not qualify as an investment under the Convention, provided that the particular transaction forms an integral part of an overall operation that qualifies as an investment。See Ceskoslovenska Obchodni Banka, A. S. v. The Slovak Republic, ICSID Case No. ARB/97/4，管辖权裁决，1999 年 5 月 24 日，第 72 段。

或类似措施而产生补偿纠纷或相关补偿金额纠纷时，双方应尽可能友好解决，当无法解决时，投资者可自行选择向 ICSID 提起投资仲裁的方式来解决争议。这里所谓的征收或国有化实际指孟意 BIT 第 5 条所规定的对外国投资者投资的国家征收或国有化。其中第 5 条第 1 款第 2 项就明确规定，一缔约方国民在另一缔约方国内的投资不应直接或间接被国有化、被征收、被征用或遭受其他具有相同效果的措施。为了明确该条中的投资就需再参阅孟意 BIT 第 1 条第 1 款有关投资定义的规定，其将投资分为 5 种类型，而仲裁庭需要确定本案中 Saipem 公司所主张的被间接征收的投资是否符合其规定的投资类型。

根据孟意 BIT 第 1、5、9 条的规定，投资者若想通过向 ICSID 申请投资仲裁解决争议，就要先证明其有符合第 1 条规定的“投资”，继而证明该“投资”被东道国间接征收(符合第 5 条规定)，从而再申请到 ICSID 仲裁以实现自己的权利主张(符合第 9 条规定)。考虑到是否存在间接征收关系到当事方的实体权利应留到后续的实体审查部分考察，而管辖权裁决阶段解决的是程序上的管辖权问题，即只考察是否存在孟意 BIT 第 1 条所规定的“投资”。

Saipem 公司认为其与孟加拉石油公司签订的工程合同是孟意 BIT 第 1 条第 1 款下的“投资”，同时通过 ICC 裁决所获得的权利正符合该款(c)项规定的“与投资相关联的……一定金钱的债权”(credit for sums of money)。[38] 简单理解 Saipem 公司的观点就是，由于 Saipem 公司与孟加拉石油公司签订的工程合同是本款下的投资，而该合同选择提交 ICC 仲裁院仲裁以处理争议，ICC 裁决又裁定孟加拉石油公司应向 Saipem 公司支付款项若干元，因此 Saipem 公司有权向孟加拉石油公司要求“一定金钱的债权”，而这一债权显然又与工程合同相关联，故而属于该款(c)项所规定的“与投资相关联的……一定金钱的债权”。另外，Saipem 公司还增加提出另一不同观点，其认为“工程合同”中约定的仲裁条款符合(e)项“源于法律或合同规定具有财产性的权利”[后由于仲裁庭认同 Saipem 公司的第一个观点已构成孟意 BIT 中第 1 条第 1 款(c)项规定的投资，所以对于这个观点没有再讨论]。

---

〔38〕 SAIPEM S. p. A. v. The People's Republic of Bangladesh, ICSID Case No. ARB/05/07，管辖权裁决，2007 年 3 月 21 日，第 125 段。

孟加拉国则认为Saipem公司提出的"一定金钱的债权"通常是指银行的信贷,言下之意是该"一定金钱的债权"并不包含ICC仲裁院裁决结果所体现出的向对方要求支付款项的请求权。

仲裁庭认为孟加拉国也许是对的,但随即又表示:"信贷的意思一般情况下还包括责成一方支付赔偿的裁决——胜诉方无疑基于裁决享有一定金钱的债权。"〔39〕仲裁庭进而论述道,ICC仲裁院裁决并没有创设权利与义务,而只是体现了双方的权利义务,该权利义务最终还是源于案涉工程合同。虽然ICC仲裁院裁决结果本身是否构成投资有待讨论,但工程合同通过ICC仲裁院裁决结果反映出的双方权利义务关系却属于孟意BIT中第1条(c)项规定的"一定金钱的债权",故属于投资。〔40〕

4. 评析

(1)对Saipem公司观点的评析

Saipem公司的观点看似合理实则值得商榷。首先,仲裁庭此前已明确对孟意BIT应依照习惯国际法而不是任何一缔约方的国内法来解释,这也就意味着要按照《维也纳条约法公约》第31、32条来进行解释。先从条款通常含义来看,孟意BIT第1条第1款的引言部分表明"投资可以理解为任何一种投入的资产",后面又表明"投资"可包含5种具体类型,如用于投入的动产或不动产、股份、公私债券、知识产权等各种权利〔41〕,也即该款引言部分规定的"投资"具体体现在后面的(a)—(e)五项中,或说各子项是对引言规定的"投资"的具体化、实物化。而Saipem公司先认为其签订的"工程合同"为本款引

〔39〕 同前注,第126段。

〔40〕 同前注,第127段。

〔41〕 BIT第1条第1款原文:The term "investment" shall be construed to mean any kind of property invested before or after the entry into force of this Agreement by a natural or legal person being a national of one Contracting Party in the territory of the other, in conformity with the laws and regulations of the latter. Without limiting the generality of the foregoing, the term "investment" comprises: ...c) credit for sums of money or any right for pledges or services having an economic value connected with investments, as well as reinvested income as defined in paragraph 5 hereafter; ... e) any right of a financial nature accruing by law or by contract and any licence, concession or franchise issued in accordance with current provisions governing the exercise of business activities, including prospecting for cultivating, extracting and exploiting natural resources. See 中国商务部官网, https://images. mofcom. gov. cn/tfs/2009/20200918163349821. pdf. 2023年10月26日访问。

言规定的“投资”,进而又基于 ICC 仲裁院裁决,认为经 ICC 仲裁院裁决确定的债权请求权为(c)项规定的“一定金钱的债权”,这就犯了重复认定或混淆视听的错误。因为,既然认为 ICC 裁决确定的债权为(c)项规定的“一定金钱的债权”的话,假设其观点成立,考虑到(c)项规定的“一定金钱的债权”又是引言规定的“投资”的具体体现,那么这里的“投资”就应是“ICC 仲裁院裁决”,而不可能是其前面所认为的“工程合同”。显然,这里我们不能将“ICC 仲裁院裁决”和“工程合同”均认为是投资,否则可能会犯重复认定的错误,也会给人造成困惑。再者,更为严重的是,若 Saipem 公司的观点成立,即可将“ICC 仲裁院裁决”认定为孟意 BIT 中的投资的话,那么许多国际贸易案件,在经仲裁机构裁决后,若败诉人未履行裁决,就可摇身一变成为国际投资争端案件中的投资,这势必将打破国际贸易争端和国际投资争端案件不同的争议解决机制和处理方式,显然这不是《华盛顿公约》的本意。[42]

而对于 Saipem 公司提出的另一观点,即认为“工程合同”中约定的仲裁条款符合 BIT 第 1 条第 1 款(e)项“源于法律或合同规定具有财产性的权利”,这一观点虽后未被仲裁庭加以讨论,但该观点的逻辑为:由于双方的工程合同中约定了仲裁条款——通过 ICC 仲裁院仲裁方式解决争议,ICC 仲裁院作出的裁决结果又是 Saipem 公司享有一定金钱支付的请求权,具有财产性,因此仲裁条款符合“源于法律或合同规定具有财产性的权利”的规定。显然这样的观点也难以成立,首先,仲裁条款只是一种争端解决方式,当出现争议时,一方请求仲裁也确实是其权利,但该权利本身并不一定具有财产性。若以裁决结果会使当事人享有或承担一定金钱收讫就认为具有财产性的话,那应是裁决结果具有财产性,而不是选择去仲裁的仲裁条款本身具有财产性。其次,从该项整个条文或上下文来看,这里的“源于法律或合同规定具有财产性的权利”是与“许可证、特许权或特许经营权”相并列的,中间的连接词用的是“and”,后面涉及的是“相关经营活动”(the exercise of business activities),

---

〔42〕 王贵国:《从 Saipem 案看国际投资法的问题与走势》,载《中国政法大学学报》2011 年第 2 期,第 53 页。

包括开采、开发自然资源等。[43] 这就说明该“权利”应该为类同于“相关经营活动”的“特许经营权”等具有财产性的权利,而仲裁条款本身除不具有财产性外,也很难说其本身是一种商业经营活动。最后,如果认同这一观点,那么孟意 BIT 第 1 条第 1 款下的“投资”就应是工程合同中的“仲裁条款”,这也与《华盛顿公约》第 25 条下的“投资”不同,故而 Saipem 公司这一额外论点也难以成立。

(2)对仲裁庭观点的法律评析

简言之,仲裁庭的意思是双方源于工程合同权利义务关系,已由 ICC 仲裁院裁决具体化,故而工程合同下一方对另一方的付款请求权就是 BIT 第 1 条第 1 款(c)项的“一定金钱的债权”。实际上,这一观点是 Saipem 公司观点的进阶版或说圆场版。Saipem 公司认为其符合 BIT 第 1 条第 1 款(c)项“一定金钱的债权”的理由实质就是 ICC 仲裁院裁决,但如前文所述,若直接将 ICC 仲裁院裁决认定为投资的话肯定难以令人信服,所以之后 Saipem 公司又额外提出工程合同的仲裁条款属于(e)项的“源于法律或合同规定具有财产性的权利”,意在给 ICC 仲裁院裁决穿上一件外衣,从而基于 ICC 仲裁院裁决表明仲裁条款为源于合同规定又具有财产性的权利。同样如前所述,仲裁条款也很难令人信服为一种投资。在此基础上,仲裁庭又进一步给 ICC 仲裁院裁决穿上了一件合同权利义务关系的外衣,认为 ICC 仲裁院裁决已使合同双方的权利义务关系具体化,即一方有权要求对方支付一定款项,这一权利符合(c)项“一定金钱的债权”,再由于该项合同权利必须基于合同而存在,故而本工程合同为符合孟意 BIT 第 1 条第 1 款规定的投资,此也与《华盛顿公约》第 25 条认定的结果相吻合,从而也达到了圆场的目的。但不论如何,仲裁庭最终将 ICC 仲裁院裁决认定为投资的做法,虽可能有为 Saipem 公司在无奈之下获得救济提供帮助之意图,但也势必将导致国际投资仲裁管辖权的扩大化。

5. 思考:《华盛顿公约》与 BIT 的关系

对于专门用于解决国际投资纠纷的 ICSID 来说,按理只要依照《华盛顿

---

[43] BIT 第 1 条第 1 款原文:...e) any right of a financial nature accruing by law or by contract and any licence, concession or franchise issued in accordance with current provisions governing the exercise of business activities, including prospecting for cultivating, extracting and exploiting natural resources. See 中国商务部官网,http://images. mofcom. gov. cn/tfs/202009/20200918163349821. pdf. 2023 年 10 月 26 日访问。

公约》第 25 条的规定便可确定其是否对某国际投资争议案件享有管辖权,并不需要依照其他国际法或条约来确定其管辖权。但在实践中,由于一缔约方投资者在争议产生前几乎不可能与另一方政府签订书面协议,且在争议产生后双方更加难以签订书面协议,约定以 ICSID 仲裁方式来解决双方间的争议,而依照先例中著名的 Salini 案考察标准来看,双方书面同意去 ICSID 仲裁又是仲裁庭享有案件管辖权的前提条件之一,故必须要有双方的书面协议。根据王贵国教授的观点,ICSID 对此种书面协议的形式并没有进一步的规定或要求,在实践中投资者与东道国签订此种书面协议存在时间上的先后顺序。[44] 首先通常是东道国与投资方签订 BIT,双方均约定对对方在其本方的投资提供保护,若违背约定则投资者有权选择将相关争议提交 ICSID 进行仲裁。这样的约定及协议的签署就相当于东道国的书面同意,即为东道国对他方居民的合同要约。当投资者自认为东道国违背 BIT 约定,而将与东道国的相关争议提交 ICSID 仲裁时,其签署的仲裁申请书便是对东道国原合同要约的承诺,从而在双方间达成在 ICSID 仲裁的书面协议。

根据这样的逻辑推理,仲裁庭在根据《华盛顿公约》第 25 条确定是否具有管辖权时,就需要考察双方是否存在去 ICSID 仲裁的书面协议,这就需要考察东道国做出书面同意的 BIT,需要考察案涉争议是否属于 BIT 中所规定的投资争议范畴,否则东道国就会以不属于 BIT 中所规定的投资争议范畴为由,主张未就将案涉争议提交 ICSID 进行仲裁发出过合同要约。正如在本案中,孟加拉国在管辖权审查阶段就提出,其在与意大利签订的孟意 BIT 中书面同意去 ICSID 仲裁的范围并不包括因当地法院根据孟意 BIT 第 5 条第 1 款作出裁决的行为而引发的争议,进而对 ICSID 受理本案提出管辖权异议。[45]

由此,我们也可以看出,仲裁庭依照著名的 Salini 案考察标准来考察《华盛顿公约》第 25 条规定的条件是否成立时,在双方间不存在事前或事后同意去 ICSID 仲裁的书面协议的情况下,就必须考察案涉争议是否也出自 BIT 中规定的投资争议范畴,只有当案涉争议既符合 BIT 中规定的投资争议范畴,

---

〔44〕 Guiguo Wang, *International Investment Law*: *A Chinese Perspective*, Routledge of the Taylor & Francis Group, 2015, p. 213.

〔45〕 SAIPEM S. p. A. v. The People's Republic of Bangladesh, ICSID Case No. ARB/05/07, 管辖权裁决, 2007 年 3 月 21 日, 第 76 段。

又符合《华盛顿公约》第 25 条的规定时，仲裁庭才对该案享有管辖权。故就对某案是否具有管辖权而言，《华盛顿公约》第 25 条与 BIT 是并列条件关系，二者所规定的条件均需予以满足。

(二)法律问题：拒绝司法与滥用权利

在仲裁庭确定其对本案享有管辖权后，接下来需要考虑的问题就是，孟加拉国法院的行为是否构成孟意 BIT 第 5 条规定的对 Saipem 公司的投资的间接征收。

这里除主要考虑被 ICC 仲裁院裁决具体化的合同权利是否能为征收对象，法院能否成为征收主体，法院的裁决能否构成一种征收方式，征收是直接征收还是间接征收等问题外，还要考虑是否要适用拒绝司法以及孟加拉国法院是否存在滥用权利。

1. “拒绝司法”是否适用于本案

由于在本案中，Saipem 公司主张存在间接征收的依据是当地法院违法撤销了 ICC 仲裁院裁决，故这里的征收机关是法院而非其他行政或立法机关，既然是一国的法院，那就涉及拒绝司法和穷尽当地救济规则问题。

(1)孟加拉国的观点

孟加拉国认为，Saipem 公司主张的实质是认为孟加拉国法院非法撤销 ICC 仲裁院裁决的行为，剥夺了 Saipem 公司应获得赔偿的权利，使得它原本应享有的“司法公正”遭到了错误“拒绝”，进而认为法院存在错误干涉仲裁和裁决。[46] 孟加拉国进而提出，考察当地法院是否错误干涉仲裁和裁决的唯一合适的方法就是看是否存在拒绝司法。[47] 而要看是否存在拒绝司法，就要看是否已经穷尽了当地救济(在本案中即为对法院的裁决进行上诉或申诉等)。只有在穷尽了当地救济，还无法改变法院错误干涉的情况下，才能认为存在拒绝司法，进而认定法院存在错误干涉。而在本案中显然 Saipem 公司没有穷尽当地救济，没有对法院的裁决，特别是对初级法院撤销仲裁权的裁定提出上诉

---

〔46〕 同前注，第 152 – 153 段。

〔47〕 SAIPEM S. p. A. v. The People's Republic of Bangladesh, ICSID Case No. ARB/05/07，裁决，2009 年 6 月 30 日，第 117 段。

过,因而在没有穷尽当地救济的情况下,Saipem 公司主张法院存在错误干涉(非法撤销 ICC 仲裁院裁决)的观点无法成立。简单理解孟加拉国的观点就是,既然认为法院的裁决是错误的,就应先利用该国当地的司法程序进行上诉等来纠错,在穷尽当地救济措施来纠错前,就不能认定存在拒绝司法,更不能认定法院的干涉是错误的。同时孟加拉国还提出,在本案中也没有证据能够证明 Saipem 公司寻求下步司法救济是徒劳的或无效的。〔48〕 为夯实其观点,孟加拉国还援引了 Loewen 案中仲裁庭的观点:"当基于一法院裁决而主张存在'拒绝司法'或'国家征收'时,穷尽当地救济规则毫无疑问应作为一个实质要件来加以适用"。〔49〕

(2)Saipem 公司的观点

Saipem 公司则认为,首先,穷尽当地救济在本案中并不适用。其次,即便适用,Saipem 公司为纠正孟加拉国法院的非法行为也已作出了所有努力。〔50〕为支持其观点,Saipem 公司引用了 Generation Ukraine 案中仲裁庭的观点,〔51〕即依照《华盛顿公约》第 26 条的规定,若缔约方在双方间的 BIT 或其他双边协议或其内部相关规定中,没有明确约定将穷尽当地救济作为提交 ICSID 进行仲裁的前提条件的话,则并不需要投资者穷尽当地救济。而本案中,意大利与孟加拉国间的孟意 BIT 中并没有将穷尽当地救济列为将争议提交 ICSID 仲裁的程序性前提条件,因而在本案中不予适用。Saipem 公司同时认为本案是有关征收的案件,它与主张存在拒绝司法不同,拒绝司法关注的是流程问题,即关注可产生结果的流程,但并不关注在每个具体个案中产生的这一结果是否公正或正确。这也就解释了为什么有人认为国家必须要承担起维持其法律体系全面、正常运作这一流程义务,从而避免拒绝司法情况的存在,避免因缺乏这一流程而无法产生结果。至于结果的公正或正确并不是国家国际义务的内容。而征收关注的是结果,只关注投资者的财产在结果上是否最终被非

〔48〕 SAIPEM S. p. A. v. The People's Republic of Bangladesh, ICSID Case No. ARB/05/07, 管辖权裁决,2007 年 3 月 21 日,第 150 段。

〔49〕 SAIPEM S. p. A. v. The People's Republic of Bangladesh, ICSID Case No. ARB/05/07, 裁决,2009 年 6 月 30 日,第 178 段。

〔50〕 同前注,第 177 段。

〔51〕 Generation Ukraine, Inc. v. Ukraine, ICSID Case No. ARB/00/9, 裁决,2003 年 9 月 16 日,第 13.3 - 13.6 段。

法剥夺,它并不关注产生这一结果的方式或流程问题,因此这二者是有区别的。[52] 言下之意就是不能将作为存在拒绝司法实质要件的穷尽当地救济,也作为征收的实质要件,故而不能要求 Saipem 公司要先穷尽当地救济才能对其征收的主张予以采信。

(3)仲裁庭的观点

虽然孟加拉国认为穷尽当地救济是采信 Saipem 公司主张以及仲裁庭确定管辖权的前提,但仲裁庭并不这样认为。[53] 仲裁庭几乎与 Saipem 公司的意见一致,首先,仲裁庭认为《华盛顿公约》第 26 条已经免除了穷尽当地救济这一要求,而且双方签订的孟意 BIT 或在孟加拉国立法中,都没有要求要先穷尽当地救济才能去 ICSID 进行仲裁,因此在本案中并不适用穷尽当地救济规则。其次,仲裁庭也认为,穷尽当地救济虽适用于存在拒绝司法这一主张,而且是构成该主张的实质要件,但穷尽当地救济与采信原告主张的国家征收问题无关。原则上讲,穷尽当地救济并不适用于征收领域,Saipem 公司主张的通过法院实施的征收以法院的行为违法为前提,而并不以拒绝司法为前提,因此这也就趋向认为,穷尽当地救济并不是认定法院实施了征收的一个实质要求。[54] 同时,仲裁庭认为穷尽当地救济应该是让当事人寻求有效的救济途径而不是无效或不可能发生的救济。但在本案中,Saipem 公司为纠正法院的错误行为,已在孟加拉国进行了两年半时间的司法救济,还是以失败告终,因而不可能再穷尽更有效的救济措施。要求 Saipem 公司进行更多的上诉或司法救济等,只相当于要求 Saipem 公司去获得不可能的救济。[55]

(4)评析

综上各方的观点,简单而言其分歧点在于是否要适用穷尽当地救济规则。孟加拉国认为要适用的依据在于,Saipem 公司主张的国家征收其实质为孟加拉国存在拒绝司法,而要证明存在拒绝司法就应先穷尽当地救济。而 Saipem

---

〔52〕 SAIPEM S. p. A. v. The People's Republic of Bangladesh, ICSID Case No. ARB/05/07, 裁决, 2009 年 6 月 30 日, 第 180 段。

〔53〕 SAIPEM S. p. A. v. The People's Republic of Bangladesh, ICSID Case No. ARB/05/07, 管辖权裁决, 2007 年 3 月 21 日, 第 151 段。

〔54〕 SAIPEM S. p. A. v. The People's Republic of Bangladesh, ICSID Case No. ARB/05/07, 裁决, 2009 年 6 月 30 日, 第 181 段。

〔55〕 同前注, 第 182 - 183 段。

公司和仲裁庭认为无须适用的依据在于,《华盛顿公约》第 26 条、孟意 BIT 以及孟加拉国国内法并未规定要以穷尽当地救济作为提交 ICSID 进行仲裁的前提条件,同时认为国家征收与拒绝司法不同,主张存在拒绝司法需要以穷尽当地救济为实质要件,但主张国家征收并不需要以穷尽当地救济为实质要件。面对这样的分歧,除考察本案仲裁庭提出的国家征收是否需要穷尽当地救济这一问题外,[56]还需要考察拒绝司法、司法征收以及穷尽当地救济间的关系问题。

①拒绝司法

拒绝司法源于中世纪的习惯国际法,被认为是涉及国家责任的国际法规定中最重要的概念和条款,旨在对遭受东道国司法上不公正待遇的域外国民给予保护。联合国国际法委员会在 2001 年通过了《国家对国际不法行为的责任条款草案》,该草案在国际层面确立一国国家机关(包括立法机关、司法机关和行政机关,以及行使任何其他职能的机关)的行为责任应归于该主权国家,这为拒绝司法被广泛确立为一项国际不法行为,提供了有力佐证。[57]

目前对于拒绝司法没有一个公认准确、权威的定义,一派学者认为导致一国承担国际法上的责任的一国不法行为,无论是否为司法性质,都是拒绝司法行为。但另一派学者则认为拒绝司法仅限于司法行为,而不论这种行为是由司法机关还是由执行类似职能的部门实施的。由立法或者行政部门实施的行为根据其他理论,虽然也有可能引起一国国际法意义上的国家责任,但其本身却不能被称为拒绝司法,[58]目前这一派观点占主流。随着各国对拒绝司法概念和适用的关注,多数学者和仲裁员还将拒绝司法分为形式上的拒绝司法和实体上的拒绝司法两大类。[59]

起初,拒绝司法是在外交保护的框架下援引国家责任的理由。然而,随着近代 BIT 和区域贸易协定适用范围的扩大,如《北美自由贸易协定》(North

---

〔56〕 同前注,第 176 段。

〔57〕 金隽艺:《论国际投资仲裁中拒绝司法救济之新途径》,载《国际经济法学刊》2014 年第 1 期,第 103 页。

〔58〕 Alwyn F. Freeman, *The International Responsibility of States for Denial of Justice*, Kraus Reprint Company, 1970, p. 67 – 72.

〔59〕 Andrea K. Bjorklund, *Reconciling State Sovereignty and Investor Protection in Denial of Justice Claims*, Virginia Journal of International Law, Vol. 45, p. 843(2005).

American Free Trade Agreement,NAFTA)允许直接诉诸仲裁,那些因诉诸东道国司法体系而遭受权利侵害的投资者已经开始以拒绝司法为由通过国际仲裁法庭对东道国提出索赔。[60] 随着拒绝司法在国际投资仲裁领域的实践,仲裁庭对其概念、适用条件等进行了新的发展。首次对拒绝司法在国际投资仲裁实践中予以明确限定的是 Azinian 案,该案系基于 NAFTA 第 1105 条第 1 款发生纠纷的第一案。虽然仲裁庭对第 1105 条第 1 款解释存在刻意回避之嫌,但其对于拒绝司法四种表现形式的阐述在一定程度上弥补了对第 1105 条解释的瑕疵。该仲裁庭认为,拒绝司法包括拒绝诉诸法院,不当拖延审理,以严重不当的方式执法,明显恶意地滥用法律。[61] 这一对拒绝司法表现形式的归纳后在 Mondev 案、Loewen 案及 Iberdrola 案等中均被引用。[62] 在 Jan Oostergetel 案的裁决中,仲裁庭在审视涉案行为是否构成拒绝司法时,重塑早前学者和仲裁员在拒绝司法分类上业已达成的共识,认为拒绝司法可以分为程序上的拒绝司法(主要涵盖违反正当程序原则和不当拖延审理)和实体上的拒绝司法[涉案行为所造成的结果是否有损司法恰当性(judicial propriety)]。该仲裁庭还认为对于实体上是否构成拒绝司法的审查系更高要求的审查,反映了国际法中拒绝司法之诉的本意。[63]

由此可见,禁止拒绝司法是国家的一项习惯国际法义务,各国应向他国国民或投资者提供可为其寻求司法救济且公平、有效的司法体系。只有当一国缺乏这一体系来纠正被指控的司法行为时才会引起国家责任。[64] 而在纠错前不能认为存在国家责任,这也就要求先穷尽当地救济。

---

〔60〕 Giulia Carbone, *Interference of the Court of the Seat with International Arbitration*, The Symposium,Journal of Dispute Resolution. Vol. 2012, p. 238.

〔61〕 Robert Azinian and others. v. United Mexican States, ICSID Case No. ARB(AF)/97/2, 裁决, 1999 年 11 月 1 日,第 99、102 – 103 段。

〔62〕 Mondev International Ltd. v. United States of America, ICSID Case No. ARB (AF)/99/2. Award, OCT. 11. 2002. Loewen Group, Inc. and Raymond L. Loewen v. United States of America, ICSID Case No. ARB(AF)/98/3. Iberdrola Energía S. A. v. Republic of Guatemala, ICSID Case No. ARB/09 /5.

〔63〕 Jan Oostergetel and Theodora Laurentius. v. The Slovak Republic, UNCITRAL Ad Hoc, Final Award,2012 年 4 月 23 日,第 275 – 299 页。

〔64〕 Jan Paulsson, *Denial of Justice in International Law*, Cambridge University Press,2005,p. 100.

②司法征收与穷尽当地救济

在认定存在拒绝司法行为之前应穷尽当地救济，这一规则的理论依据在于，一国只有在其无法提供一套公正、有效的司法系统时才承担国际义务，而是否未能提供，则要在穷尽其司法体系后才能得知，而不能仅仅因为低层法院的一个判决就认定其存在拒绝司法行为，而要让国家自身有机会通过其法律系统（上诉等）来纠正下级法院的错误判决，当穷尽所有还不能进行纠错时，才能确定其存在拒绝司法。换言之，在涉案司法行为并非终局的情况下，东道国法院或其他有权机关所实施的侵害行为都是可以被纠正的。只有当涉案纠纷最终到达东道国的最高审级，涉案行为所造成的损害仍得不到救济时，方可以拒绝司法为诉由，寻求国际层面的救济。[65] 另外，在穷尽当地救济措施前就提起国际层面的仲裁等来审查拒绝司法行为也存在干涉他国司法主权的嫌疑，于是各国纷纷认同在以拒绝司法追究东道国国家责任之前要适用穷尽当地救济规则。这也是孟加拉国认为应穷尽当地救济的原因所在。为此，孟加拉国也援引了 Loewen 案仲裁庭的观点，主张当投资者因不满东道国国内法院的裁决而诉至国际仲裁庭时，无论该投资者是以拒绝司法还是以国家征收作为诉由，均必须适用穷尽当地救济规则。[66]

本案中 Saipem 公司主张的国家征收实际为孟加拉国法院通过裁决的方式剥夺了其投资，系以司法行为实施的国家征收，也即司法征收。由于司法征收的实施主体为司法机关，其结果有损投资者利益也有损司法恰当性，属于司法机关的不当行为，或者说是拒绝司法的一种表现形式。既然认定存在拒绝司法行为要以穷尽当地救济为前提，那么从逻辑上来讲，该要求应该同样适用于所有的司法不当行为，当然也就包括司法征收行为。[67] 因此，我们可以说，司法征收包含在拒绝司法范畴之内，也应适用穷尽当地救济规则。

而本案仲裁庭在审理上述争议问题时，首先承认 Loewen 案确立的穷尽

---

〔65〕 金隽艺：《论国际投资仲裁中拒绝司法救济之新途径》，载《国际经济法学刊》2014 年第 1 期，第 113 页。

〔66〕 Loewen Group, Inc. and Raymond L. Loewen. v. United States of America, ICSID Case No. ARB (AF)/98/3，裁决，2003 年 6 月 26 日，第 141 段。

〔67〕 Mavluda Sattorova, *Judicial expropriation or denial of justice? A note on Saipem. v. Ban – gladesh*, International Arbitration Law Review, Vol. 2:35, p. 38 – 39 (2010).

当地救济规则应在拒绝司法案件中予以适用。但接下来话题一转,强调因东道国司法机关的行为造成的征收并不是拒绝司法,因此,并不需要穷尽当地救济。在这里,仲裁庭既未阐明司法征收与拒绝司法的实质区别,也未对司法征收排除适用穷尽当地救济规则的具体原因予以进一步分析,从而在说理上存在极大的瑕疵。假如仅仅如本案仲裁庭所称,拒绝司法与司法征收的区别只是在于后者可以排除穷尽当地救济规则,则这样的论断很难令人信服。[68]

③穷尽当地救济及司法终局性

Loewen 案仲裁庭除提出无论是主张存在拒绝司法还是国家征收都应穷尽当地救济的观点外,该案仲裁庭还就拒绝司法中的"司法终局性"要求作了较为详尽的阐述,并首次厘清了司法终局性与穷尽当地救济规则之间的区别与联系,指出司法终局性的要求并不是穷尽当地救济规则的一部分,而是一个独立且具体的要求,并且仅适用于拒绝司法之诉中。只有在确定是否存在拒绝司法行为中,司法终局性与穷尽当地救济规则之间才没有差别,其目的都是确保东道国在其国内法院实施了不当行为后,有机会在其自有的司法体系中对于该行为予以补救。而在其他情况下,二者虽然在内容上极为相似,但主旨并不相同。[69]

相对于穷尽当地救济来说,司法终局性更偏重于实质结果,即东道国的司法体系已无法再提供纠错功能。而穷尽当地救济更注重程序流程,如是一审结果就应上诉二审,若是二审就应提起再审等,只要在程序上还有再穷尽的可能就应该穷尽,而不注重实际结果是否难以改变。众所周知,在一个国家要走完所有的司法流程可能耗时很长,特别是当东道国有意为之时,让其耗时长达 10 年以上也不足为奇,这无形中给投资者寻求第三方救济造成了巨大阻碍。因此,Loewen 案仲裁庭将司法终局性与穷尽当地救济规则予以区别,是为了强调在认定是否存在拒绝司法行为的过程中,更应注重对司法终局性的考察。

但可惜的是,Loewen 案仲裁庭对何为"终局性"并没有予以界定,比如在我国是二审终审制,那二审裁决算是终局吗,还是再审裁决是终局,抑或申诉

---

〔68〕 金隽艺:《论国际投资仲裁中拒绝司法救济之新途径》,载《国际经济法学刊》2014 年第 1 期,第 116 页。

〔69〕 Loewen Group, Inc. and Raymond L. Loewen. v. United States of America, ICSID Case No. ARB (AF) /98 /3, Award, 2003, Paras. 158 - 159, 161.

后的裁决才为终局。笔者认为,按照目的解释方法,应不拘泥于形式而应以是否在东道国已难以获得公正裁决或在东道国难以实施纠错功能为考量标准,也即部分学者、仲裁员提出的救济措施的"有效性"原则。

虽然,孟加拉国提出没有证据证明 Saipem 公司可以穷尽的司法救济措施是徒劳的或是无效的,但从孟加拉国最高法院高等法庭发布禁止令,到达卡初级法院否决 ICC 的裁决权,且孟加拉石油公司向达卡初级法院申请撤销 ICC 仲裁院关于继续仲裁的决定以及申请禁令遭拒,再到向最高法院高等法庭提起上诉获得禁令,最后到最高法院高等法庭认定仲裁裁决自始无效这一整个流程来看,即便 Saipem 公司对裁决提起上诉,很大程度上也难以改变仲裁裁决无效这一结果,而且这一结果已由上级法院作出,孟加拉国自身的司法体系也难以对这一结果进行纠错。因此可以说,Saipem 公司要穷尽的救济措施难以真正起效,难以改变这一带有终局性的结果。正如本案仲裁庭最后认为,穷尽当地救济应该是让当事人寻求有效的救济途径而不是无效或不可能发生的救济。故,本案仲裁庭可以此为理由来否定穷尽当地救济规则的适用。

④豁免穷尽当地救济之效力

在本案中 Saipem 公司和仲裁庭均提出由于《华盛顿公约》第 26 条的规定豁免了穷尽当地救济的要求,从而在本案中无须再适用穷尽当地救济规则。其实,这样的论断是混淆了拒绝司法情形下穷尽当地救济的性质。首先,查看《华盛顿公约》第 26 条的规定可知,这里的穷尽当地救济只是针对在提请 ICSID 仲裁前,是否还需要有穷尽当地救济这一程序要求。也就是说,在投资者提请 ICSID 仲裁之前,若东道国与投资者间的 BIT 等未明确约定在提请国际仲裁前要穷尽当地救济的话,则依照目前通行做法,均不再要求以穷尽当地救济作为提起国际仲裁的条件,或者说豁免了穷尽当地救济这一程序性要求。但这一豁免只是针对提起国际仲裁而言的,只是能使争议案件在提请 ICSID 仲裁前没有了程序上的障碍。这一豁免在东道国不存在拒绝司法情况下更加凸显,如当东道国国内一当地政府的行政行为被投资者主张构成国家征收时,若关联国家间的 BIT 等已明确规定要穷尽当地救济(未豁免穷尽当地救济),则投资者须穷尽当地救济后,才可提起国际仲裁等来向东道国索赔。若无明确规定(豁免穷尽当地救济),则投资者便可直接提起国际仲裁等来向东道国索赔。

而拒绝司法等同于国际不法行为，该行为的完成要以整个司法系统未能纠正错误为前提，因此支持者认为穷尽当地救济这一要求不是一个程序性条件，而是认定是否存在拒绝司法行为的一个实质性要件。[70] 换句话说，在主张存在拒绝司法的情况下，就必须要穷尽当地救济，否则其主张无法获得支持。因此，Saipem 公司和仲裁庭依照《华盛顿公约》第 26 条提出的豁免，仅为豁免程序上的穷尽当地救济要件，这一豁免可因缔约双方的未约定而成立。但主张存在拒绝司法下的穷尽当地救济却是实质性要件，这一穷尽当地救济要求不可能被豁免，也无法被豁免。

⑤结论：仲裁庭的认定存在不足

综上所述，出于尊重东道国司法主权及自我纠错之考虑，穷尽当地救济应为认定是否存在拒绝司法行为的前提条件，因此 Saipem 公司和仲裁庭以豁免了程序上的穷尽当地救济来抗辩显然难以成立，孟加拉国主张应在认定是否存在拒绝司法之前穷尽当地救济有其合理性。仲裁庭后虽赞同这一观点，但却将 Saipem 公司主张的司法征收与拒绝司法予以区别，进而主张司法征收不适用穷尽当地救济规则，但却没有给予充分的理由说明，从而使其结论缺乏合理性和说服力。

虽然在这里 Saipem 公司说明二者的区别在于，拒绝司法关注的是司法系统的整体运行流程，而司法征收关注的是对财产的剥夺，但这样的理由只看到了表面的差异，而没有看到实质上的相通点，即整个司法系统不但包含程序内容也包含司法征收等实体内容。更为重要的是，没有看到穷尽当地救济真正的逻辑在于给予东道国自行纠错的机会，若一法院作出的司法征收行为由于是关注财产的剥夺就可以免除不被纠错的话，显然与穷尽当地救济的目的相违背。

司法征收作为拒绝司法的一种表现形式，当然也应适用穷尽当地救济规则，只是考虑到穷尽当地救济中司法终局性的实质，以及穷尽的应是有效的当地救济。而考量本案中孟加拉国多家法院的多次行为和裁决，可以推断出

[70] Sattorova, Mavluda, *Denial of Justice Disguised – Investment Arbitration and the Protection of Foreign Investors from Judicial Misconduct*, International and Comparative Law Quarterly, Vol. 61:1, p. 224, 230(2012).

Saipem公司所要穷尽的当地救济难以有效，且孟加拉国最高法院高等法庭作出的裁决已具备司法终局性，故已无必要再进行穷尽当地救济，而此应为仲裁庭认定无须穷尽当地救济的依据和重点。Saipem公司和仲裁庭虽都提到穷尽的应是有效的救济，但在此方面没有展开充分的论述，略显不足。

2. 法院是否存在"滥用权利"

本案在论证是否存在间接征收时，除了论证是否需要穷尽当地救济外，还需要论证法院的撤销行为是否合法，或者说法院是否存在滥用权利，只有在认定法院存在滥用权利的情况下，才能认定其撤销ICC仲裁院裁决的行为违法，进而认定其存在司法征收。

（1）Saipem公司的观点

Saipem公司认为，双方协议约定的是到ICC仲裁院进行仲裁，即将争议案件管辖权授予了ICC仲裁院而排除了法院的管辖权，因此孟加拉国法院撤销ICC仲裁院裁决权的行为是无权行为及（或）非法行为。[71] 根据ICC仲裁院仲裁规则第11条的规定，当事人双方即便要申请撤销仲裁员等事务，也应是向ICC仲裁院提出申请并由ICC仲裁院进行处理，也就是说孟加拉国法院对此并不享有管辖权。[72] 同时，Saipem公司认为孟加拉国法院撤销（ICC仲裁院仲裁权的）裁定由于缺乏合理依据而违背了国际法，并且其对孟加拉石油公司的指控是否具备合理依据也没有进行适当调查。[73]

（2）孟加拉国的观点

孟加拉国则认为，由于双方选择的仲裁地是孟加拉国首都达卡，故孟加拉国法院有撤销ICC仲裁院仲裁权的管辖权。同时，撤销ICC仲裁院仲裁权是依照适用的孟加拉国《仲裁法》（the Bangladeshi Arbitration Act of 1940，BAA）第5条规定而作出的，故法院的撤销行为合理、合法，不为无权行为及（或）非法行为。[74] 关于撤销的事实理由部分，孟加拉石油公司认为，ICC仲裁院仲裁庭的行为明显违法从而使得仲裁程序丧失了公正性，ICC仲裁院仲

---

〔71〕 SAIPEM S. p. A. v. The People's Republic of Bangladesh, ICSID Case No. ARB/05/07，裁决，2009年6月30日，第84段。

〔72〕 同前注，第138段。

〔73〕 同前注，第151段。

〔74〕 同前注，第86段。

裁庭的行为也明显无视法律规定,存在行为不当。特别提到 ICC 仲裁院仲裁庭对孟加拉石油公司四项程序异议的驳回是法院撤销裁决的依据。[75] 这四项程序异议主要涉及孟加拉国要求删除未出庭证人的证言,删除世界银行备忘录及成本、费用计算等证据方面的问题。

(3)仲裁庭的观点

基于双方的争论,仲裁庭需要考虑的问题是:孟加拉国法院是否有管辖权来对 ICC 仲裁院仲裁庭的仲裁予以干涉? 若有,孟加拉国法院撤销 ICC 仲裁院仲裁权的裁定是否合法? 对于第一个问题,仲裁庭认为,根据《华盛顿公约》第 42 条规定,在双方没有对适用的法律达成合意的情况下,仲裁庭应按照东道国的法律以及可适用的国际法规则来裁决案件。[76] 同时,由于双方协议选择的仲裁地在孟加拉国首都达卡,仲裁庭也认为,在大多数法律制度中,仲裁受仲裁地法院的监督,因此孟加拉国法院对 ICC 仲裁院仲裁具有监管权。[77] 根据 BAA 第 5 条的规定,[78] 仲裁庭认为,对于 BAA 的解释应依照孟加拉国法律,而孟加拉国提供的专家意见也认为,仲裁庭在孟加拉国的案件,依照 BAA 可以对仲裁员申请撤销,如果认为该仲裁员存在偏见或有其他不当行为的话。最终仲裁庭认为,孟加拉国当地法院对撤销仲裁员有管辖权。[79]

对于第二个问题,Saipem 公司认为,即便 ICC 仲裁院仲裁庭要接受当地法院监督,那这种监督也必须是依照法治和国际仲裁的通行原则来善意执行。[80] 仲裁庭予以认同,随后对孟加拉国法院的裁定予以审查发现:①在 ICC 仲裁院仲裁期间,孟加拉国法院作出的撤销仲裁权的裁定实际上仅仅是基于仲裁程序问题。同样,孟加拉国最高法院高等法庭也仅仅是基于仲裁庭

---

〔75〕 同前注,第 152 段。

〔76〕 同前注,第 98 段。

〔77〕 同前注,第 187 段。

〔78〕 原文:The authority of the appointed Arbitrator or umpire shall not be revocable except by leave of the court, unless a contrary intention is expressed in the arbitration agreement。See SAIPEM S. p. A. v. The People's Republic of Bangladesh, ICSID Case No. ARB/05/07, 裁决,2009 年 6 月 30 日,第 139 段。

〔79〕 SAIPEM S. p. A. v. The People's Republic of Bangladesh, ICSID Case No. ARB/05/07, 裁决,2009 年 6 月 30 日,第 143 段。

〔80〕 同前注,第 186 段。

的裁决权已被撤销这一基础而裁定 ICC 仲裁院裁决自始无效,而根本没有对 ICC 仲裁院裁决中有关仲裁管辖权权限或争议事实方面的问题予以考察。[81] ②在对被指控的 ICC 仲裁院仲裁程序问题予以审查后,仲裁庭也并没有发现 ICC 仲裁院仲裁程序存在任何、哪怕是轻微的错误或行为不当。[82] ③仲裁庭还发现孟加拉石油公司此前并没有对 ICC 仲裁院仲裁机构提出过批评,甚至也没有(向 ICC 仲裁院仲裁机构)提出或证明某仲裁员的行为是不适当的、不合法的或不公正的。相反仅仅只是基于 BAA 第 5 条的宽泛规定让孟加拉国法院可自由推断 ICC 仲裁院仲裁员的行为有有违公正性的可能,便努力去证明法院撤销裁决的合理性。同时孟加拉国在本案所陈述的意见中,也没有去证明 ICC 仲裁院仲裁庭存在不当行为,而此不当行为构成了合理撤销仲裁权的意见存在。[83] ④最后,仲裁庭还发现,在孟加拉国法院作出撤销 ICC 仲裁院仲裁权裁决的司法过程中,ICC 仲裁院仲裁庭的仲裁员不但未被孟加拉国法院问询过更没有让他们参加过庭审。[84] 因此,基于以上原因,仲裁庭认为虽然国内法院有权对仲裁员的错误行为作出裁决,但不能在完全与仲裁员的不当行为无关的基础上运用这一监管权。而本案中孟加拉国法院撤销 ICC 仲裁院仲裁权的标准以及依照该标准衡量事实的方法未与仲裁员的不当行为挂钩,从而构成了对 ICC 仲裁院仲裁程序监管权的权利滥用。[85]

为了夯实孟加拉国法院存在滥用权利这一观点,仲裁庭还引用了禁止滥用权利这一国际法基本原则,认为孟加拉国法院虽享有对 ICC 仲裁院仲裁的监督权,但其对该权利的运用与创设该权利的目标不符即构成国际法上禁止的滥用权利。[86] 同时援用了《承认及执行外国仲裁裁决公约》(Convention on the Recognition and Enforcement of Foreign Arbitral Awards,以下简称《纽约公约》)第 2 条的规定,认为孟加拉国法院作出的虽不是不可仲裁的禁令而是撤销仲裁权的裁定,但其在效果上都会使仲裁无法继续进行,从而违背了《纽约

〔81〕 同前注,第 107 段。
〔82〕 同前注,第 155 段。
〔83〕 同前注,第 156 段。
〔84〕 同前注,第 158 段。
〔85〕 同前注,第 159 段。
〔86〕 同前注,第 161 段。

公约》第 2 条所体现的原则(尊重双方选择仲裁的权利)。[87]

最终,仲裁庭认为孟加拉国法院虽对 ICC 仲裁院仲裁具有监督权,但却滥用了该权利,因此孟加拉国撤销 ICC 仲裁院仲裁权的做法是非法的。

(4)评析

综合各方观点,简而言之其争议的焦点在于孟加拉国法院撤销 ICC 仲裁权的行为是否合法。而要判断一个法院的行为是否合法首先要明确所适用的法律,也即要找到判断的标准;其次再分别从程序和实体两个角度来判断其行为是否合法。

①适用的法律

ICC 仲裁院与孟加拉国法院本应属于两个不同维度的争端解决体系,但由于本案中双方约定的仲裁地是孟加拉国的首都达卡,二者关联起来。根据属地主义理论,既然仲裁地在孟加拉国首都达卡,为方便未来仲裁结果能获得当地国的承认与执行,ICC 仲裁院仲裁当然也应遵循孟加拉国法律。[88] 同时根据《华盛顿公约》第 42 条的规定,在双方没有对适用的法律达成合意的情况下,仲裁庭应按照东道国的法律以及可适用的国际法规则来裁决案件。因此,仲裁庭认为孟加拉国法律以及可适用的国际法规则为争议所适用的法律,此为合理。在具体就孟加拉国法院裁决是否合法这一问题进行考量时,孟加拉国的法律主要为 BAA,可适用的国际法规则主要为禁止滥用权利这一国际法一般法律原则。

②程序上孟加拉国法院是否具有管辖权

孟加拉国法院撤销 ICC 仲裁院裁决权的行为,从程序角度考虑,应是先判定其是否有权干预 ICC 仲裁院仲裁。根据前述,当事人双方选择在孟加拉国首都达卡进行仲裁,这种安排就涉及要适用该国的法律,[89] 准确地说应适用 BAA。根据该法第 5 条的规定,孟加拉国法院享有对仲裁庭仲裁员行为的监管权。Saipem 公司主张由于双方同意向 ICC 仲裁院申请仲裁,因此排除了

---

〔87〕 同前注,第 167 段。

〔88〕 Giulia Carbone, *Interference of the Court of the Seat with International Arbitration*, The Symposium, Journal of Dispute Resolution, Vol. 2012, Issue. 1, p. 220.

〔89〕 Nigel Blackaby et al., *Redfern and Hunter on International Arbitration*, 5th edition, Oxford University Press, 2009, p. 184.

孟加拉国法院的管辖权,这忽视了双方选择了孟加拉国首都达卡作为仲裁地这一事实,而这一事实确定了仲裁也要受仲裁地法院的监管。〔90〕

这里还有一个需要考虑的问题就是,根据 ICC 仲裁院仲裁规则第 11 条的规定,若要挑战或撤销仲裁员应向 ICC 仲裁院秘书处提出并由其处理,同时 ICC 仲裁院仲裁规则第 7 条规定,ICC 仲裁院对撤销仲裁员的处理为最终处理结果,意在确定其撤销权的独有性和终局性。这刚好与孟加拉国法院享有对仲裁员仲裁行为的监管权相竞合,应该如何取舍?本案中仲裁庭并没有对此展开讨论和分析,而是径直认为既然要适用当地法律,那么孟加拉国便享有对 ICC 仲裁院仲裁的监管权,包括对孟加拉石油公司指控的仲裁员的不当行为进行监管的权利。实际上,关于终局性问题,大多数国家认为,虽然 ICC 规则规定对撤销仲裁员的裁定具有终局性,但这只是表明在 ICC 仲裁院机构内不再有寻求进一步救济的可能,〔91〕而并不能否定当地法院对其的救济。但关于独有性问题,考虑到 ICC 仲裁院仲裁规则第 11 条之规定,对于是否先向 ICC 仲裁院提出撤销仲裁员的异议后,才能再向当地法院寻求救济目前却没有普遍的统一论述。但至少从善意解释原则来考虑,既然双方约定是到 ICC 仲裁院仲裁便要遵循 ICC 仲裁院仲裁规则,而遵照 ICC 仲裁院仲裁规则第 11 条的规定,应先向 ICC 仲裁院提出异议,不满 ICC 仲裁院的裁定时再寻找当地法院救济。依此,孟加拉石油公司径直向本国法院主张撤销仲裁不合理,也有不当行使权利之嫌。

③实体上孟加拉国法院的裁决是否合法

第一,孟加拉国法院裁决因缺乏依据而系滥用权利。在确定具有监督权后,孟加拉国法院如何行使这一权利应是考察的重点。按照 Saipem 公司的观点,即便孟加拉国法院具有监管权,其也应遵循法治和国际仲裁的通行原则并

---

〔90〕 在国际商事仲裁中,对于选择某国做仲裁地的行为,属地主义观点认为,所选择的仲裁地所在国的法律当然应适用于国际商事仲裁。而去地域化主义观点认为,即便双方选择了某国作为仲裁地,仲裁也不应受当地法律束缚,而应完全按国际规则处理。但在司法实践中,由于不受当地法律束缚便面临着未来仲裁裁决难以获得该国承认与执行,甚至被撤销的风险,故这一理论难以获得现实支持。see Giulia Carbone, *Interference of the Court of the Seat with International Arbitration*, The Symposium, Journal of Dispute Resolution, Vol. 2012, Issue. 1, p. 220.

〔91〕 Yves Derains & Eric A. Schwartz, *A Guide to the ICC Rules of Arbitration*, 2nd edition, Kluwer Law International, 2005, p. 140.

善意实施。[92] 因此,仲裁庭审查了孟加拉国法院作出裁定的方式和依据,发现作为孟加拉国法院撤销依据的仲裁员的不当行为并不存在。且在孟加拉石油公司向法院提起撤销申请之前,该公司并没有向 ICC 仲裁院提出过仲裁员存在不当或不法行为,或对 ICC 仲裁院提出过批评。同时还发现孟加拉国法院在审判过程中,即便 Saipem 公司提出异议,也未问询过 ICC 仲裁院仲裁员更没有让他们参加过庭审,而是径直作出裁决。因此仲裁庭最后认为,孟加拉国法院的裁定缺乏合理依据,依据不得滥用权利这一一般国际法原则,孟加拉国法院的行为属于实施其权利与设立该权利的目标不符,故其撤销 ICC 仲裁权的行为为滥用权利的非法行为。

由此可以看出,一国法院虽然享有对国际仲裁庭的监管权,但该权利的行使并非随心所欲,而要遵循基本的一般国际法原则——禁止滥用权利。在国际法中,禁止滥用权利即要求一国在行使一项权利时,不应妨碍其他国家行使其自己的权利,也不应与设立该权利的目标不符,从而造成伤害。具体包括三种方式:一是一国行使其权利的方式使另一国在行使自己的权利时受到阻碍,并因此而受到损害;二是故意行使权利的目的与设立该权利的目的不同,结果造成了伤害;三是一国任意行使其权利,对其他国家造成伤害,但没有明显侵犯其权利,也可以构成滥用权利。[93] 正是基于禁止滥用权利这一基本原则,虽然 Saipem 公司没有明确提出该原则来支撑其主张,但仲裁庭自主适用了该原则,并对孟加拉国法院行使监管权的方式和依据进行了审查,发现其行使权利的目的与国际法设立该权利的目标不符,故属于第二种方式的滥用权利行为,从而判定存在滥用权利。由此也可以看出,虽然在国际投资仲裁案件中,普通法系下的审判方式仍然占据主流,在普通法中裁判者通常并不主动审查或提出法律主张,而主要是对控辩双方的观点和理由予以被动审查,再判定支持哪方的主张。而在本案中仲裁庭主动提出滥用权利原则并对孟加拉国法院的行为方式和依据予以审查,已呈现出大陆法系裁判者的思路与行为方式,这

[92] SAIPEM S. p. A. v. The People's Republic of Bangladesh, ICSID Case No. ARB/05/07, 裁决, 2009 年 6 月 30 日,第 186 段。

[93] Alexandre Kiss, Abuse of Rights, December, 2012. 见剑桥国际公法(Oxford Public International Law)官网, https://opil. ouplaw. com/display/10. 1093/law:epil/9780199231690/law - 9780199231690 - e1371? print = pdf. 2023 年 10 月 26 日访问。

也反映出两种法系中裁判者不同审理方式的融合趋势。

第二,孟加拉国法院裁决违背双方的仲裁约定。仲裁庭提出孟加拉国法院撤销仲裁权的裁定违背了《纽约公约》第 2 条反映的尊重双方选择仲裁的权利的规定。这是因为在国际上虽然认可当地法院的监管权,但对当地法院所作裁定是否都应遵循存在争议。有的主张对于合法的法院裁定应予以遵循,对于非法的裁定则不予遵循。这一主张带来的直接问题就是应以何标准来判定法院的裁决是合法还是不合法。然而在这里显然不应以当地法律作为判定标准,因为通常依照当地法律,当地法院的裁定都是正确和合法的。从而有学者提出应依照"被认可的国际仲裁惯例、被认可的适用于国际仲裁中的国际法规则"来评定当地法院的裁决是否合法。[94] 这当然有其合理性,但这些惯例和规则本身缺乏确定性,同时仲裁地国可能对其他多国认同的惯例或规则并不认同,或者说某些惯例或规则并没有受到广泛接受和认可,这都导致适用这些惯例和规则作为评价标准存在困难。

鉴于此,在国际投资仲裁实践中逐步发展出以当地法院的裁决是否违背当事人双方之前仲裁约定为标准来判定其合法与否。如 Salini 对埃塞俄比亚投资案裁决中就表明,当法院的裁决与当事人间的仲裁协议约定不符时,仲裁员可以拒绝遵循该法院裁决。[95] 也就是说,当法院的裁决明显缺乏依据或实质是为撤销或阻碍当事人间的仲裁约定时,对该法院裁决可不予遵循。总而言之,目前对于仲裁地法院裁决和仲裁协议二者的相互关系应这样理解:双方选择在仲裁地国进行仲裁时,即表明愿意接受当地法院的监管,当法院的裁决并不妨碍或违背仲裁协议的约定时,双方应予以遵循。[96] 放到本案中,仲裁庭认为孟加拉国法院撤销 ICC 的仲裁权其实质就是使仲裁无法进行,而仲裁的无法进行必然与双方提交 ICC 仲裁院仲裁的约定相违背,也违背了《纽约公约》第 2 条所体现的原则(尊重双方选择仲裁的权利),故法院的裁决应为非法裁决而不予遵循。在这里,仲裁庭除认真考察法院裁决的方式和依据来

---

〔94〕 Giulia Carbone, Interference of the Court of the Seat with International Arbitration, The Symposium, Journal of Dispute Resolution, Vol. 2012, Issue. 1, p. 235.

〔95〕 Salini Costruttori S. P. A, ICC Arbitration No. 10623/AER/ACS, 7 Dec 2001, para. 128.

〔96〕 Giulia Carbone, *Interference of the Court of the Seat with International Arbitration*, The Symposium, Journal of Dispute Resolution, Vol. 2012, Issue. 1, p. 236 – 237.

判定是否存在滥用权利外，也采用了是否与双方的仲裁约定相冲突这一标准来进一步判定孟加拉国法院裁决的非法性，以增加其说服力。

其实，若按照这一标准，仲裁庭还可进一步提出，由于双方选择到 ICC 仲裁院进行仲裁，双方即应遵循《国际商会仲裁规则》，这也应属双方仲裁约定的内容。而根据《国际商会仲裁规则》第 11 条的规定，若要撤销仲裁员应向 ICC 仲裁院提出并由 ICC 仲裁院来裁定，孟加拉石油公司未依照该约定而径直向当地法院寻求救济违背了这一规定，而法院对此径直作出裁决也显然与双方的仲裁约定不符，故依照当前标准，法院的裁决为非法行为可不予遵循。此外，既然孟加拉石油公司是以仲裁员的不当行为为依据来申请撤销仲裁员，那么按常理即便径直由法院进行监管，法院也应是撤销某仲裁员而由双方或 ICC 仲裁院另行选定仲裁员便可，不必直接撤销整个仲裁庭的仲裁权，这一阻碍国际仲裁顺利进行的意图太过明显，故对这一行为要予以制止。

3. 拒绝司法与间接征收

当一国特别是该国法院的行为被认为属滥用权利而损害投资者利益时，投资者通常是以拒绝司法或违背公平公正待遇原则来向东道国索赔。因此，拒绝司法作为一个大的概念范畴包含了法院对外国投资者未提供合法、有效司法保护的多种行为，其中就包括法院滥用权利。按理，Saipem 公司可基于体现为滥用权利方式的拒绝司法或违背公平公正待遇原则来向孟加拉国主张索赔，但本案的特殊之处在于，意大利与孟加拉国间的 BIT 并不包含该条款，而只包含征收、国有化或其他类似措施可作为索赔的依据。于是，在将法院的行为论证为滥用权利的拒绝司法行为且不必再穷尽当地救济后，仲裁庭又继续论述孟加拉国法院的裁决实际上使仲裁无法进行，也使得 Saipem 公司基于仲裁的权益（被 ICC 仲裁院裁决具体化）无法获得实现，这就相当于间接剥夺了 Saipem 公司本应享有的财产，此属于孟加拉国的间接征收行为，从而要求孟加拉国予以赔偿。

三、结语

(一)投资的认定及其影响

1. 投资的认定

Saipem 公司案之所以引起国际法学者和工作者的广泛关注与争论,其中一个重要原因在于该案仲裁庭对投资的扩大化解读。正如前文所述,本案在管辖权阶段争论的实质就是 ICC 仲裁院裁决是否为投资。在论证工程合同符合《华盛顿公约》第 25 条下的投资后,Saipem 公司认为 ICC 仲裁院裁决即构成孟意 BIT 第 1 条第 1 款(c)项规定的"一定金钱的债权",显然孟加拉国不同意此意见。仲裁庭在此基础上认为,虽然仲裁裁决不是投资,也没有创设双方的权利义务关系,但仲裁裁决体现了双方在工程合同项下的权利义务关系,即体现为一方有权要求另一方支付一定金钱的债权,因而作为合同债权符合孟意 BIT 第 1 条规定的投资。[97] 这种将 ICC 仲裁院裁决认定为债权进而认定为投资的做法,打破了目前国际社会两套争端解决机制(国际商事仲裁与国际投资仲裁)并行不悖的现状。

2. 对两类争端解决机制的影响

目前国际经贸争议,除了国家间和世贸组织成员间的争议外,还包括两类争议:一类是私人间的争议,这一类争议通常采用国际商事仲裁方式来解决,另一类是投资者与东道国间的争议,这一类争议通常采用国际投资仲裁方式来解决。该两套争议解决方式由于参与的主体、适用的法律以及仲裁协议等诸多方面的不同而存在较大差异且不相交。而本案中仲裁庭将一国际商事仲裁裁决结果定性为投资的做法,将会使投资者又可采用国际投资仲裁方式来实现其诉求,从而使两种原本处理不同争议类型的争端解决方式相互交叉,打

---

〔97〕 意大利与孟加拉国 BIT 第 1 条第 1 款(c)项规定的投资包括一定金钱的债权、抵押权、与投资相关的具有经济价值的服务,以及下文第 5 款定义的再投资收益。孟意 BIT 第 1 条第 1 款原文:…c) credit for sums of money or any right for pledges or services having an economic value connected with investments, as well as reinvested income as defined in paragraph 5 hereafter。See 中国商务部(the Ministry of Commerce of the People's Republic of China)官网, http://images. mofcom. gov. cn/tfs/202009/20200918163349821. pdf. 2023 年 10 月 26 日访问。

破了二者的平行模式,这必将为后面利用国际投资仲裁来解决私人间的国际商事仲裁纠纷创造可能与机会。特别是随着科技的发展,一项跨国经贸活动既可能涉及投资也可能涉及国际贸易,这又将为打破二者的平行创造外部条件。

3. 对 1958 年《纽约公约》的影响

本案也对 1958 年《纽约公约》提出了新的问题。因为本案的背景是 ICC 仲裁院仲裁程序遭到了孟加拉国的不断干涉,其裁决结果也被孟加拉国裁定为自始无效,也就是说本案中对 Saipem 公司有利的国际商事仲裁裁决结果无法获得孟加拉国的承认与执行。同时,虽然孟加拉国是《纽约公约》的缔约方,本应承认与执行 ICC 仲裁院裁决结果,但在本案中显然难以实现。那么在这种情况下,Saipem 公司除了寻求国际投资仲裁方式外,还有什么救济途径能够让其合法权益得到实现呢?这是我们在批评本案仲裁庭扩大解读投资定义后应予以思考的问题。或许修改《纽约公约》增设对国内法院干涉国际仲裁的审查机制也是一种可能的改革方向。

(二)滥用权利的认定及其影响

1. 滥用权利的认定

在本案的实体审查部分,其重心是对是否存在滥用权利进行审查。仲裁庭首先是审查孟加拉国法院裁决的依据,结果发现孟加拉国法院的裁决既无相关实体依据,也存在任意性和反常性。其次,依照 1958 年《纽约公约》第 5 条来审查是否存在对 ICC 仲裁院裁决不予承认与执行的例外情形,结果孟加拉国法院并没有指出存在第 5 条第 2 款所规定的例外情形,而又不承认并执行该仲裁,这就构成了法院的滥权行为。[98] 再次,依照 1958 年《纽约公约》第 2 条来审查孟加拉国法院裁决是否违背了当事人双方的仲裁约定,这也是国际社会对仲裁地法院干涉国际仲裁合法与否的判断标准,结果发现孟加拉国法院的裁决的实质是使仲裁无法继续进行,这不但违背了双方提交 ICC 仲裁院仲裁的约定,也违背了 1958 年《纽约公约》第 2 条所体现的原则(尊重双方选择仲裁的权利)。最后,仲裁庭基于以上情况认定孟加拉国法院存在滥用

---

〔98〕 王贵国:《从 Saipem 案看国际投资法的问题与走势》,载《中国政法大学学报》2011 年第 2 期,第 55 页。

权利。从这里可知，仲裁庭是依照国际法的一般法律原则——禁止滥用权利以及1958年《纽约公约》相关规定及体现的原则来审查孟加拉国法院作为仲裁地法院对国际仲裁监管权的运用的。

2. 对东道国司法体系的影响

虽然仲裁庭是依照国际法的一般法律原则来审查法院的裁决行为的，但禁止滥用权利并没有给仲裁庭提供一套明确的衡量标准。为此，根据习惯国际法确定的善意解释原则，仲裁庭认为孟加拉国法院的裁决应符合基本的合理性要求，不得随意行使权利，更不得与行使该权利的目标不符。为审查裁决的合理性，仲裁庭对孟加拉国法院裁决的实体内容予以了审查，而这一审查为其认定裁决的不合理奠定了基础。由此可以看出，在国际仲裁案件中会涉及对一国内法院裁决的审查，这就对该国的司法体系提出了更高要求。为确保国内法院裁决的合法性、合理性，一国法院必须更改其裁判思路和文书写作方法，更多注重说理和事实证据方面的陈述，让裁决结果更具说服力。否则，若一国法院故步自封，不参照、不学习国际法院、国际仲裁院等国际争端解决机构的裁判思路和行文方式，则极有可能导致其裁决文书不被国际争端解决机构所认可，这可谓对一国的司法体系产生了巨大影响。

3. 对1958年《纽约公约》的影响

孟加拉国是1958年《纽约公约》的缔约方，因此孟加拉国有义务遵守该公约的规定，而孟加拉国法院作为孟加拉国的国家机构之一，其行为代表着孟加拉国的行为，故其也应遵守该公约的规定。而在本案中，孟加拉国法院任意撤销裁决的行为，实质是使双方约定的仲裁无法进行，违背了该公约第2条应尊重双方约定仲裁的权利的规定。同时，孟加拉国法院在未审查ICC仲裁院裁决是否属于该公约第5条规定的例外的情况下，对其不予承认与执行，也违背了其加入该公约应予承认与执行外国裁决之义务。对于孟加拉国违反1958年《纽约公约》的行为，本案Saipem公司通过求助于国际投资仲裁的方式，最终成功地向孟加拉国进行了索赔。但其中所耗时间近5年，且得益于仲裁庭的扩大化解释，其过程不可谓不艰辛。对于其他遇到类似情况的投资者或贸易者来说，他们在国际商事仲裁裁决结果无法依照1958年《纽约公约》的规定获得东道国承认与执行时，该如何维护自身的合法权益值得考虑。如前所述，这也就引发了对1958年《纽约公约》予以改革的思考。

第十九章　Wena 诉埃及案
(Wena Hotels Limited v. the Arab Republic of Egypt)

朱永倩

一、案件事实概述

(一)基本案情

1989 年 Wena Hotels Limited(以下简称 Wena)与埃及酒店公司(Egyptian Hotels Company,EHC)就位于埃及卢克索的卢克索酒店(Luxor Hotel)签订了一份为期 21 年 6 个月的“租赁和开发协议”,其中,EHC 是一家隶属于公共部门旅游总局的埃及公共部门公司,由埃及政府全资拥有,并根据 1983 年《管理公共部门公司和组织的第 97 号法律》的规定运营。〔1〕 根据协议,Wena“在租期或延长租期内,享有对该酒店的账户经营和管理的专营权,根据埃及旅游部的规定将酒店的运营效率与标准提升为四星级酒店,或升级为五星级酒店”。依据协议,EHC 不会干涉 Wena 对酒店的经营管理及租期内 Wena 对酒店行使权利,双方之间的纠纷将通过仲裁解决。〔2〕 1990 年 1 月 28 日,Wena 和 EHC 就埃及开罗的尼罗河酒店(Nile Hotel)签订了一份几乎相同的协议。1989 年 10 月 1 日 Wena 还与 EHC 和埃及旅游部签订了培训协议,“在英国培训埃及国民在酒店管理方面的技能”〔3〕。

---

〔1〕 Wena Hotels Limited v. Arab Republic of Egypt, ICSID Case No. ARB/98/4, 裁决,2000 年 12 月 8 日,第 65 段。

〔2〕 同前注,第 17 段。

〔3〕 同前注,第 18 段。

协议签订后不久,Wena 发现酒店的实际情况远远低于合同约定的条件,于是在租约允许的情况下扣留了部分租金;埃及则声称由于 Wena 未支付租金,反过来清算了 Wena 的履约保证金。Wena 和 EHC 之间就各自根据租赁合同承担的义务存在严重分歧。[4] 双方协商无果后,EHC 计划查封酒店,1991 年 4 月 1 日 6 时 15 分左右,EHC 收回卢克索和尼罗河酒店并将申请人驱逐出了酒店。[5] 查封尼罗河酒店的过程中,EHC 通过暴力的手段查封酒店,并与酒店内的工作人员、消费者发生冲突,[6] 发生冲突报警后两三个小时,仅有当地一名警察抵达现场,且两个警察部队均拒绝协助 Wena;有证据表明,当地警察局的警官在晚上 11 时左右开始进行调查。[7] 次日凌晨 1 时,Wena 的雇员去警察局接受调查,警察起初不让他们做陈述,后来只允许他们提交关于个人物品损失的陈述,而不是 EHC 扣押的非法性的陈述。[8] 几乎同时,1991 年 4 月 1 日下午 7 时左右,EHC 暴力查封了卢克索酒店。[9]

1992 年 1 月 16 日,埃及首席检察官裁定,查封尼罗河酒店是非法的,Wena 有权收回酒店。[10] 1992 年 2 月 25 日,尼罗河酒店交还给 Wena 控制。1992 年 2 月 23 日,就在酒店归还前两天,埃及旅游部吊销了尼罗河酒店的经营许可证,理由是酒店违反了消防安全规定。[11] Wena 提供的证人指证,他们恢复尼罗河酒店的控制权后,发现酒店遭到破坏,EHC 已将酒店的许多固定装置和家具移走并拍卖。[12]

1992 年 4 月 21 日,埃及首席检察官裁定 EHC 查封卢克索酒店是非法的,并下令将酒店归还给 Wena。1992 年 4 月 28 日,Wena 重新进入酒店。Wena 的证人指证,卢克索酒店也遭到了破坏。同时,旅游部称卢克索酒店排水系统和消防安全系统存在缺陷,拒绝向 Wena 颁发卢克索酒店的永久经营

---

〔4〕 同前注,第 19 段。
〔5〕 同前注,第 28-32 段。
〔6〕 同前注,第 33-43 段。
〔7〕 同前注,第 44 段。
〔8〕 同前注,第 46 段。
〔9〕 同前注,第 47-50 段。
〔10〕 同前注,第 54 段。
〔11〕 同前注,第 55 段。
〔12〕 同前注,第 56 段。

许可证,只发放了一系列临时许可证。Wena 认为,这妨碍其正常经营酒店。[13] 酒店归还后,Wena 要求埃及进行赔偿,[14] 埃及法院就暴力查封两酒店作出了有利于 Wena 的判决。[15]

Wena 认为,埃及无偿没收其在埃及的投资的行为违反了《大不列颠及北爱尔兰联合王国政府和阿拉伯埃及共和国政府关于促进和保护投资的协定》(Agreement between the Government of the United Kingdom of Great Britain and Northern Ireland and the Government of the Arab Republic of Egypt for the Promotion and Protection of Investments, IPPA)、埃及法律及国际法,同时埃及未能依据 IPPA 及其他国际法对其在埃及的投资提供充分保护与安全(full protection and security),[16] 故向国际投资争端解决中心(International Centre for Settlement of Investment Disputes, ICSID)提起仲裁。

因此,本案的申请方为 Wena,被申请方为阿拉伯埃及共和国(the Arab Republic of Egypt)。本案仲裁请求为:(1)宣告埃及违约,即征收 Wena 的投资而没有提供及时、充分和有效的赔偿,且未给予 Wena 在埃及的投资以公平公正待遇及充分保护与安全待遇;(2)请求埃及赔偿损失,支付不低于 6282 万美元的赔偿金;(3)支付因本次仲裁产生的法律费用。2000 年 12 月 8 日,ICSID 仲裁庭依据 IPPA 中关于征收的规定以及 IPPA 第 2 条第 2 款中关于公平公正待遇及充分保护与安全待遇的条款对本案作出裁决,本案涉及的法律问题及分析如下。

(二)涉及的法律问题

1. 仲裁庭对该案是否有管辖权?
2. 埃及是否构成征收? 并未进行及时、充分、有效的赔偿?
3. 埃及是否违反 IPPA 中的公平公正待遇及充分保护与安全待遇条款?

---

[13] 同前注,第 57 段。
[14] 同前注,第 58 - 62 段。
[15] 同前注,第 75 段。
[16] 同前注,第 75 段。

二、仲裁庭对法律问题的分析

(一)程序性问题:管辖权争议

1. 埃及的观点:仲裁庭没有管辖权

(1)埃及认为没有进行仲裁的合意,申请人实为埃及公司;

(2)Wena 在埃及没有任何投资;

(3)埃及认为申请人和被申请人之间没有法律纠纷;

(4)埃及认为申请人在仲裁请求中同意仲裁不够充分,其请求为时过早。[17]

1999 年 5 月,埃及撤回其中的两项,承认了申请人在埃及的投资,[18]同时撤回对申请人仲裁请求的程序性异议。[19]

2. 仲裁庭观点:仲裁庭具有管辖权

仲裁庭认可其管辖权,同时驳回了埃及的其余两项异议,包括:(1)认为 Wena 为 IPPA 项下的埃及公司;(2)埃及与 Wena 酒店具有初步(prima facie)的法律纠纷。

(二)实体性问题分析

1. 公平公正待遇及充分保护与安全待遇条款

IPPA 第 2 条第 2 款规定:缔约任何一方的国民或公司的投资应始终得到公平和公正的待遇,并应在缔约另一方境内享有充分保护与安全。每一缔约方应确保另一缔约方的国民或公司对在其境内的投资的管理、维护、使用、享有或处置不受任何不合理或歧视性措施的影响。每一缔约方应遵守其就另一缔约方国民或公司的投资所可能承担的任何义务。[20]

(1)Wena 的观点:埃及没有给予其在埃及的投资“公平公正待遇”以及

---

〔17〕 同前注,第 4 段。

〔18〕 同前注,第 5 段。

〔19〕 同前注,第 6 段。

〔20〕 Egypt – United Kingdom BIT, Article 2(2), italaw, https://www.italaw.com/browse/international – investment – agreement – name? field_case_treaties_tid = 396, 2023 年 10 月 22 日访问。

"充分保护与安全",违反 IPPA 第 2 条第 2 款以及其他国际准则。[21]

(2)埃及的观点:提出异议,认为其没有授权也没有参与 1991 年 4 月 1 日的暴力查封酒店行动,也没有参与相关的大部分事件。[22]

(3)仲裁庭的观点:

仲裁庭认为埃及违反了 IPPA 第 2 条第 2 款规定的义务,未给予 Wena 在埃及的投资以"公平公正待遇"以及"充分保护与安全"。仲裁庭认为,首先,虽然不清楚 EHC 官员以外的埃及官员是否直接参与了 1991 年 4 月 1 日的行动,但有大量证据表明埃及知道 EHC 计划查封酒店,但未采取任何行动阻止。其次,查封发生时,警方与旅游部门均未采取任何行动阻止 EHC 的行动;扣押发生后,警方与旅游部门都没有采取任何行动恢复 Wena 对于酒店的占有。最后,埃及从未对 EHC 或其高级官员实施实质性制裁,这表明埃及认可 EHC 的行动。[23]

仲裁庭对于 IPPA 第 2 条第 2 款进行解读后认为,在解释扎伊尔(现为刚果民主共和国)与美国间双边投资条约的类似条款时,ICSID 仲裁庭认为:"东道国所承担的义务是一种警惕义务(obligation of vigilance),即东道国应采取一切必要措施,确保其对投资的充分保护与安全,且不允许援引国内法减损任何此类义务。"[24] 当然,"东道国承诺给予外国投资的这种保护并不是保证不会遭受损害的绝对义务,因为任何违反承诺的行为都会自动代表东道国产生严格责任"[25]。因此,仲裁庭认为,在本案中埃及违反了条约义务,没有给予

[21] Wena Hotels Limited v. Arab Republic of Egypt, ICSID Case No. ARB/98/4, 裁决,2000 年 12 月 8 日,第 80 段。

[22] 同前注,第 81 段。

[23] 同前注,第 84 段。

[24] 《扎伊尔—美国双边投资协定》(Zaire - United States bilateral investment treaty)第 11 条第 4 款与 IPPA 第 2 条第 2 款相似,该条款规定:任何一方的国民与公司的投资应始终在另一方境内得到公平公正待遇与充分保护与安全(待遇)。参见 American Manufacturing and Trading, Inc. v. Republic of Zaire, ICSID Case No. ARB/93/1,裁决,1997 年 2 月 21 日通过,第 28 页。

[25] AAPL 诉斯里兰卡案中,在这种情况下 1980 年 2 月 13 日双边投资协定(《斯里兰卡—联合王国双边投资协定》)第 2 条第 2 款的措辞几乎与 IPPA 同一条中的措辞相同:任何一方的国民和公司的投资在任何时候都应得到公平公正的待遇,并在另一方的领土上享有保护和安全。参见 AAPL v. Sri Lanka, ICSID Case No. ARB/87/3, 裁决, 1990 年 6 月 27 日通过,第 545 页。

Wena 以“公平公正待遇”和“充分保护与安全”待遇。[26]

仲裁庭进而指出，第一，直到事件发生一年后，两家酒店在埃及首席检察官作出决定后才被返还给 Wena，且该结果是基于对埃及施加外交压力才获得；即使埃及首席检察官于 1992 年 1 月 16 日作出第一项关于尼罗河酒店为“非法”查封的决定后，埃及旅游部仍推迟归还尼罗河酒店。[27] 第二，两家酒店均未以查封前的状态归还 Wena，EHC 已将尼罗河酒店的许多固定设施和家具移走并拍卖；且这两家酒店均没有永久许可证，事实上，就在尼罗河酒店归还给 Wena 的前两天，旅游部因其涉嫌违反消防安全规定而吊销了该酒店的经营许可证。但值得注意的是，尽管存在这些违反消防安全规定的行为，旅游部依旧允许 EHC 在 1991 年 4 月至 1992 年 2 月期间经营尼罗河酒店，直到 1992 年 2 月 23 日，在将酒店恢复由 Wena 控制之前，才吊销了许可证。[28] 第三，EHC 及其高级官员均未因强行驱逐和非法扣押酒店约一年时间而受到严重惩罚，这表明埃及纵容了相关官员的行为。[29]

基于上述，仲裁庭认为，埃及违反了 IPPA 第 2 条第 2 款规定的义务，没有给予 Wena 的投资“公正公平待遇”以及“充分保护与安全”待遇。[30]

2. 征收与“充分、及时、有效的赔偿”

仲裁庭同意 Wena 的意见，即埃及的行动构成征收，而且没有进行“及时、充分和有效的赔偿”，违反了 IPPA 第 5 条。该条规定：“缔约一方的国民或公司的投资在缔约另一方境内不得被国有化、征收或被采取相当于国有化或征收的措施，除非是为了与该方内部需要有关的公共目的，并得到及时、充分和有效的补偿。此类补偿应等于在征收之前或在政府正式宣布征收将在未来生效之前（以较早者为准）投资的市场价值，应毫不延迟地进行，可有效变现，并可自由转让。受影响的国民或公司应有权根据进行征收的缔约方的法律，由该缔约方的司法或其他独立机构迅速审查征收是否符合国内法，并根据本款

---

〔26〕 Wena Hotels Limited v. Arab Republic of Egypt, ICSID Case No. ARB/98/4，裁决，2000 年 12 月 8 日，第 84 段。

〔27〕 同前注，第 91 段。

〔28〕 同前注，第 92 段。

〔29〕 同前注，第 94 段。

〔30〕 同前注，第 95 段。

规定的原则对其投资进行估价。"[31] 仲裁庭观点具体如下。

(1)征收的所有权转移对象不仅限于国家

仲裁庭引用了伊恩·布朗利(Ian Brownlie)教授的观点,认为"征收"这一术语并非固定不变的,但构成征收的基本原则已得到充分的确立。后仲裁庭引用 Amco Asia v. Indonesia 一案中仲裁庭的观点,认为"国际法普遍认为,不仅当国家接管私人财产时即为征收,且征收国将所有权转让给另一个法人或自然人时亦为征收",仲裁庭继续指出,征收"也仅存在于国家撤销其法院对被征收者的保护,并默许事实占有人继续占有被征收物的情况下"。[32]

(2)征收的客体不仅局限于有形的财产权

仲裁庭认为,征收不仅局限于有形的财产权,这一点也是公认的。仲裁庭引用 SPP v. Egypt [Southern Pacific Properties (Middle East) Limited v. Arab Republic of Egypt]一案仲裁庭的观点,认为合同权受到国际法的保护,而夺取这种权利就有义务为此作出赔偿。同样,伊朗—美国索赔仲裁庭第二分庭在 Tippets 案(Tippets, Abbett, McCarthy, Stratton v. TAMS - AFFA Consenting Engineers of Iran et al.)中指出,根据国际法,国家干涉财产的使用或享受其收益时,即使财产的法定所有权不受影响,也可能发生剥夺或夺取财产的情况。该仲裁庭继续指出,虽然根据政府对于财产的控制不能直接得出政府夺取财产的结论,但是只要有事件表明所有者已经被剥夺所有权,且这种剥夺不是短暂的,那么就需要依据国际法进行赔偿。[33]

(3)结论

仲裁庭认为无论埃及是否授权或实际参与征收酒店,允许 EHC 强行扣押酒店,并非法占有一年,埃及都已经剥夺了 Wena 的"基本所有权"。[34] 同时考虑到埃及旅游部部长阻挠 Wena 寻求帮助与解决办法,仲裁庭得出结论认为,埃及未能就扣押酒店向 Wena 提供"及时、充分、有效的赔偿",从而违反了

---

[31] Egypt - United Kingdom BIT, Article 5, itlaw, https://www.italaw.com/browse/international-investment-agreement-name? field_case_treaties_tid=396,2023 年 10 月 22 日访问。

[32] Wena Hotels Limited v. Arab Republic of Egypt, ICSID Case No. ARB/98/4, 裁决,2000 年 12 月 8 日,第 97 段。

[33] 同前注,第 98 段。

[34] 同前注,第 99 段。

IPPA 第 5 条规定的义务。[35]

3. 诉讼时效问题

(1)埃及观点:埃及认为 Wena 的诉求已经超过诉讼时效。依据埃及《民法典》第 172.1 条,因违法行为而提出的损害赔偿请求,自受侵害人获悉损害发生之日起 3 年后即告失效,并自违法行为发生之日起 15 年后即告失效。同时埃及提出,IPPA 规定的两个缔约方共同的时效原则——英国《时效法案》(the English Limitation Act)规定违反合同或侵权行为的诉讼时效为 6 年。[36]

(2)仲裁庭观点:

第一,仲裁庭认为没有法律上或公平的(equitable)理由禁止 Wena 的索赔。[37] 根据时效(repose)的公平公正原则(another equitable principle is the notion of "repose"),被申请人虽然有理由相信争端已经被放弃或搁置,但不应该对随后的重诉感到惊讶。仲裁庭认为,Wena 积极起诉其主张,且埃及已充分注意到这一正在进行的争端。[38]

第二,仲裁庭引用 Alan Craig v. Ministry of Energy of Iran 一案[39]中仲裁庭的看法,认为国内时效法对于向国际仲裁庭提出的索赔不具有约束力,尽管仲裁庭在确定索赔不合理拖延的影响时可能会考虑到国内时效法的规定。[40]

第三,仲裁庭认为公平时效原则(equitable principles of prescription)早在 1903 年就在 Gentini 一案[41]中得到意大利—委内瑞拉联合索赔委员会(Italy – Venezuela Mixed Claims Commission)的承认,该案认为,虽然不能援引当地时效法推翻国际索赔,但是国际法庭可以考虑公平时效原则驳回不适时(untimely)的索赔。

---

〔35〕 同前注,第 100 – 101 段。

〔36〕 同前注,第 102 段。

〔37〕 同前注,第 104 段。

〔38〕 同前注,第 105 段。

〔39〕 Alan Craig v. Ministry of Energy of Iran, 3 Iran – U. S. Claims Tribunal 280 (1984); see also George Aldrich, *The Jurisprudence of the Iran – United States Claims Tribunal*, Oxford Academic 1996, p.480 – 482.

〔40〕 Wena Hotels Limited v. Arab Republic of Egypt, ICSID Case No. ARB/98/4, 裁决,2000 年 12 月 8 日,第 106 段。

〔41〕 同前注,第 106 – 108 段。

第四,仲裁庭援引 Amco Asia 案[42],指出在适用的国内法规则与国际法规则相抵触时,要确保国际法规范的优先地位。[43]

基于以上,仲裁庭认为没有证据表明警察实际参与了对酒店的扣押,埃及的赔偿责任是由于未能按照 IPPA 提供“充分保护与安全”引起的。因此应适用典型行政行为的 15 年诉讼时效,即埃及对其未能提供“充分保护与安全”的论点所作出的回应显然不够充分。[44]

(三)案件结论

仲裁庭结论为,有大量证据表明,虽然除了 EHC 外,没有其他埃及官员参与 1991 年 4 月 1 日对酒店的扣押,但第一,埃及在知道 EHC 打算扣押酒店的情况下,没有采取任何措施阻止其发生;第二,警察虽然对扣押作出反应,但没有采取任何措施保护 Wena 的投资;第三,近一年来,埃及(尽管它在 1991 年 4 月前后都控制了 EHC)没有采取任何措施将酒店还给 Wena;第四,埃及未能防止酒店在返还 Wena 之前遭到破坏;第五,埃及没有对 EHC(或其负责扣押的高级官员)实施任何实质性处罚,这表明它认可 EHC 的行动;第六,埃及拒绝赔偿 Wena 所遭受的损失。[45]

因此,仲裁庭得出结论认为:第一,埃及未能给予 Wena 在埃及的投资“公正公平待遇”以及“充分保护与安全”待遇,从而违反了其根据 IPPA 第 2 条第 2 款承担的义务。第二,埃及的行为构成了征收——将酒店控制权从 Wena 移交给 EHC,而没有进行“及时、充分、有效的赔偿”,违反了 IPPA 第 5 条。[46]

---

〔42〕 Amco Asia Corporation. et al. v. Republic of Indonesia, ICSID Case No. ARB/81/I, 裁决,1984 年 11 月 20 日,第 649、654 段。

〔43〕 Wena Hotels Limited v. Arab Republic of Egypt, ICSID Case No. ARB/98/4,裁决,2000 年 12 月 8 日,第 107 段。

〔44〕 同前注,第 110 段。

〔45〕 同前注,第 82 段。

〔46〕 同前注,第 131 段。

三、案件总结与评析

(一)征收与间接征收

国际投资协定中关于征收与间接征收的规定是协调东道国与投资者间相互关系的重要因素。征收与间接征收一直是国际投资领域中的重点问题,也是充满争议的问题。20世纪上半叶,国有化通常是通过正式征用外国人资产的立法进行的,几乎所有的国有化都旨在通过将外国人的资产国有化或者将外商投资企业的管理权转让给国有企业或机构来实现东道国的经济发展目标。无论采取何种形式,外国人的财产权都受到严重影响。今天,特别是鉴于国际社会内部经济相互依存性的加强,大规模国有化或征收不再构成国际投资的重大威胁,而监管性的、变相的或隐性的(creeping)间接征收取代了直接征收。[47]

从表面上看,间接征收和直接征收的区别很明晰。直接征收或传统意义上的征收通常被视为涉及财产权的正式剥夺并将其转让给其他人,受让人通常为国家。而间接征收很少涉及财产权的正式剥夺和转让,当投资者实际上被剥夺了使用或控制投资的能力,或者投资几乎没有价值时,所有权可能不会发生变更。[48] 因而有学者认为,间接征收指东道国政府采取经济监管活动,限制国际投资者利益,使其失去对财产的控制权。[49] 赖斯曼教授(W. Michael Reisman)和夏洛安教授(Robert D. Sloane)则认为:"国际法庭、法学家等一直认为,国家可以通过正式法令以外的方式实现征收;事实上,国家往往试图通过合法的外衣掩盖征收行为的方式。基于此,法庭越来越倾向于接受从结果而不是形式上对征收进行分析……就国家责任和赔偿义务而言,国际法并不区分直接征收与间接征收。"[50] 也就是说,间接征收主要以国家监管的

---

〔47〕 Guiguo Wang, *International Investment Law: A Chinese Perspective*, Routledge, 2015, p. 389.

〔48〕 同前注,第404页。

〔49〕 孙理理:《试论国际投资中判定间接征收的关键要素及应对策略》,载《理论学刊》2020年第1期,第78页。

〔50〕 W. Michael Reisman & Robert D. Sloane, *Indirect Expropriation and Its Valuation in the BIT Generation*, British Yearbook of International Law, Vol. 75, p. 115－150(2004).

方式进行,且方式较为隐蔽。特别是关于公共健康、公共卫生、环境保护等公共政策目标的措施,判定为间接征收的难度较高,但是仲裁庭认定东道国的行为构成间接征收后,赔偿责任等不因是间接征收而受影响。

这一观点在今天依旧是成立的。间接征收的形式多样,东道国的任何公权行为对于投资者的利益造成损害、东道国政策法规不够透明等,都可能被投资者视为间接征收,违反国际投资的公平公正待遇等。因而在投资协定中明确构成与不构成间接征收的情形是当代国际投资协定应对此类挑战的措施之一,明确不构成间接征收的情形是近年来国际投资协定采取的方式之一。如2021 年的《世界投资报告》显示,"1959 年至 2011 年间各国合计签署了 3000 多份 IIAs(国际投资协定),占所有 IIAs 的 90% 以上。这些老一代 IIAs 中的绝大多数至今仍然有效,其中鲜少明确提及公共卫生的内容。与此形成鲜明对比的是,新一代 IIAs(2012 年以来签订的协定)更明确地承认公共健康是一个合法的监管目标。有数据显示,2018 年以来缔结的 IIAs 中,超过 92% 的协定在执行部分至少有一处明确提到了健康。一般来说,这些对健康的提及是为了保留国内监管空间,具体形式包括:阐明为追求公共健康而采取的措施不构成征收、纳入为追求公共健康而采取的公共政策例外措施等"[51]。

此外,由于间接征收具有太多的不确定性,仲裁庭倾向于扩大解释征收规则与东道国加强监管之间形成的难以协调的矛盾,尤其是因东道国法律法规的执行产生与征收相同的结果时,往往涉及东道国的管辖权问题,此时,国际投资中的征收问题就转化为了如何平衡东道国主权权利与投资者利益的问题。就此问题,2021 年《世界投资报告》显示,在 2020 年签署的国际投资协定中,除日本与科威特签署的双边投资协定外,包括《区域全面经济伙伴关系协定(RCEP)在内的 8 项投资协定均明确规定了什么构成与不构成间接征收。[52] 由此而来的问题是,以《中华人民共和国政府与东南亚国家联盟全面经济合作框架协议投资协议》为例,该协议明确界定了"间接征收",但是"同等措施"条款为仲裁庭对此问题作扩大解释提供了可能,这使得仲裁赔偿结

[51] World Investment Report 2021, UNCTAD, https://unctad.org/publication/world-investment-report-2021,第 204 页。

[52] 同前注,第 185 页。

果存在不确定性。[53] 这就意味着仲裁庭在对征收问题的解释与分析上总是具有较大的裁量权力。

在本案中，仲裁庭在判断涉及的东道国相关行为是否构成征收时，引用伊恩·布朗利(Ian Brownlie)教授的观点，认为应该用动态发展的视角审查是否构成征收。但同时，仲裁庭认为构成征收的基本原则已经得到充分确立。例如，第一，征收不仅表现为财产权的转移，也表现为国家撤销其法院对被征收者的保护，并默许事实占有人继续占有被征收物；第二，征收的客体不仅局限于有形财产权，若对于财产的使用权、收益权产生影响，也可能构成征收。总体而言，本案基于案情事实即可得出埃及对 Wena 的投资构成间接征收的判断，但就国际投资中的征收问题来讲，首先，应该明确的是主权国家有权对其领土内的财产进行征收或国有化，但同时主权国家负有赔偿的义务。LG&E 案(LG&E v. Argentine Republic)仲裁庭指出，国家可以根据双边条约中的征收条款与国际法的一般原则，酌情利用其主权权力征收私人财产以满足公共利益，但任何形式的征收都需要通过国际法规定的正当程序进行并赔偿。[54] 这一点也得到了世界银行于 1992 年主持通过的《外国直接投资待遇指南》(Guidelines on the Treatment of Foreign Direct Investment)的确认。

其次，主权国家在征收的过程中应负有诚信(good faith)义务，诚信原则要求主权国家基于公共政策的目的进行征收，具有透明正当的法律程序，不应因国籍等因素歧视任何一个被征收的投资者，且履行赔偿责任时，应做到“充分、及时、有效”，[55] 这也是《能源宪章条约》第 13 条关于征收的规定。有学者将上述四个条件中的前三个条件称为行为要件(conduct requirements)，第四个条件称为补偿要件(compensation requirement)。[56]

---

〔53〕 沈伟：《中国投资协议实体保护标准的自由化和多边化演进》，载《法学研究》2015 年第 4 期，第 202 页。

〔54〕 LG&E Capital Corp. LG&E International Inc. v. Argentine Republic, ICSID Case No. ARB/02/1, 裁决，2007 年 7 月 25 日，第 186 段。

〔55〕 World Bank Guidelines on the Treatment of Foreign Direct Investment, Part IV Expropriation and Unilateral Alterations or Termination of Contracts, acerislaw, https://www.acerislaw.com/wp-content/uploads/2018/11/World-Bank-Guidelines-on-the-Treatment-of-Foreign-Direct-Investments.pdf.

〔56〕 Audley W. Shepard, *The Distinction between Lawful and Unlawful Expropriation*, World Arbitration and Mediation Review, Vol. 2:1-2, p. 169-184(2008).

再次,当财产所有者不再事实上享有、控制相关财产时,即使投资人名义上拥有财产所有权,依旧构成征收。这是本案的观点,这一观点也得到了LG&E 案仲裁庭与 CMS 案仲裁庭的认可。CMS 案仲裁庭指出:"间接征收(事实征收或隐性征收)的概念并没有明确的界定。间接征收或国有化是一种不涉及公开征收的措施,但实际上中立(neutralized)了投资方对于财产的享受。因此,间接征收的关键在于确定对于财产的享受是否被'中立',这就意味着剥夺所有人全部或大部分财产使用或合理预期的经济利益,即使东道国不一定在此过程中受益,也构成间接征收。"[57] LG&E 案仲裁庭也指出,"一般来说,大多数双边条约中的'等同于征收'(equivalent to expropriation)或者'相当于征收'(tantamount to expropriation)可能指的是'隐性征收'和事实上的征收。他们的共同点在于,东道国的行动或行为不涉及'公开采取(行动)',而是在政府措施'有效地中立外国所有人的财产收益'时采取的,或者无法维持投资的日常经营"[58]。

最后,应明确东道国基于普遍税收、打击犯罪等采取的措施不构成征收。LG&E 案仲裁庭引用美国法学会撰写的《对外关系法重述(第三次)》中的内容,认为"一国对因善意(bona fide)、非歧视的普遍税收、管制、犯罪没收或者其他被认为属于国家警察权力范围的行为所造成的财产损失或其他经济不利益不负责任"[59]。

就目前而言,虽然尚未形成关于间接征收的一般国际法规范或习惯国际法规则,但是通过逐案分析,已经形成了一些普遍认可的规则。除关于征收的四要件理论外,间接征收的国际司法实践也在逐步完善对于间接征收的理解与认知。关于国际投资领域是否可以形成关于征收与间接征收的习惯国际法,有学者认为,国际投资协定在创建国际投资征收的习惯国际法方面发挥的作用是有限的,因为协定本身既不是征收也不是非征收的实例,因而在技术层面,国际投资协定不能作为国家实践,国际投资协定可能为我们提供了关于国

---

〔57〕 CMS Gas Transmission Company v. The Argentine Republic, ICSID Case No. ARB/01/8, 裁决, 2005 年 5 月 12 日, 第 261－262 段。

〔58〕 LG&E Capital Corp. LG&E International Inc. v. Argentine Republic, ICSID Case No. ARB/02/1, 裁决, 2007 年 7 月 25 日, 第 188 段。

〔59〕 同上注, 第 196 段。

家过去、现在或将来的行为的线索,但这种证据很弱;即便如此,依旧可以对国际投资协定的相关资料进行分析,找出一些法律确信的证据。[60] 但有的学者在分析非法征收时指出,"关于非法征收的认定,首先,很明显,在四要件全部得到满足时,即使双方国家之间没有 BIT 或者 BIT 中未如此规定,在习惯国际法上也可以认定征收为非法,因为当代 BIT 实践具有一致性,也成为各涉案国的法律确信"[61]。判断征收行为是否合法,需要从关于征收的四个要件出发考虑。国际投资仲裁庭在裁决关于东道国违法行为的赔偿问题时,争议集中体现在征收诉求上,对违法征收和合法征收的认定和赔偿标准适用有不同的实践,霍茹夫工厂案接受了此种做法。[62] 由此可见,就双边投资协定、自由贸易协定是否可以被认定为国际实践这一问题,不同的学者有不同的观点和看法。显然,短期来看形成关于征收的习惯国际法依然具有相当大的挑战,但是通过国际仲裁庭广泛、严格的审查,在个案中实现东道国与投资者之间的利益平衡,是可能的。

(二)充分保护与安全待遇条款

在国际投资法中,充分保护与安全待遇是指外国投资的一种保护标准,即为外国投资者的财产免受东道国战争或内乱造成的有形损害提供安全保障。[63] 有学者认为,充分保护与安全待遇条款最初见于 1833 年《美国—智利友好通商航海条约》,并在 1958 年德国与巴基斯坦双边投资条约中被首次规定,后该条款演变为大多数双边投资条约的准则性条款。[64] 实际上,1948 年《美国—意大利友好商业与通航条约》第 5 条第 1 款中就已经明文规定了充

---

〔60〕 Jörg Kammerhofer, *International Investment Law and Legal Theory: Expropriation and the Fragmentation of Sources*, Cambridge University Press, 2021, p. 39 – 41.

〔61〕 李尊然:《国际投资法中的非法征收及其补偿》,载《武大国际法评论》2021 年第 3 期,第 35 页。

〔62〕 陈丹艳:《霍茹夫工厂案充分赔偿标准在国际投资仲裁中的适用与限制》,载《武大国际法评论》2020 年第 1 期,第 146 页。

〔63〕 David Collins, *Applying the Full Protection and Security Standard of Protection to Digital Investments*, Journal of World Investment and Trade, Vol. 12; No. 2, p. 225 – 244 (2012).

〔64〕 同前注,第 232 页。

分保护与安全待遇。[65]

就本案而言，仲裁庭在结合条款对本案进行分析时，认为埃及的国家实体强行扣押酒店，虽然没有埃及的官员直接参与，但是事情发生时当地警方即使距离事发地只有几分钟路程，也依旧没有采取及时有效的措施阻止扣押；事情发生后当地警方与主管部门没有立即采取行动归还被扣押的酒店，且并未对肇事方采取实质性的惩罚与制裁。这些事实说明埃及已经违反了充分保护与安全待遇条款。同时本案仲裁庭引用了其他仲裁庭的观点，认为"东道国应采取一切必要措施，确保对投资的充分保护与安全，且不允许援引国内法减损任何此类义务"，当然，"东道国承诺给予外国投资的这种保护并不是保证不会遭受损害的绝对义务，因为任何违反承诺的行为都会自动代表东道国产生严格责任"。据此，仲裁庭认为，本案中解释了充分保护与安全待遇的范围与保护标准——投资利益是否减损，明确埃及违反了条约义务，没有给予 Wena 以公平公正待遇和充分保护与安全待遇。[66] 本案仲裁庭分析的重点为充分保护与安全待遇是与公平公正待遇并列的待遇条款，因而仲裁庭得出结论的逻辑在于，只要论证东道国违反了充分保护与安全待遇条款，即构成对公平公正待遇条款的自然违反。那么充分保护与安全待遇是否完全涵盖在公平公正待遇之下呢？这两个待遇之间又有什么关系呢？

充分保护与安全待遇和公平公正待遇之间的关系显然不能简单地被统一概括为并列关系或包含与被包含关系。充分保护与安全待遇和公平公正待遇之间的关系主要体现为以下几点：首先，充分保护与安全待遇条款经常与公平公正待遇条款互相关联，常在条约文本中结合出现，如本案中 IPPA 第 2 条第 2 款、《美利坚合众国与阿根廷共和国关于相互鼓励和保护投资的条约》（以下简称《阿根廷—美国双边投资协定》）（The Argentina - U. S. Bilateral Invest-

---

〔65〕 1948 年《美国—意大利友好商业与通航条约》（Treaty of Friendship Commerce and Navigation (FCN) between the United States and Italy）第 5 条第 1 款规定：每一缔约方的国民在另一缔约方领土内，其人身和财产应受到长期的保护与安全，并应就此享有国际法所要求的充分保护与安全（待遇）。

〔66〕 Wena Hotels Limited v. Arab Republic of Egypt, ICSID Case No. ARB/98/4，裁决，2000 年 12 月 8 日，第 84 段。

ment Treaty)第 2 条第 2 款(a)项[67],以及 1998 年《经济合作与发展组织多边投资协定谈判案文草案》(the OECD Draft Negotiating Text for a Multilateral Agreement on Investment)中均同时规定了公平公正待遇和充分保护与安全待遇条款[68]。充分保护与安全待遇条款旨在实现投资的安全保护与保障,尽管在不同条约中的表述方式有所区别,但此类条款的目的较为一致。

其次,充分保护与安全待遇和公平公正待遇均被国际司法实践认为是国际最低待遇标准。如 CMS 案仲裁庭在分析公平公正待遇时认为,"公正公平待遇的条约标准及其与商业环境所需的稳定性和可预测性的联系,建立在庄严的法律和合同承诺的基础上,与国际法最低标准及其在习惯法下的演变没有什么不同"[69],因而有学者认为,在 CMS 案仲裁庭看来,公平公正待遇的条约标准和国际最低待遇标准是相同的,因此没有必要在适用公平公正待遇条款时做出选择。[70] 而在 S. P. A. 案中,仲裁庭认为,涉案投资协定第 5 条的首要标准为"国际法所要求的充分保护与安全",简言之,"充分保护与安全待遇"就是符合国际最低待遇标准的待遇。[71] 该观点得到一些条约缔约方的认可,如《北美自由贸易协定》第 1105 条第 1 款[72]的官方解释指出:习惯国际法关于外国人待遇的最低标准是给予另一缔约方投资者投资的最低标准,而"公正公平待遇"以及"充分保护与安全"的概念并不要求除习惯国际法关于外国人待遇的最低标准之外的待遇。[73] 而该种同质化的理解也受到一些仲

[67] 《阿根廷—美国双边投资协定》第 2 条第 2 款(a)项规定,投资应始终得到公平公正的待遇,应享有充分的保护与安全,在任何情况下均不得给予低于国际法规定的待遇。参见 CMS Gas Transmission Company v. The Argentine Republic, ICSID Case No. ARB/01/8, 裁决,2005 年 5 月 12 日,第 266 段。

[68] 各缔约方应给予另一缔约方投资者在其领土上的投资以公平和公正的待遇,以及充分和持续的保护和安全。在任何情况下,缔约方均不得给予低于国际法规定的待遇。参见 UNCTAD, *International Investment Instruments: A Compendium*, Vol. 4, p. 148(2001).

[69] CMS Gas Transmission Company v. The Argentine Republic, ICSID Case No. ARB/01/8, 裁决,2005 年 5 月 12 日,第 284 段。

[70] Guiguo Wang, *International Investment Law: A Chinese Perspective*, Routledge, 2015, p. 268.

[71] Case Concerning Elettronica Sicula S. P. A. (United States of America v. Italy),国际法院判决,ICJ Judgment 1989 年 7 月 20 日,第 111 段。

[72] 《北美自由贸易协定》第 1105 条第 1 款规定的最低待遇标准为:各方应根据国际法给予另一方投资者的投资待遇包括公平公正的待遇以及充分的保护和安全。

[73] Christoph Schreuer, *Full Protection and Security*, Journal of International Dispute Settlement, Vol. 1:2, p. 362 – 363(2010).

裁庭的质疑。在 Noble Ventures 诉罗马尼亚(Noble Ventures Inc. v. Romania)一案中,该案仲裁庭质疑了上述观点,认为充分保护与安全待遇就像公平公正待遇一样,是独立于习惯国际法下的国际最低标准的自主条约标准。[74] 因此,有学者认为,公平公正待遇标准包括东道国有义务停止不公平和不公正的行为,而充分保护与安全待遇则要求东道国提供一个能够保护投资安全的事实与法律上的框架,并采取必要措施保护投资者免受个人和国家机关的不利行为的影响,充分保护与安全待遇要求针对此类潜在威胁建立法律救济机制以及有效维护投资者权利的机制。[75] 因而这两个标准的内容是可区分的,即充分保护与安全待遇就像公平公正待遇一样,是独立于习惯国际法下的国际最低标准的自主条约标准。[76]

就本案来看,仲裁庭的观点显然为前者,认为充分保护与安全待遇和公平公正待遇并列于条约条款中,均为国际最低标准的待遇,因而未作区分解释。而在本案的案情之下,是否有区分充分保护与安全待遇以及公平公正待遇的必要?这两个标准是否同为最低待遇标准?

相较于充分保护与安全待遇条款,公平公正待遇可以涵盖司法、立法和执法三个层面。从司法的功能方面来讲,公平公正待遇将应对拒绝司法、不正当拖延以及正当程序的严重缺陷;在立法职能方面,该标准将主要应对违反监管稳定性的合法期望的行为;在行政职能方面,该标准将保护行政决策的正当程序及实质公平,以及比例原则和对合法期望的回应。[77] 因而有学者认为,这些标准"赋予法庭相当大的自由裁量权,根据案件的所有事实和情况审查政府行为的'公平性'和'公正性'"[78]。公平公正待遇是国际投资中的"绝对标

---

〔74〕 Noble Ventures Inc. v. Romania, ICSID Case No. ARB/01/11, 裁决,2005 年 10 月 12 日,第 164 段。

〔75〕 Christoph Schreuer, *Full Protection and Security*, Journal of International Dispute Settlement, Vol. 1: 2, p. 353 - 369(2010).

〔76〕 同前注,第 366 页。

〔77〕 Yuliya Chernykh, *Contract Interpretation in Investment Treaty Arbitration: A Theory of the Incidental Issue*, Brill Nijhoff, 2021, p. 38.

〔78〕 Nigel Blackaby et al., *Redfern and Hunter on International Arbitration*, 6th edition, Oxford University Press, 2015, p. 476.

准”与“最低标准”[79]，当东道国的行为或措施没有违反更具体的待遇时，公平公正待遇条款作为类似“兜底条款”而被引用。如《北美自由贸易协定》认为公平公正待遇是“国际法的门槛”，但没有任何一个多边条约或者条约草案试图定义公平公正待遇，这使得公平公正待遇成为一个“包罗万象”的规定，当投资者没有具体要求时，都会指控东道国违反了公平公正待遇。[80] 而大量的双边投资协议将充分保护与安全待遇条款规定于公平公正条款之下，是充分保护与安全待遇条款未受到与公平公正待遇条款同样的重视的原因之一。[81] 本案中，仲裁庭经过分析认定埃及的行为违反了充分保护与安全待遇条款，因而违反了公平公正待遇条款。因此，虽然公平公正待遇条款涵盖的范围更加宽泛，但是不能否认充分保护与安全待遇条款作为国际法最低限度条款的作用。或可说，公平公正待遇相对抽象，充分保护与安全待遇条款在此基础上对东道国就保护投资的安全性与完整性提出了更为具体的要求，如提供一个安全稳定的市场环境、法律框架，保护投资免受来自境内的不当措施产生的不利影响，对于已经造成的损害制定补救措施等。

最后，就全球化以及国际投资法的发展而言，充分保护与安全待遇条款逐渐走出公平公正待遇的影响或为趋势。虽然学界对于充分保护与安全待遇的关注度在逐渐增加，但是相较于公平公正待遇，对该待遇的研究却依旧不够深入。充分保护与安全待遇条款为绝大多数双边投资协定所吸收，细化对该待遇的研究具有足够的现实背景和意义。有学者认为，充分保护与安全待遇应具体化为作为法律的充分安全、作为人身的充分安全、作为其他条约的目的与宗旨的充分安全、作为习惯保护义务的充分安全、持续保护与安全的保证等几个方面具体展开。[82] 本案的启示性意义在于，结合案情具化了充分保护与安全待遇的适用情况，埃及官方的行为及警方的怠职不仅仅违反了“充分保护”

---

〔79〕 Neer 案常常被投资仲裁庭视为过去 20 年来关于外国人及其财产的最低待遇标准的习惯法的宣告。参见 L. F. H. Neer and Pauline E. Neer (United States) v. United Mexican States，国际仲裁裁决报告（RIAA），1996 年 10 月 15 日，Vol. 4，第 60 – 66 页。

〔80〕 Guiguo Wang, *International Investment Law: A Chinese Perspective*, Routledge, 2015, p. 265.

〔81〕 沈伟：《中国投资协议实体保护标准的自由化和多边化演进》，载《法学研究》2015 年第 4 期，第 195 页。

〔82〕 Sebastián Mantilla Blanco, *Full Protection and Security in International Investment Law*, Springer, 2018, p. 516 – 532.

的积极义务,在酒店被扣押后未进行积极救济、未对相关人员进行严肃惩罚也违反了“安全”的消极义务。本案对充分保护与安全待遇的论证,可以为该待遇逐渐成为一个独立的待遇提供有力支持。

四、结语

间接征收的方式较为隐蔽,如何界定是本案的关键点之一。在间接征收、公平公正待遇等成为国际投资仲裁主要内容的当今世界,东道国赔偿责任和国际仲裁的结合使得投资仲裁庭事实上处于对东道国政府行政行为进行行政审查的地位。[83] 本案与 CMS、LG&E 等案的裁决意见一起勾勒出间接征收的“新途径”,这对于规范间接征收,促进国际投资具有积极意义。此外,国际投资中关于充分保护与安全待遇条款纠纷的案例并不多见,虽然充分保护与安全待遇条款已经被大多数国际投资条约所吸收,但是该条款的内涵、与公平公正待遇的关系、与国际最低待遇标准的关系以及如何确定该条款的标准等问题,一直处于争论当中。本案的重要价值之一在于,具体化了充分保护与安全待遇的适用情形,虽然本案仲裁庭没有明确充分保护与安全待遇条款与公平公正待遇之间的关系,但是其分析对于仲裁庭而言依旧具有强烈的借鉴意义。此外,充分保护与安全待遇条款的解释与适用与国际投资中对征收的解释与完善息息相关,因而随着国际经济秩序的发展,充分保护与安全待遇条款走出公平公正待遇的阴影,成为一项独立待遇条款,进而促进国际法治的发展或成国际投资法律规范发展的方向与必然。

---

[83] 王贵国:《中华传统文化视角下的国际经济法》,法律出版社 2022 年版,第 78 页。

第二十章 Pope & Talbot Inc. 诉加拿大案
(Pope & Talbot Inc. v. the Government of Canada)

董 尧

一、案件概况

(一)案件事实

Pope & Talbot Inc.(本案中的投资者)是一家在美国特拉华州(Delaware)注册成立的上市公司,该公司在加拿大拥有一家全资子公司 Pope & Talbot International Ltd.,该子公司在不列颠哥伦比亚省(British Columbia,以下简称 B. C. 省)拥有一家全资子公司 Pope & Talbot Ltd.(本案中的投资)。该投资是一家制造和销售软木木材的木制品公司,在加拿大经营三家木材厂,均位于 B. C. 省,其生产的大部分木材出口到美国。[1] 其获取软木木材的途径有两个:一是其自己拥有 B. C. 省森林许可证和砍伐木材的权利;二是从拥有砍伐木材权利的第三方处获得软木木材。[2]

1996 年 5 月 29 日,加拿大和美国签订了一份为期 5 年(1996—2001 年)的关于软木木材的双边协议(Softwood Lumber Agreement, SLA),争议源于对这份协议的实施。根据这份协议,加拿大将软木木材产品添加到了出口管制清单中。自 1996 年起,B. C. 省、亚伯达省(Alberta)、安大略省(Ontario)和魁北克省(Quebec)(以下统称涵盖省份)向美国出口的软木木材都需要出口许

---

〔1〕 Pope & Talbot Inc. v. The Government of Canada, UNCITRAL, 临时裁决, 2000 年 6 月 26 日, 第 1-6 段。

〔2〕 同前注, 第 7 段。

可证,出口税费分为三个等级:(1)出口数量在147亿立方英尺(Established Base,EB)以下的(包括147亿)免税;(2)出口数量在147亿到153.5亿之间的,也就是接下来的6.5亿立方英尺(Lower Fee Base,LFB),每千立方英尺收费50美元;(3)超过153.5亿立方英尺的(Upper Fee Base,UFB),每千立方英尺收费100美元。[3] 加拿大每年都会在其软木木材出口商中分配当年的EB和LFB配额,为此加拿大设计了配额分配制度,并对涵盖省份软木木材的利益相关者发放了调查问卷,要求其填写1994年至1996年期间软木木材的生产和出口情况,用于配额分配参考。[4] SLA实施的第一年,在扣除新进入者保留额度、过渡调整和部长级保留额度后,可分配的EB额度减少到141.86亿立方英尺,LFB也减少到4.5亿立方英尺。[5]

1998年6月1日,B. C.省政府降低了在海岸和内陆土地上砍伐木材的收费标准。[6] 美国援引SLA的争议解决条款,声称减少收费具有补贴B. C.省木材生产和出口的效果,与SLA不相符。[7] 加拿大声称这属于森林管理的范围,并不涉及SLA。1999年8月26日,在专家组作出决定之前,加拿大和美国达成了和解协议,对于B. C.省的软木木材出口费用进行了重新定价。[8] 最终效果是:(1)EB不受影响;(2)75%的LFB仍为固定费用,其余9000万立方英尺的LFB重新定价为105.86美元(相当于原来的UFB);(3)之后9000万到1.1亿立方英尺之间的出口,仍按UFB收费,但超过1.1亿的,每千立方英尺收费146.25美元(Super Fee,以下简称超级税费)。[9]

虽然在案件材料中,投资者的年产能和销售额均被隐去[10],但在SLA实施的前4年,该投资充分利用了其EB和LFB配额,且其在第1年、第3年、第

---

〔3〕 Pope & Talbot Inc. v. The Government of Canada, UNCITRAL, 第二阶段实体裁决,2001年4月10日, 第18段。

〔4〕 同前注,第25-26段。

〔5〕 同前注,第27段。

〔6〕 同前注,第98-100段。

〔7〕 同前注,第132段。

〔8〕 同前注,第133段。

〔9〕 同前注,第133段。

〔10〕 投资者经营情况的关键数据被保密,仅写明"投资者在加拿大经营的三家木材厂年产能超立方英尺,在1993年至1995年间,其年均销售额立方英尺"。具体见Pope & Talbot Inc. v. The Government of Canada, UNCITRAL, 临时裁决,2000年6月26日,第39段。

4 年的出口量都超过了 LFB[11],也就是达到了 UFB 的标准,可见其出口量之大。因此,税费的调整给其带来了巨大的损失。1998 年 12 月 24 日,投资者向加拿大送达了提交仲裁申请的意向通知,并于 1999 年 3 月 25 日向仲裁庭提交了仲裁申请,仲裁庭于 1999 年 8 月 19 日成立。[12]

投资者声称,加拿大违反了《北美自由贸易协定》(North American Free Trade Agreement,NAFTA)第 1102 条(国民待遇,national treatment)、第 1103 条(最惠国待遇)、第 1105 条(最低待遇标准,minimum standard of treatment)、第 1106 条(履行要求)和第 1110 条(禁止征收)的规定。[13] 投资者最初要求赔偿5.08 亿美元,以弥补因加拿大该措施造成的损失。在损害赔偿阶段,这个数额减少到大约 220 万美元[14]。

(二)涉及的法律问题

1. Pope & Talbot Inc. 是不是适格的投资者以及 Pope & Talbot Ltd. 是不是适格的投资?

2. 加拿大的出口管制措施是否违反了 NAFTA 第 1110 条的禁止征收以及第 1106 条的履行要求条款?

3. 加拿大征收超级税费是否违反了 NAFTA 第 1102 条的国民待遇?

4. 加拿大的出口管制措施是否违反了 NAFTA 第 1105 条的公平公正待遇(fair and equitable treatment)?

二、重点法律问题的分析

本案中涉及多个法律问题,本文仅对两个具有代表性的实体法律问题进行分析,即国民待遇问题和公平公正待遇问题。

---

[11] 同前注,第 40 段。

[12] 同前注,第 8－12 段。

[13] 同前注,第 11 段。

[14] Pope & Talbot Inc. v. The Government of Canada, UNCITRAL, 关于损害赔偿的裁决,2002 年 5 月 31 日, 第 86 段。

(一)国民待遇

1. 涉及的法律条款

NAFTA 第 1102 条国民待遇规定：

(1) 在投资的设立、收购、扩大、管理、经营、运作以及出售或其他处置方面，任何缔约方给予另一缔约方投资者的待遇，应不低于在类似情况下该缔约方给予其本国投资者的待遇。[15]

(2) 在投资的设立、收购、扩张、管理、经营、运作以及出售或其他处置方面，任何缔约方给予另一缔约方投资者投资的待遇，应不低于在类似情况下该缔约方给予其本国投资者投资的待遇。[16]

(3) 一缔约方根据该条第 1 款和第 2 款给予的待遇，对州或省而言，系指不低于在类似情况下该州或该省给予其所属缔约方投资者以及投资者投资的最优惠待遇。[17]

(4) 为进一步明确，任何缔约方不得对另一缔约方投资者强加如下要求，即该缔约方境内企业的一个最低限度股本应由其国民持有，公司董事或创办人的名义合资格股本除外；或者要求另一缔约方投资者因其国籍出售或以其他方式处置在该缔约方的一项投资。[18]

2. 申请方与被申请方的法律意见

投资者(申请方)声称加拿大(被申请方)违反了 NAFTA 第 1102 条国民待遇义务，尤其是该条第 2 款：在投资的设立、收购、扩张、管理、经营、运作以及出售或其他处置方面，每一缔约方都应给予另一缔约方投资者的投资不低于其在类似情况下给予其本国投资者的投资的待遇。[19]

加拿大认为，NAFTA 第 1102 条第 2 款中“投资者和投资”使用的均是复数，意味着投资者有义务证明不止自己一个投资者，还有其他投资者也受到了

---

〔15〕《北美自由贸易协定》，叶兴国、陈满生译，法律出版社 2011 年版，第 236 页。

〔16〕同前注，第 236 页。

〔17〕同前注，第 236 页。

〔18〕同前注，第 237 页。

〔19〕Pope & Talbot Inc. v. The Government of Canada, UNCITRAL，第二阶段实体裁决，2001 年 4 月 10 日，第 30 段。

较不优惠待遇，也就是说该条款仅适用于集体诉讼，而不对个人投资者提供保护。[20] 此外，加拿大认为在考虑外国投资者的待遇是否低于其国民投资者的待遇时，需要比较的国内投资者也应该不止一个。[21]

此外，加拿大试图对 NAFTA 第 1102 条第 2 款给予投资（“不低于”国内投资者的优惠待遇）和第 1102 条第 3 款给予投资（“不低于”最优惠的待遇）作出区分，加拿大认为前一项规定适用于国家政府，后者则适用于州和省，NAFTA 对两级政府进行了区分。[22] 由于 NAFTA 第 1102 条第 2 款没有使用“than the most favorable”的表述，它允许国家政府向外国投资提供比最优惠待遇更低的待遇。

双方同意 SLA 的实施没有单独给予外国投资者特殊待遇。在确定本案案涉投资获得的待遇是否低于加拿大国民投资的待遇时，加拿大认为，应使用“不成比例的检验方法”[23]。有关措施必须不成比例地不利于外国投资或投资者，才能在事实上违反国民待遇。加拿大认为，不成比例的检验方法首先需要确定是否有国内投资者受到与申请人相同的待遇（国内投资同待遇组），然后将该组与获得更优惠待遇的国内投资者相比较（国内投资优惠待遇组），若国内投资同待遇组的规模小于国内投资优惠待遇组，才存在事实上的歧视。[24] 对于此检验标准，加拿大援引了多个世贸组织判例，如 EC - Bananas Ⅲ案（以下简称欧共体香蕉案）[25]、EC - Asbestos 案（以下简称欧共体石棉案）[26]、US - Beer 案（以下简称美国啤酒案）[27]等。此外，加拿大还援引了国际投资中的 S. D. Myers v. Canada 案[28]来支持其不成比例的检验标准。仲

〔20〕 同前注，第 34 段。

〔21〕 同前注，第 34 段。

〔22〕 同前注，第 39 段。

〔23〕 同前注，第 43 - 44 段。

〔24〕 Pope & Talbot Inc. v. The Government of Canada, UNCITRAL，第二阶段实体裁决，2001 年 4 月 10 日，第 43 - 44 段。

〔25〕 European Communities - Regime for the Importation, Sale and Distribution of Bananas，上诉机构报告，世贸组织文件第 WT/DS27/AB/R 号，1997 年 5 月 22 日通过。

〔26〕 European Communities - Measures Affecting Asbestos and Asbestos - Containing Product，上诉机构报告，世贸组织文件第 WT/DS135/AB/R 号，2000 年 9 月 18 日通过。

〔27〕 United States - Measures Affecting Alcoholic and Malt Beverages，专家组报告，世贸组织文件第 WT/DS23/R - 39S/206 号，1992 年 3 月 16 日通过。

〔28〕 S. D. Myers, Inc. v. The Government of Canada, UNCITRAL，部分裁决，2000 年 11 月 13 日。

裁庭对这些案例均进行了分析,详见下文仲裁庭分析部分。

对于处于“类似情况”的国内投资,投资者认为,任何不受限制或限制更少的加拿大软木木材生产商均与该投资处于“类似情况”。加拿大则认为,与该投资处于“类似情况”的实体仅包括受到同样限制的加拿大软木木材产品生产商。[29] 对于“类似情况”的上下文,投资者认为,NAFTA 第 1102 条的法律背景包括“NAFTA 的贸易和投资自由化目标”。加拿大则认为,法律上下文还包括其与美国就两国之间的软木木材贸易发生争议的整体背景。[30]

3. 仲裁庭的分析

仲裁庭认为双方关于 NAFTA 第 1102 条第 2 款的论点涉及三个问题:首先,应如何解释第 1102 条第 2 款中“投资者的投资”和“待遇不低于”这两个术语?其次,在确定提供给该投资的待遇是否低于其本国投资者的投资所获得的待遇时,应采用什么标准?最后,在适用第 1102 条第 2 款时,应将该投资与哪些本国国民的投资进行比较,即哪些加拿大的国民投资与该投资“处于类似情况”?[31]对于这些问题需要对 NAFTA 第 1102 条的文本内容进行解释,并在该背景下考虑本案的事实。

(1)“投资”一词复数形式的使用

仲裁庭驳回了加拿大上述试图缩小 NAFTA 第 1102 条适用范围的论点。仲裁庭认为,根据一般解释原则,使用复数形式并不妨碍将法定的或条约的语言适用于个别情况。[32] 仲裁庭举例说明,保护妇女儿童的法律都使用了复数,不能因此推断这些法律不保护个体的妇女儿童。[33] 此外,NAFTA 第 1102 条要求缔约方在特定情况下给予国民待遇,没有证据表明,缔约方有任何意图要求该条款发挥作用之前,需要有一个以上的投资者受到伤害。[34] 事实上,NAFTA 第 1102 条第 4 款为了创造“更大的确定性”,规定各方不得对“投资”施加特定要求,或要求“投资者”采取特定的行为,此条中的“投资者”

---

〔29〕 Pope & Talbot Inc. v. The Government of Canada, UNCITRAL, 第二阶段实体裁决, 2001 年 4 月 10 日, 第 74 段。

〔30〕 同前注,第 77 段。

〔31〕 同前注,第 31 段。

〔32〕 同前注,第 36 段。

〔33〕 同前注,第 36 段。

〔34〕 同前注,第 37 段。

和“投资”都采用了单数的表达形式，可以反证NAFTA是保护单个投资者和投资的。[35] 仲裁庭认为，NAFTA的起草者必须假设“第11章的案件往往涉及个人投资者声称他们或他们的投资被剥夺了国民待遇”[36]。

(2)待遇“不低于”最优惠待遇的解释

仲裁庭认为，NAFTA第1102条第3款的措辞只是为了明确一个州或省的义务是向外国投资者的投资提供其给予国内任何投资的最佳待遇，而不是仅仅只给予国内投资最佳待遇。与州和省一样，国家政府也不能给予外国投资比国内投资最优惠待遇更低的待遇。[37] 总之，这些不同的措辞没有任何实质性差异。因此，仲裁庭将NAFTA第1102条第1款和第1102条第2款以及第1102条第3款所要求的待遇解释为相同，除了对州和省的限制。[38] 此外，仲裁庭对这两项标准的解释是，在类似情况下给予外国投资者或投资享有相当于给予国内投资者或投资“最佳”待遇的权利。[39] 因此，“不低于”是指给予投资者相同的最佳待遇，而不是更好或更糟。

(3)不成比例的不利测试(disproportionate disadvantage test)

仲裁庭对加拿大援引的世贸组织案例和投资案例一一进行了分析：

首先是世贸组织的欧共体香蕉案[40]，欧共体香蕉案涉及欧共体一项管理香蕉进口的复杂计划，这一计划对不同进口源进行了分类，规定了一个固定量：①在固定量以内，进口于《洛美协定》(Lome Convention)缔约方(包括非洲、加勒比海和太平洋地区国家，以下简称ACP国家)的香蕉免税；②进口于香蕉框架协议(Banana Framework Agreement，BFA)缔约方、非ACP国家以及其他出口国的在固定量内每吨香蕉缴纳进口税75欧元；③超过这一固定数量的进口缴纳高额关税，ACP国家每吨722欧元，其他国家每吨822欧元。为了实施这一进口制度，欧共体制定了具体的实施措施，对分销香蕉的经营者进行了分类：A类为过去三年销售第三国和非ACP国家香蕉的，B类为过去三

[35] 同前注，第37段。
[36] 同前注，第38段。
[37] 同前注，第40段。
[38] 同前注，第41段。
[39] 同前注，第42段。
[40] European Communities – Regime for the Importation, Sale and Distribution of Bananas，上诉机构报告，世贸组织文件第WT/DS27/AB/R号，1997年5月22日通过。

年销售欧共体和ACP国家香蕉的，C类为刚开始销售第三国和非ACP国家香蕉的。对于许可证的配额，65%分配给了A类经营者，30%分配给了B类，3.5%分配给了C类。[41] 专家组发现分配给B类30%的配额，鼓励了经销商对欧共体和ACP国家香蕉的购买，因此违反了《关税及贸易总协定》(General Agreement on Tariffs and Trade, GATT)第3条第4款的国民待遇义务。但专家组在进行分析时没有对进口产品是否处于不成比例的不利地位进行分析。[42] 此外，该案专家组还考虑了欧共体制度是否违反了《服务贸易总协定》(General Agreement on Trade in Services, GATS)。加拿大主要依据此部分的分析来敦促仲裁庭采用不成比例的检验方法，GATS第17条中有与NAFTA第1102条类似的国民待遇规定。然而，与NAFTA不同的是，GATS规定了一个例外，即一成员可以通过给予任何其他成员的服务和服务提供者与本国同类服务和服务提供者在形式上相同或不同的待遇，来满足GATS第17条第1款的要求。此例外又受以下限制："与任何其他成员的类似服务或服务供应商相比，如果修改竞争条件有利于国内的服务或服务供应商，则形式上相同或形式上不同的待遇应被视为较不优惠的待遇。"简言之，GATS允许对外国公司进行形式上的不同待遇，前提是该待遇不会导致对竞争条件的修改以使这些公司受到损害。[43]

在这种情况下，专家组发现欧共体的分类规则在形式上是相同的，因此，专家组讨论了这些规则是否修改了"竞争条件"以损害外国供应商的问题。专家组通过证据确定大多数非欧共体原产地供应商享有的是A类待遇，而大多数欧共体原产地供应商享有的是受青睐的B类，也就是说，香蕉原产地和香蕉批发商之间的自然吸引力得到了证据的证实。[44] 在得出这一结论时，专家组没有分析该制度是否对某一组或另一组特别不利，从本质上说，A类可以被公平地描述为"主要是非欧共体批发商"，而B类则"主要是欧共体批发商"。虽然专家组认为，大多数"A类经营者"来自第三国，大多数"B类经营

[41] Pope & Talbot Inc. v. The Government of Canada, UNCITRAL，第二阶段实体裁决，2001年4月10日，第46-47段。
[42] 同前注，第50-52段。
[43] 同前注，第52段。
[44] 同前注，第53-54段。

者”来自欧共体,但这项工作的目的是,确定在表面中立的背后,是否存在主要由外资或国内经销商组成的集团,这是一个识别问题,而不是量化的问题,并不等同于专家组确定了外国公司有权享受的国民待遇,是给予最大的国内类似公司的待遇。[45] 最终仲裁庭认为,与 NAFTA 不同,GATS 中被禁止的行为是对竞争条件的修改,在确定是否存在“修改竞争条件”时,可能需要“对不同竞争对手的待遇进行比较分析”。因此仲裁庭认为,欧共体香蕉案并不支持加拿大的不成比例的不利理论。[46]

其次是世贸组织的欧共体石棉案[47],欧共体石棉案涉及一项禁止进口、生产和销售石棉和含石棉产品的法国法律。根据该争议法律,法国没有生产或销售石棉或含石棉产品,因此专家组必须确定法国是否存在与石棉类似的产品。发现国内同类产品没有被禁止后,专家组得出结论,认为法国法律违反了 GATT 第 3 条第 4 款,因此没有必要确定在这些产品之间是否存在任何事实上的歧视。[48] 因此,也不存在加拿大所要求的不成比例的检验理论。[49]

最后是世贸组织的美国啤酒案[50],美国啤酒案涉及美国各州对啤酒、葡萄酒和苹果酒销售的监管,其中阿拉斯加州的一项法律规定阿拉斯加州的啤酒和葡萄酒许可费,仅适用于通过批发商进行的销售,国内啤酒厂可以通过直接向零售商销售来避免这些费用,尽管该州仅有的两家本土酿酒商使用的是批发商并支付了许可费。专家组在此案中发现阿拉斯加州这一要求违反了 GATT 第 3 条第 4 款。因为,阿拉斯加州的本土酿酒商可以有选择地规避此项费用,而外国供应商却只能强制使用批发商,构成了表面上的歧视,因此违反了国民待遇义务。[51] 此案专家组也没有使用本案中加拿大所主张的理论,

[45] 同前注,第 55 段。

[46] 同前注,第 57 段。

[47] European Communities – Measures Affecting Asbestos and Asbestos – Containing Product, 上诉机构报告, 世贸组织文件第 WT/DS35/AB/R 号,2000 年 9 月 18 日通过。

[48] Pope & Talbot Inc. v. The Government of Canada, UNCITRAL, 第二阶段实体裁决, 2001 年 4 月 10 日,第 58 – 59 段。

[49] 同前注,第 60 段。

[50] United States – Measures Affecting Alcoholic and Malt Beverages, 专家组报告,世贸组织文件第 WT/DS23/R – 39S/206 号,1992 年 3 月 16 日通过。

[51] Pope & Talbot Inc. v. The Government of Canada, UNCITRAL, 第二阶段实体裁决, 2001 年 4 月 10 日,第 61 – 62 段。

即在发现违反国民待遇之前衡量外国投资处于实际上的劣势地位。[52]

除上述世贸组织案例外,加拿大还援引了 S. D. Myers v. Canada 案[53]。此案涉及加拿大禁止出口多氯联苯和多氯联苯废物的措施。投资者是美国公司,其声称加拿大的出口禁令实际上禁止了其在加拿大竞争废物处理业务,而加拿大本国公司并未受到类似限制,加拿大的出口限制违反了 NAFTA 第 1102 条规定的国民待遇。[54] S. D. Myers v. Canada 案仲裁庭在其裁决中认为,"在评估一项措施是否违反国民待遇时,应考虑以下因素:该措施的实际效果是不是为本国投资创造了超过外国投资的不相称的利益",因此加拿大认为事实上的歧视是基于出口禁令不成比例地影响了外国投资。[55] 然而,本案仲裁庭认为,一旦 S. D. Myers v. Canada 案仲裁庭发现申请人及其加拿大的竞争对手处于"类似情况",违反国民待遇已成定局,S. D. Myers v. Canada 案当时的实际情况是两家加拿大本土公司可以自由经营,而他们的美国竞争对手已然倒闭。[56] 因此,本案的仲裁庭认为,Myers 仲裁庭表述的"不相称"是完全没必要的。最终仲裁庭认为所有先例均不支持加拿大这一理论。[57]

此外,在分析时,仲裁庭还参考了世贸组织的 US – Tariff Act of 1930 案(美国 1930 年关税法案)[58]中专家组的观点,专家组认为,若平衡某些进口产品的优惠待遇与其他进口产品的较不优惠待遇的想法被接受,将使得缔约方有权就某一缔约方减损优惠待遇,因为其给予了另一缔约方更优惠的待遇,这种解释会导致进口产品和国内产品间的竞争条件存在极大的不确定性。[59]

仲裁庭认为,加拿大不成比例的检验方法要求申请人确定在加拿大经营的 500 多家软木木材配额持有者中是否还有其他美国拥有的木材生产公司,

---

[52] 同前注,第 63 段。

[53] S. D. Myers, Inc. v. The Government of Canada, UNCITRAL, 部分裁决,2000 年 11 月 13 日。

[54] Pope & Talbot Inc. v. The Government of Canada, UNCITRAL, 第二阶段实体裁决, 2001 年 4 月 10 日,第 64 段。

[55] 同前注。

[56] 同前注,第 65 段。

[57] 同前注,第 66 段。

[58] United States – Section 337 of the Tariff Act of 1930, 专家组报告,世贸组织文件第 WT/L/6439 – 36S/345 号,1989 年 11 月 7 日通过。

[59] Pope & Talbot Inc. v. The Government of Canada, UNCITRAL, 第二阶段实体裁决, 2001 年 4 月 10 日,第 68 段。

如果有，则必须衡量给这些公司的整体待遇，然后与在类似情况下经营的加拿大公司的待遇进行权衡，只有当这一类美国投资与其加拿大竞争对手在类似情况下的不同待遇“不成比例地”有利于国内投资时，才能视为违反 NAFTA 第 1102 条。[60] 对于百分比如何确定，歧视的严重程度如何确定，加拿大并没有提出任何观点。仲裁庭认为，加拿大提议的规则过于繁重，使用这一规则检验是否存在事实上违反国民待遇的情况，其结果将与 NAFTA 的目标即促进公平竞争条件并大幅增加投资机会不一致。[61] 简言之，这种方法非常笨拙，且将阻碍外国投资者维护其自身的权利。

(4)处于“类似情况”(in like circumstance)的分析

仲裁庭认为，根据 NAFTA 第 1102 条，判断加拿大是否违反了国民待遇，需要对加拿大国内公司受到的待遇与给予申请人的待遇进行比较，即是否存在差别待遇，此外还需确定哪些加拿大国内公司与投资者处于“类似情况”。[62]

在确定“类似情况”一词的含义时，仲裁庭首先参考了“类似”和“情况”这两个词在字典中的普通含义。“类似”的含义从“相似”一直到“相同”，“情况”的含义则取决于条款的上下文，“类似情况”的含义根据特定案件的事实而有所不同。[63]

仲裁庭参考了世贸组织上诉机构对 Japan - Alcoholic Beverages Ⅱ案(以下简称日本酒精案)的裁决，该案仲裁庭认为“类似情况”的解释“必须首先基于条约文本”，因此有必要审查加拿大与美国签订的为期 5 年的 SLA。[64] 此外，仲裁庭还参考了 S. D. Myers v. Canada 案仲裁庭的观点：“在考虑 NAFTA 第 1102 条中‘类似情况’的含义时，有必要牢记该短语出现的整体法律背景”[65]。

仲裁庭认为，首先应将外资所受待遇与同一商业或经济部门的国内投资

---

〔60〕 同前注，第 71 段。
〔61〕 同前注，第 71 段。
〔62〕 同前注，第 73 段。
〔63〕 同前注，第 75 段。
〔64〕 同前注，第 75 段。
〔65〕 同前注，第 75 段。

所受待遇进行比较。若存在差别待遇,则须它们与理性政府政策有合理联系(they have a reasonable nexus to rational government policies),也就是争议措施没有在表面或事实上区分外资公司和国内公司,且没有以其他方式不当地破坏 NAFTA 的投资自由化目标。[66] 一旦发现国民投资和外国投资的待遇不同,问题就变成了它们的情况是否相同?换言之,本案仲裁庭在确定是否存在歧视时,首先确定是否存在差别待遇,若发现存在差别待遇,那么再去确定国内投资与国外投资是否处于类似情况。[67] 仲裁庭仅将"类似情况"解释为"同一经济或商业部门",并没有明确什么是经济或商业部门,也没有解释这两个部门之间是否存在重叠。软木木材产品种类多,对于其上下游企业是否可以被认为是处于"类似情况",仲裁庭在此也没有分析。一般来说要看企业是否从事相同业务,业务重叠度越高处于"类似情况"的可能性越大。

仲裁庭分了三种情况来分析此案中的投资者是否与加拿大其他软木木材生产商受到了不同的待遇:首先,SLA 仅对四个涵盖省份征收出口税,仲裁庭需要确定涵盖省份(其中包含申请人所在的 B. C. 省)与未涵盖省份的软木生产商是否受到差别待遇;其次,由于申请人拥有的三个木材厂均位于 B. C. 省,仲裁庭需要确定 B. C. 省与其他涵盖省份的木材生产商是否受到差别待遇;最后,申请人提出 B. C. 省内陆地区与沿海地区的木材生产商待遇不同,因此仲裁庭需要确定这两个地区的木材生产商是否处于"类似情况"。

第一,与其他未涵盖省份软木木材生产商相比。根据 SLA,未涵盖省份的生产商可以无限制地向美国自由出口软木木材,未涵盖省份的软木生产商,无论是加拿大企业还是外资企业,均无须支付任何出口费用。[68] 因此,未涵盖省份的所有软木木材生产商都获得了比涵盖省份的生产商包括申请人,更优惠的待遇。所以仲裁庭认为,涵盖省份与未涵盖省份的软木木材生产商之间存在差别待遇。[69]

然而,基于 SLA 的实施背景,即在谈判时,美国和加拿大共同确定了涵盖省份,此四省占加拿大对美国出口软木木材的 95%,只有这些省份面临美国

---

〔66〕 同前注,第 78 段。
〔67〕 同前注,第 79 段。
〔68〕 同前注,第 84 段。
〔69〕 同前注,第 85 段。

商务部反补贴税行动的真正威胁,这一确定是合理地基于两国间的贸易争端,证据表明美国从未对未涵盖省份的生产商作出征收反补贴税的最终决定。[70]仲裁庭认为所涉及省份存在特殊的经济情况,有理由对其进行区别对待,通过控制涵盖省份向美国的出口来实施 SLA 与消除美国商务部反补贴行动的威胁之间具有合理联系。[71] 此外,该决定不仅影响了申请人,还影响了超过500家加拿大的国内生产商。因此,仲裁庭认为,未涵盖省份的生产商与涵盖省份的生产商之间的差别待遇是合理的,加拿大没有因区分涵盖省份与未涵盖省份的生产商而违反国民待遇义务。[72]

第二,与涵盖省份软木木材生产商相比。投资者声称,自 SLA 出台以来,B. C. 省在加拿大软木木材总产量和对美国的软木木材出口总量中的相对比例稳步下降。加拿大认为,这些减少和增加只是 SLA 实施之前已经存在的趋势的延续。证据表明,SLA 实施之前,魁北克省投资新工厂和增加现有工厂产能确实比 B. C. 省要多,其市场条件包括可用于砍伐和生产的成熟森林以及投资回报,是导致这些趋势的因素。[73]

仲裁庭认为,加拿大软木木材行业的基本经济状况使得申请人的投资与 B. C. 省其他生产商与其他涵盖省份生产商处于不同的情况。因此,仲裁庭无法确定 B. C. 省在加拿大总产量和对美国的出口中所占份额的下降,以及魁北克省在两者中所占份额的增加,可以归咎于该制度。也就是说,B. C. 省的生产商与其他涵盖省份的生产商的差别待遇是经济状况造成的,属于合理的联系。[74]

第三,与 B. C. 省其他软木生产商相比。投资者拥有的三个木材厂,均位于 B. C. 省的内陆地区。1998 年 6 月 B. C. 省减少了伐木费,沿海地区每立方米减少了 8.1 加元,内陆地区每立方米减少了 3.5 加元,因此引起了美国的反补贴调查。加拿大为了解决这一争议,引入了超级税费。这一费用使得申请人在两个方面处于不利:一是申请人因其工厂位于内陆地区,比沿海地区生产

---

〔70〕 同前注,第 86 段。
〔71〕 同前注,第 86 段。
〔72〕 同前注,第 87 段。
〔73〕 同前注,第 89 - 91 段。
〔74〕 同前注,第 93 段。

商在伐木方面每立方米的收益低；二是征收的超级税费仅针对超出 LFB 水平的生产商，与没有达到 UFB 和 LFB 水平的生产商相比，其缴纳的出口费用更高。[75] 但是，征收超级税费时并没有区分 B. C. 省这两个地区，也就是说该差异不是加拿大的任何行动造成的，内陆和沿海生产商在伐木方面所受的差别待遇是源于 B. C. 省政府的决定。[76] 申请人所认为的待遇差异，在加拿大采取措施之前就已经存在。超级税费的引入是为了解决加拿大和美国之间的软木贸易争端，和解是在沿海和内陆生产者不同待遇的现状下达成的，所以不能说这些生产者在和解时处于“类似情况”。[77] 因此，仲裁庭认为，虽然和解对 B. C. 省的一些生产商产生了更大的不利影响，但没有证据表明是基于外资公司和加拿大国内公司间的任何区别。加拿大以这种方式来解决 B. C. 省减少伐木费用引起的争议，与旨在避免 SLA 仲裁威胁之间存在合理的联系。因此，仲裁庭认为加拿大实施超级税费并未违反国民待遇。[78]

在确定东道国是否违反国民待遇义务时，仲裁庭面临的问题是，外国投资处于不利地位是不是决定因素？国民待遇要求缔约方确保外国投资享有“不低于”本国投资所享有的待遇，因此缔约方有义务积极为外国投资提供“不低于”本国投资的待遇。东道国政府没有采取任何行动降低外国投资待遇这一事实，并不能成为外国投资接受“更低待遇”的理由。此外，通常认定“类似情况”是确定是否违反国民待遇义务的先决条件，绕过这一先决条件与缔约方的意图相违背。[79] 然而，本案中仲裁庭采取先比较投资是否受到差别待遇的方法，使东道国有机会通过经济目的证明其歧视性措施是正当的。从东道国的角度来看，其可能存在区别对待外国和国内投资的健全的政府政策，虽然此类措施并非针对外国投资，但仍对其产生了不利影响。本案的裁决表明，若东道国的差别待遇是为了更大的共同利益、更高的价值，则违反国民待遇是情有可原的，当然这并不能免除东道国的赔偿义务。[80]

---

〔75〕 同前注，第 97 – 98 段。

〔76〕 同前注，第 99 – 100 段。

〔77〕 同前注，第 101 – 102 段。

〔78〕 同前注，第 103 段。

〔79〕 Guiguo Wang, *Likeness and Less Favorable Treatment in Investment Arbitration*, Journal of International and Comparative Law, Vol. 3:1, p. 81 (2016).

〔80〕 同前注，第 93 页。

(二)公平公正待遇

1. 涉及的法律条款

NAFTA 第 1105 条最低待遇标准规定:各缔约方应根据国际法,给予另一方投资者投资相应的待遇,包括公平公正待遇和充分保护与安全。[81]

2. 申请方与被申请方的法律意见

投资者声称加拿大实施的 SLA 违反了 NAFTA 第 1105 条。争议双方同意该条款确立了 NAFTA 缔约方除国民待遇和最惠国待遇外可对外国投资提供的最低待遇标准,但对于"最低待遇标准"的内容存在分歧。[82]

投资者认为,应根据所有相关的国际法渊源来解释该条款,包括《国际法院规约》第 38 条中的所有国际法渊源、"善意"原则(包括条约必须信守)、世界银行关于外国直接投资的指导方针、NAFTA 缔约方的其他条约义务,以及 NAFTA 各缔约方的国内法。[83]

加拿大则认为,国际法中的最低待遇标准,是由 Neer 案发展而来的,因此,东道国违反国际法的有关行为必须是过分的、严重的、令人震惊的。[84] 加拿大援引了 S. D. Myers v. Canada 案裁决中仲裁庭的表述,即"公平公正待遇和充分保护与安全不能孤立地解读,他们必须与序言,即与国际法相结合来解读。因此,只有当投资者受到武断或不公平的待遇,从国际法角度来看不可接受时,才会违反 NAFTA 第 1105 条"[85]。

投资者认为,国际法标准已经随时间的发展而发展,因此包含了公平公正待遇和充分保护与安全,而不是仅仅是东道国行为需要达到"恶劣"程度的高门槛。[86]

3. 仲裁庭的分析

(1)最低待遇标准以及公平公正待遇

仲裁庭认为,加拿大援引的案例中处理的是国际法中对外国人最低待遇

---

〔81〕《北美自由贸易协定》,叶兴国、陈满生译,法律出版社 2011 年版,第 237 页。

〔82〕Pope & Talbot Inc. v. The Government of Canada, UNCITRAL, 第二阶段实体裁决,2001 年 4 月 10 日,第 106 段。

〔83〕同前注,第 107 段。

〔84〕同前注,第 108 段。

〔85〕同前注,第 110 段。

〔86〕同前注,第 109 段。

标准问题,而不是 NAFTA 第 1105 条中提到的“公平公正待遇和充分保护与安全”,仲裁庭认为条款这一措辞表明公平公正要素已经包含在国际法中。[87] 此外,仲裁庭发现,另一种解释是公平公正是对国际法中最低待遇要求的补充,即投资者有权享有最低待遇以及公平公正待遇。仲裁庭认为这一解释来源于国际法中的国际投资条约,仲裁庭指出,“这些条约多年来演变成现在的形式,体现在 1987 年的美国双边投资示范条约中。加拿大、英国、比利时、卢森堡、法国和瑞士都遵循了该示范条约”[88]。该示范条约规定:“投资应始终得到公平公正待遇,享有充分保护与安全,在任何情况下均不得低于国际法规定的待遇。”[89] 因此,仲裁庭认为,该表述明确采用了附加的意思,即无论投资者在国际法下享有其他何种权利,其都有权获得公平公正待遇。同理,NAFTA 的投资者有权享受国际法上的最低待遇以及公平公正待遇,仲裁庭认为这种解释更为合理。[90]

然而,美国提出 NAFTA 中的措辞与双边投资示范条约中不一致。[91] 仲裁庭认为,虽在表述上不一致,但有理由做相同的解释。首先,NAFTA 开篇即强调彼此国民间友谊与合作的特别盟约,那么基本不可能假设 NAFTA 的缔约方本来就打算,当他们给予其他国家国民更广泛的权利时,却互相限制第 1105 条的适用范围。[92] 此外,NAFTA 第 103 条第 2 款明确规定,在发生冲突时,NAFTA 优先于 GATT 和其他协定。因此,根据条约解释的一般原则,很难认为 NAFTA 的缔约方是想要提供给彼此的投资更有限的保护,来“大幅增加领土内的投资机会”[93]。仲裁庭认为,这些表述都属于解释 NAFTA 条款所需的“上下文、目的和宗旨”[94]。

---

〔87〕 同前注,第 110 段。

〔88〕 同前注,第 111 段。

〔89〕 Investment shall at all times be accorded fair and equitable treatment, shall enjoy full protection and security and shall in no case be accorded treatment less than that required by international law. 同前注,第 111 段。

〔90〕 Pope & Talbot Inc. v. The Government of Canada, UNCITRAL, 第二阶段实体裁决,2001 年 4 月 10 日,第 111 段。

〔91〕 同前注,第 114 段。

〔92〕 同前注,第 115 段。

〔93〕 同前注,第 115 段。

〔94〕 同前注,第 115 段。

仲裁庭认为，NAFTA 的目的与宗旨是“向投资者提供一种友好的氛围，使他们免受政治风险或不公平待遇的影响”[95]。加拿大对 NAFTA 第 1105 条的解读（仅为“受到极不公平的投资”提供保护）将会导致其允许 NAFTA 缔约方对另一缔约方的投资者和投资，采取其国内法不允许对国内投资者和投资实施的，以及一些其他国家双边投资条约所排除的措施。[96]

此外，仲裁庭从实际情况考虑，认为若狭义解释 NAFTA 第 1105 条，则意味着 NAFTA 的投资者将获得比东道国投资者和第三国（与东道国缔结双边条约的国家）投资者更有限的，对抗东道国法律法规和行政管理的权利。[97] 这种情况肯定会违反 NAFTA 第 1102 条和第 1103 条，即国民待遇和最惠国待遇。因此，仲裁庭将 NAFTA 第 1105 条解释为投资者和投资可获得通常标准的公平公正待遇，而争议行为无须达到“极坏的”、“残暴的”、“令人震惊的”或其他非同寻常的标准。[98]

（2）验证审查环节

之后，仲裁庭对申请人提出的情况逐一进行了分析，其中新进入者、过渡性调整、B. C. 省的调整、超级税费、行政程序都没有违反公平公正待遇，只有验证审查环节被认为违反了公平公正待遇。

“验证审查事件”是在申请人提交仲裁通知后不久，申请人声称没有收到其有权获得的配额。加拿大软木木材管理部门（SLD）对该投资之前的问卷答复进行了审查，并发现申请人销售的木材比生产的木材多，SLD 就这个不一致之处要求申请人做出解释。申请人给出的解释是“不平衡是库存累积所致”，但 SLD 认为申请人没有提供充足的信息，表示需要进一步核实。[99] 申请人对此非常配合，但 SLD 表明要在加拿大境内提供所需的信息，包括银行对账单、会计师文件等，申请人拒绝。随后 SLD 表示不合作可能对该投资造成灾难性后果，若无法验证问卷中的问题，以及据此分配配额的正确性，部长

[95] 同前注，第 116 段。
[96] 同前注，第 117 段。
[97] 同前注，第 117 段。
[98] 同前注，第 118 段。
[99] 同前注，第 156 段。

可能无法向申请人的公司授予任何额外的配额。[100] 在 SLD 与部长的内部沟通中，SLD 确实建议部长减少申请人的配额，理由是申请人“拒绝继续合作，拒绝提供进行审查所需要的原始文件”等。[101] 最终 SLD 在完成审查后，仅给出了一般性的评论，如审查“揭示了一些系统性错误”，以及“验证团队发现发票上显示的金额和问卷上报告的金额之间存在差异”。[102] 唯一的详细评价是针对工厂内部转移的，但申请人已在 8 个月前发现并主动报告了这一点。[103]

根据以上事实，仲裁庭认为，审查的一个主要问题是 SLD 不愿意在文件所在地进行审查，而其所要求的文件量巨大，搬运它们将是一笔很大的负担。SLD 仅是简单地通知申请人，其在波特兰进行验证的提议“不被接受”，但没有说明原因。[104] 因此，仲裁庭认为，SLD 处理这一问题的行为，不能简单地以其担心不能在境外行使审查权利来解释。虽然存在这种担忧是合理的，但 SLD 没有努力处理该问题，没有试图减轻申请人将文件转移至加拿大进行验证会导致的负担。[105] 相反，SLD 专横地坚持自己的方式，拒绝提供任何形式的法律理由，而是依靠权威威胁申请人的配额可能因未能接受验证而被减少、暂停甚至取消。[106]

仲裁庭指出，SLA 的实施是一件复杂的事情，涉及对涵盖省份的 500 多家软木木材生产商进行复杂的配额分配，从众多来源获取信息，并为政府和私营实体提供指导和方向。[107] 面对这些困难，在大多数情况下，该计划显然是以开放和合作的精神进行的，但在本案的审查过程中，仲裁庭认为 SLD 对申请人的处理方式与之前形成了鲜明对比，SLD 与申请人之间的关系更像是搏斗而非监管与合作。[108] 最终，仲裁庭认为 SLD 对这一事件负有压倒性的责任。

---

[100] 同前注，第 157 段。
[101] 同前注，第 178 段。
[102] 同前注，第 176 段。
[103] 同前注，第 176 段。
[104] 同前注，第 172 段。
[105] 同前注，第 173 段。
[106] 同前注，第 177 段。
[107] 同前注，第 180 段。
[108] 同前注，第 180 段。

仲裁庭认为,虽然无法确认 SLD 在验证审查过程中所持态度背后的原因,但事实上,申请人在验证审查过程中所遭受的待遇,如受到威胁、对相关信息的合理要求被拒绝、在满足 SLD 的信息要求方面产生不必要的费用、被迫支付法律费用、最终可能在政府中失去声誉等,无异于 SLD 拒绝提供 NAFTA 第 1105 条要求的公平公正待遇。[109] 因此,仲裁庭最终裁定加拿大对投资者因此造成的损害承担责任。[110]

此案后,NAFTA 缔约方发布了联合解释性说明,澄清"公平公正待遇"和"充分保护与安全"的概念不需要超出习惯国际法中对外国人的最低待遇标准。[111]

此案中,仲裁庭没有按照 Neer 案来解释最低待遇标准与公平公正待遇,除了分析公平公正待遇是否与最低待遇标准等同外,并没有明确最低待遇标准的内容,也没有明确公平公正待遇的实质内容。虽然认同最低待遇随着时间发展包含了公平要素,但对其中是否包含稳定的法律框架、投资者期待、透明度等问题,仲裁庭并未说明。虽然后来 NAFTA 对于第 1105 条所做的解释说明将其限制在最低待遇标准范围内,但仍有仲裁庭按照演进说将其对投资者的保护提高,对于是否应该将其限制在最低待遇标准之内,国际法学者们的看法并不一致。

三、对仲裁庭分析的评论

(一)"类似情况"

在投资仲裁实践中,外国投资者声称东道国存在违反国民待遇的行为时,必须证明有与自己处于类似情况的企业且确实存在差别待遇。由于国际投资协定中缺乏关于解释的指导原则,仲裁庭在解释"类似情况"一词时行使了过大的自由裁量权。什么是"类似情况"?处于类似情况的投资者是否需要拥

---

[109] 同前注,第 181 段。

[110] 同前注,第 181 段。

[111] NAFTA Free Trade Commission, *Notes of Interpretation of Certain Chapter 11 Provisions*, 31 July, 2001.

有完全相同的业务？是否需要存在直接竞争关系？在回答这些问题时，仲裁庭并未始终如一地行使其裁量权。一些仲裁庭对"类似情况"的解释非常宽泛，而另一些仲裁庭则解释得非常狭隘，还有一些则选择不去详细地处理这一问题。

例如，在 Feldman v. Mexico 案中，涉及墨西哥对美国公民 Feldman 拥有的一家墨西哥公司 CEMSA 的卷烟出口征税。仲裁庭认为，当外国和国内投资者从事同一业务时，则处于"类似情况"。具体而言，与 CEMSA 公司处于"类似情况"的是那些从事转售或出口卷烟业务的国内公司，其他出口卷烟的国内公司，如墨西哥卷烟生产商，则不处于"类似情况"。[112]

同样，在 Sergei Paushok v. Mongolia 案中，仲裁庭在分析国民待遇中的"类似情况"时认为，外国和本地投资者所从事的属于同一行业时，则处于"类似情况"，但在该案中，铜和黄金行业适用不同的税收制度，因此不处于"类似情况"。[113]

然而，Occidental Exploration v. Ecuador 案仲裁庭则采用了非常宽泛的解释。Occidental 是一家美国公司，于 1999 年与一家厄瓜多尔国有公司签订合同，在厄瓜多尔从事石油勘探和生产。厄瓜多尔为 Occidental 定期报销其因采购支付的增值税。2001 年年中，厄瓜多尔税务机关发布决议，拒绝 Occidental 所有的增值税退税申请，并要求返还先前已退的增值税。Occidental 声称厄瓜多尔违反了其在美国与厄瓜多尔的双边投资条约中的国民待遇义务。申请人认为，"类似情况"不仅仅指那些从事同一业务的公司，如石油生产企业，而是指所有从事出口的公司，甚至是不同部门的公司。而厄瓜多尔则认为，"类似情况"只能指同一行业的公司，即石油生产部门。最终仲裁庭认为，处于"类似情况"不能按照厄瓜多尔所提出的观点一样被狭义解释，因为国民待遇的目的是保护投资者，而不是当地生产者，因此支持了申请人的解释。[114]

---

〔112〕 Marvin Roy Feldman Karpa v. United Mexican States, ICSID Case No. ARB(AF)/99/1，裁决，2002 年 12 月 16 日，第 172 段。

〔113〕 Sergei Paushok, CJSC Golden East Company and CJSC Vostokneftegaz Company v. The Government of Mongolia, UNCITRAL，管辖权与责任裁决，2011 年 4 月 28 日，第 318 段。

〔114〕 Occidental Petroleum Corporation and Occidental Exploration and Production Company v. The Republic of Ecuador, ICSID Case No. ARB/06/11，裁决，2012 年 10 月 5 日，第 455 段。

但事实上,国民待遇的目的是确保同一经济或商业部门的外国投资者与国内投资者获得平等对待,而不仅仅是保护外国投资。

此外,在 Methanex Corporation v. the United States 案中,Methanex 是一家生产甲醇的生产商,加利福尼亚州出于环境考虑禁止使用甲醇,但仍然允许使用乙醇。申请人声称在加利福尼亚州受到了歧视性待遇,由于添加剂生产商不再需要甲醇,它失去了在加利福尼亚州的市场份额。申请人认为,在汽油制造领域,乙醇是甲醇的替代品,对甲醇的禁令有利于乙醇生产商,因此两个部门的情况是相似的,禁止使用甲醇是一种歧视性待遇。[115] 然而,仲裁庭没有支持这一论点,仲裁庭认为,与 Methanex 处于"类似情况"的应是所有甲醇生产商,甲醇的外国和本地生产商都受到了禁令的影响,尽管加利福尼亚州颁布的法律区分了乙醇和甲醇,但并没有区分甲醇生产商。仲裁庭还检验了外国和国内投资者生产的产品是否具有相同功能,即甲醇和乙醇在初始功能方面没有相似性,但甲醇和乙醇的最终用途是相似的。不过,仲裁庭最终决定不使用"直接竞争"的概念来确定"类似情况",原因是 NAFTA 的文本中没有"直接竞争"一词。[116] 对此,Sornarajah 认为:"在投资背景下,若不使用直接竞争和可替代来确定类似情况,那么大型跨国公司作为投资者将永远不会处于"类似情况。"[117]

通过上述案件可以看出,对于"类似情况"的确定,有些仲裁庭认为仅限于在同一商业或经济部门经营的投资[118],而有些仲裁庭在此基础上还会考虑其他因素,如同一经济部门的外国投资与国内投资之间的竞争关系[119]、投

---

[115] Methanex Corporation v. United States of America, UNCITRAL, 管辖权与实体最终裁决,2005 年 8 月 3 日,第 248 段。

[116] 同前注,第 290 段。

[117] M. Sornarajah, *The International Law on Foreign Investment*, Cambridge University Press, 2004, p. 235.

[118] Marvin Roy Feldman Karpa v. United Mexican States, ICSID Case No. ARB(AF)/99/1, 裁决, 2002 年 12 月 16 日。

[119] Methanex Corporation v. United States of America, UNCITRAL, 管辖权与实体最终裁决,2005 年 8 月 3 日。

资产品的可替代性[120]、公共政策或公共利益[121]等。有些仲裁庭则采用更宽泛的解释，将外国投资的待遇与所有本土投资进行比较[122]。当然，也有些差别被认为不属于"类似情形"，如从事同一行业但税收制度不同[123]、同一行业中相互竞争但各自经营规模或范围不同[124]、同一业务领域但投资框架或类型不同[125]等。

(二)公平公正待遇与最低待遇标准的关系

在国际投资仲裁实践中，对于公平公正待遇的解释形成了三种类型：第一种是将其直接等同于国际习惯法中的最低待遇标准，由 Neer 案确立——一国政府的行为已经达到暴行、恶意、故意漠视的程度，或者一个理性且公正的第三人认为该政府行为是无法容忍的。[126] 在后来的 NAFTA 解释文件中，公平公正待遇的概念也被解释为不需要额外或超出习惯国际法中外国人最低待遇标准的要求。[127] 第二种是将公平公正待遇看作完全独立的标准，即宽泛地要求东道国积极对待外国投资，如 Tecmed 案仲裁庭就认为，国际法下的公平公正待遇条款要求东道国采取积极的行动，以确保其决策的一致性、透明度和非任意性。[128] 第三种是处于两者之间，不完全等同于国际习惯法中的最低待遇标准，也不必考虑东道国是否具有主观恶意。CMS 案仲裁庭就采取了这样的

[120] 同前注。

[121] Pope & Talbot Inc. v. The Government of Canada, UNCITRAL，第二阶段实体裁决，2001 年 4 月 10 日。

[122] Occidental Petroleum Corporation and Occidental Exploration and Production Company v. The Republic of Ecuador, ICSID Case No. ARB/06/11，裁决，2012 年 10 月 5 日。

[123] Sergei Paushok, CJSC Golden East Company and CJSC Vostokneftegaz Company v. The Government of Mongolia, UNCITRAL，管辖权与责任裁决，2011 年 4 月 28 日。

[124] Methanex Corporation v. United States of America, UNCITRAL，管辖权与实体最终裁决，2005 年 8 月 3 日。

[125] 同前注。

[126] L. F. H. Neer and Pauline Neer (U. S. A.) v. United Mexican States，国际仲裁裁决报告，裁决，1926 年 10 月 15 日，第 4 期，第 60 - 66 段。

[127] NAFTA Free Trade Commission, *Notes of Interpretation of Certain Chapter* 11 *Provisions*, 31 July, 2001.

[128] Teécnicas Medioambientales Tecmed S. A. v. The United Mexican States, ICSID Case No. ARB (AF)/00/02，裁决，2003 年 5 月 29 日，第 162 段。

立场。[129]

那么,公平公正待遇到底是自主标准还是等同于最低待遇标准? 针对这个问题,学者们采用了以下两种不同的方法展开研究:

一种是将公平公正待遇视为一个独立的条约标准,其含义与最低待遇标准不同。在这种情况下,公平公正待遇将提供超出最低待遇标准的待遇。从这个角度来看,东道国的待遇水平将比习惯国际法中的最低待遇更高,外国投资者将被赋予更多的权利。这也是大多数学者采取的立场。这种方法通常被称为"附加"或"简单意义"理论,在这种解释中"公平和公正"被赋予了它们本身的普遍含义。[130] 有学者认为,这种方法是由历史决定的,因西方国家从20世纪60年代开始,就在其双边投资条约中规定了公平公正待遇的标准,这不仅是因为最低待遇标准概念模糊,也是因为当时发展中国家拒绝接受这一概念。[131] 因此,就发达国家和发展中国家之间的双边投资条约而言,公平公正待遇标准相对于最低待遇标准必须具有其独特的含义,即公平公正待遇是一个独立的条约标准,具有从最低待遇标准开始的自主含义。[132] 这种方法的支持者甚至认为,公平公正待遇现在已经事实上成为了习惯国际法规则。[133] 有学者认为,仲裁员应考虑,最低待遇标准和公平公正待遇标准作为两个不同的习惯标准,只有后者才适用于国际投资法领域。[134]

另一种则是将公平公正待遇视为习惯国际法下最低待遇标准的反映,这也称为"均衡"方法。从这个角度来看,公平公正待遇的标准不会超出最低待遇的标准。根据这种解释,公平公正待遇标准是最低待遇标准的要素之

---

[129] CMS Gas Transmission Company v. The Republic of Argentina, ICSID Case No. ARB/01/8, 裁决,2005年5月12日。

[130] UNCTAD, *International Investment Agreements: Key Issues*, 2004, p. 212.

[131] Campbell McLachlan, Laurence Shore & Matthew Weiniger, *International Investment Arbitration: Substantive Principles*, Oxford Press, 2007, p. 226.

[132] 同前注,第227-247页。

[133] Todd Weiler, *NAFTA Investment Arbitration and the Growth of International Economic Law*, Business Law International, Vol. 2:1, p. 188 (2002).

[134] Ionna Tudor, *The Fair and Equitable Treatment Standard in International Foreign Investment Law*, Oxford Press, 2008, p. 64.

一。[135] 然而,将公平公正待遇与最低待遇标准联系起来并不能消除与解释相关的困难,就如联合国贸易和发展会议(United Nations Conference on Trade and Development,UNCTAD)报告中所说,这种方法是"预先假设对于习惯国际法中外国人最低待遇标准的内容达成了普遍共识",而事实上,"最低待遇标准本身是高度不确定的,缺乏明确的内容"[136]。

在仲裁实践中,对公平公正待遇条款的不同表述被认为是确定公平公正待遇义务范围的关键因素。目前国际投资协定中公平公正待遇条款表述的主要区别在于:有的条款明确将公平公正待遇标准与国际法联系起来,而有的条款则对于公平公正待遇义务无任何条件表述。因此,经济合作与发展组织(Organization for Economic Co - operation and Development,OECD)认为:"由于措辞上的差异,对公正公平待遇标准的正确解释取决于特定条约的具体内容、上下文、目的和宗旨,以及谈判历史或缔约方意图等。例如,有些条约将公平公正待遇与习惯国际法最低标准明确联系起来,或在某些情况下将公平公正待遇与其限制在一起。若条约没有将该待遇与国际法联系起来,比如没有具体规定或没有提及国际法,则根据缔约方的意图,可以理解为公平公正待遇标准的适用范围比习惯国际法所界定的最低待遇标准更宽泛。"[137]

UNCTAD 的报告进一步表明,公平公正待遇条款的措辞变化实际上意味着不同的内容和门槛:"确定公平公正待遇标准的来源——无论是以习惯国际法为基础,还是一项自主义务——都可能对标准的内容产生重要影响,更确切地说,对可质疑的国家措施的类型,以及认定违约行为所需的严重程度产生重要影响。"[138] 因此,大多数仲裁庭对无条件的公平公正待遇标准的解释侧重于"公平"和"公正"的普遍含义,有学者认为这"可能导致赔偿责任门槛过低,

---

[135] Andrew Newcombe & Luis Paradell, *Law and Practice of Investment Treaties: Standards of Treatment*, Kluwer Law International, 2009, p. 264.

[136] UNCTAD, *Fair and Equitable Treatment*, *UNCTAD Series on Issues in International Investment Agreements II*, 2012, p. 28.

[137] OECD, *Fair and Equitable Treatment Standard in International Investment Law*, *Working Papers on International Investment Law*, No. 2004/3, 2004, p. 68.

[138] UNCTAD, *Fair and Equitable Treatment*, *UNCTAD Series on Issues in International Investment Agreements II*, 2012, p. 68.

并给国家监管行动带来风险”[139]。只有少数仲裁庭将无条件的公平公正待遇标准解释为暗示需要参考国际法。[140]

当然，也有学者认为，公平公正待遇条款的不同措辞对于 NAFTA 仲裁庭来说根本无关紧要，因为 NAFTA 第 1105 条在其标题中明确提及了“最低待遇标准”，内容中也提到了“国际法，包括公平公正待遇”，因此暗示了公平公正待遇是习惯国际法的一部分。[141]

(三)最低待遇标准的内容

虽然 NAFTA 委员会在发布的解释性说明中，将第 1105 条的解释限制在了不超出最低待遇标准，但最低待遇标准的定义和具体内容仍不清晰。UNCTAD 在其报告中曾表示，最低待遇标准“高度不确定，缺乏明确的定义和内容，并且需要解释”[142]。此外，报告还指出，“最低待遇标准不能为现代投资争议提供现成的解决方案，充其量提供了一个粗略的概念，即受质疑的政府行为必须达到高门槛才能确定违反国际协定”[143]。其中高门槛的要求来源于 Neer 案，虽然 Neer 案对最低待遇标准概念的出现产生了相当大的影响，国际法判例中也常常将 Neer 案称为存在最低待遇标准的证据，[144] 但这一结论受到了质疑，Stephen 曾表示，对一个长达三页的裁决应给予有限的权重，该裁决仅作一般性陈述，没有得到国家实践的证实。[145] 其他学者则强调了该案的事实，即该案不涉及与保护投资本身有关的任何问题，该裁决仅与“未能逮捕和

---

[139] Rudolf Dolzer, *Remarks of Fair and Equitable Treatment in International Law*, American Society of International Law, Vol. 100, p. 69 (2006).

[140] Siemens A. G. v. The Argentine Republic, ICSID Case No. ARB/02/8, 裁决，2007 年 1 月 17 日，第 291 段。

[141] Christoph Schreuer, *Fair and Equitable Treatment in Arbitral Practice*, Journal of World Investment and Trade, Vol. 6, p. 363 – 366, 365, 385 (2005).

[142] UNCTAD, *Fair and Equitable Treatment*, *UNCTAD Series on Issues in International Investment Agreements Ⅱ*, United Nations Publication 2012, p. 46.

[143] 同前注，第 47 页。

[144] Martins Paparinskis, *The International Minimum Standard and Fair and Equitable Treatment*, Oxford Press, 2013, p. 48 – 54.

[145] Stephen Myron Schwebel, *Is Neer Far from Fair and Equitable?*, Arbitration International, Vol. 27: 4, p. 555 – 561 (2011).

惩罚外国人犯罪的私人行为"有关。[146] Mondev 案仲裁庭更有说服力地解释了这一立场："仲裁庭注意到，Neer 案和其他被引用的类似案件并不涉及外国投资本身的待遇，而是外国人的人身安全。此外，在 Neer 案中具体的问题是，墨西哥未能对警察杀害一名美国公民的事件进行有效的调查，这些警察在墨西哥甚至没有被指控。一般来说，国家不对私人当事方的行为负责，只有在特殊情况下，才会对未能进行后续调查承担国际责任。因此，没有足够的理由假设双边投资条约和 NAFTA 纳入了 Neer 案标准，无法假设国家对待外国投资的待遇仅限于 Neer 案的粗暴标准。"[147] 也就是说，Neer 案在确定当代国际投资法背景下最低待遇标准的实质内容方面几乎没有价值。[148] 这是因为该标准随着时间的演变已经有了很大的发展，正如 ADF 案仲裁庭在裁决中所提到的，"Neer 案的标准自动扩展到当代东道国对待外国投资者及其投资的背景中，在逻辑上似乎是没有必要的，也没有一致的国家实践来支持这种观点"[149]。这一解释也得到了一些 NAFTA 仲裁庭的认可。然而，在 NAFTA 第 1105 条明确提及最低待遇标准的背景下，一些仲裁庭采取了不同的立场。例如，Cargill 案仲裁庭认为需要"维持 Neer 案所要求的行为严重性"[150]；Glamis 案仲裁庭认为"Neer 案标准的基本原理今天仍然适用"[151]；等等。

至于国际法中最低待遇标准的内容，学者罗斯 1949 年在其书中总结的关于外国人待遇的 8 项规则，可以说是早期尝试，即"1）外国人，无论自然人或法人，都有权依据国际法获得国家承认的法律资格和行为能力；2）尊重外国人的生命并保护其身体；3）在社会可以承受的范围内保护外国人的人身和精

---

[146] Jan Paulsson & Georgios Petrochilos, *Neer - ly Misled?*, ICSID Revie - Foreign Investment Law Journal, Vol. 22:2, pp. 242 - 257, p. 247 (2007).

[147] Mondev International Ltd. v. United States of America, ICSID Case No. ARB(AF)/99/2, 裁决，2002 年 10 月 2 日，第 115 段。

[148] Andrew Newcombe & Luis Paradell, *Law and Practice of Investment Treaties: Standards of Treatment*, Kluwer Law International, 2009, p. 237.

[149] ADF Group Inc. v. United States of America, ICSID Case No. ARB(AF)/00/1, 裁决，2003 年 1 月 9 日，第 181 段。

[150] Cargill, Incorporated v. United Mexican States, ICSID No. ARB(AF)/05/2, 裁决，2009 年 9 月 18 日，第 284 段。

[151] Glamis Gold, Ltd. v. The United States of America, UNCITRAL, 裁决，2009 年 6 月 8 日，第 616 段。

神自由;4)外国人在其居住国不享有政治权利,但必须履行其不背叛母国的义务;5)国际法不赋予外国人在外国从事经济活动的权利,但在国家经济政策允许外国人从事经济活动的情况下,国际法保证外国人之间享有平等的商业待遇;6)外国人参与经济活动但不得获取私有财产,居住国可以禁止其拥有某些财产,无论是动产还是不动产;7)在外国人享有财产所有权的情况下,国际法保护他的权利,除非出于道德或刑事原因,不得以任何借口进行征收且不给予足够的补偿;8)国际法授予外国人在其居住国的诉讼权利"[152]。然而,对于其中的具体标准,罗斯认为,"解释是有必要的,因为政府行政行为的多样性必然需要某种模糊性。否则,在实践中该标准将永远无法以通常方式得到适用,因为我们很难建立一个统一的标准来涵盖所有可能的情况"[153]。

目前在国际投资法中,最低待遇标准通常被理解为包含拒绝司法和对外国人伤害负责的法律概念,并在实践中适用于以下领域:(1)司法行政,通常与拒绝司法相关;(2)被拘留的外国人的待遇;(3)充分保护与安全。[154] UNCTAD在其报告中指出"迄今为止,最低待遇标准在习惯国际法中没有其他明显内容"[155]。

总之,国际投资中最低待遇标准的内容应至少包括:(1)东道国有义务防止司法中的执法不公;(2)有义务不征收外国投资者的投资,除非按照法律规定,征收是出于公共目的,以非歧视的方式进行并充分赔偿;(3)东道国有义务防止任意行为;(4)东道国有义务为投资者提供"充分保护与安全"。[156]

---

[152] Andreas Hans Roth, *The Minimum Standard of International Law Applied to Aliens*, A. W. Sijthoff, 1949, p. 185 – 186.

[153] 同前注,第191页。

[154] UNCTAD, *Fair and Equitable Treatment*, *UNCTAD Series on Issues in International Investment Agreements Ⅱ*, 2012, p. 45.

[155] 同前注。

[156] 同前注。

四、结语

(一)援引世贸组织案例

在国际投资协定中,国民待遇条款的规定都很宽泛,因此在应用时很难确定其适用条件。但在世贸组织的多个协定中对于国民待遇都有更为具体的规定[157],因此国民待遇也常常在世贸组织争端解决中被提及,世贸组织专家组和上诉机构对于国民待遇的分析也更为具体、详细。对此,Methanex 案仲裁庭曾在其裁决中提到"仲裁庭在分析国民待遇时,可以从先前世贸组织对 GATT 中类似短语的解释方法中获得指导,尽管仲裁庭不能将此类解释视为具有约束力的先例,但仍然可以被世贸组织判例中相关的法律推理说服"[158]。而之所以在投资仲裁案件中可以援引世贸组织的案例,是因为《国际法院规约》第 38 条第 1 款规定:"法院对于陈诉的各项争端,应依国际法裁判之,裁判时应适用:(1)不论普通或特别国际协约,确立诉讼当事国明白承认之规条者;(2)国际习惯,作为通例之证明而经接受为法律者;(3)一般法律原则为文明各国所承认者;(4)在第五十九条规定之下,司法判例及各国权威最高之公法学家学说,作为确定法律原则之补助资料者。"[159] 可以看出,国际法的渊源包含判例,因此可以被援引。

此外,世贸组织规则和投资条约的解释虽然同样适用《维也纳条约法公约》(Vienna Convention on the Law of Treaties, VCLT)第 31、32 条,但与投资仲裁中经常形式上提及 VCLT 相比,世贸组织专家组和上诉机构在裁决中对于 VCLT 细致具体的适用,使得其决定常常更具有说服力。在不清楚案件事实是否明确违反投资条约规定时,参考世贸组织判例可能特别有用。

---

[157] 例如,GATT 第 3 条第 1 款明确规定了国民待遇的目的,即防止在使用国内税收和法规时出现保护主义。特别是,其防止国家通过替代措施来规避关税削减承诺,最终确保国家内部的竞争条件不会因政府干预而改变。

[158] Methanex Corporation v. United States of America, UNCITRAL, 管辖权与实体最终裁决,2005 年 8 月 3 日,第 6 段。

[159] 《国际法院规约》第 38 条,全文见联合国官网,https://www. un. org/zh/about - us/un - charter/statute - of - the - international - court - of - justice。

在本案中,加拿大援引了大量世贸组织案例来说服仲裁庭运用不成比例的检验方法,虽未成功说服仲裁庭使用这一方法,但也体现了在分析国民待遇时世贸组织裁决对于投资仲裁的影响。仲裁庭在分析“类似情况”时虽也引用了日本酒精案,认为“类似情况”的解释“必须首先基于条约文本”,但对于“类似情况”的具体分析并没有参考案例中对于“同类产品”的分析。

在日本酒精案中,上诉机构详细分析了国民待遇条款并给出了确定“同类产品”的标准。[160] 日本酒精案的起因是日本酒精税法对市场上所有酒精饮料根据酒的种类和酒精度进行征税,这样产生的效果是日本本土的烧酒征税低于其他国家(地区)的酒,因此美国、加拿大、欧盟认为日本酒精税法与 GATT 第3条第2款[161]不相符。上诉机构通过对 GATT 第3条的一般含义、起草历史以及世贸组织协定的目标和宗旨进行分析,认为第3条第1款作为统领性的条款,是第3条其他条款的组成部分,说明了第3条的目的,即防止国内政策保护国内生产。因此,在解释第2款时,也要考虑到第1款。上诉机构在确定进口和本地产品是不是“同类产品”时,认为“同类产品”并不代表产品的每一方面都必须完全相同,除了需要个案具体分析外,还要考虑其他有关因素,比如“产品的性质、品质、质量,产品的最终用途,消费者偏好和习惯,产品的关税分类”等。此外,上诉机构也明确了“同类”与“直接竞争和可替代”之间的关系,即“直接竞争和可替代”是确定“同类”的一个因素,所有“同类产品”一定是可以直接竞争和可替代的。因此,在确定“相似性”时,上诉机构重点考虑了进口产品与本地产品是否是“直接竞争和可替代的产品”,这两个产品是否享有类似的待遇,以及差别待遇是不是为了“保护本地生产”。[162]

日本酒精案的上诉机构对于“同类产品”的分析是值得本案仲裁庭借鉴

---

[160] Japan – Taxes on Alcoholic Beverages,上诉机构报告,世贸组织文件第 WT/DS8/AB/R, WT/DS10/AB/R, WT/DS11/AB/R 号,1996 年 10 月 4 日通过。

[161] GATT 第3条第2款规定:任何缔约方领土的产品进口至任何其他缔约方领土时,不得对其直接或间接征收超过对同类国内产品直接或间接征收的任何种类的国内税或其他国内费用。此外,缔约方不得以违反第1款所列原则的方式,对进口产品或国内产品实施国内税和其他国内费用。译文见《乌拉圭回合多边贸易谈判结果:法律文本——中国加入世界贸易组织法律文件》,人民出版社 2002 年版,第 324 页。

[162] Japan – Taxes on Alcoholic Beverages,上诉机构报告,世贸组织文件第 WT/DS8/AB/R, WT/DS10/AB/R, WT/DS11/AB/R 号,1996 年 10 月 4 日通过,第 6.22 – 6.27 段。

的,在投资仲裁中,仲裁庭对于“类似情况”的分析是非常薄弱的,本案仲裁庭既没有考虑投资中国民待遇的目的,也没有细分处于“类似情况”的企业应符合哪些标准,更没有考虑投资者与本地企业间是否存在竞争。当然,在投资仲裁中若将“类似情况”解释得过于狭隘,则可能导致国民待遇变得无用。[163] 因此仲裁庭更加需要借鉴世贸组织案例中的详细分析方法,来增加裁决的说服力。

(二)国际判例法的形成

本案仲裁庭在其分析中援引了大量世贸组织案例和国际投资案例,作为其观点的支撑。理论上,投资仲裁庭并不受先例约束。事实上,不仅本案仲裁庭,世贸组织争端解决机构、国际投资仲裁庭、国际法院等也相互援引判决、裁决和报告,从而形成了国际判例法[164]。投资仲裁裁决亦无数次提及,尽管每个仲裁庭都是独立的,但为了国际投资法的和谐发展,有必要参考先前的裁决。[165] 因此,可以看出,援引先例可以促进国际投资仲裁裁决的一致性以及可预见性。

(三)结语

本案中重点讨论的国民待遇和公平公正待遇一直是国际投资法中存有争议的问题。在实践中,对于国民待遇的分析建议参考世贸组织案例中对于该待遇的具体解释。关于公平公正待遇与最低标准待遇的具体关系及内容问题,目前在实践中常用的解决方法是具体细化条款的内容,如《区域全面经济伙伴关系协定》(RCEP)、《全面与进步跨太平洋伙伴关系协定》(CPTPP)、《全面经济与贸易协定》(CETA)、《美国—墨西哥—加拿大协定》等协定中都加入了具体内容。

---

[163] Muthucumaraswamy Sornarajah, *The International Law on Foreign Investment*, Cambridge University Press, 2004, p. 235.

[164] 王贵国:《中华传统文化视角下的国际经济法》,法律出版社2022年版,第41页。

[165] 同前注。